中华人民共和国税法

第 IV 卷

社会保险费和非税收入

国家税务总局 ◎ 编

中国税务出版社

图书在版编目（CIP）数据

中华人民共和国税法. 第Ⅳ卷, 社会保险费和非税收入／国家税务总局编. —— 北京：中国税务出版社，2024.8（2024.11重印）. —— ISBN 978-7-5678-1524-7

Ⅰ. D922.220.9

中国国家版本馆 CIP 数据核字第 20246RV354 号

版权所有·侵权必究

书　　名：	中华人民共和国税法·第Ⅳ卷：社会保险费和非税收入 ZHONGHUA RENMIN GONGHEGUO SHUIFA · DI IV JUAN: SHEHUI BAOXIANFEI HE FEISHUI SHOURU
作　　者：	国家税务总局　编
责任编辑：	陈金艳　孙晓萍　董　淼
责任校对：	姚浩晴
技术设计：	林立志
出版发行：	中国税务出版社
	北京市丰台区广安路9号国投财富广场1号楼11层
	邮政编码：100055
	网址：https://www.taxation.cn
	投稿：https://www.taxation.cn/qt/zztg
	发行中心电话：(010)83362083/85/86
	传真：(010)83362047/49
经　　销：	各地新华书店
印　　刷：	保定市中画美凯印刷有限公司
规　　格：	787毫米×1092毫米　1/16
印　　张：	51.75
字　　数：	1227000字
版　　次：	2024年8月第1版　2024年11月第2次印刷
书　　号：	ISBN 978-7-5678-1524-7
定　　价：	108.00元
全套定价：	920.00元

如有印装错误　本社负责调换

出 版 说 明

习近平总书记对税收工作高度重视,发表了一系列关于税收工作的重要论述,多次强调指出"深化税收制度改革","完善税收制度",为税收改革发展提供了根本遵循。党的二十届三中全会围绕深化财税体制改革,从多方面作出部署。随着税制改革不断深入和税收事业高质量发展,我国税收法治建设不断加强、法治环境不断改善,特别是党的十八大以来,税收在国家治理中的基础性、支柱性、保障性作用日益凸显,党中央、国务院推出一系列重大税收改革,"营改增"、个人所得税改革、进一步深化税收征管改革等各项改革举措相继落地,形成了比较完备的税收法律制度体系,为全面推进依法治税提供了有力保障。

为帮助各级税务机关和税务干部、广大纳税人缴费人及社会各界人士更好地学习税法、使用税法、宣传税法、研究税法,进一步提高税务干部依法治税能力和水平,共促税法遵从,高质量推进中国式现代化税务实践,我们组织编辑了这套《中华人民共和国税法》分卷丛书,汇集了全国人大及其常委会、国务院、财政部、税务总局、海关总署及相关部门发布的现行有效的税收法律、行政法规、规章及规范性文件。

本丛书一套七卷,涵盖增值税、消费税等18个税种,社会保险费和非税收入,税收征管等税收法律制度全部内容。其中:第Ⅰ卷货物和劳务税,包括增值税、消费税、车辆购置税、关税和进出口税收;第Ⅱ卷所得税,包括企业所得税、个人所得税;第Ⅲ卷财产和行为税,包括房产税、城镇土地使用税、城市维护建设税、印花税、资源税、土地增值税、车船税、烟叶税、契税、耕地占用税、环境保护税和船舶吨税；第Ⅳ卷社会保险费和非税收入，包括现行社会保险费和中央级非税收入；第Ⅴ卷综合税收政策，包括涉及多个税种的制度文件，分行业税收政策、区域税收政策、专项税收政策、其他税收政策和涉税相关法律规定；第Ⅵ卷税收征管，包括登记申报、票证管理、税款征收、税务检查、纳税服务等。此外，设附卷文件清理，包括清理过程中发布的修改、失效、废止的文件，鉴于这些文件与现行有效文件具有一定关联性，单独整理汇集成册，以备查阅参考。

本丛书各卷收录的每个文件均设三级编码，即卷号－类别（税费种）－顺序号。各税种法律、行政法规及实施细则等综合性文件按照法律级次排列在前，其他文件（或分类文件）按发文时间排序。部分条款失效、废止、修改和政策调整的文件，文末以"注释"方式列明具体条款、依据及相关延续政策；部分篇幅过长的文件附件，以"编者略"的形式对其内容作了删略，删略内容可通过国家税务总局网站"政策法规库"或中国税务出版社网站"税收法规库"检索查找。本丛书所收录文件截止时间为2023年12月31日，具体执行中请关注税收政策的调整变化。

由于时间仓促，难免有不足和疏漏之处，诚挚欢迎读者将使用过程中的意见建议反馈给我们（邮箱：fgxxb@163.com），以便继续修订完善。

国家税务总局
2024年8月

目　录

1　社会保险费

综合社保政策

4-1-1　中华人民共和国社会保险法
　　　　2018年12月29日　第十三届全国人民代表大会常务委员会
　　　　　　第七次会议修正 …………………………………………（3）
4-1-2　中华人民共和国军人保险法
　　　　2012年4月27日　中华人民共和国主席令第56号公布 ………（14）
4-1-3　中华人民共和国劳动法
　　　　2018年12月29日　第十三届全国人民代表大会常务委员会
　　　　　　第七次会议第二次修正 …………………………………（19）
4-1-4　社会保险费征缴暂行条例
　　　　2019年3月24日　中华人民共和国国务院令第710号修订 ……（28）
4-1-5　社会保险经办条例
　　　　2023年8月16日　中华人民共和国国务院令第765号公布 ……（31）
4-1-6　国务院关于解决农民工问题的若干意见
　　　　2006年1月31日　国发〔2006〕5号 ………………………（38）
4-1-7　国务院办公厅关于印发降低社会保险费率综合方案的通知
　　　　2019年4月1日　国办发〔2019〕13号 ………………………（45）
4-1-8　国家统计局关于工资总额组成的规定
　　　　1990年1月1日　国家统计局令第1号 …………………………（47）
4-1-9　社会保险费征缴监督检查办法
　　　　1999年3月19日　劳动和社会保障部令第3号 ………………（49）
4-1-10　社会保险稽核办法
　　　　2003年2月27日　劳动和社会保障部令第16号 ……………（51）
4-1-11　实施《中华人民共和国社会保险法》若干规定
　　　　2011年6月29日　人力资源和社会保障部令第13号 ………（53）

1

4-1-12　社会保险个人权益记录管理办法
　　　　2011年6月29日　人力资源和社会保障部令第14号……………（57）
4-1-13　在中国境内就业的外国人参加社会保险暂行办法
　　　　2011年9月6日　人力资源和社会保障部令第16号………………（61）
4-1-14　劳务派遣暂行规定
　　　　2014年1月24日　人力资源和社会保障部令第22号………………（63）
4-1-15　社会保险基金先行支付暂行办法
　　　　2018年12月14日　人力资源和社会保障部令第34号修订…………（67）
4-1-16　香港澳门台湾居民在内地（大陆）参加社会保险暂行办法
　　　　2019年11月29日　人力资源和社会保障部　国家医疗保障局令
　　　　第41号………………………………………………………………（69）

※　　　※　　　※　　　※

4-1-17　国家税务总局关于切实加强税务机关社会保险费征收管理工作
　　　　的通知
　　　　2005年4月14日　国税发〔2005〕66号……………………………（72）
4-1-18　人力资源社会保障部　财政部关于阶段性降低社会保险费率的
　　　　通知
　　　　2016年4月14日　人社部发〔2016〕36号……………………………（75）
4-1-19　人力资源社会保障部办公厅关于做好企业"五证合一"社会保险
　　　　登记工作的通知
　　　　2016年8月22日　人社厅发〔2016〕130号……………………………（76）
4-1-20　财政部关于印发《社会保险基金会计制度》的通知
　　　　2017年11月28日　财会〔2017〕28号…………………………………（78）
4-1-21　财政部关于印发《新旧社会保险基金会计制度有关衔接问题的
　　　　处理规定》的通知
　　　　2017年11月28日　财会〔2017〕29号…………………………………（78）
4-1-22　人力资源社会保障部　财政部关于继续阶段性降低社会保险费
　　　　率的通知
　　　　2018年4月20日　人社部发〔2018〕25号……………………………（79）
4-1-23　国家税务总局关于落实继续阶段性降低社会保险费率相关事项
　　　　的通知
　　　　2018年5月11日　税总函〔2018〕176号………………………………（80）
4-1-24　国家税务总局办公厅关于稳妥有序做好社会保险费征管有关工
　　　　作的通知
　　　　2018年9月13日　税总办发〔2018〕142号……………………………（81）

4-1-25 人力资源社会保障部办公厅关于贯彻落实国务院常务会议精神切实做好稳定社保费征收工作的紧急通知
2018年9月21日 人社厅函〔2018〕246号 …………………………（82）

4-1-26 人力资源社会保障部 财政部 税务总局 国家医保局关于贯彻落实《降低社会保险费率综合方案》的通知
2019年4月28日 人社部发〔2019〕35号 …………………………（83）

4-1-27 财政部 退役军人部 人力资源社会保障部 医保局 民政部 税务总局关于解决部分退役士兵社会保险问题中央财政补助资金有关事项的通知
2019年7月5日 财社〔2019〕81号 …………………………（85）

4-1-28 财政部 人力资源社会保障部 国资委 税务总局 证监会关于全面推开划转部分国有资本充实社保基金工作的通知
2019年9月10日 财资〔2019〕49号 …………………………（87）

4-1-29 人力资源社会保障部 财政部 税务总局关于阶段性减免企业社会保险费的通知
2020年2月20日 人社部发〔2020〕11号 …………………………（91）

4-1-30 国家税务总局关于贯彻落实阶段性减免企业社会保险费政策的通知
2020年2月25日 税总函〔2020〕33号 …………………………（92）

4-1-31 人力资源社会保障部 财政部 税务总局关于延长阶段性减免企业社会保险费政策实施期限等问题的通知
2020年6月22日 人社部发〔2020〕49号 …………………………（93）

4-1-32 人力资源社会保障部 国家发展改革委 教育部 财政部 中央军委国防动员部关于延续实施部分减负稳岗扩就业政策措施的通知
2021年5月20日 人社部发〔2021〕29号 …………………………（94）

4-1-33 财政部关于划转部分国有资本充实社保基金后企业增资财务处理有关事项的通知
2021年8月5日 财资〔2021〕116号 …………………………（96）

4-1-34 人力资源社会保障部 民政部 财政部 国家税务总局 国家乡村振兴局 中国残疾人联合会关于巩固拓展社会保险扶贫成果助力全面实施乡村振兴战略的通知
2021年8月13日 人社部发〔2021〕64号 …………………………（97）

4-1-35 人力资源社会保障部办公厅 国家税务总局办公厅关于特困行业阶段性实施缓缴企业社会保险费政策的通知
2022年4月25日 人社厅发〔2022〕16号 …………………………（99）

4-1-36　财政部　人力资源社会保障部　税务总局　国家医保局关于印发《社会保险基金预算绩效管理办法》的通知
　　　　2022年5月27日　财社〔2022〕65号 …………………………（100）

4-1-37　人力资源社会保障部　国家发展改革委　财政部　税务总局关于扩大阶段性缓缴社会保险费政策实施范围等问题的通知
　　　　2022年5月31日　人社部发〔2022〕31号 ………………（104）

4-1-38　商务部办公厅　发展改革委办公厅　民政部办公厅　财政部办公厅　人力资源社会保障部办公厅　住房和城乡建设部办公厅　人民银行办公厅　国家税务总局办公厅　市场监管总局办公厅　银保监会办公厅　证监会办公厅关于抓好促进餐饮业恢复发展扶持政策贯彻落实工作的通知
　　　　2022年6月14日　商办服贸函〔2022〕154号 ……………（106）

4-1-39　人力资源社会保障部　教育部　财政部关于推进企业吸纳就业社会保险补贴"直补快办"助力稳岗扩就业的通知
　　　　2022年6月21日　人社部发〔2022〕37号 ………………（108）

4-1-40　国家发展改革委　教育部　科技部　民政部　财政部　人力资源社会保障部　住房城乡建设部　卫生健康委　人民银行　国务院国资委　税务总局　市场监管总局　银保监会印发《养老托育服务业纾困扶持若干政策措施》的通知
　　　　2022年8月29日　发改财金〔2022〕1356号 ………………（109）

4-1-41　人力资源社会保障部办公厅　国家发展改革委办公厅　财政部办公厅　国家税务总局办公厅关于进一步做好阶段性缓缴社会保险费政策实施工作有关问题的通知
　　　　2022年9月19日　人社厅发〔2022〕50号 ………………（112）

4-1-42　人力资源社会保障部　财政部　国家税务总局关于阶段性降低失业保险、工伤保险费率有关问题的通知
　　　　2023年3月29日　人社部发〔2023〕19号 …………………（113）

养老保险费

4-1-43　国务院关于建立统一的企业职工基本养老保险制度的决定
　　　　1997年7月16日　国发〔1997〕26号 ………………………（115）

4-1-44　国务院关于完善企业职工基本养老保险制度的决定
　　　　2005年12月3日　国发〔2005〕38号 ………………………（117）

4-1-45　国务院关于建立统一的城乡居民基本养老保险制度的意见
　　　　2014年2月21日　国发〔2014〕8号 …………………………（120）

4-1-46　国务院关于机关事业单位工作人员养老保险制度改革的决定
　　　　2015年1月3日　国发〔2015〕2号 ……………………………（123）

4-1-47　国务院关于建立企业职工基本养老保险基金中央调剂制度的
　　　　通知
　　　　2018年5月30日　国发〔2018〕18号 …………………………………（126）
4-1-48　国务院办公厅关于转发人力资源社会保障部　财政部城镇企业
　　　　职工基本养老保险关系转移接续暂行办法的通知
　　　　2009年12月28日　国办发〔2009〕66号 ……………………………（128）
4-1-49　国务院办公厅关于印发机关事业单位职业年金办法的通知
　　　　2015年3月27日　国办发〔2015〕18号 ………………………………（131）
4-1-50　国务院办公厅关于推动个人养老金发展的意见
　　　　2022年4月8日　国办发〔2022〕7号 …………………………………（133）
4-1-51　企业年金办法
　　　　2017年12月18日　人力资源和社会保障部　财政部令第36号 …（135）

※　　※　　※　　※

4-1-52　劳动和社会保障部关于完善城镇职工基本养老保险政策有关问
　　　　题的通知
　　　　2001年12月22日　劳社部发〔2001〕20号 …………………………（138）
4-1-53　劳动和保障部　财政部　司法部关于监狱企业工人参加企业职
　　　　工基本养老保险有关问题的通知
　　　　2005年11月1日　劳社部发〔2005〕25号 ……………………………（140）
4-1-54　劳动和社会保障部　民政部关于社会组织专职工作人员参加养
　　　　老保险有关问题的通知
　　　　2008年3月18日　劳社部发〔2008〕11号 ……………………………（142）
4-1-55　人力资源和社会保障部关于印发城镇企业职工基本养老保险关
　　　　系转移接续若干具体问题意见的通知
　　　　2010年9月26日　人社部发〔2010〕70号 ……………………………（143）
4-1-56　人力资源社会保障部　财政部关于印发《城乡养老保险制度衔
　　　　接暂行办法》的通知
　　　　2014年2月24日　人社部发〔2014〕17号 ……………………………（146）
4-1-57　人力资源社会保障部　财政部关于印发在京中央国家机关事业
　　　　单位工作人员养老保险制度改革实施办法的通知
　　　　2015年12月21日　人社部发〔2015〕112号 …………………………（148）
4-1-58　人力资源社会保障部关于城镇企业职工基本养老保险关系转移
　　　　接续若干问题的通知
　　　　2016年11月28日　人社部规〔2016〕5号 ……………………………（152）
4-1-59　人力资源社会保障部　财政部关于机关事业单位基本养老保险
　　　　关系和职业年金转移接续有关问题的通知
　　　　2017年1月12日　人社部规〔2017〕1号 ………………………………（154）

4-1-60	人力资源社会保障部　财政部关于印发统一和规范职工养老保险个人账户记账利率办法的通知	
	2017年4月13日　人社部发〔2017〕31号	(157)
4-1-61	人力资源社会保障部　财政部关于进一步完善企业职工基本养老保险省级统筹制度的通知	
	2017年9月14日　人社部发〔2017〕72号	(158)
4-1-62	人力资源社会保障部　财政部关于建立城乡居民基本养老保险待遇确定和基础养老金正常调整机制的指导意见	
	2018年3月26日　人社部发〔2018〕21号	(159)
4-1-63	人力资源社会保障部　财政部　国家税务总局　银保监会　证监会关于印发《个人养老金实施办法》的通知	
	2022年10月26日　人社部发〔2022〕70号	(161)
4-1-64	人力资源社会保障部办公厅关于个人养老金参加人申请撤回缴费问题处理意见的函	
	2023年9月1日　人社厅函〔2023〕119号	(166)

医疗保险费

4-1-65	国务院关于建立城镇职工基本医疗保险制度的决定	
	1998年12月14日　国发〔1998〕44号	(167)
4-1-66	国务院关于开展城镇居民基本医疗保险试点的指导意见	
	2007年7月10日　国发〔2007〕20号	(170)
4-1-67	国务院关于整合城乡居民基本医疗保险制度的意见	
	2016年1月3日　国发〔2016〕3号	(173)
4-1-68	国务院办公厅转发卫生部等部门关于建立新型农村合作医疗制度意见的通知	
	2003年1月16日　国办发〔2003〕3号	(176)
4-1-69	国务院办公厅关于将大学生纳入城镇居民基本医疗保险试点范围的指导意见	
	2008年10月25日　国办发〔2008〕119号	(179)
4-1-70	国务院办公厅关于全面实施城乡居民大病保险的意见	
	2015年7月28日　国办发〔2015〕57号	(181)
4-1-71	国务院办公厅关于全面推进生育保险和职工基本医疗保险合并实施的意见	
	2019年3月6日　国办发〔2019〕10号	(184)
4-1-72	国务院办公厅关于推进医疗保障基金监管制度体系改革的指导意见	
	2020年6月30日　国办发〔2020〕20号	(185)

编号	标题	页码
4−1−73	国务院办公厅关于建立健全职工基本医疗保险门诊共济保障机制的指导意见 2021年4月13日　国办发〔2021〕14号	(189)
4−1−74	国务院办公厅关于印发"十四五"全民医疗保障规划的通知 2021年9月23日　国办发〔2021〕36号	(191)
4−1−75	国务院办公厅关于健全基本医疗保险参保长效机制的指导意见 2024年7月26日　国办发〔2024〕38号	(205)

※　　※　　※　　※

编号	标题	页码
4−1−76	人力资源和社会保障部　卫生部　财政部关于印发流动就业人员基本医疗保障关系转移接续暂行办法的通知 2009年12月31日　人社部发〔2009〕191号	(208)
4−1−77	人力资源社会保障部办公厅关于开展长期护理保险制度试点的指导意见 2016年6月27日　人社厅发〔2016〕80号	(210)
4−1−78	民政部　国务院扶贫办关于进一步加强农村最低生活保障制度与扶贫开发政策有效衔接的通知 2017年9月13日　民发〔2017〕152号	(213)
4−1−79	国家医保局　财政部　税务总局关于阶段性减征职工基本医疗保险费的指导意见 2020年2月21日　医保发〔2020〕6号	(215)
4−1−80	国家医保局办公室　财政部办公厅　国家卫生健康委办公厅　国家税务总局办公厅　国务院扶贫办综合司关于高质量打赢医疗保障脱贫攻坚战的通知 2020年4月23日　医保办发〔2020〕19号	(216)
4−1−81	国家医保局　财政部　国家税务总局关于加强和改进基本医疗保险参保工作的指导意见 2020年8月24日　医保发〔2020〕33号	(218)
4−1−82	医保局　财政部关于扩大长期护理保险制度试点的指导意见 2020年9月10日　医保发〔2020〕37号	(221)
4−1−83	国家医保局　财政部关于建立医疗保障待遇清单制度的意见 2021年1月19日　医保发〔2021〕5号	(225)
4−1−84	国家医保局　财政部　国家税务总局关于做好2021年城乡居民基本医疗保障工作的通知 2021年5月27日　医保发〔2021〕32号	(229)
4−1−85	国家医保局办公室　财政部办公厅关于印发《基本医疗保险关系转移接续暂行办法》的通知 2021年11月1日　医保办发〔2021〕43号	(232)

4-1-86　国家医保局　财政部　国家税务总局关于做好2022年城乡居民基本医疗保障工作的通知
2022年6月30日　医保发〔2022〕20号 ……………………………（235）

4-1-87　国家医保局　国家发展改革委　财政部　国家税务总局关于阶段性缓缴职工基本医疗保险单位缴费的通知
2022年6月30日　医保发〔2022〕21号 ……………………………（238）

4-1-88　国家医保局　财政部　国家税务总局关于做好2023年城乡居民基本医疗保障工作的通知
2023年7月26日　医保发〔2023〕24号 ……………………………（239）

工伤保险费

4-1-89　工伤保险条例
2010年12月20日　中华人民共和国国务院令第586号修订 …………（242）

4-1-90　工伤认定办法
2010年12月31日　人力资源和社会保障部令第8号 ………………（251）

4-1-91　部分行业企业工伤保险费缴纳办法
2010年12月31日　人力资源和社会保障部令第10号 ………………（253）

※　　※　　※　　※

4-1-92　劳动保障部　财政部　卫生部　安全监管局关于工伤保险费率问题的通知
2003年10月29日　劳社部发〔2003〕29号 …………………………（254）

4-1-93　劳动和社会保障部关于农民工参加工伤保险有关问题的通知
2004年6月1日　劳社部发〔2004〕18号 ……………………………（255）

4-1-94　劳动和社会保障部关于实施《工伤保险条例》若干问题的意见
2004年11月1日　劳社部函〔2004〕256号 …………………………（256）

4-1-95　劳动和社会保障部关于铁路企业参加工伤保险有关问题的通知
2004年11月1日　劳社部函〔2004〕257号 …………………………（257）

4-1-96　劳动和社会保障部　国家安全生产监督管理总局　国防科学技术工业委员会关于贯彻《安全生产许可证条例》做好企业参加工伤保险有关工作的通知
2005年4月7日　劳社部发〔2005〕8号 ……………………………（258）

4-1-97　劳动和社会保障部　国务院国有资产监督管理委员会关于进一步做好中央企业工伤保险工作有关问题的通知
2007年9月7日　劳社部发〔2007〕36号 ……………………………（259）

4-1-98　人力资源社会保障部　财政部关于进一步做好事业单位等参加工伤保险工作有关问题的通知
2012年10月29日　人社部发〔2012〕67号 …………………………（260）

编号	标题	页码
4-1-99	人力资源社会保障部关于执行《工伤保险条例》若干问题的意见 2013年4月25日　人社部发〔2013〕34号	(260)
4-1-100	人力资源社会保障部　住房城乡建设部　安全监管总局　全国总工会关于进一步做好建筑业工伤保险工作的意见 2014年12月29日　人社部发〔2014〕103号	(262)
4-1-101	人力资源社会保障部　财政部关于调整工伤保险费率政策的通知 2015年7月22日　人社部发〔2015〕71号	(265)
4-1-102	人力资源社会保障部　财政部关于做好工伤保险费率调整工作进一步加强基金管理的指导意见 2015年7月22日　人社部发〔2015〕72号	(266)
4-1-103	人力资源社会保障部　财政部关于工伤保险基金省级统筹的指导意见 2017年6月22日　人社部发〔2017〕60号	(268)
4-1-104	人力资源社会保障部关于工伤保险待遇调整和确定机制的指导意见 2017年7月28日　人社部发〔2017〕58号	(270)
4-1-105	人力资源社会保障部　交通运输部　水利部　国家能源局　国家铁路局　中国民用航空局关于铁路、公路、水运、水利、能源、机场工程建设项目参加工伤保险工作的通知 2018年1月2日　人社部发〔2018〕3号	(273)
4-1-106	人力资源社会保障部　国家卫生健康委关于做好尘肺病重点行业工伤保险有关工作的通知 2019年12月2日　人社部发〔2019〕125号	(275)

失业保险费

编号	标题	页码
4-1-107	中华人民共和国就业促进法 2015年4月24日　第十二届全国人民代表大会常务委员会第十四次会议修正	(277)
4-1-108	失业保险条例 1999年1月22日　中华人民共和国国务院令第258号发布	(284)
4-1-109	国务院关于做好当前和今后一个时期促进就业工作的若干意见 2018年11月16日　国发〔2018〕39号	(287)
4-1-110	国务院关于进一步做好稳就业工作的意见 2019年12月13日　国发〔2019〕28号	(290)
4-1-111	国务院办公厅关于应对新冠肺炎疫情影响强化稳就业举措的实施意见 2020年3月18日　国办发〔2020〕6号	(294)

※　　　※　　　※　　　※

4－1－112　劳动和社会保障部　财政部　人事部关于事业单位参加失业保险有关问题的通知

1999年8月30日　劳社部发〔1999〕29号 ……………………（298）

4－1－113　劳动和社会保障部　财政部关于银行系统单位参加失业保险有关问题的通知

2000年11月8日　劳社部发〔2000〕22号 …………………（298）

4－1－114　劳动和社会保障部关于建立失业保险个人缴费记录的通知

2002年4月12日　劳社部函〔2002〕69号 …………………（299）

4－1－115　人力资源和社会保障部关于进一步提高失业保险统筹层次有关问题的通知

2010年9月17日　人社部发〔2010〕63号 …………………（300）

4－1－116　人力资源和社会保障部　财政部关于领取失业保险金人员参加职工基本医疗保险有关问题的通知

2011年6月29日　人社部发〔2011〕77号 …………………（301）

4－1－117　人力资源社会保障部　财政部　总参谋部　总政治部　总后勤部关于退役军人失业保险有关问题的通知

2013年7月30日　人社部发〔2013〕53号 …………………（303）

4－1－118　人力资源社会保障部　财政部　国家发展和改革委员会　工业和信息化部关于失业保险支持企业稳定岗位有关问题的通知

2014年11月6日　人社部发〔2014〕76号 …………………（304）

4－1－119　人力资源社会保障部　财政部关于调整失业保险费率有关问题的通知

2015年2月27日　人社部发〔2015〕24号 …………………（305）

4－1－120　人力资源社会保障部　财政部关于阶段性降低失业保险费率有关问题的通知

2017年2月16日　人社部发〔2017〕14号 …………………（306）

4－1－121　人力资源社会保障部　财政部关于失业保险支持参保职工提升职业技能有关问题的通知

2017年5月15日　人社部发〔2017〕40号 …………………（306）

4－1－122　人力资源社会保障部　财政部关于调整失业保险金标准的指导意见

2017年9月20日　人社部发〔2017〕71号 …………………（308）

4－1－123　人力资源社会保障部　财政部关于扩大失业保险保障范围的通知

2020年5月29日　人社部发〔2020〕40号 …………………（309）

4-1-124　人力资源社会保障部办公厅　财政部办公厅关于畅通失业保险
　　　　　关系跨省转移接续的通知
　　　　　2021年11月9日　人社厅发〔2021〕85号 ……………………………(311)

4-1-125　人力资源社会保障部　财政部　国家税务总局关于做好失业保
　　　　　险稳岗位提技能防失业工作的通知
　　　　　2022年4月25日　人社部发〔2022〕23号 ……………………………(312)

4-1-126　人力资源社会保障部　教育部　财政部关于延续实施一次性扩
　　　　　岗补助政策有关工作的通知
　　　　　2023年6月25日　人社部发〔2023〕37号 ……………………………(314)

生育保险费

4-1-127　劳动部关于发布《企业职工生育保险试行办法》的通知
　　　　　1994年12月14日　劳部发〔1994〕504号 ………………………………(316)

4-1-128　人力资源社会保障部　财政部关于适当降低生育保险费率的
　　　　　通知
　　　　　2015年7月27日　人社部发〔2015〕70号 ………………………………(317)

4-1-129　人力资源社会保障部　财政部　国家卫生计生委关于做好当前
　　　　　生育保险工作的意见
　　　　　2018年3月5日　人社部发〔2018〕15号 …………………………………(319)

4-1-130　国家卫生健康委　国家发展改革委　中央宣传部　教育部　民
　　　　　政部　财政部　人力资源社会保障部　住房城乡建设部　中国
　　　　　人民银行　国务院国资委　国家税务总局　国家医保局　中国
　　　　　银保监会　全国总工会　共青团中央　全国妇联　中央军委后
　　　　　勤保障部关于进一步完善和落实积极生育支持措施的指导意见
　　　　　2022年7月25日　国卫人口发〔2022〕26号 ……………………………(320)

附表4-1　社会保险费其他相关文件索引 …………………………………………(325)

2 非税收入

教育费附加、地方教育附加

4-2-1　征收教育费附加的暂行规定
　　　　2011年1月8日　中华人民共和国国务院令第588号第三次修订 ……(329)

4-2-2　国务院关于筹措农村学校办学经费的通知
　　　　1984年12月13日　国发〔1984〕174号 ……………………………………(330)

4-2-3　国务院关于进一步加大财政教育投入的意见
　　　　2011年6月29日　国发〔2011〕22号 ………………………… (331)
4-2-4　国务院关于教育费附加征收问题的紧急通知
　　　　1994年2月7日　国发明电〔1994〕2号 ……………………… (334)

※　　※　　※　　※

4-2-5　财政部　国家税务总局关于对从事生产卷烟的单位征收教育费
　　　　附加有关问题的通知
　　　　2005年9月30日　财综明电〔2005〕1号 …………………… (334)
4-2-6　财政部关于免征全国中小学校舍安全工程建设有关政府性基金
　　　　的通知
　　　　2010年6月28日　财综〔2010〕54号 ………………………… (335)
4-2-7　财政部关于统一地方教育附加政策有关问题的通知
　　　　2010年11月7日　财综〔2010〕98号 ………………………… (335)
4-2-8　财政部　国家税务总局关于纳税人异地预缴增值税有关城市维
　　　　护建设税和教育费附加政策问题的通知
　　　　2016年7月12日　财税〔2016〕74号 ………………………… (336)

文化事业建设费

4-2-9　国务院关于进一步完善文化经济政策的若干规定
　　　　1996年9月5日　国发〔1996〕37号 …………………………… (337)
4-2-10　财政部关于修改《文化事业建设费使用管理办法》的决定
　　　　2017年11月29日　财政部令第91号 ………………………… (338)

※　　※　　※　　※

4-2-11　财政部　国家税务总局关于对外商投资企业、外国企业和外籍个
　　　　人征收文化事业建设费问题的通知
　　　　1998年1月22日　财税字〔1998〕14号 ……………………… (339)
4-2-12　国家税务总局关于营业税改征增值税试点有关文化事业建设费
　　　　登记与申报事项的公告
　　　　2013年11月11日　国家税务总局公告2013年第64号 ……… (339)
4-2-13　财政部　国家税务总局关于营业税改征增值税试点有关文化事
　　　　业建设费政策及征收管理问题的通知
　　　　2016年3月28日　财税〔2016〕25号 ………………………… (341)
4-2-14　财政部　国家税务总局关于营业税改征增值税试点有关文化事
　　　　业建设费政策及征收管理问题的补充通知
　　　　2016年5月13日　财税〔2016〕60号 ………………………… (343)

残疾人就业保障金

4-2-15　残疾人就业条例
　　　　2007年2月25日　中华人民共和国国务院令第488号公布 ……………（344）

※　　※　　※　　※

4-2-16　财政部　税务总局　中国残联关于印发《残疾人就业保障金征收使用管理办法》的通知
　　　　2015年9月9日　财税〔2015〕72号 ……………………………………（347）

4-2-17　中国残疾人联合会　国家发展改革委　民政部　人力资源社会保障部　国家卫生计生委　国家税务总局　国家中医药管理局关于印发《残疾人就业促进"十三五"实施方案》的通知
　　　　2016年10月8日　残联发〔2016〕48号 ……………………………（351）

4-2-18　国家税务总局关于贯彻落实降低残疾人就业保障金征收标准政策的通知
　　　　2018年5月11日　税总函〔2018〕175号 ……………………………（355）

4-2-19　发展改革委　财政部　民政部　人力资源社会保障部　税务总局　中国残联关于印发《关于完善残疾人就业保障金制度更好促进残疾人就业的总体方案》的通知
　　　　2019年12月27日　发改价格规〔2019〕2015号 ……………………（356）

4-2-20　国家税务总局关于修订《残疾人就业保障金缴费申报表》的公告
　　　　2019年12月31日　国家税务总局公告2019年第49号 ………………（359）

4-2-21　财政部关于调整残疾人就业保障金征收政策的公告
　　　　2019年12月31日　财政部公告2019年第98号 ………………………（361）

4-2-22　财政部关于延续实施残疾人就业保障金优惠政策的公告
　　　　2023年3月26日　财政部公告2023年第8号 …………………………（361）

废弃电器电子产品处理基金

4-2-23　废弃电器电子产品回收处理管理条例
　　　　2019年3月2日　中华人民共和国国务院令第709号修订 ……………（362）

※　　※　　※　　※

4-2-24　财政部　环境保护部　发展改革委　工业和信息化部　海关总署　税务总局关于印发《废弃电器电子产品处理基金征收使用管理办法》的通知
　　　　2012年5月21日　财综〔2012〕34号 ………………………………（365）

13

4-2-25　国家税务总局关于发布《废弃电器电子产品处理基金征收管理规定》的公告
2012年8月20日　国家税务总局公告2012年第41号 …………（370）

4-2-26　财政部　国家税务总局关于进一步明确废弃电器电子产品处理基金征收产品范围的通知
2012年10月15日　财综〔2012〕80号 …………（372）

4-2-27　财政部　环境保护部　发展改革委　工业和信息化部关于完善废弃电器电子产品处理基金等政策的通知
2013年12月2日　财综〔2013〕110号 …………（373）

4-2-28　国家发展和改革委员会　环境保护部　工业和信息化部　财政部　海关总署　国家税务总局关于公布《废弃电器电子产品处理目录（2014年版）》的公告
2015年2月9日　国家发展和改革委员会　环境保护部　工业和信息化部　财政部　海关总署　国家税务总局公告2015年第5号 …………（375）

4-2-29　国家税务总局关于修订《废弃电器电子产品处理基金申报表》的公告
2015年9月14日　国家税务总局公告2015年第62号 …………（376）

4-2-30　财政部　生态环境部　国家发展改革委　工业和信息化部关于调整废弃电器电子产品处理基金补贴标准的通知
2021年3月22日　财税〔2021〕10号 …………（379）

4-2-31　财政部　生态环境部　国家发展改革委　工业和信息化部关于停征废弃电器电子产品处理基金有关事项的公告
2023年12月20日　财政部　生态环境部　国家发展改革委　工业和信息化部公告2023年第74号 …………（379）

国家重大水利工程建设基金

4-2-32　财政部　发展改革委　水利部关于印发《国家重大水利工程建设基金征收使用管理暂行办法》的通知
2009年12月31日　财综〔2009〕90号 …………（380）

4-2-33　财政部关于征收国家重大水利工程建设基金有关问题的通知
2010年11月3日　财综〔2010〕97号 …………（383）

农网还贷资金

4-2-34　财政部关于印发农网还贷资金征收使用管理办法的通知
2001年12月17日　财企〔2001〕820号 …………（385）

4-2-35 财政部关于调整重庆市农网还贷资金中央和地方缴库比例有关问题的批复
2015年12月31日　财税〔2015〕59号 …………………………………(387)

可再生能源发展基金

4-2-36 中华人民共和国可再生能源法
2009年12月26日　第十一届全国人民代表大会常务委员会
第十二次会议修正 ……………………………………………(388)

※　　　※　　　※　　　※

4-2-37 财政部　国家发展改革委　国家能源局关于印发《可再生能源发展基金征收使用管理暂行办法》的通知
2011年11月29日　财综〔2011〕115号 ……………………………(393)

4-2-38 财政部关于调整可再生能源电价附加征收标准的通知
2013年9月10日　财综〔2013〕89号 ………………………………(396)

4-2-39 国家发展改革委关于降低燃煤发电上网电价和一般工商业用电价格的通知
2015年12月27日　发改价格〔2015〕3105号 ………………………(396)

4-2-40 财政部　国家发展改革委关于提高可再生能源发展基金征收标准等有关问题的通知
2016年1月5日　财税〔2016〕4号 …………………………………(397)

大中型水库移民后期扶持基金

4-2-41 国务院关于完善大中型水库移民后期扶持政策的意见
2006年5月17日　国发〔2006〕17号 ………………………………(399)

※　　　※　　　※　　　※

4-2-42 财政部关于加强大中型水库移民后期扶持资金管理的通知
2006年7月2日　财企〔2006〕202号 ………………………………(403)

4-2-43 财政部关于印发《大中型水库移民后期扶持基金征收使用管理暂行办法》的通知
2006年7月14日　财综〔2006〕29号 ………………………………(405)

4-2-44 国家发展改革委关于黑龙江、吉林省大中型水库移民后期扶持资金标准的批复
2012年4月17日　发改价格〔2012〕964号 …………………………(408)

4-2-45 财政部关于降低国家重大水利工程建设基金和大中型水库移民后期扶持基金征收标准的通知
2017年6月14日　财税〔2017〕51号 ………………………………(408)

4-2-46	财政部关于印发《大中型水库移民后期扶持基金项目资金管理办法》的通知
	2017年10月13日　财农〔2017〕128号 ……………………………(409)

跨省际大中型水库库区基金

4-2-47	财政部关于征收跨省际大中型水库库区基金有关问题的通知
	2009年9月5日　财综〔2009〕59号 ……………………………(412)

地方水库移民扶持基金

4-2-48	国家税务总局贵州省税务局　贵州省财政厅关于地方水库移民扶持基金征管职责划转有关事项的公告
	2020年12月30日　国家税务总局贵州省税务局　贵州省财政厅公告2020年第24号 ……………………………(414)
4-2-49	重庆市财政局　重庆市发展和改革委员会　重庆市水利局　国家税务总局重庆市税务局关于做好地方水库移民扶持基金划转税务部门征收有关工作的通知
	2021年2月7日　渝财综〔2021〕5号 ……………………………(415)
4-2-50	云南省财政厅关于免征部分地方水库移民扶持基金的通知
	2022年6月6日　云财非税〔2022〕17号 ……………………………(416)
4-2-51	吉林省财政厅　吉林省发展改革委关于延长地方水库移民扶持基金优惠政策执行期限的通知
	2023年10月12日　吉财税〔2023〕994号 ……………………………(417)

三峡电站水资源费

4-2-52	财政部　国家发展改革委　水利部　中国人民银行关于三峡电站水资源费征收使用管理有关问题的通知
	2011年4月16日　财综〔2011〕19号 ……………………………(418)

水利建设基金

4-2-53	财政部　国家发展改革委　水利部关于印发《水利建设基金筹集和使用管理办法》的通知
	2011年1月10日　财综〔2011〕2号 ……………………………(420)

核电站乏燃料处理处置基金

4-2-54	财政部　发展改革委　工业和信息化部关于印发《核电站乏燃料处理处置基金征收使用管理暂行办法》的通知
	2010年7月12日　财综〔2010〕58号 ……………………………(423)

核事故应急准备专项收入

4-2-55　核电厂核事故应急管理条例
2011 年 1 月 8 日　中华人民共和国国务院令第 588 号修订 ……………(426)

※　　※　　※　　※

4-2-56　财政部　国防科工委关于印发《核电厂核事故应急准备专项收入管理规定》的通知
2007 年 9 月 29 日　财防〔2007〕181 号 …………………………………(431)

油价调控风险准备金

4-2-57　国家发展改革委关于进一步完善成品油价格形成机制有关问题的通知
2016 年 1 月 13 日　发改价格〔2016〕64 号 ……………………………(434)

4-2-58　财政部　国家发展改革委关于印发《油价调控风险准备金征收管理办法》的通知
2016 年 12 月 15 日　财税〔2016〕137 号 ………………………………(435)

4-2-59　国家税务总局关于 2020 年第四季度油价调控风险准备金征收标准有关事项的公告
2021 年 1 月 25 日　国家税务总局公告 2021 年第 1 号 …………………(438)

国家留成油收入

4-2-60　中华人民共和国对外合作开采海洋石油资源条例
2013 年 7 月 18 日　中华人民共和国国务院令第 638 号
第四次修订 ……………………………………………………………(439)

4-2-61　中华人民共和国对外合作开采陆上石油资源条例
2013 年 7 月 18 日　中华人民共和国国务院令第 638 号
第四次修订 ……………………………………………………………(442)

石油特别收益金

4-2-62　国务院关于开征石油特别收益金的决定
2006 年 3 月 15 日　国发〔2006〕13 号 …………………………………(446)

※　　※　　※　　※

4-2-63　财政部关于印发《石油特别收益金征收管理办法》的通知
2006 年 3 月 25 日　财企〔2006〕72 号 …………………………………(446)

4-2-64　财政部关于征收石油特别收益金有关问题的补充通知
2006 年 6 月 30 日　财企〔2006〕183 号 …………………………………(448)

4-2-65　财政部关于调整石油特别收益金征收方式的通知
　　　　2012年3月28日　财企〔2012〕42号 ································· (449)
4-2-66　财政部关于提高石油特别收益金起征点的通知
　　　　2014年12月25日　财税〔2014〕115号 ····························· (449)

免税商品特许经营费

4-2-67　财政部关于印发《免税商品特许经营费缴纳办法》的通知
　　　　2004年11月25日　财企〔2004〕241号 ····························· (451)
4-2-68　财政部关于印发《免税商品特许经营费缴纳办法》的补充通知
　　　　2006年3月20日　财企〔2006〕70号 ································· (452)
4-2-69　财政部　商务部　海关总署　税务总局关于印发《海南离岛旅客免税购物商店管理暂行办法》的通知
　　　　2011年12月5日　财企〔2011〕429号 ····························· (453)

水土保持补偿费

4-2-70　财政部　国家发展改革委　水利部　中国人民银行关于印发《水土保持补偿费征收使用管理办法》的通知
　　　　2014年1月29日　财综〔2014〕8号 ································· (455)
4-2-71　国家发展改革委　财政部　水利部关于水土保持补偿费收费标准(试行)的通知
　　　　2014年5月7日　发改价格〔2014〕886号 ····························· (459)
4-2-72　国家发展改革委　财政部关于降低电信网码号资源占用费等部分行政事业性收费标准的通知
　　　　2017年6月22日　发改价格〔2017〕1186号 ·························· (460)

防空地下室易地建设费

4-2-73　中华人民共和国人民防空法
　　　　2009年8月27日　第十一届全国人民代表大会常务委员会
　　　　第十次会议修正 ·· (464)

　　　　　　　　※　　※　　※　　※

4-2-74　国家计委　财政部　国家国防动员委员会　建设部印发关于《关于规范防空地下室易地建设收费的规定》的通知
　　　　2000年4月27日　计价格〔2000〕474号 ····························· (469)
4-2-75　国家国防动员委员会　国家发展计划委员会　建设部　财政部关于颁布《人民防空工程建设管理规定》的通知
　　　　2003年2月21日　国人防办字〔2003〕18号 ·························· (471)

4-2-76 财政部关于贯彻落实国务院关于解决城市低收入家庭住房困难
若干意见的通知
2007年9月5日 财综〔2007〕53号 ……………………………………… (479)

4-2-77 财政部 国家发展改革委关于免收全国中小学校舍安全工程建
设有关收费的通知
2010年7月20日 财综〔2010〕57号 ……………………………… (482)

排污权出让收入

4-2-78 国务院办公厅关于进一步推进排污权有偿使用和交易试点工作
的指导意见
2014年8月6日 国办发〔2014〕38号 …………………………… (483)

※ ※ ※ ※

4-2-79 财政部 国家发展改革委 环境保护部关于印发《排污权出让
收入管理暂行办法》的通知
2015年7月23日 财税〔2015〕61号 ……………………………… (485)

土地闲置费

4-2-80 闲置土地处置办法
2012年6月1日 国土资源部令第53号 …………………………… (489)

生活垃圾处理费（城镇垃圾处理费）

4-2-81 城市市容和环境卫生管理条例
2017年3月1日 中华人民共和国国务院令第676号第二次修订 …… (494)

4-2-82 国务院批转住房城乡建设部等部门关于进一步加强城市生活垃
圾处理工作意见的通知
2011年4月19日 国发〔2011〕9号 ………………………………… (498)

4-2-83 城市生活垃圾管理办法
2015年5月4日 住房和城乡建设部令第24号 …………………… (503)

※ ※ ※ ※

4-2-84 国家发展改革委关于创新和完善促进绿色发展价格机制的意见
2018年6月21日 发改价格规〔2018〕943号 …………………… (509)

国有土地使用权出让收入

4-2-85 中华人民共和国土地管理法
2019年8月26日 第十三届全国人民代表大会常务委员会
第十二次会议第三次修正 ……………………………………… (514)

4-2-86　中华人民共和国城市房地产管理法

　　　　2019年8月26日　第十三届全国人民代表大会常务委员会
　　　　　　第十二次会议第三次修正 ································· (526)

4-2-87　中华人民共和国城镇国有土地使用权出让和转让暂行条例
　　　　2020年11月29日　中华人民共和国国务院令第732号修订 ·········· (534)

4-2-88　国务院办公厅关于规范国有土地使用权出让收支管理的通知
　　　　2006年12月17日　国办发〔2006〕100号 ···························· (538)

4-2-89　协议出让国有土地使用权规定
　　　　2003年6月11日　国土资源部令第21号 ···························· (542)

4-2-90　招标拍卖挂牌出让国有建设用地使用权规定
　　　　2007年9月28日　国土资源部令第39号修订 ························ (544)

※　　※　　※　　※

4-2-91　国土资源部关于已购公有住房和经济适用住房上市出售中有关
　　　　土地问题的通知
　　　　1999年9月22日　国土资用发〔1999〕31号 ·························· (548)

4-2-92　国土资源部关于印发《招标拍卖挂牌出让国有土地使用权规范》
　　　　(试行)和《协议出让国有土地使用权规范》(试行)的通知
　　　　2006年5月31日　国土资发〔2006〕114号 ···························· (550)

4-2-93　国土资源部关于发布实施《全国工业用地出让最低价标准》的
　　　　通知
　　　　2006年12月23日　国土资发〔2006〕307号 ························· (571)

4-2-94　财政部　国土资源部　中国人民银行关于印发《国有土地使用
　　　　权出让收支管理办法》的通知
　　　　2006年12月31日　财综〔2006〕68号 ······························ (572)

4-2-95　国土资源部关于调整工业用地出让最低价标准实施政策的通知
　　　　2009年5月11日　国土资发〔2009〕56号 ···························· (582)

4-2-96　国土资源部关于坚持和完善土地招标拍卖挂牌出让制度的意见
　　　　2011年5月11日　国土资发〔2011〕63号 ···························· (583)

矿产资源专项收入

4-2-97　中华人民共和国矿产资源法实施细则
　　　　1994年3月26日　中华人民共和国国务院令第152号发布 ··········· (587)

4-2-98　矿产资源补偿费征收管理规定
　　　　1997年7月3日　中华人民共和国国务院令第222号修订 ············ (595)

4-2-99　矿产资源勘查区块登记管理办法
　　　　2014年7月29日　中华人民共和国国务院令第653号修订 ············ (599)

4-2-100　矿产资源开采登记管理办法
　　　　　2014年7月29日　中华人民共和国国务院令第653号修订 ………… (604)
4-2-101　探矿权采矿权转让管理办法
　　　　　2014年7月29日　中华人民共和国国务院令第653号修订 ………… (609)
4-2-102　国务院关于印发矿产资源权益金制度改革方案的通知
　　　　　2017年4月13日　国发〔2017〕29号 …………………………………… (611)

※　　　※　　　※　　　※

4-2-103　财政部　国土资源部关于印发《探矿权采矿权使用费和价款管
　　　　　理办法》的通知
　　　　　1999年6月7日　财综字〔1999〕74号 ……………………………… (613)
4-2-104　财政部　国土资源部关于《探矿权采矿权使用费和价款管理办
　　　　　法》的补充通知
　　　　　1999年11月11日　财综字〔1999〕183号 …………………………… (615)
4-2-105　国土资源部关于印发《矿产资源储量规模划分标准》的通知
　　　　　2000年4月24日　国土资发〔2000〕133号 …………………………… (616)
4-2-106　国土资源部　财政部关于印发《探矿权采矿权使用费减免办法》
　　　　　的通知
　　　　　2000年6月5日　国土资发〔2000〕174号 …………………………… (623)
4-2-107　财政部　国土资源部关于深化探矿权采矿权有偿取得制度改革
　　　　　有关问题的通知
　　　　　2006年10月25日　财建〔2006〕694号 ……………………………… (624)
4-2-108　财政部　国土资源部关于探矿权采矿权有偿取得制度改革有关
　　　　　问题的补充通知
　　　　　2008年2月28日　财建〔2008〕22号 ………………………………… (626)
4-2-109　财政部　国土资源部关于加强对国家出资勘查探明矿产地及权
　　　　　益管理有关事项的通知
　　　　　2010年12月30日　财建〔2010〕1018号 …………………………… (628)
4-2-110　自然资源部关于印发矿业权出让交易规则的通知
　　　　　2023年1月3日　自然资规〔2023〕1号 ……………………………… (630)
4-2-111　自然资源部办公厅　财政部办公厅关于矿业权有偿处置有关问
　　　　　题的通知
　　　　　2023年2月3日　自然资办函〔2023〕223号 ………………………… (636)
4-2-112　财政部　自然资源部　税务总局关于印发《矿业权出让收益征
　　　　　收办法》的通知
　　　　　2023年3月24日　财综〔2023〕10号 ………………………………… (637)
4-2-113　自然资源部关于进一步完善矿产资源勘查开采登记管理的通知
　　　　　2023年5月6日　自然资规〔2023〕4号 ……………………………… (644)

海域使用金

4−2−114　中华人民共和国海域使用管理法
　　　　　2001年10月27日　中华人民共和国主席令第61号公布 ……………(650)

　　　　　　　　※　　　※　　　※　　　※

4−2−115　财政部　国家海洋局关于印发《海域使用金减免管理办法》的
　　　　　通知
　　　　　2006年7月5日　财综〔2006〕24号 ……………………………(656)

4−2−116　财政部　国家海洋局关于加强海域使用金征收管理的通知
　　　　　2007年1月24日　财综〔2007〕10号 …………………………(658)

4−2−117　财政部　国家海洋局关于海域使用金减免管理等有关事项的
　　　　　通知
　　　　　2008年9月12日　财综〔2008〕71号 …………………………(663)

4−2−118　财政部　国家海洋局关于调整海域使用金免缴审批权限的通知
　　　　　2013年6月25日　财综〔2013〕66号 …………………………(665)

4−2−119　财政部关于印发《海岛及海域保护资金管理办法》的通知
　　　　　2018年12月24日　财建〔2018〕861号 ………………………(666)

无居民海岛使用金

4−2−120　中华人民共和国海岛保护法
　　　　　2009年12月26日　中华人民共和国主席令第22号公布 ………(670)

　　　　　　　　※　　　※　　　※　　　※

4−2−121　财政部　国家海洋局关于印发《无居民海岛使用金征收使用管
　　　　　理办法》的通知
　　　　　2010年6月7日　财综〔2010〕44号 ……………………………(676)

4−2−122　财政部　国家海洋局印发《关于调整海域无居民海岛使用金征
　　　　　收标准》的通知
　　　　　2018年3月13日　财综〔2018〕15号 …………………………(681)

森林植被恢复费

4−2−123　中华人民共和国森林法
　　　　　2019年12月28日　第十三届全国人民代表大会常务委员会
　　　　　第十五次会议修订 ……………………………………………(683)

4−2−124　中华人民共和国森林法实施条例
　　　　　2018年3月19日　中华人民共和国国务院令第698号
　　　　　第三次修订 ………………………………………………………(693)

4-2-125　占用征用林地审核审批管理办法
　　2001年1月4日　国家林业局令第2号 …………………………（700）

※　　※　　※　　※

4-2-126　财政部　国家林业局关于印发《森林植被恢复费征收使用管理
　　暂行办法》的通知
　　2002年10月25日　财综〔2002〕73号 ………………………（702）

4-2-127　财政部　国家林业局关于调整森林植被恢复费征收标准引导节
　　约集约利用林地的通知
　　2015年11月18日　财税〔2015〕122号 ………………………（705）

4-2-128　国家林业和草原局关于临时使用林地不再收取森林植被恢复费
　　的公告
　　2023年4月25日　国家林业和草原局公告2023年第13号 ………（707）

草原植被恢复费

4-2-129　中华人民共和国草原法
　　2021年4月29日　第十三届全国人民代表大会常务委员会
　　　第二十八次会议第三次修正 ………………………………（708）

※　　※　　※　　※

4-2-130　财政部　国家发展改革委关于同意收取草原植被恢复费有关问
　　题的通知
　　2010年4月27日　财综〔2010〕29号 …………………………（716）

4-2-131　国家发展改革委　财政部关于草原植被恢复费收费标准及有关
　　问题的通知
　　2010年6月7日　发改价格〔2010〕1235号 …………………（718）

4-2-132　农业部关于加强草原植被恢复费征收使用管理工作的通知
　　2010年7月16日　农财发〔2010〕132号 ……………………（718）

工会经费

4-2-133　中华人民共和国工会法
　　2021年12月24日　第十三届全国人民代表大会常务委员会
　　　第三十二次会议第三次修正 ………………………………（720）

综合及其他政策

4-2-134　财政违法行为处罚处分条例
　　2011年1月8日　中华人民共和国国务院令第588号修订 ………（727）

4-2-135	国务院关于加强土地调控有关问题的通知
	2006年8月31日　国发〔2006〕31号 ……………………………（732）
4-2-136	国务院关于解决城市低收入家庭住房困难的若干意见
	2007年8月7日　国发〔2007〕24号 ……………………………（735）
4-2-137	国务院关于加快棚户区改造工作的意见
	2013年7月4日　国发〔2013〕25号 ……………………………（739）

※　　　※　　　※　　　※

4-2-138	财政部　国家税务总局关于将原国有企业和集体企业欠缴"两金"余额转作增加国家资本金处理的通知
	2002年3月21日　财综〔2002〕16号 …………………………（742）
4-2-139	国务院关于同意深化煤炭资源有偿使用制度改革试点实施方案的批复
	2006年9月30日　国函〔2006〕102号 …………………………（744）
4-2-140	财政部关于延续农网还贷资金等17项政府性基金政策问题的通知
	2007年1月8日　财综〔2007〕3号 ………………………………（747）
4-2-141	财政部关于加强大中型水库库区基金征收管理有关问题的通知
	2009年8月12日　财综〔2009〕51号 ……………………………（747）
4-2-142	财政部　公安部　国家税务总局关于石油天然气和"三电"基础设施安全保护费用管理问题的通知
	2010年10月11日　财企〔2010〕291号 …………………………（748）
4-2-143	国家税务总局关于税务机关代征各种基金、费有关征缴入库和会统核算问题的通知
	2011年3月4日　国税函〔2011〕137号 …………………………（749）
4-2-144	财政部　教育部关于从土地出让收益中计提教育资金有关事项的通知
	2011年7月21日　财综〔2011〕62号 ……………………………（750）
4-2-145	国家发展改革委　民航局关于完善民航国内航线旅客运输燃油附加与航空煤油价格联动机制有关问题的通知
	2011年10月14日　发改价格〔2011〕2219号 …………………（753）
4-2-146	财政部关于对分布式光伏发电自发自用电量免征政府性基金有关问题的通知
	2013年11月19日　财综〔2013〕103号 …………………………（753）
4-2-147	财政部　国家发展改革委关于全面清理涉及煤炭、原油、天然气收费基金有关问题的通知
	2014年10月10日　财税〔2014〕74号 ……………………………（754）

4−2−148	财政部　国家发展改革委关于减免养老和医疗机构行政事业性收费有关问题的通知	
	2014年11月1日　财税〔2014〕77号 ………………………	(755)
4−2−149	财政部　国家税务总局关于对小微企业免征有关政府性基金的通知	
	2014年12月23日　财税〔2014〕122号 ……………………	(756)
4−2−150	财政部关于进一步加强行政事业性收费和政府性基金管理的通知	
	2015年2月28日　财税〔2015〕30号 ………………………	(756)
4−2−151	财政部关于取消、停征和整合部分政府性基金项目等有关问题的通知	
	2016年1月29日　财税〔2016〕11号 ………………………	(758)
4−2−152	财政部　国家税务总局关于扩大有关政府性基金免征范围的通知	
	2016年1月29日　财税〔2016〕12号 ………………………	(759)
4−2−153	政府非税收入管理办法	
	2016年3月9日　财税〔2016〕33号 …………………………	(759)
4−2−154	财政部关于取消、调整部分政府性基金有关政策的通知	
	2017年3月15日　财税〔2017〕18号 ………………………	(763)
4−2−155	财政部　国家发展改革委　环境保护部　国家海洋局关于停征排污费等行政事业性收费有关事项的通知	
	2018年1月7日　财税〔2018〕4号 …………………………	(764)
4−2−156	财政部关于降低部分政府性基金征收标准的通知	
	2018年4月13日　财税〔2018〕39号 ………………………	(765)
4−2−157	财政部关于将国家重大水利工程建设基金等政府非税收入项目划转税务部门征收的通知	
	2018年12月7日　财税〔2018〕147号 ……………………	(766)
4−2−158	国家税务总局关于国家重大水利工程建设基金等政府非税收入项目征管职责划转有关事项的公告	
	2018年12月25日　国家税务总局公告2018年第63号 ………	(767)
4−2−159	财政部关于税务部门罚没收入等政府非税收入管理有关事项的通知	
	2018年12月26日　财税〔2018〕161号 ……………………	(774)
4−2−160	财政部关于调整部分政府性基金有关政策的通知	
	2019年4月22日　财税〔2019〕46号 ………………………	(775)
4−2−161	财政部　国家发展改革委关于免征易地扶贫搬迁有关政府性基金和行政事业性收费政策的通知	
	2019年6月8日　财税〔2019〕53号 …………………………	(777)

4-2-162	国家税务总局关于调整部分政府性基金有关征管事项的公告
	2019年6月18日　国家税务总局公告2019年第24号 …………（777）
4-2-163	财政部关于国家重大水利工程建设基金、水利建设基金划转税务部门征收的通知
	2020年1月15日　财税〔2020〕9号 ……………………………（779）
4-2-164	国家税务总局关于水利建设基金等政府非税收入项目征管职责划转有关事项的公告
	2020年1月19日　国家税务总局公告2020年第2号 ……………（779）
4-2-165	财政部关于水土保持补偿费等四项非税收入划转税务部门征收的通知
	2020年12月4日　财税〔2020〕58号 …………………………（780）
4-2-166	国家税务总局关于水土保持补偿费等政府非税收入项目征管职责划转有关事项的公告
	2020年12月11日　国家税务总局公告2020年第21号 …………（781）
4-2-167	财政部关于土地闲置费、城镇垃圾处理费划转税务部门征收的通知
	2021年3月26日　财税〔2021〕8号 ……………………………（782）
4-2-168	国家税务总局　财政部　自然资源部　住房和城乡建设部　中国人民银行关于土地闲置费、城镇垃圾处理费划转有关征管事项的公告
	2021年5月12日　国家税务总局　财政部　自然资源部　住房和城乡建设部　中国人民银行公告2021年第12号 ……（783）
4-2-169	财政部　自然资源部　税务总局　人民银行关于将国有土地使用权出让收入、矿产资源专项收入、海域使用金、无居民海岛使用金四项政府非税收入划转税务部门征收有关问题的通知
	2021年5月21日　财综〔2021〕19号 ……………………………（784）
4-2-170	财政部关于将森林植被恢复费、草原植被恢复费划转税务部门征收的通知
	2022年12月13日　财税〔2022〕50号 …………………………（794）

附表4-2　非税收入其他相关文件索引 ……………………………………（795）

1 社会保险费

综合社保政策

4-1-1

中华人民共和国社会保险法

2010年10月28日第十一届全国人民代表大会常务委员会第十七次会议通过 同日中华人民共和国主席令第35号公布 2018年12月29日第十三届全国人民代表大会常务委员会第七次会议修正 同日中华人民共和国主席令第25号公布

目 录

第一章 总则
第二章 基本养老保险
第三章 基本医疗保险
第四章 工伤保险
第五章 失业保险
第六章 生育保险
第七章 社会保险费征缴
第八章 社会保险基金
第九章 社会保险经办
第十章 社会保险监督
第十一章 法律责任
第十二章 附则

第一章 总 则

第一条 为了规范社会保险关系,维护公民参加社会保险和享受社会保险待遇的合法权益,使公民共享发展成果,促进社会和谐稳定,根据宪法,制定本法。

第二条 国家建立基本养老保险、基本医疗保险、工伤保险、失业保险、生育保险等社会保险制度,保障公民在年老、疾病、工伤、失业、生育等情况下依法从国家和社会获得物质帮助的权利。

第三条 社会保险制度坚持广覆盖、保基本、多层次、可持续的方针,社会保险水平应当与经济社会发展水平相适应。

第四条 中华人民共和国境内的用人单位和个人依法缴纳社会保险费,有权查询缴费记录、个人权益记录,要求社会保险经办机构提供社会保险咨询等相关服务。

个人依法享受社会保险待遇,有权监督本单位为其缴费情况。

第五条 县级以上人民政府将社会保险事业纳入国民经济和社会发展规划。

国家多渠道筹集社会保险资金。县级以上人民政府对社会保险事业给予必要的经费支持。

国家通过税收优惠政策支持社会保险事业。

第六条 国家对社会保险基金实行严格监管。

国务院和省、自治区、直辖市人民政府建立健全社会保险基金监督管理制度,保障社会保险基金安全、有效运行。

县级以上人民政府采取措施,鼓励和支持社会各方面参与社会保险基金的监督。

第七条 国务院社会保险行政部门负责全国的社会保险管理工作,国务院其他有关部门在各自的职责范围内负责有关的社会保险工作。

县级以上地方人民政府社会保险行政部门负责本行政区域的社会保险管理工作,县级以上地方人民政府其他有关部门在各自的职责范围内负责有关的社会保险工作。

第八条 社会保险经办机构提供社会保险服务,负责社会保险登记、个人权益记录、社会保险待遇支付等工作。

第九条 工会依法维护职工的合法权益,有权参与社会保险重大事项的研究,参加社会保险监督委员会,对与职工社会保险权益有关的事项进行监督。

第二章 基本养老保险

第十条 职工应当参加基本养老保险,由用人单位和职工共同缴纳基本养老保险费。

无雇工的个体工商户、未在用人单位参加基本养老保险的非全日制从业人员以及其他灵活就业人员可以参加基本养老保险,由个人缴纳基本养老保险费。

公务员和参照公务员法管理的工作人员养老保险的办法由国务院规定。

第十一条 基本养老保险实行社会统筹与个人账户相结合。

基本养老保险基金由用人单位和个人缴费以及政府补贴等组成。

第十二条 用人单位应当按照国家规定的本单位职工工资总额的比例缴纳基本养老保险费,记入基本养老保险统筹基金。

职工应当按照国家规定的本人工资的比例缴纳基本养老保险费,记入个人账户。

无雇工的个体工商户、未在用人单位参加基本养老保险的非全日制从业人员以及其他灵活就业人员参加基本养老保险的,应当按照国家规定缴纳基本养老保险费,分别记入基本养老保险统筹基金和个人账户。

第十三条 国有企业、事业单位职工参加基本养老保险前,视同缴费年限期间应当缴纳的基本养老保险费由政府承担。

基本养老保险基金出现支付不足时,政府给予补贴。

第十四条 个人账户不得提前支取,记账利率不得低于银行定期存款利率,免征利息税。个人死亡的,个人账户余额可以继承。

第十五条 基本养老金由统筹养老金和个人账户养老金组成。

基本养老金根据个人累计缴费年限、缴费工资、当地职工平均工资、个人账户金额、城镇人口平均预期寿命等因素确定。

第十六条 参加基本养老保险的个人,达到法定退休年龄时累计缴费满十五年的,按月领取基本养老金。

参加基本养老保险的个人,达到法定退休年龄时累计缴费不足十五年的,可以缴费至满十五年,按月领取基本养老金;也可以转入新型农村社会养老保险或者城镇居民社会养老保险,按照国务院规定享受相应的养老保险待遇。

第十七条 参加基本养老保险的个人,因病或者非因工死亡的,其遗属可以领取丧葬补助金和抚恤金;在未达到法定退休年龄时因病或者非因工致残完全丧失劳动能力的,可以领取病残津贴。所需资金从基本养老保险基金中支付。

第十八条 国家建立基本养老金正常调整机制。根据职工平均工资增长、物价上涨情况,适时提高基本养老保险待遇水平。

第十九条 个人跨统筹地区就业的,其基本养老保险关系随本人转移,缴费年限累计计算。个人达到法定退休年龄时,基本养老金分段计算、统一支付。具体办法由国务院规定。

第二十条 国家建立和完善新型农村社会养老保险制度。

新型农村社会养老保险实行个人缴费、集体补助和政府补贴相结合。

第二十一条 新型农村社会养老保险待遇由基础养老金和个人账户养老金组成。

参加新型农村社会养老保险的农村居民,符合国家规定条件的,按月领取新型农村社会养老保险待遇。

第二十二条 国家建立和完善城镇居民社会养老保险制度。

省、自治区、直辖市人民政府根据实际情况,可以将城镇居民社会养老保险和新型农村社会养老保险合并实施。

第三章 基本医疗保险

第二十三条 职工应当参加职工基本医疗保险,由用人单位和职工按照国家规定共同缴纳基本医疗保险费。

无雇工的个体工商户、未在用人单位参加职工基本医疗保险的非全日制从业人员以及其他灵活就业人员可以参加职工基本医疗保险,由个人按照国家规定缴纳基本医疗保险费。

第二十四条 国家建立和完善新型农村合作医疗制度。

新型农村合作医疗的管理办法,由国务院规定。

第二十五条 国家建立和完善城镇居民基本医疗保险制度。

城镇居民基本医疗保险实行个人缴费和政府补贴相结合。

享受最低生活保障的人、丧失劳动能力的残疾人、低收入家庭六十周岁以上的老年人和未成年人等所需个人缴费部分,由政府给予补贴。

第二十六条 职工基本医疗保险、新型农村合作医疗和城镇居民基本医疗保险的待遇标准按照国家规定执行。

第二十七条 参加职工基本医疗保险的个人,达到法定退休年龄时累计缴费达到国家规定年限的,退休后不再缴纳基本医疗保险费,按照国家规定享受基本医疗保险待遇;未达到国家规定年限的,可以缴费至国家规定年限。

第二十八条 符合基本医疗保险药品目录、诊疗项目、医疗服务设施标准以及急诊、抢救的医疗费用,按照国家规定从基本医疗保险基金中支付。

第二十九条 参保人员医疗费用中应当由基本医疗保险基金支付的部分,由社会保险经办机构与医疗机构、药品经营单位直接结算。

社会保险行政部门和卫生行政部门应当建立异地就医医疗费用结算制度,方便参保人员享受基本医疗保险待遇。

第三十条 下列医疗费用不纳入基本医疗保险基金支付范围:

(一)应当从工伤保险基金中支付的;

(二)应当由第三人负担的;

(三)应当由公共卫生负担的;

(四)在境外就医的。

医疗费用依法应当由第三人负担,第三人不支付或者无法确定第三人的,由基本医疗保险基金先行支付。基本医疗保险基金先行支付后,有权向第三人追偿。

第三十一条 社会保险经办机构根据管理服务的需要,可以与医疗机构、药品经营单位签订服务协议,规范医疗服务行为。

医疗机构应当为参保人员提供合理、必要的医疗服务。

第三十二条 个人跨统筹地区就业的,其基本医疗保险关系随本人转移,缴费年限累计计算。

第四章 工伤保险

第三十三条 职工应当参加工伤保险,由用人单位缴纳工伤保险费,职工不缴纳工伤保险费。

第三十四条 国家根据不同行业的工伤风险程度确定行业的差别费率,并根据使用工伤保险基金、工伤发生率等情况在每个行业内确定费率档次。行业差别费率和行业内费率档次由国务院社会保险行政部门制定,报国务院批准后公布施行。

社会保险经办机构根据用人单位使用工伤保险基金、工伤发生率和所属行业费率档次等情况,确定用人单位缴费费率。

第三十五条 用人单位应当按照本单位职工工资总额,根据社会保险经办机构确定的费率缴纳工伤保险费。

第三十六条 职工因工作原因受到事故伤害或者患职业病,且经工伤认定的,享受工伤保险待遇;其中,经劳动能力鉴定丧失劳动能力的,享受伤残待遇。

工伤认定和劳动能力鉴定应当简捷、方便。

第三十七条 职工因下列情形之一导致本人在工作中伤亡的,不认定为工伤:

(一)故意犯罪;

(二)醉酒或者吸毒;

(三)自残或者自杀;

(四)法律、行政法规规定的其他情形。

第三十八条 因工伤发生的下列费用,按照国家规定从工伤保险基金中支付:

(一)治疗工伤的医疗费用和康复费用;

(二)住院伙食补助费;

(三)到统筹地区以外就医的交通食宿费;

(四)安装配置伤残辅助器具所需费用;

(五)生活不能自理的,经劳动能力鉴定委员会确认的生活护理费;

(六)一次性伤残补助金和一至四级伤残职工按月领取的伤残津贴;

(七)终止或者解除劳动合同时,应当享受的一次性医疗补助金;

(八)因工死亡的,其遗属领取的丧葬补助金、供养亲属抚恤金和因工死亡补助金;

(九)劳动能力鉴定费。

第三十九条 因工伤发生的下列费用,按照国家规定由用人单位支付:

(一)治疗工伤期间的工资福利;

(二)五级、六级伤残职工按月领取的伤残津贴;

(三)终止或者解除劳动合同时,应当享受的一次性伤残就业补助金。

第四十条 工伤职工符合领取基本养老金条件的,停发伤残津贴,享受基本养老保险待遇。基本养老保险待遇低于伤残津贴的,从工伤保险基金中补足差额。

第四十一条 职工所在用人单位未依法缴纳工伤保险费,发生工伤事故的,由用人单位支付工伤保险待遇。用人单位不支付的,从工伤保险基金中先行支付。

从工伤保险基金中先行支付的工伤保险待遇应当由用人单位偿还。用人单位不偿还的,社会保险经办机构可以依照本法第六十三条的规定追偿。

第四十二条 由于第三人的原因造成工伤,第三人不支付工伤医疗费用或者无法确定第三人的,由工伤保险基金先行支付。工伤保险基金先行支付后,有权向第三人追偿。

第四十三条 工伤职工有下列情形之一的,停止享受工伤保险待遇:

(一)丧失享受待遇条件的;

(二)拒不接受劳动能力鉴定的;

(三)拒绝治疗的。

第五章 失业保险

第四十四条 职工应当参加失业保险,由用人单位和职工按照国家规定共同缴纳失业保险费。

第四十五条 失业人员符合下列条件的,从失业保险基金中领取失业保险金:

(一)失业前用人单位和本人已经缴纳失业保险费满一年的;

(二)非因本人意愿中断就业的;

(三)已经进行失业登记,并有求职要求的。

第四十六条 失业人员失业前用人单位和本人累计缴费满一年不足五年的,领取失业保险金的期限最长为十二个月；累计缴费满五年不足十年的，领取失业保险金的期限最长为十八个月；累计缴费十年以上的，领取失业保险金的期限最长为二十四个月。重新就业后，再次失业的，缴费时间重新计算，领取失业保险金的期限与前次失业应当领取而尚未领取的失业保险金的期限合并计算，最长不超过二十四个月。

第四十七条 失业保险金的标准，由省、自治区、直辖市人民政府确定，不得低于城市居民最低生活保障标准。

第四十八条 失业人员在领取失业保险金期间，参加职工基本医疗保险，享受基本医疗保险待遇。

失业人员应当缴纳的基本医疗保险费从失业保险基金中支付，个人不缴纳基本医疗保险费。

第四十九条 失业人员在领取失业保险金期间死亡的，参照当地对在职职工死亡的规定，向其遗属发给一次性丧葬补助金和抚恤金。所需资金从失业保险基金中支付。

个人死亡同时符合领取基本养老保险丧葬补助金、工伤保险丧葬补助金和失业保险丧葬补助金条件的，其遗属只能选择领取其中的一项。

第五十条 用人单位应当及时为失业人员出具终止或者解除劳动关系的证明，并将失业人员的名单自终止或者解除劳动关系之日起十五日内告知社会保险经办机构。

失业人员应当持本单位为其出具的终止或者解除劳动关系的证明，及时到指定的公共就业服务机构办理失业登记。

失业人员凭失业登记证明和个人身份证明，到社会保险经办机构办理领取失业保险金的手续。失业保险金领取期限自办理失业登记之日起计算。

第五十一条 失业人员在领取失业保险金期间有下列情形之一的，停止领取失业保险金，并同时停止享受其他失业保险待遇：

（一）重新就业的；

（二）应征服兵役的；

（三）移居境外的；

（四）享受基本养老保险待遇的；

（五）无正当理由，拒不接受当地人民政府指定部门或者机构介绍的适当工作或者提供的培训的。

第五十二条 职工跨统筹地区就业的，其失业保险关系随本人转移，缴费年限累计计算。

第六章　生育保险

第五十三条 职工应当参加生育保险，由用人单位按照国家规定缴纳生育保险费，职工不缴纳生育保险费。

第五十四条 用人单位已经缴纳生育保险费的，其职工享受生育保险待遇；职工未就业配偶按照国家规定享受生育医疗费用待遇。所需资金从生育保险基金中支付。

生育保险待遇包括生育医疗费用和生育津贴。

第五十五条 生育医疗费用包括下列各项：

(一)生育的医疗费用;
(二)计划生育的医疗费用;
(三)法律、法规规定的其他项目费用。

第五十六条 职工有下列情形之一的,可以按照国家规定享受生育津贴:
(一)女职工生育享受产假;
(二)享受计划生育手术休假;
(三)法律、法规规定的其他情形。

生育津贴按照职工所在用人单位上年度职工月平均工资计发。

第七章 社会保险费征缴

第五十七条 用人单位应当自成立之日起三十日内凭营业执照、登记证书或者单位印章,向当地社会保险经办机构申请办理社会保险登记。社会保险经办机构应当自收到申请之日起十五日内予以审核,发给社会保险登记证件。

用人单位的社会保险登记事项发生变更或者用人单位依法终止的,应当自变更或者终止之日起三十日内,到社会保险经办机构办理变更或者注销社会保险登记。

市场监督管理部门、民政部门和机构编制管理机关应当及时向社会保险经办机构通报用人单位的成立、终止情况,公安机关应当及时向社会保险经办机构通报个人的出生、死亡以及户口登记、迁移、注销等情况。

第五十八条 用人单位应当自用工之日起三十日内为其职工向社会保险经办机构申请办理社会保险登记。未办理社会保险登记的,由社会保险经办机构核定其应当缴纳的社会保险费。

自愿参加社会保险的无雇工的个体工商户、未在用人单位参加社会保险的非全日制从业人员以及其他灵活就业人员,应当向社会保险经办机构申请办理社会保险登记。

国家建立全国统一的个人社会保障号码。个人社会保障号码为公民身份号码。

第五十九条 县级以上人民政府加强社会保险费的征收工作。

社会保险费实行统一征收,实施步骤和具体办法由国务院规定。

第六十条 用人单位应当自行申报、按时足额缴纳社会保险费,非因不可抗力等法定事由不得缓缴、减免。职工应当缴纳的社会保险费由用人单位代扣代缴,用人单位应当按月将缴纳社会保险费的明细情况告知本人。

无雇工的个体工商户、未在用人单位参加社会保险的非全日制从业人员以及其他灵活就业人员,可以直接向社会保险费征收机构缴纳社会保险费。

第六十一条 社会保险费征收机构应当依法按时足额征收社会保险费,并将缴费情况定期告知用人单位和个人。

第六十二条 用人单位未按规定申报应当缴纳的社会保险费数额的,按照该单位上月缴费额的百分之一百一十确定应当缴纳数额;缴费单位补办申报手续后,由社会保险费征收机构按照规定结算。

第六十三条 用人单位未按时足额缴纳社会保险费的,由社会保险费征收机构责令其限期缴纳或者补足。

用人单位逾期仍未缴纳或者补足社会保险费的,社会保险费征收机构可以向银行和其他金融机构查询其存款账户;并可以申请县级以上有关行政部门作出划拨社会保险费的决定,书面通知其开户银行或者其他金融机构划拨社会保险费。用人单位账户余额少于应当缴纳的社会保险费的,社会保险费征收机构可以要求该用人单位提供担保,签订延期缴费协议。

用人单位未足额缴纳社会保险费且未提供担保的,社会保险费征收机构可以申请人民法院扣押、查封、拍卖其价值相当于应当缴纳社会保险费的财产,以拍卖所得抵缴社会保险费。

第八章 社会保险基金

第六十四条 社会保险基金包括基本养老保险基金、基本医疗保险基金、工伤保险基金、失业保险基金和生育保险基金。除基本医疗保险基金与生育保险基金合并建账及核算外,其他各项社会保险基金按照社会保险险种分别建账,分账核算。社会保险基金执行国家统一的会计制度。

社会保险基金专款专用,任何组织和个人不得侵占或者挪用。

基本养老保险基金逐步实行全国统筹,其他社会保险基金逐步实行省级统筹,具体时间、步骤由国务院规定。

第六十五条 社会保险基金通过预算实现收支平衡。

县级以上人民政府在社会保险基金出现支付不足时,给予补贴。

第六十六条 社会保险基金按照统筹层次设立预算。除基本医疗保险基金与生育保险基金预算合并编制外,其他社会保险基金预算按照社会保险项目分别编制。

第六十七条 社会保险基金预算、决算草案的编制、审核和批准,依照法律和国务院规定执行。

第六十八条 社会保险基金存入财政专户,具体管理办法由国务院规定。

第六十九条 社会保险基金在保证安全的前提下,按照国务院规定投资运营实现保值增值。

社会保险基金不得违规投资运营,不得用于平衡其他政府预算,不得用于兴建、改建办公场所和支付人员经费、运行费用、管理费用,或者违反法律、行政法规规定挪作其他用途。

第七十条 社会保险经办机构应当定期向社会公布参加社会保险情况以及社会保险基金的收入、支出、结余和收益情况。

第七十一条 国家设立全国社会保障基金,由中央财政预算拨款以及国务院批准的其他方式筹集的资金构成,用于社会保障支出的补充、调剂。全国社会保障基金由全国社会保障基金管理运营机构负责管理运营,在保证安全的前提下实现保值增值。

全国社会保障基金应当定期向社会公布收支、管理和投资运营的情况。国务院财政部门、社会保险行政部门、审计机关对全国社会保障基金的收支、管理和投资运营情况实施监督。

第九章 社会保险经办

第七十二条 统筹地区设立社会保险经办机构。社会保险经办机构根据工作需要,经所在地的社会保险行政部门和机构编制管理机关批准,可以在本统筹地区设立分支机构和服务网点。

社会保险经办机构的人员经费和经办社会保险发生的基本运行费用、管理费用,由同级财政按照国家规定予以保障。

第七十三条 社会保险经办机构应当建立健全业务、财务、安全和风险管理制度。

社会保险经办机构应当按时足额支付社会保险待遇。

第七十四条 社会保险经办机构通过业务经办、统计、调查获取社会保险工作所需的数据,有关单位和个人应当及时、如实提供。

社会保险经办机构应当及时为用人单位建立档案,完整、准确地记录参加社会保险的人员、缴费等社会保险数据,妥善保管登记、申报的原始凭证和支付结算的会计凭证。

社会保险经办机构应当及时、完整、准确地记录参加社会保险的个人缴费和用人单位为其缴费,以及享受社会保险待遇等个人权益记录,定期将个人权益记录单免费寄送本人。

用人单位和个人可以免费向社会保险经办机构查询、核对其缴费和享受社会保险待遇记录,要求社会保险经办机构提供社会保险咨询等相关服务。

第七十五条 全国社会保险信息系统按照国家统一规划,由县级以上人民政府按照分级负责的原则共同建设。

第十章 社会保险监督

第七十六条 各级人民代表大会常务委员会听取和审议本级人民政府对社会保险基金的收支、管理、投资运营以及监督检查情况的专项工作报告,组织对本法实施情况的执法检查等,依法行使监督职权。

第七十七条 县级以上人民政府社会保险行政部门应当加强对用人单位和个人遵守社会保险法律、法规情况的监督检查。

社会保险行政部门实施监督检查时,被检查的用人单位和个人应当如实提供与社会保险有关的资料,不得拒绝检查或者谎报、瞒报。

第七十八条 财政部门、审计机关按照各自职责,对社会保险基金的收支、管理和投资运营情况实施监督。

第七十九条 社会保险行政部门对社会保险基金的收支、管理和投资运营情况进行监督检查,发现存在问题的,应当提出整改建议,依法作出处理决定或者向有关行政部门提出处理建议。社会保险基金检查结果应当定期向社会公布。

社会保险行政部门对社会保险基金实施监督检查,有权采取下列措施:

(一)查阅、记录、复制与社会保险基金收支、管理和投资运营相关的资料,对可能被转移、隐匿或者灭失的资料予以封存;

(二)询问与调查事项有关的单位和个人,要求其对与调查事项有关的问题作出说明、提供有关证明材料;

(三)对隐匿、转移、侵占、挪用社会保险基金的行为予以制止并责令改正。

第八十条 统筹地区人民政府成立由用人单位代表、参保人员代表,以及工会代表、专家等组成的社会保险监督委员会,掌握、分析社会保险基金的收支、管理和投资运营情况,对社会保险工作提出咨询意见和建议,实施社会监督。

社会保险经办机构应当定期向社会保险监督委员会汇报社会保险基金的收支、管理和投资运营情况。社会保险监督委员会可以聘请会计师事务所对社会保险基金的收支、管理和投资运营情况进行年度审计和专项审计。审计结果应当向社会公开。

社会保险监督委员会发现社会保险基金收支、管理和投资运营中存在问题的,有权提出改正建议;对社会保险经办机构及其工作人员的违法行为,有权向有关部门提出依法处理建议。

第八十一条　社会保险行政部门和其他有关行政部门、社会保险经办机构、社会保险费征收机构及其工作人员,应当依法为用人单位和个人的信息保密,不得以任何形式泄露。

第八十二条　任何组织或者个人有权对违反社会保险法律、法规的行为进行举报、投诉。

社会保险行政部门、卫生行政部门、社会保险经办机构、社会保险费征收机构和财政部门、审计机关对属于本部门、本机构职责范围的举报、投诉,应当依法处理;对不属于本部门、本机构职责范围的,应当书面通知并移交有权处理的部门、机构处理。有权处理的部门、机构应当及时处理,不得推诿。

第八十三条　用人单位或者个人认为社会保险费征收机构的行为侵害自己合法权益的,可以依法申请行政复议或者提起行政诉讼。

用人单位或者个人对社会保险经办机构不依法办理社会保险登记、核定社会保险费、支付社会保险待遇、办理社会保险转移接续手续或者侵害其他社会保险权益的行为,可以依法申请行政复议或者提起行政诉讼。

个人与所在用人单位发生社会保险争议的,可以依法申请调解、仲裁,提起诉讼。用人单位侵害个人社会保险权益的,个人也可以要求社会保险行政部门或者社会保险费征收机构依法处理。

第十一章　法律责任

第八十四条　用人单位不办理社会保险登记的,由社会保险行政部门责令限期改正;逾期不改正的,对用人单位处应缴社会保险费数额一倍以上三倍以下的罚款,对其直接负责的主管人员和其他直接责任人员处五百元以上三千元以下的罚款。

第八十五条　用人单位拒不出具终止或者解除劳动关系证明的,依照《中华人民共和国劳动合同法》的规定处理。

第八十六条　用人单位未按时足额缴纳社会保险费的,由社会保险费征收机构责令限期缴纳或者补足,并自欠缴之日起,按日加收万分之五的滞纳金;逾期仍不缴纳的,由有关行政部门处欠缴数额一倍以上三倍以下的罚款。

第八十七条　社会保险经办机构以及医疗机构、药品经营单位等社会保险服务机构以欺诈、伪造证明材料或者其他手段骗取社会保险基金支出的,由社会保险行政部门责令退回骗取的社会保险金,处骗取金额二倍以上五倍以下的罚款;属于社会保险服务机构的,解除服务协议;直接负责的主管人员和其他直接责任人员有执业资格的,依法吊销其执业资格。

第八十八条 以欺诈、伪造证明材料或者其他手段骗取社会保险待遇的,由社会保险行政部门责令退回骗取的社会保险金,处骗取金额二倍以上五倍以下的罚款。

第八十九条 社会保险经办机构及其工作人员有下列行为之一的,由社会保险行政部门责令改正;给社会保险基金、用人单位或者个人造成损失的,依法承担赔偿责任;对直接负责的主管人员和其他直接责任人员依法给予处分:

(一)未履行社会保险法定职责的;

(二)未将社会保险基金存入财政专户的;

(三)克扣或者拒不按时支付社会保险待遇的;

(四)丢失或者篡改缴费记录、享受社会保险待遇记录等社会保险数据、个人权益记录的;

(五)有违反社会保险法律、法规的其他行为的。

第九十条 社会保险费征收机构擅自更改社会保险费缴费基数、费率,导致少收或者多收社会保险费的,由有关行政部门责令其追缴应当缴纳的社会保险费或者退还不应当缴纳的社会保险费;对直接负责的主管人员和其他直接责任人员依法给予处分。

第九十一条 违反本法规定,隐匿、转移、侵占、挪用社会保险基金或者违规投资运营的,由社会保险行政部门、财政部门、审计机关责令追回;有违法所得的,没收违法所得;对直接负责的主管人员和其他直接责任人员依法给予处分。

第九十二条 社会保险行政部门和其他有关行政部门、社会保险经办机构、社会保险费征收机构及其工作人员泄露用人单位和个人信息的,对直接负责的主管人员和其他直接责任人员依法给予处分;给用人单位或者个人造成损失的,应当承担赔偿责任。

第九十三条 国家工作人员在社会保险管理、监督工作中滥用职权、玩忽职守、徇私舞弊的,依法给予处分。

第九十四条 违反本法规定,构成犯罪的,依法追究刑事责任。

第十二章 附 则

第九十五条 进城务工的农村居民依照本法规定参加社会保险。

第九十六条 征收农村集体所有的土地,应当足额安排被征地农民的社会保险费,按照国务院规定将被征地农民纳入相应的社会保险制度。

第九十七条 外国人在中国境内就业的,参照本法规定参加社会保险。

第九十八条 本法自 2011 年 7 月 1 日起施行。

4-1-2

中华人民共和国军人保险法

2012年4月27日第十一届全国人民代表大会常务委员会
第二十六次会议通过　同日中华人民共和国主席令第56号公布

目　　录

第一章　总则
第二章　军人伤亡保险
第三章　退役养老保险
第四章　退役医疗保险
第五章　随军未就业的军人配偶保险
第六章　军人保险基金
第七章　保险经办与监督
第八章　法律责任
第九章　附则

第一章　总　　则

第一条　为了规范军人保险关系,维护军人合法权益,促进国防和军队建设,制定本法。

第二条　国家建立军人保险制度。

军人伤亡保险、退役养老保险、退役医疗保险和随军未就业的军人配偶保险的建立、缴费和转移接续等适用本法。

第三条　军人保险制度应当体现军人职业特点,与社会保险制度相衔接,与经济社会发展水平相适应。

国家根据社会保险制度的发展,适时补充完善军人保险制度。

第四条　国家促进军人保险事业的发展,为军人保险提供财政拨款和政策支持。

第五条　中国人民解放军军人保险主管部门负责全军的军人保险工作。国务院社会保险行政部门、财政部门和军队其他有关部门在各自职责范围内负责有关的军人保险工作。

军队后勤(联勤)机关财务部门负责承办军人保险登记、个人权益记录、军人保险待遇支付等工作。

军队后勤(联勤)机关财务部门和地方社会保险经办机构,按照各自职责办理军人保险与社会保险关系转移接续手续。

第六条　军人依法参加军人保险并享受相应的保险待遇。

军人有权查询、核对个人缴费记录和个人权益记录,要求军队后勤(联勤)机关财务部门和地方社会保险经办机构依法办理养老、医疗等保险关系转移接续手续,提供军人保险和社会保险咨询等相关服务。

第二章 军人伤亡保险

第七条 军人因战、因公死亡的,按照认定的死亡性质和相应的保险金标准,给付军人死亡保险金。

第八条 军人因战、因公、因病致残的,按照评定的残疾等级和相应的保险金标准,给付军人残疾保险金。

第九条 军人死亡和残疾的性质认定、残疾等级评定和相应的保险金标准,按照国家和军队有关规定执行。

第十条 军人因下列情形之一死亡或者致残的,不享受军人伤亡保险待遇:

(一)故意犯罪的;

(二)醉酒或者吸毒的;

(三)自残或者自杀的;

(四)法律、行政法规和军事法规规定的其他情形。

第十一条 已经评定残疾等级的因战、因公致残的军人退出现役参加工作后旧伤复发的,依法享受相应的工伤待遇。

第十二条 军人伤亡保险所需资金由国家承担,个人不缴纳保险费。

第三章 退役养老保险

第十三条 军人退出现役参加基本养老保险的,国家给予退役养老保险补助。

第十四条 军人退役养老保险补助标准,由中国人民解放军总后勤部会同国务院有关部门,按照国家规定的基本养老保险缴费标准、军人工资水平等因素拟订,报国务院、中央军事委员会批准。

第十五条 军人入伍前已经参加基本养老保险的,由地方社会保险经办机构和军队后勤(联勤)机关财务部门办理基本养老保险关系转移接续手续。

第十六条 军人退出现役后参加职工基本养老保险的,由军队后勤(联勤)机关财务部门将军人退役养老保险关系和相应资金转入地方社会保险经办机构,地方社会保险经办机构办理相应的转移接续手续。

军人服现役年限与入伍前和退出现役后参加职工基本养老保险的缴费年限合并计算。

第十七条 军人退出现役后参加新型农村社会养老保险或者城镇居民社会养老保险的,按照国家有关规定办理转移接续手续。

第十八条 军人退出现役到公务员岗位或者参照公务员法管理的工作人员岗位的,以及现役军官、文职干部退出现役自主择业的,其养老保险办法按照国家有关规定执行。

第十九条 军人退出现役采取退休方式安置的,其养老办法按照国务院和中央军事委员会的有关规定执行。

第四章 退役医疗保险

第二十条 参加军人退役医疗保险的军官、文职干部和士官应当缴纳军人退役医疗保险费,国家按照个人缴纳的军人退役医疗保险费的同等数额给予补助。

义务兵和供给制学员不缴纳军人退役医疗保险费,国家按照规定的标准给予军人退役医疗保险补助。

第二十一条 军人退役医疗保险个人缴费标准和国家补助标准,由中国人民解放军总后勤部会同国务院有关部门,按照国家规定的缴费比例、军人工资水平等因素确定。

第二十二条 军人入伍前已经参加基本医疗保险的,由地方社会保险经办机构和军队后勤(联勤)机关财务部门办理基本医疗保险关系转移接续手续。

第二十三条 军人退出现役后参加职工基本医疗保险的,由军队后勤(联勤)机关财务部门将军人退役医疗保险关系和相应资金转入地方社会保险经办机构,地方社会保险经办机构办理相应的转移接续手续。

军人服现役年限视同职工基本医疗保险缴费年限,与入伍前和退出现役后参加职工基本医疗保险的缴费年限合并计算。

第二十四条 军人退出现役后参加新型农村合作医疗或者城镇居民基本医疗保险的,按照国家有关规定办理。

第五章 随军未就业的军人配偶保险

第二十五条 国家为随军未就业的军人配偶建立养老保险、医疗保险等。随军未就业的军人配偶参加保险,应当缴纳养老保险费和医疗保险费,国家给予相应的补助。

随军未就业的军人配偶保险个人缴费标准和国家补助标准,按照国家有关规定执行。

第二十六条 随军未就业的军人配偶随军前已经参加社会保险的,由地方社会保险经办机构和军队后勤(联勤)机关财务部门办理保险关系转移接续手续。

第二十七条 随军未就业的军人配偶实现就业或者军人退出现役时,由军队后勤(联勤)机关财务部门将其养老保险、医疗保险关系和相应资金转入地方社会保险经办机构,地方社会保险经办机构办理相应的转移接续手续。

军人配偶在随军未就业期间的养老保险、医疗保险缴费年限与其在地方参加职工基本养老保险、职工基本医疗保险的缴费年限合并计算。

第二十八条 随军未就业的军人配偶达到国家规定的退休年龄时,按照国家有关规定确定退休地,由军队后勤(联勤)机关财务部门将其养老保险关系和相应资金转入退休地社会保险经办机构,享受相应的基本养老保险待遇。

第二十九条 地方人民政府和有关部门应当为随军未就业的军人配偶提供就业指导、培训等方面的服务。

随军未就业的军人配偶无正当理由拒不接受当地人民政府就业安置,或者无正当理由拒不接受当地人民政府指定部门、机构介绍的适当工作、提供的就业培训的,停止给予保险缴费补助。

第六章 军人保险基金

第三十条 军人保险基金包括军人伤亡保险基金、军人退役养老保险基金、军人退役医疗保险基金和随军未就业的军人配偶保险基金。各项军人保险基金按照军人保险险种分别建账,分账核算,执行军队的会计制度。

第三十一条 军人保险基金由个人缴费、中央财政负担的军人保险资金以及利息收入等资金构成。

第三十二条 军人应当缴纳的保险费,由其所在单位代扣代缴。

随军未就业的军人配偶应当缴纳的保险费,由军人所在单位代扣代缴。

第三十三条 中央财政负担的军人保险资金,由国务院财政部门纳入年度国防费预算。

第三十四条 军人保险基金按照国家和军队的预算管理制度,实行预算、决算管理。

第三十五条 军人保险基金实行专户存储,具体管理办法按照国家和军队有关规定执行。

第三十六条 军人保险基金由中国人民解放军总后勤部军人保险基金管理机构集中管理。

军人保险基金管理机构应当严格管理军人保险基金,保证基金安全。

第三十七条 军人保险基金应当专款专用,按照规定的项目、范围和标准支出,任何单位和个人不得贪污、侵占、挪用,不得变更支出项目、扩大支出范围或者改变支出标准。

第七章 保险经办与监督

第三十八条 军队后勤(联勤)机关财务部门和地方社会保险经办机构应当建立健全军人保险经办管理制度。

军队后勤(联勤)机关财务部门应当按时足额支付军人保险金。

军队后勤(联勤)机关财务部门和地方社会保险经办机构应当及时办理军人保险和社会保险关系转移接续手续。

第三十九条 军队后勤(联勤)机关财务部门应当为军人及随军未就业的军人配偶建立保险档案,及时、完整、准确地记录其个人缴费和国家补助,以及享受军人保险待遇等个人权益记录,并定期将个人权益记录单送达本人。

军队后勤(联勤)机关财务部门和地方社会保险经办机构应当为军人及随军未就业的军人配偶提供军人保险和社会保险咨询等相关服务。

第四十条 军人保险信息系统由中国人民解放军总后勤部负责统一建设。

第四十一条 中国人民解放军总后勤部财务部门和中国人民解放军审计机关按照各自职责,对军人保险基金的收支和管理情况实施监督。

第四十二条 军队后勤(联勤)机关、地方社会保险行政部门,应当对单位和个人遵守本法的情况进行监督检查。

军队后勤(联勤)机关、地方社会保险行政部门实施监督检查时,被检查单位和个人应当如实提供与军人保险有关的资料,不得拒绝检查或者谎报、瞒报。

第四十三条 军队后勤(联勤)机关财务部门和地方社会保险经办机构及其工作人员,应当依法为军队单位和军人的信息保密,不得以任何形式泄露。

第四十四条 任何单位或者个人有权对违反本法规定的行为进行举报、投诉。

军队和地方有关部门、机构对属于职责范围内的举报、投诉,应当依法处理;对不属于本部门、本机构职责范围的,应当书面通知并移交有权处理的部门、机构处理。有权处理的部门、机构应当及时处理,不得推诿。

第八章 法律责任

第四十五条 军队后勤(联勤)机关财务部门、社会保险经办机构,有下列情形之一的,由军队后勤(联勤)机关或者社会保险行政部门责令改正;对直接负责的主管人员和其他直接责任人员依法给予处分;造成损失的,依法承担赔偿责任:

(一)不按照规定建立、转移接续军人保险关系的;

(二)不按照规定收缴、上缴个人缴纳的保险费的;

(三)不按照规定给付军人保险金的;

(四)篡改或者丢失个人缴费记录等军人保险档案资料的;

(五)泄露军队单位和军人的信息的;

(六)违反规定划拨、存储军人保险基金的;

(七)有违反法律、法规损害军人保险权益的其他行为的。

第四十六条 贪污、侵占、挪用军人保险基金的,由军队后勤(联勤)机关责令限期退回,对直接负责的主管人员和其他直接责任人员依法给予处分。

第四十七条 以欺诈、伪造证明材料等手段骗取军人保险待遇的,由军队后勤(联勤)机关和社会保险行政部门责令限期退回,并依法给予处分。

第四十八条 违反本法规定,构成犯罪的,依法追究刑事责任。

第九章 附 则

第四十九条 军人退出现役后参加失业保险的,其服现役年限视同失业保险缴费年限,与入伍前和退出现役后参加失业保险的缴费年限合并计算。

第五十条 本法关于军人保险权益和义务的规定,适用于人民武装警察;中国人民武装警察部队保险基金管理,按照中国人民武装警察部队资金管理体制执行。

第五十一条 本法自2012年7月1日起施行。

4-1-3

中华人民共和国劳动法

1994年7月5日第八届全国人民代表大会常务委员会第八次会议通过 同日中华人民共和国主席令第28号公布 2009年8月27日第十一届全国人民代表大会常务委员会第十次会议第一次修正 同日中华人民共和国主席令第13号公布 2018年12月29日第十三届全国人民代表大会常务委员会第七次会议第二次修正 同日中华人民共和国主席令第24号公布

目　　录

第一章　总则
第二章　促进就业
第三章　劳动合同和集体合同
第四章　工作时间和休息休假
第五章　工资
第六章　劳动安全卫生
第七章　女职工和未成年工特殊保护
第八章　职业培训
第九章　社会保险和福利
第十章　劳动争议
第十一章　监督检查
第十二章　法律责任
第十三章　附则

第一章　总　　则

第一条　为了保护劳动者的合法权益,调整劳动关系,建立和维护适应社会主义市场经济的劳动制度,促进经济发展和社会进步,根据宪法,制定本法。

第二条　在中华人民共和国境内的企业、个体经济组织(以下统称用人单位)和与之形成劳动关系的劳动者,适用本法。

国家机关、事业组织、社会团体和与之建立劳动合同关系的劳动者,依照本法执行。

第三条　劳动者享有平等就业和选择职业的权利、取得劳动报酬的权利、休息休假的权利、获得劳动安全卫生保护的权利、接受职业技能培训的权利、享受社会保险和福利的权利、提请劳动争议处理的权利以及法律规定的其他劳动权利。

劳动者应当完成劳动任务,提高职业技能,执行劳动安全卫生规程,遵守劳动纪律和职业道德。

第四条 用人单位应当依法建立和完善规章制度,保障劳动者享有劳动权利和履行劳动义务。

第五条 国家采取各种措施,促进劳动就业,发展职业教育,制定劳动标准,调节社会收入,完善社会保险,协调劳动关系,逐步提高劳动者的生活水平。

第六条 国家提倡劳动者参加社会义务劳动,开展劳动竞赛和合理化建议活动,鼓励和保护劳动者进行科学研究、技术革新和发明创造,表彰和奖励劳动模范和先进工作者。

第七条 劳动者有权依法参加和组织工会。

工会代表和维护劳动者的合法权益,依法独立自主地开展活动。

第八条 劳动者依照法律规定,通过职工大会、职工代表大会或者其他形式,参与民主管理或者就保护劳动者合法权益与用人单位进行平等协商。

第九条 国务院劳动行政部门主管全国劳动工作。

县级以上地方人民政府劳动行政部门主管本行政区域内的劳动工作。

第二章 促进就业

第十条 国家通过促进经济和社会发展,创造就业条件,扩大就业机会。

国家鼓励企业、事业组织、社会团体在法律、行政法规规定的范围内兴办产业或者拓展经营,增加就业。

国家支持劳动者自愿组织起来就业和从事个体经营实现就业。

第十一条 地方各级人民政府应当采取措施,发展多种类型的职业介绍机构,提供就业服务。

第十二条 劳动者就业,不因民族、种族、性别、宗教信仰不同而受歧视。

第十三条 妇女享有与男子平等的就业权利。在录用职工时,除国家规定的不适合妇女的工种或者岗位外,不得以性别为由拒绝录用妇女或者提高对妇女的录用标准。

第十四条 残疾人、少数民族人员、退出现役的军人的就业,法律、法规有特别规定的,从其规定。

第十五条 禁止用人单位招用未满十六周岁的未成年人。

文艺、体育和特种工艺单位招用未满十六周岁的未成年人,必须遵守国家有关规定,并保障其接受义务教育的权利。

第三章 劳动合同和集体合同

第十六条 劳动合同是劳动者与用人单位确立劳动关系、明确双方权利和义务的协议。

建立劳动关系应当订立劳动合同。

第十七条 订立和变更劳动合同,应当遵循平等自愿、协商一致的原则,不得违反法律、行政法规的规定。

劳动合同依法订立即具有法律约束力,当事人必须履行劳动合同规定的义务。

第十八条 下列劳动合同无效:

(一)违反法律、行政法规的劳动合同;

(二)采取欺诈、威胁等手段订立的劳动合同。

无效的劳动合同,从订立的时候起,就没有法律约束力。确认劳动合同部分无效的,如果不影响其余部分的效力,其余部分仍然有效。

劳动合同的无效,由劳动争议仲裁委员会或者人民法院确认。

第十九条 劳动合同应当以书面形式订立,并具备以下条款:

(一)劳动合同期限;

(二)工作内容;

(三)劳动保护和劳动条件;

(四)劳动报酬;

(五)劳动纪律;

(六)劳动合同终止的条件;

(七)违反劳动合同的责任。

劳动合同除前款规定的必备条款外,当事人可以协商约定其他内容。

第二十条 劳动合同的期限分为有固定期限、无固定期限和以完成一定的工作为期限。

劳动者在同一用人单位连续工作满十年以上,当事人双方同意续延劳动合同的,如果劳动者提出订立无固定期限的劳动合同,应当订立无固定期限的劳动合同。

第二十一条 劳动合同可以约定试用期。试用期最长不得超过六个月。

第二十二条 劳动合同当事人可以在劳动合同中约定保守用人单位商业秘密的有关事项。

第二十三条 劳动合同期满或者当事人约定的劳动合同终止条件出现,劳动合同即行终止。

第二十四条 经劳动合同当事人协商一致,劳动合同可以解除。

第二十五条 劳动者有下列情形之一的,用人单位可以解除劳动合同:

(一)在试用期间被证明不符合录用条件的;

(二)严重违反劳动纪律或者用人单位规章制度的;

(三)严重失职,营私舞弊,对用人单位利益造成重大损害的;

(四)被依法追究刑事责任的。

第二十六条 有下列情形之一的,用人单位可以解除劳动合同,但是应当提前三十日以书面形式通知劳动者本人:

(一)劳动者患病或者非因工负伤,医疗期满后,不能从事原工作也不能从事由用人单位另行安排的工作的;

(二)劳动者不能胜任工作,经过培训或者调整工作岗位,仍不能胜任工作的;

(三)劳动合同订立时所依据的客观情况发生重大变化,致使原劳动合同无法履行,经当事人协商不能就变更劳动合同达成协议的。

第二十七条 用人单位濒临破产进行法定整顿期间或者生产经营状况发生严重困难,确需裁减人员的,应当提前三十日向工会或者全体职工说明情况,听取工会或者职工的意见,经向劳动行政部门报告后,可以裁减人员。

用人单位依据本条规定裁减人员，在六个月内录用人员的，应当优先录用被裁减的人员。

第二十八条 用人单位依据本法第二十四条、第二十六条、第二十七条的规定解除劳动合同的，应当依照国家有关规定给予经济补偿。

第二十九条 劳动者有下列情形之一的，用人单位不得依据本法第二十六条、第二十七条的规定解除劳动合同：

（一）患职业病或者因工负伤并被确认丧失或者部分丧失劳动能力的；

（二）患病或者负伤，在规定的医疗期内的；

（三）女职工在孕期、产期、哺乳期内的；

（四）法律、行政法规规定的其他情形。

第三十条 用人单位解除劳动合同，工会认为不适当的，有权提出意见。如果用人单位违反法律、法规或者劳动合同，工会有权要求重新处理；劳动者申请仲裁或者提起诉讼的，工会应当依法给予支持和帮助。

第三十一条 劳动者解除劳动合同，应当提前三十日以书面形式通知用人单位。

第三十二条 有下列情形之一的，劳动者可以随时通知用人单位解除劳动合同：

（一）在试用期内的；

（二）用人单位以暴力、威胁或者非法限制人身自由的手段强迫劳动的；

（三）用人单位未按照劳动合同约定支付劳动报酬或者提供劳动条件的。

第三十三条 企业职工一方与企业可以就劳动报酬、工作时间、休息休假、劳动安全卫生、保险福利等事项，签订集体合同。集体合同草案应当提交职工代表大会或者全体职工讨论通过。

集体合同由工会代表职工与企业签订；没有建立工会的企业，由职工推举的代表与企业签订。

第三十四条 集体合同签订后应当报送劳动行政部门；劳动行政部门自收到集体合同文本之日起十五日内未提出异议的，集体合同即行生效。

第三十五条 依法签订的集体合同对企业和企业全体职工具有约束力。职工个人与企业订立的劳动合同中劳动条件和劳动报酬等标准不得低于集体合同的规定。

第四章 工作时间和休息休假

第三十六条 国家实行劳动者每日工作时间不超过八小时、平均每周工作时间不超过四十四小时的工时制度。

第三十七条 对实行计件工作的劳动者，用人单位应当根据本法第三十六条规定的工时制度合理确定其劳动定额和计件报酬标准。

第三十八条 用人单位应当保证劳动者每周至少休息一日。

第三十九条 企业因生产特点不能实行本法第三十六条、第三十八条规定的，经劳动行政部门批准，可以实行其他工作和休息办法。

第四十条 用人单位在下列节日期间应当依法安排劳动者休假：

（一）元旦；

(二)春节;
(三)国际劳动节;
(四)国庆节;
(五)法律、法规规定的其他休假节日。

第四十一条 用人单位由于生产经营需要,经与工会和劳动者协商后可以延长工作时间,一般每日不得超过一小时;因特殊原因需要延长工作时间的,在保障劳动者身体健康的条件下延长工作时间每日不得超过三小时,但是每月不得超过三十六小时。

第四十二条 有下列情形之一的,延长工作时间不受本法第四十一条规定的限制:
(一)发生自然灾害、事故或者因其他原因,威胁劳动者生命健康和财产安全,需要紧急处理的;
(二)生产设备、交通运输线路、公共设施发生故障,影响生产和公众利益,必须及时抢修的;
(三)法律、行政法规规定的其他情形。

第四十三条 用人单位不得违反本法规定延长劳动者的工作时间。

第四十四条 有下列情形之一的,用人单位应当按照下列标准支付高于劳动者正常工作时间工资的工资报酬:
(一)安排劳动者延长工作时间的,支付不低于工资的百分之一百五十的工资报酬;
(二)休息日安排劳动者工作又不能安排补休的,支付不低于工资的百分之二百的工资报酬;
(三)法定休假日安排劳动者工作的,支付不低于工资的百分之三百的工资报酬。

第四十五条 国家实行带薪年休假制度。
劳动者连续工作一年以上的,享受带薪年休假。具体办法由国务院规定。

第五章 工 资

第四十六条 工资分配应当遵循按劳分配原则,实行同工同酬。
工资水平在经济发展的基础上逐步提高。国家对工资总量实行宏观调控。

第四十七条 用人单位根据本单位的生产经营特点和经济效益,依法自主确定本单位的工资分配方式和工资水平。

第四十八条 国家实行最低工资保障制度。最低工资的具体标准由省、自治区、直辖市人民政府规定,报国务院备案。
用人单位支付劳动者的工资不得低于当地最低工资标准。

第四十九条 确定和调整最低工资标准应当综合参考下列因素:
(一)劳动者本人及平均赡养人口的最低生活费用;
(二)社会平均工资水平;
(三)劳动生产率;
(四)就业状况;
(五)地区之间经济发展水平的差异。

第五十条 工资应当以货币形式按月支付给劳动者本人。不得克扣或者无故拖欠劳动者的工资。

第五十一条 劳动者在法定休假日和婚丧假期间以及依法参加社会活动期间，用人单位应当依法支付工资。

第六章 劳动安全卫生

第五十二条 用人单位必须建立、健全劳动安全卫生制度，严格执行国家劳动安全卫生规程和标准，对劳动者进行劳动安全卫生教育，防止劳动过程中的事故，减少职业危害。

第五十三条 劳动安全卫生设施必须符合国家规定的标准。

新建、改建、扩建工程的劳动安全卫生设施必须与主体工程同时设计、同时施工、同时投入生产和使用。

第五十四条 用人单位必须为劳动者提供符合国家规定的劳动安全卫生条件和必要的劳动防护用品，对从事有职业危害作业的劳动者应当定期进行健康检查。

第五十五条 从事特种作业的劳动者必须经过专门培训并取得特种作业资格。

第五十六条 劳动者在劳动过程中必须严格遵守安全操作规程。

劳动者对用人单位管理人员违章指挥、强令冒险作业，有权拒绝执行；对危害生命安全和身体健康的行为，有权提出批评、检举和控告。

第五十七条 国家建立伤亡事故和职业病统计报告和处理制度。县级以上各级人民政府劳动行政部门、有关部门和用人单位应当依法对劳动者在劳动过程中发生的伤亡事故和劳动者的职业病状况，进行统计、报告和处理。

第七章 女职工和未成年工特殊保护

第五十八条 国家对女职工和未成年工实行特殊劳动保护。

未成年工是指年满十六周岁未满十八周岁的劳动者。

第五十九条 禁止安排女职工从事矿山井下、国家规定的第四级体力劳动强度的劳动和其他禁忌从事的劳动。

第六十条 不得安排女职工在经期从事高处、低温、冷水作业和国家规定的第三级体力劳动强度的劳动。

第六十一条 不得安排女职工在怀孕期间从事国家规定的第三级体力劳动强度的劳动和孕期禁忌从事的劳动。对怀孕七个月以上的女职工，不得安排其延长工作时间和夜班劳动。

第六十二条 女职工生育享受不少于九十天的产假。

第六十三条 不得安排女职工在哺乳未满一周岁的婴儿期间从事国家规定的第三级体力劳动强度的劳动和哺乳期禁忌从事的其他劳动，不得安排其延长工作时间和夜班劳动。

第六十四条 不得安排未成年工从事矿山井下、有毒有害、国家规定的第四级体力劳动强度的劳动和其他禁忌从事的劳动。

第六十五条 用人单位应当对未成年工定期进行健康检查。

第八章　职业培训

第六十六条　国家通过各种途径,采取各种措施,发展职业培训事业,开发劳动者的职业技能,提高劳动者素质,增强劳动者的就业能力和工作能力。

第六十七条　各级人民政府应当把发展职业培训纳入社会经济发展的规划,鼓励和支持有条件的企业、事业组织、社会团体和个人进行各种形式的职业培训。

第六十八条　用人单位应当建立职业培训制度,按照国家规定提取和使用职业培训经费,根据本单位实际,有计划地对劳动者进行职业培训。

从事技术工种的劳动者,上岗前必须经过培训。

第六十九条　国家确定职业分类,对规定的职业制定职业技能标准,实行职业资格证书制度,由经备案的考核鉴定机构负责对劳动者实施职业技能考核鉴定。

第九章　社会保险和福利

第七十条　国家发展社会保险事业,建立社会保险制度,设立社会保险基金,使劳动者在年老、患病、工伤、失业、生育等情况下获得帮助和补偿。

第七十一条　社会保险水平应当与社会经济发展水平和社会承受能力相适应。

第七十二条　社会保险基金按照保险类型确定资金来源,逐步实行社会统筹。用人单位和劳动者必须依法参加社会保险,缴纳社会保险费。

第七十三条　劳动者在下列情形下,依法享受社会保险待遇:

(一)退休;

(二)患病、负伤;

(三)因工伤残或者患职业病;

(四)失业;

(五)生育。

劳动者死亡后,其遗属依法享受遗属津贴。

劳动者享受社会保险待遇的条件和标准由法律、法规规定。

劳动者享受的社会保险金必须按时足额支付。

第七十四条　社会保险基金经办机构依照法律规定收支、管理和运营社会保险基金,并负有使社会保险基金保值增值的责任。

社会保险基金监督机构依照法律规定,对社会保险基金的收支、管理和运营实施监督。

社会保险基金经办机构和社会保险基金监督机构的设立和职能由法律规定。

任何组织和个人不得挪用社会保险基金。

第七十五条　国家鼓励用人单位根据本单位实际情况为劳动者建立补充保险。

国家提倡劳动者个人进行储蓄性保险。

第七十六条　国家发展社会福利事业,兴建公共福利设施,为劳动者休息、休养和疗养提供条件。

用人单位应当创造条件,改善集体福利,提高劳动者的福利待遇。

第十章　劳动争议

第七十七条　用人单位与劳动者发生劳动争议,当事人可以依法申请调解、仲裁、提起诉讼,也可以协商解决。

调解原则适用于仲裁和诉讼程序。

第七十八条　解决劳动争议,应当根据合法、公正、及时处理的原则,依法维护劳动争议当事人的合法权益。

第七十九条　劳动争议发生后,当事人可以向本单位劳动争议调解委员会申请调解;调解不成,当事人一方要求仲裁的,可以向劳动争议仲裁委员会申请仲裁。当事人一方也可以直接向劳动争议仲裁委员会申请仲裁。对仲裁裁决不服的,可以向人民法院提起诉讼。

第八十条　在用人单位内,可以设立劳动争议调解委员会。劳动争议调解委员会由职工代表、用人单位代表和工会代表组成。劳动争议调解委员会主任由工会代表担任。

劳动争议经调解达成协议的,当事人应当履行。

第八十一条　劳动争议仲裁委员会由劳动行政部门代表、同级工会代表、用人单位方面的代表组成。劳动争议仲裁委员会主任由劳动行政部门代表担任。

第八十二条　提出仲裁要求的一方应当自劳动争议发生之日起六十日内向劳动争议仲裁委员会提出书面申请。仲裁裁决一般应在收到仲裁申请的六十日内作出。对仲裁裁决无异议的,当事人必须履行。

第八十三条　劳动争议当事人对仲裁裁决不服的,可以自收到仲裁裁决书之日起十五日内向人民法院提起诉讼。一方当事人在法定期限内不起诉又不履行仲裁裁决的,另一方当事人可以申请人民法院强制执行。

第八十四条　因签订集体合同发生争议,当事人协商解决不成的,当地人民政府劳动行政部门可以组织有关各方协调处理。

因履行集体合同发生争议,当事人协商解决不成的,可以向劳动争议仲裁委员会申请仲裁;对仲裁裁决不服的,可以自收到仲裁裁决书之日起十五日内向人民法院提起诉讼。

第十一章　监督检查

第八十五条　县级以上各级人民政府劳动行政部门依法对用人单位遵守劳动法律、法规的情况进行监督检查,对违反劳动法律、法规的行为有权制止,并责令改正。

第八十六条　县级以上各级人民政府劳动行政部门监督检查人员执行公务,有权进入用人单位了解执行劳动法律、法规的情况,查阅必要的资料,并对劳动场所进行检查。

县级以上各级人民政府劳动行政部门监督检查人员执行公务,必须出示证件,秉公执法并遵守有关规定。

第八十七条　县级以上各级人民政府有关部门在各自职责范围内,对用人单位遵守劳动法律、法规的情况进行监督。

第八十八条　各级工会依法维护劳动者的合法权益,对用人单位遵守劳动法律、法规的情况进行监督。

任何组织和个人对于违反劳动法律、法规的行为有权检举和控告。

第十二章 法律责任

第八十九条 用人单位制定的劳动规章制度违反法律、法规规定的,由劳动行政部门给予警告,责令改正;对劳动者造成损害的,应当承担赔偿责任。

第九十条 用人单位违反本法规定,延长劳动者工作时间的,由劳动行政部门给予警告,责令改正,并可以处以罚款。

第九十一条 用人单位有下列侵害劳动者合法权益情形之一的,由劳动行政部门责令支付劳动者的工资报酬、经济补偿,并可以责令支付赔偿金:

(一)克扣或者无故拖欠劳动者工资的;
(二)拒不支付劳动者延长工作时间工资报酬的;
(三)低于当地最低工资标准支付劳动者工资的;
(四)解除劳动合同后,未依照本法规定给予劳动者经济补偿的。

第九十二条 用人单位的劳动安全设施和劳动卫生条件不符合国家规定或者未向劳动者提供必要的劳动防护用品和劳动保护设施的,由劳动行政部门或者有关部门责令改正,可以处以罚款;情节严重的,提请县级以上人民政府决定责令停产整顿;对事故隐患不采取措施,致使发生重大事故,造成劳动者生命和财产损失的,对责任人员依照刑法有关规定追究刑事责任。

第九十三条 用人单位强令劳动者违章冒险作业,发生重大伤亡事故,造成严重后果的,对责任人员依法追究刑事责任。

第九十四条 用人单位非法招用未满十六周岁的未成年人的,由劳动行政部门责令改正,处以罚款;情节严重的,由市场监督管理部门吊销营业执照。

第九十五条 用人单位违反本法对女职工和未成年工的保护规定,侵害其合法权益的,由劳动行政部门责令改正,处以罚款;对女职工或者未成年工造成损害的,应当承担赔偿责任。

第九十六条 用人单位有下列行为之一,由公安机关对责任人员处以十五日以下拘留、罚款或者警告;构成犯罪的,对责任人员依法追究刑事责任:

(一)以暴力、威胁或者非法限制人身自由的手段强迫劳动的;
(二)侮辱、体罚、殴打、非法搜查和拘禁劳动者的。

第九十七条 由于用人单位的原因订立的无效合同,对劳动者造成损害的,应当承担赔偿责任。

第九十八条 用人单位违反本法规定的条件解除劳动合同或者故意拖延不订立劳动合同的,由劳动行政部门责令改正;对劳动者造成损害的,应当承担赔偿责任。

第九十九条 用人单位招用尚未解除劳动合同的劳动者,对原用人单位造成经济损失的,该用人单位应当依法承担连带赔偿责任。

第一百条 用人单位无故不缴纳社会保险费的,由劳动行政部门责令其限期缴纳;逾期不缴的,可以加收滞纳金。

第一百零一条 用人单位无理阻挠劳动行政部门、有关部门及其工作人员行使监督检查权,打击报复举报人员的,由劳动行政部门或者有关部门处以罚款;构成犯罪的,对责任人员依法追究刑事责任。

第一百零二条 劳动者违反本法规定的条件解除劳动合同或者违反劳动合同中约定的保密事项,对用人单位造成经济损失的,应当依法承担赔偿责任。

第一百零三条 劳动行政部门或者有关部门的工作人员滥用职权、玩忽职守、徇私舞弊,构成犯罪的,依法追究刑事责任;不构成犯罪的,给予行政处分。

第一百零四条 国家工作人员和社会保险基金经办机构的工作人员挪用社会保险基金,构成犯罪的,依法追究刑事责任。

第一百零五条 违反本法规定侵害劳动者合法权益,其他法律、行政法规已规定处罚的,依照该法律、行政法规的规定处罚。

第十三章 附 则

第一百零六条 省、自治区、直辖市人民政府根据本法和本地区的实际情况,规定劳动合同制度的实施步骤,报国务院备案。

第一百零七条 本法自1995年1月1日起施行。

4-1-4

社会保险费征缴暂行条例

1999年1月22日中华人民共和国国务院令第259号发布
2019年3月24日中华人民共和国国务院令第710号修订

第一章 总 则

第一条 为了加强和规范社会保险费征缴工作,保障社会保险金的发放,制定本条例。

第二条 基本养老保险费、基本医疗保险费、失业保险费(以下统称社会保险费)的征收、缴纳,适用本条例。

本条例所称缴费单位、缴费个人,是指依照有关法律、行政法规和国务院的规定,应当缴纳社会保险费的单位和个人。

第三条 基本养老保险费的征缴范围:国有企业、城镇集体企业、外商投资企业、城镇私营企业和其他城镇企业及其职工,实行企业化管理的事业单位及其职工。

基本医疗保险费的征缴范围:国有企业、城镇集体企业、外商投资企业、城镇私营企业和其他城镇企业及其职工,国家机关及其工作人员,事业单位及其职工,民办非企业单位及其职工,社会团体及其专职人员。

失业保险费的征缴范围:国有企业、城镇集体企业、外商投资企业、城镇私营企业和其他城镇企业及其职工,事业单位及其职工。

省、自治区、直辖市人民政府根据当地实际情况,可以规定将城镇个体工商户纳入基本养老保险、基本医疗保险的范围,并可以规定将社会团体及其专职人员、民办非企业单位及其职工以及有雇工的城镇个体工商户及其雇工纳入失业保险的范围。

社会保险费的费基、费率依照有关法律、行政法规和国务院的规定执行。

第四条 缴费单位、缴费个人应当按时足额缴纳社会保险费。

征缴的社会保险费纳入社会保险基金,专款专用,任何单位和个人不得挪用。

第五条 国务院劳动保障行政部门负责全国的社会保险费征缴管理和监督检查工作。县级以上地方各级人民政府劳动保障行政部门负责本行政区域内的社会保险费征缴管理和监督检查工作。

第六条 社会保险费实行三项社会保险费集中、统一征收。社会保险费的征收机构由省、自治区、直辖市人民政府规定,可以由税务机关征收,也可以由劳动保障行政部门按照国务院规定设立的社会保险经办机构(以下简称社会保险经办机构)征收。

第二章 征缴管理

第七条 缴费单位必须向当地社会保险经办机构办理社会保险登记,参加社会保险。

登记事项包括:单位名称、住所、经营地点、单位类型、法定代表人或者负责人、开户银行账号以及国务院劳动保障行政部门规定的其他事项。

第八条 企业在办理登记注册时,同步办理社会保险登记。

前款规定以外的缴费单位应当自成立之日起 30 日内,向当地社会保险经办机构申请办理社会保险登记。

第九条 缴费单位的社会保险登记事项发生变更或者缴费单位依法终止的,应当自变更或者终止之日起 30 日内,到社会保险经办机构办理变更或者注销社会保险登记手续。

第十条 缴费单位必须按月向社会保险经办机构申报应缴纳的社会保险费数额,经社会保险经办机构核定后,在规定的期限内缴纳社会保险费。

缴费单位不按规定申报应缴纳的社会保险费数额的,由社会保险经办机构暂按该单位上月缴费数额的 110% 确定应缴数额;没有上月缴费数额的,由社会保险经办机构暂按该单位的经营状况、职工人数等有关情况确定应缴数额。缴费单位补办申报手续并按核定数额缴纳社会保险费后,由社会保险经办机构按照规定结算。

第十一条 省、自治区、直辖市人民政府规定由税务机关征收社会保险费的,社会保险经办机构应当及时向税务机关提供缴费单位社会保险登记、变更登记、注销登记以及缴费申报的情况。

第十二条 缴费单位和缴费个人应当以货币形式全额缴纳社会保险费。

缴费个人应当缴纳的社会保险费,由所在单位从其本人工资中代扣代缴。

社会保险费不得减免。

第十三条 缴费单位未按规定缴纳和代扣代缴社会保险费的,由劳动保障行政部门或者税务机关责令限期缴纳;逾期仍不缴纳的,除补缴欠缴数额外,从欠缴之日起,按日加收 2‰ 的滞纳金。滞纳金并入社会保险基金。

第十四条 征收的社会保险费存入财政部门在国有商业银行开设的社会保障基金财政专户。

社会保险基金按照不同险种的统筹范围,分别建立基本养老保险基金、基本医疗保险基金、失业保险基金。各项社会保险基金分别单独核算。

社会保险基金不计征税、费。

第十五条 省、自治区、直辖市人民政府规定由税务机关征收社会保险费的,税务机关应当及时向社会保险经办机构提供缴费单位和缴费个人的缴费情况;社会保险经办机构应当将有关情况汇总,报劳动保障行政部门。

第十六条 社会保险经办机构应当建立缴费记录,其中基本养老保险、基本医疗保险并应当按照规定记录个人账户。社会保险经办机构负责保存缴费记录,并保证其完整、安全。社会保险经办机构应当至少每年向缴费个人发送一次基本养老保险、基本医疗保险个人账户通知单。

缴费单位、缴费个人有权按照规定查询缴费记录。

第三章 监督检查

第十七条 缴费单位应当每年向本单位职工公布本单位全年社会保险费缴纳情况,接受职工监督。

社会保险经办机构应当定期向社会公告社会保险费征收情况,接受社会监督。

第十八条 按照省、自治区、直辖市人民政府关于社会保险费征缴机构的规定,劳动保障行政部门或者税务机关依法对单位缴费情况进行检查时,被检查的单位应当提供与缴纳社会保险费有关的用人情况、工资表、财务报表等资料,如实反映情况,不得拒绝检查,不得谎报、瞒报。劳动保障行政部门或者税务机关可以记录、录音、录像、照相和复制有关资料;但是,应当为缴费单位保密。

劳动保障行政部门、税务机关的工作人员在行使前款所列职权时,应当出示执行公务证件。

第十九条 劳动保障行政部门或者税务机关调查社会保险费征缴违法案件时,有关部门、单位应当给予支持、协助。

第二十条 社会保险经办机构受劳动保障行政部门的委托,可以进行与社会保险费征缴有关的检查、调查工作。

第二十一条 任何组织和个人对有关社会保险费征缴的违法行为,有权举报。劳动保障行政部门或者税务机关对举报应当及时调查,按照规定处理,并为举报人保密。

第二十二条 社会保险基金实行收支两条线管理,由财政部门依法进行监督。

审计部门依法对社会保险基金的收支情况进行监督。

第四章 罚 则

第二十三条 缴费单位未按照规定办理社会保险登记、变更登记或者注销登记,或者未按照规定申报应缴纳的社会保险费数额的,由劳动保障行政部门责令限期改正;情节严重的,对直接负责的主管人员和其他直接责任人员可以处1000元以上5000元以下的罚款;情节特别严重的,对直接负责的主管人员和其他直接责任人员可以处5000元以上10000元以下的罚款。

第二十四条 缴费单位违反有关财务、会计、统计的法律、行政法规和国家有关规定,伪造、变造、故意毁灭有关账册、材料,或者不设账册,致使社会保险费缴费基数无法确定的,除依照有关法律、行政法规的规定给予行政处罚、纪律处分、刑事处罚外,依照本条例第十条的规定征缴;迟延缴纳的,由劳动保障行政部门或者税务机关依照本条例第十三条的规定决定加收滞纳金,并对直接负责的主管人员和其他直接责任人员处5000元以上20000元以下的罚款。

第二十五条 缴费单位和缴费个人对劳动保障行政部门或者税务机关的处罚决定不服的,可以依法申请复议;对复议决定不服的,可以依法提起诉讼。

第二十六条 缴费单位逾期拒不缴纳社会保险费、滞纳金的,由劳动保障行政部门或者税务机关申请人民法院依法强制征缴。

第二十七条 劳动保障行政部门、社会保险经办机构或者税务机关的工作人员滥用职权、徇私舞弊、玩忽职守,致使社会保险费流失的,由劳动保障行政部门或者税务机关追回流失的社会保险费;构成犯罪的,依法追究刑事责任;尚不构成犯罪的,依法给予行政处分。

第二十八条 任何单位、个人挪用社会保险基金的,追回被挪用的社会保险基金;有违法所得的,没收违法所得,并入社会保险基金;构成犯罪的,依法追究刑事责任;尚不构成犯罪的,对直接负责的主管人员和其他直接责任人员依法给予行政处分。

第五章 附 则

第二十九条 省、自治区、直辖市人民政府根据本地实际情况,可以决定本条例适用于本行政区域内工伤保险费和生育保险费的征收、缴纳。

第三十条 税务机关、社会保险经办机构征收社会保险费,不得从社会保险基金中提取任何费用,所需经费列入预算,由财政拨付。

第三十一条 本条例自发布之日起施行。

4-1-5

社会保险经办条例

2023年8月16日 中华人民共和国国务院令第765号公布

第一章 总 则

第一条 为了规范社会保险经办,优化社会保险服务,保障社会保险基金安全,维护用人单位和个人的合法权益,促进社会公平,根据《中华人民共和国社会保险法》,制定本条例。

第二条 经办基本养老保险、基本医疗保险、工伤保险、失业保险、生育保险等国家规定的社会保险,适用本条例。

第三条 社会保险经办工作坚持中国共产党的领导,坚持以人民为中心,遵循合法、便民、及时、公开、安全的原则。

第四条 国务院人力资源社会保障行政部门主管全国基本养老保险、工伤保险、失业保险等社会保险经办工作。国务院医疗保障行政部门主管全国基本医疗保险、生育保险等社会保险经办工作。

县级以上地方人民政府人力资源社会保障行政部门按照统筹层次主管基本养老保险、工伤保险、失业保险等社会保险经办工作。县级以上地方人民政府医疗保障行政部门按照统筹层次主管基本医疗保险、生育保险等社会保险经办工作。

第五条 国务院人力资源社会保障行政部门、医疗保障行政部门以及其他有关部门按照各自职责，密切配合、相互协作，共同做好社会保险经办工作。

县级以上地方人民政府应当加强对本行政区域社会保险经办工作的领导，加强社会保险经办能力建设，为社会保险经办工作提供保障。

第二章 社会保险登记和关系转移

第六条 用人单位在登记管理机关办理登记时同步办理社会保险登记。

个人申请办理社会保险登记，以公民身份号码作为社会保障号码，取得社会保障卡和医保电子凭证。社会保险经办机构应当自收到申请之日起10个工作日内办理完毕。

第七条 社会保障卡是个人参加基本养老保险、基本医疗保险、工伤保险、失业保险、生育保险等社会保险和享受各项社会保险待遇的凭证，包括实体社会保障卡和电子社会保障卡。

医保电子凭证是个人参加基本医疗保险、生育保险等社会保险和享受基本医疗保险、生育保险等社会保险待遇的凭证。

第八条 登记管理机关应当将用人单位设立、变更、注销登记的信息与社会保险经办机构共享，公安、民政、卫生健康、司法行政等部门应当将个人的出生、死亡以及户口登记、迁移、注销等信息与社会保险经办机构共享。

第九条 用人单位的性质、银行账户、用工等参保信息发生变化，以及个人参保信息发生变化的，用人单位和个人应当及时告知社会保险经办机构。社会保险经办机构应当对用人单位和个人提供的参保信息与共享信息进行比对核实。

第十条 用人单位和个人申请变更、注销社会保险登记，社会保险经办机构应当自收到申请之日起10个工作日内办理完毕。用人单位注销社会保险登记的，应当先结清欠缴的社会保险费、滞纳金、罚款。

第十一条 社会保险经办机构应当及时、完整、准确记录下列信息：

（一）社会保险登记情况；

（二）社会保险费缴纳情况；

（三）社会保险待遇享受情况；

（四）个人账户情况；

（五）与社会保险经办相关的其他情况。

第十二条 参加职工基本养老保险的个人跨统筹地区就业，其职工基本养老保险关系随同转移。

参加职工基本养老保险的个人在机关事业单位与企业等不同性质用人单位之间流动就业，其职工基本养老保险关系随同转移。

参加城乡居民基本养老保险且未享受待遇的个人跨统筹地区迁移户籍,其城乡居民基本养老保险关系可以随同转移。

第十三条 参加职工基本医疗保险的个人跨统筹地区就业,其职工基本医疗保险关系随同转移。

参加城乡居民基本医疗保险的个人跨统筹地区迁移户籍或者变动经常居住地,其城乡居民基本医疗保险关系可以按照规定随同转移。

职工基本医疗保险与城乡居民基本医疗保险之间的关系转移,按照规定执行。

第十四条 参加失业保险的个人跨统筹地区就业,其失业保险关系随同转移。

第十五条 参加工伤保险、生育保险的个人跨统筹地区就业,在新就业地参加工伤保险、生育保险。

第十六条 用人单位和个人办理社会保险关系转移接续手续的,社会保险经办机构应当在规定时限内办理完毕,并将结果告知用人单位和个人,或者提供办理情况查询服务。

第十七条 军事机关和社会保险经办机构,按照各自职责办理军人保险与社会保险关系转移接续手续。

社会保险经办机构应当为军人保险与社会保险关系转移接续手续办理优先提供服务。

第三章 社会保险待遇核定和支付

第十八条 用人单位和个人应当按照国家规定,向社会保险经办机构提出领取基本养老金的申请。社会保险经办机构应当自收到申请之日起20个工作日内办理完毕。

第十九条 参加职工基本养老保险的个人死亡或者失业人员在领取失业保险金期间死亡,其遗属可以依法向社会保险经办机构申领丧葬补助金和抚恤金。社会保险经办机构应当及时核实有关情况,按照规定核定并发放丧葬补助金和抚恤金。

第二十条 个人医疗费用、生育医疗费用中应当由基本医疗保险(含生育保险)基金支付的部分,由社会保险经办机构审核后与医疗机构、药品经营单位直接结算。

因特殊情况个人申请手工报销,应当向社会保险经办机构提供医疗机构、药品经营单位的收费票据、费用清单、诊断证明、病历资料。社会保险经办机构应当对收费票据、费用清单、诊断证明、病历资料进行审核,并自收到申请之日起30个工作日内办理完毕。

参加生育保险的个人申领生育津贴,应当向社会保险经办机构提供病历资料。社会保险经办机构应当对病历资料进行审核,并自收到申请之日起10个工作日内办理完毕。

第二十一条 工伤职工及其用人单位依法申请劳动能力鉴定、辅助器具配置确认、停工留薪期延长确认、工伤旧伤复发确认,应当向社会保险经办机构提供诊断证明、病历资料。

第二十二条 个人治疗工伤的医疗费用、康复费用、安装配置辅助器具费用中应当由工伤保险基金支付的部分,由社会保险经办机构审核后与医疗机构、辅助器具配置机构直接结算。

因特殊情况用人单位或者个人申请手工报销,应当向社会保险经办机构提供医疗机构、辅助器具配置机构的收费票据、费用清单、诊断证明、病历资料。社会保险经办机构应当对收费票据、费用清单、诊断证明、病历资料进行审核,并自收到申请之日起20个工作日内办理完毕。

第二十三条 人力资源社会保障行政部门、医疗保障行政部门应当按照各自职责建立健全异地就医医疗费用结算制度。社会保险经办机构应当做好异地就医医疗费用结算工作。

第二十四条 个人申领失业保险金,社会保险经办机构应当自收到申请之日起10个工作日内办理完毕。

个人在领取失业保险金期间,社会保险经办机构应当从失业保险基金中支付其应当缴纳的基本医疗保险(含生育保险)费。

个人申领职业培训等补贴,应当提供职业资格证书或者职业技能等级证书。社会保险经办机构应当对职业资格证书或者职业技能等级证书进行审核,并自收到申请之日起10个工作日内办理完毕。

第二十五条 个人出现国家规定的停止享受社会保险待遇的情形,用人单位、待遇享受人员或者其亲属应当自相关情形发生之日起20个工作日内告知社会保险经办机构。社会保险经办机构核实后应当停止发放相应的社会保险待遇。

第二十六条 社会保险经办机构应当通过信息比对、自助认证等方式,核验社会保险待遇享受资格。通过信息比对、自助认证等方式无法确认社会保险待遇享受资格的,社会保险经办机构可以委托用人单位或者第三方机构进行核实。

对涉嫌丧失社会保险待遇享受资格后继续享受待遇的,社会保险经办机构应当调查核实。经调查确认不符合社会保险待遇享受资格的,停止发放待遇。

第四章 社会保险经办服务和管理

第二十七条 社会保险经办机构应当依托社会保险公共服务平台、医疗保障信息平台等实现跨部门、跨统筹地区社会保险经办。

第二十八条 社会保险经办机构应当推动社会保险经办事项与相关政务服务事项协同办理。社会保险经办窗口应当进驻政务服务中心,为用人单位和个人提供一站式服务。

人力资源社会保障行政部门、医疗保障行政部门应当强化社会保险经办服务能力,实现省、市、县、乡镇(街道)、村(社区)全覆盖。

第二十九条 用人单位和个人办理社会保险事务,可以通过政府网站、移动终端、自助终端等服务渠道办理,也可以到社会保险经办窗口现场办理。

第三十条 社会保险经办机构应当加强无障碍环境建设,提供无障碍信息交流,完善无障碍服务设施设备,采用授权代办、上门服务等方式,为老年人、残疾人等特殊群体提供便利。

第三十一条 用人单位和个人办理社会保险事务,社会保险经办机构要求其提供身份证件以外的其他证明材料的,应当有法律、法规和国务院决定依据。

第三十二条 社会保险经办机构免费向用人单位和个人提供查询核对社会保险缴费和享受社会保险待遇记录、社会保险咨询等相关服务。

第三十三条 社会保险经办机构应当根据经办工作需要,与符合条件的机构协商签订服务协议,规范社会保险服务行为。人力资源社会保障行政部门、医疗保障行政部门应当加强对服务协议订立、履行等情况的监督。

第三十四条　医疗保障行政部门所属的社会保险经办机构应当改进基金支付和结算服务,加强服务协议管理,建立健全集体协商谈判机制。

第三十五条　社会保险经办机构应当妥善保管社会保险经办信息,确保信息完整、准确和安全。

第三十六条　社会保险经办机构应当建立健全业务、财务、安全和风险管理等内部控制制度。

社会保险经办机构应当定期对内部控制制度的制定、执行情况进行检查、评估,对发现的问题进行整改。

第三十七条　社会保险经办机构应当明确岗位权责,对重点业务、高风险业务分级审核。

第三十八条　社会保险经办机构应当加强信息系统应用管理,健全信息核验机制,记录业务经办过程。

第三十九条　社会保险经办机构具体编制下一年度社会保险基金预算草案,报本级人力资源社会保障行政部门、医疗保障行政部门审核汇总。社会保险基金收入预算草案由社会保险经办机构会同社会保险费征收机构具体编制。

第四十条　社会保险经办机构设立社会保险基金支出户,用于接受财政专户拨入基金、支付基金支出款项、上解上级经办机构基金、下拨下级经办机构基金等。

第四十一条　社会保险经办机构应当按照国家统一的会计制度对社会保险基金进行会计核算、对账。

第四十二条　社会保险经办机构应当核查下列事项：

(一)社会保险登记和待遇享受等情况;

(二)社会保险服务机构履行服务协议、执行费用结算项目和标准情况;

(三)法律、法规规定的其他事项。

第四十三条　社会保险经办机构发现社会保险服务机构违反服务协议的,可以督促其履行服务协议,按照服务协议约定暂停或者不予拨付费用、追回违规费用、中止相关责任人员或者所在部门涉及社会保险基金使用的社会保险服务,直至解除服务协议;社会保险服务机构及其相关责任人员有权进行陈述、申辩。

第四十四条　社会保险经办机构发现用人单位、个人、社会保险服务机构违反社会保险法律、法规、规章的,应当责令改正。对拒不改正或者依法应当由人力资源社会保障行政部门、医疗保障行政部门处理的,及时移交人力资源社会保障行政部门、医疗保障行政部门处理。

第四十五条　国务院人力资源社会保障行政部门、医疗保障行政部门会同有关部门建立社会保险信用管理制度,明确社会保险领域严重失信主体名单认定标准。

社会保险经办机构应当如实记录用人单位、个人和社会保险服务机构及其工作人员违反社会保险法律、法规行为等失信行为。

第四十六条　个人多享受社会保险待遇的,由社会保险经办机构责令退回;难以一次性退回的,可以签订还款协议分期退回,也可以从其后续享受的社会保险待遇或者个人账户余额中抵扣。

第五章　社会保险经办监督

第四十七条　人力资源社会保障行政部门、医疗保障行政部门按照各自职责对社会保险经办机构下列事项进行监督检查：

（一）社会保险法律、法规、规章执行情况；

（二）社会保险登记、待遇支付等经办情况；

（三）社会保险基金管理情况；

（四）与社会保险服务机构签订服务协议和服务协议履行情况；

（五）法律、法规规定的其他事项。

财政部门、审计机关按照各自职责，依法对社会保险经办机构的相关工作实施监督。

第四十八条　人力资源社会保障行政部门、医疗保障行政部门应当按照各自职责加强对社会保险服务机构、用人单位和个人遵守社会保险法律、法规、规章情况的监督检查。社会保险服务机构、用人单位和个人应当配合，如实提供与社会保险有关的资料，不得拒绝检查或者谎报、瞒报。

人力资源社会保障行政部门、医疗保障行政部门发现社会保险服务机构、用人单位违反社会保险法律、法规、规章的，应当按照各自职责提出处理意见，督促整改，并可以约谈相关负责人。

第四十九条　人力资源社会保障行政部门、医疗保障行政部门、社会保险经办机构及其工作人员依法保护用人单位和个人的信息，不得以任何形式泄露。

第五十条　人力资源社会保障行政部门、医疗保障行政部门应当畅通监督渠道，鼓励和支持社会各方面对社会保险经办进行监督。

社会保险经办机构应当定期向社会公布参加社会保险情况以及社会保险基金的收入、支出、结余和收益情况，听取用人单位和个人的意见建议，接受社会监督。

工会、企业代表组织应当及时反映用人单位和个人对社会保险经办的意见建议。

第五十一条　任何组织和个人有权对违反社会保险法律、法规、规章的行为进行举报、投诉。

人力资源社会保障行政部门、医疗保障行政部门对收到的有关社会保险的举报、投诉，应当依法进行处理。

第五十二条　用人单位和个人认为社会保险经办机构在社会保险经办工作中侵害其社会保险权益的，可以依法申请行政复议或者提起行政诉讼。

第六章　法律责任

第五十三条　社会保险经办机构及其工作人员有下列行为之一的，由人力资源社会保障行政部门、医疗保障行政部门按照各自职责责令改正；给社会保险基金、用人单位或者个人造成损失的，依法承担赔偿责任；对负有责任的领导人员和直接责任人员依法给予处分：

（一）未履行社会保险法定职责的；

（二）违反规定要求提供证明材料的；

（三）克扣或者拒不按时支付社会保险待遇的；

（四）丢失或者篡改缴费记录、享受社会保险待遇记录等社会保险数据、个人权益记录的；

（五）违反社会保险经办内部控制制度的。

第五十四条 人力资源社会保障行政部门、医疗保障行政部门、社会保险经办机构及其工作人员泄露用人单位和个人信息的，对负有责任的领导人员和直接责任人员依法给予处分；给用人单位或者个人造成损失的，依法承担赔偿责任。

第五十五条 以欺诈、伪造证明材料或者其他手段骗取社会保险基金支出的，由人力资源社会保障行政部门、医疗保障行政部门按照各自职责责令退回，处骗取金额2倍以上5倍以下的罚款；属于定点医药机构的，责令其暂停相关责任部门6个月以上1年以下涉及社会保险基金使用的社会保险服务，直至由社会保险经办机构解除服务协议；属于其他社会保险服务机构的，由社会保险经办机构解除服务协议。对负有责任的领导人员和直接责任人员，有执业资格的，由有关主管部门依法吊销其执业资格。

第五十六条 隐匿、转移、侵占、挪用社会保险基金或者违规投资运营的，由人力资源社会保障行政部门、医疗保障行政部门、财政部门、审计机关按照各自职责责令追回；有违法所得的，没收违法所得；对负有责任的领导人员和直接责任人员依法给予处分。

第五十七条 社会保险服务机构拒绝人力资源社会保障行政部门、医疗保障行政部门监督检查或者谎报、瞒报有关情况的，由人力资源社会保障行政部门、医疗保障行政部门按照各自职责责令改正，并可以约谈有关负责人；拒不改正的，处1万元以上5万元以下的罚款。

第五十八条 公职人员在社会保险经办工作中滥用职权、玩忽职守、徇私舞弊的，依法给予处分。

第五十九条 违反本条例规定，构成违反治安管理行为的，依法给予治安管理处罚；构成犯罪的，依法追究刑事责任。

第七章　附　　则

第六十条 本条例所称社会保险经办机构，是指人力资源社会保障行政部门所属的经办基本养老保险、工伤保险、失业保险等社会保险的机构和医疗保障行政部门所属的经办基本医疗保险、生育保险等社会保险的机构。

第六十一条 本条例所称社会保险服务机构，是指与社会保险经办机构签订服务协议，提供社会保险服务的医疗机构、药品经营单位、辅助器具配置机构、失业保险委托培训机构等机构。

第六十二条 社会保障卡加载金融功能，有条件的地方可以扩大社会保障卡的应用范围，提升民生服务效能。医保电子凭证可以根据需要，加载相关服务功能。

第六十三条 本条例自2023年12月1日起施行。

4–1–6

国务院关于解决农民工问题的若干意见

2006年1月31日　国发〔2006〕5号

各省、自治区、直辖市人民政府,国务院各部委、各直属机构:

农民工是我国改革开放和工业化、城镇化进程中涌现的一支新型劳动大军。他们户籍仍在农村,主要从事非农产业,有的在农闲季节外出务工、亦工亦农,流动性强,有的长期在城市就业,已成为产业工人的重要组成部分。大量农民进城务工或在乡镇企业就业,对我国现代化建设作出了重大贡献。为统筹城乡发展,保障农民工合法权益,改善农民工就业环境,引导农村富余劳动力合理有序转移,推动全面建设小康社会进程,提出如下意见:

一、充分认识解决好农民工问题的重大意义

(一)农民工问题事关我国经济和社会发展全局。农民工分布在国民经济各个行业,在加工制造业、建筑业、采掘业及环卫、家政、餐饮等服务业中已占从业人员半数以上,是推动我国经济社会发展的重要力量。农民外出务工,为城市创造了财富,为农村增加了收入,为城乡发展注入了活力,成为工业带动农业、城市带动农村、发达地区带动落后地区的有效形式,同时促进了市场导向、自主择业、竞争就业机制的形成,为改变城乡二元结构、解决"三农"问题闯出了一条新路。返乡创业的农民工,带回资金、技术和市场经济观念,直接促进社会主义新农村建设。进一步做好农民工工作,对于改革发展稳定的全局和顺利推进工业化、城镇化、现代化都具有重大意义。

(二)维护农民工权益是需要解决的突出问题。近年来,党中央、国务院高度重视农民工问题,制定了一系列保障农民工权益和改善农民工就业环境的政策措施,各地区、各部门做了大量工作,取得了明显成效。但农民工面临的问题仍然十分突出。主要是:工资偏低,被拖欠现象严重;劳动时间长,安全条件差;缺乏社会保障,职业病和工伤事故多;培训就业、子女上学、生活居住等方面也存在诸多困难,经济、政治、文化权益得不到有效保障。这些问题引发了不少社会矛盾和纠纷。解决好这些问题,直接关系到维护社会公平正义,保持社会和谐稳定。

(三)解决农民工问题是建设中国特色社会主义的战略任务。农业劳动力向非农产业和城镇转移,是世界各国工业化、城镇化的普遍趋势,也是农业现代化的必然要求。我国农村劳动力数量众多,在工业化、城镇化加快发展的阶段,越来越多的富余劳动力将逐渐转移出来,大量农民工在城乡之间流动就业的现象在我国将长期存在。必须从我国国情出发,顺应工业化、城镇化的客观规律,引导农村富余劳动力向非农产业和城镇有序转移。我们要站在建设中国特色社会主义事业全局和战略的高度,充分认识解决好农民工问题的重要性、紧迫性和长期性。

二、做好农民工工作的指导思想和基本原则

(四)指导思想。以邓小平理论和"三个代表"重要思想为指导,按照落实科学发展观和构建社会主义和谐社会的要求,坚持解放思想,实事求是,与时俱进;坚持从我国国情出发,统筹城乡发展；坚持以人为本，认真解决涉及农民工利益的问题。着力完善政策和管理，推进体制改革和制度创新，逐步建立城乡统一的劳动力市场和公平竞争的就业制度，建立保障农民工合法权益的政策体系和执法监督机制，建立惠及农民工的城乡公共服务体制和制度，拓宽农村劳动力转移就业渠道，保护和调动农民工的积极性，促进城乡经济繁荣和社会全面进步，推动社会主义新农村建设和中国特色的工业化、城镇化、现代化健康发展。

（五）基本原则。

——公平对待，一视同仁。尊重和维护农民工的合法权益，消除对农民进城务工的歧视性规定和体制性障碍，使他们和城市职工享有同等的权利和义务。

——强化服务，完善管理。转变政府职能，加强和改善对农民工的公共服务和社会管理，发挥企业、社区和中介组织作用，为农民工生活与劳动创造良好环境和有利条件。

——统筹规划，合理引导。实行农村劳动力异地转移与就地转移相结合。既要积极引导农民进城务工，又要大力发展乡镇企业和县域经济，扩大农村劳动力在当地转移就业。

——因地制宜，分类指导。输出地和输入地都要有针对性地解决农民工面临的各种问题。鼓励各地区从实际出发，探索保护农民工权益、促进农村富余劳动力有序流动的办法。

——立足当前，着眼长远。既要抓紧解决农民工面临的突出问题，又要依靠改革和发展，逐步解决深层次问题，形成从根本上保障农民工权益的体制和制度。

三、抓紧解决农民工工资偏低和拖欠问题

（六）建立农民工工资支付保障制度。严格规范用人单位工资支付行为，确保农民工工资按时足额发放给本人，做到工资发放月清月结或按劳动合同约定执行。建立工资支付监控制度和工资保证金制度，从根本上解决拖欠、克扣农民工工资问题。劳动保障部门要重点监控农民工集中的用人单位工资发放情况。对发生过拖欠工资的用人单位，强制在开户银行按期预存工资保证金，实行专户管理。切实解决政府投资项目拖欠工程款问题。所有建设单位都要按照合同约定及时拨付工程款项，建设资金不落实的，有关部门不得发放施工许可证，不得批准开工报告。对重点监控的建筑施工企业实行工资保证金制度。加大对拖欠农民工工资用人单位的处罚力度，对恶意拖欠、情节严重的，可依法责令停业整顿、降低或取消资质，直至吊销营业执照，并对有关人员依法予以制裁。各地方、各单位都要继续加大工资清欠力度，并确保不发生新的拖欠。

（七）合理确定和提高农民工工资水平。规范农民工工资管理，切实改变农民工工资偏低、同工不同酬的状况。各地要严格执行最低工资制度，合理确定并适时调整最低工资标准，制定和推行小时最低工资标准。制定相关岗位劳动定额的行业参考标准。用人单位不得以实行计件工资为由拒绝执行最低工资制度，不得利用提高劳动定额变相降低工资水平。严格执行国家关于职工休息休假的规定，延长工时和休息日、法定假日工作的，要依法支付加班工资。农民工和其他职工要实行同工同酬。国务院有关部门要加强对地方制定、调整和执行最低工资标准的指导监督。各地要科学确定工资指导线，建立企业工资集体协商制度，促进农民工工资合理增长。

四、依法规范农民工劳动管理

（八）严格执行劳动合同制度。所有用人单位招用农民工都必须依法订立并履行劳动合同，建立权责明确的劳动关系。严格执行国家关于劳动合同试用期的规定，不得滥用试用期侵犯农民工权益。劳动保障部门要制定和推行规范的劳动合同文本,加强对用人单位订立和履行劳动合同的指导和监督。任何单位都不得违反劳动合同约定损害农民工权益。

(九)依法保障农民工职业安全卫生权益。各地要严格执行国家职业安全和劳动保护规程及标准。企业必须按规定配备安全生产和职业病防护设施。强化用人单位职业安全卫生的主体责任,要向新招用的农民工告知劳动安全、职业危害事项,发放符合要求的劳动防护用品,对从事可能产生职业危害作业的人员定期进行健康检查。加强农民工职业安全、劳动保护教育,增强农民工自我保护能力。从事高危行业和特种作业的农民工要经专门培训、持证上岗。有关部门要切实履行职业安全和劳动保护监管职责。发生重大职业安全事故,除惩处直接责任人和企业负责人外,还要追究政府和有关部门领导的责任。

(十)切实保护女工和未成年工权益,严格禁止使用童工。用人单位要依法保护女工的特殊权益,不得以性别为由拒绝录用女工或提高女工录用标准,不得安排女工从事禁忌劳动范围工作,不得在女工孕期、产期、哺乳期降低其基本工资或单方面解除劳动合同。招用未成年工的用人单位,应当在工种、劳动时间、劳动强度和保护措施等方面严格执行国家有关规定。对介绍和使用童工的违法行为要从严惩处。

五、搞好农民工就业服务和培训

(十一)逐步实行城乡平等的就业制度。统筹城乡就业,改革城乡分割的就业管理体制,建立城乡统一、平等竞争的劳动力市场,逐步形成市场经济条件下促进农村富余劳动力转移就业的机制,为城乡劳动者提供平等的就业机会和服务。各地区、各部门要进一步清理和取消各种针对农民工进城就业的歧视性规定和不合理限制,清理对企业使用农民工的行政审批和行政收费,不得以解决城镇劳动力就业为由清退和排斥农民工。

(十二)进一步做好农民转移就业服务工作。各级人民政府要把促进农村富余劳动力转移就业作为重要任务。要建立健全县乡公共就业服务网络,为农民转移就业提供服务。城市公共职业介绍机构要向农民工开放,免费提供政策咨询、就业信息、就业指导和职业介绍。输出地和输入地要加强协作,开展有组织的就业、创业培训和劳务输出。鼓励发展各类就业服务组织,加强就业服务市场监管。依法规范职业中介、劳务派遣和企业招用工行为。严厉打击以职业介绍或以招工为名坑害农民工的违法犯罪活动。

(十三)加强农民工职业技能培训。各地要适应工业化、城镇化和农村劳动力转移就业的需要,大力开展农民工职业技能培训和引导性培训,提高农民转移就业能力和外出适应能力。扩大农村劳动力转移培训规模,提高培训质量。继续实施好农村劳动力转移培训阳光工程。完善农民工培训补贴办法,对参加培训的农民工给予适当培训费补贴。推广"培训券"等直接补贴的做法。充分利用广播电视和远程教育等现代手段,向农民传授外出就业基本知识。重视抓好贫困地区农村劳动力转移培训工作。支持用人单位建立稳定的劳务培训基地,发展订单式培训。输入地要把提高农民工岗位技能纳入当地职业培训计划。要研究制定鼓励农民工参加职业技能鉴定、获取国家职业资格证书的政策。

(十四)落实农民工培训责任。完善并认真落实全国农民工培训规划。劳动保障、农业、教育、科技、建设、财政、扶贫等部门要按照各自职能,切实做好农民工培训工作。强化用人单位对农民工的岗位培训责任,对不履行培训义务的用人单位,应按国家规定强制提取职工教育培训费,用于政府组织的培训。充分发挥各类教育、培训机构和工青妇组织的作用,多渠道、多层次、多形式开展农民工职业培训。建立由政府、用人单位和个人共同负担的农民工培训投入机制,中央和地方各级财政要加大支持力度。

(十五)大力发展面向农村的职业教育。农村初、高中毕业生是我国产业工人的后备军,要把提高他们的职业技能作为职业教育的重要任务。支持各类职业技术院校扩大农村招生规模,鼓励农村初、高中毕业生接受正规职业技术教育。通过设立助学金、发放助学贷款等方式,帮助家庭困难学生完成学业。加强县级职业教育中心建设。有条件的普通中学可开设职业教育课程。加强农村职业教育师资、教材和实训基地建设。

六、积极稳妥地解决农民工社会保障问题

(十六)高度重视农民工社会保障工作。根据农民工最紧迫的社会保障需求,坚持分类指导、稳步推进,优先解决工伤保险和大病医疗保障问题,逐步解决养老保障问题。农民工的社会保障,要适应流动性大的特点,保险关系和待遇能够转移接续,使农民工在流动就业中的社会保障权益不受损害;要兼顾农民工工资收入偏低的实际情况,实行低标准进入、渐进式过渡,调动用人单位和农民工参保的积极性。

(十七)依法将农民工纳入工伤保险范围。各地要认真贯彻落实《工伤保险条例》。所有用人单位必须及时为农民工办理参加工伤保险手续,并按时足额缴纳工伤保险费。在农民工发生工伤后,要做好工伤认定、劳动能力鉴定和工伤待遇支付工作。未参加工伤保险的农民工发生工伤,由用人单位按照工伤保险规定的标准支付费用。当前,要加快推进农民工较为集中、工伤风险程度较高的建筑行业、煤炭等采掘行业参加工伤保险。建筑施工企业同时应为从事特定高风险作业的职工办理意外伤害保险。

(十八)抓紧解决农民工大病医疗保障问题。各统筹地区要采取建立大病医疗保险统筹基金的办法,重点解决农民工进城务工期间的住院医疗保障问题。根据当地实际合理确定缴费率,主要由用人单位缴费。完善医疗保险结算办法,为患大病后自愿回原籍治疗的参保农民工提供医疗结算服务。有条件的地方,可直接将稳定就业的农民工纳入城镇职工基本医疗保险。农民工也可自愿参加原籍的新型农村合作医疗。

(十九)探索适合农民工特点的养老保险办法。抓紧研究低费率、广覆盖、可转移,并能够与现行的养老保险制度衔接的农民工养老保险办法。有条件的地方,可直接将稳定就业的农民工纳入城镇职工基本养老保险。已经参加城镇职工基本养老保险的农民工,用人单位要继续为其缴费。劳动保障部门要抓紧制定农民工养老保险关系异地转移与接续的办法。

七、切实为农民工提供相关公共服务

(二十)把农民工纳入城市公共服务体系。输入地政府要转变思想观念和管理方式,对农民工实行属地管理。要在编制城市发展规划、制定公共政策、建设公用设施等方面,统筹考虑长期在城市就业、生活和居住的农民工对公共服务的需要,提高城市综合承载能力。要增加公共财政支出,逐步健全覆盖农民工的城市公共服务体系。

(二十一)保障农民工子女平等接受义务教育。输入地政府要承担起农民工同住子女义务教育的责任,将农民工子女义务教育纳入当地教育发展规划,列入教育经费预算,以全日制公办中小学为主接收农民工子女入学,并按照实际在校人数拨付学校公用经费。城市公办学校对农民工子女接受义务教育要与当地学生在收费、管理等方面同等对待,不得违反国家规定向农民工子女加收借读费及其他任何费用。输入地政府对委托承担农民工子女义务教育的民办学校,要在办学经费、师资培训等方面给予支持和指导,提高办学质量。输出地政府要解决好农民工托留在农村子女的教育问题。

(二十二)加强农民工疾病预防控制和适龄儿童免疫工作。输入地要加强农民工疾病预防控制工作,强化对农民工健康教育和聚居地的疾病监测,落实国家关于特定传染病的免费治疗政策。要把农民工子女纳入当地免疫规划,采取有效措施提高国家免疫规划疫苗的接种率。

(二十三)进一步搞好农民工计划生育管理和服务。实行以输入地为主、输出地和输入地协调配合的管理服务体制。输入地政府要把农民工计划生育管理和服务经费纳入地方财政预算,提供国家规定的计划生育、生殖健康等免费服务项目和药具。用人单位要依法履行农民工计划生育相关管理服务责任。输出地要做好农民工计划生育宣传、教育和技术服务工作,免费发放《流动人口婚育证明》,及时向输入地提供农民工婚育信息。加强全国流动人口计划生育信息交换平台建设。

(二十四)多渠道改善农民工居住条件。有关部门要加强监管,保证农民工居住场所符合基本的卫生和安全条件。招用农民工数量较多的企业,在符合规划的前提下,可在依法取得的企业用地范围内建设农民工集体宿舍。农民工集中的开发区和工业园区,可建设统一管理、供企业租用的员工宿舍,集约利用土地。加强对城乡结合部农民工聚居地区的规划、建设和管理,提高公共基础设施保障能力。各地要把长期在城市就业与生活的农民工居住问题,纳入城市住宅建设发展规划。有条件的地方,城镇单位聘用农民工,用人单位和个人可缴存住房公积金,用于农民工购买或租赁自住住房。

八、健全维护农民工权益的保障机制

(二十五)保障农民工依法享有的民主政治权利。招用农民工的单位,职工代表大会要有农民工代表,保障农民工参与企业民主管理权利。农民工户籍所在地的村民委员会,在组织换届选举或决定涉及农民工权益的重大事务时,应及时通知农民工,并通过适当方式行使民主权利。有关部门和单位在评定技术职称、晋升职务、评选劳动模范和先进工作者等方面,要将农民工与城镇职工同等看待。依法保障农民工人身自由和人格尊严,严禁打骂、侮辱农民工的非法行为。

(二十六)深化户籍管理制度改革。逐步地、有条件地解决长期在城市就业和居住农民工的户籍问题。中小城市和小城镇要适当放宽农民工落户条件;大城市要积极稳妥地解决符合条件的农民工户籍问题,对农民工中的劳动模范、先进工作者和高级技工、技师以及其他有突出贡献者,应优先准予落户。具体落户条件,由各地根据城市规划和实际情况自行制定。改进农民工居住登记管理办法。

(二十七)保护农民工土地承包权益。土地不仅是农民的生产资料,也是他们的生活保障。要坚持农村基本经营制度,稳定和完善农村土地承包关系,保障农民工土地承包权益。不得以农民进城务工为由收回承包地,纠正违法收回农民工承包地的行为。农民外出务工期间,所承包土地无力耕种的,可委托代耕或通过转包、出租、转让等形式流转土地经营权,但不能撂荒。农民工土地承包经营权流转,要坚持依法、自愿、有偿的原则,任何组织和个人不得强制或限制,也不得截留、扣缴或以其他方式侵占土地流转收益。

（二十八）加大维护农民工权益的执法力度。强化劳动保障监察执法，加强劳动保障监察队伍建设，完善日常巡视检查制度和责任制度，依法严厉查处用人单位侵犯农民工权益的违法行为。健全农民工维权举报投诉制度，有关部门要认真受理农民工举报投诉并及时调查处理。加强和改进劳动争议调解、仲裁工作。对农民工申诉的劳动争议案件，要简化程序、加快审理，涉及劳动报酬、工伤待遇的要优先审理。起草、制定和完善维护农民工权益的法律法规。

（二十九）做好对农民工的法律服务和法律援助工作。要把农民工列为法律援助的重点对象。对农民工申请法律援助，要简化程序，快速办理。对申请支付劳动报酬和工伤赔偿法律援助的，不再审查其经济困难条件。有关行政机关和行业协会应引导法律服务机构和从业人员积极参与涉及农民工的诉讼活动、非诉讼协调及调解活动。鼓励和支持律师和相关法律从业人员接受农民工委托，并对经济确有困难而又达不到法律援助条件的农民工适当减少或免除律师费。政府要根据实际情况安排一定的法律援助资金，为农民工获得法律援助提供必要的经费支持。

（三十）强化工会维护农民工权益的作用。用人单位要依法保障农民工参加工会的权利。各级工会要以劳动合同、劳动工资、劳动条件和职业安全卫生为重点，督促用人单位履行法律法规规定的义务，维护农民工合法权益。充分发挥工会劳动保护监督检查的作用，完善群众性劳动保护监督检查制度，加强对安全生产的群众监督。同时，充分发挥共青团、妇联组织在农民工维权工作中的作用。

九、促进农村劳动力就地就近转移就业

（三十一）大力发展乡镇企业和县域经济，扩大当地转移就业容量。这是农民转移就业的重要途径。各地要依据国家产业政策，积极发展就业容量大的劳动密集型产业和服务业，发展农村二、三产业和特色经济，发展农业产业化经营和农产品加工业；落实发展乡镇企业和非公有制经济的政策措施，吸纳更多的农村富余劳动力在当地转移就业。有关部门要抓紧研究制定扶持县域经济发展的相关政策，增强县域经济活力。

（三十二）引导相关产业向中西部转移，增加农民在当地就业机会。积极引导东部相关产业向中西部转移，有利于促进农村劳动力就地就近转移就业，也有利于形成东中西良性互动、共同发展的格局。要在产业政策上鼓励大中城市、沿海发达地区的劳动密集型产业和资源加工型企业向中西部地区转移。中西部地区要在有利于节约资源和保护环境的前提下，主动承接产业转移，为当地农村劳动力转移就业创造良好环境。

（三十三）大力开展农村基础设施建设，促进农民就业和增收。按照建设社会主义新农村的要求，统筹规划城乡公共设施建设。各级人民政府要切实调整投资结构，把对基础设施建设投入的重点转向农村，改善农村生产生活条件，带动农村经济发展和繁荣。加快形成政府支持引导、社会资金参与、农民劳动积累相结合的农村建设投入机制。农村基础设施建设要重视利用当地原材料和劳动力，注重建设能够增加农民就业机会和促进农民直接增收的中小型项目。

（三十四）积极稳妥地发展小城镇，提高产业集聚和人口吸纳能力。按照循序渐进、节约用地、集约发展、合理布局的原则，搞好小城镇规划和建设。加大对小城镇建设的支持力度，完善公共设施。继续实施小城镇经济综合开发示范项目。发展小城镇经济，引导乡镇企业向小城镇集中。采取优惠政策,鼓励、吸引外出务工农民回到小城镇创业和居住。

十、加强和改进对农民工工作的领导

(三十五)切实把解决农民工问题摆在重要位置。解决好涉及农民工利益的问题,是各级人民政府的重要职责。各级人民政府要切实把妥善解决农民工问题作为一项重要任务,把统筹城乡就业和促进农村劳动力转移纳入国民经济和社会发展中长期规划和年度计划。做好农民工工作的主要责任在地方,各地都要制定明确的工作目标、任务和措施,并认真落实。地方各级人民政府要建立农民工管理和服务工作的经费保障机制,将涉及农民工的劳动就业、计划生育、子女教育、治安管理等有关经费,纳入正常的财政预算支出范围。

(三十六)完善农民工工作协调机制。国务院建立农民工工作联席会议制度,统筹协调和指导全国农民工工作。联席会议由国务院有关部门和工会、共青团、妇联等有关群众团体组成,联席会议办公室设在劳动保障部。各有关部门要各司其职、分工负责,检查督促对农民工的各项政策的落实。地方人民政府也应建立相应的协调机制,切实加强对农民工工作的组织领导。输出地和输入地的基层组织要加强协调沟通,共同做好农民工的教育、引导和管理工作。

(三十七)引导农民工全面提高自身素质。农民工是我国产业大军中的一支重要力量。农民工的政治思想、科学文化和生产技能水平,直接关系到我国产业素质、竞争力和现代化水平,必须把全面提高农民工素质放在重要地位。要引导和组织农民工自觉接受就业和创业培训,接受职业技术教育,提高科学技术文化水平,提高就业、创业能力。要在农民工中开展普法宣传教育,引导他们增强法制观念,知法守法,学会利用法律、通过合法渠道维护自身权益。开展职业道德和社会公德教育,引导他们爱岗敬业、诚实守信,遵守职业行为准则和社会公共道德。开展精神文明创建活动,引导农民工遵守交通规则、爱护公共环境、讲究文明礼貌,培养科学文明健康的生活方式。进城就业的农民工要努力适应城市工作、生活的新要求,遵守城市公共秩序和管理规定,履行应尽义务。

(三十八)发挥社区管理服务的重要作用。要建设开放型、多功能的城市社区,构建以社区为依托的农民工服务和管理平台。鼓励农民工参与社区自治,增强作为社区成员的意识,提高自我管理、自我教育和自我服务能力。发挥社区的社会融合功能,促进农民工融入城市生活,与城市居民和谐相处。完善社区公共服务和文化设施,城市公共文化设施要向农民工开放,有条件的企业要设立农民工活动场所,开展多种形式的业余文化活动,丰富农民工的精神生活。

(三十九)加强和改进农民工统计管理工作。充分利用和整合统计、公安、人口计生等部门的资源,推进农民工信息网络建设,实现信息共享,为加强农民工管理和服务提供准确、及时的信息。输入地和输出地要搞好农民工统计信息交流和工作衔接。

(四十)在全社会形成关心农民工的良好氛围。社会各方面都要树立理解、尊重、保护农民工的意识,开展多种形式的关心帮助农民工的公益活动。新闻单位要大力宣传党和国家关于农民工的方针政策,宣传农民工在改革开放和现代化建设中的突出贡献和先进典型,加强对保障农民工权益情况的舆论监督。对优秀农民工要给予表彰奖励。总结、推广各地和用人单位关心、善待农民工的好做法、好经验,提高对农民工的服务和管理水平。

各地区、各部门要认真贯彻国家关于解决农民工问题的各项法律法规和政策规定,按照本文件的要求,结合实际抓紧制定和完善配套措施及具体办法,积极研究解决工作中遇到的新问题,确保涉及农民工的各项政策措施落到实处。

4-1-7

国务院办公厅关于印发降低
社会保险费率综合方案的通知

2019年4月1日　国办发〔2019〕13号

各省、自治区、直辖市人民政府,国务院各部委、各直属机构:

《降低社会保险费率综合方案》已经国务院同意,现印发给你们,请认真贯彻执行。

降低社会保险费率,是减轻企业负担、优化营商环境、完善社会保险制度的重要举措。各地区各有关部门要以习近平新时代中国特色社会主义思想为指导,全面贯彻党的十九大和十九届二中、三中全会精神,坚持稳中求进工作总基调,坚持新发展理念,统筹考虑降低社会保险费率、完善社会保险制度、稳步推进社会保险费征收体制改革,密切协调配合,抓好工作落实,确保企业特别是小微企业社会保险缴费负担有实质性下降,确保职工各项社会保险待遇不受影响、按时足额支付。

降低社会保险费率综合方案

为贯彻落实党中央、国务院决策部署,降低社会保险(以下简称社保)费率,完善社保制度,稳步推进社保费征收体制改革,制定本方案。

一、降低养老保险单位缴费比例

自2019年5月1日起,降低城镇职工基本养老保险(包括企业和机关事业单位基本养老保险,以下简称养老保险)单位缴费比例。各省、自治区、直辖市及新疆生产建设兵团(以下统称省)养老保险单位缴费比例高于16%的,可降至16%;目前低于16%的,要研究提出过渡办法。各省具体调整或过渡方案于2019年4月15日前报人力资源社会保障部、财政部备案。

二、继续阶段性降低失业保险、工伤保险费率

自2019年5月1日起,实施失业保险总费率1%的省,延长阶段性降低失业保险费率的期限至2020年4月30日。自2019年5月1日起,延长阶段性降低工伤保险费率的期限至2020年4月30日,工伤保险基金累计结余可支付月数在18至23个月的统筹地区可以现行费率为基础下调20%,累计结余可支付月数在24个月以上的统筹地区可以现行费率为基础下调50%。

三、调整社保缴费基数政策

调整就业人员平均工资计算口径。各省应以本省城镇非私营单位就业人员平均工资

和城镇私营单位就业人员平均工资加权计算的全口径城镇单位就业人员平均工资,核定社保个人缴费基数上下限,合理降低部分参保人员和企业的社保缴费基数。调整就业人员平均工资计算口径后,各省要制定基本养老金计发办法的过渡措施,确保退休人员待遇水平平稳衔接。

完善个体工商户和灵活就业人员缴费基数政策。个体工商户和灵活就业人员参加企业职工基本养老保险,可以在本省全口径城镇单位就业人员平均工资的60%至300%之间选择适当的缴费基数。

四、加快推进养老保险省级统筹

各省要结合降低养老保险单位缴费比例、调整社保缴费基数政策等措施,加快推进企业职工基本养老保险省级统筹,逐步统一养老保险参保缴费、单位及个人缴费基数核定办法等政策,2020年底前实现企业职工基本养老保险基金省级统收统支。

五、提高养老保险基金中央调剂比例

加大企业职工基本养老保险基金中央调剂力度,2019年基金中央调剂比例提高至3.5%,进一步均衡各省之间养老保险基金负担,确保企业离退休人员基本养老金按时足额发放。

六、稳步推进社保费征收体制改革

企业职工基本养老保险和企业职工其他险种缴费,原则上暂按现行征收体制继续征收,稳定缴费方式,"成熟一省、移交一省";机关事业单位社保费和城乡居民社保费征管职责如期划转。人力资源社会保障、税务、财政、医保部门要抓紧推进信息共享平台建设等各项工作,切实加强信息共享,确保征收工作有序衔接。妥善处理好企业历史欠费问题,在征收体制改革过程中不得自行对企业历史欠费进行集中清缴,不得采取任何增加小微企业实际缴费负担的做法,避免造成企业生产经营困难。同时,合理调整2019年社保基金收入预算。

七、建立工作协调机制

国务院建立工作协调机制,统筹协调降低社保费率和社保费征收体制改革相关工作。县级以上地方政府要建立由政府负责人牵头,人力资源社会保障、财政、税务、医保等部门参加的工作协调机制,统筹协调降低社保费率以及征收体制改革过渡期间的工作衔接,提出具体安排,确保各项工作顺利进行。

八、认真做好组织落实工作

各地区各有关部门要加强领导,精心组织实施。人力资源社会保障部、财政部、税务总局、国家医保局要加强指导和监督检查,及时研究解决工作中遇到的问题,确保各项政策措施落到实处。

4-1-8

国家统计局关于工资总额组成的规定

1990年1月1日　国家统计局令第1号

第一章　总　　则

第一条　为了统一工资总额的计算范围,保证国家对工资进行统一的统计核算和会计核算,有利于编制、检查计划和进行工资管理以及正确地反映职工的工资收入,制定本规定。

第二条　全民所有制和集体所有制企业、事业单位,各种合营单位,各级国家机关、政党机关和社会团体,在计划、统计、会计上有关工资总额范围的计算,均应遵守本规定。

第三条　工资总额是指各单位在一定时期内直接支付给本单位全部职工的劳动报酬总额。

工资总额的计算应以直接支付给职工的全部劳动报酬为根据。

第二章　工资总额的组成

第四条　工资总额由下列六个部分组成:

(一)计时工资;

(二)计件工资;

(三)奖金;

(四)津贴和补贴;

(五)加班加点工资;

(六)特殊情况下支付的工资。

第五条　计时工资是指按计时工资标准(包括地区生活费补贴)和工作时间支付给个人的劳动报酬。包括:

(一)对已做工作按计时工资标准支付的工资;

(二)实行结构工资制的单位支付给职工的基础工资和职务(岗位)工资;

(三)新参加工作职工的见习工资(学徒的生活费);

(四)运动员体育津贴。

第六条　计件工资是指对已做工作按计件单价支付的劳动报酬。包括:

(一)实行超额累进计件、直接无限计件、限额计件、超定额计件等工资制,按劳动部门或主管部门批准的定额和计件单价支付给个人的工资;

(二)按工作任务包干方法支付给个人的工资;

(三)按营业额提成或利润提成办法支付给个人的工资。

第七条　奖金是指支付给职工的超额劳动报酬和增收节支的劳动报酬。包括:

(一)生产奖;

(二)节约奖;

(三)劳动竞赛奖;

(四)机关、事业单位的奖励工资;

(五)其他奖金。

第八条 津贴和补贴是指为了补偿职工特殊或额外的劳动消耗和因其他特殊原因支付给职工的津贴,以及为了保证职工工资水平不受物价影响支付给职工的物价补贴。

(一)津贴。包括:补偿职工特殊或额外劳动消耗的津贴,保健性津贴,技术性津贴,年功性津贴及其他津贴。

(二)物价补贴。包括:为保证职工工资水平不受物价上涨或变动影响而支付的各种补贴。

第九条 加班加点工资是指按规定支付的加班工资和加点工资。

第十条 特殊情况下支付的工资。包括:

(一)根据国家法律、法规和政策规定,因病、工伤、产假、计划生育假、婚丧假、事假、探亲假、定期休假、停工学习、执行国家或社会义务等原因按计时工资标准或计时工资标准的一定比例支付的工资;

(二)附加工资、保留工资。

第三章 工资总额不包括的项目

第十一条 下列各项不列入工资总额的范围:

(一)根据国务院发布的有关规定颁发的发明创造奖、自然科学奖、科学技术进步奖和支付的合理化建议和技术改进奖以及支付给运动员、教练员的奖金;

(二)有关劳动保险和职工福利方面的各项费用;

(三)有关离休、退休、退职人员待遇的各项支出;

(四)劳动保护的各项支出;

(五)稿费、讲课费及其他专门工作报酬;

(六)出差伙食补助费、误餐补助、调动工作的旅费和安家费;

(七)对自带工具、牲畜来企业工作职工所支付的工具、牲畜等的补偿费用;

(八)实行租赁经营单位的承租人的风险性补偿收入;

(九)对购买本企业股票和债券的职工所支付的股息(包括股金分红)和利息;

(十)劳动合同制职工解除劳动合同时由企业支付的医疗补助费、生活补助费等;

(十一)因录用临时工而在工资以外向提供劳动力单位支付的手续费或管理费;

(十二)支付给家庭工人的加工费和按加工订货办法支付给承包单位的发包费用;

(十三)支付给参加企业劳动的在校学生的补贴;

(十四)计划生育独生子女补贴。

第十二条 前条所列各项按照国家规定另行统计。

第四章 附 则

第十三条 中华人民共和国境内的私营单位、华侨及港、澳、台工商业者经营单位和外商经营单位有关工资总额范围的计算,参照本规定执行。

第十四条 本规定由国家统计局负责解释。

第十五条 各地区、各部门可依据本规定制定有关工资总额组成的具体范围的规定。

第十六条 本规定自发布之日起施行。国务院一九五五年五月二十一日批准颁发的《关于工资总额组成的暂行规定》同时废止。

4-1-9

社会保险费征缴监督检查办法

1999年3月19日 劳动和社会保障部令第3号

第一条 为加强社会保险费征缴监督检查工作,规范社会保险费征缴监督检查行为,根据《社会保险费征缴暂行条例》(以下简称条例)和有关法律、法规规定,制定本办法。

第二条 对中华人民共和国境内的企业、事业单位、国家机关、社会团体、民办非企业单位、城镇个体工商户(以下简称缴费单位)实施社会保险费征缴监督检查适用本办法。

前款所称企业是指国有企业、城镇集体企业、外商投资企业、城镇私营企业和其他城镇企业。

第三条 劳动保障行政部门负责社会保险费征缴的监督检查工作,对违反条例和本办法规定的缴费单位及其责任人员,依法作出行政处罚决定,并可以按照条例规定委托社会保险经办机构进行与社会保险费征缴有关的检查、调查工作。

劳动保障行政部门的劳动保障监察机构具体负责社会保险费征缴监督检查和行政处罚,包括对缴费单位进行检查、调查取证、拟定行政处罚决定书、送达行政处罚决定书、拟定向人民法院申请强制执行行政处罚决定的申请书、受理群众举报等工作。

社会保险经办机构受劳动保障行政部门的委托,可以对缴费单位履行社会保险登记、缴费申报、缴费义务的情况进行调查和检查,发现缴费单位有瞒报、漏报和拖欠社会保险费等行为时,应当责令其改正。

第四条 劳动保障监察机构与社会保险经办机构应当建立按月相互通报制度。社会保险经办机构应当及时将需要给予行政处罚的缴费单位情况向劳动保障监察机构通报,劳动保障监察机构应当及时将查处违反规定的情况通报给社会保险经办机构。

第五条 县级以上地方各级劳动保障行政部门对缴费单位监督检查的管辖范围,由省、自治区、直辖市劳动保障行政部门依照社会保险登记、缴费申报和缴费工作管理权限,制定具体规定。

第六条 社会保险费征缴监督检查应当包括以下内容:

(一)缴费单位向当地社会保险经办机构办理社会保险登记、变更登记或注销登记的情况;

(二)缴费单位向社会保险经办机构申报缴费的情况;

(三)缴费单位缴纳社会保险费的情况;

(四)缴费单位代扣代缴个人缴费的情况;

（五）缴费单位向职工公布本单位缴费的情况；

（六）法律、法规规定的其他内容。

第七条　劳动保障行政部门应当向社会公布举报电话,设立举报信箱,指定专人负责接待群众投诉；对符合受理条件的举报,应当于7日内立案受理,并进行调查处理,且一般应当于30日内处理结案。

第八条　劳动保障行政部门应当建立劳动保障年检制度,进行劳动保障年度检查,掌握缴费单位参加社会保险的情况；对违反条例规定的,应当责令其限期改正,并依照条例规定给予行政处罚。

第九条　劳动保障监察人员在执行监察公务和社会保险经办机构工作人员对缴费单位进行调查、检查时,至少应当由两人共同进行,并应当主动出示执法证件。

第十条　劳动保障监察人员执行监察公务和社会保险经办机构工作人员进行调查、检查时,行使下列职权：

（一）可以到缴费单位了解遵守社会保险法律、法规的情况；

（二）可以要求缴费单位提供与缴纳社会保险费有关的用人情况、工资表、财务报表等资料,询问有关人员,对缴费单位不能立即提供有关参加社会保险情况和资料的,可以下达劳动保障行政部门监督检查询问书；

（三）可以记录、录音、录像、照相和复制有关资料。

第十一条　劳动保障监察人员执行监察公务和社会保险经办机构工作人员进行调查、检查时,承担下列义务：

（一）依法履行职责,秉公执法,不得利用职务之便谋取私利；

（二）保守在监督检查工作中知悉的缴费单位的商业秘密；

（三）为举报人员保密。

第十二条　缴费单位有下列行为之一,情节严重的,对直接负责的主管人员和其他直接责任人员处以1000元以上5000元以下的罚款；情节特别严重的,对直接负责的主管人员和其他直接责任人员处以5000元以上10000元以下的罚款：

（一）未按规定办理社会保险登记的；

（二）在社会保险登记事项发生变更或者缴费单位依法终止后,未按规定到社会保险经办机构办理社会保险变更登记或者社会保险注销登记的；

（三）未按规定申报应当缴纳社会保险费数额的。

第十三条　对缴费单位有下列行为之一的,依照条例第十三条的规定,从欠缴之日起,按日加收千分之二的滞纳金,并对直接负责的主管人员和其他直接责任人员处以5000元以上20000元以下罚款：

（一）因伪造、变造、故意毁灭有关帐册、材料造成社会保险费迟延缴纳的；

（二）因不设帐册造成社会保险费迟延缴纳的；

（三）因其他违法行为造成社会保险费迟延缴纳的。

第十四条　对缴费单位有下列行为之一的,应当给予警告,并可以处以5000元以下的罚款：

（一）伪造、变造社会保险登记证的；

（二）未按规定从缴费个人工资中代扣代缴社会保险费的；

（三）未按规定向职工公布本单位社会保险费缴纳情况的。

对上述违法行为的行政处罚，法律、法规另有规定的，从其规定。

第十五条　对缴费单位有下列行为之一的，应当给予警告，并可以处以10000元以下的罚款：

（一）阻挠劳动保障监察人员依法行使监察职权，拒绝检查的；

（二）隐瞒事实真相，谎报、瞒报，出具伪证，或者隐匿、毁灭证据的；

（三）拒绝提供与缴纳社会保险费有关的用人情况、工资表、财务报表等资料的；

（四）拒绝执行劳动保障行政部门下达的监督检查询问书的；

（五）拒绝执行劳动保障行政部门下达的限期改正指令书的；

（六）打击报复举报人员的；

（七）法律、法规及规章规定的其他情况。

对上述违法行为的行政处罚，法律、法规另有规定的，从其规定。

第十六条　本办法第十二条、第十三条的罚款均由缴费单位直接负责的主管人员和其他直接责任人员个人支付，不得从单位报销。

第十七条　对缴费单位或者缴费单位直接负责的主管人员和其他直接责任人员的罚款，必须全部上缴国库。

第十八条　缴费单位或者缴费单位直接负责的主管人员和其他直接责任人员，对劳动保障行政部门作出的行政处罚决定不服的，可以于15日内，向上一级劳动保障行政部门或者同级人民政府申请行政复议。对行政复议决定不服的，可以自收到行政复议决定书之日起15日内向人民法院提起行政诉讼。

行政复议和行政诉讼期间，不影响该行政处罚决定的执行。

第十九条　缴费单位或者缴费单位直接负责的主管人员和其他直接责任人员，在15日内拒不执行劳动保障行政部门对其作出的行政处罚决定，又不向上一级劳动保障行政部门或者同级人民政府申请行政复议，或者对行政复议决定不服，又不向人民法院提起行政诉讼的，可以申请人民法院强制执行。

第二十条　劳动保障行政部门和社会保险经办机构的工作人员滥用职权、徇私舞弊、玩忽职守，构成犯罪的，依法追究刑事责任；尚不构成犯罪的，给予责任人员行政处分。

第二十一条　本办法自发布之日起施行。

4-1-10

社会保险稽核办法

2003年2月27日　劳动和社会保障部令第16号

第一条　为了规范社会保险稽核工作，确保社会保险费应收尽收，维护参保人员的合法权益，根据《社会保险费征缴暂行条例》和国家有关规定，制定本办法。

第二条　本办法所称稽核是指社会保险经办机构依法对社会保险费缴纳情况和社会

保险待遇领取情况进行的核查。

第三条 县级以上社会保险经办机构负责社会保险稽核工作。

县级以上社会保险经办机构的稽核部门具体承办社会保险稽核工作。

第四条 社会保险稽核人员应当具备以下条件：

（一）坚持原则，作风正派，公正廉洁；

（二）具备中专以上学历和财会、审计专业知识；

（三）熟悉社会保险业务及相关法律、法规，具备开展稽核工作的相应资格。

第五条 社会保险经办机构及社会保险稽核人员开展稽核工作，行使下列职权：

（一）要求被稽核单位提供用人情况、工资收入情况、财务报表、统计报表、缴费数据和相关账册、会计凭证等与缴纳社会保险费有关的情况和资料；

（二）可以记录、录音、录像、照相和复制与缴纳社会保险费有关的资料，对被稽核对象的参保情况和缴纳社会保险费等方面的情况进行调查、询问；

（三）要求被稽核对象提供与稽核事项有关的资料。

第六条 社会保险稽核人员承担下列义务：

（一）办理稽核事务应当实事求是，客观公正，不得利用工作之便谋取私利；

（二）保守被稽核单位的商业秘密以及个人隐私；

（三）为举报人保密。

第七条 社会保险稽核人员有下列情形之一的，应当自行回避：

（一）与被稽核单位负责人或者被稽核个人之间有亲属关系的；

（二）与被稽核单位或者稽核事项有经济利益关系的；

（三）与被稽核单位或者稽核事项有其他利害关系，可能影响稽核公正实施的。

被稽核对象有权以口头形式或者书面形式申请有前款规定情形之一的人员回避。

稽核人员的回避，由其所在的社会保险经办机构的负责人决定。对稽核人员的回避做出决定前，稽核人员不得停止实施稽核。

第八条 社会保险稽核采取日常稽核、重点稽核和举报稽核等方式进行。

社会保险经办机构应当制定日常稽核工作计划，根据工作计划定期实施日常稽核。

社会保险经办机构对特定的对象和内容应当进行重点稽核。

对于不按规定缴纳社会保险费的行为，任何单位和个人有权举报，社会保险经办机构应当及时受理举报并进行稽核。

第九条 社会保险缴费情况稽核内容包括：

（一）缴费单位和缴费个人申报的社会保险缴费人数、缴费基数是否符合国家规定；

（二）缴费单位和缴费个人是否按时足额缴纳社会保险费；

（三）欠缴社会保险费的单位和个人的补缴情况；

（四）国家规定的或者劳动保障行政部门交办的其他稽核事项。

第十条 社会保险经办机构对社会保险费缴纳情况按照下列程序实施稽核：

（一）提前3日将进行稽核的有关内容、要求、方法和需要准备的资料等事项通知被稽核对象，特殊情况下的稽核也可以不事先通知；

（二）应有两名以上稽核人员共同进行，出示执行公务的证件，并向被稽核对象说明身份；

（三）对稽核情况应做笔录，笔录应当由稽核人员和被稽核单位法定代表人（或法定代表人委托的代理人）签名或盖章，被稽核单位法定代表人拒不签名或盖章的，应注明拒签原因；

（四）对于经稽核未发现违反法规行为的被稽核对象，社会保险经办机构应当在稽核结束后5个工作日内书面告知其稽核结果；

（五）发现被稽核对象在缴纳社会保险费或按规定参加社会保险等方面，存在违反法规行为，要据实写出稽核意见书，并在稽核结束后10个工作日内送达被稽核对象。被稽核对象应在限定时间内予以改正。

第十一条 被稽核对象少报、瞒报缴费基数和缴费人数，社会保险经办机构应当责令其改正；拒不改正的，社会保险经办机构应当报请劳动保障行政部门依法处罚。

被稽核对象拒绝稽核或伪造、变造、故意毁灭有关账册、材料迟延缴纳社会保险费的，社会保险经办机构应当报请劳动保障行政部门依法处罚。

社会保险经办机构应定期向劳动保障行政部门报告社会保险稽核工作情况。劳动保障行政部门应将社会保险经办机构提请处理事项的结果及时通报社会保险经办机构。

第十二条 社会保险经办机构应当对参保个人领取社会保险待遇情况进行核查，发现社会保险待遇领取人丧失待遇领取资格后本人或他人继续领取待遇或以其他形式骗取社会保险待遇的，社会保险经办机构应当立即停止待遇的支付并责令退还；拒不退还的，由劳动保障行政部门依法处理，并可对其处500元以上1000元以下罚款；构成犯罪的，由司法机关依法追究刑事责任。

第十三条 社会保险经办机构工作人员在稽核工作中滥用职权、徇私舞弊、玩忽职守的，依法给予行政处分；构成犯罪的，依法追究刑事责任。

第十四条 本办法自2003年4月1日起施行。

4-1-11

实施《中华人民共和国社会保险法》若干规定

2011年6月29日 人力资源和社会保障部令第13号

为了实施《中华人民共和国社会保险法》（以下简称社会保险法），制定本规定。

第一章 关于基本养老保险

第一条 社会保险法第十五条规定的统筹养老金，按照国务院规定的基础养老金计发办法计发。

第二条 参加职工基本养老保险的个人达到法定退休年龄时，累计缴费不足十五年的，可以延长缴费至满十五年。社会保险法实施前参保、延长缴费五年后仍不足十五年的，可以一次性缴费至满十五年。

第三条 参加职工基本养老保险的个人达到法定退休年龄后，累计缴费不足十五年

（含依照第二条规定延长缴费）的,可以申请转入户籍所在地新型农村社会养老保险或者城镇居民社会养老保险,享受相应的养老保险待遇。

参加职工基本养老保险的个人达到法定退休年龄后,累计缴费不足十五年（含依照第二条规定延长缴费）,且未转入新型农村社会养老保险或者城镇居民社会养老保险的,个人可以书面申请终止职工基本养老保险关系。社会保险经办机构收到申请后,应当书面告知其转入新型农村社会养老保险或者城镇居民社会养老保险的权利以及终止职工基本养老保险关系的后果,经本人书面确认后,终止其职工基本养老保险关系,并将个人账户储存额一次性支付给本人。

第四条 参加职工基本养老保险的个人跨省流动就业,达到法定退休年龄时累计缴费不足十五年的,按照《国务院办公厅关于转发人力资源社会保障部财政部城镇企业职工基本养老保险关系转移接续暂行办法的通知》（国办发〔2009〕66号）有关待遇领取地的规定确定继续缴费地后,按照本规定第二条办理。

第五条 参加职工基本养老保险的个人跨省流动就业,符合按月领取基本养老金条件时,基本养老金分段计算、统一支付的具体办法,按照《国务院办公厅关于转发人力资源社会保障部财政部城镇企业职工基本养老保险关系转移接续暂行办法的通知》（国办发〔2009〕66号）执行。

第六条 职工基本养老保险个人账户不得提前支取。个人在达到法定的领取基本养老金条件前离境定居的,其个人账户予以保留,达到法定领取条件时,按照国家规定享受相应的养老保险待遇。其中,丧失中华人民共和国国籍的,可以在其离境时或者离境后书面申请终止职工基本养老保险关系。社会保险经办机构收到申请后,应当书面告知其保留个人账户的权利以及终止职工基本养老保险关系的后果,经本人书面确认后,终止其职工基本养老保险关系,并将个人账户储存额一次性支付给本人。

参加职工基本养老保险的个人死亡后,其个人账户中的余额可以全部依法继承。

第二章　关于基本医疗保险

第七条 社会保险法第二十七条规定的退休人员享受基本医疗保险待遇的缴费年限按照各地规定执行。

参加职工基本医疗保险的个人,基本医疗保险关系转移接续时,基本医疗保险缴费年限累计计算。

第八条 参保人员在协议医疗机构发生的医疗费用,符合基本医疗保险药品目录、诊疗项目、医疗服务设施标准的,按照国家规定从基本医疗保险基金中支付。

参保人员确需急诊、抢救的,可以在非协议医疗机构就医;因抢救必须使用的药品可以适当放宽范围。参保人员急诊、抢救的医疗服务具体管理办法由统筹地区根据当地实际情况制定。

第三章　关于工伤保险

第九条 职工（包括非全日制从业人员）在两个或者两个以上用人单位同时就业的,各用人单位应当分别为职工缴纳工伤保险费。职工发生工伤,由职工受到伤害时工作的单位依法承担工伤保险责任。

第十条 社会保险法第三十七条第二项中的醉酒标准,按照《车辆驾驶人员血液、呼气酒精含量阈值与检验》(GB 19522—2004)执行。公安机关交通管理部门、医疗机构等有关单位依法出具的检测结论、诊断证明等材料,可以作为认定醉酒的依据。

第十一条 社会保险法第三十八条第八项中的因工死亡补助金是指《工伤保险条例》第三十九条的一次性工亡补助金,标准为工伤发生时上一年度全国城镇居民人均可支配收入的 20 倍。

上一年度全国城镇居民人均可支配收入以国家统计局公布的数据为准。

第十二条 社会保险法第三十九条第一项治疗工伤期间的工资福利,按照《工伤保险条例》第三十三条有关职工在停工留薪期内应当享受的工资福利和护理等待遇的规定执行。

第四章 关于失业保险

第十三条 失业人员符合社会保险法第四十五条规定条件的,可以申请领取失业保险金并享受其他失业保险待遇。其中,非因本人意愿中断就业包括下列情形:

(一)依照劳动合同法第四十四条第一项、第四项、第五项规定终止劳动合同的;

(二)由用人单位依照劳动合同法第三十九条、第四十条、第四十一条规定解除劳动合同的;

(三)用人单位依照劳动合同法第三十六条规定向劳动者提出解除劳动合同并与劳动者协商一致解除劳动合同的;

(四)由用人单位提出解除聘用合同或者被用人单位辞退、除名、开除的;

(五)劳动者本人依照劳动合同法第三十八条规定解除劳动合同的;

(六)法律、法规、规章规定的其他情形。

第十四条 失业人员领取失业保险金后重新就业的,再次失业时,缴费时间重新计算。失业人员因当期不符合失业保险金领取条件的,原有缴费时间予以保留,重新就业并参保的,缴费时间累计计算。

第十五条 失业人员在领取失业保险金期间,应当积极求职,接受职业介绍和职业培训。失业人员接受职业介绍、职业培训的补贴由失业保险基金按照规定支付。

第五章 关于基金管理和经办服务

第十六条 社会保险基金预算、决算草案的编制、审核和批准,依照《国务院关于试行社会保险基金预算的意见》(国发〔2010〕2号)的规定执行。

第十七条 社会保险经办机构应当每年至少一次将参保人员个人权益记录单通过邮寄方式寄送本人。同时,社会保险经办机构可以通过手机短信或者电子邮件等方式向参保人员发送个人权益记录。

第十八条 社会保险行政部门、社会保险经办机构及其工作人员应当依法为用人单位和个人的信息保密,不得违法向他人泄露下列信息:

(一)涉及用人单位商业秘密或者公开后可能损害用人单位合法利益的信息;

(二)涉及个人权益的信息。

第六章 关于法律责任

第十九条 用人单位在终止或者解除劳动合同时拒不向职工出具终止或者解除劳动关系证明,导致职工无法享受社会保险待遇的,用人单位应当依法承担赔偿责任。

第二十条 职工应当缴纳的社会保险费由用人单位代扣代缴。用人单位未依法代扣代缴的,由社会保险费征收机构责令用人单位限期代缴,并自欠缴之日起向用人单位按日加收万分之五的滞纳金。用人单位不得要求职工承担滞纳金。

第二十一条 用人单位因不可抗力造成生产经营出现严重困难的,经省级人民政府社会保险行政部门批准后,可以暂缓缴纳一定期限的社会保险费,期限一般不超过一年。暂缓缴费期间,免收滞纳金。到期后,用人单位应当缴纳相应的社会保险费。

第二十二条 用人单位按照社会保险法第六十三条的规定,提供担保并与社会保险费征收机构签订缓缴协议的,免收缓缴期间的滞纳金。

第二十三条 用人单位按照本规定第二十一条、第二十二条缓缴社会保险费期间,不影响其职工依法享受社会保险待遇。

第二十四条 用人单位未按月将缴纳社会保险费的明细情况告知职工本人的,由社会保险行政部门责令改正;逾期不改的,按照《劳动保障监察条例》第三十条的规定处理。

第二十五条 医疗机构、药品经营单位等社会保险服务机构以欺诈、伪造证明材料或者其他手段骗取社会保险基金支出的,由社会保险行政部门责令退回骗取的社会保险金,处骗取金额二倍以上五倍以下的罚款。对与社会保险经办机构签订服务协议的医疗机构、药品经营单位,由社会保险经办机构按照协议追究责任,情节严重的,可以解除与其签订的服务协议。对有执业资格的直接负责的主管人员和其他直接责任人员,由社会保险行政部门建议授予其执业资格的有关主管部门依法吊销其执业资格。

第二十六条 社会保险经办机构、社会保险费征收机构、社会保险基金投资运营机构、开设社会保险基金专户的机构和专户管理银行及其工作人员有下列违法情形的,由社会保险行政部门按照社会保险法第九十一条的规定查处:

(一)将应征和已征的社会保险基金,采取隐藏、非法放置等手段,未按规定征缴、入账的;

(二)违规将社会保险基金转入社会保险基金专户以外的账户的;

(三)侵吞社会保险基金的;

(四)将各项社会保险基金互相挤占或者其他社会保障基金挤占社会保险基金的;

(五)将社会保险基金用于平衡财政预算,兴建、改建办公场所和支付人员经费、运行费用、管理费用的;

(六)违反国家规定的投资运营政策的。

第七章 其 他

第二十七条 职工与所在用人单位发生社会保险争议的,可以依照《中华人民共和国劳动争议调解仲裁法》、《劳动人事争议仲裁办案规则》的规定,申请调解、仲裁,提起诉讼。

职工认为用人单位有未按时足额为其缴纳社会保险费等侵害其社会保险权益行为的，也可以要求社会保险行政部门或者社会保险费征收机构依法处理。社会保险行政部门或者社会保险费征收机构应当按照社会保险法和《劳动保障监察条例》等相关规定处理。在处理过程中，用人单位对双方的劳动关系提出异议的，社会保险行政部门应当依法查明相关事实后继续处理。

第二十八条　在社会保险经办机构征收社会保险费的地区，社会保险行政部门应当依法履行社会保险法第六十三条所规定的有关行政部门的职责。

第二十九条　2011年7月1日后对用人单位未按时足额缴纳社会保险费的处理，按照社会保险法和本规定执行；对2011年7月1日前发生的用人单位未按时足额缴纳社会保险费的行为，按照国家和地方人民政府的有关规定执行。

第三十条　本规定自2011年7月1日起施行。

4-1-12

社会保险个人权益记录管理办法

2011年6月29日　人力资源和社会保障部令第14号

第一章　总　　则

第一条　为了维护参保人员的合法权益，规范社会保险个人权益记录管理，根据《中华人民共和国社会保险法》等相关法律法规的规定，制定本办法。

第二条　本办法所称社会保险个人权益记录，是指以纸质材料和电子数据等载体记录的反映参保人员及其用人单位履行社会保险义务、享受社会保险权益状况的信息，包括下列内容：

（一）参保人员及其用人单位社会保险登记信息；

（二）参保人员及其用人单位缴纳社会保险费、获得相关补贴的信息；

（三）参保人员享受社会保险待遇资格及领取待遇的信息；

（四）参保人员缴费年限和个人账户信息；

（五）其他反映社会保险个人权益的信息。

第三条　社会保险经办机构负责社会保险个人权益记录管理，提供与社会保险个人权益记录相关的服务。

人力资源社会保障信息化综合管理机构（以下简称信息机构）对社会保险个人权益记录提供技术支持和安全保障服务。

人力资源社会保障行政部门对社会保险个人权益记录管理实施监督。

第四条　社会保险个人权益记录遵循及时、完整、准确、安全、保密原则，任何单位和个人不得用于商业交易或者营利活动，也不得违法向他人泄露。

第二章 采集和审核

第五条 社会保险经办机构通过业务经办、统计、调查等方式获取参保人员相关社会保险个人权益信息，同时，应当与社会保险费征收机构、工商、民政、公安、机构编制等部门通报的情况进行核对。

与社会保险经办机构签订服务协议的医疗机构、药品经营单位、工伤康复机构、辅助器具安装配置机构、相关金融机构等（以下简称社会保险服务机构）和参保人员及其用人单位应当及时、准确提供社会保险个人权益信息，社会保险经办机构应当按照规定程序进行核查。

第六条 社会保险经办机构应当依据业务经办原始资料及时采集社会保险个人权益信息。

通过互联网经办社会保险业务采集社会保险个人权益信息的，应当采取相应的安全措施。

社会保险经办机构应当在经办前台完成社会保险个人权益信息采集工作，不得在后台数据库直接录入、修改数据。

社会保险个人权益记录中缴费数额、待遇标准、个人账户储存额、缴费年限等待遇计发的数据，应当根据事先设定的业务规则，通过社会保险信息系统对原始采集数据进行计算处理后生成。

第七条 社会保险经办机构应当建立社会保险个人权益信息采集的初审、审核、复核、审批制度，明确岗位职责，并在社会保险信息系统中进行岗位权限设置。

第三章 保管和维护

第八条 社会保险经办机构和信息机构应当配备社会保险个人权益记录保管的场所和设施设备，建立并完善人力资源社会保障业务专网。

第九条 社会保险个人权益数据保管应当符合以下要求：

（一）建立完善的社会保险个人权益数据存储管理办法；

（二）定期对社会保险个人权益数据的保管、可读取、备份记录状况等进行测试，发现问题及时处理；

（三）社会保险个人权益数据应当定期备份，备份介质异地存放；

（四）保管的软硬件环境、存储载体等发生变化时，应当及时对社会保险个人权益数据进行迁移、转换，并保留原有数据备查。

第十条 参保人员流动就业办理社会保险关系转移时，新参保地社会保险经办机构应当及时做好社会保险个人权益记录的接收和管理工作；原参保地社会保险经办机构在将社会保险个人权益记录转出后，应当按照规定保留原有记录备查。

第十一条 社会保险经办机构应当安排专门工作人员对社会保险个人权益数据进行管理和日常维护，检查记录的完整性、合规性，并按照规定程序修正和补充。

社会保险经办机构不得委托其他单位或者个人单独负责社会保险个人权益数据维护工作。其他单位或者个人协助维护的，社会保险经办机构应当与其签订保密协议。

第十二条 社会保险经办机构应当建立社会保险个人权益记录维护日志,对社会保险个人权益数据维护的时间、内容、维护原因、处理方法和责任人等进行登记。

第十三条 社会保险个人权益信息的采集、保管和维护等环节涉及的书面材料应当存档备查。

第四章 查询和使用

第十四条 社会保险经办机构应当向参保人员及其用人单位开放社会保险个人权益记录查询程序,界定可供查询的内容,通过社会保险经办机构网点、自助终端或者电话、网站等方式提供查询服务。

第十五条 社会保险经办机构网点应当设立专门窗口向参保人员及其用人单位提供免费查询服务。

参保人员向社会保险经办机构查询本人社会保险个人权益记录的,需持本人有效身份证件;参保人员委托他人向社会保险经办机构查询本人社会保险个人权益记录的,被委托人需持书面委托材料和本人有效身份证件。需要书面查询结果或者出具本人参保缴费、待遇享受等书面证明的,社会保险经办机构应当按照规定提供。

参保用人单位凭有效证明文件可以向社会保险经办机构免费查询本单位缴费情况,以及职工在本单位工作期间涉及本办法第二条第一项、第二项相关内容。

第十六条 参保人员或者用人单位对社会保险个人权益记录存在异议时,可以向社会保险经办机构提出书面核查申请,并提供相关证明材料。社会保险经办机构应当进行复核,确实存在错误的,应当改正。

第十七条 人力资源社会保障行政部门、信息机构基于宏观管理、决策以及信息系统开发等目的,需要使用社会保险个人权益记录的,社会保险经办机构应当依据业务需求规定范围提供。非因依法履行工作职责需要的,所提供的内容不得包含可以直接识别个人身份的信息。

第十八条 有关行政部门、司法机关等因履行工作职责,依法需要查询社会保险个人权益记录的,社会保险经办机构依法按照规定的查询对象和记录项目提供查询。

第十九条 其他申请查询社会保险个人权益记录的单位,应当向社会保险经办机构提出书面申请。申请应当包括下列内容:

(一)申请单位的有效证明文件、单位名称、联系方式;

(二)查询目的和法律依据;

(三)查询的内容。

第二十条 社会保险经办机构收到依前条规定提出的查询申请后,应当进行审核,并按照下列情形分别作出处理:

(一)对依法应当予以提供的,按照规定程序提供;

(二)对无法律依据的,应当向申请人作出说明。

第二十一条 社会保险经办机构应当对除参保人员本人及其用人单位以外的其他单位查询社会保险个人权益记录的情况进行登记。

第二十二条 社会保险经办机构不得向任何单位和个人提供数据库全库交换或者提

供超出规定查询范围的信息。

第五章 保密和安全管理

第二十三条 建立社会保险个人权益记录保密制度。人力资源社会保障行政部门、社会保险经办机构、信息机构、社会保险服务机构、信息技术服务商及其工作人员对在工作中获知的社会保险个人权益记录承担保密责任,不得违法向他人泄露。

第二十四条 依据本办法第十八条规定查询社会保险个人权益记录的有关行政部门和司法机关,不得将获取的社会保险个人权益记录用作约定之外的其他用途,也不得违法向他人泄露。

第二十五条 信息机构和社会保险经办机构应当建立健全社会保险信息系统安全防护体系和安全管理制度,加强应急预案管理和灾难恢复演练,确保社会保险个人权益数据安全。

第二十六条 信息机构应当按照社会保险经办机构的要求,建立社会保险个人权益数据库用户管理制度,明确系统管理员、数据库管理员、业务经办用户和信息查询用户的职责,实行用户身份认证和权限控制。

系统管理员、数据库管理员不得兼职业务经办用户或者信息查询用户。

第六章 法律责任

第二十七条 人力资源社会保障行政部门及其他有关行政部门、司法机关违反保密义务的,应当依法承担法律责任。

第二十八条 社会保险经办机构、信息机构及其工作人员有下列行为之一的,由人力资源社会保障行政部门责令改正;对直接负责的主管人员和其他直接责任人员依法给予处分;给社会保险基金、用人单位或者个人造成损失的,依法承担赔偿责任;构成违反治安管理行为的,由公安机关依法予以处罚;构成犯罪的,依法追究刑事责任:

(一)未及时、完整、准确记载社会保险个人权益信息的;

(二)系统管理员、数据库管理员兼职业务经办用户或者信息查询用户的;

(三)与用人单位或者个人恶意串通,伪造、篡改社会保险个人权益记录或者提供虚假社会保险个人权益信息的;

(四)丢失、破坏、违反规定销毁社会保险个人权益记录的;

(五)擅自提供、复制、公布、出售或者变相交易社会保险个人权益记录的;

(六)违反安全管理规定,将社会保险个人权益数据委托其他单位或个人单独管理和维护的。

第二十九条 社会保险服务机构、信息技术服务商以及按照本办法第十九条规定获取个人权益记录的单位及其工作人员,将社会保险个人权益记录用于与社会保险经办机构约定以外用途,或者造成社会保险个人权益信息泄露的,依法对直接负责的主管人员和其他直接责任人员给予处分;给社会保险基金、用人单位或者个人造成损失的,依法承担赔偿责任;构成违反治安管理行为的,由公安机关依法予以处罚;构成犯罪的,依法追究刑事责任。

第三十条 任何组织和个人非法提供、复制、公布、出售或者变相交易社会保险个人权益记录,有违法所得的,由人力资源社会保障行政部门没收违法所得;属于社会保险服务机构、信息技术服务商的,可由社会保险经办机构与其解除服务协议;依法对直接负责的主管人员和其他直接责任人员给予处分;给社会保险基金、用人单位或者个人造成损失的,依法承担赔偿责任;构成违反治安管理行为的,由公安机关依法予以处罚;构成犯罪的,依法追究刑事责任。

第七章 附 则

第三十一条 社会保险个人权益记录管理涉及会计等材料,国家对其有特别规定的,从其规定。

法律、行政法规规定有关业务接受其他监管部门监督管理的,依照其规定执行。

第三十二条 本办法自 2011 年 7 月 1 日起施行。

4－1－13

在中国境内就业的外国人参加社会保险暂行办法

2011 年 9 月 6 日 人力资源和社会保障部令第 16 号

第一条 为了维护在中国境内就业的外国人依法参加社会保险和享受社会保险待遇的合法权益,加强社会保险管理,根据《中华人民共和国社会保险法》(以下简称社会保险法),制定本办法。

第二条 在中国境内就业的外国人,是指依法获得《外国人就业证》、《外国专家证》、《外国常驻记者证》等就业证件和外国人居留证件,以及持有《外国人永久居留证》在中国境内合法就业的非中国国籍的人员。

第三条 在中国境内依法注册或者登记的企业、事业单位、社会团体、民办非企业单位、基金会、律师事务所、会计师事务所等组织(以下称用人单位)依法招用的外国人,应当依法参加职工基本养老保险、职工基本医疗保险、工伤保险、失业保险和生育保险,由用人单位和本人按照规定缴纳社会保险费。

与境外雇主订立雇用合同后,被派遣到在中国境内注册或者登记的分支机构、代表机构(以下称境内工作单位)工作的外国人,应当依法参加职工基本养老保险、职工基本医疗保险、工伤保险、失业保险和生育保险,由境内工作单位和本人按照规定缴纳社会保险费。

第四条 用人单位招用外国人的,应当自办理就业证件之日起 30 日内为其办理社会保险登记。

受境外雇主派遣到境内工作单位工作的外国人,应当由境内工作单位按照前款规定为其办理社会保险登记。

依法办理外国人就业证件的机构,应当及时将外国人来华就业的相关信息通报当地社会保险经办机构。社会保险经办机构应当定期向相关机构查询外国人办理就业证件的情况。

第五条 参加社会保险的外国人,符合条件的,依法享受社会保险待遇。

在达到规定的领取养老金年龄前离境的,其社会保险个人账户予以保留,再次来中国就业的,缴费年限累计计算;经本人书面申请终止社会保险关系的,也可以将其社会保险个人账户储存额一次性支付给本人。

第六条 外国人死亡的,其社会保险个人账户余额可以依法继承。

第七条 在中国境外享受按月领取社会保险待遇的外国人,应当至少每年向负责支付其待遇的社会保险经办机构提供一次由中国驻外使、领馆出具的生存证明,或者由居住国有关机构公证、认证并经中国驻外使、领馆认证的生存证明。

外国人合法入境的,可以到社会保险经办机构自行证明其生存状况,不再提供前款规定的生存证明。

第八条 依法参加社会保险的外国人与用人单位或者境内工作单位因社会保险发生争议的,可以依法申请调解、仲裁、提起诉讼。用人单位或者境内工作单位侵害其社会保险权益的,外国人也可以要求社会保险行政部门或者社会保险费征收机构依法处理。

第九条 具有与中国签订社会保险双边或者多边协议国家国籍的人员在中国境内就业的,其参加社会保险的办法按照协议规定办理。

第十条 社会保险经办机构应当根据《外国人社会保障号码编制规则》,为外国人建立社会保障号码,并发放中华人民共和国社会保障卡。

第十一条 社会保险行政部门应当按照社会保险法的规定,对外国人参加社会保险的情况进行监督检查。用人单位或者境内工作单位未依法为招用的外国人办理社会保险登记或者未依法为其缴纳社会保险费的,按照社会保险法、《劳动保障监察条例》等法律、行政法规和有关规章的规定处理。

用人单位招用未依法办理就业证件或者持有《外国人永久居留证》的外国人的,按照《外国人在中国就业管理规定》处理。

第十二条 本办法自2011年10月15日起施行。

附件:外国人社会保障号码编制规则

附件

外国人社会保障号码编制规则

外国人参加中国社会保险,其社会保障号码由外国人所在国家或地区代码、有效证件号码组成。外国人有效证件为护照或《外国人永久居留证》。所在国家或地区代码和有效证件号码之间预留一位。其表现形式为:

XXX	X	XXXXXXXXXXXXX
(国家或地区代码)	(预留位)	(有效证件号码)

1. 外国人所在国家或地区代码按"ISO 3166-1-2006"国家及其地区的名称代码的第一部分国家代码规定的3位英文字母表示,如德国为DEU,丹麦DNK。遇国际标准升级时,

人力资源和社会保障部统一确定代码升级时间。

取得在中国永久居留资格的外国人所在国家或地区代码与其所持《外国人永久居留证》号码中第1-3位的国家或地区代码一致(也为三位)。

2. 预留位1位,默认情况为0,在特殊情况时,可填写数字为1至9。

3. 编制使用外国人有效护照号码,应包含全部英文字母和阿拉伯数字,不包括其中的"."、"-"等特殊字符。编制使用《外国人永久居留证》号码,为该证件号码中第4-15位号码。

（1）以在我国某用人单位工作的持护照号G01234—56的德籍人员为例,其社会保障号码为:DEU0G0123456

国家或地区代码	预留位	有效护照号码
DEU	0	G0123456

（2）以在我国某用人单位工作的持《外国人永久居留证》号DNK324578912056的丹麦籍人员为例,其社会保障号码为:DNK0324578912056

国家或地区代码	预留位	《外国人永久居留证》号码
DNK	0	324578912056

4. 数据库对外国人社会保障号码预留18位长度(其中有效护照号码最多为14位)。编制号码不足18位的,不需要补足位数。

5. 外国人社会保障号码在中国唯一且终身不变。其证件号码发生改变时,以初次参保登记时的社会保障号码作为唯一标识,社会保险经办机构应对参保人员的证件类型、证件号码变更情况进行相应的记录。

4-1-14

劳务派遣暂行规定

2014年1月24日　人力资源和社会保障部令第22号

第一章　总　　则

第一条　为规范劳务派遣,维护劳动者的合法权益,促进劳动关系和谐稳定,依据《中华人民共和国劳动合同法》(以下简称劳动合同法)和《中华人民共和国劳动合同法实施条例》(以下简称劳动合同法实施条例)等法律、行政法规,制定本规定。

第二条　劳务派遣单位经营劳务派遣业务,企业(以下称用工单位)使用被派遣劳动者,适用本规定。

依法成立的会计师事务所、律师事务所等合伙组织和基金会以及民办非企业单位等组织使用被派遣劳动者,依照本规定执行。

第二章 用工范围和用工比例

第三条 用工单位只能在临时性、辅助性或者替代性的工作岗位上使用被派遣劳动者。

前款规定的临时性工作岗位是指存续时间不超过6个月的岗位；辅助性工作岗位是指为主营业务岗位提供服务的非主营业务岗位；替代性工作岗位是指用工单位的劳动者因脱产学习、休假等原因无法工作的一定期间内，可以由其他劳动者替代工作的岗位。

用工单位决定使用被派遣劳动者的辅助性岗位，应当经职工代表大会或者全体职工讨论，提出方案和意见，与工会或者职工代表平等协商确定，并在用工单位内公示。

第四条 用工单位应当严格控制劳务派遣用工数量，使用的被派遣劳动者数量不得超过其用工总量的10%。

前款所称用工总量是指用工单位订立劳动合同人数与使用的被派遣劳动者人数之和。

计算劳务派遣用工比例的用工单位是指依照劳动合同法和劳动合同法实施条例可以与劳动者订立劳动合同的用人单位。

第三章 劳动合同、劳务派遣协议的订立和履行

第五条 劳务派遣单位应当依法与被派遣劳动者订立2年以上的固定期限书面劳动合同。

第六条 劳务派遣单位可以依法与被派遣劳动者约定试用期。劳务派遣单位与同一被派遣劳动者只能约定一次试用期。

第七条 劳务派遣协议应当载明下列内容：

（一）派遣的工作岗位名称和岗位性质；
（二）工作地点；
（三）派遣人员数量和派遣期限；
（四）按照同工同酬原则确定的劳动报酬数额和支付方式；
（五）社会保险费的数额和支付方式；
（六）工作时间和休息休假事项；
（七）被派遣劳动者工伤、生育或者患病期间的相关待遇；
（八）劳动安全卫生以及培训事项；
（九）经济补偿等费用；
（十）劳务派遣协议期限；
（十一）劳务派遣服务费的支付方式和标准；
（十二）违反劳务派遣协议的责任；
（十三）法律、法规、规章规定应当纳入劳务派遣协议的其他事项。

第八条 劳务派遣单位应当对被派遣劳动者履行下列义务：

（一）如实告知被派遣劳动者劳动合同法第八条规定的事项、应遵守的规章制度以及劳务派遣协议的内容；
（二）建立培训制度，对被派遣劳动者进行上岗知识、安全教育培训；

(三)按照国家规定和劳务派遣协议约定,依法支付被派遣劳动者的劳动报酬和相关待遇;

(四)按照国家规定和劳务派遣协议约定,依法为被派遣劳动者缴纳社会保险费,并办理社会保险相关手续;

(五)督促用工单位依法为被派遣劳动者提供劳动保护和劳动安全卫生条件;

(六)依法出具解除或者终止劳动合同的证明;

(七)协助处理被派遣劳动者与用工单位的纠纷;

(八)法律、法规和规章规定的其他事项。

第九条 用工单位应当按照劳动合同法第六十二条规定,向被派遣劳动者提供与工作岗位相关的福利待遇,不得歧视被派遣劳动者。

第十条 被派遣劳动者在用工单位因工作遭受事故伤害的,劳务派遣单位应当依法申请工伤认定,用工单位应当协助工伤认定的调查核实工作。劳务派遣单位承担工伤保险责任,但可以与用工单位约定补偿办法。

被派遣劳动者在申请进行职业病诊断、鉴定时,用工单位应当负责处理职业病诊断、鉴定事宜,并如实提供职业病诊断、鉴定所需的劳动者职业史和职业危害接触史、工作场所职业病危害因素检测结果等资料,劳务派遣单位应当提供被派遣劳动者职业病诊断、鉴定所需的其他材料。

第十一条 劳务派遣单位行政许可有效期未延续或者《劳务派遣经营许可证》被撤销、吊销的,已经与被派遣劳动者依法订立的劳动合同应当履行至期限届满。双方经协商一致,可以解除劳动合同。

第十二条 有下列情形之一的,用工单位可以将被派遣劳动者退回劳务派遣单位:

(一)用工单位有劳动合同法第四十条第三项、第四十一条规定情形的;

(二)用工单位被依法宣告破产、吊销营业执照、责令关闭、撤销、决定提前解散或者经营期限届满不再继续经营的;

(三)劳务派遣协议期满终止的。

被派遣劳动者退回后在无工作期间,劳务派遣单位应当按照不低于所在地人民政府规定的最低工资标准,向其按月支付报酬。

第十三条 被派遣劳动者有劳动合同法第四十二条规定情形的,在派遣期限届满前,用工单位不得依据本规定第十二条第一款第一项规定将被派遣劳动者退回劳务派遣单位;派遣期限届满的,应当延续至相应情形消失时方可退回。

第四章 劳动合同的解除和终止

第十四条 被派遣劳动者提前30日以书面形式通知劳务派遣单位,可以解除劳动合同。被派遣劳动者在试用期内提前3日通知劳务派遣单位,可以解除劳动合同。劳务派遣单位应当将被派遣劳动者通知解除劳动合同的情况及时告知用工单位。

第十五条 被派遣劳动者因本规定第十二条规定被用工单位退回,劳务派遣单位重新派遣时维持或者提高劳动合同约定条件,被派遣劳动者不同意的,劳务派遣单位可以解除劳动合同。

被派遣劳动者因本规定第十二条规定被用工单位退回,劳务派遣单位重新派遣时降低劳动合同约定条件,被派遣劳动者不同意的,劳务派遣单位不得解除劳动合同。但被派遣劳动者提出解除劳动合同的除外。

第十六条 劳务派遣单位被依法宣告破产、吊销营业执照、责令关闭、撤销、决定提前解散或者经营期限届满不再继续经营的,劳动合同终止。用工单位应当与劳务派遣单位协商妥善安置被派遣劳动者。

第十七条 劳务派遣单位因劳动合同法第四十六条或者本规定第十五条、第十六条规定的情形,与被派遣劳动者解除或者终止劳动合同的,应当依法向被派遣劳动者支付经济补偿。

第五章 跨地区劳务派遣的社会保险

第十八条 劳务派遣单位跨地区派遣劳动者的,应当在用工单位所在地为被派遣劳动者参加社会保险,按照用工单位所在地的规定缴纳社会保险费,被派遣劳动者按照国家规定享受社会保险待遇。

第十九条 劳务派遣单位在用工单位所在地设立分支机构的,由分支机构为被派遣劳动者办理参保手续,缴纳社会保险费。

劳务派遣单位未在用工单位所在地设立分支机构的,由用工单位代劳务派遣单位为被派遣劳动者办理参保手续,缴纳社会保险费。

第六章 法律责任

第二十条 劳务派遣单位、用工单位违反劳动合同法和劳动合同法实施条例有关劳务派遣规定的,按照劳动合同法第九十二条规定执行。

第二十一条 劳务派遣单位违反本规定解除或者终止被派遣劳动者劳动合同的,按照劳动合同法第四十八条、第八十七条规定执行。

第二十二条 用工单位违反本规定第三条第三款规定的,由人力资源社会保障行政部门责令改正,给予警告;给被派遣劳动者造成损害的,依法承担赔偿责任。

第二十三条 劳务派遣单位违反本规定第六条规定的,按照劳动合同法第八十三条规定执行。

第二十四条 用工单位违反本规定退回被派遣劳动者的,按照劳动合同法第九十二条第二款规定执行。

第七章 附 则

第二十五条 外国企业常驻代表机构和外国金融机构驻华代表机构等使用被派遣劳动者的,以及船员用人单位以劳务派遣形式使用国际远洋海员的,不受临时性、辅助性、替代性岗位和劳务派遣用工比例的限制。

第二十六条 用人单位将本单位劳动者派往境外工作或者派往家庭、自然人处提供劳动的,不属于本规定所称劳务派遣。

第二十七条 用人单位以承揽、外包等名义,按劳务派遣用工形式使用劳动者的,按照本规定处理。

第二十八条 用工单位在本规定施行前使用被派遣劳动者数量超过其用工总量10%的,应当制定调整用工方案,于本规定施行之日起2年内降至规定比例。但是,《全国人民代表大会常务委员会关于修改〈中华人民共和国劳动合同法〉的决定》公布前已依法订立的劳动合同和劳务派遣协议期限届满日期在本规定施行之日起2年后的,可以依法继续履行至期限届满。

用工单位应当将制定的调整用工方案报当地人力资源社会保障行政部门备案。

用工单位未将本规定施行前使用的被派遣劳动者数量降至符合规定比例之前,不得新用被派遣劳动者。

第二十九条 本规定自2014年3月1日起施行。

4－1－15

社会保险基金先行支付暂行办法

2011年6月29日人力资源和社会保障部令第15号公布
2018年12月14日人力资源和社会保障部令第34号修订

第一条 为了维护公民的社会保险合法权益,规范社会保险基金先行支付管理,根据《中华人民共和国社会保险法》(以下简称社会保险法)和《工伤保险条例》,制定本办法。

第二条 参加基本医疗保险的职工或者居民(以下简称个人)由于第三人的侵权行为造成伤病的,其医疗费用应当由第三人按照确定的责任大小依法承担。超过第三人责任部分的医疗费用,由基本医疗保险基金按照国家规定支付。

前款规定中应当由第三人支付的医疗费用,第三人不支付或者无法确定第三人的,在医疗费用结算时,个人可以向参保地社会保险经办机构书面申请基本医疗保险基金先行支付,并告知造成其伤病的原因和第三人不支付医疗费用或者无法确定第三人的情况。

第三条 社会保险经办机构接到个人根据第二条规定提出的申请后,经审核确定其参加基本医疗保险的,应当按照统筹地区基本医疗保险基金支付的规定先行支付相应部分的医疗费用。

第四条 个人由于第三人的侵权行为造成伤病被认定为工伤,第三人不支付工伤医疗费用或者无法确定第三人的,个人或者其近亲属可以向社会保险经办机构书面申请工伤保险基金先行支付,并告知第三人不支付或者无法确定第三人的情况。

第五条 社会保险经办机构接到个人根据第四条规定提出的申请后,应当审查个人获得基本医疗保险基金先行支付和其所在单位缴纳工伤保险费等情况,并按照下列情形分别处理:

(一)对于个人所在用人单位已经依法缴纳工伤保险费,且在认定工伤之前基本医疗保险基金有先行支付的,社会保险经办机构应当按照工伤保险有关规定,用工伤保险基金先行支付超出基本医疗保险基金先行支付部分的医疗费用,并向基本医疗保险基金退还先行支付的费用;

（二）对于个人所在用人单位已经依法缴纳工伤保险费，在认定工伤之前基本医疗保险基金无先行支付的，社会保险经办机构应当用工伤保险基金先行支付工伤医疗费用；

（三）对于个人所在用人单位未依法缴纳工伤保险费，且在认定工伤之前基本医疗保险基金有先行支付的，社会保险经办机构应当在3个工作日内向用人单位发出书面催告通知，要求用人单位在5个工作日内依法支付超出基本医疗保险基金先行支付部分的医疗费用，并向基本医疗保险基金偿还先行支付的医疗费用。用人单位在规定时间内不支付其余部分医疗费用的，社会保险经办机构应当用工伤保险基金先行支付；

（四）对于个人所在用人单位未依法缴纳工伤保险费，在认定工伤之前基本医疗保险基金无先行支付的，社会保险经办机构应当在3个工作日向用人单位发出书面催告通知，要求用人单位在5个工作日内依法支付全部工伤医疗费用；用人单位在规定时间内不支付的，社会保险经办机构应当用工伤保险基金先行支付。

第六条 职工所在用人单位未依法缴纳工伤保险费，发生工伤事故的，用人单位应当采取措施及时救治，并按照规定的工伤保险待遇项目和标准支付费用。

职工被认定为工伤后，有下列情形之一的，职工或者其近亲属可以持工伤认定决定书和有关材料向社会保险经办机构书面申请先行支付工伤保险待遇：

（一）用人单位被依法吊销营业执照或者撤销登记、备案的；

（二）用人单位拒绝支付全部或者部分费用的；

（三）依法经仲裁、诉讼后仍不能获得工伤保险待遇，法院出具中止执行文书的；

（四）职工认为用人单位不支付的其他情形。

第七条 社会保险经办机构收到职工或者其近亲属根据第六条规定提出的申请后，应当在3个工作日内向用人单位发出书面催告通知，要求其在5个工作日内予以核实并依法支付工伤保险待遇，告知其如在规定期限内不按时足额支付的，工伤保险基金在按照规定先行支付后，取得要求其偿还的权利。

第八条 用人单位未按照第七条规定按时足额支付的，社会保险经办机构应当按照社会保险法和《工伤保险条例》的规定，先行支付工伤保险待遇项目中应当由工伤保险基金支付的项目。

第九条 个人或者其近亲属提出先行支付医疗费用、工伤医疗费用或者工伤保险待遇申请，社会保险经办机构经审核不符合先行支付条件的，应当在收到申请后5个工作日内作出不予先行支付的决定，并书面通知申请人。

第十条 个人申请先行支付医疗费用、工伤医疗费用或者工伤保险待遇的，应当提交所有医疗诊断、鉴定等费用的原始票据等证据。社会保险经办机构应当保留所有原始票据等证据，要求申请人在先行支付凭据上签字确认，凭原始票据等证据先行支付医疗费用、工伤医疗费用或者工伤保险待遇。

个人因向第三人或者用人单位请求赔偿需要医疗费用、工伤医疗费用或者工伤保险待遇的原始票据等证据的，可以向社会保险经办机构索取复印件，并将第三人或者用人单位赔偿情况及时告知社会保险经办机构。

第十一条 个人已经从第三人或者用人单位处获得医疗费用、工伤医疗费用或者工伤保险待遇的，应当主动将先行支付金额中应当由第三人承担的部分或者工伤保险基金先行支付的工伤保险待遇退还给基本医疗保险基金或者工伤保险基金,社会保险经办机构不再向第三人或者用人单位追偿。

个人拒不退还的,社会保险经办机构可以从以后支付的相关待遇中扣减其应当退还的数额,或者向人民法院提起诉讼。

第十二条 社会保险经办机构按照本办法第三条规定先行支付医疗费用或者按照第五条第一项、第二项规定先行支付工伤医疗费用后,有关部门确定了第三人责任的,应当要求第三人按照确定的责任大小依法偿还先行支付数额中的相应部分。第三人逾期不偿还的,社会保险经办机构应当依法向人民法院提起诉讼。

第十三条 社会保险经办机构按照本办法第五条第三项、第四项和第六条、第七条、第八条的规定先行支付工伤保险待遇后,应当责令用人单位在 10 日内偿还。

用人单位逾期不偿还的,社会保险经办机构可以按照社会保险法第六十三条的规定,向银行和其他金融机构查询其存款账户,申请县级以上社会保险行政部门作出划拨应偿还款项的决定,并书面通知用人单位开户银行或者其他金融机构划拨其应当偿还的数额。

用人单位账户余额少于应当偿还数额的,社会保险经办机构可以要求其提供担保,签订延期还款协议。

用人单位未按时足额偿还且未提供担保的,社会保险经办机构可以申请人民法院扣押、查封、拍卖其价值相当于应当偿还数额的财产,以拍卖所得偿还所欠数额。

第十四条 社会保险经办机构向用人单位追偿工伤保险待遇发生的合理费用以及用人单位逾期偿还部分的利息损失等,应当由用人单位承担。

第十五条 用人单位不支付依法应当由其支付的工伤保险待遇项目的,职工可以依法申请仲裁、提起诉讼。

第十六条 个人隐瞒已经从第三人或者用人单位处获得医疗费用、工伤医疗费用或者工伤保险待遇,向社会保险经办机构申请并获得社会保险基金先行支付的,按照社会保险法第八十八条的规定处理。

第十七条 用人单位对社会保险经办机构作出先行支付的追偿决定不服或者对社会保险行政部门作出的划拨决定不服的,可以依法申请行政复议或者提起行政诉讼。

个人或者其近亲属对社会保险经办机构作出不予先行支付的决定不服或者对先行支付的数额不服的,可以依法申请行政复议或者提起行政诉讼。

第十八条 本办法自 2011 年 7 月 1 日起施行。

4-1-16

香港澳门台湾居民在内地(大陆)参加社会保险暂行办法

2019 年 11 月 29 日 人力资源和社会保障部 国家医疗保障局令第 41 号

第一条 为了维护在内地(大陆)就业、居住和就读的香港特别行政区、澳门特别行政区居民中的中国公民和台湾地区居民(以下简称港澳台居民)依法参加社会保险和享受社会保险待遇的合法权益,加强社会保险管理,根据《中华人民共和国社会保险法》(以下简称社会保险法)等规定,制定本办法。

第二条 在内地(大陆)依法注册或者登记的企业、事业单位、社会组织、有雇工的个体经济组织等用人单位(以下统称用人单位)依法聘用、招用的港澳台居民,应当依法参加职工基本养老保险、职工基本医疗保险、工伤保险、失业保险和生育保险,由用人单位和本人按照规定缴纳社会保险费。

在内地(大陆)依法从事个体工商经营的港澳台居民,可以按照注册地有关规定参加职工基本养老保险和职工基本医疗保险;在内地(大陆)灵活就业且办理港澳台居民居住证的港澳台居民,可以按照居住地有关规定参加职工基本养老保险和职工基本医疗保险。

在内地(大陆)居住且办理港澳台居民居住证的未就业港澳台居民,可以在居住地按照规定参加城乡居民基本养老保险和城乡居民基本医疗保险。

在内地(大陆)就读的港澳台大学生,与内地(大陆)大学生执行同等医疗保障政策,按规定参加高等教育机构所在地城乡居民基本医疗保险。

第三条 用人单位依法聘用、招用港澳台居民的,应当持港澳台居民有效证件,以及劳动合同、聘用合同等证明材料,为其办理社会保险登记。在内地(大陆)依法从事个体工商经营和灵活就业的港澳台居民,按照注册地(居住地)有关规定办理社会保险登记。

已经办理港澳台居民居住证且符合在内地(大陆)参加城乡居民基本养老保险和城乡居民基本医疗保险条件的港澳台居民,持港澳台居民居住证在居住地办理社会保险登记。

第四条 港澳台居民办理社会保险的各项业务流程与内地(大陆)居民一致。社会保险经办机构或者社会保障卡管理机构应当为港澳台居民建立社会保障号码,并发放社会保障卡。

港澳台居民在办理居住证时取得的公民身份号码作为其社会保障号码;没有公民身份号码的港澳居民的社会保障号码,由社会保险经办机构或者社会保障卡管理机构按照国家统一规定编制。

第五条 参加社会保险的港澳台居民,依法享受社会保险待遇。

第六条 参加职工基本养老保险的港澳台居民达到法定退休年龄时,累计缴费不足15年的,可以延长缴费至满15年。社会保险法实施前参保、延长缴费5年后仍不足15年的,可以一次性缴费至满15年。

参加城乡居民基本养老保险的港澳台居民,符合领取待遇条件的,在居住地按照有关规定领取城乡居民基本养老保险待遇。达到待遇领取年龄时,累计缴费不足15年的,可以按照有关规定延长缴费或者补缴。

参加职工基本医疗保险的港澳台居民,达到法定退休年龄时累计缴费达到国家规定年限的,退休后不再缴纳基本医疗保险费,按照国家规定享受基本医疗保险待遇;未达到国家规定年限的,可以缴费至国家规定年限。退休人员享受基本医疗保险待遇的缴费年限按照各地规定执行。

参加城乡居民基本医疗保险的港澳台居民按照与所在统筹地区城乡居民同等标准缴费,并享受同等的基本医疗保险待遇。

参加基本医疗保险的港澳台居民,在境外就医所发生的医疗费用不纳入基本医疗保基金支付范围。

第七条 港澳台居民在达到规定的领取养老金条件前离开内地(大陆)的,其社会保险个人账户予以保留,再次来内地(大陆)就业、居住并继续缴费的,缴费年限累计计算;经本人书面申请终止社会保险关系的,可以将其社会保险个人账户储存额一次性支付给本人。

已获得香港、澳门、台湾居民身份的原内地(大陆)居民,离开内地(大陆)时选择保留社会保险关系的,返回内地(大陆)就业、居住并继续参保时,原缴费年限合并计算;离开内地(大陆)时已经选择终止社会保险关系的,原缴费年限不再合并计算,可以将其社会保险个人账户储存额一次性支付给本人。

第八条 参加社会保险的港澳台居民在内地(大陆)跨统筹地区流动办理社会保险关系转移时,按照国家有关规定执行。港澳台居民参加企业职工基本养老保险的,不适用建立临时基本养老保险缴费账户的相关规定。已经领取养老保险待遇的,不再办理基本养老保险关系转移接续手续。已经享受退休人员医疗保险待遇的,不再办理基本医疗保险关系转移接续手续。

参加职工基本养老保险的港澳台居民跨省流动就业的,应当转移基本养老保险关系。达到待遇领取条件时,在其基本养老保险关系所在地累计缴费年限满10年的,在该地办理待遇领取手续;在其基本养老保险关系所在地累计缴费年限不满10年的,将其基本养老保险关系转回上一个缴费年限满10年的参保地办理待遇领取手续;在各参保地累计缴费年限均不满10年的,由其缴费年限最长的参保地负责归集基本养老保险关系及相应资金,办理待遇领取手续,并支付基本养老保险待遇;如有多个缴费年限相同的最长参保地,则由其最后一个缴费年限最长的参保地负责归集基本养老保险关系及相应资金,办理待遇领取手续,并支付基本养老保险待遇。

参加职工基本养老保险的港澳台居民跨省流动就业,达到法定退休年龄时累计缴费不足15年的,按照本条第二款有关待遇领取地的规定确定继续缴费地后,按照本办法第六条第一款办理。

第九条 按月领取基本养老保险、工伤保险待遇的港澳台居民,应当按照社会保险经办机构的规定,办理领取待遇资格认证。

按月领取基本养老保险、工伤保险、失业保险待遇的港澳台居民丧失领取资格条件后,本人或者其亲属应当于1个月内向社会保险经办机构如实报告情况。因未主动报告而多领取的待遇应当及时退还社会保险经办机构。

第十条 各级财政对在内地(大陆)参加城乡居民基本养老保险和城乡居民基本医疗保险(港澳台大学生除外)的港澳台居民,按照与所在统筹地区城乡居民相同的标准给予补助。

各级财政对港澳台大学生参加城乡居民基本医疗保险补助政策按照有关规定执行。

第十一条 已在香港、澳门、台湾参加当地社会保险,并继续保留社会保险关系的港澳台居民,可以持相关授权机构出具的证明,不在内地(大陆)参加基本养老保险和失业保险。

第十二条 内地(大陆)与香港、澳门、台湾有关机构就社会保险事宜作出具体安排的,按照相关规定办理。

第十三条 社会保险行政部门或者社会保险费征收机构应当按照社会保险法的规定,对港澳台居民参加社会保险的情况进行监督检查。用人单位未依法为聘用、招用的港澳台居民办理社会保险登记或者未依法为其缴纳社会保险费的,按照社会保险法等法律、行政法规和有关规章的规定处理。

第十四条 办法所称"港澳台居民有效证件",指港澳居民来往内地通行证、港澳台居民居住证。

第十五条 本办法自2020年1月1日起施行。

※　　　※　　　※　　　※

4-1-17

国家税务总局关于切实加强税务机关社会保险费征收管理工作的通知

2005年4月14日　国税发〔2005〕66号

河北、内蒙古、辽宁、黑龙江、江苏、浙江、安徽、福建、湖北、湖南、广东、海南、重庆、云南、陕西、甘肃、青海省(自治区、直辖市)及宁波、厦门市地方税务局:

为贯彻全国税收征管工作会议和全国税务机关社会保险费征收管理工作座谈会要求,不断提高税务机关社保费征收管理工作的质量和效率,现将有关事项通知如下:

一、提高认识,加强领导,大力组织收入

做好社保费征管工作,对于贯彻落实"三个代表"重要思想,促进经济和社会全面发展,构建社会主义和谐社会,全面实现小康社会的奋斗目标,具有重要意义。国务院颁布的《社会保险费征缴暂行条例》明确规定税务机关是社会保险费的征收主体之一,各级税务机关要切实提高认识,加强领导,以组织社保费收入为中心,围绕"夯实基础,规范管理,强化主体,提高效率"的工作思路,努力完成国务院和省级人民政府交给税务机关的重要任务。

组织收入是税务机关社保费征收管理工作的中心,是衡量工作成效的关键。各级税务机关要树立正确的社保费收入观,依法征费,应收尽收,既不人为调控社保费收入,也坚决不收"过头费"。要着力抓好年度征收计划的分解和落实,明确责任,建立健全考核奖惩机制。切实加强收入督导的力度,搞好收入统计分析工作,定期通报社保费征管工作情况,跟踪掌握各地区征缴进度,及时解决组织收入工作中出现的问题,督促进度较慢的地区采取措施狠抓费款入库。

二、加强管理,夯实社会保险费征管基础

(一)加强费源管理,提高监控水平。费源管理是社保费征收管理的重要基础,各级税务机关要高度重视和做好费源管理工作。一要有计划地定期开展费源调查工作,全面掌握社保费费源分布情况,特别是有效费源和重点费源,摸清费源总量及其结构、费源变动及其特征、征收率、缴费能力状况等底数。二要强化缴费人户籍管理,逐步建立户籍档案,健全缴费人登记底册、征收台账等基础征管资料。要结合税务登记的开户、变更、停复业、注销等情况,对缴费人实行动态管理。三要建立重点费源监控制度。省级税务机关可根据当地实际情况制定本级及以下各级重点费源户标准,随时掌握其费源变化情况,对重点费源实行重点管理。对年缴费额3000万元以上(含3000万元)的重点费源户要报送国家税务总局(所得税管理司)备案。四要利用税务机关的征管优势,结合税收征管、稽查以及所得税汇算清缴工作,不定期对缴费人数、缴费基数等申报资料进行检查核实。

(二)大力做好欠费管理和清理欠费工作。欠费是社保费征收管理中的一个难点,各地要采取行之有效措施,大力压欠。一是要开展欠费清查工作,对历年欠费逐户核实,建立欠费人档案和清理欠费台账,加大监控力度。二是要对欠费和欠费人合理进行分类,实施动态的分类管理。对其中欠费数额较大的重点欠费人(各地可根据实际情况确定具体标准),要作为各级重点监控对象,实施跟踪管理,定期追欠。三是要将清欠工作列入目标管理考核,建立清欠目标责任制,在摸清欠费情况的基础上,制定清欠计划并抓好落实。

(三)加大参保扩面工作力度。各级税务机关要积极配合劳动保障部门,采取有效措施,做好参保扩面工作。当前尤其要做好以非公经济、自然人为重点的扩面征收工作,逐步消除参保的盲点,不断增加费源和社保费收入。

(四)大力开展宣传工作。社会保险费征收关系到广大人民群众的切身利益和社会稳定的大局,大力加强宣传是做好这一工作的重要前提和基础。各级税务机关要牢固树立"创建优质、高效的社保费征管服务体系是税务机关社保费征管工作最好的宣传"的理念,逐步建立社保费宣传的长效机制,以宣传促征管,以征管带宣传。要面向社会、党政领导和有关部门,充分利用内部、外部各种宣传手段,广泛宣传税务机关社保费征管工作的情况、成效以及有关政策和制度规定,持之以恒地开展社保费宣传工作,营造良好征管氛围。

三、狠抓规范,实施科学化精细化管理

(一)狠抓管理制度规范。各地要结合本地实际情况,积极探索和掌握社保费征管规律,以税收管理的标准来加强社保费的征收和管理。重点做好以下几个方面工作:一是加强税务机关征收社保费的法制化建设,积极争取和推动地方性法规的立法工作,将行之有效的办法通过地方法规形式确定下来。二是强化组织保障措施,各级税务机关职能部门应积极配合做好社保费征管工作,把社保费规范管理纳入税收规范化工程建设体系中,融入整个税收征管系统之中,实现税费征管一体化。三是完善岗责制度。要明确各级税务机关及其内部职能机构在社保费征收中的职责,将社保费征管环节中的岗位及其责任逐一落实,明确岗责目标,避免出现管理的"真空"。四是完善考核制度。要从组织收入、征收管理、各项基础性工作、稽查等各方面实行税费并举,统一考核。要将征收任务层层分解到具体征收单位,将责任落实到人,将社保费征管工作成效纳入目标责任制考核范围,完善社保费征管工作考核制度。

(二)狠抓征管程序规范。各地要按照精确、细致、深入的要求,明确职责分工,优化业务流程,规范征管程序,加强协调配合,实现粗放式管理向精细化管理转变。一是规范建档管理程序。在为缴费单位办理有关缴费手续的同时,就要分户建立征管档案,明确档案管理的具体内容。二是规范申报程序。要明确缴费人的缴费申报义务和报送的资料,注重坚持日常申报审核制度。三是规范征收程序。要明确社保费征收入库的程序规定,逐步规范社保费的入库方式、征收方式及缴费基数,确保社保基金安全。四是规范检查程序,充分发挥税收征管综合优势,实行税费统查。五是规范催缴、处罚程序。各地要制定统一催缴的期限和文书,明确规定处罚的部门、处罚的条件、标准和决定程序。六是规范接受举报及处理程序。要向社会公开举报电话,制定举报办法,对被举报人要在有关政策规定的时限内进行核实、查处。

(三)狠抓缴费服务规范。各级税务机关要牢固树立服务观念,切实维护缴费人的合法权益,以提高缴费遵从度和优化缴费环境为目标,不断拓宽服务渠道,明确服务方式和服务内容,改进缴费服务,做到服务与征管有机结合,在强化征管中提高服务水平,在优化服务中加强社保费征管。各地要结合本地社保费征管工作的实际,认真落实"一站式"服务、首问负责制、文明办税"八公开"等经验和做法,有条件的地方,也可采取税务、劳动、银行等联合办公的做法,不断拓宽服务内容和项目,提高缴费服务质量。

四、树立正确观念,强化税务机关征收主体地位

(一)税务机关征收社保费的主体地位,是国务院《社会保险费征缴暂行条例》赋予和省级人民政府确定的。各级税务机关要克服"代征"社保费的错误认识,树立税务机关就是社保费征缴主体的正确观念,不断强化税务机关的社保费征收主体地位,发挥征收力度大、征税网点多、征管信息资源和征管经验丰富、征管信息化水平高,熟悉企业生产经营、财务管理、工资水平等方面的优势,加强社保费征收管理,完成社保费征管工作各项任务。

(二)积极推动税务机关社保费全责征收工作。要认真借鉴和大力宣传部分地区实行全责征收的做法及经验,努力争取地方党政领导的理解和支持,推动税务机关全责征收社保费的地方性法规的立法工作。有条件的地区,可以采取先试点再逐步铺开的做法,大力推进这项工作。

(三)加快推进社会保险费集中、统一征收。这既是贯彻落实国务院《社会保险费征缴暂行条例》的要求,也是巩固、强化税务机关征收主体地位的重要内容。尚未实行基本养老保险费、基本医疗保险费和失业保险费集中、统一征收的地区,要按照《国务院社会保险费征缴暂行条例》关于社保费实行集中统一征收的规定,加大工作力度,积极创造条件,尽快实现税务机关集中、统一征收。有条件的地区,应积极接手工伤保险费和生育保险费的征收工作,实现"五费统征"。要勇于探索,大胆实践,积极献言献策,逐步理顺和完善税务机关的社保费征管职责,努力建立新的征管模式。

五、推进信息化和机构人员建设,提高社保费征管质量和效率

(一)积极推进社保费征管信息化建设,是不断提高税务机关征管质量和效率的基本依托。各地税务机关要立足当前,放眼长远,充分利用现有的税收征管信息化的功能和成果,补充社保费征管的内容。单独开发社保费征管信息系统的地区,要适时与税收征管信息化建设进行资源整合,实行一体化管理和一户式管理。要积极探索充分利用税收管理,特别是企业所得税和个人所得税管理的信息与社保费征管相结合的方法,使税费管理相互促进、相得益彰。要加快实现社保费信息资源共享,各地可以借鉴部分地区先行试点逐步推广的经验,继续大力开展与财政、银行、劳动、社保等部门和单位的数据联网工作,通过银行扣缴等多种方式,提高征收效率,并将有关数据、信息资料及时提供给有关部门,实现全社会信息资源共享。要充分利用信息化手段,对缴费人实行建档管理,并积极推广邮寄、互联网等多种申报方式,方便缴费人。

(二)建立健全机构、充实人员,不断提高干部队伍素质,是提高税务机关社保费征管工

作质量和效率的根本保障。各级税务机关要适应社保费征管工作面临的新形势、新情况,建立健全社保费征收管理机构,切实加强干部队伍建设。有条件的地区应在省、市税务机关单独设立社保费征收管理机构,并选调具有较好税收业务基础、熟悉财务会计知识的人员充实到社保费征收管理机构中。各级税务机关要加强社保费业务和专业管理人才的培养工作,努力提高社保费征管人员的素质,逐步形成一支素质优良、业务能力强、知识结构合理的社保费专业管理人才队伍,不断提高社保费征管的质量和效率。

4-1-18

人力资源社会保障部 财政部关于阶段性降低社会保险费率的通知

2016年4月14日 人社部发〔2016〕36号

各省、自治区、直辖市及新疆生产建设兵团人力资源社会保障厅(局)、财政(财务)厅(局):

为降低企业成本,增强企业活力,根据《中华人民共和国社会保险法》等有关规定,经国务院同意,现就阶段性降低社会保险费率有关事项通知如下:

一、从2016年5月1日起,企业职工基本养老保险单位缴费比例超过20%的省(区、市),将单位缴费比例降至20%;单位缴费比例为20%且2015年底企业职工基本养老保险基金累计结余可支付月数高于9个月的省(区、市),可以阶段性将单位缴费比例降低至19%,降低费率的期限暂按两年执行。具体方案由各省(区、市)确定。

二、从2016年5月1日起,失业保险总费率在2015年已降低1个百分点基础上可以阶段性降至1%—1.5%,其中个人费率不超过0.5%,降低费率的期限暂按两年执行。具体方案由各省(区、市)确定。

三、各地要继续贯彻落实国务院2015年关于降低工伤保险平均费率0.25个百分点和生育保险费率0.5个百分点的决定和有关政策规定,确保政策实施到位。生育保险和基本医疗保险合并实施工作,待国务院制定出台相关规定后统一组织实施。

社会保险费率调整工作政策性强,社会关注度高。各地要把思想和行动统一到党中央、国务院决策部署上来,加强组织领导,精心组织实施。要健全基本养老保险激励约束机制,确保基金应收尽收,实现可持续发展和长期精算平衡,并确保参保人员各项社会保险待遇标准不降低和待遇按时足额支付。要加强政策宣传,正确引导社会舆论。各地具体调整费率方案,经省级人民政府批准后执行,并报人力资源社会保障部、财政部备案。

各地贯彻落实本通知的情况以及工作中遇到的问题,请及时向人力资源社会保障部、财政部报告。

4−1−19
人力资源社会保障部办公厅关于做好企业"五证合一"社会保险登记工作的通知

2016年8月22日　人社厅发〔2016〕130号

各省、自治区、直辖市及新疆生产建设兵团人力资源社会保障厅（局）：

　　为贯彻落实《国务院办公厅关于加快推进"五证合一、一照一码"登记制度改革的通知》（国办发〔2016〕53号）精神和《工商总局等五部门关于贯彻落实〈国务院办公厅关于加快推进"五证合一"登记制度改革的通知〉的通知》（工商企注字〔2016〕150号）要求，切实做好企业"五证合一"社会保险登记工作，现就有关事项通知如下：

　　一、明确"五证合一"登记制度改革的适用范围

　　从2016年10月1日起，在工商部门登记的企业和农民专业合作社（以下统称"企业"）按照"五证合一、一照一码"登记制度进行社会保险登记证管理。国家机关、事业单位、社会团体等未纳入"五证合一、一照一码"登记制度管理的单位仍按原办法，到社会保险经办机构办理社会保险登记，由社会保险经办机构核发社会保险登记证，并逐步采用统一社会信用代码进行登记证管理。

　　二、简化优化企业社会保险登记业务流程

　　各地要及时建立适合"五证合一、一照一码"登记制度的企业社会保险登记业务流程，为企业提供更加方便快捷的登记服务。新成立的企业在办理工商注册登记时，同步完成企业的社会保险登记。实行"五证合一"制度改革前办理社会保险登记时要求企业提供的银行账号等指标项目，改革后由企业在为职工办理社会保险登记时提供。

　　企业办理"五证合一"登记后，社会保险经办机构应及时接收工商部门交换的数据，生成企业的《社会保险登记表》，并按规定存档。企业登记信息变更或注销后，社会保险经办机构应依据工商部门的交换数据及时更新企业的社会保险登记信息。其中，已参加社会保险的企业办理工商注销登记后，仍需到社会保险经办机构办理注销登记。社会保险经办机构对工商部门交换数据有疑义的，要及时反馈工商部门。同时做好社会保险登记与就业失业登记、劳动用工备案等其他人力资源和社会保障业务的信息共享和业务协同。

　　三、做好企业社会保险登记与职工参保登记业务的衔接

　　社会保险经办机构要充分利用工商部门提供的共享信息，实现企业社会保险登记与职工参保登记业务的有机衔接，切实做好扩面征缴工作。接收工商部门共享的企业社会保险登记信息后，社会保险经办机构要通过公开信、公告、短信等多种方式，提醒、督促已办理"五证合一"营业执照的企业在产生用工后30日内，依法及时到社会保险经办机构为职工办理参保登记手续。逾期仍不办理职工参保登记手续的，经办机构提请有关部门依法要求用人单位履行职工参保缴费义务。

　　企业为职工办理参保登记手续时，社会保险经办机构应核对"五证合一"营业执照。对

于已从工商部门获取数据信息的企业,社会保险经办机构可直接调取该单位基本信息,补充开户银行账号等有关资料,完成职工参保登记。职工参保登记时补充的相关信息发生变更的,由企业向社会保险经办机构办理变更手续。

四、加强信息比对和跟踪管理

登记是社会保险经办管理的重要环节,在简化企业社会保险登记证办理流程、取消社会保险登记证定期验证换证规定后,社会保险经办机构要深化共享登记信息的比对和分析应用,继续做好年度缴费基数的申报和核定,切实加强跟踪管理。原社会保险登记证定期验证时,要求企业填报的参加社会保险人数、缴费工资总额、缴费金额、欠缴社会保险费等情况,纳入企业年度报告,由企业自行向工商部门报告并向社会公示。对于工商部门提供的企业基本信息、年度报告信息、经营异常名录信息和严重违法失信企业名单信息,社会保险经办机构要及时分析,准确掌握企业的存续、经营和履行社会保险缴费义务等情况。对企业年报数据与实际参保缴费数据不一致、企业公示相关情况与参保缴费规模不匹配的,要及时与企业沟通,查找原因,作出处理。

建立健全企业社会保险诚信管理制度,规范企业登记和参保缴费行为。对已取得"五证合一"营业执照并产生用工的企业,应通过查看参保缴费证明和社会保险个人权益记录单等方式,核验是否依法履行参保缴费义务。大力推广网上办事、掌上社保和自助服务,方便企业和个人查询和打印单位参保缴费证明和社会保险个人权益记录单。对存在虚假公示、申报社会保险参保缴费等情况的,要督促企业更正;情节严重的,应商有关部门开展联合惩戒。

五、建立有效的工作机制

推行企业"五证合一"社会保险登记是当前人力资源社会保障部门简化优化流程、改进公共服务、加强作风建设的重要内容,各地区要高度重视,主要领导亲自抓,确保登记制度改革措施平稳实施。建立与工商等部门信息共享、互信互动的工作机制,及时接收企业的工商登记信息和年报等公示信息,并按要求向工商部门反馈企业相关基本信息。强化系统联动,社会保险经办机构与信息化综合管理机构要密切配合,做好共享信息的整理、传输、反馈和分析应用;省级人力资源社会保障部门接收企业工商登记信息后,应在5个工作日内分发至市级社会保险经办机构,确保企业社会保险登记工作的及时开展。各级社会保险经办机构要加强工作调度,建立"五证合一"社会保险登记工作台账,并将企业登记信息的管理和在扩面征缴工作中的应用情况作为年度业务考核的重要内容。

各地开展"五证合一"社会保险登记工作的有关情况,请于12月31日前报送我部社会保险事业管理中心。

4-1-20

财政部关于印发《社会保险基金会计制度》的通知

2017 年 11 月 28 日　财会〔2017〕28 号

人力资源社会保障部、国家卫生计生委,各省、自治区、直辖市、计划单列市财政厅(局),新疆生产建设兵团财务局:

　　为适应社会保障体系建设需要,进一步规范社会保险基金的会计核算,提高会计信息质量,根据《中华人民共和国会计法》《中华人民共和国社会保险法》,结合新修订的《社会保险基金财务制度》(财社〔2017〕144 号)规定,我部对《社会保险基金会计制度》(财会〔1999〕20 号)进行了修订,现予印发,自 2018 年 1 月 1 日起施行。

　　执行中有何问题,请及时反馈我部。

　　附件:社会保险基金会计制度(编者略)

4-1-21

财政部关于印发《新旧社会保险基金会计制度有关衔接问题的处理规定》的通知

2017 年 11 月 28 日　财会〔2017〕29 号

人力资源社会保障部、国家卫生计生委,各省、自治区、直辖市、计划单列市财政厅(局),新疆生产建设兵团财务局:

　　为适应社会保障体系建设需要,进一步规范社会保险基金的会计核算,提高会计信息质量,我部修订印发了《社会保险基金会计制度》(财会〔2017〕28 号)。修订后的《社会保险基金会计制度》自 2018 年 1 月 1 日起施行。为确保新旧制度顺利衔接、平稳过渡,促进新制度的有效贯彻实施,我部制定了《新旧社会保险基金会计制度有关衔接问题的处理规定》,现予印发,请遵照执行。

　　执行中有何问题,请及时反馈我部。

　　附件:新旧社会保险基金会计制度有关衔接问题的处理规定(编者略)

4-1-22
人力资源社会保障部 财政部关于继续阶段性降低社会保险费率的通知

2018年4月20日 人社部发〔2018〕25号

各省、自治区、直辖市及新疆生产建设兵团人力资源社会保障、财政厅（局）：

为进一步降低企业用工成本，增强企业发展活力，根据《中华人民共和国社会保险法》等有关规定，经国务院同意，现就继续阶段性降低社会保险费率有关事项通知如下：

一、自2018年5月1日起，企业职工基本养老保险单位缴费比例超过19%的省（区、市），以及按照《人力资源社会保障部 财政部关于阶段性降低社会保险费率的通知》（人社部发〔2016〕36号）单位缴费比例降至19%的省（区、市），基金累计结余可支付月数（截至2017年底，下同）高于9个月的，可阶段性执行19%的单位缴费比例至2019年4月30日。具体方案由各省（区、市）研究确定。

二、自2018年5月1日起，按照《人力资源社会保障部 财政部关于阶段性降低失业保险费率的通知》（人社部发〔2017〕14号）实施失业保险总费率1%的省（区、市），延长阶段性降低费率的期限至2019年4月30日。具体方案由各省（区、市）研究确定。

三、自2018年5月1日起，在保持八类费率总体稳定的基础上，工伤保险基金累计结余可支付月数在18（含）至23个月的统筹地区，可以现行费率为基础下调20%；累计结余可支付月数在24个月（含）以上的统筹地区，可以现行费率为基础下调50%。降低费率的期限暂执行至2019年4月30日。下调费率期间，统筹地区工伤保险基金累计结余达到合理支付月数范围的，停止下调。具体方案由各省（区、市）研究确定。

继续阶段性降低社会保险费率，是党中央、国务院做出的重要部署，政策性强，社会关注度高。各地务必精心组织实施，一是要做好政策的衔接，保证政策连续性，确保基金征缴工作平稳有序；二是要加强政策宣传，正确引导舆论，切实增强广大参保企业和群众的获得感；三是要加强基金收支管理，防范和化解基金运行风险，确保参保人员各项社会保险待遇标准不降低和待遇按时足额支付。

各地具体调整费率方案，经省级人民政府批准后执行，并报人力资源社会保障部、财政部备案。

4-1-23

国家税务总局关于落实继续阶段性降低社会保险费率相关事项的通知

2018年5月11日　税总函〔2018〕176号

各省、自治区、直辖市和计划单列市国家税务局、地方税务局，国家税务总局驻各地特派员办事处：

为进一步降低企业用工成本，增强企业发展活力，根据党中央、国务院决策部署，人力资源社会保障部、财政部印发了《关于继续阶段性降低社会保险费率的通知》（人社部发〔2018〕25号，以下简称《通知》）。现就税务系统落实相关事项通知如下：

一、充分认识降费减负重要意义

继续阶段性降低社会保险费率，是贯彻党的十九大和中央经济工作会议精神，落实2018年《政府工作报告》关于降费减负部署的重要举措，税务机关务必从政治和全局的高度，充分认识各项降费减负政策重要意义，认真学习《通知》精神，精心组织实施，确保政策落地不走样、不拖沓，为企业减负和改善民生作出贡献。

二、深入开展宣传力求政策广泛知晓

税务机关要创新宣传方式，加大宣传力度，力求缴费人及时了解并享受降费减负政策，增强改革获得感。要通过互联网站、移动客户端、新闻媒体、12366纳税服务热线、办税服务厅等多种渠道对费率调整进行广泛解释辅导，让缴费人准确了解政策要点，及时享受政策红利。

三、切实加强征管推进"放管服"改革

税务机关应按照各省确定的降费减负方案，准确把握政策调整界限，及时配置更新系统参数，确保征管工作平稳有序。要进一步发挥税收征管信息化优势，深化与相关部门间数据共享，提升数据传递效率。要按照"放管服"改革要求，进一步简化工作流程，保证业务办理顺畅，为缴费人提供更加优质高效便利的服务，持续优化营商环境。要密切跟踪政策执行情况，关注舆情动态，对出现问题要迅速应对解决，并及时向上级税务机关和当地党委、政府报告。

为及时了解上述降费减负政策实施效应，各地税务机关要注意收集分析征管发现的情况，提出完善政策和改进征管的意见建议。请承担社会保险费征收的省（区、市）税务局于每个季度终了之日起15日内，通过FTP向国家税务总局（所得税司）报送《税务机关征收社会保险费地区降费减负情况表》和阶段性降费减负政策实施情况分析报告。报送地址：center/所得税司/社保费征管处/2018年落实降费政策汇总。

附件：税务机关征收残疾人就业保障金地区减负情况表（编者略）

4-1-24

国家税务总局办公厅关于稳妥有序做好
社会保险费征管有关工作的通知

2018年9月13日　税总办发〔2018〕142号

国家税务总局各省、自治区、直辖市和计划单列市税务局,国家税务总局驻各地特派员办事处,局内各单位:

为深入贯彻落实9月6日国务院常务会议有关精神,在稳妥推进社会保险费征管职责划转改革的同时,确保改革前已由税务机关征收的地方一律保持现有征收政策不变,现就有关事项通知如下:

一、进行社会保险费征管职责划转的各级税务机关,要确保改革任务平稳如期落地

各省税务局要按照税务总局和当地政府统一部署,细化本省税务系统实施方案,逐项分解工作任务,明确责任单位和完成时限,确保2019年1月1日起由税务机关统一征收各项社会保险费。在征管职责划转工作中,要主动加强部门间沟通协商与协调配合,做到衔接有序。要做好数据分析评估和清洗迁移,按时完成信息系统升级对接和联调测试。要遵循弄清接好历史欠费账目,不得自行组织开展清欠工作的原则,稳妥处理好历史欠费问题。要建立部门间常态化信息共享和对账机制,为改革提供制度、机制、信息等系列保障。

二、已负责征收社会保险费的各级税务机关,要确保征收政策不变工作平稳

认真贯彻落实国务院常务会议精神,在社保征收机构改革到位前,各地要一律保持现有征收政策不变,确保征管有序,工作平稳。同时,要规范执法检查,不得自行组织开展以前年度的欠费清查。

三、优化缴费服务,确保营商环境不断改善

无论是已征收社会保险费还是正开展征管职责划转工作的各级税务机关,要按照"放管服"改革要求,从缴费人需求出发,根据本地实际评估办税服务、12366热线以及信息系统的承载能力,完善缴费窗口设置和网上税务局功能,为缴费人提供"实体、网上、掌上、自助"等多样化缴费渠道。要统一服务标准,整合税费缴纳流程,简并缴费报送资料,降低缴费成本,最大程度便利缴费人,不断优化营商环境。要建立疑难问题及时解答机制,完善12366知识库,确保答复咨询及时精准,切实维护缴费人权益。

四、加强舆论引导,确保社会预期稳定

各级税务机关要正确引导社会舆论,稳定改革预期,营造良好改革氛围。要积极主动向当地党委、政府汇报请示,争取将社会保险费征管职责划转及宣传工作纳入当地机构改革总体方案中统一开展。

五、加强业务学习,确保正确履职

各级税务机关应切实组织税务干部加强社会保险费政策和业务学习,既要会同人力资源社会保障部门、医疗保障部门实施联合培训,又要注重开展自身培训;既要加强对办税服

务厅、12366 服务热线等一线人员的业务培训,又要培养一批熟悉掌握社会保险费政策和管理知识的骨干人才。要丰富培训方式,提升税务人员履职能力,确保社会保险费各项政策和管理措施有效落地。

4-1-25

人力资源社会保障部办公厅关于贯彻落实国务院常务会议精神切实做好稳定社保费征收工作的紧急通知

2018 年 9 月 21 日　人社厅函〔2018〕246 号

各省、自治区、直辖市及新疆生产建设兵团人力资源社会保障厅(局):

为深入贯彻落实 2018 年 9 月 6 日和 9 月 18 日国务院常务会议关于社保费征收体制改革的有关精神,确保征收体制改革平稳有序推进,维护经济社会发展稳定大局,现就稳定社保费征收工作有关事项紧急通知如下:

一、充分认识稳定社保费征收工作的重要意义。社保费征收既关系到社会保障事业健康发展和参保人员切身利益,同时也影响到参保单位特别是参保企业的生产经营和长远发展,社会关注度极高,在当前复杂形势下,进一步激发市场主体活力,稳定社会预期尤为重要。各地人社部门要切实提高政治站位,把思想和行动统一到党中央和国务院有关精神上来,把稳定征收作为当前社保工作的首要政治任务,不折不扣全力抓好落实。

二、严格执行现行各项社保费征收政策。党中央做出的将基本养老保险费、基本医疗保险费、失业保险费等各项社会保险费交由税务部门统一征收的决定,只是征收主体的变更,并未调整现行社保费征收政策。当前,我部正根据国务院要求,会同相关部门抓紧开展测算分析,提出适当降低单位社保缴费比例、确保总体上不增加企业缴费负担的具体政策措施。在社保征收机构改革到位前,各地现行的社保缴费基数、费率等相关征收政策,要一律保持不变。

三、严禁自行组织对企业历史欠费进行集中清缴。目前,仍承担社保费征缴和清欠职能职责的地区,要稳妥处理好历史欠费问题,严禁自行对企业历史欠费进行集中清缴。已经开展集中清缴的,要立即纠正,并妥善做好后续工作。

四、积极做好征收体制改革相关准备工作。各地人社部门及社保经办机构要与税务等部门加强协作,抓紧开发建设信息共享平台,要梳理问题清单,逐一拟定实施解决方案,确保机构改革到位后,能记好账,记准数,各项业务正常运转,参保人权益得到切实保障。改革过程中,各级社保经办机构要依法履职尽责,始终做好参保登记、会计核算、统计调查、基金预决算等各项业务工作,确保工作不断档、不缺位。

五、加强督促检查,确保党中央国务院要求落实到位。各地人社部门要立即组织开展一次全面排查,发现问题及时整改。下一步,部里将按照国务院要求,联合相关部门对各地落实情况进行重点督查,对违反规定的将严肃处理。

各地排查情况及工作中发现的新情况和新问题,请及时向我部报告。

联系人:王俊峰

联系方式:010-89946729,89946720(传真)

4-1-26

人力资源社会保障部 财政部 税务总局 国家医保局关于贯彻落实《降低社会保险费率综合方案》的通知

2019年4月28日 人社部发〔2019〕35号

各省、自治区、直辖市及新疆生产建设兵团人力资源社会保障厅(局)、财政厅(局)、医保局,计划单列市人力资源社会保障局、财政局、医保局,国家税务总局各省、自治区、直辖市和计划单列市税务局:

为做好《降低社会保险费率综合方案》(以下简称《方案》)的贯彻落实工作,现将有关事项通知如下:

一、深入学习领会《方案》精神

降低社会保险费率是党中央、国务院作出的重大决策部署,是实施更大规模减税降费措施的重要内容,是应对经济下行压力的重要举措,对于减轻企业负担、激发微观主体活力、促进经济增长具有重要作用,事关改革发展稳定全局。各级人力资源社会保障、财政、税务、医疗保障部门要高度重视,认真组织学习,深刻领会《方案》精神,进一步提高对降低社会保险费率重要性、必要性和紧迫性的认识,切实把思想和行动统一到党中央、国务院的决策部署上来,采取有效措施抓好落实,务必使企业特别是小微企业缴费负担有实质性下降。

二、抓紧研究制定实施办法并做好组织实施工作

各地要根据《方案》精神和要求,结合本地实际情况,在党委、政府的领导下制定本地区实施办法,在组织领导、具体任务、政策措施、工作进度、监督检查等方面作出周密部署,层层压实责任,紧扣时间节点,对标对表加以推进。要严格执行《方案》有关规定,各地政策要规范统一,防止政策多样,严禁"边规范,边突破"。各部门要在党委(党组)领导下,紧紧围绕降费目标,统筹研究,明确职责,迅速行动,制定本部门的工作方案,并按照工作方案要求抓好组织实施,确保各项政策有效落地落细。

三、准确把握《方案》的有关政策

(一)关于降低养老保险单位缴费比例。各地企业职工基本养老保险单位缴费比例高于16%的,可降至16%;低于16%的,要研究提出过渡办法。省内单位缴费比例不统一的,高于16%的地市可降至16%;低于16%的,要研究提出过渡办法。目前暂不调整单位缴费比例的地区,要按照公平统一的原则,研究提出过渡方案。各地机关事业单位基本养老保险单位缴费比例可降至16%。

(二)关于继续阶段性降低失业保险费率。自2019年5月1日起,实施失业保险总费率1%的省份,延长阶段性降低失业保险费率的期限至2020年4月30日。

(三)关于继续阶段性降低工伤保险费率。按照《人力资源社会保障部 财政部关于阶段性降低社会保险费率的通知》(人社部发〔2018〕25号)已纳入降费范围的统筹地区,原则上继续实施,保持力度不减。此前未纳入降费范围但截至2018年底累计结余可支付月数达到阶段性降费条件的统筹地区,要按规定下调费率,确保将符合条件的统筹地区全部纳入降费范围。阶段性降费率期间,费率确定后,一般不做调整。

(四)关于调整就业人员平均工资计算口径。各省应以本省城镇非私营单位就业人员平均工资和城镇私营单位就业人员平均工资加权计算的全口径城镇单位就业人员平均工资,核定社保个人缴费基数上下限,合理降低部分参保人员和企业的社保缴费基数。调整就业人员平均工资计算口径后,为保证新退休人员待遇水平平稳衔接,人力资源社会保障部、财政部将提出基本养老金计发办法的过渡措施,并加强对各地的指导。

(五)关于完善个体工商户和灵活就业人员缴费基数政策。个体工商户和灵活就业人员参加企业职工基本养老保险,按照调整计算口径后的本地全口径城镇单位就业人员平均工资,核定社保个人缴费基数上下限,允许缴费人在60%至300%之间选择适当的缴费基数,以减轻其缴费负担、促进参保缴费。

(六)关于加快推进企业职工基本养老保险省级统筹。各地要逐步统一养老保险政策,完善省级统筹制度,为全国统筹打好基础。2020年底前实现企业职工基本养老保险基金省级统收统支。人力资源社会保障部、财政部将印发关于推进省级统筹的具体指导意见。

(七)关于提高企业职工基本养老保险基金中央调剂比例。为进一步均衡各省份之间养老保险基金负担,逐步提高企业职工基本养老保险基金中央调剂比例,确保企业离退休人员基本养老金按时足额发放,2019年基金中央调剂比例提高至3.5%。具体工作由人力资源社会保障部、财政部另行部署。

(八)关于稳步推进社保征收体制改革。企业职工基本养老保险和企业职工其他险种缴费,原则上暂按现行征收体制继续征收,稳定缴费方式,"成熟一省、移交一省";机关事业单位社保费和城乡居民社保费征管职责如期划转。人力资源社会保障、税务、财政、医保部门要抓紧推进信息共享平台建设等各项工作,切实加强信息共享,确保征收工作有序衔接。各地要按照要求,合理调整2019年社会保险基金收入预算。妥善处理好企业历史欠费问题,在征收体制改革过程中不得自行对企业历史欠费进行集中清缴,不得采取任何增加小微企业实际缴费负担的做法,避免造成企业生产经营困难,务必使企业特别是小微企业社保缴费负担有实质性下降。

四、各部门在政府协调机制下加强协作配合

各级人力资源社会保障、财政、税务、医疗保障等部门,要在地方政府的领导下,完善降低社会保险费率及征收体制改革工作协调机制,切实加强部门协作配合,协商解决社会保险费征管工作中的重点、难点问题。畅通工作协调机制,统筹做好降低社会保险费率以及征收体制改革过渡期间的工作衔接,提出具体工作安排,确保各项工作顺利进行。

五、科学做好降费核算工作

各地要共同做好社保降费政策落实情况的统计核算和效应分析,做到"心中有数""底账清晰"。要协同提高数据质量,为做好社保降费核算奠定数据基础。要协商建立统计核算分析体系,不断提高社保降费核算的全面性、准确性、时效性,确保客观反映降费效果。要联合开展社保降费政策实施情况评估,及时向上级部门报告政策运行及效应分析情况。

六、全面开展宣传工作

各地要组织各方力量,紧跟时代步伐,聚焦全媒体时代和媒体融合发展,丰富宣传形式,拓宽宣传渠道,注重宣传实效,宣传好降低社会保险费率的重大意义,总体筹划,突出重点,正确引导舆论,为社保降费政策落实落地营造良好的舆论氛围。统一明确宣传口径,紧扣时间节点,确保宣传步调一致,依托权威媒体,进一步提高社会参与度和知晓度,准确解读各项政策,针对群众关切问题解疑释惑。

七、逐级抓实培训工作

各地要充分认识进一步加强《方案》学习培训的重要性、紧迫性和长期性,针对不同类型、不同层级、不同岗位人员,做好培训安排,创新培训方式,不断增强学习培训的针对性、实效性。人力资源社会保障部、税务总局已举办落实《方案》专题培训班,对省级人力资源社会保障部门、税务部门进行联合培训,组织集中研讨。各地也要结合实际,集中组织开展不同层次的业务培训工作,帮助相关工作机构和工作人员全面、准确理解掌握政策,明确操作流程和具体要求,提高贯彻《方案》的政策水平和业务能力。

各地要加强组织领导和工作指导,周密安排部署,采取有力措施,抓好组织实施,层层压实责任,及时掌握实施情况,认真分析遇到的情况和问题,研究提出解决办法,确保各项工作平稳进行。要从本地实际出发,注重动态跟踪,认真排查风险点,制定相关预案,把工作做实做细,确保社保待遇不受影响、养老金足额发放,维护参保人合法权益,保持社会稳定。遇有重大情况和问题要及时报告人力资源社会保障部、财政部、税务总局、国家医保局。

4－1－27

财政部　退役军人部　人力资源社会保障部　医保局　民政部　税务总局关于解决部分退役士兵社会保险问题中央财政补助资金有关事项的通知

2019年7月5日　财社〔2019〕81号

各省、自治区、直辖市财政厅(局)、退役军人事务厅(局)、人力资源社会保障厅(局)、医疗保障局、民政厅(局),税务总局各省、自治区、直辖市和计划单列市税务局,新疆生产建设兵团财政局、退役军人事务局、人力资源社会保障局、医疗保障局、民政局:

为贯彻落实《中共中央办公厅　国务院办公厅印发〈关于解决部分退役士兵社会保险问题的意见〉的通知》(以下称《通知》),妥善解决部分退役士兵基本养老保险和基本医疗保险未参保和中断缴费问题,规范中央财政补助资金使用管理,现将有关事项通知如下:

一、政府补助范围

以政府安排工作方式退出现役的退役士兵,在《通知》实施前,未参加基本养老保险和基本医疗保险或参保后缴费中断的,可以按不超过本人军龄的年限补缴。

退役士兵参加基本养老保险和基本医疗保险所需缴费,原则上单位缴费部分由所在单位负担,个人缴费部分由个人负担。原单位已不存在或缴纳确有困难的,由原单位上级主管部门负责补缴;上级主管部门不存在或无力缴纳的,由安置地退役军人事务主管部门申请财政资金解决。

二、中央财政补助范围及标准

退役士兵补缴基本养老保险单位缴费部分所需政府补助资金,中央财政对中西部兵员大省、中西部非兵员大省、东部兵员大省、东部非兵员大省分别按照50%、40%、30%、20%的比例给予补助。1978年以来,累计接收符合政府安排工作条件的退役士兵达40万人以上的,认定为兵员大省。

退役士兵补缴基本医疗保险单位缴费部分所需政府补助资金,由地方财政承担。退役士兵个人属于最低生活保障对象、特困人员的,地方政府对其补缴基本养老保险和基本医疗保险个人缴费予以适当补助,所需资金由地方财政承担。

三、中央财政补助资金预拨和结算

中央财政补助资金实行先预拨后结算的补助方式。2019年起,中央财政根据各地工作进展情况预拨补助资金,2022年结算剩余补助资金。鼓励各地加快工作进度,对提前完成工作任务的,中央财政将及时结算补助资金。

部分退役士兵基本养老保险补缴工作完成后,地方各级退役军人事务部门应会同人力资源社会保障、财政部门按要求逐级汇总上报《部分退役士兵补缴基本养老保险中央财政补助资金结算申请表》(附件1)和《部分退役士兵补缴基本养老保险情况统计表》(附件2)。2022年4月1日前,各省(区、市)退役军人事务部门应会同人力资源社会保障、财政部门向退役军人部上报中央财政补助资金结算申请报告及附件1。结算申请报告应包括:本地基本养老保险补缴工作开展情况;基本养老保险补缴人数、补缴年限、补缴金额;地方财政补助资金安排及中央财政补助资金分配使用情况;申请结算的补助资金;工作中存在的问题及建议等。退役军人部对各省(区、市)的结算申请报告及其附件进行审核后向财政部提出结算建议,财政部根据退役军人部审核情况结算中央财政补助资金。

四、补助资金使用管理

各省(区、市)财政部门在收到中央财政预拨资金预算后,应及时将资金预算分解下达到市(区)、县(市)财政部门或安排用于省级退役军人事务部门办理的退役士兵基本养老保险补缴工作。地方各级财政部门应统筹使用中央和地方安排的财政补助资金,做好退役士兵基本养老保险补缴工作,对补缴所需资金不得挂账处理,切实保障退役士兵养老保险权益。

对《通知》出台前,已经开展部分退役士兵基本养老保险补缴工作的地区,中央财政按照本通知规定安排和结算补助资金。退役士兵基本养老保险补缴工作完成后,各地可根据本地实际将中央财政补助资金统筹用于其他支出。

五、监督检查

退役军人部、人力资源社会保障部、财政部将对各省(区、市)中央财政补助资金安排使用情况进行专项检查。各级财政、退役军人事务、人力资源社会保障等部门及其工作人员在退役士兵补缴基本养老保险中央财政补助资金使用管理工作中,存在虚报退役士兵补缴人数和补助金额、挤占挪用补助资金、贪污浪费以及其他滥用职权、玩忽职守、徇私舞弊等违法违纪行为的,按照《中华人民共和国预算法》《中华人民共和国公务员法》《中华人民共和国监察法》《财政违法行为处罚处分条例》等有关规定追究相关部门和个人责任;涉嫌犯罪的,移送司法机关处理。

六、有关工作要求

各地各有关部门要各司其职、密切配合,最迟于2021年底前完成部分退役士兵基本养老保险补缴工作。退役军人事务部门要做好人员摸排、身份审核确认、补助资金审核申请等工作,并切实承担起统筹协调责任。人力资源社会保障、医保、税务部门要根据部门职责,做好历史参保记录核查、费用补缴和征收、参保权益确认等工作。民政部门要积极协助做好最低生活保障对象、特困人员等身份确认工作。财政部门要及时安排拨付基本养老保险和基本医疗保险补缴所需补助资金,切实做好资金保障,会同相关部门加强资金管理,确保资金使用安全、规范、高效。

附件:1. 部分退役士兵补缴基本养老保险中央财政补助资金结算申请表(编者略)

2. 部分退役士兵补缴基本养老保险情况统计表(编者略)

4-1-28

财政部　人力资源社会保障部　国资委 税务总局　证监会关于全面推开划转 部分国有资本充实社保基金工作的通知

2019年9月10日　财资〔2019〕49号

各省、自治区、直辖市人民政府,国务院各部委、各直属机构,新疆生产建设兵团,各中央管理企业,中国证券登记结算有限责任公司:

为全面推开中央和地方划转部分国有资本充实社保基金工作,经国务院同意,现就有关事项通知如下:

一、中央和地方划转部分国有资本充实社保基金工作于2019年全面推开。其中:中央层面,具备条件的企业于2019年底前基本完成,确有难度的企业可于2020年底前完成,中央行政事业单位所办企业待集中统一监管改革完成后予以划转;地方层面,于2020年底前基本完成划转工作。

二、国有股东应做好相关企业股权划出工作,督促企业及时办理相关手续。承接主体应扎实做好企业股权接收工作,保证接收股权的集中持有和单独核算,接受考核监督。划转的地方企业国有股权,统一由各省级人民政府设立的一家国有独资公司集中持有、管理和运营,或委托一家具有国有资本投资运营功能的公司专户管理。

三、各省(自治区、直辖市)人民政府要对本地区划转工作负总责,加强组织领导,结合实际制定具体落实办法,确保按要求完成划转任务。同时,要加强对承接主体的监督和管理,确保划转的国有资本专项用于弥补企业职工基本养老保险基金缺口。各级财政、人力资源社会保障、国资监管等有关部门要加强协作配合,切实履行职责。

四、为积极稳妥、规范有序推进划转工作,结合试点工作情况,制定了《关于划转部分国有资本充实社保基金有关事项的操作办法》,自本通知印发之日起生效,请遵照执行。

附件:关于划转部分国有资本充实社保基金有关事项的操作办法

附件

关于划转部分国有资本充实社保基金
有关事项的操作办法

为积极稳妥、规范有序做好划转部分国有资本充实社保基金工作,根据《国务院关于印发划转部分国有资本充实社保基金实施方案的通知》(国发〔2017〕49号)(以下简称《实施方案》),制定本操作办法。

一、关于划转范围和划转对象的确定

(一)以《实施方案》印发日确定划转范围和划转对象。纳入划转范围的企业,对其由国家直接出资形成的国有资本实施划转。

(二)大中型企业的划型标准,按照《国家统计局关于印发〈统计上大中小微型企业划分办法(2017)〉的通知》(国统字〔2017〕213号)等有关规定执行。

(三)大中型金融机构的划型标准,按照《中国人民银行 中国银行业监督管理委员会 中国证券监督管理委员会 中国保险监督管理委员会 国家统计局关于印发〈金融业企业划型标准规定〉的通知》(银发〔2015〕309号)有关规定执行。

(四)企业规模的认定及划转口径以合并财务报表为准。

(五)公益类企业的确定按照《国资委 财政部 发展改革委关于印发〈关于国有企业功能界定与分类的指导意见〉的通知》(国资发研究〔2015〕170号)予以明确。

(六)文化企业是指由各级政府和文化部门出资设立的文化企业。

(七)政策性和开发性金融机构包括国家开发银行股份有限公司、中国进出口银行、中国农业发展银行和中国出口信用保险公司。

(八)国有资本投资、运营公司或具有持股平台性质的企业,应按照《实施方案》的要求履行划转义务。可直接划转国有资本投资、运营公司或持股平台自身的国有股权,也可划转国有资本投资、运营公司或持股平台所属一级子公司国有股权。

(九)《实施方案》印发日至划转实施日,企业因实施重组改制等改革事项,导致划转范围和划转规模发生变化的,需追溯划转。确实无法追溯的,可按《实施方案》印发前一年度末,即2016年末测算应划转的权益,并以上缴资金等方式替代或补足。

(十)因企业集团未完成公司制改制划转子公司股权的,划转企业集团股权时,已划转子公司国有股权不再划转;已完成划转的企业集团开展重组的,已划转的国有股权不再重复划转。已完成划转的企业集团,由国家新增投入形成的国有资本不再划转。

二、关于多元持股企业的划转方式

(十一)划转对象涉及多个国有股东的,须分别划转各国有股东所持国有股权的10%,并由第一大股东牵头实施。原则上多个国有股东中持股比例最大者为第一大股东,国有股东持股比例相同的,由具有实际控制权的国有股东牵头实施划转。

(十二)由牵头实施划转的国有股东对企业各国有股东身份和应划转股权进行初审,并征求其他国有股东意见。相关国有股东应在15个工作日内回复。

(十三)按照第一大股东的产权隶属关系,将各国有股东应划转的国有股权统一划转至社保基金会或各省(自治区、直辖市)国有独资公司等承接主体。

(十四)第一大股东根据有关规定不需划转所持国有股权的,其他符合条件的国有股东仍需实施划转,牵头实施单位应顺次确定,并将应划转国有股权划转至牵头实施单位相应的承接主体。

三、关于划转工作办理

(十五)各级财政部门会同有关部门向划转对象下达国有股划转通知,并抄送各国有股东及承接主体。涉及划转境内上市公司、全国中小企业股份转让系统挂牌公司以及境外上市公司非境外上市股份国有股权的,应同时向中国证券登记结算有限责任公司抄送国有股划转通知,在国有股划转通知中明确划转对象的证券代码、划转数量、是否限售、联系方式等具体信息。划转对象相关国有股东须积极配合做好划转工作,确保按国有股划转通知要求,在规定时间将股权划转到位。

(十六)划转非上市企业国有股权的,划转对象应在收到国有股划转通知后20个工作日内,申请办理国有产权变更登记,并根据工商变更登记的相关规定,及时完成工商变更登记手续。相关国有产权登记机构应在接到申请10个工作日内,完成国有产权变更登记。

(十七)划转上市公司国有股权的,中国证券登记结算有限责任公司在收到国有股划转通知后15个工作日内完成国有股权变更登记,并将变更登记情况反馈相关国有股东,同时抄送相关承接主体。

(十八)国有股权划转原则上以上一年度最后一日作为划转基准日。若上一年度最后一日至国有股划转通知下达前,划转对象因相关经济活动开展审计、资产评估等并相应进行账务调整的,以财务报告的最新变更时点作为划转基准日。

(十九)国有股东划转的国有股权应当权属清晰,因担保、质押、司法冻结等原因导致国有股东所持股权受限的,优先划转不受限股权;不受限股权不足的,国有股东应尽快解除限制并及时完成划转;暂时无法解除的,国有股东应说明限制解除的具体时间,待限制解除后的15个工作日内,完成划转工作。

四、关于划转国有资本的管理

(二十)企业国有股权变更登记完成后,社保基金会等承接主体应按照划转基准日账面值入账,股权变更登记完成后产生的股权分红由承接主体持有。

(二十一)社保基金会等承接主体作为财务投资者,享有所划入国有股权的收益权、处置权和知情权,划转对象不改变现行国有资产管理体制。社保基金会等承接主体和企业原有股东可通过协议等方式明确股东权利的行使方式。

(二十二)划转国有资本运作管理办法出台前,划转国有资本产生的现金收益可由承接主体进行投资,投资范围限定为银行存款、一级市场购买国债和对划转对象的增资。

(二十三)对于承接主体的相关管理费用,由各省级人民政府根据实际情况确定。

五、关于税费处理问题

(二十四)在国有股权划转和接收过程中,划转非上市公司股份的,对划出方与划入方签订的产权转移书据免征印花税;划转上市公司股份和全国中小企业股份转让系统挂牌公司股份的,免征证券交易印花税;对划入方因承接划转股权而增加的实收资本和资本公积,免征印花税;涉及境内上市公司、全国中小企业股份转让系统挂牌的公司和境外上市公司非境外上市股份的,免收过户费。本办法印发前,划转双方已缴纳的上述税费由征收单位予以退还。

(二十五)国有股权划出方和划入方均不确认所得,不征收企业所得税,划入方取得已划入股权的企业所得税计税基础以划入股权的原计税基础确定。

六、关于与原国有股转(减)持政策的衔接

(二十六)《实施方案》印发前,企业已完成境内首次公开发行股票并上市或境外首次公开发行和增发股票的,相关单位和部门须继续履行原国有股转(减)持政策。

(二十七)自《实施方案》印发之日起,企业在境内首次公开发行股票并上市或境外首次公开发行和增发股票的,相关单位和部门停止执行原国有股转(减)持政策,国有股转(减)持批复文件不再作为证券监管部门的审查要件。

(二十八)自《实施方案》印发之日起,企业完成境内首次公开发行股票并上市或境外首次公开发行和增发股票,并按原政策规定履行国有股转(减)持义务的,由企业直接向财政部提出申请,经财政部会同有关国有资产监督管理机构及社保基金会审核,符合条件的,可实行回拨处理。

(二十九)按照《实施方案》划转部分国有资本充实社保基金的上市公司,已履行国有股转(减)持义务的,已划转股份或缴纳的减持资金不作为划转抵扣因素。

(三十)自《实施方案》印发之日起,《财政部关于金融资产管理公司和国有银行国有股减持有关问题的通知》(财金函〔2004〕21号)、《财政部 国资委 证监会 社保基金会关于进一步明确金融企业国有股转持有关问题的通知》(财金〔2013〕78号)、《财政部关于取消国有创业投资机构和国有创业投资引导基金国有股转持义务审批事项后有关管理工作的通知》(财资〔2015〕39号)停止执行。

七、其他事项

(三十一)新疆生产建设兵团所属企业的划转工作,由新疆生产建设兵团负责实施。

4-1-29

人力资源社会保障部 财政部 税务总局关于阶段性减免 企业社会保险费的通知

2020年2月20日 人社部发〔2020〕11号

各省、自治区、直辖市人民政府,新疆生产建设兵团:

为贯彻落实习近平总书记关于新冠肺炎疫情防控工作的重要指示精神,纾解企业困难,推动企业有序复工复产,支持稳定和扩大就业,根据社会保险法有关规定,经国务院同意,现就阶段性减免企业基本养老保险、失业保险、工伤保险(以下简称三项社会保险)单位缴费部分有关问题通知如下:

一、自2020年2月起,各省、自治区、直辖市(除湖北省外)及新疆生产建设兵团(以下统称省)可根据受疫情影响情况和基金承受能力,免征中小微企业三项社会保险单位缴费部分,免征期限不超过5个月;对大型企业等其他参保单位(不含机关事业单位)三项社会保险单位缴费部分可减半征收,减征期限不超过3个月。

二、自2020年2月起,湖北省可免征各类参保单位(不含机关事业单位)三项社会保险单位缴费部分,免征期限不超过5个月。

三、受疫情影响生产经营出现严重困难的企业,可申请缓缴社会保险费,缓缴期限原则上不超过6个月,缓缴期间免收滞纳金。

四、各省根据工业和信息化部、统计局、发展改革委、财政部《关于印发中小企业划型标准规定的通知》(工信部联企业〔2011〕300号)等有关规定,结合本省实际确定减免企业对象,并加强部门间信息共享,不增加企业事务性负担。

五、要确保参保人员社会保险权益不受影响,企业要依法履行好代扣代缴职工个人缴费的义务,社保经办机构要做好个人权益记录工作。

六、各省级政府要切实承担主体责任,确保各项社会保险待遇按时足额支付。加快推进养老保险省级统筹,确保年底前实现基金省级统收统支。2020年企业职工基本养老保险基金中央调剂比例提高到4%,加大对困难地区的支持力度。

七、各省要结合当地实际,按照本通知规定的减免范围和减免时限执行,规范和加强基金管理,不得自行出台其他减收增支政策。各省可根据减免情况,合理调整2020年基金收入预算。

各省要提高认识,切实加强组织领导,统筹做好疫情防控和经济社会发展工作,抓紧制定具体实施办法,尽快兑现减免政策。各省印发的具体实施办法于3月5日前报人力资源社会保障部、财政部、税务总局备案。各级人力资源社会保障、财政、税务部门要会同相关部门,切实履行职责,加强沟通配合,全力做好疫情防控期间企业社会保险工作,确保企业社会保险费减免等各项政策措施落实到位。

4-1-30

国家税务总局关于贯彻落实阶段性减免企业社会保险费政策的通知

2020年2月25日　税总函〔2020〕33号

国家税务总局各省、自治区、直辖市和计划单列市税务局，国家税务总局驻各地特派员办事处：

为深入贯彻落实党的十九大和十九届二中、三中、四中全会精神，统筹做好新冠肺炎疫情防控和经济社会发展工作，经国务院同意，人力资源社会保障部、财政部、税务总局印发了《关于阶段性减免企业社会保险费的通知》（人社部发〔2020〕11号，以下简称《通知》），国家医保局、财政部、税务总局印发了《关于阶段性减征职工基本医疗保险费的指导意见》（医保发〔2020〕6号，以下简称《意见》）。为确保阶段性减免企业社会保险费、减征职工基本医疗保险费政策（以下简称阶段性减免企业社保费政策）有效落地，现就有关事项通知如下：

一、推动尽快制定本地具体实施办法

各省、自治区、直辖市和计划单列市税务局（以下统称"省税务局"）要按照《通知》和《意见》要求，积极推动本省抓紧制定落实阶段性减免企业社保费政策的具体实施办法，按时向国家有关部门报备。要会同有关部门根据本地实际情况，研究制定落实阶段性减免企业社保费政策的具体操作办法，确保政策措施早落地、好操作。

二、扎实做好政策宣传和辅导培训工作

税务总局、省税务局分别在门户网站开设"阶段性减免企业社保费"专栏，集中发布相关政策、解读和操作问答。各省税务局要充分利用12366服务热线以及微信、短信等方式及时解读政策、讲解操作、回答问题，确保缴费人对阶段性减免企业社保费政策应知尽知。要利用视频会议、网络办公以及在线授课等方式，加强对税务干部的业务培训，确保一线税务干部尤其是12366服务热线的坐席人员、缴费窗口的操作人员能够熟练掌握政策，优质高效为缴费人提供服务。

三、加快办理2月份已征费款退（抵）工作

各省税务局要对2020年2月份已经征收的社保费进行分类，确定应退（抵）的企业和金额。要按照人力资源社会保障部、财政部、税务总局、国家医保局共同明确的处理原则，优化流程，提高效率，及时为应该退费的参保单位依职权办理退费，切实缓解企业特别是中小微企业经营困难。对采取以2月份已缴费款冲抵以后月份应缴费款的参保单位，要明确冲抵流程和操作办法，有序办理费款冲抵业务。

四、依规从快办理缓缴费款业务

各级税务机关要会同有关部门落实好缓缴社保费政策，结合本地实际，进一步优化业务流程，从快办理缓缴相关业务。要严格落实缓缴期限原则上不超过6个月、缓缴期间免收滞纳金等政策要求，确保缴费人应享尽享。

五、抓紧完善信息系统和信息平台功能

税务总局将在近期完成社保费征管信息系统（标准版）的优化升级工作。各省税务局要根据本省实施方案以及各类企业划型名单，明确业务办理规则，标识企业类型，尽快完成本地征管系统和信息平台相关功能的完善、联调测试以及部署上线工作。要及时做好各地网上缴费系统、缴费客户端等相关系统功能升级工作，确保缴费人顺畅办理减免等业务，精准享受阶段性减免企业社保费政策。要进一步加强与相关部门的信息共享，明确信息共享项目，及时将征收明细信息传递给同级人力资源社会保障、医疗保障部门，确保参保人员社会保险权益不受影响。

六、扎实细致做好减免费核算和收入分析工作

各省税务局要根据阶段性减免企业社保费政策的特点，按照统一部署，按月、分户做好减免费核算工作，及时反映政策成效。要根据政策影响情况，适时推动调整社保基金收入预算，为政策落实打好基础。要加强月度收入与免、减、缓政策联动分析，全面准确掌握社保费收入状况。

七、切实加强领导压实工作责任

各级税务机关要切实加强对落实阶段性减免企业社保费政策工作的组织领导，成立由分管局领导牵头、相关部门共同参加的工作专班，统筹抓好政策落实。要将阶段性减免企业社保费政策落实情况和退（抵）费办理情况纳入绩效考评，加大督查督办力度，严肃工作纪律，层层压实责任，确保各项工作落实落细。各省阶段性减免企业社保费政策落实情况、取得成效及工作中遇到的重要问题或重大事项，要及时向税务总局（社会保险费司）报告。

4-1-31

人力资源社会保障部　财政部　税务总局 关于延长阶段性减免企业社会保险费 政策实施期限等问题的通知

2020年6月22日　人社部发〔2020〕49号

各省、自治区、直辖市人民政府，新疆生产建设兵团：

按照党中央、国务院决策部署，人力资源社会保障部、财政部、税务总局印发《关于阶段性减免企业社会保险费的通知》（人社部发〔2020〕11号），自2020年2月起阶段性减免企业基本养老保险、失业保险、工伤保险（以下称三项社会保险）单位缴费部分，减轻了企业负担，有力支持了企业复工复产。为进一步帮助企业特别是中小微企业应对风险、渡过难关，减轻企业和低收入参保人员今年的缴费负担，经国务院同意，现就延长阶段性减免企业三项社会保险费政策实施期限等问题通知如下：

一、各省、自治区、直辖市及新疆生产建设兵团（以下统称省）对中小微企业三项社会保险单位缴费部分免征的政策，延长执行到2020年12月底。各省（除湖北省外）对大型企业

等其他参保单位(不含机关事业单位,下同)三项社会保险单位缴费部分减半征收的政策,延长执行到2020年6月底。湖北省对大型企业等其他参保单位三项社会保险单位缴费部分免征的政策,继续执行到2020年6月底。

二、受疫情影响生产经营出现严重困难的企业,可继续缓缴社会保险费至2020年12月底,缓缴期间免收滞纳金。

三、各省2020年社会保险个人缴费基数下限可继续执行2019年个人缴费基数下限标准,个人缴费基数上限按规定正常调整。

四、有雇工的个体工商户以单位方式参加三项社会保险的,继续参照企业办法享受单位缴费减免和缓缴政策。

五、以个人身份参加企业职工基本养老保险的个体工商户和各类灵活就业人员,2020年缴纳基本养老保险费确有困难的,可自愿暂缓缴费。2021年可继续缴费,缴费年限累计计算;对2020年未缴费月度,可于2021年底前进行补缴,缴费基数在2021年当地个人缴费基数上下限范围内自主选择。

六、各省要严格按照规定的减免范围、减免时限和划型标准执行,确保各项措施准确落实到位,不得突破本通知的政策要求,不得自行出台其他减收增支政策。要统筹考虑今年减免政策等因素,按程序调整2020年社保基金收支预算。

七、各省级政府要切实承担主体责任,加快推进三项社会保险省级统筹工作,确保2020年底前实现企业职工基本养老保险基金省级统收统支。要加强资金调度,做好资金保障工作,确保各项社会保险待遇按时足额支付。

各省要结合实际制定具体实施办法,自本通知印发之日起10日内出台,并报人力资源社会保障部、财政部、税务总局备案。要抓紧组织实施,进一步将减免企业三项社会保险费等各项政策落细落实。人力资源社会保障部、财政部、税务总局将适时对政策落实情况进行监督检查。

4-1-32

人力资源社会保障部 国家发展改革委 教育部 财政部 中央军委国防动员部 关于延续实施部分减负稳岗扩 就业政策措施的通知

2021年5月20日 人社部发〔2021〕29号

各省、自治区、直辖市人民政府,新疆生产建设兵团:

2020年,新冠肺炎疫情突如其来,对经济和就业造成严重冲击。面对困难局面,党中央、国务院将稳就业、保居民就业摆在"六稳"、"六保"首位,全面强化就业优先政策,推出一系列超常规、阶段性举措,实现了就业局势逐步企稳、好于预期。为贯彻落实2021年《政府工作报告》关于就业优先政策要继续强化、聚力增效的部署,做好部分减负稳岗扩就业政策

延续实施工作,经国务院同意,现就有关事项通知如下:

一、继续实施普惠性失业保险稳岗返还政策。参保企业上年度未裁员或裁员率不高于上年度全国城镇调查失业率控制目标,30人(含)以下的参保企业裁员率不高于参保职工总数20%的,可以申请失业保险稳岗返还。大型企业按不超过企业及其职工上年度实际缴纳失业保险费的30%返还,中小微企业按不超过60%返还。社会团体、基金会、社会服务机构、律师事务所、会计师事务所、以单位形式参保的个体经济组织参照实施。实施上述稳岗返还政策的统筹地区,上年度失业保险基金滚存结余备付期限应在1年以上。各地可采取后台数据比对方式,直接向符合条件的企业精准发放稳岗返还。

二、继续实施以工代训扩围政策。对中小微企业吸纳就业困难人员、零就业家庭成员、离校两年内高校毕业生、登记失业人员就业并开展以工代训的,根据吸纳人数给予企业职业培训补贴。对生产经营出现暂时困难导致停工停业的中小微企业组织职工以工代训的,根据以工代训人数给予企业职业培训补贴。各地可结合实际情况,将受疫情影响较大的住宿餐饮、文化旅游、交通运输、批发零售等行业的各类企业纳入补贴范围。

三、继续实施困难人员培训生活费补贴政策。对脱贫人口、就业困难人员、零就业家庭成员、"两后生"中的农村学员和城市低保家庭学员参加培训的,在落实职业培训补贴的同时,给予生活费(含交通费)补贴。

四、继续放宽技能提升补贴申领条件。参保职工取得职业资格证书或职业技能等级证书的,可按规定申请技能提升补贴。技能提升补贴申领条件,继续放宽至企业在职职工参加失业保险1年以上。

五、继续实施就业见习补贴提前发放政策。支持企业扩大见习岗位规模,对见习期未满与高校毕业生签订劳动合同的,给予见习单位剩余期限见习补贴。

六、继续实施失业保险保障扩围政策。对领取失业保险金期满仍未就业的失业人员、不符合领取失业保险金条件的参保失业人员,发放失业补助金;对参保不满1年的失业农民工,发放临时生活补助。保障范围为2021年1月1日之后新发生的参保失业人员。上年度失业保险基金滚存结余备付期限不足2年的省份,可结合本地区就业形势和基金支付能力,制定具体实施政策,并报人力资源社会保障部、财政部备案。

七、支持毕业生基层就业和升学入伍。稳定"三支一扶"计划等基层服务项目招募规模。适度扩大硕士研究生招生和普通高校专升本招生规模。稳定大学生应征入伍规模和征集比例,突出各级各类学校毕业生征集,拓宽高级技工学校、技师学院毕业生入伍通道。

八、支持毕业生自强自立、就业创业。对自主创业的毕业生,精准提供创业培训、创业服务,按规定落实创业担保贷款及贴息、创业补贴、场地支持等扶持政策。将支持和促进高校毕业生等重点群体创业就业有关税收优惠政策延续实施至2025年12月31日。灵活就业的高校毕业生参加职工基本养老保险,可选择灵活的缴费方式,在本省(自治区、直辖市)规定的个人缴费基数上下限范围内选择适当的缴费基数,选择按月、按季、按半年或按年缴费。

九、政策实施期限。上述第一至七项政策受理期限截至2021年12月31日。对2020年度已受理、享受期未满的减负稳岗扩就业政策,可继续按原政策享受至期满为止。鼓励各地根据就业工作需要,按规定制定符合本地实际的就业创业扶持政策。

各地要继续落实好各项长期就业创业扶持政策,对就业困难人员、离校两年内未就业高校毕业生灵活就业后缴纳社会保险费的,按规定给予社会保险补贴;对重点群体自主创业或被用人单位吸纳就业的,按规定给予税收减免、创业担保贷款及贴息、社会保险补贴、职业培训补贴、创业补贴等。要梳理调整本地区就业政策清单,及时公开发布。持续加大就业政策宣传落实力度,分类精准推送政策信息,提升就业政策知晓度和到达率,推动更多政策网上办、自助办、帮办快办,提高政策享受便利化水平,促进就业大局持续稳定。

4-1-33

财政部关于划转部分国有资本充实社保基金后企业增资财务处理有关事项的通知

2021年8月5日　财资〔2021〕116号

各省、自治区、直辖市财政厅(局),新疆生产建设兵团财政局,各有关中央企业、中央金融机构:

　　为积极稳妥、规范有序做好划转部分国有资本充实社保基金工作,根据《中华人民共和国公司法》《国务院关于印发划转部分国有资本充实社保基金实施方案的通知》(国发〔2017〕49号)、《企业财务通则》和其他有关规定,现就划转部分国有资本充实社保基金后企业增资财务处理有关事项通知如下:

　　一、企业国有股权划转完成后,社保基金会和各地方承接主体(以下统称承接主体)作为财务投资者,按照企业划转基准日账面值确认出资,并登记入账。

　　二、登记入账后,企业发生财政资金注入、企业增资等新增资本事项时,承接主体有权按照实际享有的股权比例缴纳出资。

　　三、企业新增资本时,按照承接主体及企业其他股东的不同增资情形分别处理:

　　(一)承接主体及企业其他股东按持有的股权同比例缴纳出资的,各股东持有的股权比例保持不变。

　　(二)承接主体或企业其他股东未按持有的股权同比例缴纳出资的,应以增资前最近一次经审计的财务报告为基础,承接主体享有的净资产账面值不减少为原则,按规定计算确定增资后企业各股东持有的股权比例。

　　四、商事制度改革实施后,新设立企业认缴资本分次注入时,按照本通知执行。

　　五、本通知自印发之日起生效。印发前相关工作未按上述规定处理的,应在印发后按照本通知进行调整。

　　六、中央企业和中央金融机构增资相关事宜,国务院另有规定的,从其规定。

4-1-34

人力资源社会保障部 民政部 财政部 国家税务总局 国家乡村振兴局 中国残疾人联合会关于巩固拓展社会保险扶贫成果助力全面实施乡村振兴战略的通知

2021年8月13日 人社部发〔2021〕64号

各省、自治区、直辖市及新疆生产建设兵团人力资源社会保障厅（局）、民政厅（局）、财政厅（局）、乡村振兴局、残疾人联合会，国家税务总局各省、自治区、直辖市和计划单列市税务局：

为贯彻党中央、国务院决策部署，巩固拓展社会保险扶贫成果，持续做好脱贫人口、困难群体社会保险帮扶，促进社会保险高质量可持续发展，助力全面实施乡村振兴战略，现就有关事项通知如下：

一、总体要求

以习近平新时代中国特色社会主义思想为指导，全面贯彻党的十九大和一九届二中、三中、四中、五中全会精神，深入学习贯彻习近平总书记在全国脱贫攻坚总结表彰大会、中央政治局第二十八次集体学习和庆祝中国共产党成立100周年大会上的重要讲话精神，坚持人民至上，切实解决农村居民和进城务工人员在社会保险方面的急难愁盼问题，完善困难群体社会保险帮扶政策，推动社会保险法定人员全覆盖，提高社会保险保障能力，提升社会保险经办服务水平，充分发挥社会保险在保障和改善民生、维护社会公平、增进人民福祉等方面的积极作用，有效防止参保人员因年老、工伤、失业返贫致贫，为巩固拓展脱贫攻坚成果、全面推进乡村振兴贡献力量，推动人的全面发展、全体人民共同富裕取得更为明显的实质性进展。

二、主要政策措施

（一）减轻困难群体参保缴费负担

完善困难群体参保帮扶政策。对参加城乡居民养老保险的低保对象、特困人员、返贫致贫人口、重度残疾人等缴费困难群体，地方人民政府为其代缴部分或全部最低缴费档次养老保险费。在提高最低缴费档次时，对上述困难群体和其他已脱贫人口可保留现行最低缴费档次。支持和鼓励有条件的集体经济组织和其他社会经济组织、公益慈善组织、个人为参加城乡居民养老保险的困难人员参保缴费提供资助。对灵活就业的进城务工人员，引导其参加企业职工基本养老保险，对符合就业困难人员条件的，按规定落实社会保险补贴政策。

（二）推进社会保险法定人员全覆盖

精准实施全民参保计划，开展精准登记服务，推动放开外地户籍灵活就业人员在就业地参加职工养老保险的户籍限制,组织未参加企业职工基本养老保险的灵活就业人员按规定参加城乡居民基本养老保险,推动基本养老保险应保尽保。"十四五"时期,中央确定的城乡居民基础养老金不计入低保家庭、特困人员收入。扩大失业保险覆盖范围,使更多农民工按规定参加失业保险并享受政策保障。推进职业伤害保障试点,加强平台灵活就业人员职业伤害保障。落实《工伤预防五年行动计划(2021—2025)》,重点在工伤事故和职业病高发的行业企业实施,切实降低工伤事故发生率,防止因伤致贫、因伤返贫。

(三)提高社会保险待遇水平

完善落实城乡居民基本养老保险待遇确定与基础养老金正常调整机制,适时提高城乡居民基础养老金标准,鼓励引导符合条件的城乡居民早参保、多缴费,规范个人账户记账利率办法,提高个人账户养老金水平。推进各省统一农民工和城镇职工失业保险参保缴费办法,享受同等待遇。按规定落实失业保险参保职工技能提升补贴政策,助力乡村振兴人才培养。落实工伤保险待遇调整机制,切实保障工伤农民工返乡后各项工伤保险待遇的落实,稳步提升工伤保险保障效能。

(四)提升基金安全性和可持续性

加快推进企业职工基本养老保险全国统筹,进一步均衡地区之间基金负担,确保基本养老金按时足额发放。全面推进工伤保险基金省级统收统支,推动失业保险基金省级统收统支,提高基金互助共济能力。继续推动城乡居民基本养老保险基金委托投资运营,将2017年以来每年新增结余不低于80%用于委托投资,不断提高投资收益,实现基金保值增值。健全政策、经办、信息、监督"四位一体"基金管理风险防控体系,持续推进风险防控措施"进规程、进系统",完善经办内控制度,防范基金跑冒滴漏风险,确保基金安全。

(五)加强社会保险经办服务能力

加强脱贫地区基本公共服务能力建设,重点支持国家重点帮扶县社保经办服务能力提升,补齐区域性社保经办管理服务短板,增强乡镇(街道)、村(社区)社保服务平台管理和服务水平。推进养老保险关系转移接续实现"跨省通办"。优化城乡养老保险制度衔接流程,实行城乡居民养老保险转移和城乡养老保险制度衔接的网上申请。落实超期业务督办等工作机制,提升转移业务经办效率。加大农村地区社会保障卡发行和应用力度,基本实现人口全覆盖。加强全国统一的社会保险公共服务平台建设,推动农村地区社保公共服务资源整合和综合柜员制服务。加快社保经办数字化转型,让"数据多跑路,群众少跑腿"。深入推进失业保险待遇"畅通领、安全办"。根据农村特点,坚持传统服务方式和智能化服务创新并行,为老年人、残疾人等群体提供更加便捷的服务。

三、组织实施

(一)加强组织领导。各地要落实中央统筹、省负总责、市县乡抓落实的工作机制,把推进社会保险事业高质量可持续发展作为巩固拓展脱贫攻坚成果、推动实施乡村振兴战略、实现共同富裕的重要举措,完善政策措施,优化经办服务,加强协调配合,统筹做好政策衔接、任务落实和督促考核等工作。

(二)加强部门协作。明确部门分工,落实部门职责,强化工作协同。人力资源社会保障部门要牵头做好相关政策研究制定,抓好政策落实。财政部门要加强经费保障,重点关注脱贫地区预算安排和资金分配下达情况,确保按时足额拨付到位。税务部门要切实做好城乡居民养老保险等各项社会保险费征收工作。人力资源社会保障、民政、税务、乡村振兴部门和残联要加强数据共享，定期开展脱贫人口、低保对象、特困人员、返贫致贫人口、重度残疾人参保信息数据比对，加强重点群体监测分析，积极主动开展社会保险帮扶工作。

（三）加强宣传引导。大力宣传社会保险帮扶政策和服务举措，加强政策培训，广泛开展"看得懂、算得清"政策宣传活动。注重运用通俗易懂的语言和群众易于接受的方式，利用受众面广、宣传效果好的各类媒体开展系列宣传活动，积极入村入户入企开展政策宣传解读，提高政策知晓度。坚持正确舆论导向，深入挖掘社会保险帮扶的生动案例，讲好乡村振兴中社会保险帮扶故事，广泛宣传社会保险帮扶在助力实施乡村振兴战略中取得的积极进展和成效，营造良好舆论氛围。

4-1-35

人力资源社会保障部办公厅 国家税务总局办公厅关于特困行业阶段性实施缓缴企业社会保险费政策的通知

2022年4月25日 人社厅发〔2022〕16号

各省、自治区、直辖市及新疆生产建设兵团人力资源社会保障厅（局），国家税务总局各省、自治区、直辖市和计划单列市税务局：

为贯彻党中央、国务院决策部署，抓好特困行业纾困政策落实，现就阶段性实施缓缴企业职工基本养老保险费、失业保险费、工伤保险费（以下简称"三项社保费"）相关事项通知如下：

一、适用范围。缓缴适用于餐饮、零售、旅游、民航、公路水路铁路运输企业三项社保费的单位应缴纳部分。上述行业中以单位方式参加社会保险的有雇工的个体工商户以及其他单位，参照企业办法缓缴。对职工个人应缴纳部分，企业应依法履行好代扣代缴义务。

以个人身份参加企业职工基本养老保险的个体工商户和各类灵活就业人员，2022年缴纳费款有困难的，可自愿暂缓缴费，2022年未缴费月度可于2023年底前进行补缴，缴费基数在2023年当地个人缴费基数上下限范围内自主选择，缴费年限累计计算。

二、实施期限。企业职工基本养老保险费缓缴费款所属期为2022年4月至6月。失业保险费、工伤保险费缓缴费款所属期为2022年4月至2023年3月，在此期间，企业可申请不同期限的缓缴。已缴纳所属期为2022年4月费款的企业，可从5月起申请缓缴，缓缴月份相应顺延一个月，也可以申请退回4月费款。缓缴期间免收滞纳金。

三、办理流程。在缓缴期限内，企业可根据自身经营状况向社会保险登记部门申请缓缴三项社保费。新开办企业可自参保当月起申请缓缴；企业行业类型变更为上述行业的，可自变更当月起申请缓缴。

四、资格认定。各省要本着方便、快捷、不增加企业事务性负担的原则审核。社会保险登记部门审核企业是否适用缓缴政策时，应以企业参保登记时自行申报的行业类型为依据。现有信息无法满足划分行业类型需要的,可实行告知承诺制,由企业出具所属行业类型的书面承诺,并承担相应法律责任。

五、补缴费款。企业原则上应在缓缴期满后的一个月内补缴缓缴的失业保险、工伤保险费款;缓缴的企业职工基本养老保险费最迟于2022年底前补缴到位,期间免收滞纳金,税务部门应及时提醒企业补缴。企业可根据实际需要,提前申报缴纳缓缴的费款,税务部门应及时征收。企业依法注销的,应当在注销前缴纳缓缴的费款,相关部门按照注销流程及时办理。

六、待遇处理。缓缴期限内,职工申领养老保险待遇的,企业应先为其补齐缓缴的企业职工基本养老保险费。缓缴失业保险费不影响企业享受阶段性降低失业保险费率和稳岗返还政策、不影响参保职工享受技能提升补贴政策、不影响参保失业人员享受失业保险金或失业补助金等相关待遇。缓缴工伤保险费不影响企业享受阶段性降低工伤保险费率政策和职工享受工伤保险待遇。

各省人力资源社会保障、税务部门要高度重视、精心组织,简化办事流程,大力推行"网上办"等不见面服务方式。各地要加强指导监督,健全内控机制,切实防范风险。要建立信息沟通协调机制,参保企业自行向税务部门申报缴费的地区,税务部门要按月将缓缴企业名称、统一社会信用代码、企业行业类型、缓缴险种及属期、缓缴期限、缓缴金额、人数等信息传递给社会保险经办机构;税务部门按照社会保险经办机构传递的缴费信息进行征收的地区,社会保险经办机构要按月将上述缓缴信息传递给税务部门。各省要加强工作调度,按季将政策落实情况分别报送人力资源社会保障部、国家税务总局,在执行中遇有重大情况和问题,要及时报告。

4-1-36

财政部　人力资源社会保障部　税务总局国家医保局关于印发《社会保险基金预算绩效管理办法》的通知

2022年5月27日　财社〔2022〕65号

人民银行,各省、自治区、直辖市财政厅(局)、人力资源社会保障厅(局)、医疗保障局,新疆生产建设兵团财政局、人力资源社会保障局、医疗保障局,国家税务总局各省、自治区、直辖市和计划单列市税务局,中央国家机关养老保险管理中心,中国农业发展银行:

为贯彻落实《中共中央　国务院关于全面实施预算绩效管理的意见》有关精神,进一步提升社会保险基金预算管理水平,我们制定了《社会保险基金预算绩效管理办法》。现予以印发,请遵照执行。

附件:社会保险基金预算绩效管理办法

附件

社会保险基金预算绩效管理办法

第一章 总 则

第一条 为全面实施社会保险基金预算绩效管理,建立科学、合理、规范的预算绩效管理体系,提高社会保险基金管理水平,根据《中华人民共和国预算法》、《中华人民共和国社会保险法》、《中华人民共和国预算法实施条例》、《中共中央 国务院关于全面实施预算绩效管理的意见》等有关规定,制定本办法。

第二条 本办法所称社会保险基金预算绩效管理,是指在社会保险基金预算管理全过程中融入绩效理念和要求,通过合理确定绩效目标、全面实施绩效运行监控、科学开展绩效评价和切实强化结果应用,进一步改善政策实施效果、提升基金使用效益、促进基金精算平衡、防范基金运行风险的预算管理活动。

第三条 社会保险基金预算绩效管理的对象是各项社会保险基金。包括:企业职工基本养老保险基金、城乡居民基本养老保险基金、机关事业单位基本养老保险基金、职工基本医疗保险(含生育保险)基金、城乡居民基本医疗保险基金、工伤保险基金、失业保险基金,以及根据国家法律法规建立并纳入预算管理的其他社会保险基金。

第四条 社会保险基金预算绩效管理的基本原则:

(一)统一领导,分级负责。中央统一领导社会保险基金预算绩效管理,各省(自治区、直辖市,以下统称省)具体负责本省社会保险基金预算绩效管理工作。加强总体设计,按照促进社会保险制度更加公平更可持续的要求,建立目标明确、管理规范、职责清晰的社会保险基金预算绩效管理制度、绩效指标体系和绩效管理系统。

(二)全程管理,全面覆盖。落实全面实施预算绩效管理要求,建立预算编制有目标、预算执行有监控、预算完成有评价、评价结果有应用的社会保险基金预算绩效管理链条,对社会保险基金预算编制、执行、调整、决算、监督实施全程绩效管理,将各项社会保险基金收入、支出、结余全部纳入预算绩效管理范围,实现预算和绩效管理一体化。

(三)突出共性,兼顾个性。绩效管理制度和指标体系适应社会保险基金管理特点。突出各项社会保险基金运行和管理的共性特征,强化预算绩效管理的统一性;兼顾不同社会保险基金项目的差异,体现预算绩效管理的针对性。

(四)激励相容,约束有力。健全绩效管理的激励约束机制,在资金安排或政策调整时注重对绩效评价结果的运用,加强对社会保险基金预算绩效管理工作的考核。

第五条 社会保险基金预算绩效管理由财政部门牵头,社会保险行政部门、社会保险经办机构和税务部门密切配合。财政部门主要负责牵头制定绩效管理办法、绩效评价方案和指标体系,审核并下达绩效目标,组织和指导绩效监控、绩效评价,审定绩效评价报告,反馈和应用绩效评价结果,推进绩效信息公开等工作。社会保险行政部门主要负责绩效目标初审、指导经办机构开展绩效监控和绩效评价、形成并向财政部门报送绩效评价报告、提出绩效评价结果应用建议等工作。社会保险经办机构和税务部门具体负责绩效目标制定、运行监控、绩效自评、结果应用等工作。相关部门要各司其职，形成合力。

第六条 中央层面负责制定全国社会保险基金预算绩效管理制度，推进社会保险基金绩效指标体系和绩效管理信息化建设，审核下达分省区域绩效目标，指导地方开展绩效管理相关工作，适时对各省开展绩效评价。

省级层面负责制定本省区域绩效目标并报中央层面审核后实施或分解下达至统筹地区，负责组织、协调、指导和考核等工作，并开展省级绩效评价。统筹地区具体负责本区域社会保险基金预算绩效目标管理、绩效运行监控、绩效评价和结果应用等工作。企业职工基本养老保险实行全国统筹后，各省绩效管理工作由省级层面承担。

第二章　绩效目标

第七条 制定社会保险基金预算绩效目标要全面贯彻落实党中央、国务院关于社会保险工作的重大决策部署，紧密结合国民经济和社会发展规划及社会保险事业发展相关专项规划等。整体绩效目标由中央层面统一制定。分省区域绩效目标由省级层面制定。分省区域绩效目标制定和调整应按程序报中央层面审核。将绩效目标设置作为社会保险基金预算安排的前置条件。

第八条 社会保险基金预算绩效目标按时间段分为总体目标和年度目标。总体目标主要结合党中央、国务院关于社会保险工作的总体部署，反映未来一定时期内社会保险政策预期实施效果。年度目标是实现总体目标的年度计划任务。

第九条 社会保险基金预算绩效指标是绩效目标的分解和细化，是衡量绩效目标实现程度的具体工具，采取定量与定性相结合的方式设定，涵盖决策、过程、产出、效益等方面。

（一）决策指标主要包括社会保险基金管理相关政策制定和调整完善等方面。

（二）过程指标主要包括社会保险基金管理相关政策执行、基金预算管理、风险防控等方面。

（三）产出指标主要包括基金收入和支出的数量、质量、时效、成本等方面。

（四）效益指标主要包括经济效益、社会效益、可持续发展、满意度等方面。

绩效指标选取应遵循可取、可比、可测、可用原则。

第十条 中央层面在部署社会保险基金预算时，同步下达指导性的社会保险基金预算分省区域绩效目标和指标。社会保险基金预算区域绩效目标的批复按照现行社会保险基金预算批复程序执行。

第三章　绩效运行监控

第十一条 绩效运行监控是在社会保险基金预算执行过程中，对社会保险基金绩效目标实现程度和预算执行进度进行跟踪、分析和监测的日常管理活动。

第十二条 绩效运行监控内容包括：绩效目标完成、预算执行进度、风险防控、财务管理与核算等情况。重点关注社会保险费收入完成、一般公共预算安排的财政补助收入到位、社会保险待遇支付、社会保险基金收支结余等情况。

第十三条 绩效运行监控由统筹地区组织开展，主要采用目标比较法，运用定量分析和定性分析相结合的方式，定期将绩效实现情况与预期绩效目标进行比较分析。绩效监控包括及时性、合规性和有效性监控等。

第十四条 统筹地区要及时纠正绩效监控中发现的问题,改进工作中的薄弱环节,确保绩效目标如期保质保量实现。

第四章 绩效评价、结果反馈及应用

第十五条 绩效评价是在社会保险基金年度预算执行完毕后,按照相关要求,运用科学、合理的绩效评价指标、评价标准和方法,依据设定的绩效目标,对目标实现程度、政策产出效果等进行客观公正的测量、分析和评判,形成评价结果的活动。

第十六条 绩效评价内容主要包括:社会保险基金预算管理工作开展、社会保险基金管理相关政策落实、社会保险基金可持续运行等情况。

第十七条 绩效评价包括统筹地区自评和上级部门绩效评价。统筹地区自评由同级财政部门牵头组织,要注重提高绩效自评质量。省级财政部门牵头组织对省以下统筹地区开展省级绩效评价。条件成熟时,财政部牵头组织开展全国绩效评价。

根据工作需要,绩效评价工作可委托中介机构、专家等第三方具体实施。

统筹地区自评和省级绩效评价采用定量与定性评价相结合的方式,具体评价方法以比较法为主。

第十八条 各统筹地区按要求分险种开展绩效自评工作,并于每年5月底前向省级层面报送上一年度绩效自评报告。各省按要求开展全省绩效评价工作,并于每年7月底前向中央层面报送上一年度本省绩效评价报告。

绩效自评报告和省级绩效评价报告要做到内容完整、数据真实、结果客观,及时发现存在的问题,未完成绩效目标或偏离绩效目标较大时要分析并说明原因,研究提出改进措施。

第十九条 省级层面要结合各统筹地区自评结果开展省级绩效评价,对各统筹地区实际绩效情况进行分析评价,提出有针对性的建议措施,并及时将评价结果反馈相关统筹地区。

第二十条 要强化绩效评价结果应用,将绩效评价结果作为完善社会保险基金管理相关政策、改进管理的重要依据,逐步在资金安排中应用绩效评价结果。对绩效评价中发现的问题要及时整改。

第五章 组织实施

第二十一条 加大社会保险基金绩效信息公开力度,逐步推动社会保险基金预算重要绩效目标、绩效评价结果等绩效信息向同级人大报送并向社会公开,接受人大和社会各界监督。

第二十二条 中央层面按照部门职责开展对各省社会保险基金预算绩效管理工作的考核,建立考核结果通报制度,对预算绩效管理工作成效明显的给予表扬,对工作推进不力的进行约谈并责令限期整改。

第六章 附 则

第二十三条 中央国家机关养老保险管理中心管理的社会保险基金预算绩效管理参

照本办法相关规定执行。

第二十四条　各省可根据本办法并结合本省实际情况，制定具体实施办法。

第二十五条　本办法自2023年1月1日起实施。

本办法中社会保险行政部门是指人力资源社会保障行政部门和医疗保障行政部门，社会保险经办机构是指人力资源社会保障经办机构和医疗保障经办机构。

4-1-37

人力资源社会保障部　国家发展改革委财政部　税务总局关于扩大阶段性缓缴社会保险费政策实施范围等问题的通知

2022年5月31日　人社部发〔2022〕31号

各省、自治区、直辖市人民政府，新疆生产建设兵团：

为贯彻落实党中央、国务院决策部署，着力保市场主体保就业保民生，在落实特困行业缓缴企业职工基本养老保险费、失业保险费、工伤保险费（以下称三项社保费）政策的基础上，经国务院同意，现就扩大政策实施范围、延长缓缴期限等问题通知如下：

一、扩大实施缓缴政策的困难行业范围。在对餐饮、零售、旅游、民航、公路水路铁路运输等5个特困行业实施阶段性缓缴三项社保费政策的基础上，以产业链供应链受疫情影响较大、生产经营困难的制造业企业为重点，进一步扩大实施范围（具体行业名单附后）。缓缴扩围行业所属困难企业，可申请缓缴三项社保费单位缴费部分，其中养老保险费缓缴实施期限到2022年年底，工伤、失业保险费缓缴期限不超过1年。原明确的5个特困行业缓缴养老保险费期限相应延长至2022年年底。缓缴期间免收滞纳金。

二、对受疫情影响较大、生产经营困难的中小微企业实施缓缴政策。受疫情影响严重地区生产经营出现暂时困难的所有中小微企业、以单位方式参保的个体工商户，可申请缓缴三项社保费单位缴费部分，缓缴实施期限到2022年年底，期间免收滞纳金。参加企业职工基本养老保险的事业单位及社会团体、基金会、社会服务机构、律师事务所、会计师事务所等社会组织参照执行。

三、进一步发挥失业保险稳岗作用。加大稳岗返还支持力度，将大型企业稳岗返还比例由30%提至50%。拓宽一次性留工培训补助受益范围，由出现中高风险疫情地区的中小微企业扩大至该地区的大型企业；各省（自治区、直辖市）还可根据当地受疫情影响程度以及基金结余情况，进一步拓展至未出现中高风险疫情地区的餐饮、零售、旅游、民航和公路水路铁路运输5个行业企业。上述两项政策实施条件和期限与《关于做好失业保险稳岗位提技能防失业工作的通知》（人社部发〔2022〕23号）一致。企业招用毕业年度高校毕业生，签订劳动合同并参加失业保险的，可按每人不超过1500元的标准，发放一次性扩岗补助，具体补助标准由各省份确定，与一次性吸纳就业补贴政策不重复享受，实施期限截至2022年年底。

四、规范缓缴实施办法。申请缓缴的企业应符合受疫情影响生产经营出现暂时困难、处于亏损状态等条件。各省份要结合地方实际和基金承受能力,在确保养老金等各项社会保险待遇按时足额发放的基础上,制定具体实施办法,明确实施程序、缓缴期限、困难企业和受疫情影响严重地区认定标准、审批流程和工作机制等,可授权县(区)人力资源社会保障部门会同相关部门负责审批。各县(区)要严格把握适用范围和条件,不得擅自扩大范围、降低标准,批准缓缴的企业名单等情况按月报省级人力资源社会保障、税务部门。各省份具体实施办法出台后报人力资源社会保障部、国家发展改革委、财政部、税务总局备案。

五、简化企业申报流程。缓缴社会保险费坚持自愿原则,符合条件的困难企业,可根据自身情况申请缓缴一定期限的社会保险费。各级人力资源社会保障、税务部门要简化办事流程,大力推行"网上办"等不见面服务方式,简化程序,方便企业办理,减轻企业事务性负担。对生产经营困难、所属行业类型等适用条件,可实行告知承诺制,企业出具符合条件的书面承诺。要加强事后监督检查,对作出承诺但经查不符合条件的企业,要及时追缴缓缴的社会保险费,并按规定加收滞纳金。各省份要全面推行稳岗返还"免申即享"经办新模式,通过大数据比对,直接向符合条件的企业发放资金。

六、切实维护职工权益。申请缓缴社会保险费的企业,要依法履行代扣代缴职工个人缴费义务。不得因缓缴社会保险费,影响职工个人权益。缓缴期限内,职工申领养老保险待遇、办理关系转移等业务的,企业应为其补齐缓缴的养老保险费。缓缴的企业出现注销等情形的,应在注销前缴纳缓缴的费款。

各地区要高度重视、精心组织实施,精准把握政策实施范围,规范实施程序,健全审核机制,切实防范风险。要切实承担主体责任,加强社会保险基金收支情况监测,做好资金保障,确保各项社会保险待遇按时足额支付。各级人力资源社会保障、发展改革、财政、税务等部门要加强协作配合,完善信息沟通协调机制,切实落实缓缴政策的各项要求,确保政策落地见效。执行中遇到的情况和问题,要及时报告。

附件:扩大实施缓缴政策的困难行业名单

附件

扩大实施缓缴政策的困难行业名单

农副食品加工业
纺织业
纺织服装、服饰业
造纸和纸制品业
印刷和记录媒介复制业
医药制造业
化学纤维制造业
橡胶和塑料制品业
通用设备制造业
汽车制造业
铁路、船舶、航空航天和其他运输设备制造业
仪器仪表制造业
社会工作
广播、电视、电影和录音制作业
文化艺术业
体育
娱乐业

4-1-38

商务部办公厅　发展改革委办公厅　民政部办公厅　财政部办公厅　人力资源社会保障部办公厅　住房和城乡建设部办公厅　人民银行办公厅　国家税务总局办公厅　市场监管总局办公厅　银保监会办公厅　证监会办公厅关于抓好促进餐饮业恢复发展扶持政策贯彻落实工作的通知

2022年6月14日　商办服贸函〔2022〕154号

各省、自治区、直辖市及新疆生产建设兵团商务、发展改革、民政、财政、人力资源社会保障、住房城乡建设主管部门，中国人民银行上海总部、各分行、营业管理部、各省会(首府)城市中心支行、各副省级城市中心支行，市场监管局(厅、委)、银保监局、证监局，国家税务总局各省、自治区、直辖市和计划单列市税务局，商务部驻各地方特派员办事处：

餐饮业是稳增长、促消费、扩就业、惠民生的重要领域，对促进形成强大国内市场具有重要作用。为深入贯彻党中央、国务院决策部署，落实全国稳住经济大盘电视电话会议精神和扎实稳住经济一揽子政策措施，推动《关于促进服务业领域困难行业恢复发展的若干政策》落地见效，促进餐饮业加快恢复发展，现就进一步做好有关工作通知如下：

一、科学界定扶持措施适用的市场主体

各地商务主管部门要积极配合相关政策部门，合理准确界定扶持政策适用的市场主体，实现应享尽享。原则上依法取得营业执照和食品经营许可(备案)相关证书，且食品经营主体业态为"餐饮服务经营者"的市场主体均可申请餐饮业扶持政策措施。有条件的地方可充分发挥政务服务平台优势，对上述餐饮市场主体(下称餐饮企业)推行"免申即享"。政府部门现有数据无法满足划分市场主体类型的，各地可结合实际，按规定实行告知承诺制，不增加市场主体事务性负担。

二、加快出台对定期核酸检测和防疫消杀补贴的措施

鼓励有条件的地方商务主管部门、财政部门根据本地疫情防控指挥机构对餐饮企业核酸检测、防疫消杀的要求，制定餐饮企业员工免费定期核酸检测、防疫消杀补贴具体措施，明确补贴范围、补贴比例、申请流程、办理窗口、申请材料清单等，提高审核效率，及时拨付补贴资金。有条件的地方可充分发挥政务服务平台优势，支持餐饮企业在线申报免费定期核酸检测人员名单，精准发放免费核酸检测电子抵扣券，并做好补贴资金拨付工作。

三、落实好社会保险助企纾困政策

各地商务主管部门要加强与人力资源社会保障部门、税务部门协调配合,支持餐饮企业稳岗扩岗,落实各项助企纾困政策。2022年对餐饮企业延续实施阶段性降低失业保险、工伤保险费率政策。对不裁员、少裁员的餐饮企业,继续实施失业保险稳岗返还政策,提高返还比例。各省级商务主管部门要配合人力资源社会保障、财政、税务等部门,结合本地实际和基金承受能力,推动本省按规定制定阶段性实施缓缴养老保险、失业保险、工伤保险费以及留工培训补助政策具体实施办法,加强部门信息共享和协调配合,以规范、安全、便捷为原则,提高服务质量和效率,优化审核流程,缩短办理时限,让更多餐饮企业享受政策红利。

四、拓宽企业融资渠道

各地商务主管部门要会同发展改革、人民银行、住房城乡建设、市场监管等部门,在保障数据安全和遵守征信管理要求基础上,依托已有共享交换平台,依法依规加强部门间餐饮企业数据共享管理,与金融机构、征信机构开展对接,更多发放信用贷款。各地人民银行、发展改革和证监等部门要开展信用类债券发行政策辅导,支持符合条件的餐饮企业发行公司信用类债券,拓宽多元化融资渠道。

五、增强融资担保功能

各地商务主管部门要配合财政、金融监管部门加强政策宣传和融资辅导,指导政府性融资担保机构为符合条件的餐饮企业提供融资增信支持,依法依约及时履行代偿责任,积极帮助受疫情影响企业续保续贷。有条件的地方财政部门可向政府性融资担保机构提供资本金注入、担保费用补贴等支持。

六、发挥好商业保险支撑作用

各地商务主管部门、银保监局要积极组织保险公司与餐饮企业、餐饮行业协会开展形式多样的交流对接活动,及时对接更新营业中断损失保险产品清单,加大宣传推广力度,鼓励餐饮企业自愿购买营业中断类保险。有条件的地方财政部门可对餐饮企业购买营业中断类保险给予适当补贴,有效减轻其资金压力。银保监局、商务主管部门要支持保险公司根据当前疫情形势和餐饮企业需求,提供保障方案灵活、理赔更加便捷的保险服务,提高餐饮企业的保险保障水平。

七、支持老年助餐消费

鼓励各地因地制宜,结合养老服务等工作,加大支持力度,通过政府购买服务等形式支持持证经营且具备餐饮服务食品安全量化等级的社会餐饮配送力量,提供老年人助餐、配餐服务。鼓励各地商务主管部门会同民政部门开展养老助餐供需对接,加强养老机构、社区养老服务机构供餐需求信息共享,引导餐饮企业主动对接养老机构、社区养老服务机构开展助餐合作,培育专业化养老供餐企业。鼓励未内设食堂的养老机构依法依规公开择优选择餐饮市场主体承担养老供餐服务。

八、加强政策宣传

各地商务主管部门要配合相关部门,在依法依规依职责督促指导餐饮企业做好疫情防控和安全生产工作的基础上,推动各项普惠性扶持政策落地见效,帮助餐饮外卖平台和餐饮企业衔接落实好已发布的商户服务费优惠措施,加快出台专项扶持政策的落实举措,为餐饮企业申请政策帮扶提供必要指导。各地商务主管部门要会同相关部门和县、镇街两级人民政府以及市场监管执法人员、网格管理员等，加大政策宣传力度，通过政府网站、政务新媒体、基层政务服务窗口等渠道，多形式、全方位地向辖区内餐饮企业宣传推广。各地举办促消费活动应坚持自愿参与原则，不得强制餐饮企业给予满减、返利等各种形式的配套优惠措施，不得以配套优惠措施为由设置活动参与门槛。

九、强化政策落实保障

各地商务主管部门要会同相关部门，制定政策落实清单，明确落实责任人、路线图和时间表，定期汇总本地具体落实举措，如未出台具体落实举措的，要说明理由；及时总结典型经验做法，报送有关情况；积极研究支持符合条件的餐饮企业参与当地疫情防控相关服务保障工作。商务部驻各地特派员办事处要积极推动、协助和督促各地开展上述工作，及时跟踪并上报进展情况。

4-1-39

人力资源社会保障部　教育部　财政部
关于推进企业吸纳就业社会保险补贴
"直补快办"助力稳岗扩就业的通知

2022年6月21日　人社部发〔2022〕37号

各省、自治区、直辖市及新疆生产建设兵团人力资源社会保障厅（局）、教育厅（教委）、财政厅（局）：

近期，新一轮疫情、国际局势变化的超预期影响，对稳就业工作带来新的挑战。为加大就业政策实施力度，推动政策速享尽享，助力用人单位稳定岗位、扩大就业，拟实施企业吸纳就业社会保险补贴政策"直补快办"行动，现就有关事项通知如下：

一、明确工作要求。各地要坚持以习近平新时代中国特色社会主义思想为指导，深入贯彻党中央、国务院关于稳就业保就业决策部署，坚持突出重点、精准施策，注重数据比对、部门协同，精准锁定吸纳就业困难人员、毕业年度高校毕业生及离校2年内未就业高校毕业生就业的用人单位，加快构建政策找人、无感智办、直补快办的落实机制，扩大政策落实率，提升企业获得感，支持企业更多吸纳重点群体就业。

二、加快全程网上经办。各地要加快建立省级一体化的就业补贴政策申领经办系统，其中企业吸纳就业社会保险补贴政策要在2022年12月底前全部实现网上申领，并通过网站、手机APP等方式，为用人单位和劳动者提供补贴申领、资格核对、办理进度查询、资金发放等服务。目前暂不具备全程网上办理条件的事项，尽量通过电话咨询、指导、预约等方式提供服务。

三、推行"直补快办"模式。各地要改变以往企业上门申请、部门层层审批的工作模式，按月提取企业上月新增参保人员信息，会同当地教育等部门，做好与就业困难人员实名库、毕业生信息等比对，主动筛选确定符合补贴条件的单位和人员。通过上门宣传、12333政务服务平台等渠道,主动向受益对象推送政策,告知补贴政策内容、申请流程、经办渠道。对能够直接依托信息系统、大数据比对、相关单位信息协同等方式获得或核实政策凭证的,可直接发放到企业账户。

四、优化审核经办流程。各地要加密审核频次,做到随申请随确定随审核,不得简单以季度、年度为频次集中受理审核。对当地社保缴纳基数尚未核定的,可先按照企业实际缴费情况或上年度缴费基数,计算补贴额度,待缴费基数确定后再予核定。推广"一次审批、全期畅领",企业初次申请补贴政策后,政策享受期内,如相关情况和材料未发生变化,不得要求重复提供证明材料。进一步优化经办流程,减环节、减材料、减时限,编制好社保补贴审核发放流程和办事指南,加快资金发放进度,对主动申请或筛查确定的单位,最晚在20个工作日内完成审核和补贴发放流程。

五、防范资金管理风险。各地要按照就业补助资金监管有关要求,细化操作办法,加大风险排查,杜绝冒领、骗取、套取等现象,严防内外勾结、违规操作、失职渎职等行为,确保不发生资金管理系统性风险。要健全内控体系,落实岗位相互监督、业务环节相互制衡的机制,严禁业务和财务岗位兼任,严禁会计和出纳兼任。要严格流程控制,细化资质核定、资格审批、资金发放等经办规程,定期复核、抽检,确保规范运行。要加强对失信行为的追查问责,依法打击和震慑各类虚报冒领行为。

六、加大组织实施力度。各地要切实提高认识,抓好部署发动,细化工作方案,层层抓好落实。要创新形式,细化操作,加强政策宣传和业务培训,提升基层工作人员政策和业务水平。要加强信息衔接,建立人力资源社会保障部门内部以及与教育、财政等部门之间的协作机制,进一步解放思想、大胆创新,不断探索优化经办服务的新途径。

一次性吸纳就业补贴可参照上述"直补快办"要求执行。各地具体"直补快办"工作方案请于2022年6月底前报人力资源社会保障部就业促进司,后续工作进展和问题建议请及时报告。

4-1-40

国家发展改革委 教育部 科技部 民政部 财政部 人力资源社会保障部 住房城乡建设部 卫生健康委 人民银行 国务院国资委 税务总局 市场监管总局 银保监会 印发《养老托育服务业纾困扶持若干政策措施》的通知

2022年8月29日 发改财金〔2022〕1356号

各省、自治区、直辖市及计划单列市人民政府,新疆生产建设兵团,国务院各部门、各直属机构：

促进养老托育服务健康发展,解决好"一老一小"问题,对保障和改善民生、促进人口长期均衡发展具有重要意义。受新冠肺炎疫情等因素影响,养老托育服务业面临较多困难。为切实推动养老托育服务业渡过难关、恢复发展,更好满足人民群众日益增长的养老托育服务需求,经国务院同意,现提出以下政策措施。

一、房租减免措施

（一）养老服务机构和托育服务机构（以下简称养老托育服务机构）属于中小微企业和个体工商户范畴、承租国有房屋的,一律免除租金到2022年底。其中承租国有经营用房的,各地区可在此基础上研究出台进一步减免措施。教育、科研等系统的有关单位和机构出租房屋的,鼓励其对养老托育服务小微企业和个体工商户进行租金减免。出租人减免租金的可按规定减免当年房产税、城镇土地使用税,对减免养老托育小微企业和个体工商户承租人房屋租金的出租人,鼓励国有银行按照其资质水平和风险水平给予优惠利率质押贷款等支持。因减免租金影响国有企事业单位业绩的,在考核中根据实际情况予以认可。

（二）鼓励非国有房屋租赁主体在平等协商的基础上合理分担疫情带来的损失。非国有房屋减免租金的出租人可同等享受上述各项政策优惠。有条件的地方要采取管用举措,支持非国有房屋出租人减免租金。

（三）鼓励各地探索将街道社区公共服务设施、国有房屋等物业以适当方式转交政府集中改造利用,免费或低价提供场地,委托专业化养老托育服务机构经营。对存在房屋租金支付困难的养老托育服务机构,鼓励合同双方通过平等协商方式延期收取。探索允许空置公租房免费提供给社会力量供其在社区为老年人开展助餐助行、日间照料、康复护理、老年教育等服务。

二、税费减免措施

（四）2022年,各地对符合条件的养老托育服务机构按照50%税额顶格减征资源税、城市维护建设税、房产税、城镇土地使用税、印花税（不含证券交易印花税）、耕地占用税和教育费附加、地方教育附加等"六税两费"。

（五）养老托育服务机构可按规定享受《关于养老、托育、家政等社区家庭服务业税费优惠政策的公告》（财政部　税务总局　发展改革委　民政部　商务部　卫生健康委公告2019年第76号）规定的税费优惠政策。

（六）养老托育行业纳税人可按规定享受按月全额退还增量留抵税额、一次性全额退还存量留抵税额的留抵退税政策。

（七）严格落实养老托育服务机构用电、用水、用气、用热按居民生活类价格执行的政策,鼓励地方2022年视情给予进一步减免优惠。落实对受疫情影响封闭管理的养老托育服务机构用电、用水、用气"欠费不停供"政策,设立6个月费用缓缴期,并可根据本地实际进一步延长,缓缴期间免收欠费滞纳金。养老托育服务机构申请办理电、水、气、热等业务,实行限时办结制度。

三、社会保险支持措施

（八）延续实施阶段性降低失业保险、工伤保险费率政策。对不裁员、少裁员的养老托育服务机构,实施普惠性失业保险稳岗返还政策。

（九）受疫情影响经营出现暂时困难的养老托育服务机构，可申请阶段性缓缴养老保险、失业保险、工伤保险单位缴费部分，缓缴期间免收滞纳金。对符合条件的养老托育服务机构，"免申即享"缓缴职工医保单位缴费3个月，缓缴期间免收滞纳金。

（十）以个人身份参加企业职工基本养老保险的养老托育服务机构从业人员、养老服务从业人员等各类灵活就业人员，2022年缴纳费款确有困难的，可自愿暂缓缴费，2022年未缴费月度可于2023年底前进行补缴，缴费基数在2023年当地个人缴费基数上下限范围内自主选择，缴费年限累计计算。

四、金融支持措施

（十一）开展普惠养老专项再贷款试点，支持金融机构通过融资信用服务平台网络向普惠养老服务机构提供贷款，根据试点情况，在对政策进行评估完善后进一步扩大试点范围。

（十二）引导商业银行等金融机构继续按市场化原则与养老托育领域的中小微企业（含中小微企业主）和个体工商户自主协商，对其贷款实施延期还本付息，努力做到应延尽延，延期还本付息日期原则上不超过2022年底。

（十三）鼓励地方结合财力实际，给予养老托育服务机构贷款贴息支持，缓解养老托育服务机构融资困难。

（十四）鼓励政府性融资担保机构按市场化原则为养老托育服务机构提供融资增信支持，积极为受疫情影响企业提供融资担保支持。支持地方结合财力实际向政府性融资担保机构注资、提供融资担保费用补贴。

（十五）养老服务机构的综合责任保险承保机构，2022年对养老服务机构提升理赔效率、应赔尽赔。鼓励地方通过政府购买服务，按照竞争择优原则，为托育服务机构提供相关保险。对2022年被列为疫情中高风险区所在的县级行政区域内的养老托育服务机构，鼓励保险机构在风险可控、市场化和商业自愿前提下，根据实际情况适当延长保单到期日或延期收取保费。

（十六）支持符合条件的养老企业发行公司信用类债券，拓宽养老企业多元化融资渠道。

五、防疫支持措施

（十七）地方各级人民政府应在物资调配、转运隔离、医疗救治等疫情防控工作部署方面对养老托育服务机构予以倾斜，提供技术支持和必要保障。

（十八）地方各级人民政府根据疫情防控规定组织辖区内养老托育服务机构定期开展核酸检测，并视情况增加检测频次。养老托育服务机构按规定储备必备防疫物资，引导公益慈善组织为养老托育服务机构捐赠防疫物资。

（十九）对因疫情防控要求实施封闭管理、无法正常运营的养老托育服务机构的防疫物资、消杀支出，地方人民政府可给予适当支持。

（二十）地方各级民政部门视疫情情况，除涉及安全管理情况外，适度考虑疫情对养老服务机构满意度评价的影响，合理调整运营补贴发放条件，推动及时足额发放运营补贴。

六、其他支持措施

（二十一）中央预算内投资加大对养老托育设施建设支持力度，将养老托育设施建设项目纳入地方政府专项债券支持范围。鼓励各地优先通过公建民营方式,引导运营能力强的机构参与养老托育设施建设和运营,减轻养老托育服务机构建设投入成本,提升服务质量。

(二十二)地方各级人民政府组织心理医生、社会工作者等团队,通过现场或视频方式,根据需要及时为不具备心理咨询条件的养老服务机构提供心理疏导服务,帮助缓解入住老年人及员工因长期封闭出现的焦虑等心理健康问题。

(二十三)鼓励餐饮企业为不具备餐饮自制能力的养老服务机构和居家养老的老年人提供助餐服务,地方可结合实际因地制宜对老年人助餐服务给予适当支持。

(二十四)鼓励家政企业积极参与规范化居家上门养老托育服务,有效提升社区居家养老托育服务水平。鼓励地方探索对参与养老托育服务的家政企业给予适当支持。

(二十五)支持养老托育服务机构探索新业态、发展新模式。地方各级人民政府引导养老托育服务机构线上线下融合发展,支持养老领域企业发展智慧养老模式,帮助对接互联网医疗、康复辅助器具制造等资源,提供智慧化服务;支持托育服务机构创新服务形式,发展互联网直播互动式家庭育儿服务,鼓励开发婴幼儿养育课程、父母课堂等,拓展线上服务。有条件的地方可结合实际探索发放养老托育服务消费券。

(二十六)支持养老托育服务机构依托职业院校共建产教融合实训基地,中央预算内投资按照"十四五"教育强国推进工程有关要求予以支持。探索工学一体化的培训模式,推动解决养老托育行业用工难问题。

各地区要结合实际情况和养老托育服务业领域特点,抓好政策贯彻落实,明确各项政策措施申请条件和实施路径,充分发挥全国一体化政务服务平台"助企纾困服务专区"等数字化平台作用,及时跟踪研判相关困难行业恢复情况,出台有针对性的专项配套支持政策,确保政策有效传导至市场主体。各有关部门要各负其责、加强配合,及时协调解决政策落实中的难点堵点问题,主动回应社会关切。国家发展改革委、民政部、国家卫生健康委等部门牵头统筹协调,会同相关方面做好政策解读和宣传引导,加大力度推动政策措施细化落实,不断做好行业运行形势分析和政策储备研究。充分发挥行业组织桥梁纽带作用,做好相关指导服务工作,反馈行业发展共性问题和政策落实情况。

4-1-41

人力资源社会保障部办公厅 国家发展改革委办公厅 财政部办公厅 国家税务总局办公厅关于进一步做好阶段性缓缴社会保险费政策实施工作有关问题的通知

2022年9月19日 人社厅发〔2022〕50号

各省、自治区、直辖市及新疆生产建设兵团人力资源社会保障厅(局)、发展改革委、财政厅

(局),国家税务总局各省、自治区、直辖市和计划单列市税务局:

为进一步落实好《关于扩大阶段性缓缴社会保险费政策实施范围等问题的通知》(人社部发〔2022〕31号)要求,切实发挥阶段性缓缴社会保险费政策效果,促进保市场主体保就业保民生,现就有关问题通知如下:

一、自2022年9月起,各省、自治区、直辖市及新疆生产建设兵团(以下统称地区)可根据本地区受疫情影响情况和社会保险基金状况,进一步扩大缓缴政策实施范围,覆盖本地区所有受疫情影响较大、生产经营困难的中小微企业、以单位方式参保的个体工商户、参加企业职工基本养老保险的事业单位及各类社会组织,使阶段性缓缴社会保险费政策惠及更多市场主体。

二、阶段性缓缴社会保险费政策到期后,可允许企业在2023年底前采取分期或逐月等方式补缴缓缴的社会保险费。补缴期间免收滞纳金。

三、各地社会保险经办机构在提供社保缴费查询、出具缴费证明时,对企业按照政策规定缓缴、补缴期间认定为正常缴费状态,不得作欠费处理。企业缓缴期间,要依法履行代扣代缴职工个人缴费义务。已依法代扣代缴的,职工个人缴费状态认定为正常缴费。同时,要主动配合当地相关部门,妥善处理与职工落户、购房、购车以及子女入学资格等政策的衔接问题。

四、要结合本地实际,进一步加大政策宣传解读力度,针对不同行业、不同企业以及灵活就业人员特点,提高宣传的针对性和精准度,确保政策"应知尽知"。通过适时发布缓缴数据信息、采访报道企业典型案例等方式,加强政策实施效果宣传。

五、要进一步优化经办服务,对符合缓缴政策要求的市场主体,积极主动对接,分类做好服务保障。要健全部门协作机制,加强数据共享,简化办事流程,实现企业"即申即享",减轻企业事务性负担。

各级人力资源社会保障、发展改革、财政、税务等部门要进一步加强配合,更好发挥工作合力,促进阶段性缓缴社会保险费政策取得实效。政策实施过程中遇到的新情况和新问题,要及时报告。

4-1-42

人力资源社会保障部 财政部 国家税务总局关于阶段性降低失业保险、工伤保险费率有关问题的通知

2023年3月29日 人社部发〔2023〕19号

各省、自治区、直辖市及新疆生产建设兵团人力资源社会保障厅(局)、财政(财务)厅(局),国家税务总局各省、自治区、直辖市和计划单列市税务局:

为进一步减轻企业负担,增强企业活力,促进就业稳定,经国务院同意,现就阶段性降低失业保险、工伤保险费率有关问题通知如下:

一、自2023年5月1日起,继续实施阶段性降低失业保险费率至1%的政策,实施期限延长至2024年底。在省(区、市)行政区域内,单位及个人的费率应当统一,个人费率不得超过单位费率。

二、自2023年5月1日起,按照《国务院办公厅关于印发降低社会保险费率综合方案的通知》(国办发〔2019〕13号)有关实施条件,继续实施阶段性降低工伤保险费率政策,实施期限延长至2024年底。

三、各地要加强失业保险、工伤保险基金运行分析,平衡好降费率与保发放之间的关系,既要确保降费率政策落实,也要确保待遇按时足额发放,确保制度运行安全平稳可持续。

四、各地要继续按照国家有关规定进一步规范缴费比例、缴费基数等相关政策,不得自行出台降低缴费基数、减免社会保险费等减少基金收入的政策。

五、各地人力资源社会保障、税务部门要按规定开展降费核算工作,并按月及时上报有关情况。

阶段性降低失业保险、工伤保险费率政策性强,社会关注度高。各地要把思想和行动统一到党中央、国务院决策部署上来,加强组织领导,精心组织实施。各地贯彻落实本通知情况以及执行中遇到的问题,请及时向人力资源社会保障部、财政部、国家税务总局报告。

养老保险费

4-1-43

国务院关于建立统一的企业职工
基本养老保险制度的决定

1997年7月16日　国发〔1997〕26号

各省、自治区、直辖市人民政府,国务院各部委、各直属机构:

　　近年来,各地区和有关部门按照《国务院关于深化企业职工养老保险制度改革的通知》(国发〔1995〕6号)要求,制定了社会统筹与个人帐户相结合的养老保险制度改革方案,建立了职工基本养老保险个人帐户,促进了养老保险新机制的形成,保障了离退休人员的基本生活,企业职工养老保险制度改革取得了新的进展。但是,由于这项改革仍处在试点阶段,目前还存在基本养老保险制度不统一、企业负担重、统筹层次低、管理制度不健全等问题,必须按照党中央、国务院确定的目标和原则,进一步加快改革步伐,建立统一的企业职工基本养老保险制度,促进经济与社会健康发展。为此,国务院在总结近几年改革试点经验的基础上作出如下决定:

　　一、到本世纪末,要基本建立起适应社会主义市场经济体制要求,适用城镇各类企业职工和个体劳动者,资金来源多渠道、保障方式多层次、社会统筹与个人帐户相结合、权利与义务相对应、管理服务社会化的养老保险体系。企业职工养老保险要贯彻社会互济与自我保障相结合、公平与效率相结合、行政管理与基金管理分开等原则,保障水平要与我国社会生产力发展水平及各方面的承受能力相适应。

　　二、各级人民政府要把社会保险事业纳入本地区国民经济与社会发展计划,贯彻基本养老保险只能保障退休人员基本生活的原则,把改革企业职工养老保险制度与建立多层次的社会保障体系紧密结合起来,确保离退休人员基本养老金和失业人员失业救济金的发放,积极推行城市居民最低生活保障制度。为使离退休人员的生活随着经济与社会发展不断得到改善,体现按劳分配原则和地区发展水平及企业经济效益的差异,各地区和有关部门要在国家政策指导下,大力发展企业补充养老保险,同时发挥商业保险的补充作用。

　　三、企业缴纳基本养老保险费(以下简称企业缴费)的比例,一般不得超过企业工资总额的20%(包括划入个人帐户的部分),具体比例由省、自治区、直辖市人民政府确定。少数省、自治区、直辖市因离退休人数较多、养老保险负担过重,确需超过企业工资总额20%的,应报劳动部、财政部审批。个人缴纳基本养老保险费(以下简称个人缴费)的比列,1997年不得低于本人缴费工资的4%,1998年起每两年提高1个百分点,最终达到本人缴费工资的

8%。有条件的地区和工资增长较快的年份,个人缴费比例提高的速度应适当加快。

四、按本人缴费工资11%的数额为职工建立基本养老保险个人帐户,个人缴费全部记入个人帐户,其余部分从企业缴费中划入。随着个人缴费比例的提高,企业划入的部分要逐步降至3%。个人帐户储存额,每年参考银行同期存款利率计算利息。个人帐户储存额只用于职工养老,不得提前支取。职工调动时,个人帐户全部随同转移。职工或退休人员死亡,个人帐户中的个人缴费部分可以继承。

五、本决定实施后参加工作的职工,个人缴费年限累计满15年的,退休后按月发给基本养老金。基本养老金由基础养老金和个人帐户养老金组成。退休时的基础养老金月标准为省、自治区、直辖市或地(市)上年度职工月平均工资的20%,个人帐户养老金月标准为本人帐户储存额除以120。个人缴费年限累计不满15年的,退休后不享受基础养老金待遇,其个人帐户储存额一次支付给本人。

本决定实施前已经离退休的人员,仍按国家原来的规定发给养老金,同时执行养老金调整办法。各地区和有关部门要按照国家规定进一步完善基本养老金正常调整机制,认真抓好落实。

本决定实施前参加工作、实施后退休且个人缴费和视同缴费年限累计满15年的人员,按照新老办法平稳衔接、待遇水平基本平衡等原则,在发给基础养老金和个人帐户养老金的基础上再确定过渡性养老金,过渡性养老金从养老保险基金中解决。具体办法,由劳动部会同有关部门制订并指导实施。

六、进一步扩大养老保险的覆盖范围,基本养老保险制度要逐步扩大到城镇所有企业及其职工。城镇个体劳动者也要逐步实行基本养老保险制度,其缴费比例和待遇水平由省、自治区、直辖市人民政府参照本决定精神确定。

七、抓紧制定企业职工养老保险基金管理条例,加强对养老保险基金的管理。基本养老保险基金实行收支两条线管理,要保证专款专用,全部用于职工养老保险,严禁挤占挪用和挥霍浪费。基金结余额,除预留相当于2个月的支付费用外,应全部购买国家债券和存入专户,严格禁止投入其他金融和经营性事业。要建立健全社会保险基金监督机构,财政、审计部门要依法加强监督,确保基金的安全。

八、为有利于提高基本养老保险基金的统筹层次和加强宏观调控,要逐步由县级统筹向省或省授权的地区统筹过渡。待全国基本实现省级统筹后,原经国务院批准由有关部门和单位组织统筹的企业,参加所在地区的社会统筹。

九、提高社会保险管理服务的社会化水平,尽快将目前由企业发放养老金改为社会化发放,积极创造条件将离退休人员的管理服务工作逐步由企业转向社会,减轻企业的社会事务负担。各级社会保险机构要进一步加强基础建设,改进和完善服务与管理工作,不断提高工作效率和服务质量,促进养老保险制度的改革。

十、实行企业化管理的事业单位,原则上按照企业养老保险制度执行。

建立统一的企业职工基本养老保险制度是深化社会保险制度改革的重要步骤,关系改革、发展和稳定的全局。各地区和有关部门要予以高度重视,切实加强领导,精心组织实施。劳动部要会同国家体改委等有关部门加强工作指导和监督检查,及时研究解决工作中遇到的问题,确保本决定的贯彻实施。

4-1-44

国务院关于完善企业职工
基本养老保险制度的决定

2005年12月3日　国发〔2005〕38号

各省、自治区、直辖市人民政府,国务院各部委、各直属机构:

近年来,各地区和有关部门按照党中央、国务院关于完善企业职工基本养老保险制度的部署和要求,以确保企业离退休人员基本养老金按时足额发放为中心,努力扩大基本养老保险覆盖范围,切实加强基本养老保险基金征缴,积极推进企业退休人员社会化管理服务,各项工作取得明显成效,为促进改革、发展和维护社会稳定发挥了重要作用。但是,随着人口老龄化、就业方式多样化和城市化的发展,现行企业职工基本养老保险制度还存在个人账户没有做实、计发办法不尽合理、覆盖范围不够广泛等不适应的问题,需要加以改革和完善。为此,在充分调查研究和总结东北三省完善城镇社会保障体系试点经验的基础上,国务院对完善企业职工基本养老保险制度作出如下决定:

一、完善企业职工基本养老保险制度的指导思想和主要任务。以邓小平理论和"三个代表"重要思想为指导,认真贯彻党的十六大和十六届三中、四中、五中全会精神,按照落实科学发展观和构建社会主义和谐社会的要求,统筹考虑当前和长远的关系,坚持覆盖广泛、水平适当、结构合理、基金平衡的原则,完善政策,健全机制,加强管理,建立起适合我国国情,实现可持续发展的基本养老保险制度。主要任务是:确保基本养老金按时足额发放,保障离退休人员基本生活;逐步做实个人账户,完善社会统筹与个人账户相结合的基本制度;统一城镇个体工商户和灵活就业人员参保缴费政策,扩大覆盖范围;改革基本养老金计发办法,建立参保缴费的激励约束机制;根据经济发展水平和各方面承受能力,合理确定基本养老金水平;建立多层次养老保险体系,划清中央与地方、政府与企业及个人的责任;加强基本养老保险基金征缴和监管,完善多渠道筹资机制;进一步做好退休人员社会化管理工作,提高服务水平。

二、确保基本养老金按时足额发放。要继续把确保企业离退休人员基本养老金按时足额发放作为首要任务,进一步完善各项政策和工作机制,确保离退休人员基本养老金按时足额发放,不得发生新的基本养老金拖欠,切实保障离退休人员的合法权益。对过去拖欠的基本养老金,各地要根据《中共中央办公厅　国务院办公厅关于进一步做好补发拖欠基本养老金和企业调整工资工作的通知》要求,认真加以解决。

三、扩大基本养老保险覆盖范围。城镇各类企业职工、个体工商户和灵活就业人员都要参加企业职工基本养老保险。当前及今后一个时期,要以非公有制企业、城镇个体工商户和灵活就业人员参保工作为重点,扩大基本养老保险覆盖范围。要进一步落实国家有关社会保险补贴政策,帮助就业困难人员参保缴费。城镇个体工商户和灵活就业人员参加基本养老保险的缴费基数为当地上年度在岗职工平均工资,缴费比例为20%,其中8%记入个人账户,退休后按企业职工基本养老金计发办法计发基本养老金。

四、逐步做实个人账户。做实个人账户,积累基本养老保险基金,是应对人口老龄化的重要举措,也是实现企业职工基本养老保险制度可持续发展的重要保证。要继续抓好东北三省做实个人账户试点工作,抓紧研究制订其他地区扩大做实个人账户试点的具体方案,报国务院批准后实施。国家制订个人账户基金管理和投资运营办法,实现保值增值。

五、加强基本养老保险基金征缴与监管。要全面落实《社会保险费征缴暂行条例》的各项规定,严格执行社会保险登记和缴费申报制度,强化社会保险稽核和劳动保障监察执法工作,努力提高征缴率。凡是参加企业职工基本养老保险的单位和个人,都必须按时足额缴纳基本养老保险费;对拒缴、瞒报少缴基本养老保险费的,要依法处理;对欠缴基本养老保险费的,要采取各种措施,加大追缴力度,确保基本养老保险基金应收尽收。各地要按照建立公共财政的要求,积极调整财政支出结构,加大对社会保障的资金投入。

基本养老保险基金要纳入财政专户,实行收支两条线管理,严禁挤占挪用。要制定和完善社会保险基金监督管理的法律法规,实现依法监督。各省、自治区、直辖市人民政府要完善工作机制,保证基金监管制度的顺利实施。要继续发挥审计监督、社会监督和舆论监督的作用,共同维护基金安全。

六、改革基本养老金计发办法。为与做实个人账户相衔接,从2006年1月1日起,个人账户的规模统一由本人缴费工资的11%调整为8%,全部由个人缴费形成,单位缴费不再划入个人账户。同时,进一步完善鼓励职工参保缴费的激励约束机制,相应调整基本养老金计发办法。

《国务院关于建立统一的企业职工基本养老保险制度的决定》(国发〔1997〕26号)实施后参加工作、缴费年限(含视同缴费年限,下同)累计满15年的人员,退休后按月发给基本养老金。基本养老金由基础养老金和个人账户养老金组成。退休时的基础养老金月标准以当地上年度在岗职工月平均工资和本人指数化月平均缴费工资的平均值为基数,缴费每满1年发给1%。个人账户养老金月标准为个人账户储存额除以计发月数,计发月数根据职工退休时城镇人口平均预期寿命、本人退休年龄、利息等因素确定。(详见附件)

国发〔1997〕26号文件实施前参加工作,本决定实施后退休且缴费年限累计满15年的人员,在发给基础养老金和个人账户养老金的基础上,再发给过渡性养老金。各省、自治区、直辖市人民政府要按照待遇水平合理衔接、新老政策平稳过渡的原则,在认真测算的基础上,制订具体的过渡办法,并报劳动保障部、财政部备案。

本决定实施后到达退休年龄但缴费年限累计不满15年的人员,不发给基础养老金;个人账户储存额一次性支付给本人,终止基本养老保险关系。

本决定实施前已经离退休的人员,仍按国家原来的规定发给基本养老金,同时执行基本养老金调整办法。

七、建立基本养老金正常调整机制。根据职工工资和物价变动等情况,国务院适时调整企业退休人员基本养老金水平,调整幅度为省、自治区、直辖市当地企业在岗职工平均工资年增长率的一定比例。各地根据本地实际情况提出具体调整方案,报劳动保障部、财政部审批后实施。

八、加快提高统筹层次。进一步加强省级基金预算管理,明确省、市、县各级人民政府的责任,建立健全省级基金调剂制度,加大基金调剂力度。在完善市级统筹的基础上,尽快提高统筹层次,实现省级统筹,为构建全国统一的劳动力市场和促进人员合理流动创造条件。

九、发展企业年金。为建立多层次的养老保险体系,增强企业的人才竞争能力,更好地保障企业职工退休后的生活,具备条件的企业可为职工建立企业年金。企业年金基金实行完全积累,采取市场化的方式进行管理和运营。要切实做好企业年金基金监管工作,实现规范运作,切实维护企业和职工的利益。

十、做好退休人员社会化管理服务工作。要按照建立独立于企业事业单位之外社会保障体系的要求,继续做好企业退休人员社会化管理工作。要加强街道、社区劳动保障工作平台建设,加快公共老年服务设施和服务网络建设,条件具备的地方,可开展老年护理服务,兴建退休人员公寓,为退休人员提供更多更好的服务,不断提高退休人员的生活质量。

十一、不断提高社会保险管理服务水平。要高度重视社会保险经办能力建设,加快社会保障信息服务网络建设步伐,建立高效运转的经办管理服务体系,把社会保险的政策落到实处。各级社会保险经办机构要完善管理制度,制定技术标准,规范业务流程,实现规范化、信息化和专业化管理。同时,要加强人员培训,提高政治和业务素质,不断提高工作效率和服务质量。

完善企业职工基本养老保险制度是构建社会主义和谐社会的重要内容,事关改革发展稳定的大局。各地区和有关部门要高度重视,加强领导,精心组织实施,研究制订具体的实施意见和办法,并报劳动保障部备案。劳动保障部要会同有关部门加强指导和监督检查,及时研究解决工作中遇到的问题,确保本决定的贯彻实施。

本决定自发布之日起实施,已有规定与本决定不一致的,按本决定执行。

附件:个人账户养老金计发月数表

附件

个人账户养老金计发月数表

退休年龄	计发月数	退休年龄	计发月数
40	233	51	190
41	230	52	185
42	226	53	180
43	223	54	175
44	220	55	170
45	216	56	164
46	212	57	158
47	208	58	152
48	204	59	145
49	199	60	139
50	195	61	132

续表

退休年龄	计发月数	退休年龄	计发月数
62	125	67	84
63	117	68	75
64	109	69	65
65	101	70	56
66	93		

4–1–45

国务院关于建立统一的城乡居民基本养老保险制度的意见

2014年2月21日　国发〔2014〕8号

各省、自治区、直辖市人民政府，国务院各部委、各直属机构：

按照党的十八大精神和十八届三中全会关于整合城乡居民基本养老保险制度的要求，依据《中华人民共和国社会保险法》有关规定，在总结新型农村社会养老保险（以下简称新农保）和城镇居民社会养老保险（以下简称城居保）试点经验的基础上，国务院决定，将新农保和城居保两项制度合并实施，在全国范围内建立统一的城乡居民基本养老保险（以下简称城乡居民养老保险）制度。现提出以下意见：

一、指导思想

高举中国特色社会主义伟大旗帜，以邓小平理论、"三个代表"重要思想、科学发展观为指导，贯彻落实党中央和国务院的各项决策部署，按照全覆盖、保基本、有弹性、可持续的方针，以增强公平性、适应流动性、保证可持续性为重点，全面推进和不断完善覆盖全体城乡居民的基本养老保险制度，充分发挥社会保险对保障人民基本生活、调节社会收入分配、促进城乡经济社会协调发展的重要作用。

二、任务目标

坚持和完善社会统筹与个人账户相结合的制度模式，巩固和拓宽个人缴费、集体补助、政府补贴相结合的资金筹集渠道，完善基础养老金和个人账户养老金相结合的待遇支付政策，强化长缴多得、多缴多得等制度的激励机制，建立基础养老金正常调整机制，健全服务网络，提高管理水平，为参保居民提供方便快捷的服务。"十二五"末，在全国基本实现新农保和城居保制度合并实施，并与职工基本养老保险制度相衔接。2020年前，全面建成公平、统一、规范的城乡居民养老保险制度，与社会救助、社会福利等其他社会保障政策相配套，充分发挥家庭养老等传统保障方式的积极作用，更好保障参保城乡居民的老年基本生活。

三、参保范围

年满16周岁（不含在校学生），非国家机关和事业单位工作人员及不属于职工基本养老保险制度覆盖范围的城乡居民,可以在户籍地参加城乡居民养老保险。

四、基金筹集

城乡居民养老保险基金由个人缴费、集体补助、政府补贴构成。

(一)个人缴费。

参加城乡居民养老保险的人员应当按规定缴纳养老保险费。缴费标准目前设为每年100元、200元、300元、400元、500元、600元、700元、800元、900元、1000元、1500元、2000元12个档次,省(区、市)人民政府可以根据实际情况增设缴费档次,最高缴费档次标准原则上不超过当地灵活就业人员参加职工基本养老保险的年缴费额,并报人力资源社会保障部备案。人力资源社会保障部会同财政部依据城乡居民收入增长等情况适时调整缴费档次标准。参保人自主选择档次缴费,多缴多得。

(二)集体补助。

有条件的村集体经济组织应当对参保人缴费给予补助,补助标准由村民委员会召开村民会议民主确定,鼓励有条件的社区将集体补助纳入社区公益事业资金筹集范围。鼓励其他社会经济组织、公益慈善组织、个人为参保人缴费提供资助。补助、资助金额不超过当地设定的最高缴费档次标准。

(三)政府补贴。

政府对符合领取城乡居民养老保险待遇条件的参保人全额支付基础养老金,其中,中央财政对中西部地区按中央确定的基础养老金标准给予全额补助,对东部地区给予50%的补助。

地方人民政府应当对参保人缴费给予补贴,对选择最低档次标准缴费的,补贴标准不低于每人每年30元;对选择较高档次标准缴费的,适当增加补贴金额;对选择500元及以上档次标准缴费的,补贴标准不低于每人每年60元,具体标准和办法由省(区、市)人民政府确定。对重度残疾人等缴费困难群体,地方人民政府为其代缴部分或全部最低标准的养老保险费。

五、建立个人账户

国家为每个参保人员建立终身记录的养老保险个人账户,个人缴费、地方人民政府对参保人的缴费补贴、集体补助及其他社会经济组织、公益慈善组织、个人对参保人的缴费资助,全部记入个人账户。个人账户储存额按国家规定计息。

六、养老保险待遇及调整

城乡居民养老保险待遇由基础养老金和个人账户养老金构成,支付终身。

(一)基础养老金。中央确定基础养老金最低标准,建立基础养老金最低标准正常调整机制,根据经济发展和物价变动等情况,适时调整全国基础养老金最低标准。地方人民政府可以根据实际情况适当提高基础养老金标准;对长期缴费的,可适当加发基础养老金,提高和加发部分的资金由地方人民政府支出,具体办法由省(区、市)人民政府规定,并报人力资源社会保障部备案。

(二)个人账户养老金。个人账户养老金的月计发标准,目前为个人账户全部储存额除以139(与现行职工基本养老保险个人账户养老金计发系数相同)。参保人死亡,个人账户资金余额可以依法继承。

七、养老保险待遇领取条件

参加城乡居民养老保险的个人，年满60周岁、累计缴费满15年，且未领取国家规定的基本养老保障待遇的，可以按月领取城乡居民养老保险待遇。

新农保或城居保制度实施时已年满60周岁，在本意见印发之日前未领取国家规定的基本养老保障待遇的，不用缴费，自本意见实施之月起，可以按月领取城乡居民养老保险基础养老金；距规定领取年龄不足15年的，应逐年缴费，也允许补缴，累计缴费不超过15年；距规定领取年龄超过15年的，应按年缴费，累计缴费不少于15年。

城乡居民养老保险待遇领取人员死亡的，从次月起停止支付其养老金。有条件的地方人民政府可以结合本地实际探索建立丧葬补助金制度。社会保险经办机构应每年对城乡居民养老保险待遇领取人员进行核对；村（居）民委员会要协助社会保险经办机构开展工作，在行政村（社区）范围内对参保人待遇领取资格进行公示，并与职工基本养老保险待遇等领取记录进行比对，确保不重、不漏、不错。

八、转移接续与制度衔接

参加城乡居民养老保险的人员，在缴费期间户籍迁移、需要跨地区转移城乡居民养老保险关系的，可在迁入地申请转移养老保险关系，一次性转移个人账户全部储存额，并按迁入地规定继续参保缴费，缴费年限累计计算；已经按规定领取城乡居民养老保险待遇的，无论户籍是否迁移，其养老保险关系不转移。

城乡居民养老保险制度与职工基本养老保险、优抚安置、城乡居民最低生活保障、农村五保供养等社会保障制度以及农村部分计划生育家庭奖励扶助制度的衔接，按有关规定执行。

九、基金管理和运营

将新农保基金和城居保基金合并为城乡居民养老保险基金，完善城乡居民养老保险基金财务会计制度和各项业务管理规章制度。城乡居民养老保险基金纳入社会保障基金财政专户，实行收支两条线管理，单独记账、独立核算，任何地区、部门、单位和个人均不得挤占挪用、虚报冒领。各地要在整合城乡居民养老保险制度的基础上，逐步推进城乡居民养老保险基金省级管理。

城乡居民养老保险基金按照国家统一规定投资运营，实现保值增值。

十、基金监督

各级人力资源社会保障部门要会同有关部门认真履行监管职责，建立健全内控制度和基金稽核监督制度，对基金的筹集、上解、划拨、发放、存储、管理等进行监控和检查，并按规定披露信息，接受社会监督。财政部门、审计部门按各自职责，对基金的收支、管理和投资运营情况实施监督。对虚报冒领、挤占挪用、贪污浪费等违纪违法行为，有关部门按国家有关法律法规严肃处理。要积极探索有村（居）民代表参加的社会监督的有效方式，做到基金公开透明，制度在阳光下运行。

十一、经办管理服务与信息化建设

省（区、市）人民政府要切实加强城乡居民养老保险经办能力建设，结合本地实际，科学整合现有公共服务资源和社会保险经办管理资源，充实加强基层经办力量，做到精确管理、便捷服务。要注重运用现代管理方式和政府购买服务方式，降低行政成本，提高工作效率。

要加强城乡居民养老保险工作人员专业培训,不断提高公共服务水平。社会保险经办机构要认真记录参保人缴费和领取待遇情况,建立参保档案,按规定妥善保存。地方人民政府要为经办机构提供必要的工作场地、设施设备、经费保障。城乡居民养老保险工作经费纳入同级财政预算,不得从城乡居民养老保险基金中开支。基层财政确有困难的地区,省市级财政可给予适当补助。

各地要在现有新农保和城居保业务管理系统基础上,整合形成省级集中的城乡居民养老保险信息管理系统,纳入"金保工程"建设,并与其他公民信息管理系统实现信息资源共享;要将信息网络向基层延伸,实现省、市、县、乡镇(街道)、社区实时联网,有条件的地区可延伸到行政村;要大力推行全国统一的社会保障卡,方便参保人持卡缴费、领取待遇和查询本人参保信息。

十二、加强组织领导和政策宣传

地方各级人民政府要充分认识建立城乡居民养老保险制度的重要性,将其列入当地经济社会发展规划和年度目标管理考核体系,切实加强组织领导;要优化财政支出结构,加大财政投入,为城乡居民养老保险制度建设提供必要的财力保障。各级人力资源社会保障部门要切实履行主管部门职责,会同有关部门做好城乡居民养老保险工作的统筹规划和政策制定、统一管理、综合协调、监督检查等工作。

各地区和有关部门要认真做好城乡居民养老保险政策宣传工作,全面准确地宣传解读政策,正确把握舆论导向,注重运用通俗易懂的语言和群众易于接受的方式,深入基层开展宣传活动,引导城乡居民踊跃参保、持续缴费、增加积累,保障参保人的合法权益。

各省(区、市)人民政府要根据本意见,结合本地区实际情况,制定具体实施办法,并报人力资源社会保障部备案。

本意见自印发之日起实施,已有规定与本意见不一致的,按本意见执行。

4-1-46

国务院关于机关事业单位工作人员养老保险制度改革的决定

2015年1月3日　国发〔2015〕2号

各省、自治区、直辖市人民政府,国务院各部委、各直属机构:

按照党的十八大和十八届三中、四中全会精神,根据《中华人民共和国社会保险法》等相关规定,为统筹城乡社会保障体系建设,建立更加公平、可持续的养老保险制度,国务院决定改革机关事业单位工作人员养老保险制度。

一、改革的目标和基本原则。以邓小平理论、"三个代表"重要思想、科学发展观为指导,深入贯彻党的十八大、十八届三中、四中全会精神和党中央、国务院决策部署,坚持全覆盖、保基本、多层次、可持续方针,以增强公平性、适应流动性、保证可持续性为重点,改革现行机关事业单位工作人员退休保障制度,逐步建立独立于机关事业单位之外、资金来源多渠道、保障方式多层次、管理服务社会化的养老保险体系。改革应遵循以下基本原则：

（一）公平与效率相结合。既体现国民收入再分配更加注重公平的要求，又体现工作人员之间贡献大小差别，建立待遇与缴费挂钩机制，多缴多得、长缴多得，提高单位和职工参保缴费的积极性。

（二）权利与义务相对应。机关事业单位工作人员要按照国家规定切实履行缴费义务，享受相应的养老保险待遇，形成责任共担、统筹互济的养老保险筹资和分配机制。

（三）保障水平与经济发展水平相适应。立足社会主义初级阶段基本国情，合理确定基本养老保险筹资和待遇水平，切实保障退休人员基本生活，促进基本养老保险制度可持续发展。

（四）改革前与改革后待遇水平相衔接。立足增量改革，实现平稳过渡。对改革前已退休人员，保持现有待遇并参加今后的待遇调整；对改革后参加工作的人员，通过建立新机制，实现待遇的合理衔接；对改革前参加工作、改革后退休的人员，通过实行过渡性措施，保持待遇水平不降低。

（五）解决突出矛盾与保证可持续发展相促进。统筹规划、合理安排、量力而行，准确把握改革的节奏和力度，先行解决目前城镇职工基本养老保险制度不统一的突出矛盾，再结合养老保险顶层设计，坚持精算平衡，逐步完善相关制度和政策。

二、改革的范围。本决定适用于按照公务员法管理的单位、参照公务员法管理的机关（单位）、事业单位及其编制内的工作人员。

三、实行社会统筹与个人账户相结合的基本养老保险制度。基本养老保险费由单位和个人共同负担。单位缴纳基本养老保险费（以下简称单位缴费）的比例为本单位工资总额的20%，个人缴纳基本养老保险费（以下简称个人缴费）的比例为本人缴费工资的8%，由单位代扣。按本人缴费工资8%的数额建立基本养老保险个人账户，全部由个人缴费形成。个人工资超过当地上年度在岗职工平均工资300%以上的部分，不计入个人缴费工资基数；低于当地上年度在岗职工平均工资60%的，按当地在岗职工平均工资的60%计算个人缴费工资基数。

个人账户储存额只用于工作人员养老，不得提前支取，每年按照国家统一公布的记账利率计算利息，免征利息税。参保人员死亡的，个人账户余额可以依法继承。

四、改革基本养老金计发办法。本决定实施后参加工作、个人缴费年限累计满15年的人员，退休后按月发给基本养老金。基本养老金由基础养老金和个人账户养老金组成。退休时的基础养老金月标准以当地上年度在岗职工月平均工资和本人指数化月平均缴费工资的平均值为基数，缴费每满1年发给1%。个人账户养老金月标准为个人账户储存额除以计发月数，计发月数根据本人退休时城镇人口平均预期寿命、本人退休年龄、利息等因素确定（详见附件）。

本决定实施前参加工作、实施后退休且缴费年限（含视同缴费年限，下同）累计满15年的人员，按照合理衔接、平稳过渡的原则，在发给基础养老金和个人账户养老金的基础上，再依据视同缴费年限长短发给过渡性养老金。具体办法由人力资源社会保障部会同有关部门制定并指导实施。

本决定实施后达到退休年龄但个人缴费年限累计不满15年的人员，其基本养老保险关系处理和基本养老金计发比照《实施〈中华人民共和国社会保险法〉若干规定》(人力资源社会保障部令第13号)执行。

本决定实施前已经退休的人员,继续按照国家规定的原待遇标准发放基本养老金,同时执行基本养老金调整办法。

机关事业单位离休人员仍按照国家统一规定发给离休费,并调整相关待遇。

五、建立基本养老金正常调整机制。根据职工工资增长和物价变动等情况,统筹安排机关事业单位和企业退休人员的基本养老金调整,逐步建立兼顾各类人员的养老保险待遇正常调整机制,分享经济社会发展成果,保障退休人员基本生活。

六、加强基金管理和监督。建立健全基本养老保险基金省级统筹;暂不具备条件的,可先实行省级基金调剂制度。明确各级人民政府征收、管理和支付的责任。机关事业单位基本养老保险基金单独建账,与企业职工基本养老保险基金分别管理使用。基金实行严格的预算管理,纳入社会保障基金财政专户,实行收支两条线管理,专款专用。依法加强基金监管,确保基金安全。

七、做好养老保险关系转移接续工作。参保人员在同一统筹范围内的机关事业单位之间流动,只转移养老保险关系,不转移基金。参保人员跨统筹范围流动或在机关事业单位与企业之间流动,在转移养老保险关系的同时,基本养老保险个人账户储存额随同转移,并以本人改革后各年度实际缴费工资为基数,按12%的总和转移基金,参保缴费不足1年的,按实际缴费月数计算转移基金。转移后基本养老保险缴费年限(含视同缴费年限)、个人账户储存额累计计算。

八、建立职业年金制度。机关事业单位在参加基本养老保险的基础上,应当为其工作人员建立职业年金。单位按本单位工资总额的8%缴费,个人按本人缴费工资的4%缴费。工作人员退休后,按月领取职业年金待遇。职业年金的具体办法由人力资源社会保障部、财政部制定。

九、建立健全确保养老金发放的筹资机制。机关事业单位及其工作人员应按规定及时足额缴纳养老保险费。各级社会保险征缴机构应切实加强基金征缴,做到应收尽收。各级政府应积极调整和优化财政支出结构,加大社会保障资金投入,确保基本养老金按时足额发放,同时为建立职业年金制度提供相应的经费保障,确保机关事业单位养老保险制度改革平稳推进。

十、逐步实行社会化管理服务。提高机关事业单位社会保险社会化管理服务水平,普遍发放全国统一的社会保障卡,实行基本养老金社会化发放。加强街道、社区人力资源社会保障工作平台建设,加快老年服务设施和服务网络建设,为退休人员提供方便快捷的服务。

十一、提高社会保险经办管理水平。各地要根据机关事业单位工作人员养老保险制度改革的实际需要,加强社会保险经办机构能力建设,适当充实工作人员,提供必要的经费和服务设施。人力资源社会保障部负责在京中央国家机关及所属事业单位基本养老保险的管理工作,同时集中受托管理其职业年金基金。中央国家机关所属京外单位的基本养老保险实行属地化管理。社会保险经办机构应做好机关事业单位养老保险参保登记、缴费申报、关系转移、待遇核定和支付等工作。要按照国家统一制定的业务经办流程和信息管理系统建设要求,建立健全管理制度,由省级统一集中管理数据资源,实现规范化、信息化和专业化管理,不断提高工作效率和服务质量。

十二、加强组织领导。改革机关事业单位工作人员养老保险制度,直接关系广大机关事业单位工作人员的切身利益,是一项涉及面广、政策性强的工作。各地区、各部门要充分认识改革工作的重大意义,切实加强领导,精心组织实施,向机关事业单位工作人员和社会各界准确解读改革的目标和政策,正确引导舆论,确保此项改革顺利进行。各地区、各部门要按照本决定制定具体的实施意见和办法,报人力资源社会保障部、财政部备案后实施。人力资源社会保障部要会同有关部门制定贯彻本决定的实施意见,加强对改革工作的协调和指导,及时研究解决改革中遇到的问题,确保本决定的贯彻实施。

本决定自2014年10月1日起实施,已有规定与本决定不一致的,按照本决定执行。

附件:个人账户养老金计发月数表(编者略)

4-1-47

国务院关于建立企业职工基本养老保险基金中央调剂制度的通知

2018年5月30日　　国发〔2018〕18号

各省、自治区、直辖市人民政府,国务院各部委、各直属机构:

根据党中央、国务院决策部署和《中华人民共和国社会保险法》有关要求,为深入贯彻习近平新时代中国特色社会主义思想和党的十九大精神,均衡地区间企业职工基本养老保险基金(以下简称养老保险基金)负担,实现基本养老保险制度可持续发展,国务院决定建立养老保险基金中央调剂制度,自2018年7月1日起实施。现就有关事项通知如下:

一、总体要求

(一)指导思想。

全面贯彻党的十九大和十九届二中、三中全会精神,以习近平新时代中国特色社会主义思想为指导,坚持党的基本理论、基本路线、基本方略,牢固树立和贯彻落实新发展理念,统筹推进"五位一体"总体布局和协调推进"四个全面"战略布局,紧扣满足人民日益增长的美好生活需要,着力解决发展不平衡不充分的突出问题,围绕建立健全更加公平更可持续养老保险制度目标,从基本国情和养老保险制度建设实际出发,遵循社会保险大数法则,建立养老保险基金中央调剂制度,作为实现养老保险全国统筹的第一步。加快统一养老保险政策、明确各级政府责任、理顺基金管理体制、健全激励约束机制,不断加大调剂力度,尽快实现养老保险全国统筹。

(二)基本原则。

——促进公平。通过实行部分养老保险基金中央统一调剂使用,合理均衡地区间基金负担,提高养老保险基金整体抗风险能力。

——明确责任。实行省级政府扩面征缴和确保发放责任制,中央政府通过转移支付和养老保险中央调剂基金(以下简称中央调剂基金)进行补助,建立中央与省级政府责任明晰、分级负责的管理体制。

——统一政策。国家统一制定职工基本养老保险政策,逐步统一缴费比例、缴费基数核定办法、待遇计发和调整办法等,最终实现养老保险各项政策全国统一。

——稳步推进。合理确定中央调剂基金筹集比例,平稳起步,逐步提高,进一步统一经办规程,建立省级集中的信息系统,不断提高管理和信息化水平。

二、主要内容

在现行企业职工基本养老保险省级统筹基础上,建立中央调剂基金,对各省份养老保险基金进行适度调剂,确保基本养老金按时足额发放。

(一)中央调剂基金筹集。

中央调剂基金由各省份养老保险基金上解的资金构成。按照各省份职工平均工资的90%和在职应参保人数作为计算上解额的基数,上解比例从3%起步,逐步提高。

某省份上解额=(某省份职工平均工资×90%)×某省份在职应参保人数×上解比例。

各省份职工平均工资,为统计部门提供的城镇非私营单位和私营单位就业人员加权平均工资。

各省份在职应参保人数,暂以在职参保人数和国家统计局公布的企业就业人数二者的平均值为基数核定。将来条件成熟时,以覆盖常住人口的全民参保计划数据为基础确定在职应参保人数。

(二)中央调剂基金拨付。

中央调剂基金实行以收定支,当年筹集的资金全部拨付地方。中央调剂基金按照人均定额拨付,根据人力资源社会保障部、财政部核定的各省份离退休人数确定拨付资金数额。

某省份拨付额=核定的某省份离退休人数×全国人均拨付额。

其中:全国人均拨付额=筹集的中央调剂基金/核定的全国离退休人数。

(三)中央调剂基金管理。

中央调剂基金是养老保险基金的组成部分,纳入中央级社会保障基金财政专户,实行收支两条线管理,专款专用,不得用于平衡财政预算。中央调剂基金采取先预缴预拨后清算的办法,资金按季度上解下拨,年终统一清算。

各地在实施养老保险基金中央调剂制度之前累计结余基金原则上留存地方,用于本省(自治区、直辖市)范围内养老保险基金余缺调剂。

(四)中央财政补助。

现行中央财政补助政策和补助方式保持不变。中央政府在下达中央财政补助资金和拨付中央调剂基金后,各省份养老保险基金缺口由地方政府承担。省级政府要切实承担确保基本养老金按时足额发放和弥补养老保险基金缺口的主体责任。

三、健全保障措施

(一)完善省级统筹制度。

各省(自治区、直辖市)要在统一基本养老保险制度、缴费政策、待遇政策、基金使用、基金预算和经办管理的基础上,推进养老保险基金统收统支工作,并建立地方各级政府养老保险基金缺口责任分担机制。

(二)强化基金预算管理。

各级政府及财政、人力资源社会保障部门要切实加强基金预算编制和审核工作,严格规范收支内容、标准和范围,并按照批准的预算和规定的程序执行,不得随意调整。进一步强化基金预算的严肃性和硬约束,确保应收尽收,杜绝违规支出。

(三)建立健全考核奖惩机制。

将各省(自治区、直辖市)养老保险扩面征缴、确保基本养老金发放、严格养老保险基金管理、养老保险基金中央调剂制度落实等情况列入省级政府工作责任制考核内容,对工作业绩好的省级政府进行奖励,对出现问题的省级政府及相关责任人进行问责。具体办法另行制定。

(四)推进信息化建设。

建立全国养老保险缴费和待遇查询系统、养老保险基金中央调剂监控系统以及全国共享的中央数据库。在中央与地方之间以及各部门之间实现信息、数据互联互通,有效监控在职应参保人数和离退休人数,及时掌握和规范中央调剂基金与省级统筹基金收支行为,防范风险。

四、组织实施

建立养老保险基金中央调剂制度是加强基本养老保险体系建设的重要内容,事关改革、发展和稳定全局。各地区、各有关部门要统一思想,提高认识,加强领导,密切协调配合,精心组织实施。人力资源社会保障部、财政部要加强指导和监督检查,及时研究解决工作中遇到的问题,确保养老保险基金中央调剂制度顺利实施,同时抓紧制定养老保险全国统筹的时间表、路线图。

4-1-48

国务院办公厅关于转发人力资源社会保障部财政部城镇企业职工基本养老保险关系转移接续暂行办法的通知

2009年12月28日　国办发〔2009〕66号

各省、自治区、直辖市人民政府,国务院各部委、各直属机构:

人力资源社会保障部、财政部《城镇企业职工基本养老保险关系转移接续暂行办法》已经国务院同意,现转发给你们,请结合实际,认真贯彻执行。

城镇企业职工基本养老保险关系转移接续暂行办法

人力资源社会保障部　财政部

第一条　为切实保障参加城镇企业职工基本养老保险人员(以下简称参保人员)的合法权益,促进人力资源合理配置和有序流动,保证参保人员跨省、自治区、直辖市(以下简称跨省)流动并在城镇就业时基本养老保险关系的顺畅转移接续,制定本办法。

第二条　本办法适用于参加城镇企业职工基本养老保险的所有人员,包括农民工。已经按国家规定领取基本养老保险待遇的人员,不再转移基本养老保险关系。

第三条　参保人员跨省流动就业的,由原参保所在地社会保险经办机构(以下简称社保经办机构)开具参保缴费凭证,其基本养老保险关系应随同转移到新参保地。参保人员达到基本养老保险待遇领取条件的,其在各地的参保缴费年限合并计算,个人账户储存额(含本息,下同)累计计算;未达到待遇领取年龄前,不得终止基本养老保险关系并办理退保手续;其中出国定居和到香港、澳门、台湾地区定居的,按国家有关规定执行。

第四条　参保人员跨省流动就业转移基本养老保险关系时,按下列方法计算转移资金:

(一)个人账户储存额:1998年1月1日之前按个人缴费累计本息计算转移,1998年1月1日后按计入个人账户的全部储存额计算转移。

(二)统筹基金(单位缴费):以本人1998年1月1日后各年度实际缴费工资为基数,按12%的总和转移,参保缴费不足1年的,按实际缴费月数计算转移。

第五条　参保人员跨省流动就业,其基本养老保险关系转移接续按下列规定办理:

(一)参保人员返回户籍所在地(指省、自治区、直辖市,下同)就业参保的,户籍所在地的相关社保经办机构应为其及时办理转移接续手续。

(二)参保人员未返回户籍所在地就业参保的,由新参保地的社保经办机构为其及时办理转移接续手续。但对男性年满50周岁和女性年满40周岁的,应在原参保地继续保留基本养老保险关系,同时在新参保地建立临时基本养老保险缴费账户,记录单位和个人全部缴费。参保人员再次跨省流动就业或在新参保地达到待遇领取条件时,将临时基本养老保险缴费账户中的全部缴费本息,转移归集到原参保地或待遇领取地。

(三)参保人员经县级以上党委组织部门、人力资源社会保障行政部门批准调动,且与调入单位建立劳动关系并缴纳基本养老保险费的,不受以上年龄规定限制,应在调入地及时办理基本养老保险关系转移接续手续。

第六条　跨省流动就业的参保人员达到待遇领取条件时,按下列规定确定其待遇领取地:

(一)基本养老保险关系在户籍所在地的,由户籍所在地负责办理待遇领取手续,享受基本养老保险待遇。

(二)基本养老保险关系不在户籍所在地,而在其基本养老保险关系所在地累计缴费年限满10年的,在该地办理待遇领取手续,享受当地基本养老保险待遇。

（三）基本养老保险关系不在户籍所在地,且在其基本养老保险关系所在地累计缴费年限不满10年的,将其基本养老保险关系转回上一个缴费年限满10年的原参保地办理待遇领取手续,享受基本养老保险待遇。

（四）基本养老保险关系不在户籍所在地,且在每个参保地的累计缴费年限均不满10年的,将其基本养老保险关系及相应资金归集到户籍所在地,由户籍所在地按规定办理待遇领取手续,享受基本养老保险待遇。

第七条 参保人员转移接续基本养老保险关系后,符合待遇领取条件的,按照《国务院关于完善企业职工基本养老保险制度的决定》（国发〔2005〕38号）的规定,以本人各年度缴费工资、缴费年限和待遇领取地对应的各年度在岗职工平均工资计算其基本养老金。

第八条 参保人员跨省流动就业的,按下列程序办理基本养老保险关系转移接续手续:

（一）参保人员在新就业地按规定建立基本养老保险关系和缴费后,由用人单位或参保人员向新参保地社保经办机构提出基本养老保险关系转移接续的书面申请。

（二）新参保地社保经办机构在15个工作日内,审核转移接续申请,对符合本办法规定条件的,向参保人员原基本养老保险关系所在地的社保经办机构发出同意接收函,并提供相关信息;对不符合转移接续条件的,向申请单位或参保人员作出书面说明。

（三）原基本养老保险关系所在地社保经办机构在接到同意接收函的15个工作日内,办理好转移接续的各项手续。

（四）新参保地社保经办机构在收到参保人员原基本养老保险关系所在地社保经办机构转移的基本养老保险关系和资金后,应在15个工作日内办结有关手续,并将确认情况及时通知用人单位或参保人员。

第九条 农民工中断就业或返乡没有继续缴费的,由原参保地社保经办机构保留其基本养老保险关系,保存其全部参保缴费记录及个人账户,个人账户储存额继续按规定计息。农民工返回城镇就业并继续参保缴费的,无论其回到原参保地就业还是到其他城镇就业,均按前述规定累计计算其缴费年限,合并计算其个人账户储存额,符合待遇领取条件的,与城镇职工同样享受基本养老保险待遇;农民工不再返回城镇就业的,其在城镇参保缴费记录及个人账户全部有效,并根据农民工的实际情况,或在其达到规定领取条件时享受城镇职工基本养老保险待遇,或转入新型农村社会养老保险。

农民工在城镇参加企业职工基本养老保险与在农村参加新型农村社会养老保险的衔接政策,另行研究制定。

第十条 建立全国县级以上社保经办机构联系方式信息库,并向社会公布,方便参保人员查询参保缴费情况,办理基本养老保险关系转移接续手续。加快建立全国统一的基本养老保险参保缴费信息查询服务系统,发行全国通用的社会保障卡,为参保人员查询参保缴费信息提供便捷有效的技术服务。

第十一条 各地已制定的跨省基本养老保险关系转移接续相关政策与本办法规定不符的,以本办法规定为准。在省、自治区、直辖市内的基本养老保险关系转移接续办法,由各省级人民政府参照本办法制定,并报人力资源社会保障部备案。

第十二条 本办法所称缴费年限,除另有特殊规定外,均包括视同缴费年限。

第十三条 本办法从2010年1月1日起施行。

4-1-49

国务院办公厅关于印发机关事业单位职业年金办法的通知

2015年3月27日　国办发〔2015〕18号

各省、自治区、直辖市人民政府，国务院各部委、各直属机构：

《机关事业单位职业年金办法》已经国务院同意，现印发给你们，请认真贯彻执行。

机关事业单位职业年金办法

第一条　为建立多层次养老保险体系，保障机关事业单位工作人员退休后的生活水平，促进人力资源合理流动，根据《国务院关于机关事业单位工作人员养老保险制度改革的决定》（国发〔2015〕2号）等相关规定，制定本办法。

第二条　本办法所称职业年金，是指机关事业单位及其工作人员在参加机关事业单位基本养老保险的基础上，建立的补充养老保险制度。

第三条　本办法适用的单位和工作人员范围与参加机关事业单位基本养老保险的范围一致。

第四条　职业年金所需费用由单位和工作人员个人共同承担。单位缴纳职业年金费用的比例为本单位工资总额的8%，个人缴费比例为本人缴费工资的4%，由单位代扣。单位和个人缴费基数与机关事业单位工作人员基本养老保险缴费基数一致。

根据经济社会发展状况，国家适时调整单位和个人职业年金缴费的比例。

第五条　职业年金基金由下列各项组成：

（一）单位缴费；

（二）个人缴费；

（三）职业年金基金投资运营收益；

（四）国家规定的其他收入。

第六条　职业年金基金采用个人账户方式管理。个人缴费实行实账积累。对财政全额供款的单位，单位缴费根据单位提供的信息采取记账方式，每年按照国家统一公布的记账利率计算利息，工作人员退休前，本人职业年金账户的累计储存额由同级财政拨付资金记实；对非财政全额供款的单位，单位缴费实行实账积累。实账积累形成的职业年金基金，实行市场化投资运营，按实际收益计息。

职业年金基金投资管理应当遵循谨慎、分散风险的原则，保证职业年金基金的安全性、收益性和流动性。职业年金基金的具体投资管理办法由人力资源社会保障部、财政部会同有关部门另行制定。

第七条 单位缴费按照个人缴费基数的8%计入本人职业年金个人账户;个人缴费直接计入本人职业年金个人账户。

职业年金基金投资运营收益,按规定计入职业年金个人账户。

第八条 工作人员变动工作单位时,职业年金个人账户资金可以随同转移。工作人员升学、参军、失业期间或新就业单位没有实行职业年金或企业年金制度的,其职业年金个人账户由原管理机构继续管理运营。新就业单位已建立职业年金或企业年金制度的,原职业年金个人账户资金随同转移。

第九条 符合下列条件之一的可以领取职业年金:

(一)工作人员在达到国家规定的退休条件并依法办理退休手续后,由本人选择按月领取职业年金待遇的方式。可一次性用于购买商业养老保险产品,依据保险契约领取待遇并享受相应的继承权;可选择按照本人退休时对应的计发月数计发职业年金月待遇标准,发完为止,同时职业年金个人账户余额享有继承权。本人选择任一领取方式后不再更改。

(二)出国(境)定居人员的职业年金个人账户资金,可根据本人要求一次性支付给本人。

(三)工作人员在职期间死亡的,其职业年金个人账户余额可以继承。

未达到上述职业年金领取条件之一的,不得从个人账户中提前提取资金。

第十条 职业年金有关税收政策,按照国家有关法律法规和政策的相关规定执行。

第十一条 职业年金的经办管理工作,由各级社会保险经办机构负责。

第十二条 职业年金基金应当委托具有资格的投资运营机构作为投资管理人,负责职业年金基金的投资运营;应当选择具有资格的商业银行作为托管人,负责托管职业年金基金。委托关系确定后,应当签订书面合同。

第十三条 职业年金基金必须与投资管理人和托管人的自有资产或其他资产分开管理,保证职业年金财产独立性,不得挪作其他用途。

第十四条 县级以上各级人民政府人力资源社会保障行政部门、财政部门负责对本办法的执行情况进行监督检查。对违反本办法规定的,由人力资源社会保障行政部门和财政部门予以警告,责令改正。

第十五条 因执行本办法发生争议的,工作人员可按照国家有关法律、法规提请仲裁或者申诉。

第十六条 本办法自2014年10月1日起实施。已有规定与本办法不一致的,按照本办法执行。

第十七条 本办法由人力资源社会保障部、财政部负责解释。

4-1-50

国务院办公厅关于推动个人养老金发展的意见

2022年4月8日　国办发〔2022〕7号

各省、自治区、直辖市人民政府，国务院各部委、各直属机构：

为推进多层次、多支柱养老保险体系建设，促进养老保险制度可持续发展，满足人民群众日益增长的多样化养老保险需要，根据《中华人民共和国社会保险法》、《中华人民共和国银行业监督管理法》、《中华人民共和国保险法》、《中华人民共和国证券投资基金法》等法律法规，经党中央、国务院同意，现就推动个人养老金发展提出以下意见：

一、总体要求

以习近平新时代中国特色社会主义思想为指导，全面贯彻党的十九大和十九届历次全会精神，认真落实党中央、国务院决策部署，坚持以人民为中心的发展思想，完整、准确、全面贯彻新发展理念，加快构建新发展格局，推动发展适合中国国情、政府政策支持、个人自愿参加、市场化运营的个人养老金，与基本养老保险、企业（职业）年金相衔接，实现养老保险补充功能，协调发展其他个人商业养老金融业务，健全多层次、多支柱养老保险体系。

推动个人养老金发展坚持政府引导、市场运作、有序发展的原则。注重发挥政府引导作用，在多层次、多支柱养老保险体系中统筹布局个人养老金；充分发挥市场作用，营造公开公平公正的竞争环境，调动各方面积极性；严格监督管理，切实防范风险，促进个人养老金健康有序发展。

二、参加范围

在中国境内参加城镇职工基本养老保险或者城乡居民基本养老保险的劳动者，可以参加个人养老金制度。

三、制度模式

个人养老金实行个人账户制度，缴费完全由参加人个人承担，实行完全积累。参加人通过个人养老金信息管理服务平台（以下简称信息平台），建立个人养老金账户。个人养老金账户是参加个人养老金制度、享受税收优惠政策的基础。

参加人可以用缴纳的个人养老金在符合规定的金融机构或者其依法合规委托的销售渠道（以下统称金融产品销售机构）购买金融产品，并承担相应的风险。参加人应当指定或者开立一个本人唯一的个人养老金资金账户，用于个人养老金缴费、归集收益、支付和缴纳个人所得税。个人养老金资金账户可以由参加人在符合规定的商业银行指定或者开立，也可以通过其他符合规定的金融产品销售机构指定。个人养老金资金账户实行封闭运行，其权益归参加人所有，除另有规定外不得提前支取。

参加人变更个人养老金资金账户开户银行时，应当经信息平台核验后，将原个人养老金资金账户内的资金转移至新的个人养老金资金账户并注销原资金账户。

四、缴费水平

参加人每年缴纳个人养老金的上限为12000元。人力资源社会保障部、财政部根据经济社会发展水平和多层次、多支柱养老保险体系发展情况等因素适时调整缴费上限。

五、税收政策

国家制定税收优惠政策，鼓励符合条件的人员参加个人养老金制度并依规领取个人养老金。

六、个人养老金投资

个人养老金资金账户资金用于购买符合规定的银行理财、储蓄存款、商业养老保险、公募基金等运作安全、成熟稳定、标的规范、侧重长期保值的满足不同投资者偏好的金融产品，参加人可自主选择。参与个人养老金运行的金融机构和金融产品由相关金融监管部门确定，并通过信息平台和金融行业平台向社会发布。

七、个人养老金领取

参加人达到领取基本养老金年龄、完全丧失劳动能力、出国（境）定居，或者具有其他符合国家规定的情形，经信息平台核验领取条件后，可以按月、分次或者一次性领取个人养老金，领取方式一经确定不得更改。领取时，应将个人养老金由个人养老金资金账户转入本人社会保障卡银行账户。

参加人死亡后，其个人养老金资金账户中的资产可以继承。

八、信息平台

信息平台由人力资源社会保障部组织建设，与符合规定的商业银行以及相关金融行业平台对接，归集相关信息，与财政、税务等部门共享相关信息，为参加人提供个人养老金账户管理、缴费管理、信息查询等服务，支持参加人享受税收优惠政策，为个人养老金运行提供信息核验和综合监管支撑，为相关金融监管部门、参与个人养老金运行的金融机构提供相关信息服务。不断提升信息平台的规范化、信息化、专业化管理水平，运用"互联网＋"创新服务方式，为参加人提供方便快捷的服务。

九、运营和监管

人力资源社会保障部、财政部对个人养老金发展进行宏观指导，根据职责对个人养老金的账户设置、缴费上限、待遇领取、税收优惠等制定具体政策并进行运行监管，定期向社会披露相关信息。税务部门依法对个人养老金实施税收征管。相关金融监管部门根据各自职责，依法依规对参与个人养老金运行金融机构的经营活动进行监管，督促相关金融机构优化产品和服务，做好产品风险提示，对产品的风险性进行监管，加强对投资者的教育。

各参与部门要建立和完善投诉机制，积极发挥社会监督作用，及时发现解决个人养老金运行中出现的问题。

十、组织领导

推动个人养老金发展是健全多层次、多支柱养老保险体系，增强人民群众获得感、幸福感、安全感的重要举措，直接关系广大参加人的切身利益。各地区要加强领导、周密部署、广泛宣传，稳妥有序推动有关工作落地实施。各相关部门要按照职责分工制定落实本意见的具体政策措施，同向发力、密切协同，指导地方和有关金融机构切实做好相关工作。人力资源社会保障部、财政部要加强指导和协调，结合实际分步实施，选择部分城市先试行1年，再逐步推开,及时研究解决工作中遇到的问题,确保本意见顺利实施。

4-1-51

企业年金办法

2017年12月18日　人力资源和社会保障部　财政部令第36号

第一章　总　　则

第一条　为建立多层次的养老保险制度,推动企业年金发展,更好地保障职工退休后的生活,根据《中华人民共和国劳动法》、《中华人民共和国劳动合同法》、《中华人民共和国社会保险法》、《中华人民共和国信托法》和国务院有关规定,制定本办法。

第二条　本办法所称企业年金,是指企业及其职工在依法参加基本养老保险的基础上,自主建立的补充养老保险制度。国家鼓励企业建立企业年金。建立企业年金,应当按照本办法执行。

第三条　企业年金所需费用由企业和职工个人共同缴纳。企业年金基金实行完全积累,为每个参加企业年金的职工建立个人账户,按照国家有关规定投资运营。企业年金基金投资运营收益并入企业年金基金。

第四条　企业年金有关税收和财务管理,按照国家有关规定执行。

第五条　企业和职工建立企业年金,应当确定企业年金受托人,由企业代表委托人与受托人签订受托管理合同。受托人可以是符合国家规定的法人受托机构,也可以是企业按照国家有关规定成立的企业年金理事会。

第二章　企业年金方案的订立、变更和终止

第六条　企业和职工建立企业年金,应当依法参加基本养老保险并履行缴费义务,企业具有相应的经济负担能力。

第七条　建立企业年金,企业应当与职工一方通过集体协商确定,并制定企业年金方案。企业年金方案应当提交职工代表大会或者全体职工讨论通过。

第八条　企业年金方案应当包括以下内容:

(一)参加人员;

(二)资金筹集与分配的比例和办法;

(三)账户管理;

(四)权益归属;

(五)基金管理;

(六)待遇计发和支付方式;

(七)方案的变更和终止;

(八)组织管理和监督方式;

(九)双方约定的其他事项。

企业年金方案适用于企业试用期满的职工。

第九条　企业应当将企业年金方案报送所在地县级以上人民政府人力资源社会保障行政部门。

中央所属企业的企业年金方案报送人力资源社会保障部。

跨省企业的企业年金方案报送其总部所在地省级人民政府人力资源社会保障行政部门。

省内跨地区企业的企业年金方案报送其总部所在地设区的市级以上人民政府人力资源社会保障行政部门。

第十条　人力资源社会保障行政部门自收到企业年金方案文本之日起15日内未提出异议的,企业年金方案即行生效。

第十一条　企业与职工一方可以根据本企业情况,按照国家政策规定,经协商一致,变更企业年金方案。变更后的企业年金方案应当经职工代表大会或者全体职工讨论通过,并重新报送人力资源社会保障行政部门。

第十二条　有下列情形之一的,企业年金方案终止:

(一)企业因依法解散、被依法撤销或者被依法宣告破产等原因,致使企业年金方案无法履行的;

(二)因不可抗力等原因致使企业年金方案无法履行的;

(三)企业年金方案约定的其他终止条件出现的。

第十三条　企业应当在企业年金方案变更或者终止后10日内报告人力资源社会保障行政部门,并通知受托人。企业应当在企业年金方案终止后,按国家有关规定对企业年金基金进行清算,并按照本办法第四章相关规定处理。

第三章　企业年金基金筹集

第十四条　企业年金基金由下列各项组成:

(一)企业缴费;

(二)职工个人缴费;

(三)企业年金基金投资运营收益。

第十五条　企业缴费每年不超过本企业职工工资总额的8%。企业和职工个人缴费合计不超过本企业职工工资总额的12%。具体所需费用,由企业和职工一方协商确定。

职工个人缴费由企业从职工个人工资中代扣代缴。

第十六条　实行企业年金后,企业如遇到经营亏损、重组并购等当期不能继续缴费的情况,经与职工一方协商,可以中止缴费。不能继续缴费的情况消失后,企业和职工恢复缴费,并可以根据本企业实际情况,按照中止缴费时的企业年金方案予以补缴。补缴的年限和金额不得超过实际中止缴费的年限和金额。

第四章　账户管理

第十七条　企业缴费应当按照企业年金方案确定的比例和办法计入职工企业年金个人账户,职工个人缴费计入本人企业年金个人账户。

第十八条 企业应当合理确定本单位当期缴费计入职工企业年金个人账户的最高额与平均额的差距。企业当期缴费计入职工企业年金个人账户的最高额与平均额不得超过5倍。

第十九条 职工企业年金个人账户中个人缴费及其投资收益自始归属于职工个人。

职工企业年金个人账户中企业缴费及其投资收益，企业可以与职工一方约定其自始归属于职工个人，也可以约定随着职工在本企业工作年限的增加逐步归属于职工个人，完全归属于职工个人的期限最长不超过8年。

第二十条 有下列情形之一的，职工企业年金个人账户中企业缴费及其投资收益完全归属于职工个人：

（一）职工达到法定退休年龄、完全丧失劳动能力或者死亡的；

（二）有本办法第十二条规定的企业年金方案终止情形之一的；

（三）非因职工过错企业解除劳动合同的，或者因企业违反法律规定职工解除劳动合同的；

（四）劳动合同期满，由于企业原因不再续订劳动合同的；

（五）企业年金方案约定的其他情形。

第二十一条 企业年金暂时未分配至职工企业年金个人账户的企业缴费及其投资收益，以及职工企业年金个人账户中未归属于职工个人的企业缴费及其投资收益，计入企业年金企业账户。

企业年金企业账户中的企业缴费及其投资收益应当按照企业年金方案确定的比例和办法计入职工企业年金个人账户。

第二十二条 职工变动工作单位时，新就业单位已经建立企业年金或者职业年金的，原企业年金个人账户权益应当随同转入新就业单位企业年金或者职业年金。

职工新就业单位没有建立企业年金或者职业年金的，或者职工升学、参军、失业期间，原企业年金个人账户可以暂时由原管理机构继续管理，也可以由法人受托机构发起的集合计划设置的保留账户暂时管理；原受托人是企业年金理事会的，由企业与职工办商选择法人受托机构管理。

第二十三条 企业年金方案终止后，职工原企业年金个人账户由法人受托机构发起的集合计划设置的保留账户暂时管理；原受托人是企业年金理事会的，由企业与职工一方协商选择法人受托机构管理。

第五章 企业年金待遇

第二十四条 符合下列条件之一的，可以领取企业年金：

（一）职工在达到国家规定的退休年龄或者完全丧失劳动能力时，可以从本人企业年金个人账户中按月、分次或者一次性领取企业年金，也可以将本人企业年金个人账户资金全部或者部分购买商业养老保险产品，依据保险合同领取待遇并享受相应的继承权；

（二）出国（境）定居人员的企业年金个人账户资金，可以根据本人要求一次性支付给本人；

（三）职工或者退休人员死亡后，其企业年金个人账户余额可以继承。

第二十五条 未达到上述企业年金领取条件之一的,不得从企业年金个人账户中提前提取资金。

第六章 管理监督

第二十六条 企业成立企业年金理事会作为受托人的,企业年金理事会应当由企业和职工代表组成,也可以聘请企业以外的专业人员参加,其中职工代表应不少于三分之一。

企业年金理事会除管理本企业的企业年金事务之外,不得从事其他任何形式的营业性活动。

第二十七条 受托人应当委托具有企业年金管理资格的账户管理人、投资管理人和托管人,负责企业年金基金的账户管理、投资运营和托管。

第二十八条 企业年金基金应当与委托人、受托人、账户管理人、投资管理人、托管人和其他为企业年金基金管理提供服务的自然人、法人或者其他组织的自有资产或者其他资产分开管理,不得挪作其他用途。

企业年金基金管理应当执行国家有关规定。

第二十九条 县级以上人民政府人力资源社会保障行政部门负责对本办法的执行情况进行监督检查。对违反本办法的,由人力资源社会保障行政部门予以警告,责令改正。

第三十条 因订立或者履行企业年金方案发生争议的,按照国家有关集体合同的规定执行。

因履行企业年金基金管理合同发生争议的,当事人可以依法申请仲裁或者提起诉讼。

第七章 附则

第三十一条 参加企业职工基本养老保险的其他用人单位及其职工建立补充养老保险的,参照本办法执行。

第三十二条 本办法自 2018 年 2 月 1 日起施行。原劳动和社会保障部 2004 年 1 月 6 日发布的《企业年金试行办法》同时废止。

本办法施行之日已经生效的企业年金方案,与本办法规定不一致的,应当在本办法施行之日起 1 年内变更。

※　　　※　　　※　　　※

4-1-52

劳动和社会保障部关于完善城镇职工基本养老保险政策有关问题的通知

2001 年 12 月 22 日　劳社部发〔2001〕20 号

各省、自治区、直辖市劳动和社会保障厅(局):

《国务院关于建立统一的企业职工基本养老保险制度的决定》(国发〔1997〕26号)实施以来,全国城镇企业职工基本养老保险(以下简称养老保险)制度已实现了基本统一,养老保险覆盖范围进一步扩大,企业离退休人员基本养老金社会化发放率逐步提高。近年来,随着我国经济结构调整和国有企业改革深化,养老保险工作出现了一些新情况、新问题,需要尽快明确相关政策。根据完善城镇职工社会保障体系建设的要求,现就有关问题通知如下:

一、参加城镇企业职工养老保险的人员,不论因何种原因变动工作单位,包括通过公司制改造、股份制改造、出售、拍卖、租赁等方式转制以后的企业和职工,以及跨统筹地区流动的人员,都应按规定继续参加养老保险并按时足额缴费。社会保险经办机构应为其妥善管理、接续养老保险关系,做好各项服务工作。

二、职工与企业解除或终止劳动关系后,职工养老保险关系应按规定保留,由社会保险经办机构负责管理。国有企业下岗职工协议期满出中心时,实行劳动合同制以前参加工作、年龄偏大且接近企业内部退养条件、再就业确有困难的,经与企业协商一致,可由企业和职工双方协商缴纳养老保险费,缴费方式、缴费期限、资金来源、担保条件及具体人员范围等按当地政府规定执行。失业人员实现再就业,新的用人单位必须与其签订劳动合同,并按规定参加养老保险。自谋职业者及采取灵活方式再就业人员应继续参加养老保险,有关办法执行省级政府的规定。

三、城镇个体工商户等自谋职业者以及采取各种灵活方式就业的人员,在其参加养老保险后,按照省级政府规定的缴费基数和比例,一般应按月缴纳养老保险费,也可按季、半年、年度合并缴纳养老保险费,缴费时间可累计折算。上述人员在男年满60周岁、女年满55周岁时,累计缴费年限满15年的,可按规定领取基本养老金。累计缴费年限不满15年的,其个人帐户储存额一次性支付给本人,同时终止养老保险关系,不得以事后追补缴费的方式增加缴费年限。

四、参加养老保险的农民合同制职工,在与企业终止或解除劳动关系后,由社会保险经办机构保留其养老保险关系,保管其个人帐户并计息,凡重新就业的,应接续或转移养老保险关系;也可按照省级政府的规定,根据农民合同制职工本人申请,将其个人帐户个人缴费部分一次性支付给本人,同时终止养老保险关系,凡重新就业的,应重新参加养老保险。农民合同制职工在男年满60周岁、女年满55周岁时,累计缴费年限满15年以上的,可按规定领取基本养老金;累计缴费年限不满15年的,其个人帐户全部储存额一次性支付给本人。

五、破产企业欠缴的养老保险费,按有关规定在资产变现收入中予以清偿;清偿欠费确有困难的企业,其欠缴的养老保险费包括长期挂帐的欠费,除企业缴费中应划入职工个人帐户部分外,经社会保险经办机构同意,劳动保障部门审核,财政部门复核,报省级人民政府批准后可以核销。职工按规定的个人缴费比例补足个人帐户资金后,社会保险经办机构要按规定及时记录,职工的缴费年限予以承认。

六、对于因病、非因工致残,经当地劳动能力鉴定机构认定完全丧失劳动能力,并与用人单位终止劳动关系的职工,由本人申请,社会保险经办机构审核,经地级劳动保障部门批准,可以办理退职领取退职生活费。退职生活费标准根据职工缴费年限和缴费工资水平确定,具体办法和标准按省级政府规定执行。

七、城镇企业成建制跨省搬迁,应按规定办理企业和职工养老保险关系转移手续,在职职工个人帐户记帐额度全部转移,资金只转移个人缴费部分,转入地社保机构应按个人帐户记帐额度全额记帐。企业转出地和转入地社会保险机构,要认真做好搬迁企业养老保险关系及个人帐户的转移、接续工作,按时足额发放离退休人员基本养老金。如搬迁企业在转出地欠缴养老保险费,应在养老保险关系转出之前还清全部欠费。

八、加强对特殊工种提前退休审批工作的管理。设有特殊工种的企业,要将特殊工种岗位、人员及其变动情况,定期向地市级劳动保障部门报告登记,并建立特殊工种提前退休公示制度,实行群众监督。地市以上劳动保障行政部门,要规范特殊工种提前退休审批程序,健全审批制度。社会保险经办机构要建立特殊工种人员档案和数据库,防止发生弄虚作假骗取特殊工种身份和冒领基本养老金问题,一经发现,要立即纠正并收回冒领的养老金。

九、做好机关事业单位养老保险试点工作。已经进行机关事业单位养老保险改革试点的地区,要进一步巩固改革试点成果,不能退保,要完善费用征缴机制,探索个人缴费与待遇计发适当挂钩的办法,积极创造条件实行养老金社会化发放,加强基金管理,确保基金安全。按照劳动保障部、财政部、人事部、中编办《关于职工在机关事业单位与企业之间流动时社会保险关系处理意见的通知》(劳社部发〔2001〕13号)规定,认真研究做好职工在机关事业单位与企业之间流动时养老保险关系转移衔接工作。

4-1-53

劳动和保障部 财政部 司法部
关于监狱企业工人参加企业职工
基本养老保险有关问题的通知

2005年11月1日 劳社部发〔2005〕25号

各省、自治区、直辖市人民政府:

为适应监狱系统改革和发展的需要,切实解决监狱企业工人的养老保障问题,经请示国务院同意,现就监狱企业工人参加企业职工基本养老保险有关问题通知如下:

一、从2006年1月1日起,监狱企业及其工人参加当地企业职工基本养老保险,执行当地统一的企业职工基本养老保险政策。本通知下发前已将监狱企业及其工人纳入当地企业职工基本养老保险范围的,要进一步规范和完善政策。

二、监狱系统所属企业原则上可作为一个单位参加当地企业职工基本养老保险,并实行省级管理。监狱企业已参加所在市、县企业职工基本养老保险的,原则上可不再改变。具体由各省(自治区、直辖市)研究确定。

三、监狱企业工人参加当地企业职工基本养老保险后,1998年1月1日以前的连续工龄视同缴费年限;是否从1998年1月1日起补建个人账户并补缴基本养老保险费,由各省(自治区、直辖市)决定。已经实行监狱系统养老保险内部统筹并实行个人缴费的地区,原则上不再补缴基本养老保险费;未实行个人缴费的,由各省(自治区、直辖市)决定是否补缴个人缴费部分。同时,各地要组织对监狱系统内部统筹期间的基金财务等情况进行清理。

四、已参加机关事业单位养老保险制度改革试点的监狱企业及其工人(不含纳入行政事业序列并由财政全额保障经费的工勤人员),要逐步纳入当地企业职工基本养老保险。各地要参照劳动和社会保障部、国家经济贸易委员会、科学技术部、财政部《关于国家经贸委管理的10个国家局所属科研机构转制后有关养老保险问题的通知》(劳社部发〔2000〕2号)关于待遇过渡和衔接的精神,结合本地实际制定具体过渡办法。

五、监狱企业及其工人执行当地统一的企业职工基本养老保险缴费比例。单位缴费基数原则上为本单位工资总额,如单位工资总额低于全部参保职工个人缴费工资之和的,以全部参保职工个人缴费工资之和作为缴费基数。各地要采取有效措施,确保监狱企业基本养老保险费应收尽收,以及退休人员基本养老金的按时足额发放。

六、监狱刑满留厂(场)就业老残人员继续按财政部、司法部《关于印发〈监狱基本支出经费标准〉的通知》(财行〔2003〕11号)的有关规定执行,不纳入当地企业职工基本养老保险范围。

七、对参保前已退休人员的基本养老金,由劳动保障部门按照企业基本养老金计发办法的有关规定和统筹项目核定,核定后的基本养老金水平低于原待遇的差额部分由原所在监狱企业负担。参保后退休的人员,执行当地统一的企业退休人员基本养老金计发办法。今后,监狱企业退休人员的基本养老金按国家规定的企业退休人员基本养老金调整办法进行调整。

八、对监狱企业参加当地企业职工基本养老保险后出现的基金收支缺口,由地方各级政府通过加大基金调剂力度、调整财政支出结构等措施加以解决。中央财政在安排对地方养老保险专项转移支付资金时统筹予以考虑。

九、各地要认真按照司法部、财政部、人事部《关于监狱单位工人岗位分类设置和管理的通知》(司发〔2004〕29号)和司法部《关于监狱单位工人分类管理的实施意见》(司发通〔2004〕40号)的有关规定,进一步规范监狱单位工人分类管理工作,实行并加强劳动合同管理,以适应监狱企业工人参加企业职工基本养老保险的要求。

十、司法部劳教系统所属企业及其工人参加企业职工基本养老保险,由各省(自治区、直辖市)参照本通知组织实施。

十一、监狱企业工人参加企业职工基本养老保险工作政策性强,事关监狱系统的改革、发展和稳定。各省(自治区、直辖市)劳动保障、财政、司法厅(局),要在当地人民政府的领导下,认真贯彻落实国家有关政策规定,密切配合,结合当地实际制定具体实施办法,并于2005年底前报劳动保障部、财政部、司法部备案。在执行中遇有重大问题,要及时报告。

4-1-54

劳动和社会保障部 民政部关于社会组织专职工作人员参加养老保险有关问题的通知

2008年3月18日 劳社部发〔2008〕11号

各省、自治区、直辖市劳动和社会保障厅（局）、民政厅（局），新疆生产建设兵团劳动和社会保障局、民政局：

为进一步完善社会保障体系，扩大养老保险覆盖面，促进社会组织的健康发展，维护劳动者的合法权益，根据国家有关政策规定，现就社会组织专职工作人员参加养老保险的有关问题通知如下：

一、凡依法在各级民政部门登记的社会团体（包括社会团体分支机构和代表机构）、基金会（包括基金会分支行机构和代表机构）、民办非企业单位、境外非政府组织驻华代表机构及其签订聘用合同或劳动合同的专职工作人员（不包括兼职人员、劳务派遣人员、返聘的离退休人员和纳入行政事业编制的人员），按属地管理原则，参加当地企业职工基本养老保险。

二、尚未参加企业职工基本养老保险的社会组织，应在当地规定的时间内，持民政部门颁发的《社会团体法人登记证书》、《社会团体分支机构、代表机构登记证书》、《基金会法人登记证书》、《基金会分支机构、代表机构登记证书》、《境外基金会代表机构登记证书》或《民办非企业单位登记证书》及参保所需的文件材料，到住所所在地社会保险经办机构办理社会保险登记手续，参加企业职工基本养老保险。本通知下发之后成立的社会组织，应当自登记注册起30日内办理社会保险登记手续，参加企业职工基本养老保险。

三、社会组织及其专职工作人员应按规定缴纳基本养老保险费，其中社会组织的缴费基数为全部参保专职工作人员个人缴费工资之和。

四、社会组织及其专职工作人员在本通知下发前签订聘用合同或劳动合同的，可按当地有关规定补缴基本养老保险费。

五、社会组织专职工作人员曾在机关事业单位工作的，其符合国家规定的工作年限视同为基本养老保险缴费年限；曾在企业或以个人身份参保的，要按有关规定做好养老保险关系的接续工作。

六、鼓励有条件的社会组织按照有关规定为专职工作人员建立年金制度，以提高工作人员退休后的保障水平。

切实做好社会组织专职工作人员参加养老保险的工作，对保障他们的合法权益、构建和谐社会具有重要意义。各级劳动和社会保障、民政部门要密切配合，认真贯彻落实国家有关政策规定，做好组织实施工作。

4-1-55

人力资源和社会保障部关于印发城镇企业职工基本养老保险关系转移接续若干具体问题意见的通知

2010年9月26日 人社部发〔2010〕70号

各省、自治区、直辖市人力资源社会保障厅(局),新疆生产建设兵团劳动保障局:

《国务院办公厅转发人力资源社会保障部财政部城镇企业职工基本养老保险关系转移接续暂行办法的通知》(国办发〔2009〕66号,以下简称《暂行办法》)下发以来,各地高度重视,认真组织实施,工作取得明显成效,总体形势平稳趋好。但在实施工作中还存在进展不平衡、对国家政策和经办规程理解不一致、信息化建设滞后等问题。为进一步做好相关工作,我们研究制定了《关于城镇企业职工基本养老保险关系转移接续若干具体问题的意见》,现印发给你们,请遵照执行,并抓紧做好以下工作:

一、尽快制定基本养老保险关系转移接续的实施办法。各地要结合完善省级统筹工作,按照《暂行办法》的统一要求,对本地区自行出台的养老保险关系转移接续政策进行清理规范,在今年底前制定出台城镇企业职工基本养老保险关系转移接续实施办法,并经人力资源社会保障部养老保险司、社保中心审核后,再上报省(自治区、直辖市)人民政府批准实施。各地正式下发的实施办法要及时报人力资源社会保障部备案。

二、调整规范农民工参加养老保险政策。各地要结合《暂行办法》的贯彻落实,采取可行措施,将在城镇企业就业并建立劳动关系的农民工,按照国家统一规定纳入城镇企业职工基本养老保险制度。在《暂行办法》实施前已自行出台农民工参加养老保险办法的地区,要抓紧调整相关政策,实现与城镇企业职工基本养老保险政策的统一规范,切实做好农民工参加城镇企业职工养老保险工作。

三、做好信息系统建设和应用工作。各地要按照《关于贯彻落实国务院办公厅转发城镇企业职工基本养老保险关系转移接续暂行办法的通知》(人社部发〔2009〕187号)和《关于开展城镇企业职工基本养老保险关系转移接续系统建设和应用工作的通知》(人社部函〔2010〕124号)的要求,抓紧统一规范业务经办程序,加快与部级异地转移系统的接入步伐,力争2010年底前三分之一以上地市入网接入服务,2011年底前全部地市(包括所属区县)入网接入服务,实现电子化转移业务模式,努力提高转移接续经办工作效率,为参保人员提供便捷的服务。

四、进一步做好经办管理工作。各地要严格执行国家政策及有关业务经办规定,为应对2011年元旦、春节期间可能出现的转移接续养老保险关系的高峰期,提前做好充分准备。要确保全国转移接续工作的统一和规范,不得随意调整和更改经办规程中的程序和表格;要简化、优化业务流程,提高工作效率,落实好办理时限;要通过国内各新闻媒体、互联网、热线电话、现场解答等多种形式,为参保人员提供咨询服务。各级社保经办机构要安排专人值守,确保向社会公布的联系渠道畅通。遇有单位地址、经办科室、电话号码等信息发生变更或需要补充的,要及时报告人力资源社会保障部社保中心,保持向社会公布信息的完整和准确。

关于城镇企业职工基本养老保险关系转移接续若干具体问题的意见

一、关于统筹基金(单位缴费)

参保人员跨省流动就业转移统筹基金时,属于临时基本养老保险缴费账户的,单位缴费比例超过12%的,按实际缴费比例计算转移金额;低于12%的,按12%计算转移金额。

以个人身份参加城镇企业职工基本养老保险的参保人员,在跨省流动就业转移统筹基金时,除记入个人账户的部分外,缴费比例高于或低于12%的,均按12%的标准计算转移金额。转移时为临时基本养老保险缴费账户的,缴费比例高于12%的,按实际缴费比例计算转移金额;低于12%的,按12%计算转移金额。

参保人员跨省流动就业转移的统筹基金不计利息。

二、关于个人账户记账利息

参保人员跨省流动就业转移个人账户储存额时,当地1998年1月1日之前已建立个人账户的,从本人建账之日起计算个人账户利息;之后建立个人账户的,统一从1998年1月1日计算个人账户利息(含放大或调整到规定账户规模调整额的利息)。转出地计算利息的截止时点为办理关系转移手续的上年末(指自然年度,下同),当年的缴费(含当年补缴历年欠费)和上年末累计个人账户储存额应在当年产生的利息,由转入地一并计算。

转移个人账户储存额时,转出地上年记账利率未公布的,按再上一年记账利率计算利息。

三、关于个人账户记账额

参保人员跨省流动就业转移个人账户储存额时,个人账户记账额与按规定计算的资金转移额不一致的,1998年1月1日之前已建立个人账户的,转出地和转入地均保留原个人账户记录;1998年1月1日至2005年12月31日期间,个人账户记账比例高于11%的部分不计算为转移资金,个人账户记录不予调整,低于11%的,转出地按11%计算转移资金,并相应调整个人账户记录;2006年1月1日之后个人账户记账比例高于8%的部分不转移,个人账户记录不予调整,低于8%的,转出地按8%计算转移资金,并相应调整个人账户记录。个人账户记录按规定调整后,参保人员又发生跨省流动的,不再作调整。

四、关于临时基本养老保险缴费账户

参保人员在2010年1月1日之前在非户籍所在地(以省为单位,下同)就业参保、2010年1月1日之后男性年满50周岁和女性年满40周岁的,参保人员在中断缴费期间男性年满50周岁和女性年满40周岁的,参保地不得将其基本养老保险关系调整为临时基本养老保险缴费账户。

男性年满50周岁和女性年满40周岁的人员,首次参保地为非户籍所在地的,参保地应为其建立临时基本养老保险缴费账户。

参保人员在建立临时基本养老保险缴费账户期间达到待遇领取条件时,原保留基本养老保险关系所在地负责将其临时基本养老保险缴费账户进行归集归并。其中,只有临时基本养老保险缴费账户的,由户籍所在地负责归集归并,并在办理转入手续的同时进行参保信息登记。

五、关于户籍所在地

参保人员在建立临时基本养老保险缴费账户期间迁入户籍的,从迁入的次月起将其临时基本养老保险缴费账户调整为基本养老保险关系。

参保人员达到待遇领取条件、尚未办理待遇领取手续期间,户籍发生变动的,在确定户籍所在地时,以其达到待遇领取条件的年龄时点为准。

六、关于参保缴费年限

在确定参保人员待遇领取地时,一地(省、自治区、直辖市为单位,下同)的累计缴费年限应包括在本地的实际缴费年限和计算在本地的视同缴费年限。其中,曾经在机关事业单位和企业工作的视同缴费年限,计算在首次建立基本养老保险关系所在地,只有临时基本养老保险缴费账户的,计算在户籍所在地;曾经在部队服役的军龄,按国家规定安置就业的,计算为本人退出现役后首次就业参保所在地的视同缴费年限,按国家规定不安置就业的(不包括自主择业的军队干部),计算为本人达到待遇领取条件时户籍所在地的视同缴费年限。

参保人员曾发生多次符合《暂行办法》第五条第(三)款规定的组织人事调动,在确定待遇领取地时,应将其累计缴费年限(含视同缴费年限)计算在最后调入地的参保缴费年限中。

七、关于待遇领取地

参保人员在《暂行办法》实施前已办理过基本养老保险关系转移的,实施后没有再跨省流动就业转移基本养老保险关系,在达到待遇领取条件时,其当前基本养老保险关系所在地为待遇领取地;实施后又再次跨省流动就业转移基本养老保险关系,在达到待遇领取条件时,按《暂行办法》规定确定待遇领取地。

八、关于缴费工资指数

参保人员跨省流动就业转移基本养老保险关系时,转入地对转出地记录的缴费基数不进行"封顶保底"计算和调整。参保人员达到待遇领取条件时,待遇领取地在计算该参保人员在其他地区参保缴费时段的缴费工资指数时上不封顶,下不保底。

九、关于欠费补缴

参保人员(含建立临时基本养老保险缴费账户的人员)跨省流动就业申请开具参保缴费凭证时,转出地社会保险经办机构对有欠费记录的应履行告知义务,在参保人员补缴欠费或明确放弃补缴欠费后,再开具参保缴费凭证。参保人员本人明确放弃补缴个人欠费的,需本人书面签字确认,单位欠费仍由转出地社会保险费征缴机构负责清理。

十、关于多重养老保险关系

参保人员在两地以上同时存续基本养老保险关系或重复缴纳基本养老保险费的,应按照"先转后清"的原则,由转入地社会保险经办机构负责按规定清理。

十一、关于预缴养老保险费

参保人员在跨省流动就业转移基本养老保险关系时,曾办理一次性预缴养老保险费的,先按规定比例计算转移金额;余额部分由转出地暂时保留封存,待本人达到待遇领取条件时再按有关规定处理。

十二、关于遗留问题

参保人员在《暂行办法》实施前跨省流动就业未按国家规定办理基本养老保险关系转移接续手续,已达到待遇领取条件且没有领取基本养老保险待遇的,应比照《暂行办法》的规定确定待遇领取地,并补办基本养老保险关系转续手续。待遇领取地应按规定将本地和异地的缴费年限(含视同缴费年限)合并计算,并核发基本养老保险待遇。

参保人员在《暂行办法》实施前已办理了基本养老保险关系转移接续手续,且已达到待遇领取条件,由当前基本养老保险关系所在地负责按规定将本地和异地缴费年限(含视同缴费年限)合并计算,并办理基本养老保险待遇核发手续。

4-1-56

人力资源社会保障部 财政部关于印发《城乡养老保险制度衔接暂行办法》的通知

2014年2月24日 人社部发〔2014〕17号

各省、自治区、直辖市人民政府,新疆生产建设兵团:

经国务院同意,现将《城乡养老保险制度衔接暂行办法》印发给你们,请认真贯彻执行。

实现城乡养老保险制度衔接,是贯彻落实党的十八届三中全会精神和社会保险法规定,进一步完善养老保险制度的重要内容。做好城乡养老保险制度衔接工作,有利于促进劳动力的合理流动,保障广大城乡参保人员的权益,对于健全和完善城乡统筹的社会保障体系具有重要意义。各地区要高度重视,加强组织领导,明确职责分工,密切协同配合,研究制定具体实施办法,深入开展政策宣传解释和培训,全力做好经办服务,抓好信息系统建设,确保城乡养老保险制度衔接工作平稳实施。

城乡养老保险制度衔接暂行办法

第一条 为了解决城乡养老保险制度衔接问题,维护参保人员的养老保险权益,依据《中华人民共和国社会保险法》和《实施〈中华人民共和国社会保险法〉若干规定》(人力资源和社会保障部令第13号)的规定,制定本办法。

第二条 本办法适用于参加城镇职工基本养老保险(以下简称城镇职工养老保险)、城乡居民基本养老保险(以下简称城乡居民养老保险)两种制度需要办理衔接手续的人员。已经按照国家规定领取养老保险待遇的人员,不再办理城乡养老保险制度衔接手续。

第三条 参加城镇职工养老保险和城乡居民养老保险人员,达到城镇职工养老保险法定退休年龄后,城镇职工养老保险缴费年限满15年(含延长缴费至15年)的,可以申请从城乡居民养老保险转入城镇职工养老保险,按照城镇职工养老保险办法计发相应待遇;城镇职工养老保险缴费年限不足15年的,可以申请从城镇职工养老保险转入城乡居民养老保险,待达到城乡居民养老保险规定的领取条件时,按照城乡居民养老保险办法计发相应待遇。

第四条 参保人员需办理城镇职工养老保险和城乡居民养老保险制度衔接手续的,先按城镇职工养老保险有关规定确定待遇领取地,并将城镇职工养老保险的养老保险关系归集至待遇领取地,再办理制度衔接手续。

参保人员申请办理制度衔接手续时,从城乡居民养老保险转入城镇职工养老保险的,在城镇职工养老保险待遇领取地提出申请办理;从城镇职工养老保险转入城乡居民养老保险的,在转入城乡居民养老保险待遇领取地提出申请办理。

第五条 参保人员从城乡居民养老保险转入城镇职工养老保险的,城乡居民养老保险个人账户全部储存额并入城镇职工养老保险个人账户,城乡居民养老保险缴费年限不合并计算或折算为城镇职工养老保险缴费年限。

第六条 参保人员从城镇职工养老保险转入城乡居民养老保险的,城镇职工养老保险个人账户全部储存额并入城乡居民养老保险个人账户,参加城镇职工养老保险的缴费年限合并计算为城乡居民养老保险的缴费年限。

第七条 参保人员若在同一年度内同时参加城镇职工养老保险和城乡居民养老保险的,其重复缴费时段(按月计算,下同)只计算城镇职工养老保险缴费年限,并将城乡居民养老保险重复缴费时段相应个人缴费和集体补助退还本人。

第八条 参保人员不得同时领取城镇职工养老保险和城乡居民养老保险待遇。对于同时领取城镇职工养老保险和城乡居民养老保险待遇的,终止并解除城乡居民养老保险关系,除政府补贴外的个人账户余额退还本人,已领取的城乡居民养老保险基础养老金应予以退还;本人不予退还的,由社会保险经办机构负责从城乡居民养老保险个人账户余额或者城镇职工养老保险基本养老金中抵扣。

第九条 参保人员办理城乡养老保险制度衔接手续时,按下列程序办理:

(一)由参保人员本人向待遇领取地社会保险经办机构提出养老保险制度衔接的书面申请。

(二)待遇领取地社会保险经办机构受理并审核参保人员书面申请,对符合本办法规定条件的,在15个工作日内,向参保人员原城镇职工养老保险、城乡居民养老保险关系所在地社会保险经办机构发出联系函,并提供相关信息;对不符合本办法规定条件的,向申请人作出说明。

(三)参保人员原城镇职工养老保险、城乡居民养老保险关系所在地社会保险经办机构在接到联系函的15个工作日内,完成制度衔接的参缴费信息传递和基金划转手续。

(四)待遇领取地社会保险经办机构收到参保人员原城镇职工养老保险、城乡居民养老保险关系所在地社会保险经办机构转移的资金后,应在15个工作日内办结有关手续,并将情况及时通知申请人。

第十条 健全完善全国县级以上社会保险经办机构联系方式信息库,并向社会公布,方便参保人员办理城乡养老保险制度衔接手续。建立全国统一的基本养老保险参保缴费信息查询服务系统,进一步完善全国社会保险关系转移系统,加快普及全国通用的社会保障卡,为参保人员查询参保缴费信息、办理城乡养老保险制度衔接提供便捷有效的技术服务。

第十一条 本办法从2014年7月1日起施行。各地已出台政策与本办法不符的,以本办法规定为准。

4-1-57

人力资源社会保障部 财政部关于印发在京中央国家机关事业单位工作人员养老保险制度改革实施办法的通知

2015年12月21日　人社部发〔2015〕112号

党中央各部门,国务院各部委、各直属机构,全国人大常委会办公厅、全国政协办公厅,最高人民法院,最高人民检察院,各民主党派中央,各人民团体:

现将《在京中央国家机关事业单位工作人员养老保险制度改革实施办法》印发给你们,请认真贯彻执行。

在京中央国家机关事业单位工作人员养老保险制度改革实施办法

根据《国务院关于机关事业单位工作人员养老保险制度改革的决定》(国发〔2015〕2号)、《国务院办公厅关于印发机关事业单位职业年金办法的通知》(国办发〔2015〕18号)和《人力资源社会保障部、财政部关于贯彻落实〈国务院关于机关事业单位工作人员养老保险制度改革的决定〉的通知》(人社部发〔2015〕28号)等规定,结合在京中央国家机关事业单位实际,制定本办法。

一、改革的目标和基本原则

(一)改革的目标。以邓小平理论、"三个代表"重要思想和科学发展观为指导,坚持全覆盖、保基本、多层次、可持续方针,以增强公平性、适应流动性、保证可持续性为重点,改革在京中央国家机关事业单位现行机关事业单位工作人员退休保障制度,逐步建立独立于机关事业单位之外、资金来源多渠道、保障方式多层次、管理服务社会化的养老保险体系。

(二)基本原则。在京中央国家机关事业单位实施机关事业单位养老保险制度改革应当坚持公平与效率相结合、权利与义务相对应、保障水平与经济发展水平相适应、改革前与改革后待遇水平相衔接、解决突出矛盾与保持可持续发展相促进的原则。

二、改革的范围

本办法适用于按照(参照)公务员法管理的在京中央国家机关(单位)、事业单位及其编制内的工作人员。具体是指法人注册地在北京,且执行在京中央国家机关规范津贴补贴和在京中央事业单位绩效工资政策的中央国家机关和事业单位编制内工作人员。

事业单位是指,根据《中共中央、国务院关于分类推进事业单位改革的指导意见》有关规定进行分类改革后的公益一类、二类事业单位。

对于目前划分为生产经营类,但尚未转企改制到位的事业单位,已参加北京市企业职工基本养老保险的仍继续参加;尚未参加的,暂参加在京中央国家机关事业单位基本养老保险,待其转企改制到位后,按有关规定纳入北京市企业职工基本养老保险范围。

对于目前尚未确定分类类型的事业单位,已参加北京市企业职工基本养老保险的仍继续参加;尚未参加的,暂参加在京中央国家机关事业单位基本养老保险,待其分类类型确定并改革到位后,纳入相应的养老保险制度。

要严格按照机关事业单位编制管理规定确定参保人员范围。编制外人员应依法参加企业职工基本养老保险。对于编制管理不规范的单位,要先按照有关规定进行清理规范,待明确工作人员身份后再纳入相应的养老保险制度。

三、基本养老保险基金筹集

实行社会统筹与个人账户相结合的基本养老保险制度。基本养老保险费由单位和个人共同负担。用人单位应当及时申报、按时足额缴纳养老保险费。单位缴纳基本养老保险费(以下简称单位缴费)的比例为本单位上年度工资总额的20%,计入社会统筹基金。个人缴纳基本养老保险费(以下简称个人缴费)的比例为本人上年度缴费工资的8%,由单位代扣。本单位工资总额为参加机关事业单位养老保险工作人员的个人缴费工资基数之和。

机关单位(含参公管理的单位)工作人员的个人缴费工资基数包括:本人上年度工资收入中的基本工资、国家统一的津贴补贴(警衔津贴、海关津贴等国家统一规定纳入原退休费计发基数的项目)、规范后的津贴补贴(地区附加津贴)、工改保留补贴、在京中央国家机关适当补贴、年终一次性奖金。

事业单位工作人员的个人缴费工资基数包括:本人上年度工资收入中的基本工资、国家统一的津贴补贴(国家统一规定纳入原退休费计发基数的项目)、工改保留补贴、绩效工资(限高线以下部分)。

其余项目暂不纳入个人缴费工资基数。

2014年10月1日至2014年12月31日的个人缴费基数按照2013年度本人工资收入中包含的个人缴费基数项目确定。2015年度及以后年度的个人缴费基数按上年度本人工资收入中包含的个人缴费基数项目确定。个人缴费工资基数超过北京市上年度职工平均工资300%以上的部分以及事业单位绩效工资超过限高线的部分,不计入个人缴费工资基数;低于北京市上年度职工平均工资60%的,按北京市上年度职工平均工资的60%计算个人缴费工资基数。

在京中央国家机关事业单位外派到国(境)外的工作人员,由原单位以其档案工资中包含的个人缴费基数项目并参照本单位同类人员的国内工资标准确定个人缴费基数。

四、基本养老保险个人账户

按本人缴费工资8%的数额建立基本养老保险个人账户,全部由个人缴费形成。个人账户储存额只用于工作人员养老,不得提前支取,每年按照国家统一公布的记账利率计算利息,免征利息税。参保人员死亡的,个人账户余额可以依法继承。

基本养老保险个人账户记账利率按照国家统一规定执行。

五、基本养老金计发办法

(一)本办法实施后参加工作、个人缴费年限累计满15年的人员,退休后按月发给基本养老金。基本养老金由基础养老金和个人账户养老金组成。退休时的基础养老金月标准以北京市上年度在岗职工月平均工资和本人指数化月平均缴费工资的平均值为基数,缴费每满1年发给1%。个人账户养老金月标准为个人账户储存额除以计发月数,计发月数根据本人退休时城镇人口平均预期寿命、本人退休年龄、利息等因素确定(详见附件)。

(二)本办法实施前参加工作、实施后退休且缴费年限(含视同缴费年限,下同)累计满15年的人员(以下简称"中人"),按照合理衔接、平稳过渡的原则,在发给基础养老金和个人账户养老金的基础上,再依据视同缴费年限长短发给过渡性养老金。"中人"具体过渡办法另行制定。

(三)对于改革前曾参加企业职工基本养老保险、改革后参加机关事业单位基本养老保险的工作人员,其参加企业职工基本养老保险的实际缴费年限应予确认,不认定为视同缴费年限,并与参加机关事业单位基本养老保险的实际缴费年限合并计算。其他情形视同缴费年限的认定,按照国家有关规定执行。在本人退休时,根据其实际缴费年限、视同缴费年限及对应的视同缴费指数等因素计发基本养老金。

(四)本办法实施后达到退休年龄但个人缴费年限累计不满15年的人员,其基本养老保险关系处理和基本养老金计发比照《实施〈中华人民共和国社会保险法〉若干规定》(人力资源社会保障部令第13号)执行。

(五)本办法实施前为编制内工作人员且已经退休的,继续按照国家规定的原待遇标准发放基本养老金,其纳入在京中央国家机关事业单位养老保险基金支付的项目为国家规定的基本退休费、退休人员补贴和其他国家统一规定的补贴(在京中央国家机关适当补贴、工改保留补贴以及教龄津贴、护龄津贴、特级教师津贴等按原标准100%发给部分),同时执行基本养老金调整办法;其它项目(政府特殊津贴、提租补贴、取暖费、物业费等)仍从原渠道列支。本办法实施前为编制外工作人员且已经退休的,参加北京市企业职工养老保险并按规定领取养老待遇。

(六)机关事业单位离休人员按照国家统一规定发给离休费,并调整相关待遇。具体办法由人力资源社会保障部会同有关部门制定。

六、基本养老金调整

根据职工工资增长和物价变动等情况,国家统筹安排在京中央国家机关事业单位退休人员的基本养老金调整,逐步建立兼顾各类人员的养老保险待遇正常调整机制,分享经济社会发展成果,保障退休人员基本生活。

七、基金管理和监督

在京中央国家机关事业单位及其工作人员应按规定及时足额缴纳养老保险费。养老保险基金单独统筹,实行收支两条线,纳入社会保障基金财政专户,专款专用。依法加强基金监管,确保基金安全。

在京中央国家机关事业单位执行统一的机关事业单位基本养老保险制度和政策,统一基本养老保险缴费比例和缴费基数项目,统一基本养老金计发办法、统筹项目和标准以及基本养老金调整办法,统一编制和实施基本养老保险基金预算。按照国家统一制定的业务经办流程和信息管理系统建设要求,统一基本养老保险业务经办规程和管理制度,统一建设信息管理系统,实现集中管理数据资源。机关事业单位基本养老保险基金财务管理办法另行制定。

八、养老保险关系转移接续

参保人员在在京中央国家机关事业单位之间流动,只转移养老保险关系,不转移基金。参保人员跨统筹范围流动或在机关事业单位与企业之间流动,在转移养老保险关系的同时,基本养老保险个人账户储存额随同转移,并以本人改革后各年度实际缴费工资为基数,按12%的总和转移统筹基金,参保缴费不足1年的,按实际缴费月数计算转移基金。转移后基本养老保险缴费年限(含视同缴费年限)、个人账户储存额累计计算。

九、职业年金制度

在京中央国家机关事业单位在参加基本养老保险的基础上,应当为其工作人员建立职业年金。单位按本单位工资总额的8%缴费,个人按本人缴费工资基数的4%缴费。工作人员退休后,按月领取职业年金待遇。在京中央国家机关事业单位的职业年金基金由人力资源社会保障部负责集中受托管理;中央国家机关所属京外单位的职业年金实行属地化管理。具体办法按照国办发〔2015〕18号文件执行。

十、其他政策

(一)改革前已经参加北京市企业职工养老保险、事业单位分类后划分为公益一类或二类的在京中央国家机关所属事业单位及其编制内的工作人员,参加在京中央国家机关事业单位养老保险。其中,在职人员可按规定将其养老保险关系转续至机关事业单位养老保险,退休时按照有关规定计发待遇;改革前已经退休的人员,继续按原有待遇标准发放养老金,同时执行基本养老金调整办法。

(二)参加在京中央国家机关事业单位养老保险的单位中的编制内劳动合同制工人,按规定参加在京中央国家机关事业单位养老保险。其中,已参加北京市企业职工养老保险的,在职人员按规定将其养老保险关系转续至机关事业单位养老保险,退休时按照有关规定计发待遇;改革前已经退休的人员,继续按原有待遇标准发放养老金,同时执行机关事业单位基本养老金调整办法。

(三)驻外外交人员随任配偶属在京中央国家机关事业单位编制内人员的,参加在京中央国家机关事业单位养老保险,具体办法按《关于加强驻外外交人员随任配偶保障工作的通知》(外发〔2006〕35号)执行。

(四)改革后获得省部级以上劳模、有重大贡献的高级专家等荣誉称号的在京中央国家机关事业单位工作人员,在职时给予一次性奖励,退休时不再提高基本退休费计发比例,奖励所需资金不得从养老保险基金中列支。对于改革前已获得此类荣誉称号的工作人员,本人退休时给予一次性退休补贴并支付给本人,资金从原渠道列支。一次性退休补贴标准由人力资源社会保障部会同相关部门根据平衡衔接的原则予以确定。符合原有加发退休费情况的其他人员,按照上述办法处理。

(五)曾有企业工作经历的中央国家机关事业单位工作人员,在企业工作期间应缴未缴养老保险费的,应按企业职工养老保险有关规定补缴后将养老保险关系转续至机关事业单位养老保险;未按规定补缴的,应缴未缴的工作年限作为中断缴费年限。

(六)改革后,按照国家有关政策和干部管理权限,经批准可适当延长退休年龄的工作人员,继续参保缴费。其中少数人员年满70岁时仍继续工作的,个人可以选择继续缴费,也可以选择不再继续缴费。待正式办理退休手续时,按规定计发养老待遇。

十一、养老保险经办能力建设

人力资源社会保障部社会保险事业管理中心负责在京中央国家机关事业单位养老保险参保登记、申报核定、保险费征收、养老保险关系转移、待遇核定和支付、稽核与内控等工作。要优化业务经办流程,建立健全管理制度,实现规范化、信息化和专业化管理,逐步提高在京中央国家机关事业单位社会保险社会化管理服务水平,实行基本养老金社会化发放,不断提高工作效率和服务质量。

在京中央国家机关事业单位工作人员养老保险信息系统由人力资源社会保障部统一规划建设、集中部署实施,并与中央编办、财政部等部门和相关商业银行的系统相衔接,实现业务协同和信息共享。由北京市发放全国统一的社会保障卡,支持养老保险业务管理和服务。利用互联网、移动终端、自助一体机等渠道,建设一体化的公共服务系统,为机关事业单位及工作人员提供便捷、高效、安全的服务。

十二、组织实施工作要求

机关事业单位养老保险制度改革,涉及在京中央国家机关事业单位工作人员的切身利益,是一项涉及面广、政策性强的工作。各部门要制定贯彻国发〔2015〕2号文件的工作方案,明确工作任务、分工和要求,并报人力资源社会保障部、财政部备案。要切实加强领导,精心组织实施,采取宣传、培训等方式向机关事业单位工作人员准确解读改革的目标和政策,让他们关心和支持改革工作,保证改革顺利实施。要结合本部门实际,认真排查风险点,制定应对预案,把工作做实做细,保持社会稳定。人力资源社会保障部、财政部负责对本办法的执行情况进行监督检查。

本办法自2014年10月1日起实施,已有规定与本办法不一致的,按本办法执行。

本办法由人力资源社会保障部、财政部负责解释。

附件:个人账户养老金计发月数表(编者略)

4-1-58

人力资源社会保障部关于城镇企业职工基本养老保险关系转移接续若干问题的通知

2016年11月28日　人社部规〔2016〕5号

各省、自治区、直辖市及新疆生产建设兵团人力资源社会保障厅(局):

国务院办公厅转发的人力资源社会保障部、财政部《城镇企业职工基本养老保险关系转移接续暂行办法》（国办发〔2009〕66号，以下简称《暂行办法》）实施以来，跨省流动就业人员的养老保险关系转移接续工作总体运行平稳，较好地保障了参保人员的养老保险权益。但在实施过程中，也出现了一些新情况和新问题，导致部分参保人员养老保险关系转移接续存在困难。为进一步做好城镇企业职工养老保险关系转移接续工作，现就有关问题通知如下：

一、关于视同缴费年限计算地问题。参保人员待遇领取地按照《暂行办法》第六条和第十二条执行，即，基本养老保险关系在户籍所在地的，由户籍所在地负责办理待遇领取手续；基本养老保险关系不在户籍所在地，而在其基本养老保险关系所在地累计缴费年限满10年的，在该地办理待遇领取手续；基本养老保险关系不在户籍所在地，且在其基本养老保险关系所在地累计缴费年限不满10年的，将其基本养老保险关系转回上一个缴费年限满10年的原参保地办理待遇领取手续；基本养老保险关系不在户籍所在地，且在每个参保地的累计缴费年限均不满10年的，将其基本养老保险关系及相应资金归集到户籍所在地，由户籍所在地按规定办理待遇领取手续。缴费年限，除另有特殊规定外，均包括视同缴费年限。

一地（以省、自治区、直辖市为单位）的累计缴费年限包括在本地的实际缴费年限和计算在本地的视同缴费年限。其中，曾经在机关事业单位和企业工作的视同缴费年限，计算为当时工作地的视同缴费年限；在多地有视同缴费年限的，分别计算为各地的视同缴费年限。

二、关于缴费信息历史遗留问题的处理。由于各地政策或建立个人账户时间不一致等客观原因，参保人员在跨省转移接续养老保险关系时，转出地无法按月提供1998年1月1日之前缴费信息或者提供的1998年1月1日之前缴费信息无法在转入地计发待遇的，转入地应根据转出地提供的缴费时间记录，结合档案记载将相应年度计为视同缴费年限。

三、关于临时基本养老保险缴费账户的管理。参保人员在建立临时基本养老保险缴费账户地按照社会保险法规定，缴纳建立临时基本养老保险缴费账户前应缴未缴的养老保险费的，其临时基本养老保险缴费账户性质不予改变，转移接续养老保险关系时按照临时基本养老保险缴费账户的规定全额转移。

参保人员在建立临时基本养老保险缴费账户期间再次跨省流动就业的，封存原临时基本养老保险缴费账户，待达到待遇领取条件时，由待遇领取地社会保险经办机构统一归集原临时养老保险关系。

四、关于一次性缴纳养老保险费的转移。跨省流动就业人员转移接续养老保险关系时，对于符合国家规定一次性缴纳养老保险费超过3年（含）的，转出地应向转入地提供人民法院、审计部门、实施劳动保障监察的行政部门或劳动争议仲裁委员会出具的具有法律效力证明一次性缴费期间存在劳动关系的相应文书。

五、关于重复领取基本养老金的处理。《暂行办法》实施之后重复领取基本养老金的参保人员，由本人与社会保险经办机构协商确定保留其中一个养老保险关系并继续领取待遇，其他的养老保险关系应予以清理，个人账户剩余部分一次性退还本人。

六、关于退役军人养老保险关系转移接续。军人退役基本养老保险关系转移至安置地后，安置地应为其办理登记手续并接续养老保险关系，退役养老保险补助年限计算为安置地的实际参保缴费年限。

退役军人跨省流动就业的，其在1998年1月1日至2005年12月31日间的退役养老保险补助，转出地应按11%计算转移资金，并相应调整个人账户记录，所需资金从统筹基金中列支。

七、关于城镇企业成建制跨省转移养老保险关系的处理。城镇企业成建制跨省转移，按照《暂行办法》的规定转移接续养老保险关系。在省级政府主导下的规模以上企业成建制转移，可根据两省协商，妥善转移接续养老保险关系。

八、关于户籍所在地社会保险经办机构归集责任。跨省流动就业人员未在户籍地参保，但按国家规定达到待遇领取条件时待遇领取地为户籍地的，户籍地社会保险经办机构应为参保人员办理登记手续并办理养老保险关系转移接续手续，将各地的养老保险关系归集至户籍地，并核发相应的养老保险待遇。

九、本通知从印发之日起执行。人力资源社会保障部《关于贯彻落实国务院办公厅转发城镇企业职工基本养老保险关系转移接续暂行办法的通知》（人社部发〔2009〕187号）、《关于印发城镇企业职工基本养老保险关系转移接续若干具体问题意见的通知》（人社部发〔2010〕70号）、《人力资源社会保障部办公厅关于职工基本养老保险关系转移接续有关问题的函》（人社厅函〔2013〕250号）与本通知不一致的，以本通知为准。参保人员已经按照原有规定办理退休手续的，不再予以调整。

4-1-59

人力资源社会保障部　财政部关于机关事业单位基本养老保险关系和职业年金转移接续有关问题的通知

2017年1月12日　人社部规〔2017〕1号

各省、自治区、直辖市及新疆生产建设兵团人力资源社会保障厅（局）、财政（务）厅（局）：

按照《国务院关于机关事业单位工作人员养老保险制度改革的决定》（国发〔2015〕2号）和《国务院办公厅关于印发机关事业单位职业年金办法的通知》（国办发〔2015〕18号）的规定，为做好机关事业单位养老保险参保人员基本养老保险关系和职业年金转移接续工作，切实维护流动就业人员的养老保险权益，现就有关问题通知如下：

一、关于机关事业单位基本养老保险关系转移接续

（一）参保人员在同一统筹范围内的机关事业单位之间流动的，只转移基本养老保险关系，不转移基金。

（二）参保人员在机关事业单位养老保险制度内跨统筹范围流动的，在转移基本养老保险关系的同时，转移基金。

（三）参保人员从机关事业单位流动到企业的，在转移基本养老保险关系的同时，转移基金。其中，参保人员经组织批准从机关事业单位调动到企业的，基本养老保险关系转移

至调入企业参保地的企业职工基本养老保险社保经办机构;参保人员因辞职、辞退等原因离开机关事业单位的,基本养老保险关系转移至户籍所在地的企业职工基本养老保险社保经办机构。以后在户籍所在地以外就业参保的,基本养老保险关系转移接续按照《国务院办公厅关于转发人力资源社会保障部、财政部城镇企业职工基本养老保险关系转移接续暂行办法的通知》(国办发〔2009〕66号)相关规定执行;高校、科研院所等事业单位专业技术人员离岗创业保留人事关系期间,可暂不转移基本养老保险关系。待其正式办理离职后,根据其重新就业情况,按照上述办法相应转移接续基本养老保险关系。

(四)参保人员跨统筹范围流动或从机关事业单位流动到企业的,个人缴费部分按计入本人基本养老保险个人账户的全部储存额计算转移;单位缴费部分以本人改革后各年度实际缴费工资为基数,按12%的总和转移,参保缴费不足1年的,按实际缴费月数计算转移。

(五)参保人员从企业流动到机关事业单位的,在转移基本养老保险关系的同时,个人缴费部分和单位缴费部分转移比照国办发〔2009〕66号文件相关规定执行。其中,改革前曾参加企业职工基本养老保险、改革后参加机关事业单位基本养老保险的参保人员,按照上述办法转移接续在企业参保期间的基本养老保险关系。

(六)改革前参加地方原有机关事业单位养老保险试点、改革后纳入机关事业单位基本养老保险的人员,在转移接续基本养老保险关系时,不转移参加试点期间的单位缴费和个人缴费,改革前的个人缴费本息按照《人力资源社会保障部、财政部关于贯彻落实〈国务院关于机关事业单位工作人员养老保险制度改革的决定〉的通知》(人社部发〔2015〕28号)有关规定执行。

二、关于机关事业单位参保人员养老保险关系转移接续后的职业年金补记

(一)参保人员办理了正式调动或辞职、辞退手续离开机关事业单位的,根据改革前本人在机关事业单位工作的年限长短补记职业年金,以实账方式划转至本人职业年金个人账户,所需资金由其原所在单位按现行经费保障渠道解决。

(二)参保人员从企业再次流动到机关事业单位的,本人退休时,按照机关事业单位养老保险办法计发待遇,同时补记职业年金的本金及投资收益划转到待遇领取地机关事业单位基本养老保险统筹基金。若参保人员在退休前从机关事业单位又流动到企业的,不再重复补记职业年金,原补记的职业年金转移和管理运营按照国办发〔2015〕18号文件规定执行。

三、关于养老保险关系转移接续后的相关待遇计发参数

(一)参保人员在机关事业单位之间跨统筹范围流动的,待达到退休年龄时,视同缴费指数根据本人退休时的职务职级(技术职称)所对应的待遇领取地的视同缴费指数标准确定;过渡期内老办法待遇标准中的退休补贴标准,根据2014年9月本人的职务职级(技术职称)对应的待遇领取地退休补贴标准确定;在其他统筹地区参保缴费时段的实际缴费指数,可以按照本人相应年度缴费工资基数和待遇领取地对应的上年度在岗职工平均工资计算,也可以按照本人相应年度缴费工资基数和其他统筹地区对应的上年度在岗职工平均工资计算,就高不就低。

(二)参保人员从机关事业单位流动到企业参保的,其视同缴费指数按企业职工基本养老保险有关政策确定。

（三）改革后，参保人员从企业流动到机关事业单位，过渡期内达到退休年龄的，可参照待遇领取地同等条件（如职务、技术职称等）人员的标准，确定其老办法待遇标准，实行新老办法对比计发养老待遇，具体办法由各地根据实际制定。过渡期之后达到退休年龄的，直接按照新办法计发养老待遇。其他类似人员，按照上述办法处理。

（四）参保人员在机关事业单位与企业之间流动的，养老保险关系转移接续后的基本养老保险缴费年限（含视同缴费年限）、个人账户储存额累计计算。

四、关于养老保险关系转移接续后的待遇领取地确定

（一）参加机关事业单位养老保险制度的人员达到退休年龄时，其退休时的基本养老保险关系所在地为待遇领取地。

（二）参保人员从机关事业单位流动到企业的，待达到退休年龄时，按照国办发〔2009〕66号文件等规定确定待遇领取地。

五、关于处理多重养老保险关系

参保人员同时存续多重基本养老保险关系或重复缴纳基本养老保险费的，应按照"先转后清"的原则，由转入地社保经办机构负责按规定清理。

六、关于职业年金转移接续

职业年金个人账户实账部分按照国办发〔2015〕18号文件的规定转移接续，职业年金单位缴费采取记账方式管理的部分，按以下办法转移接续：

（一）参保人员在由相应的同级财政全额供款的单位之间流动时，可转移本人的职业年金单位缴费部分的累计记账额，继续由转入单位采取记账方式管理。

（二）参保人员由机关事业单位流动到企业、在非同级财政全额供款的单位之间流动，或者由财政全额供款单位流动到非财政全额供款单位的，应当由转出单位相应的同级财政保障拨付资金记实后转移接续。

（三）参保人员由非财政全额供款单位流动到财政全额供款单位后，原实账积累的个人账户资金按规定转移接续，同时其到新就业单位后的职业年金单位缴费部分可采取记账方式管理。

七、关于职业年金、企业年金个人账户管理和待遇计发

（一）参保人员在机关事业单位与企业之间流动时，本人职业年金或者企业年金个人账户包含的按照规定正常缴费形成的职业年金（以下简称正常缴费）、参加本地机关事业单位养老保险试点的个人缴费本息划转的资金（以下简称划转缴费）、补记的职业年金（以下简称补记缴费）和企业年金分别管理并计算收益。

（二）参保人员从机关事业单位流动到企业并在企业职工养老保险制度内达到退休年龄，参加所在企业建立企业年金计划的，将正常缴费、补记缴费和企业年金累计储存额合并计算，按照企业年金制度相关规定领取企业年金待遇，同时将划转缴费累计储存额一次性支付给本人。

（三）参保人员从机关事业单位流动到企业并在企业职工养老保险制度内达到退休年龄，所在企业没有建立企业年金计划并由原管理机构管理运营正常缴费、划转缴费和补记缴费的，将正常缴费和补记缴费累计储存额合并计算，按照国办发〔2015〕18号文件规定领取职业年金待遇，同时将划转缴费累计储存额一次性支付给本人。

（四）参保人员从企业流动到机关事业单位的，原在企业建立的企业年金按规定转移并投资运营。在机关事业单位养老保险制度内达到退休年龄的，过渡期内，企业年金累计储存额不计入新老办法标准对比范围，按照企业年金制度相关规定领取企业年金待遇，同时按照国办发〔2015〕18号文件规定领取职业年金待遇；过渡期之后，将职业年金、企业年金累计储存额合并计算，按照国办发〔2015〕18号文件规定领取职业年金待遇。

（五）参保人员在职期间或退休后死亡的，其正常缴费、划转缴费、补记缴费和企业年金累计储存余额可以继承。

机关事业单位基本养老保险关系和职业年金转移接续经办规程另行制定。

本通知自2014年10月1日开始执行，已有规定与本通知不一致的，按本通知执行。

4-1-60

人力资源社会保障部　财政部关于印发统一和规范职工养老保险个人账户记账利率办法的通知

2017年4月13日　人社部发〔2017〕31号

各省、自治区、直辖市及新疆生产建设兵团人力资源社会保障厅（局）、财政（务）厅（局），中央国家机关养老保险管理中心：

根据《国务院关于机关事业单位工作人员养老保险制度改革的决定》（国发〔2015〕2号）和《国务院办公厅关于印发机关事业单位职业年金办法的通知》（国办发〔2015〕18号）精神，现将《统一和规范职工养老保险个人账户记账利率办法》印发给你们，请认真贯彻执行。

统一和规范职工养老保险个人账户记账利率办法

按照党中央、国务院关于完善个人账户制度的部署，为进一步促进养老保险制度的公平统一，增强参保缴费的激励约束作用，特制定统一和规范职工养老保险个人账户记账利率办法。

一、统一和规范记账利率的基本原则。一是坚持制度公平性，统一确定机关事业单位和企业职工基本养老保险个人账户记账利率。二是增强制度激励作用，引导参保人员积极参保和足额缴费。三是保证合理待遇水平，保证职工基本养老保险个人账户养老金和职业年金合理的替代率水平，保障参保人员退休后的基本生活。四是坚持制度可持续发展，体现精算平衡，科学确定职工基本养老保险和职业年金个人账户记账利率的规则和水平。

二、统一职工基本养老保险个人账户记账利率。统一机关事业单位和企业职工基本养老保险个人账户记账利率，每年由国家统一公布。记账利率应主要考虑职工工资增长和基金平衡状况等因素研究确定,并通过合理的系数进行调整。记账利率不得低于银行定期存款利率。

三、确定职业年金个人账户记账利率办法。职业年金个人账户记账利率根据实账积累部分的投资收益率确定,建立一个或多个职业年金计划的省(区、市),职业年金的月记账利率为实际投资收益率或根据多个职业年金计划实际投资收益率经加权平均后的收益率。

四、规范职工个人账户记账利率公布时间。职工基本养老保险个人账户记账利率每年6月份由人力资源社会保障部和财政部公布。职业年金个人账户记账利率由人力资源社会保障部和财政部根据各省(区、市)职业年金实账积累部分投资收益情况,每年公布一次。

4-1-61

人力资源社会保障部 财政部关于进一步完善企业职工基本养老保险省级统筹制度的通知

2017年9月14日 人社部发〔2017〕72号

各省、自治区、直辖市及新疆生产建设兵团人力资源社会保障厅(局)、财政(务)厅(局):

2007年,原劳动保障部、财政部《关于推进企业职工基本养老保险省级统筹有关问题的通知》(劳社部发〔2007〕3号)下发以来,各地不断建立健全省级统筹制度,有效促进了养老保险政策统一,提高了管理水平和工作效率,增强了确保发放能力,也促进了人力资源合理流动。由于各地经济社会发展及推进工作力度存在差异,目前省级统筹工作开展尚不平衡,一些地区还存在政策不统一、管理不规范等问题。为了进一步完善省级统筹制度,推动实现全国统筹,现就有关问题通知如下:

一、各地要在基本养老保险制度、缴费政策、待遇政策、基金使用、基金预算和经办管理实现"六统一"的基础上,积极创造条件实现全省基本养老保险基金统收统支。省级统筹制度应覆盖全省(自治区、直辖市)所有地区,目前省内仍实行单独统筹的地区(含计划单列市、副省级省会城市、经济特区、各类开发园区等)要尽快将其纳入省级统筹范围,执行全省(自治区、直辖市)统一政策。

二、各地要严格按照国家统一规定执行基本养老保险费率政策,不得自行调整费率。需要调整时,须按规定报请人力资源社会保障部和财政部批复。违规自行出台费率调整政策的,要立即纠正。全省应执行统一的费率政策,目前企业职工基本养老保险费率尚未统一的省份,要制定过渡措施,最迟2020年实现全省费率统一。

三、各地要按照国家规定,统一基本养老保险单位缴费基数和个人缴费基数核定办法,并健全工作机制,夯实缴费基数。在确定个人缴费上下限基数等参数时,目前尚未使用全省在岗职工平均工资的,要制定过渡措施,尽快实现统一。

四、各地要严格执行国家统一的待遇政策,严格调控养老待遇水平,不得自行出台待遇政策或将统筹外项目纳入基本养老保险基金支付范围。企业退休人员基本养老金调整由省级人民政府按照国家规定统一部署实施,严格按照人力资源社会保障部、财政部批复的标准进行调整,全省实行统一的调整办法。

五、各地要在不断完善省级预算制度的基础上,加强对基本养老保险基金的统一调度使用。要明确省、地(市)、县各级政府的责任,进一步强化基金收支管理。要进一步建立健全省内基金缺口分担机制和基本养老保险基金管理的激励约束机制,在省级调剂制度和缺口分担机制中,进一步体现与工作绩效挂钩。

六、各地要统一全省企业职工基本养老保险业务经办规程,加强对各级经办机构的业务指导,实现规范化、统一化管理。要以实现全省统一信息系统为目标,尽快完成包括企业职工基本养老保险在内的社会保险信息系统和数据向省级集中,推动信息的纵向互通、横向共享。健全完善线上线下公共服务体系,为参保人员提供更加便捷的服务。

完善企业职工基本养老保险省级统筹制度是深化养老保险制度改革的重要内容,关系改革、发展和稳定的大局。各地要高度重视,切实加强领导,健全工作机制,认真组织实施,促进养老保险制度的健康持续发展。

4-1-62

人力资源社会保障部 财政部关于建立城乡居民基本养老保险待遇确定和基础养老金正常调整机制的指导意见

2018年3月26日 人社部发〔2018〕21号

各省、自治区、直辖市及新疆生产建设兵团人力资源社会保障厅(局)、财政厅(局),各计划单列市人力资源社会保障局、财政局:

党中央、国务院高度重视城乡社会保障体系建设,2014年在全国建立了统一的城乡居民基本养老保险制度,在保障城乡老年居民基本生活、调节收入分配、促进社会和谐稳定等方面发挥了积极作用。同时,还存在着保障水平较低、待遇确定和正常调整机制尚未健全、缴费激励约束机制不强等问题。根据中央关于改革和完善基本养老保险制度的要求,为进一步完善城乡居民基本养老保险制度,经党中央、国务院同意,现就建立城乡居民基本养老保险待遇确定和基础养老金正常调整机制提出以下意见。

一、总体要求

全面贯彻党的十九大精神,以习近平新时代中国特色社会主义思想为指导,紧紧围绕统筹推进"五位一体"总体布局和协调推进"四个全面"战略布局,牢固树立和贯彻落实新发展理念,坚持以人民为中心的发展思想,按照兜底线、织密网、建机制的要求,建立激励约束有效、筹资权责清晰、保障水平适度的城乡居民基本养老保险待遇确定和基础养老金正常调整机制,推动城乡居民基本养老保险待遇水平随经济发展而逐步提高,确保参保居民共享经济社会发展成果,促进城乡居民基本养老保险制度健康发展,不断增强参保居民的获得感、幸福感、安全感。

二、主要任务

（一）完善待遇确定机制。城乡居民基本养老保险待遇由基础养老金和个人账户养老金构成。基础养老金由中央和地方确定标准并全额支付给符合领取条件的参保人；个人账户养老金由个人账户全部储存额除以计发系数确定。明确各级人民政府、集体经济组织和参保居民等各方面的责任。中央根据全国城乡居民人均可支配收入和财力状况等因素，合理确定全国基础养老金最低标准。地方应当根据当地实际提高基础养老金标准，对65岁及以上参保城乡老年居民予以适当倾斜；对长期缴费、超过最低缴费年限的，应适当加发年限基础养老金。各地提高基础养老金和加发年限基础养老金标准所需资金由地方负担。引导激励符合条件的城乡居民早参保、多缴费，增加个人账户资金积累，优化养老保险待遇结构，提高待遇水平。

（二）建立基础养老金正常调整机制。人力资源社会保障部会同财政部，统筹考虑城乡居民收入增长、物价变动和职工基本养老保险等其他社会保障标准调整情况，适时提出城乡居民全国基础养老金最低标准调整方案，报请党中央和国务院确定。地方基础养老金的调整，应由当地人力资源社会保障部门会同财政部门提出方案，报请同级党委和政府确定。

（三）建立个人缴费档次标准调整机制。各地要根据城乡居民收入增长情况，合理确定和调整城乡居民基本养老保险缴费档次标准，供城乡居民选择。最高缴费档次标准原则上不超过当地灵活就业人员参加职工基本养老保险的年缴费额。对重度残疾人等缴费困难群体，可保留现行最低缴费档次标准。

（四）建立缴费补贴调整机制。各地要建立城乡居民基本养老保险缴费补贴动态调整机制，根据经济发展、个人缴费标准提高和财力状况，合理调整缴费补贴水平，对选择较高档次缴费的人员可适当增加缴费补贴，引导城乡居民选择高档次标准缴费。鼓励集体经济组织提高缴费补助，鼓励其他社会组织、公益慈善组织、个人为参保人缴费加大资助。

（五）实现个人账户基金保值增值。各地要按照《国务院关于印发基本养老保险基金投资管理办法的通知》（国发〔2015〕48号）要求和规定，开展城乡居民基本养老保险基金委托投资，实现基金保值增值，提高个人账户养老金水平和基金支付能力。

三、工作要求

（一）加强组织领导。建立城乡居民基本养老保险待遇确定和基础养老金正常调整机制是党中央、国务院部署的重要任务，是基本养老保险制度改革的重要内容，关系到广大城乡居民的切身利益，各级人力资源社会保障部门、财政部门要高度重视，加强组织领导，明确部门责任，切实把政策落实到位。

（二）完善机制建设。各地要根据本指导意见的精神，逐项落实各项政策，尽力而为，量力而行，建立和完善适合本地区情况的城乡居民基本养老保险待遇确定和基础养老金调整机制。

（三）强化部门协同。各地人力资源社会保障部门、财政部门要切实履行职责，加强协调配合，精心制定工作方案，共同做好基础养老金、个人缴费档次标准、政府补贴标准等测算和调整工作，相关标准和政策报上级人力资源社会保障部门和财政部门备案。

（四）做好政策宣传。要采取多种方式全面准确解读政策，正确引导社会舆论，让参保居民形成合理的预期。

4–1–63

人力资源社会保障部 财政部 国家税务总局 银保监会 证监会 关于印发《个人养老金实施办法》的通知

2022年10月26日 人社部发〔2022〕70号

各省、自治区、直辖市及新疆生产建设兵团人力资源社会保障厅（局）、财政厅（局），国家税务总局各省、自治区、直辖市、计划单列市税务局，各银保监局、证监局：

为贯彻落实《国务院办公厅关于推动个人养老金发展的意见》（国办发〔2022〕7号），我们制定了《个人养老金实施办法》，现印发给你们，请认真贯彻落实。实施中遇到新情况、新问题，请及时向主管部门报告。

个人养老金实施办法

第一章 总 则

第一条 为贯彻落实《国务院办公厅关于推动个人养老金发展的意见》（国办发〔2022〕7号），加强个人养老金业务管理，规范个人养老金运作流程，制定本实施办法。

第二条 个人养老金是指政府政策支持、个人自愿参加、市场化运营、实现养老保险补充功能的制度。个人养老金实行个人账户制，缴费完全由参加人个人承担，自主选择购买符合规定的储蓄存款、理财产品、商业养老保险、公募基金等金融产品（以下统称个人养老金产品），实行完全积累，按照国家有关规定享受税收优惠政策。

第三条 本实施办法适用于个人养老金的参加人、人力资源社会保障部组织建设的个人养老金信息管理服务平台（以下简称信息平台）、金融行业平台、参与金融机构和相关政府部门等。

个人养老金的参加人应当是在中国境内参加城镇职工基本养老保险或者城乡居民基本养老保险的劳动者。金融行业平台为金融监管部门组织建设的业务信息平台。参与金融机构包括经中国银行保险监督管理委员会确定开办个人养老金资金账户业务的商业银行（以下简称商业银行），以及经金融监管部门确定的个人养老金产品发行机构和销售机构。

第四条 信息平台对接商业银行和金融行业平台，以及相关政府部门，为个人养老金实施、参与部门职责内监管和政府宏观指导提供支持。

信息平台通过国家社会保险公共服务平台、全国人力资源和社会保障政务服务平台、电子社保卡、掌上12333APP等全国统一线上服务入口或者商业银行等渠道，为参加人提供个人养老金服务，支持参加人开立个人养老金账户，查询个人养老金资金账户缴费额度、个人资产信息和个人养老金产品等信息,根据参加人需要提供涉税凭证。

第五条 各参与部门根据职责,对个人养老金的实施情况、参与金融机构和个人养老金产品等进行监管。各地区要加强领导、周密部署、广泛宣传,稳妥有序推动个人养老金发展。

第二章 参加流程

第六条 参加人参加个人养老金,应当通过全国统一线上服务入口或者商业银行渠道,在信息平台开立个人养老金账户;其他个人养老金产品销售机构可以通过商业银行渠道,协助参加人在信息平台在线开立个人养老金账户。

个人养老金账户用于登记和管理个人身份信息,并与基本养老保险关系关联,记录个人养老金缴费、投资、领取、抵扣和缴纳个人所得税等信息,是参加人参加个人养老金、享受税收优惠政策的基础。

第七条 参加人可以选择一家商业银行开立或者指定本人唯一的个人养老金资金账户,也可以通过其他符合规定的个人养老金产品销售机构指定。

个人养老金资金账户作为特殊专用资金账户,参照个人人民币银行结算账户项下Ⅱ类户进行管理。个人养老金资金账户与个人养老金账户绑定,为参加人提供资金缴存、缴费额度登记、个人养老金产品投资、个人养老金支付、个人所得税税款支付、资金与相关权益信息查询等服务。

第八条 参加人每年缴纳个人养老金额度上限为12000元,参加人每年缴费不得超过该缴费额度上限。人力资源社会保障部、财政部根据经济社会发展水平、多层次养老保险体系发展情况等因素适时调整缴费额度上限。

第九条 参加人可以按月、分次或者按年度缴费,缴费额度按自然年度累计,次年重新计算。

第十条 参加人自主决定个人养老金资金账户的投资计划,包括个人养老金产品的投资品种、投资金额等。

第十一条 参加人可以在不同商业银行之间变更其个人养老金资金账户。参加人办理个人养老金资金账户变更时,应向原商业银行提出,经信息平台确认后,在新商业银行开立新的个人养老金资金账户。

参加人在个人养老金资金账户变更后,信息平台向原商业银行提供新的个人养老金资金账户及开户行信息,向新商业银行提供参加人当年剩余缴费额度信息。参与金融机构按照参加人的要求和相关业务规则,为参加人办理原账户内资金划转及所持有个人养老金产品转移等手续。

第十二条 个人养老金资金账户封闭运行,参加人达到以下任一条件的,可以按月、分次或者一次性领取个人养老金。

(一)达到领取基本养老金年龄;
(二)完全丧失劳动能力;
(三)出国(境)定居;
(四)国家规定的其他情形。

第十三条 参加人已领取基本养老金的,可以向商业银行提出领取个人养老金。商业银行受理后,应通过信息平台核验参加人的领取资格,获取参加人本人社会保障卡银行账户,按照参加人选定的领取方式,完成个人所得税代扣后,将资金划转至参加人本人社会保障卡银行账户。

参加人符合完全丧失劳动能力、出国(境)定居或者国家规定的其他情形等领取个人养老金条件的,可以凭劳动能力鉴定结论书、出国(境)定居证明等向商业银行提出。商业银行审核并报送信息平台核验备案后,为参加人办理领取手续。

第十四条 鼓励参加人长期领取个人养老金。

参加人按月领取时,可以按照基本养老保险确定的计发月数逐月领取,也可以按照自己选定的领取月数逐月领取,领完为止;或者按照自己确定的固定额度逐月领取,领完为止。

参加人选取分次领取的,应选定领取期限,明确领取次数或方式,领完为止。

第十五条 参加人身故的,其个人养老金资金账户内的资产可以继承。

参加人出国(境)定居、身故等原因社会保障卡被注销的,商业银行将参加人个人养老金资金账户内的资金转至其本人或者继承人指定的资金账户。

第十六条 参加人完成个人养老金资金账户内资金(资产)转移,或者账户内的资金(资产)领取完毕的,商业银行注销该资金账户。

第三章 信息报送和管理

第十七条 信息平台对个人养老金账户及业务数据实施统一集中管理,与基本养老保险信息、社会保障卡信息关联,支持制度实施监控、决策支持等。

第十八条 商业银行应及时将个人养老金资金账户相关信息报送至信息平台。具体包括:

(一)个人基本信息。包括个人身份信息、个人养老金资金账户信息等;

(二)相关产品投资信息。包括产品交易信息、资产信息;

(三)资金信息。包括缴费信息、资金划转信息、相关资产转移信息、领取信息、缴纳个人所得税信息、资金余额信息等。

第十九条 商业银行根据业务流程和信息的时效性需要,按照实时核验、定时批量两类时效与信息平台进行交互,其中:

(一)商业银行在办理个人养老金资金账户开立、变更、注销和资金领取等业务时,实时核验参加人基本养老保险参保状态、个人养老金账户和资金账户唯一性,并报送有关信息;

(二)商业银行在办理完个人养老金资金账户开立、缴费、资金领取,以及提供与个人养老金产品交易相关的资金划转等服务后,定时批量报送相关信息。

第二十条 金融行业平台应及时将以下数据报送至信息平台。

(一)个人养老金产品发行机构、销售机构的基本信息;

(二)个人养老金产品的基本信息;

(三)参加人投资相关个人养老金产品的交易信息、资产信息数据等。

第二十一条 信息平台应当及时向商业银行和金融行业平台提供技术规范,确保对接顺畅。

推进信息平台与相关部门共享信息,为规范制度实施、实施业务监管、优化服务体验提供支持。

第四章 个人养老金资金账户管理

第二十二条 商业银行应完成与信息平台、金融行业平台的系统对接,经验收合格后办理个人养老金业务。

第二十三条 商业银行可以通过本机构柜面或者电子渠道,为参加人开立个人养老金资金账户。

商业银行为参加人开立个人养老金资金账户,应当通过信息平台完成个人养老金账户核验。

商业银行也可以核对参加人提供的由社会保险经办机构出具的基本养老保险参保证明或者个人权益记录单等相关材料,报经信息平台开立个人养老金账户后,为参加人开立个人养老金资金账户,并与个人养老金账户绑定。

第二十四条 参加人开立个人养老金资金账户时,应当按照金融监管部门要求向商业银行提供有效身份证件等材料。

商业银行为参加人开立个人养老金资金账户,应当严格遵守相关规定。

第二十五条 个人养老金资金账户应支持参加人通过商业银行结算账户、非银行支付机构、现金等途径缴费。商业银行应为参加人、个人养老金产品销售机构等提供与个人养老金产品交易相关的资金划转服务。

第二十六条 商业银行应实时登记个人养老金资金账户的缴费额度,对于超出当年缴费额度上限的,应予以提示,并不予受理。

第二十七条 商业银行应根据相关个人养老金产品交易结果,记录参加人交易产品信息。

第二十八条 商业银行应为参加人个人养老金资金账户提供变更服务,并协助做好新旧账户衔接和旧账户注销。原商业银行、新商业银行应通过信息平台完成账户核验、账户变更、资产转移、信息报送等工作。

第二十九条 商业银行应当区别处理转移资金,转移资金中的本年度缴费额度累计计算。

第三十条 个人养老金资金账户当日发生缴存业务的,商业银行不应为其办理账户变更手续。办理资金账户变更业务期间,原个人养老金资金账户不允许办理缴存、投资以及支取等业务。

第三十一条 商业银行开展个人养老金资金账户业务,应当公平对待符合规定的个人养老金产品发行机构和销售机构。

第三十二条 商业银行应保存个人养老金资金账户全部信息自账户注销日起至少十五年。

第五章 个人养老金机构与产品管理

第三十三条 个人养老金产品及其发行、销售机构由相关金融监管部门确定。个人养老金产品及其发行机构信息应当在信息平台和金融行业平台同日发布。

第三十四条 个人养老金产品应当具备运作安全、成熟稳定、标的规范、侧重长期保值等基本特征。

第三十五条 商业银行、个人养老金产品发行机构和销售机构应根据有关规定，建立健全业务管理制度，包括但不限于个人养老金资金账户服务、产品管理、销售管理、合作机构管理、信息披露等。商业银行发现个人养老金实施中存在违规行为、相关风险或者其他问题的，应及时向监管部门报告并依规采取措施。

第三十六条 个人养老金产品交易所涉及的资金往来，除另有规定外必须从个人养老金资金账户发起，并返回个人养老金资金账户。

第三十七条 个人养老金产品发行、销售机构应为参加人提供便利的购买、赎回等服务，在符合监管规则及产品合同的前提下，支持参加人进行产品转换。

第三十八条 个人养老金资金账户内未进行投资的资金按照商业银行与个人约定的存款利率及计息方式计算利息。

第三十九条 个人养老金产品销售机构要以"销售适当性"为原则，依法了解参加人的风险偏好、风险认知能力和风险承受能力，做好风险提示，不得主动向参加人推介超出其风险承受能力的个人养老金产品。

第六章 信息披露

第四十条 人力资源社会保障部、财政部汇总并披露个人养老金实施情况，包括但不限于参加人数、资金积累和领取、个人养老金产品的投资运作数据等情况。

第四十一条 信息披露应当以保护参加人利益为根本出发点，保证所披露信息的真实性、准确性、完整性，不得有虚假记载、误导性陈述和重大遗漏。

第七章 监督管理

第四十二条 人力资源社会保障部、财政部根据职责对个人养老金的账户设置、缴费额度、领取条件、税收优惠等制定具体政策并进行运行监管。税务部门依法对个人养老金实施税收征管。

第四十三条 人力资源社会保障部对信息平台的日常运行履行监管职责，规范信息平台与商业银行、金融行业平台、有关政府部门之间的信息交互流程。

第四十四条 人力资源社会保障部、财政部、税务部门在履行日常监管职责时，可依法采取以下措施：

（一）查询、记录、复制与被调查事项有关的个人养老金业务的各类合同等业务资料；

（二）询问与调查事项有关的机构和个人，要求其对有关问题做出说明、提供有关证明材料；

（三）其他法律法规和国家规定的措施。

第四十五条 中国银行保险监督管理委员会、中国证券监督管理委员会根据职责，分别制定配套政策，明确参与金融机构的名单、业务流程、个人养老金产品条件、监管信息报送等要求，规范银行保险机构个人养老金业务和个人养老金投资公募基金业务，对参与金融机构发行、销售个人养老金产品等经营活动依法履行监管职责,督促参与金融机构优化产品和服务,做好产品风险提示,加强投资者教育。

参与金融机构违反本实施办法的,中国银行保险监督管理委员会、中国证券监督管理委员会依法依规采取措施。

第四十六条　中国银行保险监督管理委员会、中国证券监督管理委员会对金融行业平台有关个人养老金业务的日常运营履行监管职责。

第四十七条　各参与部门要加强沟通,通过线上线下等多种途径,及时了解社会各方面对个人养老金的意见建议,处理个人养老金实施过程中的咨询投诉。

第四十八条　各参与机构应当积极配合检查,如实提供有关资料,不得拒绝、阻挠或者逃避检查,不得谎报、隐匿或者销毁相关证据材料。

第四十九条　参与机构违反本实施办法规定或者相关法律法规的,人力资源社会保障部、财政部、税务部门按照职责依法依规采取措施。

第八章　附　　则

第五十条　中国银行保险监督管理委员会、人力资源社会保障部会同相关部门做好个人税收递延型商业养老保险试点与个人养老金的衔接。

第五十一条　本实施办法自印发之日起施行。

第五十二条　人力资源社会保障部、财政部、国家税务总局、中国银行保险监督管理委员会、中国证券监督管理委员会根据职责负责本实施办法的解释。

4-1-64

人力资源社会保障部办公厅关于个人养老金参加人申请撤回缴费问题处理意见的函

2023年9月1日　人社厅函〔2023〕119号

中国建设银行:

你行《关于个人养老金参加人误缴费有关问题的函》(建总函〔2023〕539号)收悉。经商财政部、国家税务总局和国家金融监督管理总局,现答复如下:

个人养老金参加人由于操作失误等原因缴费的,可以在该笔缴费计入个人养老金资金账户之日起(不含)5日内,通过开户银行线下网点提出撤回申请。参加人一个自然年度内可以申请撤回一次个人养老金单笔缴费。

开户银行应当按要求及时完善信息系统,经个人养老金信息管理服务平台核验后,为参加人办理撤回缴费业务。撤回单笔缴费不属于领取个人养老金,不按照领取个人养老金代扣代缴个人所得税。

医疗保险费

4-1-65

国务院关于建立城镇职工
基本医疗保险制度的决定

1998年12月14日　国发〔1998〕44号

加快医疗保险制度改革,保障职工基本医疗,是建立社会主义市场经济体制的客观要求和重要保障。在认真总结近年来各地医疗保险制度改革试点经验的基础上,国务院决定,在全国范围内进行城镇职工医疗保险制度改革。

一、改革的任务和原则

医疗保险制度改革的主要任务是建立城镇职工基本医疗保险制度,即适应社会主义市场经济体制,根据财政、企业和个人的承受能力,建立保障职工基本医疗需求的社会医疗保险制度。

建立城镇职工基本医疗保险制度的原则是:基本医疗保险的水平要与社会主义初级阶段生产力发展水平相适应;城镇所有用人单位及其职工都要参加基本医疗保险,实行属地管理;基本医疗保险费由用人单位和职工双方共同负担;基本医疗保险基金实行社会统筹和个人帐户相结合。

二、覆盖范围和缴费办法

城镇所有用人单位,包括企业(国有企业、集体企业、外商投资企业、私营企业等)、机关、事业单位、社会团体、民办非企业单位及其职工,都要参加基本医疗保险。乡镇企业及其职工、城镇个体经济组织业主及其从业人员是否参加基本医疗保险,由各省、自治区、直辖市人民政府决定。

基本医疗保险原则上以地级以上行政区(包括地、市、州、盟)为统筹单位,也可以县(市)为统筹单位,北京、天津、上海3个直辖市原则上在全市范围内实行统筹(以下简称统筹地区)。所有用人单位及其职工都要按照属地管理原则参加所在统筹地区的基本医疗保险,执行统一政策,实行基本医疗保险基金的统一筹集、使用和管理。铁路、电力、远洋运输等跨地区、生产流动性较大的企业及其职工,可以相对集中的方式异地参加统筹地区的基本医疗保险。

基本医疗保险费由用人单位和职工共同缴纳。用人单位缴费率应控制在职工工资总额的6%左右,职工缴费率一般为本人工资收入的2%。随着经济发展,用人单位和职工缴费率可作相应调整。

三、建立基本医疗保险统筹基金和个人帐户

要建立基本医疗保险统筹基金和个人帐户。基本医疗保险基金由统筹基金和个人帐户构成。职工个人缴纳的基本医疗保险费,全部计入个人帐户。用人单位缴纳的基本医疗保险费分为两部分,一部分用于建立统筹基金,一部分划入个人帐户。划入个人帐户的比例一般为用人单位缴费的30%左右,具体比例由统筹地区根据个人帐户的支付范围和职工年龄等因素确定。

统筹基金和个人帐户要划定各自的支付范围,分别核算,不得互相挤占。要确定统筹基金的起付标准和最高支付限额,起付标准原则上控制在当地职工年平均工资的10%左右,最高支付限额原则上控制在当地职工年平均工资的4倍左右。起付标准以下的医疗费用,从个人帐户中支付或由个人自付。起付标准以上、最高支付限额以下的医疗费用,主要从统筹基金中支付,个人也要负担一定比例。超过最高支付限额的医疗费用,可以通过商业医疗保险等途径解决。统筹基金的具体起付标准、最高支付限额以及在起付标准以上和最高支付限额以下医疗费用的个人负担比例,由统筹地区根据以收定支、收支平衡的原则确定。

四、健全基本医疗保险基金的管理和监督机制

基本医疗保险基金纳入财政专户管理,专款专用,不得挤占挪用。

社会保险经办机构负责基本医疗保险基金的筹集、管理和支付,并要建立健全预决算制度、财务会计制度和内部审计制度。社会保险经办机构的事业经费不得从基金中提取,由各级财政预算解决。

基本医疗保险基金的银行计息办法:当年筹集的部分,按活期存款利率计息;上年结转的基金本息,按3个月期整存整取银行存款利率计息;存入社会保障财政专户的沉淀资金,比照3年期零存整取储蓄存款利率计息,并不低于该档次利率水平。个人帐户的本金和利息归个人所有,可以结转使用和继承。

各级劳动保障和财政部门,要加强对基本医疗保险基金的监督管理。审计部门要定期对社会保险经办机构的基金收支情况和管理情况进行审计。统筹地区应设立由政府有关部门代表、用人单位代表、医疗机构代表、工会代表和有关专家参加的医疗保险基金监督组织,加强对基本医疗保险基金的社会监督。

五、加强医疗服务管理

要确定基本医疗保险的服务范围和标准。劳动保障部会同卫生部、财政部等有关部门制定基本医疗服务的范围、标准和医药费用结算办法,制定国家基本医疗保险药品目录、诊疗项目、医疗服务设施标准及相应的管理办法。各省、自治区、直辖市劳动保障行政管理部门根据国家规定,会同有关部门制定本地区相应的实施标准和办法。

基本医疗保险实行定点医疗机构(包括中医医院)和定点药店管理。劳动保障部会同卫生部、财政部等有关部门制定定点医疗机构和定点药店的资格审定办法。社会保险经办机构要根据中西医并举,基层、专科和综合医疗机构兼顾,方便职工就医的原则,负责确定定点医疗机构和定点药店,并同定点医疗机构和定点药店签订合同,明确各自的责任、权利和义务。在确定定点医疗机构和定点药店时,要引进竞争机制,职工可选择若干定点医疗机构就医、购药,也可持处方在若干定点药店购药。国家药品监督管理局会同有关部门制

定定点药店购药药事事故处理办法。

各地要认真贯彻《中共中央、国务院关于卫生改革与发展的决定》精神,积极推进医药卫生体制改革,以较少的经费投入,使人民群众得到良好的医疗服务,促进医药卫生事业的健康发展。要建立医药分开核算、分别管理的制度,形成医疗服务和药品流通的竞争机制,合理控制医药费用水平;要加强医疗机构和药店的内部管理,规范医药服务行为,减员增效,降低医药成本;要理顺医疗服务价格,在实行医药分开核算、分别管理,降低药品收入占医疗总收入比重的基础上,合理提高医疗技术劳务价格;要加强业务技术培训和职业道德教育,提高医药服务人员的素质和服务质量;要合理调整医疗机构布局,优化医疗卫生资源配置,积极发展社区卫生服务,将社区卫生服务中的基本医疗服务项目纳入基本医疗保险范围。卫生部会同有关部门制定医疗机构改革方案和发展社区卫生服务的有关政策。国家经贸委等部门要认真配合做好药品流通体制改革工作。

六、妥善解决有关人员的医疗待遇

离休人员、老红军的医疗待遇不变,医疗费用按原资金渠道解决,支付确有困难的,由同级人民政府帮助解决。离休人员、老红军的医疗管理办法由省、自治区、直辖市人民政府制定。

二等乙级以上革命伤残军人的医疗待遇不变,医疗费用按原资金渠道解决,由社会保险经办机构单独列帐管理。医疗费支付不足部分,由当地人民政府帮助解决。

退休人员参加基本医疗保险,个人不缴纳基本医疗保险费。对退休人员个人帐户的计入金额和个人负担医疗费的比例给予适当照顾。

国家公务员在参加基本医疗保险的基础上,享受医疗补助政策。具体办法另行制定。

为了不降低一些特定行业职工现有的医疗消费水平,在参加基本医疗保险的基础上,作为过渡措施,允许建立企业补充医疗保险。企业补充医疗保险费在工资总额4%以内的部分,从职工福利费中列支,福利费不足列支的部分,经同级财政部门核准后列入成本。

国有企业下岗职工的基本医疗保险费,包括单位缴费和个人缴费,均由再就业服务中心按照当地上年度职工平均工资的60%为基数缴纳。

七、加强组织领导

医疗保险制度改革政策性强,涉及广大职工的切身利益,关系到国民经济发展和社会稳定。各级人民政府要切实加强领导,统一思想,提高认识,做好宣传工作和政治思想工作,使广大职工和社会各方面都积极支持和参与这项改革。各地要按照建立城镇职工基本医疗保险制度的任务、原则和要求,结合本地实际,精心组织实施,保证新旧制度的平稳过渡。

建立城镇职工基本医疗保险制度工作从1999年初开始启动,1999年底基本完成。各省、自治区、直辖市人民政府要按照本决定的要求,制定医疗保险制度改革的总体规划,报劳动保障部备案。统筹地区要根据规划要求,制定基本医疗保险实施方案,报省、自治区、直辖市人民政府审批后执行。

劳动保障部要加强对建立城镇职工基本医疗保险制度工作的指导和检查,及时研究解决工作中出现的问题。财政、卫生、药品监督管理等有关部门要积极参与,密切配合,共同努力,确保城镇职工基本医疗保险制度改革工作的顺利进行。

4-1-66

国务院关于开展城镇居民基本医疗保险试点的指导意见

2007年7月10日　国发〔2007〕20号

各省、自治区、直辖市人民政府,国务院各部委、各直属机构:

党中央、国务院高度重视解决广大人民群众的医疗保障问题,不断完善医疗保障制度。1998年我国开始建立城镇职工基本医疗保险制度,之后又启动了新型农村合作医疗制度试点,建立了城乡医疗救助制度。目前没有医疗保障制度安排的主要是城镇非从业居民。为实现基本建立覆盖城乡全体居民的医疗保障体系的目标,国务院决定,从今年起开展城镇居民基本医疗保险试点(以下简称试点)。各地区各部门要充分认识这项工作的重要性,将其作为落实科学发展观、构建社会主义和谐社会的一项重要任务,高度重视,统筹规划,规范引导,稳步推进。

一、目标和原则

(一)试点目标。2007年在有条件的省份选择2至3个城市启动试点,2008年扩大试点,争取2009年试点城市达到80%以上,2010年在全国全面推开,逐步覆盖全体城镇非从业居民。要通过试点,探索和完善城镇居民基本医疗保险的政策体系,形成合理的筹资机制、健全的管理体制和规范的运行机制,逐步建立以大病统筹为主的城镇居民基本医疗保险制度。

(二)试点原则。试点工作要坚持低水平起步,根据经济发展水平和各方面承受能力,合理确定筹资水平和保障标准,重点保障城镇非从业居民的大病医疗需求,逐步提高保障水平;坚持自愿原则,充分尊重群众意愿;明确中央和地方政府的责任,中央确定基本原则和主要政策,地方制订具体办法,对参保居民实行属地管理;坚持统筹协调,做好各类医疗保障制度之间基本政策、标准和管理措施等的衔接。

二、参保范围和筹资水平

(三)参保范围。不属于城镇职工基本医疗保险制度覆盖范围的中小学阶段的学生(包括职业高中、中专、技校学生)、少年儿童和其他非从业城镇居民都可自愿参加城镇居民基本医疗保险。

(四)筹资水平。试点城市应根据当地的经济发展水平以及成年人和未成年人等不同人群的基本医疗消费需求,并考虑当地居民家庭和财政的负担能力,恰当确定筹资水平;探索建立筹资水平、缴费年限和待遇水平相挂钩的机制。

(五)缴费和补助。城镇居民基本医疗保险以家庭缴费为主,政府给予适当补助。参保居民按规定缴纳基本医疗保险费,享受相应的医疗保险待遇,有条件的用人单位可以对职工家属参保缴费给予补助。国家对个人缴费和单位补助资金制定税收鼓励政策。

对试点城市的参保居民,政府每年按不低于人均40元给予补助,其中,中央财政从

2007年起每年通过专项转移支付,对中西部地区按人均20元给予补助。在此基础上,对属于低保对象的或重度残疾的学生和儿童参保所需的家庭缴费部分,政府原则上每年再按不低于人均10元给予补助,其中,中央财政对中西部地区按人均5元给予补助;对其他低保对象、丧失劳动能力的重度残疾人、低收入家庭60周岁以上的老年人等困难居民参保所需家庭缴费部分,政府每年再按不低于人均60元给予补助,其中,中央财政对中西部地区按人均30元给予补助。中央财政对东部地区参照新型农村合作医疗的补助办法给予适当补助。财政补助的具体方案由财政部门商劳动保障、民政等部门研究确定,补助经费要纳入各级政府的财政预算。

（六）费用支付。城镇居民基本医疗保险基金重点用于参保居民的住院和门诊大病医疗支出,有条件的地区可以逐步试行门诊医疗费用统筹。

城镇居民基本医疗保险基金的使用要坚持以收定支、收支平衡、略有结余的原则。要合理制定城镇居民基本医疗保险基金起付标准、支付比例和最高支付限额,完善支付办法,合理控制医疗费用。探索适合困难城镇非从业居民经济承受能力的医疗服务和费用支付办法,减轻他们的医疗费用负担。城镇居民基本医疗保险基金用于支付规定范围内的医疗费用,其他费用可以通过补充医疗保险、商业健康保险、医疗救助和社会慈善捐助等方式解决。

三、加强管理和服务

（七）组织管理。对城镇居民基本医疗保险的管理,原则上参照城镇职工基本医疗保险的有关规定执行。各地要充分利用现有管理服务体系,改进管理方式,提高管理效率。鼓励有条件的地区结合城镇职工基本医疗保险和新型农村合作医疗管理的实际,进一步整合基本医疗保障管理资源。要探索建立健全由政府机构、参保居民、社会团体、医药服务机构等方面代表参加的医疗保险社会监督组织,加强对城镇居民基本医疗保险管理、服务、运行的监督。建立医疗保险专业技术标准组织和专家咨询组织,完善医疗保险服务管理专业技术标准和业务规范。根据医疗保险事业发展的需要,切实加强医疗保险管理服务机构和队伍建设。建立健全管理制度,完善运行机制,加强医疗保险信息系统建设。

（八）基金管理。要将城镇居民基本医疗保险基金纳入社会保障基金财政专户统一管理,单独列账。试点城市要按照社会保险基金管理等有关规定,严格执行财务制度,加强对基本医疗保险基金的管理和监督,探索建立健全基金的风险防范和调剂机制,确保基金安全。

（九）服务管理。对城镇居民基本医疗保险的医疗服务管理,原则上参照城镇职工基本医疗保险的有关规定执行,具体办法由试点城市劳动保障部门会同发展改革、财政、卫生等部门制定。要综合考虑参保居民的基本医疗需求和基本医疗保险基金的承受能力等因素,合理确定医疗服务的范围。通过订立和履行定点服务协议,规范对定点医疗机构和定点零售药店的管理,明确医疗保险经办机构和定点的医疗机构、零售药店的权利和义务。医疗保险经办机构要简化审批手续,方便居民参保和报销医疗费用;明确医疗费用结算办法,按规定与医疗机构及时结算。加强对医疗费用支出的管理,探索建立医疗保险管理服务的奖惩机制。积极推行医疗费用按病种付费、按总额预付等结算方式,探索协议确定医疗费用标准的办法。

（十）充分发挥城市社区服务组织等的作用。整合、提升、拓宽城市社区服务组织的功能，加强社区服务平台建设，做好基本医疗保险管理服务工作。大力发展社区卫生服务，将符合条件的社区卫生服务机构纳入医疗保险定点范围；对参保居民到社区卫生服务机构就医发生的医疗费用，要适当提高医疗保险基金的支付比例。

四、深化相关改革

（十一）继续完善各项医疗保障制度。进一步完善城镇职工基本医疗保险制度，采取有效措施将混合所有制、非公有制经济组织从业人员以及灵活就业人员纳入城镇职工基本医疗保险；大力推进进城务工的农民工参加城镇职工基本医疗保险，重点解决大病统筹问题；继续着力解决国有困难企业、关闭破产企业等职工和退休人员的医疗保障问题；鼓励劳动年龄内有劳动能力的城镇居民，以多种方式就业并参加城镇职工基本医疗保险；进一步规范现行城镇职工基本医疗保险的支付政策，强化医疗服务管理。加快实施新型农村合作医疗制度。进一步完善城市和农村医疗救助制度。完善多层次医疗保障体系，搞好各项医疗保障制度的衔接。

（十二）协同推进医疗卫生体制和药品生产流通体制改革。根据深化医药卫生体制改革的总体要求，统筹协调医疗卫生、药品生产流通和医疗保障体系的改革和制度衔接，充分发挥医疗保障体系在筹集医疗资金、提高医疗质量和控制医疗费用等方面的作用。进一步转变政府职能，加强区域卫生规划，健全医疗服务体系。建立健全卫生行业标准体系，加强对医疗服务和药品市场的监管。规范医疗服务行为，逐步建立和完善临床操作规范、临床诊疗指南、临床用药规范和出入院标准等技术标准。加快城市社区卫生服务体系建设，充分发挥社区卫生服务和中医药服务在医疗服务中的作用，有条件的地区可探索实行参保居民分级医疗的办法。

五、加强组织领导

（十三）建立国务院城镇居民基本医疗保险部际联席会议制度。在国务院领导下，国务院城镇居民基本医疗保险部际联席会议（以下简称部际联席会议）负责组织协调和宏观指导试点工作，研究制定相关政策并督促检查政策的落实情况，总结评估试点工作，协调解决试点工作中出现的问题，并就重大问题向国务院提出报告和建议。

（十四）选择确定试点城市。省级人民政府可根据本地条件选择2至3个试点城市，报部际联席会议审定。试点城市的试点实施方案报部际联席会议办公室备案，由省（区、市）人民政府批准实施。

（十五）制定配套政策和措施。劳动保障部门要会同发展改革、财政、卫生、民政、教育、药品监督和中医药管理等有关部门制定相关配套政策和措施。各部门要根据各自的职责，协同配合，加快推进各项配套改革。动员社会各方面力量，为推进医疗保险制度改革创造良好的环境、提供有力的支持，确保试点工作的顺利进行。

（十六）精心组织实施。地方各级人民政府要充分认识试点工作的重大意义，切实加强组织领导。省级人民政府要根据本指导意见规定的试点目标和任务、基本政策和工作步骤，统筹规划，积极稳妥地推进本行政区域的试点工作。试点城市要在充分调研、周密测算、多方论证的基础上，制订试点实施方案并精心组织实施。已经先行开展基本医疗保险工作的城市，要及时总结经验，完善制度，进一步探索更加符合实际的基本医疗保险的体制和机制。

（十七）做好舆论宣传工作。建立城镇居民基本医疗保险制度直接关系广大群众的切身利益，是一项重大的民生工程，政策性很强。各地要坚持正确的舆论导向，加强对试点工作重要意义、基本原则和方针政策的宣传，加强对试点中好的做法和经验的总结推广，使这项惠民政策深入人心，真正得到广大群众和社会各界的理解和支持，使试点工作成为广大群众积极参与的实践。

各地要注意研究试点过程中出现的新情况、新问题，积极探索解决的办法，妥善处理改革、发展与稳定的关系。遇有重要情况及时向部际联席会议报告。

4-1-67

国务院关于整合城乡居民基本医疗保险制度的意见

2016年1月3日　国发〔2016〕3号

各省、自治区、直辖市人民政府，国务院各部委、各直属机构：

整合城镇居民基本医疗保险（以下简称城镇居民医保）和新型农村合作医疗（以下简称新农合）两项制度，建立统一的城乡居民基本医疗保险（以下简称城乡居民医保）制度，是推进医药卫生体制改革、实现城乡居民公平享有基本医疗保险权益、促进社会公平正义、增进人民福祉的重大举措，对促进城乡经济社会协调发展、全面建成小康社会具有重要意义。在总结城镇居民医保和新农合运行情况以及地方探索实践经验的基础上，现就整合建立城乡居民医保制度提出如下意见。

一、总体要求与基本原则

（一）总体要求。

以邓小平理论、"三个代表"重要思想、科学发展观为指导，认真贯彻党的十八大、十八届二中、三中、四中、五中全会和习近平总书记系列重要讲话精神，落实党中央、国务院关于深化医药卫生体制改革的要求，按照全覆盖、保基本、多层次、可持续的方针，加强统筹协调与顶层设计，遵循先易后难、循序渐进的原则，从完善政策入手，推进城镇居民医保和新农合制度整合，逐步在全国范围内建立起统一的城乡居民医保制度，推动保障更加公平、管理服务更加规范、医疗资源利用更加有效，促进全民医保体系持续健康发展。

（二）基本原则。

1. 统筹规划、协调发展。要把城乡居民医保制度整合纳入全民医保体系发展和深化医改全局，统筹安排，合理规划，突出医保、医疗、医药三医联动，加强基本医保、大病保险、医疗救助、疾病应急救助、商业健康保险等衔接，强化制度的系统性、整体性、协同性。

2. 立足基本、保障公平。要准确定位，科学设计，立足经济社会发展水平、城乡居民负担和基金承受能力，充分考虑并逐步缩小城乡差距、地区差异，保障城乡居民公平享有基本医保待遇，实现城乡居民医保制度可持续发展。

3. 因地制宜、有序推进。要结合实际,全面分析研判,周密制订实施方案,加强整合前后的衔接,确保工作顺畅接续、有序过渡,确保群众基本医保待遇不受影响,确保医保基金安全和制度运行平稳。

4. 创新机制、提升效能。要坚持管办分开,落实政府责任,完善管理运行机制,深入推进支付方式改革,提升医保资金使用效率和经办管理服务效能。充分发挥市场机制作用,调动社会力量参与基本医保经办服务。

二、整合基本制度政策

(一)统一覆盖范围。

城乡居民医保制度覆盖范围包括现有城镇居民医保和新农合所有应参保(合)人员,即覆盖除职工基本医疗保险应参保人员以外的其他所有城乡居民。农民工和灵活就业人员依法参加职工基本医疗保险,有困难的可按照当地规定参加城乡居民医保。各地要完善参保方式,促进应保尽保,避免重复参保。

(二)统一筹资政策。

坚持多渠道筹资,继续实行个人缴费与政府补助相结合为主的筹资方式,鼓励集体、单位或其他社会经济组织给予扶持或资助。各地要统筹考虑城乡居民医保与大病保险保障需求,按照基金收支平衡的原则,合理确定城乡统一的筹资标准。现有城镇居民医保和新农合个人缴费标准差距较大的地区,可采取差别缴费的办法,利用2—3年时间逐步过渡。整合后的实际人均筹资和个人缴费不得低于现有水平。

完善筹资动态调整机制。在精算平衡的基础上,逐步建立与经济社会发展水平、各方承受能力相适应的稳定筹资机制。逐步建立个人缴费标准与城乡居民人均可支配收入相衔接的机制。合理划分政府与个人的筹资责任,在提高政府补助标准的同时,适当提高个人缴费比重。

(三)统一保障待遇。

遵循保障适度、收支平衡的原则,均衡城乡保障待遇,逐步统一保障范围和支付标准,为参保人员提供公平的基本医疗保障。妥善处理整合前的特殊保障政策,做好过渡与衔接。

城乡居民医保基金主要用于支付参保人员发生的住院和门诊医药费用。稳定住院保障水平,政策范围内住院费用支付比例保持在75%左右。进一步完善门诊统筹,逐步提高门诊保障水平。逐步缩小政策范围内支付比例与实际支付比例间的差距。

(四)统一医保目录。

统一城乡居民医保药品目录和医疗服务项目目录,明确药品和医疗服务支付范围。各省(区、市)要按照国家基本医保用药管理和基本药物制度有关规定,遵循临床必需、安全有效、价格合理、技术适宜、基金可承受的原则,在现有城镇居民医保和新农合目录的基础上,适当考虑参保人员需求变化进行调整,有增有减、有控有扩,做到种类基本齐全、结构总体合理。完善医保目录管理办法,实行分级管理、动态调整。

(五)统一定点管理。

统一城乡居民医保定点机构管理办法,强化定点服务协议管理,建立健全考核评价机制和动态的准入退出机制。对非公立医疗机构与公立医疗机构实行同等的定点管理政策。

原则上由统筹地区管理机构负责定点机构的准入、退出和监管,省级管理机构负责制订定点机构的准入原则和管理办法,并重点加强对统筹区域外的省、市级定点医疗机构的指导与监督。

(六)统一基金管理。

城乡居民医保执行国家统一的基金财务制度、会计制度和基金预决算管理制度。城乡居民医保基金纳入财政专户,实行"收支两条线"管理。基金独立核算、专户管理,任何单位和个人不得挤占挪用。

结合基金预算管理全面推进付费总额控制。基金使用遵循以收定支、收支平衡、略有结余的原则,确保应支付费用及时足额拨付,合理控制基金当年结余率和累计结余率。建立健全基金运行风险预警机制,防范基金风险,提高使用效率。

强化基金内部审计和外部监督,坚持基金收支运行情况信息公开和参保人员就医结算信息公示制度,加强社会监督、民主监督和舆论监督。

三、理顺管理体制

(一)整合经办机构。

鼓励有条件的地区理顺医保管理体制,统一基本医保行政管理职能。充分利用现有城镇居民医保、新农合经办资源,整合城乡居民医保经办机构、人员和信息系统,规范经办流程,提供一体化的经办服务。完善经办机构内外部监督制约机制,加强培训和绩效考核。

(二)创新经办管理。

完善管理运行机制,改进服务手段和管理办法,优化经办流程,提高管理效率和服务水平。鼓励有条件的地区创新经办服务模式,推进管办分开,引入竞争机制,在确保基金安全和有效监管的前提下,以政府购买服务的方式委托具有资质的商业保险机构等社会力量参与基本医保的经办服务,激发经办活力。

四、提升服务效能

(一)提高统筹层次。

城乡居民医保制度原则上实行市(地)级统筹,各地要围绕统一待遇政策、基金管理、信息系统和就医结算等重点,稳步推进市(地)级统筹。做好医保关系转移接续和异地就医结算服务。根据统筹地区内各县(市、区)的经济发展和医疗服务水平,加强基金的分级管理,充分调动县级政府、经办管理机构基金管理的积极性和主动性。鼓励有条件的地区实行省级统筹。

(二)完善信息系统。

整合现有信息系统,支撑城乡居民医保制度运行和功能拓展。推动城乡居民医保信息系统与定点机构信息系统、医疗救助信息系统的业务协同和信息共享,做好城乡居民医保信息系统与参与经办服务的商业保险机构信息系统必要的信息交换和数据共享。强化信息安全和患者信息隐私保护。

(三)完善支付方式。

系统推进按人头付费、按病种付费、按床日付费、总额预付等多种付费方式相结合的复合支付方式改革,建立健全医保经办机构与医疗机构及药品供应商的谈判协商机制和风险分担机制,推动形成合理的医保支付标准,引导定点医疗机构规范服务行为,控制医疗费用不合理增长。

通过支持参保居民与基层医疗机构及全科医师开展签约服务、制定差别化的支付政策等措施,推进分级诊疗制度建设,逐步形成基层首诊、双向转诊、急慢分治、上下联动的就医新秩序。

(四)加强医疗服务监管。

完善城乡居民医保服务监管办法,充分运用协议管理,强化对医疗服务的监控作用。各级医保经办机构要利用信息化手段,推进医保智能审核和实时监控,促进合理诊疗、合理用药。卫生计生行政部门要加强医疗服务监管,规范医疗服务行为。

五、精心组织实施,确保整合工作平稳推进

(一)加强组织领导。

整合城乡居民医保制度是深化医改的一项重点任务,关系城乡居民切身利益,涉及面广、政策性强。各地各有关部门要按照全面深化改革的战略布局要求,充分认识这项工作的重要意义,加强领导,精心组织,确保整合工作平稳有序推进。各省级医改领导小组要加强统筹协调,及时研究解决整合过程中的问题。

(二)明确工作进度和责任分工。

各省(区、市)要于2016年6月底前对整合城乡居民医保工作作出规划和部署,明确时间表、路线图,健全工作推进和考核评价机制,严格落实责任制,确保各项政策措施落实到位。各统筹地区要于2016年12月底前出台具体实施方案。综合医改试点省要将整合城乡居民医保作为重点改革内容,加强与医改其他工作的统筹协调,加快推进。

各地人力资源社会保障、卫生计生部门要完善相关政策措施,加强城乡居民医保制度整合前后的衔接;财政部门要完善基金财务会计制度,会同相关部门做好基金监管工作;保险监管部门要加强对参与经办服务的商业保险机构的从业资格审查、服务质量和市场行为监管;发展改革部门要将城乡居民医保制度整合纳入国民经济和社会发展规划;编制管理部门要在经办资源和管理体制整合工作中发挥职能作用;医改办要协调相关部门做好跟踪评价、经验总结和推广工作。

(三)做好宣传工作。

要加强正面宣传和舆论引导,及时准确解读政策,宣传各地经验亮点,妥善回应公众关切,合理引导社会预期,努力营造城乡居民医保制度整合的良好氛围。

4-1-68

国务院办公厅转发卫生部等部门关于建立新型农村合作医疗制度意见的通知

2003年1月16日　国办发〔2003〕3号

各省、自治区、直辖市人民政府,国务院各部委、各直属机构:

卫生部、财政部、农业部《关于建立新型农村合作医疗制度的意见》已经国务院同意,现转发给你们,请认真贯彻执行。

关于建立新型农村合作医疗制度的意见

2003 年 1 月 10 日　卫生部　财政部　农业部

建立新型农村合作医疗制度是新时期农村卫生工作的重要内容,是实践"三个代表"重要思想的具体体现,对提高农民健康水平,促进农村经济发展,维护社会稳定具有重大意义。根据《中共中央、国务院关于进一步加强农村卫生工作的决定》,提出以下意见。

一、目标和原则

新型农村合作医疗制度是由政府组织、引导、支持,农民自愿参加,个人、集体和政府多方筹资,以大病统筹为主的农民医疗互助共济制度。从 2003 年起,各省、自治区、直辖市至少要选择 2—3 个县(市)先行试点,取得经验后逐步推开。到 2010 年,实现在全国建立基本覆盖农村居民的新型农村合作医疗制度的目标,减轻农民因疾病带来的经济负担,提高农民健康水平。

建立新型农村合作医疗制度要遵循以下原则:

(一)自愿参加,多方筹资。农民以家庭为单位自愿参加新型农村合作医疗,遵守有关规章制度,按时足额缴纳合作医疗经费;乡(镇)、村集体要给予资金扶持;中央和地方各级财政每年要安排一定专项资金予以支持。

(二)以收定支,保障适度。新型农村合作医疗制度要坚持以收定支,收支平衡的原则,既保证这项制度持续有效运行,又使农民能够享有最基本的医疗服务。

(三)先行试点,逐步推广。建立新型农村合作医疗制度必须从实际出发,通过试点总结经验,不断完善,稳步发展。要随着农村社会经济的发展和农民收入的增加,逐步提高新型农村合作医疗制度的社会化程度和抗风险能力。

二、组织管理

(一)新型农村合作医疗制度一般采取以县(市)为单位进行统筹。条件不具备的地方,在起步阶段也可采取以乡(镇)为单位进行统筹,逐步向县(市)统筹过渡。

(二)要按照精简、效能的原则,建立新型农村合作医疗制度管理体制。省、地级人民政府成立由卫生、财政、农业、民政、审计、扶贫等部门组成的农村合作医疗协调小组。各级卫生行政部门内部应设立专门的农村合作医疗管理机构,原则上不增加编制。

县级人民政府成立由有关部门和参加合作医疗的农民代表组成的农村合作医疗管理委员会,负责有关组织、协调、管理和指导工作。委员会下设经办机构,负责具体业务工作,人员由县级人民政府调剂解决。根据需要在乡(镇)可设立派出机构(人员)或委托有关机构管理。经办机构的人员和工作经费列入同级财政预算,不得从农村合作医疗基金中提取。

三、筹资标准

新型农村合作医疗制度实行个人缴费、集体扶持和政府资助相结合的筹资机制。

(一)农民个人每年的缴费标准不应低于 10 元,经济条件好的地区可相应提高缴费标准。乡镇企业职工(不含以农民家庭为单位参加新型农村合作医疗的人员)是否参加新型农村合作医疗由县级人民政府确定。

（二）有条件的乡村集体经济组织应对本地新型农村合作医疗制度给予适当扶持。扶持新型农村合作医疗的乡村集体经济组织类型、出资标准由县级人民政府确定,但集体出资部分不得向农民摊派。鼓励社会团体和个人资助新型农村合作医疗制度。

（三）地方财政每年对参加新型农村合作医疗农民的资助不低于人均10元,具体补助标准和分级负担比例由省级人民政府确定。经济较发达的东部地区,地方各级财政可适当增加投入。从2003年起,中央财政每年通过专项转移支付对中西部地区除市区以外的参加新型农村合作医疗的农民按人均10元安排补助资金。

四、资金管理

农村合作医疗基金是由农民自愿缴纳、集体扶持、政府资助的民办公助社会性资金,要按照以收定支、收支平衡和公开、公平、公正的原则进行管理,必须专款专用,专户储存,不得挤占挪用。

（一）农村合作医疗基金由农村合作医疗管理委员会及其经办机构进行管理。农村合作医疗经办机构应在管理委员会认定的国有商业银行设立农村合作医疗基金专用账户,确保基金的安全和完整,并建立健全农村合作医疗基金管理的规章制度,按照规定合理筹集、及时审核支付农村合作医疗基金。

（二）农村合作医疗基金中农民个人缴费及乡村集体经济组织的扶持资金,原则上按年由农村合作医疗经办机构在乡(镇)设立的派出机构(人员)或委托有关机构收缴,存入农村合作医疗基金专用账户;地方财政支持资金,由地方各级财政部门根据参加新型农村合作医疗的实际人数,划拨到农村合作医疗基金专用账户;中央财政补助中西部地区新型农村合作医疗的专项资金,由财政部根据各地区参加新型农村合作医疗的实际人数和资金到位等情况核定,向省级财政划拨。中央和地方各级财政要确保补助资金及时、全额拨付到农村合作医疗基金专用账户,并通过新型农村合作医疗试点逐步完善补助资金的划拨办法,尽可能简化程序,易于操作。要结合财政国库管理制度改革和完善情况,逐步实现财政直接支付。关于新型农村合作医疗资金具体补助办法,由财政部商有关部门研究制定。

（三）农村合作医疗基金主要补助参加新型农村合作医疗农民的大额医疗费用或住院医疗费用。有条件的地方,可实行大额医疗费用补助与小额医疗费用补助结合的办法,既提高抗风险能力又兼顾农民受益面。对参加新型农村合作医疗的农民,年内没有动用农村合作医疗基金的,要安排进行一次常规性体检。各省、自治区、直辖市要制订农村合作医疗报销基本药物目录。各县(市)要根据筹资总额,结合当地实际,科学合理地确定农村合作医疗基金的支付范围、支付标准和额度,确定常规性体检的具体检查项目和方式,防止农村合作医疗基金超支或过多结余。

（四）加强对农村合作医疗基金的监管。农村合作医疗经办机构要定期向农村合作医疗管理委员会汇报农村合作医疗基金的收支、使用情况;要采取张榜公布等措施,定期向社会公布农村合作医疗基金的具体收支、使用情况,保证参加合作医疗农民的参与、知情和监督的权利。县级人民政府可根据本地实际,成立由相关政府部门和参加合作医疗的农民代表共同组成的农村合作医疗监督委员会,定期检查、监督农村合作医疗基金使用和管理情况。农村合作医疗管理委员会要定期向监督委员会和同级人民代表大会汇报工作,主动接受监督。审计部门要定期对农村合作医疗基金收支和管理情况进行审计。

五、医疗服务管理

加强农村卫生服务网络建设,强化对农村医疗卫生机构的行业管理,积极推进农村医疗卫生体制改革,不断提高医疗卫生服务能力和水平,使农民得到较好的医疗服务。各地区要根据情况,在农村卫生机构中择优选择农村合作医疗的服务机构,并加强监管力度,实行动态管理。要完善并落实各种诊疗规范和管理制度,保证服务质量,提高服务效率,控制医疗费用。

六、组织实施

(一)省级人民政府要制订新型农村合作医疗制度的管理办法,本着农民参保积极性较高,财政承受能力较强,管理基础较好的原则选择试点县(市),积极、稳妥地开展新型农村合作医疗试点工作。试点工作的重点是探索新型农村合作医疗管理体制、筹资机制和运行机制。县级人民政府要制定具体方案,各级相关部门在同级人民政府统一领导下组织实施。

(二)要切实加强对新型农村合作医疗的宣传教育,采取多种形式向农民宣传新型农村合作医疗的重要意义和当地的具体做法,引导农民不断增强自我保健和互助共济意识,动员广大农民自愿、积极参加新型农村合作医疗。农民参加合作医疗所履行的缴费义务,不能视为增加农民负担。

建立新型农村合作医疗制度是帮助农民抵御重大疾病风险的有效途径,是推进农村卫生改革与发展的重要举措,政策性强,任务艰巨。各地区、各有关部门要高度重视,加强领导,落实政策措施,抓好试点,总结经验,积极稳妥地做好这项工作。

4–1–69

国务院办公厅关于将大学生纳入城镇居民基本医疗保险试点范围的指导意见

2008年10月25日　国办发〔2008〕119号

各省、自治区、直辖市人民政府,国务院各部委、各直属机构:

根据《国务院关于开展城镇居民基本医疗保险试点的指导意见》(国发〔2007〕20号)有关精神,为进一步做好大学生医疗保障工作,国务院决定将大学生纳入城镇居民基本医疗保险试点范围。经国务院同意,现就有关工作提出以下指导意见:

一、基本原则

按照党中央、国务院关于加快建立覆盖城乡居民的社会保障体系和开展城镇居民基本医疗保险试点工作的总体要求,坚持自愿原则,将大学生纳入城镇居民基本医疗保险试点范围,并继续做好日常医疗工作;中央确定基本原则和主要政策,试点地区制订具体办法,对参保大学生实行属地管理;完善医疗保障资金筹集机制和费用分担机制,重点保障基本医疗需求,逐步提高保障水平。

二、主要政策

(一)参保范围。各类全日制普通高等学校(包括民办高校)、科研院所(以下统称高校)中接受普通高等学历教育的全日制本专科生、全日制研究生。

(二)保障方式。大学生住院和门诊大病医疗,按照属地原则通过参加学校所在地城镇居民基本医疗保险解决,大学生按照当地规定缴费并享受相应待遇,待遇水平不低于当地城镇居民。同时按照现有规定继续做好大学生日常医疗工作,方便其及时就医。

鼓励大学生在参加基本医疗保险的基础上,按自愿原则,通过参加商业医疗保险等多种途径,提高医疗保障水平。

(三)资金筹措。大学生参加城镇居民基本医疗保险的个人缴费标准和政府补助标准,按照当地中小学生参加城镇居民基本医疗保险相应标准执行。个人缴费原则上由大学生本人和家庭负担,有条件的高校可对其缴费给予补助。大学生参保所需政府补助资金,按照高校隶属关系,由同级财政负责安排。中央财政对地方所属高校学生按照城镇居民基本医疗保险补助办法给予补助。大学生日常医疗所需资金,继续按照高校隶属关系,由同级财政予以补助。

各地要采取措施,对家庭经济困难大学生个人应缴纳的基本医疗保险费及按规定应由其个人承担的医疗费用,通过医疗救助制度、家庭经济困难学生资助体系和社会慈善捐助等多种途径给予资助,切实减轻家庭经济困难学生的医疗费用负担。

三、精心组织实施

已开展城镇居民基本医疗保险试点的地区,按本指导意见将大学生纳入城镇居民基本医疗保险体系后,要切实保障参保大学生住院和门诊大病需求,同时继续做好大学生日常医疗工作;未开展试点的地区,要完善现有办法,加强和改进大学生医疗保障工作,随着试点扩大,逐步将大学生纳入城镇居民基本医疗保险范围。各地人力资源社会保障部门要把符合条件的大学医疗机构纳入城镇居民基本医疗保险定点医疗机构范围。

各地区、各有关部门要充分认识做好大学生医疗保障工作对建立健全覆盖城乡居民社会保障体系,保障大学生就医权益、提高大学生健康水平,促进社会和谐稳定的重大意义,切实加强组织领导和宣传解释工作。省级人民政府要根据本指导意见,统筹规划,积极稳妥地推进这项工作。试点城市要因地制宜制订具体实施办法和推进步骤,确定合理的保障水平,精心组织实施,确保新旧制度平稳过渡,维护社会稳定。教育、财政、人力资源社会保障、卫生和民政部门要通力协作,制订周密工作计划,确保缴费和财政资金及时足额到位,不断完善大学生医疗经费和就医管理措施。高校要切实抓好大学生就医工作,深化改革,加强管理,提高工作效率和水平。

4-1-70

国务院办公厅关于全面实施
城乡居民大病保险的意见

2015年7月28日　国办发〔2015〕57号

各省、自治区、直辖市人民政府，国务院各部委、各直属机构：

城乡居民大病保险（以下简称大病保险）是基本医疗保障制度的拓展和延伸，是对大病患者发生的高额医疗费用给予进一步保障的一项新的制度性安排。大病保险试点以来，推动了医保、医疗、医药联动改革，促进了政府主导与发挥市场机制作用相结合，提高了基本医疗保障管理水平和运行效率，有力缓解了因病致贫、因病返贫问题。为加快推进大病保险制度建设，筑牢全民基本医疗保障网底，让更多的人民群众受益，经国务院同意，现提出以下意见。

一、基本原则和目标

（一）基本原则。

1. 坚持以人为本、保障大病。建立完善大病保险制度，不断提高大病保障水平和服务可及性，着力维护人民群众健康权益，切实避免人民群众因病致贫、因病返贫。

2. 坚持统筹协调、政策联动。加强基本医保、大病保险、医疗救助、疾病应急救助、商业健康保险和慈善救助等制度的衔接，发挥协同互补作用，输出充沛的保障动能，形成保障合力。

3. 坚持政府主导、专业承办。强化政府在制定政策、组织协调、监督管理等方面职责的同时，采取商业保险机构承办大病保险的方式，发挥市场机制作用和商业保险机构专业优势，提高大病保险运行效率、服务水平和质量。

4. 坚持稳步推进、持续实施。大病保险保障水平要与经济社会发展、医疗消费水平和社会负担能力等相适应。强化社会互助共济，形成政府、个人和保险机构共同分担大病风险的机制。坚持因地制宜、规范运作，实现大病保险稳健运行和可持续发展。

（二）主要目标。

2015年底前，大病保险覆盖所有城镇居民基本医疗保险、新型农村合作医疗（以下统称城乡居民基本医保）参保人群，大病患者看病就医负担有效减轻。到2017年，建立起比较完善的大病保险制度，与医疗救助等制度紧密衔接，共同发挥托底保障功能，有效防止发生家庭灾难性医疗支出，城乡居民医疗保障的公平性得到显著提升。

二、完善大病保险筹资机制

（一）科学测算筹资标准。各地结合当地经济社会发展水平、患大病发生的高额医疗费用情况、基本医保筹资能力和支付水平，以及大病保险保障水平等因素，科学细致做好资金测算，合理确定大病保险的筹资标准。

（二）稳定资金来源。从城乡居民基本医保基金中划出一定比例或额度作为大病保险资金。城乡居民基本医保基金有结余的地区，利用结余筹集大病保险资金；结余不足或没有结余的地区,在年度筹集的基金中予以安排。完善城乡居民基本医保的多渠道筹资机制,保证制度的可持续发展。

(三)提高统筹层次。大病保险原则上实行市(地)级统筹,鼓励省级统筹或全省(区、市)统一政策、统一组织实施,提高抗风险能力。

三、提高大病保险保障水平

(一)全面覆盖城乡居民。大病保险的保障对象为城乡居民基本医保参保人,保障范围与城乡居民基本医保相衔接。参保人患大病发生高额医疗费用,由大病保险对经城乡居民基本医保按规定支付后个人负担的合规医疗费用给予保障。

高额医疗费用,可以个人年度累计负担的合规医疗费用超过当地统计部门公布的上一年度城镇居民、农村居民年人均可支配收入作为主要测算依据。根据城乡居民收入变化情况,建立动态调整机制,研究细化大病的科学界定标准,具体由地方政府根据实际情况确定。合规医疗费用的具体范围由各省(区、市)和新疆生产建设兵团结合实际分别确定。

(二)逐步提高支付比例。2015年大病保险支付比例应达到50%以上,随着大病保险筹资能力、管理水平不断提高,进一步提高支付比例,更有效地减轻个人医疗费用负担。按照医疗费用高低分段制定大病保险支付比例,医疗费用越高支付比例越高。鼓励地方探索向困难群体适当倾斜的具体办法,努力提高大病保险制度托底保障的精准性。

四、加强医疗保障各项制度的衔接

强化基本医保、大病保险、医疗救助、疾病应急救助、商业健康保险及慈善救助等制度间的互补联动,明确分工,细化措施,在政策制定、待遇支付、管理服务等方面做好衔接,努力实现大病患者应保尽保。鼓励有条件的地方探索建立覆盖职工、城镇居民和农村居民的有机衔接、政策统一的大病保险制度。推动实现新型农村合作医疗重大疾病保障向大病保险平稳过渡。

建立大病信息通报制度,支持商业健康保险信息系统与基本医保、医疗机构信息系统进行必要的信息共享。大病保险承办机构要及时掌握大病患者医疗费用和基本医保支付情况,加强与城乡居民基本医保经办服务的衔接,提供"一站式"即时结算服务,确保群众方便、及时享受大病保险待遇。对经大病保险支付后自付费用仍有困难的患者,民政等部门要及时落实相关救助政策。

五、规范大病保险承办服务

(一)支持商业保险机构承办大病保险。地方政府人力资源社会保障、卫生计生、财政、保险监管部门共同制定大病保险的筹资、支付范围、最低支付比例以及就医、结算管理等基本政策,并通过适当方式征求意见。原则上通过政府招标选定商业保险机构承办大病保险业务,在正常招投标不能确定承办机构的情况下,由地方政府明确承办机构的产生办法。对商业保险机构承办大病保险的保费收入,按现行规定免征营业税,免征保险业务监管费;2015年至2018年,试行免征保险保障金。

(二)规范大病保险招标投标与合同管理。坚持公开、公平、公正和诚实信用的原则,建立健全招投标机制,规范招投标程序。招标主要包括具体支付比例、盈亏率、配备的承办和管理力量等内容。符合保险监管部门基本准入条件的商业保险机构自愿参加投标。招标人应当与中标的商业保险机构签署保险合同,明确双方责任、权利和义务,合同期限原则上不低于3年。因违反合同约定,或发生其他严重损害参保人权益的情况,可按照约定提前终止或解除合同,并依法追究责任。各地要不断完善合同内容,探索制定全省(区、市)统一的合同范本。

（三）建立大病保险收支结余和政策性亏损的动态调整机制。遵循收支平衡、保本微利的原则,合理控制商业保险机构盈利率。商业保险机构因承办大病保险出现超过合同约定的结余,需向城乡居民基本医保基金返还资金;因城乡居民基本医保政策调整等政策性原因给商业保险机构带来亏损时,由城乡居民基本医保基金和商业保险机构分摊,具体分摊比例应在保险合同中载明。

（四）不断提升大病保险管理服务的能力和水平。规范资金管理,商业保险机构承办大病保险获得的保费实行单独核算,确保资金安全和偿付能力。商业保险机构要建立专业队伍,加强专业能力建设,提高管理服务效率,优化服务流程,为参保人提供更加高效便捷的服务。发挥商业保险机构全国网络优势,简化报销手续,推动异地医保即时结算。鼓励商业保险机构在承办好大病保险业务的基础上,提供多样化的健康保险产品。

六、严格监督管理

（一）加强大病保险运行的监管。相关部门要各负其责,协同配合,强化服务意识,切实保障参保人权益。人力资源社会保障、卫生计生等部门要建立以保障水平和参保人满意度为核心的考核评价指标体系,加强监督检查和考核评估,督促商业保险机构按合同要求提高服务质量和水平。保险监管部门要加强商业保险机构从业资格审查以及偿付能力、服务质量和市场行为监管,依法查处违法违规行为。财政部门要会同相关部门落实利用城乡居民基本医保基金向商业保险机构购买大病保险的财务列支和会计核算办法,强化基金管理。审计部门要按规定进行严格审计。政府相关部门和商业保险机构要切实加强参保人员个人信息安全保障,防止信息外泄和滥用。

（二）规范医疗服务行为。卫生计生部门要加强对医疗机构、医疗服务行为和质量的监管。商业保险机构要与人力资源社会保障、卫生计生部门密切配合,协同推进按病种付费等支付方式改革。抓紧制定相关临床路径,强化诊疗规范,规范医疗行为,控制医疗费用。

（三）主动接受社会监督。商业保险机构要将签订合同情况以及筹资标准、待遇水平、支付流程、结算效率和大病保险年度收支等情况向社会公开。城乡居民基本医保经办机构承办大病保险的,在基金管理、经办服务、信息披露、社会监督等方面执行城乡居民基本医保现行规定。

七、强化组织实施

各省(区、市)人民政府和新疆生产建设兵团、各市(地)人民政府要将全面实施大病保险工作列入重要议事日程,进一步健全政府领导、部门协调、社会参与的工作机制,抓紧制定实施方案,细化工作任务和责任部门,明确时间节点和工作要求,确保2015年底前全面推开。

人力资源社会保障、卫生计生部门要加强对各地实施大病保险的指导,密切跟踪工作进展,及时研究解决新情况新问题,总结推广经验做法,不断完善大病保险制度。加强宣传解读,使群众广泛了解大病保险政策、科学理性对待疾病,增强全社会的保险责任意识,为大病保险实施营造良好社会氛围。

4-1-71

国务院办公厅关于全面推进生育保险和职工基本医疗保险合并实施的意见

2019年3月6日　国办发〔2019〕10号

各省、自治区、直辖市人民政府，国务院各部委、各直属机构：

全面推进生育保险和职工基本医疗保险（以下统称两项保险）合并实施，是保障职工社会保险待遇、增强基金共济能力、提升经办服务水平的重要举措。根据《中华人民共和国社会保险法》有关规定，经国务院同意，现就两项保险合并实施提出以下意见。

一、指导思想

以习近平新时代中国特色社会主义思想为指导，全面贯彻党的十九大和十九届二中、三中全会精神，认真落实党中央、国务院决策部署，统筹推进"五位一体"总体布局和协调推进"四个全面"战略布局，坚持以人民为中心，牢固树立新发展理念，遵循保留险种、保障待遇、统一管理、降低成本的总体思路，推进两项保险合并实施，实现参保同步登记、基金合并运行、征缴管理一致、监督管理统一、经办服务一体化。通过整合两项保险基金及管理资源，强化基金共济能力，提升管理综合效能，降低管理运行成本，建立适应我国经济发展水平、优化保险管理资源、实现两项保险长期稳定可持续发展的制度体系和运行机制。

二、主要政策

（一）统一参保登记。参加职工基本医疗保险的在职职工同步参加生育保险。实施过程中要完善参保范围，结合全民参保登记计划摸清底数，促进实现应保尽保。

（二）统一基金征缴和管理。生育保险基金并入职工基本医疗保险基金，统一征缴，统筹层次一致。按照用人单位参加生育保险和职工基本医疗保险的缴费比例之和确定新的用人单位职工基本医疗保险费率，个人不缴纳生育保险费。同时，根据职工基本医疗保险基金支出情况和生育待遇的需求，按照收支平衡的原则，建立费率确定和调整机制。

职工基本医疗保险基金严格执行社会保险基金财务制度，不再单列生育保险基金收入，在职工基本医疗保险统筹基金待遇支出中设置生育待遇支出项目。探索建立健全基金风险预警机制，坚持基金运行情况公开，加强内部控制，强化基金行政监督和社会监督，确保基金安全运行。

（三）统一医疗服务管理。两项保险合并实施后实行统一定点医疗服务管理。医疗保险经办机构与定点医疗机构签订相关医疗服务协议时，要将生育医疗服务有关要求和指标增加到协议内容中，并充分利用协议管理，强化对生育医疗服务的监控。执行基本医疗保险、工伤保险、生育保险药品目录以及基本医疗保险诊疗项目和医疗服务设施范围。

促进生育医疗服务行为规范。将生育医疗费用纳入医保支付方式改革范围，推动住院分娩等医疗费用按病种、产前检查按人头等方式付费。生育医疗费用原则上实行医疗保险经办机构与定点医疗机构直接结算。充分利用医保智能监控系统，强化监控和审核，控制生育医疗费用不合理增长。

（四）统一经办和信息服务。两项保险合并实施后，要统一经办管理，规范经办流程。经办管理统一由基本医疗保险经办机构负责，经费列入同级财政预算。充分利用医疗保险信息系统平台，实行信息系统一体化运行。原有生育保险医疗费用结算平台可暂时保留，待条件成熟后并入医疗保险结算平台。完善统计信息系统，确保及时全面准确反映生育保险基金运行、待遇享受人员、待遇支付等方面情况。

（五）确保职工生育期间的生育保险待遇不变。生育保险待遇包括《中华人民共和国社会保险法》规定的生育医疗费用和生育津贴，所需资金从职工基本医疗保险基金中支付。生育津贴支付期限按照《女职工劳动保护特别规定》等法律法规规定的产假期限执行。

（六）确保制度可持续。各地要通过整合两项保险基金增强基金统筹共济能力；研判当前和今后人口形势对生育保险支出的影响，增强风险防范意识和制度保障能力。按照"尽力而为、量力而行"的原则，坚持从实际出发，从保障基本权益做起，合理引导预期；跟踪分析合并实施后基金运行情况和支出结构，完善生育保险监测指标；根据生育保险支出需求，建立费率动态调整机制，防范风险转嫁，实现制度可持续发展。

三、保障措施

（一）加强组织领导。两项保险合并实施是党中央、国务院作出的一项重要部署，也是推动建立更加公平更可持续社会保障制度的重要内容。各省（自治区、直辖市）要高度重视，加强领导，有序推进相关工作。国家医保局、财政部、国家卫生健康委要会同有关方面加强工作指导，及时研究解决工作中遇到的困难和问题，重要情况及时报告国务院。

（二）精心组织实施。各地要高度重视两项保险合并实施工作，按照本意见要求，根据当地生育保险和职工基本医疗保险参保人群差异、基金支付能力、待遇保障水平等因素进行综合分析和研究，周密组织实施，确保参保人员相关待遇不降低、基金收支平衡，保证平稳过渡。各省（自治区、直辖市）要加强工作部署，督促指导各统筹地区加快落实，2019年底前实现两项保险合并实施。

（三）加强政策宣传。各统筹地区要坚持正确的舆论导向，准确解读相关政策，大力宣传两项保险合并实施的重要意义，让社会公众充分了解合并实施不会影响参保人员享受相关待遇，且有利于提高基金共济能力、减轻用人单位事务性负担、提高管理效率，为推动两项保险合并实施创造良好的社会氛围。

4−1−72

国务院办公厅关于推进医疗保障基金监管制度体系改革的指导意见

2020年6月30日　国办发〔2020〕20号

各省、自治区、直辖市人民政府，国务院各部委、各直属机构：

医疗保障基金（以下简称医保基金）是人民群众的"看病钱"、"救命钱"，党中央、国务院高度重视医保基金安全。基本医疗保障制度建立以来,覆盖范围不断扩大,保障水平稳步提升,对维护人民群众健康权益、缓解因病致贫、推动医药卫生体制改革发挥了积极作用。特别是在抗击新冠肺炎疫情过程中,及时出台有关政策,把新冠肺炎诊疗救治纳入医保基金支付范围并预付部分资金,确保患者不因费用问题影响就医、收治医院不因支付政策影响救治,体现了我国社会主义制度的优越性。但也要看到,受监管制度体系不健全、激励约束机制不完善等因素制约,医保基金使用效率不高,欺诈骗保问题普发频发,基金监管形势较为严峻。为全面提升医保治理能力,深度净化制度运行环境,严守基金安全红线,经国务院同意,现就推进医保基金监管制度体系改革提出如下意见。

一、总体要求

(一)指导思想。以习近平新时代中国特色社会主义思想为指导,全面贯彻党的十九大和十九届二中、三中、四中全会精神,按照党中央、国务院决策部署,加快推进医保基金监管制度体系改革,构建全领域、全流程的基金安全防控机制,严厉打击欺诈骗保行为,维护社会公平正义,不断提高人民群众获得感,促进我国医疗保障制度健康持续发展。

(二)基本原则。坚持完善法治、依法监管,保证基金监管合法合规、公平公正。坚持政府主导、社会共治,开创基金监管工作新格局。坚持改革创新、协同高效,不断提升基金监管能力与绩效。坚持惩戒失信、激励诚信,引导监管对象增强自律意识,营造良好氛围。

(三)主要目标。到2025年,基本建成医保基金监管制度体系和执法体系,形成以法治为保障,信用管理为基础,多形式检查、大数据监管为依托,党委领导、政府监管、社会监督、行业自律、个人守信相结合的全方位监管格局,实现医保基金监管法治化、专业化、规范化、常态化,并在实践中不断发展完善。

二、明确监管责任

(四)加强党的领导。坚持和加强党的全面领导,不断完善医保基金监管党建工作领导体制和工作机制。督促医疗保障部门、定点医药机构切实加强基层党组织建设,充分发挥党组织战斗堡垒作用和党员先锋模范作用。完善公立定点医药机构领导班子和领导人员特别是主要负责人监督约束机制,加强对其履行政治责任、基金监管责任的监督考核与执纪问责,筑牢监管底线。

(五)强化政府监管。充分发挥政府在基金监管法治建设、标准制定、行政执法、信息共享等方面的主导作用,依法监督管理纳入医保支付范围的医疗服务行为和医疗费用,规范医保经办业务,依法查处违法违规行为,严格法律责任,加大处罚力度。强化医疗保障部门对基金监管的责任,切实发挥监管作用。建立由医疗保障部门牵头、有关部门参加的基金监管工作机制,统筹协调基金监管重大行动、重大案件查处等工作。制定权责清单,明确医保基金监管职责。

(六)推进行业自律管理。积极推动医药卫生行业组织发展,引导和支持其在制定管理规范和技术标准、规范执业行为和管理服务、促进行业自律等方面更好发挥作用。定点医药机构要切实落实自我管理主体责任,建立健全医保服务、人力资源、财务、系统安全等内部管理机制,履行行业自律公约,自觉接受医保监管和社会监督。

三、推进监管制度体系改革

(七)建立健全监督检查制度。推行"双随机、一公开"监管机制,建立和完善日常巡查、专项检查、飞行检查、重点检查、专家审查等相结合的多形式检查制度,明确检查对象、检查重点和检查内容。规范启动条件、工作要求和工作流程,明确各方权利义务,确保公开、公平、公正。建立部门联动机制,开展联合检查,形成监管合力。积极引入信息技术服务机构、会计师事务所、商业保险机构等第三方力量参与医保基金监管,建立和完善政府购买服务制度,推行按服务绩效付费,提升监管的专业性、精准性、效益性。

(八)全面建立智能监控制度。加快推进医保标准化和信息化建设,严格落实政务信息系统整合共享要求,做好与原有相关系统的衔接,加强部门间信息交换和共享,避免重复建设。建立和完善医保智能监控系统,加强大数据应用。加强对定点医疗机构临床诊疗行为的引导和审核,强化事前、事中监管。针对欺诈骗保行为特点,不断完善药品、诊疗项目和医疗服务设施等基础信息标准库和临床指南等医学知识库,完善智能监控规则,提升智能监控功能。开展药品、医用耗材进销存实时管理。推广视频监控、生物特征识别等技术应用。推进异地就医、购药即时结算,实现结算数据全部上线。加快建立省级乃至全国集中统一的智能监控系统,实现基金监管从人工抽单审核向大数据全方位、全流程、全环节智能监控转变。

(九)建立和完善举报奖励制度。统筹地区及以上医疗保障和财政部门应当建立并不断完善医疗保障违法违规违约行为举报奖励制度,依照相关规定对举报人予以奖励。畅通投诉举报渠道,规范受理、检查、处理、反馈等工作流程和机制,加强隐私保护,切实保障举报人信息安全。完善举报奖励标准,及时兑现奖励资金,促进群众和社会各方积极参与监督。

(十)建立信用管理制度。建立定点医药机构信息报告制度。建立医药机构和参保人员医保信用记录、信用评价制度和积分管理制度。创新定点医药机构综合绩效考评机制,将信用评价结果、综合绩效考评结果与预算管理、检查稽核、定点协议管理等相关联。加强和规范医疗保障领域守信联合激励对象和失信联合惩戒对象名单管理工作,依法依规实施守信联合激励和失信联合惩戒。鼓励行业协会开展行业规范和自律建设,制定并落实自律公约,促进行业规范和自我约束。

(十一)建立综合监管制度。适应医保管理服务特点,建立和完善部门间相互配合、协同监管的综合监管制度,推行网格化管理。推进信息共享和互联互通,健全协同执法工作机制。对查实的欺诈骗保行为,各相关部门要按照法律法规规定和职责权限对有关单位和个人从严从重处理。建立健全打击欺诈骗保行刑衔接工作机制。医疗保障部门负责监督管理纳入医保支付范围的医疗服务行为和医疗费用,规范医保经办业务,依法依规查处医疗保障领域违法违规行为。卫生健康部门负责加强医疗机构和医疗服务行业监管,规范医疗机构及其医务人员医疗服务行为。市场监管部门负责医疗卫生行业价格监督检查,药品监管部门负责执业药师管理,市场监管部门、药品监管部门按照职责分工负责药品流通监管、规范药品经营行为。审计机关负责加强医保基金监管相关政策措施落实情况跟踪审计,督促相关部门履行监管职责,持续关注各类欺诈骗保问题,并及时移送相关部门查处。公安部门负责依法查处打击各类欺诈骗保等犯罪行为,对移送的涉嫌犯罪案件及时开展侦查。其他有关部门按照职责做好相关工作。

(十二)完善社会监督制度。鼓励和支持社会各界参与医保基金监督,实现政府监管和社会监督、舆论监督良性互动。建立信息披露制度。经办机构定期向社会公告基金收支、结余和收益情况,接受社会监督。建立医保基金社会监督员制度,聘请人大代表、政协委员、群众和新闻媒体代表等担任社会监督员,对定点医药机构、经办机构、参保人员等进行广泛深入监督。主动邀请新闻媒体参与飞行检查、明察暗访等工作,通过新闻发布会、媒体通气会等形式,发布打击欺诈骗保成果及典型案件。

四、完善保障措施

(十三)强化医保基金监管法治及规范保障。制定医疗保障基金使用监督管理条例及其配套办法。完善定点医药机构协议管理制度,建立和完善定点医药机构动态管理和退出机制。完善医保对医疗服务行为的监控机制,将监管对象由医疗机构延伸至医务人员,将监管重点从医疗费用控制转向医疗费用和医疗服务绩效双控制。出台并落实医疗卫生行业诊疗标准,逐步开展临床路径管理,完善并落实临床药师制度、处方点评制度,强化临床应用和评价等标准规范运用。

(十四)加强医保基金监督检查能力保障。加强基金监督检查能力建设,建立健全基金监管执法体系,加强人员力量,强化技术手段。理顺医保行政监管与经办协议管理的关系,明确行政监管与经办稽核的职责边界,加强工作衔接。落实经办机构协议管理、费用监控、稽查审核工作责任。建立健全经办机构内部控制制度,定期聘请第三方机构对经办机构内控风险进行评估,筑牢基金监管内控防线。加强各级财政资金保障,通过政府购买服务加强基金监管力量。保障医药机构提供医疗保障服务所必需的人员、设备和相关设施。

(十五)加大对欺诈骗保行为的惩处力度。综合运用司法、行政、协议等手段,严惩重罚欺诈骗保的单位和个人。严格落实全国人大常委会关于欺诈骗保行为的立法解释,对涉嫌犯罪的案件,依法移交司法机关追究刑事责任。医疗保障部门依法依规加大行政处罚力度。积极发挥部门联动处罚作用,对经医疗保障部门查实、欺诈骗保情节特别严重的定点医药机构,卫生健康、药品监管部门应依法作出停业整顿、吊销执业(经营)资格、从业限制等处罚,提升惩处威慑力。对欺诈骗保情节严重的定点医药机构和个人,纳入失信联合惩戒对象名单,实施联合惩戒。

(十六)统筹推进相关医疗保障制度改革。深化医保支付方式改革,加强基金预算管理和风险预警。建立医疗保障待遇清单管理制度,确定基本保障内涵,厘清待遇支付边界,明确政策调整权限。加强医保对医疗和医药的激励约束作用,强化统筹地区监管职责,优化基金监管工作基础。

(十七)协同推进医药服务体系改革。深化医药服务供给侧改革。加快推进公立医院综合改革,建立健全现代医院管理制度,规范诊疗行为。围绕常见病和健康问题,规范推广适宜医疗技术。不断完善以市场为主导的药品、医用耗材价格形成机制,完善医保支付与招标采购价格联动机制。加强医药行业会计信息质量监督检查,深入开展药品、高值医用耗材价格虚高专项治理。

五、工作要求

(十八)加强组织领导。地方各级人民政府要充分认识推进医保基金监管制度体系改革的重要性,加强领导、统一部署、协调推进。医疗保障行政部门是医保基金监管的主要负责部门,发展改革、公安、司法、财政、人力资源社会保障、卫生健康、审计、税务、市场监管、银保监、中医药管理、药品监管等部门依法履行相应职责,协同推进改革。要加强信息交流,实现联动响应,推进综合监管结果协同运用。

(十九)建立工作机制。各省级人民政府要建立激励问责机制,将打击欺诈骗保工作纳入相关工作考核。要强化责任担当,积极主动发现问题,依法依规严肃查处问题,对欺诈骗保行为零容忍,公开曝光典型案件。切实落实监管职责,做好工作衔接,确保人员到位、责任到位、措施到位。

(二十)做好宣传引导。各地区各有关部门要大力宣传加强医保基金监管的重要意义,动员社会各方共同推进监管制度体系改革,结合实际创新监管方式方法,对有效的监管方法和模式,及时总结推广。要加强舆论引导,积极回应社会关切,广泛宣传先进典型,努力营造改革的良好氛围。

4-1-73

国务院办公厅关于建立健全职工基本医疗保险门诊共济保障机制的指导意见

2021年4月13日　国办发〔2021〕14号

各省、自治区、直辖市人民政府,国务院各部委、各直属机构:

为进一步健全互助共济、责任共担的职工基本医疗保险(以下简称职工医保)制度,更好解决职工医保参保人员门诊保障问题,切实减轻其医疗费用负担,按照党中央、国务院关于深化医疗保障制度改革任务部署,经国务院同意,现就建立健全职工医保门诊共济保障机制提出如下意见。

一、总体要求

(一)指导思想。以习近平新时代中国特色社会主义思想为指导,全面贯彻党的十九大和十九届二中、三中、四中、五中全会精神,既尽力而为,又量力而行,坚持人人尽责、人人享有,完善制度、引导预期,加快医疗保障重点领域和关键环节改革,将门诊费用纳入职工医保统筹基金支付范围,改革职工医保个人账户,建立健全门诊共济保障机制,提高医保基金使用效率,逐步减轻参保人员医疗费用负担,实现制度更加公平更可持续。

(二)基本原则。坚持保障基本,实行统筹共济,切实维护参保人员权益。坚持平稳过渡,保持政策连续性,确保改革前后待遇顺畅衔接。坚持协同联动,完善门诊保障机制和改进个人账户制度同步推进、逐步转换。坚持因地制宜,在整体设计基础上,鼓励地方从实际出发,积极探索增强职工医保门诊保障的有效途径。

二、主要措施

(三)增强门诊共济保障功能。建立完善职工医保普通门诊费用统筹保障机制,在做好高血压、糖尿病等群众负担较重的门诊慢性病、特殊疾病(以下统称门诊慢特病)医疗保障工作的基础上,逐步将多发病、常见病的普通门诊费用纳入统筹基金支付范围。普通门诊统筹覆盖职工医保全体参保人员,政策范围内支付比例从50%起步,随着医保基金承受能力增强逐步提高保障水平,待遇支付可适当向退休人员倾斜。针对门诊医疗服务特点,科学测算起付标准和最高支付限额,并做好与住院费用支付政策的衔接。同步完善城乡居民基本医疗保险门诊统筹,并逐步提高保障水平。

根据医保基金承受能力,逐步扩大由统筹基金支付的门诊慢特病病种范围,将部分治疗周期长、对健康损害大、费用负担重的疾病门诊费用纳入共济保障,对部分适合在门诊开展、比住院更经济方便的特殊治疗,可参照住院待遇进行管理。不断健全门诊共济保障机制,逐步由病种保障向费用保障过渡。将符合条件的定点零售药店提供的用药保障服务纳入门诊保障范围,支持外配处方在定点零售药店结算和配药,充分发挥定点零售药店便民、可及的作用。探索将符合条件的"互联网+"医疗服务纳入保障范围。

(四)改进个人账户计入办法。科学合理确定个人账户计入办法和计入水平,在职职工个人账户由个人缴纳的基本医疗保险费计入,计入标准原则上控制在本人参保缴费基数的2%,单位缴纳的基本医疗保险费全部计入统筹基金;退休人员个人账户原则上由统筹基金按定额划入,划入额度逐步调整到统筹地区根据本意见实施改革当年基本养老金平均水平的2%左右。个人账户的具体划入比例或标准,由省级医保部门会同财政部门按照以上原则,指导统筹地区结合本地实际研究确定。调整统筹基金和个人账户结构后,增加的统筹基金主要用于门诊共济保障,提高参保人员门诊待遇。

(五)规范个人账户使用范围。个人账户主要用于支付参保人员在定点医疗机构或定点零售药店发生的政策范围内自付费用。可以用于支付参保人员本人及其配偶、父母、子女在定点医疗机构就医发生的由个人负担的医疗费用,以及在定点零售药店购买药品、医疗器械、医用耗材发生的由个人负担的费用。探索个人账户用于配偶、父母、子女参加城乡居民基本医疗保险等的个人缴费。个人账户不得用于公共卫生费用、体育健身或养生保健消费等不属于基本医疗保险保障范围的支出。健全完善个人账户使用管理办法,做好收支信息统计。

(六)加强监督管理。完善管理服务措施,创新制度运行机制,引导医疗资源合理利用,确保医保基金稳定运行,充分发挥保障功能。严格执行医保基金预算管理制度,加强基金稽核制度和内控制度建设。建立对个人账户全流程动态管理机制,加强对个人账户使用、结算等环节的审核。强化对医疗行为和医疗费用的监管,严肃查处"挂床"住院、诱导住院等违法违规行为。建立医保基金安全防控机制,严厉打击欺诈骗保行为,确保基金安全高效、合理使用。创新门诊就医服务管理办法,健全医疗服务监控、分析和考核体系,引导定点医疗机构规范提供诊疗服务。加快全国统一的医疗保障信息平台建设,推进门诊费用异地就医直接结算。通过协同推动基层医疗服务体系建设、完善家庭医生签约服务、规范长期处方管理等,引导参保人员在基层就医首诊。结合完善门诊慢特病管理措施,规范基层定点医疗机构诊疗及转诊等行为。

(七)完善与门诊共济保障相适应的付费机制。对基层医疗服务可按人头付费,积极探索将按人头付费与慢性病管理相结合;对日间手术及符合条件的门诊特殊病种,推行按病种或按疾病诊断相关分组付费;对不宜打包付费的门诊费用,可按项目付费。科学合理确定医保药品支付标准,引导医疗机构和患者主动使用疗效确切、价格合理的药品。

三、组织实施

(八)加强组织领导。建立健全职工医保门诊共济保障机制是深化医疗保障制度改革的重要内容,涉及广大参保人员切身利益,政策性和技术性强。各省级人民政府要高度重视,切实加强领导,建立协调机制,抓好工作落实。国家医保局、财政部要会同相关部门加强对各地的工作指导,上下联动,形成合力。

(九)积极稳妥推进。各省级人民政府要按照本意见要求,统筹安排,科学决策,在2021年12月底前出台实施办法,指导各统筹地区推进落实,可设置3年左右的过渡期,逐步实现改革目标。各统筹地区要结合本地实际,进一步明确和细化政策规定,妥善处理好改革前后的政策衔接,确保参保人员待遇平稳过渡,已经开展相关工作的要进一步规范政策标准,尚未开展相关工作的要积极稳妥启动实施。

(十)注重宣传引导。要创新宣传方式,丰富宣传手段,广泛开展宣传,准确解读政策。充分宣传建立健全职工医保门诊共济保障机制对减轻参保人员医疗费用负担、促进制度更加公平更可持续的重要作用,大力宣传医疗保险共建共享、互助共济的重要意义。要建立舆情监测和处置机制,积极主动回应社会关切,营造良好舆论氛围。

4-1-74

国务院办公厅关于印发"十四五"全民医疗保障规划的通知

2021年9月23日　国办发〔2021〕36号

各省、自治区、直辖市人民政府,国务院各部委、各直属机构:

《"十四五"全民医疗保障规划》已经国务院同意,现印发给你们,请认真贯彻执行。

"十四五"全民医疗保障规划

医疗保障是减轻群众就医负担、增进民生福祉、维护社会和谐稳定的重大制度安排。习近平总书记指出,要加快建立覆盖全民、城乡统筹、权责清晰、保障适度、可持续的多层次医疗保障体系。新一轮医改以来,贯彻党中央、国务院决策部署,我国已建成全世界最大、覆盖全民的基本医疗保障网,为全面建成小康社会、实现第一个百年奋斗目标作出了积极贡献。为进一步推进医疗保障高质量发展,保障人民健康,促进共同富裕,依据《中华人民共和国国民经济和社会发展第十四个五年规划和2035年远景目标纲要》和《中共中央　国务院关于深化医疗保障制度改革的意见》,制定本规划。

一、发展基础

党中央、国务院高度重视医疗保障工作,"十三五"期间,加强全民医疗保障制度顶层设计,推动医疗保障事业改革发展取得突破性进展,为缓解群众看病难、看病贵问题发挥了重要作用。

制度体系更加完善。以基本医疗保险为主体,医疗救助为托底,补充医疗保险、商业健康保险、慈善捐赠、医疗互助等共同发展的多层次医疗保障制度框架基本形成,更好满足了人民群众多元化医疗保障需求。统一的城乡居民基本医疗保险和大病保险制度全面建成。基本医疗保险统筹层次稳步提高。生育保险与职工基本医疗保险合并实施。长期护理保险制度试点顺利推进。

体制机制日益健全。整合医疗保险、生育保险、药品和医疗服务价格管理、医疗救助等职责,初步建立起集中统一的医疗保障管理体制。医保基金战略性购买作用初步显现,支付方式改革进一步深化,医保药品目录动态调整机制基本建立,定点医药机构协议管理更加规范,对医药体系良性发展的引导和调控作用明显增强。城乡居民高血压、糖尿病(以下统称"两病")门诊用药保障机制普遍建立。

重点改革成效显著。药品集中带量采购工作实现常态化。高值医用耗材集中带量采购改革破冰。医疗服务价格合理调整机制初步形成。基金监管制度体系改革持续推进,飞行检查形成震慑,举报奖励机制初步建立,打击欺诈骗保专项治理成效显著,综合监管格局基本形成。"互联网+医疗健康"等新模式蓬勃发展,医疗保障支持"互联网+医疗健康"发展的机制初步成型。

基础支撑不断夯实。医疗保障信息化、标准化建设取得突破,医疗保障信息国家平台建成并投入使用,医保信息业务编码标准和医保电子凭证推广应用。制定《医疗保障基金使用监督管理条例》,医疗保障法治基础持续夯实。医疗保障经办管理服务体系初步理顺,政务服务事项实施清单管理,服务智能化、适老化程度显著提高。基金预算和绩效管理持续加强。

疫情应对及时有效。新冠肺炎疫情发生后,第一时间出台应对措施,确保患者不因费用问题影响就医,确保收治医院不因支付政策影响救治。加大医保基金预拨力度,及时结算医疗费用,支持医疗机构平稳运行。积极推行"不见面办"、"及时办"、"便民办"、"延期办"、"放心办",确保疫情期间群众医保服务不断线。合理降低新冠病毒核酸检测价格,新冠病毒疫苗接种实行全民免费,有力支持疫情防控。

群众获得感持续增强。基本医疗保险覆盖13.6亿人,覆盖率稳定在95%以上,职工和城乡居民基本医疗保险政策范围内住院费用基金支付比例分别稳定在80%左右和70%左右,国家组织药品和高值医用耗材集中带量采购价格平均降幅50%以上。跨省异地就医住院费用直接结算全面推开,门诊费用跨省直接结算稳步试点,异地就医备案服务更加便捷。高质量打赢医疗保障脱贫攻坚战,助力近千万户因病致贫家庭精准脱贫,基本医疗有保障目标全面实现。基本医疗保险(含生育保险)五年累计支出8.7万亿元,2020年个人卫生支出占卫生总费用比例下降到27.7%。

当前,我国社会主要矛盾发生变化,城镇化、人口老龄化、就业方式多样化加快发展,疾病谱变化影响更加复杂,基金运行风险不容忽视,对完善医疗保障制度政策提出更高要求。同时,我国医疗保障发展仍不平衡不充分,多层次医疗保障体系尚不健全,重特大疾病保障能力还有不足,医保、医疗、医药改革协同性需进一步增强,医保服务与群众需求存在差距。但也要看到,我国制度优势显著,治理效能提升,经济长期向好,医疗保障制度框架基本形成,管理服务日趋精细,医疗保障改革共识不断凝聚,推动医疗保障高质量发展具有多方面的优势和条件。

二、总体要求

（一）指导思想。

以习近平新时代中国特色社会主义思想为指导，深入贯彻党的十九大和十九届二中、三中、四中、五中全会精神，按照党中央、国务院关于医疗保障工作的决策部署，立足新发展阶段，完整、准确、全面贯彻新发展理念，构建新发展格局，坚持以人民为中心的发展思想，深入实施健康中国战略，深化医药卫生体制改革，以推动中国特色医疗保障制度更加成熟定型为主线，以体制机制创新为动力，发挥医保基金战略性购买作用，坚持医疗保障需求侧管理和医药服务供给侧改革并重，加快建设覆盖全民、统筹城乡、公平统一、可持续的多层次医疗保障体系，努力为人民群众提供全方位全周期的医疗保障，不断提升人民群众的获得感、幸福感、安全感。

（二）基本原则。

——坚持党的全面领导。始终坚持党对医疗保障工作的领导，完善中国特色医疗保障制度，坚持制度的统一性和规范性，强化顶层设计，增强制度的刚性约束，为医疗保障制度更加成熟定型提供根本保证。

——坚持以人民健康为中心。把维护人民生命安全和身体健康放在首位，提供更加公平、更加充分、更高质量的医疗保障，使改革发展成果更多惠及全体人民，增进民生福祉，促进社会公平，推进共同富裕。

——坚持保障基本、更可持续。坚持实事求是，尽力而为、量力而行，把保基本理念贯穿始终，科学合理确定保障范围和标准，纠正过度保障和保障不足问题，提高基金统筹共济能力，防范和化解基金运行风险。

——坚持系统集成、协同高效。准确把握医疗保障各方面之间、医疗保障领域和相关领域之间改革的联系，建立基本医疗体系、基本医保制度相互适应的机制，统筹谋划，协调推进，汇聚改革合力，推动医疗保障改革取得更大突破。

——坚持精细管理、优质服务。深入推进医保领域"放管服"改革，加强管理服务能力建设，优化定点医药机构管理，健全基金监管长效体制机制。坚持传统服务方式和智能化应用创新并行，为群众提供更贴心、更暖心的服务。

——坚持共享共治、多方参与。促进多层次医疗保障有序衔接、共同发展，形成政府、市场、社会协同保障的格局。强化多主体协商共治，调动各方面积极性，凝聚改革发展共识，提高医疗保障治理水平。

（三）发展目标。

到2025年，医疗保障制度更加成熟定型，基本完成待遇保障、筹资运行、医保支付、基金监管等重要机制和医药服务供给、医保管理服务等关键领域的改革任务，医疗保障政策规范化、管理精细化、服务便捷化、改革协同化程度明显提升。

——建设公平医保。基本医疗保障更加公平普惠，各方责任更加均衡，保障范围和标准与经济社会发展水平更加适应，公共服务更加可及，制度间、人群间、区域间差距逐步缩小，医疗保障再分配功能持续强化。

——建设法治医保。医疗保障制度法定化程度明显提升，定点医药机构管理更加透明高效，基金监管制度体系更加完善，行政执法更加规范，全社会医保法治观念明显增强。

——建设安全医保。基金运行更加安全稳健,信息安全管理持续强化,防范和化解因病致贫返贫长效机制基本建立,医疗保障安全网更加密实。

——建设智慧医保。医疗保障信息化水平显著提升,全国统一的医疗保障信息平台全面建成,"互联网+医疗健康"医保服务不断完善,医保大数据和智能监控全面应用,医保电子凭证普遍推广,就医结算更加便捷。

——建设协同医保。医疗保障和医药服务高质量协同发展,医保支付机制更加管用高效,以市场为主导的医药价格和采购机制更加完善,医疗服务价格调整更加灵敏有度。

专栏1 "十四五"时期全民医疗保障发展主要指标

类别	主要指标	2020年	2025年	指标属性
参保覆盖	基本医疗保险参保率(%)	>95	>95①	约束性
基金安全	基本医疗保险(含生育保险)基金收入(万亿元)	2.5	收入规模与经济社会发展水平更加适应	预期性
基金安全	基本医疗保险(含生育保险)基金支出(万亿元)	2.1	支出规模与经济社会发展水平、群众基本医疗需求更加适应	预期性
保障程度	职工基本医疗保险政策范围内住院费用基金支付比例(%)	85.2	保持稳定	预期性
保障程度	城乡居民基本医疗保险政策范围内住院费用基金支付比例(%)	70	保持稳定	预期性
保障程度	重点救助对象符合规定的住院医疗费用救助比例(%)	70	70	预期性
保障程度	个人卫生支出占卫生总费用的比例(%)	27.7	27	约束性
精细管理	实行按疾病诊断相关分组付费和按病种付费的住院费用占全部住院费用的比例(%)	—	70	预期性
精细管理	公立医疗机构通过省级集中采购平台采购药品金额占全部采购药品(不含中药饮片)金额的比例(%)	75左右	90	预期性
精细管理	公立医疗机构通过省级集中采购平台采购高值医用耗材金额占全部采购高值医用耗材金额的比例(%)	—	80	预期性
精细管理	药品集中带量采购品种(个)	112	>500②	预期性
精细管理	高值医用耗材集中带量采购品种(类)	1	>5③	预期性
优质服务	住院费用跨省直接结算率④(%)	>50	>70	预期性
优质服务	医疗保障政务服务事项线上可办率(%)	—	80	预期性
优质服务	医疗保障政务服务事项窗口可办率(%)	—	100	约束性

注:①指"十四五"期间基本医疗保险参保率每年保持在95%以上。
②指到2025年各省(自治区、直辖市)国家和省级药品集中带量采购品种达500个以上。
③指到2025年各省(自治区、直辖市)国家和省级高值医用耗材集中带量采购品种达5类以上。
④指住院费用跨省直接结算人次占全部住院跨省异地就医人次的比例。

展望2035年,基本医疗保障制度更加规范统一,多层次医疗保障体系更加完善,医疗保障公共服务体系更加健全,医保、医疗、医药协同治理格局总体形成,中国特色医疗保障制度优越性充分显现,全民医疗保障向全民健康保障积极迈进。

三、健全多层次医疗保障制度体系

坚持公平适度、稳健运行,持续完善基本医疗保障制度。鼓励支持商业健康保险、慈善捐赠、医疗互助等协调发展。

(四)提升基本医疗保险参保质量。

依法依规分类参保。职工基本医疗保险覆盖用人单位及其职工,城乡居民基本医疗保险覆盖除职工基本医疗保险应参保人员以外的其他所有城乡居民。灵活就业人员可根据自身实际,以合适方式参加基本医疗保险。完善灵活就业人员参保缴费方式,放开对灵活就业人员参保的户籍限制。落实困难群众分类资助参保政策。

实施精准参保扩面。建立健全医疗保障部门与教育、公安、民政、人力资源社会保障、卫生健康、税务、市场监管、乡村振兴、残联等部门和单位的数据共享机制,加强数据比对,完善覆盖全民的参保数据库,实现参保信息实时动态查询。落实全民参保计划,积极推动职工和城乡居民在常住地、就业地参保,避免重复参保,巩固提高参保覆盖率。

优化参保缴费服务。深化医疗保险费征收体制改革,提高征缴效率。优化城乡居民参保缴费服务,积极发挥乡镇(街道)在参保征缴中的作用,加强医疗保障、税务部门和商业银行等"线上+线下"合作,丰富参保缴费便民渠道。做好跨统筹地区参保人员基本医疗保险关系转移接续工作。

(五)完善基本医疗保障待遇保障机制。

促进基本医疗保险公平统一。完善职工基本医疗保险与城乡居民基本医疗保险分类保障机制,基金分别建账、分账核算。巩固提高基本医疗保险统筹层次,基本统一全国基本医疗保险用药范围,规范医保支付政策确定办法。坚持保基本定位,建立健全医疗保障待遇清单制度,确定基本保障内涵,厘清待遇支付边界,明确政策调整权限,规范政策制定流程。

合理确定待遇保障水平。根据经济社会发展水平和基金承受能力,稳定基本医疗保险住院待遇,稳步提高门诊待遇,做好门诊待遇和住院待遇的统筹衔接。健全职工基本医疗保险门诊共济保障机制,改革职工基本医疗保险个人账户。完善城乡居民基本医疗保险门诊保障政策,逐步提高保障水平。完善城乡居民"两病"门诊用药保障机制,推进"两病"早诊早治、医防融合。

规范补充医疗保险。完善和规范城乡居民大病保险制度,加强与基本医疗保险和医疗救助的衔接,提高保障能力和精准度。逐步规范职工大额医疗费用补助、企业补充医疗保险等制度。

统一规范医疗救助制度。建立救助对象及时精准识别机制。实施分层分类救助,规范救助费用范围,合理确定救助标准。建立健全防范和化解因病致贫返贫长效机制,协同实施大病专项救治,积极引导慈善等社会力量参与救助保障,强化互联网个人大病求助平台监管,促进医疗救助与其他社会救助制度的衔接。完善疾病应急救助管理运行机制,确保需急救的急重危伤病患者不因费用问题影响及时救治。

专栏2　重大疾病救助工程

1. 建立救助对象及时精准识别机制,加强部门协同,做好各类困难群众身份信息共享,及时将符合条件的困难群众纳入医疗救助范围。
2. 强化高额医疗费用支出预警监测,依申请落实综合保障政策。
3. 引导合理诊疗,促进有序就医,严控不合理医疗费用。
4. 完善基本医疗保险政策,夯实医疗救助托底保障,发展商业健康保险,健全引导社会力量参与机制,促进慈善医疗救助发展,规范发展医疗互助,稳步提高重大疾病患者保障水平,合力防范因病致贫返贫风险。

有效衔接乡村振兴战略。巩固拓展医保脱贫攻坚成果,实现由集中资源支持脱贫攻坚向基本医疗保险、大病保险、医疗救助三重制度常态化保障平稳过渡。分类优化医疗保障综合帮扶政策,坚决治理过度保障,将脱贫攻坚期地方自行开展的其他医疗保障扶贫措施资金逐步统一并入医疗救助基金。综合施策降低农村低收入人口看病就医成本,引导合理诊疗,促进有序就医,整体提升农村医疗保障和健康管理水平。

健全重大疫情医疗保障机制。在突发疫情等紧急情况时,确保医疗机构先救治、后收费,确保患者不因费用问题影响就医。探索建立重大疫情特殊群体、特定疾病医药费豁免制度,有针对性免除医保目录、支付限额、用药量等限制性条款,减轻困难群众就医就诊后顾之忧。统筹医保基金和公共卫生服务资金使用,对基层医疗机构实施差别化支付政策,实现公共卫生服务和医疗服务有效衔接。

完善生育保险政策措施。继续做好生育保险对参保女职工生育医疗费用、生育津贴等待遇的保障,规范生育医疗费用支付管理,推进生育医疗费用支付方式改革,住院分娩按病种支付,产前检查按人头支付,控制生育医疗费用不合理增长,降低生育成本,提高生育保险与职工基本医疗保险合并实施成效。继续做好城乡居民基本医疗保险参保人员生育医疗费用待遇保障。

(六)优化基本医疗保障筹资机制。

完善责任均衡的多元筹资机制。均衡个人、用人单位和政府三方筹资责任。建立基准费率制度,合理确定费率,研究规范缴费基数。提高统筹基金在职工基本医疗保险基金中的比重。完善城乡居民基本医疗保险筹资政策,研究建立缴费与经济社会发展水平和居民人均可支配收入挂钩的机制,优化个人缴费和政府补助结构。拓宽医疗救助筹资渠道,鼓励社会捐赠等多渠道筹资。加强财政对医疗救助的投入。

提高基金统筹层次。按照制度政策统一、基金统收统支、管理服务一体的标准,全面做实基本医疗保险市地级统筹。按照政策统一规范、基金调剂平衡、完善分级管理、强化预算考核、提升管理服务的方向,推动省级统筹。完善提高统筹层次的配套政策,夯实分级管理责任,强化就医管理和医疗服务监管。推动医疗救助统筹层次与基本医疗保险统筹层次相协调。建立健全与医疗保障统筹层次相适应的管理体系,探索推进市地级以下医疗保障部门垂直管理。

提升基金预算管理水平。科学编制医疗保障基金收支预算。加强预算执行监督,全面实施预算绩效管理,强化绩效监控、评价和结果运用。加强基金精算管理,构建收支平衡机制,建立健全基金运行风险评估预警机制,促进基金中长期可持续。探索开展跨区域基金预算试点。

（七）鼓励商业健康保险发展。

鼓励产品创新。鼓励商业保险机构提供医疗、疾病、康复、照护、生育等多领域的综合性健康保险产品和服务，逐步将医疗新技术、新药品、新器械应用纳入商业健康保险保障范围。支持商业保险机构与中医药机构合作开展健康管理服务，开发中医治未病等保险产品。更加注重发挥商业医疗保险作用，引导商业保险机构创新完善保障内容，提高保障水平和服务能力。

完善支持政策。厘清基本医疗保险责任边界，支持商业保险机构开发与基本医疗保险相衔接的商业健康保险产品，更好覆盖基本医保不予支付的费用。按规定探索推进医疗保障信息平台与商业健康保险信息平台信息共享。

加强监督管理。规范商业保险机构承办大病保险业务，建立并完善参与基本医疗保险经办的商业保险机构绩效评价机制。落实行业监管部门责任，加强市场行为监管，突出商业健康保险产品设计、销售、赔付等关键环节监管。

（八）支持医疗互助有序发展。

更好发挥医疗互助低成本、低缴费、广覆盖、广受益的优势，加强制度建设，强化监督管理，规范医疗互助发展。加强医疗互助与职工基本医疗保险的衔接，依托全国统一的医疗保障信息平台，推动医疗保障与医疗互助信息共享，充分发挥医疗保险和医疗互助的协同效应。坚持职工医疗互助的互济性和非营利性，推动科学设计、规范运营，更好减轻职工医疗费用负担，提高服务保障能力。

（九）稳步建立长期护理保险制度。

适应我国经济社会发展水平和老龄化发展趋势，构建长期护理保险制度政策框架，协同促进长期照护服务体系建设。从职工基本医疗保险参保人群起步，重点解决重度失能人员基本护理保障需求。探索建立互助共济、责任共担的多渠道筹资机制，参加长期护理保险的职工筹资以单位和个人缴费为主，形成与经济社会发展和保障水平相适应的筹资动态调整机制。建立公平适度的待遇保障机制，合理确定待遇保障范围和基金支付水平。制定全国统一的长期护理保险失能等级评估标准，建立并完善长期护理保险需求认定、等级评定等标准体系和管理办法，明确长期护理保险基本保障项目。做好与经济困难的高龄、失能老年人补贴以及重度残疾人护理补贴等政策的衔接。健全长期护理保险经办服务体系。完善管理服务机制，引入社会力量参与长期护理保险经办服务。鼓励商业保险机构开发商业长期护理保险产品。

四、优化医疗保障协同治理体系

发挥医保支付、价格管理、基金监管综合功能，促进医疗保障与医疗服务体系良性互动，使人民群众享有高质量、有效率、能负担的医药服务和更加优质便捷的医疗保障。

（十）持续优化医疗保障支付机制。

完善医保药品目录调整机制。立足基金承受能力，适应群众基本医疗需求、临床技术进步需要，建立并完善医保药品目录调整规则及指标体系，动态调整优化医保药品目录，及时将临床价值高、患者获益明显、经济性评价优良的药品按程序纳入医保支付范围。将符合条件的中药按规定纳入医保支付范围。健全医保药品评价机制，加强医保药品目录落地情况监测和创新药评价，支持药品创新，提高谈判药品可及性。2022年实现全国基本医保用药范围基本统一。建立健全医保药品支付标准,从谈判药品、集中带量采购药品和"两病"患者用药支付标准切入,逐步衔接医保药品目录管理和支付标准。

专栏3　医保目录药品监测评估工程

1. 建立评估机制。建立科学的评估框架和指标体系,评估药品使用相关数据,为目录调整和支付标准确定提供依据。
2. 建立医保目录药品评价监测机制。监测药品配备、使用、挂网、医保支付和临床疗效等情况,评价药品安全性、有效性、可及性。
3. 加强创新药信息评价。强化对创新药创新性、经济学评价,及时评估其安全性、有效性情况。

加强医保医用耗材管理。建立医保医用耗材准入制度,制定医保医用耗材目录。探索制定医用耗材医保支付标准,引导规范医疗服务行为,促进医用耗材合理使用。

提升医疗服务项目管理水平。完善医保医疗服务项目范围管理,明确医疗服务项目医保准入、支付、监管政策,规范医疗服务行为。在规范明细、统一内涵的基础上,逐步建立科学、公正、透明的医疗服务项目准入和动态调整机制,促进医疗服务新技术有序发展。支持将符合条件的中医医疗服务项目按规定纳入医保支付范围。

持续深化医保支付方式改革。在全国范围内普遍实施按病种付费为主的多元复合式医保支付方式,推进区域医保基金总额预算点数法改革,引导医疗机构合理诊疗,提高医保资金使用效能。制定医保基金总额预算管理、按床日付费、按人头付费等技术规范。完善紧密型医疗联合体医保支付政策。深化门诊支付方式改革,规范门诊付费基本单元,逐步形成以服务能力、服务项目、服务量为基础的支付方式。引导合理就医,促进基层首诊。探索符合中医药特点的医保支付方式,发布中医优势病种,鼓励实行中西医同病同效同价,引导基层医疗机构提供适宜的中医药服务。制定完善不同支付方式经办规程。探索医疗服务与药品分开支付。

专栏4　多元复合式医保支付方式主要类型及改革方向

1. 医保基金总额预算管理。积极探索将点数法与总额预算管理等相结合,逐步使用区域(或一定范围内)医保基金总额预算代替具体医疗机构总额控制。
2. 按病种付费。重点推进按病种分值付费工作,完善技术规范和病种库,形成本地化的病种库,加强基础数据测算和质量监控,不断提高付费精准度。
3. 按疾病诊断相关分组付费。推广按疾病诊断相关分组付费国家试点经验,不断优化细分组方案。
4. 按床日付费。对于精神疾病、安宁疗护、医疗康复等需要长期住院治疗且日均费用较稳定的疾病,采取按床日付费的方式。
5. 按人头付费。推广基层医疗卫生机构普通门诊按人头付费与家庭医生签约服务相结合的做法,推行糖尿病、高血压、慢性肾功能衰竭等诊疗方案、评估指标明确的慢性病按人头付费,加强慢性病管理。
6. 按项目付费。对不宜打包付费的复杂病例和门诊费用按项目付费。

健全对定点医药机构的预算分配机制。坚持"以收定支、收支平衡、略有结余"的总额预算编制原则,统筹考虑住院与门诊保障、药品(医用耗材)与医疗服务支付、地区内就医与转外就医等情况,完善分项分类预算管理办法,健全预算和结算管理机制。支持有条件的地区医保经办机构按协议约定向医疗机构预付部分医保资金,提高医保基金使用绩效。

加强医保定点管理。全面实施医疗保障定点医疗机构、医疗保障定点零售药店管理办法。优化定点管理流程,扩大定点覆盖面,将更多符合条件的基层医疗机构纳入医保定点范围。加强考核监督,完善定点医药机构绩效考核,制定针对不同支付方式的医疗服务行为监督管理办法,推动定点管理与医疗质量、协议履行相挂钩。

(十一)改革完善医药价格形成机制。

深化药品和医用耗材集中带量采购制度改革。常态化制度化实施国家组织药品集中带量采购,持续扩大国家组织高值医用耗材集中带量采购范围。强化对集中采购机构的统一指导,规范地方开展集中带量采购,形成国家、省级、跨地区联盟采购相互配合、协同推进的工作格局。建立以医保支付为基础,招标、采购、交易、结算、监督一体化的省级集中采购平台。推进并规范医保基金与医药企业直接结算,完善医保支付标准与集中采购价格协同机制。完善与集中带量采购相配套的激励约束机制,落实医保资金结余留用政策,推动集中带量采购成为公立医疗机构医药采购的主导模式,鼓励社会办医疗机构、定点零售药店参与集中带量采购。

完善药品和医用耗材价格治理机制。全面建立公立医疗机构药品和医用耗材采购价格信息监测机制、交易价格信息共享机制,提升对药品和医用耗材价格异常变动的分析预警应对能力。强化药品和医用耗材价格常态化监管,实施全国医药价格监测工程,全面落实医药价格和招采信用评价制度,灵活运用成本调查、函询约谈、信用评价、信息披露、价格指数、挂网规则等管理工具,遏制药品和医用耗材价格虚高,兼顾企业合理利润,促进医药行业高质量发展。

专栏5　全国医药价格监测工程

> 1. 完善监测体系。强化监测制度保障,注重普遍监测与深度监测相结合,开展多维度、多主体的连续监测。
> 2. 扩大监测范围和内容。以公立医院为主,逐步向社会办医疗机构、零售药店等延伸。在监测采购价格的同时,向监测服务收费、要素成本等方面拓展。
> 3. 加强医药价格监测能力建设。升级监测平台,充实监测力量,增加监测哨点,提升价格监测能力。
> 4. 推广监测信息数据应用。开发价格管理工具,开展价格分析警示,提供相关决策支持;公布价格信息,服务相关部门和社会。

稳妥有序试点医疗服务价格改革。加强医疗服务价格宏观管理,完善定调价规则,改革优化定调价程序,探索适应经济社会发展、更好发挥政府作用、医疗机构充分参与、体现技术劳务价值的医疗服务价格形成机制。开展深化医疗服务价格改革试点,形成可复制的改革经验并有序推广。制定完善医疗服务价格项目编制规范,分类整合现行价格项目,健全医疗服务价格项目进入和退出机制,简化新增医疗服务价格申报流程,加快受理审核,促进医疗技术创新发展和临床应用。探索完善药学类医疗服务价格项目。健全上门提供医疗服务的价格政策。完善公立医疗机构价格监测,编制医疗服务价格指数,探索建立灵敏有度的动态调整机制,发挥价格合理补偿功能,稳定调价预期。加强总量调控、分类管理、考核激励、综合配套,提高医疗服务价格治理的社会化、标准化、智能化水平。

（十二）加快健全基金监管体制机制。

建立健全监督检查制度。建立并完善日常巡查、专项检查、飞行检查、重点检查、专家审查等相结合的多形式检查制度,健全"双随机、一公开"检查机制,规范不同检查形式的对象、内容、工作要求和流程,明确各方权利义务,确保公开、公平、公正。完善部门联动机制,开展联合检查,形成监管合力。引入信息技术服务机构、会计师事务所、商业保险机构等第三方力量参与医保基金监管,提升监管的专业性、精准性、效益性。

专栏6　医保基金监管全覆盖工程

1. 系统监控全覆盖。以智能监控为依托,应用大数据手段,实现全方位、全流程、全环节监控。
2. 现场检查全覆盖。健全常态化日常监管工作机制,每年开展一次全覆盖式现场检查。现场检查由统筹地区医疗保障部门负责,对辖区内全部定点医药机构开展检查。
3. 飞行检查全覆盖。国家和省两级医疗保障部门联合相关部门组织开展飞行检查。飞行检查随机抽查范围覆盖全国所有统筹地区。
4. 社会监督全覆盖。畅通优化电话、网站、微信等举报渠道,完善举报奖励机制,有效举报线索凡接必查,实名举报查实必奖。动员社会力量参与监管,强化社会监督员队伍建设。
5. 监管责任全覆盖。健全基金监管执法体系,强化监管责任,合理调配监管力量。加强医疗保障部门与卫生健康、市场监管、公安、审计等部门以及纪检监察机关的协同配合,健全协同执法、一案多处工作机制。

全面建立智能监控制度。提升医保智能监管能力,积极探索将按疾病诊断相关分组付费、按病种分值付费等新型支付方式、"互联网+医疗健康"等新模式、长期护理保险等纳入智能监控范围,实现智能审核全覆盖,加强对定点医疗机构临床诊疗行为的引导和审核,实现基金监管从人工抽单审核向大数据全方位、全流程、全环节智能监控转变。

专栏7　医保基金监管智能监控

1. 适应医保支付方式改革和长期护理保险、商业健康保险发展需要,不断完善基础信息标准库和临床指南等医学知识库,推进智能监控规则库建设,逐步实现全国统一标准、线上线下一致,并动态更新。
2. 开展药品和医用耗材进销存实时管理。
3. 推广视频监控、生物特征识别等技术应用。
4. 将异地就医、购药即时结算纳入智能监控范围。

建立医疗保障信用管理体系。完善医疗保障信用管理制度,形成信用承诺、信用评价、信息共享、结果公开、结果应用、信用修复等全链条闭环式信用监管,推动实施分级分类监管。在充分掌握信用信息、综合研判信用状况基础上,根据信用等级高低,对监管对象采取差异化监管措施。以相关处理结果为依据,按程序将性质恶劣、情节严重、社会危害大的医疗保障违法失信行为的责任主体纳入严重失信主体名单,依法依规开展失信联合惩戒。建立药品和医用耗材生产流通企业等信用承诺制度,鼓励行业协会开展自律建设,促进行业规范发展。

健全综合监管制度。适应医疗保障管理服务特点,建立并完善部门间相互配合、协同监管的综合监管制度。大力推进部门联合执法、信息共享和互联互通,促进监管结果协同运用。对查实的欺诈骗保行为,各相关部门按照职责权限对有关单位和个人依规依纪依法严肃处理。加强基金监管行政执法与刑事司法有效衔接,按程序向公安机关移送涉嫌犯罪案件。

完善社会监督制度。广泛动员社会各界参与医疗保障基金监管,协同构建基金安全防线,促进形成社会监督的良好态势,实现政府治理和社会监督、舆论监督良性互动。健全欺诈骗保行为举报投诉奖励机制,完善奖励政策和奖励标准。健全完善要情报告制度,用好基金监管曝光台,做好医保基金监管典型案例的收集遴选和公开通报。医疗保障经办机构定期向社会公布参加基本医疗保险情况以及基金收入、支出、结余和收益情况,接受社会监督。

(十三)协同建设高效的医药服务供给体系。

优化提升医疗卫生服务体系。完善区域卫生规划和医疗机构设置规划,健全城市三级医院、县级医院和基层医疗卫生机构分工协作的现代医疗卫生服务体系,支持整合型医疗卫生服务体系建设,加强分级诊疗体系建设,推进基层医疗卫生机构发展,促进基层医疗卫生服务有效利用和患者有序就医。促进定点医药机构行业行为规范、成本控制和行业自律。支持中医药传承创新发展,强化中医药在疾病预防治疗中的作用,推广中医治未病干预方案。支持儿科、老年医学科、精神心理科和康复、护理等紧缺医疗服务发展。鼓励日间手术、多学科诊疗、无痛诊疗等医疗服务发展。完善检查检验政策,推进医疗机构检查检验结果互认。支持远程医疗服务、互联网诊疗服务、互联网药品配送、上门护理服务等医疗卫生服务新模式新业态有序发展,促进人工智能等新技术的合理运用。

提高医药产品供应和安全保障能力。深化审评审批制度改革,鼓励药品创新发展,加快新药好药上市,促进群众急需的新药和医疗器械研发使用。稳步推进仿制药质量和疗效一致性评价。分步实施医疗器械唯一标识制度,拓展医疗器械唯一标识在卫生健康、医疗保障等领域的衔接应用。严格药品监管,有序推进药品追溯体系建设。健全短缺药品监测预警和分级应对体系,加大对原料药垄断等违法行为的执法力度,进一步做好短缺药品保供稳价。逐步建立中标生产企业应急储备、库存和产能报告制度,保障集中采购药品供应。支持药店连锁化、专业化、数字化发展,更好发挥药店独特优势和药师作用。依托全国统一的医疗保障信息平台,支持电子处方流转。

强化协商共治机制。健全医疗保障部门、参保人代表、医院协会、医师协会、药师协会、护理学会、药品上市许可持有人、药品生产流通企业等参加的协商机制,构建多方利益协调的新格局,推动政策制定更加精准高效。

五、构筑坚实的医疗保障服务支撑体系

聚焦群众就医和医保需求,深入推进"放管服"改革,补短板、堵漏洞、强弱项,着力健全经办管理服务体系,提升医疗保障基础支撑能力,不断增强服务效能。

(十四)健全医疗保障公共服务体系。

加强经办管理服务体系建设。建立统一规范的医疗保障公共服务和稽核监管标准体系。统一经办规程,规范服务标识、窗口设置、服务事项、服务流程、服务时限,推进标准化窗口和示范点建设。建立覆盖省、市、县、乡镇(街道)、村(社区)的医疗保障服务网络。依托乡镇(街道)政务服务中心、村(社区)综合服务中心,加强医疗保障经办力量,大力推进服务下沉。在经办力量配置不足地区,可通过政府购买服务等方式,补齐基层医疗保障公共管理服务能力配置短板。加强医疗保障经办管理服务机构内控机制建设,落实协议管理、费用监控、稽查审核责任。建立绩效评价、考核激励、风险防范机制,提高经办管理服务能力和效率。

专栏8　医疗保障服务示范工程

1. 实现全国区县级以上经办标准化窗口全覆盖,出台全国医疗保障管理服务窗口标准规范,制定示范窗口评定标准。
2. 建成400个区县级以上经办服务示范窗口,重点向区县倾斜。
3. 建设500个医疗保障基层服务示范点,面向乡镇(街道)和村(社区)两级,结合人口分布、人口流动、经济社会发展水平,因地制宜制定评定标准,推动医疗保障经办服务下沉。
4. 建设500个医疗保障定点医疗机构示范点,推动精细化管理,提升参保人就诊体验。
5. 建设100个智慧医保管理服务示范点,提升经办管理服务数字化、智能化水平。

提升服务质量。坚持传统服务方式和新型服务方式"两条腿"走路,为参保群众提供优质服务,推进政务服务事项网上办理,健全多种形式的医疗保障公共管理服务。实现医疗保障热线服务与12345政务服务便民热线相衔接,探索实施"视频办"。建立健全跨区域医疗保障管理服务协作机制,推进高频医疗保障政务服务事项"跨省通办"落地实施。健全政务服务"好差评"制度,制定与医疗保障发展相适应的政务服务评价标准体系和评价结果应用管理办法。

专栏9　医疗保障政务服务提升工程

1. 健全政务服务"好差评"制度。建立差评和投诉问题调查核实、督促整改和反馈机制。健全政务服务激励约束机制,及时公开政务服务情况、评价结果及整改情况等政务服务评价信息。
2. 推进"跨省通办"。推进基本医疗保险参保信息变更、城乡居民基本医疗保险参保登记、基本医疗保险关系转移接续、异地就医备案、门诊费用跨省直接结算、医疗保障定点医疗机构基础信息变更、生育保险待遇核定与支付等高频医疗保障政务服务事项"跨省通办"。统一"跨省通办"政务服务事项的业务规则和标准,加强部门数据共享,支持重点区域拓展"跨省通办"政务服务范围。
3. 提升全流程数字化服务水平。推动人工智能、大数据、物联网、云计算、区块链等新技术运用,鼓励发展诊间结算、床边结算、线上结算,推进医疗电子票据使用,鼓励有条件的地区探索建立慢性病互联网诊疗、第三方药品配送上门等服务新模式。
4. 提升适老服务水平。加强经办服务大厅建设和窗口管理,合理布局服务网点,配备引导人员,提供咨询、指引等服务,保留传统服务方式,畅通为老年人代办的线下渠道,优化完善无障碍设施,提供预约服务、应急服务,积极推广"一站式"服务。优化网上办事流程,提供更多智能化适老服务。

完善异地就医直接结算服务。加强国家异地就医结算能力建设,实现全国统一的异地就医备案,扩大异地就医直接结算范围,逐步实现住院、门诊费用线上线下一体化的异地就医结算服务。

专栏 10　国家异地就医结算能力建设工程

1. 完善跨省异地就医直接结算制度体系。制定全国统一的跨省异地就医直接结算管理办法和工作规程。指导各省(自治区、直辖市)统一跨省异地就医直接结算相关制度和规程。
2. 健全跨区域医疗保障管理工作体系和协作机制。加强国家、省级异地就医结算中心建设,完善各级异地就医业务管理、基金管理和信息管理岗位职责,保障异地就医直接结算平稳运行。
3. 优化跨省异地就医结算管理服务。完善国家异地就医管理服务平台,扩大跨省直接结算的覆盖范围,提高直接结算率。探索重大公共卫生事件医疗保障费用异地就医直接结算,开展医疗费用手工(零星)报销线上服务,提供住院、普通门诊、门诊慢特病费用线上线下一体化的异地就医结算服务。

健全完善医保协议管理。简化优化定点医药机构专业评估、协商谈判程序,制定并定期修订医疗保障服务协议范本,加强事中事后监管。建立健全跨区域就医协议管理机制。合理确定统筹地区定点医药服务资源配置。

探索经办治理机制创新。推进经办管理服务与各地政务服务、网上政务服务平台衔接,鼓励商业保险机构等社会力量参与经办管理服务。加强定点医疗机构医保职能部门建设,发挥其联结医保服务与医院管理的纽带作用,加强定点医疗机构医保精细化管理,提升医疗卫生服务与医疗保障服务的关联度和协调性。

更好服务重大区域发展战略及高水平对外开放。推动重点区域医疗保障合作,提升区域医疗保障一体化发展水平。开展医疗保障领域对外交流合作,积极宣传医疗保障中国方案,为推动构建人类卫生健康共同体贡献中国智慧。

专栏 11　重点区域医保一体化任务

1. 京津冀:支持北京非首都功能疏解,支持雄安新区与北京定点医疗机构互认、缴费年限互认,支持京津冀药品、医用耗材联合采购。
2. 长三角:加快基本医疗保险一体化发展,逐步统一医保药品、医用耗材、医疗服务项目三个目录,提升异地就医便利化水平。
3. 粤港澳大湾区:支持港澳居民在内地参加基本医疗保险,为港澳参保人员提供高效便利服务。加强广东与香港、澳门医疗保障工作衔接。
4. 海南自由贸易港:支持商业保险机构跨境结算试点。
5. 成渝地区双城经济圈:实现公共服务一体化和异地就医门诊慢特病直接结算,逐步推动基本医疗保障待遇均等化。

(十五)强化法治支撑。

建立健全法律法规体系。推进医疗保障法立法工作,夯实医疗保障事业改革和发展的法治基础。深入实施《医疗保障基金使用监督管理条例》。制定药品价格管理办法等规章,做好相关释义及解释。

规范医疗保障行政执法。完善权责清单、执法事项清单、服务清单,制定全国统一的行政处罚程序规定,规范执法文书样式、行政执法指引,约束行政执法自由裁量权。规范执法行为,改进执法方式,加强执法监督,建立健全医疗保障行政执法公示、执法全过程记录、重大执法决定法制审核等制度。健全行政复议案件处理工作机制。

(十六)推动安全发展。

强化基金管理。全面实施基金运行监控,提高基金管理水平,防范系统性风险,促进基金运行区域平衡。全面开展统筹地区基金运行评价，压实统筹地区管理责任。

确保数据安全。落实数据分级分类管理要求，制定医疗保障数据安全管理办法，规范数据管理和应用，依法保护参保人员基本信息和数据安全。强化医疗保障信息基础设施建设，维护信息平台运行安全。

加强内部控制。梳理医疗保障内部管理和职权运行风险点，建立健全流程控制、风险评估、运行监控、内部监督等内部控制工作机制，及时发现并有效防范化解安全隐患，确保不发生重大安全问题。强化责任追究，促进内控机制有效运行。

（十七）加快医保信息化建设。

全面建成全国统一的医疗保障信息平台。持续优化运行维护体系和安全管理体系，完善平台功能。依托全国统一的医疗保障信息平台，建立救助患者医疗费用信息共享机制。有效发挥国家智慧医保实验室作用。通过全国一体化政务服务平台，实现跨地区、跨部门数据共享，做好医疗保障数据分级分类管理，探索建立医疗保障部门与卫生健康、药监等部门信息共享机制。

专栏12　全国统一的医疗保障信息平台

1. 全面建成全国统一的医疗保障信息平台，重点完成省级平台建设任务，实现数据两级集中、平台分级管理。
2. 动态维护医保药品、医用耗材、医疗服务项目分类与代码等15项医保信息业务编码标准，全面推进医保信息业务编码贯彻应用。
3. 推进数据迁移、清洗等工作，提高数据质量。
4. 持续优化完善信息平台，建立健全物理安全、数据安全、网络安全等安全管理体系和云平台、业务系统、网络等运行维护体系。
5. 深化大数据、区块链等技术在宏观决策分析、医疗电子票据等工作中的应用，更好服务医保科学决策和便民服务。

完善"互联网+医疗健康"医保管理服务。完善"互联网+医疗健康"医保服务定点协议管理，健全"互联网+"医疗服务价格和医保支付政策，将医保管理服务延伸到"互联网+医疗健康"医疗行为，形成比较完善的"互联网+医疗健康"医保政策体系、服务体系和评价体系。

提升医疗保障大数据综合治理能力。发挥全国统一的医疗保障信息平台优势，加强对医疗保障基础信息数据、结算数据、定点医药机构管理数据的采集、存储、清洗、使用，完善部门数据协同共享机制，探索多维度数据校验，提升精细化治理水平，提高医药资源配置效率。

（十八）健全标准化体系。

完善标准化工作基础。建立上下联动、部门合作、职责分明的标准化工作机制，推进医疗保障部门与人力资源社会保障、卫生健康、银保监、药监等部门的工作衔接。推动医疗保障标准在规范执业行为和促进行业自律等方面更好发挥作用。强化标准实施与监督。向定点医药机构提供标准服务。

加强重点领域标准化工作。统一医疗保障业务标准和技术标准，制定基础共性标准清单、管理工作标准清单、公共服务标准清单、评价监督标准清单，组建各类标准咨询专家团队。

健全标准化工作体制机制。组建全国医疗保障标准化技术委员会,建设高水平医疗保障标准化智库。强化医疗保障标准日常管理维护,完善落地应用长效机制。健全医保信息业务编码信息维护、审核、公示、发布的常态化工作机制。

六、做好规划实施

各地区、各有关部门要始终在思想上政治上行动上同以习近平同志为核心的党中央保持高度一致,增强"四个意识"、坚定"四个自信"、做到"两个维护",确保医疗保障工作始终坚持正确政治方向,确保本规划各项任务落实到位。

(十九)健全实施机制。

建立健全国家和省两级医疗保障规划体系,加强两级规划衔接,确保全国医疗保障规划"一盘棋"。建立规划实施机制,做好规划重点任务分解,明确责任单位、实施时间表和路线图,提升规划实施效能。组织开展规划实施评估,监测重点任务进展、主要指标完成情况,及时完善优化政策。

(二十)强化能力建设。

加强医疗保障人才队伍建设,培养高素质专业化人才,鼓励高等院校、科研院所等与医疗保障部门开展合作,加强智库建设和人才支撑。实施医疗保障干部全员培训,开展多种形式挂职交流。建立体现医疗保障领域特点的人才评价机制,加大对先进单位和个人的表彰力度。

(二十一)营造良好氛围。

做好政府信息公开和新闻发布,及时准确发布权威信息,引导社会舆论,增进各方共识。开展多种形式的医保普法宣传活动,增强全社会医保法治意识,提高政策知晓度,营造医保、医疗、医药协同改革的良好氛围,为深化医疗保障制度改革创造良好舆论环境。

4-1-75

国务院办公厅关于健全基本医疗保险参保长效机制的指导意见

2024年7月26日　国办发〔2024〕38号

各省、自治区、直辖市人民政府,国务院各部委、各直属机构:

为积极应对人口老龄化、就业形式多样化,适应人口流动和参保需求变化,持续巩固拓展全民参保成果,夯实基本医疗保险制度根基,经国务院同意,现就健全基本医疗保险参保长效机制提出以下意见。

一、总体要求

以习近平新时代中国特色社会主义思想为指导,全面贯彻落实党的二十大和二十届二中、三中全会精神,完整准确全面贯彻新发展理念,加快构建新发展格局,着力推动高质量发展,坚持以人民为中心的发展思想,深入实施全民参保计划,强化部门联动,加快补齐短板,分类精准施策,优化参保结构,提高参保质量,维护群众依法参保权益,在高质量发展中增进民生福祉,切实解决好群众看病就医的后顾之忧。

——明晰各方责任,落实依法参保。落实公民依法参加基本医保的权利和义务,引导公民增强自身健康第一责任人意识和主动参保意识,推动用人单位依法履行缴费义务,压实各级政府及部门责任,形成政府主导、部门协同、基层动员、单位履责、个人尽责的共建共治共享格局。

——完善政策措施,鼓励连续参保。规范统一参保管理服务,完善激励约束、分类资助参保等措施,有效调动基层积极性,健全参保长效机制,形成良好参保局面。

——提升服务质量,强化有感参保。从参保登记、申报缴费、管理服务、动员宣传、绩效考核、待遇保障等多方面采取综合性举措,持续深化改革,提升医保服务便捷性、可及性和定点医药机构服务规范性,不断提高参保群众满意度和获得感。

二、完善政策措施

(一)完善参保政策。进一步放开放宽在常住地、就业地参加基本医保的户籍限制。特大城市、超大城市要切实落实持居住证参保政策,推动外地户籍中小学生、学龄前儿童在常住地参加居民医保。超大城市要取消灵活就业人员、农民工、新就业形态人员在就业地参加基本医保的户籍限制,做好在就业地参加职工医保工作。鼓励大学生在学籍地参加居民医保,落实参保相关政策,抓好大学生参加居民医保扩面工作。

(二)完善筹资政策。推进居民医保缴费与经济社会发展水平和居民人均可支配收入挂钩,保持财政补助和个人缴费合理的比例结构。对特困人员、最低生活保障对象、符合条件的防止返贫监测对象等困难群众参保按有关规定给予分类资助。落实从失业保险基金中支付领取失业保险金人员的职工医保(含生育保险)费政策,并确保与参保职工同等享受医疗保险、生育保险待遇。支持职工医保个人账户用于支付参保人员近亲属参加居民医保的个人缴费及已参保的近亲属在定点医药机构就医购药发生的个人自付医药费用。适应就业形式多样化,研究完善灵活就业人员参保缴费方式。

(三)完善待遇政策。在巩固住院待遇水平基础上,可根据经济社会发展水平和医保基金承受能力,稳步提升基本医保门诊保障水平。有条件的地区可将居民医保年度新增筹资的一定比例用于加强门诊保障,并向基层医疗机构倾斜,引导群众在基层就医。

建立对居民医保连续参保人员和零报销人员的大病保险待遇激励机制。自2025年起,对断保人员再参保的,可降低大病保险最高支付限额;对连续参加居民医保满4年的参保人员,之后每连续参保1年,可适当提高大病保险最高支付限额。对当年基金零报销的居民医保参保人员,次年可提高大病保险最高支付限额。连续参保激励和零报销激励,原则上每次提高限额均不低于1000元,累计提高总额不超过所在统筹地区大病保险原封顶线的20%。居民发生大病报销并使用奖励额度后,前期积累的零报销激励额度清零。断保之后再次参保的,连续参保年数重新计算。具体政策标准由各省份根据医保基金承受能力等实际情况确定。

自2025年起,除新生儿等特殊群体外,对未在居民医保集中参保期内参保或未连续参保的人员,设置参保后固定待遇等待期3个月;其中,未连续参保的,每多断保1年,原则上在固定待遇等待期基础上增加变动待遇等待期1个月,参保人员可通过缴费修复变动待遇等待期,每多缴纳1年可减少1个月变动待遇等待期,连续断缴4年及以上的,修复后固定待遇等待期和变动待遇等待期之和原则上不少于6个月。缴费参照当年参保地的个人缴费标准。等待期具体标准由各省份根据自身情况确定。

三、优化管理服务

(四)准确掌握参保情况。国家医保局建立全民参保数据库,实现"一人一档"管理,定期将未参保人员信息推送至省级医保部门。省级医保部门要及时掌握本地区常住人口、户籍人口、参保人员、未参保人员等信息,定期更新全民参保数据库。发挥各地基层网格化管理优势,对于人户分离的应参保未参保人员,户籍地与常住地加强配合,共同落实参保扩面责任。持续做好重复参保治理工作,优化新增参保登记,提升参保质量。

(五)协同开展参保动员。每年9月开展基本医保全民参保集中宣传活动。广泛发动各级医保部门、经办服务机构、定点医药机构、相关政府部门及企事业单位开展宣传动员,充分发挥传统媒体和新媒体作用,创新宣传形式,丰富宣传载体,讲好医保故事,回应社会关切,让群众充分了解政府投入情况以及基本医保在抵御疾病风险、减轻医药费用负担方面的积极作用,普及医疗保险互助共济、责任共担、共建共享理念,营造良好参保氛围。鼓励有条件的地区探索以家庭为单位组织动员参保。积极依托社会力量,发挥志愿宣讲员、形象大使等作用,培养一支懂医保、有热情、肯奉献的参保宣传动员队伍。

(六)大力提升服务能力。推动落实出生医学证明、户口登记、医保参保、社会保障卡申领等"出生一件事"集成化办理,简化手续,优化流程,促进监护人为新生儿在出生当年参保。医保部门和税务部门要丰富参保缴费方式,拓展个人缴费及纳入医保结算的医药费用查询渠道,为参保人员提供线上线下多样化、便捷化的参保缴费等服务。用3年时间逐步统一全国居民医保集中征缴期。发挥商业银行、商业保险机构等网点作用,延伸医保公共服务。健全完善个人信息授权查询和使用机制,助力参保人员在购买商业健康保险等方面获得便捷服务。

(七)切实改善就医体验。加强定点医药机构管理,增强医药服务可及性。积极创造条件,将自愿申请且符合条件的村卫生室纳入医保结算范围,推动实时结算。推进村卫生室合理配备国家集采药品,方便农村居民就近看病就医,更好推进分级诊疗。加强定点医药机构监管,加大对欺诈骗保等违法违规行为的整治力度,用好医保基金,减轻群众医药费用负担。大力推动医保码(医保电子凭证)、社会保障卡(含电子社保卡)、移动支付等数字化医保服务应用。

四、强化部门协同

(八)明确部门职责。医保部门统筹做好参保动员、预算编制、基金收支、转移接续、宣传解读等工作,加强医保基金管理和监督。人力资源社会保障等部门与医保部门协同做好参保登记工作。税务部门做好征收工作和缴费服务,及时回传缴费信息,加强与医保部门数据比对,协助做好参保动员工作。财政部门按职责对基本医保基金的收支、管理情况实施监督,审核并汇总编制基本医保基金预决算草案,及时落实各级财政补助资金。教育部门积极配合医保部门,加强工作协同与数据共享,不断提高学生基本医保参保水平,不得以任何形式强制或变相强制学生购买商业保险产品。

(九)强化部门联动。医保部门与公安部门加强配合,做好参保人员信息与人口信息数据比对。医保部门与人力资源社会保障部门共同支持社会保险业务协同联动,协助做好领取失业保险金人员缴纳职工医保(含生育保险)费工作。各级公安、卫生健康、医保、人力资源社会保障部门积极配合,做好新生儿"出生一件事"服务。卫生健康部门合理编制区域卫生规划,优化医疗资源配置,加强医疗机构行为监管。医保部门加强与卫生健康部门联动,推动医疗费用增长合理有度且与经济社会发展水平、医保筹资水平和群众承受能力相适应。医保部门加强与民政、卫生健康等部门联动,动员引导社会力量依法规范参与医疗救助活动。医保部门会同有关部门推动基本医保与商业保险协同发展,加强多层次医疗保障衔接。

(十)推进信息共享。医保部门要及时掌握参保人员变动信息,为扩大参保覆盖面和治理重复参保提供数据支撑。各有关部门与医保部门在符合国家数据安全管理和个人信息保护有关规定的前提下,依托各地大数据平台等渠道,及时共享公民出生、死亡和户口登记、迁移、注销等信息,以及医疗救助对象、在校学生、就业人员、企业设立变更注销、基本养老保险、医疗保险等的有关信息。具体共享形式由各地有关部门协商确定。

五、保障措施

(十一)加强组织领导。把坚持和加强党的领导贯穿于基本医保参保各方面和全过程。各有关部门要按照职责分工,强化系统联动,同向发力,共同推动参保扩面工作。地方各级人民政府要高度重视,采取有效措施,加强指导督促,扎实做好参保扩面工作。各级医保部门要全力抓好参保工作,实现参保规模稳中有升、参保质量不断提高。统筹地区要考虑当前与长远,坚持尽力而为、量力而行,围绕参保政策、激励约束、组织动员、部门协同等方面抓好贯彻实施,逐步规范并合理调整有关政策,加强精准测算,确保各项措施平稳落地,保障基金运行安全平稳可持续。重大事项及时请示报告。

(十二)强化综合评价。建立健全参保工作综合评价体系,确保压实责任。各地在落实目标责任中要防止"一刀切"和层层加码,避免增加基层负担。

(十三)保障资金支持。各地区按规定落实经费保障政策。有条件的地区可根据参保计划完成情况及参保质量等情况给予激励,充分调动基层积极性。财政部、国家医保局将各地参保工作等绩效情况作为分配中央财政医疗服务与保障能力提升补助资金(医疗保障服务能力建设部分)的调节系数。

※ ※ ※ ※

4-1-76

人力资源和社会保障部 卫生部 财政部 关于印发流动就业人员基本医疗保障 关系转移接续暂行办法的通知

2009年12月31日 人社部发〔2009〕191号

各省、自治区、直辖市人力资源社会保障(劳动保障)厅(局)、卫生厅(局)、财政厅(局),新疆生产建设兵团劳动保障局、卫生局、财务局：

现将《流动就业人员基本医疗保障关系转移接续暂行办法》印发你们，请遵照执行。

流动就业人员基本医疗保障关系转移接续暂行办法

第一条 为保证城镇职工基本医疗保险、城镇居民基本医疗保险和新型农村合作医疗参保（合）人员流动就业时能够连续参保，基本医疗保障关系能够顺畅接续，保障参保（合）人员的合法权益，根据《中共中央 国务院关于深化医药卫生体制改革的意见》的要求，制定本办法。

第二条 城乡各类流动就业人员按照现行规定相应参加城镇职工基本医疗保险、城镇居民基本医疗保险或新型农村合作医疗，不得同时参加和重复享受待遇。各地不得以户籍等原因设置参保障碍。

第三条 农村户籍人员在城镇单位就业并有稳定劳动关系的，由用人单位按照《社会保险登记管理暂行办法》的规定办理登记手续，参加就业地城镇职工基本医疗保险。其他流动就业的，可自愿选择参加户籍所在地新型农村合作医疗或就业地城镇基本医疗保险，并按照有关规定到户籍所在地新型农村合作医疗经办机构或就业地社会（医疗）保险经办机构办理登记手续。

第四条 新型农村合作医疗参合人员参加城镇基本医疗保险后，由就业地社会（医疗）保险经办机构通知户籍所在地新型农村合作医疗经办机构办理转移手续，按当地规定退出新型农村合作医疗，不再享受新型农村合作医疗待遇。

第五条 由于劳动关系终止或其他原因中止城镇基本医疗保险关系的农村户籍人员，可凭就业地社会（医疗）保险经办机构出具的参保凭证，向户籍所在地新型农村合作医疗经办机构申请，按当地规定参加新型农村合作医疗。

第六条 城镇基本医疗保险参保人员跨统筹地区流动就业，新就业地有接收单位的，由单位按照《社会保险登记管理暂行办法》的规定办理登记手续，参加新就业地城镇职工基本医疗保险；无接收单位的，个人应在中止原基本医疗保险关系后的3个月内到新就业地社会（医疗）保险经办机构办理登记手续，按当地规定参加城镇职工基本医疗保险或城镇居民基本医疗保险。

第七条 城镇基本医疗保险参保人员跨统筹地区流动就业并参加新就业地城镇基本医疗保险的，由新就业地社会（医疗）保险经办机构通知原就业地社会（医疗）保险经办机构办理转移手续，不再享受原就业地城镇基本医疗保险待遇。建立个人账户的，个人账户原则上随其医疗保险关系转移划转，个人账户余额（包括个人缴费部分和单位缴费划入部分）通过社会（医疗）保险经办机构转移。

第八条 参保（合）人员跨制度或跨统筹地区转移基本医疗保障关系的，原户籍所在地或原就业地社会（医疗）保险或新型农村合作医疗经办机构应在其办理中止参保（合）手续时为其出具参保（合）凭证（样式见附件），并保留其参保（合）信息，以备核查。新就业地要做好流入人员的参保（合）信息核查以及登记等工作。

第九条 参保（合）凭证由人力资源社会保障部会同卫生部统一设计,由各地社会（医疗）保险及新型农村合作医疗经办机构统一印制。参保（合）凭证信息原则上通过社会（医疗）保险及新型农村合作医疗经办机构之间传递,因特殊原因无法传递的,由参保（合）人员自行办理有关手续。

第十条 社会（医疗）保险和新型农村合作医疗经办机构要指定窗口或专人,办理流动就业人员的基本医疗保障登记和关系接续等业务。要逐步将身份证号码作为各类人员参加城镇职工基本医疗保险、城镇居民基本医疗保险和新型农村合作医疗的唯一识别码,加强信息系统建设,及时记录更新流动人员参保（合）缴费的信息,保证参保（合）记录的完整性和连续性。

第十一条 社会（医疗）保险和新型农村合作医疗经办机构要加强沟通和协作,共同做好基本医疗保障关系转移接续管理服务工作,简化手续,规范流程,共享数据,方便参保（合）人员接续基本医疗保障关系和享受待遇。

第十二条 各省、自治区、直辖市要按照本办法,并结合当地实际制定流动就业人员基本医疗保障登记管理和转移接续的具体实施办法。

第十三条 本办法自2010年7月1日起实施。

4-1-77

人力资源社会保障部办公厅关于开展长期护理保险制度试点的指导意见

2016年6月27日 人社厅发〔2016〕80号

河北、吉林、黑龙江、上海、江苏、浙江、安徽、江西、山东、湖北、广东、重庆、四川省（市）人力资源社会保障厅（局）,新疆生产建设兵团人力资源社会保障局:

探索建立长期护理保险制度,是应对人口老龄化、促进社会经济发展的战略举措,是实现共享发展改革成果的重大民生工程,是健全社会保障体系的重要制度安排。建立长期护理保险,有利于保障失能人员基本生活权益,提升他们体面和有尊严的生活质量,弘扬中国传统文化美德;有利于增进人民福祉,促进社会公平正义,维护社会稳定;有利于促进养老服务产业发展和拓展护理从业人员就业渠道。根据党的十八届五中全会精神和"十三五"规划纲要任务部署,现就开展长期护理保险制度试点,提出以下意见:

一、指导思想和原则

（一）指导思想。全面贯彻党的十八大和十八届三中、四中、五中全会精神,以邓小平理论、"三个代表"重要思想、科学发展观为指导,深入贯彻习近平总书记系列重要讲话精神,按照"五位一体"总体布局和"四个全面"战略布局,推动探索建立长期护理保险制度,进一步健全更加公平更可持续的社会保障体系,不断增加人民群众在共建共享发展中的获得感和幸福感。

（二）基本原则。坚持以人为本,着力解决失能人员长期护理保障问题,提高人民群众生活质量和人文关怀水平。坚持基本保障,根据当地经济发展水平和各方面承受能力,合理确定基本保障范围和待遇标准。坚持责任分担,遵循权利义务对等,多渠道筹资,合理划分筹资责任和保障责任。坚持因地制宜,各地根据长期护理保险制度目标任务和基本政策,结合地方实际,制定具体实施办法和政策标准。坚持机制创新,探索可持续发展的体制机制,提升保障绩效,提高管理水平。坚持统筹协调,做好各类社会保障制度的功能衔接,协同推进健康产业和服务体系的发展。

二、目标和任务

(三)试点目标。探索建立以社会互助共济方式筹集资金,为长期失能人员的基本生活照料和与基本生活密切相关的医疗护理提供资金或服务保障的社会保险制度。利用1—2年试点时间,积累经验,力争在"十三五"期间,基本形成适应我国社会主义市场经济体制的长期护理保险制度政策框架。

(四)主要任务。探索长期护理保险的保障范围、参保缴费、待遇支付等政策体系;探索护理需求认定和等级评定等标准体系和管理办法;探索各类长期护理服务机构和护理人员服务质量评价、协议管理和费用结算等办法;探索长期护理保险管理服务规范和运行机制。

三、基本政策

(五)保障范围。长期护理保险制度以长期处于失能状态的参保人群为保障对象,重点解决重度失能人员基本生活照料和与基本生活密切相关的医疗护理等所需费用。试点地区可根据基金承受能力,确定重点保障人群和具体保障内容,并随经济发展逐步调整保障范围和保障水平。

(六)参保范围。试点阶段,长期护理保险制度原则上主要覆盖职工基本医疗保险(以下简称职工医保)参保人群。试点地区可根据自身实际,随制度探索完善,综合平衡资金筹集和保障需要等因素,合理确定参保范围并逐步扩大。

(七)资金筹集。试点阶段,可通过优化职工医保统账结构、划转职工医保统筹基金结余、调剂职工医保费率等途径筹集资金,并逐步探索建立互助共济、责任共担的长期护理保险多渠道筹资机制。筹资标准根据当地经济发展水平、护理需求、护理服务成本以及保障范围和水平等因素,按照以收定支、收支平衡、略有结余的原则合理确定。建立与经济社会发展和保障水平相适应的动态筹资机制。

(八)待遇支付。长期护理保险基金按比例支付护理服务机构和护理人员为参保人提供的符合规定的护理服务所发生的费用。根据护理等级、服务提供方式等制定差别化的待遇保障政策,对符合规定的长期护理费用,基金支付水平总体上控制在70%左右。具体待遇享受条件和支付比例,由试点地区确定。

四、管理服务

(九)基金管理。长期护理保险基金参照现行社会保险基金有关管理制度执行。基金单独管理,专款专用。建立举报投诉、信息披露、内部控制、欺诈防范等风险管理制度。建立健全长期护理保险基金监管制度,确保基金安全有效。

(十)服务管理。建立健全对护理服务机构和从业人员的协议管理和监督稽核等制度。明确服务内涵、服务标准以及质量评价等技术管理规范,建立长期护理需求认定和等级评定标准体系,制定待遇申请和资格审定及变更等管理办法。探索引入第三方监管机制,加强对护理服务行为和护理费用使用情况的监管。加强费用控制,实行预算管理,探索适应的付费方式。

(十一)经办管理。加强长期护理保险经办管理服务能力建设,规范机构职能和设置,积极协调人力配备,加快信息系统建设。制定经办规程,优化服务流程,明确相关标准,创新管理服务机制。社会保险经办机构可以探索委托管理、购买以及定制护理服务和护理产品等多种实施路径、方法,在确保基金安全和有效监控前提下,积极发挥具有资质的商业保险机构等各类社会力量的作用,提高经办管理服务能力。加强信息网络系统建设,逐步实现与养老护理机构、医疗卫生机构以及其他行业领域信息平台的信息共享和互联互通。

五、配套措施

(十二)加强与其他保障制度之间的统筹衔接。做好与其他社会保险制度在筹资、待遇等方面的政策与管理衔接。应由已有社会保障制度和国家法律规定支付的护理项目和费用,长期护理保险基金不再给予支付,避免待遇重复享受。

(十三)协同推进长期护理服务体系建设和发展。积极推进长期护理服务体系建设,引导社会力量、社会组织参与长期护理服务,积极鼓励和支持长期护理服务机构和平台建设,促进长期护理服务产业发展。充分利用促进就业创业扶持政策和资金,鼓励各类人员到长期护理服务领域就业创业,对其中符合条件的,按规定落实相关补贴政策。加强护理服务从业人员队伍建设,加大护理服务从业人员职业培训力度,按规定落实职业培训补贴政策。逐步探索建立长期护理专业人才培养机制。充分运用费用支付政策对护理需求和服务供给资源配置的调节作用,引导保障对象优先利用居家和社区护理服务,鼓励机构服务向社区和家庭延伸。鼓励护理保障对象的亲属、邻居和社会志愿者提供护理服务。

(十四)探索建立多层次长期护理保障制度。积极引导发挥社会救助、商业保险、慈善事业等的有益补充,解决不同层面护理需求。鼓励探索老年护理补贴制度,保障特定贫困老年人长期护理需求。鼓励商业保险公司开发适销对路的保险产品和服务,发展与长期护理社会保险相衔接的商业护理保险,满足多样化、多层次的长期护理保障需求。

六、组织实施

(十五)组织领导。长期护理保险制度试点工作政策性强,涉及面广,各级人力资源社会保障部门要高度重视,加强部门协调,上下联动,共同推进试点工作有序开展。为积极稳妥推进试点,从2016年起确定在部分地区开展试点(名单附后)。试点地区人力资源社会保障部门要在当地政府领导下,加强工作力量配备,按照指导意见要求,研究制定和完善试点方案,周密计划部署,协调相关部门,推动工作落实。新开展试点的地区要抓紧制定试点方案,报省人力资源社会保障厅批准并报人力资源社会保障部备案后,确保年内启动实施。已开展试点的地区要按照本意见要求继续完善政策。

(十六)工作机制。试点原则上以地市为单位整体实施。要建立信息沟通机制,通过简报、情况专报、专题研讨等方式,交流地方探索情况,总结推广典型经验。要建立工作督导机制,试点地区应按季度报送工作进度和试点情况。部里定期组织督导调研,研究试点中出现的新问题、新情况。要建立协作咨询机制,方案制定过程中要广泛听取各方意见,成立专家团队等协作平台,组织和利用社会各界力量。要注重加强宣传工作,大力宣传建立长期护理保险制度的重要意义、制度功能和试点成效,充分调动广大人民群众参与试点的积极性和主动性,引导社会舆论,凝聚社会共识,为试点顺利推进构建良好的社会氛围。

试点中遇有重大事项,要及时向我部报告。

附件:长期护理保险制度试点城市名单

附件

长期护理保险制度试点城市名单

河北省承德市　　　　　　　山东省青岛市
吉林省长春市　　　　　　　湖北省荆门市
黑龙江省齐齐哈尔市　　　　广东省广州市
上海市　　　　　　　　　　重庆市
江苏省南通市、苏州市　　　四川省成都市
浙江省宁波市　　　　　　　新疆生产建设兵团石河子市
安徽省安庆市　　　　　　　吉林和山东两省作为国家试点的重点
江西省上饶市　　　　　　　联系省份

4-1-78

民政部　国务院扶贫办关于进一步加强农村最低生活保障制度与扶贫开发政策有效衔接的通知

2017年9月13日　民发〔2017〕152号

各省、自治区、直辖市民政厅(局)、扶贫办(局):

《国务院办公厅转发民政部等部门关于做好农村最低生活保障制度与扶贫开发政策有效衔接指导意见的通知》(国办发〔2016〕70号)印发后,各地认真贯彻落实,取得一定成效。但在工作实践中,各地还不同程度存在认识不清晰、理解有偏差、落实不到位等问题,亟需研究解决。为进一步加强农村最低生活保障制度与扶贫开发政策有效衔接工作,现就有关问题通知如下。

一、正确认识建档立卡贫困人口和农村低保对象重合问题

各地要充分考虑农村低保和扶贫开发在资格条件、认定标准、收入计算等方面存在的差异,坚持实事求是,不能片面要求提高或降低两类对象重合比例。要改变简单以有无劳动能力区分建档立卡贫困人口和农村低保对象的做法,坚决杜绝搞平衡"二选一"、对象识别"互斥"等问题。要按照农村低保和建档立卡贫困人口各自识别认定的标准、程序等,分别把符合条件的对象纳入救助或帮扶范围,实现双向衔接。建档立卡贫困人口动态调整

时,要把建档立卡以外的农村低保对象、特困人员等作为重点;农村低保动态调整时,要把因病、因残及其他因临时困难返贫的建档立卡贫困家庭作为重点,符合条件的及时纳入,确保实现"应扶尽扶、应保尽保"。

二、妥善处理贫困发生率和农村低保覆盖面的关系

贫困发生率是指建档立卡贫困人口占当地农村人口的比例,农村低保覆盖面是指享受农村低保政策的人口占当地农村人口的比例。建档立卡贫困人口与农村低保对象的认定标准不同,政策目标也不同,各地不应将贫困县"摘帽"时允许存在的贫困发生率2%或3%视为脱贫之后的农村低保覆盖面,更不应将农村低保覆盖面硬性降低到2%或3%。农村低保覆盖面应与当地经济社会发展水平相适应,中西部地区低保覆盖面过高的,要科学调整使之逐步趋于合理;覆盖面过低的,要通过提标扩面增人逐步提高,使困难群众的基本生活得到切实保障。要精准认定脱贫对象,凡未解决"三保障"问题的扶贫建档立卡户和农村低保家庭,均不能宣布脱贫。脱贫攻坚期内"脱贫不脱政策",宣布脱贫后,医疗、教育、住房等扶持政策要保持不变;对于收入水平已超过扶贫标准但仍低于低保标准的,宣布脱贫后继续享受低保政策,做到"脱贫不脱保"。对于实现就业的低保对象,可通过"救助渐退"等措施,增强其就业稳定性。

三、参考国家扶贫标准科学制定农村低保标准

各地要进一步加大省级统筹工作力度,加强对深度贫困地区的工作指导,督促农村低保标准低于国家扶贫标准的地区科学制定农村低保标准,确保两项政策有效衔接。农村低保标准已达到或超过国家扶贫标准的地方,要综合考虑维持困难群众基本生活、当地物价水平、财政保障能力、低保城乡统筹等因素,科学制定农村低保标准。各地在研究制定当年农村低保标准时,既要保证农村低保标准动态、稳定地高于国家扶贫标准,也要从当地实际出发,避免增幅过高不可持续。农村低保金既可按照现行规定补差发放,也可以根据当地实际情况分档发放;同时要考虑分类施保因素,对于获得低保后生活仍有困难的老年人、未成年人、重度残疾人和重病患者等特殊困难人群,可根据当地规定适当增发低保金。

四、协同做好脱贫攻坚相关考核评估工作

各地民政、扶贫等部门要加强在脱贫攻坚考核评估等工作中的协同配合。在考核评估建档立卡的"漏评"对象时,"档"外的农村低保对象、特困人员除存在义务教育、基本医疗、安全住房"三保障"问题外,不应作为"漏评"对象。在考核评估建档立卡的"错评"对象时,因获得低保金后家庭收入超过扶贫标准但存在"三保障"问题的农村低保对象、特困人员,不应作为"错评"对象。对于有劳动能力的建档立卡贫困人口纳入农村低保范围的,都应享受产业扶持、就业促进等帮扶措施,不能"只兜不扶"。要加强信息比对工作,民政部、国务院扶贫办每季度比对一次农村低保对象和建档立卡贫困人口数据,县级民政、扶贫部门每年至少比对一次。在建档立卡贫困人口动态调整完成后,各地要及时摸清本行政区域内需兜底保障的贫困人口规模,研究兜底保障措施。

五、注意激发农村低保对象等困难群众脱贫增收的内生动力

注意调动有劳动能力和劳动条件农村低保对象的积极性、主动性,注重培育其发展生产和务工就业的基本技能,努力提高其自我发展能力,防止低保"一兜了之"。要更好发挥扶贫资金引导激励作用,将扶贫资金向农村低保对象等困难群众参与度高、带动脱贫作用

强的产业项目倾斜,增强脱贫的稳定性。要注意发挥驻村第一书记、驻村工作队的宣传组织动员作用,鼓励和引导农村低保对象等困难群众参与脱贫攻坚项目,依靠自力更生脱贫致富。要大力宣传脱贫先进典型,用身边人身边事教育和引导困难群众,激发他们脱贫增收的内生动力。

各地衔接过程中出现的关键性、苗头性、倾向性问题,请及时报告民政部、国务院扶贫办。

4-1-79

国家医保局 财政部 税务总局 关于阶段性减征职工基本医疗 保险费的指导意见

2020年2月21日 医保发〔2020〕6号

各省、自治区、直辖市人民政府,新疆生产建设兵团:

为贯彻落实习近平总书记关于新冠肺炎疫情防控工作的重要指示精神,切实减轻企业负担,支持企业复工复产,根据社会保险法有关规定,经国务院同意,现就阶段性减征职工基本医疗保险(以下简称职工医保)单位缴费有关工作提出如下指导意见:

一、自2020年2月起,各省、自治区、直辖市及新疆生产建设兵团(以下统称省)可指导统筹地区根据基金运行情况和实际工作需要,在确保基金收支中长期平衡的前提下,对职工医保单位缴费部分实行减半征收,减征期限不超过5个月。

二、原则上,统筹基金累计结存可支付月数大于6个月的统筹地区,可实施减征;可支付月数小于6个月但确有必要减征的统筹地区,由各省指导统筹考虑安排。缓缴政策可继续执行,缓缴期限原则上不超过6个月,缓缴期间免收滞纳金。

三、各省要指导统筹地区持续完善经办管理服务,确保待遇支付,实施减征和缓缴不能影响参保人享受当期待遇。参保单位应依法履行代扣代缴个人缴费的义务,医保经办机构要做好个人权益记录,确保个人权益不受影响。优化办事流程,不增加参保单位事务性负担。

四、各省要指导统筹地区切实加强基金管理,做好统计监测,跟踪分析基金运行情况,采取切实管用的措施,管控制度运行风险,确保基金收支中长期平衡。减征产生的统筹基金收支缺口由统筹地区自行解决。各省可根据减征情况,合理调整2020年基金预算。

五、已经实施阶段性降低单位费率等援企政策的省可继续执行,也可按照本指导意见精神指导统筹地区调整政策。已实施阶段性降低职工医保单位费率的统筹地区,不得同时执行减半征收措施。

各省要提高思想认识,加强组织领导,分类指导统筹地区做好相关工作。决定实施减征政策的省,印发的具体实施方案于3月5日前报医保局、财政部、税务总局备案。各级医疗保障、财政、税务等部门要加强协同,切实履职,全力做好疫情防控期间的医疗保障各项工作,确保政策落实到位,重要情况及时报告。

4—1—80
国家医保局办公室 财政部办公厅 国家卫生健康委办公厅 国家税务总局办公厅 国务院扶贫办综合司关于高质量打赢医疗保障脱贫攻坚战的通知

2020年4月23日　医保办发〔2020〕19号

各省、自治区、直辖市医保局、财政厅（局）、卫生健康委、扶贫办，国家税务总局各省、自治区、直辖市和计划单列市税务局：

为坚决贯彻习近平总书记关于决战决胜脱贫攻坚重要讲话精神，努力克服新冠肺炎疫情影响，一鼓作气坚决打赢医疗保障脱贫攻坚战，确保现行标准下农村贫困人口实现基本医疗有保障目标，确保高质量完成医疗保障脱贫攻坚硬任务，现就做好有关工作通知如下：

一、坚定决胜医疗保障脱贫攻坚的信心决心

2020年是全面建成小康社会收官之年，是打赢脱贫攻坚战的决胜之年。农村建档立卡贫困人口基本医疗有保障突出问题基本解决，稳定住、巩固好医疗保障脱贫攻坚成果还需乘势而上、再接再厉。各部门要深入学习习近平总书记关于决战决胜脱贫攻坚重要讲话精神，深刻领会党中央夺取脱贫攻坚战全面胜利的坚强决心，深刻认识已取得的决定性成就，深刻分析面临的困难和挑战，强化责任担当、坚定必胜信念、保持攻坚态势，把稳定住、巩固好医疗保障脱贫攻坚成果作为重中之重，全力以赴做好攻坚收官工作。当前，还有个别贫困群众未动态纳入三项制度保障范围，剩余贫困人口中患病人口占比较高，新冠肺炎疫情也对医保脱贫进程产生影响，增加了因病致贫返贫风险。各部门要坚持目标导向，树立问题意识，统筹做好疫情防控和脱贫攻坚工作，着力巩固贫困人口应保尽保和三重保障待遇落实成效，聚焦攻克深度贫困堡垒，及时排查整改问题，持续优化管理服务，做好政策接续衔接，确保医疗保障脱贫攻坚战全面胜利。

二、全力确保农村贫困人口应保尽保

要巩固维护好贫困人口动态应保尽保局面。各级医保、税务部门要分工协作，狠抓参保缴费工作，确保贫困人口应保尽保、应缴尽缴，做好新增贫困人口动态缴费工作。统筹地区医保部门要会同同级扶贫和税务部门，摸实贫困人口和纳入返贫监测范围的边缘人口（以下简称"边缘人口"）应参保人员名单，做实做细保费征缴，健全参保缴费台账，确保参保和缴费管理精准到人。聚焦现行标准农村建档立卡贫困人口，落实分类资助参保。重点抓好因疫情及其他原因新增贫困人口动态参保工作，做好职工医保和居民医保参保接续衔接，确保贫困人口动态纳入基本医疗保险、大病保险、医疗救助覆盖范围。户籍地医保和扶贫部门要持续关注贫困人口、边缘人口参保变化情况，通过部门协作逐一核实处于特殊保障状态、异地参保相关人员参保情况，引导和动员其积极参保。省级医保部门要统筹做好本地区异地参保上述人员参保状态核实比对工作，探索开展省际间参保信息核查。建立健全省、市、县三级医保部门与同级扶贫部门信息比对机制,确保贫困人口口径统一、数据一致、参保状态同步。

三、稳定巩固三重制度综合保障

坚持按标施策,保持医疗保障脱贫攻坚政策总体稳定。落实落细各项医疗保障政策,巩固基本医保、大病保险、医疗救助综合保障待遇水平。统筹用好居民医保和医疗救助补助资金,发挥好三重制度梯次减负功能。协同做好脱贫不稳定户、收入略高于建档立卡贫困户的边缘户以及因疫情或其他原因致贫返贫户监测,密切跟踪受疫情影响贫困人口和边缘人口医疗保障情况,医保部门会同财政部门、卫生健康部门落实新冠肺炎确诊和疑似贫困患者医保报销和财政补助政策。做好新版医保药品目录落实和高血压、糖尿病门诊用药保障机制落地工作,切实减轻贫困患者药品费用负担。在严格把控标准、准入精准前提下,简化规范门诊慢性病待遇准入流程、缩短办理时限。持续治理过度保障,做好资金整合和宣传解释,确保待遇平稳过渡。

四、坚决攻克深度贫困地区堡垒

聚焦"三区三州"等深度贫困地区,瞄准建档立卡贫困人口,全面落实医保脱贫攻坚政策,用好中央财政提高深度贫困地区农村贫困人口医疗保障水平补助资金。按规定落实深度贫困地区贫困人口异地就医登记备案、医疗费用结算等政策,促进"互联网+"医疗服务价格和医保支付政策落地,做好药品保供稳价工作,切实保障贫困地区、边远地区药品配送,进一步提高贫困地区医疗服务利用可及性。国家和省级医疗保障政策、能力建设及干部队伍培训重点向贫困地区倾斜,着力提高深度贫困地区基层医保部门经办管理服务能力。要抓实抓细未摘帽的52个贫困县和脱贫难度大的1113个村挂牌督战。有关地区省级医保部门要会同相关部门细化督战方案,督促指导相关市州和挂牌督战县制定作战方案,查实解决医疗保障方面影响脱贫成效的问题,确保挂牌督战顺利推进。

五、从严从实做好问题整改

省级医保部门要依托医保脱贫攻坚督战、调度和政策监测功能模块,动态监测重点市、县攻坚进展,及时发现、查核、整改贫困人口参保、各项待遇落实、"一站式"结算服务等方面短板问题。6月底前以省为单位,系统组织自查,全面排查影响医保脱贫攻坚任务达成的突出问题,坚决完成脱贫攻坚专项巡视、成效考核、民主监督、自查等反馈问题整改。各级医保部门要及时整改脱贫攻坚普查、脱贫摘帽县抽查、巡查督查等工作发现反馈的涉及医保的问题。问题整改情况要及时报备上级医保部门。

六、持续优化监管和经办服务

各级医保部门要进一步加强对基层医保部门的政策指导,加大贫困地区基金监管力度,着力解决贫困人口住院率畸高、小病大治大养及欺诈骗保等问题。稳步推进异地就医直接结算,进一步简化异地就医备案管理,落实就医地管理责任,探索异地就医费月协查、交叉检查等工作机制,建立跨省跨区联合执法机制,加大打击异地就医过程中的欺诈骗保行为。落实居民医保市级统筹,加快全国统一的医保信息平台建设,2020年内全面推广落实贫困人口市域内三项制度费用"一站式"结算服务。医保部门要配合卫生健康部门落实县域内住院"先诊疗后付费"措施,完善分级诊疗制度,优化转诊转外程序。要持续推进协议管理、深化支付方式改革,重点加强对贫困地区定点医疗机构履行服务协议情况、医疗服务情况的监管和指导。

七、做好与乡村振兴战略的接续衔接

严格落实"四不摘"要求,过渡期内,保持医保扶贫政策相对稳定。鼓励东部地区以及中部稳定脱贫两年以上的地区,探索贫困人口分类管理、待遇细分机制,丰富医保脱贫攻坚"脱贫不脱政策"内涵。结合健全重特大疾病医疗保险和救助制度,统筹研究与乡村振兴战略相衔接、解决相对贫困的医保扶贫长效机制。省级医保部门要全面总结评估本地区医疗保障脱贫攻坚成效,加大舆论宣传,深入挖掘基层医保干部典型事迹,寻找最感人的医保扶贫故事,做好舆情监测,及时回应社会关切。

各部门要进一步提高政治站位,切实把思想和行动统一到习近平总书记重要讲话精神上,尽锐出战、靠前指挥,层层压实责任、落实攻坚举措,对账销号做好问题整改,加强部门沟通协作、发挥攻坚合力,确保坚决打赢医保脱贫攻坚战,确保脱贫任务按期完成。各地医疗保障脱贫攻坚落实进展情况,省级医保部门要及时报备国家医保局。

4-1-81

国家医保局 财政部 国家税务总局关于加强和改进基本医疗保险参保工作的指导意见

2020年8月24日　医保发〔2020〕33号

各省、自治区、直辖市及新疆生产建设兵团医疗保障局、财政厅(局),财政部地方监管局,国家税务总局各省、自治区、直辖市及新疆生产建设兵团税务局:

基本医疗保险(以下简称"基本医保")制度为参保群众依法合理享受基本医疗保障、促进人民健康发挥了重要作用。为深入推进全民参保计划,进一步提高基本医保参保质量,保障参保群众权益,优化参保缴费服务,建好国家医疗保障信息平台基础信息管理子系统,现就加强和改进基本医保参保工作提出以下指导意见:

一、总体要求

(一)指导思想

以习近平新时代中国特色社会主义思想为指导,全面贯彻党的十九大和十九届二中、三中、四中全会精神,坚持以人民为中心的发展思想,坚持推进高质量发展,以实现覆盖全民、依法参保为目标,以完善经办管理政策为重点,以信息系统互联互通为手段,巩固提高统筹层次,加强部门数据共享比对,严格控制重复参保,大力提升参保质量,切实维护参保人医保权益,稳步做实全民参保计划,为医疗保障高质量发展奠定坚实基础。

(二)总体原则

坚持全面覆盖,补齐短板。落实全民参保计划和依法参保要求,着眼保基本、全覆盖,有针对性加强重点人群特别是困难人群参保缴费服务,改进参保薄弱环节服务。

坚持分类完善,精准施策。对建档立卡贫困人口、学生、新生儿、缴费中断人员等参保对象,根据实际情况,不搞"一刀切",分类制定针对性政策,保障合理待遇。

坚持优化服务,保障待遇。持续加强参保政策宣传,提升参保缴费服务便利化水平,保障参保人依法享有基本医疗保障待遇,增强群众获得感。

坚持技术支撑,提高质量。依托全国医疗保障信息平台基础信息管理子系统参保功能模块,清理无效、虚假、重复数据,实时识别参保人参保缴费状态,提升参保质量。

(三) 主要目标

深入实施全民参保计划,自2021年参保年度起,全国参保信息实现互联互通、动态更新、实时查询,参保信息质量明显提升;到2025年,基本医保参保率稳中有升,管理服务水平明显提升,群众获得感满意度持续增强。

二、主要任务

(一) 合理设定参保扩面目标

各地要根据本地区常住人口、户籍人口、就业人口、城镇化率等指标,科学合理确定年度参保扩面目标。职工基本医疗保险(以下简称"职工医保")要逐步以本地区劳动就业人口作为参保扩面对象,城乡居民基本医疗保险(以下简称"居民医保")逐步实现以本地区非就业居民为参保扩面对象。进一步落实持居住证参保政策。

(二) 落实参保缴费政策

坚持和完善覆盖全民、依法参加的基本医疗保险制度。各级医疗保障部门要完善与本地区公安、民政、人力资源社会保障、卫生健康、市场监管、税务、教育、司法、扶贫、残联等部门的数据共享交换机制,加强人员信息比对和共享,核实断保、停保人员情况,精准锁定未参保人群,形成本地区全民参保计划库。与用人单位签订劳动合同并与用人单位建立稳定劳动关系的人员,按照规定参加职工医保。落实对符合条件的困难人员参加居民医保个人缴费补贴政策。以农民工、城乡居民、残疾人、灵活就业人员、生活困难人员为重点,加强参保服务,落实各项参保政策。完善新就业形态从业人员参保缴费方式。

(三) 做好跨制度参保的待遇衔接

参保人已连续2年(含2年)以上参加基本医疗保险的,因就业等个人状态变化在职工医保和居民医保间切换参保关系的,且中断缴费时间不超过3个月的,缴费后即可正常享受待遇,确保参保人待遇无缝衔接。中断缴费时间超过3个月的,各统筹地区可根据自身情况设置不超过6个月的待遇享受等待期,待遇享受等待期满后暂停原参保关系。

(四) 有序清理重复参保

重复参保是指同一参保人重复参加同一基本医疗保险制度(制度内重复参保)或重复参加不同基本医疗保险制度(跨制度重复参保),具体表现为同一时间段内同一参保人有两条及以上参保缴费状态正常的参保信息记录。原则上不允许重复参保。

重复参加职工医保的,原则上保留就业地参保关系;重复参加居民医保的,原则上保留常住地参保关系;学生重复参保,原则上保留学籍地参保关系;跨制度重复参保且连续参加职工医保一年以上(含一年)的,原则上保留职工医保参保关系。以上各类情形在保留一个参保关系同时,应及时终止重复的参保关系。以非全日制、临时性工作等灵活就业形式的跨制度重复参保,保留一个可享受待遇的参保关系,暂停重复的参保关系。

（五）完善个人参保缴费服务机制

国家医保信息平台基础信息管理子系统建成后，各级医疗保障部门要利用国家统一医保信息平台基础信息管理子系统实时核对功能，及时查询参保人缴费状态，联合税务部门完善参保缴费服务，减少重复参保缴费。加大参保缴费宣传引导力度，推动服务向基层下沉，加大医保电子凭证推广使用力度，利用移动端、在线平台、共享经济平台等多种途径，拓展多样化的参保缴费渠道，提高参保缴费政策知晓度，提升服务便利性。

参保人在居民医保缴费后，在相应待遇享受期未开始前因重复缴费、参加职工医保或其他统筹地区居民医保，可在终止相关居民医保参保关系的同时，依申请为个人办理退费。待遇享受期开始后，对暂停的居民医保参保关系，原则上个人缴费不再退回；已通过医疗救助渠道享受参保缴费补贴的救助对象，可根据其需要终止的参保关系所在地缴费渠道依申请完成退费；灵活就业人员按年度一次性缴纳职工医保费以后，中途就业随单位参加职工医保的，可依申请退回其就业后当年剩余月份以灵活就业人员身份缴纳的职工医保费；对其他情况，由省级医疗保障部门会同相关部门，结合各地实际，明确可以退费和不予退费的具体情形。

（六）加强财政补助资金管理

除大中专学生入学当年重复参加居民医保情形外，其他重复参加居民医保的，需终止相关居民医保参保关系，并扣减重复参保当年涉及的各级财政补助资金。跨制度重复参保且连续参加职工医保一年以上（含一年）、参保缴费状态正常的，在按本意见规定的原则处理后扣减重复参保当年居民医保的各级财政补助资金。

三、加强改进重点人群参保缴费服务

（一）建档立卡贫困人口。按照精准到人要求，建立与扶贫、税务部门沟通机制，实行参保专项台账管理。按规定落实分类资助参保政策，确保动态参保、应保尽保。用好医疗保障信息系统脱贫攻坚运行调度模块、政策监测模块、督战模块，实时监测建档立卡贫困人口参保情况。为确保贫困人口稳定脱贫，贫困人口在职工医保和居民医保之间切换参保、转移接续参保关系时，不设等待期，不受居民医保规定缴费时间限制，在参保缴费后，即可享受相应待遇，医疗保障经办机构应及时暂停原参保关系。对在户籍地和居住地重复参加城乡居民医保的贫困人口，在征得本人同意后，确定需要保留的居民医保参保关系，应由本人作出书面承诺交医疗保障部门留存备案。

（二）大中专学生（含全日制研究生）。大中专学生原则上应在学籍地参加居民医保。若大中专学生为建档立卡贫困人口，可以选择在建档立卡贫困人口身份认定地参保。因入学形成的重复参保，学籍地医疗保障部门应依托全国信息平台参保功能模块，及时通知原参保地医疗保障部门终止参保关系。就业后形成的重复参保，就业地医疗保障部门应依托全国信息平台参保功能模块，及时通知原学籍地医疗保障部门暂停参保关系。具备条件的统筹地区在确保与学生原参保地医疗保险待遇无缝衔接的前提下，可将大中专学生参加居民医保的参保缴费期从学年调整为自然年度，作出调整的统筹地区学生在入学当年学籍地如发生医疗费用，采用异地就医直接结算报销费用，报销比例不受转外就医调减比例规定限制。

（三）新生儿。新生儿参保登记应使用本人真实姓名和身份证明。原则上新生儿出生后90天内由监护人按相关规定办理参保登记,自出生之日所发生的医疗费用均可纳入医保报销。对已使用父母姓名参保的新生儿,医疗保障部门应要求其监护人尽快更新信息。新生儿未在规定时间内参加居民医保的,按所在统筹地区具体规定执行。

（四）退役军人。军人退出现役后、由部队保障的随军未就业军人配偶实现就业后,按规定参加基本医疗保险并办理关系转移接续的,不受待遇享受等待期限制。已参加基本医疗保险的随军未就业军人配偶,在军人退出现役后,按所在统筹地区规定办理参保和关系转移接续。医疗保障部门要为相关人群业务办理提供便利,做好管理服务。

（五）短期季节性务工人员及灵活就业人员。已经参加居民医保的短期季节性务工人员或灵活就业人员,在居民医保待遇享受期内参加职工医保,医疗保障部门应保证参保人享受新参加的医保待遇,暂停原居民医保待遇；参保人短期务工结束后,医疗保障部门及时恢复原居民医保待遇,确保待遇有效衔接。

（六）被征地农民。被征地农民在政府代缴医保费期间就业并参加职工医保的,医疗保障部门应做好参保关系转移接续,并及时暂停原居民医保待遇。

四、工作要求

（一）落实工作责任。各地要统一思想认识,强化责任担当,狠抓贯彻落实,确保让参保人获得更加满意的服务。各级医疗保障部门应加强源头把关,注重全过程动态管理,确保参保人身份真实,保障合理待遇。要将参保计划完成情况、参保质量等工作纳入对省级医疗保障部门的绩效考核。各地可结合实际制定实施细则。

（二）加强宣传引导。进一步做好参保缴费宣传,创新宣传方式,拓展宣传渠道,对未参保人员实行精准推送式宣传,使群众全面了解医保政策和参保意义,调动群众参保缴费积极性,切实维护参保人合法权益。

（三）注重部门协作。医疗保障、税务部门要优化完善信息系统和数据共享平台,对清理的重复参保信息妥善保管,以备后续查验。医疗保障、财政、税务部门要密切协作,加强沟通,稳妥有序做好参保工作,遇有重大情况和问题,及时向国家医保局、财政部、税务总局报告。

4–1–82

医保局　财政部关于扩大长期护理保险制度试点的指导意见

2020年9月10日　医保发〔2020〕37号

各省、自治区、直辖市人民政府,国务院有关部委、直属机构：

探索建立长期护理保险制度,是党中央、国务院为应对人口老龄化、健全社会保障体系作出的一项重要部署。近年来,部分地方积极开展长期护理保险制度试点,在制度框架、政策标准、运行机制、管理办法等方面进行了有益探索,取得初步成效。为贯彻落实党中央、国务院关于扩大长期护理保险制度试点的决策部署,进一步深入推进试点工作,经国务院同意,现提出以下意见。

一、总体要求

（一）指导思想。以习近平新时代中国特色社会主义思想为指导,全面贯彻党的十九大和十九届二中、三中、四中全会精神,坚持以人民健康为中心,深入探索建立适应我国国情的长期护理保险制度,进一步健全更加公平更可持续的社会保障体系,不断增强人民群众在共建共享发展中的获得感、幸福感、安全感。

（二）基本原则。坚持以人为本,重点解决重度失能人员长期护理保障问题。坚持独立运行,着眼于建立独立险种,独立设计、独立推进。坚持保障基本,低水平起步,以收定支,合理确定保障范围和待遇标准。坚持责任共担,合理划分筹资责任和保障责任。坚持机制创新,探索可持续发展的运行机制,提升保障效能和管理水平。坚持统筹协调,做好与相关社会保障制度及商业保险的功能衔接。

（三）工作目标。探索建立以互助共济方式筹集资金、为长期失能人员的基本生活照料和与之密切相关的医疗护理提供服务或资金保障的社会保险制度。力争在"十四五"期间,基本形成适应我国经济发展水平和老龄化发展趋势的长期护理保险制度政策框架,推动建立健全满足群众多元需求的多层次长期护理保障制度。

二、基本政策

（四）参保对象和保障范围。试点阶段从职工基本医疗保险参保人群起步,重点解决重度失能人员基本护理保障需求,优先保障符合条件的失能老年人、重度残疾人。有条件的地方可随试点探索深入,综合考虑经济发展水平、资金筹集能力和保障需要等因素,逐步扩大参保对象范围,调整保障范围。

（五）资金筹集。探索建立互助共济、责任共担的多渠道筹资机制。科学测算基本护理服务相应的资金需求,合理确定本统筹地区年度筹资总额。筹资以单位和个人缴费为主,单位和个人缴费原则上按同比例分担,其中单位缴费基数为职工工资总额,起步阶段可从其缴纳的职工基本医疗保险费中划出,不增加单位负担;个人缴费基数为本人工资收入,可由其职工基本医疗保险个人账户代扣代缴。有条件的地方可探索通过财政等其他筹资渠道,对特殊困难退休职工缴费给予适当资助。建立与经济社会发展和保障水平相适应的筹资动态调整机制。

（六）待遇支付。长期护理保险基金主要用于支付符合规定的机构和人员提供基本护理服务所发生的费用。经医疗机构或康复机构规范诊疗、失能状态持续6个月以上,经申请通过评估认定的失能参保人员,可按规定享受相关待遇。根据护理等级、服务提供方式等不同实行差别化待遇保障政策,鼓励使用居家和社区护理服务。对符合规定的护理服务费用,基金支付水平总体控制在70%左右。做好长期护理保险与经济困难的高龄、失能老年人补贴以及重度残疾人护理补贴等政策的衔接。

三、管理服务

（七）基金管理。长期护理保险基金管理参照现行社会保险基金有关制度执行。基金单独建账,单独核算。建立健全基金监管机制,创新基金监管手段,完善举报投诉、信息披露、内部控制、欺诈防范等风险管理制度,确保基金安全。

（八）服务管理。进一步探索完善对护理服务机构和从业人员的协议管理和监督稽核等制度。做好参保缴费和待遇享受等信息的记录和管理。建立健全长期护理保险管理运行机制,明确保障范围、相关标准及管理办法。引入和完善第三方监管机制,加强对经办服务、护理服务等行为的监管。加强费用控制,实行预算管理,探索适宜的付费方式。

(九)经办管理。引入社会力量参与长期护理保险经办服务,充实经办力量。同步建立绩效评价、考核激励、风险防范机制,提高经办管理服务能力和效率。健全经办规程和服务标准,优化服务流程,加强对委托经办机构的协议管理和监督检查。社会力量的经办服务费,可综合考虑服务人口、机构运行成本、工作绩效等因素,探索从长期护理保险基金中按比例或按定额支付,具体办法应在经办协议中约定。加快长期护理保险系统平台建设,推进"互联网+"等创新技术应用,逐步实现与协议护理服务机构以及其他行业领域信息平台的信息共享和互联互通。

四、组织实施

(十)扩大试点范围。人力资源社会保障部原明确的试点城市和吉林、山东2个重点联系省份按本意见要求继续开展试点,其他未开展试点的省份可新增1个城市开展试点,于今年内启动实施,试点期限2年。未经国家医保局和财政部同意,各地不得自行扩大试点范围。

(十一)强化组织领导。各省级人民政府要高度重视长期护理保险制度试点工作,加强对试点城市的指导。试点城市要成立试点工作领导小组,加强部门协调,共同推进试点工作有序开展。新开展试点城市要按照本意见要求编制试点实施方案,报省级医疗保障、财政部门批准并报国家医保局和财政部备案后启动实施。已开展试点地区要按照本意见要求进一步深入推进试点工作,完善政策框架,加强长期护理服务体系建设。

(十二)完善工作机制。省级以上医疗保障部门要明确专人负责长期护理保险试点工作,会同有关部门建立健全工作督导机制,跟踪指导试点进展,并按要求报送运行数据和试点情况。要建立健全评估考核机制,及时研究试点中的新情况新问题,总结好的经验做法,加强横向交流,确保试点工作均衡推进。统筹协调社会各方资源,加强协作咨询,推动试点工作稳步向好发展。试点中的政策调整或其他重大事项,省级医疗保障、财政部门要及时向国家医保局和财政部报告。

(十三)加强宣传引导。各地、各有关部门要加强宣传工作,做好政策解读,及时回应社会关切,合理引导预期。充分调动各方面支持配合试点工作的积极性和主动性,凝聚社会共识,为试点顺利推进构建良好社会氛围。

附件:长期护理保险制度试点城市名单

附件

长期护理保险制度试点城市名单

序号	省份	试点城市
一、新增试点城市		
1	北京市	石景山区
2	天津市	天津市
3	山西省	晋城市
4	内蒙古自治区	呼和浩特市
5	辽宁省	盘锦市
6	福建省	福州市
7	河南省	开封市
8	湖南省	湘潭市
9	广西壮族自治区	南宁市
10	贵州省	黔西南布依族苗族自治州
11	云南省	昆明市
12	陕西省	汉中市
13	甘肃省	甘南藏族自治州
14	新疆维吾尔自治区	乌鲁木齐市
二、原有试点城市		
1	河北省	承德市
2	吉林省	长春市、吉林市、通化市、松原市、梅河口市、珲春市
3	黑龙江省	齐齐哈尔市
4	上海市	上海市
5	江苏省	苏州市、南通市
6	浙江省	宁波市
7	安徽省	安庆市
8	江西省	上饶市
9	山东省	济南市、青岛市、淄博市、枣庄市、东营市、烟台市、潍坊市、济宁市、泰安市、威海市、日照市、临沂市、德州市、聊城市、滨州市、菏泽市
10	湖北省	荆门市
11	广东省	广州市
12	重庆市	重庆市
13	四川省	成都市
14	新疆生产建设兵团	石河子市

4-1-83

国家医保局 财政部关于建立
医疗保障待遇清单制度的意见

2021年1月19日 医保发〔2021〕5号

各省、自治区、直辖市及新疆生产建设兵团医保局、财政厅(局):

基本医疗保障是新形势下推进健康中国建设,落实人民健康优先发展战略的制度基础。为贯彻以人民为中心的发展思想,不断提高依法行政水平和保障绩效,公平适度保障人民群众基本医疗保障权益,现就建立医疗保障待遇清单制度提出以下意见:

一、总体要求

(一)指导思想。以习近平新时代中国特色社会主义思想为指导,全面贯彻党的十九大和十九届二中、三中、四中、五中全会精神,坚持党对医保事业的集中统一领导,紧紧围绕健康中国建设总体战略布局,牢牢抓住医保改革重要窗口期,以全面建成权责清晰、保障适度、可持续的多层次医疗保障体系为目标,适应建设中国特色医疗保障制度需要,确定基本保障内涵,厘清待遇支付边界,明确政策调整权限,规范决策制定流程,逐步建立健全医疗保障待遇清单制度。

(二)基本原则。坚持基本保障、公平享有。从基本国情出发,遵循客观规律,尽力而为、量力而行,切实维护人民群众基本医疗保障需求。坚持稳健持续、责任均衡。守住政府责任边界,科学确定筹资待遇水平和各方负担比例,实现医保制度可持续发展。坚持责任分担、多元保障。坚持权利和义务对等,完善风险分担机制,鼓励发展多层次医疗保障体系。坚持依法依规、科学决策。统筹制度政策安排,明确决策层级和权限,既规范决策,又鼓励探索,推进医疗保障制度管理法治化、规范化、标准化。

二、规范管理

(一)依法设立基本制度。国务院医疗保障行政部门会同有关部门,依据国家法律法规和党中央、国务院决策部署,拟订基本制度的相关法律法规、制定相关政策并组织实施。地方不得自行设立超出基本制度框架范围的其他医疗保障制度。

(二)严格决策权限。国务院医疗保障行政部门会同有关部门统一拟定、调整和发布医疗保障基本政策。各省、自治区、直辖市及新疆生产建设兵团(以下统称省)可在国家规定范围内制定具体筹资及待遇等政策并根据国家有关要求动态调整。各统筹地区按照有关规定制订实施细则,并负责组织落实。

三、待遇清单

医疗保障待遇清单包含基本制度、基本政策,以及医保基金支付的项目和标准、不予支付的范围,根据党中央、国务院决策部署动态调整,适时发布。

(一)基本制度。依据《社会保险法》及《社会救助暂行办法》等国家法律法规和党中央、国务院决策部署要求设立的,保障群众基本医疗需求的制度安排,包括基本医疗保险、补充医疗保险和医疗救助。各地在基本制度框架之外不得新设制度,地方现有的其他形式制度安排要逐步清理过渡到基本制度框架中。基本医疗保险覆盖城乡全体就业和非就业人口,公平普惠保障人民群众基本医疗需求。补充医疗保险保障参保群众基本医疗保险之外个人负担的符合社会保险相关规定的医疗费用。医疗救助帮助困难群众获得基本医疗保险服务并减轻其医疗费用负担。

（二）基本政策。确保基本制度规范运行的遵循和依据。主要包括参保政策、筹资政策、待遇支付政策等。参保政策主要包括参保人群范围、资助参保政策等。筹资政策主要包括筹资渠道、缴费基数、基准费率（标准）等。待遇支付政策包括基本医疗保险、纳入清单管理的补充医疗保险和医疗救助待遇支付政策。其中基本医疗保险待遇支付政策分为住院、普通门诊、门诊慢特病支付政策,主要包括政策范围内医疗费用的起付标准、支付比例和最高支付限额等基准待遇标准。

国家在基本医疗保障制度基础上,统一制定特殊人群保障政策。地方不得根据职业、年龄、身份等自行新出台特殊待遇政策。

（三）基金支付范围。包括以准入法和排除法确定的药品医用耗材目录和医疗服务项目支付范围。国家统一制定国家基本医疗保险药品目录,各地严格按照国家基本医疗保险药品目录执行,除国家有明确规定外,不得自行制定目录或用变通的方法增加目录内药品。国家建立完善医用耗材、医疗服务项目医保准入、管理政策,明确确定医用耗材医保支付范围的程序、规则等。地方按照国家规定政策执行。

（四）基金不予支付的范围。国家法律法规和党中央、国务院规定基本医疗保险和补充医疗保险不予支付的,或已有其他保障制度、经费渠道安排解决的医疗服务和项目。

四、组织实施

（一）自觉提高站位,统筹推进相关工作。各地要深入贯彻落实党中央、国务院决策部署,深刻认识建立医疗保障待遇清单制度的重要意义,夯实主体责任,健全工作机制,扎实贯彻落实,逐步实现政策纵向统一、待遇横向均衡,确保各统筹地区基金运行安全和医疗保障制度可持续发展。要加强政策解读,引导预期,确保政策平稳过渡,维护社会和谐稳定。

（二）做好衔接过渡,妥善处理有关政策。按照杜绝增量、规范存量的要求,各地原则上不得再出台超出清单授权范围的政策。对以往出台的与清单不相符的政策措施,由政策出台部门具体牵头,原则上3年内完成清理规范,同国家政策衔接。加快全国统一的医保信息平台实施应用,做到信息系统与待遇清单制度相适应,在信息系统上同步完成清理规范,对超出清单授权范围的,信息系统不予支持。建立健全适应清单制度运行需要的中央对省级和省级对统筹地区的追责问责机制、奖励惩处办法等,对执行不坚决、不彻底、不到位的,督促纠正,追责问责。

（三）加强沟通协调,建立重大决策请示报告制度。要建立健全重大决策、重大问题、重要事项请示报告制度。对经济社会发展过程中的新情况、新问题,以及符合中央改革方向、地方须因地制宜探索的新机制、新办法,在按程序请示报告后,鼓励各省探索。为应对突发性重大情况等确有必要突破国家清单限定的,要及时向国务院医疗保障行政部门和财政部门报告。国家规定的民族药纳入医保药品目录等特殊政策措施,以及基本医保省级统筹等重大政策调整,要在向国务院医疗保障行政部门和财政部门报告后,按规定推进并备案。

意见自印发之日起执行。凡与本意见规定不符的,按照本意见执行。

附件:国家医疗保障待遇清单(2020年版)

附件

国家医疗保障待遇清单(2020年版)

一、基本制度

(一)基本医疗保险制度

1. 职工基本医疗保险(以下简称"职工医保"):为职工提供基本医疗保障的制度安排。

2. 城乡居民基本医疗保险(以下简称"居民医保"):为未参加职工医保或其他医疗保障制度的全体城乡居民提供基本医疗保障的制度安排。

(二)补充医疗保险制度

1. 城乡居民大病保险(以下简称"大病保险"):对居民医保参保患者发生的符合规定的高额医疗费用给予进一步保障。

2. 职工大额医疗费用补助(含部分省份的职工大病保险):对参保职工发生的符合规定的高额医疗费用给予进一步保障。

3. 公务员医疗补助参照清单管理。企业事业单位自行筹资建立的补充医疗保险等暂不纳入清单管理。

(三)医疗救助制度

1. 对救助对象参加居民医保的个人缴费部分给予资助。

2. 对救助对象经基本医疗保险、补充医疗保险支付后,个人及其家庭难以承受的符合规定的自付医疗费用给予救助。

二、基本政策框架

(一)基本参保政策

1. 参保范围。

1.1 职工医保:覆盖所有用人单位职工,无雇工的个体工商户、未在用人单位参加职工医保的非全日制从业人员以及其他灵活就业人员可以参加职工医保。

1.2 居民医保:覆盖除职工医保应参保人员或按规定享有其他保障的人员以外的全体城乡居民。

2. 医疗救助资助参保人员范围。

2.1 全额补贴人员范围:特困人员。

2.2 定额补贴人员范围:低保对象、返贫致贫人口等困难群众。

定额资助标准由各省级人民政府根据实际确定。

(二)基本筹资政策

1. 筹资渠道。

1.1 职工医保:职工由用人单位和职工按照国家规定共同缴纳基本医疗保险费。无雇工的个体工商户、未在用人单位参加职工医保的非全日制从业人员以及其他灵活就业人员由个人按照国家规定缴纳基本医疗保险费。

1.2 居民医保:个人缴费和政府补助相结合。

1.3 医疗救助:通过各级财政补助、彩票公益金、社会捐助等多渠道。

随着制度健全完善,逐步提高基本医疗保险统筹层次。促进医疗救助统筹层次与基本医疗保险统筹层次相协调。

2. 缴费基数。职工医保用人单位缴费基数为职工工资总额,个人缴费基数为本人工资收入。逐步规范缴费基数。

3. 筹资基本标准。

3.1 职工医保的单位缴费率:职工工资总额的6%左右。

3.2 职工缴费率:本人工资收入的2%。

3.3 居民医保筹资标准:国家制定最低标准,各省按照不低于国家标准的要求确定本省标准。

(三)基本待遇支付政策

各地因地制宜,在国家规定范围内制定住院和门诊起付标准、支付比例和最高支付限额。不得自行制定个人或家庭账户政策。逐步规范缴费年限政策。

1. 住院待遇支付政策。

1.1 起付标准:职工医保的起付标准原则上不高于统筹地区年职工平均工资的10%,具体标准由各地根据本地实际情况确定。不同级别医疗机构适当拉开差距。大病保险起付标准原则上不高于统筹地区居民上年度人均可支配收入的50%。低保对象、特困人员原则上全面取消救助门槛,暂不具备条件的地区,对其设定的年度起付标准不得高于统筹区上年居民人均可支配收入的5%,并逐步探索取消起付标准,低收入家庭成员按10%左右确定,因病致贫家庭重病患者按25%左右确定。

1.2 支付比例:对于起付标准以上、最高支付限额以下的政策范围内的费用,基本医保总体支付比例75%左右,职工医保和城乡居民医保保持合理差距,不同级别医疗机构适当拉开差距。大病保险支付比例不低于60%。医疗救助对低保对象、特困人员可按不低于70%比例给予救助,其他救助对象救助水平原则上略低于低保对象,具体比例由各统筹地区根据实际确定。

1.3 基金最高支付限额:职工医保叠加职工大额医疗费用补助、居民医保叠加大病保险的最高支付限额原则上达到当地职工年平均工资和居民人均可支配收入的6倍左右。医疗救助年度最高限额根据经济社会发展、人民健康需求、基金支撑能力合理设定。

2. 门诊待遇支付政策。

2.1 普通门诊:对于起付标准以上、最高支付限额以下的政策范围内的费用,居民医保门诊统筹支付比例不低于50%。

2.2 门诊慢特病:把高血压、糖尿病等门诊用药纳入医保报销。恶性肿瘤门诊放化疗、尿毒症透析、器官移植术后抗排异治疗、重性精神病人药物维持治疗、糖尿病胰岛素治疗、肺结核、日间手术等,可参照住院管理和支付。对罹患慢性病需要长期服药或者患重特大疾病需要长期门诊治疗,导致自负费用较高的符合救助条件的对象给予门诊救助。门诊年度救助限额由县级以上人民政府根据当地救助对象需求和救助资金筹集情况研究确定。

3. 倾斜政策。

3.1 大病保险:对低保对象、特困人员和返贫致贫人口,大病保险起付标准降低50%,支付比例提高5个百分点,并取消最高支付限额。

3.2 医疗救助:对低保对象、特困人员等符合条件的救助对象按规定给予救助。对规范转诊且在省域内就医的救助对象,经三重制度保障后政策范围内个人负担仍然较重的,给予倾斜救助,具体救助比例由统筹地区根据实际确定。

三、基金支付的范围

基本医疗保险按照规定的药品、医用耗材和医疗服务项目支付范围支付。补充医疗保险、医疗救助参照政策范围内费用范围执行。

四、其他不予支付的范围

1. 应当从工伤保险基金中支付的。
2. 应当由第三人负担的。
3. 应当由公共卫生负担的。
4. 在境外就医的。
5. 体育健身、养生保健消费、健康体检。
6. 国家规定的基本医疗保险基金不予支付的其他费用。遇对经济社会发展有重大影响的,经法定程序,可做临时调整。

4-1-84

国家医保局 财政部 国家税务总局 关于做好2021年城乡居民基本 医疗保障工作的通知

2021年5月27日 医保发〔2021〕32号

各省、自治区、直辖市及新疆生产建设兵团医保局、财政厅(局),国家税务总局各省、自治区、直辖市和计划单列市税务局:

为贯彻落实《中共中央国务院关于深化医疗保障制度改革的意见》和2021年《政府工作报告》决策部署,完善统一的城乡居民基本医疗保险制度(以下简称"居民医保")和大病保险制度,切实做好城乡居民医疗保障工作,现就有关工作通知如下:

一、继续提高城乡居民医保筹资标准

为支持巩固提高居民医保待遇水平,逐步扩大医保支付范围,2021年继续提高居民医保筹资标准。居民医保人均财政补助标准新增30元,达到每人每年不低于580元。同步提高居民医保个人缴费标准40元,达到每人每年320元。中央财政按规定对地方实行分档补助,对西部、中部地区分别按照80%、60%的比例进行补助,对东部地区各省分别按照一定比例进行补助。地方各级财政要按规定足额安排财政补助资金并及时拨付到位。进一步放开参加基本医疗保险的户籍限制,对于持居住证参加当地居民医保的,各级财政要按当地居民相同标准给予补助。

要按要求合理确定居民医保财政补助和个人缴费标准,优化筹资结构。根据城乡居民大病保险(以下简称"大病保险")基金运行情况,在确保现有筹资水平不降低的基础上,统筹考虑确定大病保险筹资标准。完善医疗救助分类资助参保政策,结合实际细化资助参保标准。适应经济社会发展,探索建立健全居民医保稳健可持续筹资机制。

二、巩固完善城乡居民医保待遇

要做好医疗保障待遇清单落地工作,坚决树立清单意识和科学决策意识,严格执行基本医疗保障支付范围和标准。要加强基本医保、大病保险和医疗救助三重保障制度衔接,充分发挥综合保障功能。进一步巩固稳定住院待遇保障水平,政策范围内基金支付比例稳定在70%左右,完善门诊慢性病、特殊疾病待遇保障和普通门诊统筹,做好待遇衔接。持续抓好高血压、糖尿病门诊用药保障政策落实,开展专项行动,各省(自治区、直辖市)统一组织示范城市活动。有条件的地区可探索将心脑血管等慢性病纳入慢病保障范围,发挥医保促进慢病早诊早治作用,提升健康管理水平。加快健全重大疾病医疗保险和救助制度,大病保险继续实施对特困人员、低保对象和返贫致贫人口倾斜支付政策,完善统一规范的医疗救助制度,根据实际合理确定救助待遇标准,夯实医疗救助托底保障功能。

要规范待遇享受等待期(以下简称"等待期")设置,对居民医保在集中参保期内参保的、在职工医保中断缴费3个月内参加居民医保的,以及新生儿、农村低收入人口等特殊群体,不设等待期。

三、巩固拓展医疗保障脱贫攻坚成果有效衔接乡村振兴战略

要进一步巩固拓展医保脱贫成果,逐步实现由集中资源支持脱贫攻坚向统筹基本医保、大病保险、医疗救助三重制度常态化保障平稳过渡。严格落实"四不摘"要求,保持医疗保障主要帮扶政策总体稳定,分类落实好脱贫人口各项医疗保障待遇。要立足实际优化调整资助参保和医保扶贫倾斜帮扶政策,实事求是确定待遇标准,确保政策平稳衔接、制度可持续。过渡期内持续抓好过度保障治理,清理存量过度保障政策。

要建立防范化解因病返贫致贫长效机制,做好高额费用负担患者因病返贫致贫风险监测,及时将符合条件的人员纳入医疗救助范围,依申请落实医疗救助政策。要统筹完善托底保障措施,加大门诊慢性病、特殊疾病救助保障,对规范转诊且在省域内就医的救助对象经三重制度保障后政策范围内个人负担仍然较重的,探索给予倾斜救助。

四、加强医保支付管理

要切实抓好《医疗机构医疗保障定点管理暂行办法》和《零售药店医疗保障定点管理暂行办法》贯彻落实,进一步简化、优化医药机构医保定点工作,及时将符合条件的医药机构纳入医保定点范围。着力推进医保支付方式改革,30个DRG付费试点城市和71个DIP试点城市要推动实际付费。积极探索点数法与统筹地区医保基金总额预算相结合,逐步使用区域医保基金总额控制代替具体医疗机构总额控制。完善与门诊共济保障相适应的付费机制。加强医保目录管理,严格落实《基本医疗保险用药管理暂行办法》,严格执行《国家基本医疗保险、工伤保险和生育保险药品目录(2020年)》,贯彻落实《关于建立完善国家医保谈判药品"双通道"管理机制的指导意见》(医保发〔2021〕28号),健全谈判药品落地监测机制,各省(自治区、直辖市)要在2021年6月底前完成第二批40%增补品种的消化工作。完

善基本医保医用耗材和医疗服务项目管理。

五、加强药品耗材集中带量采购和价格管理

要做好国家组织药品和医用耗材集中带量采购落地实施工作,落实好医保基金预付、支付标准协同、结余留用等配套政策,做好采购协议期满后的接续工作。贯彻落实《国务院办公厅关于推动药品集中带量采购工作常态化制度化开展的意见》(国办发〔2021〕2号),统筹协调针对国家集采范围外、用量大、采购金额高的药品开展省级或省际联盟集中带量采购,进一步探索高值医用耗材的集中带量采购改革,扩大高值医用耗材集采范围。完善和规范省级医药集中采购平台交易规则。

要建立并实施医药价格和招采信用评价制度,对拒绝提交守信承诺的投标挂网企业采取约束措施,公布一批取得治理实效的典型案例,推动信用评价制度落地见效。国家医保局将进一步深化医疗服务价格改革试点,指导地方做好医疗服务价格动态调整工作,建立健全市场经济条件下政府管理药品价格的常态化机制。

六、加强基金监督管理

要切实抓好《医疗保障基金使用监督管理条例》贯彻落实,做好宣传培训工作。加强基金监督检查,聚焦假病人、假病情、假票据等"三假"开展欺诈骗保专项整治。推动大数据应用,优化完善智能监控子系统功能,提高监管效能。加强综合监管,整合监管资源,充分发挥医保行政监管、经办稽核等作用和第三方专业力量。健全协同执法、一案多处工作机制。健全完善举报奖励机制,加大宣传曝光力度,营造维护基金安全的良好氛围。

巩固提升统筹层次,按照"制度政策统一、基金统收统支、管理服务一体"要求,全面做实基本医保市地级统筹,统一覆盖范围、缴费政策、待遇水平、基金管理、定点管理、支付管理、经办服务、信息系统。加强对地方提升统筹层次工作的指导,在夯实市地级统筹基础上,按照"分级管理、责任共担、统筹调剂、预算考核"的原则,积极稳妥推动基本医保省级统筹。推进医疗救助管理层次与基本医保统筹层次相协调。

结合新冠肺炎疫情影响,加强基金收支运行分析,开展基金使用绩效评价,完善收支预算管理,健全风险预警、评估、化解机制及预案。探索综合人口老龄化、慢性病等疾病谱变化、医疗支出水平增长等因素,开展基金支出预测分析。

七、加强医保公共管理服务

继续做好新冠肺炎患者医疗费用结算和跨省就医医保费用全国清算工作,及时结算新冠疫苗及接种费用。全面落实《全国医疗保障经办政务服务事项清单》,推动医保公共服务标准化规范化建设。推进医保经办标准化窗口和服务示范点建设。增强基层医疗保障公共服务能力,推进医疗保障公共服务纳入县乡村公共服务一体化建设,在医保经办力量配置不足的地区,可通过政府购买服务等方式,加强医疗保障经办力量。规范商业保险机构承办大病保险的管理服务。推进医保经办管理服务与网上政务服务平台等有效衔接,坚持传统服务方式与智能服务方式创新并行,提高线上服务适老化水平,优化线下服务模式,保障老年人、重度残疾人等特殊人群顺畅便捷办理业务。

完善新就业形态从业人员等灵活就业人员参保缴费方式。加强部门数据比对和动态维护,防止"漏保""断保",避免重复参保,优化参保缴费服务,压实乡镇街道参保征缴责任。坚持线上与线下结合,推进参保人员办理参保登记、申报缴费、查询信息、欠费提醒等"一次不用跑"。加快推进高频医保服务事项跨省通办。

优化普通门诊费用跨省直接结算服务,探索门诊慢性病、特殊疾病费用跨省直接结算实现路径。加快建设全国统一的医疗保障信息平台,优化完善运维服务管理体系、安全管理体系、制度规范以及平台功能。加强医保数据安全管理和信息共享,加快医保信息业务标准编码落地应用。

八、做好组织实施

要高度重视城乡居民医疗保障工作,切实加强组织保障,压实工作责任,确保各项政策措施落地见效。要强化服务意识,优化服务方式,更好为人民群众提供公平可及、便捷高效、温暖舒心的医疗保障服务。要进一步加大政策宣传力度,普及医疗保险互助共济、责任共担、共建共享的理念,增强群众参保缴费意识,合理引导社会预期。各级医疗保障、财政和税务部门要加强统筹协调,建立健全部门信息沟通和工作协同机制,做好基金运行评估和风险监测,制定工作预案,遇到重大情况要及时按要求报告。

4-1-85

国家医保局办公室 财政部办公厅关于印发《基本医疗保险关系转移接续暂行办法》的通知

2021年11月1日 医保办发〔2021〕43号

各省、自治区、直辖市及新疆生产建设兵团医疗保障局、财政厅(局):

《基本医疗保险关系转移接续暂行办法》已经国家医保局第49次局长办公会审议通过,现印发你们,请遵照执行。

基本医疗保险关系转移接续暂行办法

第一章 总 则

第一条 为规范基本医疗保险关系转移接续工作,统一经办流程,提升服务水平,根据《中华人民共和国社会保险法》《中共中央 国务院关于深化医疗保障制度改革的意见》等有关规定,制定本办法。

第二条 本办法主要适用于职工基本医疗保险参保人员(不含退休人员,以下简称职工医保参保人员)和城乡居民基本医疗保险参保人员(以下简称居民医保参保人员)因跨统筹地区就业、户籍或常住地变动的,按规定办理基本医疗保险关系转移接续,包括个人医保信息记录的传递、职工医保个人账户(以下简称个人账户)资金的转移和医保待遇衔接的处理。

第三条 基本医疗保险关系转移接续实行统一规范、跨省通办。国家医疗保障经办机构负责指导协调跨省基本医疗保险关系转移接续经办工作。省级医疗保障经办机构负责组织实施跨省和省内跨统筹地区基本医疗保险关系转移接续经办工作。各统筹地区医疗保障经办机构按要求做好基本医疗保险关系转移接续经办工作。

第四条 本办法所称转出地是指参保人员转移接续前基本医疗保险关系所在地，转入地是指参保人员基本医疗保险关系拟转入地。

第二章 范围对象

第五条 参保人员跨统筹地区流动，不得重复参保和重复享受待遇，按规定办理基本医疗保险关系转移接续。有单位的职工医保参保人员可由单位为其申请办理，灵活就业人员及居民等参保人员由个人申请办理。

1. 职工医保制度内转移接续。职工医保参保人员跨统筹地区就业，转出地已中止参保，在转入地按规定参加职工医保的，应申请转移接续。

2. 居民医保制度内转移接续。居民医保参保人员因户籍或常住地变动跨统筹地区流动，原则上当年度在转入地不再办理转移接续手续，参保人员按转入地规定参加下一年度居民医保后，可申请转移接续。

3. 职工医保和居民医保跨制度转移接续。职工医保参保人员跨统筹地区流动，转出地已中止参保，在转入地按规定参加居民医保的，可申请转移接续。居民医保参保人员跨统筹地区流动，转出地已中止参保，在转入地按规定参加职工医保的，可申请转移接续。

第三章 转移接续申请

第六条 参保人员或用人单位提交基本医疗保险关系转移申请，可通过全国统一的医保信息平台（以下简称医保信息平台）直接提交申请，也可通过线下方式在转入地或转出地经办机构窗口申请。

第七条 转移接续申请实行统一的校验规则前置，在申请时转入地和转出地校验是否符合转移接续条件，若不符合条件则不予受理转移接续申请并及时告知申请人原因；符合条件则予以受理。

转出地的校验规则主要为是否已中止参保，转入地的校验规则主要为是否已按规定参加转入地基本医保。校验规则涉及事项应逐步实现网上办理、一站式联办。

第四章 转移接续手续办理

第八条 参保人员转移接续申请成功受理后，转出地经办机构10个工作日内完成基本医疗保险关系转出，生成《参保人员基本医疗保险信息表》（以下简称《信息表》），核对无误后，将带有电子签章的《信息表》同步上传到医保信息平台，经医保信息平台传送至转入地经办机构；若个人账户有余额的，办理个人账户余额划转手续。

第九条 转入地经办机构收到《信息表》后，核对相关信息并在5个工作日内将《信息表》同步至本地医保信息平台，完成基本医疗保险关系转入。

转入地经办机构收到转出地经办机构划转的个人账户余额后，与业务档案匹配并核对个人账户转移金额,核对无误后可将个人账户金额计入参保人员的个人账户。

第十条 转移接续手续办理过程中,参保人员或用人单位可通过医保信息平台查询业务办理进度。鼓励各地在本办法规定时限基础上,进一步压缩办理时限。

第五章 待遇衔接

第十一条 办理转移接续的职工医保参保人员,在转移接续前中断缴费3个月(含)以内的,可按转入地规定办理职工基本医疗保险费补缴手续,补缴后不设待遇享受等待期,缴费当月即可在转入地按规定享受待遇,中断期间的待遇可按规定追溯享受。中断缴费3个月以上的,基本医疗保险待遇按各统筹地区规定执行,原则上待遇享受等待期不超过6个月。

参保人员已连续2年(含2年)以上参加基本医疗保险的,因就业等个人状态变化在职工医保和居民医保间切换参保关系的,且中断缴费3个月(含)以内的,可按转入地规定办理基本医疗保险费补缴手续,补缴后不设待遇享受等待期,缴费当月即可在转入地按规定享受待遇,中断期间的待遇可按规定追溯享受。中断缴费3个月以上的,基本医疗保险待遇按各统筹地区规定执行,原则上待遇享受等待期不超过6个月。

第十二条 参加职工基本医疗保险的个人,基本医疗保险关系转移接续时,基本医疗保险缴费年限累计计算。达到法定退休年龄时,享受退休人员基本医疗保险待遇的缴费年限按照各地规定执行。各地不得将办理职工医保退休人员待遇与在当地按月领取基本养老金绑定。

第十三条 加强基本医疗保险关系转移接续管理,在转入地完成接续前,转出地应保存参保人员信息、暂停基本医保关系,并为其依规参保缴费和享受待遇提供便利。转移接续完成后,转出地参保关系自动终止。

第六章 附 则

第十四条 在同一统筹地区跨制度转移接续的,参照本办法执行。

第十五条 全国实行统一的转移接续办法,现有规定与本办法不符的,按本办法执行。

第十六条 本办法所称个人医保信息记录,主要包括个人基本信息、参保信息、缴费明细、个人账户信息等。

第十七条 本办法由国家医疗保障局负责解释,自2021年12月1日起实施。

附件:1. 参保人员或用人单位申请基本医疗保险关系转移接续流程图(编者略)

2. 转出地和转入地经办机构办理基本医疗保险关系转移接续手续流程图(编者略)

3. 参保人员基本医疗保险信息表(编者略)

4-1-86

国家医保局 财政部 国家税务总局关于做好2022年城乡居民基本医疗保障工作的通知

2022年6月30日　医保发〔2022〕20号

各省、自治区、直辖市及新疆生产建设兵团医保局、财政厅（局），国家税务总局各省、自治区、直辖市和计划单列市税务局：

为贯彻落实党中央、国务院决策部署和2022年《政府工作报告》有关任务要求，进一步深化医疗保障制度改革，促进医疗保障高质量发展取得新成效，现就切实做好2022年城乡居民基本医疗保障有关工作通知如下：

一、合理提高筹资标准

为适应医疗费用增长和基本医疗需求提升，确保参保人员医保权益，2022年继续提高城乡居民基本医疗保险（以下简称"居民医保"）筹资标准。各级财政继续加大对居民医保参保缴费补助力度，人均财政补助标准新增30元，达到每人每年不低于610元，同步提高个人缴费标准30元，达到每人每年350元。中央财政继续按规定对地方实施分档补助，对西部、中部地区分别按照人均财政补助标准80%、60%的比例给予补助，对东部地区各省份分别按一定比例补助。统筹安排城乡居民大病保险（以下简称"大病保险"）资金，确保筹资标准和待遇水平不降低。探索建立居民医保筹资标准和居民人均可支配收入相挂钩的动态筹资机制，进一步优化筹资结构。放开新就业形态从业人员等灵活就业人员参保户籍限制。切实落实《居住证暂行条例》持居住证参保政策规定，对于持居住证参加当地居民医保的，各级财政要按当地居民相同标准给予补助。

二、巩固提升待遇水平

要坚持"以收定支、收支平衡、略有结余"原则，尽力而为、量力而行，统筹发挥基本医保、大病保险和医疗救助三重制度综合保障效能，科学合理确定基本医保保障水平。稳定居民医保住院待遇水平，确保政策范围内基金支付比例稳定在70%左右。完善门诊保障措施，继续做好高血压、糖尿病门诊用药保障，健全门诊慢性病、特殊疾病（以下简称"门诊慢特病"）保障。增强大病保险、医疗救助门诊保障功能，探索将政策范围内的门诊高额医疗费用纳入大病保险合规医疗费用计算口径，统筹门诊和住院救助资金使用，共用年度救助限额。合理提高居民医保生育医疗费用保障水平，切实支持三孩生育政策，减轻生育医疗费用负担，促进人口长期均衡发展。

三、切实兜住兜牢民生保障底线

要巩固拓展医疗保障脱贫攻坚成果，夯实医疗救助托底功能，坚决守住守牢不发生因病规模性返贫的底线。继续做好医疗救助对困难群众参加居民医保个人缴费分类资助工作，全额资助特困人员，定额资助低保对象、返贫致贫人口。统筹提高医疗救助资金使用效率,用足用好资助参保、直接救助政策,确保应资尽资、应救尽救。健全防范化解因病返贫致贫长效机制,完善参保动态监测、高额费用负担患者预警、部门间信息共享、风险协同处置等工作机制,确保风险早发现、早预防、早帮扶。完善依申请救助机制,对经相关部门认定核准身份的困难群众按规定实施分类救助,及时落实医疗救助政策。对经三重制度保障后个人费用负担仍较重的困难群众,做好与临时救助、慈善救助等的衔接,精准实施分层分类帮扶,合力防范因病返贫致贫风险。

四、促进制度规范统一

要坚决贯彻落实医疗保障待遇清单制度,规范决策权限,促进制度规范统一,增强医保制度发展的平衡性、协调性。严格按照《贯彻落实医疗保障待遇清单制度三年行动方案(2021—2023年)》要求,2022年底前实现所有统筹地区制度框架统一,40%统筹地区完成清单外政策的清理规范。坚持稳扎稳打、先立后破,统筹做好资金并转和待遇衔接,促进功能融合。推动实现全国医保用药范围基本统一。逐步规范统一省内基本医保门诊慢特病病种范围等政策。加强统筹协调,按照政策统一规范、基金调剂平衡、完善分级管理、强化预算考核、提升管理服务的方向,稳步推进省级统筹,职工医保和居民医保可分类序贯推进。要严格落实重大决策、重大问题、重大事项请示报告制度,新情况、新问题和重大政策调整要及时请示报告后实施。各省份落实医疗保障待遇清单制度情况将纳入相关工作绩效考核。

五、做好医保支付管理

要加强医保药品目录管理,做实做细谈判药品"双通道"管理,加强谈判药品供应保障和落地监测。做好医保支付标准试点工作并加强监测。2022年6月底前全部完成各省份原自行增补药品的消化工作。规范民族药、医疗机构制剂、中药饮片和中药配方颗粒医保准入管理。完善医保医用耗材和医疗服务项目管理。持续推进医保支付方式改革,扎实落实《DRG/DIP支付方式改革三年行动计划》,加快推进DRG/DIP支付方式改革,覆盖辖区至少40%统筹地区。探索门诊按人头付费,推进中医医保支付方式改革,探索中医病种按病种分值付费。完善医疗机构和零售药店医疗保障定点管理,加强"互联网+"医疗服务医保管理,畅通复诊、取药、配送环节。

六、加强药品耗材集中带量采购和价格管理

要全方位、多层次推进药品、医用耗材集采工作,统筹协调开展国家组织和省际联盟集采。2022年底国家和省级(或跨省联盟)集采药品品种数累计不少于350个,高值医用耗材品种累计达到5个以上。做好集采结果落地实施和采购协议期满接续工作,落实好医保基金预付、支付标准协同、结余留用等配套政策。提升完善医药集采平台功能,强化绩效评价,提高公立医疗机构网采率,推广线上结算。稳妥有序推进深化医疗服务价格改革试点,指导督促统筹地区做好2022年调价评估及动态调整工作。启动医药价格监测工程,编制医药价格指数,强化药品和医用耗材价格常态化监管,持续推进医药价格和招采信用评价制度实施。

七、强化基金监管和运行分析

要加快建设完善医保基金监管制度体系和执法体系,推动建立激励问责机制,将打击欺诈骗保工作纳入相关工作考核。继续开展打击欺诈骗保专项整治行动,不断拓展专项整治行动的广度和深度。完善医保部门主导、多部门参与的监管联动机制,健全信息共享、协同执法、联防联动、行刑衔接和行纪衔接等工作制度,推进综合监管结果协同运用,形成一案多查、一案多处、齐抓共管的基金监管工作格局。

要按要求做好基金预算绩效管理工作,完善收支预算管理。综合人口老龄化、慢性病等疾病谱变化、医药新技术应用、医疗费用增长等因素,开展基金收支预测分析,健全风险预警、评估、化解机制及预案,切实防范和化解基金运行风险。

八、健全医保公共管理服务

要增强基层医疗保障公共服务能力,加强医疗保障经办力量。全面落实经办政务服务事项清单和操作规范,推动医疗保障政务服务标准化规范化,提高医保便民服务水平。全面落实基本医保参保管理经办规程,加强源头控制和重复参保治理,推进"参保一件事"一次办。优化参保缴费服务,坚持智能化线上缴费渠道与传统线下缴费方式创新并行,持续提升缴费便利化水平。全面落实基本医保关系转移接续暂行办法,继续深入做好转移接续"跨省通办"。积极参与推进"出生一件事"联办。继续做好新冠肺炎患者医疗费用、新冠疫苗及接种费用结算和清算工作。2022年底前实现每个县开通至少一家普通门诊费用跨省联网定点医疗机构,所有统筹地区开通高血压、糖尿病、恶性肿瘤门诊放化疗、尿毒症透析和器官移植术后抗排异治疗5种门诊慢特病费用跨省直接结算服务。

九、推进标准化和信息化建设

要持续推进全国统一的医保信息平台深化应用,充分发挥平台效能。全面深化业务编码标准维护应用,建立标准应用的考核评估机制。建立完善的信息系统运维管理和安全管理体系,探索建立信息共享机制。发挥全国一体化政务服务平台、商业银行、政务应用等渠道作用,在跨省异地就医备案、医保电子凭证激活应用等领域探索合作机制。

十、做好组织实施

要进一步提高政治站位,强化责任担当,压实工作责任,确保城乡居民医疗保障各项政策措施落地见效,持续推进保障和改善民生。各级医疗保障部门要加强统筹协调,强化部门协同,抓实抓好居民医保待遇落实和管理服务,财政部门要按规定足额安排财政补助资金并及时拨付到位,税务部门要做好居民医保个人缴费征收工作、方便群众缴费,部门间要加强工作联动和信息沟通。要进一步加大政策宣传力度,普及医疗保险互助共济、责任共担、共建共享的理念,增强群众参保缴费意识,合理引导社会预期,做好舆情风险应对。

特此通知。

4-1-87

国家医保局　国家发展改革委　财政部　国家税务总局关于阶段性缓缴职工基本医疗保险单位缴费的通知

2022年6月30日　医保发〔2022〕21号

各省、自治区、直辖市人民政府，新疆生产建设兵团：

为贯彻落实党中央、国务院决策部署，切实保障基本民生，助力企业纾困解难，经国务院同意，现就阶段性缓缴职工基本医疗保险（以下简称职工医保）单位缴费有关工作通知如下。

一、对中小微企业实施阶段性缓缴职工医保单位缴费政策。统筹基金累计结存可支付月数大于6个月的统筹地区，自2022年7月起，对中小微企业、以单位方式参保的个体工商户缓缴3个月职工医保单位缴费，缓缴期间免收滞纳金。社会团体、基金会、社会服务机构、律师事务所、会计师事务所等社会组织参照执行。

二、确保缓缴期间参保人待遇应享尽享。中小微企业缓缴职工医保单位缴费，不影响该企业参保人就医正常报销医疗费用。缓缴期间，相关企业参保人发生的符合基本医保政策规定的医疗费用应及时报销、应报尽报，确保基本医保报销水平保持稳定不降低。

三、全面推行"免申即享"经办模式。符合条件的中小微企业无需提出缓缴申请即可享受缓缴单位缴费政策。各地要结合实际做好政策宣传，明确操作流程，主动向社会公开。中小微企业具体标准参考《关于印发中小企业划型标准规定的通知》（工信部联企业〔2011〕300号）等划型规定，在当地政府主导下，由医疗保障、税务部门会同相关部门联合确定名单。现有数据可以确定企业类型的，直接采用相关部门的划型结论；现有数据无法满足企业划型需求的，可由企业向核定缴费部门出具书面承诺。要加强部门协作，优化工作环节，创新服务方式，减轻企业事务性负担，并做好个人权益记录，确保参保人权益不受影响。

四、切实保障好相关企业职工合法权益。缓缴期限内，中小微企业应依法履行代扣代缴职工个人缴费的义务，正常申报职工医保费信息，确保职工连续参保，个人权益连续记录。参保人出现离职、申请办理职工医保退休人员待遇、办理关系转移等情形的，企业应为其补齐缓缴的职工医保单位缴费。企业出现注销等情形的，应在注销前缴纳缓缴的缴费。

五、做好调度统计分析等工作，确保缓缴政策平稳实施。各地要加强缓缴信息调度，做好统计监测，将缓缴信息按月汇总并向上集中报送。要切实加强基金管理，强化基金运行分析，管控运行风险，确保基金安全。要建立信息沟通共享机制，医疗保障、税务等部门要做好企业和职工参保缴费、企业缓缴等基础业务信息共享，强化部门工作协同。

各地要提高政治站位，统一思想认识，精心组织实施，确保阶段性缓缴职工医保单位缴费政策落实到位。各级医疗保障、发展改革、财政、税务等部门要切实履职尽责，加强沟通协作，健全工作机制，抓好政策落地见效。执行中遇有情况和问题，要及时报告。

4-1-88

国家医保局 财政部 国家税务总局
关于做好2023年城乡居民基本
医疗保障工作的通知

2023年7月26日   医保发〔2023〕24号

各省、自治区、直辖市及新疆生产建设兵团医保局、财政厅（局），国家税务总局各省、自治区、直辖市和计划单列市税务局：

为深入贯彻落实党的二十大精神和党中央、国务院关于深化医疗保障制度改革有关决策部署，持续推进健全覆盖全民、统筹城乡、公平统一、安全规范、可持续的多层次医疗保障体系，不断增强基本医疗保障能力，努力解除人民群众看病就医后顾之忧，现就切实做好2023年城乡居民基本医疗保障有关工作通知如下：

一、合理确定筹资标准

统筹考虑经济社会发展、医药技术进步、医疗费用增长和居民基本医疗保障需求等因素，合理确定城乡居民基本医疗保险（以下简称"居民医保"）筹资标准。2023年居民医保筹资标准为1020元，其中人均财政补助标准达到每人每年不低于640元，个人缴费标准达到每人每年380元。各级财政部门要按规定落实财政补助政策，将财政补助资金及时足额拨付到位。中央财政继续按规定对地方实施分档补助，对西部、中部地区省份分别按照人均财政补助标准80%、60%的比例给予补助，对东部地区省份分别按照一定比例补助。统筹居民医保和城乡居民大病保险资金安排和使用，确保大病保险待遇水平不降低，稳步提升保障绩效。

二、健全待遇保障机制

全面落实医疗保障待遇清单制度，促进制度规范统一、待遇保障均衡，实施公平保障。优化待遇保障政策，增强普惠性兜底性保障，促进保障更加精准高效。继续巩固居民医保住院待遇水平，确保政策范围内基金支付比例稳定在70%左右。在重点保障居民住院医疗费用的基础上，根据经济社会发展水平和基金承受能力，稳步提升门诊保障水平，有条件的地区可将居民医保年度新增筹资的一定比例用于加强门诊保障，继续向基层医疗机构倾斜，引导群众基层就医。健全门诊保障机制，统筹普通门诊统筹、门诊慢性病特殊疾病（以下简称门诊慢特病）保障、高血压糖尿病门诊用药保障等现有门诊保障措施，做好政策衔接，形成保障合力，加强保障能力。完善门诊慢性病用药保障机制，有条件的地区可逐步将门诊用药保障机制覆盖范围从高血压、糖尿病扩大到心脑血管疾病。加强居民医保生育医疗费用保障，进一步减轻参保居民生育医疗费用负担。有条件的省份要继续夯实相关工作基础，稳步推进基本医保省级统筹。

三、扎实推进参保扩面

实施精准参保扩面，聚焦重点人群、关键环节，加大参保缴费工作力度，确保应参尽参。

切实做好学生、儿童和新生儿、流动人口等重点人群参保工作,深度挖掘扩面潜力,动员更多符合条件的人员参保。全面落实持居住证参保政策,对于持居住证参加当地居民医保的,各级财政要按当地居民相同标准给予补助。创新参保缴费方式,积极推进线上"一网通办"、线下"一厅联办""一站式"服务,提供多渠道便民参保缴费服务措施。各地医保部门要与当地税务、教育等部门加强协同,探索建立数据共享机制。压实各层级、各相关部门责任,健全激励约束机制,各地年度参保扩面工作成果与年度督查考核挂钩,探索促进连续参保缴费的约束措施。

四、推动医保助力乡村振兴

巩固提升"基本医疗有保障"成果,稳定实现农村低收入人口和脱贫人口参保率达到99%以上,强化三重制度综合保障效能,坚决守牢不发生因病规模性返贫底线。立足医疗救助基金支撑能力和困难群众实际需求,优化分类资助参保政策。完善困难群众参保核查比对机制,健全参保台账,落实落细资助政策,确保应参尽参、应缴尽缴、应保尽保。健全完善防范化解因病返贫致贫长效机制,科学设定高额医疗费用负担患者监测预警标准,提高监测预警的时效性。加强部门间工作协同,常态化做好监测预警人员综合帮扶,积极引导慈善组织、商业补充保险、医疗互助等社会力量参与困难大病患者救助帮扶,推动形成多元化救助格局,整体提升风险防范化解能力。

五、完善医保支付管理

扎实推进《国家基本医疗保险、工伤保险和生育保险药品目录(2022年)》落地实施。进一步完善和规范谈判药品"双通道"管理,2023年12月31日前,要依托全国统一的医保信息平台电子处方中心,建立健全全省统一、高效运转、标准规范的处方流转机制,推动省域内"双通道"处方流转电子化,提升谈判药品供应保障水平。规范和强化民族药、医疗机构制剂和中药饮片医保准入管理,并动态调整。综合考虑基金承受能力、临床治疗需求等因素,及时把符合条件的医用耗材、医疗服务项目按程序纳入当地医保支付范围。落实加强医用耗材医保支付管理有关要求,提升规范化、科学化水平。

按照《DRG/DIP支付方式改革三年行动计划》要求,扎实推进支付方式改革,2023年底不少于70%的统筹地区开展实际付费。加强门诊支付方式改革和长期住院按床日付费政策研究,完善顶层设计。统筹做好医保支持"互联网+"医疗服务医保支付、支持中医药传承创新发展有关工作,按时保质完成相关任务目标。

六、抓好医药集中采购和价格管理工作

持续扩大药品耗材集中带量采购覆盖面,开展新批次国家组织药品和高值医用耗材集采,重点指导各省(自治区、直辖市)开展国家集采以外的化学药、中成药以及神经外科、体外诊断试剂等药品耗材集采。规范化开展药品耗材集采协议期满接续工作。严格集采量执行,硬化供应量和使用量约束力,提升精细化管理水平,促进医疗机构优先使用集采中选产品。持续完善医药集采平台功能,强化系统落地应用,持续提升药品耗材"网采率",提升集采平台统一服务水平。

持续推进实施全国医药价格监测工程,开展重点品类药品和医用耗材常态化监测和监测预警,优化医药价格指数编制,推进招采与价格数据跨系统应用和综合治理。推动各省规范药品挂网、撤网工作,加强全国挂网药品价格信息共享和价格查询。做好医药价格和招采信用评价。开展医疗服务价格改革试点评估。做好年度调价评估和动态调整工作。

七、加强医保基金监督管理

实施医保基金监管安全规范年行动。开展医保基金监管综合评价,做实基金常态化监管,持续开展飞行检查。深入开展打击欺诈骗保专项整治,加强部门信息数据共享和联合执法。全面推进医保智能监管、举报投诉管理、行政监管执法系统的应用。开展医保反欺诈大数据监管试点。持续推动医保基金监管执法体系改革,加强监管队伍和监管能力建设。持续加大典型案例公开曝光力度,开展医保基金监管领域廉洁文化建设三年行动。

加强医保基金管理,强化医保基金预算严肃性和硬约束。坚持资金投入和绩效管理并重,全面实施医保基金预算绩效管理,扎实开展医保基金预算绩效目标管理、绩效运行监控、绩效评价和结果运用等工作,做好医保转移支付资金绩效评价管理工作,提高医保基金资源配置效率和使用效益。做好医保基金风险预警分析,提高基金管理水平,强化基金风险防控。

八、提升经办管理服务水平

健全医保经办服务体系,大力推进服务下沉,不断提高基层服务覆盖面。全面落实医保经办政务服务事项清单和操作规范,持续深化标准化规范化建设。落实基本医保参保管理经办规程,优化参保缴费服务流程,做好参保缴费动员,创新宣传方式,拓展宣传渠道,调动群众参保缴费积极性。进一步加强居民医保缴费数据上传至国家医保信息平台工作,持续开展重复参保数据治理。实施一批医保服务便民举措。持续优化医保关系转移接续"跨省通办",积极参与推进"出生一件事"联办。落实异地就医结算,强化跨区域业务办同机制,稳步提高住院费用跨省直接结算率,推进高血压、糖尿病等5种门诊慢特病费用跨省直接结算县域可及。强化两定机构协议管理,落实费用监测和审核结算。通过医保经办系统练兵比武活动,提升经办队伍能力,提高经办服务水平。

九、深化医保信息平台和数据应用

依托全国统一的医保信息平台,持续深化医保电子凭证、移动支付等便民服务应用,加快构建医保信息化惠民便民服务新生态。积极推进医保数据基础制度体系建设,规范医保数据应用模式,进一步挖掘医保数据价值,强化数据赋能医保管理、服务、改革能力。

十、切实抓好组织实施

要高度重视城乡居民医疗保障工作,切实提高政治站位、强化组织保障、压实工作责任,确保各项政策措施落地见效。各级医保、财政、税务部门要强化部门协同,加强工作联动和信息沟通,做好参保缴费、资金拨付、待遇落实、管理服务等各项工作。要做实做细群众工作,针对群众关切,加大政策宣传与科普力度,集中宣传与经常性宣传相结合,注重方式方法,多用会用群众喜闻乐见的宣传方式,重点做好对筹资和待遇政策的解读,增强群众参保缴费意识,认真普及医疗保险互助共济、责任共担、共建共享的理念,合理引导群众预期。做好舆情风险应对,遇有重大情况要及时报告。

工伤保险费

4-1-89

工伤保险条例

2003年4月27日中华人民共和国国务院令第375号公布
2010年12月20日中华人民共和国国务院令第586号修订

第一章 总 则

第一条 为了保障因工作遭受事故伤害或者患职业病的职工获得医疗救治和经济补偿,促进工伤预防和职业康复,分散用人单位的工伤风险,制定本条例。

第二条 中华人民共和国境内的企业、事业单位、社会团体、民办非企业单位、基金会、律师事务所、会计师事务所等组织和有雇工的个体工商户(以下称用人单位)应当依照本条例规定参加工伤保险,为本单位全部职工或者雇工(以下称职工)缴纳工伤保险费。

中华人民共和国境内的企业、事业单位、社会团体、民办非企业单位、基金会、律师事务所、会计师事务所等组织的职工和个体工商户的雇工,均有依照本条例的规定享受工伤保险待遇的权利。

第三条 工伤保险费的征缴按照《社会保险费征缴暂行条例》关于基本养老保险费、基本医疗保险费、失业保险费的征缴规定执行。

第四条 用人单位应当将参加工伤保险的有关情况在本单位内公示。

用人单位和职工应当遵守有关安全生产和职业病防治的法律法规,执行安全卫生规程和标准,预防工伤事故发生,避免和减少职业病危害。

职工发生工伤时,用人单位应当采取措施使工伤职工得到及时救治。

第五条 国务院社会保险行政部门负责全国的工伤保险工作。

县级以上地方各级人民政府社会保险行政部门负责本行政区域内的工伤保险工作。

社会保险行政部门按照国务院有关规定设立的社会保险经办机构(以下称经办机构)具体承办工伤保险事务。

第六条 社会保险行政部门等部门制定工伤保险的政策、标准,应当征求工会组织、用人单位代表的意见。

第二章 工伤保险基金

第七条 工伤保险基金由用人单位缴纳的工伤保险费、工伤保险基金的利息和依法纳入工伤保险基金的其他资金构成。

第八条 工伤保险费根据以支定收、收支平衡的原则,确定费率。

国家根据不同行业的工伤风险程度确定行业的差别费率,并根据工伤保险费使用、工伤发生率等情况在每个行业内确定若干费率档次。行业差别费率及行业内费率档次由国务院社会保险行政部门制定,报国务院批准后公布施行。

统筹地区经办机构根据用人单位工伤保险费使用、工伤发生率等情况,适用所属行业内相应的费率档次确定单位缴费费率。

第九条 国务院社会保险行政部门应当定期了解全国各统筹地区工伤保险基金收支情况,及时提出调整行业差别费率及行业内费率档次的方案,报国务院批准后公布施行。

第十条 用人单位应当按时缴纳工伤保险费。职工个人不缴纳工伤保险费。

用人单位缴纳工伤保险费的数额为本单位职工工资总额乘以单位缴费费率之积。

对难以按照工资总额缴纳工伤保险费的行业,其缴纳工伤保险费的具体方式,由国务院社会保险行政部门规定。

第十一条 工伤保险基金逐步实行省级统筹。

跨地区、生产流动性较大的行业,可以采取相对集中的方式异地参加统筹地区的工伤保险。具体办法由国务院社会保险行政部门会同有关行业的主管部门制定。

第十二条 工伤保险基金存入社会保障基金财政专户,用于本条例规定的工伤保险待遇,劳动能力鉴定,工伤预防的宣传、培训等费用,以及法律、法规规定的用于工伤保险的其他费用的支付。

工伤预防费用的提取比例、使用和管理的具体办法,由国务院社会保险行政部门会同国务院财政、卫生行政、安全生产监督管理等部门规定。

任何单位或者个人不得将工伤保险基金用于投资运营、兴建或者改建办公场所、发放奖金,或者挪作其他用途。

第十三条 工伤保险基金应当留有一定比例的储备金,用于统筹地区重大事故的工伤保险待遇支付;储备金不足支付的,由统筹地区的人民政府垫付。储备金占基金总额的具体比例和储备金的使用办法,由省、自治区、直辖市人民政府规定。

第三章 工伤认定

第十四条 职工有下列情形之一的,应当认定为工伤:

(一)在工作时间和工作场所内,因工作原因受到事故伤害的;

(二)工作时间前后在工作场所内,从事与工作有关的预备性或者收尾性工作受到事故伤害的;

(三)在工作时间和工作场所内,因履行工作职责受到暴力等意外伤害的;

(四)患职业病的;

(五)因工外出期间,由于工作原因受到伤害或者发生事故下落不明的;

(六)在上下班途中,受到非本人主要责任的交通事故或者城市轨道交通、客运轮渡、火车事故伤害的;

(七)法律、行政法规规定应当认定为工伤的其他情形。

第十五条 职工有下列情形之一的,视同工伤:

（一）在工作时间和工作岗位,突发疾病死亡或者在48小时之内经抢救无效死亡的;

（二）在抢险救灾等维护国家利益、公共利益活动中受到伤害的;

（三）职工原在军队服役,因战、因公负伤致残,已取得革命伤残军人证,到用人单位后旧伤复发的。

职工有前款第（一）项、第（二）项情形的,按照本条例的有关规定享受工伤保险待遇;职工有前款第（三）项情形的,按照本条例的有关规定享受除一次性伤残补助金以外的工伤保险待遇。

第十六条 职工符合本条例第十四条、第十五条的规定,但是有下列情形之一的,不得认定为工伤或者视同工伤:

（一）故意犯罪的;

（二）醉酒或者吸毒的;

（三）自残或者自杀的。

第十七条 职工发生事故伤害或者按照职业病防治法规定被诊断、鉴定为职业病,所在单位应当自事故伤害发生之日或者被诊断、鉴定为职业病之日起30日内,向统筹地区社会保险行政部门提出工伤认定申请。遇有特殊情况,经报社会保险行政部门同意,申请时限可以适当延长。

用人单位未按前款规定提出工伤认定申请的,工伤职工或者其近亲属、工会组织在事故伤害发生之日或者被诊断、鉴定为职业病之日起1年内,可以直接向用人单位所在地统筹地区社会保险行政部门提出工伤认定申请。

按照本条第一款规定应当由省级社会保险行政部门进行工伤认定的事项,根据属地原则由用人单位所在地的设区的市级社会保险行政部门办理。

用人单位未在本条第一款规定的时限内提交工伤认定申请,在此期间发生符合本条例规定的工伤待遇等有关费用由该用人单位负担。

第十八条 提出工伤认定申请应当提交下列材料:

（一）工伤认定申请表;

（二）与用人单位存在劳动关系（包括事实劳动关系）的证明材料;

（三）医疗诊断证明或者职业病诊断证明书（或者职业病诊断鉴定书）。

工伤认定申请表应当包括事故发生的时间、地点、原因以及职工伤害程度等基本情况。

工伤认定申请人提供材料不完整的,社会保险行政部门应当一次性书面告知工伤认定申请人需要补正的全部材料。申请人按照书面告知要求补正材料后,社会保险行政部门应当受理。

第十九条 社会保险行政部门受理工伤认定申请后,根据审核需要可以对事故伤害进行调查核实,用人单位、职工、工会组织、医疗机构以及有关部门应当予以协助。职业病诊断和诊断争议的鉴定,依照职业病防治法的有关规定执行。对依法取得职业病诊断证明书或者职业病诊断鉴定书的,社会保险行政部门不再进行调查核实。

职工或者其近亲属认为是工伤,用人单位不认为是工伤的,由用人单位承担举证责任。

第二十条 社会保险行政部门应当自受理工伤认定申请之日起60日内作出工伤认定

的决定,并书面通知申请工伤认定的职工或者其近亲属和该职工所在单位。

社会保险行政部门对受理的事实清楚、权利义务明确的工伤认定申请,应当在15日内作出工伤认定的决定。

作出工伤认定决定需要以司法机关或者有关行政主管部门的结论为依据的,在司法机关或者有关行政主管部门尚未作出结论期间,作出工伤认定决定的时限中止。

社会保险行政部门工作人员与工伤认定申请人有利害关系的,应当回避。

第四章　劳动能力鉴定

第二十一条　职工发生工伤,经治疗伤情相对稳定后存在残疾、影响劳动能力的,应当进行劳动能力鉴定。

第二十二条　劳动能力鉴定是指劳动功能障碍程度和生活自理障碍程度的等级鉴定。

劳动功能障碍分为十个伤残等级,最重的为一级,最轻的为十级。

生活自理障碍分为三个等级:生活完全不能自理、生活大部分不能自理和生活部分不能自理。

劳动能力鉴定标准由国务院社会保险行政部门会同国务院卫生行政部门等部门制定。

第二十三条　劳动能力鉴定由用人单位、工伤职工或者其近亲属向设区的市级劳动能力鉴定委员会提出申请,并提供工伤认定决定和职工工伤医疗的有关资料。

第二十四条　省、自治区、直辖市劳动能力鉴定委员会和设区的市级劳动能力鉴定委员会分别由省、自治区、直辖市和设区的市级社会保险行政部门、卫生行政部门、工会组织、经办机构代表以及用人单位代表组成。

劳动能力鉴定委员会建立医疗卫生专家库。列入专家库的医疗卫生专业技术人员应当具备下列条件:

(一)具有医疗卫生高级专业技术职务任职资格;

(二)掌握劳动能力鉴定的相关知识;

(三)具有良好的职业品德。

第二十五条　设区的市级劳动能力鉴定委员会收到劳动能力鉴定申请后,应当从其建立的医疗卫生专家库中随机抽取3名或者5名相关专家组成专家组,由专家组提出鉴定意见。设区的市级劳动能力鉴定委员会根据专家组的鉴定意见作出工伤职工劳动能力鉴定结论;必要时,可以委托具备资格的医疗机构协助进行有关的诊断。

设区的市级劳动能力鉴定委员会应当自收到劳动能力鉴定申请之日起60日内作出劳动能力鉴定结论,必要时,作出劳动能力鉴定结论的期限可以延长30日。劳动能力鉴定结论应当及时送达申请鉴定的单位和个人。

第二十六条　申请鉴定的单位或者个人对设区的市级劳动能力鉴定委员会作出的鉴定结论不服的,可以在收到该鉴定结论之日起15日内向省、自治区、直辖市劳动能力鉴定委员会提出再次鉴定申请。省、自治区、直辖市劳动能力鉴定委员会作出的劳动能力鉴定结论为最终结论。

第二十七条　劳动能力鉴定工作应当客观、公正。劳动能力鉴定委员会组成人员或者参加鉴定的专家与当事人有利害关系的,应当回避。

第二十八条 自劳动能力鉴定结论作出之日起1年后,工伤职工或者其近亲属、所在单位或者经办机构认为伤残情况发生变化的,可以申请劳动能力复查鉴定。

第二十九条 劳动能力鉴定委员会依照本条例第二十六条和第二十八条的规定进行再次鉴定和复查鉴定的期限,依照本条例第二十五条第二款的规定执行。

第五章　工伤保险待遇

第三十条 职工因工作遭受事故伤害或者患职业病进行治疗,享受工伤医疗待遇。

职工治疗工伤应当在签订服务协议的医疗机构就医,情况紧急时可以先到就近的医疗机构急救。

治疗工伤所需费用符合工伤保险诊疗项目目录、工伤保险药品目录、工伤保险住院服务标准的,从工伤保险基金支付。工伤保险诊疗项目目录、工伤保险药品目录、工伤保险住院服务标准,由国务院社会保险行政部门会同国务院卫生行政部门、食品药品监督管理部门等部门规定。

职工住院治疗工伤的伙食补助费,以及经医疗机构出具证明,报经办机构同意,工伤职工到统筹地区以外就医所需的交通、食宿费用从工伤保险基金支付,基金支付的具体标准由统筹地区人民政府规定。

工伤职工治疗非工伤引发的疾病,不享受工伤医疗待遇,按照基本医疗保险办法处理。

工伤职工到签订服务协议的医疗机构进行工伤康复的费用,符合规定的,从工伤保险基金支付。

第三十一条 社会保险行政部门作出认定为工伤的决定后发生行政复议、行政诉讼的,行政复议和行政诉讼期间不停止支付工伤职工治疗工伤的医疗费用。

第三十二条 工伤职工因日常生活或者就业需要,经劳动能力鉴定委员会确认,可以安装假肢、矫形器、假眼、假牙和配置轮椅等辅助器具,所需费用按照国家规定的标准从工伤保险基金支付。

第三十三条 职工因工作遭受事故伤害或者患职业病需要暂停工作接受工伤医疗的,在停工留薪期内,原工资福利待遇不变,由所在单位按月支付。

停工留薪期一般不超过12个月。伤情严重或者情况特殊,经设区的市级劳动能力鉴定委员会确认,可以适当延长,但延长不得超过12个月。工伤职工评定伤残等级后,停发原待遇,按照本章的有关规定享受伤残待遇。工伤职工在停工留薪期满后仍需治疗的,继续享受工伤医疗待遇。

生活不能自理的工伤职工在停工留薪期需要护理的,由所在单位负责。

第三十四条 工伤职工已经评定伤残等级并经劳动能力鉴定委员会确认需要生活护理的,从工伤保险基金按月支付生活护理费。

生活护理费按照生活完全不能自理、生活大部分不能自理或者生活部分不能自理3个不同等级支付,其标准分别为统筹地区上年度职工月平均工资的50%、40%或者30%。

第三十五条 职工因工致残被鉴定为一级至四级伤残的,保留劳动关系,退出工作岗位,享受以下待遇:

(一)从工伤保险基金按伤残等级支付一次性伤残补助金,标准为:一级伤残为27个月

的本人工资,二级伤残为25个月的本人工资,三级伤残为23个月的本人工资,四级伤残为21个月的本人工资;

(二)从工伤保险基金按月支付伤残津贴,标准为:一级伤残为本人工资的90%,二级伤残为本人工资的85%,三级伤残为本人工资的80%,四级伤残为本人工资的75%。伤残津贴实际金额低于当地最低工资标准的,由工伤保险基金补足差额;

(三)工伤职工达到退休年龄并办理退休手续后,停发伤残津贴,按照国家有关规定享受基本养老保险待遇。基本养老保险待遇低于伤残津贴的,由工伤保险基金补足差额。

职工因工致残被鉴定为一级至四级伤残的,由用人单位和职工个人以伤残津贴为基数,缴纳基本医疗保险费。

第三十六条 职工因工致残被鉴定为五级、六级伤残的,享受以下待遇:

(一)从工伤保险基金按伤残等级支付一次性伤残补助金,标准为:五级伤残为18个月的本人工资,六级伤残为16个月的本人工资;

(二)保留与用人单位的劳动关系,由用人单位安排适当工作。难以安排工作的,由用人单位按月发给伤残津贴,标准为:五级伤残为本人工资的70%,六级伤残为本人工资的60%,并由用人单位按照规定为其缴纳应缴纳的各项社会保险费。伤残津贴实际金额低于当地最低工资标准的,由用人单位补足差额。

经工伤职工本人提出,该职工可以与用人单位解除或者终止劳动关系,由工伤保险基金支付一次性工伤医疗补助金,由用人单位支付一次性伤残就业补助金。一次性工伤医疗补助金和一次性伤残就业补助金的具体标准由省、自治区、直辖市人民政府规定。

第三十七条 职工因工致残被鉴定为七级至十级伤残的,享受以下待遇:

(一)从工伤保险基金按伤残等级支付一次性伤残补助金,标准为:七级伤残为13个月的本人工资,八级伤残为11个月的本人工资,九级伤残为9个月的本人工资,十级伤残为7个月的本人工资;

(二)劳动、聘用合同期满终止,或者职工本人提出解除劳动、聘用合同的,由工伤保险基金支付一次性工伤医疗补助金,由用人单位支付一次性伤残就业补助金。一次性工伤医疗补助金和一次性伤残就业补助金的具体标准由省、自治区、直辖市人民政府规定。

第三十八条 工伤职工工伤复发,确认需要治疗的,享受本条例第三十条、第三十二条和第三十三条规定的工伤待遇。

第三十九条 职工因工死亡,其近亲属按照下列规定从工伤保险基金领取丧葬补助金、供养亲属抚恤金和一次性工亡补助金:

(一)丧葬补助金为6个月的统筹地区上年度职工月平均工资;

(二)供养亲属抚恤金按照职工本人工资的一定比例发给由因工死亡职工生前提供主要生活来源、无劳动能力的亲属。标准为:配偶每月40%,其他亲属每人每月30%,孤寡老人或者孤儿每人每月在上述标准的基础上增加10%。核定的各供养亲属的抚恤金之和不应高于因工死亡职工生前的工资。供养亲属的具体范围由国务院社会保险行政部门规定;

(三)一次性工亡补助金标准为上一年度全国城镇居民人均可支配收入的20倍。

伤残职工在停工留薪期内因工伤导致死亡的,其近亲属享受本条第一款规定的待遇。

一级至四级伤残职工在停工留薪期满后死亡的,其近亲属可以享受本条第一款第(一)

项、第(二)项规定的待遇。

第四十条 伤残津贴、供养亲属抚恤金、生活护理费由统筹地区社会保险行政部门根据职工平均工资和生活费用变化等情况适时调整。调整办法由省、自治区、直辖市人民政府规定。

第四十一条 职工因工外出期间发生事故或者在抢险救灾中下落不明的,从事故发生当月起3个月内照发工资,从第4个月起停发工资,由工伤保险基金向其供养亲属按月支付供养亲属抚恤金。生活有困难的,可以预支一次性工亡补助金的50%。职工被人民法院宣告死亡的,按照本条例第三十九条职工因工死亡的规定处理。

第四十二条 工伤职工有下列情形之一的,停止享受工伤保险待遇:

(一)丧失享受待遇条件的;

(二)拒不接受劳动能力鉴定的;

(三)拒绝治疗的。

第四十三条 用人单位分立、合并、转让的,承继单位应当承担原用人单位的工伤保险责任;原用人单位已经参加工伤保险的,承继单位应当到当地经办机构办理工伤保险变更登记。

用人单位实行承包经营的,工伤保险责任由职工劳动关系所在单位承担。

职工被借调期间受到工伤事故伤害的,由原用人单位承担工伤保险责任,但原用人单位与借调单位可以约定补偿办法。

企业破产的,在破产清算时依法拨付应当由单位支付的工伤保险待遇费用。

第四十四条 职工被派遣出境工作,依据前往国家或者地区的法律应当参加当地工伤保险的,参加当地工伤保险,其国内工伤保险关系中止;不能参加当地工伤保险的,其国内工伤保险关系不中止。

第四十五条 职工再次发生工伤,根据规定应当享受伤残津贴的,按照新认定的伤残等级享受伤残津贴待遇。

第六章 监督管理

第四十六条 经办机构具体承办工伤保险事务,履行下列职责:

(一)根据省、自治区、直辖市人民政府规定,征收工伤保险费;

(二)核查用人单位的工资总额和职工人数,办理工伤保险登记,并负责保存用人单位缴费和职工享受工伤保险待遇情况的记录;

(三)进行工伤保险的调查、统计;

(四)按照规定管理工伤保险基金的支出;

(五)按照规定核定工伤保险待遇;

(六)为工伤职工或者其近亲属免费提供咨询服务。

第四十七条 经办机构与医疗机构、辅助器具配置机构在平等协商的基础上签订服务协议,并公布签订服务协议的医疗机构、辅助器具配置机构的名单。具体办法由国务院社会保险行政部门分别会同国务院卫生行政部门、民政部门等部门制定。

第四十八条 经办机构按照协议和国家有关目录、标准对工伤职工医疗费用、康复费用、辅助器具费用的使用情况进行核查,并按时足额结算费用。

第四十九条 经办机构应当定期公布工伤保险基金的收支情况,及时向社会保险行政部门提出调整费率的建议。

第五十条 社会保险行政部门、经办机构应当定期听取工伤职工、医疗机构、辅助器具配置机构以及社会各界对改进工伤保险工作的意见。

第五十一条 社会保险行政部门依法对工伤保险费的征缴和工伤保险基金的支付情况进行监督检查。

财政部门和审计机关依法对工伤保险基金的收支、管理情况进行监督。

第五十二条 任何组织和个人对有关工伤保险的违法行为,有权举报。社会保险行政部门对举报应当及时调查,按照规定处理,并为举报人保密。

第五十三条 工会组织依法维护工伤职工的合法权益,对用人单位的工伤保险工作实行监督。

第五十四条 职工与用人单位发生工伤待遇方面的争议,按照处理劳动争议的有关规定处理。

第五十五条 有下列情形之一的,有关单位或者个人可以依法申请行政复议,也可以依法向人民法院提起行政诉讼:

(一)申请工伤认定的职工或者其近亲属、该职工所在单位对工伤认定申请不予受理的决定不服的;

(二)申请工伤认定的职工或者其近亲属、该职工所在单位对工伤认定结论不服的;

(三)用人单位对经办机构确定的单位缴费费率不服的;

(四)签订服务协议的医疗机构、辅助器具配置机构认为经办机构未履行有关协议或者规定的;

(五)工伤职工或者其近亲属对经办机构核定的工伤保险待遇有异议的。

第七章 法律责任

第五十六条 单位或者个人违反本条例第十二条规定挪用工伤保险基金,构成犯罪的,依法追究刑事责任;尚不构成犯罪的,依法给予处分或者纪律处分。被挪用的基金由社会保险行政部门追回,并入工伤保险基金;没收的违法所得依法上缴国库。

第五十七条 社会保险行政部门工作人员有下列情形之一的,依法给予处分;情节严重,构成犯罪的,依法追究刑事责任:

(一)无正当理由不受理工伤认定申请,或者弄虚作假将不符合工伤条件的人员认定为工伤职工的;

(二)未妥善保管申请工伤认定的证据材料,致使有关证据灭失的;

(三)收受当事人财物的。

第五十八条 经办机构有下列行为之一的,由社会保险行政部门责令改正,对直接负责的主管人员和其他责任人员依法给予纪律处分;情节严重,构成犯罪的,依法追究刑事责任;造成当事人经济损失的,由经办机构依法承担赔偿责任:

(一)未按规定保存用人单位缴费和职工享受工伤保险待遇情况记录的;

(二)不按规定核定工伤保险待遇的;

(三)收受当事人财物的。

第五十九条 医疗机构、辅助器具配置机构不按服务协议提供服务的,经办机构可以解除服务协议。

经办机构不按时足额结算费用的,由社会保险行政部门责令改正;医疗机构、辅助器具配置机构可以解除服务协议。

第六十条 用人单位、工伤职工或者其近亲属骗取工伤保险待遇,医疗机构、辅助器具配置机构骗取工伤保险基金支出的,由社会保险行政部门责令退还,处骗取金额2倍以上5倍以下的罚款;情节严重,构成犯罪的,依法追究刑事责任。

第六十一条 从事劳动能力鉴定的组织或者个人有下列情形之一的,由社会保险行政部门责令改正,处2000元以上1万元以下的罚款;情节严重,构成犯罪的,依法追究刑事责任:

(一)提供虚假鉴定意见的;

(二)提供虚假诊断证明的;

(三)收受当事人财物的。

第六十二条 用人单位依照本条例规定应当参加工伤保险而未参加的,由社会保险行政部门责令限期参加,补缴应当缴纳的工伤保险费,并自欠缴之日起,按日加收万分之五的滞纳金;逾期仍不缴纳的,处欠缴数额1倍以上3倍以下的罚款。

依照本条例规定应当参加工伤保险而未参加工伤保险的用人单位职工发生工伤的,由该用人单位按照本条例规定的工伤保险待遇项目和标准支付费用。

用人单位参加工伤保险并补缴应当缴纳的工伤保险费、滞纳金后,由工伤保险基金和用人单位依照本条例的规定支付新发生的费用。

第六十三条 用人单位违反本条例第十九条的规定,拒不协助社会保险行政部门对事故进行调查核实的,由社会保险行政部门责令改正,处2000元以上2万元以下的罚款。

第八章 附 则

第六十四条 本条例所称工资总额,是指用人单位直接支付给本单位全部职工的劳动报酬总额。

本条例所称本人工资,是指工伤职工因工作遭受事故伤害或者患职业病前12个月平均月缴费工资。本人工资高于统筹地区职工平均工资300%的,按照统筹地区职工平均工资的300%计算;本人工资低于统筹地区职工平均工资60%的,按照统筹地区职工平均工资的60%计算。

第六十五条 公务员和参照公务员法管理的事业单位、社会团体的工作人员因工作遭受事故伤害或者患职业病的,由所在单位支付费用。具体办法由国务院社会保险行政部门会同国务院财政部门规定。

第六十六条 无营业执照或者未经依法登记、备案的单位以及被依法吊销营业执照或者撤销登记、备案的单位的职工受到事故伤害或者患职业病的,由该单位向伤残职工或者死亡职工的近亲属给予一次性赔偿,赔偿标准不得低于本条例规定的工伤保险待遇;用人单位不得使用童工,用人单位使用童工造成童工伤残、死亡的,由该单位向童工或者童工的近亲属给予一次性赔偿,赔偿标准不得低于本条例规定的工伤保险待遇。具体办法由国务院社会保险行政部门规定。

前款规定的伤残职工或者死亡职工的近亲属就赔偿数额与单位发生争议的,以及前款规定的童工或者童工的近亲属就赔偿数额与单位发生争议的,按照处理劳动争议的有关规定处理。

第六十七条 本条例自 2004 年 1 月 1 日起施行。本条例施行前已受到事故伤害或者患职业病的职工尚未完成工伤认定的,按照本条例的规定执行。

4-1-90

工伤认定办法

2010 年 12 月 31 日 人力资源和社会保障部令第 8 号

第一条 为规范工伤认定程序,依法进行工伤认定,维护当事人的合法权益,根据《工伤保险条例》的有关规定,制定本办法。

第二条 社会保险行政部门进行工伤认定按照本办法执行。

第三条 工伤认定应当客观公正、简捷方便,认定程序应当向社会公开。

第四条 职工发生事故伤害或者按照职业病防治法规定被诊断、鉴定为职业病,所在单位应当自事故伤害发生之日或者被诊断、鉴定为职业病之日起 30 日内,向统筹地区社会保险行政部门提出工伤认定申请。遇有特殊情况,经报社会保险行政部门同意,申请时限可以适当延长。

按照前款规定应当向省级社会保险行政部门提出工伤认定申请的,根据属地原则应当向用人单位所在地设区的市级社会保险行政部门提出。

第五条 用人单位未在规定的时限内提出工伤认定申请的,受伤害职工或者其近亲属、工会组织在事故伤害发生之日或者被诊断、鉴定为职业病之日起 1 年内,可以直接按照本办法第四条规定提出工伤认定申请。

第六条 提出工伤认定申请应当填写《工伤认定申请表》,并提交下列材料:

(一)劳动、聘用合同文本复印件或者与用人单位存在劳动关系(包括事实劳动关系)、人事关系的其他证明材料;

(二)医疗机构出具的受伤后诊断证明书或者职业病诊断证明书(或者职业病诊断鉴定书)。

第七条 工伤认定申请人提交的申请材料符合要求,属于社会保险行政部门管辖范围且在受理时限内的,社会保险行政部门应当受理。

第八条 社会保险行政部门收到工伤认定申请后,应当在 15 日内对申请人提交的材料进行审核,材料完整的,作出受理或者不予受理的决定;材料不完整的,应当以书面形式一次性告知申请人需要补正的全部材料。社会保险行政部门收到申请人提交的全部补正材料后,应当在 15 日内作出受理或者不予受理的决定。

社会保险行政部门决定受理的,应当出具《工伤认定申请受理决定书》;决定不予受理的,应当出具《工伤认定申请不予受理决定书》。

第九条 社会保险行政部门受理工伤认定申请后,可以根据需要对申请人提供的证据进行调查核实。

第十条 社会保险行政部门进行调查核实,应当由两名以上工作人员共同进行,并出示执行公务的证件。

第十一条 社会保险行政部门工作人员在工伤认定中,可以进行以下调查核实工作:

(一)根据工作需要,进入有关单位和事故现场;

(二)依法查阅与工伤认定有关的资料,询问有关人员并作出调查笔录;

(三)记录、录音、录像和复制与工伤认定有关的资料。调查核实工作的证据收集参照行政诉讼证据收集的有关规定执行。

第十二条 社会保险行政部门工作人员进行调查核实时,有关单位和个人应当予以协助。用人单位、工会组织、医疗机构以及有关部门应当负责安排相关人员配合工作,据实提供情况和证明材料。

第十三条 社会保险行政部门在进行工伤认定时,对申请人提供的符合国家有关规定的职业病诊断证明书或者职业病诊断鉴定书,不再进行调查核实。职业病诊断证明书或者职业病诊断鉴定书不符合国家规定的要求和格式的,社会保险行政部门可以要求出具证据部门重新提供。

第十四条 社会保险行政部门受理工伤认定申请后,可以根据工作需要,委托其他统筹地区的社会保险行政部门或者相关部门进行调查核实。

第十五条 社会保险行政部门工作人员进行调查核实时,应当履行下列义务:

(一)保守有关单位商业秘密以及个人隐私;

(二)为提供情况的有关人员保密。

第十六条 社会保险行政部门工作人员与工伤认定申请人有利害关系的,应当回避。

第十七条 职工或者其近亲属认为是工伤,用人单位不认为是工伤的,由该用人单位承担举证责任。用人单位拒不举证的,社会保险行政部门可以根据受伤害职工提供的证据或者调查取得的证据,依法作出工伤认定决定。

第十八条 社会保险行政部门应当自受理工伤认定申请之日起60日内作出工伤认定决定,出具《认定工伤决定书》或者《不予认定工伤决定书》。

第十九条 《认定工伤决定书》应当载明下列事项:

(一)用人单位全称;

(二)职工的姓名、性别、年龄、职业、身份证号码;

(三)受伤害部位、事故时间和诊断时间或职业病名称、受伤害经过和核实情况、医疗救治的基本情况和诊断结论;

(四)认定工伤或者视同工伤的依据;

(五)不服认定决定申请行政复议或者提起行政诉讼的部门和时限;

(六)作出认定工伤或者视同工伤决定的时间。

《不予认定工伤决定书》应当载明下列事项:

（一）用人单位全称；
（二）职工的姓名、性别、年龄、职业、身份证号码；
（三）不予认定工伤或者不视同工伤的依据；
（四）不服认定决定申请行政复议或者提起行政诉讼的部门和时限；
（五）作出不予认定工伤或者不视同工伤决定的时间。

《认定工伤决定书》和《不予认定工伤决定书》应当加盖社会保险行政部门工伤认定专用印章。

第二十条 社会保险行政部门受理工伤认定申请后，作出工伤认定决定需要以司法机关或者有关行政主管部门的结论为依据的，在司法机关或者有关行政主管部门尚未作出结论期间，作出工伤认定决定的时限中止，并书面通知申请人。

第二十一条 社会保险行政部门对于事实清楚、权利义务明确的工伤认定申请，应当自受理工伤认定申请之日起15日内作出工伤认定决定。

第二十二条 社会保险行政部门应当自工伤认定决定作出之日起20日内，将《认定工伤决定书》或者《不予认定工伤决定书》送达受伤害职工（或者其近亲属）和用人单位，并抄送社会保险经办机构。

《认定工伤决定书》和《不予认定工伤决定书》的送达参照民事法律有关送达的规定执行。

第二十三条 职工或者其近亲属、用人单位对不予受理决定不服或者对工伤认定决定不服的，可以依法申请行政复议或者提起行政诉讼。

第二十四条 工伤认定结束后，社会保险行政部门应当将工伤认定的有关资料保存50年。

第二十五条 用人单位拒不协助社会保险行政部门对事故伤害进行调查核实的，由社会保险行政部门责令改正，处2000元以上2万元以下的罚款。

第二十六条 本办法中的《工伤认定申请表》、《工伤认定申请受理决定书》、《工伤认定申请不予受理决定书》、《认定工伤决定书》、《不予认定工伤决定书》的样式由国务院社会保险行政部门统一制定。

第二十七条 本办法自2011年1月1日起施行。劳动和社会保障部2003年9月23日颁布的《工伤认定办法》同时废止。

4-1-91

部分行业企业工伤保险费缴纳办法

2010年12月31日 人力资源和社会保障部令第10号

第一条 根据《工伤保险条例》第十条第三款的授权，制定本办法。

第二条 本办法所称的部分行业企业是指建筑、服务、矿山等行业中难以直接按照工资总额计算缴纳工伤保险费的建筑施工企业、小型服务企业、小型矿山企业等。

前款所称小型服务企业、小型矿山企业的划分标准可以参照《中小企业标准暂行规定》

（国经贸中小企〔2003〕143号）执行。

第三条 建筑施工企业可以实行以建筑施工项目为单位，按照项目工程总造价的一定比例，计算缴纳工伤保险费。

第四条 商贸、餐饮、住宿、美容美发、洗浴以及文体娱乐等小型服务业企业以及有雇工的个体工商户，可以按照营业面积的大小核定应参保人数，按照所在统筹地区上一年度职工月平均工资的一定比例和相应的费率，计算缴纳工伤保险费；也可以按照营业额的一定比例计算缴纳工伤保险费。

第五条 小型矿山企业可以按照总产量、吨矿工资含量和相应的费率计算缴纳工伤保险费。

第六条 本办法中所列部分行业企业工伤保险费缴纳的具体计算办法，由省级社会保险行政部门根据本地区实际情况确定。

第七条 本办法自2011年1月1日起施行。

※　　※　　※　　※

4-1-92

劳动保障部　财政部　卫生部　安全监管局关于工伤保险费率问题的通知

2003年10月29日　劳社部发〔2003〕29号

各省、自治区、直辖市劳动和社会保障厅（局）、财政厅（局）、卫生厅（局）、安全生产监督管理部门：

为贯彻实施《工伤保险条例》，合理确定工伤保险费率，促进工伤预防，实现工伤保险费用社会共济，经国务院批准，现就工伤保险费率问题通知如下：

一、关于行业划分

根据不同行业的工伤风险程度，参照《国民经济行业分类》（GB/T 4754—2002），将行业划分为三个类别：一类为风险较小行业，二类为中等风险行业，三类为风险较大行业。三类行业分别实行三种不同的工伤保险缴费率。统筹地区社会保险经办机构要根据用人单位的工商登记和主要经营生产业务等情况，分别确定各用人单位的行业风险类别。行业风险分类见附件。

二、关于费率确定

各省、自治区、直辖市工伤保险费平均缴费率原则上要控制在职工工资总额的1.0%左右。在这一总体水平下，各统筹地区三类行业的基准费率要分别控制在用人单位职工工资总额的0.5%左右、1.0%左右、2.0%左右。各统筹地区劳动保障部门要会同财政、卫生、安全监管部门，按照以支定收、收支平衡的原则，根据工伤保险费使用、工伤发生率、职业病危害程度等情况提出分类行业基准费率的具体标准，报统筹地区人民政府批准后实施。基准费率的具体标准可定期调整。

三、关于费率浮动

用人单位属一类行业的,按行业基准费率缴费,不实行费率浮动。用人单位属二、三类行业的,费率实行浮动。用人单位的初次缴费费率,按行业基准费率确定,以后由统筹地区社会保险经办机构根据用人单位工伤保险费使用、工伤发生率、职业病危害程度等因素,一至三年浮动一次。在行业基准费率的基础上,可上下各浮动两档:上浮第一档到本行业基准费率的120%,上浮第二档到本行业基准费率的150%,下浮第一档到本行业基准费率的80%,下浮第二档到本行业基准费率的50%。费率浮动的具体办法由各统筹地区劳动保障行政部门会同财政、卫生、安全监管部门制定。

各地要认真做好工伤保险相关数据的测算,合理确定行业基准费率,科学制定费率浮动的具体办法。要加强对工伤保险运行情况的监测,定期分析工伤保险费率对工伤保险制度运行的影响,重大问题及时上报。我们将定期了解工伤保险基金收支等情况,及时提出调整行业差别费率及行业内费率档次的方案,报国务院批准后公布施行。

附件:工伤保险行业风险分类表(编者略)

4-1-93

劳动和社会保障部关于农民工参加工伤保险有关问题的通知

2004年6月1日　劳社部发[2004]18号

各省、自治区、直辖市劳动和社会保障厅(局):

为了维护农民工的工伤保险权益,改善农民工的就业环境,根据《工伤保险条例》规定,从农民工的实际情况出发,现就农民工参加工伤保险、依法享受工伤保险待遇有关问题通知如下:

一、各级劳动保障部门要统一思想,提高认识,高度重视农民工工伤保险权益维护工作。要从践行"三个代表"重要思想的高度,坚持以人为本,做好农民工参加工伤保险、依法享受工伤保险待遇的有关工作,把这项工作作为全面贯彻落实《工伤保险条例》,为农民工办实事的重要内容。

二、农民工参加工伤保险、依法享受工伤保险待遇是《工伤保险条例》赋予包括农民工在内的各类用人单位职工的基本权益,各类用人单位招用的农民工均有享受工伤保险待遇的权利。各地要将农民工参加工伤保险,作为今年工伤保险扩面的重要工作,明确任务,抓好落实。凡是与用人单位建立劳动关系的农民工,用人单位必须及时为他们办理参加工伤保险的手续。对用人单位为农民工先行办理工伤保险的,各地经办机构应予办理。今年重点推进建筑、矿山等工伤风险较大、职业危害较重行业的农民工参加工伤保险。

三、用人单位注册地与生产经营地不在同一统筹地区的,原则上在注册地参加工伤保险。未在注册地参加工伤保险的,在生产经营地参加工伤保险。农民工受到事故伤害或患职业病后,在参保地进行工伤认定、劳动能力鉴定,并按参保地的规定依法享受工伤保险待遇。用人单位在注册地和生产经营地均未参加工伤保险的,农民工受到事故伤害或者患职业病后,在生产经营地进行工伤认定、劳动能力鉴定,并按生产经营地的规定依法由用人单位支付工伤保险待遇。

四、对跨省流动的农民工,即户籍不在参加工伤保险统筹地区(生产经营地)所在省(自治区、直辖市)的农民工,1至4级伤残长期待遇的支付,可试行一次性支付和长期支付两种方式,供农民工选择。在农民工选择一次性或长期支付方式时,支付其工伤保险待遇的社会保险经办机构应向其说明情况。一次性享受工伤保险长期待遇的,需由农民工本人提出,与用人单位解除或者终止劳动关系,与统筹地区社会保险经办机构签订协议,终止工伤保险关系。1至4级伤残农民工一次性享受工伤保险长期待遇的具体办法和标准由省(自治区、直辖市)劳动保障行政部门制定,报省(自治区、直辖市)人民政府批准。

五、各级劳动保障部门要加大对农民工参加工伤保险的宣传和督促检查力度,积极为农民工提供咨询服务,促进农民工参加工伤保险。同时要认真做好工伤认定、劳动能力鉴定工作,对侵害农民工工伤保险权益的行为要严肃查处,切实保障农民工的合法权益。

4-1-94

劳动和社会保障部关于实施《工伤保险条例》若干问题的意见

2004年11月1日　劳社部函〔2004〕256号

各省、自治区、直辖市劳动和社会保障厅(局):

《工伤保险条例》(以下简称条例)已于二〇〇四年一月一日起施行,现就条例实施中的有关问题提出如下意见。

一、职工在两个或两个以上用人单位同时就业的,各用人单位应当分别为职工缴纳工伤保险费。职工发生工伤,由职工受到伤害时其工作的单位依法承担工伤保险责任。

二、条例第十四条规定"上下班途中,受到机动车事故伤害的,应当认定为工伤"。这里"上下班途中"既包括职工正常工作的上下班途中,也包括职工加班加点的上下班途中。"受到机动车事故伤害的"既可以是职工驾驶或乘坐的机动车发生事故造成的,也可以是职工因其他机动车事故造成的。

三、条例第十五条规定"职工在工作时间和工作岗位,突发疾病死亡或者在48小时之内经抢救无效死亡的,视同工伤"。这里"突发疾病"包括各类疾病。"48小时"的起算时间,以医疗机构的初次诊断时间作为突发疾病的起算时间。

四、条例第十七条第二款规定的有权申请工伤认定的"工会组织"包括职工所在用人单位的工会组织以及符合《中华人民共和国工会法》规定的各级工会组织。

五、用人单位未按规定为职工提出工伤认定申请,受到事故伤害或者患职业病的职工或者其直系亲属、工会组织提出工伤认定申请,职工所在单位是否同意(签字、盖章),不是必经程序。

六、条例第十七条第四款规定"用人单位未在本条第一款规定的时限内提交工伤认定申请的,在此期间发生符合本条例规定的工伤待遇等有关费用由该用人单位负担"。这里用人单位承担工伤待遇等有关费用的期间是指从事故伤害发生之日或职业病确诊之日起到劳动保障行政部门受理工伤认定申请之日止。

七、条例第三十六条规定的工伤职工旧伤复发,是否需要治疗应由治疗工伤职工的协议医疗机构提出意见,有争议的由劳动能力鉴定委员会确认。

八、职工因工死亡,其供养亲属享受抚恤金待遇的资格,按职工因工死亡时的条件核定。

4-1-95

劳动和社会保障部关于铁路企业参加工伤保险有关问题的通知

2004年11月1日　劳社部函[2004]257号

各省、自治区、直辖市劳动和社会保障厅(局),铁道部所属各单位:

为了贯彻实施《工伤保险条例》,做好铁路企业参加工伤保险的有关工作,现将有关问题通知如下:

一、铁路企业要按照属地管理原则参加工伤保险,执行国家和企业所在地的工伤保险政策。铁路运输企业以铁路局或铁路分局为单位集中参加铁路局或铁路分局所在地统筹地区的工伤保险。

二、铁路企业要按照国家和所在地人民政府确定的铁路行业工伤保险费率,按时缴纳工伤保险费。工伤保险基金按照国家和统筹地区劳动保障部门确定的有关规定进行筹集、使用和管理。

三、铁路企业工伤职工的工伤认定工作由统筹地区劳动保障行政部门负责,工伤职工的劳动能力鉴定工作由统筹地区劳动能力鉴定机构负责。

四、《工伤保险条例》实施前已确认的铁路工伤人员和工亡人员供养亲属享受的工伤保险待遇,应纳入工伤保险管理。具体纳入方式和步骤由铁路企业与所在地省、自治区、直辖市劳动保障部门协商确定。

五、各省、自治区、直辖市劳动保障部门要认真做好铁路企业参加工伤保险的组织实施工作,加强对铁路企业参保工作的指导和监督,结合铁路行业特点和企业及其职工的分布,制定管理办法,方便铁路企业工伤人员的救治、工伤认定、劳动能力鉴定及待遇支付管理。

六、各铁路企业要积极配合劳动保障部门,共同做好铁路企业参加工伤保险工作。在实施过程中发现的重大问题,要及时向所在地人民政府和劳动保障部门反映,确保该项工作顺利实施。

4-1-96

劳动和社会保障部 国家安全生产监督管理总局 国防科学技术工业委员会关于贯彻《安全生产许可证条例》做好企业参加工伤保险有关工作的通知

2005年4月7日 劳社部发〔2005〕8号

各省、自治区、直辖市劳动和社会保障厅（局）、安全生产监督管理局、民爆器材行政主管部门、各省级煤矿安全监察机构：

为了严格规范企业的安全生产条件，加强安全生产监督管理，防止和减少生产安全事故，切实保障矿山、危险化学品、烟花爆竹、民用爆破器材生产等企业职工的生命安全和健康，国务院颁布了《安全生产许可证条例》。该条例明确规定，企业应当依法参加工伤保险，为从业人员缴纳工伤保险费，并将参加工伤保险作为企业取得安全生产许可证的必备条件之一。为贯彻落实《安全生产许可证条例》规定，做好企业参加工伤保险的有关工作，现通知如下：

一、按照《中华人民共和国安全生产法》、《工伤保险条例》和《安全生产许可证条例》的规定，矿山、危险化学品、烟花爆竹、民用爆破器材生产等企业（以下简称企业）应高度重视安全生产工作，依法参加工伤保险，按时、足额为所有从业人员缴纳工伤保险费。企业应将参保情况及时在本单位内公示。企业和职工应当遵守有关安全生产和职业病防治的法律法规，执行安全卫生规程和标准，预防工伤事故发生，避免和减少职业病危害。

二、劳动保障部门要做好企业参加工伤保险的组织实施工作，加强对企业参保工作的指导。对尚未参加工伤保险的企业要切实采取有效措施，制定有针对性的扩大覆盖面方案，加大工作力度，加强劳动监察，督促企业尽快参加工伤保险。

三、企业参保登记后，社会保险经办机构要及时确定企业缴费费率，核定企业缴费基数、职工人数和应缴工伤保险费数额，如实地为企业出具《工伤保险参保证明》（样式附后）。安全生产许可证颁发管理机关在颁发安全生产许可证或办理许可证延期手续前，应认真审查申请单位提供的《工伤保险参保证明》，对不能提供社会保险经办机构出具的有效《工伤保险参保证明》的企业，不得颁发安全生产许可证。对冒用或者使用伪造的《工伤保险参保证明》的企业，不得颁发安全生产许可证，已经颁发的要予以吊销。

四、劳动保障部门应加强对取得安全生产许可证企业参加工伤保险情况的监督检查。发现企业中断缴费、瞒报工资总额或者职工人数的，责令其限期改正，并按规定进行相应处罚。不能在规定期限内改正的，劳动保障部门应通知安全生产许可证颁发管理机关，由安全生产许可证颁发管理机关暂扣或者吊销安全生产许可证。

五、安全生产许可证颁发管理机关和劳动保障部门要定期互相交流、通报企业取得安全生产许可证和参加工伤保险的情况，针对出现的问题，研究协商解决，促进企业安全生产工作,切实保障企业职工的权益。

六、本通知下发前企业参保证明中尚未解决的相关问题,由各地安全生产许可证颁发管理机关与劳动保障部门按照本通知的精神协商处理。

4-1-97

劳动和社会保障部 国务院国有资产监督管理委员会关于进一步做好中央企业工伤保险工作有关问题的通知

2007年9月7日 劳社部发〔2007〕36号

各省、自治区、直辖市劳动和社会保障厅(局)、各中央企业:

为深入贯彻实施《工伤保险条例》,进一步落实《国务院关于解决农民工问题的若干意见》(国发〔2006〕5号)中切实保障农民工工伤保险权益的要求,积极做好国务院国有资产监督管理委员会监管企业(以下简称中央企业)参加工伤保险的有关工作,现就有关问题通知如下:

一、中央企业要按照属地管理原则参加工伤保险,按照所在地统筹地区人民政府确定的行业工伤保险费率,参加所在统筹地区的工伤保险社会统筹,按时缴纳工伤保险费。跨地区、流动性大的中央企业,可以采取相对集中的方式异地参加统筹地区的工伤保险。

二、中央企业要认真贯彻落实国发〔2006〕5号精神,为包括农民工在内的全部职工办理工伤保险手续。对以劳务派遣等形式使用的农民工,也要采用有效办法保障其参加工伤保险权益。对于建筑施工等农民工集中、流动性较大行业的中央企业,要按照《关于做好建筑施工企业农民工参加工伤保险有关工作的通知》(劳社部发〔2006〕44号)等有关文件要求,制订符合行业特点的农民工参保办法,如以建筑施工项目为单位参保,实现施工项目使用的农民工全员参保,切实保障农民工工伤保险权益。

三、《工伤保险条例》实施前中央企业已确认并享受工伤待遇的伤残职工及工亡人员供养亲属应同步纳入工伤保险管理。具体纳入方式和步骤,由中央企业与所在地省、自治区、直辖市劳动和社会保障部门协商确定。

四、各地劳动保障部门要认真做好中央企业参加工伤保险的组织实施工作,加强对中央企业参保工作的指导和监督,并结合其行业特点,切实做好工伤保险管理服务工作,方便中央企业工伤人员的救治、工伤认定、劳动能力鉴定及待遇支付。

五、各中央企业要积极配合劳动保障部门,共同做好中央企业参加工伤保险工作。在实施过程中发现的重大问题,要及时向所在地人民政府和劳动保障部门反映,确保该项工作顺利实施。

4-1-98

人力资源社会保障部 财政部关于进一步做好事业单位等参加工伤保险工作有关问题的通知

2012年10月29日　人社部发〔2012〕67号

各省、自治区、直辖市及新疆生产建设兵团人力资源社会保障厅（局）、财政厅（局、财务局）：

为保障事业单位、社会团体、民办非企业单位、基金会、律师事务所、会计师事务所等组织因工作遭受事故伤害或者患职业病的工作人员依法享受工伤保险待遇，按照《中华人民共和国社会保险法》和《工伤保险条例》规定，现就有关问题通知如下：

一、事业单位、社会团体、民办非企业单位、基金会、律师事务所、会计师事务所等组织按照《中华人民共和国社会保险法》、《工伤保险条例》规定，依照属地管理原则，参加统筹地区的工伤保险，并按时足额缴纳工伤保险费。缴纳工伤保险费所需费用在社会保障缴费中列支，其费率均暂按一类风险行业执行。

二、事业单位、社会团体、民办非企业单位、基金会、律师事务所、会计师事务所等组织的工作人员遭受事故伤害或者患职业病的，其工伤范围、工伤认定、劳动能力鉴定、待遇标准等按照《工伤保险条例》规定执行。

三、参照公务员法管理的事业单位、社会团体工作人员因工作遭受事故伤害或者患职业病的，按照《工伤保险条例》第六十五条的规定执行。

四、本通知自下发之日起施行。凡此前文件与本通知规定不符的，以本通知规定为准。

4-1-99

人力资源社会保障部关于执行《工伤保险条例》若干问题的意见

2013年4月25日　人社部发〔2013〕34号

各省、自治区、直辖市及新疆生产建设兵团人力资源社会保障厅（局）：

《国务院关于修改〈工伤保险条例〉的决定》（国务院令第586号）已经于2011年1月1日实施。为贯彻执行新修订的《工伤保险条例》，妥善解决实际工作中的问题，更好地保障职工和用人单位的合法权益，现提出如下意见。

一、《工伤保险条例》（以下简称《条例》）第十四条第（五）项规定的"因工外出期间"的认定，应当考虑职工外出是否属于用人单位指派的因工作外出，遭受的事故伤害是否因工作原因所致。

二、《条例》第十四条第(六)项规定的"非本人主要责任"的认定,应当以有关机关出具的法律文书或者人民法院的生效裁决为依据。

三、《条例》第十六条第(一)项"故意犯罪"的认定,应当以司法机关的生效法律文书或者结论性意见为依据。

四、《条例》第十六条第(二)项"醉酒或者吸毒"的认定,应当以有关机关出具的法律文书或者人民法院的生效裁决为依据。无法获得上述证据的,可以结合相关证据认定。

五、社会保险行政部门受理工伤认定申请后,发现劳动关系存在争议且无法确认的,应告知当事人可以向劳动人事争议仲裁委员会申请仲裁。在此期间,作出工伤认定决定的时限中止,并书面通知申请工伤认定的当事人。劳动关系依法确认后,当事人应将有关法律文书送交受理工伤认定申请的社会保险行政部门,该部门自收到生效法律文书之日起恢复工伤认定程序。

六、符合《条例》第十五条第(一)项情形的,职工所在用人单位原则上应自职工死亡之日起5个工作日内向用人单位所在统筹地区社会保险行政部门报告。

七、具备用工主体资格的承包单位违反法律、法规规定,将承包业务转包、分包给不具备用工主体资格的组织或者自然人,该组织或者自然人招用的劳动者从事承包业务时因工伤亡的,由该具备用工主体资格的承包单位承担用人单位依法应承担的工伤保险责任。

八、曾经从事接触职业病危害作业、当时没有发现罹患职业病、离开工作岗位后被诊断或鉴定为职业病的符合下列条件的人员,可以自诊断、鉴定为职业病之日起一年内申请工伤认定,社会保险行政部门应当受理:

(一)办理退休手续后,未再从事接触职业病危害作业的退休人员;

(二)劳动或聘用合同期满后或者本人提出而解除劳动或聘用合同后,未再从事接触职业病危害作业的人员。

经工伤认定和劳动能力鉴定,前款第(一)项人员符合领取一次性伤残补助金条件的,按就高原则以本人退休前12个月平均月缴费工资或者确诊职业病前12个月的月平均养老金为基数计发。前款第(二)项人员被鉴定为一级至十级伤残、按《条例》规定应以本人工资作为基数享受相关待遇的,按本人终止或者解除劳动、聘用合同前12个月平均月缴费工资计发。

九、按照本意见第八条规定被认定为工伤的职业病人员,职业病诊断证明书(或职业病诊断鉴定书)中明确的用人单位,在该职工从业期间依法为其缴纳工伤保险费的,按《条例》的规定,分别由工伤保险基金和用人单位支付工伤保险待遇;未依法为该职工缴纳工伤保险费的,由用人单位按照《条例》规定的相关项目和标准支付待遇。

十、职工在同一用人单位连续工作期间多次发生工伤的,符合《条例》第三十六、三十七条规定领取相关待遇时,按照其在同一用人单位发生工伤的最高伤残级别,计发一次性伤残就业补助金和一次性工伤医疗补助金。

十一、依据《条例》第四十二条的规定停止支付工伤保险待遇的,在停止支付待遇的情形消失后,自下月起恢复工伤保险待遇,停止支付的工伤保险待遇不予补发。

十二、《条例》第六十二条第三款规定的"新发生的费用",是指用人单位职工参加工伤保险前发生工伤的,在参加工伤保险后新发生的费用。

十三、由工伤保险基金支付的各项待遇应按《条例》相关规定支付,不得采取将长期待遇改为一次性支付的办法。

十四、核定工伤职工工伤保险待遇时,若上一年度相关数据尚未公布,可暂按前一年度的全国城镇居民人均可支配收入、统筹地区职工月平均工资核定和计发,待相关数据公布后再重新核定,社会保险经办机构或者用人单位予以补发差额部分。

本意见自发文之日起执行,此前有关规定与本意见不一致的,按本意见执行。执行中有重大问题,请及时报告我部。

4-1-100

人力资源社会保障部　住房城乡建设部　安全监管总局　全国总工会关于进一步做好建筑业工伤保险工作的意见

2014年12月29日　人社部发〔2014〕103号

各省、自治区、直辖市及新疆生产建设兵团人力资源社会保障厅(局)、住房城乡建设厅(委、局)、安全生产监督管理局、总工会:

改革开放以来,我国建筑业蓬勃发展,建筑业职工队伍不断发展壮大,为经济社会发展和人民安居乐业做出了重大贡献。建筑业属于工伤风险较高行业,又是农民工集中的行业。为维护建筑业职工特别是农民工的工伤保障权益,国家先后出台了一系列法律法规和政策,各地区、各有关部门积极采取措施,加强建筑施工安全生产制度建设和监督检查,大力推进建筑施工企业依法参加工伤保险,使建筑业职工工伤权益保障工作不断得到加强。但目前仍存在部分建筑施工企业安全管理制度不落实、工伤保险参保覆盖率低、一线建筑工人特别是农民工工伤维权能力弱、工伤待遇落实难等问题。

为贯彻落实党中央、国务院关于切实保障和改善民生的要求,依据社会保险法、建筑法、安全生产法、职业病防治法和《工伤保险条例》等法律法规规定,现就进一步做好建筑业工伤保险工作、切实维护建筑业职工工伤保障权益提出以下意见:

一、完善符合建筑业特点的工伤保险参保政策,大力扩展建筑企业工伤保险参保覆盖面。建筑施工企业应依法参加工伤保险。针对建筑行业的特点,建筑施工企业对相对固定的职工,应按用人单位参加工伤保险;对不能按用人单位参保、建筑项目使用的建筑业职工特别是农民工,按项目参加工伤保险。房屋建筑和市政基础设施工程实行以建设项目为单位参加工伤保险的,可在各项社会保险中优先办理参加工伤保险手续。建设单位在办理施工许可手续时,应当提交建设项目工伤保险参保证明,作为保证工程安全施工的具体措施之一;安全施工措施未落实的项目,各地住房城乡建设主管部门不予核发施工许可证。

二、完善工伤保险费计缴方式。按用人单位参保的建筑施工企业应以工资总额为基数依法缴纳工伤保险费。以建设项目为单位参保的,可以按照项目工程总造价的一定比例计算缴纳工伤保险费。

三、科学确定工伤保险费率。各地区人力资源社会保障部门应参照本地区建筑企业行业基准费率,按照以支定收、收支平衡原则,商住房城乡建设主管部门合理确定建设项目工伤保险缴费比例。要充分运用工伤保险浮动费率机制,根据各建筑企业工伤事故发生率、工伤保险基金使用等情况适时适当调整费率,促进企业加强安全生产,预防和减少工伤事故。

四、确保工伤保险费用来源。建设单位要在工程概算中将工伤保险费用单独列支,作为不可竞争费,不参与竞标,并在项目开工前由施工总承包单位一次性代缴本项目工伤保险费,覆盖项目使用的所有职工,包括专业承包单位、劳务分包单位使用的农民工。

五、健全工伤认定所涉及劳动关系确认机制。建筑施工企业应依法与其职工签订劳动合同,加强施工现场劳务用工管理。施工总承包单位应当在工程项目施工期内督促专业承包单位、劳务分包单位建立职工花名册、考勤记录、工资发放表等台账,对项目施工期内全部施工人员实行动态实名制管理。施工人员发生工伤后,以劳动合同为基础确认劳动关系。对未签订劳动合同的,由人力资源社会保障部门参照工资支付凭证或记录、工作证、招工登记表、考勤记录及其他劳动者证言等证据,确认事实劳动关系。相关方面应积极提供有关证据;按规定应由用人单位负举证责任而用人单位不提供的,应当承担不利后果。

六、规范和简化工伤认定和劳动能力鉴定程序。职工发生工伤事故,应当由其所在用人单位在30日内提出工伤认定申请,施工总承包单位应当密切配合并提供参保证明等相关材料。用人单位未在规定时限内提出工伤认定申请的,职工本人或其近亲属、工会组织可以在1年内提出工伤认定申请,经社会保险行政部门调查确认工伤的,在此期间发生的工伤待遇等有关费用由其所在用人单位负担。各地社会保险行政部门和劳动能力鉴定机构要优化流程,简化手续,缩短认定、鉴定时间。对于事实清楚、权利义务关系明确的工伤认定申请,应当自受理工伤认定申请之日起15日内作出工伤认定决定。探索建立工伤认定和劳动能力鉴定相关材料网上申报、审核和送达办法,提高工作效率。

七、完善工伤保险待遇支付政策。对认定为工伤的建筑业职工,各级社会保险经办机构和用人单位应依法按时足额支付各项工伤保险待遇。对在参保项目施工期间发生工伤、项目竣工时尚未完成工伤认定或劳动能力鉴定的建筑业职工,其所在用人单位要继续保证其医疗救治和停工期间的法定待遇,待完成工伤认定及劳动能力鉴定后,依法享受参保职工的各项工伤保险待遇;其中应由用人单位支付的待遇,工伤职工所在用人单位要按时足额支付,也可根据其意愿一次性支付。针对建筑业工资收入分配的特点,对相关工伤保险待遇中难以按本人工资作为计发基数的,可以参照统筹地区上年度职工平均工资作为计发基数。

八、落实工伤保险先行支付政策。未参加工伤保险的建设项目,职工发生工伤事故,依法由职工所在用人单位支付工伤保险待遇,施工总承包单位、建设单位承担连带责任;用人单位和承担连带责任的施工总承包单位、建设单位不支付的,由工伤保险基金先行支付,用人单位和承担连带责任的施工总承包单位、建设单位应当偿还;不偿还的,由社会保险经办机构依法追偿。

九、建立健全工伤赔偿连带责任追究机制。建设单位、施工总承包单位或具有用工主体资格的分包单位将工程（业务）发包给不具备用工主体资格的组织或个人，该组织或个人招用的劳动者发生工伤的，发包单位与不具备用工主体资格的组织或个人承担连带赔偿责任。

十、加强工伤保险政策宣传和培训。施工总承包单位应当按照项目所在地人力资源社会保障部门统一规定的式样，制作项目参加工伤保险情况公示牌，在施工现场显著位置予以公示，并安排有关工伤预防及工伤保险政策讲解的培训课程，保障广大建筑业职工特别是农民工的知情权，增强其依法维权意识。各地人力资源社会保障部门要会同有关部门加大工伤保险政策宣传力度，让广大职工知晓其依法享有的工伤保险权益及相关办事流程。开展工伤预防试点的地区可以从工伤保险基金提取一定比例用于工伤预防，各地人力资源社会保障部门应会同住房城乡建设部门积极开展建筑业工伤预防的宣传和培训工作，并将建筑业职工特别是农民工作为宣传和培训的重点对象。建立健全政府部门、行业协会、建筑施工企业等多层次的培训体系，不断提升建筑业职工的安全生产意识、工伤维权意识和岗位技能水平，从源头上控制和减少安全事故。

十一、严肃查处谎报瞒报事故的行为。发生生产安全事故时，建筑施工企业现场有关人员和企业负责人要严格依照《生产安全事故报告和调查处理条例》等规定，及时、如实向安全监管、住房城乡建设和其他负有监管职责的部门报告，并做好工伤保险相关工作。事故报告后出现新情况的，要及时补报。对谎报、瞒报事故和迟报、漏报的有关单位和人员，要严格依法查处。

十二、积极发挥工会组织在职工工伤维权工作中的作用。各级工会要加强基层组织建设，通过项目工会、托管工会、联合工会等多种形式，努力将建筑施工一线职工纳入工会组织，为其提供维权依托。提升基层工会组织在职工工伤维权方面的业务能力和服务水平。具备条件的企业工会要设立工伤保障专员，学习掌握工伤保险政策，介入工伤事故处理的全过程，了解工伤职工需求，跟踪工伤待遇支付进程，监督工伤职工各项权益落实情况。

十三、齐抓共管合力维护建筑工人工伤权益。人力资源社会保障部门要积极会同相关部门，把大力推进建筑施工企业参加工伤保险作为当前扩大社会保险覆盖面的重要任务和重点工作领域，对各类建筑施工企业和建设项目进行摸底排查，力争尽快实现全面覆盖。各地人力资源社会保障、住房城乡建设、安全监管等部门要认真履行各自职能，对违法施工、非法转包、违法用工、不参加工伤保险等违法行为依法予以查处，进一步规范建筑市场秩序，保障建筑业职工工伤保险权益。人力资源社会保障、住房城乡建设、安全监管等部门和总工会要定期组织开展建筑业职工工伤维权工作情况的联合督查。有关部门和工会组织要建立部门间信息共享机制，及时沟通项目开工、项目用工、参加工伤保险、安全生产监管等信息，实现建筑业职工参保等信息互联互通，为维护建筑业职工工伤权益提供有效保障。

交通运输、铁路、水利等相关行业职工工伤权益保障工作可参照本文件规定执行。

各地人力资源社会保障、住房城乡建设、安全监管等部门和工会组织要依据国家法律法规和本文件精神，结合本地实际制定具体实施方案，定期召开有关部门协调工作会议，共同研究解决有关难点重点问题，合力做好建筑业职工工伤保险权益保障工作。

4-1-101

人力资源社会保障部　财政部关于
调整工伤保险费率政策的通知

2015年7月22日　人社部发〔2015〕71号

各省、自治区、直辖市人力资源社会保障厅（局）、财政厅（局），新疆生产建设兵团人力资源社会保障局、财务局：

按照党的十八届三中全会提出的"适时适当降低社会保险费率"的精神，为更好贯彻社会保险法、《工伤保险条例》，使工伤保险费率政策更加科学、合理，适应经济社会发展的需要，经国务院批准，自2015年10月1日起，调整现行工伤保险费率政策。现将有关事项通知如下：

一、关于行业工伤风险类别划分

按照《国民经济行业分类》（GB/T 4754—2011）对行业的划分，根据不同行业的工伤风险程度，由低到高，依次将行业工伤风险类别划分为一类至八类（见附件）。

二、关于行业差别费率及其档次确定

不同工伤风险类别的行业执行不同的工伤保险行业基准费率。各行业工伤风险类别对应的全国工伤保险行业基准费率为，一类至八类分别控制在该行业用人单位职工工资总额的0.2%、0.4%、0.7%、0.9%、1.1%、1.3%、1.6%、1.9%左右。

通过费率浮动的办法确定每个行业内的费率档次。一类行业分为三个档次，即在基准费率的基础上，可向上浮动至120%、150%，二类至八类行业分为五个档次，即在基准费率的基础上，可分别向上浮动至120%、150%或向下浮动至80%、50%。

各统筹地区人力资源社会保障部门要会同财政部门，按照"以支定收、收支平衡"的原则，合理确定本地区工伤保险行业基准费率具体标准，并征求工会组织、用人单位代表的意见，报统筹地区人民政府批准后实施。基准费率的具体标准可根据统筹地区经济产业结构变动、工伤保险费使用等情况适时调整。

三、关于单位费率的确定与浮动

统筹地区社会保险经办机构根据用人单位工伤保险费使用、工伤发生率、职业病危害程度等因素，确定其工伤保险费率，并可依据上述因素变化情况，每一至三年确定其在所属行业不同费率档次间是否浮动。对符合浮动条件的用人单位，每次可上下浮动一档或两档。统筹地区工伤保险最低费率不低于本地区一类风险行业基准费率。费率浮动的具体办法由统筹地区人力资源社会保障部门商财政部门制定，并征求工会组织、用人单位代表的意见。

四、关于费率报备制度

各统筹地区确定的工伤保险行业基准费率具体标准、费率浮动具体办法，应报省级人力资源社会保障部门和财政部门备案并接受指导。省级人力资源社会保障部门、财政部门应每年将各统筹地区工伤保险行业基准费率标准确定和变化以及浮动费率实施情况汇总报人力资源社会保障部、财政部。

附件:工伤保险行业风险分类表

附件

工伤保险行业风险分类表

行业类别	行业名称
一	软件和信息技术服务业,货币金融服务,资本市场服务,保险业,其他金融业,科技推广和应用服务业,社会工作,广播、电视、电影和影视录音制作业,中国共产党机关,国家机构,人民政协、民主党派,社会保障,群众团体、社会团体和其他成员组织,基层群众自治组织,国际组织
二	批发业,零售业,仓储业,邮政业,住宿业,餐饮业,电信、广播电视和卫星传输服务,互联网和相关服务,房地产业,租赁业,商务服务业,研究和试验发展,专业技术服务业,居民服务业,其他服务业,教育,卫生,新闻和出版业,文化艺术业
三	农副食品加工业,食品制造业,酒、饮料和精制茶制造业,烟草制品业,纺织业,木材加工和木、竹、藤、棕、草制品业,文教、工美、体育和娱乐用品制造业,计算机、通信和其他电子设备制造业,仪器仪表制造业,其他制造业,水的生产和供应业,机动车、电子产品和日用产品修理业,水利管理业,生态保护和环境治理业,公共设施管理业,娱乐业
四	农业,畜牧业,农、林、牧、渔服务业,纺织服装、服饰业,皮革、毛皮、羽毛及其制品和制鞋业,印刷和记录媒介复制业,医药制造业,化学纤维制造业,橡胶和塑料制品业,金属制品业,通用设备制造业,专用设备制造业,汽车制造业,铁路、船舶、航空航天和其他运输设备制造业,电气机械和器材制造业,废弃资源综合利用业,金属制品、机械和设备修理业,电力、热力生产和供应业,燃气生产和供应业,铁路运输业,航空运输业,管道运输业,体育
五	林业,开采辅助活动,家具制造业,造纸和纸制品业,建筑安装业,建筑装饰和其他建筑业,道路运输业,水上运输业,装卸搬运和运输代理业
六	渔业,化学原料和化学制品制造业,非金属矿物制品业,黑色金属冶炼和压延加工业,有色金属冶炼和压延加工业,房屋建筑业,土木工程建筑业
七	石油和天然气开采业,其他采矿业,石油加工、炼焦和核燃料加工业
八	煤炭开采和洗选业,黑色金属矿采选业,有色金属矿采选业,非金属矿采选业

4—1—102

人力资源社会保障部 财政部关于做好工伤保险费率调整工作进一步加强基金管理的指导意见

2015年7月22日 人社部发〔2015〕72号

各省、自治区、直辖市人力资源社会保障厅(局)、财政厅(局),新疆生产建设兵团人力资源社会保障局、财务局:

近日,人力资源社会保障部、财政部经国务院批准印发了调整工伤保险费率政策的通知(人社部发〔2015〕71号,以下简称《通知》),此次调整完善工伤保险费率政策总的原则是:总体降低,细化分类,健全机制。为贯彻落实国务院关于适时适当降低工伤保险费率的要求,进一步加强工伤保险基金管理,提高基金使用效率,现就有关问题提出如下意见:

一、充分认识调整完善工伤保险费率政策的重要性

调整完善工伤保险费率政策,总体上降低工伤保险费率水平,是适应我国经济发展新常态,减轻用人单位负担的重要举措,有利于建立健全与行业工伤风险基本对应、风险档次适度的工伤保险费率标准,有利于落实工伤保险基金"以支定收、收支平衡"筹资原则,优化工伤保险基金管理,确保工伤保险基金可持续运行,更好地保障工伤职工的合法权益。各地应充分认识调整完善工伤保险费率政策的重要性,加强对调整完善工伤保险费率政策的组织领导,采取切实有效措施,强化工伤保险基金管理,在基金收支平衡的基础上,实现总体上降低工伤保险费率水平的目标。

二、准确确定用人单位适用的行业分类

各统筹地区社会保险经办机构要严格按照《通知》规定的行业类别划分,根据用人单位的工商登记注册和主要经营生产业务等情况,分别确定其所对应的行业工伤风险类别。对劳务派遣企业,可根据被派遣劳动者实际用工单位所在行业,或根据多数被派遣劳动者实际用工单位所在行业,确定其工伤风险类别。

三、科学确定工伤保险行业基准费率标准

各统筹地区人力资源社会保障部门要会同财政部门依据调整后的全国工伤保险行业基准费率,根据本地区各行业工伤保险费使用、工伤发生率、职业病危害程度等情况,拟订本地区工伤保险行业基准费率的具体标准,报统筹地区人民政府批准后实施。要加强工伤保险基金的精算平衡,全面分析影响基金收入和支出的当期因素和中长期变化趋势,包括参保扩面潜力、职工工资基数增长速度、本地区参保单位工伤发生率、工伤医疗费用增长速度、保障范围和支付标准的变化等,确保基金中长期可持续运行。各地基准费率的具体标准可根据统筹地区经济产业结构变动、工伤保险费使用等情况适时调整。

四、合理调控工伤保险基金的结存规模

各地要严格按照"以支定收、收支平衡"的筹资原则,将工伤保险基金结存保持在合理适度的规模。实行地市级统筹的地区,基金累计结存(含储备金,下同)的正常规模原则上控制在12个月左右平均支付水平;实行省级统筹的地区,基金累计结存的正常规模原则上控制在9个月左右平均支付水平。基金累计结存超过正常规模的统筹地区,其行业基准费率的具体标准不得高于《通知》中规定的全国工伤保险行业基准费率。实行地市级统筹、省级统筹的地区,基金累计结存规模分别超过18个月、12个月左右平均支付水平的,应通过适时调整行业基准费率具体标准或下调费率等措施压减过多结存,促进基金结存回归正常水平。实行地市级统筹、省级统筹的地区,基金累计结存规模分别低于9个月、6个月左右平均支付水平的,可通过加大扩面和基金征缴力度、适时调整行业基准费率具体标准或上浮费率等措施,确保基金安全可持续运行和各项工伤保险待遇支付。

五、定期进行单位费率浮动

各统筹地区要充分发挥工伤保险浮动费率机制的作用,周密制定单位费率浮动的具体办法。各统筹地区社会保险经办机构应每一至三年对各参保单位的工伤风险状况进行一

次全面评估,并依据其工伤保险费使用、工伤发生率、职业病危害程度等因素,确定其费率是否浮动及浮动的档次。对风险程度骤升的单位,可一次上浮两个档次,并通过适当形式通报,以示警戒。

六、全面建立并规范工伤保险基金储备金制度

各地要充分利用信息化手段,构建工伤保险基金运行分析和风险预警系统,加强对政策实施和基金运行情况的监测,定期分析工伤保险费率对工伤保险基金运行的影响。在此基础上,建立和完善工伤保险储备金制度,应对突发性、大规模、集中的工伤保险基金支付风险。储备金的规模按当地基金支出规模的一定比例确定,具体比例由省、自治区、直辖市人民政府确定。未设立储备金的统筹地区应于2016年底前设立储备金,已实行省级统筹的地区要建立省级储备金制度。储备金计算在工伤保险基金结存之内。

七、规范和提高工伤保险基金统筹层次

提高工伤保险统筹层次是提高工伤保险基金抵御风险能力的重要措施,也是适当降低费率政策的有力保障。尚未实行地市级统筹的地区,要在2015年底实现地市级基金统筹;已初步实行地市级统筹的地区,要加快实现基金的统收统支管理;有条件的地区,要积极推进省级统筹。

八、建立费率确定调整和实施情况定期报备制度

各地要加强对费率政策执行情况的监控,建立费率调整和实施情况定期报备制度。各统筹地区应在每年末将本地区基准费率调整变化情况和浮动费率实施情况及实施效果报省级人力资源社会保障部门和财政部门。各省级人力资源社会保障部门、财政部门要在次年2月底之前将本地区的汇总分析情况报送人力资源社会保障部、财政部。

九、加强部门间协同配合

各地要加强人力资源社会保障部门、财政部门之间的协同配合,周密制定有关工伤保险费率政策调整和完善基金管理的措施。在相关政策制定和实施中,还要加强同安全生产监管、卫生计生等部门、相关产业部门及工会组织的协同合作,共同促进工伤保险相关政策的落实。各地在贯彻实施工伤保险费率政策调整和完善基金管理工作中如遇重大问题,应及时报人力资源社会保障部、财政部。

4-1-103

人力资源社会保障部 财政部关于工伤保险基金省级统筹的指导意见

2017年6月22日 人社部发〔2017〕60号

各省、自治区、直辖市及新疆生产建设兵团人力资源社会保障厅(局)、财政(财务)厅(局):

实行基金省级统筹是工伤保险制度体系建设的重要举措,是推进工伤保险制度公平可持续发展的必然要求,对提高基金使用效率、增强保障能力具有重要意义。根据社会保险法、《工伤保险条例》等有关法律法规要求,现就工伤保险基金省级统筹(以下简称省级统

筹)工作提出如下意见。

一、指导思想和基本原则

(一)指导思想。全面贯彻党的十八大和十八届三中、四中、五中、六中全会精神,深入贯彻习近平总书记系列重要讲话精神和治国理政新理念新思想新战略,紧紧围绕统筹推进"五位一体"总体布局和协调推进"四个全面"战略布局,坚持以人民为中心的发展思想,落实社会保险法和《工伤保险条例》,以更好保障工伤职工合法权益为出发点,以促进工伤保险制度更加公平、更可持续为落脚点,逐步建立规范、高效的工伤保险基金省级统筹管理体系。

(二)基本原则。坚持制度统一,分级管理,提高工伤保险服务水平;坚持职责明晰,强化考核,确保省级统筹有效运行;坚持统调结合,缺口分担,建立基金管理良性机制;坚持目标明确,分步实施,推进工伤保险健康发展。

二、主要内容

实行省级统筹,要求在省(区、市)内统一工伤保险参保范围和参保对象,统一工伤保险费率政策和缴费标准,统一工伤认定和劳动能力鉴定办法,统一工伤保险待遇支付标准,统一工伤保险经办流程和信息系统。

在基金管理上,有条件的省(区、市)可以实行基金统收统支管理;不具备条件的省(区、市)也可以在省级建立调剂金,由市(地)按照一定的规则和比例上解到省级社保基金财政专户集中管理,用于调剂解决各市(地)工伤保险基金支出缺口。

三、保障措施

(一)做好政策标准平稳衔接。实行省级统筹,全省(区、市)统一工伤保险各项政策及待遇标准,要统筹考虑各地经济发展水平差异、待遇计发基数变化情况,采取过渡办法,逐步实现待遇平衡。在行业费率调整方面,应按照平稳有序的原则,逐步调整到位,避免基金征缴和支付大幅波动,确保工伤保险制度平稳运行。

(二)明确各级责权划分。实行省级统筹,要明确各级在管理上的主体责任,坚持"以支定收,收支平衡"的原则,完善基金预算管理,健全基金征缴责任制和考核指标,建立职、权、责约束机制和基金缺口分担机制。各市(地)要强化基金征缴主体责任,严格执行基金支出范围和标准,根据《工伤保险条例》的规定,加强工伤认定、劳动能力鉴定管理,规范、优化流程,提高工作质量。地方各级财政要切实保证工伤认定调查必要的经费支出。

(三)加强基金管理使用。各省(区、市)要切实加强工伤保险基金管理,按《工伤保险条例》要求建立储备金。实行省级统收统支管理的省份,在处理各市(地)原结余基金时,可根据地方实际,采取不同时期结余基金分别上解、分步实施等方法。实行省级调剂金管理的省份,要结合本地实际确定合理的调剂金上解比例。建立省级调剂金后,各市(地)不再建立储备金和调剂金,原各市(地)自行筹集并建立的储备金、调剂金纳入本地基金结余,如当年出现基金缺口的,应按照动用本地区累计结余、省级调剂金的先后顺序解决。省级调剂金具体使用和管理办法由各省(区、市)制定。各省(区、市)应按照"以支定收、收支平衡"的原则和《工伤保险条例》相关规定及时调整缴费费率。

(四)做好信息系统的整合。各省(区、市)要依托"金保工程"整合现有资源,建立支持省级统筹的社会保险信息系统,提供工伤认定、劳动能力鉴定申报、参保权益信息查询、经办管理等网上服务,支持工伤医疗费即时结算。实现省、市、县三级管理部门信息的纵向互联,与银行、医疗和康复等机构的横向互通,与财政、住建、安监、工会等部门的信息共享,实现工伤保险业务运行、医疗费监控、基金监督、管理决策的信息化。

四、工作要求

(一)高度重视,加强领导。实行省级统筹,关系工伤保险制度的公平可持续发展,是社会保险制度建设的重要内容。各省(区、市)人力资源社会保障厅(局)要切实加强组织领导,根据需要成立由分管厅(局)领导担任组长的领导小组,制定专门工作方案,明确任务要求和进度安排,确保在2020年底全面实现省级统筹。成立领导小组情况及专门工作方案应于10月底前报人力资源社会保障部备案。

(二)周密部署,平稳实施。实施省级统筹,政策性强,涉及面广,各省(区、市)务必作出周密、细致的工作部署,确保实施工作平稳有序。已经实施省级统筹的省(区、市)要以本指导意见下发为契机,主动对标对表,一揽子解决工作中遇到的问题。

(三)加强宣传,引导舆论。实行省级统筹,要在政策风险评估的基础上,同步对宣传和舆论引导工作作出部署安排,加强针对性宣传,为省级统筹的平稳实施营造良好舆论氛围。

4-1-104

人力资源社会保障部关于工伤保险待遇调整和确定机制的指导意见

2017年7月28日　人社部发〔2017〕58号

各省、自治区、直辖市及新疆生产建设兵团人力资源社会保障厅(局):

工伤保险待遇是工伤保险制度的重要内容。随着经济社会发展,职工平均工资与生活费用发生变化,适时调整工伤保险待遇水平,既是工伤保险制度的内在要求,也是促进社会公平、维护社会和谐的职责所在,是各级党委、政府保障和改善民生的具体体现。根据《工伤保险条例》,现就工伤保险待遇调整和确定机制,制定如下指导意见:

一、总体要求

全面贯彻党的十八大和十八届三中、四中、五中、六中全会精神,深入贯彻习近平总书记系列重要讲话精神和治国理政新理念新思想新战略,紧紧围绕统筹推进"五位一体"总体布局和协调推进"四个全面"战略布局,坚持以人民为中心的发展思想,依据社会保险法和《工伤保险条例》,建立工伤保险待遇调整和确定机制,科学合理确定待遇调整水平,提高工伤保险待遇给付的服务与管理水平,推进建立更加公平、更可持续的工伤保险制度,不断增强人民群众的获得感与幸福感。

工伤保险待遇调整和确定要与经济发展水平相适应,综合考虑职工工资增长、居民消费价格指数变化、工伤保险基金支付能力、相关社会保障待遇调整情况等因素,兼顾不同地区待遇差别,按照基金省级统筹要求,适度、稳步提升,实现待遇平衡。原则上每两年至少调整一次。

二、主要内容

（一）伤残津贴的调整。伤残津贴是对因工致残而退出工作岗位的工伤职工工资收入损失的合理补偿。一级至四级伤残津贴调整以上年度省（区、市）一级至四级工伤职工月人均伤残津贴为基数，综合考虑职工平均工资增长和居民消费价格指数变化情况，侧重职工平均工资增长因素，兼顾工伤保险基金支付能力和相关社会保障待遇调整情况，综合进行调节。伤残津贴调整可以采取定额调整和适当倾斜的办法，对伤残程度高、伤残津贴低于平均水平的工伤职工予以适当倾斜。（具体计算公式见附件1）

五级、六级工伤职工的伤残津贴按照《工伤保险条例》的规定执行。

（二）供养亲属抚恤金的调整。供养亲属抚恤金是工亡职工供养亲属基本生活的合理保障。供养亲属抚恤金调整以上年度省（区、市）月人均供养亲属抚恤金为基数，综合考虑职工平均工资增长和居民消费价格指数变化情况，侧重居民消费价格指数变化，兼顾工伤保险基金支付能力和相关社会保障待遇调整情况，综合进行调节。供养亲属抚恤金调整采取定额调整的办法。（具体计算公式见附件2）

（三）生活护理费的调整。生活护理费根据《工伤保险条例》和《劳动能力鉴定职工工伤与职业病致残等级》相关规定进行计发，按照上年度省（区、市）职工平均工资增长比例同步调整。职工平均工资下降时不调整。

（四）住院伙食补助费的确定。省（区、市）可参考当地城镇居民消费支出结构，科学确定工伤职工住院伙食补助费标准。住院伙食补助费原则上不超过上年度省（区、市）城镇居民日人均消费支出额的40%。

（五）其他待遇。一次性伤残补助金、一次性工亡补助金、丧葬补助金按照《工伤保险条例》规定的计发标准计发。工伤医疗费、辅助器具配置费、工伤康复和统筹地区以外就医期间交通、食宿费用等待遇，根据《工伤保险条例》和相关目录、标准据实支付。

一次性伤残就业补助金和一次性工伤医疗补助金，由省（区、市）综合考虑工伤职工伤残程度、伤病类别、年龄等因素制定标准，注重引导和促进工伤职工稳定就业。

三、工作要求

（一）高度重视，加强部署。建立工伤保险待遇调整和确定机制，关系广大工伤职工及工亡职工供养亲属的切身利益。各地要切实加强组织领导，提高认识，扎实推进，从2018年开始，要按照指导意见规定，结合当地实际，做好待遇调整和确定工作，与工伤保险基金省级统筹工作有机结合、紧密配合、同步推进，防止出现衔接问题和政策冲突。

（二）统筹兼顾，加强管理。要统筹考虑工伤保险待遇调整涉及的多种因素，详细论证，周密测算，选好参数和系数，确定科学、合理的调整额，建立科学、有效的调整机制。省（区、市）人力资源社会保障部门要根据《工伤保险条例》和本指导意见制定调整方案，报经省（区、市）人民政府批准后实施。要加强管理，根据《工伤保险条例》规定，统筹做好工伤保险其他待遇的调整、确定和计发，进一步加强待遇支付管理，依规发放和支付，防止跑冒滴漏、恶意骗保，维护基金安全。

（三）正确引导，确保稳定。工伤保险待遇调整直接涉及民生，关乎公平与效率。要加强工伤保险政策宣传，正确引导舆论，争取社会对待遇调整工作的理解与支持，为调整工作营造良好舆论氛围。做好调整方案的风险评估工作，制定应急处置预案，确保待遇调整工作平稳、有序、高效。待遇调整情况请及时报人力资源社会保障部。
　　附件：1. 一级至四级工伤职工伤残津贴调整公式
　　　　　2. 供养亲属抚恤金调整公式

附件1

一级至四级工伤职工伤残津贴调整公式

$$Z_1 = S \times (G \times a + X \times b) \pm C$$
$$a + b = 1, a > b, C \geq 0 。$$

其中：Z_1——一级至四级工伤职工伤残津贴人均调整额。
　　　S——上年度省（区、市）一级至四级工伤职工月人均伤残津贴。
　　　G——上年度省（区、市）职工平均工资增长率。
　　　X——上年度省（区、市）居民消费价格指数。
　　　a——职工平均工资增长率的权重系数。
　　　b——居民消费价格指数的权重系数。
　　　C——省（区、市）工伤保险基金支付能力和相关社会保障待遇调整等因素综合调节额。

当职工平均工资下降时，G = 0；当居民消费价格指数为负时，X = 0。

附件2

供养亲属抚恤金调整公式

$$Z_2 = F \times (G \times a + X \times b) \pm C$$
$$a + b = 1, a < b, C \geq 0 。$$

其中：Z_2——供养亲属抚恤金人均调整额。
　　　F——上年度省（区、市）月人均供养亲属抚恤金。
　　　G——上年度省（区、市）职工平均工资增长率。
　　　X——上年度省（区、市）居民消费价格指数。
　　　a——职工平均工资增长率的权重系数。
　　　b——居民消费价格指数的权重系数。
　　　C——省（区、市）工伤保险基金支付能力和相关社会保障待遇调整等因素综合调节额。

当职工平均工资下降时，G = 0；当居民消费价格指数为负时，X = 0。

4-1-105

人力资源社会保障部　交通运输部　水利部
国家能源局　国家铁路局　中国民用航空局
关于铁路、公路、水运、水利、能源、机场
工程建设项目参加工伤保险工作的通知

2018年1月2日　人社部发〔2018〕3号

各省、自治区、直辖市及新疆生产建设兵团人力资源社会保障厅（局）、交通运输厅（局、委）、水利（水务）厅（局）、能源局、各地区铁路监管局、民航各地区管理局：

　　党中央、国务院高度重视建筑业农民工工伤权益保障问题。2014年12月，经国务院批准，人力资源社会保障部、住房城乡建设部、安全监管总局、全国总工会制定印发了"关于进一步做好建筑业工伤保险工作的意见"（人社部发〔2014〕103号，以下简称《意见》），做出了工伤优先、项目参保、概算提取、一次参保、全员覆盖的制度安排，并明确交通运输、铁路、水利等相关行业参照执行。三年来，在各部门的协力推动以及各地共同努力下，住建领域新开工工程建设项目参保率已达到99.73%，累计4000多万人次建筑业农民工纳入工伤保险保障。部分地区结合实际一并推动交通运输、铁路、水利等相关行业工程建设项目参加工伤保险工作，取得了一定成效，为全面推开创造了条件。为全面贯彻党中央、国务院关于切实保障和改善民生的重大部署，深入落实《意见》要求，加大力度将在各类工程建设项目中流动就业的农民工纳入工伤保险保障，现就铁路、公路、水运、水利、能源、机场（以下简称交通运输等行业）工程建设项目参加工伤保险工作通知如下：

　　一、切实增强做好工作的责任感和紧迫感。《国务院办公厅关于促进建筑业持续健康发展的意见》（国办发〔2017〕19号）再次强调要"建立健全与建筑业相适应的社会保险参保缴费方式，大力推进建筑施工单位参加工伤保险"，明确了做好建筑行业工程建设项目农民工职业伤害保障工作的政策方向和制度安排。各地要在进一步健全住建领域工程建设项目按项目参加工伤保险长效工作机制的同时，进一步增强责任感和紧迫感，按照《意见》要求，全面启动交通运输等行业工程建设项目参加工伤保险工作，结合行业用工特点，做好参保办法、办理流程、保障服务等具体制度安排，确保在各类工地上流动就业的农民工依法享有工伤保险保障。

　　二、推进形成更高水平更高效率的部门协作机制。按项目参加工伤保险工作涉及多部门职责，必须协调联动，合力推进。在推进住建领域工程建设项目参加工伤保险工作中，各地普遍建立的联席会议、联合督查、信息共享、经办对接等部门协作机制，发挥了重要作用，创造积累了行之有效的经验做法。各地要在现有工作基础上，扩大协作范围，丰富协作内容，针对交通运输等行业工程建设项目施工管理、用工管理的特点，设计高效、便捷、管用的管理服务流程和参保约束机制，切实做到"先参保，再开工"。

　　按照"谁审批，谁负责"的原则，各类工程建设项目在办理相关手续、进场施工前，均应

向行业主管部门或监管部门提交施工项目总承包单位或项目标段合同承建单位参加工伤保险的证明,作为保证工程安全施工的具体措施之一。未参加工伤保险的项目和标段,主管部门、监管部门要及时督促整改,即时补办参加工伤保险手续,杜绝"未参保,先开工"甚至"只施工,不参保"现象。各级行业主管部门、监管部门要将施工项目总承包单位或项目标段合同承建单位参加工伤保险情况纳入企业信用考核体系,未参保项目发生事故造成生命财产重大损失的,责成工程责任单位限期整改,必要时可对总承包单位或标段合同承建单位启动问责程序。

三、依法合理确定缴费比例。建筑施工企业相对固定的职工,应按用人单位参加工伤保险。不能按用人单位参加工伤保险的职工特别是短期雇佣的农民工,应按项目优先参加工伤保险,一般应由施工项目总承包单位或项目标段合同承建单位按照劳动雇佣关系一次性代缴本项目工伤保险费,覆盖项目使用的所有职工,包括专业承包单位、劳务分包单位使用的农民工。各类工程建设项目可以项目或标段为单位,按照项目或标段的建筑安装工程费(或工程合同价)的一定比例参保缴费。对人工成本占比较低的工程建设项目,可按照人工成本乘以工伤保险行业基准费率的方式计算工伤保险费。对于难以确定直接人工成本的工程建设项目,可参照本地区社会平均工资确定缴费基数。各统筹地区要按照"以支定收、收支平衡"原则,根据当地工伤保险基金的运行情况,科学合理确定费率。同时,注重发挥浮动费率作用,低保费起步,逐步实现收支平衡。

四、进一步加强督查和定期通报工作。从2017年起,人力资源社会保障部已将新开工项目参保率纳入人力资源社会保障事业发展指标体系,定期分省通报调度。各地人力资源社会保障部门要以此为契机,会同有关部门进一步强化督查措施,提高数据的可靠性和可应用性。要在全面启动交通运输等行业工程建设项目参加工伤保险工作的同时,将同口径数据纳入通报调度安排,并作为督查重点。各地人力资源社会保障部门要在门户网站上定期通报当地工程建设项目参保率情况,并加强与住房城乡建设、交通运输、水利、能源、铁路和民航部门的数据共享。

五、着力提高经办服务质量和管理水平。按项目参加工伤保险是适应流动用工特点做出的政策创新。各地人力资源社会保障部门要为参保工程建设项目及标段和工伤职工提供更加优质便捷的人性化服务,积极探索优化适合按项目参加工伤保险的登记、缴费、认定、劳动能力鉴定、待遇支付等服务流程,开辟绿色通道、专门窗口等,提供一站式服务。要最大限度缩短参加工伤保险工作流程、简化手续,力争实现施工企业办理参保缴费备案当日办结,避免因办理项目参加工伤保险而影响工程开工进度。施工项目总承包单位或项目标段合同承建单位应当在工程项目施工期内督促专业承包单位、劳务分包单位建立职工花名册、考勤记录、工资发放表等台账,对项目施工期内全部施工人员实行动态实名制管理。施工人员发生工伤后,以劳动合同为基础确认劳动关系,对未签订劳动合同的,由人力资源社会保障部门参照工资支付凭证或记录、工作证、招工登记表、考勤记录及其他劳动者证言等证据,确认事实劳动关系。对在工地内发生、事实清楚、当事双方无争议的工伤案件实行"快认快结",一般应当在10日内作出工伤认定的决定。对在参保工程建设项目施工期间发生工伤,项目竣工时尚未完成工伤认定或劳动能力鉴定的,建筑施工企业要保证工伤职工医疗救治和停工留薪期间的法定待遇,在完成工伤认定及劳动能力鉴定后工伤职工依法享受各项工伤保险待遇。

各地人力资源社会保障部门要会同各部门按照《工伤预防费使用管理暂行办法》(人社部规〔2017〕13号),指导建筑施工企业积极开展工伤预防宣传和培训工作,要建立建全政府部门、行业协会、施工企业等多层次的培训体系,不断提升职工特别是农民工的工伤保险意识,控制和减少工伤发生。对积极开展工伤预防,有效减少工伤发生的项目承包单位,符合条件的,要优先落实浮动费率政策。

各地人力资源社会保障、交通运输、水利、能源、铁路、民航等部门要依据国家法律法规和本通知要求,结合本地实际制定具体实施方案,合力做好工程建设领域职工特别是农民工工伤保险权益保障工作。

4-1-106

人力资源社会保障部 国家卫生健康委关于做好尘肺病重点行业工伤保险有关工作的通知

2019年12月2日　人社部发〔2019〕125号

各省、自治区、直辖市及新疆生产建设兵团人力资源社会保障厅(局)、卫生健康委:

为切实做好尘肺病重点行业和企业职工工伤保险权益保障工作,预防和减少尘肺病重点行业和企业职业伤害事故的发生,加强尘肺病工伤职工职业健康保护工作,按照国务院第46次常务会议精神,现就做好尘肺病重点行业工伤保险有关工作通知如下:

一、高度重视尘肺病工伤职工权益保障工作

党中央、国务院高度重视尘肺病患者特别是尘肺病农民工的权益保障工作。各地要以习近平新时代中国特色社会主义思想为指导,深入贯彻党的十九大以及十九届二中、三中、四中全会精神,坚持以人民为中心的发展思想,将大力推进尘肺病重点行业和企业参加工伤保险,依法落实已参保尘肺病工伤职工的工伤保险待遇作为重要任务抓好抓实。要按照预防为主、防治结合的方针,有效加强职业性尘肺病预防控制,切实保障劳动者职业健康权益。

二、开展尘肺病重点行业工伤保险扩面专项行动

自2020年开始,依据卫生健康系统粉尘危害基础数据库信息,在煤矿、非煤矿山、冶金、建材等尘肺病重点行业,开展为期三年的工伤保险扩面专项行动,原则上做到应保尽保。各地卫生健康部门要及时向人力资源社会保障部门提供粉尘危害基础数据库信息,特别是尘肺病重点行业的企业数、企业名称、地址、经营范围、法人代表、职工人数、职工个人身份信息及其工作岗位等信息的更新情况。各地人力资源社会保障部门要根据卫生健康部门粉尘危害基础数据库信息数据情况,有针对性地制定扩面专项行动工作计划,加大扩面工作实施力度,将尘肺病重点行业职工依法纳入工伤保险保障范围。

三、开展尘肺病重点行业工伤预防专项行动

自 2020 年开始,在煤矿、非煤矿山、冶金、建材等尘肺病重点行业开展为期三年的工伤预防专项行动,有效降低工伤发生率。各地人力资源社会保障部门要积极会同卫生健康等部门,按照人力资源社会保障部等四部门印发的《工伤预防费使用管理暂行办法》(人社部规〔2017〕13 号)的规定和程序要求,结合本地区尘肺病重点行业分布的实际情况,将相关尘肺病重点行业列入本地区的年度工伤预防重点领域,合理确定本地区涉及尘肺病重点企业工伤预防项目,并切实做好项目的组织实施、绩效评估和验收等工作。粉尘危害高发企业要依法承担起尘肺病预防的主体责任,切实做好粉尘危害预防控制、组织劳动者进行职业健康检查以及尘肺病预防宣传和培训等工作。

四、进一步提升尘肺病工伤职工待遇保障能力和水平

各地要全面落实职业病防治法和《工伤保险条例》等法律法规的规定,做好职业性尘肺病人诊断和相关待遇保障工作。职业病诊断机构应严格依据相关法律法规和规章规定,对符合职业性尘肺病相关诊断标准的,及时作出职业性尘肺病诊断。对已诊断且明确参加了工伤保险的职业性尘肺病工伤职工,社会保险经办机构要按规定及时支付工伤保险待遇。要加强尘肺病工伤职工的医疗救治工作,切实将工伤保险药品目录中尘肺病用药充分用于尘肺病工伤职工的治疗,及时将符合工伤医疗诊疗规范的尘肺病治疗技术和手段纳入工伤保险基金支付范围。要加强对尘肺病工伤职工的管理服务工作,为尘肺病工伤职工依法申请工伤保险待遇提供方便快捷的支持。要认真落实好工伤保险待遇定期调整的工作机制,切实做好尘肺病工伤职工权益保障工作。

五、加强组织领导确保各项工作任务落实

各地人力资源社会保障、卫生健康等部门要切实加强组织领导、密切协调配合,在国家职业病防治工作机制的统一指导下,通过建立长效沟通机制、细化任务分工、实现信息共享等措施,将各项工作任务抓细抓实。各地特别是尘肺病重点行业相对集中的地区,要围绕做好尘肺病重点行业和企业工伤保险工作制定工作方案,加强统一调度、定期督导检查、建立信息通报等制度,确保相关工作任务在规定时限内取得实效。人力资源社会保障部、国家卫生健康委将定期对各地工作推进落实情况进行调度,并对各地工作进展情况和成效进行总结评估和交流。

各地工作中遇到的重大问题,请及时报告人力资源社会保障部、国家卫生健康委。

失业保险费

4-1-107

中华人民共和国就业促进法

2007年8月30日第十届全国人民代表大会常务委员会第二十九次会议通过 同日中华人民共和国主席令第70号公布 2015年4月24日第十二届全国人民代表大会常务委员会第十四次会议修正 同日中华人民共和国主席令第24号公布

目 录

第一章 总则
第二章 政策支持
第三章 公平就业
第四章 就业服务和管理
第五章 职业教育和培训
第六章 就业援助
第七章 监督检查
第八章 法律责任
第九章 附则

第一章 总 则

第一条 为了促进就业,促进经济发展与扩大就业相协调,促进社会和谐稳定,制定本法。

第二条 国家把扩大就业放在经济社会发展的突出位置,实施积极的就业政策,坚持劳动者自主择业、市场调节就业、政府促进就业的方针,多渠道扩大就业。

第三条 劳动者依法享有平等就业和自主择业的权利。

劳动者就业,不因民族、种族、性别、宗教信仰等不同而受歧视。

第四条 县级以上人民政府把扩大就业作为经济和社会发展的重要目标,纳入国民经济和社会发展规划,并制定促进就业的中长期规划和年度工作计划。

第五条 县级以上人民政府通过发展经济和调整产业结构、规范人力资源市场、完善就业服务、加强职业教育和培训、提供就业援助等措施,创造就业条件,扩大就业。

第六条　国务院建立全国促进就业工作协调机制,研究就业工作中的重大问题,协调推动全国的促进就业工作。国务院劳动行政部门具体负责全国的促进就业工作。

省、自治区、直辖市人民政府根据促进就业工作的需要,建立促进就业工作协调机制,协调解决本行政区域就业工作中的重大问题。

县级以上人民政府有关部门按照各自的职责分工,共同做好促进就业工作。

第七条　国家倡导劳动者树立正确的择业观念,提高就业能力和创业能力;鼓励劳动者自主创业、自谋职业。

各级人民政府和有关部门应当简化程序,提高效率,为劳动者自主创业、自谋职业提供便利。

第八条　用人单位依法享有自主用人的权利。

用人单位应当依照本法以及其他法律、法规的规定,保障劳动者的合法权益。

第九条　工会、共产主义青年团、妇女联合会、残疾人联合会以及其他社会组织,协助人民政府开展促进就业工作,依法维护劳动者的劳动权利。

第十条　各级人民政府和有关部门对在促进就业工作中作出显著成绩的单位和个人,给予表彰和奖励。

第二章　政策支持

第十一条　县级以上人民政府应当把扩大就业作为重要职责,统筹协调产业政策与就业政策。

第十二条　国家鼓励各类企业在法律、法规规定的范围内,通过兴办产业或者拓展经营,增加就业岗位。

国家鼓励发展劳动密集型产业、服务业,扶持中小企业,多渠道、多方式增加就业岗位。

国家鼓励、支持、引导非公有制经济发展,扩大就业,增加就业岗位。

第十三条　国家发展国内外贸易和国际经济合作,拓宽就业渠道。

第十四条　县级以上人民政府在安排政府投资和确定重大建设项目时,应当发挥投资和重大建设项目带动就业的作用,增加就业岗位。

第十五条　国家实行有利于促进就业的财政政策,加大资金投入,改善就业环境,扩大就业。

县级以上人民政府应当根据就业状况和就业工作目标,在财政预算中安排就业专项资金用于促进就业工作。

就业专项资金用于职业介绍、职业培训、公益性岗位、职业技能鉴定、特定就业政策和社会保险等的补贴,小额贷款担保基金和微利项目的小额担保贷款贴息,以及扶持公共就业服务等。就业专项资金的使用管理办法由国务院财政部门和劳动行政部门规定。

第十六条　国家建立健全失业保险制度,依法确保失业人员的基本生活,并促进其实现就业。

第十七条　国家鼓励企业增加就业岗位,扶持失业人员和残疾人就业,对下列企业、人员依法给予税收优惠:

(一)吸纳符合国家规定条件的失业人员达到规定要求的企业;

(二)失业人员创办的中小企业；
(三)安置残疾人员达到规定比例或者集中使用残疾人的企业；
(四)从事个体经营的符合国家规定条件的失业人员；
(五)从事个体经营的残疾人；
(六)国务院规定给予税收优惠的其他企业、人员。

第十八条 对本法第十七条第四项、第五项规定的人员,有关部门应当在经营场地等方面给予照顾,免除行政事业性收费。

第十九条 国家实行有利于促进就业的金融政策,增加中小企业的融资渠道;鼓励金融机构改进金融服务,加大对中小企业的信贷支持,并对自主创业人员在一定期限内给予小额信贷等扶持。

第二十条 国家实行城乡统筹的就业政策,建立健全城乡劳动者平等就业的制度,引导农业富余劳动力有序转移就业。

县级以上地方人民政府推进小城镇建设和加快县域经济发展,引导农业富余劳动力就地就近转移就业;在制定小城镇规划时,将本地区农业富余劳动力转移就业作为重要内容。

县级以上地方人民政府引导农业富余劳动力有序向城市异地转移就业;劳动力输出地和输入地人民政府应当互相配合,改善农村劳动者进城就业的环境和条件。

第二十一条 国家支持区域经济发展,鼓励区域协作,统筹协调不同地区就业的均衡增长。

国家支持民族地区发展经济,扩大就业。

第二十二条 各级人民政府统筹做好城镇新增劳动力就业、农业富余劳动力转移就业和失业人员就业工作。

第二十三条 各级人民政府采取措施,逐步完善和实施与非全日制用工等灵活就业相适应的劳动和社会保险政策,为灵活就业人员提供帮助和服务。

第二十四条 地方各级人民政府和有关部门应当加强对失业人员从事个体经营的指导,提供政策咨询、就业培训和开业指导等服务。

第三章 公平就业

第二十五条 各级人民政府创造公平就业的环境,消除就业歧视,制定政策并采取措施对就业困难人员给予扶持和援助。

第二十六条 用人单位招用人员、职业中介机构从事职业中介活动,应当向劳动者提供平等的就业机会和公平的就业条件,不得实施就业歧视。

第二十七条 国家保障妇女享有与男子平等的劳动权利。

用人单位招用人员,除国家规定的不适合妇女的工种或者岗位外,不得以性别为由拒绝录用妇女或者提高对妇女的录用标准。

用人单位录用女职工,不得在劳动合同中规定限制女职工结婚、生育的内容。

第二十八条 各民族劳动者享有平等的劳动权利。

用人单位招用人员,应当依法对少数民族劳动者给予适当照顾。

第二十九条 国家保障残疾人的劳动权利。

各级人民政府应当对残疾人就业统筹规划,为残疾人创造就业条件。

用人单位招用人员,不得歧视残疾人。

第三十条 用人单位招用人员,不得以是传染病病原携带者为由拒绝录用。但是,经医学鉴定传染病病原携带者在治愈前或者排除传染嫌疑前,不得从事法律、行政法规和国务院卫生行政部门规定禁止从事的易使传染病扩散的工作。

第三十一条 农村劳动者进城就业享有与城镇劳动者平等的劳动权利,不得对农村劳动者进城就业设置歧视性限制。

第四章 就业服务和管理

第三十二条 县级以上人民政府培育和完善统一开放、竞争有序的人力资源市场,为劳动者就业提供服务。

第三十三条 县级以上人民政府鼓励社会各方面依法开展就业服务活动,加强对公共就业服务和职业中介服务的指导和监督,逐步完善覆盖城乡的就业服务体系。

第三十四条 县级以上人民政府加强人力资源市场信息网络及相关设施建设,建立健全人力资源市场信息服务体系,完善市场信息发布制度。

第三十五条 县级以上人民政府建立健全公共就业服务体系,设立公共就业服务机构,为劳动者免费提供下列服务:

(一)就业政策法规咨询;

(二)职业供求信息、市场工资指导价位信息和职业培训信息发布;

(三)职业指导和职业介绍;

(四)对就业困难人员实施就业援助;

(五)办理就业登记、失业登记等事务;

(六)其他公共就业服务。

公共就业服务机构应当不断提高服务的质量和效率,不得从事经营性活动。

公共就业服务经费纳入同级财政预算。

第三十六条 县级以上地方人民政府对职业中介机构提供公益性就业服务的,按照规定给予补贴。

国家鼓励社会各界为公益性就业服务提供捐赠、资助。

第三十七条 地方各级人民政府和有关部门不得举办或者与他人联合举办经营性的职业中介机构。

地方各级人民政府和有关部门、公共就业服务机构举办的招聘会,不得向劳动者收取费用。

第三十八条 县级以上人民政府和有关部门加强对职业中介机构的管理,鼓励其提高服务质量,发挥其在促进就业中的作用。

第三十九条 从事职业中介活动,应当遵循合法、诚实信用、公平、公开的原则。

用人单位通过职业中介机构招用人员,应当如实向职业中介机构提供岗位需求信息。

禁止任何组织或者个人利用职业中介活动侵害劳动者的合法权益。

第四十条 设立职业中介机构应当具备下列条件:

（一）有明确的章程和管理制度；
（二）有开展业务必备的固定场所、办公设施和一定数额的开办资金；
（三）有一定数量具备相应职业资格的专职工作人员；
（四）法律、法规规定的其他条件。

设立职业中介机构应当在工商行政管理部门办理登记后，向劳动行政部门申请行政许可。

未经依法许可和登记的机构，不得从事职业中介活动。

国家对外商投资职业中介机构和向劳动者提供境外就业服务的职业中介机构另有规定的，依照其规定。

第四十一条 职业中介机构不得有下列行为：
（一）提供虚假就业信息；
（二）为无合法证照的用人单位提供职业中介服务；
（三）伪造、涂改、转让职业中介许可证；
（四）扣押劳动者的居民身份证和其他证件，或者向劳动者收取押金；
（五）其他违反法律、法规规定的行为。

第四十二条 县级以上人民政府建立失业预警制度，对可能出现的较大规模的失业，实施预防、调节和控制。

第四十三条 国家建立劳动力调查统计制度和就业登记、失业登记制度，开展劳动力资源和就业、失业状况调查统计，并公布调查统计结果。

统计部门和劳动行政部门进行劳动力调查统计和就业、失业登记时，用人单位和个人应当如实提供调查统计和登记所需要的情况。

第五章 职业教育和培训

第四十四条 国家依法发展职业教育，鼓励开展职业培训，促进劳动者提高职业技能，增强就业能力和创业能力。

第四十五条 县级以上人民政府根据经济社会发展和市场需求，制定并实施职业能力开发计划。

第四十六条 县级以上人民政府加强统筹协调，鼓励和支持各类职业院校、职业技能培训机构和用人单位依法开展就业前培训、在职培训、再就业培训和创业培训；鼓励劳动者参加各种形式的培训。

第四十七条 县级以上地方人民政府和有关部门根据市场需求和产业发展方向，鼓励、指导企业加强职业教育和培训。

职业院校、职业技能培训机构与企业应当密切联系，实行产教结合，为经济建设服务，培养实用人才和熟练劳动者。

企业应当按照国家有关规定提取职工教育经费，对劳动者进行职业技能培训和继续教育培训。

第四十八条 国家采取措施建立健全劳动预备制度，县级以上地方人民政府对有就业要求的初高中毕业生实行一定期限的职业教育和培训，使其取得相应的职业资格或者掌握一定的职业技能。

第四十九条 地方各级人民政府鼓励和支持开展就业培训,帮助失业人员提高职业技能,增强其就业能力和创业能力。失业人员参加就业培训的,按照有关规定享受政府培训补贴。

第五十条 地方各级人民政府采取有效措施,组织和引导进城就业的农村劳动者参加技能培训,鼓励各类培训机构为进城就业的农村劳动者提供技能培训,增强其就业能力和创业能力。

第五十一条 国家对从事涉及公共安全、人身健康、生命财产安全等特殊工种的劳动者,实行职业资格证书制度,具体办法由国务院规定。

第六章 就业援助

第五十二条 各级人民政府建立健全就业援助制度,采取税费减免、贷款贴息、社会保险补贴、岗位补贴等办法,通过公益性岗位安置等途径,对就业困难人员实行优先扶持和重点帮助。

就业困难人员是指因身体状况、技能水平、家庭因素、失去土地等原因难以实现就业,以及连续失业一定时间仍未能实现就业的人员。就业困难人员的具体范围,由省、自治区、直辖市人民政府根据本行政区域的实际情况规定。

第五十三条 政府投资开发的公益性岗位,应当优先安排符合岗位要求的就业困难人员。被安排在公益性岗位工作的,按照国家规定给予岗位补贴。

第五十四条 地方各级人民政府加强基层就业援助服务工作,对就业困难人员实施重点帮助,提供有针对性的就业服务和公益性岗位援助。

地方各级人民政府鼓励和支持社会各方面为就业困难人员提供技能培训、岗位信息等服务。

第五十五条 各级人民政府采取特别扶助措施,促进残疾人就业。

用人单位应当按照国家规定安排残疾人就业,具体办法由国务院规定。

第五十六条 县级以上地方人民政府采取多种就业形式,拓宽公益性岗位范围,开发就业岗位,确保城市有就业需求的家庭至少有一人实现就业。

法定劳动年龄内的家庭人员均处于失业状况的城市居民家庭,可以向住所地街道、社区公共就业服务机构申请就业援助。街道、社区公共就业服务机构经确认属实的,应当为该家庭中至少一人提供适当的就业岗位。

第五十七条 国家鼓励资源开采型城市和独立工矿区发展与市场需求相适应的产业,引导劳动者转移就业。

对因资源枯竭或者经济结构调整等原因造成就业困难人员集中的地区,上级人民政府应当给予必要的扶持和帮助。

第七章 监督检查

第五十八条 各级人民政府和有关部门应当建立促进就业的目标责任制度。县级以上人民政府按照促进就业目标责任制的要求,对所属的有关部门和下一级人民政府进行考核和监督。

第五十九条　审计机关、财政部门应当依法对就业专项资金的管理和使用情况进行监督检查。

第六十条　劳动行政部门应当对本法实施情况进行监督检查,建立举报制度,受理对违反本法行为的举报,并及时予以核实、处理。

第八章　法律责任

第六十一条　违反本法规定,劳动行政等有关部门及其工作人员滥用职权、玩忽职守、徇私舞弊的,对直接负责的主管人员和其他直接责任人员依法给予处分。

第六十二条　违反本法规定,实施就业歧视的,劳动者可以向人民法院提起诉讼。

第六十三条　违反本法规定,地方各级人民政府和有关部门、公共就业服务机构举办经营性的职业中介机构,从事经营性职业中介活动,向劳动者收取费用的,由上级主管机关责令限期改正,将违法收取的费用退还劳动者,并对直接负责的主管人员和其他直接责任人员依法给予处分。

第六十四条　违反本法规定,未经许可和登记,擅自从事职业中介活动的,由劳动行政部门或者其他主管部门依法予以关闭;有违法所得的,没收违法所得,并处一万元以上五万元以下的罚款。

第六十五条　违反本法规定,职业中介机构提供虚假就业信息,为无合法证照的用人单位提供职业中介服务,伪造、涂改、转让职业中介许可证的,由劳动行政部门或者其他主管部门责令改正;有违法所得的,没收违法所得,并处一万元以上五万元以下的罚款;情节严重的,吊销职业中介许可证。

第六十六条　违反本法规定,职业中介机构扣押劳动者居民身份证等证件的,由劳动行政部门责令限期退还劳动者,并依照有关法律规定给予处罚。

违反本法规定,职业中介机构向劳动者收取押金的,由劳动行政部门责令限期退还劳动者,并以每人五百元以上二千元以下的标准处以罚款。

第六十七条　违反本法规定,企业未按照国家规定提取职工教育经费,或者挪用职工教育经费的,由劳动行政部门责令改正,并依法给予处罚。

第六十八条　违反本法规定,侵害劳动者合法权益,造成财产损失或者其他损害的,依法承担民事责任;构成犯罪的,依法追究刑事责任。

第九章　附　　则

第六十九条　本法自 2008 年 1 月 1 日起施行。

4-1-108

失业保险条例

1998年12月26日国务院第11次常务会议通过
1999年1月22日中华人民共和国国务院令第258号发布

第一章 总 则

第一条 为了保障失业人员失业期间的基本生活,促进其再就业,制定本条例。

第二条 城镇企业事业单位、城镇企业事业单位职工依照本条例的规定,缴纳失业保险费。

城镇企业事业单位失业人员依照本条例的规定,享受失业保险待遇。

本条所称城镇企业,是指国有企业、城镇集体企业、外商投资企业、城镇私营企业以及其他城镇企业。

第三条 国务院劳动保障行政部门主管全国的失业保险工作。县级以上地方各级人民政府劳动保障行政部门主管本行政区域内的失业保险工作。劳动保障行政部门按照国务院规定设立的经办失业保险业务的社会保险经办机构依照本条例的规定,具体承办失业保险工作。

第四条 失业保险费按照国家有关规定征缴。

第二章 失业保险基金

第五条 失业保险基金由下列各项构成:

(一)城镇企业事业单位、城镇企业事业单位职工缴纳的失业保险费;

(二)失业保险基金的利息;

(三)财政补贴;

(四)依法纳入失业保险基金的其他资金。

第六条 城镇企业事业单位按照本单位工资总额的2%缴纳失业保险费。城镇企业事业单位职工按照本人工资的1%缴纳失业保险费。城镇企业事业单位招用的农民合同制工人本人不缴纳失业保险费。

第七条 失业保险基金在直辖市和设区的市实行全市统筹;其他地区的统筹层次由省、自治区人民政府规定。

第八条 省、自治区可以建立失业保险调剂金。

失业保险调剂金以统筹地区依法应当征收的失业保险费为基数,按照省、自治区人民政府规定的比例筹集。

统筹地区的失业保险基金不敷使用时,由失业保险调剂金调剂、地方财政补贴。

失业保险调剂金的筹集、调剂使用以及地方财政补贴的具体办法,由省、自治区人民政府规定。

第九条 省、自治区、直辖市人民政府根据本行政区域失业人员数量和失业保险基金数额,报经国务院批准,可以适当调整本行政区域失业保险费的费率。

第十条 失业保险基金用于下列支出:

(一)失业保险金;

(二)领取失业保险金期间的医疗补助金;

(三)领取失业保险金期间死亡的失业人员的丧葬补助金和其供养的配偶、直系亲属的抚恤金;

(四)领取失业保险金期间接受职业培训、职业介绍的补贴,补贴的办法和标准由省、自治区、直辖市人民政府规定;

(五)国务院规定或者批准的与失业保险有关的其他费用。

第十一条 失业保险基金必须存入财政部门在国有商业银行开设的社会保障基金财政专户,实行收支两条线管理,由财政部门依法进行监督。

存入银行和按照国家规定购买国债的失业保险基金,分别按照城乡居民同期存款利率和国债利息计息。失业保险基金的利息并入失业保险基金。

失业保险基金专款专用,不得挪作他用,不得用于平衡财政收支。

第十二条 失业保险基金收支的预算、决算,由统筹地区社会保险经办机构编制,经同级劳动保障行政部门复核、同级财政部门审核,报同级人民政府审批。

第十三条 失业保险基金的财务制度和会计制度按照国家有关规定执行。

第三章 失业保险待遇

第十四条 具备下列条件的失业人员,可以领取失业保险金:

(一)按照规定参加失业保险,所在单位和本人已按照规定履行缴费义务满 1 年的;

(二)非因本人意愿中断就业的;

(三)已办理失业登记,并有求职要求的。

失业人员在领取失业保险金期间,按照规定同时享受其他失业保险待遇。

第十五条 失业人员在领取失业保险金期间有下列情形之一的,停止领取失业保险金,并同时停止享受其他失业保险待遇:

(一)重新就业的;

(二)应征服兵役的;

(三)移居境外的;

(四)享受基本养老保险待遇的;

(五)被判刑收监执行或者被劳动教养的;

(六)无正当理由,拒不接受当地人民政府指定的部门或者机构介绍的工作的;

(七)有法律、行政法规规定的其他情形的。

第十六条 城镇企业事业单位应当及时为失业人员出具终止或者解除劳动关系的证明,告知其按照规定享受失业保险待遇的权利,并将失业人员的名单自终止或者解除劳动关系之日起 7 日内报社会保险经办机构备案。

城镇企业事业单位职工失业后,应当持本单位为其出具的终止或者解除劳动关系的证明,及时到指定的社会保险经办机构办理失业登记。失业保险金自办理失业登记之日起计算。

失业保险金由社会保险经办机构按月发放。社会保险经办机构为失业人员开具领取失业保险金的单证,失业人员凭单证到指定银行领取失业保险金。

第十七条 失业人员失业前所在单位和本人按照规定累计缴费时间满 1 年不足 5 年的,领取失业保险金的期限最长为 12 个月;累计缴费时间满 5 年不足 10 年的,领取失业保险金的期限最长为 18 个月;累计缴费时间 10 年以上的,领取失业保险金的期限最长为 24 个月。重新就业后,再次失业的,缴费时间重新计算,领取失业保险金的期限可以与前次失业应领取而尚未领取的失业保险金的期限合并计算,但是最长不得超过 24 个月。

第十八条 失业保险金的标准,按照低于当地最低工资标准、高于城市居民最低生活保障标准的水平,由省、自治区、直辖市人民政府确定。

第十九条 失业人员在领取失业保险金期间患病就医的,可以按照规定向社会保险经办机构申请领取医疗补助金。医疗补助金的标准由省、自治区、直辖市人民政府规定。

第二十条 失业人员在领取失业保险金期间死亡的,参照当地对在职职工的规定,对其家属一次性发给丧葬补助金和抚恤金。

第二十一条 单位招用的农民合同制工人连续工作满 1 年,本单位并已缴纳失业保险费,劳动合同期满未续订或者提前解除劳动合同的,由社会保险经办机构根据其工作时间长短,对其支付一次性生活补助。补助的办法和标准由省、自治区、直辖市人民政府规定。

第二十二条 城镇企业事业单位成建制跨统筹地区转移,失业人员跨统筹地区流动的,失业保险关系随之转迁。

第二十三条 失业人员符合城市居民最低生活保障条件的,按照规定享受城市居民最低生活保障待遇。

第四章　管理和监督

第二十四条 劳动保障行政部门管理失业保险工作,履行下列职责:
(一)贯彻实施失业保险法律、法规;
(二)指导社会保险经办机构的工作;
(三)对失业保险费的征收和失业保险待遇的支付进行监督检查。

第二十五条 社会保险经办机构具体承办失业保险工作,履行下列职责:
(一)负责失业人员的登记、调查、统计;
(二)按照规定负责失业保险基金的管理;
(三)按照规定核定失业保险待遇,开具失业人员在指定银行领取失业保险金和其他补助金的单证;
(四)拨付失业人员职业培训、职业介绍补贴费用;
(五)为失业人员提供免费咨询服务;
(六)国家规定由其履行的其他职责。

第二十六条 财政部门和审计部门依法对失业保险基金的收支、管理情况进行监督。

第二十七条 社会保险经办机构所需经费列入预算,由财政拨付。

第五章 罚 则

第二十八条 不符合享受失业保险待遇条件,骗取失业保险金和其他失业保险待遇的,由社会保险经办机构责令退还;情节严重的,由劳动保障行政部门处骗取金额1倍以上3倍以下的罚款。

第二十九条 社会保险经办机构工作人员违反规定向失业人员开具领取失业保险金或者享受其他失业保险待遇单证,致使失业保险基金损失的,由劳动保障行政部门责令追回;情节严重的,依法给予行政处分。

第三十条 劳动保障行政部门和社会保险经办机构的工作人员滥用职权、徇私舞弊、玩忽职守,造成失业保险基金损失的,由劳动保障行政部门追回损失的失业保险基金;构成犯罪的,依法追究刑事责任;尚不构成犯罪的,依法给予行政处分。

第三十一条 任何单位、个人挪用失业保险基金的,追回挪用的失业保险基金;有违法所得的,没收违法所得,并入失业保险基金;构成犯罪的,依法追究刑事责任;尚不构成犯罪的,对直接负责的主管人员和其他直接责任人员依法给予行政处分。

第六章 附 则

第三十二条 省、自治区、直辖市人民政府根据当地实际情况,可以决定本条例适用于本行政区域内的社会团体及其专职人员、民办非企业单位及其职工、有雇工的城镇个体工商户及其雇工。

第三十三条 本条例自发布之日起施行。1993年4月12日国务院发布的《国有企业职工待业保险规定》同时废止。

4-1-109

国务院关于做好当前和今后一个时期促进就业工作的若干意见

2018年11月16日 国发[2018]39号

各省、自治区、直辖市人民政府,国务院各部委、各直属机构:

就业是最大的民生,也是经济发展的重中之重。当前,我国就业局势保持总体稳定,但经济运行稳中有变,经济下行压力有所加大,对就业的影响应高度重视。必须把稳就业放在更加突出位置,深入贯彻习近平新时代中国特色社会主义思想和党的十九大精神,全面落实党中央、国务院关于稳就业工作的决策部署,坚持实施就业优先战略和更加积极的就业政策,支持企业稳定岗位,促进就业创业,强化培训服务,确保当前和今后一个时期就业目标任务完成和就业局势持续稳定。为此,提出以下意见:

一、支持企业稳定发展

(一)加大稳岗支持力度。对不裁员或少裁员的参保企业,可返还其上年度实际缴纳失业保险费的50%。2019年1月1日至12月31日,对面临暂时性生产经营困难且恢复有望、坚持不裁员或少裁员的参保企业,返还标准可按6个月的当地月人均失业保险金和参保职工人数确定,或按6个月的企业及其职工应缴纳社会保险费50%的标准确定。上述资金由失业保险基金列支。(人力资源社会保障部、财政部负责。列第一位者为牵头单位,下同)

(二)发挥政府性融资担保机构作用支持小微企业。充分发挥国家融资担保基金作用,引导更多金融资源支持创业就业。各地政府性融资担保基金应优先为符合条件的小微企业提供低费率的担保支持,提高小微企业贷款可获得性。(财政部、工业和信息化部、人民银行、银保监会负责)

二、鼓励支持就业创业

(三)加大创业担保贷款贴息及奖补政策支持力度。符合创业担保贷款申请条件的人员自主创业的,可申请最高不超过15万元的创业担保贷款。小微企业当年新招用符合创业担保贷款申请条件的人员数量达到企业现有在职职工人数25%(超过100人的企业达到15%)并与其签订1年以上劳动合同的,可申请最高不超过300万元的创业担保贷款。各地可因地制宜适当放宽创业担保贷款申请条件,由此产生的贴息资金由地方财政承担。推动奖补政策落到实处,按各地当年新发放创业担保贷款总额的一定比例,奖励创业担保贷款基金运营管理机构等单位,引导其进一步提高服务创业就业的积极性。(财政部、人力资源社会保障部、人民银行、银保监会负责)

(四)支持创业载体建设。鼓励各地加快建设重点群体创业孵化载体,为创业者提供低成本场地支持、指导服务和政策扶持,根据入驻实体数量、孵化效果和带动就业成效,对创业孵化基地给予一定奖补。支持稳定就业压力较大地区为失业人员自主创业免费提供经营场地。(人力资源社会保障部、科技部、财政部、住房城乡建设部、市场监管总局,各省级人民政府按职责分工负责)

(五)扩大就业见习补贴范围。从2019年1月1日起,实施三年百万青年见习计划;将就业见习补贴范围由离校未就业高校毕业生扩展至16—24岁失业青年;组织失业青年参加3—12个月的就业见习,按规定给予就业见习补贴,并适当提高补贴标准。(人力资源社会保障部等有关部门和单位负责)

三、积极实施培训

(六)支持困难企业开展职工在岗培训。2019年1月1日至12月31日,困难企业可组织开展职工在岗培训,所需经费按规定从企业职工教育经费中列支,不足部分经所在地人力资源社会保障部门审核评估合格后,可由就业补助资金予以适当支持。(人力资源社会保障部、财政部负责)

(七)开展失业人员培训。支持各类职业院校(含技工院校)、普通高等学校、职业培训机构和符合条件的企业承担失业人员职业技能培训或创业培训。对培训合格的失业人员给予职业培训补贴,补贴标准根据培训成本、培训时长、市场需求和取得相关证书情况等确定;2019年1月1日至2020年12月31日,对其中就业困难人员和零就业家庭成员在培训期间再给予生活费补贴。生活费补贴政策每人每年只享受一次,且不可同时领取失业保险金。(人力资源社会保障部、财政部、教育部等有关部门和单位负责)

（八）放宽技术技能提升补贴申领条件。2019年1月1日至2020年12月31日，将技术技能提升补贴申领条件由企业在职职工参加失业保险3年以上放宽至参保1年以上。参保职工取得职业资格证书或职业技能等级证书的，可在参保地申请技术技能提升补贴。所需资金由失业保险基金列支。（人力资源社会保障部、财政部负责）

四、及时开展下岗失业人员帮扶

（九）实行失业登记常住地服务。失业人员可在常住地公共就业服务机构办理失业登记，申请享受当地就业创业服务、就业扶持政策、重点群体创业就业税收优惠政策。其中，大龄、残疾、低保家庭等劳动者可在常住地申请认定为就业困难人员，享受就业援助。（人力资源社会保障部、财政部、税务总局，各省级人民政府按职责分工负责）

（十）落实失业保险待遇。对符合条件的失业人员，由失业保险基金发放失业保险金，其个人应缴纳的基本医疗保险费从失业保险基金中列支。（人力资源社会保障部、医保局负责）

（十一）保障困难群众基本生活。对符合条件的生活困难下岗失业人员，给予临时生活补助，补助标准根据家庭困难程度、地区消费水平等综合确定。对符合最低生活保障条件的家庭，及时纳入最低生活保障范围。对符合临时救助条件的，给予临时救助。通过综合施策，帮助困难群众解困脱困。（财政部、人力资源社会保障部、民政部等有关部门和单位按职责分工负责）

五、落实各方责任

（十二）落实地方政府主体责任。地方各级人民政府要切实承担本地区促进就业工作的主体责任，建立由政府负责人牵头、相关部门共同参与的工作机制，因地制宜，多措并举，统筹做好本地区促进就业工作，分级预警、分层响应、分类施策。各省、自治区、直辖市人民政府要在本意见印发之日起30日内，制定出台具体实施办法，组织有关部门结合本地实际和财力水平合理确定享受政策的困难企业范围，突出重点帮扶对象，合理确定补贴等标准，确保各项政策尽快落地。（各省级人民政府负责）

（十三）明确部门组织协调责任。人力资源社会保障部要统筹协调促进就业政策制定、督促落实、统计监测等工作。财政部要加大资金支持力度，保障促进就业政策落实。其他有关部门和单位要立足职能职责，积极出台促进就业创业的政策措施，开展更多有利于促进就业的专项活动，共同做好促进就业工作。（各有关部门和单位按职责分工负责）

（十四）切实抓好政策服务。各地各有关部门要积极开展政策宣传，向社会公布政策清单、申办流程、补贴标准、服务机构及联系方式、监督投诉电话，深入企业宣讲政策、了解困难、做好帮扶。对申请享受就业创业扶持政策和就业创业服务的困难企业、下岗失业人员，要建立实名制管理服务信息系统。要优化流程，精简证明，加强监管，确保各项政策资金规范便捷地惠及享受对象。（各有关部门和单位，各省级人民政府按职责分工负责）

（十五）指导企业等各方履行社会责任。要引导困难企业更加注重运用市场机制、经济手段，通过转型转产、培训转岗、支持"双创"等，多渠道分流安置职工，依法处理劳动关系。引导职工关心企业生存与发展，困难企业与职工协商一致的，可采取协商薪酬、调整工时、轮岗轮休、在岗培训等措施，保留就业岗位，稳定劳动关系。引导劳动者树立正确就业观，主动提升就业能力，通过自身努力实现就业创业。广泛调动社会各界积极性，形成稳定、扩

大就业的合力。（各有关部门和单位，各省级人民政府按职责分工负责）

从工业企业结构调整专项奖补资金中安排部分资金并适时下达，由地方统筹纳入就业补助资金，专项用于当前稳就业工作。各地要对现有补贴项目进行梳理，在保持政策连续性、稳定性的基础上，对补贴项目、补贴方式进行归并简化，提高资金使用效益。各地贯彻落实本意见的有关情况及发现的重要问题，要及时报送人力资源社会保障部。

4－1－110
国务院关于进一步做好稳就业工作的意见

2019年12月13日　国发〔2019〕28号

各省、自治区、直辖市人民政府，国务院各部委、各直属机构：

就业是民生之本、财富之源。当前我国就业形势保持总体平稳，但国内外风险挑战增多，稳就业压力加大。为全力做好稳就业工作，现提出以下意见。

一、总体要求

以习近平新时代中国特色社会主义思想为指导，全面贯彻党的十九大和十九届二中、三中、四中全会精神，坚持把稳就业摆在更加突出位置，强化底线思维，做实就业优先政策，健全有利于更充分更高质量就业的促进机制，坚持创造更多就业岗位和稳定现有就业岗位并重，突出重点、统筹推进、精准施策，全力防范化解规模性失业风险，全力确保就业形势总体稳定。

二、支持企业稳定岗位

（一）加大援企稳岗力度。阶段性降低失业保险费率、工伤保险费率的政策，实施期限延长至2021年4月30日。参保企业面临暂时性生产经营困难且恢复有望、坚持不裁员或少裁员的失业保险稳岗返还政策，以及困难企业开展职工在岗培训的补贴政策，实施期限均延长至2020年12月31日。

（二）加强对企业金融支持。落实普惠金融定向降准政策，释放的资金重点支持民营企业和小微企业融资。鼓励银行完善金融服务民营企业和小微企业的绩效考核激励机制，增加制造业中小微企业中长期贷款和信用贷款。对扩大小微企业融资担保业务规模、降低小微企业融资担保费率等政策性引导较强的地方进行奖补。发挥各级政府中小企业工作领导小组的协调作用，支持中小企业发展，增加就业。发挥各级金融监管机构作用，鼓励银行为重点企业制定专门信贷计划，对遇到暂时困难但符合授信条件的企业，不得盲目抽贷、断贷。

（三）引导企业开拓国内市场。完善省际间信息沟通、收益分享等机制，鼓励中西部和东北地区各类产业园区与东部产业转出地区加强对接，及时掌握有转移意愿的企业清单。推广工业用地长期租赁、先租后让、租让结合和弹性年期供应方式，降低物流和用电用能成本，有条件的地区可加大标准厂房建设力度并提供租金优惠，推动制造业跨区域有序转移。搭建跨部门综合服务平台，加强企业产销融通对接，重点支持相关企业对接国内各大电商平台和各行业、各区域大宗采购项目，支持企业拓展国内市场销售渠道。

（四）规范企业裁员行为。支持企业与职工集体协商，采取协商薪酬、调整工时、轮岗轮休、在岗培训等措施，保留劳动关系。对拟进行经济性裁员的企业，指导其依法依规制定和实施职工安置方案，提前30日向工会或全体职工说明相关情况，依法依规支付经济补偿，偿还拖欠的职工工资，补缴欠缴的社会保险费。

三、开发更多就业岗位

（五）挖掘内需带动就业。实施社区生活服务业发展试点，开展家政服务业提质扩容"领跑者"行动试点工作，深入推进家政培训提升行动和家政服务领域信用建设专项行动。加强旅游公共设施建设，推进区域医疗中心建设，开展支持社会力量发展普惠托育服务专项行动。支持养老服务业发展，通过政府购买服务等方式，支持养老服务机构向重点人群提供服务。鼓励汽车、家电、消费电子产品更新消费，有力有序推进老旧汽车报废更新，鼓励限购城市优化机动车限购管理措施。培育国内服务外包市场，支持行政事业单位、国有企业采购专业服务。

（六）加大投资创造就业。合理扩大有效投资，适当降低部分基础设施等项目资本金比例，加快发行使用地方政府专项债券，确保精准投入补短板重点项目。实施城镇老旧小区改造、棚户区改造、农村危房改造等工程，支持城市停车场设施建设，加快国家物流枢纽网络建设。深入实施新一轮重大技术改造升级工程。

（七）稳定外贸扩大就业。研究适时进一步降低进口关税和制度性成本，扩大出口信用保险覆盖面、合理降低保费，确保审核办理正常退税平均时间在10个工作日以内。发挥行业协会、商会、中介机构等作用，引导企业增强议价能力，鼓励提供公益法律服务。建设国际营销服务体系，加快跨境电子商务综合试验区建设，做大做强外贸综合服务企业。

（八）培育壮大新动能拓展就业空间。加快5G商用发展步伐，深入推进战略性新兴产业集群发展工程，加强人工智能、工业互联网等领域基础设施投资和产业布局。支持科技型企业开展联合技术攻关，完善首台（套）重大技术装备示范应用扶持政策，支持科技型企业到海外投资。加快落实促进平台经济规范健康发展的指导意见，促进新产业新业态新模式快速发展。

四、促进劳动者多渠道就业创业

（九）鼓励企业吸纳就业。降低小微企业创业担保贷款申请条件，当年新招月符合条件人员占现有职工比例下调为20%，职工超过100人的比例下调为10%。对企业吸纳登记失业半年以上人员就业且签订1年以上劳动合同并按规定缴纳社会保险的，有条件的地区可给予一次性吸纳就业补贴，实施期限为2020年1月1日至12月31日。

（十）扶持创业带动就业。持续推进简政放权、放管结合、优化服务改革，进一步优化营商环境，鼓励和支持更多劳动者创业创新。加大创业担保贷款政策实施力度，建立信用乡村、信用园区、创业孵化示范载体推荐免担保机制。实施"双创"支撑平台项目，引导"双创"示范基地、专业化众创空间等优质孵化载体承担相关公共服务事务。鼓励支持返乡创业，年度新增建设用地计划指标优先保障县以下返乡创业用地，支持建设一批农民工返乡创业园、农村创新创业和返乡创业孵化实训基地，建设一批县级农村电商服务中心、物流配送中心和乡镇运输服务站。实施返乡创业能力提升行动，加强返乡创业重点人群、贫困村创业致富带头人、农村电商人才等培训培育。对返乡农民工首次创业且正常经营1年以上的，有条件的地区可给予一次性创业补贴。

（十一）支持灵活就业和新就业形态。支持劳动者通过临时性、非全日制、季节性、弹性工作等灵活多样形式实现就业。研究完善支持灵活就业的政策措施，明确灵活就业、新就业形态人员劳动用工、就业服务、权益保障办法，启动新就业形态人员职业伤害保障试点，抓紧清理取消不合理限制灵活就业的规定。对就业困难人员享受灵活就业社会保险补贴政策期满仍未实现稳定就业的，政策享受期限可延长1年，实施期限为2020年1月1日至12月31日。

（十二）加强托底安置就业。加大对就业困难人员的就业援助力度，鼓励围绕补齐民生短板拓展公益性岗位。对从事公益性岗位政策期满仍未实现稳定就业的，政策享受期限可延长1年，实施期限为2020年1月1日至12月31日。在农村中小型基础设施建设、农村危房改造中实施以工代赈，组织建档立卡贫困人口参与工程项目建设。

（十三）稳定高校毕业生等青年就业。继续组织实施农村教师特岗计划、"三支一扶"计划等基层服务项目。公开招聘一批乡村教师、医生、社会工作者充实基层服务力量。扩大征集应届高校毕业生入伍规模。扩大就业见习规模，适当提高补贴标准，支持企业开发更多见习岗位。

五、大规模开展职业技能培训

（十四）大力推进职业技能提升行动。落实完善职业技能提升行动政策措施，按规定给予职业培训补贴和生活费补贴。针对不同对象开展精准培训，全面开展企业职工技能提升培训或转岗转业培训，组织失业人员参加技能培训或创业培训，实施农民工、高校毕业生、退役军人、建档立卡贫困人口、残疾人等重点群体专项培训计划。支持职业院校（含技工院校）积极承担相应培训任务。

（十五）扩大技能人才培养培训规模。推进落实职业院校奖助学金调整政策，扩大高职院校奖助学金覆盖面、提高补助标准，设立中等职业教育国家奖学金。推进各地技师学院、技工学校纳入职业教育统一招生平台。组织城乡未继续升学的初高中毕业生、20岁以下有意愿的登记失业人员参加劳动预备制培训，按规定给予培训补贴，对其中的农村学员和困难家庭成员给予生活费补贴，实施期限为2020年1月1日至12月31日。

（十六）加强职业培训基础能力建设。启动国家产教融合建设试点，加强公共实训基地和产教融合实训基地建设。支持各类企业和职业院校（含技工院校）合作建设职工培训中心、企业大学和继续教育基地，鼓励设备设施、教学师资、课程教材等培训资源共建共享。实施新职业开发计划，加大职业技能标准和职业培训包开发力度，建立急需紧缺职业目录编制发布制度。

六、做实就业创业服务

（十七）推进就业服务全覆盖。劳动年龄内、有劳动能力、有就业要求、处于失业状态的城乡劳动者可在常住地进行失业登记，申请享受基本公共就业服务。健全就业信息监测系统，开放线上失业登记入口，实现失业人员基本信息、求职意愿和就业服务跨地区共享。加强重大项目、重大工程、专项治理对就业影响跟踪应对，对涉及企业关停并转的，主管部门要及时将企业信息提供给当地人力资源社会保障部门；对可能造成规模性失业的，要同步制定应对措施。

(十八)加强岗位信息归集提供。政府投资项目产生的岗位信息、各方面开发的公益性岗位信息,在本单位网站和司级人力资源社会保障部门网站公开发布。健全岗位信息公共发布平台,市级以上公共就业人才服务机构要在 2020 年 3 月底前实现岗位信息在线发布,并向省级、国家级归集,加快实现公共机构岗位信息区域和全国公开发布。

(十九)强化常态化管理服务。实施基层公共就业服务经办能力提升计划,建立登记失业人员定期联系和分级分类服务制度,每月至少进行 1 次跟踪调查,定期提供职业介绍、职业指导、创业服务,推介就业创业政策和职业培训项目,对其中的就业困难人员提供就业援助。加强重点企业跟踪服务,提供用工指导、政策咨询、劳动关系协调等服务和指导。公共就业人才服务机构、经营性人力资源服务机构和行业协会提供上述服务的,有条件的地区可根据服务人数、成效和成本等,对其给予就业创业服务补助。

七、做好基本生活保障

(二十)更好发挥失业保险作用。对符合领取失业保险金条件的人员,及时发放失业保险金。对领取失业保险金期满仍未就业且距离法定退休年龄不足 1 年的人员,可继续发放失业保险金直至法定退休年龄。对失业保险金发放出现缺口的地区,采取失业保险调剂金调剂、地方财政补贴等方式予以支持。

(二十一)做好困难人员生活保障。对符合条件的生活困难下岗失业人员,发放临时生活补助。对生活困难的失业人员及家庭,按规定纳入最低生活保障、临时救助等社会救助范围。对实现就业的低保对象,可通过"低保渐退"等措施,增强其就业意愿和就业稳定性。

八、加强组织保障

(二十二)完善工作组织协调机制。县级以上地方政府要切实履行稳就业主体责任,建立政府负责人牵头、相关部门共同参与的工作组织领导机制,明确目标任务、工作责任和督促落实机制,统筹领导和推进本地区稳就业工作和规模性失业风险应对处置,压实促进就业工作责任。

(二十三)完善资金投入保障机制。积极投入就业补助资金,统筹用好失业保险基金、工业企业结构调整专项奖补资金等,用于企业稳定岗位、鼓励就业创业、保障基本生活等稳就业支出。有条件的地方可设立就业风险储备金,用于应对突发性、规模性失业风险。

(二十四)完善就业形势监测机制。持续抓好就业常规统计,提升数据质量和时效性,多维度开展重点区域、重点群体、重点行业、重点企业就业监测。加强移动通信、铁路运输、社保缴纳、招聘求职等大数据比对分析,健全多方参与的就业形势研判机制。

(二十五)完善突发事件处置机制。各地区要第一时间处置因规模性失业引发的群体性突发事件,防止矛盾激化和事态扩大。处置过程中,当地政府可根据需要与可能、统筹不同群体就业需求,依法依规制定临时性应对措施。

(二十六)完善舆论宣传引导机制。大力宣传党中央、国务院稳就业决策部署和支持就业创业政策措施,引导广大劳动者树立正确的劳动观、价值观,选树一批促进就业创业工作典型经验、典型人物,发掘一批在中西部和东北地区、艰苦边远地区、城乡基层就业创业的先进典型,及时开展表彰激励。牢牢把握信息发布和舆论引导主动权,做好舆情监测研判,建立重大舆情沟通协调和应急处置机制,消除误传误解,稳定社会预期。

4-1-111

国务院办公厅关于应对新冠肺炎疫情影响强化稳就业举措的实施意见

2020年3月18日　国办发〔2020〕6号

各省、自治区、直辖市人民政府，国务院各部委、各直属机构：

为深入贯彻习近平总书记关于统筹推进新冠肺炎疫情防控和经济社会发展工作的重要指示精神，加快恢复和稳定就业，经国务院同意，现提出如下意见：

一、更好实施就业优先政策

（一）推动企业复工复产。坚持分区分级精准防控，提高复工复产服务便利度，取消不合理审批，坚决纠正限制劳动者返岗的不合理规定。加快重大工程项目、出口重点企业开复工，以制造业、建筑业、物流业、公共服务业和农业生产等为突破口，全力以赴推动重点行业和低风险地区就业，循序渐进带动其他行业和地区就业。协调解决复工复产企业日常防护物资需求，督促其落实工作场所、食堂宿舍等防控措施。（发展改革委、工业和信息化部、交通运输部、卫生健康委按职责分工负责）

（二）加大减负稳岗力度。加快实施阶段性、有针对性的减税降费政策。加大失业保险稳岗返还，对不裁员或少裁员的中小微企业，返还标准最高可提至企业及其职工上年度缴纳失业保险费的100%，湖北省可放宽到所有企业；对暂时生产经营困难且恢复有望、坚持不裁员或少裁员的参保企业，适当放宽其稳岗返还政策认定标准，重点向受疫情影响企业倾斜，返还标准可按不超过6个月的当地月人均失业保险金和参保职工人数确定，或按不超过3个月的企业及其职工应缴纳社会保险费确定。2020年6月底前，允许工程建设项目暂缓缴存农民工工资保证金，支付记录良好的企业可免缴。切实落实企业吸纳重点群体就业的定额税收减免、担保贷款及贴息、就业补贴等政策。加快实施阶段性减免、缓缴社会保险费政策，减免期间企业吸纳就业困难人员的社会保险补贴期限可顺延。（财政部、人力资源社会保障部、住房城乡建设部、交通运输部、水利部、人民银行、税务总局按职责分工负责）

（三）提升投资和产业带动就业能力。实施重大产业就业影响评估，明确重要产业规划带动就业目标，优先投资就业带动能力强、有利于农村劳动力就地就近就业和高校毕业生就业的产业。加快制定和完善引导相关产业向中西部地区转移的政策措施。对部分带动就业能力强、环境影响可控的项目，制定环评审批正面清单，加大环评"放管服"改革力度，审慎采取查封扣押、限产停产等措施。（发展改革委、人力资源社会保障部、生态环境部、商务部按职责分工负责）

（四）优化自主创业环境。深化"证照分离"改革，推进"照后减证"和简化审批，简化住所（经营场所）登记手续，申请人提交场所合法使用证明即可登记。充分发挥创业投资促进"双创"和增加就业的独特作用，对带动就业能力强的创业投资企业予以引导基金扶持、政府项目对接等政策支持。加大创业担保贷款支持力度，扩大政策覆盖范围，优先支持受疫情影响的重点群体,对优质创业项目免除反担保要求。政府投资开发的孵化基地等创业载体应安排一定比例场地,免费向高校毕业生、农民工等重点群体提供。各类城市创优评先项目应将带动就业能力强的"小店经济"、步行街发展状况作为重要条件。(发展改革委、工业和信息化部、财政部、人力资源社会保障部、商务部、人民银行、市场监管总局、银保监会、全国妇联按职责分工负责)

(五)支持多渠道灵活就业。合理设定无固定经营场所摊贩管理模式,预留自由市场、摊点群等经营网点。支持劳动者依托平台就业,平台就业人员购置生产经营必需工具的,可申请创业担保贷款及贴息;引导平台企业放宽入驻条件、降低管理服务费,与平台就业人员就劳动报酬、工作时间、劳动保护等建立制度化、常态化沟通协调机制。取消灵活就业人员参加企业职工基本养老保险的省内城乡户籍限制,对就业困难人员、离校2年内未就业高校毕业生灵活就业后缴纳社会保险费的,按规定给予一定的社会保险补贴。(财政部、人力资源社会保障部、自然资源部、人民银行、市场监管总局按职责分工负责)

二、引导农民工安全有序转移就业

(六)引导有序外出就业。强化重点企业用工调度保障、农民工"点对点、一站式"返岗复工服务,推广健康信息互认等机制,提升对成规模集中返岗劳动者的输送保障能力。引导劳动者有序求职就业,及时收集发布用工信息,加强输出地和输入地信息对接,鼓励低风险地区农民工尽快返岗复工。对组织集中返岗、劳务输出涉及的交通运输、卫生防疫等给予支持。对人力资源服务机构、劳务经纪人开展跨区域有组织劳务输出的,给予就业创业服务补助。(公安部、财政部、人力资源社会保障部、交通运输部、卫生健康委按职责分工负责)

(七)支持就地就近就业。抓好春季农业生产,大力发展新型农业经营主体,组织暂时无法外出的农民工投入春耕备耕,从事特色养殖、精深加工、生态旅游等行业。在县城和中心镇建设一批城镇基础设施、公共服务设施,加强农业基础设施建设,实施农村人居环境改善工程,开展以工代赈工程建设,优先吸纳农村贫困劳动力和低收入群体就业。(发展改革委、人力资源社会保障部、交通运输部、农业农村部、卫生健康委按职责分工负责)

(八)优先支持贫困劳动力就业。企业复工复产、重大项目开工、物流体系建设等优先组织和使用贫困劳动力,鼓励企业更多招用贫困劳动力。支持扶贫龙头企业、扶贫车间尽快复工。利用公益性岗位提供更多就地就近就业机会,优先对贫困劳动力托底安置。加大对"三区三州"等深度贫困地区、52个未摘帽贫困县、易地扶贫搬迁大型安置区的支持力度。对吸纳贫困劳动力就业规模大的,各地可通过财政专项扶贫资金给予一次性奖励。(发展改革委、财政部、人力资源社会保障部、农业农村部、扶贫办按职责分工负责)

三、拓宽高校毕业生就业渠道

(九)扩大企业吸纳规模。对中小微企业招用毕业年度高校毕业生并签订1年以上劳动合同的,给予一次性吸纳就业补贴。国有企业今明两年连续扩大高校毕业生招聘规模,不得随意毁约,不得将本单位实习期限作为招聘入职的前提条件。(财政部、人力资源社会保障部、国资委、烟草局、邮政局等部门和企业按职责分工负责)

(十)扩大基层就业规模。各级事业单位空缺岗位今明两年提高专项招聘高校毕业生的比例。开发城乡社区等基层公共管理和社会服务岗位。扩大"三支一扶"计划等基层服务项目招募规模。出台改革措施,允许部分专业高校毕业生免试取得相关职业资格证书。畅通民营企业专业技术职称评审渠道。(教育部、民政部、财政部、人力资源社会保障部、农业农村部按职责分工负责)

(十一)扩大招生入伍规模。扩大2020年硕士研究生招生和普通高校专升本招生规模。扩大大学生应征入伍规模,健全参军入伍激励政策,大力提高应届毕业生征集比例。(发展改革委、教育部、财政部、退役军人部、中央军委政治工作部、中央军委国防动员部按职责分工负责)

(十二)扩大就业见习规模。支持企业、政府投资项目、科研项目设立见习岗位。对因疫情影响见习暂时中断的,相应延长见习单位补贴期限。对见习期未满与高校毕业生签订劳动合同的,给予见习单位剩余期限见习补贴。(财政部、人力资源社会保障部、商务部、国资委、共青团中央按职责分工负责)

(十三)适当延迟录用接收。引导用人单位推迟面试体检和签约录取时间。对延迟离校的应届毕业生,相应延长报到接收、档案转递、落户办理时限。离校未就业毕业生可根据本人意愿,将户口、档案在学校保留2年或转入生源地公共就业人才服务机构,以应届毕业生身份参加用人单位考试、录用,落实工作单位后参照应届毕业生办理相关手续。(教育部、人力资源社会保障部、国资委按职责分工负责)

四、加强困难人员兜底保障

(十四)保障失业人员基本生活。畅通失业保险金申领渠道,放宽失业保险申领期限,2020年4月底前实现线上申领失业保险金。对领取失业保险金期满仍未就业的失业人员、不符合领取失业保险金条件的参保失业人员,发放6个月的失业补助金,标准不高于当地失业保险金的80%。对生活困难的失业人员及家庭,按规定及时纳入最低生活保障、临时救助等社会救助范围。(民政部、财政部、人力资源社会保障部按职责分工负责)

(十五)强化困难人员就业援助。动态调整就业困难人员认定标准,及时将受疫情影响人员纳入就业援助范围,确保零就业家庭动态清零。对通过市场渠道确实难以就业的,利用公益性岗位托底安置。开发一批消杀防疫、保洁环卫等临时性公益岗位,根据工作任务和工作时间,给予一定的岗位补贴和社会保险补贴,补贴期限最长不超过6个月,所需资金可从就业补助资金中列支。(财政部、人力资源社会保障部、中国残联按职责分工负责)

(十六)加大对湖北等疫情严重地区就业支持。建立农资点对点保障运输绿色通道,支持湖北省组织农业生产。对湖北高校及湖北籍2020届高校毕业生给予一次性求职创业补贴,湖北省各级事业单位可面向湖北高校及湖北籍高校毕业生开展专项招聘,高校毕业生基层服务项目向湖北省倾斜。做好湖北省疫情解除后的就业工作,加大资金、政策、项目倾斜,开展专场招聘和专项帮扶。维护就业公平,坚决纠正针对疫情严重地区劳动者的就业歧视。(发展改革委、教育部、工业和信息化部、财政部、人力资源社会保障部、农业农村部按职责分工负责)

五、完善职业培训和就业服务

(十七)大规模开展职业技能培训。加大失业人员、农民工等职业技能培训力度,实施农民工等重点群体专项培训,适当延长培训时间。对企业组织职工参加线上线下培训,组织新招用农民工、高校毕业生参加岗前培训的,给予职业培训补贴。动态发布新职业,组织

制定急需紧缺职业技能标准。(财政部、人力资源社会保障部按职责分工负责)

(十八)优化就业服务。2020年3月底前开放线上失业登记。推进在线办理就业服务和补贴申领。持续开展线上招聘服务,发挥公共就业服务机构、高校就业指导机构、经营性人力资源服务机构作用,加大岗位信息、职业指导、网上面试等服务供给。对大龄和低技能劳动者,通过电话、短信等方式推送岗位信息,提供求职、应聘等专门服务。低风险地区可有序开展小型专项供需对接活动。优化用工指导服务,鼓励困难企业与职工协商采取调整薪酬、轮岗轮休、灵活安排工作时间等方式稳定岗位,依法规范裁员行为。(教育部、财政部、人力资源社会保障部、全国总工会、全国工商联按职责分工负责)

六、压实就业工作责任

(十九)强化组织领导。各地区各有关部门要在确保疫情防控到位的前提下,毫不放松抓紧抓实抓细稳就业各项工作。县级以上地方政府要加快建立由政府负责人牵头的就业工作领导机制,压实工作责任,细化实化扶持政策。各有关部门要同向发力,围绕稳就业需要,落实完善政策措施,形成工作合力。要健全公共就业服务体系,加强基层公共就业服务能力建设,提升基本公共就业服务水平。(各有关部门和单位、各省级人民政府按职责分工负责)

(二十)加强资金保障。加大就业补助资金和稳岗补贴投入力度。支持市县政府根据稳就业工作推进和政策实施需要,统筹用好就业创业、职业培训、风险储备等方面资金。失业保险基金结余大的地区,要加速稳岗返还、保生活政策落地见效。(财政部、人力资源社会保障部、各省级人民政府按职责分工负责)

(二十一)强化表扬激励。持续开展就业工作表扬激励,完善激励办法,对落实稳就业政策措施工作力度大、促进重点群体就业创业等任务完成较好的地方,及时予以资金支持等方面的表扬激励。(人力资源社会保障部、财政部牵头,各有关部门和单位、各省级人民政府按职责分工负责)

(二十二)加强督促落实。细化分解目标任务,在相关督查工作中将稳就业作为重要内容,重点督促政策服务落地及重点群体就业、资金保障落实等。对不履行促进就业职责,产生严重后果或造成恶劣社会影响的,依法依规严肃问责。完善劳动力调查,研究建立省级调查失业率按月统计发布制度,启动就业岗位调查,做好化解失业风险的政策储备和应对预案。(人力资源社会保障部、统计局牵头,各有关部门和单位、各省级人民政府按职责分工负责)

上述新增补贴政策,受理截止期限为2020年12月31日。各地区各有关部门要抓紧政策实施,发挥政策最大效应,工作中遇到的重要情况和重大问题及时报告国务院。

※　　　　※　　　　※　　　　※

4 – 1 – 112

劳动和社会保障部　财政部　人事部关于事业单位参加失业保险有关问题的通知

1999年8月30日　劳社部发〔1999〕29号

各省、自治区、直辖市劳动(劳动和社会保障)厅(局)、财政厅(局)、人事厅(局)：

国务院今年1月22日发布的《失业保险条例》和《社会保险费征缴暂行条例》(国务院令第258、259号)规定："城镇企业事业单位、城镇企业事业单位职工按照本条例的规定,缴纳失业保险费。城镇企业事业单位失业人员依照本条例的规定,享受失业保险待遇"。现就事业单位参加失业保险有关问题通知如下：

一、事业单位应当按照两个《条例》和所在地区的有关规定,在单位所在地进行社会保险登记,按时申报并足额缴纳失业保险费。各主管部门应当督促所属事业单位做好相关工作。

二、事业单位缴纳失业保险费所需资金在其支出预算中列支。此项基金收支要在失业保险基金收支中单独反映,并在保证事业单位失业人员失业保险待遇的前提下统筹使用。

三、事业单位职工失业后,应到当地经办失业保险业务的社会保险经办机构办理失业登记,对符合享受失业保险待遇条件的,由经办机构按规定支付失业保险待遇。

四、在国家关于事业单位养老保险制度改革办法出台之前,事业单位职工失业期间的养老关系予以保留(失业期间不计算缴费年限或工作年限),再就业后,按照其新的工作单位的养老办法接续。新的工作单位已经实行养老保险社会统筹的,本人应随之参加,其在原单位的工作年限视同缴费年限;新的工作单位实行其他养老办法的,按该单位办法办理。

五、各级劳动保障、人事行政部门要加强对事业单位参加失业保险工作的指导。尚未将失业保险职能集中起来的地方,要尽快实行统一管理,并统一政策、统一运作。

4 – 1 – 113

劳动和社会保障部　财政部关于银行系统单位参加失业保险有关问题的通知

2000年11月8日　劳社部发〔2000〕22号

各省、自治区、直辖市劳动和社会保障厅(局),财政厅(局)：

为贯彻施行《失业保险条例》和《社会保险费征缴暂行条例》,做好银行系统参加失业保

险工作,现就有关问题通知如下:

一、中国人民银行及其分支机构,不纳入失业保险实施范围。中国人民银行所属的各类企业事业单位及其职工,应按规定参加单位所在地的失业保险。

二、各商业银行及其职工,均应参加单位所在地的失业保险。

三、各国家政策性银行及其职工,均应参加单位所在地的失业保险。

四、参加失业保险的银行系统单位及其职工,应当认真履行规定的缴费义务。其职工失业后,按规定享受失业保险待遇。

五、各级劳动保障部门及其经办失业保险业务的社会保险经办机构,应对银行系统的有关单位做好相关法律、法规和政策的宣传工作,加强指导,使银行系统各单位按规定参加失业保险。

4-1-114

劳动和社会保障部关于建立失业保险个人缴费记录的通知

2002年4月12日　劳社部函〔2002〕69号

各省、自治区、直辖市劳动和社会保障厅(局):

为规范城镇企业事业单位及其职工参加失业保险和履行缴费义务的行为及经办机构的管理服务程序,准确审定失业人员申领失业保险金资格、确定待遇期限,根据《社会保险费征缴暂行条例》(国务院令第259号)及《社会保险费申报缴纳管理暂行办法》(劳动保障部令第2号)的规定,各地应当在认真做好失业保险单位缴费记录的同时,普遍建立失业保险个人缴费记录(以下简称个人缴费记录)。现就有关问题通知如下。

一、建立个人缴费记录的实施范围及基本原则

个人缴费记录的对象为依法参加失业保险的缴费单位职工。个人缴费记录要简明、准确、安全、完整,便于操作、查询。有条件的地区,可采取适当方式与养老、医疗等社会保险实现信息资源共享。

二、建立个人缴费记录的实施单位及记录依据

个人缴费记录由劳动保障行政部门设立的经办失业保险业务的社会保险经办机构负责建立。失业保险费由税务机关征收的地区,经办机构应积极向税务机关索取缴费凭证等相关资料。

建立个人缴费记录的主要依据是缴费单位提供的经审核的社会保险费申报表、代扣代缴明细表、缴费凭证、单位职工名册及经办机构规定的其他资料。

三、个人缴费记录的基本内容

个人缴费记录的基本内容应包括职工个人基本信息和缴费信息两部分。

职工个人基本信息的内容包括:单位编号、单位名称、单位类型、姓名、性别、出生年月、社会保障号码(或公民身份证号码)、户口所在地、用工形式、参加失业保险时间等。

缴费信息的内容包括：职工个人缴费起始时间、职工个人与单位缴费情况等，是否记载个人缴费金额，各地可根据实际需要和技术条件自行决定。对农民合同制工人，只记录单位缴费情况。缴费情况应每年度汇总一次。

四、个人缴费记录的变更及转移

缴费单位及其职工情况发生变化时，经办机构应根据经审核的社会保险费申报表、代扣代缴明细表和其他资料，对个人缴费记录及时作出调整。

缴费单位成建制跨统筹地区转移、缴费个人跨统筹地区流动时，个人缴费记录随同转移。转出地经办机构应为其办理相应的转迁手续，转入地经办机构应及时为其接续失业保险关系。

五、个人缴费记录的管理

要规范和加强个人缴费记录管理，确保个人缴费记录内容清楚、准确，保存完整、安全。有条件的地区，应尽快建立起计算机管理的个人缴费记录，并按规定将数据备份。暂不具备条件的地区，可从实际出发，先采用手工方式建立个人缴费记录。

经办机构应做好个人缴费记录与申领失业保险金审核发放的衔接工作，以个人缴费记录为重要依据，确定失业人员领取失业保险金资格及待遇期限。缴费单位职工失业后按规定享受失业保险待遇的情况，可在个人缴费记录中予以反映。

缴费单位职工办理退休手续、出国定居或在职期间死亡的，其个人缴费记录保留两年后予以注销。

管理个人缴费记录的经办机构负责查询服务，对缴费单位职工提出查询本人缴费情况的，应及时提供优质服务。

六、组织实施

各地劳动保障部门应根据本地区实际情况，研究制订实施方案，提供必要条件，尽快推开，并切实做好组织实施工作。建立个人缴费记录不得向缴费单位及其职工收取费用，所需经费可报请当地财政部门予以支持。已经建立个人缴费记录的地区，应及时总结经验，进一步加强管理和规范。尚未建立的地区，应抓紧时间积极准备，推动此项工作的开展。

4-1-115

人力资源和社会保障部关于进一步提高失业保险统筹层次有关问题的通知

2010年9月17日　人社部发〔2010〕63号

各省、自治区、直辖市人力资源社会保障厅（局），新疆生产建设兵团人事、劳动保障局，各副省级市人力资源社会保障（人事、劳动保障）局：

近年来，各地努力贯彻落实《失业保险条例》，大力推进基金统筹工作，直辖市和一些设区的市已实现失业保险基金全市统筹，并取得积极效果。但目前仍有相当一部分地区实行县级统筹，市级统筹工作进展比较缓慢，统筹层次低，基金规模小，调剂能力弱，一定程度上制约了失业保险制度应有功能的发挥。为进一步健全完善失业保险制度,加快推动提高失业保险统筹层次工作,现就有关问题通知如下:

一、充分认识提高失业保险统筹层次的重要意义

提高失业保险统筹层次,是完善失业保险制度的重要内容,是建立失业保险预防失业、促进就业长效机制的现实需要。进一步提高失业保险统筹层次,有利于统一失业保险制度和政策,增强基金调剂功能和提高基金抵御风险的能力,有效保障参保单位和参保人员的合法权益;也有利于推动失业保险信息系统建设,提高业务经办能力,进一步规范管理和服务,加强基金监管,保障基金安全。各地要从稳定就业大局和全面推进失业保险事业发展的高度,把加快推动提高失业保险统筹层次作为当前一项重要工作抓紧抓好。

二、进一步明确提高失业保险统筹层次工作的重点

提高失业保险统筹层次,当前工作重点是在设区的市实行基金全市统筹。尚未实行市级统筹的地区,应结合本地实际,进一步明确工作目标和要求。要统一参保范围和参保对象,按规定推进各类用人单位及其职工特别是非公经济组织和农民工参加失业保险;统一确定失业保险待遇项目及标准方法;统一基金管理和使用,实行全市基金收支预算管理制度,有条件的地区要实现基金统收统支,其他地区也要统一基金财务管理制度和使用办法,逐步实现全市范围内统一调度和使用基金;统一失业保险业务经办流程和信息系统,逐步实现业务经办全程信息化。已经实行市级统筹的地区,要认真总结经验,完善统筹办法,进一步发挥市级统筹作用。鼓励有条件的地区,积极探索实施失业保险省级统筹。

三、切实做好提高失业保险统筹层次的组织实施工作

各地要切实加强组织领导,做好与相关部门沟通协调,抓紧制定符合本地实际的具体工作计划和实施方案。实行市级统筹,要明确市、县(市、区)两级政府责任,周密制定实行市级统筹的各项管理办法和工作程序,发挥市、县(市、区)两级失业保险机构的作用,明确分工、责任到人,建立完善有效的工作运行机制,保障统筹工作顺利实施。要建立和完善省级调剂金制度,进一步发挥省级调剂金作用。要进一步扩大覆盖范围,加强基金征缴工作,并确保按时足额发放失业保险金及其他相关待遇。加大失业保险信息系统建设投入力度,提高失业保险经办能力,规范基金管理,强化监督检查,维护基金安全。2011年底,在全国范围内基本实现失业保险市级统筹。各地要对开展提高统筹层次工作过程中遇到的新情况、新问题及时加以研究解决,并将推动工作进展情况报人力资源社会保障部。

4-1-116

人力资源和社会保障部 财政部 关于领取失业保险金人员参加 职工基本医疗保险有关问题的通知

2011年6月29日 人社部发〔2011〕77号

各省、自治区、直辖市人力资源社会保障厅(局)、财政厅(局),新疆生产建设兵团劳动保障

局、财政局：

为贯彻落实《中华人民共和国社会保险法》，做好领取失业保险金期间的失业人员（以下简称领取失业保险金人员）参加职工基本医疗保险（以下简称职工医保）工作，接续基本医疗保险关系，保障合理的医疗待遇水平，现就有关问题通知如下：

一、领取失业保险金人员应按规定参加其失业前失业保险参保地的职工医保，由参保地失业保险经办机构统一办理职工医保参保缴费手续。

二、领取失业保险金人员参加职工医保应缴纳的基本医疗保险费从失业保险基金中支付，个人不缴费。

三、领取失业保险金人员参加职工医保的缴费率原则上按照统筹地区的缴费率确定。缴费基数可参照统筹地区上年度职工平均工资的一定比例确定，最低比例不低于60%。

失业保险经办机构为领取失业保险金人员缴纳基本医疗保险费的期限与领取失业保险金期限相一致。

四、领取失业保险金人员出现法律规定的情形或领取期满而停止领取失业保险金的，失业保险经办机构为其办理停止缴纳基本医疗保险费的相关手续。

失业保险经办机构应将缴费金额、缴费时间等有关信息及时告知医疗保险经办机构和领取失业保险金人员本人。

停止领取失业保险金人员按规定相应参加职工医保、城镇居民基本医疗保险或新型农村合作医疗。

五、领取失业保险金人员参加职工医保的缴费年限与其失业前参加职工医保的缴费年限累计计算。

六、领取失业保险金人员参加职工医保当月起按规定享受相应的住院和门诊医疗保险待遇，享受待遇期限与领取失业保险金期限相一致，不再享受原由失业保险基金支付的医疗补助金待遇。

七、领取失业保险金人员失业保险关系跨省、自治区、直辖市转入户籍所在地的，其职工医保关系随同转移，执行转入地职工医保政策。应缴纳的基本医疗保险费按转出地标准一次性划入转入地失业保险基金。转入地失业保险经办机构按照当地有关规定为领取失业保险金人员办理职工医保参保缴费手续。

转出地失业保险基金划转的资金缴纳转入地职工医保费的不足部分，由转入地失业保险基金予以补足，超出部分并入转入地失业保险基金。

八、各地要高度重视领取失业保险金人员参加职工医保工作，切实加强组织领导，统筹规划，认真测算，抓紧研究制定适合本地区的实施办法，自2011年7月1日起开始实施。要通过多种形式加强政策宣传，大力开展业务培训。要进一步规范管理，加强信息系统建设。已经实行失业人员参加职工医保的地区，要按照《中华人民共和国社会保险法》的规定及本通知要求进一步完善政策。

人力资源社会保障部门和财政部门要密切协作，及时沟通，确保领取失业保险金人员参加职工医保工作顺利实施；对工作中出现的新情况和新问题，要认真分析研究，不断完善政策、加强管理、改进服务，并及时向上级部门反映。

4-1-117

人力资源社会保障部　财政部　总参谋部
总政治部　总后勤部关于退役军人
失业保险有关问题的通知

2013年7月30日　人社部发〔2013〕53号

各省、自治区、直辖市人力资源社会保障、财政厅（局），新疆生产建设兵团人力资源社会保障、财务局，各军区、各军兵种、总装备部、军事科学院、国防大学、国防科学技术大学、武警部队：

为贯彻落实《中华人民共和国社会保险法》和《中华人民共和国军人保险法》，维护退役军人失业保险权益，现就军人退出现役后失业保险有关问题通知如下：

一、计划分配的军队转业干部和复员的军队干部，以及安排工作和自主就业的退役士兵（以下简称退役军人）参加失业保险的，其服现役年限视同失业保险缴费年限。军人服现役年限按实际服役时间计算到月。

二、退役军人离开部队时，由所在团级以上单位后勤（联勤、保障）机关财务部门，根据其实际服役时间开具《军人服现役年限视同失业保险缴费年限证明》（以下简称《缴费年限证明》）并交给本人。

三、退役军人在城镇企业事业等用人单位就业的，由所在单位或者本人持《缴费年限证明》及军官（文职干部）转业（复员）证，或者士官（义务兵）退出现役证，到当地失业保险经办机构办理失业保险参保缴费手续。失业保险经办机构将视同缴费年限记入失业保险个人缴费记录，与入伍前和退出现役后参加失业保险的缴费年限合并计算。

四、军人入伍前已参加失业保险的，其失业保险关系不转移到军队，由原参保地失业保险经办机构保存其全部缴费记录。军人退出现役后继续参加失业保险的，按规定办理失业保险关系转移接续手续。

五、根据《关于自主择业的军队转业干部安置管理若干问题的意见》（〔2001〕国转联8号），自主择业的军队转业干部在城镇企业事业等用人单位就业后，应当依法参加失业保险并缴纳失业保险费，其服现役年限不再视同失业保险缴费年限，失业保险缴费年限从其在当地实际缴纳失业保险费之日起累计计算。

六、退役军人参保缴费满一年后失业的，按规定享受失业保险待遇。

七、本通知自2013年8月1日起执行。本通知执行前已退出现役的军人，其失业保险按原有规定执行。

八、本通知由人力资源社会保障部、总后勤部负责解释。

附件：军人服现役年限视同失业保险缴费年限证明（编者略）

4-1-118

人力资源社会保障部 财政部 国家发展和改革委员会 工业和信息化部关于失业保险支持企业稳定岗位有关问题的通知

2014年11月6日 人社部发〔2014〕76号

各省、自治区、直辖市及新疆生产建设兵团人力资源社会保障厅（局）、财政厅（局）、发展改革委、工业和信息化主管部门：

为贯彻落实《国务院关于进一步优化企业兼并重组市场环境的意见》（国发〔2014〕14号）有关要求，在调整优化产业结构中更好地发挥失业保险预防失业、促进就业作用，激励企业承担稳定就业的社会责任，现就失业保险支持企业稳定岗位有关问题通知如下：

一、政策范围

对采取有效措施不裁员、少裁员，稳定就业岗位的企业，由失业保险基金给予稳定岗位补贴（以下简称"稳岗补贴"）。补贴政策主要适用以下企业：

（一）实施兼并重组企业。指在日常经营活动之外发生法律结构或经济结构重大改变的交易，并使企业经营管理控制权发生转移，包括实施兼并、收购、合并、分立、债务重组等经济行为的企业。

（二）化解产能严重过剩企业。指按《国务院关于化解产能严重过剩矛盾的指导意见》（国发〔2013〕41号）等相关规定，对钢铁、水泥、电解铝、平板玻璃、船舶等产能严重过剩行业淘汰过剩产能的企业。

（三）淘汰落后产能企业。指按《国务院关于进一步加强淘汰落后产能工作的通知》（国发〔2010〕7号）等规定，对电力、煤炭、钢铁、水泥、有色金属、焦炭、造纸、制革、印染等行业淘汰落后产能的企业。

（四）经国务院批准的其他行业、企业。

二、基本条件

（一）失业保险统筹地区实施稳岗补贴应同时具备以下条件：上年失业保险基金滚存结余具备一年以上支付能力；失业保险基金使用管理规范。

（二）企业申请稳岗补贴应同时具备以下条件：生产经营活动符合国家及所在区域产业结构调整政策和环保政策；依法参加失业保险并足额缴纳失业保险费；上年度未裁员或裁员率低于统筹地区城镇登记失业率；企业财务制度健全、管理运行规范。

三、资金使用

各地区对符合上述政策范围和基本条件的企业，在兼并重组、化解产能过剩以及淘汰落后产能期间，可按不超过该企业及其职工上年度实际缴纳失业保险费总额的50%给予稳岗补贴，所需资金从失业保险基金中列支。稳岗补贴主要用于职工生活补助、缴纳社会保险费、转岗培训、技能提升培训等相关支出。稳岗补贴的具体比例由省级人力资源社会保障和财政部门确定。稳岗补贴政策执行到2020年底。

四、审核认定

符合条件的企业可向人力资源社会保障部门申请稳岗补贴。人力资源社会保障部门会同行业主管部门对企业类型认定后,对申请稳岗补贴企业的基本条件进行审定,确定补贴企业名单和补贴数额,并公开相关信息,接受社会监督。财政部门根据人力资源社会保障部门审定的企业名单和补贴数额,及时拨付补贴资金。

五、组织实施

(一)加强组织领导。失业保险支持企业稳定岗位是产业结构调整优化过程中一项重要政策。各地区要高度重视,加强组织领导,人力资源社会保障、财政、发展改革、工业和信息化等部门要加强协调配合、各司其职,并督促企业在实施兼并重组、化解产能过剩、淘汰落后产能过程中采取切实有效措施稳定职工队伍,维护社会稳定。

(二)强化基金管理。各地区要充分考虑基金支付能力,按照"突出重点、总量控制、严格把握、动态监管"的原则,将稳岗补贴支出纳入失业保险基金预算管理,合理制定失业保险基金使用计划,加强监管,规范运作,切实保证基金有效使用和支付可持续。

(三)加强跟踪监测。各地区人力资源社会保障部门要将享受稳岗补贴的企业纳入失业动态监测范围,及时跟踪了解企业岗位变化动态,监测企业职工队伍稳定情况,评估稳岗补贴政策效果。财政部门要对辖区内失业动态监测工作给予必要经费支持。人力资源社会保障部、财政部适时组织开展政策绩效评估,根据实际调整完善政策。

各省级人力资源社会保障、财政、发展改革、工业和信息化等部门要尽快制定本地区失业保险稳岗补贴具体实施办法,报人力资源社会保障部、财政部备案。政策执行中遇到的重大问题要及时向人力资源社会保障部、财政部报告。

4-1-119

人力资源社会保障部 财政部关于调整失业保险费率有关问题的通知

2015年2月27日 人社部发〔2015〕24号

各省、自治区、直辖市及新疆生产建设兵团人力资源社会保障厅(局)、财政厅(局):

为了完善失业保险制度,建立健全失业保险费率动态调整机制,进一步减轻企业负担,促进就业稳定,经国务院同意,现就适当降低失业保险费率有关问题通知如下:

一、从2015年3月1日起,失业保险费率暂由现行条例规定的3%降至2%,单位和个人缴费的具体比例由各省、自治区、直辖市人民政府确定。在省、自治区、直辖市行政区域内,单位及职工的费率应当统一。

二、各地降低失业保险费率要坚持"以支定收、收支基本平衡"的原则。要充分考虑提高失业保险待遇标准、促进失业人员再就业、落实失业保险稳岗补贴政策等因素对基金支付能力的影响,结合实际,认真测算,研究制定降低失业保险费率的具体方案,经省级人民政府批准后执行,并报人力资源社会保障部和财政部备案。

三、各地要按照本通知的要求,抓紧研究制定本行政区降低失业保险费率的方案,尽早组织实施。执行中遇到的问题,要及时向人力资源社会保障部和财政部报告。

4-1-120

人力资源社会保障部　财政部
关于阶段性降低失业保险费率
有关问题的通知

2017年2月16日　人社部发〔2017〕14号

各省、自治区、直辖市及新疆生产建设兵团人力资源社会保障厅(局)、财政(财务)厅(局):

为进一步减轻企业负担,增强企业活力,促进就业稳定,经国务院同意,现就阶段性降低失业保险费率有关问题通知如下:

一、从2017年1月1日起,失业保险总费率为1.5%的省(区、市),可以将总费率降至1%,降低费率的期限执行至2018年4月30日。在省(区、市)行政区域内,单位及个人的费率应当统一,个人费率不得超过单位费率。具体方案由各省(区、市)研究确定。

二、失业保险总费率已降至1%的省份仍按照《人力资源社会保障部　财政部关于阶段性降低社会保险费率的通知》(人社部发〔2016〕36号)执行。

三、各地降低失业保险费率,要充分考虑失业保险待遇按时足额发放、提高待遇标准、促进失业人员再就业、落实失业保险稳岗补贴政策等因素对基金支付能力的影响,结合实际,认真测算,研究制定具体方案,经省级人民政府批准后执行,并报人力资源社会保障部和财政部备案。

阶段性降低失业保险费率政策性强,社会关注度高。各地要把思想和行动统一到党中央、国务院决策部署上来,加强组织领导,精心组织实施。要平衡好降费率与保发放之间的关系,加强基金运行的监测和评估,确保基金平稳运行。各地贯彻落实本通知情况以及执行中遇到的问题,请及时向人力资源社会保障部、财政部报告。

4-1-121

人力资源社会保障部　财政部关于
失业保险支持参保职工提升
职业技能有关问题的通知

2017年5月15日　人社部发〔2017〕40号

各省、自治区、直辖市及新疆生产建设兵团人力资源社会保障厅(局)、财政(财务)厅(局):

为贯彻落实《国务院关于做好当前和今后一段时期就业创业工作的意见》(国发〔2017〕28号)关于"依法参加失业保险3年以上、当年取得职业资格证书或职业技能等级证书的企业职工,可申请参保职工技能提升补贴,所需资金按规定从失业保险基金中列支"的要求,提升参加失业保险职工的职业技能,发挥失业保险促进就业作用,现就有关问题通知如下:

一、申领条件

同时符合以下条件的企业职工,可申领技能提升补贴:

(一)依法参加失业保险,累计缴纳失业保险费36个月(含36个月)以上的。

(二)自2017年1月1日起取得初级(五级)、中级(四级)、高级(三级)职业资格证书或职业技能等级证书的。

二、审核程序

(一)职工应在职业资格证书或职业技能等级证书核发之日起12个月内,到本人失业保险参保地失业保险经办机构,申领技能提升补贴。

(二)失业保险经办机构通过职业资格证书或职业技能等级证书联网查询、与失业保险参保信息比对等方式进行审核。

(三)失业保险经办机构按照规定程序对申请审核通过后,应直接将补贴资金发放至申请人本人的个人银行账户或社会保障卡。

技能提升补贴申请、审核的具体程序和操作办法,由各省级人力资源社会保障部门、财政部门根据本地实际,本着方便、快捷、安全、审慎的原则制定,并主动向社会公开。

三、补贴标准

技能提升补贴的标准由省级人力资源社会保障部门、财政部门根据本地失业保险基金运行情况、职业技能培训、鉴定收费标准等因素综合确定,并适时调整。

补贴标准应根据取得职业资格证书或职业技能等级证书有所区别。职工取得初级(五级)职业资格证书或职业技能等级证书的,补贴标准一般不超过1000元;职工取得中级(四级)职业资格证书或职业技能等级证书的,补贴标准一般不超过1500元;职工取得高级(三级)职业资格证书或职业技能等级证书的,补贴标准一般不超过2000元。

各省(自治区、直辖市)可根据本地产业发展方向和人力资源市场需求,研究制定本地区紧缺急需的职业(工种)目录。技能提升补贴标准可向地区紧缺急需职业(工种)予以倾斜。

同一职业(工种)同一等级只能申请并享受一次技能提升补贴。

四、资金使用

在失业保险基金科目中设立技能提升补贴科目,所需资金从失业保险基金技能提升补贴科目中列支。

各省(自治区、直辖市)要将技能提升补贴支出纳入失业保险基金预算管理,规范运作,切实保证基金有效使用和安全运行。要重点关注基金支付能力相对较弱的统筹地区,发挥省级调剂金的作用,确保每个地区符合条件的职工都能享受到政策。

五、工作要求

(一)加强组织领导。失业保险基金用于参保职工技能提升补贴,有利于引导职工提高职业技能水平和职业转换能力,从源头上减少失业、稳定就业;有利于弘扬工匠精神,推动我国由人力资源大国向人力资源强国迈进,为我国产业转型升级提供强有力的人才支撑。各级人力资源社会保障部门、财政部门要高度重视,将其作为失业保险预防失业、稳定就业的重要举措,精心组织、狠抓落实。要尽快制定实施办法,在6月30日前报人力资源社会保障部、财政部备案。

(二)提高审核效率。以"规范、安全、便捷"为原则,整合利用现有资源,将受理、审核、发放、监督等工作纳入信息化管理,简化申报材料,优化审核流程,强化信息共享,完善服务标准,创新服务模式,提高经办服务质量。有条件的地区,可以运用电子政务手段,探索实行技能提升补贴网络在线申请、审核。

(三)强化监督管理。职业技能鉴定机构要严格鉴定标准,严把证书发放质量。失业保险经办机构要建立与职业技能鉴定机构的信息共享、沟通协调机制,通过信息比对有效甄别证书的真实性,严防冒领、骗取补贴。制订补贴资金的审核、公示、拨付、监督等制度,严格财务管理和资金监管,防范廉洁风险。公示补贴发放情况,畅通投诉举报渠道,发挥社会监督作用。对违法违规行为,按规定追究相关责任。

(四)加大宣传力度。设计编印通俗易懂的宣传材料,深入企业、街道、社区,开展形式多样的政策解读和集中宣传活动;在失业保险经办机构、职业技能鉴定机构、人力资源市场等场所,悬挂、张贴、发放宣传材料;运用广播电视、报纸期刊、微博微信等渠道宣传申领条件、申请办法、受理部门、办理时限。通过广泛宣传,使参保职工了解政策内容,熟悉办理程序,知晓办事场所,更方便更快捷地享受政策。

本《通知》自印发之日起开始施行。各地在政策执行中遇到的重大问题应及时向人力资源社会保障部、财政部报告。人力资源社会保障部、财政部适时组织开展政策绩效评估,根据实际调整完善政策。

4-1-122

人力资源社会保障部 财政部关于调整失业保险金标准的指导意见

2017年9月20日 人社部发〔2017〕71号

各省、自治区、直辖市及新疆生产建设兵团人力资源社会保障厅(局)、财政(财务)厅(局):

为进一步提高失业人员基本生活保障水平,根据《失业保险条例》,现就调整失业保险金标准提出以下指导意见:

一、充分认识调整失业保险金标准的重要意义

保障失业人员失业期间的基本生活是失业保险制度的基本功能。近年来,各地深入贯彻落实失业保险有关法律法规,多措并举,有序推进,全国失业保险金水平逐年提高,地区差距逐步缩小,有效地保障了失业人员基本生活,为兜牢民生底线发挥了积极作用。各地要充分认识提高失业保险金标准关系失业人员共享经济社会发展成果,关系人民群众的获

得感和幸福感,对于促进社会公平,维护社会和谐稳定具有重要意义。要在确保失业保险基金平稳运行的前提下,逐步提升失业保障水平,切实保障好失业人员的基本生活。

二、科学合理确定失业保险金标准

《失业保险条例》规定:"失业保险金的标准,按照低于当地最低工资标准、高于城市居民最低生活保障标准的水平,由省、自治区、直辖市人民政府确定"。确定失业保险金具体标准,要统筹考虑失业人员及其家庭基本生活需要和失业保险基金运行安全,坚持"保生活"和"促就业"相统一,既要保障失业人员基本生活需要,又要防止待遇水平过高影响就业积极性。各省要在确保基金可持续前提下,随着经济社会的发展,适当提高失业保障水平,分步实施,循序渐进,逐步将失业保险金标准提高到最低工资标准的90%。各省要发挥省级调剂金的作用,加大对基金支撑能力弱的统筹地区的支持力度。

三、切实做好组织实施工作

确定失业保险金标准,直接关系失业人员的切身利益,体现了党中央、国务院对失业人员的关心关怀。各地要以人为本,高度重视,精心实施,对组织领导、工作进度、资金保障等作出周密安排。各省、自治区、直辖市人社厅(局)会同财政厅(局)要结合本地实际,提出调整方案,报省、自治区、直辖市人民政府确定。各地在贯彻落实过程中遇到的问题,请及时向人力资源社会保障部、财政部报告。

4-1-123

人力资源社会保障部　财政部关于扩大失业保险保障范围的通知

2020年5月29日　人社部发〔2020〕40号

各省、自治区、直辖市人民政府,新疆生产建设兵团:

为深入贯彻落实党中央、国务院关于扩大失业保险保障范围、更好保障失业人员基本生活的决策部署,确保失业人员待遇应发尽发、应保尽保,经国务院同意,现就扩大失业保险保障范围有关事项通知如下:

一、充分认识做好失业人员生活保障的重要意义。扩大失业保险保障范围是党中央、国务院为应对新冠肺炎疫情影响、保障基本民生作出的一项重要决策部署,对于做好困难群众兜底保障、维护社会稳定具有重要意义。各地要切实把思想和行动统一到党中央、国务院决策部署上来,进一步增强责任感和紧迫感,充分发挥失业保险保生活基础功能,抓紧抓实抓细政策落地见效,努力扩大受益面,切实保障参保失业人员基本生活。

二、及时发放失业保险金。对参保缴费满1年、非因本人意愿中断就业、已办理失业登记并有求职要求的失业人员,应及时足额发放失业保险金,代缴基本医疗保险费,按规定发放价格临时补贴、丧葬补助金和抚恤金。自2019年12月起,延长大龄失业人员领取失业保险金期限,对领取失业保险金期满仍未就业且距法定退休年龄不足1年的失业人员,可继续发放失业保险金至法定退休年龄。

三、阶段性实施失业补助金政策。2020年3月至12月,领取失业保险金期满仍未就业的失业人员、不符合领取失业保险金条件的参保失业人员,可以申领6个月的失业补助金,标准不超过当地失业保险金的80%。领取失业补助金期间不享受失业保险金、代缴基本医疗保险费、丧葬补助金和抚恤金。失业人员领取失业补助金期满、被用人单位招用并参保、死亡、应征服兵役、移居境外、享受城镇职工基本养老保险或城乡居民养老保险待遇、被判刑收监执行的,停发失业补助金。领取失业补助金期限不核减参保缴费年限。失业补助金按月发放,从失业保险基金"其他支出"科目列支。

四、阶段性扩大失业农民工保障范围。对《失业保险条例》规定的参保单位招用、个人不缴费且连续工作满1年的失业农民工,及时发放一次性生活补助。2020年5月至12月,对2019年1月1日之后参保不满1年的失业农民工,参照参保地城市低保标准,按月发放不超过3个月的临时生活补助。与城镇职工同等参保缴费的失业农民工,按参保地规定发放失业保险金或失业补助金。

五、阶段性提高价格临时补贴标准。2020年3月至6月,对领取失业保险金和失业补助金人员发放的价格临时补贴,补贴标准在现行标准基础上提高1倍。

六、畅通失业保险待遇申领渠道。各地要优化经办流程,减少证明材料,取消附加条件,让参保失业人员方便快捷得到保障。参保失业人员可凭社会保障卡或身份证件申领失业保险金、失业补助金、一次性生活补助或临时生活补助,可不提供解除或者终止劳动关系、失业登记证明等材料。经办机构应通过核验参保信息库中的参保缴费信息,确认申领人员是否符合领取条件对应的失业状态,不得增加其他义务、条件或时限要求。各地要在实现线上申领失业保险金基础上,于6月底前实现失业补助金等其他失业保险待遇线上申领;人力资源社会保障部建立领取失业保险金、失业补助金全国线上申领入口,并向地方提供全国参保信息联网核验服务。

七、切实防范基金运行风险。各地要密切关注失业保险基金运行情况,加强监测预警,对困难地区及时做好帮扶。要结合本地失业保险基金结余情况,做好资金测算,合理确定补助标准,优先保障保生活支出。基金支撑能力较弱的统筹地区,要适时调整基金支出方向和结构。有条件的省份要充分发挥省级调剂金作用,支持统筹地区各项政策有序实施。要强化监督管理,严防冒领、骗取、套取基金行为,切实维护基金安全。

八、做好组织实施工作。各地要围绕应发尽发、应保尽保的目标任务,统筹谋划,周密部署,压实工作责任,建立健全抓落实的体制机制,确保扩大失业保险保障范围政策尽快落地见效。地方各级人力资源社会保障、财政部门要主动履职尽责,加强工作调度,做好政策宣传解读,提高政策知晓度,及时回应群众关切。各地在执行中遇有重大情况和问题,及时报人力资源社会保障部、财政部。

4-1-124

人力资源社会保障部办公厅　财政部办公厅关于畅通失业保险关系跨省转移接续的通知

2021年11月9日　人社厅发〔2021〕85号

各省、自治区、直辖市及新疆生产建设兵团人力资源社会保障厅(局)、财政厅(局)：

为进一步规范个人申请失业保险关系跨省(自治区、直辖市)(以下简称"跨省")转移接续,畅通失业保险待遇申领渠道,保障劳动者的失业保险权益,现就有关事项通知如下：

一、关于参保职工和参保失业人员跨省转移接续

(一)参保职工跨省就业的,失业保险关系应随之转迁,缴费年限累计计算。

(二)参保失业人员符合领取失业保险金条件的,在最后参保地申领失业保险金及其他相关待遇,也可以选择回户籍地申领,待遇发放期间不得中途变更发放地。选择户籍地申领的,须办理失业保险关系转移。

(三)对不符合领取失业保险金条件、符合领金条件但未申领,以及正在领金期间的参保失业人员,跨省重新就业并参保的,失业保险关系应随之转移至新参保地,缴费年限累计计算。

(四)失业保险关系跨省转迁的,失业保险费用应随失业保险关系相应划转。但在转出地参保缴费不满1年的,只转移失业保险关系,不转移失业保险费用。

二、关于需划转的失业保险费用计算方法及待遇发放标准

(一)需划转的失业保险费用包括失业保险金,领金期间基本医疗保险费,领金期间接受职业培训、职业介绍的补贴。其中,基本医疗保险费和职业培训、职业介绍补贴按参保失业人员应享受失业保险金总额的一半计算。

(二)转入地经办机构按照本统筹地区规定和标准,为参保失业人员核定失业保险金发放期限和各项失业保险待遇。

(三)转出地划转的失业保险费用,不足待遇支付部分由转入地失业保险基金支付,超出待遇支付部分并入转入地失业保险基金。

三、关于转移接续办理流程

失业保险关系跨省转移接续既可线下通过经办窗口进行,也可依托金保工程在线上进行。

(一)转移失业保险关系包括以下内容：姓名、社保卡号、就业失业状态、参保缴费记录(已核定失业保险金缴费记录和未核定失业保险金缴费记录)、应当领取而尚未领取的失业保险金记录、失业原因、失业保险待遇标准、基金转移金额、转入地和转出地经办机构信息及其他必要信息。

(二)参保职工或参保失业人员可先到转出地经办机构开具转移凭证,之后到转入地经

办机构办理关系转入。对符合条件的,转出地经办机构收到申请后应在5个工作日内办理转出,转入地经办机构收到转出地开具的失业保险关系转移接续联系函后,应在5个工作日内办理转入。对不符合条件的,要说明理由。

(三)参保职工或参保失业人员也可直接到转入地经办机构申请转移失业保险关系,转入地经办机构不得要求申请人再到转出地开具相关证明。对符合条件的,转入地经办机构在收到申请后,应在5个工作日受理并向转出地经办机构发出失业保险关系转移接续联系函,转出地收到联系函后,应在5个工作日内办理转出。对不符合条件的,要说明理由。

(四)转出地经办机构应在失业保险关系转出后的1个月内向转入地划转失业保险费用。失业保险费用划转期间,不影响转入地经办机构按规定为参保失业人员发放失业保险待遇。转入地经办机构不得以费用未划转到位为由,拒发失业保险待遇。

四、其他事项

(一)本通知中涉及的人员身份以申请人失业保险关系转移前的状态确定。

(二)转出地经办机构将参保单位、参保职工和参保失业人员有关信息转出后,仍需保留信息备份,注明失业保险关系转入地信息和失业保险费用划转金额及明细。

(三)本通知适用于参保职工和参保失业人员跨省转移失业保险关系。省内跨统筹区失业保险关系转移及费用划转的办法由各省、自治区自行制定。

(四)经办机构依法主动办理和参保单位成建制跨省转移失业保险关系的,仍按现行规定执行。

(五)各地人力资源社会保障部门应加强失业保险关系转移接续信息化建设。

(六)现行规范性文件与本通知规定不一致的,以本通知规定为准。

各地要高度重视,加强组织协调,精简手续,压缩环节,加快办理,方便参保职工和参保失业人员办理关系转移接续,同时,加强信息化管理,防范基金骗领、冒领,确保基金安全。

4-1-125

人力资源社会保障部 财政部 国家税务总局关于做好失业保险 稳岗位提技能防失业工作的通知

2022年4月25日 人社部发〔2022〕23号

各省、自治区、直辖市人民政府,新疆生产建设兵团:

为贯彻落实2022年《政府工作报告》部署,充分发挥失业保险保生活、防失业、促就业功能作用,助力稳就业保民生,经国务院同意,现就有关事项通知如下:

一、继续实施失业保险稳岗返还政策。参保企业上年度未裁员或裁员率不高于上年度全国城镇调查失业率控制目标,30人(含)以下的参保企业裁员率不高于参保职工总数20%的,可以申请失业保险稳岗返还。大型企业仍按不超过企业及其职工上年度实际缴纳失业保险费的30%返还，中小微企业返还比例从60%最高提至90%。社会团体、基金会、社会服务机构、律师事务所、会计师事务所、以单位形式参保的个体工商户参照实施。实施上述稳岗返还政策的统筹地区，上年度失业保险基金滚存结余备付期限应在1年以上。上述政策执行期限至2022年12月31日。各地要大力推广通过后台数据比对精准发放的"免申即享"经办新模式，进一步畅通资金返还渠道，对没有对公账户的小微企业，可将资金直接返还至当地税务部门提供的其缴纳社会保险费的账户。

二、拓宽技能提升补贴受益范围。领取失业保险金人员取得职业资格证书或职业技能等级证书的，可按照初级（五级）不超过1000元、中级（四级）不超过1500元、高级（三级）不超过2000元的标准申请技能提升补贴。参保职工取得职业资格证书或职业技能等级证书的，可按规定申请技能提升补贴；技能提升补贴申领条件，继续放宽至企业在职职工参加失业保险1年以上。每人每年享受补贴次数最多不超过三次。上述政策执行期限至2022年12月31日。

三、继续实施职业培训补贴政策。对领取失业保险金期间接受职业培训的失业人员，按规定发放职业培训补贴。

四、继续实施东部7省（市）扩大失业保险基金支出范围试点政策。北京市、上海市、江苏省、浙江省、福建省、山东省和广东省，可继续将失业保险基金用于支持参加失业保险且符合就业补助资金申领条件人员和单位的职业培训补贴、职业技能鉴定补贴、岗位补贴和社会保险补贴等四项支出。实施上述政策的统筹地区，上年度失业保险基金滚存结余备付期限应在2年以上。

五、发放一次性留工培训补助。2022年1月1日至12月31日，累计出现1个（含）以上中高风险疫情地区的市（地、州、盟）、县（市、区、旗），可对因新冠肺炎疫情严重影响暂时无法正常生产经营的中小微企业，按每名参保职工不超过500元的标准发放一次性留工培训补助，支持企业组织职工以工作代替培训。社会团体、基金会、社会服务机构、律师事务所、会计师事务所、以单位形式参保的个体工商户参照实施。社会保险经办机构可通过大数据比对，按照该企业参加失业保险人数直接发放补助，无需企业提供培训计划、培训合格证书、职工花名册以及生产经营情况证明。上述补助同一企业只能享受一次。符合条件的，还可以享受失业保险稳岗返还。实施上述政策的统筹地区，上年度失业保险基金滚存结余备付期限应在2年以上。上述政策执行期限至2022年12月31日。具体办法由各省（自治区、直辖市）制定。

六、大力支持职业技能培训。上年度失业保险基金滚存结余备付期限在2年以上，并且职业技能提升行动专账资金不足的统筹地区，在各项保生活稳岗位政策落实到位的基础上，根据本地实际，可提取累计结余4%左右的失业保险基金至职业技能提升行动专账资金中，统筹用于职业技能培训。该项政策的提取期限至2022年12月31日。具体办法由各省（自治区、直辖市）制定，并报人力资源社会保障部、财政部备案。

七、实施降费率和缓缴社会保险费政策。延续实施阶段性降低失业保险、工伤保险费率政策1年，执行期限至2023年4月30日。对餐饮、零售、旅游、民航、公路水路铁路运输企业阶段性实施缓缴养老保险、失业保险、工伤保险费政策，其中，养老保险费缓缴期限3个月，失业保险和工伤保险费缓缴期限不超过1年，缓缴期间免收滞纳金。以个人身份参加企业职工基本养老保险的个体工商户和各类灵活就业人员,2022年缴纳养老保险费有困难的,可自愿暂缓缴费至2023年底前补缴。

八、保障失业人员基本生活。继续实施失业保险保障扩围政策,对领取失业保险金期满仍未就业的失业人员、不符合领取失业保险金条件的参保失业人员,发放失业补助金;对参保不满1年的失业农民工,发放临时生活补助。保障范围为2022年1月1日至12月31日期间新发生的参保失业人员。上年度失业保险基金滚存结余备付期限不足2年的省份,可结合本地区就业形势和基金支付能力,制定具体实施政策,并报人力资源社会保障部、财政部备案。上述政策执行期限至2022年12月31日。持续做好失业保险金、代缴基本医疗保险费和失业农民工一次性生活补助等常规性保生活待遇发放工作。各省(自治区、直辖市)要根据本地实际,逐步将失业保险金标准提高至最低工资标准的90%。要进一步优化失业保险待遇全国线上申领统一入口,方便失业人员申领。

九、切实防范基金风险。各省(自治区、直辖市)要密切监测失业保险基金运行状况,加强形势研判和工作指导,确保基金收支平衡和安全可持续。要加快推进失业保险基金省级统筹,充分发挥省级调剂金作用,支持基金结余不足的统筹地区落实政策。要健全基金审核、公示、拨付等监督机制,加强技防人防,充分利用信息化手段验证资格条件,完善待遇申领信息比对核查系统,严防欺诈、冒领、骗取风险。

十、加强组织领导。各地要抓紧抓实抓细失业保险保生活稳岗位提技能等各项惠企利民政策落地见效。要大力开展失业保险待遇"畅通领、安全办"、援企稳岗"护航行动"和技能提升补贴"展翅行动",持续优化经办服务,推动更多政策免跑即领、免申即享、免证即办,推动政策红利早释放。各省(自治区、直辖市)要加强工作调度,及时掌握政策落实情况,加大督促指导力度;要大力宣传先进经验、工作亮点,为推进工作提供借鉴,营造良好氛围。人力资源社会保障部将会同有关部门适时对政策实施情况、效果和失业保险基金运行情况开展评估。

4-1-126

人力资源社会保障部　教育部　财政部关于延续实施一次性扩岗补助政策有关工作的通知

2023年6月25日　人社部发〔2023〕37号

各省、自治区、直辖市人民政府,新疆生产建设兵团:

为深入贯彻党的二十大精神,落实党中央、国务院关于促进高校毕业生等青年就业工作决策部署,发挥失业保险助企扩岗作用,鼓励企业积极吸纳大学生等青年就业,经国务院同意,现就延续实施一次性扩岗补助政策有关事项通知如下:

一、对招用2023届及离校两年内未就业普通高校毕业生、登记失业的16—24岁青年,签订劳动合同并为其缴纳失业、工伤、职工养老保险费1个月以上的企业,可按每招用1人不超过1500元的标准发放一次性扩岗补助。政策执行至2023年12月底。

二、1名上述人员的就业参保信息和身份只能由一户企业用于享受一次性扩岗补助，不能重复使用。一次性扩岗补助和一次性吸纳就业补贴政策不能重复享受。各地不得超出现有政策规定提高政策享受门槛，增加限制条件，要让招用上述人员并符合相关条件的企业尽可能享受政策红利。

三、一次性扩岗补助所需资金从失业保险基金"其他支出"科目中列支。

四、各地可采取"免申即享"的方式，按照"方便、快捷、规范、安全"的原则，主动向符合条件的企业发放一次性扩岗补助。可按月将本地新参保人员信息与部省人社业务协同平台提供的"普通高校应届毕业生身份核验接口"、教育部门移交的有就业意愿的离校两年内未就业高校毕业生数据信息、登记失业信息比对，确认参保人员身份符合政策享受条件，向企业发送信息并经其确认后，将一次性扩岗补助资金发放至用人企业对公账户，对没有对公账户的企业，可将资金发放至当地税务部门提供的该企业缴纳社会保险费账户。

各地失业保险经办机构要开设服务窗口，便于企业自行申请一次性扩岗补助。对企业所招用的相关人员参保情况，经办机构要通过本地信息系统核实，并在收到企业申请后30日内办结。

五、要做好基金风险防范，强化事后核查，统筹推进一次性扩岗补助畅通领、安全办。省级人力资源社会保障部门应于每月20日前向人力资源社会保障部上报一次性扩岗补助发放数据，支持部端开展全国信息比对核查。对部端比对下发的身份不实、跨省（区、市）重复享受等疑点数据，各地要立即核实，对于不符合条件的企业，及时追回所发放一次性扩岗补助，按规定追究其相应责任。

实施一次性扩岗补助政策是促进高校毕业生等青年群体就业、维护就业局势稳定的重要举措。各地人力资源社会保障、教育、财政部门要高度重视，加强组织保障，形成工作合力。要充分发挥失业保险省级统筹制度优势或省级调剂金作用，支持政策落实，不得擅自设置基金备付期限等政策启动条件。人力资源社会保障部门经办机构、信息化综合管理机构要明确责任分工，加强协调配合，抓紧优化操作办法和信息系统，确保政策尽快落地见效。加强宣传引导，积极推送政策信息，提高政策知晓度。

各地在推进工作过程中遇有重大问题，及时向人力资源社会保障部、教育部、财政部报告。

生育保险费

4-1-127

劳动部关于发布《企业职工生育保险试行办法》的通知

1994年12月14日　劳部发〔1994〕504号

各省、自治区、直辖市及计划单列市劳动(劳动人事)厅(局),上海市社会保险局:

　　为配合《劳动法》的贯彻实施,更好地保障企业女职工的合法权益,我部制定了《企业职工生育保险试行办法》,现予发布,自1995年1月1日起试行。

企业职工生育保险试行办法

　　第一条　为了维护企业女职工的合法权益,保障她们在生育期间得到必要的经济补偿和医疗保健,均衡企业间生育保险费用的负担,根据有关法律、法规的规定,制定本办法。

　　第二条　本办法适用于城镇企业及其职工。

　　第三条　生育保险按属地原则组织。生育保险费用实行社会统筹。

　　第四条　生育保险根据"以支定收,收支基本平衡"的原则筹集资金,由企业按照其工资总额的一定比例向社会保险经办机构缴纳生育保险费,建立生育保险基金。生育保险费的提取比例由当地人民政府根据计划内生育人数和生育津贴、生育医疗费等项费用确定,并可根据费用支出情况适时调整,但最高不得超过工资总额的百分之一。企业缴纳的生育保险费作为期间费用处理,列入企业管理费用。

　　职工个人不缴纳生育保险费。

　　第五条　女职工生育按照法律、法规的规定享受产假。产假期间的生育津贴按照本企业上年度职工月平均工资计发,由生育保险基金支付。

　　第六条　女职工生育的检查费、接生费、手术费、住院费和药费由生育保险基金支付。超出规定的医疗服务费和药费(含自费药品和营养药品的药费)由职工个人负担。

　　女职工生育出院后,因生育引起疾病的医疗费,由生育保险基金支付;其他疾病的医疗费,按照医疗保险待遇的规定办理。女职工产假期满后,因病需要休息治疗的,按照有关病假待遇和医疗保险待遇规定办理。

　　第七条　女职工生育或流产后,由本人或所在企业持当地计划生育部门签发的计划生育证明,婴儿出生、死亡或流产证明,到当地社会保险经办机构办理手续,领取生育津贴和报销生育医疗费。

第八条 生育保险基金由劳动部门所属的社会保险经办机构负责收缴、支付和管理。

生育保险基金应存入社会保险经办机构在银行开设的生育保险基金专户。银行应按照城乡居民个人储蓄同期存款利率计息,所得利息转入生育保险基金。

第九条 社会保险经办机构可从生育保险基金中提取管理费,用于本机构经办生育保险工作所需的人员经费、办公费及其他业务经费。管理费标准,各地根据社会保险经办机构人员设置情况,由劳动部门提出,经财政部门核定后,报当地人民政府批准。管理费提取比例最高不得超过生育保险基金的百分之二。

生育保险基金及管理费不征税、费。

第十条 生育保险基金的筹集和使用,实行财务预、决算制度,由社会保险经办机构作出年度报告,并接受同级财政、审计监督。

第十一条 市(县)社会保险监督机构定期监督生育保险基金管理工作。

第十二条 企业必须按期缴纳生育保险费。对逾期不缴纳的,按日加收千分之二的滞纳金。滞纳金转入生育保险基金。滞纳金计入营业外支出,纳税时进行调整。

第十三条 企业虚报、冒领生育津贴或生育医疗费的,社会保险经办机构应追回全部虚报、冒领金额,并由劳动行政部门给予处罚。

企业欠付或拒付职工生育津贴、生育医疗费的,由劳动行政部门责令企业限期支付;对职工造成损害的,企业应承担赔偿责任。

第十四条 劳动行政部门或社会保险经办机构的工作人员滥用职权、玩忽职守、徇私舞弊、贪污、挪用生育保险基金,构成犯罪的,依法追究刑事责任;不构成犯罪的,给予行政处分。

第十五条 省、自治区、直辖市人民政府劳动行政部门可以按照本办法的规定,结合本地区实际情况制定实施办法。

第十六条 本办法自1995年1月1日起试行。

4-1-128

人力资源社会保障部 财政部关于适当降低生育保险费率的通知

2015年7月27日 人社部发〔2015〕70号

各省、自治区、直辖市人力资源社会保障厅(局)、财政厅(局),新疆生产建设兵团人力资源社会保障局、财务局:

按照党的十八届三中全会提出的"适时适当降低社会保险费率"的精神,根据生育保险基金实际情况,经国务院同意,自2015年10月1日起,在生育保险基金结余超过合理结存的地区降低生育保险费率。现就有关问题通知如下:

一、统一思想，提高认识，确保政策落到实处

各地生育保险制度建立以来，在促进女性平等就业，均衡用人单位负担，维护女职工权益等方面发挥了重要作用。但也存在着地区间发展不平衡，基金结余偏多，待遇支付不规范等方面的问题。对基金结余多的地区降低生育保险费率，是完善生育保险政策，提高基金使用效率的一个重大举措，也是进一步减轻用人单位负担，促进就业稳定，实施积极财政政策的具体体现。各地要统一思想，充分认识降低生育保险费率的重要意义，确保政策按时落实到位，取得实效。

二、认真测算，降低费率，控制基金结余

生育保险基金合理结存量为相当于6至9个月待遇支付额。各地要根据上一年基金收支和结余情况，以及国家规定的待遇项目和标准进行测算，在确保生育保险待遇落实到位的前提下，通过调整费率，将统筹地区生育保险基金累计结余控制在合理水平。生育保险基金累计结余超过9个月的统筹地区，应将生育保险基金费率调整到用人单位职工工资总额的0.5%以内，具体费率应按照"以支定收、收支平衡"的原则，根据近年来生育保险基金的收支和结余情况确定。

各地要加强对生育保险基金的监测和管理。降低生育保险费率的统筹地区要按程序调整生育保险基金预算，按月进行基金监测。基金累计结余低于3个月支付额度的，要制定预警方案，并向统筹地区政府和省级人力资源社会保障、财政部门报告。要通过提高统筹层次，加强基金和医疗服务管理，规范生育保险待遇，力求基金平衡。在生育保险基金累计结余不足支付时，统筹地区要采取加强支出管理、临时补贴、调整费率等方式确保基金收支平衡，确保参保职工按规定享受生育保险待遇。

三、加强组织领导，全面推进实施

各省（区、市）人力资源社会保障、财政部门要加强配合，共同研究落实国务院降低生育保险费率措施。实行省级统筹且基金结余超过9个月的省（区、市），应于9月底前提出降低生育保险费率的办法，报省级人民政府批准后实施。未实行省级统筹的省（区、市），应于8月底前制订本省（区、市）降低生育保险费率的办法，指导各统筹地区制订实施方案，符合降费率规定的统筹地区应于9月底以前发布降低费率的实施方案，以确保10月1日前完成降低生育保险费率的工作。各省（区、市）应于9月底将上述情况报告人力资源社会保障部、财政部。

要加强降低生育保险费率的宣传工作，向工作人员、参保单位和广大职工讲清降低生育保险费率的重大意义，在减轻用人单位负担的同时，调动用人单位参保积极性，切实维护女职工合法权益。要加强与有关部门协调配合，做好人口出生形势的分析和预判。各地在政策调整过程中出现的新情况、新问题，要及时与人力资源社会保障部、财政部进行沟通，采取有效措施，确保工作落实到位。

4-1-129

人力资源社会保障部　财政部
国家卫生计生委关于做好当前
生育保险工作的意见

2018年3月5日　人社部发〔2018〕15号

各省、自治区、直辖市及新疆生产建设兵团人力资源社会保障厅（局）、财政厅（局）、卫生计生委，福建省医保办：

生育保险制度自建立以来，总体保持平稳运行，对维护职工生育保障权益、促进妇女公平就业、均衡用人单位负担发挥了重要作用。近年来，为应对经济下行压力，生育保险采取降费率措施，减轻了企业负担；同时，应对人口老龄化，适应国家实施全面两孩政策，采取措施保障生育保险待遇，促进了人口均衡发展。当前，为切实维护全面两孩政策下参保职工合法权益，确保生育保险稳健运行，现对进一步做好生育保险工作提出如下意见：

一、提高认识，确保生育保险待遇落实

实施全面两孩政策是适应人口和经济社会发展新形势的重大战略举措，落实生育保险政策是实施全面两孩政策的重要保障措施。各地要统一思想，提高认识，主动适应计划生育政策调整，坚持科学发展，体现社会公平，切实维护职工合法权益。要确保应保尽保，将符合条件的用人单位及职工纳入参保范围；确保参保职工的生育医疗费用和生育津贴按规定及时足额支付，杜绝拖欠和支付不足现象。要根据全面两孩生育政策对生育保险基金的影响，增强风险防范意识和制度保障能力，确保生育保险基金收支平衡，实现制度可持续发展。

二、加强预警，完善费率调整机制

各地要结合全面两孩政策实施，完善生育保险监测指标。充分利用医疗保险信息网络系统，加强生育保险基金运行分析，参照基本医疗保险基金管理要求，全面建立生育保险基金风险预警机制，将基金累计结存控制在6—9个月支付额度的合理水平。

基金当期入不敷出的统筹地区，首先动用累计结存，同时制定预案，根据《社会保险基金财务制度》提出分类应对措施，经报同级政府同意后及时启动。基金累计结存不足（＜3个月支付额度）的统筹地区，要及时调整费率，具体费率由统筹地区按照"以支定收、收支平衡"的原则，科学测算全面两孩政策下基金支出规模后合理确定。基金累计结存完全消化的统筹地区，按规定向同级财政部门申请补贴，保障基金当期支付，同时采取费率调整措施，弥补基金缺口。

开展生育保险与职工基本医疗保险（以下统称两项保险）合并实施试点的统筹地区，要通过整合两项保险基金和统一征缴，增强基金统筹共济能力。要跟踪分析合并实施后基金运行情况，根据基金支出需求，确定新的费率并建立动态调整机制，防范风险转嫁。

三、引导预期，规范生育津贴支付政策

各地要按照"尽力而为、量力而行"的原则，坚持从实际出发，从保障基本权益做起，合理引导预期。要综合考虑生育保险基金运行和用人单位缴费等情况，规范生育津贴支付期限和计发标准等政策，确保基金可持续运行和待遇享受相对公平。确保《女职工劳动保护特别规定》法定产假期限内的生育津贴支付，探索多渠道解决生育奖励假待遇问题。

四、加强管理，提高基金使用效率

各地要结合全民参保计划实施，进一步扩大生育保险覆盖面，加大征缴力度，与基本医疗保险同步推进统筹层次提升。加强生育保险定点协议管理，切实保障参保人员生育医疗权益，促进生育医疗服务行为规范。将生育医疗费用纳入医保支付方式改革范围，实行住院分娩医疗费用按病种、产前检查按人头付费，实现经办机构与定点医疗机构费用直接结算。充分利用医保智能监控系统，强化监控和审核，控制生育医疗费用不合理增长。

五、高度重视，切实做好组织实施工作

各地要高度重视生育保险工作，切实加强组织领导，做好统筹协调。加强政策宣传与舆论引导，准确解读相关政策，及时回应群众关切。各级人力资源社会保障、财政、卫生计生部门要明确职责，密切配合，形成工作合力，加强对统筹地区工作指导，及时研究解决有关问题。积极稳妥推进两项保险合并实施试点工作，及时总结试点经验，为全面推开两项保险合并实施工作奠定基础。工作推进中，如遇到重大问题，要及时报告。

4-1-130

国家卫生健康委 国家发展改革委 中央宣传部 教育部 民政部 财政部 人力资源社会保障部 住房城乡建设部 中国人民银行 国务院国资委 国家税务总局 国家医保局 中国银保监会 全国总工会 共青团中央 全国妇联 中央军委后勤保障部关于进一步完善和落实积极生育支持措施的指导意见

2022年7月25日　国卫人口发〔2022〕26号

各省、自治区、直辖市人民政府，国务院各部委、各直属机构，军队各有关单位：

为深入贯彻《中共中央　国务院关于优化生育政策促进人口长期均衡发展的决定》，落实人口与计划生育法，进一步完善和落实积极生育支持措施，经国务院同意，现提出如下意见：

一、总体要求

坚持以习近平新时代中国特色社会主义思想为指导，认真贯彻落实党中央、国务院决

策部署,深入实施一对夫妻可以生育三个子女政策及配套支持措施,将婚嫁、生育、养育、教育一体考虑,尽力而为、量力而行,综合施策、精准发力,完善和落实财政、税收、保险、教育、住房、就业等积极生育支持措施,落实政府、用人单位、个人等多方责任,持续优化服务供给,不断提升服务水平,积极营造婚育友好社会氛围,加快建立积极生育支持政策体系,健全服务管理制度,为推动实现适度生育水平、促进人口长期均衡发展提供有力支撑。

二、提高优生优育服务水平

（一）改善优生优育全程服务。实施母婴安全行动提升计划,全面落实母婴安全五项制度。推进妇幼保健机构能力建设,各省、市、县级均应设置1所政府举办、标准化的妇幼保健机构。加强高质量产科建设,全面改善住院分娩条件。推动落实出生缺陷三级防治策略,健全"县级筛查、市级诊断、省级指导、区域辐射"的出生缺陷防治网络,提升婚前保健、孕前保健、产前筛查和产前诊断服务水平,针对重点疾病推动围孕期、产前产后一体化管理服务和多学科诊疗协作,强化新生儿遗传代谢病、听力障碍和先天性心脏病筛查和诊断。

（二）提高儿童健康服务质量。实施健康儿童行动提升计划。加强0—6岁儿童和孕产妇健康管理服务,提高服务质量和资金使用效率。加强基层儿童保健服务网络建设。推进基层医疗机构儿童保健门诊(儿童保健室)标准化建设,提高乡镇卫生院、社区卫生服务中心专业从事儿童保健和基本医疗服务的医生配备水平。"十四五"期间,中央预算内投资支持开展10个左右儿科类国家区域医疗中心建设项目,推进儿科医疗联合体建设,促进优质儿科医疗资源下沉和均衡布局。开展母婴友好医院和儿童友好医院建设。做好新生儿参加居民医保服务管理工作。

（三）加强生殖健康服务。扩大分娩镇痛试点,规范相关诊疗行为,提升分娩镇痛水平。指导推动医疗机构通过健康教育、心理辅导、中医药服务、药物治疗、手术治疗、辅助生殖技术等手段,向群众提供有针对性的服务,提高不孕不育防治水平。推进辅助生殖技术制度建设,健全质量控制网络,加强服务监测与信息化管理。开展生殖健康促进行动,增强群众保健意识和能力。加强生殖健康宣传教育和服务,预防非意愿妊娠,减少非医学需要的人工流产。

（四）提高家庭婴幼儿照护能力。建立完善健康科普专家库和资源库,通过广播、电视、报刊、网络、新媒体等多种渠道,普及科学育儿知识与技能。鼓励地方采取积极措施,支持隔代照料、家庭互助等照护模式。扩大家政企业上门居家婴幼儿照护服务供给。鼓励有条件的托育机构与家政企业等合作,提供上门居家婴幼儿照护服务。鼓励有资质的服务机构、行业协会和专业人员,依托村(居)委会等基层力量,通过家长课堂、养育照护小组活动、入户指导等方式,提高婴幼儿照护能力。充分发挥公益慈善类社会组织等社会力量积极作用,加大对农村和欠发达地区婴幼儿照护服务的支持。

三、发展普惠托育服务体系

（五）增加普惠托育服务供给。2022年,全国所有地市要印发实施"一老一小"整体解决方案。通过中央预算内投资支持和引导,实施公办托育服务能力建设项目和普惠托育服务专项行动,带动地方政府基建投资和社会投资。公办托育机构收费标准由地方政府制定,加强对普惠托育机构收费的监管。拓展社区托育服务功能,完善婴幼儿照护设施等基本公共服务设施。支持有条件的用人单位为职工提供福利性托育服务。加快制定出台家庭托育点管理办法。在满足学前教育普及的基础上,鼓励和支持有条件的幼儿园招收2—3岁幼儿。

(六)降低托育机构运营成本。"十四五"时期,拓宽托育建设项目申报范围,中央预算内投资加大支持力度给予建设补贴。科学布局社区综合服务设施,落实社区托育服务发展税费优惠政策。完善土地、住房、财政、金融、人才等政策,鼓励地方对普惠托育机构予以支持。托育机构用水用电用气用热按照居民生活类价格执行。鼓励社会资本设立托育服务事业发展基金,向托育行业提供增信支持。各地要建立托育机构关停等特殊情况应急处置机制,落实疫情期间托育企业纾困政策。

(七)提升托育服务质量。深入开展全国婴幼儿照护服务示范城市创建活动,形成一批可复制、可推广的典型经验。研究制定托育服务相关制度规范,大力发展多种形式的托育服务。鼓励有条件的普通高等学校和职业院校开设托育服务相关专业,加快培养专业人才。依法逐步实行托育从业人员职业资格准入制度。深入实施康养职业技能培训计划,加强托育岗位人员技能培训。各级医疗卫生机构、疾病预防控制机构等要加强对托育机构卫生保健工作的业务指导、咨询服务和监督检查,预防控制传染病,降低常见病的发病率,保障婴幼儿的身心健康。严格落实托育机构消防安全指南等一系列规范性文件,加强部门综合监管,严防安全事故发生。加强社会监督,促进行业自律。

四、完善生育休假和待遇保障机制

(八)优化生育休假制度。各地要完善生育休假政策,从保障职工生育权益和保护生育职工健康权的功能定位出发,体现保护生育和养育过程,帮助职工平衡工作和家庭关系,促进公平就业和职业发展。要结合实际完善假期用工成本合理分担机制,明确相关各方责任,采取切实有效措施保障职工假期待遇。

(九)完善生育保险等相关社会保险制度。国家统一规范并制定完善生育保险生育津贴支付政策,强化生育保险对参保女职工生育医疗费用、生育津贴待遇等保障作用,保障生育保险基金安全。有条件的地方可探索参加职工基本医疗保险的灵活就业人员同步参加生育保险。未就业妇女通过参加城乡居民基本医疗保险享受生育医疗待遇。为领取失业保险金人员缴纳职工基本医疗保险费(含生育保险费),保障其生育权益,所需资金从失业保险基金列支。指导地方综合考虑医保(含生育保险)基金可承受能力、相关技术规范性等因素,逐步将适宜的分娩镇痛和辅助生殖技术项目按程序纳入基金支付范围。

五、强化住房、税收等支持措施

(十)加快完善住房保障体系。加快发展保障性租赁住房,促进解决新市民、青年人等群体住房困难。进一步完善公租房保障对促进积极生育的支持措施,各地在配租公租房时,对符合条件且有未成年子女的家庭,可根据其未成年子女数量,在户型选择方面给予适当照顾;优化公租房轮候与配租规则,将家庭人数及构成等纳入轮候排序或综合评分的因素,对符合条件且子女数量较多的家庭可直接组织选房;完善公租房调换政策,对因家庭人口增加、就业、子女就学等原因需要调换公租房的,根据房源情况及时调换。

(十一)精准实施购房租房倾斜政策。住房政策向多子女家庭倾斜,在缴存城市无自有住房且租赁住房的多子女家庭,可按照实际房租支出提取住房公积金;对购买首套自住住房的多子女家庭,有条件的城市可给予适当提高住房公积金贷款额度等相关支持政策。加快发展长租房市场,多渠道增加长租房供应,推进租购权利均等。各地可结合实际,进一步研究制定根据养育未成年子女负担情况实施差异化租赁和购买房屋的优惠政策。

(十二)发挥好税收、金融等支持作用。实施好3岁以下婴幼儿照护费用个人所得税专项附加扣除政策。建立对依法保障职工生育权益用人单位激励机制。向提供母婴护理、托育服务以及相关职业培训、消费品生产的企业加大金融支持力度。

六、加强优质教育资源供给

(十三)提高学前教育普及普惠水平。继续实施"十四五"学前教育发展提升行动计划,着力补齐农村地区和城市新增人口集中地区普惠性资源短板。切实落实各级政府发展学前教育责任,健全政府投入为主、家庭合理分担、其他多渠道筹措经费的机制。优化完善财政补助政策,逐步提高学前教育财政投入水平,保障普惠性学前教育有质量可持续发展。健全学前教育资助制度,切实保障家庭经济困难儿童接受普惠性学前教育。

(十四)提高义务教育均衡发展水平。依法落实政府举办义务教育的主体责任,优化义务教育结构,确保义务教育学位主要由公办学校提供和政府购买学位方式提供。继续落实"两免一补"政策,降低学生就学成本。进一步减轻义务教育阶段学生作业负担和校外培训负担,发挥学校教育主阵地作用,提升课后服务质量,按规定保障课后服务经费。严格落实义务教育阶段学科类校外培训收费实行政府指导价管理政策。加强非学科类校外培训监管,规范培训机构收费行为。加强对家长的家庭教育指导,树立科学育儿观念。

(十五)加强生理卫生等健康教育。针对在校学生的心理生理特点,通过定期举办专题讲座、开设公共选修课程等方式,开展生理卫生教育、青春期教育或者性健康教育,加强婚恋观、家庭观正向引导。

七、构建生育友好的就业环境

(十六)鼓励实行灵活的工作方式。用人单位可结合生产和工作实际,通过与职工协商,采取弹性上下班、居家办公等工作方式,为有接送子女上下学、照顾生病或居家子女等需求的职工提供工作便利,帮助职工解决育儿困难。

(十七)推动创建家庭友好型工作场所。推动用人单位将帮助职工平衡工作和家庭关系相关措施纳入集体合同和女职工权益保护专项集体合同条款。实施母乳喂养促进行动。女职工比较多的用人单位应当建立孕妇休息室、哺乳室,配备必要母婴服务设施,更好满足孕产期、哺乳期女职工的需求。鼓励有条件的用人单位、学校、社区、群团组织等开展寒暑假托管服务。

(十八)切实维护劳动就业合法权益。推动完善促进妇女就业的制度机制,加强对女性劳动者特别是生育再就业女性相关职业技能培训。持续开展就业性别歧视约谈工作,依法查处侵权行为。督促用人单位依法依规落实对孕产期、哺乳期女职工关于工作时间、工资待遇、劳动强度等方面的特殊劳动保护。加强监管执法,健全司法救济机制,探索开展妇女平等就业权益保护检察公益诉讼,维护妇女劳动和社会保障权益。强化工会劳动法律监督,推动职工权益保护法律法规贯彻落实。

八、加强宣传引导和服务管理

(十九)积极营造生育友好社会氛围。充分发挥各类媒体作用和群团组织优势,积极开展人口基本国情宣传教育,弘扬中华民族传统美德,提倡适龄婚育、优生优育,倡导尊重生育的社会价值、尊重父母、儿童优先、夫妻共担育儿责任。推进婚俗改革和移风易俗,破除婚嫁大操大办、高价彩礼等陈规陋习,倡导积极婚育观念。组织创作一批积极向上的文艺作品,讲好新时代美好爱情、和谐家庭、幸福生活的中国故事。推进儿童友好城市建设。开展全国生育友好工作先进单位表彰活动,评选一批工作扎实、成效明显、群众满意的先进典型,鼓励和带动基层积极创新,营造生育友好的社会环境。

(二十)建立健全人口服务体系。以"一老一小"为重点,建立健全覆盖全生命周期的人口服务体系。加强政府和社会协同治理,强化乡镇(街道)、村(社区)等基层人口管理体系和服务能力建设。完善生育登记制度,全面落实出生医学证明、儿童预防接种、户口登记、医保参保、社保卡申领等"出生一件事"集成化办理。强化基层人口信息管理职责,促进入户、入学、婚姻登记、卫生健康等基础信息融合共享,科学研判生育形势和人口变动趋势。维护计划生育家庭合法权益,建立健全政府主导、社会组织参与的计划生育特殊家庭扶助关怀工作机制,建立健全生活、养老、医疗、精神慰藉等全方位帮扶保障制度,动员各级计划生育协会深入开展"暖心行动"。

各地各有关部门要深刻认识完善和落实积极生育支持措施的重要性和紧迫性,切实提高政治站位,把人口工作摆上重要议事日程,密切协同配合,加快完善积极生育支持措施。各地要坚持一把手亲自抓、负总责,加强统筹规划、政策协调和工作落实,结合实际及时完善具体政策措施,周密组织实施,确保责任到位、措施到位、投入到位、落实到位。各有关部门要加强对地方的指导,总结推广好的经验做法,及时细化配套措施,推动解决工作中面临的问题,不断完善服务管理制度。立足国情,加强评估论证,促进生育政策和相关经济社会政策配套衔接。完善跨部门协调机制,强化重要政策统筹研究和督促落实。完善优化生育政策目标管理责任制,研究建立指标体系,监测评估积极生育支持措施的成效。加强政策宣传解读,及时妥善回应社会关切,营造良好氛围。重要情况及时报告。

附表 4-1

社会保险费其他相关文件索引

序号	文件名称	发文时间	发文字号	所在卷名	编码
综合社保政策					
1	财政部　国家税务总局关于基本养老保险费　基本医疗保险费　失业保险费　住房公积金有关个人所得税政策的通知	2006年6月27日	财税〔2006〕10号	本丛书第Ⅱ卷所得税	2-2-99
2	国家税务总局关于修订部分税务执法文书的公告	2021年7月16日	国家税务总局公告2021年第23号	本丛书附卷文件清理	69
养老保险费					
3	财政部　税务总局关于个人养老金有关个人所得税政策的公告	2022年11月3日	财政部　税务总局公告2022年第34号	本丛书第Ⅱ卷所得税	2-2-214
生育保险费					
4	财政部　国家税务总局关于生育津贴和生育医疗费有关个人所得税政策的通知	2008年3月7日	财税〔2008〕8号	本丛书第Ⅱ卷所得税	2-2-116

注：本表所涉社会保险费内容，已在本丛书其他卷收录。为避免重复，以此表索引。

2 非税收入

教育费附加、地方教育附加

4-2-1

征收教育费附加的暂行规定

1986年4月28日国发〔1986〕50号发布 1990年6月7日中华人民共和国国务院令第60号第一次修订 2005年8月20日中华人民共和国国务院令第448号第二次修订 2011年1月8日中华人民共和国国务院令第588号第三次修订

第一条 为贯彻落实《中共中央关于教育体制改革的决定》,加快发展地方教育事业,扩大地方教育经费的资金来源,特制定本规定。

第二条 凡缴纳消费税、增值税、营业税的单位和个人,除按照《国务院关于筹措农村学校办学经费的通知》(国发〔1984〕174号文)的规定,缴纳农村教育事业费附加的单位外,都应当依照本规定缴纳教育费附加。

第三条 教育费附加,以各单位和个人实际缴纳的增值税、营业税、消费税的税额为计征依据,教育费附加率为3%,分别与增值税、营业税、消费税同时缴纳。

除国务院另有规定者外,任何地区、部门不得擅自提高或者降低教育费附加率。

第四条 依照现行有关规定,除铁道系统、中国人民银行总行、各专业银行总行、保险总公司的教育附加随同营业税上缴中央财政外,其余单位和个人的教育费附加,均就地上缴地方财政。

第五条 教育费附加由税务机关负责征收。

教育费附加纳入预算管理,作为教育专项资金,根据"先收后支、列收列支、收支平衡"的原则使用和管理。地方各级人民政府应当依照国家有关规定,使预算内教育事业费逐步增长,不得因教育费附加纳入预算专项资金管理而抵顶教育事业费拨款。

第六条 教育费附加的征收管理,按照消费税、增值税、营业税的有关规定办理。

第七条 企业缴纳的教育费附加,一律在销售收入(或营业收入)中支付。

第八条 地方征收的教育费附加,按专项资金管理,由教育部门统筹安排,提出分配方案,商同级财政部门同意后,用于改善中小学教学设施和办学条件,不得用于职工福利和发放奖金。

铁道系统、中国人民银行总行、各专业银行总行、保险总公司随同营业税上缴的教育费附加,由国家教育委员会按年度提出分配方案,商财政部同意后,用于基础教育的薄弱环节。

地方征收的教育费附加,主要留归当地安排使用。省、自治区、直辖市可根据各地征收教育费附加的实际情况,适当提取一部分数额,用于地区之间的调剂、平衡。

第九条 地方各级教育部门每年应定期向当地人民政府、上级主管部门和财政部门,报告教育费附加的收支情况。

第十条 凡办有职工子弟学校的单位,应当先按本规定缴纳教育费附加;教育部门可根据它们办学的情况酌情返还给办学单位,作为对所办学校经费的补贴。办学单位不得借口缴纳教育费附加而撤并学校,或者缩小办学规模。

第十一条 征收教育费附加以后,地方各级教育部门和学校,不准以任何名目向学生家长和单位集资,或者变相集资,不准以任何借口不让学生入学。

对违反前款规定者,其上级教育部门要予以制止,直接责任人员要给予行政处分。单位和个人有权拒缴。

第十二条 本规定由财政部负责解释。各省、自治区、直辖市人民政府可结合当地实际情况制定实施办法。

第十三条 本规定从1986年7月1日起施行。

4-2-2

国务院关于筹措农村学校办学经费的通知

1984年12月13日　　国发〔1984〕174号

发展教育事业,是关系到我国经济振兴的大事,各级人民政府应当予以高度重视。在八十年代,我国农村要在绝大部分地区基本普及小学教育,在经济条件较好的地区有计划地普及初中教育,同时要大力举办学前教育,积极发展农业技术教育,改革中等教育结构,培养有一定职业技术的人才,以适应经济发展的需要。但是,目前农村学校办学条件差,办学经费不足,中小学教师待遇偏低,严重影响了农村教育事业的发展。因此,必须采取有效措施,逐步予以解决,在逐年增加国家对教育基本建设投资和教育事业费的同时,充分调动农村集体经济组织和其他各种社会力量办学的积极性。现对筹措农村学校办学经费问题通知如下:

一、开辟多种渠道筹措农村学校办学经费。除国家拨给的教育事业费外,乡人民政府可以征收教育事业费附加,并鼓励社会各方面和个人自愿投资在农村办学。这些经费,要实行专款专用,任何部门和单位不得挪用和平调。

二、国家拨给的教育事业费,在原有基础上实行包干,由县下达到乡,不能减少,不得截留。包干办法,由各省、自治区、直,辖市人民政府自定。今后国家和地方政府逐年增加的教育事业费,重点用于发展师范教育和补助贫困地区。富裕地区乡教育事业费的增加依靠自己解决。

三、乡人民政府征收教育事业费附加,对农业、乡镇企业都要征收。可以按销售收入或其他适当办法计征,但不要按人头、地亩计征。附加率可高可低,贫困地区可以免征。由于各地经济发展不平衡,教育事业的发展也不平衡,因此各地教育事业费附加率和计征办法,不强求统一,可由乡人民政府每年按本乡经济状况、群众承受能力和发展教育事业的需要提出意见,报请乡人民代表大会讨论通过后,报上一级人民政府批准执行。这项附加收入要取之于乡,用之于乡。

四、乡人民政府在不增加行政编制的前提下,可设立教育事业费管理委员会,负责管好用好全乡农村学校办学经费。乡教育事业费管理委员会每年要向乡人民代表大会报告教育事业费收支情况,并接受县教育、财政部门的指导与监督。

五、要采取有效措施,逐步改变中小学教师生活待遇偏低的状况,使教师这个职业成为最受人羡慕的职业之一。农村中小学民办教师全部实行工资制,逐步做到不再分公办、民办。由于各地经济发展水平相差悬殊,国家对农村教师工资标准不作统一规定。在国家拨给的教育事业费包干的基础上和逐步提高中小学教师生活待遇的前提下,可把农村教师的工资放开,允许富裕地区解决得更好一些,其工资多少,由乡教育事业费管理委员会讨论决定。贫困地区农村教师增加工资,可从国家拨给的教育事业费的增加部分中予以补贴。在学校工作的职工,他们的工资、福利也要相应提高。

六、各省、自治区、直辖市人民政府可根据上述原则,结合当地情况,制定具体方案和实施办法,先进行试点,再逐步推开。

农村实行征收教育事业费附加是一项改革,各地要加强领导,注意总结经验,发现问题要及时解决。实施情况,各地要在一九八五年底向教育部、财政部提出报告。

4-2-3
国务院关于进一步加大财政教育投入的意见

2011年6月29日　国发〔2011〕22号

各省、自治区、直辖市人民政府,国务院各部委、各直属机构:

《国家中长期教育改革和发展规划纲要(2010—2020年)》(以下简称《教育规划纲要》)明确提出,到2012年实现国家财政性教育经费支出占国内生产总值比例达到4%的目标(以下简称4%目标)。为确保按期实现这一目标,促进教育优先发展,现提出如下意见:

一、充分认识加大财政教育投入的重要性和紧迫性

教育投入是支撑国家长远发展的基础性、战略性投资,是发展教育事业的重要物质基础,是公共财政保障的重点。党中央、国务院始终坚持优先发展教育,高度重视增加财政教育投入,先后出台了一系列加大财政教育投入的政策措施。在各地区、各有关部门的共同努力下,我国财政教育投入持续大幅增长。2001—2010年,公共财政教育投入从约2700亿元增加到约14200亿元,年均增长20.2%,高于同期财政收入年均增长幅度;教育支出占财政支出的比重从14.3%提高到15.8%,已成为公共财政的第一大支出。财政教育投入的大幅增加,为教育改革发展提供了有力支持。当前,我国城乡免费义务教育全面实现,职业教育快速发展,高等教育进入大众化阶段,办学条件显著改善,教育公平迈出重大步伐。

新形势下继续增加财政教育投入,实现4%目标,是深入贯彻党的十七大和十七届五中全会精神,推动科学发展、建设人力资源强国的迫切需要;是全面落实《教育规划纲要》,推

动教育优先发展的重要保障;是履行公共财政职能,加快财税体制改革,完善基本公共服务体系的一项紧迫任务。地方各级人民政府、各有关部门必须切实贯彻党的教育方针,深入领会加大财政教育投入的重要意义,进一步提高思想认识,增强责任感和紧迫感,采取有力措施,切实保证经济社会发展规划优先安排教育发展,财政资金优先保障教育投入,公共资源优先满足教育和人力资源开发需要。

按期实现4%目标,资金投入量大,任务十分艰巨。各地区、各有关部门要认真贯彻落实国务院关于拓宽财政性教育经费来源渠道的各项政策措施,进一步调整优化财政支出结构,切实提高公共财政支出中教育支出所占比重。中央财政要充分发挥表率作用,进一步加大对地方特别是中西部地区教育事业发展转移支付力度,同时增加本级教育支出。地方各级人民政府要切实按照《教育规划纲要》要求,根据本地区教育事业发展需要,统筹规划,落实责任,大幅度增加教育投入。

二、落实法定增长要求,切实提高财政教育支出占公共财政支出比重

(一)严格落实教育经费法定增长要求。各级人民政府要严格按照《中华人民共和国教育法》等法律法规的规定,在年初安排公共财政支出预算时,积极采取措施,调整支出结构,努力增加教育经费预算,保证财政教育支出增长幅度明显高于财政经常性收入增长幅度。对预算执行中超收部分,也要按照上述原则优先安排教育拨款,确保全年预算执行结果达到法定增长的要求。

(二)提高财政教育支出占公共财政支出的比重。各级人民政府要进一步优化财政支出结构,压缩一般性支出,新增财力要着力向教育倾斜,优先保障教育支出。各地区要切实做到2011年、2012年财政教育支出占公共财政支出的比重都有明显提高。

(三)提高预算内基建投资用于教育的比重。要把支持教育事业发展作为公共投资的重点。在编制基建投资计划、实施基建投资项目时,充分考虑教育的实际需求,确保用于教育的预算内基建投资明显增加,不断健全促进教育事业发展的长效保障机制。

三、拓宽经费来源渠道,多方筹集财政性教育经费

(一)统一内外资企业和个人教育费附加制度。国务院决定,从2010年12月1日起统一内外资企业和个人城市维护建设税和教育费附加制度,教育费附加统一按增值税、消费税、营业税实际缴纳税额的3%征收。

(二)全面开征地方教育附加。各省(区、市)人民政府应根据《中华人民共和国教育法》的相关规定和《财政部关于统一地方教育附加政策有关问题的通知》(财综〔2010〕98号)的要求,全面开征地方教育附加。地方教育附加统一按增值税、消费税、营业税实际缴纳税额的2%征收。

(三)从土地出让收益中按比例计提教育资金。进一步调整土地出让收益的使用方向。从2011年1月1日起,各地区要从当年以招标、拍卖、挂牌或者协议方式出让国家土地使用权取得的土地出让收入中,按照扣除征地和拆迁补偿、土地开发等支出后余额10%的比例,计提教育资金。具体办法由财政部会同有关部门制定。

各地区要加强收入征管,依法足额征收,不得随意减免。落实上述政策增加的收入,要按规定全部用于支持地方教育事业发展,同时,不得因此而减少其他应由公共财政预算安排的教育经费。

四、合理安排使用财政教育经费,切实提高资金使用效益

在加大财政教育投入的同时,各地区、各有关部门要按照《教育规划纲要》的要求,进一步突出重点、优化结构、加强管理,推动教育改革创新,促进教育公平,全面提高教育质量。

(一)合理安排使用财政教育经费。一是积极支持实施重大项目。坚持顶层设计、总体规划、政策先行、机制创新的基本原则,着力解决教育发展关键领域和薄弱环节的问题。国务院有关部门负责组织实施符合《教育规划纲要》总体目标、关系教育改革发展全局的项目,做好统筹规划和宏观指导工作。地方各级人民政府要按照《教育规划纲要》要求,结合本地实际,因地制宜地实施好相关重大项目。二是着力保障和改善民生。教育经费安排要坚持以人为本,重点解决人民群众关切的教育问题,切实减轻人民群众教育负担,使人民群众能够共享加大财政教育投入和教育改革发展的成果,保障公民依法享有受教育的权利。大力支持基本普及学前教育、义务教育均衡发展、加快普及高中阶段教育、加强职业教育能力建设、提升高等教育质量、健全家庭经济困难学生资助政策体系等重点任务。三是优化教育投入结构,合理配置教育资源。要统筹城乡、区域之间教育协调发展,重点向农村地区、边远地区、贫困地区和民族地区倾斜,加快缩小教育差距,促进基本公共服务均等化。要调整优化各教育阶段的经费投入结构,合理安排日常运转经费与专项经费。

(二)全面推进教育经费的科学化精细化管理。一是要坚持依法理财、科学理财。严格执行国家财政管理的法律法规和财经纪律,建立健全教育经费管理的规章制度。二是要强化预算管理。提高预算编制的科学性、准确性,提高预算执行效率,推进预算公开。三是要明确管理责任。地方各级人民政府要按照教育事权划分,督促有关部门采取有效措施,加强经费使用管理。各级教育行政部门和学校在教育经费使用管理中负有主体责任,要采取有效措施,切实提高经费管理水平。四是要加强财务监督和绩效评价。进一步完善财务监督制度,强化重大项目经费的全过程审计,建立健全教育经费绩效评价制度。五是要加强管理基础工作和基层建设。充分发挥基层相关管理部门的职能作用,着力做好教育基础数据的收集、分析和信息化管理工作,完善教育经费支出标准,健全学校财务会计和资产制度,规范学校经济行为,防范学校财务风险。

五、加强组织领导,确保落实到位

(一)加强组织领导。各省(区、市)人民政府负责统筹落实本地区加大财政教育投入的相关工作。要健全工作机制,明确目标任务,做好动员部署,落实各级责任,加强监督检查。国务院各有关部门要按照职责分工,加强协调配合,共同抓好贯彻落实工作。

(二)加大各省(区、市)对下转移支付力度。要按照财力与事权相匹配的要求,进一步完善省以下财政体制,强化省级财政教育支出的统筹责任,防止支出责任过度下移。省级人民政府要根据财力分布状况和支出责任划分,加大对本行政区域内经济欠发达地区的转移支付力度。

(三)加强监测分析。各地区要加强对落实教育投入法定增长、提高财政教育支出比重、拓宽财政性教育经费来源渠道各项政策的监测分析和监督检查,及时发现和解决政策执行中的相关问题。财政部要会同有关部门制定科学合理的分析评价指标,对各省(区、市)财政教育投入状况作出评价分析,适时将分析结果报告国务院,并作为中央财政安排转移支付的重要依据。

4-2-4

国务院关于教育费附加
征收问题的紧急通知

1994年2月7日　国发明电〔1994〕2号

各省、自治区、直辖市人民政府，国务院各部委、各直属机构：

根据国发〔1993〕85号《国务院关于实行分税制财政管理体制的决定》，为了保证教育费附加及时、足额征收，现将有关事项通知如下：

一、教育费附加以各单位和个人实际缴纳的增值税、营业税、消费税的税额为计征依据，附加率为3%，分别与增值税、营业税、消费税同时缴纳。对从事生产卷烟和烟叶生产的单位，减半征收。

二、按照改革后的税收征收管理规定，教育费附加分别由国家税务局和地方税务局负责征收。国家税务局系统征收的按铁道、各银行总行、保险总公司营业税附征的教育费附加，作为中央预算固定收入；国家税务局系统征收的按增值税、消费税附征的教育费附加和地方税务局征收的按营业税附征的教育费附加，作为地方预算固定收入。

三、国家税务局系统和地方税务局征收的教育费附加，原则上应单独填开"缴款单"，以"教育费附加收入"科目，按上述收入归属的规定，分别缴入中央金库和地方金库。

四、其他事项暂按现行规定执行，具体使用管理办法另行制定下发。

五、本通知从一九九四年一月一日起执行。

※　　　※　　　※　　　※

4-2-5

财政部　国家税务总局关于
对从事生产卷烟的单位征收
教育费附加有关问题的通知

2005年9月30日　财综明电〔2005〕1号

各省、自治区、直辖市、计划单列市财政厅（局）、地方税务局：

根据《国务院关于修改〈征收教育费附加的暂行规定〉的决定》（国务院令第448号）的规定，为了做好教育费附加的征收管理工作，现将有关事项通知如下：

自2005年10月1日起，对从事生产卷烟的单位全额征收教育费附加，即从事生产卷烟的单位缴纳的增值税、消费税税款所属期为2005年10月1日以后的，一律按其实际缴纳增值税、消费税税额的3%征收教育费附加。

地方税务局要加强对教育费附加的征收工作,确保教育费附加及时、足额征收。

4-2-6

财政部关于免征全国中小学校舍
安全工程建设有关政府性基金的通知

2010年6月28日 财综〔2010〕54号

各省、自治区、直辖市、计划单列市财政厅(局),新疆生产建设兵团财务局:

为落实《国务院办公厅关于印发全国中小学校舍安全工程实施方案的通知》(国办发〔2009〕34号)有关规定,保证全国中小学校舍安全工程(以下简称"校舍安全工程")顺利实施,现就免收"校舍安全工程"建设所涉及的政府性基金问题通知如下:

一、全国城乡公办和民办、教育系统和非教育系统的所有中小学校"校舍安全工程"建设所涉及的政府性基金项目,均应当予以免收。

二、免收的具体项目包括城市基础设施配套费(市政设施配套费)、新型墙体材料专项基金、散装水泥专项资金、新菜地开发建设基金、森林植被恢复费、城市公用事业附加、城市教育费附加、地方教育附加、地方教育基金、水利建设基金(防洪保安资金)等政府性基金。

三、各省、自治区、直辖市、计划单列市财政厅(局)要严格按照本通知规定,认真落实"校舍安全工程"免收相关政府性基金的政策,并制定具体实施办法,报财政部备案。对于不按本通知规定落实免收政府性基金政策的,将按照《财政违法行为处罚处分条例》(国务院令第427号)的有关规定进行处理。

四、本通知自印发之日起实施。

4-2-7

财政部关于统一地方教育附加政策
有关问题的通知

2010年11月7日 财综〔2010〕98号

各省、自治区、直辖市财政厅(局),新疆生产建设兵团财务局:

为贯彻落实《国家中长期教育改革和发展规划纲要(2010—2020年)》,进一步规范和拓宽财政性教育经费筹资渠道,支持地方教育事业发展,根据国务院有关工作部署和具体要求,现就统一地方教育附加政策有关事宜通知如下:

一、统一开征地方教育附加。尚未开征地方教育附加的省份,省级财政部门应按照《教育法》的规定,根据本地区实际情况尽快研究制定开征地方教育附加的方案,报省级人民政府同意后,由省级人民政府于2010年12月31日前报财政部审批。

二、统一地方教育附加征收标准。地方教育附加征收标准统一为单位和个人（包括外商投资企业、外国企业及外籍个人）实际缴纳的增值税、营业税和消费税税额的2%。已经财政部审批且征收标准低于2%的省份，应将地方教育附加的征收标准调整为2%，调整征收标准的方案由省级人民政府于2010年12月31日前报财政部审批。

三、各省、自治区、直辖市财政部门要严格按照《教育法》规定和财政部批复意见，采取有效措施，切实加强地方教育附加征收使用管理，确保基金应收尽收，专项用于发展教育事业，不得从地方教育附加中提取或列支征收或代征手续费。

四、凡未经财政部或国务院批准，擅自多征、减征、缓征、停征，或者侵占、截留、挪用地方教育附加的，要依照《财政违法行为处罚处分条例》（国务院令第427号）和《违反行政事业性收费和罚没收入收支两条线管理规定行政处分暂行规定》（国务院令第281号）追究责任人的行政责任；构成犯罪的，依法追究刑事责任。

4-2-8

财政部　国家税务总局关于纳税人异地预缴增值税有关城市维护建设税和教育费附加政策问题的通知

2016年7月12日　财税〔2016〕74号

各省、自治区、直辖市、计划单列市财政厅（局）、国家税务局、地方税务局，新疆生产建设兵团财务局：

根据全面推开"营改增"试点后增值税政策调整情况，现就纳税人异地预缴增值税涉及的城市维护建设税和教育费附加政策执行问题通知如下：

一、纳税人跨地区提供建筑服务、销售和出租不动产的，应在建筑服务发生地、不动产所在地预缴增值税时，以预缴增值税税额为计税依据，并按预缴增值税所在地的城市维护建设税适用税率和教育费附加征收率就地计算缴纳城市维护建设税和教育费附加。

二、预缴增值税的纳税人在其机构所在地申报缴纳增值税时，以其实际缴纳的增值税税额为计税依据，并按机构所在地的城市维护建设税适用税率和教育费附加征收率就地计算缴纳城市维护建设税和教育费附加。

三、本通知自2016年5月1日起执行。

文化事业建设费

4-2-9

国务院关于进一步完善文化经济政策的若干规定

1996年9月5日　国发〔1996〕37号

各省、自治区、直辖市人民政府，国务院各部委、各直属机构：

为切实加强社会主义精神文明建设、促进文化事业健康发展，国务院决定进一步完善文化经济政策，在加大各级财政对文化事业投入力度的同时，拓宽文化事业资金投入渠道，逐步形成适应社会主义市场经济要求的筹资机制和多渠道投入体制。

一、开征文化事业建设费

为引导和调控文化事业的发展，从1997年1月1日起，在全国范围内开征文化事业建设费（地方已开征的不重复征收）。

（一）各种营业性的歌厅、舞厅、卡拉OK歌舞厅、音乐茶座和高尔夫球、台球、保龄球等娱乐场所，按营业收入的3%缴纳文化事业建设费。

广播电台、电视台和报纸、刊物等广告媒介单位以及户外广告经营单位，按经营收入的3%缴纳文化事业建设费。

（二）文化事业建设费由地方税务机关在征收娱乐业、广告业的营业税时一并征收。中央和国家机关所属单位缴纳的文化事业建设费，由地方税务机关征收后全额上缴中央金库。地方缴纳的文化事业建设费，全额缴入省级金库。

（三）文化事业建设费纳入财政预算管理，分别由中央和省级建立专项资金，用于文化事业建设。文化事业建设费的具体管理和使用办法，由财政部门会同有关主管部门制定。

二、鼓励对文化事业的捐赠

为鼓励社会力量资助文化事业，纳税人通过文化行政管理部门或批准成立的非营利性的公益性组织对下列文化事业的捐赠，在年度应纳税所得额3%以内的部分，经主管税务机关审核后，在计算应纳税所得额时予以扣除：

（一）对国家重点交响乐团、芭蕾舞团、歌剧团和京剧团及其他民族艺术表演团体的捐赠。

（二）对公益性的图书馆、博物馆、科技馆、美术馆、革命历史纪念馆的捐赠。

（三）对重点文物保护单位的捐赠。

三、继续实行财税优惠政策

随着经济发展和财政收入的增长，逐步增加对文化事业的资金投入，继续实行财税优惠政策。

（一）"九五"期间，财政部、国家税务总局《关于继续对宣传文化单位实行财税优惠政策的规定》（〔94〕财税字第089号）中规定的7类出版物、县及县以下新华书店和农村供销社销售出版物的增值税，继续实行先征后退的办法；经国务院批准成立的电影制片厂销售的电影拷贝收入，继续免征增值税；中央和省级财政继续按宣传文化企业上年上缴所得税的实际入库数列支出预算，建立宣传文化发展专项资金；中央和省级财政要继续在预算中安排部分专项经费，纳入宣传文化发展专项资金。

财税优惠政策如因税制调整而停止执行，各级财政部门要通过预算方式相应解决宣传文化单位由此产生的经费问题。

（二）适当增加"万里边境文化长廊"补助经费。在民族事业费和边境建设费中安排一定数量扶持边远地区、民族地区发展文化事业。有关地方政府也应逐步增加对边远地区、民族地区文化事业的投入。

四、建立健全专项资金制度

为促进宣传文化事业发展、增强调控能力、保证重点需要、规范资金管理，中央和省级要建立健全有关专项资金制度。

专项资金的来源为财政预算资金和按国家有关规定批准的收费等预算外资金。财政部门要做好专项资金的预算安排，有关部门要严格按照规定征收预算外资金。目前，要重点完善"宣传文化发展专项资金"、"优秀剧（节）目创作演出专项资金"、"国家电影事业发展专项资金"和"出版发展专项资金"制度。

专项资金是财政资金，要按照有关财政法规的要求健全制度、加强管理，保证专项专用并接受财政和审计部门监督检查。

4-2-10

财政部关于修改《文化事业建设费使用管理办法》的决定

2017年11月29日　财政部令第91号

经财政部部长办公会决定，并经中共中央宣传部同意，对《文化事业建设费使用管理办法》作出如下修改：

在第十一条后增加一条作为第十二条，原第十二条至第十四条相应顺延，增加内容为："各级财政部门和相关主管部门及其工作人员在文化事业建设费审批工作中，存在违反本办法规定的行为，以及其他滥用职权、玩忽职守、徇私舞弊等违法违纪行为的，依照《中华人民共和国预算法》、《中华人民共和国公务员法》、《中华人民共和国行政监察法》、《财政违法行为处罚处分条例》等国家有关规定追究相应责任；涉嫌犯罪的，依法移送司法机关处理。"

本决定自 2018 年 1 月 1 日起施行。

※　　　※　　　※　　　※

4－2－11

财政部　国家税务总局关于对外商投资企业、外国企业和外籍个人征收文化事业建设费问题的通知

1998 年 1 月 22 日　财税字〔1998〕14 号

财政部、国家税务总局制定的《文化事业建设费征收管理暂行办法》(财税字〔1997〕95号,以下简称办法)已于 1997 年 6 月 17 日经国务院批准,1997 年 7 月 7 日发布施行。依照办法规定,在中华人民共和国境内缴纳娱乐业、广告业营业税的单位和个人,为文化事业建设费的缴纳义务人。据此,具有上述纳税义务的外商投资企业、外国企业和外籍个人,应当依照办法缴纳文化事业建设费。

4－2－12

国家税务总局关于营业税改征增值税试点有关文化事业建设费登记与申报事项的公告

2013 年 11 月 11 日　国家税务总局公告 2013 年第 64 号

根据《财政部　国家税务总局关于营业税改征增值税试点有关文化事业建设费征收管理问题的通知》(财综〔2013〕88 号),现将文化事业建设费登记与申报有关事项公告如下:

一、登记事项

凡应缴纳和扣缴文化事业建设费的单位和个人(以下简称缴纳人、扣缴人),须按以下规定填写《文化事业建设费登记表》(附件1),向主管税务机关申报办理文化事业建设费登记事项。

(一)缴纳人、扣缴人在办理税务登记或扣缴税款登记的同时,办理文化事业建设费登记。

(二)本公告发布之日前已经办理税务登记或扣缴税款登记,但未办理文化事业建设费登记的缴纳人、扣缴人,应在本公告发布后,首次申报缴纳文化事业建设费前,补办登记事项。

(三)不经常发生文化事业建设费应缴纳行为或按规定不需要办理税务登记、扣缴税款登记的缴纳人、扣缴人,可以在首次文化事业建设费应缴纳行为发生后,办理登记事项。

二、申报事项

(一)缴纳人、扣缴人应在申报期内分别向主管税务机关报送《文化事业建设费申报表》(附件2)、《文化事业建设费代扣代缴报告表》(附件3,以下简称申报表)。申报数据实行电子信息采集的缴纳人、扣缴人,其纸质申报表按照各省税务机关的要求报送。

(二)缴纳人计算缴纳文化事业建设费时,允许从提供相关应税服务所取得的全部含税价款和价外费用中减除有关价款的,应根据取得的合法有效凭证逐一填列《应税服务扣除项目清单》(附件4),作为申报表附列资料,向主管税务机关同时报送。

缴纳人应将合法有效凭证的复印件加盖财务印章后编号并装订成册,作为备查资料并妥善保管,以备税务机关检查审核。

(三)文化事业建设费的申报期限与缴纳人、扣缴人的增值税申报期限相同。

三、本公告自2014年1月1日起施行。《国家税务总局关于营业税改征增值税试点文化事业建设费缴费信息登记有关事项的公告》(国家税务总局公告2012年第50号)、《国家税务总局关于营业税改征增值税试点文化事业建设费申报有关事项的公告》(国家税务总局公告2012年第51号)、《国家税务总局关于营业税改征增值税试点中文化事业建设费征收有关事项的公告》(国家税务总局公告2013年第35号)同时废止。

特此公告。

附件:1.《文化事业建设费登记表》及填表说明(编者略)
    2.《文化事业建设费申报表》及填表说明(编者略)
    3.《文化事业建设费代扣代缴报告表》及填表说明(编者略)
    4.《应税服务减除项目清单》及填表说明(编者略)

注释:

条款修改。附件2《文化事业建设费申报表》的计算公式及填表说明修订。将《文化事业建设费申报表》第18栏次中"18 = 10 − 13"修改为"18 = 10 × (1 − 减征比例) − 13",将《文化事业建设费申报表》填表说明中"二、有关栏目填写说明"下"(十八)第18栏'本期应补(退)费额'"的内容修改为"反映本期应缴费额中应补缴或退回的数额。计算公式:18 = 10 × 归属中央收入比例 × (1 − 50%) + 10 × 归属地方收入比例 × (1 − 归属地方收入减征比例) − 13。"参见:《国家税务总局关于调整部分政府性基金有关征管事项的公告》(国家税务总局公告2019年第24号)。

4-2-13

财政部　国家税务总局关于营业税改征增值税试点有关文化事业建设费政策及征收管理问题的通知

2016年3月28日　财税〔2016〕25号

各省、自治区、直辖市、计划单列市财政厅(局)、国家税务局、地方税务局：

为促进文化事业发展,现就营业税改征增值税(以下简称营改增)试点中文化事业建设费政策及征收管理有关问题通知如下：

一、在中华人民共和国境内提供广告服务的广告媒介单位和户外广告经营单位,应按照本通知规定缴纳文化事业建设费。

二、中华人民共和国境外的广告媒介单位和户外广告经营单位在境内提供广告服务,在境内未设有经营机构的,以广告服务接受方为文化事业建设费的扣缴义务人。

三、缴纳文化事业建设费的单位(以下简称缴纳义务人)应按照提供广告服务取得的计费销售额和3%的费率计算应缴费额,计算公式如下：

应缴费额＝计费销售额×3%

计费销售额,为缴纳义务人提供广告服务取得的全部含税价款和价外费用,减除支付给其他广告公司或广告发布者的含税广告发布费后的余额。

缴纳义务人减除价款的,应当取得增值税专用发票或国家税务总局规定的其他合法有效凭证,否则,不得减除。

四、按规定扣缴文化事业建设费的,扣缴义务人应按下列公式计算应扣缴费额：

应扣缴费额＝支付的广告服务含税价款×费率

五、文化事业建设费的缴纳义务发生时间和缴纳地点,与缴纳义务人的增值税纳税义务发生时间和纳税地点相同。

文化事业建设费的扣缴义务发生时间,为缴纳义务人的增值税纳税义务发生时间。

文化事业建设费的扣缴义务人应当向其机构所在地或者居住地主管税务机关申报缴纳其扣缴的文化事业建设费。

六、文化事业建设费的缴纳期限与缴纳义务人的增值税纳税期限相同。

文化事业建设费扣缴义务人解缴税款的期限,应按照前款规定执行。

七、增值税小规模纳税人中月销售额不超过2万元(按季纳税6万元)的企业和非企业性单位提供的应税服务,免征文化事业建设费。

自2015年1月1日起至2017年12月31日,对按月纳税的月销售额不超过3万元(含3万元),以及按季纳税的季度销售额不超过9万元(含9万元)的缴纳义务人,免征文化事业建设费。

八、营改增后的文化事业建设费,由国家税务局征收。

九、营改增试点中文化事业建设费的预算科目、预算级次和缴库办法等,参照《财政部关于开征文化事业建设费有关预算管理问题的通知》(财预字〔1996〕469号)的规定执行,具体如下:

中央所属企事业单位缴纳的文化事业建设费,中央所属企事业单位组成的联营企业、股份制企业缴纳的文化事业建设费,中央所属企事业单位与集体企业、私营企业组成的联营企业、股份制企业缴纳的文化事业建设费,中央所属企事业单位与港、澳、台商组成的合资经营企业(港或澳、台资)、合作经营企业(港或澳、台资)缴纳的文化事业建设费,中央所属企事业单位与外商组成的中外合资经营企业、中外合作经营企业缴纳的文化事业建设费,全部作为中央预算收入,由税务机关开具税收缴款书,以"1030217 文化事业建设费收入"项级科目就地缴入中央国库。

地方所属企事业单位、集体企业、私营企业、港澳台商独资经营企业、外商独资企业缴纳的文化事业建设费,地方所属企事业单位、集体企业、私营企业组成的联营企业、股份制企业缴纳的文化事业建设费,地方所属企事业单位、集体企业、私营企业与港、澳、台商组成的合资经营企业(港或澳、台资)、合作经营企业(港或澳、台资)缴纳的文化事业建设费,地方所属企事业单位、集体企业、私营企业与外商组成的中外合资经营企业、中外合作经营企业缴纳的文化事业建设费,全部作为地方预算收入,由税务机关开具税收缴款书,以"1030217 文化事业建设费收入"项级科目,按各地方规定的缴库级次就地缴入地方国库。

中央所属企事业单位与地方所属企事业单位组成的联营企业、股份制企业缴纳的文化事业建设费,中央所属企事业单位与地方所属企事业单位联合与集体企业、私营企业、港澳台商、外商组成的联营企业、股份制企业、合资经营企业(港或澳、台资)、合作经营企业(港或澳、台资)、中外合资经营企业、中外合作经营企业缴纳的文化事业建设费,按中央、地方各自投资占中央和地方投资之和的比例,分别作为中央预算收入和地方预算收入,由税务机关开具税收缴款书就地缴入中央国库和地方规定的地方国库。

十、文化事业建设费纳入财政预算管理,用于文化事业建设。具体管理和使用办法,另行制定。

十一、本通知所称广告服务,是指《财政部 国家税务总局关于全面推开营业税改征增值税试点的通知》(财税〔2016〕36号)的《销售服务、无形资产、不动产注释》中"广告服务"范围内的服务。

十二、本通知所称广告媒介单位和户外广告经营单位,是指发布、播映、宣传、展示户外广告和其他广告的单位,以及从事广告代理服务的单位。

十三、本通知自2016年5月1日起执行。《关于营业税改征增值税试点有关文化事业建设费征收管理问题的通知》(财综〔2013〕88号)同时废止。

4-2-14

财政部 国家税务总局关于营业税改征增值税试点有关文化事业建设费政策及征收管理问题的补充通知

2016年5月13日 财税〔2016〕60号

各省、自治区、直辖市、计划单列市财政厅(局)、国家税务局、地方税务局:

为促进文化事业发展,现就全面推开营业税改征增值税试点(以下简称营改增)后娱乐服务征收文化事业建设费有关事项补充通知如下:

一、在中华人民共和国境内提供娱乐服务的单位和个人(以下称缴纳义务人),应按照本通知以及《财政部国家税务总局关于营业税改征增值税试点有关文化事业建设费政策及征收管理问题的通知》(财税〔2016〕25号)的规定缴纳文化事业建设费。

二、缴纳义务人应按照提供娱乐服务取得的计费销售额和3%的费率计算娱乐服务应缴费额,计算公式如下:

娱乐服务应缴费额=娱乐服务计费销售额×3%

娱乐服务计费销售额,为缴纳义务人提供娱乐服务取得的全部含税价款和价外费用。

三、未达到增值税起征点的缴纳义务人,免征文化事业建设费。

四、本通知所称娱乐服务,是指《财政部 国家税务总局关于全面推开营业税改征增值税试点的通知》(财税〔2016〕36号)的《销售服务、无形资产、不动产注释》中"娱乐服务"范围内的服务。

五、本通知自2016年5月1日起执行。《财政部 国家税务总局关于印发〈文化事业建设费征收管理暂行办法〉的通知》(财税字〔1997〕95号)同时废止。

残疾人就业保障金

4-2-15

残疾人就业条例

2007年2月25日　中华人民共和国国务院令第488号公布

第一章　总　则

第一条　为了促进残疾人就业，保障残疾人的劳动权利，根据《中华人民共和国残疾人保障法》和其他有关法律，制定本条例。

第二条　国家对残疾人就业实行集中就业与分散就业相结合的方针，促进残疾人就业。

县级以上人民政府应当将残疾人就业纳入国民经济和社会发展规划，并制定优惠政策和具体扶持保护措施，为残疾人就业创造条件。

第三条　机关、团体、企业、事业单位和民办非企业单位（以下统称用人单位）应当依照有关法律、本条例和其他有关行政法规的规定，履行扶持残疾人就业的责任和义务。

第四条　国家鼓励社会组织和个人通过多种渠道、多种形式，帮助、支持残疾人就业，鼓励残疾人通过应聘等多种形式就业。禁止在就业中歧视残疾人。

残疾人应当提高自身素质，增强就业能力。

第五条　各级人民政府应当加强对残疾人就业工作的统筹规划，综合协调。县级以上人民政府负责残疾人工作的机构，负责组织、协调、指导、督促有关部门做好残疾人就业工作。

县级以上人民政府劳动保障、民政等有关部门在各自的职责范围内，做好残疾人就业工作。

第六条　中国残疾人联合会及其地方组织依照法律、法规或者接受政府委托，负责残疾人就业工作的具体组织实施与监督。

工会、共产主义青年团、妇女联合会，应当在各自的工作范围内，做好残疾人就业工作。

第七条　各级人民政府对在残疾人就业工作中做出显著成绩的单位和个人，给予表彰和奖励。

第二章　用人单位的责任

第八条　用人单位应当按照一定比例安排残疾人就业，并为其提供适当的工种、岗位。

用人单位安排残疾人就业的比例不得低于本单位在职职工总数的1.5%。具体比例由省、自治区、直辖市人民政府根据本地区的实际情况规定。

用人单位跨地区招用残疾人的,应当计入所安排的残疾人职工人数之内。

第九条 用人单位安排残疾人就业达不到其所在地省、自治区、直辖市人民政府规定比例的,应当缴纳残疾人就业保障金。

第十条 政府和社会依法兴办的残疾人福利企业、盲人按摩机构和其他福利性单位(以下统称集中使用残疾人的用人单位),应当集中安排残疾人就业。

集中使用残疾人的用人单位的资格认定,按照国家有关规定执行。

第十一条 集中使用残疾人的用人单位中从事全日制工作的残疾人职工,应当占本单位在职职工总数的25%以上。

第十二条 用人单位招用残疾人职工,应当依法与其签订劳动合同或者服务协议。

第十三条 用人单位应当为残疾人职工提供适合其身体状况的劳动条件和劳动保护,不得在晋职、晋级、评定职称、报酬、社会保险、生活福利等方面歧视残疾人职工。

第十四条 用人单位应当根据本单位残疾人职工的实际情况,对残疾人职工进行上岗、在岗、转岗等培训。

第三章　保障措施

第十五条 县级以上人民政府应当采取措施,拓宽残疾人就业渠道,开发适合残疾人就业的公益性岗位,保障残疾人就业。

县级以上地方人民政府发展社区服务事业,应当优先考虑残疾人就业。

第十六条 依法征收的残疾人就业保障金应当纳入财政预算,专项用于残疾人职业培训以及为残疾人提供就业服务和就业援助,任何组织或者个人不得贪污、挪用、截留或者私分。残疾人就业保障金征收、使用、管理的具体办法,由国务院财政部门会同国务院有关部门规定。

财政部门和审计机关应当依法加强对残疾人就业保障金使用情况的监督检查。

第十七条 国家对集中使用残疾人的用人单位依法给予税收优惠,并在生产、经营、技术、资金、物资、场地使用等方面给予扶持。

第十八条 县级以上地方人民政府及其有关部门应当确定适合残疾人生产、经营的产品、项目,优先安排集中使用残疾人的用人单位生产或者经营,并根据集中使用残疾人的用人单位的生产特点确定某些产品由其专产。

政府采购,在同等条件下,应当优先购买集中使用残疾人的用人单位的产品或者服务。

第十九条 国家鼓励扶持残疾人自主择业、自主创业。对残疾人从事个体经营的,应当依法给予税收优惠,有关部门应当在经营场地等方面给予照顾,并按照规定免收管理类、登记类和证照类的行政事业性收费。

国家对自主择业、自主创业的残疾人在一定期限内给予小额信贷等扶持。

第二十条 地方各级人民政府应当多方面筹集资金,组织和扶持农村残疾人从事种植业、养殖业、手工业和其他形式的生产劳动。

有关部门对从事农业生产劳动的农村残疾人,应当在生产服务、技术指导、农用物资供应、农副产品收购和信贷等方面给予帮助。

第四章 就业服务

第二十一条 各级人民政府和有关部门应当为就业困难的残疾人提供有针对性的就业援助服务,鼓励和扶持职业培训机构为残疾人提供职业培训,并组织残疾人定期开展职业技能竞赛。

第二十二条 中国残疾人联合会及其地方组织所属的残疾人就业服务机构应当免费为残疾人就业提供下列服务:

(一)发布残疾人就业信息;

(二)组织开展残疾人职业培训;

(三)为残疾人提供职业心理咨询、职业适应评估、职业康复训练、求职定向指导、职业介绍等服务;

(四)为残疾人自主择业提供必要的帮助;

(五)为用人单位安排残疾人就业提供必要的支持。

国家鼓励其他就业服务机构为残疾人就业提供免费服务。

第二十三条 受劳动保障部门的委托,残疾人就业服务机构可以进行残疾人失业登记、残疾人就业与失业统计;经所在地劳动保障部门批准,残疾人就业服务机构还可以进行残疾人职业技能鉴定。

第二十四条 残疾人职工与用人单位发生争议的,当地法律援助机构应当依法为其提供法律援助,各级残疾人联合会应当给予支持和帮助。

第五章 法律责任

第二十五条 违反本条例规定,有关行政主管部门及其工作人员滥用职权、玩忽职守、徇私舞弊,构成犯罪的,依法追究刑事责任;尚不构成犯罪的,依法给予处分。

第二十六条 违反本条例规定,贪污、挪用、截留、私分残疾人就业保障金,构成犯罪的,依法追究刑事责任;尚不构成犯罪的,对有关责任单位、直接负责的主管人员和其他直接责任人员依法给予处分或者处罚。

第二十七条 违反本条例规定,用人单位未按照规定缴纳残疾人就业保障金的,由财政部门给予警告,责令限期缴纳;逾期仍不缴纳的,除补缴欠缴数额外,还应当自欠缴之日起,按日加收5‰的滞纳金。

第二十八条 违反本条例规定,用人单位弄虚作假,虚报安排残疾人就业人数,骗取集中使用残疾人的用人单位享受的税收优惠待遇的,由税务机关依法处理。

第六章 附则

第二十九条 本条例所称残疾人就业,是指符合法定就业年龄有就业要求的残疾人从事有报酬的劳动。

第三十条 本条例自2007年5月1日起施行。

4-2-16

财政部　税务总局　中国残联关于印发《残疾人就业保障金征收使用管理办法》的通知

2015年9月9日　财税〔2015〕72号

各省、自治区、直辖市财政厅(局)、地方税务局、国家税务局、残疾人联合会：

为了规范残疾人就业保障金征收使用管理，促进残疾人就业，保障残疾人权益，根据《残疾人保障法》、《残疾人就业条例》的规定，我们制定了《残疾人就业保障金征收使用管理办法》，现印发给你们，请遵照执行。

残疾人就业保障金征收使用管理办法

第一章　总　　则

第一条　为了规范残疾人就业保障金（以下简称保障金）征收使用管理，促进残疾人就业，根据《残疾人保障法》、《残疾人就业条例》的规定，制定本办法。

第二条　保障金是为保障残疾人权益，由未按规定安排残疾人就业的机关、团体、企业、事业单位和民办非企业单位（以下简称用人单位）缴纳的资金。

第三条　保障金的征收、使用和管理，适用本办法。

第四条　本办法所称残疾人，是指持有《中华人民共和国残疾人证》上注明属于视力残疾、听力残疾、言语残疾、肢体残疾、智力残疾、精神残疾和多重残疾的人员，或者持有《中华人民共和国残疾军人证》(1至8级)的人员。

第五条　保障金的征收、使用和管理应当接受财政部门的监督检查和审计机关的审计监督。

第二章　征收缴库

第六条　用人单位安排残疾人就业的比例不得低于本单位在职职工总数的1.5%。具体比例由各省、自治区、直辖市人民政府根据本地区的实际情况规定。

用人单位安排残疾人就业达不到其所在地省、自治区、直辖市人民政府规定比例的，应当缴纳保障金。

第七条　用人单位将残疾人录用为在编人员或依法与就业年龄段内的残疾人签订1年

以上(含1年)劳动合同(服务协议),且实际支付的工资不低于当地最低工资标准,并足额缴纳社会保险费的,方可计入用人单位所安排的残疾人就业人数。

用人单位安排1名持有《中华人民共和国残疾人证》(1至2级)或《中华人民共和国残疾军人证》(1至3级)的人员就业的,按照安排2名残疾人就业计算。

用人单位跨地区招用残疾人的,应当计入所安排的残疾人就业人数。

第八条 保障金按上年用人单位安排残疾人就业未达到规定比例的差额人数和本单位在职职工年平均工资之积计算缴纳。计算公式如下:

保障金年缴纳额=(上年用人单位在职职工人数×所在地省、自治区、直辖市人民政府规定的安排残疾人就业比例－上年用人单位实际安排的残疾人就业人数)×上年用人单位在职职工年平均工资

用人单位在职职工,是指用人单位在编人员或依法与用人单位签订1年以上(含1年)劳动合同(服务协议)的人员。季节性用工应当折算为年平均用工人数。以劳务派遣用工的,计入派遣单位在职职工人数。

用人单位安排残疾人就业未达到规定比例的差额人数,以公式计算结果为准,可以不是整数。

上年用人单位在职职工年平均工资,按用人单位上年在职职工工资总额除以用人单位在职职工人数计算。

第九条 保障金由用人单位所在地的地方税务局负责征收。没有分设地方税务局的地方,由国家税务局负责征收。

有关省、自治区、直辖市对保障金征收机关另有规定的,按其规定执行。

第十条 保障金一般按月缴纳。

用人单位应按规定时限向保障金征收机关申报缴纳保障金。在申报时,应提供本单位在职职工人数、实际安排残疾人就业人数、在职职工年平均工资等信息,并保证信息的真实性和完整性。

第十一条 保障金征收机关应当定期对用人单位进行检查。发现用人单位申报不实、少缴纳保障金的,征收机关应当催报并追缴保障金。

第十二条 残疾人就业服务机构应当配合保障金征收机关做好保障金征收工作。

用人单位应按规定时限如实向残疾人就业服务机构申报上年本单位安排的残疾人就业人数。未在规定时限申报的,视为未安排残疾人就业。

残疾人就业服务机构进行审核后,确定用人单位实际安排的残疾人就业人数,并及时提供给保障金征收机关。

第十三条 保障金征收机关征收保障金时,应当向用人单位开具省级财政部门统一印制的票据或税收票证。

第十四条 保障金全额缴入地方国库。

地方各级人民政府之间保障金的分配比例,由各省、自治区、直辖市财政部门商残疾人联合会确定。

具体缴库办法按照省级财政部门的规定执行。

第十五条 保障金由税务机关负责征收的,应积极采取财税库银税收收入电子缴库横

向联网方式征缴保障金。

第十六条 自工商登记注册之日起3年内,对安排残疾人就业未达到规定比例、在职职工总数20人以下(含20人)的小微企业,免征保障金。

第十七条 用人单位遇不可抗力自然灾害或其他突发事件遭受重大直接经济损失,可以申请减免或者缓缴保障金。具体办法由各省、自治区、直辖市财政部门规定。

用人单位申请减免保障金的最高限额不得超过1年的保障金应缴额,申请缓缴保障金的最长期限不得超过6个月。

批准减免或者缓缴保障金的用人单位名单,应当每年公告一次。公告内容应当包括批准机关、批准文号、批准减免或缓缴保障金的主要理由等。

第十八条 保障金征收机关应当严格按规定的范围、标准和时限要求征收保障金,确保保障金及时、足额征缴到位。

第十九条 任何单位和个人均不得违反本办法规定,擅自减免或缓征保障金,不得自行改变保障金的征收对象、范围和标准。

第二十条 各地应当建立用人单位按比例安排残疾人就业及缴纳保障金公示制度。

残疾人联合会应当每年向社会公布本地区用人单位应安排残疾人就业人数、实际安排残疾人就业人数和未按规定安排残疾人就业人数。

保障金征收机关应当定期向社会公布本地区用人单位缴纳保障金情况。

第三章 使用管理

第二十一条 保障金纳入地方一般公共预算统筹安排,主要用于支持残疾人就业和保障残疾人生活。支持方向包括:

(一)残疾人职业培训、职业教育和职业康复支出。

(二)残疾人就业服务机构提供残疾人就业服务和组织职业技能竞赛(含展能活动)支出。补贴用人单位安排残疾人就业所需设施设备购置、改造和支持性服务费用。补贴辅助性就业机构建设和运行费用。

(三)残疾人从事个体经营、自主创业、灵活就业的经营场所租赁、启动资金、设施设备购置补贴和小额贷款贴息。各种形式就业残疾人的社会保险缴费补贴和用人单位岗位补贴。扶持农村残疾人从事种植、养殖、手工业及其他形式生产劳动。

(四)奖励超比例安排残疾人就业的用人单位,以及为安排残疾人就业做出显著成绩的单位或个人。

(五)对从事公益性岗位就业、辅助性就业、灵活就业,收入达不到当地最低工资标准、生活确有困难的残疾人的救济补助。

(六)经地方人民政府及其财政部门批准用于促进残疾人就业和保障困难残疾人、重度残疾人生活等其他支出。

第二十二条 地方各级残疾人联合会所属残疾人就业服务机构的正常经费开支,由地方同级财政预算统筹安排。

第二十三条 各地要积极推行政府购买服务,按照政府采购法律制度规定选择符合要求的公办、民办等各类就业服务机构,承接残疾人职业培训、职业教育、职业康复、就业服务和就业援助等工作。

第二十四条 地方各级残疾人联合会、财政部门应当每年向社会公布保障金用于支持残疾人就业和保障残疾人生活支出情况,接受社会监督。

第四章 法律责任

第二十五条 单位和个人违反本办法规定,有下列情形之一的,依照《财政违法行为处罚处分条例》和《违反行政事业性收费和罚没收入收支两条线管理规定行政处分暂行规定》等国家有关规定追究法律责任;涉嫌犯罪的,依法移送司法机关处理:

(一)擅自减免保障金或者改变保障金征收范围、对象和标准的;
(二)隐瞒、坐支应当上缴的保障金的;
(三)滞留、截留、挪用应当上缴的保障金的;
(四)不按照规定的预算级次、预算科目将保障金缴入国库的;
(五)违反规定使用保障金的;
(六)其他违反国家财政收入管理规定的行为。

第二十六条 用人单位未按规定缴纳保障金的,按照《残疾人就业条例》的规定,由保障金征收机关提交财政部门,由财政部门予以警告,责令限期缴纳;逾期仍不缴纳的,除补缴欠缴数额外,还应当自欠缴之日起,按日加收5‰的滞纳金。滞纳金按照保障金入库预算级次缴入国库。

第二十七条 保障金征收、使用管理有关部门的工作人员违反本办法规定,在保障金征收和使用管理工作中滥用职权、玩忽职守、徇私舞弊的,依法给予处分;涉嫌犯罪的,依法移送司法机关。

第五章 附 则

第二十八条 各省、自治区、直辖市财政部门会同税务部门、残疾人联合会根据本办法制定具体实施办法,并报财政部、国家税务总局、中国残疾人联合会备案。

第二十九条 本办法由财政部会同国家税务总局、中国残疾人联合会负责解释。

第三十条 本办法自2015年10月1日起施行。《财政部关于发布〈残疾人就业保障金管理暂行规定〉的通知》(财综字〔1995〕5号)及其他与本办法不符的规定同时废止。

4-2-17

中国残疾人联合会 国家发展改革委 民政部 人力资源社会保障部 国家卫生计生委 国家税务总局 国家中医药管理局关于印发《残疾人就业促进"十三五"实施方案》的通知

2016年10月8日 残联发〔2016〕48号

各省、自治区、直辖市及计划单列市残联、发展改革委、民政厅（局）、人力资源社会保障厅（局）、卫生计生委、国税局、地税局、中医药局，新疆生产建设兵团残联、发展改革委、民政局、人力资源社会保障局、卫生局：

为做好"十三五"期间残疾人就业促进工作，根据国务院印发的《"十三五"加快残疾人小康进程规划纲要》，中国残联、国家发展改革委、民政部、人力资源社会保障部、国家卫生计生委、国家税务总局、国家中医药管理局联合制定了《残疾人就业促进"十三五"实施方案》，现印发给你们，请认真贯彻执行。

残疾人就业促进"十三五"实施方案

一、背景

"十二五"期间，通过落实就业优先战略，完善残疾人就业保护和就业促进政策措施，实施"城镇百万残疾人就业工程"，着力加强残疾人就业服务和职业培训，残疾人就业状况明显改善，就业渠道不断拓宽，就业规模稳步扩大。但是残疾人就业总体状况与残疾人就业需求相比仍存在较大差距，残疾人就业收入与社会平均水平相比明显偏低，残疾人就业环境有待改善，就业年龄段内未就业残疾人所占比例依然较大。

"十三五"期间，我国经济发展进入新常态，就业总量压力持续存在，结构性矛盾进一步凸显，残疾人就业形势将更加严峻。为如期打赢脱贫攻坚战、实现全面建成小康社会目标，千方百计促进残疾人就业增收，依据《"十三五"加快残疾人小康进程规划纲要》，制定本方案。

二、任务目标

以残疾人基本服务状况和需求专项调查中未就业的残疾人为主要对象，扎实做好残疾人就业促进、就业培训和就业服务工作。

（一）为城镇100万残疾人免费提供职业技能培训，着力提高就业能力，实现城镇新增残疾人就业50万人。

(二)面向中西部地区50万名农村贫困残疾人开展免费的实用技术培训,使具备劳动能力的残疾人掌握一技之长,参加生产劳动,实现就业增收。

(三)加强残疾人就业服务。有就业创业需求和能力的城乡残疾人普遍获得职业介绍、职业指导等服务。

三、主要措施

(一)完善政策,拓宽渠道,促进残疾人多种形式就业。

1. 依法推进按比例就业。

建立各类用人单位按比例安排残疾人就业情况公示、残疾人就业保障金征收使用情况公示、各级党政机关残疾人公务员实名统计等制度。落实《关于促进残疾人按比例就业的意见》和地方具体实施办法,加大为用人单位服务、岗位开发力度,促使更多的用人单位选择安排残疾人。加大残疾人就业保障金对按比例和超比例安排残疾人就业单位的奖励力度。各级残工委成员单位要率先招录残疾人,推进各类党政机关招录残疾人工作。各级党政机关中的非公务员岗位(科研、技术、后勤等),要积极安排残疾人就业,并依法与残疾职工订立劳动合同,保障其合法权益。到2020年,所有省级党政机关、地市级残工委主要成员单位至少安排有1名残疾人。制定残疾人就业保障金征收使用管理办法地方实施细则,切实发挥保障金促进残疾人就业的作用。

2. 稳定发展集中就业。

落实残疾人就业税收和城市建设与公用事业收费优惠政策,对集中安排残疾人就业单位实施行政性事业收费和政府性基金减免。鼓励各地加大残疾人就业保障金对残疾人集中就业单位的投入,扶持其稳定发展。推动地方政府制定优先或定向采购残疾人集中就业单位产品和服务目录。扶持安置、带动残疾人就业能力强的残疾人集中就业龙头企业,打造一批残疾人集中就业知名品牌。探索残疾人文化创意产业基地建设。

3. 鼓励扶持自主创业、灵活就业。

制定发展残疾人自主创业、灵活就业政策,加大对"互联网+"就业、居家就业、社区就业、灵活就业等适合残疾人的新就业形态的扶持力度。探索建立一批残疾人创业孵化示范基地,在创业项目、创业培训、启动资金、后续发展资金筹集等方面,为残疾人创业者提供个性化服务。及时了解和掌握市场新兴行业和企业信息,鼓励引导各类互联网企业为残疾人提供就业岗位或以众包服务等方式,帮助残疾人网络就业。通过在设施设备、网络费用补贴等方面帮扶残疾人实现网络创业。积极开发社区便民服务、居家服务岗位,优先安排符合条件的残疾人;城市便民服务网点免费或以低价承租方式优先提供给残疾人经营。政府开发的公益性岗位优先安排给符合条件的残疾人。扶持有一定基础的残疾人从事非物质文化遗产传承项目。

4. 全面推开辅助性就业。

制定《关于发展残疾人辅助性就业的意见》地方实施意见,加强部门协调,确保各项辅助性就业扶持政策落到实处。开展为辅助性就业机构提供劳动生产项目企业残疾人就业保障金抵扣政策试点,扶持一批残疾人辅助性就业示范机构,鼓励更多企事业单位参与残疾人辅助性就业。到2017年所有市辖区、到2020年所有县(市、旗)应至少建有一所残疾人辅助性就业机构,基本满足具有一定劳动能力的智力、精神和重度肢体残疾人的就业需求。

5. 积极探索支持性就业。

调动各类社会资源,以智力、精神残疾人为主要对象,以扶持其在劳动力市场实现就业为目的,继续在部分省市开展残疾人支持性就业试点。扶持建设残疾人就业辅导员培训专业机构(基地),培训2500名就业辅导员,帮助更多残疾人实现支持性就业。

6. 帮扶农村残疾人就业增收、转移就业。

统筹培训资源,为中西部地区50万名农村贫困残疾人免费提供实用技术培训,提高农村残疾人种植、养殖、手工加工等技能水平,使之掌握一技之长;开展一人一策精准帮扶,帮助残疾人参与"种养加"及设施农业项目,实现就业增加。加强城乡劳动力资源信息对接与就业服务,做好农村残疾人劳动力转移就业。

7. 大力发展盲人按摩业。

依托盲人保健按摩规范化实训基地、盲人按摩培训学校、盲校、盲人按摩机构、残疾人职业培训机构及社会职业培训机构,组织盲人接受保健按摩师技能培训,确保培训质量。加大对农村和西部地区的培训扶持力度,对在就业年龄段有就业意愿的盲人做到应培尽培。加强盲人医疗按摩教育,鼓励和扶持残疾人职业中等专业学校、盲校和社会中等、高等医学院校,增设盲人医疗按摩专业和扩大招生,提升教育培养能力。健全盲人医疗按摩继续教育制度和工作机制,采取集中授课、网络远程、函授、学术交流等多种形式,全面实施盲人医疗按摩继续教育制度。"十三五"期间,全国培训盲人保健按摩人员不少于5万名,其中新增盲人保健按摩人员不少于2万名,通过学历教育、继续教育,培养培训盲人医疗按摩人员不少于2.5万人,建立70家盲人医疗按摩、保健按摩规范化实训基地。

规范盲人按摩行业管理,严格执行盲人医疗按摩资格认证、证书管理、执业备案、继续教育、职称评审制度,符合条件的盲人医疗按摩人员可吸纳到各级各类医疗机构就业。依托社区卫生服务中心、康复机构、敬老院和社区服务机构开发盲人医疗按摩岗位或购买服务,鼓励社会力量设立集中安排盲人医疗按摩人员就业的医疗机构,解决盲人医疗按摩人员执业问题。扶持全国建设不少于10家集中安置盲人医疗按摩人员就业的按摩专科医院。鼓励和扶持盲人医疗按摩人员按规定开办盲人医疗按摩所,以创业带动就业。鼓励、扶持盲人和社会力量开办保健按摩机构,集中安排盲人按摩人员就业。推动盲人按摩规范化、品牌化发展。

开展多种形式的盲人职业教育和培训,积极支持拓展盲人新的就业和创业之路。

(二)加大职业培训力度,提升残疾人就业能力。

1. 各级政府开展的各类职业培训要将有就业创业愿望和培训需求的残疾人列为培训对象。加大就业资金和残疾人就业保障金对残疾人职业培训的投入,对城乡残疾人参加职业培训的按规定给予职业培训补贴,通过职业技能鉴定取得职业资格证书的,按规定给予职业技能鉴定补贴。

2. 实施残疾人职业能力提升计划。统筹利用职业院校、特殊教育院校、职业培训基地和企业等各类职业培训资源,对有就业创业愿望、具备就业创业条件的残疾人依据残疾类别、残疾等级、性别、年龄、学历等进行分类,了解掌握每一个人的培训需求,研究确定培训方向和内容,抓好就业创业技能培训。配合用人单位,根据岗位要求,有计划地组织实施岗位技能提升培训。依托全国残疾人就业创业网络服务平台和各类网络服务平台,开展面向各类残疾人的远程职业技能培训。

3. 依托现有设施设备,规范和加强各级残疾人职业培训基地建设,制定并完善基地建设规范和评估标准,建立对基地的认证、考核和评估机制,实行准入和退出机制。进一步完善对基地的扶持政策,切实发挥基地作用。采取社会化合作方式,依托高校、科研机构和社会组织,开展与残疾人职业培训相关的研究、教学、评估、信息发布等工作,为残疾人职业培训提供技术支持。

(三)转变服务方式,提高残疾人就业服务水平。

1. 各级残疾人就业服务机构要充分发挥作用,为残疾人提供有针对性的就业服务。公共就业服务机构和基层劳动就业社会保障公共服务平台也要将残疾人列为重点服务对象,免费提供职业介绍、职业指导等针对性就业服务。建立健全就业困难残疾人就业援助长效机制,做到政策宣传到位,帮扶服务到位,确保零就业家庭、最低生活保障家庭至少有一人实现就业。

2. 依托各级各类人力资源机构、职业培训机构,大力推进政府购买残疾人岗位提供、职业培训、职业指导、职业能力评估等服务,广泛吸纳社会力量参与残疾人就业服务,创新残疾人就业服务供给机制和方式,提升残疾人就业服务社会化、专业化水平。依托各级各类人力资源市场,组织开展残疾人就业专场招聘活动。

3. 将残疾人大中专毕业生就业创业服务工作放在残疾人就业工作的首位。密切与残疾人大中专毕业生所在学校联系,提前介入,准确掌握每一名毕业生基本情况和需求,实行"一生一策"、"一对一"就业创业服务,帮助毕业生了解就业形势,落实扶持政策,做到"不就业、不脱钩",确保应届残疾人大中专毕业生当年就业率达到60%以上。

4. 加强残疾人就业和职业培训实名制信息管理,确保就业年龄段残疾人的信息数据应录尽录;完善季度年度通报制度、目标责任制度、季度更新制度,推动实名制统计管理规范化、常态化。加强系统管理员队伍能力建设,通过举办系统管理人员操作技术培训班,并通过送教上门、分片指导开展社区管理员培训等方式,不断提高实名制统计管理系统信息采集、录入、统计、分析的质量。对信息数据实行动态监管,定期核查,做好与《残疾人基本服务状况与需求专项调查数据》比对工作,确保数据口径一致,真实有效。

5. 加强残疾人就业服务能力建设。制定残疾人就业服务标准,规范残疾人就业服务内容和流程,加快推进市、县两级残疾人就业服务机构规范化建设。依托各类社会资源,采取多种形式,对各级残疾人就业服务机构工作人员普遍开展专项业务能力提升培训,打造一支专业化的残疾人就业服务队伍,完善社区就业指导员培训课程,提升培训质量,对10000名社区就业指导员开展业务提升培训。

6、完善和推广使用全国残疾人就业创业网络服务平台。建立平台管理员队伍。做好信息采集、录入、统计和上报工作,确保数据互联互通、信息共享;利用平台做好职业介绍、远程培训、产品推介、政务服务、培训众包等各种服务。

7. 充分发挥全国残疾人技术资源中心的龙头作用,在残疾人就业人才培养、教材研发与推广、培训基地建设、岗位能力标准建设、模拟实训基地建设以及残疾人学历提升等方面广泛开展合作。成立全国残疾人就业创业促进会,发挥社团组织优势,围绕残疾人就业创业组织开展理论政策研究,配合有关部门开展形式多样的就业创业服务活动。

8. 制定加强残疾人职业能力建设相关政策,全面推进评估工作的开展。省级、地市级和有条件的县级残疾人就业服务机构要建立职业能力评估室。省级和有条件的地市级要在实习实训和就业创业基地开展示范性职业能力跟踪评估。

9. 研究制定残疾人职业技能竞赛相关实施办法,建立和优化裁判专家库。建立机制,培养、扶持和宣传残疾人技能人才先进典型。按照国家和地方有关规定,举办残疾人职业技能竞赛活动,举办就业机构工作人员竞赛。举办第六届全国残疾人职业技能竞赛暨第三届全国残疾人展能节,组团参加第十届国际残疾人职业技能竞赛。

10. 强化部门间协作,加强残疾人平等就业的制度保障。依法开展执法活动,严厉打击侵害残疾人合法权益的行为,切实维护残疾人劳动保障权益。

四、检查监督

(一)各地要依照实施方案,因地制宜制定具体计划,明确责任,落实任务指标,逐级建立监督检查考核制度。

(二)各地要认真做好各项数据的统计上报工作,确保各类统计信息及时、真实、有效,中国残联将组织检查抽查。

(三)各地要按年度开展检查评估,督促落实。中国残联将组织中期检查和终期评估,并建立通报公示制度。

4-2-18

国家税务总局关于贯彻落实降低残疾人就业保障金征收标准政策的通知

2018年5月11日　税总函〔2018〕175号

各省、自治区、直辖市和计划单列市国家税务局、地方税务局,国家税务总局驻各地特派员办事处:

为进一步减轻社会负担,支持实体经济发展,根据党中央、国务院决策部署,财政部印发了《关于降低部分政府性基金征收标准的通知》(财税〔2018〕39号,以下简称《通知》),明确自2018年4月1日起,将残疾人就业保障金(以下简称"残保金")征收标准上限由当地社会平均工资的3倍降低至2倍。现就税务系统贯彻落实相关事项通知如下:

一、深刻领会中央精神,准确把握政策要义

继续降低残保金征收标准,是深入贯彻党的十九大、中央经济工作会议、《政府工作报告》关于降费减负决策部署的重要举措,也是党中央、国务院对社会关切的积极回应。各地税务机关要进一步学习《中华人民共和国残疾人保障法》《残疾人就业条例》等法律法规,充分认识征收残保金对促进残疾人就业的重要意义,深刻领会中央决策精神,准确把握《通知》要求,务求使降费减负政策落实到位,减轻用人单位负担,支持实体经济发展,保障残疾人合法就业权益。

二、认真学习宣传政策，促进政策顺利实施

负责征收残保金的税务机关要组织政策学习培训，促进征缴双方正确理解执行政策。要积极配合财政、残联部门通过互联网站、移动客户端、新闻媒体、12366 纳税服务热线、办税服务厅等多种渠道广泛深入宣传政策，并结合征管解释辅导政策，力求使用人单位广为周知，从而保证政策顺利实施。

三、及时调整征管系统，确保征管有序高效

要严格按照《通知》要求做好政策衔接，及时调整征管系统参数配置，确保系统运行顺畅。对《通知》实施之日起已完成当月申报的用人单位，应及时告知其政策调整信息，并确认是否需要重新申报。对多缴费的用人单位，应按规定办理退抵手续，切实保障用人单位权益。要密切跟踪政策执行情况，关注舆情动态，对出现的问题要迅速果断处置，并及时报告上级税务机关和当地党委、政府。

为了解掌握上述降费减负政策实施情况，请承担残保金征收的省（区、市）税务局于年度终了15日内，通过FTP向国家税务总局（所得税司）报送《税务机关征收残疾人就业保障金地区减负情况表》和降费减负政策实施情况分析报告。报送地址：center/所得税司/社保费征管处/2018年落实减负政策汇总。

附件：税务机关征收残疾人就业保障金地区减负情况表（编者略）

4－2－19

发展改革委　财政部　民政部 人力资源社会保障部　税务总局 中国残联关于印发《关于完善残疾人 就业保障金制度更好促进残疾人 就业的总体方案》的通知

2019年12月27日　发改价格规〔2019〕2015号

各省、自治区、直辖市人民政府，国务院各部委、各直属机构：

《关于完善残疾人就业保障金制度更好促进残疾人就业的总体方案》已经国务院同意，现印发给你们，请认真贯彻实施。

关于完善残疾人就业保障金制度 更好促进残疾人就业的总体方案

党中央、国务院高度重视保障残疾人就业工作。残疾人就业保障金制度自上世纪90年代建立以来，对增强全社会保障残疾人就业的责任意识、促进残疾人就业发挥了重要作用。

近年来,随着经济社会发展和残疾人就业形势的变化,残疾人就业保障金(以下简称残保金)作用发挥不充分等问题日益突出,亟待加以完善。为更好发挥残保金制度作用,有效有力促进残疾人就业,制定以下方案。

一、总体要求

(一)指导思想。

坚持以习近平新时代中国特色社会主义思想为指导,深入贯彻党的十九大和十九届二中、三中、四中全会精神,坚持以人民为中心的发展思想,坚持稳中求进工作总基调,按照稳定制度框架、优化征收结构、规范资金使用、健全激励约束的思路,以完善残保金征收使用管理制度为切入点,进一步提高残疾人就业能力和残疾人就业服务能力,积极拓展残疾人多元就业渠道,千方百计促进残疾人就业,推动残疾人更好融入社会,共建共享经济社会发展成果。

(二)基本原则。

——坚持统筹兼顾。统筹完善、系统优化残保金征收结构,既稳定残保金征收制度框架,又积极回应企业等用人单位(以下简称用人单位)诉求,更好发挥残保金制度作用,通过"有效的征"促进用人单位增加残疾人就业岗位,逐步形成就业增、成本降的良性循环,实现残疾人就业与用人单位健康发展互利共赢。

——坚持以人为本。禁止在就业中歧视残疾人。进一步用好用足残保金,完善精准奖补政策,鼓励用人单位以岗适人、因人设岗,更好满足残疾人就业需求,创造更具包容和人文关怀的就业环境,通过"有效的用",提升残疾人就业能力,推动残疾人实现更加稳定、更有质量的就业。

——坚持多措并举。针对当前残疾人就业存在的突出问题,以完善残保金制度为抓手,同步健全残疾人就业保护、就业支持、就业服务,着力强弱项、补短板,充分调动残疾人就业创业积极性,发挥多元主体合力,更好保障残疾人就业。

二、优化征收,切实降低用人单位成本

(三)实行分档征收。将残保金由单一标准征收调整为分档征收,用人单位安排残疾人就业比例1%(含)以上但低于本省(区、市)规定比例的,三年内按应缴费额50%征收;1%以下的,三年内按应缴费额90%征收。

(四)暂免征收小微企业残保金。对在职职工总数30人(含)以下的企业,暂免征收残保金。

(五)明确社会平均工资口径。残保金征收标准上限仍按当地社会平均工资的2倍执行,社会平均工资的口径为城镇私营单位和非私营单位就业人员加权平均工资。

(六)合理认定按比例安排就业形式。探索残疾人按比例就业多种实现形式,为用人单位更好履行法定义务提供更多选择。用工单位依法以劳务派遣方式接受残疾人在本单位就业的,残疾人联合会(以下简称残联)在审核残疾人就业人数时相应计入并加强动态监控。

三、规范使用,更好保障残疾人就业

(七)明确残保金优先用于保障就业。残保金优先用于支持残疾人就业,满足相关的培训教育、奖励补贴、就业服务等支出,与残疾人就业直接相关的支出由各省确定。各地要根据当地保障残疾人就业实际需要合理安排相关支出，不得以收定支。

（八）加大对用人单位安排残疾人就业的激励力度。合理调整残疾人就业岗位补贴、保险补贴、设施设备购置改造补贴等补贴标准；加大对超比例安排残疾人就业用人单位的奖励力度，通过正向激励，调动用人单位安排残疾人就业积极性。

（九）支持残疾人自主就业创业。鼓励和引导残疾人利用"互联网＋"等形式自主就业创业，在经营场地等方面给予支持，符合条件的可享受相应补贴和金融扶持政策。

（十）提升职业培训质量。积极支持残疾人就业培训，进一步提升资金使用效率。依托残疾人有就业意向的用人单位、专业培训机构开展"师带徒"、定岗式培训，按培训效果付费，将就业转化率和稳定就业时间作为付费依据。根据残疾人特点，制定残疾人职业培训标准。按规定开展残疾人免费职业技能培训行动，提高残疾人就业稳定性。

四、强化监督，增进社会支持

（十一）加强残保金和残疾人按比例就业的社会监督。财政部每年按照预算管理规定向国务院报告上一年残保金收入和残疾人事业支出情况，中国残联等部门和单位向国务院报告支持残疾人就业、用人单位按比例安排残疾人就业的情况。省、市、县三级财政部门会同同级残联将辖区范围内上述情况定期向社会公开，接受社会监督。

（十二）纳入社会信用评价体系。对未按比例安排残疾人就业且拒缴、少缴残保金的用人单位，将其失信行为记入信用记录，纳入全国信用信息共享平台。

五、健全服务，提升残疾人就业质量

（十三）全面摸排残疾人就业需求信息。由残联指导城乡社区服务机构实时跟踪残疾人信息，采取分片包干形式，精准掌握辖区内残疾人就业需求，建立残疾人求职信息档案，配合做好就业对接。建立健全全国联网的残疾人身份认证系统。

（十四）做好残疾人人力资源开发。由残联牵头，组织各方力量，或通过政府购买服务等方式，引入专业化组织和市场机构，为残疾人提供职业康复训练、职业适应评估、职业心理测评、求职定向指导、职业介绍、岗位支持等全链条、个性化服务。

（十五）推动用人单位设置残疾人就业岗位。各级党政机关、事业单位、国有企业应当带头招录（聘）和安置残疾人就业。各级残疾人就业服务机构要主动向用人单位介绍安排残疾人就业优惠政策、提供岗位改造咨询，充分调动用人单位安排残疾人就业的积极性；鼓励和引导用人单位针对残疾人状况，对工作岗位进行主动适应性调整，努力实现"以岗适人"。

（十六）支持就业服务平台发展。充分发挥残疾人就业服务中心、公共就业服务机构、劳务派遣公司、经营性人力资源服务机构在残疾人就业供需对接方面的作用，对推荐残疾人稳定就业一年以上的，按人数给予奖励。

（十七）推动信息互通资源共享。省级财政、税务、人力资源社会保障、残联等相关部门和单位建立残疾人就业及残保金信息共享机制。在保护残疾人隐私的前提下，残联应当向公共就业服务机构、劳务派遣公司、经营性人力资源服务机构和法律援助机构开放与就业相关的残疾人信息数据。推进残疾人求职信息全省互联互通，并逐步实现全国信息共享。支持残疾人就业创业网络服务平台建设。

（十八）完善残疾人就业服务保障机制。积极发挥残疾人就业服务机构在事前事中事后全流程服务的作用,鼓励企业、残疾人职工、就业服务机构签订三方协议。大力推广雇主责任险、残疾人意外伤害保险等保险,保费由企业和残疾人合理分担,消除企业和残疾人后顾之忧。

(十九)建立残疾人就业信息跟踪反馈机制。残联和社区要持续跟进了解残疾人就业情况,对残疾人就业和用人单位用工过程中出现的问题,及时协调解决。建立就业辅导员制度,为残疾人提供就业服务,及时协调解决残疾人就业后面临的困难,提高残疾人就业稳定性和就业质量。

六、加强统筹,协同推进政策落地

(二十)加强组织领导。各地要高度重视残疾人就业工作,创造条件帮助用人单位增加残疾人就业,更有效发挥残保金制度作用,为用人单位安排残疾人就业提供更好环境和更多支持。及时协调解决残疾人就业过程中遇到的困难和问题,定期总结促进残疾人就业的好经验、好做法,具备条件的要适时推广。

(二十一)压实部门责任。各级政府和相关部门要将保障残疾人劳动就业权益放在重要位置,明确各方责任,分工合作,齐抓共管,形成合力。人力资源社会保障部门要将残疾人就业工作纳入当地劳动就业与人力资源发展政策体系,依法维护残疾人职工劳动保障权益。残联负责用人单位安排残疾人就业情况的审核,进一步发挥其在项目安排、资金使用等方面的作用。财政部门负责对残保金的征收、资金使用情况进行日常监督。税务部门依据残联审核的残疾人就业情况,负责残保金征收。审计部门依据法律法规开展审计,对审计发现的违法犯罪线索,按规定移送有关部门。

(二十二)营造良好氛围。各有关部门和地方各级人民政府要做好政策解读,加强舆论宣传和典型示范,引导社会各方面正确认识残保金的积极作用,适时组织残疾人就业励志典型和安排残疾人就业先进单位开展宣讲等活动,形成示范效应,鼓励残疾人更好融入社会,号召全社会关心支持残疾人就业。

本方案自2020年1月1日起实施。

4-2-20

国家税务总局关于修订《残疾人就业保障金缴费申报表》的公告

2019年12月31日 国家税务总局公告2019年第49号

根据国家发展和改革委员会、财政部、民政部、人力资源和社会保障部、国家税务总局、中国残疾人联合会《关于印发〈关于完善残疾人就业保障金制度 更好促进残疾人就业的总体方案〉的通知》(发改价格规〔2019〕2015号),国家税务总局对《残疾人就业保障金缴费申报表》表单和填写说明进行了修订。

自2020年1月1日起,缴费人按照规定申报缴纳残疾人就业保障金的,适用本公告。本公告发布的申报表启用后,《国家税务总局关于发布〈社会保险费及其他基金规费文书式样〉的公告》(2015年第98号,国家税务总局公告2018年第31号修改)附件中的SB06《残疾人就业保障金缴费申报表》同时废止。

特此公告。

附件:残疾人就业保障金缴费申报表

附件

残疾人就业保障金缴费申报表

费款所属期:自　　年　月　日至　　年　月　日

缴费人识别号(统一社会信用代码):□□□□□□□□□□□□□□□□□□

缴费人名称:　　　　　　　　　　　　　　　　　　　　　　金额单位:元至角分

序号	*上年在职职工工资总额	*上年在职职工人数	*应安排残疾人就业比例	*上年实际安排残疾人就业人数	*上年在职职工年平均工资(或当地社会平均工资的2倍)	本期应纳费额	本期减免费额	本期已缴费额	本期应补(退)费额
1	2	3	4	5	6=2/3	7=(3×4-5)×6	8=7*100%(或50%、10%)	9	10=7-8-9

声明:此表是根据国家有关法律法规及相关规定填写的,本人(单位)对填报内容(及附带资料)的真实性、可靠性、完整性负责。
缴费人(签字或者加盖印章):　　　　年　月　日

经办人: 经办人身份证号: 代理机构(签字或者加盖印章): 代理机构统一社会信用代码:	受理人: 受理税务机关(印章): 受理日期:　　年　月　日

本表一式两份,一份缴费人留存,一份税务机关留存。

填表说明:

1. 标记"*"为必填项目。

2. "缴费人名称"指《营业执照》或其他核准证照上的"名称"。

3. "在职职工"是指用人单位在编人员或依法与用人单位签订1年以上(含1年)劳动合同(服务协议)的人员,季节性用工应当折算为年平均用工人数。

4. "应安排残疾人就业比例"依据各省、自治区、直辖市、计划单列市人民政府规定维护并调用。

5. "上年实际安排残疾人就业人数"依据残联(残疾人就业服务机构)审核的残疾人就业情况填写。

6. "上年在职职工年平均工资(或当地社会平均工资的2倍)":上年在职职工年平均工资不超过当地社会平均工资2倍的,按用人单位在职职工平均工资计算;超过当地社会平均工资2倍的,按当地社会平均工资2倍计算。

7. "本期应纳费额":按照公式计算为负数的,填写"0"。

8. "本期减免费额":在职职工总数30人(含30人)以下的企业,按规定暂按"本期应纳费额"的100%计算减免费额。其他企业和其他用人单位,实际安排残疾人就业比例低于应安排残疾人就业比例的,实行分档征收政策,在2020年1月1日至2022年12月31日期间,对于实际安排残疾人就业比例达到1%(含)以上的,按"本期应纳费额"的50%计算减免费额;对于实际安排残疾人就业比例低于1%的,按"本期应纳费额"的10%计算减免费额。

4-2-21

财政部关于调整残疾人就业
保障金征收政策的公告

2019年12月31日　财政部公告2019年第98号

为进一步完善残疾人就业保障金制度,现就调整残疾人就业保障金征收政策公告如下:

一、残疾人就业保障金征收标准上限,按照当地社会平均工资2倍执行。当地社会平均工资按照所在地城镇非私营单位就业人员平均工资和城镇私营单位就业人员平均工资加权计算。

二、用人单位依法以劳务派遣方式接受残疾人在本单位就业的,由派遣单位和接受单位通过签订协议的方式协商一致后,将残疾人数计入其中一方的实际安排残疾人就业人数和在职职工人数,不得重复计算。

三、自2020年1月1日起至2022年12月31日,对残疾人就业保障金实行分档减缴政策。其中:用人单位安排残疾人就业比例达到1%(含)以上,但未达到所在地省、自治区、直辖市人民政府规定比例的,按规定应缴费额的50%缴纳残疾人就业保障金;用人单位安排残疾人就业比例在1%以下的,按规定应缴费额的90%缴纳残疾人就业保障金。

四、自2020年1月1日起至2022年12月31日,在职职工人数在30人(含)以下的企业,暂免征收残疾人就业保障金。

五、本公告自2020年1月1日起执行。

4-2-22

财政部关于延续实施残疾人就业
保障金优惠政策的公告

2023年3月26日　财政部公告2023年第8号

为促进小微企业发展,进一步减轻用人单位负担,现就延续实施《财政部关于调整残疾人就业保障金征收政策的公告》(财政部公告2019年第98号)相关优惠政策公告如下:

一、延续实施残疾人就业保障金分档减缴政策。其中:用人单位安排残疾人就业比例达到1%(含)以上,但未达到所在地省、自治区、直辖市人民政府规定比例的,按规定应缴费额的50%缴纳残疾人就业保障金;用人单位安排残疾人就业比例在1%以下的,按规定应缴费额的90%缴纳残疾人就业保障金。

二、在职职工人数在30人(含)以下的企业,继续免征残疾人就业保障金。

三、本公告执行期限自2023年1月1日起至2027年12月31日。对符合本公告规定减免条件但缴费人已缴费的,可按规定办理退费。

特此公告。

废弃电器电子产品处理基金

4-2-23

废弃电器电子产品回收处理管理条例

2009年2月25日中华人民共和国国务院令第551号公布
2019年3月2日中华人民共和国国务院令第709号修订

第一章 总　则

第一条　为了规范废弃电器电子产品的回收处理活动,促进资源综合利用和循环经济发展,保护环境,保障人体健康,根据《中华人民共和国清洁生产促进法》和《中华人民共和国固体废物污染环境防治法》的有关规定,制定本条例。

第二条　本条例所称废弃电器电子产品的处理活动,是指将废弃电器电子产品进行拆解,从中提取物质作为原材料或者燃料,用改变废弃电器电子产品物理、化学特性的方法减少已产生的废弃电器电子产品数量,减少或者消除其危害成分,以及将其最终置于符合环境保护要求的填埋场的活动,不包括产品维修、翻新以及经维修、翻新后作为旧货再使用的活动。

第三条　列入《废弃电器电子产品处理目录》(以下简称《目录》)的废弃电器电子产品的回收处理及相关活动,适用本条例。

国务院资源综合利用主管部门会同国务院生态环境、工业信息产业等主管部门制订和调整《目录》,报国务院批准后实施。

第四条　国务院生态环境主管部门会同国务院资源综合利用、工业信息产业主管部门负责组织拟订废弃电器电子产品回收处理的政策措施并协调实施,负责废弃电器电子产品处理的监督管理工作。国务院商务主管部门负责废弃电器电子产品回收的管理工作。国务院财政、市场监督管理、税务、海关等主管部门在各自职责范围内负责相关管理工作。

第五条　国家对废弃电器电子产品实行多渠道回收和集中处理制度。

第六条　国家对废弃电器电子产品处理实行资格许可制度。设区的市级人民政府生态环境主管部门审批废弃电器电子产品处理企业(以下简称处理企业)资格。

第七条　国家建立废弃电器电子产品处理基金,用于废弃电器电子产品回收处理费用的补贴。电器电子产品生产者、进口电器电子产品的收货人或者其代理人应当按照规定履行废弃电器电子产品处理基金的缴纳义务。

废弃电器电子产品处理基金应当纳入预算管理,其征收、使用、管理的具体办法由国务院财政部门会同国务院生态环境、资源综合利用、工业信息产业主管部门制订,报国务院批准后施行。

制订废弃电器电子产品处理基金的征收标准和补贴标准,应当充分听取电器电子产品生产企业、处理企业、有关行业协会及专家的意见。

第八条 国家鼓励和支持废弃电器电子产品处理的科学研究、技术开发、相关技术标准的研究以及新技术、新工艺、新设备的示范、推广和应用。

第九条 属于国家禁止进口的废弃电器电子产品,不得进口。

第二章 相关方责任

第十条 电器电子产品生产者、进口电器电子产品的收货人或者其代理人生产、进口的电器电子产品应当符合国家有关电器电子产品污染控制的规定,采用有利于资源综合利用和无害化处理的设计方案,使用无毒无害或者低毒低害以及便于回收利用的材料。

电器电子产品上或者产品说明书中应当按照规定提供有关有毒有害物质含量、回收处理提示性说明等信息。

第十一条 国家鼓励电器电子产品生产者自行或者委托销售者、维修机构、售后服务机构、废弃电器电子产品回收经营者回收废弃电器电子产品。电器电子产品销售者、维修机构、售后服务机构应当在其营业场所显著位置标注废弃电器电子产品回收处理提示性信息。

回收的废弃电器电子产品应当由有废弃电器电子产品处理资格的处理企业处理。

第十二条 废弃电器电子产品回收经营者应当采取多种方式为电器电子产品使用者提供方便、快捷的回收服务。

废弃电器电子产品回收经营者对回收的废弃电器电子产品进行处理,应当依照本条例规定取得废弃电器电子产品处理资格;未取得处理资格的,应当将回收的废弃电器电子产品交有废弃电器电子产品处理资格的处理企业处理。

回收的电器电子产品经过修复后销售的,必须符合保障人体健康和人身、财产安全等国家技术规范的强制性要求,并在显著位置标识为旧货。具体管理办法由国务院商务主管部门制定。

第十三条 机关、团体、企事业单位将废弃电器电子产品交有废弃电器电子产品处理资格的处理企业处理的,依照国家有关规定办理资产核销手续。

处理涉及国家秘密的废弃电器电子产品,依照国家保密规定办理。

第十四条 国家鼓励处理企业与相关电器电子产品生产者、销售者以及废弃电器电子产品回收经营者等建立长期合作关系,回收处理废弃电器电子产品。

第十五条 处理废弃电器电子产品,应当符合国家有关资源综合利用、环境保护、劳动安全和保障人体健康的要求。

禁止采用国家明令淘汰的技术和工艺处理废弃电器电子产品。

第十六条 处理企业应当建立废弃电器电子产品处理的日常环境监测制度。

第十七条 处理企业应当建立废弃电器电子产品的数据信息管理系统,向所在地的设区的市级人民政府生态环境主管部门报送废弃电器电子产品处理的基本数据和有关情况。

废弃电器电子产品处理的基本数据的保存期限不得少于3年。

第十八条 处理企业处理废弃电器电子产品,依照国家有关规定享受税收优惠。

第十九条 回收、储存、运输、处理废弃电器电子产品的单位和个人,应当遵守国家有关环境保护和环境卫生管理的规定。

第三章　监督管理

第二十条 国务院资源综合利用、市场监督管理、生态环境、工业信息产业等主管部门,依照规定的职责制定废弃电器电子产品处理的相关政策和技术规范。

第二十一条 省级人民政府生态环境主管部门会同同级资源综合利用、商务、工业信息产业主管部门编制本地区废弃电器电子产品处理发展规划,报国务院生态环境主管部门备案。

地方人民政府应当将废弃电器电子产品回收处理基础设施建设纳入城乡规划。

第二十二条 取得废弃电器电子产品处理资格,依照《中华人民共和国公司登记管理条例》等规定办理登记并在其经营范围中注明废弃电器电子产品处理的企业,方可从事废弃电器电子产品处理活动。

除本条例第三十四条规定外,禁止未取得废弃电器电子产品处理资格的单位和个人处理废弃电器电子产品。

第二十三条 申请废弃电器电子产品处理资格,应当具备下列条件:

(一)具备完善的废弃电器电子产品处理设施;

(二)具有对不能完全处理的废弃电器电子产品的妥善利用或者处置方案;

(三)具有与所处理的废弃电器电子产品相适应的分拣、包装以及其他设备;

(四)具有相关安全、质量和环境保护的专业技术人员。

第二十四条 申请废弃电器电子产品处理资格,应当向所在地的设区的市级人民政府生态环境主管部门提交书面申请,并提供相关证明材料。受理申请的生态环境主管部门应当自收到完整的申请材料之日起60日内完成审查,作出准予许可或者不予许可的决定。

第二十五条 县级以上地方人民政府生态环境主管部门应当通过书面核查和实地检查等方式,加强对废弃电器电子产品处理活动的监督检查。

第二十六条 任何单位和个人都有权对违反本条例规定的行为向有关部门检举。有关部门应当为检举人保密,并依法及时处理。

第四章　法律责任

第二十七条 违反本条例规定,电器电子产品生产者、进口电器电子产品的收货人或者其代理人生产、进口的电器电子产品上或者产品说明书中未按照规定提供有关有毒有害物质含量、回收处理提示性说明等信息的,由县级以上地方人民政府市场监督管理部门责令限期改正,处5万元以下的罚款。

第二十八条 违反本条例规定,未取得废弃电器电子产品处理资格擅自从事废弃电器电子产品处理活动的,由县级以上人民政府生态环境主管部门责令停业、关闭,没收违法所得,并处5万元以上50万元以下的罚款。

第二十九条 违反本条例规定,采用国家明令淘汰的技术和工艺处理废弃电器电子产品的,由县级以上人民政府生态环境主管部门责令限期改正;情节严重的,由设区的市级人民政府生态环境主管部门依法暂停直至撤销其废弃电器电子产品处理资格。

第三十条 处理废弃电器电子产品造成环境污染的,由县级以上人民政府生态环境主管部门按照固体废物污染环境防治的有关规定予以处罚。

第三十一条 违反本条例规定,处理企业未建立废弃电器电子产品的数据信息管理系统,未按规定报送基本数据和有关情况或者报送基本数据、有关情况不真实,或者未按规定期限保存基本数据的,由所在地的设区的市级人民政府生态环境主管部门责令限期改正,可以处5万元以下的罚款。

第三十二条 违反本条例规定,处理企业未建立日常环境监测制度或者未开展日常环境监测的,由县级以上人民政府生态环境主管部门责令限期改正,可以处5万元以下的罚款。

第三十三条 违反本条例规定,有关行政主管部门的工作人员滥用职权、玩忽职守、徇私舞弊,构成犯罪的,依法追究刑事责任;尚不构成犯罪的,依法给予处分。

第五章 附 则

第三十四条 经省级人民政府批准,可以设立废弃电器电子产品集中处理场。废弃电器电子产品集中处理场应当具有完善的污染物集中处理设施,确保符合国家或者地方制定的污染物排放标准和固体废物污染环境防治技术标准,并应当遵守本条例的有关规定。

废弃电器电子产品集中处理场应当符合国家和当地工业区设置规划,与当地土地利用规划和城乡规划相协调,并应当加快实现产业升级。

第三十五条 本条例自2011年1月1日起施行。

※　　　※　　　※　　　※

4-2-24

财政部 环境保护部 发展改革委 工业和信息化部 海关总署 税务总局 关于印发《废弃电器电子产品处理基金征收使用管理办法》的通知

2012年5月21日　财综〔2012〕34号

各省、自治区、直辖市人民政府,国务院各部委、各直属机构:

《废弃电器电子产品处理基金征收使用管理办法》已经国务院批准,现印发给你们,请遵照执行。

废弃电器电子产品处理基金征收使用管理办法

第一章 总 则

第一条 为了规范废弃电器电子产品处理基金征收使用管理,根据《废弃电器电子产品回收处理管理条例》(国务院令第551号,以下简称《条例》)的规定,制定本办法。

第二条 废弃电器电子产品处理基金(以下简称基金)是国家为促进废弃电器电子产品回收处理而设立的政府性基金。

第三条 基金全额上缴中央国库,纳入中央政府性基金预算管理,实行专款专用,年终结余结转下年度继续使用。

第二章 征收管理

第四条 电器电子产品生产者、进口电器电子产品的收货人或者其代理人应当按照本办法的规定履行基金缴纳义务。

电器电子产品生产者包括自主品牌生产企业和代工生产企业。

第五条 基金分别按照电器电子产品生产者销售、进口电器电子产品的收货人或者其代理人进口的电器电子产品数量定额征收。

第六条 纳入基金征收范围的电器电子产品按照《废弃电器电子产品处理目录》(以下简称《目录》)执行,具体征收范围和标准见附件。

第七条 财政部会同环境保护部、国家发展改革委、工业和信息化部根据废弃电器电子产品回收处理补贴资金的实际需要,在听取有关企业和行业协会意见的基础上,适时调整基金征收标准。

第八条 电器电子产品生产者应缴纳的基金,由国家税务局负责征收。进口电器电子产品的收货人或者其代理人应缴纳的基金,由海关负责征收。

第九条 电器电子产品生产者按季申报缴纳基金。

国家税务局对电器电子产品生产者征收基金,适用税收征收管理的规定。

第十条 进口电器电子产品的收货人或者其代理人在货物申报进口时缴纳基金。

海关对基金的征收缴库管理,按照关税征收缴库管理的规定执行。

第十一条 对采用有利于资源综合利用和无害化处理的设计方案以及使用环保和便于回收利用材料生产的电器电子产品,可以减征基金,具体办法由财政部会同环境保护部、国家发展改革委、工业和信息化部、税务总局、海关总署另行制定。

第十二条 电器电子产品生产者生产用于出口的电器电子产品免征基金,由电器电子产品生产者依据《中华人民共和国海关出口货物报关单》列明的出口产品名称和数量,向国家税务局申请从应缴纳基金的产品销售数量中扣除。

第十三条 电器电子产品生产者进口电器电子产品已缴纳基金的,国内销售时免征基金,由电器电子产品生产者依据《中华人民共和国海关进口货物报关单》和《进口废弃电器电子产品处理基金缴款书》列明的进口产品名称和数量,向国家税务局申请从应缴纳基金的产品销售数量中扣除。

第十四条 基金收入在政府收支分类科目中列 103 类 01 款 75 项"废弃电器电子产品处理基金收入"(新增)下的有关目级科目。

第十五条 未经国务院批准或者授权,任何地方、部门和单位不得擅自减免基金,不得改变基金征收对象、范围和标准。

第十六条 电器电子产品生产者、进口电器电子产品的收货人或者其代理人缴纳的基金计入生产经营成本,准予在计算应纳税所得额时扣除。

第三章 使用管理

第十七条 基金使用范围包括:

(一)废弃电器电子产品回收处理费用补贴;

(二)废弃电器电子产品回收处理和电器电子产品生产销售信息管理系统建设,以及相关信息采集发布支出;

(三)基金征收管理经费支出;

(四)经财政部批准与废弃电器电子产品回收处理相关的其他支出。

第十八条 依照《条例》和《废弃电器电子产品处理资格许可管理办法》(环境保护部令第 13 号)的规定取得废弃电器电子产品处理资格的企业(以下简称处理企业),对列入《目录》的废弃电器电子产品进行处理,可以申请基金补贴。

给予基金补贴的处理企业名单,由财政部、环境保护部会同国家发展改革委、工业和信息化部向社会公布。

第十九条 国家鼓励电器电子产品生产者自行回收处理列入《目录》的废弃电器电子产品。各省(区、市)环境保护主管部门在编制本地区废弃电器电子产品处理发展规划时,应当优先支持电器电子产品生产者设立处理企业。

第二十条 对处理企业按照实际完成拆解处理的废弃电器电子产品数量给予定额补贴。

基金补贴标准为:电视机 85 元/台、电冰箱 80 元/台、洗衣机 35 元/台、房间空调器 35 元/台、微型计算机 85 元/台。

上述实际完成拆解处理的废弃电器电子产品是指整机,不包括零部件或散件。

财政部会同环境保护部、国家发展改革委、工业和信息化部根据废弃电器电子产品回收处理成本变化情况,在听取有关企业和行业协会意见的基础上,适时调整基金补贴标准。

第二十一条 处理企业拆解处理废弃电器电子产品应当符合国家有关资源综合利用、环境保护的要求和相关技术规范,并按照环境保护部制定的审核办法核定废弃电器电子产品拆解处理数量后,方可获得基金补贴。

第二十二条 处理企业按季对完成拆解处理的废弃电器电子产品种类、数量进行统计,填写《废弃电器电子产品拆解处理情况表》,并在每个季度结束次月的 5 日前报送各省(区、市)环境保护主管部门。

第二十三条 处理企业报送《废弃电器电子产品拆解处理情况表》时,应当同时提供以下资料:

（一）废弃电器电子产品入库和出库记录报表；
（二）废弃电器电子产品拆解处理作业记录报表；
（三）废弃电器电子产品拆解产物出库和入库记录报表；
（四）废弃电器电子产品拆解产物销售凭证或处理证明。
相关报表和凭证按照环境保护部统一规定的格式报送。

第二十四条 各省（区、市）环境保护主管部门接到处理企业报送的《废弃电器电子产品拆解处理情况表》及相关资料后组织开展审核工作，并在每个季度结束次月的月底前将审核意见连同处理企业填写的《废弃电器电子产品拆解处理情况表》，以书面形式上报环境保护部。

环境保护部负责对各省（区、市）环境保护主管部门上报情况进行核实，确认每个处理企业完成拆解处理的废弃电器电子产品种类、数量，并汇总提交财政部。

财政部按照环境保护部提交的废弃电器电子产品拆解处理种类、数量和基金补贴标准，核定对每个处理企业补贴金额并支付资金。资金支付按照国库集中支付制度有关规定执行。

第二十五条 环境保护部、税务总局、海关总署等有关部门应当按照中央政府性基金预算编制的要求，编制年度基金支出预算，报财政部审核。

财政部应当按照预算管理规定审核基金支出预算并批复下达相关部门。

第二十六条 基金支出在政府收支分类科目中列211类61款"废弃电器电子产品处理基金支出"（新增）。

第四章 监督管理

第二十七条 电器电子产品生产者、进口电器电子产品的收货人或者其代理人应当分别向国家税务局、海关报送电器电子产品销售和进口的基本数据及情况，并按照规定申报缴纳基金，自觉接受国家税务局、海关的监督检查。

第二十八条 处理企业应当按照规定建立废弃电器电子产品的数据信息管理系统，跟踪记录废弃电器电子产品接收、贮存和处理，拆解产物出入库和销售，最终废弃物出入库和处理等信息，全面反映废弃电器电子产品在处理企业内部运转流程，并如实向环境保护等主管部门报送废弃电器电子产品回收和拆解处理的基本数据及情况。

第二十九条 处理企业申请基金补贴相关资料及记录废弃电器电子产品回收和拆解处理情况的原始凭证应当妥善保存备查，保存期限不得少于5年。

第三十条 环境保护部和各省（区、市）环境保护主管部门应当建立健全基金补贴审核制度，通过数据系统比对、书面核查、实地检查等方式，加强废弃电器电子产品拆解处理的环保核查和数量审核，防止弄虚作假、虚报冒领补贴资金等行为的发生。

第三十一条 财政部会同环境保护部、国家发展改革委、工业和信息化部建立实时监控废弃电器电子产品回收处理和生产销售的信息管理系统（以下简称监控系统）。

处理企业和电器电子产品生产者应当配合有关部门建立监控系统。处理企业建立的废弃电器电子产品数据信息管理系统应当与监控系统对接。电器电子产品生产者应当按照建立监控系统的要求，登记企业信息并报送电器电子产品生产销售情况。

第三十二条　财政部、审计署、环境保护部、国家发展改革委、工业和信息化部、税务总局、海关总署应当按照职责加强对基金缴纳、使用情况的监督检查,依法对基金违法违规行为进行处理、处罚。

第三十三条　有关行业协会应当协助环境保护主管部门和财政部门做好废弃电器电子产品拆解处理种类、数量的审核工作。

第三十四条　环境保护部和各省(区、市)环境保护主管部门应当分别公开全国和本地区处理企业拆解处理废弃电器电子产品及接受基金补贴情况,接受公众监督。

任何单位和个人有权监督和举报基金缴纳和使用中的违法违规问题。有关部门应当按照职责分工对单位和个人举报投诉的问题进行调查和处理。

第五章　法律责任

第三十五条　单位和个人有下列情形之一的,依照《财政违法行为处罚处分条例》(国务院令第427号)和《违反行政事业性收费和罚没收入收支两条线管理规定行政处分暂行规定》(国务院令第281号)等法律法规进行处理、处罚、处分;构成犯罪的,依法追究刑事责任:

(一)未经国务院批准或者授权,擅自减免基金或者改变基金征收范围、对象和标准的;

(二)以虚报、冒领等手段骗取基金补贴的;

(三)滞留、截留、挪用基金的;

(四)其他违反政府性基金管理规定的行为。

处理企业有第一款第(二)项行为的,取消给予基金补贴的资格,并向社会公示。

第三十六条　电器电子产品生产者违反基金征收管理规定的,由国家税务局比照税收违法行为予以行政处罚。进口电器电子产品的收货人或者其代理人违反基金征收管理规定的,由海关比照关税违法行为予以行政处罚。

第三十七条　基金征收、使用管理有关部门的工作人员违反本办法规定,在基金征收和使用管理工作中滥用职权、玩忽职守、徇私舞弊,构成犯罪的,依法追究刑事责任;尚不构成犯罪的,依法给予处分。

第六章　附　　则

第三十八条　本办法由财政部、环境保护部、国家发展改革委、工业和信息化部、税务总局、海关总署负责解释。

第三十九条　本办法自2012年7月1日起执行。

附:1. 对电器电子产品生产者征收基金的产品范围和征收标准(编者略)

　　2. 对进口电器电子产品征收基金适用的商品名称、海关税则号列和征收标准(2012年版)(编者略)

4－2－25

国家税务总局关于发布《废弃电器电子产品处理基金征收管理规定》的公告

2012年8月20日　国家税务总局公告2012年第41号

根据国务院批准的《关于印发〈废弃电器电子产品处理基金征收使用管理办法〉的通知》(财综〔2012〕34号)的规定,现将国家税务总局制定的《废弃电器电子产品处理基金征收管理规定》予以发布,自2012年7月1日起施行。

各地对执行中遇到的情况和问题,请及时报告税务总局(征管科技司)。

特此公告。

废弃电器电子产品处理基金征收管理规定

第一条　为做好废弃电器电子产品处理基金(以下简称基金)的征收管理工作,根据国务院批准的《关于印发〈废弃电器电子产品处理基金征收使用管理办法〉的通知》(财综〔2012〕34号,以下简称《办法》),制定本规定。

第二条　中华人民共和国境内电器电子产品的生产者,为基金缴纳义务人,应当按照本规定缴纳基金。

第三条　基金的征收范围、征收标准依照《国内销售电器电子产品基金征收范围和标准》(附件1)执行。

基金的征收范围、征收标准调整的,依照调整后的范围和标准执行。

第四条　基金由国家税务局负责征收。

基金缴纳义务人向其主管税务机关申报缴纳基金。

对基金缴纳义务人征收基金,适用税收征收管理的规定。

第五条　基金缴纳义务人销售应征基金产品时缴纳基金。本规定所称销售,是指通过从购买方取得货物、货币或其他经济利益转让应征基金产品所有权。

基金缴纳义务人受托加工生产应征基金产品的,不论原料和主要材料由何方提供,不论在财务上是否做销售处理,均由受托方缴纳基金。

第六条　基金缴纳义务人将应征基金产品用于生产非应征基金产品、在建工程、管理部门、非生产机构、提供劳务、馈赠、赞助、集资、广告、样品、职工福利、奖励等方面,于移送使用时缴纳基金。

第七条　基金缴纳义务人销售或受托加工生产相关电器电子产品,按照从量定额的办法计算应缴纳基金。应缴纳基金的计算公式为:

应缴纳基金＝销售数量(受托加工数量)×征收标准

第八条　基金缴纳义务的发生时间按照如下要求确定：

(一)基金缴纳义务人销售电器电子产品的,按不同的销售结算方式分别为:

1. 采取赊销和分期收款结算方式的,为书面合同约定的收款日期的当天,书面合同没有约定收款日期或者无书面合同的,为发出电器电子产品的当天;

2. 采取预收货款结算方式的,为发出电器电子产品的当天;

3. 采取托收承付和委托银行收款方式的,为发出电器电子产品并办妥托收手续的当天;

4. 采取其他结算方式的,为收讫销售款或者取得索取销售款凭据的当天。

(二)受托加工应征基金产品,基金缴纳义务人只收取加工费的,为委托方提货的当天。

(三)基金缴纳义务人将应征基金产品用于本规定第六条规定情形的,为移送使用的当天。

(四)基金缴纳义务人以委托代销方式销售应征基金产品的,为收到代销单位的代销清单或者收到全部或者部分货款的当天。未收到代销清单及货款的,为发出应征基金产品满180天的当天。

第九条　基金缴纳义务人出口电器电子产品,免征基金。

第十条　基金缴纳义务人购进或者收回委托加工电器电子产品已缴纳基金的,从应征基金产品销售数量中扣除;不足扣除部分,可留待下期继续扣除。

第十一条　基金缴纳义务人应当准确核算购进和委托加工收回的已缴纳基金的电器电子产品数量,不能准确核算的,按实际销售数量征收基金。

第十二条　基金缴纳义务人已缴纳基金的电器电子产品发生销货退回的,准予在当期申报中扣除,不足扣除部分,可留待下期继续扣除。

第十三条　对采用有利于资源综合利用和无害化处理的设计方案以及使用环保和便于回收利用材料生产的电器电子产品,可以减征基金的,按照国务院相关部门的具体规定执行。

第十四条　基金缴纳义务人按季申报缴纳基金。

基金缴纳义务人应当自季度终了之日起15日内申报缴纳基金,向主管税务机关报送《废弃电器电子产品处理基金申报表》(附件2)。

第十五条　国家税务局征收基金应使用税收票证。

第十六条　基金缴纳义务人应妥善保管基金缴款凭证、增值税专用发票及清单、海关进(出)口货物报关单、代理出口货物证明、委托代理出口协议、委托加工协议、退货证明及其他相关资料。

基金缴纳义务人应当自觉接受税务机关的监督检查,提供有关资料,如实反映情况,不得拒绝、隐瞒。

第十七条　基金缴纳义务人违反基金征收管理规定的,税务机关比照税收违法行为予以行政处罚。

第十八条　本规定自2012年7月1日起施行。

附件:1. 国内销售电器电子产品基金征收范围和标准(编者略)
　　　2. 废弃电器电子产品处理基金申报表(编者略)

注释:

条款修改。"第四条 基金由国家税务局负责征收。"修改为"第四条 基金由税务局负责征收。""第十五条 国家税务局征收基金应使用税收票证。"修改为"第十五条 税务局征收基金应使用税收票证。"参见:《国家税务总局关于修改部分税收规范性文件的公告》(国家税务总局公告2018年第31号)。

条款废止。附件2《废弃电器电子产品处理基金申报表》(以下简称原申报表)修订为《废弃电器电子产品处理基金申报表(2015年版)》(以下简称新申报表)。新申报表自2016年3月1日起启用,原申报表同时废止。参见:《国家税务总局关于修订〈废弃电器电子产品处理基金申报表〉的公告》(国家税务总局公告2015年第62号)。

4-2-26

财政部 国家税务总局关于进一步明确废弃电器电子产品处理基金征收产品范围的通知

2012年10月15日 财综〔2012〕80号

各省、自治区、直辖市财政厅(局)、国家税务局:

根据《财政部 环境保护部 国家发展改革委 工业和信息化部 海关总署 国家税务总局关于印发〈废弃电器电子产品处理基金征收使用管理办法〉的通知》(财综〔2012〕34号)的规定,现就国家税务局对电器电子产品生产者征收废弃电器电子产品处理基金(以下简称基金)的产品范围通知如下:

一、纳入基金征收范围的电视机,是指含有电视调谐器(高频头)的用于接收信号并还原出图像及伴音的终端设备,包括阴极射线管(黑白、彩色)电视机、液晶电视机、等离子电视机、背投电视机以及其他用于接收信号并还原出图像及伴音的终端设备。

二、纳入基金征收范围的电冰箱,是指具有制冷系统、消耗能量以获取冷量的隔热箱体,包括各自装有单独外门的冷藏冷冻箱(柜)、容积≤500升的冷藏箱(柜)、制冷温度>-40℃且容积≤500升的冷冻箱(柜),以及其他具有制冷系统、消耗能量以获取冷量的隔热箱体。

对上述产品中分体形式的设备,按其制冷系统设备的数量计征基金。对自动售货机、容积<50升的车载冰箱以及不具有制冷系统的柜体,不征收基金。

三、纳入基金征收范围的洗衣机,是指干衣量≤10kg的依靠机械作用洗涤衣物(含兼有干衣功能)的器具,包括波轮式洗衣机、滚筒式洗衣机、搅拌式洗衣机、脱水机以及其他依靠机械作用洗涤衣物(含兼有干衣功能)的器具。

四、纳入基金征收范围的房间空调器,是指制冷量≤14000W(12046大卡/时)的房间空气调节器具,包括整体式空调(窗机、穿墙机、移动式等)、分体形式空调(分体壁挂、分体柜机、一拖多、单元式空调器等)以及其他房间空气调节器。

对分体形式空调器,按室外机的数量计征基金。对不具有制冷系统的空气调节器,不征收基金。

五、纳入基金征收范围的微型计算机,是指接口类型仅包括VGA(模拟信号接口)、DVI(数字视频接口)或HDMI(高清晰多媒体接口)的台式微型计算机的显示器、主机和显示器一体形式的台式微型计算机、便携式微型计算机(含笔记本电脑、平板电脑、掌上电脑)以及其他信息事务处理实体。

六、本通知自2012年7月1日起执行。

4-2-27

财政部 环境保护部 发展改革委 工业和信息化部关于完善废弃电器 电子产品处理基金等政策的通知

2013年12月2日 财综〔2013〕110号

各省、自治区、直辖市、计划单列市财政厅(局)、环境保护厅(局)、发展改革委、工业和信息化主管部门:

为促进废弃电器电子产品处理的规模化、产业化、专业化发展,提升行业技术装备水平,推动优质废弃电器电子产品处理企业(以下简称处理企业)做大做强,淘汰落后处理企业,根据《财政部环境保护部 国家发展改革委 工业和信息化部 海关总署 国家税务总局关于印发〈废弃电器电子产品处理基金征收使用管理办法〉的通知》(财综〔2012〕34号)等规定,现就有关事项通知如下:

一、将已建成的优质处理企业纳入基金补贴范围

优质处理企业是指再生资源利用领域全国性龙头企业和电器电子产品生产大型骨干企业设立的处理企业,并具备下列条件:(一)具有国内领先水平的废弃电器电子产品拆解处理技术设备,具备持续的技术设备研发和创新能力;(二)具有废弃电器电子产品的无害化资源化深度处理能力,资源回收利用率和附加值高;(三)废弃电器电子产品处理的环境污染控制标准高;(四)企业管理规范,有完善的废弃电器电子产品回收处理信息管理系统,内部控制制度有效;(五)有稳定的废弃电器电子产品回收渠道;(六)企业诚信度高,社会信誉良好。

本通知发布前已建成但尚未纳入相关省(区、市)废弃电器电子产品处理发展规划(以下简称规划)的优质处理企业,可以向设区的市级环保部门申请废弃电器电子产品处理资格,并向财政部、环境保护部、发展改革委、工业和信息化部申请废弃电器电子产品处理基金(以下简称基金)补贴。

设区的市级环保部门对提出申请的优质处理企业资质情况进行审查,对符合条件的颁发废弃电器电子产品处理资格证书。财政部会同环境保护部、发展改革委、工业和信息化

部对提出基金补贴申请的优质处理企业相关条件进行审核,并组织专家进行现场核查,对达到合格标准的,纳入基金补贴范围。

二、调整完善各省(区、市)废弃电器电子产品处理发展规划

对获得基金补贴的优质处理企业,由相关省(区、市)环保部门会同有关部门将其纳入本地区规划。本通知发布后新设立的优质处理企业申请废弃电器电子产品处理资格和基金补贴,必须先符合各省(区、市)规划的要求。

严格控制处理企业规划数量,优化处理企业结构。除将已获得基金补贴的优质处理企业纳入规划外,本通知发布前已经环境保护部备案的各省(区、市)废弃电器电子产品处理企业规划数量不再增加。各省(区、市)环保部门要会同有关部门通过修订本地区规划,淘汰技术设备落后、不符合环保要求、资源综合利用率低、缺乏诚信和管理混乱的企业,并将优质处理企业纳入规划。

合理核定处理企业的处理能力。设区的市级环保部门要切实规范废弃电器电子产品处理资格审查和许可管理,根据处理企业配备的关键处理设备(如 CRT 切割机)台数,以每天 8 小时工作时间为标准,并区分废弃电器电子产品类别,科学合理核定处理企业的处理能力,确保真实准确,不得虚增处理能力。凡不符合上述要求的,设区的市级环保部门要重新核定处理企业的处理能力,并按规定对其换发废弃电器电子产品处理资格证书。各省(区、市)环保部门要督促和指导设区的市级环保部门做好处理能力核定工作,并于 2014 年 1 月 20 日前将重新核定后的本地区处理企业的处理能力报环境保护部和财政部备案。

三、明确基金补贴企业退出规定

各级环保部门要会同有关部门通过现场检查、驻厂监管、重点抽查、委托专业机构审核、信息系统实时监控等方式,加强对处理企业拆解处理废弃电器电子产品的审核和环境执法监督。财政部会同环境保护部、发展改革委、工业和信息化部对处理企业进行综合评估。在审核监督和综合评估中发现处理企业有下列情形之一的,取消给予基金补贴的资格,并从相关省(区、市)规划中剔除:(一)存在违法经营行为的;(二)以虚报、冒领等手段骗取基金补贴的;(三)非法利用处置废弃电器电子产品拆解产物的;(四)自 2014 年起,经各级环保部门审核确认的废弃电器电子产品不规范拆解处理数量占其申报拆解处理总量连续两年超过5%的;(五)自 2014 年起,各类废弃电器电子产品年实际拆解处理量低于许可处理能力的20%的,以及资源产出率低于40%的。

四、全面公开废弃电器电子产品处理信息

各省(区、市)环保部门要在政府网站显著位置公开本地区处理企业规划数量、名称、处理设施地址、处理的废弃电器电子产品类别和能力等;按季度公开本地区处理企业完成拆解处理的废弃电器电子产品种类、数量,以及拆解产物和最终废弃物利用处置情况;及时公开本地区废弃电器电子产品拆解处理的环保核查和数量审核情况,以及处理企业接受基金补贴情况。环境保护部要在政府网站显著位置公开各省(区、市)处理企业规划数量、名称、布局、处理能力等;按季度公开各省(区、市)处理企业完成拆解处理的废弃电器电子产品种类、数量及审核情况;及时公开各省(区、市)处理企业接受基金补贴情况等。通过提高废弃电器电子产品处理信息透明度,更好地接受社会公众监督,营造公平市场环境,增强行业发展的自律性,促进行业持续健康发展。

4-2-28

国家发展和改革委员会 环境保护部 工业和信息化部 财政部 海关总署 国家税务总局关于公布《废弃电器电子产品处理目录(2014年版)》的公告

2015年2月9日 国家发展和改革委员会 环境保护部
工业和信息化部 财政部 海关总署 国家税务总局公告2015年第5号

根据《废弃电器电子产品回收处理管理条例》(国务院令第551号)规定,经国务院批准,现公布《废弃电器电子产品处理目录(2014年版)》,自2016年3月1日起实施。《废弃电器电子产品处理目录(第一批)》同时废止。

附件:废弃电器电子产品处理目录(2014年版)

附件

废弃电器电子产品处理目录(2014年版)

序号	产品名称	产品范围及定义
1	电冰箱	冷藏冷冻箱(柜)、冷冻箱(柜)、冷藏箱(柜)及其他具有制冷系统,消耗能量以获取冷量的隔热箱体(容积≤800升)。
2	空气调节器	整体式空调器(窗式、穿墙式等)、分体式空调器(挂壁式、落地式等)、一拖多空调器等制冷量在14000W及以下(一拖多空调时,按室外机制冷量计算)的房间空气调节器具。
3	吸油烟机	深型吸排油烟机、欧式塔型吸排油烟机、侧吸式吸排油烟机和其他安装在炉灶上部,用于收集、处理被污染空气的电动器具。
4	洗衣机	波轮式洗衣机、滚筒式洗衣机、搅拌式洗衣机、脱水机及其他依靠机械作用洗涤衣物(含兼有干衣功能)的器具(干衣量≤10公斤)。
5	电热水器	储水式电热水器、快热式电热水器和其他将电能转换为热能,并将热能传递给水,使水产生一定温度的器具(容量≤500升)。
6	燃气热水器	以燃气作为燃料,通过燃烧加热方式将热量传递到流经热交换器的冷水中以达到制备热水目的的一种燃气用具(热负荷≤70kw)。
7	打印机	激光打印机、喷墨打印机、针式打印机、热敏打印机和其他与计算机联机工作或利用云打印平台,将数字信息转换成文字和图像并以硬拷贝形式输出的设备,包括以打印功能为主,兼有其他功能设备(印刷幅面<A2,印刷速度≤80张/分钟)。
8	复印机	静电复印机、喷墨复印机和其他用各种不同成像过程产生原稿复印品的设备,包括以复印功能为主,兼有其他功能的设备(印刷幅面<A2,印刷速度≤80张/分钟)。
9	传真机	利用扫描和光电变换技术,把文字、图表、相片等静止图像变换成电信号发送出去,接收时以记录形式获取复制稿的通信终端设备,包括以传真功能为主,兼有其他功能的设备。

续表

序号	产品名称	产品范围及定义
10	电视机	阴极射线管(黑白、彩色)电视机、等离子电视机、液晶电视机、OLED电视机、背投电视机、移动电视接收终端及其他含有电视调谐器(高频头)的用于接收信号并还原出图像及伴音的终端设备。
11	监视器	阴极射线管(黑白、彩色)监视器、液晶监视器等由显示器件为核心组成的图像输出设备(不含高频头)。
12	微型计算机	台式微型计算机(含一体机)和便携式微型计算机(含平板电脑、掌上电脑)等信息事务处理实体。
13	移动通信手持机	GSM手持机、CDMA手持机、SCDMA手持机、3G手持机、4G手持机、小灵通等手持式的,通过蜂窝网络的电磁波发送或接收两地讲话或其他声音、图像、数据的设备。
14	电话单机	PSTN普通电话机、网络电话机(IP电话机)、特种电话机和其他通信中实现声能与电能相互转换的用户设备。

4-2-29

国家税务总局关于修订《废弃电器电子产品处理基金申报表》的公告

2015年9月14日　国家税务总局公告2015年第62号

经国务院批准,发展改革委、环境保护部、工业和信息化部、财政部、海关总署和税务总局于2015年2月9日联合发布了《废弃电器电子产品处理目录(2014年版)》(发展改革委　环境保护部　工业和信息化部　财政部　海关总署　税务总局公告2015年第5号,以下简称《公告》)。为保证《公告》顺利实施,现将《国家税务总局关于发布〈废弃电器电子产品处理基金征收管理规定〉的公告》(国家税务总局公告2012年第41号)中附件2《废弃电器电子产品处理基金申报表》(以下简称原申报表)修订为《废弃电器电子产品处理基金申报表(2015年版)》(以下简称新申报表)。新申报表自2016年3月1日起启用,原申报表同时废止。

特此公告。

附件:废弃电器电子产品处理基金申报表(2015年版)

附件

废弃电器电子产品处理基金申报表(2015年版)

纳税人识别号(统一社会信用代码):   金额单位:元

纳税人名称(公章):   数量单位:台

基金所属期: 年 月 日至 年 月 日   填表日期: 年 月 日

	应征基金产品名称	征收标准	本期销售数量	其中		本期应征金额
				应征销售数量	出口免征销售数量	
	1	2	3=4+5	4	5	6=4×2
一、应征金额计算						
	合计					

	本期可扣除数量	其中				本期可扣除金额
		进口数量	国内购进数量	委托加工收回数量	已征基金产品可抵退货数量	
	7=8+9+10+11	8	9	10	11	12=7×2
二、扣除金额计算						
	合计					

续表

三、应缴金额计算	本期合计应征金额	13（第6项合计数）		如缴纳义务人填报，由缴纳义务人填写以下两栏：
	本期合计可扣除金额	14（第12项合计数）		经办人（签章）：
	本期减征金额	15		法定代表人（签章）：
	已预缴金额	16		如委托代理人填报，由代理人填写以下两栏：
	上期结转金额	17		
	本期应缴金额	18（若13－14－15－16－17＞0，为13－14－15－16－17；否则为0）		代理人名称（公章）：　　　授权人（签章）：
	本期结转下期金额	19（若14＋15＋16＋17－13＞0，为14＋15＋16＋17－13；否则为0）		代理经办人（签章）：　　　联系电话：

缴纳义务人或代理人声明：
　　本基金申报表是根据国家关于废弃电器电子产品处理基金的相关规定填报的，我确定它是真实的、可靠的、完整的。

受理税务机关：　　　　　受理人：　　　　　　　　　　受理日期：　　年　月　日

填表说明：

1. 本表适用于废弃电器电子产品处理基金（以下简称"基金"）缴纳义务人填报。
2. "纳税人识别号"填写税务机关为基金缴纳义务人确定的识别号或统一社会信用代码。
3. "纳税人名称"填写基金缴纳义务人单位名称全称，不得填写简称。
4. "填表日期"填写基金缴纳义务人填写本表的具体日期。
5. "所属期"填写基金缴纳义务人申报的应缴纳基金所属时间，填写具体的起止年、月、日。
6. 第1项"应征基金产品名称"按照《国内销售电器电子产品基金征收范围和标准》填写相应的基金产品种类。
7. 第2项"征收标准"按照《国内销售电器电子产品基金征收范围和标准》对应填写。
8. 第5项"出口免征销售数量"填写出口的产品数量。
9. 第8项"进口数量"填写已由海关征收基金的进口产品数量。
10. 第9项"国内购进数量"填写从国内购进的已征基金产品数量。
11. 第10项"委托加工收回数量"填写从受托方收回委托加工已征基金的产品数量。
12. 第11项"已征基金产品可抵退货数量"填写已征基金产品发生销货退回的数量。
13. 第15项"本期减征金额"在国务院相关部门的具体规定未明确之前暂不填写。
14. 第16项"已预缴金额"填写已预缴的基金金额。
15. 第17项"上期结转金额"填写本表上期第19项"本期结转下期金额"。

4-2-30

财政部　生态环境部　国家发展改革委工业和信息化部关于调整废弃电器电子产品处理基金补贴标准的通知

2021年3月22日　财税〔2021〕10号

各省、自治区、直辖市、计划单列市财政厅（局）、生态环境厅（局）、发展改革委、工业和信息化主管部门，新疆生产建设兵团财政局、生态环境局、发展改革委、工业和信息化局：

　　为完善废弃电器电子产品处理基金补贴政策，合理引导废弃电器电子产品回收处理，按照《废弃电器电子产品回收处理管理条例》、《财政部　环境保护部　国家发展改革委　工业和信息化部　海关总署　国家税务总局关于印发〈废弃电器电子产品处理基金征收使用管理办法〉的通知》（财综〔2012〕34号）有关规定，现对废弃电器电子产品处理基金补贴标准予以调整（调整后的标准见本通知附件），自2021年4月1日起施行。

　　本通知施行前已处理的废弃电器电子产品，按规定申请废弃电器电子产品处理基金补贴，按原补贴标准执行。

　　附件：废弃电器电子产品处理基金补贴标准（编者略）

4-2-31

财政部　生态环境部　国家发展改革委工业和信息化部关于停征废弃电器电子产品处理基金有关事项的公告

2023年12月20日　财政部　生态环境部
国家发展改革委　工业和信息化部公告2023年第74号

现就停征废弃电器电子产品处理基金有关事项公告如下：

一、自2024年1月1日起停征废弃电器电子产品处理基金。

二、截至2023年12月31日前已处理的废弃电器电子产品，按照《废弃电器电子产品处理基金征收使用管理办法》（财综〔2012〕34号）等规定尚未补贴的，由中央财政安排资金予以补贴。

三、自2024年1月1日起新处理的废弃电器电子产品，不再执行废弃电器电子产品处理基金补贴政策。中央财政安排专项资金继续支持列入《废弃电器电子产品处理目录》的废弃电器电子产品的处理活动，具体办法另行明确。

国家重大水利工程建设基金

4-2-32

财政部 发展改革委 水利部关于印发《国家重大水利工程建设基金征收使用管理暂行办法》的通知

2009年12月31日　　财综〔2009〕90号

各省、自治区、直辖市人民政府,监察部、审计署、中国人民银行、国务院南水北调办、国务院三峡办,国家电网公司、中国南方电网有限责任公司:

《国家重大水利工程建设基金征收使用管理暂行办法》已经国务院同意,现印发给你们,请遵照执行。

国家重大水利工程建设基金征收使用管理暂行办法

第一条 为筹集国家重大水利工程建设资金,确保国家重大水利工程建设的顺利实施,促进经济社会可持续发展,根据国家有关规定,制定本办法。

第二条 国家重大水利工程建设基金(以下简称重大水利基金)是国家为支持南水北调工程建设、解决三峡工程后续问题以及加强中西部地区重大水利工程建设而设立的政府性基金。

第三条 重大水利基金利用三峡工程建设基金停征后的电价空间设立。

第四条 重大水利基金按下列原则筹集和分配:

(一)三峡工程建设基金向重大水利基金平稳过渡,保持三峡工程建设基金现行征收政策基本不变;

(二)南水北调和三峡工程直接受益省份筹集的重大水利基金,专项用于南水北调工程建设和三峡工程后续工作;

(三)南水北调和三峡工程非直接受益省份筹集的重大水利基金,留给所在省份用于本地重大水利工程建设。

第五条 重大水利基金在除西藏自治区以外的全国范围内筹集,按照各省、自治区、直辖市扣除国家扶贫开发工作重点县农业排灌用电后的全部销售电量和规定征收标准计征。

各省、自治区、直辖市全部销售电量包括省级电网企业销售给电力用户的电量、省级电网企业扣除合理线损后的趸售电量（即实际销售给转供单位的电量）、省级电网企业销售给子公司的电量和对境外销售电量、企业自备电厂自发自用电量、地方独立电网销售电量（不含省级电网企业销售给地方独立电网企业的电量，下同）。跨省（自治区、直辖市）电力交易，计入受电省份销售电量。

各省、自治区、直辖市重大水利基金的具体征收标准见附件。

第六条 重大水利基金从2010年1月1日起开始征收，至2019年12月31日止。

第七条 除企业自备电厂自发自用电量和地方独立电网销售电量外，重大水利基金由省级电网企业在向电力用户收取电费时一并代征。

第八条 北京、天津、河北、河南、山东、江苏、上海、浙江、安徽、江西、湖北、湖南、广东、重庆等14个南水北调和三峡工程直接受益省份（以下简称14个省份）电网企业代征的重大水利基金，由财政部驻当地财政监察专员办事处（以下简称专员办）负责征收，并全额上缴中央国库。

山西、内蒙古、辽宁、吉林、黑龙江、福建、广西、海南、四川、贵州、云南、陕西、甘肃、青海、宁夏、新疆等16个南水北调和三峡工程非直接受益省份（以下简称16个省份）电网企业代征的重大水利基金，由当地省级财政部门负责征收，并全额上缴省级国库。

第九条 对企业自备电厂自发自用电量和地方独立电网销售电量应缴纳的重大水利基金，按照本办法第八条划分省份分别由驻当地专员办和省级财政部门直接征收，并分别缴入中央和省级国库。

第十条 14个省份的重大水利基金由专员办按月征收，实行直接缴库。省级电网企业、拥有自备电厂企业和地方独立电网企业应于每月10日前向驻当地专员办申报上月实际销售电量（自发自用电量）和应缴纳的重大水利基金。专员办应于每月12日前完成对申报的审核，确定重大水利基金征收数额，并向申报企业开具《非税收入一般缴款书》。省级电网企业、拥有自备电厂企业和地方独立电网企业应于每月15日前，按照专员办开具《非税收入一般缴款书》所规定的缴款额，足额上缴资金。

专员办应根据省级电网企业、拥有自备电厂企业和地方独立电网企业全年实际销售电量（自发自用电量），在次年3月底前完成对相关企业全年应缴重大水利基金的汇算清缴工作。专员办开展汇算清缴工作时，应对电力用户欠缴电费、电网企业核销坏账损失的电量情况进行审核，经确认后不计入相关企业全年实际销售电量。

16个省份重大水利基金的具体征管办法由当地省级财政部门制定。

第十一条 拥有自备电厂企业、地方独立电网企业应准确计量自发自用电量和销售电量，不能准确计量的，由专员办和省级财政部门按照其最大发电（售电）能力核定自发自用电量和销售电量，并确定重大水利基金征收数额。

第十二条 重大水利基金收入列政府收支分类科目第103类01款58项"国家重大水利工程建设基金收入"。其中：专员办对14个省份征收的重大水利基金分别计入"国家重大水利工程建设基金收入"项下01目"南水北调工程建设资金"和02目"三峡工程后续工作资金"；16个省份省级财政部门征收的重大水利基金计入"国家重大水利工程建设基金收入"项下03目"省级重大水利工程建设资金"。

第十三条 14个省份省级电网企业代征重大水利基金,由中央财政按代征额的2‰付给代征手续费,代征手续费从重大水利基金支出预算中安排,分别支付给国家电网公司和中国南方电网有限责任公司,具体支付方式按照财政部有关规定执行。代征电网企业不得从代征收入中直接提留代征手续费。

16个省份省级电网企业代征重大水利基金,由省级财政从本级重大水利基金支出预算中付给代征手续费,具体办法由省级财政部门规定。

第十四条 省级电网企业应将代征的重大水利基金与其正常业务收入分账核算。省级电网企业、拥有自备电厂企业和地方独立电网企业应及时足额上缴重大水利基金,不得拖延缴纳,如逾期不缴纳的,专员办和省级财政部门应责令其限期缴纳,并从滞纳之日起按日加收滞纳部分2‰的滞纳金。滞纳金纳入本金一并核算。

第十五条 未经国务院批准,任何地方、部门和单位均不得擅自减免重大水利基金,不得调整基金征收范围和征收标准。

第十六条 对重大水利基金征收增值税而减少的收入,由财政预算安排相应资金予以弥补,并计入"国家重大水利工程建设基金收入"科目核算。

第十七条 重大水利基金按下列规定进行分配和使用。

(一)14个省份缴入中央国库的重大水利基金,纳入中央财政预算管理,由中央财政安排用于南水北调工程建设、三峡工程后续工作和支付三峡工程公益性资产运行维护费用、支付重大水利基金代征手续费。其中:南水北调工程建设与三峡工程后续工作之间的分配比例另行规定。

(二)16个省份缴入省级国库的重大水利基金,纳入省级财政预算管理,专项用于本地重大水利工程建设。

第十八条 用于南水北调工程建设的重大水利基金,由南水北调工程项目法人根据工程建设进度提出年度投资建议,报国务院南水北调办审查,并由国务院南水北调办报国家发展改革委审核后,纳入国家固定资产投资计划。同时,国务院南水北调办要编制重大水利基金年度支出预算,报财政部审核。财政部根据批准的年度投资计划、基金收支预算和基金实际征收入库情况安排资金。

重大水利基金用于南水北调工程建设,暂作为中央资本金管理。

第十九条 用于三峡工程后续工作的重大水利基金,按照经国务院批准的《三峡工程后续工作规划》要求安排使用,具体使用管理办法另行制定。

第二十条 缴入中央国库的重大水利基金在满足南水北调工程建设和三峡工程后续工作需要后的结余资金,由财政部会同国家发展改革委、水利部提出分配和使用意见,报国务院确定。

第二十一条 缴入省级国库的重大水利基金,由省级发展改革部门纳入固定资产投资计划统筹安排,并由省级财政部门编制年度基金收支预算。省级财政部门根据批准的年度投资计划、基金收支预算和基金实际征收入库情况安排资金。

16个省份要将重大水利基金年度收支情况报财政部、国家发展改革委、水利部备案。

第二十二条 重大水利基金应严格按规定安排使用,实行专款专用,年终结余结转下年度继续使用。

重大水利基金的资金支付按照财政国库管理制度有关规定执行。

第二十三条 重大水利基金支出在政府收支分类科目中列第213类04款70项"国家重大水利工程建设基金支出(南水北调工程建设)"、71项"国家重大水利工程建设基金支出(三峡工程后续工作)"、72项"国家重大水利工程建设基金支出(地方重大水利工程建设)"。

第二十四条 各级财政、发展改革、水利、审计、监察部门应按照职责分工,加强对重大水利基金征收、拨付、使用和管理情况的监督检查,确保基金按规定征缴和使用。

第二十五条 对违反本规定,多征、减征、缓征、停征,或者侵占、截留、挪用重大水利基金的单位及责任人,依照《财政违法行为处罚处分条例》(国务院令第427号)和《违反行政事业性收费和罚没收入收支两条线管理规定行政处分暂行规定》(国务院令第231号)进行处罚或行政处分,涉嫌犯罪的,移送司法机关处理。

第二十六条 16个省份可根据本办法制定本地区重大水利基金具体实施办法,并报财政部、国家发展改革委、水利部备案。

第二十七条 本办法由财政部商有关部门负责解释。

第二十八条 本办法自2010年1月1日起执行,三峡工程建设基金同时停止征收,原涉及三峡工程建设基金征收使用管理的文件一律废止。

附件:国家重大水利工程建设基金征收标准(编者略)

4-2-33

财政部关于征收国家重大水利工程建设基金有关问题的通知

2010年11月3日　财综〔2010〕97号

财政部驻北京、天津、河北、河南、山东、江苏、上海、浙江、安徽、江西、湖北、湖南、重庆、广东省(直辖市)财政监察专员办事处,国家电网公司、中国南方电网有限责任公司:

最近,财政部驻一些省市财政监察专员办事处反映,对企业自备电厂征收国家重大水利工程建设基金(以下简称基金)等一些具体政策仍不尽明确,给基金征收工作带来一定困难,要求进一步明确相关政策。经研究,现将有关问题通知如下:

一、为确保基金应征尽征,提高征管效率,对企业自备电厂应缴纳的基金,不再由财政部驻当地财政监察专员办事处直接征收,改由省级电网企业代征,并由财政部驻当地财政监察专员办事处按月征缴。具体征缴方式、时间和程序,仍按照《财政部　国家发展改革委　水利部关于印发〈国家重大水利工程建设基金征收使用管理暂行办法〉的通知》(财综〔2009〕90号)规定执行。

二、财综〔2009〕90号文件已明确,资源综合利用(利用余热余压发电、煤矸石发电等)、热电联产的企业自备电厂纳入基金征收范围,各地应按此规定对资源综合利用、热电联产的企业自备电厂征收基金,不得免征。

三、对重庆市电力公司所属控股子公司(目前为 24 家)和地方独立电网企业全部销售电量,均应计征基金,自 2010 年 1 月 1 日起至今尚未计征基金的,应足额补征。

四、各地应严格按照财综〔2009〕90 号文件的规定执行,未经国务院批准,任何地方、部门和单位均不得擅自调整基金征收范围和征收标准,也不得擅自减免基金。凡违反规定的,要予以严肃查处。

农网还贷资金

4-2-34

财政部关于印发农网还贷资金征收使用管理办法的通知

2001年12月17日　财企[2001]820号

财政部驻山西、吉林、湖南、湖北、广东、广西、四川、重庆、云南、陕西省(自治区、直辖市)财政监察专员办事处,山西、吉林、湖南、湖北、广东、广西、四川、重庆、云南、陕西省(自治区、直辖市)财政厅(局),国家电力公司:

"九五"期间每度电2分钱的电力建设基金政策已执行期满。经国务院领导批准,从2001年起每度电2分钱并入电价,其收入专项用于解决农村电网改造还贷问题,具体分两种情况处理:即对农网改造贷款一省多贷的山西、吉林、湖南、湖北、广东、广西、四川、重庆、云南、陕西等省、自治区、直辖市建立农网还贷资金,对农网改造贷款一省一贷的省、自治区、直辖市由企业自收自用。根据分工,财政部制定了《农网还贷资金征收使用管理办法》,现印发给你们,请遵照执行。执行中有何问题,请及时告知。

附件:农网还贷资金征收使用管理办法

附件

农网还贷资金征收使用管理办法

第一条　农网还贷资金是对农网改造贷款"一省多贷"的省、自治区、直辖市(指该省市区的农网改造工程贷款由多个电力企业承贷,下同)电力用户征收的政府性基金,专项用于农村电网改造贷款还本付息。根据《国务院关于加强预算外资金管理的决定》(国发[1996]29号)的规定,农网还贷资金纳入国家财政预算管理。

第二条　农网还贷资金按社会用电量每度电2分钱标准,并入电价收取。

第三条　农网还贷资金减免范围包括:

(一)农业排灌、抗灾救灾及氮肥、磷肥、钾肥和原化工部颁发生产许可证的复合肥生产用电免征农网还贷资金;

(二)自备电厂自用电量免征农网还贷资金;

(三)国有重点煤炭企业生产用电、核工业铀扩散厂和堆化工厂生产用电农网还贷资金暂按每千瓦时用电量三厘钱标准征收。

第四条 农网还贷资金由电网经营企业在向用户收取电费时一并收取,并在电费收款凭证中注明农网还贷资金的征收电量、征收标准和征收金额。除规定的减免用量外,电力用户必须及时足额交纳农网还贷资金。

第五条 征收农网还贷资金必须按照《中华人民共和国增值税暂行条例》及其他有关规定缴纳增值税和流转环节的其他税费,按规定纳入预算管理后免征企业所得税。

第六条 征收农网还贷资金的电网经营企业,可按年征收额的2‰提取手续费,并计入企业的应付工资科目。

第七条 电网经营企业将收取的农网还贷资金在销售收入中单独核算,集中到省级电力企业,由省级电力企业按月向财政部驻当地财政监察专员办事处申报农网还贷资金征收情况,由财政部驻当地财政监察专员办事处按比例开具一般缴款书分别缴入中央和地方省级国库。具体缴库比例原则上按国家批准的农网改造贷款计划确定,详见附。农网改造竣工后,实际投资没有完成计划的省、自治区、直辖市,由财政部相应调整缴入中央和地方省级国库的比例。缴入国库的农网还贷资金暂时分别列入《2001年政府预算收支科目》的基金预算收入科目第800101项"中央电力建设基金收入"及第800102项"地方电力建设基金收入"。

第八条 农网还贷资金使用单位必须按规定编制农网还贷资金使用预算,分别报财政部和省级财政部门。其中,中央单位报财政部审批,地方单位报省级财政部门审批。

第九条 对经批准的农网还贷资金使用预算,由财政部和省级财政部门根据农网还贷资金缴库进度办理拨款手续。

中央单位向财政部提出拨款申请,由财政部拨款,原则上每月拨付一次。

缴入地方省级国库的农网还贷资金由有关省、自治区、直辖市财政厅(局)比照缴入中央国库的农网还贷资金拨付原则制定具体办法,报财政部备案。

拨付的农网还贷资金暂时分别列入《2001年政府预算收支科目》的基金预算支出科目第800101项"中央电力建设基金支出"、第800102项"地方电力建设基金支出"。

第十条 农网还贷资金征收使用应接受财政、审计等部门的监督。有关企业必须严格按照国家规定征收农网还贷资金,不得擅自调整征收范围和标准。使用单位应严格按批准的预算和财政部门核拨的资金及规定用途安排使用农网还贷资金。

第十一条 本办法执行时间暂定5年,即从2001年1月1日至2005年12月31日止。征收期满后,根据农网改造还贷情况由财政部另行规定。

第十二条 有关省、自治区、直辖市财政厅(局)应根据本办法规定制定具体实施办法,并报财政部备案。

附:农网还贷资金缴库比例表(编者略)

4-2-35

财政部关于调整重庆市农网还贷资金中央和地方缴库比例有关问题的批复

2015年12月31日 财税〔2015〕59号

财政部驻重庆市财政监察专员办事处、重庆市财政局：

你们《关于调整农网还贷资金缴库比例的请示》（财驻渝监办〔2015〕3号）和《关于重庆市农网还贷资金缴库比例有关问题的请示》（财驻渝监办〔2015〕118号）收悉。经研究，现就有关问题批复如下：

一、鉴于重庆三峡水利电力（集团）股份有限公司已确定为农网改造工程承贷主体，为保障各承贷主体还贷资金需要，同意调整重庆市农网还贷资金中央和地方缴库比例，缴入中央国库的比例为97.25%，缴入地方国库的比例为2.75%。

二、上述政策自2015年1月1日起执行。根据重庆市农网改造工程各承贷主体贷款比例调整和投资完成情况，财政部适时调整重庆市农网还贷资金中央和地方缴库比例。

三、财政部驻重庆市财政监察专员办事处（以下简称重庆专员办）应按照上述政策，切实做好农网还贷资金征收管理工作，确保资金应征尽征，及时上缴国库。重庆专员办在征缴2015年12月份农网还贷资金时，应按照调整后的农网还贷资金缴库比例，将2015年全年应缴入地方国库的农网还贷资金一次性缴入地方国库。

可再生能源发展基金

4-2-36

中华人民共和国可再生能源法

2005年2月28日第十届全国人民代表大会常务委员会第十四次会议通过 同日中华人民共和国主席令第33号公布 2009年12月26日第十一届全国人民代表大会常务委员会第十二次会议修正 同日中华人民共和国主席令第23号公布

目 录

第一章 总则
第二章 资源调查与发展规划
第三章 产业指导与技术支持
第四章 推广与应用
第五章 价格管理与费用分摊
第六章 经济激励与监督措施
第七章 法律责任
第八章 附则

第一章 总 则

第一条 为了促进可再生能源的开发利用，增加能源供应，改善能源结构，保障能源安全，保护环境，实现经济社会的可持续发展，制定本法。

第二条 本法所称可再生能源，是指风能、太阳能、水能、生物质能、地热能、海洋能等非化石能源。

水力发电对本法的适用，由国务院能源主管部门规定，报国务院批准。

通过低效率炉灶直接燃烧方式利用秸秆、薪柴、粪便等，不适用本法。

第三条 本法适用于中华人民共和国领域和管辖的其他海域。

第四条 国家将可再生能源的开发利用列为能源发展的优先领域，通过制定可再生能源开发利用总量目标和采取相应措施，推动可再生能源市场的建立和发展。

国家鼓励各种所有制经济主体参与可再生能源的开发利用，依法保护可再生能源开发利用者的合法权益。

第五条 国务院能源主管部门对全国可再生能源的开发利用实施统一管理。国务院有关部门在各自的职责范围内负责有关的可再生能源开发利用管理工作。

县级以上地方人民政府管理能源工作的部门负责本行政区域内可再生能源开发利用的管理工作。县级以上地方人民政府有关部门在各自的职责范围内负责有关的可再生能源开发利用管理工作。

第二章 资源调查与发展规划

第六条 国务院能源主管部门负责组织和协调全国可再生能源资源的调查,并会同国务院有关部门组织制定资源调查的技术规范。

国务院有关部门在各自的职责范围内负责相关可再生能源资源的调查,调查结果报国务院能源主管部门汇总。

可再生能源资源的调查结果应当公布;但是,国家规定需要保密的内容除外。

第七条 国务院能源主管部门根据全国能源需求与可再生能源资源实际状况,制定全国可再生能源开发利用中长期总量目标,报国务院批准后执行,并予公布。

国务院能源主管部门根据前款规定的总量目标和省、自治区、直辖市经济发展与可再生能源资源实际状况,会同省、自治区、直辖市人民政府确定各行政区域可再生能源开发利用中长期目标,并予公布。

第八条 国务院能源主管部门会同国务院有关部门,根据全国可再生能源开发利用中长期总量目标和可再生能源技术发展状况,编制全国可再生能源开发利用规划,报国务院批准后实施。

国务院有关部门应当制定有利于促进全国可再生能源开发利用中长期总量目标实现的相关规划。

省、自治区、直辖市人民政府管理能源工作的部门会同本级人民政府有关部门,依据全国可再生能源开发利用规划和本行政区域可再生能源开发利用中长期目标,编制本行政区域可再生能源开发利用规划,经本级人民政府批准后,报国务院能源主管部门和国家电力监管机构备案,并组织实施。

经批准的规划应当公布;但是,国家规定需要保密的内容除外。

经批准的规划需要修改的,须经原批准机关批准。

第九条 编制可再生能源开发利用规划,应当遵循因地制宜、统筹兼顾、合理布局、有序发展的原则,对风能、太阳能、水能、生物质能、地热能、海洋能等可再生能源的开发利用作出统筹安排。规划内容应当包括发展目标、主要任务、区域布局、重点项目、实施进度、配套电网建设、服务体系和保障措施等。

组织编制机关应当征求有关单位、专家和公众的意见,进行科学论证。

第三章 产业指导与技术支持

第十条 国务院能源主管部门根据全国可再生能源开发利用规划,制定、公布可再生能源产业发展指导目录。

第十一条 国务院标准化行政主管部门应当制定、公布国家可再生能源电力的并网技术标准和其他需要在全国范围内统一技术要求的有关可再生能源技术和产品的国家标准。

对前款规定的国家标准中未作规定的技术要求,国务院有关部门可以制定相关的行业标准,并报国务院标准化行政主管部门备案。

第十二条 国家将可再生能源开发利用的科学技术研究和产业化发展列为科技发展与高技术产业发展的优先领域,纳入国家科技发展规划和高技术产业发展规划,并安排资金支持可再生能源开发利用的科学技术研究、应用示范和产业化发展,促进可再生能源开发利用的技术进步,降低可再生能源产品的生产成本,提高产品质量。

国务院教育行政部门应当将可再生能源知识和技术纳入普通教育、职业教育课程。

第四章 推广与应用

第十三条 国家鼓励和支持可再生能源并网发电。

建设可再生能源并网发电项目,应当依照法律和国务院的规定取得行政许可或者报送备案。

建设应当取得行政许可的可再生能源并网发电项目,有多人申请同一项目许可的,应当依法通过招标确定被许可人。

第十四条 国家实行可再生能源发电全额保障性收购制度。

国务院能源主管部门会同国家电力监管机构和国务院财政部门,按照全国可再生能源开发利用规划,确定在规划期内应当达到的可再生能源发电量占全部发电量的比重,制定电网企业优先调度和全额收购可再生能源发电的具体办法,并由国务院能源主管部门会同国家电力监管机构在年度中督促落实。

电网企业应当与按照可再生能源开发利用规划建设,依法取得行政许可或者报送备案的可再生能源发电企业签订并网协议,全额收购其电网覆盖范围内符合并网技术标准的可再生能源并网发电项目的上网电量。发电企业有义务配合电网企业保障电网安全。

电网企业应当加强电网建设,扩大可再生能源电力配置范围,发展和应用智能电网、储能等技术,完善电网运行管理,提高吸纳可再生能源电力的能力,为可再生能源发电提供上网服务。

第十五条 国家扶持在电网未覆盖的地区建设可再生能源独立电力系统,为当地生产和生活提供电力服务。

第十六条 国家鼓励清洁、高效地开发利用生物质燃料,鼓励发展能源作物。

利用生物质资源生产的燃气和热力,符合城市燃气管网、热力管网的入网技术标准的,经营燃气管网、热力管网的企业应当接收其入网。

国家鼓励生产和利用生物液体燃料。石油销售企业应当按照国务院能源主管部门或者省级人民政府的规定,将符合国家标准的生物液体燃料纳入其燃料销售体系。

第十七条 国家鼓励单位和个人安装和使用太阳能热水系统、太阳能供热采暖和制冷系统、太阳能光伏发电系统等太阳能利用系统。

国务院建设行政主管部门会同国务院有关部门制定太阳能利用系统与建筑结合的技术经济政策和技术规范。

房地产开发企业应当根据前款规定的技术规范,在建筑物的设计和施工中,为太阳能利用提供必备条件。

对已建成的建筑物,住户可以在不影响其质量与安全的前提下安装符合技术规范和产品标准的太阳能利用系统;但是,当事人另有约定的除外。

第十八条 国家鼓励和支持农村地区的可再生能源开发利用。

县级以上地方人民政府管理能源工作的部门会同有关部门,根据当地经济社会发展、生态保护和卫生综合治理需要等实际情况,制定农村地区可再生能源发展规划,因地制宜地推广应用沼气等生物质资源转化、户用太阳能、小型风能、小型水能等技术。

县级以上人民政府应当对农村地区的可再生能源利用项目提供财政支持。

第五章 价格管理与费用分摊

第十九条 可再生能源发电项目的上网电价,由国务院价格主管部门根据不同类型可再生能源发电的特点和不同地区的情况,按照有利于促进可再生能源开发利用和经济合理的原则确定,并根据可再生能源开发利用技术的发展适时调整。上网电价应当公布。

依照本法第十三条第三款规定实行招标的可再生能源发电项目的上网电价,按照中标确定的价格执行;但是,不得高于依照前款规定确定的同类可再生能源发电项目的上网电价水平。

第二十条 电网企业依照本法第十九条规定确定的上网电价收购可再生能源电量所发生的费用,高于按照常规能源发电平均上网电价计算所发生费用之间的差额,由在全国范围对销售电量征收可再生能源电价附加补偿。

第二十一条 电网企业为收购可再生能源电量而支付的合理的接网费用以及其他合理的相关费用,可以计入电网企业输电成本,并从销售电价中回收。

第二十二条 国家投资或者补贴建设的公共可再生能源独立电力系统的销售电价,执行同一地区分类销售电价,其合理的运行和管理费用超出销售电价的部分,依照本法第二十条规定的办法分摊。

第二十三条 进入城市管网的可再生能源热力和燃气的价格,按照有利于促进可再生能源开发利用和经济合理的原则,根据价格管理权限确定。

第六章 经济激励与监督措施

第二十四条 国家财政设立可再生能源发展基金,资金来源包括国家财政年度安排的专项资金和依法征收的可再生能源电价附加收入等。

可再生能源发展基金用于补偿本法第二十条、第二十二条规定的差额费用,并用于支持以下事项:

(一)可再生能源开发利用的科学技术研究、标准制定和示范工程;

(二)农村、牧区的可再生能源利用项目;

(三)偏远地区和海岛可再生能源独立电力系统建设;

(四)可再生能源的资源勘查、评价和相关信息系统建设;

(五)促进可再生能源开发利用设备的本地化生产。

本法第二十一条规定的接网费用以及其他相关费用,电网企业不能通过销售电价回收的,可以申请可再生能源发展基金补助。

可再生能源发展基金征收使用管理的具体办法,由国务院财政部门会同国务院能源、价格主管部门制定。

第二十五条 对列入国家可再生能源产业发展指导目录、符合信贷条件的可再生能源开发利用项目,金融机构可以提供有财政贴息的优惠贷款。

第二十六条 国家对列入可再生能源产业发展指导目录的项目给予税收优惠。具体办法由国务院规定。

第二十七条 电力企业应当真实、完整地记载和保存可再生能源发电的有关资料,并接受电力监管机构的检查和监督。

电力监管机构进行检查时,应当依照规定的程序进行,并为被检查单位保守商业秘密和其他秘密。

第七章 法律责任

第二十八条 国务院能源主管部门和县级以上地方人民政府管理能源工作的部门和其他有关部门在可再生能源开发利用监督管理工作中,违反本法规定,有下列行为之一的,由本级人民政府或者上级人民政府有关部门责令改正,对负有责任的主管人员和其他直接责任人员依法给予行政处分;构成犯罪的,依法追究刑事责任:

(一)不依法作出行政许可决定的;

(二)发现违法行为不予查处的;

(三)有不依法履行监督管理职责的其他行为的。

第二十九条 违反本法第十四条规定,电网企业未按照规定完成收购可再生能源电量,造成可再生能源发电企业经济损失的,应当承担赔偿责任,并由国家电力监管机构责令限期改正;拒不改正的,处以可再生能源发电企业经济损失额一倍以下的罚款。

第三十条 违反本法第十六条第二款规定,经营燃气管网、热力管网的企业不准许符合入网技术标准的燃气、热力入网,造成燃气、热力生产企业经济损失的,应当承担赔偿责任,并由省级人民政府管理能源工作的部门责令限期改正;拒不改正的,处以燃气、热力生产企业经济损失额一倍以下的罚款。

第三十一条 违反本法第十六条第三款规定,石油销售企业未按照规定将符合国家标准的生物液体燃料纳入其燃料销售体系,造成生物液体燃料生产企业经济损失的,应当承担赔偿责任,并由国务院能源主管部门或者省级人民政府管理能源工作的部门责令限期改正;拒不改正的,处以生物液体燃料生产企业经济损失额一倍以下的罚款。

第八章 附 则

第三十二条 本法中下列用语的含义:

(一)生物质能,是指利用自然界的植物、粪便以及城乡有机废物转化成的能源。

(二)可再生能源独立电力系统,是指不与电网连接的单独运行的可再生能源电力系统。

(三)能源作物,是指经专门种植,用以提供能源原料的草本和木本植物。

(四)生物液体燃料,是指利用生物质资源生产的甲醇、乙醇和生物柴油等液体燃料。

第三十三条 本法自 2006 年 1 月 1 日起施行。

※　　※　　※　　※

4-2-37

财政部　国家发展改革委　国家能源局关于印发《可再生能源发展基金征收使用管理暂行办法》的通知

2011 年 11 月 29 日　财综〔2011〕115 号

各省、自治区、直辖市财政厅(局)、发展改革委、能源局、物价局,财政部驻各省、自治区、直辖市财政监察专员办事处,国家电网公司、中国南方电网有限责任公司、内蒙古自治区电力有限责任公司:

为了促进可再生能源的开发利用,根据《中华人民共和国可再生能源法》有关规定,财政部会同国家发展改革委、国家能源局共同制定了《可再生能源发展基金征收使用管理暂行办法》,现印发给你们,请遵照执行。

附件:可再生能源发展基金征收使用管理暂行办法

附件

可再生能源发展基金征收使用管理暂行办法

第一章　总　　则

第一条 为了促进可再生能源的开发利用,根据《中华人民共和国可再生能源法》的有关规定,制定本办法。

第二条 可再生能源发展基金的资金筹集、使用管理和监督检查等适用本办法。

第二章　资金筹集

第三条 可再生能源发展基金包括国家财政公共预算安排的专项资金(以下简称可再生能源发展专项资金)和依法向电力用户征收的可再生能源电价附加收入等。

第四条 可再生能源发展专项资金由中央财政从年度公共预算中予以安排(不含国务院投资主管部门安排的中央预算内基本建设专项资金)。

第五条 可再生能源电价附加在除西藏自治区以外的全国范围内,对各省、自治区、直辖市扣除农业生产用电(含农业排灌用电)后的销售电量征收。

第六条 各省、自治区、直辖市纳入可再生能源电价附加征收范围的销售电量包括：

（一）省级电网企业（含各级子公司）销售给电力用户的电量；

（二）省级电网企业扣除合理线损后的趸售电量（即实际销售给转供单位的电量，不含趸售给各级子公司的电量）；

（三）省级电网企业对境外销售电量；

（四）企业自备电厂自发自用电量；

（五）地方独立电网（含地方供电企业，下同）销售电量（不含省级电网企业销售给地方独立电网的电量）；

（六）大用户与发电企业直接交易的电量。

省（自治区、直辖市）际间交易电量，计入受电省份的销售电量征收可再生能源电价附加。

第七条 可再生能源电价附加征收标准为8厘/千瓦时。根据可再生能源开发利用中长期总量目标和开发利用规划，以及可再生能源电价附加收支情况，征收标准可以适时调整。

第八条 可再生能源电价附加由财政部驻各省、自治区、直辖市财政监察专员办事处（以下简称专员办）按月向电网企业征收，实行直接缴库，收入全额上缴中央国库。

电力用户应缴纳的可再生能源电价附加，按照下列方式由电网企业代征：

（一）大用户与发电企业直接交易电量的可再生能源电价附加，由代为输送电量的电网企业代征；

（二）地方独立电网销售电量的可再生能源电价附加，由地方电网企业在向电力用户收取电费时一并代征；

（三）企业自备电厂自发自用电量应缴纳的可再生能源电价附加，由所在地电网企业代征；

（四）其他社会销售电量的可再生能源电价附加，由省级电网企业在向电力用户收取电费时一并代征。

第九条 可再生能源电价附加收入填列政府收支分类科目第103类01款68项"可再生能源电价附加收入"。

第十条 省级电网企业和地方独立电网企业，应于每月10日前向驻当地专员办申报上月实际销售电量（含自备电厂自发自用电量，下同）和应缴纳的可再生能源电价附加。专员办应于每月12日前完成对企业申报的审核，确定可再生能源电价附加征收额，并向申报企业开具《非税收入一般缴款书》。省级电网企业和地方独立电网企业，应于每月15日前，按照专员办开具《非税收入一般缴款书》所规定的缴款额，足额上缴可再生能源电价附加。

第十一条 专员办根据省级电网企业和地方独立电网企业全年实际销售电量，在次年3月底前完成对相关企业全年应缴可再生能源电价附加的汇算清缴工作。

专员办开展汇算清缴工作时，应对电力用户欠缴电费、电网企业核销坏账损失的电量情况进行审核，经确认后不计入相关企业全年实际销售电量。

第十二条 中央财政按照可再生能源附加实际代征额的2‰付给相关电网企业代征手续费，代征手续费从可再生能源发展基金支出预算中安排，具体支付方式按照财政部的有关规定执行。代征电网企业不得从代征收入中直接提留代征手续费。

第十三条 对可再生能源电价附加征收增值税而减少的收入,由财政预算安排相应资金予以弥补,并计入"可再生能源电价附加收入"科目核算。

第三章 资金使用

第十四条 可再生能源发展基金用于支持可再生能源发电和开发利用活动

(一)可再生能源发展专项资金主要用于支持以下可再生能源开发利用活动:

1. 可再生能源开发利用的科学技术研究、标准制定和示范工程;
2. 农村、牧区生活用能的可再生能源利用项目;
3. 偏远地区和海岛可再生能源独立电力系统建设;
4. 可再生能源的资源勘查、评价和相关信息系统建设;
5. 促进可再生能源开发利用设备的本地化生产;
6.《中华人民共和国可再生能源法》规定的其他相关事项。

(二)可再生能源电价附加收入用于以下补助:

1. 电网企业按照国务院价格主管部门确定的上网电价,或者根据《中华人民共和国可再生能源法》有关规定通过招标等竞争性方式确定的上网电价,收购可再生能源电量所发生的费用,高于按照常规能源发电平均上网电价计算所发生费用之间的差额;
2. 执行当地分类销售电价,且由国家投资或者补贴建设的公共可再生能源独立电力系统,其合理的运行和管理费用超出销售电价的部分;
3. 电网企业为收购可再生能源电量而支付的合理的接网费用以及其他合理的相关费用,不能通过销售电价回收的部分。

第十五条 相关企业申请可再生能源发展专项资金补助的具体办法,按照《财政部关于印发〈可再生能源发展专项资金管理暂行办法〉的通知》(财建〔2006〕237号)等有关文件的规定执行。

可再生能源发展专项资金用于固定资产投资的,还应按照中央政府投资管理的有关规定执行。

第十六条 电网企业应按照《可再生能源法》相关规定,全额收购其电网覆盖范围内符合并网技术标准的可再生能源并网发电项目的上网电量。

第十七条 可再生能源电价附加补助资金的申报、审核、拨付等具体办法,由财政部会同国家发展改革委、国家能源局另行制定。

第十八条 可再生能源发展专项资金支出填列政府收支分类科目中第211类12款01项"可再生能源";可再生能源电价附加支出填列政府收支分类科目中第211类15款01项"可再生能源电价附加收入安排的支出"(新增)。

第四章 监督检查

第十九条 财政、价格、能源、审计部门按照职责分工,对可再生能源电价附加的征收、拨付、使用和管理情况进行监督检查。

第二十条 省级电网企业和地方独立电网企业,应及时足额上缴可再生能源电价附加,不得拖延缴纳。

第二十一条　未经批准,多征、减征、缓征、停征或截留、挤占、挪用可再生能源电价附加收入的单位及责任人,由财政、价格、能源、审计等相关部门依照《中华人民共和国价格法》、《财政违法行为处罚处分条例》、《价格违法行为行政处罚规定》等法律法规追究法律责任。

第五章　附　　则

第二十二条　本办法由财政部会同国家发展改革委、国家能源局解释。

第二十三条　本办法自 2012 年 1 月 1 日起施行。

4-2-38

财政部关于调整可再生能源
电价附加征收标准的通知

2013 年 9 月 10 日　　财综〔2013〕89 号

财政部驻各省、自治区、直辖市、计划单列市财政监察专员办事处:

为了促进可再生能源的开发利用,自 2013 年 9 月 25 日起,将向除居民生活和农业生产以外的其他用电量征收的可再生能源电价附加征收标准提高至 1.5 分钱/千瓦时。财政部驻各地财政监察专员办事处要严格按照本通知的规定,切实加强对可再生能源电价附加的征收管理和监督检查,确保资金应收尽收,及时入库。

4-2-39

国家发展改革委关于降低燃煤发电
上网电价和一般工商业用电价格的通知

2015 年 12 月 27 日　　发改价格〔2015〕3105 号

各省、自治区、直辖市发展改革委、物价局、电力公司:

经国务院批准,根据煤电价格联动机制有关规定,决定下调全国燃煤发电上网电价和一般工商业用电价格。经商国家能源局,现就有关事项通知如下:

一、全国燃煤发电上网电价平均每千瓦时下调约 3 分钱(含税,下同),同幅度下调一般工商业销售电价,支持燃煤电厂超低排放改造和可再生能源发展,并设立工业企业结构调整专项资金。各省(区、市)燃煤发电上网电价平均调价标准和调整后的燃煤发电标杆上网电价见附件。

二、全国一般工商业销售电价平均每千瓦时下调约 3 分钱,大工业用电价格不作调整,减轻中小微企业负担。各省(区、市)一般工商业用电平均调价标准见附件。各省(区、市)

价格主管部门按照附件规定的平均调价标准,制定和下发本省(区、市)上网电价和销售电价调整具体方案,并报我委备案。

三、推动燃煤电厂超低排放改造,根据《国家发展改革委关于燃煤电厂超低排放电价支持政策有关问题的通知》(发改价格〔2015〕2835号)规定,对于验收合格并符合超低排放限值要求的燃煤发电机组实行电价支持。

四、将居民生活和农业生产以外其他用电征收的可再生能源电价附加征收标准,提高到每千瓦时1.9分钱。

五、利用燃煤发电上网电价部分降价空间,设立工业企业结构调整专项资金,支持地方在淘汰煤炭、钢铁行业落后产能中安置下岗失业人员等。专项资金管理办法由有关部门另行下发。

六、跨省、跨区域送电价格调整标准,遵循市场定价原则,参考送、受电地区电价调整情况,由供需双方协商确定。"点对网"送电的上网电价调价标准,可参考受电省燃煤发电标杆电价调整标准协商确定。"网对网"送电价格,可参考送电省燃煤机组标杆电价调整幅度协商确定。

七、以上电价调整自2016年1月1日起执行。

八、推进电价市场化,鼓励有条件的电力用户与发电企业直接交易,自主协商确定电价。

九、电价调整后,各级价格主管部门要继续对高耗能行业、产能严重过剩行业实施差别电价、惩罚性电价和阶梯电价政策,加大上述电价政策的执行力度,促进产业结构升级和淘汰落后产能。

十、各地价格主管部门要精心组织,周密安排,确保本次电价调整措施及时落实到位。

附件:各省(区、市)燃煤发电上网电价和一般工商业用电价格调整表(编者略)

4-2-40

财政部　国家发展改革委关于提高可再生能源发展基金征收标准等有关问题的通知

2016年1月5日　财税〔2016〕4号

各省、自治区、直辖市财政厅(局)、发展改革委、物价局,财政部驻各省、自治区、直辖市财政监察专员办事处、国家电网公司、中国南方电网有限责任公司、内蒙古自治区电力有限责任公司:

为支持可再生能源发展,切实加强可再生能源发展基金(以下简称基金)征收管理,经国务院同意,现就有关问题通知如下:

一、自2016年1月1日起,将各省(自治区、直辖市,不含新疆维吾尔自治区、西藏自治区)居民生活和农业生产以外全部销售电量的基金征收标准,由每千瓦时1.5分提高到每千瓦时1.9分。

二、各省（自治区、直辖市）价格主管部门要同幅度调整省级电网和地方独立电网销售电价，确保将提高基金征收标准政策落实到位。此前因电价调整不到位，有关地区居民生活用电和地方独立电网销售电量的基金征收标准低于国家统一标准的，要在履行法定程序后将电价及时调整到位，严格执行国家统一规定的基金征收标准。

三、切实加强企业自备电厂等基金征收管理。企业自备电厂（含利用余热余压发电、煤矸石发电等资源综合利用和热电联产企业自备电厂）自发自用电量，以及大用户与发电企业直接交易电量，均应纳入基金征收范围，各地不得擅自减免或缓征。对企业自备电厂以前年度欠缴基金，要足额补征。国家电网公司、中国南方电网有限责任公司、内蒙古自治区电力有限责任公司和地方独立电网企业要切实履行基金代征责任，对经营范围内企业自备电厂应缴纳的基金，要及时足额征收。与电网不联接没有电费结算关系的企业自备电厂，由财政部驻所在地财政监察专员办事处直接征收基金。财政部驻各地财政监察专员办事处要切实履行基金征管职责，加强监督检查，确保基金征收到位，并及时上缴中央国库。

四、各级财政、价格、审计部门要加强对基金征收管理和落实电价调整政策的监督检查，对违规多征、减征、免征或缓征基金以及不按规定调整电价的，依照《预算法》、《价格法》、《财政违法行为处罚处分条例》等国家有关法律法规追究法律责任。

大中型水库移民后期扶持基金

4-2-41

国务院关于完善大中型水库移民后期扶持政策的意见

2006年5月17日 国发〔2006〕17号

各省、自治区、直辖市人民政府,国务院各部委、各直属机构:

新中国成立以来,我国兴建了一大批大中型水库,在防洪、发电、灌溉、供水、生态等方面发挥了巨大效益,有力地促进了国民经济和社会发展,大中型水库移民为此作出了重大贡献。为了帮助移民改善生产生活条件,国家先后设立了库区维护基金、库区建设基金和库区后期扶持基金,努力解决水库移民遗留问题,对保护移民权益、维护库区社会稳定发挥了重要作用。但由于扶持政策不统一、扶持标准偏低、移民直接受益不够等多种原因,目前水库移民的生产生活条件依然普遍较差,有相当多的移民仍生活在贫困之中。当前,我国总体上已进入统筹城乡发展、以工促农、以城带乡的发展阶段,有必要也有能力加大对水库移民的后期扶持。为帮助水库移民脱贫致富,促进库区和移民安置区经济社会发展,保障新时期水利水电事业健康发展,构建社会主义和谐社会,现就完善大中型水库移民后期扶持政策(以下简称后期扶持政策)提出如下意见:

一、完善后期扶持政策的指导思想、目标和原则

(一)指导思想。以邓小平理论和"三个代表"重要思想为指导,坚持以人为本,全面贯彻落实科学发展观,做到工程建设、移民安置与生态保护并重,继续按照开发性移民的方针,完善扶持方式,加大扶持力度,改善移民生产生活条件,逐步建立促进库区经济发展、水库移民增收、生态环境改善、农村社会稳定的长效机制,使水库移民共享改革发展成果,实现库区和移民安置区经济社会可持续发展。

(二)目标。近期目标是,解决水库移民的温饱问题以及库区和移民安置区基础设施薄弱的突出问题;中长期目标是,加强库区和移民安置区基础设施和生态环境建设,改善移民生产生活条件,促进经济发展,增加移民收入,使移民生活水平不断提高,逐步达到当地农村平均水平。

(三)原则。

——坚持统筹兼顾水电和水利移民、新水库和老水库移民、中央水库和地方水库移民。

——坚持前期补偿补助与后期扶持相结合。

——坚持解决温饱问题与解决长远发展问题相结合。

——坚持国家帮扶与移民自力更生相结合。
——坚持中央统一制定政策,省级人民政府负总责。

二、完善政策,提高移民后期扶持标准

(四)扶持范围。后期扶持范围为大中型水库的农村移民。其中,2006年6月30日前搬迁的水库移民为现状人口,2006年7月1日以后搬迁的水库移民为原迁人口。在扶持期内,中央对各省、自治区、直辖市2006年6月30日前已搬迁的水库移民现状人口一次核定,不再调整;对移民人口的自然变化采取何种具体政策,由各省、自治区、直辖市自行决定,转为非农业户口的农村移民不再纳入后期扶持范围。

(五)扶持标准。对纳入扶持范围的移民每人每年补助600元。

(六)扶持期限。对2006年6月30日前搬迁的纳入扶持范围的移民,自2006年7月1日起再扶持20年;对2006年7月1日以后搬迁的纳入扶持范围的移民,从其完成搬迁之日起扶持20年。

(七)扶持方式。后期扶持资金能够直接发放给移民个人的应尽量发放到移民个人,用于移民生产生活补助;也可以实行项目扶持,用于解决移民村群众生产生活中存在的突出问题;还可以采取两者结合的方式。具体方式由地方各级人民政府在充分尊重移民意愿并听取移民村群众意见的基础上确定,并编制切实可行的水库移民后期扶持规划。采取直接发放给移民个人方式的,要核实到人、建立档案、设立账户,及时足额将后期扶持资金发放到户;采取项目扶持方式的,可以统筹使用资金,但项目的确定要经绝大多数移民同意,资金的使用与管理要公开透明,接受移民监督,严禁截留挪用。

(八)扶持资金筹集。要坚持全国统筹、分省(区、市)核算,企业、社会、中央与地方政府合理负担,工业反哺农业、城市支持农村,东部地区支持中西部地区的原则。

水库移民后期扶持资金由国家统一筹措:(1)提高省级电网公司在本省(区、市)区域内全部销售电量(扣除农业生产用电)的电价,提价收入专项用于水库移民后期扶持。为了减轻中西部地区的负担,移民人数较少的河北、山西、内蒙古、吉林、黑龙江、贵州、云南、西藏、甘肃、青海、宁夏、新疆12个省(区)的电价加价标准根据本省(区)的移民人数一次核定,原则上不再调整;如上述12个省(区)2006年7月1日以后搬迁的纳入扶持范围的水库移民所需后期扶持资金出现缺口,由中央统筹解决;其他19个省(区、市)实行统一的电价加价。(2)提高电价形成的增值税增收部分专项用于水库移民后期扶持。(3)继续保留中央财政每年安排用于解决中央直属水库移民遗留问题的资金。(4)经营性大中型水库也应承担移民后期扶持资金,具体办法由发展改革委会同财政部、水利部另行制定。

(九)扶持资金管理。后期扶持资金作为政府性基金纳入中央财政预算管理。通过电价加价筹措的后期扶持资金由各省级电网公司随电费征收,全额上缴中央财政;应拨付给各省、自治区、直辖市的后期扶持资金由财政部会同国务院移民管理机构,按照发展改革委、财政部、水利部等部门核定的各省、自治区、直辖市移民人数和规定的标准据实拨付。后期扶持基金征收使用管理办法由财政部会同发展改革委、水利部和国务院移民管理机构等部门另行制定。

(十)现行水库移民扶持基金的处理。现行的库区建设基金并入完善后的水库移民后期扶持资金;现行的库区后期扶持基金并入库区维护基金,并相应调整和完善库区维护基金的征收、使用和管理,具体办法由财政部会同发展改革委、水利部另行制定。自完善后的水库移民后期扶持政策实施之日起,现行关于征收库区建设基金和后期扶持基金的改策即行废止,各地自行批准向水利、水电和电网企业征收的涉及水库移民的各种基金、资金一律停止收取。

三、统筹兼顾,安排好其他移民和征地拆迁人口的生产生活

(十一)做好大中型水库非农业安置移民工作。各省、自治区、直辖市要进一步完善城镇最低生活保障制度,把符合条件的大中型水库非农业安置移民中的困难家庭,纳入地方城镇最低生活保障范围,切实做到应保尽保;同时,要积极通过其他渠道进行帮扶,努力改善他们的生活条件。三峡工程的移民工作,依照《长江三峡工程建设移民条例》办理。

(十二)妥善解决小型水库移民的困难和现有后期扶持项目续建问题。各省、自治区、直辖市人民政府可通过提高本省(区、市)区域内全部销售电量(扣除农业生产用电)的电价筹集资金,统筹解决小型水库移民的困难,并保证对在建后期扶持项目的后续资金投入,确保项目按期建成并发挥作用。提价标准为每千瓦时不超过0.5厘,具体方案报发展改革委、财政部审批后实施。

(十三)切实做好其他征地拆迁人口的工作。完善水库移民后期扶持政策可能对其他征地拆迁人口产生影响,地方各级人民政府要高度重视,密切关注,做好宣传解释工作,并采取多种措施,及时解决他们生产生活中遇到的实际困难,妥善化解矛盾,维护社会稳定。

四、加大投入,促进库区和移民安置区长远发展

(十四)明确扶持重点。在提高后期扶持标准帮助解决水库移民温饱问题的同时,要继续从其他渠道积极筹措资金,加大扶持力度,解决库区和移民安置区长远发展问题,重点加强基本口粮田及配套水利设施建设,加强交通、供电、通信和社会事业等方面的基础设施建设,加强生态建设、环境保护,加强移民劳动力就业技能培训和职业教育,通过贴息贷款、投资补助等方式对移民能够直接受益的生产开发项目给予支持。

(十五)落实扶持资金。一是现有政府性资金,包括预算内投资和国债资金、扶贫资金、农业综合开发资金以及政府部门安排的各类建设基金和专项资金,要向库区和移民安置区倾斜;二是从筹集的后期扶持资金结余中安排,用于对库区和移民安置区的扶持,具体办法由财政部、发展改革委会同水利部等部门另行制定;三是从调整和完善后的库区维护基金中筹集。同时,地方各级人民政府要加大资金投入,鼓励社会捐助和企业对口帮扶,努力拓宽资金渠道。

(十六)做好项目规划。要以水库移民村为基本单元,按照优先解决突出问题的原则,抓紧编制库区和移民安置区基础设施建设和经济发展规划,作为国家安排扶持资金和项目的前提与依据。项目的确定要坚持民主程序,尊重和维护移民群众的知情权、参与权和监督权。

五、加强领导,精心组织实施

(十七)提高认识,增强工作责任感。做好移民工作,妥善解决移民群众关心的问题,使他们的长久生活有保障,关系到党和政府的威信,关系到党群、干群关系,关系到改革发展稳定的大局。完善水库移民后期扶持政策,加大扶持力度,是坚持以人为本、体现执政为民思想的一项重要举措,具有十分重要的意义。各地区、各有关部门要充分认识做好水库移

民工作的重要性、紧迫性和艰巨性,进一步统一思想,提高认识,加强领导,明确责任,把移民工作摆上重要的议事日程,周密部署,精心组织,稳步推进,确保移民政策落到实处。

(十八)落实责任,加强协调配合。移民工作实行属地管理,省级人民政府对本地区移民工作和社会稳定负总责,地方各级人民政府主要负责同志是第一责任人,要有一位负责同志分管移民工作,实行一级抓一级,逐级落实责任,做到责任到位、工作到位。国务院有关部门要按照职责分工,各负其责,密切配合,加强对水库移民工作的指导。要抓紧研究组建统一的国务院移民管理机构,在新机构组建之前,由发展改革委牵头,会同有关部门建立部际联席会议制度,及时协调解决水库移民后期扶持政策实施中出现的问题。省级人民政府也要整合现有移民工作力量,明确负责移民工作的管理机构,明确职能,充实人员,工作经费要纳入同级财政预算。省以下各级人民政府可结合本地实际,因地制宜地明确负责移民工作的机构。各级人民政府要建立水库移民后期扶持政策实施情况的监测评估机制。要切实加强移民乡村基层组织建设,充分发挥农村基层组织作用,配合做好移民工作。

(十九)制订方案,抓好干部培训。各省、自治区、直辖市人民政府要根据本意见抓紧制订本地区水库移民后期扶持政策实施方案,报国务院批准后组织实施。要细化实施办法,制定相关配套文件,选择若干不同类型的水库先行试点,取得经验后在全省范围内推开。各地要挑选一批思想素质好、政策水平高、业务能力强、群众工作经验丰富的干部组成移民工作组,深入库区开展工作。对参与移民工作的干部要分期分批进行培训,使移民工作干部深刻领会中央精神,准确把握政策界限,掌握正确的工作方法,提高依法办事能力。

(二十)强化监督,保证资金安全。地方各级人民政府要认真落实政策,严肃工作纪律。要审定移民人数,核实移民身份,并在乡村两级张榜公布,严禁弄虚作假。要认真执行水库移民后期扶持资金征收使用管理办法,严格资金支出管理,防止跑冒滴漏,严禁截留挪用。监察部要会同财政部制定有关责任追究办法。各级监察和审计部门要提前介入,加大工作力度,加强监督检查。对后期扶持资金使用中发现的问题,要限期整改。对违反法律法规和国家有关政策的,要依法依纪严肃处理;涉嫌犯罪的,要移送司法机关依法追究有关责任人员的刑事责任。

(二十一)加强宣传,维护社会稳定。各级宣传部门要坚持正确的舆论导向,为后期扶持政策的顺利实施营造良好的舆论氛围。要大力宣传国家的移民法规,配合移民部门做好后期扶持政策的有关宣传、解释工作,充分体现党和政府对水库移民的关心和照顾。要把握好宣传报道口径,严肃宣传纪律,防止炒作。地方各级人民政府要始终注意做好维护稳定的工作,认真排查各种不稳定因素,及时化解矛盾。要耐心细致地做好移民的思想政治工作,引导移民以合理合法的方式表达利益诉求,坚持依法办事、按政策办事,确保社会稳定。

发展改革委要会同财政部、水利部等有关部门,对各地实施水库移民后期扶持政策的情况进行监督检查,重大情况要及时向国务院报告。

4-2-42

财政部关于加强大中型水库移民后期扶持资金管理的通知

2006 年 7 月 12 日　财企〔2006〕202 号

财政部驻各省、自治区、直辖市财政监察专员办事处,各省、自治区、直辖市财政厅(局),国家电网公司,中国南方电网有限责任公司,内蒙古电力(集团)有限责任公司:

根据《国务院关于完善大中型水库移民后期扶持政策的意见》(国发〔2006〕17号)精神,为做好水库移民后期扶持工作,切实加强水库移民后期扶持资金(以下简称后期扶持资金)的监督管理,现就有关事项通知如下:

一、加大征缴力度,确保后期扶持资金及时、足额筹集

(一)后期扶持资金,由各省级电网公司按社会销售电量(扣除农业生产用电)和财政部规定的征收标准随电费一并代征。

(二)财政部驻各地财政监察专员办事处(以下简称财政专员办),负责后期扶持资金的按期执缴入库。

(三)各省级电网公司必须在每月终了15日内,按上月实际销售电量向财政专员办足额申报和缴纳后期扶持资金,不得延期缴纳,不得隐瞒、滞留,不得截留、挪用。

(四)各地财政专员办和各省级电网公司必须按照实际销售电量全额征缴后期扶持资金,做到应收尽收,应缴尽缴。

(五)各省级电网公司如延期缴纳后期扶持资金,财政专员办除责令其按期足额缴纳外,应从滞纳之日起,按日加收2‰的滞纳金。

(六)除国务院外,任何部门、单位及个人无权减免后期扶持资金,不得擅自调整资金征收标准,不得擅自扩大社会销售电量的扣除范围。

(七)各地财政专员办应建立健全后期扶持资金征收的监管办法,制定后期扶持资金征收管理实施细则,并报财政部备案。

二、加强预算管理,确保后期扶持资金及时拨付到位

(八)各省(区、市)后期扶持资金年度支出预算,由各省(区、市)财政部门会同省级移民主管部门,依据经批准的本地区水库移民后期扶持政策具体实施方案编制,并于上年11月底前报送财政部,同时抄送国务院移民管理机构(报送格式详见附件1)。

(九)财政部根据全国人民代表大会审议通过的年度预算和经核定的水库农村移民后期扶持人数以及全国统一的后期扶持标准,会同国务院移民管理机构,下达各省(区、市)后期扶持资金年度预算控制数。后期扶持资金由各省(区、市)包干使用,年终结余可以结转下年度继续使用。

(十)下达各省(区、市)的后期扶持资金预算,由财政部根据后期扶持资金实际征收入库情况,按季拨付有关省(区、市)财政厅(局),年终清算。

(十一)各省(区、市)财政部门会同省级移民主管部门,应按规定编制后期扶持资金年度拨付和使用情况表,于每年3月底之前报送财政部、国家移民主管部门(报送格式详见附件2、附件3)。

三、加强使用管理,确保后期扶持资金专款专用

(十二)后期扶持资金必须按国家规定的使用范围和扶持方式使用。

(十三)地方各级财政部门应会同同级移民主管部门,根据经批准的移民后期扶持实施方案,制定本地区的后期扶持资金使用计划,经同级人民政府批准后,报上一级财政部门和移民主管部门备案。

(十四)地方各级财政部门和移民主管部门必须按年度后期扶持资金使用计划和规定用途及时拨付资金。不得延期拨付,严禁截留挪用。

(十五)各地区应明确后期扶持资金的具体使用管理机构,建立健全财务会计制度,配备专职的财务会计人员,对后期扶持资金实行专人专账管理。

(十六)各级后期扶持资金的具体使用管理机构,应切实采取措施,确保后期扶持政策落实到位。对于直补到人的,必须建立完整的移民个人档案和后期扶持资金发放记录;用于项目扶持的,必须按项目制定年度资金使用计划。

(十七)后期扶持资金存款产生的利息纳入后期扶持资金统一管理,继续用于移民的后期扶持。

(十八)地方各级移民主管部门和移民后期扶持工作具体组织实施单位的工作经费,由同级财政预算安排,不得在后期扶持资金中开支。

(十九)地方各级财政部门应会同同级移民主管部门制定后期扶持资金具体使用管理办法和实施细则,报上级财政部门和移民主管部门备案。

四、加强监督检查和违规处罚,确保后期扶持资金规范安全有效

(二十)各地财政专员办应定期组织对后期扶持资金征收、入库情况进行专项检查,及时将检查情况报告财政部。

(二十一)地方各级财政部门应会同有关部门定期开展后期扶持资金拨付和使用的专项检查,并及时将检查情况报告上级财政部门和移民主管部门。

(二十二)对检查中发现的擅自改变后期扶持基金征收范围、标准、对象和期限以及截留、挤占和挪用后期扶持资金的单位和个人,按照《财政违法行为处罚处分条例》(国务院令第427号)的有关规定进行处罚。触犯刑法的,移送司法机关处理。

(二十三)财政部门应会同同级移民主管部门,加强后期扶持资金使用情况的绩效考评工作,建立定期通报制度,切实加大监督管理力度,确保后期扶持资金规范有效使用。

附件:1.＿＿＿＿＿省(自治区、直辖市)20＿＿＿＿年水库移民后期扶持资金预算申报表(编者略)

2.＿＿＿＿＿省(自治区、直辖市)20＿＿＿＿年水库移民后期扶持资金使用情况表(编者略)

3. ＿＿＿＿省（自治区、直辖市）20＿＿＿年水库移民后期扶持项目资金情况表（编者略）

4-2-43

财政部关于印发《大中型水库移民后期扶持基金征收使用管理暂行办法》的通知

2006年7月14日　财综〔2006〕29号

财政部驻各省、自治区、直辖市财政监察专员办事处，各省、自治区、直辖市财政厅（局），国家电网公司，中国南方电网有限责任公司，内蒙古自治区电力有限责任公司：

为做好大中型水库移民后期扶持基金征收使用管理工作，加大对大中型水库移民后期扶持力度，根据《国务院关于完善大中型水库移民后期扶持政策的意见》（国发〔2006〕17号）的相关规定，财政部会同有关部门制定了《大中型水库移民后期扶持基金征收使用管理暂行办法》，并已于2006年7月8日经国务院批准。现予发布，请遵照执行。

附件：大中型水库移民后期扶持基金征收使用管理暂行办法

附件

大中型水库移民后期扶持基金征收使用管理暂行办法

第一条　为做好大中型水库移民后期扶持基金征收使用管理工作，加大对大中型水库移民后期扶持力度，根据《国务院关于完善大中型水库移民后期扶持政策的意见》（国发〔2006〕17号）的相关规定，制定本办法。

第二条　大中型水库移民后期扶持基金（以下简称后期扶持基金），是国家为扶持大中型水库农村移民解决生产生活问题而设立的政府性基金。各省、自治区、直辖市纳入后期扶持的移民人数，2006年6月30日以前搬迁的按现状人口一次核定，不再调整；2006年7月1日以后搬迁的，按原迁人口核定；转为非农业户口的农村移民不再纳入后期扶持范围。对2006年6月30日前搬迁的符合扶持范围的移民，自2006年7月1日起再连续扶持二十年；对2006年7月1日后搬迁的移民，从其完成搬迁之日起连续扶持二十年。

第三条　后期扶持基金属于政府性基金，按照"收支两条线"原则纳入中央财政预算管理。

第四条　后期扶持基金按以下原则进行筹集：

（一）全国统筹，分省（区、市）计征；

（二）企业、社会、中央与地方合理负担；

（三）工业反哺农业，城市支持农村；

（四）东部地区支持中西部地区。

第五条 后期扶持基金的筹集渠道：

（一）对省级电网企业在本省（区、市）区域内扣除农业生产用电后的全部销售电量加价征收。

（二）财政预算安排的大中型水库移民后期扶持专项资金，包括用对销售电量加价部分征收的增值税安排的资金和用于解决中央直属水库移民遗留问题的定额补助资金。

（三）经营性大中型水库应承担的移民后期扶持资金。具体办法由国家发展改革委会同财政部、水利部另行制定。

第六条 后期扶持基金从2006年6月30日起开始征收，以6月30日抄见电量计征。

第七条 后期扶持基金由各省级电网企业在向电力用户收取电费时一并代征，按月上缴中央国库。中央财政按电网企业代征额的2‰付给其代征手续费。代征手续费在该项基金的预算支出中安排，由中央财政分别支付给国家电网公司、中国南方电网有限责任公司和内蒙古自治区电力有限责任公司，具体支付方式按照财政部有关规定执行。代征电网企业不得在代征收入中直接提留代征手续费。

各省、自治区、直辖市后期扶持基金的具体征收标准见附件。

第八条 财政部驻各地财政监察专员办事处（以下简称专员办）负责对当地电网企业代征的后期扶持基金进行征缴，并实行直接缴库方式。省级电网企业应于每月10日前向驻当地专员办申报上月实际销售电量和应缴纳的后期扶持基金，专员办应于每月12日前完成对申报的审核，并向申报企业开具征缴后期扶持基金《非税收入一般缴款书》。省级电网企业应在每月15日前，按照专员办开具的《非税收入一般缴款书》所规定的缴款额，足额上缴资金。驻各地专员办应根据省级电网企业全年实际销售电量，在次年3月底前完成对当地省级电网企业全年应缴后期扶持基金的清算和征缴。

第九条 电网企业应按照本办法规定及时足额上缴代征的后期扶持基金，不得延期缴纳。如发生延期缴纳，专员办应责令其尽快足额缴纳基金，并从逾期之日起按每日2‰的标准加收滞纳金。

第十条 电网企业代中央财政征收的后期扶持基金不计征企业所得税。

第十一条 未经国务院批准，任何单位和部门均不得减免后期扶持基金。

第十二条 财政部会同国务院移民管理机构，按照发展改革委、财政部、水利部等部门核定的各省、自治区、直辖市后期扶持移民人数和规定的扶持标准，核定应分配给各省、自治区、直辖市的移民后期扶持基金。

第十三条 分配给各省、自治区、直辖市的后期扶持基金由地方政府包干使用。地方政府必须按照经国务院批准的水库移民后期扶持政策实施方案及经批准的水库移民后期扶持规划使用基金，能够直接发放给移民个人的应尽量发放到移民个人，用于移民生产生活补助，也可以实行项目扶持，还可以采取两者结合的扶持方式，保证将基金专项用于改善移民生产和生活。

第十四条 对省级电网企业在本省（区、市）区域内扣除农业生产用电后的全部销售电量加价征收的后期扶持基金，纳入中央财政基金预算管理，收入列政府预算收支科目的基金预算收入科目第84类第8411款大中型水库移民后期扶持基金收入，作为中央固定收入科目,反映大中型水库移民后期扶持基金收入;支出列政府预算收支科目的基金预算支出科目第84类第8411款大中型水库移民后期扶持基金支出,作为中央与地方共用支出科目,反映中央和地方用大中型水库移民后期扶持基金收入安排的支出,以及向电网企业支付的代征手续费。

第十五条 中央财政根据后期扶持基金征收入库情况,按季度向各省、自治区、直辖市财政部门拨付资金。

第十六条 各省、自治区、直辖市财政部门要会同同级移民管理机构,依照分配给本地区的后期扶持基金和移民后期扶持规划编制年度后期扶持基金收支预算,年终编制决算,并将预决算报财政部和国务院移民管理机构备案。

第十七条 后期扶持基金应严格按照预算安排使用,年终结余结转下年度继续使用。

第十八条 各级移民管理机构应切实加强对移民后期扶持资金使用的财务管理,设立专门财务管理机构,配备专门财务会计人员。地方移民管理机构应建立移民个人或家庭档案,以及对移民发放资金的账册和账户,确保后期扶持基金按规定用途使用,严禁挤占、截留和挪用。

第十九条 使用移民后期扶持基金的省、自治区、直辖市人民政府,应在每年一季度截止前,将上年度基金使用情况书面报送财政部和国务院移民管理机构。

第二十条 各级财政、审计和移民管理机构应按职责分工,加强对后期扶持基金征收、拨付、使用的监督和管理,根据需要对移民后期扶持基金使用情况进行检查、审计,以确保基金及时足额征缴和合理使用。

第二十一条 对于违反本规定,擅自改变后期扶持基金征收范围、标准、对象和期限,以及截留、挤占、挪用后期扶持基金的单位及责任人,按照《财政违法行为处罚处分条例》(国务院令第427号)的有关规定进行处罚。触犯刑法的,移送司法机关处理。

第二十二条 各省、自治区、直辖市可根据《国务院管理完善大中型水库移民后期扶持政策的意见》(国发〔2006〕17号)和本办法,制定本地区后期扶持基金使用管理细则,并报财政部、国务院移民管理机构备案。

第二十三条 现行的库区建设基金并入完善后的水库移民后期扶持基金;现行的库区后期扶持基金并入库区维护基金,并相应调整和完善库区维护基金的征收、使用和管理,具体办法由财政部会同发展改革委、水利部另行制定。原三峡库区移民后期扶持基金的处理,由财政部另行研究。

第二十四条 本办法自2006年7月1日起执行,《库区建设基金征收使用管理办法》(财企〔2003〕57号)和依据《国家计划委员会 财政部 电力工业部 水利部关于设立水电站和水库库区后期扶持基金的通知》(计建设〔1996〕526号)及《财政部关于处理13项到期政府性基金政策有关事项的通知》(财综〔2006〕1号)所设立的各项库区后期扶持基金,以及各省(区、市)自行批准向发电和电网企业征收的各种涉及水库移民的基金、资金一律停止征收。

附:各省(区、市)从销售电价加价中征收的后期扶持基金标准(单位:厘/千瓦时)(编者略)

4-2-44

国家发展改革委关于黑龙江、吉林省大中型水库移民后期扶持资金标准的批复

2012年4月17日　发改价格〔2012〕964号

黑龙江省物价监督管理局、吉林省物价局：

报来《关于提高黑龙江省电网销售电价解决山东水库移民黑龙江后期扶持资金的请示》(黑价联〔2012〕25号)、《关于提高吉林省电网销售电价解决政府组织山东省跨省外迁至吉林省大中型水库移民后扶资金的请示》(吉省价格〔2012〕34号)均悉。经研究，现批复如下：

同意黑龙江、吉林省在保持现行销售电价水平不动的前提下，提高随电价征收的大中型水库移民后期扶持资金标准，黑龙江省由每千瓦时0.39分钱提高到0.59分钱，吉林省由每千瓦时0.55分钱提高到0.65分钱。上述后期扶持资金标准自2012年1月1日起执行。

4-2-45

财政部关于降低国家重大水利工程建设基金和大中型水库移民后期扶持基金征收标准的通知

2017年6月14日　财税〔2017〕51号

各省、自治区、直辖市人民政府，国家发展改革委、水利部、国务院南水北调办、国务院三峡办，财政部驻各省、自治区、直辖市财政监察专员办事处，国家电网公司、中国南方电网有限责任公司、内蒙古自治区电力有限责任公司：

为进一步减轻企业负担，促进实体经济发展，经国务院同意，现就降低国家重大水利工程建设基金和大中型水库移民后期扶持基金征收标准的有关事项通知如下：

一、将国家重大水利工程建设基金和大中型水库移民后期扶持基金的征收标准统一降低25%。降低征收标准后，两项政府性基金的征收管理、收入划分、使用范围等仍按现行规定执行。

二、各级财政部门要切实做好经费保障工作，妥善安排相关部门和单位预算，保障其依法履行职责，积极支持相关事业发展。

三、各地区、有关部门和单位应当按照本通知规定，及时制定出台相关配套措施，确保上述政策落实到位。

四、本通知自2017年7月1日起施行。

4-2-46

财政部关于印发《大中型水库移民后期扶持基金项目资金管理办法》的通知

2017年10月13日 财农〔2017〕128号

各省、自治区、直辖市财政厅(局),新疆生产建设兵团财务局:

为进一步加强大中型水库移民后期扶持基金项目资金管理,提高资金使用的规范性、安全性和有效性,根据《国务院关于完善大中型水库移民后期扶持政策的意见》(国发〔2006〕17号)、《中央对地方专项转移支付管理办法》(财预〔2015〕230号)等有关规定,财政部会同有关部门对《大中型水库移民后期扶持结余资金管理暂行办法》(财企〔2012〕315号)进行了修订,制定了《大中型水库移民后期扶持基金项目资金管理办法》。现印发你们,请遵照执行。

附件:《大中型水库移民后期扶持基金项目资金管理办法》

附件

大中型水库移民后期扶持基金项目资金管理办法

第一条 为加强大中型水库移民后期扶持基金项目资金(以下简称项目资金)管理,提高资金使用的规范性、安全性和有效性,根据《国务院关于完善大中型水库移民后期扶持政策的意见》(国发〔2006〕17号)、《中央对地方专项转移支付管理办法》(财预〔2015〕230号)等有关规定,制定本办法。

第二条 本办法所称项目资金,是指中央财政根据国发〔2006〕17号文件规定筹集的大中型水库移民后期扶持基金中,每年按照国家核定的农村移民人数和规定的扶持标准,分配各省、自治区、直辖市和新疆生产建设兵团(以下简称省)后的资金。项目资金的分配、使用、管理和监督适用本办法。

项目资金使用管理遵循科学规范、公开透明、统筹兼顾、突出重点、绩效管理、强化监督的原则。

第三条 项目资金由财政部会同发展改革委、水利部管理。财政部负责编制项目资金预算,会同发展改革委、水利部确定项目资金分配方案并下达预算,组织开展预算绩效管理工作,指导地方财政部门加强项目资金管理等工作。

发展改革委、水利部及地方有关部门根据职责分工做好相关工作。

第四条 项目资金支出范围包括:

(一)支持库区和移民安置区基础设施建设及经济社会发展。

1. 基本口粮田及配套水利设施建设。

2. 交通、供电、通信和社会事业等基础设施建设。
3. 生态建设和环境保护。
4. 移民劳动力就业技能培训和职业教育。
5. 移民能够直接受益的生产开发项目。
6. 与移民生产生活密切相关的其他项目。

（二）中央实施大中型水库移民后期扶持政策专项经费支出。

（三）国务院批准的其他支出。

项目资金不得用于财政补助单位人员经费和运转经费、交通工具和办公设备购置、楼堂馆所建设、偿还债务等支出。

第五条 按照从严从紧原则，各省可在项目资金中列支大中型水库移民后期扶持政策实施情况监测评估费用，具体由省级财政部门会同省级移民管理机构确定。

第六条 项目资金主要采取因素法分配，分配因素及权重如下：

（一）各省经核定的大中型水库农村移民人数（权重50%）。以水利部、发展改革委、财政部核定的大中型水库农村移民后期扶持人口为依据。

（二）对全国统筹大中型水库移民后期扶持基金的贡献情况（权重15%）。以财政部收到各省上缴的大中型水库移民后期扶持基金为依据。

（三）水库移民突出问题情况（权重20%）。以发展改革委、财政部、水利部根据库区和移民安置区经济社会发展情况，研究确定的水库移民突出问题为依据。在移民脱贫攻坚任务完成前，以国家标准建档立卡贫困移民数量为依据。

（四）项目资金绩效（权重15%）。以财政部、发展改革委、水利部组织开展的相关绩效评价结果为依据。

中央实施大中型水库移民后期扶持政策专项经费，每年根据实际工作量核定，由财政部会同发展改革委审核后，按部门预算管理程序纳入水利部部门预算。

国务院批准的其他支出，采取定额分配。

第七条 本办法第四条第（一）项支出列政府收支分类科目"2082202 基础设施建设和经济发展"，第（二）、（三）项支出列"2082299 其他大中型水库移民后期扶持基金支出"。

第八条 财政部应当在每年10月31日前，将下一年度项目资金预算指标按规定比例提前下达省级财政部门，抄送发展改革委、水利部和财政部驻各地财政监察专员办事处（以下简称专员办）。财政部应当在规定时间内将项目资金正式预算下达省级财政部门，次年可以根据大中型水库移民后期扶持基金征收情况进行清算。

第九条 各级财政部门和移民管理机构应当加强项目资金绩效管理，建立健全全过程预算绩效管理机制，提高财政资金使用效益。绩效管理办法另行制定。

第十条 各级财政部门和移民管理机构应当加强项目资金管理，加快预算执行进度，确保资金使用安全规范。结转结余资金，按照财政部关于结转结余资金管理的相关规定处理。

第十一条 项目资金的支付按照国库集中支付制度有关规定执行。属于政府采购管理范围的，按照政府采购有关法律法规规定执行。

第十二条 项目资金的使用管理应当全面落实财政预算信息公开有关要求。

第十三条 各级财政部门和移民管理机构应当加强项目资金的监督检查,发现问题及时纠正。专员办按照工作职责和财政部要求,开展项目资金预算监管工作。

第十四条 地方各级财政部门、移民管理机构及资金使用单位,应当接受上级财政、发展改革、水利、审计、监察、移民等部门的监督检查,及时提供相关资料,任何单位不得以任何理由阻挠或逃避。

第十五条 项目资金使用中存在弄虚作假或截留、挤占、挪用等财政违法行为的,对相关单位及个人,按照《中华人民共和国预算法》、《财政违法行为处罚处分条例》进行处罚,情节严重的追究法律责任。

各级财政部门、移民管理机构等有关单位及其工作人员在项目资金分配、使用过程中,存在违反规定分配或使用资金,以及其他滥用职权、玩忽职守、徇私舞弊等违法违纪行为的,按照《中华人民共和国预算法》《中华人民共和国公务员法》《中华人民共和国监察法》《财政违法行为处罚处分条例》《大中型水利水电工程建设征地补偿和移民安置条例》和《违反大中型水库移民后期扶持基金征收使用管理规定责任追究办法》等法律法规规定追究相应责任;涉嫌犯罪的,移送司法机关处理。

第十六条 各省财政部门应当会同省级发展改革部门、移民管理机构依据本办法,结合实际制定相应的实施细则,抄送财政部、发展改革委、水利部及专员办。

第十七条 本办法由财政部会同发展改革委、水利部解释。

第十八条 本办法自印发之日起施行。《财政部关于印发〈大中型水库移民后期扶持结余资金使用管理暂行办法〉的通知》(财企〔2012〕315号)和《财政部关于印发〈大中型水库移民后期扶持政策实施工作专项补助经费使用管理暂行办法〉的通知》(财企〔2011〕303号)同时废止。

跨省际大中型水库库区基金

4-2-47

财政部关于征收跨省际大中型水库
库区基金有关问题的通知

2009年9月5日　财综〔2009〕59号

各省、自治区、直辖市财政厅(局),财政部驻各省、自治区、直辖市财政监察专员办事处：

根据《国务院关于完善大中型水库移民后期扶持政策的意见》(国发〔2006〕17号)和《财政部关于印发〈大中型水库库区基金征收使用管理暂行办法〉的通知》(财综〔2007〕26号)的相关规定,现就征收装机容量在2.5万千瓦及以上有发电收入的跨省、自治区、直辖市(以下简称跨省际)大中型水库库区基金有关问题通知如下：

一、跨省际大中型水库库区基金,由财政部驻水库发电企业所在省份财政监察专员办事处(以下简称专员办)负责征收,征收标准按照水库发电企业所在省份的大中型水库库区基金征收标准执行。

缴纳大中型水库库区基金的跨省际大中型水库名单,具体负责征收跨省际大中型水库库区基金的专员办名单,以及各水库适用的大中型水库库区基金征收标准见附件。

二、跨省际大中型水库为独立法人的,由水库(水电站)缴纳大中型水库库区基金；跨省际大中型水库为非独立法人的,由其归属企业缴纳大中型水库库区基金。

三、专员办征收跨省际大中型水库库区基金,实行直接缴库。水库(水电站)或其归属企业应于每月10日前向专员办申报上月实际销售电量和应缴纳的大中型水库库区基金,专员办应于每月12日前完成对申报的审核,并向申报企业开具《非税收入一般缴款书》。水库(水电站)或其归属企业应在每月15日前,按照专员办开具《非税收入一般缴款书》所规定的缴款额,足额上缴资金。专员办应根据水库(水电站)全年实际销售电量,在次年3月底前完成全年应缴大中型水库库区基金的清算和征缴。

四、跨省际大中型水库库区基金收入在政府收支分类科目中填列第1030150项"大中型水库库区基金收入"。

五、跨省际大中型水库库区基金收入全额缴入中央国库,由中央财政按相关省份应分配的比例,并根据资金入库情况按季拨付给相关省级财政。跨省际大中型水库库区基金在相关省份的分配比例,按照有关部门和相关省份共同确认的跨省际大中型水库移民人数比例核定,具体分配比例详见附件。

六、中央财政向省级财政拨付大中型水库库区基金时,填列政府收支分类科目第

2300401项"政府性基金补助支出"。相关省份收到时,填列政府收支分类科目第1100401项"政府性基金补助收入",在安排最终支出时,2009年填列政府收支分类科目第2130336项"大中型水库库区基金支出"。2010年填列政府收支分类科目第2130380项"大中型水库库区基金支出(基础设施建设和经济发展)"、2130381项"大中型水库库区基金支出(解决移民遗留问题)"、第2130382项"大中型水库库区基金支出(库区防护工程维护)"、第2130384项"其他大中型水库库区基金支出"。

七、已经审定但未列入本通知附件的跨省际大中型水库,其库区基金征收政策,待水库发电企业所在省、自治区、直辖市按规定程序向财政部报送该地区大中型水库库区基金征收使用管理实施细则时一并考虑,并按财政部会同国家发展改革委、水利部批准后的相关征收政策执行。

八、符合征收条件的新建跨省际大中型水库,其库区基金征收政策,由水库发电企业所在省、自治区、直辖市按规定程序上报,经财政部会同国家发展改革委、水利部批准后执行。

九、本通知自2009年10月1日起实施。

附件:跨省际大中型水库名单、库区基金征收标准、征收机关和分配比例表(编者略)

地方水库移民扶持基金[*]

4–2–48

国家税务总局贵州省税务局 贵州省财政厅关于地方水库移民扶持基金征管职责划转有关事项的公告

2020年12月30日 国家税务总局贵州省税务局
贵州省财政厅公告2020年第24号

根据《财政部关于水土保持补偿费等四项非税收入划转税务部门征收的通知》(财税〔2020〕58号)、《国家税务总局关于水土保持补偿费等政府非税收入项目征管职责划转有关事项的公告》(2020年第21号)规定,地方水库移民扶持基金划转至税务部门征收。为确保非税收入征管职责划转及各项征管工作平稳有序运行,现将有关事项公告如下:

一、自2021年1月1日起,贵州省地方水库移民扶持基金划转至税务部门征收。征收范围、征收对象、征收标准等政策仍按现行规定执行。

二、地方水库移民扶持基金按照属地原则由国家税务总局贵州省各县(市、区、特区)税务局负责征收。

三、征期在2021年度、所属期为2020年度的地方水库移民扶持基金,继续由原执收单位负责征缴。缴费人以前年度应缴未缴的收入,由主管税务机关负责征缴入库。

四、小型水库移民扶助基金自2021年2月1日起,由缴费人每月15日前向主管税务机关申报;省级大中型水库库区基金自2021年4月1日起,由缴费人每季度15日前向主管税务机关申报。

五、缴费人使用《非税收入通用申报表》申报缴纳地方水库移民扶持基金,缴入国库后,缴费人需要凭证的,由税务机关出具非税收入统一票据。

六、资金入库后需要退库的,按照财政部门有关退库管理规定办理。其中,因缴费人误缴、税务部门误收以及汇算清缴需要退库的,由财政部门授权税务部门审核退库,具体由缴费人直接向税务部门申请办理。

七、税务部门与财政部门加强合作,优化缴费流程、精简申报资料,推行"非接触式"缴费服务,拓展"实体、网上、掌上、自助"等多样化缴费渠道,切实方便缴费人缴费。

---

* 本部分仅摘录个别省相关文件。

八、税务部门与财政部门共同做好业务衔接和信息互联互通,推动实现地方水库移民扶持基金征管信息实时共享。

本公告自 2021 年 1 月 1 日起施行。

特此公告。

4-2-49

重庆市财政局 重庆市发展和改革委员会 重庆市水利局 国家税务总局重庆市税务局关于做好地方水库移民扶持基金划转税务部门征收有关工作的通知

2021 年 2 月 7 日 渝财综〔2021〕5 号

各区县(自治县)财政局、发展和改革委员会、水行政主管部门,两江新区、重庆高新区、万盛经开区财政局、发展和改革委员会、水行政主管部门,国家税务总局重庆市各区县(自治县)税务局,国家税务总局重庆市税务局第三税务分局,国网市电力公司、三峡水利电力(集团)股份有限公司,有关发电企业和售电企业:

为了做好地方水库移民扶持基金划转税务部门征收工作,根据《国务院关于完善大中型水库移民后期扶持政策的意见》(国发〔2006〕17 号)《财政部关于取消、停征和整合部分政府性基金项目等有关问题的通知》(财税〔2016〕11 号)《财政部关于水土保持补偿费等四项非税收入划转税务部门征收的通知》(财税〔2020〕58 号)《重庆市财政局关于印发〈重庆市大中型水库库区基金征收使用管理实施细则〉的通知》(渝财综〔2008〕107 号)《重庆市发展和改革委员会关于调整我市销售电价有关事项的通知》(渝发改价格〔2020〕1751 号)《重庆市财政局等 6 部门关于水土保持补偿费等四项非税收入征管职责划转有关工作的通知》(渝财综〔2020〕71 号)规定,现将有关事项明确如下:

一、征收范围

我市征收的地方水库移民扶持基金包括省级大中型水库库区基金和小型水库移民扶助基金。其中:省级大中型水库库区基金向我市行政辖区内装机容量在 2.5 万千瓦及以上有发电收入的水库和水电站征收。小型水库移民扶助基金对全市行政辖区内扣除农业生产用电(含农业排灌用电)后的销售电量征收。纳入小型水库移民扶助基金征收范围的销售电量包括:

(一)国网重庆市电力公司(含川东公司)销售给终端电力用户的电量;

(二)国网重庆市电力公司(含川东公司)扣除合理线损后的趸售电量;

(三)地方独立电网(含地方供电企业)、增量配电网销售给终端电力用户的电量。

二、征收标准

地方大中型水库库区基金征收标准,根据大中型水库和水电站机组实际上网销售电量,按8厘/千瓦时的标准征收。小型水库移民扶助基金由电网企业在向电力用户收取电费时,按照0.5厘/千瓦时的标准,随电费一并代收。

三、划转征收方式

自2021年1月1日起,地方水库移民扶持基金划转至税务部门征收,税务部门征收地方水库移民扶持基金使用税务征收系统和税收征管票据。

地方大中型水库库区基金由应缴纳该项基金的大中型水库和水电站自月度终了之日起15日内(法定节假日顺延),向主管税务机关自行申报缴纳;小型水库移民扶助基金由电网企业代收后,自月度终了之日起15日内(法定节假日顺延),向主管税务机关申报代缴。缴费人可通过办税服务厅或重庆市电子税务局申报以上两项基金,申报时均使用《非税收入通用申报表》。

在计算应代缴小型水库移民扶助基金时,国网重庆市电力公司代缴金额应包含向地方电网趸售电量时代收的该项基金金额;地方电网企业代缴金额应扣除向国网重庆市电力公司购买电量时支付电费中已包含的此项基金金额。

四、预算科目和预算级次

地方水库移民扶持基金收支纳入地方预算管理。其中,省级大中型水库库区基金预算收入级次和分配比例为"市级100%",收入填列政府预算收支分类科目中第103类01款50项02目"地方大中型水库库区基金收入",预算科目代码为"103015002"。小型水库移民扶助基金预算收入级次和分配比例为"市级100%",收入填列政府预算收支分类科目中第103类01款57项"小型水库移民扶助基金收入",预算科目代码为"1030157"。

五、其他事项

以前年度由税务部门代征和由电网企业代收的地方水库移民扶持基金划转税务部门征收后,财政部门不再安排代扣代缴、代收代缴和委托代征经费。其他相关事宜,仍按原有政策执行。

本通知自2021年1月1日起执行。以前有关规定与本通知不一致的,以本通知为准。

4-2-50

云南省财政厅关于免征部分地方水库移民扶持基金的通知

2022年6月6日　云财非税〔2022〕17号

各州(市)财政局,国家税务总局云南省税务局:

为深入推进我省减税降费工作,贯彻落实财政部、国家发展改革委《关于延长部分行政事业性收费、政府性基金优惠政策执行期限的公告》(2022年第5号公告)的相关规定,经省人民政府同意,现将我省免征部分地方水库移民扶持基金相关事项通知如下:

自2022年7月1日至2023年12月31日,免征我省装机容量为2.5万(含本级数)—5万千瓦(含本级数)有发电收入的水库和水电站的大中型水库库区基金,免征我省小型水库移民扶助基金。

4-2-51

吉林省财政厅 吉林省发展改革委关于延长地方水库移民扶持基金优惠政策执行期限的通知

2023年10月12日　吉财税〔2023〕994号

省水利厅、国家税务总局吉林省税务局,各市(州)、长白山管委会财政局、发展改革委,各县(市)财政局、发展改革委:

　　为进一步减轻企业负担,支持企业发展,按照《财政部　国家发展改革委关于继续执行部分行政事业性收费、政府性基金优惠政策的公告》(财政部　国家发展改革委公告2023年第45号)相关规定,现将吉林省地方水库移民扶持基金相关政策通知如下:

　　吉林省财政厅等6部门印发《关于"十三五"期间调整部分政府性基金有关政策的通知》(吉财税〔2017〕549号)第二条"停征地方水库移民扶持基金中小型水库移民扶助基金部分"的规定,执行期限延长至2027年12月31日。

三峡电站水资源费

4-2-52

财政部　国家发展改革委　水利部中国人民银行关于三峡电站水资源费征收使用管理有关问题的通知

2011年4月16日　财综〔2011〕19号

湖北省、重庆市人民政府，财政部驻湖北省财政监察专员办事处，中国人民银行武汉分行、重庆营业管理部，中国长江三峡集团公司：

根据《取水许可和水资源费征收管理条例》（国务院令第460号）和《财政部国家发展改革委水利部关于印发〈水资源费征收使用管理办法〉的通知》（财综〔2008〕79号，以下简称《通知》）的规定，经国务院同意，现将三峡电站水资源费征收使用管理有关问题通知如下：

一、自2009年9月1日起，中国长江电力股份有限公司按照三峡电站实际发电量和《国家发展改革委财政部水利部关于中央直属和跨省水利工程水资源费征收标准及有关问题的通知》（发改价格〔2009〕1779号）规定的征收标准缴纳水资源费。2009年9月1日以来中国长江电力股份有限公司尚未缴纳的水资源费予以补征。

二、三峡电站水资源费收入的10%上缴中央国库，其余90%按比例（湖北省16.67%、重庆市83.33%）在湖北省和重庆市之间进行分配，并分别上缴两省市国库。

三、在《政府收支分类科目》103类02款02项"水资源费收入"下增设01目"三峡电站水资源费收入"，用于核算上缴中央和地方国库的三峡电站水资源费收入。

四、三峡电站水资源费由财政部驻湖北省财政监察专员办事处（以下简称湖北专员办）负责按月征收，暂实行以下收缴方式。中国长江电力股份有限公司于每月10日前向湖北专员办申报上月实际发电量和应缴纳的水资源费。湖北专员办于每月12日前完成对申报的审核，确定水资源费征收数额，对中央分成的10%部分，由湖北专员办向中国长江电力股份有限公司开具《非税收入一般缴款书》；对湖北省分成的15.003%部分和重庆市分成的74.997%部分，由湖北专员办分别向中国长江电力股份有限公司开具两份《一般缴款书》。中国长江电力股份有限公司于每月15日前按《非税收入一般缴款书》和两份《一般缴款书》规定的缴款额足额上缴资金，其中：中央分成收入，由中国长江电力股份有限公司缴入财政部为湖北专员办开设的中央财政汇缴专户；湖北省分成收入，由中国长江电力股份有限公司通过其开户银行就地缴入国家金库湖北省宜昌市中心支库；重庆市分成收入，由中国长江电力股份有限公司从其开户银行通过中国现代化支付系统汇划至国家金库重庆市分库,汇款凭证中"收款人账号"为"278"、"附言"中应载明"地方级,103020201 三峡电站水资源费收入",同时将加盖开户银行业务印章的《一般缴款书》第三、四联寄往国库金库重庆市分库,第五联送湖北专员办,并将汇款凭证复印件寄往重庆市财政局。国家金库重庆市分库收到汇款和缴款凭证后,及时准确办理入库手续。收款国库与湖北专员办及同级财政部门之间要加强资金入库的对账工作,确保缴库资金准确和安全。

湖北专员办根据中国长江电力股份有限公司全年实际发电量,在次年3月底前完成对该公司全年应缴水资源费的清算和征缴。

五、缴入中央国库的三峡电站水资源费收入,由中央财政安排使用;缴入湖北省和重庆市国库的三峡电站水资源费收入,分别由两省市统筹安排,重点用于三峡库区及三峡大坝下游水资源节约、保护和管理,也可以用于相关地区水资源的合理开发,具体使用范围按照《通知》的规定执行。

六、湖北省、重庆市人民政府要加强三峡电站水资源费使用管理,确保专款专用,并制定具体使用管理办法。财政部、国家发展改革委、水利部、中国人民银行和审计署按照职责加强对三峡电站水资源费征收缴库及使用情况的监督检查。

水利建设基金

4-2-53

财政部 国家发展改革委 水利部关于印发《水利建设基金筹集和使用管理办法》的通知

2011年1月10日　财综〔2011〕2号

各省、自治区、直辖市人民政府，交通运输部、铁道部、住房城乡建设部、国土资源部、审计署：

《水利建设基金筹集和使用管理办法》已经国务院同意，现印发给你们，请遵照执行。

附件：水利建设基金筹集和使用管理办法

附件

水利建设基金筹集和使用管理办法

第一条 为加快水利建设，提高防洪减灾和水资源配置能力，缓解水资源供需矛盾，促进经济社会可持续发展，根据国务院关于充实完善水利建设基金的要求，制定本办法。

第二条 水利建设基金是用于水利建设的专项资金，由中央水利建设基金和地方水利建设基金组成。中央水利建设基金主要用于关系经济社会发展全局的重点水利工程建设。地方水利建设基金主要用于地方水利工程建设。跨流域、跨省（自治区、直辖市）的重大水利建设工程和跨国河流、国界河流我方重点防护工程的治理投资由中央和地方共同负担。

第三条 中央水利建设基金的来源：

（一）从车辆购置税收入中定额提取。

（二）从铁路建设基金、港口建设费收入中提取3%。

（三）经国务院批准的其他可用于水利建设基金的资金。

第四条 地方水利建设基金的来源：

（一）从地方收取的政府性基金和行政事业性收费收入中提取3%。应提取水利建设基金的地方政府性基金和行政事业性收费项目包括：车辆通行费、城市基础设施配套费、征地管理费，以及省、自治区、直辖市人民政府确定的政府性基金和行政事业性收费项目。

(二)经财政部批准,各省、自治区、直辖市向企事业单位和个体经营者征收的水利建设基金。

(三)地方人民政府按规定从中央对地方成品油价格和税费改革转移支付资金中足额安排资金,划入水利建设基金。

(四)有重点防洪任务和水资源严重短缺的城市要从征收的城市维护建设税中划出不少于15%的资金,用于城市防洪和水源工程建设。具体比例由省、自治区、直辖市人民政府确定。

有重点防洪任务的城市包括:北京、天津、沈阳、盘锦、长春、吉林、哈尔滨、齐齐哈尔、佳木斯、郑州、开封、济南、合肥、芜湖、安庆、淮南、蚌埠、上海、南京、武汉、黄石、荆州、南昌、九江、长沙、岳阳、成都、广州、南宁、梧州、柳州市,以及省、自治区、直辖市人民政府确定的有重点防洪任务的城市。

水资源严重短缺的城市,由省、自治区、直辖市人民政府确定。

第五条 中央水利建设基金的提取办法按照财政部有关规定执行。地方水利建设基金提取和划转办法按照省、自治区、直辖市人民政府的规定执行。财政部要进一步完善各省、自治区、直辖市向企事业单位和个体经营者征收水利建设基金的政策。

第六条 水利建设基金按下列规定安排使用:

(一)中央水利建设基金专项用于:关系经济社会发展全局的防洪和水资源配置工程建设及其他经国务院批准的水利工程建设;中央水利工程维修养护;防汛应急度汛。资金使用结构为:55%用于水利工程建设;30%用于水利工程维修养护;15%用于应急度汛,各部分资金结余可统筹安排使用。

(二)地方水利建设基金专项用于:大江大河主要支流、中小河流、湖泊治理、病险水库除险加固;城市防洪设施建设;地方水资源配置工程建设;地方重点水土流失防治工程建设;农村饮水和灌区节水改造工程建设;地方水利工程维修养护和更新改造;防汛应急度汛;其他经省级人民政府批准的水利工程项目。

第七条 水利建设基金收支纳入政府性基金预算管理,实行专款专用,年终结余结转下年度安排使用。

各级水行政主管部门根据水利建设规划,编制年度水利建设基金支出预算,经同级财政部门审核后,纳入政府性基金预算。财政部门根据批准的水利建设基金预算和基金实际征收入库情况拨付资金。其中,水利建设基金用于固定资产投资项目,要纳入固定资产投资计划。

各级水行政主管部门根据年度水利建设基金预算执行情况,编制水利建设基金决算,报同级财政部门审核。

第八条 任何部门和单位不得多征、减征、缓征、停征,或者侵占、截留、挪用水利建设基金。各级财政、发展改革、审计部门要加强对水利建设基金筹集、拨付和使用情况的监督检查,违反规定的要严肃处理。

第九条 本办法自2011年1月1日起实行,到2020年12月31日止。

第十条 各省、自治区、直辖市人民政府根据本办法制定具体实施细则,报财政部、国家发展改革委、水利部备案。

第十一条 本办法由财政部会同国家发展改革委、水利部解释。

注释：

条款修改。删去《财政部　国家发展改革委　水利部关于印发〈水利建设基金筹集和使用管理办法〉的通知》(财综〔2011〕2号)第二条中"是用于水利建设的专项资金"。将第六条第一项、第二项中"专项用于"修改为"主要用于"。删去第七条。参见：《财政部关于修改部分文件条款的通知》(财税〔2023〕9号)。

核电站乏燃料处理处置基金

财政部 发展改革委 工业和信息化部
关于印发《核电站乏燃料处理处置基金征收使用管理暂行办法》的通知

2010年7月12日 财综〔2010〕58号

中国核工业集团公司、中国广东核电集团、中国电力投资公司,财政部驻各省、自治区、直辖市、计划单列市财政监察专员办事处:

  为促进核电事业发展,规范核电站乏燃料处理处置基金的征收、使用和管理,根据国务院批示精神,我们制定了《核电站乏燃料处理处置基金征收使用管理暂行办法》,现印发给你们,请遵照执行。

核电站乏燃料处理处置基金征收使用管理暂行办法

第一章 总 则

  第一条 为促进核电事业发展,规范核电站乏燃料处理处置基金(以下简称乏燃料处理处置基金)的征收、使用和管理,根据国务院批示精神,特制定本办法。
  第二条 乏燃料处理处置基金的征收、解缴、使用和监督检查等适用本办法。
  第三条 乏燃料处理处置基金属于政府性基金,收入全额上缴中央国库,按照"收支两条线"原则纳入中央财政预算管理。

第二章 征 收

  第四条 凡拥有已投入商业运行五年以上压水堆核电机组的核电厂(以下简称核电厂),应当按照本办法规定缴纳乏燃料处理处置基金。
  第五条 乏燃料处理处置基金按照核电厂已投入商业运行五年以上压水堆核电机组的实际上网销售电量征收,征收标准为0.026元/千瓦时。今后,财政部会同国家发展改革委、工业和信息化部、国家能源局、国防科工局等部门根据核电发展规模及乏燃料处理处置资金需求的变化,适时调整征收标准。

第六条 乏燃料处理处置基金计入核电厂发电成本。

第七条 乏燃料处理处置基金由财政部驻核电厂所在省、自治区、直辖市、计划单列市财政监察专员办事处(以下简称专员办)负责征收,并实行直接缴库。

第八条 核电厂应于每年1月10日前向所在地专员办申报上年实际上网销售电量和应缴纳的乏燃料处理处置基金。专员办应于每年1月20日前完成对申报的审核,并向申报企业开具《非税收入一般缴款书》。核电厂应在5日内按照专员办开具的《非税收入一般缴款书》所确定的缴款额足额上缴资金。缴库时填列《政府收支分类科目》103类"非税收入",01款"政府性基金收入",66项"核电站乏燃料处理处置基金收入"(新增)。

第九条 核电厂应按照本办法规定及时足额上缴乏燃料处理处置基金,不得拖欠。凡无正当理由拖欠缴纳乏燃料处理处置基金的,专员办应责令其尽快补缴,并从逾期之日起按日加收滞纳金额1‰的滞纳金。滞纳金纳入乏燃料处理处置基金收入管理。

第三章 使 用

第十条 核电厂缴纳的乏燃料处理处置基金,由政府相关部门和机构专项用于乏燃料处理处置。具体使用范围包括:

(一)乏燃料运输;

(二)乏燃料离堆贮存;

(三)乏燃料后处理(含乏燃料后处理中试厂进行的商用核电站乏燃料后处理);

(四)乏燃料后处理所产生的高放废物的处理处置;

(五)乏燃料后处理厂的建设、运行、改造和退役;

(六)乏燃料处理处置的其他支出。

第十一条 乏燃料处理处置基金年度预算,应优先安排乏燃料运输、乏燃料离堆贮存、乏燃料后处理、高放废物处理处置等支出,再安排乏燃料后处理厂建设、运行、改造和退役等相关支出。

第十二条 乏燃料处理处置基金年度使用计划由国家发展改革委、工业和信息化部、国家能源局、国防科工局商财政部确定。乏燃料处理处置基金具体项目的安排使用由国防科工局负责,其中大型商用核电站乏燃料后处理厂建设项目资金的安排使用由国家发展改革委会同国家能源局负责。

第十三条 财政部根据乏燃料处理处置基金年度使用计划及具体项目的进展情况,按照政府性基金预算编制规程,编制乏燃料处理处置基金年度收支预算。

第十四条 财政部根据乏燃料处理处置基金收支预算和乏燃料处理处置基金实际征收入库情况安排资金。资金支付按照财政国库管理制度有关规定执行,支出填列《政府收支分类科目》第206类"科学技术"10款"核电站乏燃料处理处置基金支出"(新增)01项"乏燃料运输"、02项"乏燃料离堆贮存"、03项"乏燃料后处理"、04项"高放废物的处理处置"、05项"乏燃料后处理厂的建设、运行、改造和退役"、99项"其他乏燃料处理处置基金支出"。

第十五条 乏燃料处理处置基金年终结余结转下年度继续使用。

第四章 监督检查

第十六条 未经国务院或财政部批准,任何地方、部门和单位不得擅自改变乏燃料处理处置基金的征收对象、范围和标准,不得减征、免征、缓征、停征乏燃料处理处置基金,也不得改变乏燃料处理处置基金的使用范围和原则。

第十七条 乏燃料处理处置基金的征收、解缴、使用等应当接受财政、审计、投资管理部门的监督,任何单位或者个人不得拒绝、妨碍和阻挠。

第十八条 对于违反本办法,不缴、少缴、缓缴乏燃料处理处置基金或者侵占、截留、挪用乏燃料处理处置基金的责任单位及责任人,按照《财政违法行为处罚处分条例》(国务院令第427号)以及国家有关法律法规规定处理;涉嫌犯罪的,移交司法机关依法处理。

第五章 附 则

第十九条 本办法自2010年10月1日起施行。

第二十条 本办法施行前,相关核电厂预提且尚未使用的乏燃料处理处置资金,应按本办法第八条规定的上缴方式,于2010年10月15日前向当地专员办申报和上缴本企业预提且尚未使用的乏燃料处理处置资金。

第二十一条 确有困难无法一次性缴纳预提且尚未使用的乏燃料处理处置资金的核电厂,应于2010年10月15日前向当地专员办提出延期或分期缴纳的书面申请并随附相关材料,由专员办核实情况上报财政部审批后执行,延期或分期缴纳的期限最长不得超过3年。

第二十二条 为保障核电厂的安全运行及乏燃料处理处置,国防科工局应负责督促相关单位及时转运乏燃料。

第二十三条 本办法由财政部负责解释。

核事故应急准备专项收入

4-2-55

核电厂核事故应急管理条例

1993年8月4日中华人民共和国国务院令第124号发布
2011年1月8日中华人民共和国国务院令第588号修订

第一章 总 则

第一条 为了加强核电厂核事故应急管理工作,控制和减少核事故危害,制定本条例。

第二条 本条例适用于可能或者已经引起放射性物质释放、造成重大辐射后果的核电厂核事故(以下简称核事故)应急管理工作。

第三条 核事故应急管理工作实行常备不懈,积极兼容,统一指挥,大力协同,保护公众,保护环境的方针。

第二章 应急机构及其职责

第四条 全国的核事故应急管理工作由国务院指定的部门负责,其主要职责是:

(一)拟定国家核事故应急工作政策;

(二)统一协调国务院有关部门、军队和地方人民政府的核事故应急工作;

(三)组织制定和实施国家核事故应急计划,审查批准场外核事故应急计划;

(四)适时批准进入和终止场外应急状态;

(五)提出实施核事故应急响应行动的建议;

(六)审查批准核事故公报、国际通报,提出请求国际援助的方案。

必要时,由国务院领导、组织、协调全国的核事故应急管理工作。

第五条 核电厂所在地的省、自治区、直辖市人民政府指定的部门负责本行政区域内的核事故应急管理工作,其主要职责是:

(一)执行国家核事故应急工作的法规和政策;

(二)组织制定场外核事故应急计划,做好核事故应急准备工作;

(三)统一指挥场外核事故应急响应行动;

(四)组织支援核事故应急响应行动;

(五)及时向相邻的省、自治区、直辖市通报核事故情况。

必要时,由省、自治区、直辖市人民政府领导、组织、协调本行政区域内的核事故应急管理工作。

第六条 核电厂的核事故应急机构的主要职责是：

（一）执行国家核事故应急工作的法规和政策；

（二）制定场内核事故应急计划，做好核事故应急准备工作；

（三）确定核事故应急状态等级，统一指挥本单位的核事故应急响应行动；

（四）及时向上级主管部门、国务院核安全部门和省级人民政府指定的部门报告事故情况，提出进入场外应急状态和采取应急防护措施的建议；

（五）协助和配合省级人民政府指定的部门做好核事故应急管理工作。

第七条 核电厂的上级主管部门领导核电厂的核事故应急工作。

国务院核安全部门、环境保护部门和卫生部门等有关部门在各自的职责范围内做好相应的核事故应急工作。

第八条 中国人民解放军作为核事故应急工作的重要力量，应当在核事故应急响应中实施有效的支援。

第三章 应急准备

第九条 针对核电厂可能发生的核事故，核电厂的核事故应急机构、省级人民政府指定的部门和国务院指定的部门应当预先制定核事故应急计划。

核事故应急计划包括场内核事故应急计划、场外核事故应急计划和国家核事故应急计划。各级核事故应急计划应当相互衔接、协调一致。

第十条 场内核事故应急计划由核电厂核事故应急机构制定，经其主管部门审查后，送国务院核安全部门审评并报国务院指定的部门备案。

第十一条 场外核事故应急计划由核电厂所在地的省级人民政府指定的部门组织制定，报国务院指定的部门审查批准。

第十二条 国家核事故应急计划由国务院指定的部门组织制定。

国务院有关部门和中国人民解放军总部应当根据国家核事故应急计划，制定相应的核事故应急方案，报国务院指定的部门备案。

第十三条 场内核事故应急计划、场外核事故应急计划应当包括下列内容：

（一）核事故应急工作的基本任务；

（二）核事故应急响应组织及其职责；

（三）烟羽应急计划区和食入应急计划区的范围；

（四）干预水平和导出干预水平；

（五）核事故应急准备和应急响应的详细方案；

（六）应急设施、设备、器材和其他物资；

（七）核电厂核事故应急机构同省级人民政府指定的部门之间以及同其他有关方面相互配合、支援的事项及措施。

第十四条 有关部门在进行核电厂选址和设计工作时，应当考虑核事故应急工作的要求。

新建的核电厂必须在其场内和场外核事故应急计划审查批准后，方可装料。

第十五条 国务院指定的部门、省级人民政府指定的部门和核电厂的核事故应急机构应当具有必要的应急设施、设备和相互之间快速可靠的通讯联络系统。

核电厂的核事故应急机构和省级人民政府指定的部门应当具有辐射监测系统、防护器材、药械和其他物资。

用于核事故应急工作的设施、设备和通讯联络系统、辐射监测系统以及防护器材、药械等，应当处于良好状态。

第十六条 核电厂应当对职工进行核安全、辐射防护和核事故应急知识的专门教育。

省级人民政府指定的部门应当在核电厂的协助下对附近的公众进行核安全、辐射防护和核事故应急知识的普及教育。

第十七条 核电厂的核事故应急机构和省级人民政府指定的部门应当对核事故应急工作人员进行培训。

第十八条 核电厂的核事故应急机构和省级人民政府指定的部门应当适时组织不同专业和不同规模的核事故应急演习。

在核电厂首次装料前，核电厂的核事故应急机构和省级人民政府指定的部门应当组织场内、场外核事故应急演习。

第四章 应急对策和应急防护措施

第十九条 核事故应急状态分为下列四级：

（一）应急待命。出现可能导致危及核电厂核安全的某些特定情况或者外部事件，核电厂有关人员进入戒备状态。

（二）厂房应急。事故后果仅限于核电厂的局部区域，核电厂人员按照场内核事故应急计划的要求采取核事故应急响应行动，通知厂外有关核事故应急响应组织。

（三）场区应急。事故后果蔓延至整个场区，场区内的人员采取核事故应急响应行动，通知省级人民政府指定的部门，某些厂外核事故应急响应组织可能采取核事故应急响应行动。

（四）场外应急。事故后果超越场区边界，实施场内和场外核事故应急计划。

第二十条 当核电厂进入应急待命状态时，核电厂核事故应急机构应当及时向核电厂的上级主管部门和国务院核安全部门报告情况，并视情况决定是否向省级人民政府指定的部门报告。当出现可能或者已经有放射性物质释放的情况时，应当根据情况，及时决定进入厂房应急或者场区应急状态，并迅速向核电厂的上级主管部门、国务院核安全部门和省级人民政府指定的部门报告情况；在放射性物质可能或者已经扩散到核电厂场区以外时，应当迅速向省级人民政府指定的部门提出进入场外应急状态并采取应急防护措施的建议。

省级人民政府指定的部门接到核电厂核事故应急机构的事故情况报告后，应当迅速采取相应的核事故应急对策和应急防护措施，并及时向国务院指定的部门报告情况。需要决定进入场外应急状态时，应当经国务院指定的部门批准；在特殊情况下，省级人民政府指定的部门可以先行决定进入场外应急状态，但是应当立即向国务院指定的部门报告。

第二十一条 核电厂的核事故应急机构和省级人民政府指定的部门应当做好核事故后果预测与评价以及环境放射性监测等工作，为采取核事故应急对策和应急防护措施提供依据。

第二十二条 省级人民政府指定的部门应当适时选用隐蔽、服用稳定性碘制剂、控制通道、控制食物和水源、撤离、迁移、对受影响的区域去污等应急防护措施。

第二十三条 省级人民政府指定的部门在核事故应急响应过程中应当将必要的信息及时地告知当地公众。

第二十四条 在核事故现场,各核事故应急响应组织应当实行有效的剂量监督。现场核事故应急响应人员和其他人员都应当在辐射防护人员的监督和指导下活动,尽量防止接受过大剂量的照射。

第二十五条 核电厂的核事故应急机构和省级人民政府指定的部门应当做好核事故现场接受照射人员的救护、洗消、转运和医学处置工作。

第二十六条 在核事故应急进入场外应急状态时,国务院指定的部门应当及时派出人员赶赴现场,指导核事故应急响应行动,必要时提出派出救援力量的建议。

第二十七条 因核事故应急响应需要,可以实行地区封锁。省、自治区、直辖市行政区域内的地区封锁,由省、自治区、直辖市人民政府决定;跨省、自治区、直辖市的地区封锁,以及导致中断干线交通或者封锁国境的地区封锁,由国务院决定。

地区封锁的解除,由原决定机关宣布。

第二十八条 有关核事故的新闻由国务院授权的单位统一发布。

第五章 应急状态的终止和恢复措施

第二十九条 场外应急状态的终止由省级人民政府指定的部门会同核电厂核事故应急机构提出建议,报国务院指定的部门批准,由省级人民政府指定的部门发布。

第三十条 省级人民政府指定的部门应当根据受影响地区的放射性水平,采取有效的恢复措施。

第三十一条 核事故应急状态终止后,核电厂核事故应急机构应当向国务院指定的部门、核电厂的上级主管部门、国务院核安全部门和省级人民政府指定的部门提交详细的事故报告;省级人民政府指定的部门应当向国务院指定的部门提交场外核事故应急工作的总结报告。

第三十二条 核事故使核安全重要物项的安全性能达不到国家标准时,核电厂的重新起动计划应当按照国家有关规定审查批准。

第六章 资金和物资保障

第三十三条 国务院有关部门、军队、地方各级人民政府和核电厂在核事故应急准备工作中应当充分利用现有组织机构、人员、设施和设备等,努力提高核事故应急准备资金和物资的使用效益,并使核事故应急准备工作与地方和核电厂的发展规划相结合。各有关单位应当提供支援。

第三十四条 场内核事故应急准备资金由核电厂承担,列入核电厂工程项目投资概算和运行成本。

场外核事故应急准备资金由核电厂和地方人民政府共同承担,资金数额由国务院指定的部门会同有关部门审定。核电厂承担的资金,在投产前根据核电厂容量、在投产后根据实际发电量确定一定的比例交纳,由国务院计划部门综合平衡后用于地方场外核事故应急准备工作;其余部分由地方人民政府解决。具体办法由国务院指定的部门会同国务院计划部门和国务院财政部门规定。

国务院有关部门和军队所需的核事故应急准备资金,根据各自在核事故应急工作中的职责和任务,充分利用现有条件进行安排,不足部分按照各自的计划和资金渠道上报。

第三十五条 国家的和地方的物资供应部门及其他有关部门应当保证供给核事故应急所需的设备、器材和其他物资。

第三十六条 因核电厂核事故应急响应需要,执行核事故应急响应行动的行政机关有权征用非用于核事故应急响应的设备、器材和其他物资。

对征用的设备、器材和其他物资,应当予以登记并在使用后及时归还;造成损坏的,由征用单位补偿。

第七章 奖励与处罚

第三十七条 在核事故应急工作中有下列事迹之一的单位和个人,由主管部门或者所在单位给予表彰或者奖励:

(一)完成核事故应急响应任务的;
(二)保护公众安全和国家的、集体的和公民的财产,成绩显著的;
(三)对核事故应急准备与响应提出重大建议,实施效果显著的;
(四)辐射、气象预报和测报准确及时,从而减轻损失的;
(五)有其他特殊贡献的。

第三十八条 有下列行为之一的,对有关责任人员视情节和危害后果,由其所在单位或者上级机关给予行政处分;属于违反治安管理行为的,由公安机关依照治安管理处罚法的规定予以处罚;构成犯罪的,由司法机关依法追究刑事责任:

(一)不按照规定制定核事故应急计划,拒绝承担核事故应急准备义务的;
(二)玩忽职守,引起核事故发生的;
(三)不按照规定报告、通报核事故真实情况的;
(四)拒不执行核事故应急计划,不服从命令和指挥,或者在核事故应急响应时临阵脱逃的;
(五)盗窃、挪用、贪污核事故应急工作所用资金或者物资的;
(六)阻碍核事故应急工作人员依法执行职务或者进行破坏活动的;
(七)散布谣言,扰乱社会秩序的;
(八)有其他对核事故应急工作造成危害的行为的。

第八章 附 则

第三十九条 本条例中下列用语的含义:

(一)核事故应急,是指为了控制或者缓解核事故、减轻核事故后果而采取的不同于正常秩序和正常工作程序的紧急行动。

(二)场区,是指由核电厂管理的区域。

(三)应急计划区,是指在核电厂周围建立的,制定有核事故应急计划、并预计采取核事故应急对策和应急防护措施的区域。

(四)烟羽应急计划区,是指针对放射性烟云引起的照射而建立的应急计划区。

(五)食入应急计划区,是指针对食入放射性污染的水或者食物引起照射而建立的应急计划区。

(六)干预水平,是指预先规定的用于在异常状态下确定需要对公众采取应急防护措施的剂量水平。

(七)导出干预水平,是指由干预水平推导得出的放射性物质在环境介质中的浓度或者水平。

(八)应急防护措施,是指在核事故情况下用于控制工作人员和公众所接受的剂量而采取的保护措施。

(九)核安全重要物项,是指对核电厂安全有重要意义的建筑物、构筑物、系统、部件和设施等。

第四十条 除核电厂外,其他核设施的核事故应急管理,可以根据具体情况,参照本条例的有关规定执行。

第四十一条 对可能或者已经造成放射性物质释放超越国界的核事故应急,除执行本条例的规定外,并应当执行中华人民共和国缔结或者参加的国际条约的规定,但是中华人民共和国声明保留的条款除外。

第四十二条 本条例自发布之日起施行。

※　　　※　　　※　　　※

4-2-56

财政部　国防科工委关于印发《核电厂核事故应急准备专项收入管理规定》的通知

2007年9月29日　　财防〔2007〕181号

第一条 为了加强核电厂核事故应急准备专项收入(以下简称核应急专项收入)管理,进一步规范收缴和使用,根据国务院发布的《核电厂核事故应急管理条例》,制定本规定。

第二条 国家、地方和核电企业的核事故应急机构,以及国务院有关部门和军队在核电厂核事故应急准备工作中,应当贯彻"常备不懈、积极兼容"的指导方针,充分利用现有的组织机构、人员、设施和设备等,努力提高核应急专项收入的使用效益。

第三条 核应急准备资金分为:

(一)核电企业开展场内核事故应急准备工作所需资金;

（二）国家和地方核应急机构开展场外核事故应急准备工作所需资金；

（三）国务院有关部门和军队在核电厂核事故应急支援准备工作中所需的资金。

第四条 场内核应急准备资金由核电企业承担，并作为核电企业的成本开支项目。基建期在工程基建费中列支；运行期在企业的管理费中列支。

第五条 场外核应急准备资金由核电企业和地方省级人民政府共同承担。其中，核电企业承担的部分，按规定的比例，以财政专项收入的形式分别上缴中央和地方财政，并由中央和地方财政纳入预算内管理；地方承担的部分，由地方省级人民政府自行筹措使用。核电企业承担上缴的场外核应急专项收入作为成本开支项目，基建期在工程基建费中列支，运行期在企业的管理费中列支。

第六条 国务院有关部门和军队所需的核应急准备资金，根据各自在核电厂核事故应急准备工作中的职责和任务，充分利用现有条件安排，不足部分按照各自的计划和资金渠道申请解决。

第七条 核电企业承担上缴的场外核应急专项收入，在基建期和运行期分别按以下标准缴纳：

（一）基建期按设计额定容量每千瓦5元人民币的标准缴纳。

（二）运行期按年度上网销售电量每千瓦时0.2厘人民币的标准缴纳。

核电企业按规定标准缴纳场外核应急专项收入后，任何单位、部门及地方各级人民政府不得以核应急准备或者与此相关名义向企业收取资金。

第八条 核电企业承担上缴的场外核应急专项收入，基建期应在核电工程浇灌第一罐混凝土的当年起三年内按规定承担数额的30%、40%和30%分年度缴清；运行期应在商业运行后的次年开始，根据上一年的实际上网销售电量按规定标准缴纳。

第九条 同一省、自治区、直辖市内，核电企业缴纳的场外核应急专项收入按以下比例分别上缴中央和地方财政：

（一）首期建设的核电厂按15%和85%的比例上缴中央和地方财政；

（二）后续再建的核电厂按50%和50%的比例上缴中央和地方财政。

第十条 核电企业应于每年3月底前，将当年应缴纳中央和地方管理的场外核应急专项收入分别及时足额缴库。各地财政监察专员办事处负责填写中央场外核应急专项收入"一般缴款书"："财政机关"栏填"财政部门"，"预算级次"填"中央收入"，"预算科目名称"栏填写"场外核应急准备收入"，预算科目编码为103类02款12项，"收款国库"栏填实际收纳款项的国库名称。

第十一条 财政部驻各地财政监察专员办事处负责中央场外核应急专项收入的征收工作，省级财政部门负责地方场外核应急专项收入的监缴工作。核电企业应于每年3月10日前，向财政部驻当地财政监察专员办事处申报缴纳中央场外核应急专项收入。财政监察专员办事处应在3月20日前完成申报审核工作。核电企业按财政监察专员办事处审定的中央场外核应急专项收入缴款金额及时就地缴入国库。财政部驻当地财政监察专员办事处于每年4月底前，将所在地核电企业缴纳中央场外核应急专项收入情况汇总填制《××××年度中央管理的场外核事故应急专项收入收缴情况表》（见附件），以及有关情况说明报财政部备案。

第十二条 场外核应急专项收入主要用于国家和地方的场外核应急准备工作：

（一）核事故应急设施的基本建设、运行维护和更新改造；

（二）核应急机构组织开展的公众宣传教育、人员培训、应急值班、应急演习、科技攻关、国际交流、法规和标准制定，以及核事故应急预案和方案编制等工作；

（三）《条例》规定的各项表彰和奖励；

（四）其他经有关部门批准的核应急准备工作。

第十三条 基建期内用于场内核应急准备的资金，应纳入核电厂工程基建概算，由国家核应急机构会同有关部门组织审查并提出审查意见后，按照国家规定的工程基建程序审批；运行期间用于场内核应急准备的资金，应纳入核电企业的年度生产计划，并按其计划和财务渠道上报审批。

第十四条 地方场外核应急设施建设及投资概算，由地方省级人民政府指定部门报地方省级计划部门审批，并报国家核应急机构备案；地方场外核应急准备年度经费预算，由省核应急机构报地方省级财政部门审批，并报国家核应急机构备案。地方省级财政部门按批准的概、预算拨付资金。

第十五条 国家场外核应急设施建设及投资概算，由国家核应急机构报国防科工委审批，场外核应急准备年度经费预算，由国防科工委按部门预算管理程序报财政部审批，国防科工委按照批准的年度预算执行。

第十六条 国务院有关部门和军队所需核应急准备资金，应按照各自计划和资金渠道及部门预算管理的相关规定程序报批，并抄送国家核应急机构备案。

第十七条 核应急专项收入的使用单位要按照国家财务和会计制度的要求，建立和健全资金使用的内部财务管理和会计核算制度。国家和省核应急机构应根据有关专项资金管理的规定，年终编报资金的年度决算。省核应急机构的年度决算应在次年一季度内抄送国家核应急机构备案。国务院有关部门和军队根据各自核应急准备资金的使用情况单列年度决算，并报国家核应急机构备案。

第十八条 财政、审计、监察及国防科工委等部门负责对核电厂核应急专项收入的收缴和使用进行监督检查，任何单位不得以任何理由阻挠或逃避。对于违反本规定截留、挪用专项资金的单位和个人，按《财政违法行为处罚处分条例》进行处罚，并追究相关责任人责任。

第十九条 本规定由财政部、国防科工委负责解释。

第二十条 本规定自发布之日起施行。本规定施行前印发的关于核事故应急准备金的规定，与本规定不一致的，以本规定为准。

油价调控风险准备金

4-2-57

国家发展改革委关于进一步完善成品油价格形成机制有关问题的通知

2016年1月13日　发改价格〔2016〕64号

各省、自治区、直辖市、新疆生产建设兵团发展改革委、物价局，中国石油天然气集团公司、中国石油化工集团公司、中国海洋石油总公司：

2013年成品油价格机制修改完善以来，运行总体平稳，国内成品油价格更加灵敏反映国际市场油价变化，保证了成品油正常供应，促进了市场有序竞争，价格调整透明度增强，市场化程度进一步提高。2014年下半年以来，世界石油市场格局发生了深刻变化，成品油价格机制在运行过程中出现了一些不适应的问题。鉴于此，经研究，决定进一步完善成品油价格机制，并进一步推进价格市场化。现就有关事项通知如下：

一、完善成品油价格形成机制

（一）设定成品油价格调控下限。下限水平定为每桶40美元，即当国内成品油价格挂靠的国际市场原油价格低于每桶40美元时，国内成品油价格不再下调。

（二）建立油价调控风险准备金。当国际市场原油价格低于40美元调控下限时，成品油价格未调金额全部纳入风险准备金，设立专项账户存储，经国家批准后使用，主要用于节能减排、提升油品质量及保障石油供应安全等方面。具体管理办法另行制定。

（三）放开液化石油气出厂价格。液化石油气出厂价格由供需双方协商确定。

（四）简化成品油调价操作方式。发展改革委不再印发成品油价格调整文件，改为以信息稿形式发布调价信息。

供军队用成品油价格按既定机制计算确定；航空汽油出厂价格按照与供新疆生产建设兵团汽油供应价格保持1.182:1的比价关系确定，均不再发布。

二、印发《石油价格管理办法》

根据近年来《石油价格管理办法（试行）》实施情况及此次成品油价格机制完善内容，修订并形成《石油价格管理办法》，自公布之日起实施。

三、做好相关配套工作

（一）确保市场供应。中石油、中石化、中海油公司要继续发挥石油企业内部上下游利益调节机制，组织好原油和成品油生产和调运，保持合理库存，加强综合协调和应急调度，保障市场供应。

(二)维护市场秩序。成品油生产经营企业要严格执行国家价格政策,自觉维护市场价格秩序。各级价格主管部门要加强价格监督检查,严厉打击各种价格违法行为,维护成品油市场稳定。

(三)加强市场监测。要加强成品油市场动态和价格监测,密切跟踪新机制运行情况,积极协调解决机制运行中的矛盾和问题,出现异常情况,及时报告并配合有关部门采取应对措施,确保新机制平稳运行。

(四)做好宣传解释。各地要结合本地实际情况,做好宣传解释工作,正面引导舆论,及时回应社会关切,争取群众的理解和支持,为完善机制营造良好舆论氛围。

附件:《石油价格管理办法》(编者略)

4-2-58

财政部 国家发展改革委关于印发《油价调控风险准备金征收管理办法》的通知

2016年12月15日 财税〔2016〕137号

各省、自治区、直辖市财政厅(局)、发展改革委、物价局,中国石油天然气集团公司、中国石油化工集团公司、中国海洋石油总公司,财政部驻各省、自治区、直辖市财政监察专员办事处:

为完善成品油价格形成机制,规范油价调控风险准备金征收管理,经国务院同意,我们制定了《油价调控风险准备金征收管理办法》,现印发给你们,请遵照执行。

附件:油价调控风险准备金征收管理办法

附件

油价调控风险准备金征收管理办法

第一章 总 则

第一条 为完善成品油价格形成机制,加强和规范油价调控风险准备金(以下简称风险准备金)征收管理,根据《中华人民共和国预算法》和《国家发展改革委关于进一步完善成品油价格形成机制有关问题的通知》(发改价格〔2016〕64号)的有关规定,制定本办法。

第二条 风险准备金的收缴、预算、使用和监督管理,适用本办法。

第三条 风险准备金全额上缴中央国库,纳入一般公共预算管理,列"其他专项收入",统筹用于节能减排、提升油品质量、保障石油供应安全,以及应对国际油价大幅波动,实施保障措施的资金来源。

第二章 征收管理

第四条 风险准备金的缴纳义务人为中华人民共和国境内生产、委托加工和进口汽、柴油的成品油生产经营企业。

第五条 当国际市场原油价格低于国家规定的成品油价格调控下限时,缴纳义务人应按照汽油、柴油的销售数量和规定的征收标准缴纳风险准备金。

第六条 汽油、柴油销售数量是指缴纳义务人于相邻两个调价窗口期之间实际销售数量。

第七条 风险准备金征收标准按照成品油价格未调金额确定。

第八条 成品油价格未调金额由国家发展改革委、财政部根据国际原油价格变动情况,按照现行成品油价格形成机制计算核定,于每季度前 10 个工作日内,将上季度每次调价窗口期的征收标准,书面告知征收机关。

第九条 财政部驻各省、区、市财政监察专员办事处(以下简称专员办)负责征收风险准备金。

第十条 风险准备金的缴纳地点为缴纳义务人注册登记地。

第十一条 风险准备金由缴纳义务人申报缴纳。其中,缴纳义务人有两个及以上从事成品油生产经营企业的,可由征收机关指定集团公司或其他公司实行汇总缴纳。

(一)中国石油天然气集团公司、中国石油化工集团公司、中国海洋石油总公司等中央企业应当缴纳的风险准备金,由财政部驻北京市专员办负责征收。

(二)地方企业应当缴纳的风险准备金,由所在省(区、市)征收机关负责征收。

第十二条 缴纳义务人可以选择按季度或者按年度缴纳风险准备金。具体缴纳方式由缴纳义务人报征收机关核准。缴纳方式一经确定,不得随意变更。

第十三条 缴纳义务人应当根据本办法规定,向所在地征收机关如实申报汽油、柴油销售数量和应缴纳的风险准备金。

按季度缴纳的,缴纳义务人应当于每季度前 15 个工作日内,如实填写《油价调控风险准备金申报表》(见附 1),提交给征收机关审核。

按年度缴纳的,缴纳义务人应当于每年 1 月 20 日前,如实填写《油价调控风险准备金申报表》,提交给征收机关审核。

第十四条 征收机关应当于 5 个工作日内完成对申报材料的审核,并向缴纳义务人开具《非税收入一般缴款书》。

第十五条 缴纳义务人按照《非税收入一般缴款书》所规定的缴款额,在 5 个工作日内足额上缴风险准备金。

第十六条 风险准备金缴库时,填列政府收支分类科目第 103029999 目"其他专项收入"。

第十七条 风险准备金具体缴库办法,按照财政部国库集中收缴制度有关规定执行。

第十八条 对于按季缴纳的,征收机关根据缴纳义务人实际销售的汽油、柴油数量,在次年 3 月底完成对缴纳义务人全年风险准备金的汇算清缴工作。

第十九条 风险准备金计入"其他应付款"核算,不得计入企业当期收入。

第二十条 任何单位和个人不得违反本办法规定,擅自减免或缓征风险准备金,不得自行调整风险准备金征收对象、范围和标准。

第三章 监督管理

第二十一条 风险准备金的征收情况应当接受财政、发展改革(价格)部门的监督检查和审计机关的审计监督。

第二十二条 缴纳义务人应当按照本通知规定,及时申报和缴纳风险准备金,不得拒绝或拖延。

第二十三条 征收机关要加强风险准备金征收管理,对逃避缴纳、应申报未申报、申报不实等情况,严格按照法律、行政法规规定查处,确保资金及时足额入库。

征收机关违反规定,多征、提前征收或者减征、免征、缓征应征风险准备金收入的,严格按照有关法律、行政法规规定,追究负有直接责任的主管人员和其他直接责任人员法律责任。

第四章 附 则

第二十四条 本办法由财政部、国家发展改革委解释。

第二十五条 本办法自 2016 年 1 月 13 日起施行。

附:1. 油价调控风险准备金申报表
    2. 2016 年度油价调控风险准备金征收标准

附1:

油价调控风险准备金申报表

企业名称:

所属成品油生产经营公司	调价窗口期(10个工作日)	汽油		柴油		应缴纳金额
		征收标准(元/吨)	实际销售数量(吨)	征收标准(元/吨)	实际销售数量(吨)	
合计						

附2:

2016 年度油价调控风险准备金征收标准

调价窗口期	调价周期天数	汽油90#	柴油0#
	天	元/吨	元/吨
2016年1月14日—1月27日	14	460	445
2016年1月28日—2月15日	19	770	740
2016年2月16日—2月29日	14	560	540

续表

调价窗口期	调价周期天数	汽油90#	柴油0#
	天	元/吨	元/吨
2016年3月1日—3月14日	14	495	475
2016年3月15日—3月28日	14	190	180
2016年3月29日—4月12日	15	50	50
2016年4月13日—4月26日	14	120	115

4-2-59

国家税务总局关于2020年第四季度油价调控风险准备金征收标准有关事项的公告

2021年1月25日　国家税务总局公告2021年第1号

根据《国家税务总局关于国家重大水利工程建设基金等政府非税收入项目征管职责划转有关事项的公告》(2018年第63号)和《油价调控风险准备金征收管理办法》(财税〔2016〕137号)等有关规定,国家发展改革委已核定了2020年第四季度油价调控风险准备金征收标准。现将有关事项公告如下:

一、2020年第四季度油价调控风险准备金征收标准按照国家发展改革委核定的成品油价格未调金额(见附件)确定。非标准品的征收标准按照标准品征收标准和国家发展改革委规定的品质比率确定。

二、缴费人应根据国家发展改革委核定的征收标准,向税务机关申报汽油、柴油销售数量和应缴纳的油价调控风险准备金。

三、各地税务机关要及时公布办理渠道,规范办理流程,加强对缴费人的宣传辅导工作,提高缴费便利化程度,切实增强缴费人获得感。

本公告自2021年1月7日起施行。

特此公告。

附件:2020年第四季度油价调控风险准备金征收标准

附件

2020年第四季度油价调控风险准备金征收标准

调价窗口期	调价周期天数	汽油89#	柴油0#
	天	元/吨	元/吨
2020年11月6日~11月19日	14	15	15

备注:上述金额为低于调控下限国内成品油价格应调未调金额,含13%增值税。

国家留成油收入

4-2-60

中华人民共和国对外合作开采海洋石油资源条例

1982年1月30日国务院发布 2001年9月23日中华人民共和国国务院令第318号第一次修订 2011年1月8日中华人民共和国国务院令第588号第二次修订 2011年9月30日中华人民共和国国务院令第607号第三次修订 2013年7月18日中华人民共和国国务院令第633号第四次修订

第一章 总 则

第一条 为促进国民经济的发展,扩大国际经济技术合作,在维护国家主权和经济利益的前提下允许外国企业参与合作开采中华人民共和国海洋石油资源,特制定本条例。

第二条 中华人民共和国的内海、领海、大陆架以及其他属于中华人民共和国海洋资源管辖海域的石油资源,都属于中华人民共和国国家所有。

在前款海域内,为开采石油而设置的建筑物、构筑物、作业船舶,以及相应的陆岸油(气)集输终端和基地,都受中华人民共和国管辖。

第三条 中国政府依法保护参与合作开采海洋石油资源的外国企业的投资、应得利润和其他合法权益,依法保护外国企业的合作开采活动。

在本条例范围内,合作开采海洋石油资源的一切活动,都应当遵守中华人民共和国的法律、法令和国家的有关规定;参与实施石油作业的企业和个人,都应当受中国法律的约束,接受中国政府有关主管部门的检查、监督。

第四条 国家对参加合作开采海洋石油资源的外国企业的投资和收益不实行征收。在特殊情况下,根据社会公共利益的需要,可以对外国企业在合作开采中应得石油的一部分或者全部,依照法律程序实行征收,并给予相应的补偿。

第五条 国务院指定的部门依据国家确定的合作海区、面积,决定合作方式,划分合作区块;依据国家规定制定同外国企业合作开采海洋石油资源的规划;制定对外合作开采海洋石油资源的业务政策和审批海上油(气)田的总体开发方案。

第六条 中华人民共和国对外合作开采海洋石油资源的业务,由中国海洋石油总公司全面负责。

中国海洋石油总公司是具有法人资格的国家公司,享有在对外合作海区内进行石油勘探、开发、生产和销售的专营权。

中国海洋石油总公司根据工作需要,可以设立地区公司、专业公司、驻外代表机构,执行总公司交付的任务。

第七条 中国海洋石油总公司就对外合作开采石油的海区、面积、区块,通过组织招标,确定合作开采海洋石油资源的外国企业,签订合作开采石油合同或者其他合作合同,并向中华人民共和国商务部报送合同有关情况。

第二章 石油合同各方的权利和义务

第八条 中国海洋石油总公司通过订立石油合同同外国企业合作开采海洋石油资源,除法律、行政法规另有规定或者石油合同另有约定外,应当由石油合同中的外国企业一方(以下称外国合同者)投资进行勘探,负责勘探作业,并承担全部勘探风险;发现商业性油(气)田后,由外国合同者同中国海洋石油总公司双方投资合作开发,外国合同者并应负责开发作业和生产作业,直至中国海洋石油总公司按照石油合同规定在条件具备的情况下接替生产作业。外国合同者可以按照石油合同规定,从生产的石油中回收其投资和费用,并取得报酬。

第九条 外国合同者可以将其应得的石油和购买的石油运往国外,也可以依法将其回收的投资、利润和其他正当收益汇往国外。

第十条 参与合作开采海洋石油资源的中国企业、外国企业,都应当依法纳税。

第十一条 为执行石油合同所进口的设备和材料,按照国家规定给予减税、免税,或者给予税收方面的其他优惠。

第十二条 外国合同者开立外汇账户和办理其他外汇事宜,应当遵守《中华人民共和国外汇管理条例》和国家有关外汇管理的其他规定。

第十三条 石油合同可以约定石油作业所需的人员,作业者可以优先录用中国公民。

第十四条 外国合同者在执行石油合同从事开发、生产作业过程中,必须及时地、准确地向中国海洋石油总公司报告石油作业情况;完整地、准确地取得各项石油作业的数据、记录、样品、凭证和其他原始资料,并定期向中国海洋石油总公司提交必要的资料和样品以及技术、经济、财会、行政方面的各种报告。

第十五条 外国合同者为执行石油合同从事开发、生产作业,应当在中华人民共和国境内设立分支机构或者代表机构,并依法履行登记手续。

前款机构的住所地应当同中国海洋石油总公司共同商量确定。

第十六条 本条例第三条、第九条、第十条、第十一条、第十五条的规定,对向石油作业提供服务的外国承包者,类推适用。

第三章 石油作业

第十七条 作业者必须根据本条例和国家有关开采石油资源的规定,参照国际惯例,制定油(气)田总体开发方案和实施生产作业,以达到尽可能高的石油采收率。

第十八条 外国合同者为执行石油合同从事开发、生产作业,应当使用中华人民共和国境内现有的基地;如需设立新基地,必须位于中华人民共和国境内。

前款新基地的具体地点,以及在特殊情况下需要采取的其他措施,都必须经中国海洋石油总公司书面同意。

第十九条 中国海洋石油总公司有权派人参加外国作业者为执行石油合同而进行的总体设计和工程设计。

第二十条 外国合同者为执行石油合同,除租用第三方的设备外,按计划和预算所购置和建造的全部资产,当外国合同者的投资按照规定得到补偿后,其所有权属于中国海洋石油总公司,在合同期内,外国合同者仍然可以依据合同的规定使用这些资产。

第二十一条 为执行石油合同所取得的各项石油作业的数据、记录、样品、凭证和其他原始资料,其所有权属于中国海洋石油总公司。

前款数据、记录、样品、凭证和其他原始资料的使用和转让、赠与、交换、出售、公开发表以及运出、传送出中华人民共和国,都必须按照国家有关规定执行。

第二十二条 作业者和承包者在实施石油作业中,应当遵守中华人民共和国有关环境保护和安全方面的法律规定,并参照国际惯例进行作业,保护渔业资源和其他自然资源,防止对大气、海洋、河流、湖泊和陆地等环境的污染和损害。

第二十三条 石油合同区产出的石油,应当在中华人民共和国登陆,也可以在海上油(气)外输计量点运出。如需在中华人民共和国以外的地点登陆,必须经国务院指定的部门批准。

第四章 附 则

第二十四条 在合作开采海洋石油资源活动中,外国企业和中国企业间发生的争执,应当通过友好协商解决。通过协商不能解决的,由中华人民共和国仲裁机构进行调解、仲裁,也可以由合同双方协议在其他仲裁机构仲裁。

第二十五条 作业者、承包者违反本条例规定实施石油作业的,由国务院指定的部门依据职权责令限期改正,给予警告;在限期内不改正的,可以责令其停止实施石油作业。由此造成的一切经济损失,由责任方承担。

第二十六条 本条例所用的术语,其定义如下:

(一)"石油"是指蕴藏在地下的、正在采出的和已经采出的原油和天然气。

(二)"开采"是泛指石油的勘探、开发、生产和销售及其有关的活动。

(三)"石油合同"是指中国海洋石油总公司同外国企业为合作开采中华人民共和国海洋石油资源,依法订立的包括石油勘探、开发和生产的合同。

(四)"合同区"是指在石油合同中为合作开采石油资源以地理坐标圈定的海域面积。

(五)"石油作业"是指为执行石油合同而进行的勘探、开发和生产作业及其有关的活动。

(六)"勘探作业"是指用地质、地球物理、地球化学和包括钻勘探井等各种方法寻找储藏石油的圈闭所做的全部工作,以及在已发现石油的圈闭上为确定它有无商业价值所做的钻评价井、可行性研究和编制油(气)田的总体开发方案等全部工作。

(七)"开发作业"是指从国务院指定的部门批准油(气)田的总体开发方案之日起,为实现石油生产所进行的设计、建造、安装、钻井工程等及其相应的研究工作,并包括商业性生产开始之前的生产活动。

(八)"生产作业"是指一个油(气)田从开始商业性生产之日起,为生产石油所进行的全部作业以及与其有关的活动,诸如采出、注入、增产、处理、贮运和提取等作业。

(九)"外国合同者"是指同中国海洋石油总公司签订石油合同的外国企业。外国企业可以是公司,也可以是公司集团。

(十)"作业者"是指按照石油合同的规定负责实施作业的实体。

(十一)"承包者"是指向作业者提供服务的实体。

第二十七条 本条例自公布之日起施行。

4-2-61

中华人民共和国对外合作开采
陆上石油资源条例

1993年10月7日中华人民共和国国务院令第131号发布 2001年9月23日中华人民共和国国务院令第317号第一次修订 2007年9月18日中华人民共和国国务院令第506号第二次修订 2011年9月30日中华人民共和国国务院令第606号第三次修订 2013年7月18日中华人民共和国国务院令第638号第四次修订

第一章 总 则

第一条 为保障石油工业的发展,促进国际经济合作和技术交流,制定本条例。

第二条 在中华人民共和国境内从事中外合作开采陆上石油资源活动,必须遵守本条例。

第三条 中华人民共和国境内的石油资源属于中华人民共和国国家所有。

第四条 中国政府依法保护参加合作开采陆上石油资源的外国企业的合作开采活动及其投资、利润和其他合法权益。

在中华人民共和国境内从事中外合作开采陆上石油资源活动,必须遵守中华人民共和国的有关法律、法规和规章,并接受中国政府有关机关的监督管理。

第五条 国家对参加合作开采陆上石油资源的外国企业的投资和收益不实行征收。在特殊情况下,根据社会公共利益的需要,可以对外国企业在合作开采中应得石油的一部分或者全部,依照法律程序实行征收,并给予相应的补偿。

第六条 国务院指定的部门负责在国务院批准的合作区域内,划分合作区块,确定合作方式,组织制定有关规划和政策,审批对外合作油(气)田总体开发方案。

第七条 中国石油天然气集团公司、中国石油化工集团公司(以下简称中方石油公司)负责对外合作开采陆上石油资源的经营业务;负责与外国企业谈判、签订、执行合作开采陆上石油资源的合同;在国务院批准的对外合作开采陆上石油资源的区域内享有与外国企业合作进行石油勘探、开发、生产的专营权。

第八条 中方石油公司在国务院批准的对外合作开采陆上石油资源的区域内,按划分的合作区块,通过招标或者谈判,确定合作开采陆上石油资源的外国企业,签订合作开采石油合同或者其他合作合同,并向中华人民共和国商务部报送合同有关情况。

第九条 对外合作区块公布后,除中方石油公司与外国企业进行合作开采陆上石油资源活动外,其他企业不得进入该区块内进行石油勘查活动,也不得与外国企业签订在该区块内进行石油开采的经济技术合作协议。

对外合作区块公布前,已进入该区块进行石油勘查(尚处于区域评价勘查阶段)的企业,在中方石油公司与外国企业签订合同后,应当撤出。该企业所取得的勘查资料,由中方石油公司负责销售,以适当补偿其投资。该区块发现有商业开采价值的油(气)田后,从该区块撤出的企业可以通过投资方式参与开发。

国务院指定的部门应当根据合同的签订和执行情况,定期对所确定的对外合作区块进行调整。

第十条 对外合作开采陆上石油资源,应当遵循兼顾中央与地方利益的原则,通过吸收油(气)田所在地的资金对有商业开采价值的油(气)田的开发进行投资等方式,适当照顾地方利益。

有关地方人民政府应当依法保护合作区域内正常的生产经营活动,并在土地使用、道路通行、生活服务等方面给予有效协助。

第十一条 对外合作开采陆上石油资源,应当依法纳税。

第十二条 为执行合同所进口的设备和材料,按照国家有关规定给予减税、免税或者给予税收方面的其他优惠。具体办法由财政部会同海关总署制定。

第二章 外国合同者的权利和义务

第十三条 中方石油公司与外国企业合作开采陆上石油资源必须订立合同,除法律、法规另有规定或者合同另有约定外,应当由签订合同的外国企业(以下简称外国合同者)单独投资进行勘探,负责勘探作业,并承担勘探风险;发现有商业开采价值的油(气)田后,由外国合同者与中方石油公司共同投资合作开发;外国合同者并应承担开发作业和生产作业,直至中方石油公司按照合同约定接替生产作业为止。

第十四条 外国合同者可以按照合同约定,从生产的石油中回收其投资和费用,并取得报酬。

第十五条 外国合同者根据国家有关规定和合同约定,可以将其应得的石油和购买的石油运往国外,也可以依法将其回收的投资、利润和其他合法收益汇往国外。

外国合同者在中华人民共和国境内销售其应得的石油,一般由中方石油公司收购,也可以采取合同双方约定的其他方式销售,但是不得违反国家有关在中华人民共和国境内销售石油产品的规定。

第十六条 外国合同者开立外汇账户和办理其他外汇事宜,应当遵守《中华人民共和国外汇管理条例》和国家有关外汇管理的其他规定。

外国合同者的投资,应当采用美元或者其他可自由兑换货币。

第十七条 外国合同者应当依法在中华人民共和国境内设立分公司、子公司或者代表机构。

前款机构的设立地点由外国合同者与中方石油公司协商确定。

第十八条 外国合同者在执行合同的过程中,应当及时地、准确地向中方石油公司报告石油作业情况,完整地、准确地取得各项石油作业的数据、记录、样品、凭证和其他原始资料,并按规定向中方石油公司提交资料和样品以及技术、经济、财会、行政方面的各种报告。

第十九条 外国合同者执行合同,除租用第三方的设备外,按照计划和预算所购置和建造的全部资产,在其投资按照合同约定得到补偿或者该油(气)田生产期期满后,所有权属于中方石油公司。在合同期内,外国合同者可以按照合同约定使用这些资产。

第三章 石油作业

第二十条 作业者必须根据国家有关开采石油资源的规定,制订油(气)田总体开发方案,并经国务院指定的部门批准后,实施开发作业和生产作业。

第二十一条 石油合同可以约定石油作业所需的人员,作业者可以优先录用中国公民。

第二十二条 作业者和承包者在实施石油作业中,应当遵守国家有关环境保护和安全作业方面的法律、法规和标准,并按照国际惯例进行作业,保护农田、水产、森林资源和其他自然资源,防止对大气、海洋、河流、湖泊、地下水和陆地其他环境的污染和损害。

第二十三条 在实施石油作业中使用土地的,应当依照《中华人民共和国土地管理法》和国家其他有关规定办理。

第二十四条 本条例第十八条规定的各项石油作业的数据、记录、样品、凭证和其他原始资料,所有权属于中方石油公司。

前款所列数据、记录、样品、凭证和其他原始资料的使用、转让、赠与、交换、出售、发表以及运出、传送到中华人民共和国境外,必须按照国家有关规定执行。

第四章 争议的解决

第二十五条 合作开采陆上石油资源合同的当事人因执行合同发生争议时,应当通过协商或者调解解决;不愿协商、调解,或者协商、调解不成的,可以根据合同中的仲裁条款或者事后达成的书面仲裁协议,提交中国仲裁机构或者其他仲裁机构仲裁。

当事人未在合同中订立仲裁条款,事后又没有达成书面仲裁协议的,可以向中国人民法院起诉。

第五章 法律责任

第二十六条 违反本条例规定,有下列行为之一的,由国务院指定的部门依据职权责令限期改正,给予警告;在限期内不改正的,可以责令其停止实施石油作业;构成犯罪的,依法追究刑事责任:

(一)违反本条例第九条第一款规定,擅自进入对外合作区块进行石油勘查活动或者与

外国企业签订在对外合作区块内进行石油开采合作协议的;

(二)违反本条例第十八条规定,在执行合同的过程中,未向中方石油公司及时、准确地报告石油作业情况的,未按规定向中方石油公司提交资料和样品以及技术、经济、财会、行政方面的各种报告的;

(三)违反本条例第二十条规定,油(气)田总体开发方案未经批准,擅自实施开发作业和生产作业的;

(四)违反本条例第二十四条第二款规定,擅自使用石油作业的数据、记录、样品、凭证和其他原始资料或者将其转让、赠与、交换、出售、发表以及运出、传送到中华人民共和国境外的。

第二十七条 违反本条例第十一条、第十六条、第二十二条、第二十三条规定的,由国家有关主管部门依照有关法律、法规的规定予以处罚;构成犯罪的,依法追究刑事责任。

第六章 附 则

第二十八条 本条例下列用语的含义:

(一)"石油",是指蕴藏在地下的、正在采出的和已经采出的原油和天然气。

(二)"陆上石油资源",是指蕴藏在陆地全境(包括海滩、岛屿及向外延伸至5米水深处的海域)的范围内的地下石油资源。

(三)"开采",是指石油的勘探、开发、生产和销售及其有关的活动。

(四)"石油作业",是指为执行合同而进行的勘探、开发和生产作业及其有关的活动。

(五)"勘探作业",是指用地质、地球物理、地球化学和包括钻探井等各种方法寻找储藏石油圈闭所做的全部工作,以及在已发现石油的圈闭上为确定它有无商业价值所做的钻评价井、可行性研究和编制油(气)田的总体开发方案等全部工作。

(六)"开发作业",是指自油(气)田总体开发方案被批准之日起,为实现石油生产所进行的设计、建造、安装、钻井工程等及其相应的研究工作,包括商业性生产开始之前的生产活动。

(七)"生产作业",是指一个油(气)田从开始商业性生产之日起,为生产石油所进行的全部作业以及与其有关的活动。

第二十九条 本条例第四条、第十一条、第十二条、第十五条、第十六条、第十七条、第二十一条的规定,适用于外国承包者。

第三十条 对外合作开采煤层气资源由中联煤层气有限责任公司、国务院指定的其他公司实施专营,并参照本条例执行。

第三十一条 本条例自公布之日起施行。

石油特别收益金

4-2-62

国务院关于开征石油特别收益金的决定

2006年3月15日 国发〔2006〕13号

各省、自治区、直辖市人民政府,国务院各部委、各直属机构:

石油是关系国民经济和社会发展全局的重要战略资源。2004年以来,由于国际市场石油价格持续大幅度上涨,国内原油采掘业利润增加较多,其他行业和社会用油成本加大,造成各行业利益分配不平衡,影响经济平稳运行。为妥善处理各方面利益关系,推进石油价格形成机制改革,加强国家调控,促进国民经济持续健康协调发展,国务院决定对石油开采企业销售国产原油因油价上涨获得的超额收入征收石油特别收益金。

石油特别收益金属中央财政非税收入,纳入中央财政预算管理,具体征收管理办法由财政部制定并公布施行。

※　　※　　※　　※

4-2-63

财政部关于印发《石油特别收益金征收管理办法》的通知

2006年3月25日 财企〔2006〕72号

各省、自治区、直辖市、计划单列市财政厅(局),国务院有关部委、有关直属机构,中国石油天然气集团公司、中国石油化工集团公司、中国海洋石油总公司:

根据《国务院关于开征石油特别收益金的决定》(国发〔2006〕13号),现将我们制定的《石油特别收益金征收管理办法》印发给你们,请遵照执行。

附件:石油特别收益金征收管理办法

附件

石油特别收益金征收管理办法

第一条 为推动石油价格机制改革,促进国民经济持续健康协调发展,规范石油特别收益金征收管理,制定本办法。

第二条 本办法所称石油特别收益金,是指国家对石油开采企业销售国产原油因价格超过一定水平所获得的超额收入按比例征收的收益金。

第三条 凡在中华人民共和国陆地领域和所辖海域独立开采并销售原油的企业,以及在上述领域以合资、合作等方式开采并销售原油的其他企业(以下简称合资合作企业),均应当按照本办法的规定缴纳石油特别收益金。

第四条 石油特别收益金属中央财政非税收入,纳入中央财政预算管理。

第五条 财政部负责石油特别收益金的征收管理工作。中央石油开采企业向财政部申报缴纳石油特别收益金;地方石油开采企业向财政部驻所在地财政监察专员办事处申报缴纳;合资合作企业应当缴纳的石油特别收益金由合资合作的中方企业代扣代缴。

第六条 石油特别收益金实行5级超额累进从价定率计征,按月计算、按季缴纳。

第七条 石油特别收益金征收比率按石油开采企业销售原油的月加权平均价格确定。为便于参照国际市场油价水平,原油价格按美元/桶计价,起征点为40美元/桶。

具体征收比率及速算扣除数见下表(计算公式见附表):

原油价格(美元/桶)	征收比率	速算扣除数(美元/桶)
40～45(含)	20%	0
45～50(含)	25%	0.25
50～55(含)	30%	0.75
55～60(含)	35%	1.5
60以上	40%	2.5

第八条 计算石油特别收益金时,原油吨桶比按石油开采企业实际执行或挂靠油种的吨桶比计算;美元兑换人民币汇率以中国人民银行当月每日公布的中间价按月平均计算。

第九条 石油开采企业集团公司下属多家石油开采企业的,石油特别收益金以石油开采企业集团公司为单位汇总缴纳。

第十条 缴纳石油特别收益金的石油开采企业,应当如实填写石油特别收益金申报表(见附表),各集团公司汇总后,在每季度结束后的10个工作日内,向财政机关申报缴纳。

第十一条 财政机关对石油开采企业集团公司上报的特别收益金申报表进行认真审核,并以书面形式确认石油开采企业应缴石油特别收益金金额。石油开采企业应在接到书面确认通知的5个工作日内缴入中央金库。

第十二条 石油特别收益金缴库一律使用财政部统一监制的"一般缴款书"。缴款书所列各项内容必须填列完整、正确。"财政机关"栏填写"财政部","预算级次"栏填写"中央级"，"预算科目"栏填写第 71 类"其他收入"中第 7113 款"石油特别收益金专项收入"。

第十三条 石油开采企业在规定的期限内未足额缴纳石油特别收益金的，由财政机关责令限期缴纳，并从滞纳之日起按日加收万分之五的滞纳金。

第十四条 财政机关不得擅自减征或免征石油开采企业应缴纳的石油特别收益金。

第十五条 石油特别收益金列入企业成本费用，准予在企业所得税税前扣除。

第十六条 石油开采企业未按照本办法规定缴纳石油特别收益金的，由财政机关按照《财政违法行为处罚处分条例》的规定予以处罚。

第十七条 本办法自 2006 年 3 月 26 日起执行。

第十八条 本办法由财政部负责解释。

附表：石油特别收益金申报表（编者略）

4-2-64

财政部关于征收石油特别收益金有关问题的补充通知

2006 年 6 月 30 日　　财企〔2006〕183 号

各省、自治区、直辖市、计划单列市财政厅（局），国务院有关部委、有关直属机构，中国石油天然气集团公司、中国石油化工集团公司、中国海洋石油总公司：

《财政部关于印发〈石油特别收益金征收管理办法〉的通知》（财企〔2006〕72 号，以下简称《办法》）下发后，部分石油开采企业就全面、准确地执行该《办法》提出了一些建议。现就征缴石油特别收益金的有关问题补充通知如下：

一、关于石油特别收益金的征收范围

凡在中华人民共和国陆地领域和所辖海域开采的石油，无论其是否在中国境内销售，均应按规定缴纳石油特别收益金。中外合作油田按规定上缴国家的石油增值税、矿区使用费、国家留成油不征收石油特别收益金。

二、关于合资合作企业石油特别收益金的缴纳主体

合资合作企业应当缴纳的石油特别收益金，由合资合作的各方中拥有石油勘探和开采许可证的一方企业统一向财政机关申报。财政机关对上报的特别收益金申报表审核后，以书面形式确认各方企业应缴的石油特别收益金金额。企业按照书面通知中确认的金额，填写"一般缴款书"直接办理缴库。

三、关于中外合作油田石油特别收益金计算的有关问题

中外合作油田的合作各方企业，应以合作各方按期确定的分成价格为依据计算缴纳石油特别收益金。石油特别收益金不作为合作企业联合账簿中合作各方的相关成本费用进行回收。

四、其他有关问题

（一）石油特别收益金以人民币缴纳。

(二)对合作油田的各方企业应缴纳的石油特别收益金,在申报缴纳时应分别列示。在规定期限内由于申报环节或缴款环节延误须加收的滞纳金和罚款,由有关责任方分别承担。

(三)石油开采企业在申报应缴纳的石油特别收益金时,应同时提供本企业各个月份销售原油的价格执行依据文件。中外合作油田应提供合作各方确定的分成价格确定文件。

4-2-65

财政部关于调整石油特别收益金征收方式的通知

2012年3月28日　财企〔2012〕42号

国务院有关部委、有关直属机构,各省、自治区、直辖市、计划单列市财政厅(局),中国石油天然气集团公司、中国石油化工集团公司、中国海洋石油总公司:

为进一步完善石油特别收益金征收管理办法,财政部决定适当调整石油特别收益金征收方式。现通知如下:

一、从申报缴纳2012年石油特别收益金开始,将征收方式由原"按月计算、按季缴纳"调整为"按月计算、按季申报,按月缴纳"。

二、缴纳石油特别收益金的石油开采企业,应当如实填写石油特别收益金申报表,各集团公司汇总后,在每季度结束后的10个工作日内,向财政机关申报缴纳上季度各月石油特别收益金。

三、财政机关对石油开采企业集团公司上报的石油特别收益金申报表进行认真审核,并以书面形式确认石油开采企业分月应缴石油特别收益金时间和金额。石油开采企业应按书面通知确认的时限和金额将石油特别收益金分月缴入中央金库。

四、石油特别收益金其他征收管理的有关问题,仍按照《财政部关于印发〈石油特别收益金征收管理办法〉的通知》(财企〔2006〕72号)和《财政部关于提高石油特别收益金起征点的通知》(财企〔2011〕480号)的有关规定执行。

4-2-66

财政部关于提高石油特别收益金起征点的通知

2014年12月25日　财税〔2014〕115号

国务院有关部委、有关直属机构,各省、自治区、直辖市、计划单列市财政厅(局),中国石油天然气集团公司、中国石油化工集团公司、中国海洋石油总公司:

经国务院批准,财政部决定从2015年1月1日起,将石油特别收益金起征点提高至65

美元/桶。起征点提高后,石油特别收益金征收仍实行5级超额累进从价定率计征。具体征收比率及速算扣除数见下表:

原油价格(美元/桶)	征收比率	速算扣除数(美元/桶)
65~70(含)	20%	0
70~75(含)	25%	0.25
75~80(含)	30%	0.75
80~85(含)	35%	1.5
85以上	40%	2.5

石油特别收益金起征点提高后,其他征收管理的有关问题,仍按照《财政部关于印发〈石油特别收益金征收管理办法〉的通知》(财企〔2006〕72号)等有关文件的规定执行。

免税商品特许经营费

4-2-67

财政部关于印发《免税商品特许经营费缴纳办法》的通知

2004年11月25日 财企〔2004〕241号

外交部,民航总局,交通部,铁道部,中国免税品(集团)总公司,中国出国人员服务总公司,中国中旅(集团)公司,深圳市国有免税商品(集团)有限公司,珠海免税企业(集团)有限公司,上海浦东国际机场及免税店,中国远洋运输(集团)总公司等免税品经营单位,财政部驻各省、自治区、直辖市、计划单列市财政监察专员办事处:

现将《免税商品特许经营费缴纳办法》印发给你们,请遵照执行。执行中有什么问题,请及时反馈我部。

附件:免税商品特许经营费缴纳办法

附件

免税商品特许经营费缴纳办法

第一条 为进一步加强免税商品经营管理,体现免税业特许经营政策,理顺企业与国家的利益分配关系,特制定本办法。

第二条 免税商品是指免征关税、进口环节税的进口商品和实行退(免)税(增值税、消费税)进入免税店销售的国产商品。

第三条 免税商品经营业务包括:中国免税品(集团)总公司的免税商品经营业务,以及设立在机场、港口、车站、陆路边境口岸和海关监管特定区域的免税商店以及在出境飞机、火车、轮船上向出境的国际旅客、驻华外交官和国际海员等提供免税商品购物服务的特种销售业务。

第四条 凡经营免税商品的企业,均按经营免税商品业务年销售收入(额)的1%,向国家上缴特许经营费。

第五条 征收免税商品特许经营费的企业包括:中国免税品(集团)总公司、深圳市国有免税商品(集团)有限公司、珠海免税企业(集团)有限公司、中国中旅(集团)公司、中国出国人员服务总公司、上海浦东国际机场免税店以及其他经营免税商品或代理销售免税商品的企业。

第六条 中国免税品（集团）总公司按其合并会计报表口径，由总公司集中缴纳；中国免税品（集团）总公司供货的其他免税商品经营企业在企业所在地就地解缴。

第七条 在国际交通工具上销售（或代理销售）免税商品的民航、交通、铁道等行业的企业，以及非全部经营免税商品的企业，应将免税商品销售额单独核算，并在企业纳税所在地缴纳特许经营费。

第八条 经营国产品的免税企业，应将享受出口退税政策的国产品及从境外以免税方式进口经营的国产品均视同免税商品，按规定缴纳特许经营费。企业经营完税国产品，不缴纳特许经营费。

第九条 对免税商品经营实行招投标管理模式的单位，应在招标标的中，明确国家征收特许经营费的有关事项。

第十条 承租免税商品经营场所的免税品经营企业，根据国家征收免税商品特许经营费的有关规定，与租赁方协商同意后，可变更原签订的租赁合同（协议）。

第十一条 免税商品经营企业于年度终了的5个月内，依据注册会计师的审计报告，清算当年应交免税商品特许经营费并上缴中央金库。

第十二条 各省、自治区、直辖市及计划单列市财政监察专员办事机构负责免税商品特许经营费缴纳情况的监督检查。

第十三条 免税商品经营企业上缴特许经营费使用"一般缴款书"。缴款书的内容按《中华人民共和国国家金库条例实施细则》第三十四条的规定办理。缴款书中的预算级次栏填"中央级"，收入机关栏填"财政部"，指定收款金库栏填"中央总金库"，预算科目名称（款级栏）填"其他收入"，科目编号为"7140"。

第十四条 本通知自2005年1月1日起施行，2006年起征收2005年度免税商品特许经营费。《财政部关于征收免税品经营专营利润的通知》（财企〔2002〕27号）文件相应废止。

4-2-68

财政部关于印发《免税商品特许经营费缴纳办法》的补充通知

2006年3月20日　财企〔2006〕70号

外交部，民航总局，交通部，铁道部，中国国旅集团公司，中国出国人员服务总公司，中国中旅（集团）公司，深圳市国有免税商品（集团）有限公司，珠海免税企业（集团）有限公司，首都机场及免税店、上海浦东国际机场及免税店，中国远洋运输（集团）总公司等免税品经营单位，财政部驻各省、自治区、直辖市、计划单列市财政监察专员办事处：

《财政部关于印发〈免税商品特许经营费缴纳办法〉的通知》（财企〔2004〕241号，以下简称办法）下发后，因缴库规定发生变化等因素，现将征缴免税商品特许经营费有关问题补充通知如下：

一、原办法规定，凡经营免税商品的企业，"均按经营免税商品业务年销售收入（额）的1%，向国家上缴特许经营费"，改为"按经营免税商品业务年销售收入的1%，向国家上缴特许经营费"。

二、免税商品特许经营费由企业所在地财政监察专员办事机构负责征收。免税品经营企业应向当地财政监察专员办事机构报送年报。

三、根据《财政部关于财政监察专员办事处收入收缴管理制度改革有关事宜的通知》（财库〔2005〕365号）及有关规定，免税商品特许经营费实行直接缴库，各地专员办按规定开具《非税收入一般缴款书》，将缴款人所交款项直接缴入中央财政汇缴专户。免税商品特许经营费预算科目列"7140 其他收入"。

特此通知。

4-2-69

财政部　商务部　海关总署　税务总局关于印发《海南离岛旅客免税购物商店管理暂行办法》的通知

2011年12月5日　财企〔2011〕429号

海南省人民政府，有关企业：

为推进海南国际旅游岛建设，确保海南离岛免税购物政策顺利实施，规范管理海南离岛旅客免税购物商店，现印发《海南离岛旅客免税购物商店管理暂行办法》，请遵照执行。

海南离岛旅客免税购物商店管理暂行办法

第一条 为落实《国务院关于推进海南国际旅游岛建设发展的若干意见》（国发〔2009〕44号），确保海南离岛免税购物政策顺利实施，依照有关法律法规和我国现行免税管理体制和离岛免税购物政策，制定本办法。

第二条 海南离岛旅客免税购物商店（以下简称离岛免税店），是指对乘飞机离岛（不包括离境）旅客实行限次、限值、限量和限品种免进口税购物的经营场所。离岛免税店具体经营适用对象、商品品种、免税税种、离岛次数、金额数量、实施流程等应严格按照离岛免税政策的有关规定执行。

第三条 国家对离岛免税店实行特许经营政策。离岛免税店按经营免税商品业务年销售收入的4%，向国家上缴免税商品特许经营费。

第四条 免税商品特许经营费由财政部驻海南省财政监察专员办事处（以下简称海南专员办）负责征收。离岛免税店应向海南专员办、海南省国税局报送年报。离岛免税店应在年度终了后 5 个月内,依据注册会计师出具的审计报告,统一清算当年应交免税商品特许经营费并上缴中央金库。

第五条 国家统筹安排海南离岛免税店的布局和建设。离岛免税店的布局选址应符合海南国际旅游岛建设总体规划,满足节约资源、保护环境、有序竞争、避免浪费、便于监管的要求,由海南省人民政府提出意见,送财政部会同海关总署、税务总局、商务部审核后,报国务院批准。

第六条 离岛免税店为自主经营、自负盈亏的独立企业法人。其经营主体可为单一股东或多元股东,可采取参股、合作等方式经营离岛免税店,具有免税品经销资格的企业必须对离岛免税店绝对控股。

第七条 设立离岛免税店,由具有免税品经销资格的经营主体提出申请,财政部会同海关总署、税务总局和商务部审核并提出意见,报请国务院批准。经营主体提出申请时需提交以下材料:

(一)经营主体合作协议(包括各股东持股比例、经营主体业务关联互补情况等。独资设立免税店除外);

(二)经营主体的基本情况(包括企业性质、营业范围、生产经营,资产负债等方面);

(三)包括可行性研究报告,设立离岛免税店所涉及的经营场所选址、机场隔离区购物提货场所等初步意向性协议或安排。

第八条 具有免税品经销资格的经营主体应当具备以下条件:

(一)注册资本不低于 1 亿元人民币;

(二)依法按时足额缴纳免税商品特许经营费和各项税费,无不良记录(新设企业除外);

(三)完备的企业章程和内部财务管理制度;

(四)法律法规规定的其他条件。

第九条 已经批准设立的离岛免税店不得以设立分店、分柜台,不得以通过变更营业场所地址、面积等手段,擅自扩大免税品经销区域。

第十条 经批准设立的离岛免税店,如发生经营主体新增或退出、经营主体持股比例变化;变更营业场所地址、面积;需暂停、终止或恢复经营离岛免税购物业务等情况,应报经财政部会同海关总署、税务总局、商务部核准。

第十一条 经批准设立的离岛免税店,应自批准之日起,12 个月内完成免税店建设并开始营业。

第十二条 财政部、海关总署、税务总局、商务部应加强相互联系和信息交换,并根据职责分工,共同加大监管力度,对离岛免税店工作实施有效管理。

第十三条 离岛免税店违反相关法律法规和规章制度的,由有关部门依法予以处罚。

第十四条 本暂行办法由财政部、海关总署、税务总局和商务部负责解释。

第十五条 本暂行办法自公布之日起施行。

水土保持补偿费

4-2-70

财政部 国家发展改革委 水利部 中国人民银行关于印发《水土保持补偿费征收使用管理办法》的通知

2014年1月29日 财综〔2014〕8号

各省、自治区、直辖市财政厅(局)、发展改革委、物价局、水利(水务)厅局,中国人民银行上海总部、各分行、营业管理部、省会(首府)城市中心支行、大连、青岛、宁波、厦门、深圳中心支行:

为了规范水土保持补偿费征收使用管理,促进水土流失预防和治理,改善生态环境,根据《中华人民共和国水土保持法》的规定,我们制定了《水土保持补偿费征收使用管理办法》,现印发给你们,请遵照执行。

附件:水土保持补偿费征收使用管理办法

附件

水土保持补偿费征收使用管理办法

第一章 总 则

第一条 为了规范水土保持补偿费征收使用管理,促进水土流失防治工作,改善生态环境,根据《中华人民共和国水土保持法》的规定,制定本办法。

第二条 水土保持补偿费是水行政主管部门对损坏水土保持设施和地貌植被、不能恢复原有水土保持功能的生产建设单位和个人征收并专项用于水土流失预防治理的资金。

第三条 水土保持补偿费全额上缴国库,纳入政府性基金预算管理,实行专款专用,年终结余结转下年使用。

第四条 水土保持补偿费征收、缴库、使用和管理应当接受财政、价格、人民银行、审计部门和上级水行政主管部门的监督检查。

第二章 征 收

第五条 在山区、丘陵区、风沙区以及水土保持规划确定的容易发生水土流失的其他区域开办生产建设项目或者从事其他生产建设活动,损坏水土保持设施、地貌植被,不能恢复原有水土保持功能的单位和个人(以下简称缴纳义务人),应当缴纳水土保持补偿费。

前款所称其他生产建设活动包括:

(一)取土、挖砂、采石(不含河道采砂);

(二)烧制砖、瓦、瓷、石灰;

(三)排放废弃土、石、渣。

第六条 县级以上地方水行政主管部门按照下列规定征收水土保持补偿费。

开办生产建设项目的单位和个人应当缴纳的水土保持补偿费,由县级以上地方水行政主管部门按照水土保持方案审批权限负责征收。其中,由水利部审批水土保持方案的,水土保持补偿费由生产建设项目所在地省(区、市)水行政主管部门征收;生产建设项目跨省(区、市)的,由生产建设项目涉及区域各相关省(区、市)水行政主管部门分别征收。

从事其他生产建设活动的单位和个人应当缴纳的水土保持补偿费,由生产建设活动所在地县级水行政主管部门负责征收。

第七条 水土保持补偿费按照下列方式计征:

(一)开办一般性生产建设项目的,按照征占用土地面积计征。

(二)开采矿产资源的,在建设期间按照征占用土地面积计征;在开采期间,对石油、天然气以外的矿产资源按照开采量计征,对石油、天然气按照油气生产井占地面积每年计征。

(三)取土、挖砂、采石以及烧制砖、瓦、瓷、石灰的,按照取土、挖砂、采石量计征。

(四)排放废弃土、石、渣的,按照排放量计征。对缴纳义务人已按照前三种方式计征水土保持补偿费的,其排放废弃土、石、渣,不再按照排放量重复计征。

第八条 水土保持补偿费的征收标准,由国家发展改革委、财政部会同水利部另行制定。

第九条 开办一般性生产建设项目的,缴纳义务人应当在项目开工前一次性缴纳水土保持补偿费。

开采矿产资源处于建设期的,缴纳义务人应当在建设活动开始前一次性缴纳水土保持补偿费;处于开采期的,缴纳义务人应当按季度缴纳水土保持补偿费。

从事其他生产建设活动的,缴纳水土保持补偿费的时限由县级水行政主管部门确定。

第十条 缴纳义务人应当向负责征收水土保持补偿费的水行政主管部门如实报送征占用土地面积(矿产资源开采量、取土挖砂采石量、弃土弃渣量)等资料。

负责征收水土保持补偿费的水行政主管部门审核确定水土保持补偿费征收额,并向缴纳义务人送达水土保持补偿费缴纳通知单。缴纳通知单应当载明征占用土地面积(矿产资源开采量、取土挖砂采石量、弃土弃渣量)、征收标准、缴纳金额、缴纳时间和地点等事项。

缴纳义务人应当按照缴纳通知单的规定缴纳水土保持补偿费。

第十一条 下列情形免征水土保持补偿费:

(一)建设学校、幼儿园、医院、养老服务设施、孤儿院、福利院等公益性工程项目的;

（二）农民依法利用农村集体土地新建、翻建自用住房的；

（三）按照相关规划开展小型农田水利建设、田间土地整治建设和农村集中供水工程建设的；

（四）建设保障性安居工程、市政生态环境保护基础设施项目的；

（五）建设军事设施的；

（六）按照水土保持规划开展水土流失治理活动的；

（七）法律、行政法规和国务院规定免征水土保持补偿费的其他情形。

第十二条 除本办法规定外，任何单位和个人均不得擅自减免水土保持补偿费，不得改变水土保持补偿费征收对象、范围和标准。

第十三条 县级以上地方水行政主管部门征收水土保持补偿费，应当到指定的价格主管部门申领《收费许可证》，并使用省级财政部门统一印制的票据。

第十四条 县级以上地方水行政主管部门应当对水土保持补偿费的征收依据、征收标准、征收主体、征收程序、法律责任等进行公示。

第三章 缴 库

第十五条 县级以上地方水行政主管部门征收的水土保持补偿费，按照1∶9的比例分别上缴中央和地方国库。

地方各级政府之间水土保持补偿费的分配比例，由各省（区、市）财政部门商水行政主管部门确定。

第十六条 水土保持补偿费实行就地缴库方式。

负责征收水土保持补偿费的水行政主管部门填写"一般缴款书"，随水土保持补偿费缴纳通知单一并送达缴纳义务人，由缴纳义务人持"一般缴款书"在规定时限内到商业银行办理缴款。在填写"一般缴款书"时，预算科目栏填写"1030176 水土保持补偿费收入"，预算级次栏填写"中央和地方共享收入"，收款国库栏填写实际收纳款项的国库名称。

第十七条 水土保持补偿费收入在政府收支分类科目中列103类01款76项"水土保持补偿费收入"，作为中央和地方共用收入科目。

第十八条 地方各级水行政主管部门要确保将中央分成的水土保持补偿费收入及时足额上缴中央国库，不得截留、占压、拖延上缴。

财政部驻各省（区、市）财政监察专员办事处负责监缴中央分成的水土保持补偿费。

第四章 使用管理

第十九条 水土保持补偿费专项用于水土流失预防和治理，主要用于被损坏水土保持设施和地貌植被恢复治理工程建设。

第二十条 县级以上水行政主管部门应当根据水土保持规划，编制年度水土保持补偿费支出预算，报同级财政部门审核。财政部门应当按照政府性基金预算管理规定审核水土保持补偿费支出预算并批复下达。其中，水土保持补偿费用于固定资产投资项目的，由发展改革部门商同级水行政主管部门纳入固定资产投资计划。

第二十一条 水土保持补偿费的资金支付按照财政国库管理制度有关规定执行。

第二十二条 水土保持补偿费支出在政府收支分类科目中列213类70款"水土保持补偿费安排的支出"01项"综合治理和生态修复"、02项"预防保护和监督管理"、03项"其他水土保持补偿费安排的支出"。

第二十三条 各级财政、水行政主管部门应当严格按规定使用水土保持补偿费,确保专款专用,严禁截留、转移、挪用资金和随意调整预算。

第五章 法律责任

第二十四条 单位和个人违反本办法规定,有下列情形之一的,依照《财政违法行为处罚处分条例》和《违反行政事业性收费和罚没收入收支两条线管理规定行政处分暂行规定》等国家有关规定追究法律责任;涉嫌犯罪的,依法移送司法机关处理:

(一)擅自减免水土保持补偿费或者改变水土保持补偿费征收范围、对象和标准的;

(二)隐瞒、坐支应当上缴的水土保持补偿费的;

(三)滞留、截留、挪用应当上缴的水土保持补偿费的;

(四)不按照规定的预算级次、预算科目将水土保持补偿费缴入国库的;

(五)违反规定扩大水土保持补偿费开支范围、提高开支标准的;

(六)其他违反国家财政收入管理规定的行为。

第二十五条 缴纳义务人拒不缴纳、拖延缴纳或者拖欠水土保持补偿费的,依照《中华人民共和国水土保持法》第五十七条规定进行处罚。缴纳义务人对处罚决定不服的,可以依法申请行政复议或者提起行政诉讼。

第二十六条 缴纳义务人缴纳水土保持补偿费,不免除其水土流失防治责任。

第二十七条 水土保持补偿费征收、使用管理有关部门的工作人员违反本办法规定,在水土保持补偿费征收和使用管理工作中徇私舞弊、玩忽职守、滥用职权的,依法给予处分;涉嫌犯罪的,依法移送司法机关。

第六章 附 则

第二十八条 各省(区、市)根据本办法制定具体实施办法,并报财政部、国家发展改革委、水利部、中国人民银行备案。

第二十九条 按本办法规定开征水土保持补偿费后,原各地区征收的水土流失防治费、水土保持设施补偿费、水土流失补偿费等涉及水土流失防治和补偿的收费予以取消。

第三十条 本办法由财政部商国家发展改革委、水利部、中国人民银行负责解释。

第三十一条 本办法自2014年5月1日起施行。

注释:

条款修改。将第二条第一款中"专项用于"修改为"主要用于"。将第三条"水土保持补偿费全额上缴国库,纳入政府性基金预算管理,实行专款专用,年终结余结转下年使用"修改为"水土保持补偿费全额上缴国库,纳入一般公共预算管理"。删去第十六条中"预算科目栏填写'1030176水土保持补偿费收入'"。删去第十七条、第四章"使用管理"。参见:《财政部关于修改部分文件条款的通知》(财税〔2023〕9号)。

4-2-71

国家发展改革委　财政部　水利部关于水土保持补偿费收费标准(试行)的通知

2014年5月7日　发改价格〔2014〕886号

各省、自治区、直辖市发展改革委、物价局,财政厅(局),水利(水务)厅(局):

为规范水土保持补偿费收费管理,根据《中华人民共和国水土保持法》、《财政部、国家发展改革委、水利部、中国人民银行关于印发〈水土保持补偿费征收使用管理办法〉的通知》(财综〔2014〕8号)等规定,现就水土保持补偿费试行收费标准等有关问题通知如下:

一、制定水土保持补偿费收费标准的基本原则:

(一)预防和治理水土流失,促进水土资源的保护和合理利用;

(二)考虑不同区域水土流失状况和不同行业对生态环境的影响差异;

(三)与国家资源税改革及其他资源补偿类收费政策相衔接;

(四)与经济社会发展阶段相适应,充分考虑相关企业承受能力;

(五)考虑企业生产技术、管理水平、生态环境治理投入等方面的差异;

(六)在自然地理环境相似的地区,对中央和地方企业不得制定歧视性收费标准。

二、水土保持补偿费收费标准按下列规定执行:

(一)对一般性生产建设项目,按照征占用土地面积一次性计征,东部地区每平方米不超过2元(不足1平方米的按1平方米计,下同),中部地区每平方米不超过2.2元,西部地区每平方米不超过2.5元。

对水利水电工程建设项目,水库淹没区不在水土保持补偿费计征范围之内。

(二)开采矿产资源的,建设期间,按照征占用土地面积一次性计征,具体收费标准按照本条第一款执行。开采期间,石油、天然气以外的矿产资源按照开采量(采掘、采剥总量)计征。石油、天然气根据油、气生产井(不包括水井、勘探井)占地面积按年征收,每口油、气生产井占地面积按不超过2000平方米计算;对丛式井每增加一口井,增加计征面积按不超过400平方米计算,每平方米每年收费不超过2元。各地在核定具体收费标准时,应充分评估损害程度,对生产技术先进、管理水平较高、生态环境治理投入较大的资源开采企业,在核定收费标准时应按照从低原则制定。

(三)取土、挖砂(河道采砂除外)、采石以及烧制砖、瓦、瓷、石灰的,根据取土、挖砂、采石量,按照每立方米0.5—2元计征(不足1立方米的按1立方米计)。对缴纳义务人已按前两种方式计征水土保持补偿费的,不再重复计征。

(四)排放废弃土、石、渣的,根据土、石、渣量,按照每立方米0.5—2元计征(不足1立方米的按1立方米计)。对缴纳义务人已按前三种方式计征水土保持补偿费的,不再重复计征。

上述各类收费具体标准由各省、自治区、直辖市价格主管部门、财政部门会同水行政主管部门根据本地实际情况制定。

三、县级以上地方水行政主管部门征收水土保持补偿费,应到同级价格主管部门办理收费许可证,并使用省级财政部门统一印制的票据。

四、相关收费单位要在收费场所显著位置和门户网站对水土保持补偿费的收费依据、收费标准、收费主体、收费范围等内容进行公示。

五、收费单位应严格执行批准的收费项目和收费标准,不得自行增设收费项目和提高收费标准,并自觉接受价格、财政、审计和上级水行政主管部门的监督检查。各级价格主管部门应加强对收费单位收费许可证的年度审验。

六、上述规定自本通知印发之日起执行,试行两年。各省、自治区、直辖市根据本通知规定制定具体的水土保持补偿费收费标准,报国家发展改革委、财政部、水利部备案。

4-2-72

国家发展改革委　财政部关于降低电信网码号资源占用费等部分行政事业性收费标准的通知

2017年6月22日　发改价格〔2017〕1186号

工业和信息化部、公安部、水利部、农业部、国家知识产权局,各省、自治区、直辖市发展改革委、物价局、财政厅(局):

为进一步加大降费力度,切实减轻社会负担,促进实体经济发展,经研究,决定降低部分行政事业性收费标准。现将有关事项通知如下:

一、自2017年7月1日起,降低电信网码号资源占用费、公民出入境证件费等部分行政事业性收费标准(见附件)。

二、2017年7月1日前应交未交的上述行政事业性收费,补交时应按原标准征收。

三、各省、自治区、直辖市价格、财政部门要会同有关部门对本地区出台的行政事业性收费政策进行全面清理,及时降低偏高的收费标准,并通过广播、电视、报纸、网络等媒体进行宣传解读,主动接受社会监督,进一步减轻企业负担。

四、各地区、有关部门要严格执行本通知规定,对降低的行政事业性收费标准,不得以任何理由拖延或者拒绝执行。

五、各级价格、财政部门要加强对政策落实情况的监督检查,对违反政策规定的收费行为,依据有关法律、法规予以处罚。

附件:降低的行政事业性收费标准

附件

降低的行政事业性收费标准

一、工业和信息化部门
（一）电信网码号资源占用费

电信网码号资源占用费标准

电信网码号资源类别				原收费标准	降低后收费标准
固定电话网码号	局号			1200元/年·局号·本地网	600元/年·局号·本地网
	短号码	3位号		420万元/年·号	210万元/年·号
		4位号		120万元/年·号	60万元/年·号
		5位号	跨省使用	24万元/年·号	12万元/年·号
			省内使用	4.8万元/年·号	2.4万元/年·号
		6位号	跨省使用	2.4万元/年·号	1.2万元/年·号
			省内使用	0.48万元/年·号	0.24万元/年·号
移动通信网码号	网号			1200万元/年·网号	600万元/年·网号

注释：

1. 移动通信网占用的码号资源按照实际占用的 H_0 进行收费；电信业务经营者分配给专用电信网的码号资源按照6元/年·百层号·本地网收取；
2. 西部地区的用户号码资源占用费减半收取（包括重庆、四川、贵州、云南、西藏、陕西、甘肃、青海、宁夏、新疆、内蒙古、广西）；
3. 公益性短号码免收码号资源占用费，包括110、119、120、122、123xx（"xx"从00－99）；
4. 信令点编码和数据通信网码号资源暂不收费；
5. 400、600、700、800等智能网业务号码暂不收费；
6. 114、117、121、106x（"x"从0－9）、长途过网号的码号资源暂不收费；
7. 非固定电话网短号码资源占用费按照固定电话网短号码收费标准收取。
8. 党政机关专用网，国际、军事、战备专用网，公安、安全、武警部门专用网等使用的电信网码号资源免收码号资源占用费。

（二）无线电频率占用费

无线电频率占用费不再按2G、3G单独制定收费标准，统一按实际使用频段进行计费，并降低各频段收费标准，具体为：在全国范围内使用的频段，960兆赫以下频段由1700万元/兆赫/年降为1600万元/兆赫/年，960－2300兆赫频段由1500万元/兆赫/年降为1400万元/兆赫/年，2300兆赫以上频段由1200万元/兆赫/年降为800万元/兆赫/年。在省级范围内使用的频段，960兆赫以下频段由170万元/兆赫/年降为160万元/兆赫/年，960－2300兆赫频段由150万元/兆赫/年降为140万元/兆赫/年，2300兆赫以上频段由120万元/兆赫/年降为80万元/兆赫/年。在市（地、州）范围内使用的频段，960兆赫以下频段由17万元/兆赫/年降为16万元/兆赫/年，960－2300兆赫频段由15万元/兆赫/年降为14万元/兆赫/年,2300 兆赫以上频段由 12 万元/兆赫/年降为 8 万元/兆赫/年。

二、公安部门

(一)公民出入境证件费

1. 普通护照收费标准,由每本 200 元降为每本 160 元。因丢失要求补发因私普通护照的,收费标准为每本 160 元。

2. 出入境通行证收费标准,一次出入境有效由每证 20 元降为每证 15 元,多次出入境有效由每证 100 元降为每证 80 元。

3. 往来港澳通行证收费标准,由每证 100 元降为每证 80 元。

前往港澳通行证收费标准,由每证 50 元降为每证 40 元。

内地居民赴港澳签注的收费标准,一次有效签注由每件 20 元降为每件 15 元,二次有效签注由每件 40 元降为每件 30 元,短期(不超过一年)多次有效签注由每件 100 元降为每件 80 元,一年以上(不含一年)两年以下(含两年)多次有效签注由每件 150 元降为每件 120 元,两年以上三年以下(不含三年)多次有效签注由每件 200 元降为每件 160 元,长期(三年以上,含三年)多次有效签注由每件 300 元降为每件 240 元。

4. 往来台湾通行证收费标准,电子通行证由每证 100 元降为每证 80 元,一次有效通行证由每证 20 元降为每证 15 元。

大陆居民前往台湾签注收费标准,一次有效签注由每件 20 元降为每件 15 元,多次有效签注由每件 100 元降为每件 80 元。

5. 台湾居民来往大陆通行证收费标准,电子通行证由每证 250 元降为每证 200 元,一次有效通行证由每证 50 元降为每证 40 元。

6. 台湾同胞定居证收费标准,由每证 10 元降为每证 8 元。

(二)机动车行驶证工本费

机动车行驶证工本费标准,由每本 15 元降为每本 10 元。

(三)临时入境机动车号牌和行驶证工本费

临时入境机动车号牌和行驶证工本费标准,由每本 15 元降为每本 10 元。

三、水利部门

水土保持补偿费收费标准按下列规定执行:

1. 对一般性生产建设项目,按照征占用土地面积一次性计征,东部地区由每平方米不超过 2 元(不足 1 平方米的按 1 平方米计,下同)降为每平方米不超过 1.4 元,中部地区由每平方米不超过 2.2 元降为每平方米不超过 1.5 元,西部地区由每平方米不超过 2.5 元降为每平方米不超过 1.7 元。

对水利水电工程建设项目,水库淹没区不在水土保持补偿费计征范围之内。

2. 开采矿产资源的,建设期间,按照征占用土地面积一次性计征,具体收费标准按照上述规定执行。开采期间,石油、天然气以外的矿产资源按照开采量(采掘、采剥总量)计征。石油、天然气根据油、气生产井(不包括水井、勘探井)占地面积按年征收,每口油、气生产井占地面积按不超过 2000 平方米计算;对丛式井每增加一口井,增加计征面积按不超过 400 平方米计算,每平方米每年收费由不超过 2 元降为不超过 1.4 元。各地在核定具体收费标准时,应充分评估损害程度,对生产技术先进、管理水平较高、生态环境治理投入较大的资源开采企业,在核定收费标准时应按照从低原则制定。

3. 取土、挖砂(河道采砂除外)、采石以及烧制砖、瓦、瓷、石灰的,根据取土、挖砂、采石量,由按照每立方米0.5－2元计征(不足1立方米的按1立方米计,下同)降为按照每立方米0.3－1.4元计征。对缴纳义务人已按前两种方式计征水土保持补偿费的,不再重复计征。

4. 排放废弃土、石、渣的,根据土、石、渣量,由按照每立方米0.5－2元计征降为按照每立方米0.3－1.4元计征。对缴纳义务人已按前三种方式计征水土保持补偿费的,不再重复计征。

上述各类收费具体标准,由各省、自治区、直辖市价格主管部门、财政部门会同水行政主管部门根据本地实际情况制定。

四、农业部门

农药实(试)验费收费标准,田间试验由每小区120－400元降为每小区60－200元;残留试验(一种剂型,一种作物,一处试验点,两年试验期)由30000－35000元降为15000－17500元;药效示范试验由每个试验点1500－1800元降为每个试验点750－900元。

五、知识产权部门

集成电路布图设计保护费收费标准,布图设计登记费由每件2000元降为每件1000元,布图设计登记复审请求费由每件2000元降为每件1000元,著录事项变更手续费由每件每次100元降为每件每次50元,延长期限请求费由每件每次300元降为每件每次150元,恢复布图设计登记权利请求费由每件1000元降为每件500元,非自愿许可使用布图设计请求费由每件300元降为每件150元,非自愿许可使用布图设计支付报酬裁决费由每件300元降为每件150元。

防空地下室易地建设费

4-2-73

中华人民共和国人民防空法

1996年10月29日第八届全国人民代表大会常务委员会第二十二次会议通过 同日中华人民共和国主席令第78号公布 2009年8月27日第十一届全国人民代表大会常务委员会第十次会议修正 同日中华人民共和国主席令第18号公布

目 录

第一章　总则
第二章　防护重点
第三章　人民防空工程
第四章　通信和警报
第五章　疏散
第六章　群众防空组织
第七章　人民防空教育
第八章　法律责任
第九章　附则

第一章　总　　则

第一条　为了有效地组织人民防空,保护人民的生命和财产安全,保障社会主义现代化建设的顺利进行,制定本法。

第二条　人民防空是国防的组成部分。国家根据国防需要,动员和组织群众采取防护措施,防范和减轻空袭危害。

人民防空实行长期准备、重点建设、平战结合的方针,贯彻与经济建设协调发展、与城市建设相结合的原则。

第三条　县级以上人民政府应当将人民防空建设纳入国民经济和社会发展计划。

第四条　人民防空经费由国家和社会共同负担。

中央负担的人民防空经费,列入中央预算;县级以上地方各级人民政府负担的人民防空经费,列入地方各级预算。

有关单位应当按照国家规定负担人民防空费用。

第五条 国家对人民防空设施建设按照有关规定给予优惠。

国家鼓励、支持企业事业组织、社会团体和个人，通过多种途径，投资进行人民防空工程建设；人民防空工程平时由投资者使用管理，收益归投资者所有。

第六条 国务院、中央军事委员会领导全国的人民防空工作。

大军区根据国务院、中央军事委员会的授权领导本区域的人民防空工作。

县级以上地方各级人民政府和同级军事机关领导本行政区域的人民防空工作。

第七条 国家人民防空主管部门管理全国的人民防空工作。

大军区人民防空主管部门管理本区域的人民防空工作。

县级以上地方各级人民政府人民防空主管部门管理本行政区域的人民防空工作。

中央国家机关人民防空主管部门管理中央国家机关的人民防空工作。

人民防空主管部门的设置、职责和任务，由国务院、中央军事委员会规定。

县级以上人民政府的计划、规划、建设等有关部门在各自的职责范围内负责有关的人民防空工作。

第八条 一切组织和个人都有得到人民防空保护的权利，都必须依法履行人民防空的义务。

第九条 国家保护人民防空设施不受侵害。禁止任何组织或者个人破坏、侵占人民防空设施。

第十条 县级以上人民政府和军事机关对在人民防空工作中做出显著成绩的组织或者个人，给予奖励。

第二章 防护重点

第十一条 城市是人民防空的重点。国家对城市实行分类防护。

城市的防护类别、防护标准，由国务院、中央军事委员会规定。

第十二条 城市人民政府应当制定防空袭方案及实施计划，必要时可以组织演习。

第十三条 城市人民政府应当制定人民防空工程建设规划，并纳入城市总体规划。

第十四条 城市的地下交通干线以及其他地下工程的建设，应当兼顾人民防空需要。

第十五条 为战时储备粮食、医药、油料和其他必需物资的工程，应当建在地下或者其他隐蔽地点。

第十六条 对重要的经济目标，有关部门必须采取有效防护措施，并制定应急抢险抢修方案。

前款所称重要的经济目标，包括重要的工矿企业、科研基地、交通枢纽、通信枢纽、桥梁、水库、仓库、电站等。

第十七条 人民防空主管部门应当依照规定对城市和经济目标的人民防空建设进行监督检查。被检查单位应当如实提供情况和必要的资料。

第三章 人民防空工程

第十八条 人民防空工程包括为保障战时人员与物资掩蔽、人民防空指挥、医疗救护等而单独修建的地下防护建筑,以及结合地面建筑修建的战时可用于防空的地下室。

第十九条 国家对人民防空工程建设,按照不同的防护要求,实行分类指导。

国家根据国防建设的需要,结合城市建设和经济发展水平,制定人民防空工程建设规划。

第二十条 建设人民防空工程,应当在保证战时使用效能的前提下,有利于平时的经济建设、群众的生产生活和工程的开发利用。

第二十一条 人民防空指挥工程、公用的人员掩蔽工程和疏散干道工程由人民防空主管部门负责组织修建;医疗救护、物资储备等专用工程由其他有关部门负责组织修建。

有关单位负责修建本单位的人员与物资掩蔽工程。

第二十二条 城市新建民用建筑,按照国家有关规定修建战时可用于防空的地下室。

第二十三条 人民防空工程建设的设计、施工、质量必须符合国家规定的防护标准和质量标准。

人民防空工程专用设备的定型、生产必须符合国家规定的标准。

第二十四条 县级以上人民政府有关部门对人民防空工程所需的建设用地应当依法予以保障;对人民防空工程连接城市的道路、供电、供热、供水、排水、通信等系统的设施建设,应当提供必要的条件。

第二十五条 人民防空主管部门对人民防空工程的维护管理进行监督检查。

公用的人民防空工程的维护管理由人民防空主管部门负责。

有关单位应当按照国家规定对已经修建或者使用的人民防空工程进行维护管理,使其保持良好使用状态。

第二十六条 国家鼓励平时利用人民防空工程为经济建设和人民生活服务。平时利用人民防空工程,不得影响其防空效能。

第二十七条 任何组织或者个人不得进行影响人民防空工程使用或者降低人民防空工程防护能力的作业,不得向人民防空工程内排入废水、废气和倾倒废弃物,不得在人民防空工程内生产、储存爆炸、剧毒、易燃、放射性和腐蚀性物品。

第二十八条 任何组织或者个人不得擅自拆除本法第二十一条规定的人民防空工程;确需拆除的,必须报经人民防空主管部门批准,并由拆除单位负责补建或者补偿。

第四章　通信和警报

第二十九条 国家保障人民防空通信、警报的畅通,以迅速准确地传递、发放防空警报信号,有效地组织、指挥人民防空。

第三十条 国家人民防空主管部门负责制定全国的人民防空通信、警报建设规划,组织全国的人民防空通信、警报网的建设和管理。

县级以上地方各级人民政府人民防空主管部门负责制定本行政区域的人民防空通信、警报建设规划,组织本行政区域人民防空通信、警报网的建设和管理。

第三十一条 邮电部门、军队通信部门和人民防空主管部门应当按照国家规定的任务和人民防空通信、警报建设规划,对人民防空通信实施保障。

第三十二条 人民防空主管部门建设通信、警报网所需的电路、频率,邮电部门、军队通信部门、无线电管理机构应当予以保障；安装人民防空通信、警报设施，有关单位或者个人应当提供方便条件，不得阻挠。

国家用于人民防空通信的专用频率和防空警报音响信号，任何组织或者个人不得占用、混同。

第三十三条 通信、广播、电视系统，战时必须优先传递、发放防空警报信号。

第三十四条 军队有关部门应当向人民防空主管部门通报空中情报，协助训练有关专业人员。

第三十五条 人民防空通信、警报设施必须保持良好使用状态。

设置在有关单位的人民防空警报设施，由其所在单位维护管理，不得擅自拆除。

县级以上地方各级人民政府根据需要可以组织试鸣防空警报；并在试鸣的五日以前发布公告。

第三十六条 人民防空通信、警报设施平时应当为抢险救灾服务。

第五章 疏 散

第三十七条 人民防空疏散由县级以上人民政府统一组织。

人民防空疏散必须根据国家发布的命令实施，任何组织不得擅自行动。

第三十八条 城市人民防空疏散计划，由县级以上人民政府根据需要组织有关部门制定。

预定的疏散地区，在本行政区域内的，由本级人民政府确定；跨越本行政区域的，由上一级人民政府确定。

第三十九条 县级以上人民政府应当组织有关部门和单位，做好城市疏散人口安置和物资储运、供应的准备工作。

第四十条 农村人口在有必要疏散时，由当地人民政府按照就近的原则组织实施。

第六章 群众防空组织

第四十一条 县级以上地方各级人民政府应当根据人民防空的需要，组织有关部门建立群众防空组织。

群众防空组织战时担负抢险抢修、医疗救护、防火灭火、防疫灭菌、消毒和消除沾染、保障通信联络、抢救人员和抢运物资、维护社会治安等任务，平时应当协助防汛、防震等部门担负抢险救灾任务。

第四十二条 群众防空组织由下列部门负责组建：

（一）城建、公用、电力等部门组建抢险抢修队；

（二）卫生、医药部门组建医疗救护队；

（三）公安部门组建消防队、治安队；

（四）卫生、化工、环保等部门组建防化防疫队；

（五）邮电部门组建通信队；

（六）交通运输部门组建运输队。

红十字会组织依法进行救护工作。

第四十三条 群众防空组织所需装备、器材和经费由人民防空主管部门和组建单位提供。

第四十四条 群众防空组织应当根据人民防空主管部门制定的训练大纲和训练计划进行专业训练。

第七章　人民防空教育

第四十五条 国家开展人民防空教育,使公民增强国防观念,掌握人民防空的基本知识和技能。

第四十六条 国家人民防空主管部门负责组织制定人民防空教育计划,规定教育内容。

在校学生的人民防空教育,由各级教育主管部门和人民防空主管部门组织实施。

国家机关、社会团体、企业事业组织人员的人民防空教育,由所在单位组织实施;其他人员的人民防空教育,由城乡基层人民政府组织实施。

第四十七条 新闻、出版、广播、电影、电视、文化等有关部门应当协助开展人民防空教育。

第八章　法律责任

第四十八条 城市新建民用建筑,违反国家有关规定不修建战时可用于防空的地下室的,由县级以上人民政府人民防空主管部门对当事人给予警告,并责令限期修建,可以并处十万元以下的罚款。

第四十九条 有下列行为之一的,由县级以上人民政府人民防空主管部门对当事人给予警告,并责令限期改正违法行为,可以对个人并处五千元以下的罚款、对单位并处一万元至五万元的罚款;造成损失的,应当依法赔偿损失:

(一)侵占人民防空工程的;

(二)不按照国家规定的防护标准和质量标准修建人民防空工程的;

(三)违反国家有关规定,改变人民防空工程主体结构、拆除人民防空工程设备设施或者采用其他方法危害人民防空工程的安全和使用效能的;

(四)拆除人民防空工程后拒不补建的;

(五)占用人民防空通信专用频率、使用与防空警报相同的音响信号或者擅自拆除人民防空通信、警报设备设施的;

(六)阻挠安装人民防空通信、警报设施,拒不改正的;

(七)向人民防空工程内排入废水、废气或者倾倒废弃物的。

第五十条 违反本法规定,故意损坏人民防空设施或者在人民防空工程内生产、储存爆炸、剧毒、易燃、放射性等危险品,尚不构成犯罪的,依照治安管理处罚法的有关规定处罚;构成犯罪的,依法追究刑事责任。

第五十一条 人民防空主管部门的工作人员玩忽职守、滥用职权、徇私舞弊或者有其他违法、失职行为构成犯罪的,依法追究刑事责任;尚不构成犯罪的,依法给予行政处分。

第九章 附 则

第五十二条 省、自治区、直辖市人民代表大会常务委员会可以根据本法制定实施办法。

第五十三条 本法自1997年1月1日起施行。

※ ※ ※ ※

4-2-74

国家计委 财政部 国家国防动员委员会 建设部印发关于《关于规范防空地下室易地建设收费的规定》的通知

2000年4月27日 计价格〔2000〕474号

各省、自治区、直辖市物价局（委员会）、财政厅（局）、人防办公室建设厅（委员会），各军区人防办公室：

为加强结合地面建筑修建战时可用于防空的地下室工作，有利于促进防空地下室建设与经济建设协调发展，根据《国务院批转国家计委关于加强房地产价格调控加快住房建设意见的通知》（国发〔1998〕34号）规定，我们制定了《关于规范防空地下室易地建设收费的规定》，现印发给你们，请认真贯彻实施。

附件：关于规范防空地下室易地建设收费的规定

附件

关于规范防空地下室易地建设收费的规定

为加强结合地面建筑修建战时可用于防空的地下室（以下简称防空地下室）工作，有利于促进防空地下室建设与经济建设协调发展，现就规范防空地下室易地建设收费的有关问题作如下规定：

一、结合地面民用建筑修建防空地下室是依法建设人防工程的重要组成部分，是战时保障城市居民就地就近掩蔽，减少人员伤亡的重要途径。在人防重点城市的市区（直辖市含近郊区）新建民用建筑，要按照原国家人民防空委员会、国家计委、城乡建设环境保护部《关于改变结合民用建筑修建防空地下室规定的通知》（人防委字〔1984〕9号）的规定修建防空地下室。防空地下室建设所需资金，纳入建设项目投资计划。建设费用据实列入建设项目开发成本。

二、对按规定需要配套建设防空地下室的，防空地下室建设要随民用建筑项目计划一同下达,坚持同步配套建设,不得收费。对按规定需要同步配套建设,但确因下列条件限制不能同步配套建设的,建设单位可以申请易地建设:

(一)采用桩基且桩基承台顶面埋置深度小于三米(或者不足规定的地下室空间净高)的;

(二)按规定指标应建防空地下室的面积只占地面建筑首层的局部,结构和基础处理困难,且经济很不合理的;

(三)建在流砂、暗河、基岩埋深很浅等地段的项目,因地质条件不适于修建的;

(四)因建设地段房屋或地下管道设施密集。防空地下室不能施工或者难以采取措施保证施工安全的。

三、建设单位依前条规定提出易地建设申请,经有批准权限的人防主管部门批准后,应按应建防空地下室的建筑面积和规定的易地建设费标准交纳建设费用,由人防主管部门统一就地就近安排易地建设人防工程。

四、防空地下室易地建设费的收费标准,由省、自治区、直辖市价格主管部门会同同级财政、人防主管部门按照当地防空地下室的造价制定,报国家计委、财政部、国家人防办备案。对以下新建民用建筑项目应适当减免防空地下室易地建设费:

(一)享受政府优惠政策建设的廉租房、经济适用房等居民住房,减半收取;

(二)新建幼儿园、学校教学楼、养老院及为残疾人修建的生活服务设施等民用建筑,减半收取;

(三)临时民用建筑和不增加面积的危房翻新改造商品住宅项目,予以免收;

(四)因遭受水灾、火灾或其他不可抗拒的灾害造成损坏后按原面积修复的民用建筑,予以免收。

五、防空地下室易地建设费由各级人防主管部门严格按照国家规定组织收取。收取的收入属于预算外资金,应全额缴入预算外资金财政专户,实行"收支两条线"管理。防空地下室易地建设费应纳入人防经费预算,统筹安排并专项用于安排易地建设人防工程,各级人民政府和有关部门不得统筹调剂,不得用于平衡本级预算,不得挪作他用。

六、各级政府价格、财政主管部门要加强对防空地下室易地建设费的监督检查,对擅自扩大收费范围、提高费用标准、改变收费资金用途等违反国家有关收费管理规定的,要依法查处。

七、各省、自治区、直辖市政府价格主管部门可会同财政、人防主管部门结合当地实际情况制定具体实施办法,并报国家计委、财政部、国家人防办备案。

八、本规定自颁布之日起执行。

4-2-75

国家国防动员委员会　国家发展计划委员会　建设部　财政部关于颁布《人民防空工程建设管理规定》的通知

2003年2月21日　国人防办字〔2003〕18号

各军区人民防空办公室、各省、自治区、直辖市人民防空办公室、发展计划委员会、建设厅（建委）、财政厅（局）、中央直属机关、中央国家机关人民防空办公室：

现将《人民防空工程建设管理规定》印发你们，望遵照执行。

人民防空工程建设管理规定

第一章　总　　则

第一条　为加强人民防空工程建设管理，规范人民防空工程建设活动，确保人民防空工程的战备效益、社会效益和经济效益，根据《中华人民共和国人民防空法》、《中华人民共和国城市规划法》、《中华人民共和国建筑法》、《中华人民共和国招标投标法》等有关法律、法规，制定本规定。

第二条　本规定所称人民防空工程，是指为保障战时人员与物资掩蔽、人民防空指挥、医疗救护而单独修建的地下防护建筑，以及结合地面建筑修建的战时可用于防空的地下室（以下简称防空地下室）。

第三条　人民防空工程建设，坚持与城市建设相结合；坚持长远建设与应急建设相结合；坚持国家投资与社会筹资建设相结合。人民防空工程建设应当遵循统一规划，量力而行，平战结合，质量第一的原则。

第四条　人民防空工程建设属于国防工程建设和社会公益事业建设，实行投资主体多元体，国家鼓励、支持社会、集体和个人，通过多种途径，投资进行人民防空工程建设。国家对人民防空设施建设按照国家有关规定给予优惠。

第五条　防空地下室建设按照国家有关法律法规和本规定第八章的规定实施管理。

第六条　县级以上人民政府人民防空主管部门负责防空地下室建设和城市地下空间开发利用兼顾人民防空防护要求的管理和监督检查，与规划、计划、建设等部门搞好城市地下空间的规划、开发利用和审批工作。

第七条　人民防空工程建设应当纳入城市总体规划。市政公用基础设施和房屋建筑等工程的规划和建设，要注重开发利用城市地下空间，兼顾人民防空要求。

第二章　计划管理

第八条　人民防空工程建设实行统一计划，分级管理。人民防空主管部门投资安排的工程建设项目，必须纳入全国人民防空工程建设计划，不得在计划外安排人民防空工程建设项目。

第九条　国家人民防空主管部门根据社会发展和国防需要，以及国家和地方可能提供的财力、物力、提出人民防空工程建设的目标、方针、政策、步骤和措施，组织编制全国人民防空工程建设中长期计划，报国家发展计划主管部门批准后实施。

军区人民防空主管部门应当按照国家人民防空工程建设中长期计划，提出工程建设目标、步骤和措施，组织编制本区人民防空工程建设中长期计划，报国家人民防空主管部门批准后实施。

省、自治区、直辖市人民政府人民防空主管部门根据国家和军区人民防空工程建设中长期计划，结合本地实际，组织编制本级人民防空工程建设中长期计划，经本级人民政府发展计划主管部门和军区人民防空主管部门审核，报国家人民防空主管部门批准后实施。

人民防空重点城市以下地方各级人民政府人民防空主管部门组织编制本级人民防空工程建设中长期计划，经本级人民政府发展计划主管部门审核，报上一级人民防空主管部门批准后实施。

县级以上人民政府人民防空主管部门编制的人民防空工程建设中长期计划应当明确项目，为年度计划作好项目储备。

第十条　国家人民防空主管部门根据中期计划的要求，于每年五月下达翌年年度计划安排原则。省、自治区、直辖市人民政府人民防空主管部门根据原则要求和储备项目，编制本级年度计划草案，安排一年内的建设任务和具体项目，经军区人民防空主管部门审核汇总，于八月中旬报国家人民防空主管部门。国家人民防空主管部门综合编制全国人民防空工程建设年度计划草案，报国家发展计划主管部门审批。

自筹资金安排的人民防空工程建设项目，应当附有上一级人民防空财务部门出具的验资证明。年度计划草案的编制应与年度预算的编制相一致。年度预算的执行应当按照批准的预算进行。

第十一条　全国人民防空工程建设年度计划，由国家发展计划主管部门统一下达。

省、自治区、直辖市人民政府人民防空主管部门必须根据国家下达的人民防空工程建设年度计划，编制年度实施计划，会同本级发展计划主管部门下达各人民防空重点城市执行，并由人民防空主管部门于当年三月底前报国家和军区人民防空主管部门备案。

第十二条　人民防空工程建设年度计划一经批准下达，任何单位或者个人不得擅自调整或者改变。严禁擅自变更建设项目或者无故不完成国家计划。

第十三条　人民防空工程建设年度计划确需调整的，省、自治区、直辖市人民政府人民防空主管部门应当于当年八月底前报国家人民防空主管部门，经批准后下达实施。

第十四条　各级人民防空工程建设管理部门应当严格按照国家制定的人民防空工程建设统计制度、报表和要求，准确、及时、全面地反映人民防空工程建设计划的执行情况。

第三章 建设责任、程序与项目划分

第十五条 人民防空工程建设责任划分：

（一）人民政府人民防空指挥工程、公用的人员掩蔽工程和疏散干道工程，由人民防空主管部门负责组织建设。人民政府人民防空指挥工程建设经费由本级政府财政预算安排；公用的人员掩蔽工程和疏散干道工程的建设经费，主要由地方各级政府财政预算安排、中央财政预算安排和人民防空主管部门依法筹措的经费解决。

（二）防空专业队、医疗救护、物资储备等专用工程，由群众防空组织组建部门和战时医疗救护、物资储备等部门分别负责组织建设。有关单位负责修建本单位的人员与物资掩蔽工程。其建设经费由各有关部门和单位解决。

（三）防空地下室工程，由有关单位或者个人负责组织建设。其建设经费由建设单位或者个人筹措，列入建设项目总投资。

第十六条 人民防空工程建设按照下列基本程序进行：

（一）根据人民防空工程建设的中长期计划，提出项目建设书；

（二）根据批准的项目建设书，编制可行性研究报告；

（三）根据批准的可行性研究报告，进行工程初步设计，提出总概算；

（四）根据批准的可行性研究报告和初步设计文件，申报年度工程建设计划，进行施工图设计；

（五）按照国家有关规定申请领取建设工程规划许可证；

（六）根据批准的年度工程建设计划和审查批准后的施工图设计文件，组织工程招标和施工准备。按照有关规定申请领取施工许可证或者经批准的开工报告；

（七）按照国家有关规定组织施工；

（八）工程竣工后，及时编制竣工文件，组织竣工验收，上报备案，进行竣工决算，交付使用。

第十七条 人民防空工程建设项目按照下列标准划分：

（一）大型项目：

投资规模在2000万元（含）以上的工程；

投资规模在1000万元（含）以上的各级人民防空指挥工程。

（二）中型项目：

投资规模在600万元（含）以上，2000万元以下的工程；

投资规模在1000万元以下的各级人民防空指挥工程。

（三）小型项目：

投资规模在200万元（含）以上，600万元以下的工程。

（四）零星项目：

投资规模在200万元以下的工程。

第四章 建设前期工作与项目审批权限

第十八条 人民防空工程建设单位应当根据人民防空工程建设中长期计划，提出项目建议书。

项目建议书的内容主要包括：建设的必要性和依据，建设地点、建设规模、防护要求、战时平时用途、建设条件、环境影响、协作关系、投资估算和资金筹措、战备效益、社会效益、经济效益初步分析。

第十九条 人民防空工程建设单位应当根据批准的项目建议书，委托具有相应资质的单位编制工程项目可行性研究报告。

可行性研究报告的内容主要包括：建设目的和依据，建设具体地点及征地拆迁情况，建设条件、环境保护、战时、平时用途，主要防护指标和战术技术论证，市场调查、预测，主要经济指标的研究比较和分析，水文、地质、气象资料，政府部门和主要协作单位签署的意向文件，建设规模、投资估算，资金来源和筹措方式，工程总体设计原则和方案选优，工程进度安排和项目实施的主要措施，使用或者生产（经营）的组织管理，战备、社会、经济效益评价，工程位置图和选定的方案图。加固改造项目还应当包括原有设施设备的利用情况。

第二十条 人民防空工程建设单位应当根据批准的可行性研究报告，委托具有相应资质等级的勘察设计单位编制工程初步设计文件。

工程初步设计文件的内容主要包括：设计依据，设计总说明，建筑总平面图、平面图、主要剖面图，主体结构形式、剖面和防护系统图，风水电专业系统图，主要设备、材料表，主要技术措施和各项技术经济指标，各专业设计计算书，工程设计概算。

第二十一条 人民防空工程建设单位应当根据批准的初步设计文件，委托具有相应资质等级的勘察设计单位编制工程施工图设计文件。

工程施工图设计文件的内容主要包括：设计依据，设计总说明，建筑、结构、地基基础、防护系统工程施工图，通风空调、给排水、供电、通信工程施工图，各种设备、材料表，基础处理、结构及各专业设计计算书，工程施工图预算。

第二十二条 新建和加固改造工程的项目建议书、可行性研究报告、初步设计文件、施工图设计文件按照下列权限审批：

（一）大型项目由国家人民防空主管部门审批；

（二）中、小型项目由省、自治区、直辖市人民政府人民防空主管部门审批，其中项目建议书和可行性报告报国家和军区人民防空主管部门备案；

（三）零星项目可不编报可行性研究报告和初步设计文件，其项目建议书、施工图设计文件由人民防空重点城市人民防空主管部门审批，项目建议书报省、自治区、直辖市人民政府人民防空主管部门备案。

限上项目按国家有关规定报国家发展计划委员会审批。

第二十三条 人民防空工程建设项目前期工作完成后，建设单位按照国家有关规定申请领取建设工程规划许可证、施工许可证或者提出开工报告，并附有"人民防空工程施工图设计文件审查批准书"。大、中型项目的开工报告，由省、自治区、直辖市人民政府人民防空主管部门审批。小型项目的开工报告，由人民防空重点城市人民政府人民防空主管部门审批，并报上一级人民防空主管部门备案。除零星项目外，未经批准开工报告的人民防空工程建设项目，不准擅自开工。

第五章 发包与承包

第二十四条 人民防空工程建设项目的发包与承包实行招标投标制度。实行招标发包的人民防空工程建设项目,包括项目的设计、施工、监理以及重要设备的采购,应当按照《中华人民共和国招标投标法》的规定,采用公开招标或者邀请招标的方式进行招标。

第二十五条 实行招标发包的人民防空工程建设单位,应当建立建设项目管理机构,或者委托依法取得相应资质的招标代理机构,承办对投标单位进行资格审查、编制招标文件等事宜。并依法组建评标委员会,组织实施人民防空工程招标的评标活动。

进行人民防空工程招标,必须接受依法实施的行政监督。国家和省、自治区、直辖市重点人民防空工程建设项目不宜公开招标的,经国家发展计划主管部门和省、自治区、直辖市人民政府批准,可以进行邀请招标。

涉及国家安全、国家秘密的人民防空工程建设项目,不宜进行招标的,按照国家有关规定可以不进行招标。

第二十六条 招标发包的人民防空工程建设项目,应当发包给依法中标的承包单位。发包单位可以将人民防空工程建设项目的勘察、设计、施工、设备采购一并发包给一个工程总承包单位,也可以将勘察、设计、施工、设备采购的一项或者多项发包给一个工程总承包单位;但是,不得将应当由一个承包单位完成的人民防空工程建设项目肢解成若干部分发包给几个承包单位。发包方应当与承包方依法订立书面合同,合同参照国家《建设工程勘察合同》、《建设工程设计合同》、《建设工程施工合同》、《工程建设监理合同》等示范文本。

第二十七条 禁止承包单位将其承包的全部工程建设项目转包给他人,或者将其承包的全部工程建设项目肢解以后以分包的名义分别转包给他人。工程总承包单位可以将承包工程中的部分工程发包给具有相应资质条件的分包单位;但是,除承包合同中约定的分包外,必须经建设单位认可。施工总承包的,工程主体结构的施工必须由总承包单位自行完成。

总承包单位按照总承包合同的约定对建设单位负责;分包单位按照分包合同的约定对总承包单位负责。总承包单位和分包单位就分包工程对建设单位承担连带责任。

第二十八条 人民防空工程建设项目的发包与承包,应当按照公开、公正、平等和诚实信用的原则进行。

第六章 质量管理

第二十九条 人民防空工程建设应当按照《建设工程质量管理条例》的规定,建立行政监督、社会监理、施工单位管理相结合的质量管理机制,开展争创优质工程活动,确保工程建设质量。

第三十条 人民防空工程建设实行质量监督管理制度。国家人民防空主管部门对全国的人民防空工程质量实施监督管理。县级以上人民政府人民防空主管部门对本行政区域内的人民防空工程质量实施监督管理。

人民防空工程质量监督管理,由国家、省(自治区、直辖市)、人民防空重点城市人民政府人民防空主管部门委托具有资格的工程质量监督机构具体实施。

人民防空工程质量监督管理,接受同级建设行政主管部门指导。

第三十一条 接受委托的工程质量监督机构应当按照国家有关法律、法规,强制性标准及设计文件,对工程质量进行监督。对建设单位申报竣工的工程,出具人民防空工程质量监督报告。

第三十二条 人民防空工程建设单位在工程开工前,必须向工程质量监督机构申请办理质量监督手续,并组织设计、施工单位进行技术交底和图纸会审。在工程施工中,应当按照国家有关规定,对工程质量进行检查,参与隐蔽工程的验收和工程质量问题的处理。

第三十三条 从事人民防空工程勘察设计的单位必须按照强制性标准和可行性研究报告确定的任务、投资进行勘察设计,并对勘察设计的质量负责。勘察设计单位应当按照审查初步设计、施工图设计提出的意见,认真进行设计修改。建设单位应当对勘察设计及设计修改进行监督。

设计单位应当参与人民防空工程质量事故分析,并对因设计造成的质量事故,提出相应的技术处理方案。

第三十四条 从事人民防空工程监理的单位应当按照有关法律、法规、强制性标准、设计文件和监理合同,公正、独立、自主地开展监理工作,公平维护项目法人被监理单位的合法权益。

监理单位应当按照法律规定和合同约定对人民防空工程的投资、质量、工期实施全面的监督管理。监理单位对施工质量承担监理责任。监理单位不得转让监理业务。

第三十五条 从事人民防空工程施工的单位必须按照强制性标准和工程设计文件,科学组织,文明施工。不得擅自修改工程设计,不得偷工减料,并对承包工程的施工质量负责。

施工单位对施工中出现问题的工程和竣工验收不合格的工程应当负责返修。

第三十六条 人民防空工程承包单位在向建设单位提交工程竣工验收报告时,应当向建设单位出具质量保修书。质量保修书中应当明确工程的保修范围、保修期限和保修责任等。

人民防空工程在保修范围和保修期限内发生质量问题的,施工单位应当履行保修义务,并对造成的损失承担赔偿责任。

人民防空工程在保修范围和保修期限,按照国家有关规定执行,保修时间自竣工验收合格之日起计算。

第三十七条 人民防空工程建设单位收到工程竣工报告后,应当组织设计、施工、工程监理等有关单位进行竣工验收。

人民防空工程竣工验收应当具备下列条件:

(一)完成工程设计和合同约定的各项内容;

(二)有完整的工程技术档案和施工管理资料;

(三)有工程使用的主要建筑材料、建筑构配件和设备的产品质量出厂检验合格证明和技术标准规定的进场试验报告;

(四)有勘察、设计、施工、工程监理等单位分别签署的质量合格文件;

(五)有施工单位签署的质量保修书。

人民防空工程经验收合格的,方可交付使用。

第三十八条 人民防空工程竣工验收实行备案制度。人民防空工程建设单位应当自工程竣工验收合格之日起15日内,将工程竣工验收报告和接受委托的工程质量监督机构及有关部门出具的认可文件报人民防空主管部门备案。

第三十九条 人民防空工程建设单位应当严格按照国家和人民防空主管部门有关档案管理的规定,及时收集、整理建设项目各环节的文件资料,建立健全建设项目档案,并在工程竣工验收后,及时向城建档案馆和人民防空主管部门移交建设项目档案。

第七章 造价与财务管理

第四十条 人民防空工程造价管理机构应当按照国家有关规定对人民防空工程价格活动实施监督管理。依法取得相应资质的工程造价咨询单位,接受当事人委托,提供工程造价咨询和服务。

第四十一条 人民防空工程建设项目实行内部审计制度。各级人民防空主管部门应当按照国家有关规定,对人民防空工程建设进行项目审计和造价审计,对审计中发现的问题依法进行处理。

第四十二条 各级人民防空财务部门应当严格按照批准的工程建设年度计划、施工进度,实施经费保障,审核竣工决算。

第四十三条 各级人民防空财务部门按照本规定第十条要求,严格审查自筹资金工程建设项目的资金来源,符合规定的,方可出具验资证明。

第四十四条 人民防空工程建设单位应当加强工程经费管理,严格执行财务制度,合理安排经费使用,努力降低工程造价。

第八章 防空地下室建设管理

第四十五条 城市新建民用建筑,按照国家有关规定修建防空地下室。

前款所称民用建筑包括除工业生产厂房及其配套设施以外的所有非生产性建筑。

第四十六条 县级以上人民政府人民防空主管部门参与城市应建防空地下室的民用建筑计划和项目报建联审,按照国家有关规定负责防空地下室防护方面的设计审查和质量监督。

第四十七条 新建民用建筑应当按照下列标准修建防空地下室:

(一)新建10层(含)以上或者基础埋深3米(含)以上的民用建筑,按照地面首层建筑面积修建6级(含)以上防空地下室;

(二)新建除一款规定和居民住宅以外的其他民用建筑,地面总建筑面积在2000平方米以上的,按照地面建筑面积的2%~5%修建6级(含)以上防空地下室;

(三)开发区、工业园区、保税区和重要经济目标区除一款规定和居民住宅以外的新建民用建筑,按照一次性规划地面总建筑面积的2%~5%集中修建6级(含)以上防空地下室;

按二、三款规定的幅度具体划分:一类人民防空重点城市按照4%~5%修建;二类人民防空重点城市按照3%~4%修建;三类人民防空重点城市和其他城市(含县城)按照2%~3%修建。

（四）新建除一款规定以外的人民防空重点城市的居民住宅楼，按照地面首层建筑面积修建6B级防空地下室；

（五）人民防空重点城市危房翻新住宅项目，按照翻新住宅地面首层建筑面积修建6B级防空地下室。

新建防空地下室的抗力等级和战时用途由城市（含县城）人民政府人民防空主管部门确定。

第四十八条　按照规定应修建防空地下室的民用建筑，因地质、地形等原因不宜修建的，或者规定应建面积小于民用建筑地面首层建筑面积的，经人民防空主管部门批准，可以不修建，但必须按照应修建防空地下室面积所需造价缴纳易地建设费，由人民防空主管部门统一就近易地修建。

防空地下室易地设计费的收取标准，由省、自治区、直辖市人民政府价格主管部门会同财政、人民防空主管部门按照当地防空地下室的造价制定。

第四十九条　防空地下室易地建设费，按照国家防动员委员会、财政部和省、自治区、直辖市人民政府财政主管部门的规定，全额上缴同级财政预算外专户，实行收支两条线管理，专项用于人民防空建设，任何单位和个人不得平调、截留和挪用。

第五十条　任何部门和个人无权批准减免应建防空地下室建筑面积和易地建设费，或者降低防空地下室防护标准。

第五十一条　按照规定应修建防空地下室的，防空地下室建筑面积单列。所需资金由建设单位筹措，列入建设项目总投资，并纳入各级基本建设投资计划。

防空地下室的概算、预算、结算，应当参照人民防空工程概（预）算定额。

第五十二条　防空地下室的设计必须由具有相应资质等级的设计单位，按照国家颁布的强制性标准进行设计。

第五十三条　在对应建防空地下室的民用建筑设计文件组织审核时，应当由人民防空主管部门参加，负责防空地下室的防护设计审核。未经审核批准或者审核不合格的，规划部门不得发给建设工程规划许可证，建设行政主管部门不得发给施工许可证，建设单位不得组织开工。

第五十四条　经人民防空主管部门批准需缴纳防空地下室易地建设费的，建设单位在办理建设工程规划许可证前，应当先缴纳防空地下室易地建设费。

建设单位缴纳易地建设费后，人民防空主管部门应当向建设单位出具由财政部或者省、自治区、直辖市人民政府财政主管部门统一印制的行政事业性收费票据。

第五十五条　防空地下室的施工，应当与地下建筑一起实行招标，确定具有相应资质等级的施工单位承担。

建设单位和施工单位必须按照审核批准的防空地下室施工图设计文件和国家强制性标准的要求施工。因故确需变更设计的，必须经原设计文件批准部门批准。

第五十六条　修建防空地下室选用的防护设备，必须符合国家规定的标准。

第五十七条　防空地下室竣工验收实行备案制度，建设单位在向建设行政主管部门备案时，应当出具人民防空主管部门的认可文件。

第五十八条　人民防空主管部门应当将审批、验收防空地下室过程中形成的文字、图纸、技术资料依法归档保存,并将防空地下室纳入人民防空工程进行统计。

第五十九条 由单位、个人投资建设或者连同地面建筑整体购置的防空地下室,平时由投资者或使用者按照有关规定进行维护、管理和使用,战时由人民防空主管部门统一安排使用。

第九章 附 则

第六十条 县级以上人民政府有关部门应当对本行政区域内人民防空工程建设活动进行监督检查。对违反本规定的行为,依照《中华人民共和国人民防空法》、《中华人民共和国城市规划法》、《中华人民共和国建筑法》、《中华人民共和国招标投标法》和《建设工程质量管理条例》、《建设工程勘察设计管理条例》的有关规定进行处罚。

第六十一条 本规定由国家国防动员委员会、国家发展计划委员会、建设部、财政部按照职责分工负责解释。

第六十二条 本规定自发布之日起施行。

4-2-76

财政部关于贯彻落实国务院关于解决城市低收入家庭住房困难若干意见的通知

2007年9月5日 财综〔2007〕53号

各省、自治区、直辖市、计划单列市财政厅(局),新疆生产建设兵团财务局:

住房问题是重要的民生问题之一,党中央、国务院高度重视解决城市低收入家庭住房困难问题。最近,国务院发布了《关于解决城市低收入家庭住房困难的若干意见》(国发〔2007〕24号),对解决城市低收入家庭住房困难问题提出了明确要求。为贯彻落实国发〔2007〕24号文件精神,现就有关事项通知如下:

一、将解决城市低收入家庭住房困难问题纳入公共财政覆盖范围

切实解决城市低收入家庭住房困难问题,是深入贯彻落实科学发展观、构建社会主义和谐社会的必然要求,是维护群众利益的重要工作,是全面建设小康社会的重要内容,是促进房地产市场健康发展的重要途径,是政府公共服务的一项重要职责。国发〔2007〕24号文件对于如何解决城市低收入家庭住房困难问题提出了明确的工作目标和任务要求,各级财政部门要认真学习和深刻领会其精神实质,进一步提高思想认识,围绕当地人民政府制定的解决城市低收入家庭住房困难的目标和工作任务,按照国发〔2007〕24号文件规定的渠道积极筹措所需资金,并将其纳入公共财政覆盖范围。

二、积极参与研究制定解决城市低收入家庭住房困难的各项配套措施

(一)积极参与制定廉租住房保障制度。各级财政部门要积极配合有关部门根据城市经济发展水平、居民人均可支配收入、人均住房水平、市场平均租金、财政承受能力、保障对象的经济承受能力等因素,科学划定廉租住房保障对象收入标准、住房困难标准和住房保

障面积标准,合理确定廉租住房保障方式和廉租住房租赁补贴标准,积极参与购建廉租住房的核定工作;在划定廉租住房保障标准的基础上,要积极参与开展廉租住房保障调查摸底工作,根据调查摸底结果制定年度廉租住房保障计划;要参照现行公有住房租金标准,根据廉租住房保障对象的经济承受能力,合理确定廉租住房租金标准;要参与研究制定廉租住房保障动态管理制度,根据廉租住房保障对象的收入状况,适时调整廉租住房保障政策,建立廉租住房保障退出机制,促进廉租住房保障工作的良性循环。

(二)积极参与制定经济适用住房制度。各级财政部门要积极配合有关部门合理划定经济适用住房供应对象,避免与廉租住房保障对象的重复交叉;市县财政部门要会同有关部门制定转让经济适用住房按照同地段普通商品住房与经济适用住房差价的一定比例补缴土地收益等价款政策,报经同级人民政府批准后实施。市县财政部门在核定转让经济适用住房补缴的土地收益等价款时,要考虑免收的土地出让金以及减免的行政事业性收费和政府性基金等因素。补缴的土地收益等价款要严格按照财政部、国土资源部、中国人民银行印发的《国有土地使用权出让收支管理办法》(财综〔2006〕68号)的规定,全额缴入地方同级国库,实行"收支两条线"管理。市县人民政府将回购的经济适用住房出售给符合条件的低收入住房困难家庭的,其出售收入也应当按照规定全额缴入地方同级国库,实行"收支两条线"管理。

此外,各级财政部门还要积极配合有关部门制定集资合作建房管理办法等其他相关配套政策。

三、多渠道筹集城市廉租住房保障资金并确保资金落实到位

(一)指导廉租住房保障主管部门做好廉租住房保障资金预算编制工作。市县财政部门要根据当地年度廉租住房保障计划,指导廉租住房保障主管部门科学、合理测算廉租住房保障资金需求,并根据年度廉租住房保障资金来源状况,做好年度廉租住房保障资金预算编制工作。

(二)多渠道筹集和安排廉租住房保障资金。市县财政部门在安排廉租住房保障支出预算时,首先要按照《住房公积金管理条例》(国务院令第350号)的规定,确保将住房公积金增值收益计提贷款风险准备金和管理费用后的余额全部用于廉租住房保障,其次要按规定将土地出让净收益不低于10%的比例用于廉租住房保障。上述两项资金不足的,可以适当提高土地出让净收益用于廉租住房保障的比例,仍不足的由市县财政通过本级预算以及上级补助(包括预算内投资补助和专项补助)予以安排。土地出让净收益的范围严格按照《财政部 建设部 国土资源部关于切实落实城镇廉租住房保障资金的通知》(财综〔2006〕25号)规定执行。

(三)建立补助资金帮助财政困难地区做好廉租住房保障工作。按照国发〔2007〕24号文件规定,中央将通过预算内投资补助和廉租住房保障专项补助资金等方式,帮助、支持、鼓励和引导中西部财政困难地区做好廉租住房保障工作。目前,财政部和国家发展改革委正在抓紧制定具体实施办法。省级财政原则上也要安排适当资金,对财政困难市县廉租住房保障工作给予必要的资金支持。

(四)制定廉租住房保障资金管理办法并确保资金专款专用。为确保廉租住房保障资金专款专用,财政部将会同有关部门抓紧研究制定廉租住房保障资金管理办法,地方各级

财政部门也要抓紧制定具体管理办法,市县财政部门要积极配合廉租住房保障主管部门将廉租住房保障资金切实落实到住房困难的低收入家庭。

四、落实解决城市低收入家庭住房困难的各项税费支持政策

(一)落实免收行政事业性收费和政府性基金政策。按照国发〔2007〕24 号文件规定,廉租住房和经济适用住房建设、棚户区改造、旧住宅区整治,一律免收各项行政事业性收费和政府性基金,各级财政部门要认真贯彻落实。免收的全国性行政事业性收费包括防空地下室易地建设费、城市房屋拆迁管理费、工程定额测定费、白蚁防治费、建设工程质量监督费等项目。各省、自治区、直辖市财政部门要公布免收本地区出台的行政事业性收费项目。免收的全国性政府性基金包括城市基础设施配套费、散装水泥专项资金、新型墙体材料专项基金、城市教育附加费、地方教育附加、城镇公用事业附加等项目。各地要严格执行政府性基金审批程序,未经国务院或财政部批准,严禁越权设立政府性基金项目。

(二)落实免收土地出让收入政策。按照国发〔2007〕24 号文件规定,廉租住房和经济适用住房建设用地实行行政划拨方式供应。各地在贯彻落实过程中,除依法支付土地补偿费、拆迁补偿费外,一律免收土地出让金收入。

(三)落实相关税收支持政策。国发〔2007〕24 号文件明确规定,鼓励社会各界向市县人民政府捐赠廉租住房,对于捐赠廉租住房的,执行公益性捐赠税收扣除政策。目前,财政部正在会同国家税务总局抓紧制定相关税收支持政策,有关政策出台后各地要认真贯彻落实。

五、切实加强廉租住房租金的财政"收支两条线"管理

政府购建廉租住房是国有资产的重要组成部分,市县财政部门要严格按照《行政单位国有资产管理暂行办法》(财政部令第 35 号)和《事业单位国有资产管理暂行办法》(财政部令第 36 号)的规定,将廉租住房租金纳入"收支两条线"管理范围。廉租住房租金收入要按照规定及时足额缴入地方同级国库,专项用于廉租住房的维护和管理,具体缴库办法按照当地财政部门的有关规定执行。在 2007 年和 2008 年《政府收支分类科目》103 类"非税收入"01 款"政府性基金收入"43 项"政府住房基金收入"中增设 03 目"廉租住房租金收入"科目,专门反映廉租住房租金收入情况;在 2007 年和 2008 年《政府收支分类科目》212 类"城乡社区事务"07 款"政府住房基金支出"中增设 03 项"廉租住房维护和管理支出"科目,专门反映廉租住房租金用于廉租住房维护和管理情况。市县财政部门要加强廉租住房租金收支管理,确保及时足额缴库和专款专用,不得挪作他用。廉租住房租金用于维护开支范围,包括廉租住房在预定使用期限内正常使用所必须的修理、养护等开支;用于管理开支范围,包括支付廉租住房环境综合治理、绿化、卫生等物业管理费用开支,以及用于支付廉租住房公用水费、电费等开支。

六、进一步加强对廉租住房保障资金管理使用情况的监督检查

廉租住房保障资金要严格按照批复的预算,专项用于廉租住房租金补贴和廉租住房购建开支,不得用于其他开支。各级财政部门要加强对廉租住房保障资金管理和使用情况的监督检查,确保廉租住房保障资金专款专用。同时,要加强对廉租住房租金和转让经济适用住房补缴土地收益等价款的"收支两条线"管理的监督检查。对于违反规定截留、挤占、挪用廉租住房保障资金的,不按照规定将廉租住房租金、出售经济适用住房补缴的土地收益等价款及时足额缴入地方同级国库的,要严格按照《财政违法行为处罚处分条例》(国务

院令第427号)等有关规定进行处理,并依法追究有关责任人员的行政责任。

解决低收入家庭住房困难问题是一项长期而艰巨的工作任务。各级财政部门要不折不扣地按照国务院以及同级人民政府的要求,切实履行公共财政职能,充分发挥公共财政职能作用,积极配合有关部门做好各项工作,为解决低收入家庭住房困难问题做出应有的贡献。

4-2-77

财政部 国家发展改革委关于免收全国中小学校舍安全工程建设有关收费的通知

2010年7月20日 财综〔2010〕57号

各省、自治区、直辖市财政厅(局)、发展改革委、物价局:

为落实《国务院办公厅关于印发全国中小学校舍安全工程实施方案的通知》(国办发〔2009〕34号)有关规定,保证全国中小学校舍安全工程(以下简称"校舍安全工程")顺利实施,现就免收"校舍安全工程"建设过程中的有关收费问题通知如下:

一、所有中小学校"校舍安全工程"建设所涉及的行政事业性收费,包括经国务院和财政部、国家发展改革委批准设立的全国性及中央部门和单位行政事业性收费,以及经省级人民政府及其财政、价格主管部门批准设立的行政事业性收费,一律予以全额免收。免收的全国性及中央部门和单位行政事业性收费具体包括:土地复垦费、耕地开垦费、土地登记费、征(土)地管理费、房屋所有权登记费、城市房屋安全鉴定费、城市排水设施有偿使用费、白蚁防治费、防空地下室易地建设费、绿化费、排污收费、环境监测服务费、水资源费、特种设备检验检测收费等。

二、中小学"校舍安全工程"建设所涉及的经营服务性收费,在服务双方协商的基础上,提倡有关单位从支持教育事业发展的角度适当予以减收或免收。

三、各省、自治区、直辖市财政、价格主管部门要严格按照本通知规定,认真落实免收"校舍安全工程"建设相关收费政策,并于2010年8月31日前向社会公布免收的具体收费项目目录,同时报财政部、国家发展改革委备案。

四、各级财政、价格主管部门要加强对涉及中小学"校舍安全工程"建设有关收费政策落实情况的监督检查,对不按照本通知落实减免政策的,要按照有关规定进行处理。

排污权出让收入

4-2-78

国务院办公厅关于进一步推进排污权有偿使用和交易试点工作的指导意见

2014年8月6日　国办发〔2014〕38号

各省、自治区、直辖市人民政府，国务院各部委、各直属机构：

排污权是指排污单位经核定、允许其排放污染物的种类和数量。2007年以来，国务院有关部门组织天津、河北、内蒙古等11个省（区、市）开展排污权有偿使用和交易试点，取得了一定进展。为进一步推进试点工作，促进主要污染物排放总量持续有效减少，经国务院同意，现提出以下指导意见：

一、总体要求

（一）高度重视排污权有偿使用和交易试点工作。建立排污权有偿使用和交易制度，是我国环境资源领域一项重大的、基础性的机制创新和制度改革，是生态文明制度建设的重要内容，将对更好地发挥污染物总量控制制度作用，在全社会树立环境资源有价的理念，促进经济社会持续健康发展产生积极影响。各地区、各有关部门要充分认识做好试点工作的重要意义，妥善处理好政府与市场、制度改革创新与保持经济平稳发展、新企业与老企业、试点地区与非试点地区的关系，把握好试点政策出台的时机、力度和节奏，因地制宜、循序渐进推进试点工作。

（二）工作目标。以邓小平理论、"三个代表"重要思想、科学发展观为指导，贯彻落实党的十八大和十八届二中、三中全会精神，按照党中央、国务院的决策部署，充分发挥市场在资源配置中的决定性作用，积极探索建立环境成本合理负担机制和污染减排激励约束机制，促进排污单位树立环境意识，主动减少污染物排放，加快推进产业结构调整，切实改善环境质量。到2017年，试点地区排污权有偿使用和交易制度基本建立，试点工作基本完成。

二、建立排污权有偿使用制度

（三）严格落实污染物总量控制制度。实施污染物排放总量控制是开展试点的前提。试点地区要严格按照国家确定的污染物减排要求，将污染物总量控制指标分解到基层，不得突破总量控制上限。试点的污染物应为国家作为约束性指标进行总量控制的污染物，试点地区也可选择对本地区环境质量有突出影响的其他污染物开展试点。

（四）合理核定排污权。核定排污权是试点工作的基础。试点地区应于2015年底前全面完成现有排污单位排污权的初次核定，以后原则上每5年核定一次。现有排污单位的排污权,应根据有关法律法规标准、污染物总量控制要求、产业布局和污染物排放现状等核定。新建、改建、扩建项目的排污权,应根据其环境影响评价结果核定。排污权以排污许可证形式予以确认。试点地区不得超过国家确定的污染物排放总量核定排污权,不得为不符合国家产业政策的排污单位核定排污权。排污权由地方环境保护部门按污染源管理权限核定。

(五)实行排污权有偿取得。试点地区实行排污权有偿使用制度,排污单位在缴纳使用费后获得排污权,或通过交易获得排污权。排污单位在规定期限内对排污权拥有使用、转让和抵押等权利。对现有排污单位,要考虑其承受能力、当地环境质量改善要求,逐步实行排污权有偿取得。新建项目排污权和改建、扩建项目新增排污权,原则上要以有偿方式取得。有偿取得排污权的单位,不免除其依法缴纳排污费等相关税费的义务。

(六)规范排污权出让方式。试点地区可以采取定额出让、公开拍卖方式出让排污权。现有排污单位取得排污权,原则上采取定额出让方式,出让标准由试点地区价格、财政、环境保护部门根据当地污染治理成本、环境资源稀缺程度、经济发展水平等因素确定。新建项目排污权和改建、扩建项目新增排污权,原则上通过公开拍卖方式取得,拍卖底价可参照定额出让标准。

(七)加强排污权出让收入管理。排污权使用费由地方环境保护部门按照污染源管理权限收取,全额缴入地方国库,纳入地方财政预算管理。排污权出让收入统筹用于污染防治,任何单位和个人不得截留、挤占和挪用。缴纳排污权使用费金额较大、一次性缴纳确有困难的排污单位,可分期缴纳,缴纳期限不得超过五年,首次缴款不得低于应缴总额的40%。试点地区财政、审计部门要加强对排污权出让收入使用情况的监督。

三、加快推进排污权交易

(八)规范交易行为。排污权交易应在自愿、公平、有利于环境质量改善和优化环境资源配置的原则下进行。交易价格由交易双方自行确定。试点初期,可参照排污权定额出让标准等确定交易指导价格。试点地区要严格按照《国务院关于清理整顿各类交易场所切实防范金融风险的决定》(国发〔2011〕38号)等有关规定,规范排污权交易市场。

(九)控制交易范围。排污权交易原则上在各试点省份内进行。涉及水污染物的排污权交易仅限于在同一流域内进行。火电企业(包括其他行业自备电厂,不含热电联产机组供热部分)原则上不得与其他行业企业进行涉及大气污染物的排污权交易。环境质量未达到要求的地区不得进行增加本地区污染物总量的排污权交易。工业污染源不得与农业污染源进行排污权交易。

(十)激活交易市场。国务院有关部门要研究制定鼓励排污权交易的财税等扶持政策。试点地区要积极支持和指导排污单位通过淘汰落后和过剩产能、清洁生产、污染治理、技术改造升级等减少污染物排放,形成"富余排污权"参加市场交易;建立排污权储备制度,回购排污单位"富余排污权",适时投放市场,重点支持战略性新兴产业、重大科技示范等项目建设。积极探索排污权抵押融资,鼓励社会资本参与污染物减排和排污权交易。

(十一)加强交易管理。排污权交易按照污染源管理权限由相应的地方环境保护部门负责。跨省级行政区域的排污权交易试点,由环境保护部、财政部和发展改革委负责组织。排污权交易完成后,交易双方应在规定时限内向地方环境保护部门报告,并申请变更其排污许可证。

四、强化试点组织领导和服务保障

（十二）加强组织领导。试点地区地方人民政府要加强对试点工作的组织领导，制定具体可行的工作方案和配套政策规定，建立协调机制，加强能力建设，主动接受社会监督，积极稳妥推进试点工作。财政部、环境保护部、发展改革委负责对地方人民政府的试点申请进行确认，并加强对试点工作的指导、协调，对排污权交易平台建设等给予适当支持，按照各自职能分别研究制定排污权核定、使用费收取使用和交易价格等管理规定。

（十三）提高服务质量。试点地区要及时公开排污权核定、排污权使用费收取使用、排污权拍卖及回购等情况以及当地环境质量状况、污染物总量控制要求等信息，确保试点工作公开透明。要优化工作流程，认真做好排污单位"富余排污权"核定、排污许可证发放变更等工作；加强部门协作配合，积极研究制定帮扶政策，为排污单位参与排污权交易提供便利。

（十四）严格监督管理。排污单位应当准确计量污染物排放量，主动向当地环境保护部门报告。重点排污单位应安装污染源自动监测装置，与当地环境保护部门联网，并确保装置稳定运行、数据真实有效。试点地区要强化对排污单位的监督性监测，加大执法监管力度，对于超排污权排放或在交易中弄虚作假的排污单位，要依法严肃处理，并予以曝光。

试点省份每年要向国务院报告试点工作进展情况，其他地方可参照本意见开展试点工作。财政部、环境保护部、发展改革委要跟踪总结试点地区的经验做法，加强政策研究，为全面推行排污权有偿使用和交易制度奠定基础。

※　　　※　　　※　　　※

4-2-79

财政部　国家发展改革委　环境保护部关于印发《排污权出让收入管理暂行办法》的通知

2015年7月23日　财税〔2015〕61号

各省、自治区、直辖市、计划单列市财政厅（局）、发展改革委、物价局、环境保护厅（局）：

为了规范排污权出让收入管理，建立健全环境资源有偿使用制度，发挥市场机制作用促进污染物减排，根据《中华人民共和国环境保护法》和《国务院办公厅关于进一步推进排污权有偿使用和交易试点工作的指导意见》（国办发〔2014〕38号）等规定，我们制定了《排污权出让收入管理暂行办法》，现印发给你们，请遵照执行。

附件：排污权出让收入管理暂行办法

附件

排污权出让收入管理暂行办法

第一章 总 则

第一条 为了规范排污权出让收入管理,建立健全环境资源有偿使用制度,发挥市场机制作用促进污染物减排,根据《中华人民共和国环境保护法》和《国务院办公厅关于进一步推进排污权有偿使用和交易试点工作的指导意见》(国办发〔2014〕38号)等规定,制定本办法。

第二条 经财政部、环境保护部、国家发展改革委确认及有关省、自治区、直辖市自行确定开展排污权有偿使用和交易试点地区(以下简称试点地区)的排污权出让收入征收、使用和管理,适用本办法。

第三条 本办法所称污染物,是指国家作为约束性指标进行总量控制的污染物,以及试点地区选择对本地区环境质量有突出影响的其他污染物。

试点地区应当严格按照国家确定的污染物减排要求,将污染物总量控制指标分解到企事业单位,不得突破总量控制上限。

第四条 本办法所称排污权,是指排污单位按照国家或者地方规定的污染物排放标准,以及污染物排放总量控制要求,经核定允许其在一定期限内排放污染物的种类和数量。

排污权由试点地区县级以上地方环境保护主管部门(以下简称地方环境保护部门)按照污染源管理权限核定,并以排污许可证形式予以确认。

第五条 本办法所称排污权出让收入,是指政府以有偿出让方式配置排污权取得的收入,包括采取定额出让方式出让排污权收取的排污权使用费和通过公开拍卖等方式出让排污权取得的收入。

第六条 本办法所称现有排污单位,是指试点地区核定初始排污权以及排污权有效期满后重新核定排污权时,已建成投产或环境影响评价文件通过审批的排污单位。

第七条 排污权出让收入属于政府非税收入,全额上缴地方国库,纳入地方财政预算管理。

第八条 排污权出让收入的征收、使用和管理应当接受审计监督。

第二章 征收缴库

第九条 试点地区地方人民政府采取定额出让或通过市场公开出让(包括拍卖、挂牌、协议等)方式出让排污权。

对现有排污单位取得排污权,采取定额出让方式。

对新建项目排污权和改建、扩建项目新增排污权,以及现有排污单位在排污许可证核定的排污权基础上新增排污权,采取市场公开出让方式。

第十条 采取定额出让方式出让排污权的,排污单位应当按照排污许可证确认的污染物排放种类、数量和规定征收标准缴纳排污权使用费。

第十一条 排污权使用费的征收标准由试点地区省级价格、财政、环境保护部门根据当地环境资源稀缺程度、经济发展水平、污染治理成本等因素确定。

第十二条 排污权有效期原则上为5年。有效期满后,排污单位需要延续排污权的,应当按照地方环境保护部门重新核定的排污权,继续缴纳排污权使用费。

第十三条 缴纳排污权使用费金额较大、一次性缴纳确有困难的排污单位,可在排污权有效期内分次缴纳,首次缴款不得低于应缴总额的40%。

分次缴纳排污权使用费的具体办法由试点地区确定。

第十四条 排污权使用费由地方环境保护部门按照污染源管理权限负责征收。

负责征收排污权使用费的地方环境保护部门,应当根据排污许可证确认的排污单位排放污染物种类、数量和规定征收标准,以及分次缴纳办法,确定排污单位应缴纳的排污权使用费数额,并予以公告。

排污权使用费数额确定后,由负责征收排污权使用费的地方环境保护部门向排污单位送达排污权使用费缴纳通知单。

排污单位应当自接到排污权使用费缴纳通知单之日起7日内,缴纳排污权使用费。

第十五条 对现有排污单位取得排污权,考虑其承受能力,经试点地区省级人民政府批准,在试点初期可暂免缴纳排污权使用费。

现有排污单位将无偿取得的排污权进行转让、抵押的,应当按规定征收标准补缴转让、抵押排污权的使用费。

第十六条 通过市场公开出让方式出让排污权的,出让底价由试点地区省级价格、财政、环境保护部门参照排污权使用费的征收标准确定。

市场公开出让排污权的具体方式、流程和管理办法,由试点地区依据相关法律、行政法规予以规定。

第十七条 试点地区应当建立排污权储备制度,将储备排污权适时投放市场,调控排污权市场,重点支持战略性新兴产业、重大科技示范等项目建设。储备排污权主要来源包括:

(一)预留初始排污权;

(二)通过市场交易回购排污单位的富余排污权;

(三)由政府投入全部资金进行污染治理形成的富余排污权;

(四)排污单位破产、关停、被取缔、迁出本行政区域或不再排放实行总量控制的污染物等原因,收回其无偿取得的排污权。

第十八条 排污单位通过市场公开出让方式购买政府出让排污权的,应当一次性缴清款项,或者按照排污权交易合同的约定缴款。

第十九条 排污单位支付购买排污权的款项,由地方环境保护部门征收或委托排污权交易机构代征。

第二十条 地方环境保护部门或委托的排污权交易机构征收排污权出让收入时,应当向排污单位开具省级财政部门统一印制的票据。

第二十一条 排污权出让收入具体缴库办法按照省级财政部门非税收入收缴管理有关规定执行。

第二十二条 地方环境保护部门及委托的排污权交易机构应当严格按规定范围、标准、时限或排污权交易合同约定征收和代征排污权出让收入,确保将排污权出让收入及时征缴到位。

第二十三条 任何单位和个人均不得违反本办法规定,自行改变排污权出让收入的征收范围和标准,也不得违反排污权交易规则低价出让排污权。

严禁违规对排污单位减免、缓征排污权出让收入,或者以先征后返、补贴等形式变相减免排污权出让收入。

第二十四条 地方环境保护部门应当定期向社会公开污染物总量控制、排污权核定、排污权出让方式、价格和收入、排污权回购和储备等信息。

第三章 使用管理

第二十五条 排污权出让收入纳入一般公共预算,统筹用于污染防治。

第二十六条 政府回购排污单位的排污权、排污权交易平台建设和运行维护等排污权有偿使用和交易相关工作经费,由地方同级财政预算予以安排。

第二十七条 相关资金支付按照财政国库管理制度有关规定执行。

第四章 法律责任

第二十八条 单位和个人违反本办法规定,有下列情形之一的,依照《财政违法行为处罚处分条例》和《违反行政事业性收费和罚没收入收支两条线管理规定行政处分暂行规定》等国家有关规定追究法律责任;涉嫌犯罪的,依法移送司法机关处理:

(一)擅自减免排污权出让收入或者改变排污权出让收入征收范围、对象和标准的;
(二)隐瞒、坐支应当上缴的排污权出让收入的;
(三)滞留、截留、挪用应当上缴的排污权出让收入的;
(四)不按照规定的预算级次、预算科目将排污权出让收入缴入国库的;
(五)违反规定使用排污权出让收入的;
(六)其他违反国家财政收入管理规定的行为。

第二十九条 有偿取得排污权的单位,不免除其法定污染治理责任和依法缴纳排污费等其他税费的义务。

第三十条 排污权出让收入征收、使用管理有关部门的工作人员违反本办法规定,在排污权出让收入征收和使用管理工作中徇私舞弊、玩忽职守、滥用职权的,依法给予处分;涉嫌犯罪的,依法移送司法机关。

第五章 附 则

第三十一条 试点省、自治区、直辖市根据本办法制定具体实施办法,并报财政部、国家发展改革委、环境保护部备案。

第三十二条 本办法由财政部会同国家发展改革委、环境保护部负责解释。

第三十三条 本办法自 2015 年 10 月 1 日起施行。

土地闲置费

4-2-80
闲置土地处置办法

1999年4月26日国土资源部第6次部长办公会议通过 1999年4月28日国土资源部令第5号公布 2012年5月22日国土资源部第1次部务会议修订 2012年6月1日国土资源部令第53号公布

第一章 总 则

第一条 为有效处置和充分利用闲置土地，规范土地市场行为，促进节约集约用地，根据《中华人民共和国土地管理法》、《中华人民共和国城市房地产管理法》及有关法律、行政法规，制定本办法。

第二条 本办法所称闲置土地，是指国有建设用地使用权人超过国有建设用地使用权有偿使用合同或者划拨决定书约定、规定的动工开发日期满一年未动工开发的国有建设用地。

已动工开发但开发建设用地面积占应动工开发建设用地总面积不足三分之一或者已投资额占总投资额不足百分之二十五，中止开发建设满一年的国有建设用地，也可以认定为闲置土地。

第三条 闲置土地处置应当符合土地利用总体规划和城乡规划，遵循依法依规、促进利用、保障权益、信息公开的原则。

第四条 市、县国土资源主管部门负责本行政区域内闲置土地的调查认定和处置工作的组织实施。

上级国土资源主管部门对下级国土资源主管部门调查认定和处置闲置土地工作进行监督管理。

第二章 调查和认定

第五条 市、县国土资源主管部门发现有涉嫌构成本办法第二条规定的闲置土地的，应当在三十日内开展调查核实，向国有建设用地使用权人发出《闲置土地调查通知书》。

国有建设用地使用权人应当在接到《闲置土地调查通知书》之日起三十日内，按照要求提供土地开发利用情况、闲置原因以及相关说明等材料。

第六条 《闲置土地调查通知书》应当包括下列内容：

（一）国有建设用地使用权人的姓名或者名称、地址；
（二）涉嫌闲置土地的基本情况；
（三）涉嫌闲置土地的事实和依据；
（四）调查的主要内容及提交材料的期限；
（五）国有建设用地使用权人的权利和义务；
（六）其他需要调查的事项。

第七条　市、县国土资源主管部门履行闲置土地调查职责，可以采取下列措施：
（一）询问当事人及其他证人；
（二）现场勘测、拍照、摄像；
（三）查阅、复制与被调查人有关的土地资料；
（四）要求被调查人就有关土地权利及使用问题作出说明。

第八条　有下列情形之一，属于政府、政府有关部门的行为造成动工开发延迟的，国有建设用地使用权人应当向市、县国土资源主管部门提供土地闲置原因说明材料，经审核属实的，依照本办法第十二条和第十三条规定处置：
（一）因未按照国有建设用地使用权有偿使用合同或者划拨决定书约定、规定的期限、条件将土地交付给国有建设用地使用权人，致使项目不具备动工开发条件的；
（二）因土地利用总体规划、城乡规划依法修改，造成国有建设用地使用权人不能按照国有建设用地使用权有偿使用合同或者划拨决定书约定、规定的用途、规划和建设条件开发的；
（三）因国家出台相关政策，需要对约定、规定的规划和建设条件进行修改的；
（四）因处置土地上相关群众信访事项等无法动工开发的；
（五）因军事管制、文物保护等无法动工开发的；
（六）政府、政府有关部门的其他行为。
因自然灾害等不可抗力导致土地闲置的，依照前款规定办理。

第九条　经调查核实，符合本办法第二条规定条件，构成闲置土地的，市、县国土资源主管部门应当向国有建设用地使用权人下达《闲置土地认定书》。

第十条　《闲置土地认定书》应当载明下列事项：
（一）国有建设用地使用权人的姓名或者名称、地址；
（二）闲置土地的基本情况；
（三）认定土地闲置的事实、依据；
（四）闲置原因及认定结论；
（五）其他需要说明的事项。

第十一条　《闲置土地认定书》下达后，市、县国土资源主管部门应当通过门户网站等形式向社会公开闲置土地的位置、国有建设用地使用权人名称、闲置时间等信息；属于政府或者政府有关部门的行为导致土地闲置的，应当同时公开闲置原因，并书面告知有关政府或者政府部门。

上级国土资源主管部门应当及时汇总下级国土资源主管部门上报的闲置土地信息，并在门户网站上公开。

闲置土地在没有处置完毕前,相关信息应当长期公开。闲置土地处置完毕后,应当及时撤销相关信息。

第三章 处置和利用

第十二条 因本办法第八条规定情形造成土地闲置的,市、县国土资源主管部门应当与国有建设用地使用权人协商,选择下列方式处置:

(一)延长动工开发期限。签订补充协议,重新约定动工开发、竣工期限和违约责任。从补充协议约定的动工开发日期起,延长动工开发期限最长不得超过一年;

(二)调整土地用途、规划条件。按照新用途或者新规划条件重新办理相关用地手续,并按照新用途或者新规划条件核算、收缴或者退还土地价款。改变用途后的土地利用必须符合土地利用总体规划和城乡规划;

(三)由政府安排临时使用。待原项目具备开发建设条件,国有建设用地使用权人重新开发建设。从安排临时使用之日起,临时使用期限最长不得超过两年;

(四)协议有偿收回国有建设用地使用权;

(五)置换土地。对已缴清土地价款、落实项目资金,且因规划依法修改造成闲置的,可以为国有建设用地使用权人置换其他价值相当、用途相同的国有建设用地进行开发建设。涉及出让土地的,应当重新签订土地出让合同,并在合同中注明为置换土地;

(六)市、县国土资源主管部门还可以根据实际情况规定其他处置方式。

除前款第四项规定外,动工开发时间按照新约定、规定的时间重新起算。

符合本办法第二条第二款规定情形的闲置土地,依照本条规定的方式处置。

第十三条 市、县国土资源主管部门与国有建设用地使用权人协商一致后,应当拟订闲置土地处置方案,报本级人民政府批准后实施。

闲置土地设有抵押权的,市、县国土资源主管部门在拟订闲置土地处置方案时,应当书面通知相关抵押权人。

第十四条 除本办法第八条规定情形外,闲置土地按照下列方式处理:

(一)未动工开发满一年的,由市、县国土资源主管部门报经本级人民政府批准后,向国有建设用地使用权人下达《征缴土地闲置费决定书》,按照土地出让或者划拨价款的百分之二十征缴土地闲置费。土地闲置费不得列入生产成本;

(二)未动工开发满两年的,由市、县国土资源主管部门按照《中华人民共和国土地管理法》第三十七条和《中华人民共和国城市房地产管理法》第二十六条的规定,报经有批准权的人民政府批准后,向国有建设用地使用权人下达《收回国有建设用地使用权决定书》,无偿收回国有建设用地使用权。闲置土地设有抵押权的,同时抄送相关土地抵押权人。

第十五条 市、县国土资源主管部门在依照本办法第十四条规定作出征缴土地闲置费、收回国有建设用地使用权决定前,应当书面告知国有建设用地使用权人有申请听证的权利。国有建设用地使用权人要求举行听证的,市、县国土资源主管部门应当依照《国土资源听证规定》依法组织听证。

第十六条 《征缴土地闲置费决定书》和《收回国有建设用地使用权决定书》应当包括下列内容:

（一）国有建设用地使用权人的姓名或者名称、地址；
（二）违反法律、法规或者规章的事实和证据；
（三）决定的种类和依据；
（四）决定的履行方式和期限；
（五）申请行政复议或者提起行政诉讼的途径和期限；
（六）作出决定的行政机关名称和作出决定的日期；
（七）其他需要说明的事项。

第十七条 国有建设用地使用权人应当自《征缴土地闲置费决定书》送达之日起三十日内，按照规定缴纳土地闲置费；自《收回国有建设用地使用权决定书》送达之日起三十日内，到市、县国土资源主管部门办理国有建设用地使用权注销登记，交回土地权利证书。

国有建设用地使用权人对《征缴土地闲置费决定书》和《收回国有建设用地使用权决定书》不服的，可以依法申请行政复议或者提起行政诉讼。

第十八条 国有建设用地使用权人逾期不申请行政复议、不提起行政诉讼，也不履行相关义务的，市、县国土资源主管部门可以采取下列措施：

（一）逾期不办理国有建设用地使用权注销登记，不交回土地权利证书的，直接公告注销国有建设用地使用权登记和土地权利证书；
（二）申请人民法院强制执行。

第十九条 对依法收回的闲置土地，市、县国土资源主管部门可以采取下列方式利用：

（一）依据国家土地供应政策，确定新的国有建设用地使用权人开发利用；
（二）纳入政府土地储备；
（三）对耕作条件未被破坏且近期无法安排建设项目的，由市、县国土资源主管部门委托有关农村集体经济组织、单位或者个人组织恢复耕种。

第二十条 闲置土地依法处置后土地权属和土地用途发生变化的，应当依据实地现状在当年土地变更调查中进行变更，并依照有关规定办理土地变更登记。

第四章 预防和监管

第二十一条 市、县国土资源主管部门供应土地应当符合下列要求，防止因政府、政府有关部门的行为造成土地闲置：

（一）土地权利清晰；
（二）安置补偿落实到位；
（三）没有法律经济纠纷；
（四）地块位置、使用性质、容积率等规划条件明确；
（五）具备动工开发所必需的其他基本条件。

第二十二条 国有建设用地使用权有偿使用合同或者划拨决定书应当就项目动工开发、竣工时间和违约责任等作出明确约定、规定。约定、规定动工开发时间应当综合考虑办理动工开发所需相关手续的时限规定和实际情况，为动工开发预留合理时间。

因特殊情况，未约定、规定动工开发日期，或者约定、规定不明确的，以实际交付土地之日起一年为动工开发日期。实际交付土地日期以交地确认书确定的时间为准。

第二十三条 国有建设用地使用权人应当在项目开发建设期间,及时向市、县国土资源主管部门报告项目动工开发、开发进度、竣工等情况。

国有建设用地使用权人应当在施工现场设立建设项目公示牌,公布建设用地使用权人、建设单位、项目动工开发、竣工时间和土地开发利用标准等。

第二十四条 国有建设用地使用权人违反法律法规规定和合同约定、划拨决定书规定恶意囤地、炒地的,依照本办法规定处理完毕前,市、县国土资源主管部门不得受理该国有建设用地使用权人新的用地申请,不得办理被认定为闲置土地的转让、出租、抵押和变更登记。

第二十五条 市、县国土资源主管部门应当将本行政区域内的闲置土地信息按宗录入土地市场动态监测与监管系统备案。闲置土地按照规定处置完毕后,市、县国土资源主管部门应当及时更新该宗土地相关信息。

闲置土地未按照规定备案的,不得采取本办法第十二条规定的方式处置。

第二十六条 市、县国土资源主管部门应当将国有建设用地使用权人闲置土地的信息抄送金融监管等部门。

第二十七条 省级以上国土资源主管部门可以根据情况,对闲置土地情况严重的地区,在土地利用总体规划、土地利用年度计划、建设用地审批、土地供应等方面采取限制新增加建设用地、促进闲置土地开发利用的措施。

第五章 法律责任

第二十八条 市、县国土资源主管部门未按照国有建设用地使用权有偿使用合同或者划拨决定书约定、规定的期限、条件将土地交付给国有建设用地使用权人,致使项目不具备动工开发条件的,应当依法承担违约责任。

第二十九条 县级以上国土资源主管部门及其工作人员违反本办法规定,有下列情形之一的,依法给予处分;构成犯罪的,依法追究刑事责任:

(一)违反本办法第二十一条的规定供应土地的;

(二)违反本办法第二十四条的规定受理用地申请和办理土地登记的;

(三)违反本办法第二十五条的规定处置闲置土地的;

(四)不依法履行闲置土地监督检查职责,在闲置土地调查、认定和处置工作中徇私舞弊、滥用职权、玩忽职守的。

第六章 附 则

第三十条 本办法中下列用语的含义:

动工开发:依法取得施工许可证后,需挖深基坑的项目,基坑开挖完毕;使用桩基的项目,打入所有基础桩;其他项目,地基施工完成三分之一。

已投资额、总投资额:均不含国有建设用地使用权出让价款、划拨价款和向国家缴纳的相关税费。

第三十一条 集体所有建设用地闲置的调查、认定和处置,参照本办法有关规定执行。

第三十二条 本办法自2012年7月1日起施行。

生活垃圾处理费(城镇垃圾处理费)

4-2-81

城市市容和环境卫生管理条例

1992年6月28日中华人民共和国国务院令第101号发布 2011年1月8日中华人民共和国国务院令第588号第一次修订 2017年3月1日中华人民共和国国务院令第676号第二次修订

第一章 总 则

第一条 为了加强城市市容和环境卫生管理,创造清洁、优美的城市工作、生活环境,促进城市社会主义物质文明和精神文明建设,制定本条例。

第二条 在中华人民共和国城市内,一切单位和个人都必须遵守本条例。

第三条 城市市容和环境卫生工作,实行统一领导、分区负责、专业人员管理与群众管理相结合的原则。

第四条 国务院城市建设行政主管部门主管全国城市市容和环境卫生工作。

省、自治区人民政府城市建设行政主管部门负责本行政区域的城市市容和环境卫生管理工作。

城市人民政府市容环境卫生行政主管部门负责本行政区域的城市市容和环境卫生管理工作。

第五条 城市人民政府应当把城市市容和环境卫生事业纳入国民经济和社会发展计划,并组织实施。

城市人民政府应当结合本地的实际情况,积极推行环境卫生用工制度的改革,并采取措施,逐步提高环境卫生工作人员的工资福利待遇。

第六条 城市人民政府应当加强城市市容和环境卫生科学知识的宣传,提高公民的环境卫生意识,养成良好的卫生习惯。

一切单位和个人,都应当尊重市容和环境卫生工作人员的劳动,不得妨碍、阻挠市容和环境卫生工作人员履行职务。

第七条 国家鼓励城市市容和环境卫生的科学技术研究,推广先进技术,提高城市市容和环境卫生水平。

第八条 对在城市市容和环境卫生工作中成绩显著的单位和个人,由人民政府给予奖励。

第二章　城市市容管理

第九条　城市中的建筑物和设施,应当符合国家规定的城市容貌标准。对外开放城市、风景旅游城市和有条件的其他城市,可以结合本地具体情况,制定严于国家规定的城市容貌标准;建制镇可以参照国家规定的城市容貌标准执行。

第十条　一切单位和个人都应当保持建筑物的整洁、美观。在城市人民政府规定的街道的临街建筑物的阳台和窗外,不得堆放、吊挂有碍市容的物品。搭建或者封闭阳台必须符合城市人民政府市容环境卫生行政主管部门的有关规定。

第十一条　在城市中设置户外广告、标语牌、画廊、橱窗等,应当内容健康、外型美观,并定期维修、油饰或者拆除。

大型户外广告的设置必须征得城市人民政府市容环境卫生行政主管部门同意后,按照有关规定办理审批手续。

第十二条　城市中的市政公用设施,应当与周围环境相协调,并维护和保持设施完好、整洁。

第十三条　主要街道两侧的建筑物前,应当根据需要与可能,选用透景、半透景的围墙、栅栏或者绿篱、花坛(池)、草坪等作为分界。

临街树木、绿篱、花坛(池)、草坪等,应当保持整洁、美观。栽培、整修或者其他作业留下的渣土、枝叶等,管理单位、个人或者作业者应当及时清除。

第十四条　任何单位和个人都不得在街道两侧和公共场地堆放物料,搭建建筑物、构筑物或者其他设施。因建设等特殊需要,在街道两侧和公共场地临时堆放物料,搭建非永久性建筑物、构筑物或者其他设施的,必须征得城市人民政府市容环境卫生行政主管部门同意后,按照有关规定办理审批手续。

第十五条　在市区运行的交通运输工具,应当保持外型完好、整洁,货运车辆运输的液体、散装货物,应当密封、包扎、覆盖,避免泄漏、遗撒。

第十六条　城市的工程施工现场的材料、机具应当堆放整齐,渣土应当及时清运;临街工地应当设置护栏或者围布遮挡;停工场地应当及时整理并作必要的覆盖;竣工后,应当及时清理和平整场地。

第十七条　一切单位和个人,都不得在城市建筑物、设施以及树木上涂写、刻画。

单位和个人在城市建筑物、设施上张挂、张贴宣传品等,须经城市人民政府市容环境卫生行政主管部门或者其他有关部门批准。

第三章　城市环境卫生管理

第十八条　城市中的环境卫生设施,应当符合国家规定的城市环境卫生标准。

第十九条　城市人民政府在进行城市新区开发或者旧区改造时,应当依照国家有关规定,建设生活废弃物的清扫、收集、运输和处理等环境卫生设施,所需经费应当纳入建设工程概算。

第二十条　城市人民政府市容环境卫生行政主管部门,应当根据城市居住人口密度和流动人口数量以及公共场所等特定地区的需要,制定公共厕所建设规划,并按照规定的标准,建设、改造或者支持有关单位建设、改造公共厕所。

城市人民政府市容环境卫生行政主管部门,应当配备专业人员或者委托有关单位和个人负责公共厕所的保洁和管理;有关单位和个人也可以承包公共厕所的保洁和管理。公共厕所的管理者可以适当收费,具体办法由省、自治区、直辖市人民政府制定。

对不符合规定标准的公共厕所,城市人民政府应当责令有关单位限期改造。

公共厕所的粪便应当排入贮(化)粪池或者城市污水系统。

第二十一条 多层和高层建筑应当设置封闭式垃圾通道或者垃圾贮存设施,并修建清运车辆通道。

城市街道两侧、居住区或者人流密集地区,应当设置封闭式垃圾容器、果皮箱等设施。

第二十二条 一切单位和个人都不得擅自拆除环境卫生设施;因建设需要必须拆除的,建设单位必须事先提出拆迁方案,报城市人民政府市容环境卫生行政主管部门批准。

第二十三条 按国家行政建制设立的市的主要街道、广场和公共水域的环境卫生,由环境卫生专业单位负责。

居住区、街巷等地方,由街道办事处负责组织专人清扫保洁。

第二十四条 飞机场、火车站、公共汽车始末站、港口、影剧院、博物馆、展览馆、纪念馆、体育馆(场)和公园等公共场所,由本单位负责清扫保洁。

第二十五条 机关、团体、部队、企事业单位,应当按照城市人民政府市容环境卫生行政主管部门划分的卫生责任区负责清扫保洁。

第二十六条 城市集贸市场,由主管部门负责组织专人清扫保洁。

各种摊点,由从业者负责清扫保洁。

第二十七条 城市港口客货码头作业范围内的水面,由港口客货码头经营单位责成作业者清理保洁。

在市区水域行驶或者停泊的各类船舶上的垃圾、粪便,由船上负责人依照规定处理。

第二十八条 城市人民政府市容环境卫生行政主管部门对城市生活废弃物的收集、运输和处理实施监督管理。

一切单位和个人,都应当依照城市人民政府市容环境卫生行政主管部门规定的时间、地点、方式,倾倒垃圾、粪便。

对垃圾、粪便应当及时清运,并逐步做到垃圾、粪便的无害化处理和综合利用。

对城市生活废弃物应当逐步做到分类收集、运输和处理。

第二十九条 环境卫生管理应当逐步实行社会化服务。有条件的城市,可以成立环境卫生服务公司。

凡委托环境卫生专业单位清扫、收集、运输和处理废弃物的,应当交纳服务费。具体办法由省、自治区、直辖市人民政府制定。

第三十条 城市人民政府应当有计划地发展城市煤气、天然气、液化气,改变燃料结构;鼓励和支持有关部门组织净菜进城和回收利用废旧物资,减少城市垃圾。

第三十一条 医院、疗养院、屠宰场、生物制品厂产生的废弃物,必须依照有关规定处理。

第三十二条 公民应当爱护公共卫生环境,不随地吐痰、便溺,不乱扔果皮、纸屑和烟头等废弃物。

第三十三条　按国家行政建制设立的市的市区内,禁止饲养鸡、鸭、鹅、兔、羊、猪等家畜家禽;因教学、科研以及其他特殊需要饲养的除外。

第四章　罚　　则

第三十四条　有下列行为之一者,城市人民政府市容环境卫生行政主管部门或者其委托的单位除责令其纠正违法行为、采取补救措施外,可以并处警告、罚款:

（一）随地吐痰、便溺,乱扔果皮、纸屑和烟头等废弃物的;

（二）在城市建筑物、设施以及树木上涂写、刻画或者未经批准张挂、张贴宣传品等的;

（三）在城市人民政府规定的街道的临街建筑物的阳台和窗外,堆放、吊挂有碍市容的物品的;

（四）不按规定的时间、地点、方式,倾倒垃圾、粪便的;

（五）不履行卫生责任区清扫保洁义务或者不按规定清运、处理垃圾和粪便的;

（六）运输液体、散装货物不作密封、包扎、覆盖,造成泄漏、遗撒的;

（七）临街工地不设置护栏或者不作遮挡、停工场地不及时整理并作必要覆盖或者竣工后不及时清理和平整场地,影响市容和环境卫生的。

第三十五条　饲养家畜家禽影响市容和环境卫生的,由城市人民政府市容环境卫生行政主管部门或者其委托的单位,责令其限期处理或者予以没收,并可处以罚款。

第三十六条　有下列行为之一者,由城市人民政府市容环境卫生行政主管部门或者其委托的单位责令其停止违法行为,限期清理、拆除或者采取其他补救措施,并可处以罚款:

（一）未经城市人民政府市容环境卫生行政主管部门同意,擅自设置大型户外广告,影响市容的;

（二）未经城市人民政府市容环境卫生行政主管部门批准,擅自在街道两侧和公共场地堆放物料,搭建建筑物、构筑物或者其他设施,影响市容的;

（三）未经批准擅自拆除环境卫生设施或者未按批准的拆迁方案进行拆迁的。

第三十七条　凡不符合城市容貌标准、环境卫生标准的建筑物或者设施,由城市人民政府市容环境卫生行政主管部门会同城市规划行政主管部门,责令有关单位和个人限期改造或者拆除;逾期未改造或者未拆除的,经县级以上人民政府批准,由城市人民政府市容环境卫生行政主管部门或者城市规划行政主管部门组织强制拆除,并可处以罚款。

第三十八条　损坏各类环境卫生设施及其附属设施的,城市人民政府市容环境卫生行政主管部门或者其委托的单位除责令其恢复原状外,可以并处罚款;盗窃、损坏各类环境卫生设施及其附属设施,应当给予治安管理处罚的,依照《中华人民共和国治安管理处罚法》的规定处罚;构成犯罪的,依法追究刑事责任。

第三十九条　侮辱、殴打市容和环境卫生工作人员或者阻挠其执行公务的,依照《中华人民共和国治安管理处罚法》的规定处罚;构成犯罪的,依法追究刑事责任。

第四十条　当事人对行政处罚决定不服的,可以自接到处罚通知之日起15日内,向作出处罚决定机关的上一级机关申请复议;对复议决定不服的,可以自接到复议决定书之日起15日内向人民法院起诉。当事人也可以自接到处罚通知之日起15日内直接向人民法院起诉。期满不申请复议、也不向人民法院起诉、又不履行处罚决定的,由作出处罚决定的机关申请人民法院强制执行。

对治安管理处罚不服的,依照《中华人民共和国治安管理处罚法》的规定办理。

第四十一条 城市人民政府市容环境卫生行政主管部门工作人员玩忽职守、滥用职权、徇私舞弊的,由其所在单位或者上级主管机关给予行政处分;构成犯罪的,依法追究刑事责任。

第五章 附 则

第四十二条 未设镇建制的城市型居民区可以参照本条例执行。

第四十三条 省、自治区、直辖市人民政府可以根据本条例制定实施办法。

第四十四条 本条例由国务院城市建设行政主管部门负责解释。

第四十五条 本条例自1992年8月1日起施行。

4-2-82

国务院批转住房城乡建设部等部门关于进一步加强城市生活垃圾处理工作意见的通知

2011年4月19日 国发〔2011〕9号

各省、自治区、直辖市人民政府,国务院各部委、各直属机构:

国务院同意住房城乡建设部、环境保护部、发展改革委、教育部、科技部、工业和信息化部、监察部、财政部、人力资源社会保障部、国土资源部、农业部、商务部、卫生部、税务总局、广电总局、中央宣传部《关于进一步加强城市生活垃圾处理工作的意见》,现转发给你们,请认真贯彻执行。

关于进一步加强城市生活垃圾处理工作的意见

住房城乡建设部 环境保护部 发展改革委 教育部 科技部
工业和信息化部 监察部 财政部 人力资源社会保障部 国土资源部
农业部 商务部 卫生部 税务总局 广电总局 中央宣传部

为切实加大城市生活垃圾处理工作力度,提高城市生活垃圾处理减量化、资源化和无害化水平,改善城市人居环境,现提出以下意见:

一、深刻认识城市生活垃圾处理工作的重要意义

城市生活垃圾处理是城市管理和环境保护的重要内容,是社会文明程度的重要标志,

关系人民群众的切身利益。近年来,我国城市生活垃圾收运网络日趋完善,垃圾处理能力不断提高,城市环境总体上有了较大改善。但也要看到,由于城镇化快速发展,城市生活垃圾激增,垃圾处理能力相对不足,一些城市面临"垃圾围城"的困境,严重影响城市环境和社会稳定。各地区、各有关部门要充分认识加强城市生活垃圾处理的重要性和紧迫性,进一步统一思想,提高认识,全面落实各项政策措施,推进城市生活垃圾处理工作,创造良好的人居环境,促进城市可持续发展。

二、指导思想、基本原则和发展目标

(一)指导思想。以科学发展观为指导,按照全面建设小康社会和构建社会主义和谐社会的总体要求,把城市生活垃圾处理作为维护群众利益的重要工作和城市管理的重要内容,作为政府公共服务的一项重要职责,切实加强全过程控制和管理,突出重点工作环节,综合运用法律、行政、经济和技术等手段,不断提高城市生活垃圾处理水平。

(二)基本原则。

全民动员,科学引导。在切实提高生活垃圾无害化处理能力的基础上,加强产品生产和流通过程管理,减少过度包装,倡导节约和低碳的消费模式,从源头控制生活垃圾产生。

综合利用,变废为宝。坚持发展循环经济,推动生活垃圾分类工作,提高生活垃圾中废纸、废塑料、废金属等材料回收利用率,提高生活垃圾中有机成分和热能的利用水平,全面提升生活垃圾资源化利用工作。

统筹规划,合理布局。城市生活垃圾处理要与经济社会发展水平相协调,注重城乡统筹、区域规划、设施共享,集中处理与分散处理相结合,提高设施利用效率,扩大服务覆盖面。要科学制定标准,注重技术创新,因地制宜地选择先进适用的生活垃圾处理技术。

政府主导,社会参与。明确城市人民政府责任,在加大公共财政对城市生活垃圾处理投入的同时,采取有效的支持政策,引入市场机制,充分调动社会资金参与城市生活垃圾处理设施建设和运营的积极性。

(三)发展目标。到2015年,全国城市生活垃圾无害化处理率达到80%以上,直辖市、省会城市和计划单列市生活垃圾全部实现无害化处理。每个省(区)建成一个以上生活垃圾分类示范城市。50%的设区城市初步实现餐厨垃圾分类收运处理。城市生活垃圾资源化利用比例达到30%,直辖市、省会城市和计划单列市达到50%。建立完善的城市生活垃圾处理监管体制机制。到2030年,全国城市生活垃圾基本实现无害化处理,全面实行生活垃圾分类收集、处置。城市生活垃圾处理设施和服务向小城镇和乡村延伸,城乡生活垃圾处理接近发达国家平均水平。

三、切实控制城市生活垃圾产生

(四)促进源头减量。通过使用清洁能源和原料、开展资源综合利用等措施,在产品生产、流通和使用等全生命周期促进生活垃圾减量。限制包装材料过度使用,减少包装性废物产生,探索建立包装物强制回收制度,促进包装物回收再利用。组织净菜和洁净农副产品进城,推广使用菜篮子、布袋子。有计划地改进燃料结构,推广使用城市燃气、太阳能等清洁能源,减少灰渣产生。在宾馆、餐饮等服务性行业,推广使用可循环利用物品,限制使用一次性用品。

(五)推进垃圾分类。城市人民政府要根据当地的生活垃圾特性、处理方式和管理水平,科学制定生活垃圾分类办法,明确工作目标、实施步骤和政策措施,动员社区及家庭积极参与,逐步推行垃圾分类。当前重点要稳步推进废弃含汞荧光灯、废温度计等有害垃圾单独收运和处理工作,鼓励居民分开盛放和投放厨余垃圾,建立高水分有机生活垃圾收运系统,实现厨余垃圾单独收集循环利用。进一步加强餐饮业和单位餐厨垃圾分类收集管理,建立餐厨垃圾排放登记制度。

(六)加强资源利用。全面推广废旧商品回收利用、焚烧发电、生物处理等生活垃圾资源化利用方式。加强可降解有机垃圾资源化利用工作,组织开展城市餐厨垃圾资源化利用试点,统筹餐厨垃圾、园林垃圾、粪便等无害化处理和资源化利用,确保工业油脂、生物柴油、肥料等资源化利用产品的质量和使用安全。加快生物质能源回收利用工作,提高生活垃圾焚烧发电和填埋气体发电的能源利用效率。

四、全面提高城市生活垃圾处理能力和水平

(七)强化规划引导。要抓紧编制全国和各省(区、市)"十二五"生活垃圾处理设施建设规划,推进城市生活垃圾处理设施一体化建设和网络化发展,基本实现县县建有生活垃圾处理设施。各城市要编制生活垃圾处理设施规划,统筹安排城市生活垃圾收集、处置设施的布局、用地和规模,并纳入土地利用总体规划、城市总体规划和近期建设规划。编制城市生活垃圾处理设施规划,应当广泛征求公众意见,健全设施周边居民诉求表达机制。生活垃圾处理设施用地纳入城市黄线保护范围,禁止擅自占用或者改变用途,同时要严格控制设施周边的开发建设活动。

(八)完善收运网络。建立与垃圾分类、资源化利用以及无害化处理相衔接的生活垃圾收运网络,加大生活垃圾收集力度,扩大收集覆盖面。推广密闭、环保、高效的生活垃圾收集、中转和运输系统,逐步淘汰敞开式收运方式。要对现有生活垃圾收运设施实施升级改造,推广压缩式收运设备,解决垃圾收集、中转和运输过程中的脏、臭、噪声和遗洒等问题。研究运用物联网技术,探索线路优化、成本合理、高效环保的收运新模式。

(九)选择适用技术。建立生活垃圾处理技术评估制度,新的生活垃圾处理技术经评估后方可推广使用。城市人民政府要按照生活垃圾处理技术指南,因地制宜地选择先进适用、符合节约集约用地要求的无害化生活垃圾处理技术。土地资源紧缺、人口密度高的城市要优先采用焚烧处理技术,生活垃圾管理水平较高的城市可采用生物处理技术,土地资源和污染控制条件较好的城市可采用填埋处理技术。鼓励有条件的城市集成多种处理技术,统筹解决生活垃圾处理问题。

(十)加快设施建设。城市人民政府要把生活垃圾处理设施作为基础设施建设的重点,切实加大组织协调力度,确保有关设施建设顺利进行。要简化程序,加快生活垃圾处理设施立项、建设用地、环境影响评价、可行性研究、初步设计等环节的审批速度。已经开工建设的项目要抓紧施工,保证进度,争取早日发挥效用。要进一步加强监管,切实落实项目法人制、招投标制、质量监督制、合同管理制、工程监理制、工程竣工验收制等管理制度,确保工程质量安全。

(十一)提高运行水平。生活垃圾处理设施运营单位要严格执行各项工程技术规范和操作规程,切实提高设施运行水平。填埋设施运营单位要制定作业计划和方案,实行分区域逐层填埋作业,缩小作业面,控制设施周边的垃圾异味,防止废液渗漏和填埋气体无序排放。焚烧设施运营单位要足额使用石灰、活性炭等辅助材料,去除烟气中的酸性物质、重金属离子、二噁英等污染物,保证达标排放。新建生活垃圾焚烧设施,应安装排放自动监测系统和超标报警装置。运营单位要制定应急预案,有效应对设施故障、事故、进场垃圾量剧增等突发事件。切实加大人力财力物力的投入,解决设施设备长期超负荷运行问题,确保安全、高质量运行。建立污染物排放日常监测制度,按月向所在地住房城乡建设(市容环卫)和环境保护主管部门报告监测结果。

(十二)加快存量治理。各省(区、市)要开展非正规生活垃圾堆放点和不达标生活垃圾处理设施排查和环境风险评估,并制定治理计划。要优先开展水源地等重点区域生活垃圾堆放场所的生态修复工作,加快对城乡结合部等卫生死角长期积存生活垃圾的清理,限期改造不达标生活垃圾处理设施。

五、强化监督管理

(十三)完善法规标准。研究修订《城市市容和环境卫生管理条例》,加强生活垃圾全过程管理。建立健全生活垃圾处理标准规范体系,制定和完善生活垃圾分类、回收利用、工程验收、污染防治和评价等标准。进一步完善生活垃圾分类标识,使群众易于识别、便于投放。改进城市生活垃圾处理统计指标体系,做好与废旧商品回收利用指标体系的衔接。

(十四)严格准入制度。加强市场准入管理,严格设定城市生活垃圾处理企业资金、技术、人员、业绩等准入条件,建立和完善市场退出机制,进一步规范城市生活垃圾处理特许经营权招标投标管理。具体办法由住房城乡建设部会同有关部门制定。

(十五)建立评价制度。加强对全国已建成运行的生活垃圾处理设施运营状况和处理效果的监管,开展年度考核评价,公开评价结果,接受社会监督。对未通过考核评价的生活垃圾处理设施,要责成运营单位限期整改。要加快信用体系建设,建立城市生活垃圾处理运营单位失信惩戒机制和黑名单制度,坚决将不能合格运营以及不能履行特许经营合同的企业清出市场。

(十六)加大监管力度。切实加强各级住房城乡建设(市容环卫)和环境保护部门生活垃圾处理监管队伍建设。研究建立城市生活垃圾处理工作督察巡视制度,加强对地方政府生活垃圾处理工作以及设施建设和运营的监管。建立城市生活垃圾处理节能减排量化指标,落实节能减排目标责任。探索引入第三方专业机构实施监管,提高监管的科学水平。完善全国生活垃圾处理设施建设和运营监控系统,定期开展生活垃圾处理设施排放物监测,常规污染物排放情况每季度至少监测一次,二噁英排放情况每年至少监测一次,必要时加密监测,主要监测数据和结果向社会公示。

六、加大政策支持力度

(十七)拓宽投入渠道。城市生活垃圾处理投入以地方为主,中央以适当方式给予支持。地方政府要加大投入力度,加快生活垃圾分类体系、处理设施和监管能力建设。鼓励社会资金参与生活垃圾处理设施建设和运营。开展生活垃圾管理示范城市和生活垃圾处理设施示范项目活动,支持北京等城市先行先试。改善工作环境,完善环卫用工制度和保险救助制度,落实环卫职工的工资和福利待遇,保障职工合法权益。

(十八)建立激励机制。严格执行并不断完善城市生活垃圾处理税收优惠政策。研究制定生活垃圾分类收集和减量激励政策,建立利益导向机制,引导群众分类盛放和投放生活垃圾,鼓励对生活垃圾实行就地、就近充分回收和合理利用。研究建立有机垃圾资源化处理推进机制和废品回收补贴机制。

（十九）健全收费制度。按照"谁产生、谁付费"的原则,推行城市生活垃圾处理收费制度。产生生活垃圾的单位和个人应当按规定缴纳垃圾处理费,具体收费标准由城市人民政府根据城市生活垃圾处理成本和居民收入水平等因素合理确定。探索改进城市生活垃圾处理收费方式,降低收费成本。城市生活垃圾处理费应当用于城市生活垃圾处理,不得挪作他用。

（二十）保障设施建设。在城市新区建设和旧城区改造中要优先配套建设生活垃圾处理设施,确保建设用地供应,并纳入土地利用年度计划和建设用地供应计划。符合《划拨用地目录》的项目,应当以划拨方式供应建设用地。城市生活垃圾处理设施建设前要严格执行建设项目环境影响评价制度。

（二十一）提高创新能力。加大对生活垃圾处理技术研发的支持力度,加快国家级和区域性生活垃圾处理技术研究中心建设,加强生活垃圾处理基础性技术研究,重点突破清洁焚烧、二噁英控制、飞灰无害化处置、填埋气收集利用、渗沥液处理、臭气控制、非正规生活垃圾堆放点治理等关键性技术,鼓励地方采用低碳技术处理生活垃圾。重点支持生活垃圾生物质燃气利用成套技术装备和大型生活垃圾焚烧设备研发,努力实现生活垃圾处理装备自主化。开展城市生活垃圾处理技术应用示范工程和资源化利用产业基地建设,带动市场需求,促进先进适用技术推广应用和装备自主化。

（二十二）实施人才计划。在高校设立城市生活垃圾处理相关专业,大力发展职业教育,建立从业人员职业资格制度,加强岗前和岗中职业培训,提高从业人员的文化水平和专业技能。

七、加强组织领导

（二十三）落实地方责任。城市生活垃圾处理工作实行省（区、市）人民政府负总责、城市人民政府抓落实的工作责任制。省（区、市）人民政府要对所属城市人民政府实行目标责任制管理,加强监督指导。城市人民政府要把城市生活垃圾处理纳入重要议事日程,加强领导,切实抓好各项工作。住房城乡建设部、发展改革委、环境保护部、监察部等部门要对省（区、市）人民政府的相关工作加强指导和监督检查。对推进生活垃圾处理工作不力,影响社会发展和稳定的,要追究责任。

（二十四）明确部门分工。住房城乡建设部负责城市生活垃圾处理行业管理,牵头建立城市生活垃圾处理部际联席会议制度,协调解决工作中的重大问题,健全监管考核指标体系,并纳入节能减排考核工作。环境保护部负责生活垃圾处理设施环境影响评价,制定污染控制标准,监管污染物排放和有害垃圾处理处置。发展改革委会同住房城乡建设部、环境保护部编制全国性规划,协调综合性政策。科技部会同有关部门负责生活垃圾处理技术创新工作。工业和信息化部负责生活垃圾处理装备自主化工作。财政部负责研究支持城市生活垃圾处理的财税政策。国土资源部负责制定生活垃圾处理设施用地标准,保障建设用地供应。农业部负责生活垃圾肥料资源化处理利用标准制定和肥料登记工作。商务部负责生活垃圾中可再生资源回收管理工作。

（二十五）加强宣传教育。要开展多种形式的主题宣传活动,倡导绿色健康的生活方式,促进垃圾源头减量和回收利用。要将生活垃圾处理知识纳入中小学教材和课外读物,引导全民树立"垃圾减量和垃圾管理从我做起、人人有责"的观念。新闻媒体要加强正面引导,大力宣传城市生活垃圾处理的各项政策措施及其成效,全面客观报道有关信息,形成有利于推进城市生活垃圾处理工作的舆论氛围。

各省(区、市)人民政府要在2011年8月底前将落实本意见情况报国务院,同时抄送住房城乡建设部。

4-2-83

城市生活垃圾管理办法

2015年5月4日　住房和城乡建设部令第24号

第一章　总　　则

第一条　为了加强城市生活垃圾管理,改善城市市容和环境卫生,根据《中华人民共和国固体废物污染环境防治法》、《城市市容和环境卫生管理条例》等法律、行政法规,制定本办法。

第二条　本办法适用于中华人民共和国境内城市生活垃圾的清扫、收集、运输、处置及相关管理活动。

第三条　城市生活垃圾的治理,实行减量化、资源化、无害化和谁产生、谁依法负责的原则。

国家采取有利于城市生活垃圾综合利用的经济、技术政策和措施,提高城市生活垃圾治理的科学技术水平,鼓励对城市生活垃圾实行充分回收和合理利用。

第四条　产生城市生活垃圾的单位和个人,应当按照城市人民政府确定的生活垃圾处理费收费标准和有关规定缴纳城市生活垃圾处理费。

城市生活垃圾处理费应当专项用于城市生活垃圾收集、运输和处置,严禁挪作他用。

第五条　国务院建设主管部门负责全国城市生活垃圾管理工作。

省、自治区人民政府建设主管部门负责本行政区域内城市生活垃圾管理工作。

直辖市、市、县人民政府建设(环境卫生)主管部门负责本行政区域内城市生活垃圾的管理工作。

第六条　任何单位和个人都应当遵守城市生活垃圾管理的有关规定,并有权对违反本办法的单位和个人进行检举和控告。

第二章　治理规划与设施建设

第七条　直辖市、市、县人民政府建设(环境卫生)主管部门应当会同城市规划等有关部门,依据城市总体规划和本地区国民经济和社会发展计划等,制定城市生活垃圾治理规划,统筹安排城市生活垃圾收集、处置设施的布局、用地和规模。

制定城市生活垃圾治理规划,应当广泛征求公众意见。

第八条 城市生活垃圾收集、处置设施用地应当纳入城市黄线保护范围,任何单位和个人不得擅自占用或者改变其用途。

第九条 城市生活垃圾收集、处置设施建设,应当符合城市生活垃圾治理规划和国家有关技术标准。

第十条 从事新区开发、旧区改建和住宅小区开发建设的单位,以及机场、码头、车站、公园、商店等公共设施、场所的经营管理单位,应当按照城市生活垃圾治理规划和环境卫生设施的设置标准,配套建设城市生活垃圾收集设施。

第十一条 城市生活垃圾收集、处置设施工程建设的勘察、设计、施工和监理,应当严格执行国家有关法律、法规和技术标准。

第十二条 城市生活垃圾收集、处置设施工程竣工后,建设单位应当依法组织竣工验收,并在竣工验收后三个月内,依法向当地人民政府建设主管部门和环境卫生主管部门报送建设工程项目档案。未经验收或者验收不合格的,不得交付使用。

第十三条 任何单位和个人不得擅自关闭、闲置或者拆除城市生活垃圾处置设施、场所;确有必要关闭、闲置或者拆除的,必须经所在地县级以上地方人民政府建设(环境卫生)主管部门和环境保护主管部门核准,并采取措施,防止污染环境。

第十四条 申请关闭、闲置或者拆除城市生活垃圾处置设施、场所的,应当提交以下材料:

(一)书面申请;

(二)权属关系证明材料;

(三)丧失使用功能或其使用功能被其他设施替代的证明;

(四)防止环境污染的方案;

(五)拟关闭、闲置或者拆除设施的现状图及拆除方案;

(六)拟新建设施设计图;

(七)因实施城市规划需要闲置、关闭或者拆除的,还应当提供规划、建设主管部门的批准文件。

第三章 清扫、收集、运输

第十五条 城市生活垃圾应当逐步实行分类投放、收集和运输。具体办法,由直辖市、市、县人民政府建设(环境卫生)主管部门根据国家标准和本地区实际制定。

第十六条 单位和个人应当按照规定的地点、时间等要求,将生活垃圾投放到指定的垃圾容器或者收集场所。废旧家具等大件垃圾应当按规定时间投放在指定的收集场所。

城市生活垃圾实行分类收集的地区,单位和个人应当按照规定的分类要求,将生活垃圾装入相应的垃圾袋内,投入指定的垃圾容器或者收集场所。

宾馆、饭店、餐馆以及机关、院校等单位应当按照规定单独收集、存放本单位产生的餐厨垃圾,并交符合本办法要求的城市生活垃圾收集、运输企业运至规定的城市生活垃圾处理场所。

禁止随意倾倒、抛洒或者堆放城市生活垃圾。

第十七条 从事城市生活垃圾经营性清扫、收集、运输的企业,应当取得城市生活垃圾经营性清扫、收集、运输服务许可证。

未取得城市生活垃圾经营性清扫、收集、运输服务许可证的企业,不得从事城市生活垃圾经营性清扫、收集、运输活动。

第十八条 直辖市、市、县建设(环境卫生)主管部门应当通过招投标等公平竞争方式作出城市生活垃圾经营性清扫、收集、运输许可的决定,向中标人颁发城市生活垃圾经营性清扫、收集、运输服务许可证。

直辖市、市、县建设(环境卫生)主管部门应当与中标人签订城市生活垃圾清扫、收集、运输经营协议。

城市生活垃圾清扫、收集、运输经营协议应当明确约定经营期限、服务标准等内容,作为城市生活垃圾清扫、收集、运输服务许可证的附件。

第十九条 从事城市生活垃圾经营性清扫、收集、运输服务的企业,应当具备以下条件:

(一)机械清扫能力达到总清扫能力的20%以上,机械清扫车辆包括洒水车和清扫保洁车辆。机械清扫车辆应当具有自动洒水、防尘、防遗撒、安全警示功能,安装车辆行驶及清扫过程记录仪;

(二)垃圾收集应当采用全密闭运输工具,并应当具有分类收集功能;

(三)垃圾运输应当采用全密闭自动卸载车辆或船只,具有防臭味扩散、防遗撒、防渗沥液滴漏功能,安装行驶及装卸记录仪;

(四)具有健全的技术、质量、安全和监测管理制度并得到有效执行;

(五)具有合法的道路运输经营许可证、车辆行驶证;

(六)具有固定的办公及机械、设备、车辆、船只停放场所。

第二十条 从事城市生活垃圾经营性清扫、收集、运输的企业应当履行以下义务:

(一)按照环境卫生作业标准和作业规范,在规定的时间内及时清扫、收运城市生活垃圾;

(二)将收集的城市生活垃圾运到直辖市、市、县人民政府建设(环境卫生)主管部门认可的处理场所;

(三)清扫、收运城市生活垃圾后,对生活垃圾收集设施及时保洁、复位,清理作业场地,保持生活垃圾收集设施和周边环境的干净整洁;

(四)用于收集、运输城市生活垃圾的车辆、船舶应当做到密闭、完好和整洁。

第二十一条 从事城市生活垃圾经营性清扫、收集、运输的企业,禁止实施下列行为:

(一)任意倾倒、抛洒或者堆放城市生活垃圾;

(二)擅自停业、歇业;

(三)在运输过程中沿途丢弃、遗撒生活垃圾。

第二十二条 工业固体废弃物、危险废物应当按照国家有关规定单独收集、运输,严禁混入城市生活垃圾。

第四章 处 置

第二十三条 城市生活垃圾应当在城市生活垃圾转运站、处理厂(场)处置。

任何单位和个人不得任意处置城市生活垃圾。

第二十四条 城市生活垃圾处置所采用的技术、设备、材料,应当符合国家有关城市生活垃圾处理技术标准的要求,防止对环境造成污染。

第二十五条 从事城市生活垃圾经营性处置的企业,应当向所在地直辖市、市、县人民政府建设(环境卫生)主管部门取得城市生活垃圾经营性处置服务许可证。

未取得城市生活垃圾经营性处置服务许可证,不得从事城市生活垃圾经营性处置活动。

第二十六条 直辖市、市、县建设(环境卫生)主管部门应当通过招投标等公平竞争方式作出城市生活垃圾经营性处置许可的决定,向中标人颁发城市生活垃圾经营性处置服务许可证。

直辖市、市、县建设(环境卫生)主管部门应当与中标人签订城市生活垃圾处置经营协议,明确约定经营期限、服务标准等内容,并作为城市生活垃圾经营性处置服务许可证的附件。

第二十七条 从事城市生活垃圾经营性处置服务的企业,应当具备以下条件:

(一)卫生填埋场、堆肥厂和焚烧厂的选址符合城乡规划,并取得规划许可文件;

(二)采用的技术、工艺符合国家有关标准;

(三)有至少5名具有初级以上专业技术职称的人员,其中包括环境工程、机械、环境监测等专业的技术人员。技术负责人具有5年以上垃圾处理工作经历,并具有中级以上专业技术职称;

(四)具有完善的工艺运行、设备管理、环境监测与保护、财务管理、生产安全、计量统计等方面的管理制度并得到有效执行;

(五)生活垃圾处理设施配备沼气检测仪器,配备环境监测设施如渗沥液监测井、尾气取样孔,安装在线监测系统等监测设备并与建设(环境卫生)主管部门联网;

(六)具有完善的生活垃圾渗沥液、沼气的利用和处理技术方案,卫生填埋场对不同垃圾进行分区填埋方案、生活垃圾处理的渗沥液、沼气、焚烧烟气、残渣等处理残余物达标处理排放方案;

(七)有控制污染和突发事件的预案。

第二十八条 从事城市生活垃圾经营性处置的企业应当履行以下义务:

(一)严格按照国家有关规定和技术标准,处置城市生活垃圾;

(二)按照规定处理处置过程中产生的污水、废气、废渣、粉尘等,防止二次污染;

(三)按照所在地建设(环境卫生)主管部门规定的时间和要求接收生活垃圾;

(四)按照要求配备城市生活垃圾处置设备、设施,保证设施、设备运行良好;

(五)保证城市生活垃圾处置站、场(厂)环境整洁;

(六)按照要求配备合格的管理人员及操作人员;

(七)对每日收运、进出场站、处置的生活垃圾进行计量,按照要求将统计数据和报表报送所在地建设(环境卫生)主管部门;

(八)按照要求定期进行水、气、土壤等环境影响监测,对生活垃圾处理设施的性能和环保指标进行检测、评价,向所在地建设(环境卫生)主管部门报告检测、评价结果。

第五章　监督管理

第二十九条　国务院建设主管部门和省、自治区人民政府建设主管部门应当建立健全监督管理制度,对本办法的执行情况进行监督检查。

直辖市、市、县人民政府建设(环境卫生)主管部门应当对本行政区域内城市生活垃圾经营性清扫、收集、运输、处置企业执行本办法的情况进行监督检查;根据需要,可以向城市生活垃圾经营性处置企业派驻监督员。

第三十条　直辖市、市、县人民政府建设(环境卫生)主管部门实施监督检查时,有权采取下列措施:

(一)查阅复制有关文件和资料;

(二)要求被检查的单位和个人就有关问题做出说明;

(三)进入现场开展检查;

(四)责令有关单位和个人改正违法行为。

有关单位和个人应当支持配合监督检查并提供工作方便,不得妨碍与阻挠监督检查人员依法执行职务。

第三十一条　直辖市、市、县人民政府建设(环境卫生)主管部门应当委托具有计量认证资格的机构,定期对城市生活垃圾处理场站的垃圾处置数量、质量和环境影响进行监测。

第三十二条　城市生活垃圾经营性清扫、收集、运输、处置服务许可有效期届满需要继续从事城市生活垃圾经营性清扫、收集、运输、处置活动的,应当在有效期届满30日前向原发证机关申请办理延续手续。准予延续的,直辖市、市、县建设(环境卫生)主管部门应当与城市生活垃圾经营性清扫、收集、运输、处置企业重新订立经营协议。

第三十三条　有下列情形之一的,可以依法撤销许可证书:

(一)建设(环境卫生)主管部门工作人员滥用职权、玩忽职守作出准予城市生活垃圾清扫、收集、运输或者处置许可决定的;

(二)超越法定职权作出准予城市生活垃圾清扫、收集、运输或者处置许可决定的;

(三)违反法定程序作出准予城市生活垃圾清扫、收集、运输或者处置许可决定的;

(四)对不符合许可条件的申请人作出准予许可的;

(五)依法可以撤销许可的其他情形。

申请人以欺骗、贿赂等不正当手段取得许可的,应当予以撤销。

第三十四条　有下列情形之一的,从事城市生活垃圾经营性清扫、收集、运输或者处置的企业应当向原许可机关提出注销许可证的申请,交回许可证书;原许可机关应当办理注销手续,公告其许可证书作废:

(一)许可事项有效期届满,未依法申请延期的;

(二)企业依法终止的;

(三)许可证依法被撤回、撤销或者吊销的;

(四)法律、法规规定的其他应当注销的情形。

第三十五条　从事城市生活垃圾经营性清扫、收集、运输、处置的企业需停业、歇业的,应当提前半年向所在地直辖市、市、县人民政府建设(环境卫生)主管部门报告,经同意后方可停业或者歇业。

直辖市、市、县人民政府建设(环境卫生)主管部门应当在城市生活垃圾经营性清扫、收集、运输、处置企业停业或者歇业前,落实保障及时清扫、收集、运输、处置城市生活垃圾的措施。

第三十六条 直辖市、市、县人民政府建设(环境卫生)主管部门应当会同有关部门制定城市生活垃圾清扫、收集、运输和处置应急预案,建立城市生活垃圾应急处理系统,确保紧急或者特殊情况下城市生活垃圾的正常清扫、收集、运输和处置。

从事城市生活垃圾经营性清扫、收集、运输和处置的企业,应当制定突发事件生活垃圾污染防范的应急方案,并报所在地直辖市、市、县人民政府建设(环境卫生)主管部门备案。

第三十七条 从事城市生活垃圾经营性清扫、收集、运输或者处置的企业应当按照国家劳动保护的要求和规定,改善职工的工作条件,采取有效措施,逐步提高职工的工资和福利待遇,做好职工的卫生保健和技术培训工作。

第六章 法律责任

第三十八条 单位和个人未按规定缴纳城市生活垃圾处理费的,由直辖市、市、县人民政府建设(环境卫生)主管部门责令限期改正,逾期不改正的,对单位可处以应交城市生活垃圾处理费三倍以下且不超过3万元的罚款,对个人可处以应交城市生活垃圾处理费三倍以下且不超过1000元的罚款。

第三十九条 违反本办法第十条规定,未按照城市生活垃圾治理规划和环境卫生设施标准配套建设城市生活垃圾收集设施的,由直辖市、市、县人民政府建设(环境卫生)主管部门责令限期改正,并可处以1万元以下的罚款。

第四十条 违反本办法第十二条规定,城市生活垃圾处置设施未经验收或者验收不合格投入使用的,由直辖市、市、县人民政府建设主管部门责令改正,处工程合同价款2%以上4%以下的罚款;造成损失的,应当承担赔偿责任。

第四十一条 违反本办法第十三条规定,未经批准擅自关闭、闲置或者拆除城市生活垃圾处置设施、场所的,由直辖市、市、县人民政府建设(环境卫生)主管部门责令停止违法行为,限期改正,处以1万元以上10万元以下的罚款。

第四十二条 违反本办法第十六条规定,随意倾倒、抛洒、堆放城市生活垃圾的,由直辖市、市、县人民政府建设(环境卫生)主管部门责令停止违法行为,限期改正,对单位处以5000元以上5万元以下的罚款。个人有以上行为的,处以200元以下的罚款。

第四十三条 违反本办法第十七条、第二十五条规定,未经批准从事城市生活垃圾经营性清扫、收集、运输或者处置活动的,由直辖市、市、县人民政府建设(环境卫生)主管部门责令停止违法行为,并处以3万元的罚款。

第四十四条 违反本办法规定,从事城市生活垃圾经营性清扫、收集、运输的企业在运输过程中沿途丢弃、遗撒生活垃圾的,由直辖市、市、县人民政府建设(环境卫生)卫生主管部门责令停止违法行为,限期改正,处以5000元以上5万元以下的罚款。

第四十五条 从事生活垃圾经营性清扫、收集、运输的企业不履行本办法第二十条规定义务的,由直辖市、市、县人民政府建设(环境卫生)主管部门责令限期改正,并可处以

5000元以上3万元以下的罚款;城市生活垃圾经营性处置企业不履行本办法第二十八条规定义务的,由直辖市、市、县人民政府建设(环境卫生)主管部门责令限期改正,并可处以3万元以上10万元以下的罚款。造成损失的,依法承担赔偿责任。

第四十六条　违反本办法规定,从事城市生活垃圾经营性清扫、收集、运输的企业,未经批准擅自停业、歇业的,由直辖市、市、县人民政府建设(环境卫生)主管部门责令限期改正,并可处以1万元以上3万元以下罚款;从事城市生活垃圾经营性处置的企业,未经批准擅自停业、歇业的,由直辖市、市、县人民政府建设(环境卫生)主管部门责令限期改正,并可处以5万元以上10万元以下罚款。造成损失的,依法承担赔偿责任。

第四十七条　违反本办法规定的职权和程序,核发城市生活垃圾清扫、收集、运输、处理许可证的,由上级主管机关责令改正,并对其主管人员及其他直接责任人员给予行政处分;构成犯罪的,应当追究刑事责任。

国家机关工作人员在城市生活垃圾监督管理工作中,玩忽职守、滥用职权、徇私舞弊的,依法给予行政处分;构成犯罪的,依法追究刑事责任。

第七章　附　　则

第四十八条　城市建筑垃圾的管理适用《城市建筑垃圾管理规定》(建设部令第139号)。

第四十九条　本办法的规定适用于从事城市生活垃圾非经营性清扫、收集、运输、处置的单位;但是,有关行政许可的规定以及第四十五条、第四十六条的规定除外。

第五十条　城市生活垃圾清扫、收集、运输服务许可证和城市生活垃圾处置服务许可证由国务院建设主管部门统一规定格式,省、自治区人民政府建设主管部门和直辖市人民政府建设(环境卫生)主管部门组织印制。

第五十一条　本办法自2007年7月1日起施行。1993年8月10日建设部颁布的《城市生活垃圾管理办法》(建设部令第27号)同时废止。

※　　　※　　　※　　　※

4-2-84

国家发展改革委关于创新和完善促进绿色发展价格机制的意见

2018年6月21日　发改价格规〔2018〕943号

各省、自治区、直辖市发展改革委、物价局:

绿色发展是建设生态文明、构建高质量现代化经济体系的必然要求,是发展观的一场深刻革命,核心是节约资源和保护生态环境。为深入学习贯彻习近平生态文明思想,认真落实全国生态环境保护大会精神,助力打好污染防治攻坚战,促进生态文明和美丽中国建设,现就创新和完善促进绿色发展的价格机制提出以下意见。

一、重要意义

党的十八大以来,在以习近平同志为核心的党中央坚强领导下,各级价格主管部门认真落实党中央、国务院决策部署,积极推进资源环境价格改革。出台支持燃煤机组超低排放改造、北方地区清洁供暖价格政策,对高耗能、高污染、产能严重过剩行业用电实行差别化电价政策,全面推行居民用电、用水、用气阶梯价格制度,完善水资源费、污水处理费、垃圾处理费政策,出台奖惩结合的环保电价和收费政策,为加强生态环境保护做出了积极贡献。但与生态文明建设的时代要求和打好污染防治攻坚战的迫切需要相比,还存在价格机制不够完善、政策体系不够系统、部分地区落实不到位等问题,资源稀缺程度、生态价值和环境损害成本没有充分体现,激励与约束相结合的价格机制没有真正建立。需要通过进一步深化价格改革、创新和完善价格机制加以解决。

当前,我国生态文明建设正处于压力叠加、负重前行的关键期,已进入提供更多优质生态产品以满足人民日益增长的优美生态环境需要的攻坚期,也到了有条件有能力解决生态环境突出问题的窗口期。面对新时代生态文明建设和生态环境保护的新形势、新要求,要充分运用市场化手段,推进生态环境保护市场化进程,不断完善资源环境价格机制,更好发挥价格杠杆引导资源优化配置、实现生态环境成本内部化、促进全社会节约、加快绿色环保产业发展的积极作用,进而激发全社会力量、共同促进绿色发展和生态文明建设。

二、总体要求

(一)指导思想

全面贯彻落实党的十九大和十九届二中、三中全会精神,以习近平新时代中国特色社会主义思想为指导,牢固树立和落实新发展理念,按照高质量发展要求,坚持节约资源和保护环境的基本国策,加快建立健全能够充分反映市场供求和资源稀缺程度、体现生态价值和环境损害成本的资源环境价格机制,完善有利于绿色发展的价格政策,将生态环境成本纳入经济运行成本,撬动更多社会资本进入生态环境保护领域,促进资源节约、生态环境保护和污染防治,推动形成绿色发展空间格局、产业结构、生产方式和生活方式,不断满足人民群众日益增长的优美生态环境需要。

(二)基本原则

——坚持问题导向。重点针对损害群众健康的突出环境问题,紧扣打赢蓝天保卫战、城市黑臭水体治理、农业农村污染治理等标志性战役,着力创新和完善污水垃圾处理、节水节能、大气污染治理等重点领域的价格形成机制,理顺利益责任关系,引导市场,汇聚资源,助力打好污染防治攻坚战。

——坚持污染者付费。按照污染者使用者付费、保护者节约者受益的原则,创新资源环境价格机制,实现生态环境成本内部化,抑制不合理资源消费,鼓励增加生态产品供给,使节约资源、保护生态环境成为市场主体的内生动力。

——坚持激励约束并重。针对城乡、区域、行业、不同主体实际,在价格手段可以发挥作用的领域和环节,健全价格激励和约束机制,使节约能源资源与保护生态环境成为单位、家庭、个人的自觉行动,形成共建共享生态文明的良好局面。

——坚持因地分类施策。支持各地结合本地资源禀赋条件、污染防治形势、产业结构特点,以及社会承受能力等,研究制定符合绿色发展要求的具体价格政策;鼓励有条件的地区制定基于更严格环保标准的价格政策,更好促进生态文明建设和绿色发展。

(三)主要目标

到2020年,有利于绿色发展的价格机制、价格政策体系基本形成,促进资源节约和生态环境成本内部化的作用明显增强;到2025年,适应绿色发展要求的价格机制更加完善,并落实到全社会各方面各环节。

三、完善污水处理收费政策

加快构建覆盖污水处理和污泥处置成本并合理盈利的价格机制,推进污水处理服务费形成市场化,逐步实现城镇污水处理费基本覆盖服务费用。

(一)建立城镇污水处理费动态调整机制。按照补偿污水处理和污泥处置设施运营成本(不含污水收集和输送管网建设运营成本)并合理盈利的原则,制定污水处理费标准,并依据定期评估结果动态调整,2020年底前实现城市污水处理费标准与污水处理服务费标准大体相当;具备污水集中处理条件的建制镇全面建立污水处理收费制度,并同步开征污水处理费。

(二)建立企业污水排放差别化收费机制。鼓励地方根据企业排放污水中主要污染物种类、浓度、环保信用评级等,分类分档制定差别化收费标准,促进企业污水预处理和污染物减排。各地可因地制宜确定差别化收费的主要污染物种类,合理设置污染物浓度分档和差价标准,有条件的地区可探索多种污染物差别化收费政策。工业园区要率先推行差别化收费政策。

(三)建立与污水处理标准相协调的收费机制。支持提高污水处理标准,污水处理排放标准提高至一级A或更严格标准的城镇和工业园区,可相应提高污水处理费标准,长江经济带相关省份要率先实施。水源地保护区、地下水易受污染地区、水污染严重地区和敏感区域特别是劣Ⅴ类水体以及城市黑臭水体污染源所在地,要实行更严格的污水处理排放标准,并相应提高污水处理费标准。

(四)探索建立污水处理农户付费制度。在已建成污水集中处理设施的农村地区,探索建立农户付费制度,综合考虑村集体经济状况、农户承受能力、污水处理成本等因素,合理确定付费标准。

(五)健全城镇污水处理服务费市场化形成机制。推动通过招投标等市场竞争方式,以污水处理和污泥处置成本、污水总量、污染物去除量、经营期限等为主要参数,形成污水处理服务费标准。鼓励将城乡不同区域、规模、盈利水平的污水处理项目打包招投标,促进城市、建制镇和农村污水处理均衡发展。建立污水处理服务费收支定期报告制度,污水处理企业应于每年3月底前,向当地价格主管部门报告上年度污水处理服务费收支状况,为调整完善污水处理费标准提供参考。

四、健全固体废物处理收费机制

全面建立覆盖成本并合理盈利的固体废物处理收费机制,加快建立有利于促进垃圾分类和减量化、资源化、无害化处理的激励约束机制。

(一)建立健全城镇生活垃圾处理收费机制。按照补偿成本并合理盈利的原则,制定和调整城镇生活垃圾处理收费标准。2020年底前,全国城市及建制镇全面建立生活垃圾处理收费制度。鼓励各地创新垃圾处理收费模式,提高收缴率。鼓励各地制定促进垃圾协同处理的综合性配套政策,支持水泥、有机肥等企业参与垃圾资源化利用。

(二)完善城镇生活垃圾分类和减量化激励机制。积极推进城镇生活垃圾处理收费方式改革,对非居民用户推行垃圾计量收费,并实行分类垃圾与混合垃圾差别化收费等政策,提高混合垃圾收费标准;对具备条件的居民用户,实行计量收费和差别化收费,加快推进垃圾分类。鼓励城镇生活垃圾收集、运输、处理市场化运营,已经形成充分竞争的环节,实行双方协商定价。

(三)探索建立农村垃圾处理收费制度。在已实行垃圾处理制度的农村地区,建立农村垃圾处理收费制度,综合考虑当地经济发展水平、农户承受能力、垃圾处理成本等因素,合理确定收费标准,促进乡村环境改善。

(四)完善危险废物处置收费机制。按照补偿危险废物收集、运输、贮存和处置成本并合理盈利的原则,制定和调整危险废物处置收费标准,提高危险废物处置能力。综合考虑区域内医疗机构总量和结构、医疗废物实际产生量及处理总成本等因素,合理核定医疗废物处置定额、定量收费标准,收费方式由医疗废物处置单位和医疗机构协商确定。加强工业危险废物和社会源危险废物处置成本调查,合理确定并动态调整收费标准;在确保危险废物收集、运输、贮存、处置全流程监控,违法违规行为可追溯的前提下,处置收费标准可由双方协商确定。

五、建立有利于节约用水的价格机制

建立健全补偿成本、合理盈利、激励提升供水质量、促进节约用水的价格形成和动态调整机制,保障供水工程和设施良性运行,促进节水减排和水资源可持续利用。

(一)深入推进农业水价综合改革。农业水价综合改革试点地区要将农业水价一步或分步提高到运行维护成本水平,有条件的地区提高到完全成本水平,全面实行超定额用水累进加价,并同步建立精准补贴和节水奖励机制。完成农业节水改造的地区,要充分利用节水腾出的空间提高农业水价。2020年底前,北京、上海、江苏、浙江等省份,农田水利工程设施完善的缺水和地下水超采地区,以及新增高效节水灌溉项目区、国家现代农业产业园要率先完成改革任务。

(二)完善城镇供水价格形成机制。建立充分反映供水成本、激励提升供水质量的价格形成和动态调整机制,逐步将居民用水价格调整至不低于成本水平,非居民用水价格调整至补偿成本并合理盈利水平;进一步拉大特种用水与非居民用水的价差,缺水地区二者比价原则上不低于3:1。适时完善居民阶梯水价制度。

(三)全面推行城镇非居民用水超定额累进加价制度。对标先进企业,科学制定用水定额并动态调整,合理确定分档水量和加价标准,2020年底前要全面落实到位。缺水地区要从紧制定或修订用水定额,提高加价标准,充分反映水资源稀缺程度。对"两高一剩"等行业实行更高的加价标准,加快淘汰落后产能,促进产业结构转型升级。

(四)建立有利于再生水利用的价格政策。按照与自来水保持竞争优势的原则确定再生水价格,推动园林绿化、道路清扫、消防等公共领域使用再生水。具备条件的可协商定价,探索实行累退价格机制。

六、健全促进节能环保的电价机制

充分发挥电力价格的杠杆作用,推动高耗能行业节能减排、淘汰落后,引导电力资源优化配置,促进产业结构、能源结构优化升级。

(一)完善差别化电价政策。全面清理取消对高耗能行业的优待类电价以及其他各种不合理价格优惠政策。严格落实铁合金、电石、烧碱、水泥、钢铁、黄磷、锌冶炼等7个行业的差别电价政策,对淘汰类和限制类企业用电(含市场化交易电量)实行更高价格。各地应及时评估差别电价、阶梯电价政策执行效果,可根据实际需要扩大差别电价、阶梯电价执行行业范围,提高加价标准,促进相关行业加大技术改造力度、提高能效水平、加速淘汰落后产能。鼓励各地探索建立基于单位产值能耗、污染物排放的差别化电价政策,推动清洁化改造。各地出台的差别电价、阶梯电价政策应及时报国家发展改革委备案。

(二)完善峰谷电价形成机制。加大峰谷电价实施力度,运用价格信号引导电力削峰填谷。省级价格主管部门可在销售电价总水平不变的前提下,建立峰谷电价动态调整机制,进一步扩大销售侧峰谷电价执行范围,合理确定并动态调整峰谷时段,扩大高峰、低谷电价价差和浮动幅度,引导用户错峰用电。鼓励市场主体签订包含峰、谷、平时段价格和电量的交易合同。利用峰谷电价差、辅助服务补偿等市场化机制,促进储能发展。利用现代信息、车联网等技术,鼓励电动汽车提供储能服务,并通过峰谷价差获得收益。完善居民阶梯电价制度,推行居民峰谷电价。

(三)完善部分环保行业用电支持政策。2025年底前,对实行两部制电价的污水处理企业用电、电动汽车集中式充换电设施用电、港口岸电运营商用电、海水淡化用电,免收需量(容量)电费。

在推进上述改革任务的同时,鼓励各地积极探索生态产品价格形成机制、碳排放权交易、可再生能源强制配额和绿证交易制度等绿色价格政策,对影响面大、制约因素复杂的政策措施可先行试点,摸索经验,逐步推广。

七、狠抓政策落地

创新和完善促进绿色发展价格机制,是当前和今后一个时期价格工作的一项重要任务,各地要加强组织领导,采取有力措施,确保各项政策落地生根。

(一)强化政策落实。各地价格主管部门要全面梳理现行资源环境价格政策落实情况,发现问题及时改进,对落实不力的要强化问责。对新出台的政策要建立落实台账,逐项明确时间表、路线图、责任人,扎实推进。规范市场交易价格行为,强化价格信用体系建设,督促市场主体严格履行价格合约。加强对政策落实情况的跟踪评估,找准政策执行中的痛点、难点、堵点,及时调整完善政策,以"钉钉子"的精神抓好落实。

(二)加强部门协作。推进绿色发展,需要全社会共同参与。各级价格主管部门要主动与相关部门加强协作,统筹运用价格、环保、财政、金融、投资、产业等政策措施,形成政策合力,共推绿色发展。

(三)兜住民生底线。正确处理推进绿色发展与保障群众生活的关系,充分考虑社会承受能力尤其是低收入群体承受能力,完善并执行好社会救助和保障标准与物价上涨挂钩的联动机制,采取有效措施,对冲价格调整对困难群众生活的影响。

(四)注重宣传引导。切实做好宣传引导工作,将宣传工作与政策制定放在同等重要位置,同研究、同部署、同落实,最大限度凝聚社会共识,强化全社会节约资源、保护环境、促进绿色发展的共同责任,提高执行促进绿色发展价格政策的积极性、主动性,推动将绿色发展的要求转化为自觉行动,共同建设美丽中国。

国有土地使用权出让收入

4-2-85

中华人民共和国土地管理法

1986年6月25日第六届全国人民代表大会常务委员会第十六次会议通过 同日中华人民共和国主席令第41号公布 1988年12月29日第七届全国人民代表大会常务委员会第五次会议第一次修正 同日中华人民共和国主席令第12号公布 1998年8月29日第九届全国人民代表大会常务委员会第四次会议修订 同日中华人民共和国主席令第8号公布 2004年8月28日第十届全国人民代表大会常务委员会第十一次会议第二次修正 同日中华人民共和国主席令第28号公布 2019年8月26日第十三届全国人民代表大会常务委员会第十二次会议第三次修正 同日中华人民共和国主席令第32号公布

目 录

第一章 总则
第二章 土地的所有权和使用权
第三章 土地利用总体规划
第四章 耕地保护
第五章 建设用地
第六章 监督检查
第七章 法律责任
第八章 附则

第一章 总 则

第一条 为了加强土地管理,维护土地的社会主义公有制,保护、开发土地资源,合理利用土地,切实保护耕地,促进社会经济的可持续发展,根据宪法,制定本法。

第二条 中华人民共和国实行土地的社会主义公有制,即全民所有制和劳动群众集体所有制。

全民所有,即国家所有土地的所有权由国务院代表国家行使。

任何单位和个人不得侵占、买卖或者以其他形式非法转让土地。土地使用权可以依法转让。

国家为了公共利益的需要,可以依法对土地实行征收或者征用并给予补偿。

国家依法实行国有土地有偿使用制度。但是,国家在法律规定的范围内划拨国有土地使用权的除外。

第三条 十分珍惜、合理利用土地和切实保护耕地是我国的基本国策。各级人民政府应当采取措施,全面规划,严格管理,保护、开发土地资源,制止非法占用土地的行为。

第四条 国家实行土地用途管制制度。

国家编制土地利用总体规划,规定土地用途,将土地分为农用地、建设用地和未利用地。严格限制农用地转为建设用地,控制建设用地总量,对耕地实行特殊保护。

前款所称农用地是指直接用于农业生产的土地,包括耕地、林地、草地、农田水利用地、养殖水面等;建设用地是指建造建筑物、构筑物的土地,包括城乡住宅和公共设施用地、工矿用地、交通水利设施用地、旅游用地、军事设施用地等;未利用地是指农用地和建设用地以外的土地。

使用土地的单位和个人必须严格按照土地利用总体规划确定的用途使用土地。

第五条 国务院自然资源主管部门统一负责全国土地的管理和监督工作。

县级以上地方人民政府自然资源主管部门的设置及其职责,由省、自治区、直辖市人民政府根据国务院有关规定确定。

第六条 国务院授权的机构对省、自治区、直辖市人民政府以及国务院确定的城市人民政府土地利用和土地管理情况进行督察。

第七条 任何单位和个人都有遵守土地管理法律、法规的义务,并有权对违反土地管理法律、法规的行为提出检举和控告。

第八条 在保护和开发土地资源、合理利用土地以及进行有关的科学研究等方面成绩显著的单位和个人,由人民政府给予奖励。

第二章 土地的所有权和使用权

第九条 城市市区的土地属于国家所有。

农村和城市郊区的土地,除由法律规定属于国家所有的以外,属于农民集体所有;宅基地和自留地、自留山,属于农民集体所有。

第十条 国有土地和农民集体所有的土地,可以依法确定给单位或者个人使用。使用土地的单位和个人,有保护、管理和合理利用土地的义务。

第十一条 农民集体所有的土地依法属于村农民集体所有的,由村集体经济组织或者村民委员会经营、管理;已经分别属于村内两个以上农村集体经济组织的农民集体所有的,由村内各该农村集体经济组织或者村民小组经营、管理;已经属于乡(镇)农民集体所有的,由乡(镇)农村集体经济组织经营、管理。

第十二条 土地的所有权和使用权的登记,依照有关不动产登记的法律、行政法规执行。

依法登记的土地的所有权和使用权受法律保护,任何单位和个人不得侵犯。

第十三条 农民集体所有和国家所有依法由农民集体使用的耕地、林地、草地,以及其他依法用于农业的土地,采取农村集体经济组织内部的家庭承包方式承包,不宜采取家庭承包方式的荒山、荒沟、荒丘、荒滩等,可以采取招标、拍卖、公开协商等方式承包,从事种植业、林业、畜牧业、渔业生产。家庭承包的耕地的承包期为三十年,草地的承包期为三十年至五十年,林地的承包期为三十年至七十年;耕地承包期届满后再延长三十年,草地、林地承包期届满后依法相应延长。

国家所有依法用于农业的土地可以由单位或者个人承包经营,从事种植业、林业、畜牧业、渔业生产。

发包方和承包方应当依法订立承包合同,约定双方的权利和义务。承包经营土地的单位和个人,有保护和按照承包合同约定的用途合理利用土地的义务。

第十四条 土地所有权和使用权争议,由当事人协商解决;协商不成的,由人民政府处理。

单位之间的争议,由县级以上人民政府处理;个人之间、个人与单位之间的争议,由乡级人民政府或者县级以上人民政府处理。

当事人对有关人民政府的处理决定不服的,可以自接到处理决定通知之日起三十日内,向人民法院起诉。

在土地所有权和使用权争议解决前,任何一方不得改变土地利用现状。

第三章 土地利用总体规划

第十五条 各级人民政府应当依据国民经济和社会发展规划、国土整治和资源环境保护的要求、土地供给能力以及各项建设对土地的需求,组织编制土地利用总体规划。

土地利用总体规划的规划期限由国务院规定。

第十六条 下级土地利用总体规划应当依据上一级土地利用总体规划编制。

地方各级人民政府编制的土地利用总体规划中的建设用地总量不得超过上一级土地利用总体规划确定的控制指标,耕地保有量不得低于上一级土地利用总体规划确定的控制指标。

省、自治区、直辖市人民政府编制的土地利用总体规划,应当确保本行政区域内耕地总量不减少。

第十七条 土地利用总体规划按照下列原则编制:

(一)落实国土空间开发保护要求,严格土地用途管制;

(二)严格保护永久基本农田,严格控制非农业建设占用农用地;

(三)提高土地节约集约利用水平;

(四)统筹安排城乡生产、生活、生态用地,满足乡村产业和基础设施用地合理需求,促进城乡融合发展;

(五)保护和改善生态环境,保障土地的可持续利用;

(六)占用耕地与开发复垦耕地数量平衡、质量相当。

第十八条 国家建立国土空间规划体系。编制国土空间规划应当坚持生态优先,绿色、可持续发展,科学有序统筹安排生态、农业、城镇等功能空间,优化国土空间结构和布局,提升国土空间开发、保护的质量和效率。

经依法批准的国土空间规划是各类开发、保护、建设活动的基本依据。已经编制国土空间规划的,不再编制土地利用总体规划和城乡规划。

第十九条　县级土地利用总体规划应当划分土地利用区,明确土地用途。

乡(镇)土地利用总体规划应当划分土地利用区,根据土地使用条件,确定每一块土地的用途,并予以公告。

第二十条　土地利用总体规划实行分级审批。

省、自治区、直辖市的土地利用总体规划,报国务院批准。

省、自治区人民政府所在地的市、人口在一百万以上的城市以及国务院指定的城市的土地利用总体规划,经省、自治区人民政府审查同意后,报国务院批准。

本条第二款、第三款规定以外的土地利用总体规划,逐级上报省、自治区、直辖市人民政府批准;其中,乡(镇)土地利用总体规划可以由省级人民政府授权的设区的市、自治州人民政府批准。

土地利用总体规划一经批准,必须严格执行。

第二十一条　城市建设用地规模应当符合国家规定的标准,充分利用现有建设用地,不占或者尽量少占农用地。

城市总体规划、村庄和集镇规划,应当与土地利用总体规划相衔接,城市总体规划、村庄和集镇规划中建设用地规模不得超过土地利用总体规划确定的城市和村庄、集镇建设用地规模。

在城市规划区内、村庄和集镇规划区内,城市和村庄、集镇建设用地应当符合城市规划、村庄和集镇规划。

第二十二条　江河、湖泊综合治理和开发利用规划,应当与土地利用总体规划相衔接。在江河、湖泊、水库的管理和保护范围以及蓄洪滞洪区内,土地利用应当符合江河、湖泊综合治理和开发利用规划,符合河道、湖泊行洪、蓄洪和输水的要求。

第二十三条　各级人民政府应当加强土地利用计划管理,实行建设用地总量控制。

土地利用年度计划,根据国民经济和社会发展计划、国家产业政策、土地利用总体规划以及建设用地和土地利用的实际状况编制。土地利用年度计划应当对本法第六十三条规定的集体经营性建设用地作出合理安排。土地利用年度计划的编制审批程序与土地利用总体规划的编制审批程序相同,一经审批下达,必须严格执行。

第二十四条　省、自治区、直辖市人民政府应当将土地利用年度计划的执行情况列为国民经济和社会发展计划执行情况的内容,向同级人民代表大会报告。

第二十五条　经批准的土地利用总体规划的修改,须经原批准机关批准;未经批准,不得改变土地利用总体规划确定的土地用途。

经国务院批准的大型能源、交通、水利等基础设施建设用地,需要改变土地利用总体规划的,根据国务院的批准文件修改土地利用总体规划。

经省、自治区、直辖市人民政府批准的能源、交通、水利等基础设施建设用地,需要改变土地利用总体规划的,属于省级人民政府土地利用总体规划批准权限内的,根据省级人民政府的批准文件修改土地利用总体规划。

第二十六条　国家建立土地调查制度。

县级以上人民政府自然资源主管部门会同同级有关部门进行土地调查。土地所有者或者使用者应当配合调查,并提供有关资料。

第二十七条 县级以上人民政府自然资源主管部门会同同级有关部门根据土地调查成果、规划土地用途和国家制定的统一标准,评定土地等级。

第二十八条 国家建立土地统计制度。

县级以上人民政府统计机构和自然资源主管部门依法进行土地统计调查,定期发布土地统计资料。土地所有者或者使用者应当提供有关资料,不得拒报、迟报,不得提供不真实、不完整的资料。

统计机构和自然资源主管部门共同发布的土地面积统计资料是各级人民政府编制土地利用总体规划的依据。

第二十九条 国家建立全国土地管理信息系统,对土地利用状况进行动态监测。

第四章 耕地保护

第三十条 国家保护耕地,严格控制耕地转为非耕地。

国家实行占用耕地补偿制度。非农业建设经批准占用耕地的,按照"占多少,垦多少"的原则,由占用耕地的单位负责开垦与所占用耕地的数量和质量相当的耕地;没有条件开垦或者开垦的耕地不符合要求的,应当按照省、自治区、直辖市的规定缴纳耕地开垦费,专款用于开垦新的耕地。

省、自治区、直辖市人民政府应当制定开垦耕地计划,监督占用耕地的单位按照计划开垦耕地或者按照计划组织开垦耕地,并进行验收。

第三十一条 县级以上地方人民政府可以要求占用耕地的单位将所占用耕地耕作层的土壤用于新开垦耕地、劣质地或者其他耕地的土壤改良。

第三十二条 省、自治区、直辖市人民政府应当严格执行土地利用总体规划和土地利用年度计划,采取措施,确保本行政区域内耕地总量不减少、质量不降低。耕地总量减少的,由国务院责令在规定期限内组织开垦与所减少耕地的数量与质量相当的耕地;耕地质量降低的,由国务院责令在规定期限内组织整治。新开垦和整治的耕地由国务院自然资源主管部门会同农业农村主管部门验收。

个别省、直辖市确因土地后备资源匮乏,新增建设用地后,新开垦耕地的数量不足以补偿所占用耕地的数量的,必须报经国务院批准减免本行政区域内开垦耕地的数量,易地开垦数量和质量相当的耕地。

第三十三条 国家实行永久基本农田保护制度。下列耕地应当根据土地利用总体规划划为永久基本农田,实行严格保护:

(一)经国务院农业农村主管部门或者县级以上地方人民政府批准确定的粮、棉、油、糖等重要农产品生产基地内的耕地;

(二)有良好的水利与水土保持设施的耕地,正在实施改造计划以及可以改造的中、低产田和已建成的高标准农田;

(三)蔬菜生产基地;

(四)农业科研、教学试验田;

(五)国务院规定应当划为永久基本农田的其他耕地。

各省、自治区、直辖市划定的永久基本农田一般应当占本行政区域内耕地的百分之八十以上,具体比例由国务院根据各省、自治区、直辖市耕地实际情况规定。

第三十四条 永久基本农田划定以乡(镇)为单位进行,由县级人民政府自然资源主管部门会同同级农业农村主管部门组织实施。永久基本农田应当落实到地块,纳入国家永久基本农田数据库严格管理。

乡(镇)人民政府应当将永久基本农田的位置、范围向社会公告,并设立保护标志。

第三十五条 永久基本农田经依法划定后,任何单位和个人不得擅自占用或者改变其用途。国家能源、交通、水利、军事设施等重点建设项目选址确实难以避让永久基本农田,涉及农用地转用或者土地征收的,必须经国务院批准。

禁止通过擅自调整县级土地利用总体规划、乡(镇)土地利用总体规划等方式规避永久基本农田农用地转用或者土地征收的审批。

第三十六条 各级人民政府应当采取措施,引导因地制宜轮作休耕,改良土壤,提高地力,维护排灌工程设施,防止土地荒漠化、盐渍化、水土流失和土壤污染。

第三十七条 非农业建设必须节约使用土地,可以利用荒地的,不得占用耕地;可以利用劣地的,不得占用好地。

禁止占用耕地建窑、建坟或者擅自在耕地上建房、挖砂、采石、采矿、取土等。

禁止占用永久基本农田发展林果业和挖塘养鱼。

第三十八条 禁止任何单位和个人闲置、荒芜耕地。已经办理审批手续的非农业建设占用耕地,一年内不用而又可以耕种并收获的,应当由原耕种该幅耕地的集体或者个人恢复耕种,也可以由用地单位组织耕种;一年以上未动工建设的,应当按照省、自治区、直辖市的规定缴纳闲置费;连续二年未使用的,经原批准机关批准,由县级以上人民政府无偿收回用地单位的土地使用权;该幅土地原为农民集体所有的,应当交由原农村集体经济组织恢复耕种。

在城市规划区范围内,以出让方式取得土地使用权进行房地产开发的闲置土地,依照《中华人民共和国城市房地产管理法》的有关规定办理。

第三十九条 国家鼓励单位和个人按照土地利用总体规划,在保护和改善生态环境、防止水土流失和土地荒漠化的前提下,开发未利用的土地;适宜开发为农用地的,应当优先开发成农用地。

国家依法保护开发者的合法权益。

第四十条 开垦未利用的土地,必须经过科学论证和评估,在土地利用总体规划划定的可开垦的区域内,经依法批准后进行。禁止毁坏森林、草原开垦耕地,禁止围湖造田和侵占江河滩地。

根据土地利用总体规划,对破坏生态环境开垦、围垦的土地,有计划有步骤地退耕还林、还牧、还湖。

第四十一条 开发未确定使用权的国有荒山、荒地、荒滩从事种植业、林业、畜牧业、渔业生产的,经县级以上人民政府依法批准,可以确定给开发单位或者个人长期使用。

第四十二条 国家鼓励土地整理。县、乡(镇)人民政府应当组织农村集体经济组织,按照土地利用总体规划,对田、水、路、林、村综合整治,提高耕地质量,增加有效耕地面积,改善农业生产条件和生态环境。

地方各级人民政府应当采取措施,改造中、低产田,整治闲散地和废弃地。

第四十三条 因挖损、塌陷、压占等造成土地破坏,用地单位和个人应当按照国家有关规定负责复垦;没有条件复垦或者复垦不符合要求的,应当缴纳土地复垦费,专项用于土地复垦。复垦的土地应当优先用于农业。

第五章　建设用地

第四十四条 建设占用土地,涉及农用地转为建设用地的,应当办理农用地转用审批手续。

永久基本农田转为建设用地的,由国务院批准。

在土地利用总体规划确定的城市和村庄、集镇建设用地规模范围内,为实施该规划而将永久基本农田以外的农用地转为建设用地的,按土地利用年度计划分批次按照国务院规定由原批准土地利用总体规划的机关或者其授权的机关批准。在已批准的农用地转用范围内,具体建设项目用地可以由市、县人民政府批准。

在土地利用总体规划确定的城市和村庄、集镇建设用地规模范围外,将永久基本农田以外的农用地转为建设用地的,由国务院或者国务院授权的省、自治区、直辖市人民政府批准。

第四十五条 为了公共利益的需要,有下列情形之一,确需征收农民集体所有的土地的,可以依法实施征收:

(一)军事和外交需要用地的;

(二)由政府组织实施的能源、交通、水利、通信、邮政等基础设施建设需要用地的;

(三)由政府组织实施的科技、教育、文化、卫生、体育、生态环境和资源保护、防灾减灾、文物保护、社区综合服务、社会福利、市政公用、优抚安置、英烈保护等公共事业需要用地的;

(四)由政府组织实施的扶贫搬迁、保障性安居工程建设需要用地的;

(五)在土地利用总体规划确定的城镇建设用地范围内,经省级以上人民政府批准由县级以上地方人民政府组织实施的成片开发建设需要用地的;

(六)法律规定为公共利益需要可以征收农民集体所有的土地的其他情形。

前款规定的建设活动,应当符合国民经济和社会发展规划、土地利用总体规划、城乡规划和专项规划;第(四)项、第(五)项规定的建设活动,还应当纳入国民经济和社会发展年度计划;第(五)项规定的成片开发并应当符合国务院自然资源主管部门规定的标准。

第四十六条 征收下列土地的,由国务院批准:

(一)永久基本农田;

(二)永久基本农田以外的耕地超过三十五公顷的;

(三)其他土地超过七十公顷的。

征收前款规定以外的土地的,由省、自治区、直辖市人民政府批准。

征收农用地的,应当依照本法第四十四条的规定先行办理农用地转用审批。其中,经国务院批准农用地转用的,同时办理征地审批手续,不再另行办理征地审批;经省、自治区、直辖市人民政府在征地批准权限内批准农用地转用的,同时办理征地审批手续,不再另行办理征地审批,超过征地批准权限的,应当依照本条第一款的规定另行办理征地审批。

第四十七条　国家征收土地的,依照法定程序批准后,由县级以上地方人民政府予以公告并组织实施。

县级以上地方人民政府拟申请征收土地的,应当开展拟征收土地现状调查和社会稳定风险评估,并将征收范围、土地现状、征收目的、补偿标准、安置方式和社会保障等在拟征收土地所在的乡(镇)和村、村民小组范围内公告至少三十日,听取被征地的农村集体经济组织及其成员、村民委员会和其他利害关系人的意见。

多数被征地的农村集体经济组织成员认为征地补偿安置方案不符合法律、法规规定的,县级以上地方人民政府应当组织召开听证会,并根据法律、法规的规定和听证会情况修改方案。

拟征收土地的所有权人、使用权人应当在公告规定期限内,持不动产权属证明材料办理补偿登记。县级以上地方人民政府应当组织有关部门测算并落实有关费用,保证足额到位,与拟征收土地的所有权人、使用权人就补偿、安置等签订协议;个别确实难以达成协议的,应当在申请征收土地时如实说明。

相关前期工作完成后,县级以上地方人民政府方可申请征收土地。

第四十八条　征收土地应当给予公平、合理的补偿,保障被征地农民原有生活水平不降低、长远生计有保障。

征收土地应当依法及时足额支付土地补偿费、安置补助费以及农村村民住宅、其他地上附着物和青苗等的补偿费用,并安排被征地农民的社会保障费用。

征收农用地的土地补偿费、安置补助费标准由省、自治区、直辖市通过制定公布区片综合地价确定。制定区片综合地价应当综合考虑土地原用途、土地资源条件、土地产值、土地区位、土地供求关系、人口以及经济社会发展水平等因素,并至少每三年调整或者重新公布一次。

征收农用地以外的其他土地、地上附着物和青苗等的补偿标准,由省、自治区、直辖市制定。对其中的农村村民住宅,应当按照先补偿后搬迁、居住条件有改善的原则,尊重农村村民意愿,采取重新安排宅基地建房、提供安置房或者货币补偿等方式给予公平、合理的补偿,并对因征收造成的搬迁、临时安置等费用予以补偿,保障农村村民居住的权利和合法的住房财产权益。

县级以上地方人民政府应当将被征地农民纳入相应的养老等社会保障体系。被征地农民的社会保障费用主要用于符合条件的被征地农民的养老保险等社会保险缴费补贴。被征地农民社会保障费用的筹集、管理和使用办法,由省、自治区、直辖市制定。

第四十九条　被征地的农村集体经济组织应当将征收土地的补偿费用的收支状况向本集体经济组织的成员公布,接受监督。

禁止侵占、挪用被征收土地单位的征地补偿费用和其他有关费用。

第五十条　地方各级人民政府应当支持被征地的农村集体经济组织和农民从事开发经营,兴办企业。

第五十一条 大中型水利、水电工程建设征收土地的补偿费标准和移民安置办法,由国务院另行规定。

第五十二条 建设项目可行性研究论证时,自然资源主管部门可以根据土地利用总体规划、土地利用年度计划和建设用地标准,对建设用地有关事项进行审查,并提出意见。

第五十三条 经批准的建设项目需要使用国有建设用地的,建设单位应当持法律、行政法规规定的有关文件,向有批准权的县级以上人民政府自然资源主管部门提出建设用地申请,经自然资源主管部门审查,报本级人民政府批准。

第五十四条 建设单位使用国有土地,应当以出让等有偿使用方式取得;但是,下列建设用地,经县级以上人民政府依法批准,可以以划拨方式取得:

(一)国家机关用地和军事用地;

(二)城市基础设施用地和公益事业用地;

(三)国家重点扶持的能源、交通、水利等基础设施用地;

(四)法律、行政法规规定的其他用地。

第五十五条 以出让等有偿使用方式取得国有土地使用权的建设单位,按照国务院规定的标准和办法,缴纳土地使用权出让金等土地有偿使用费和其他费用后,方可使用土地。

自本法施行之日起,新增建设用地的土地有偿使用费,百分之三十上缴中央财政,百分之七十留给有关地方人民政府。具体使用管理办法由国务院财政部门会同有关部门制定,并报国务院批准。

第五十六条 建设单位使用国有土地的,应当按照土地使用权出让等有偿使用合同的约定或者土地使用权划拨批准文件的规定使用土地;确需改变该幅土地建设用途的,应当经有关人民政府自然资源主管部门同意,报原批准用地的人民政府批准。其中,在城市规划区内改变土地用途的,在报批前,应当先经有关城市规划行政主管部门同意。

第五十七条 建设项目施工和地质勘查需要临时使用国有土地或者农民集体所有的土地的,由县级以上人民政府自然资源主管部门批准。其中,在城市规划区内的临时用地,在报批前,应当先经有关城市规划行政主管部门同意。土地使用者应当根据土地权属,与有关自然资源主管部门或者农村集体经济组织、村民委员会签订临时使用土地合同,并按照合同的约定支付临时使用土地补偿费。

临时使用土地的使用者应当按照临时使用土地合同约定的用途使用土地,并不得修建永久性建筑物。

临时使用土地期限一般不超过二年。

第五十八条 有下列情形之一的,由有关人民政府自然资源主管部门报经原批准用地的人民政府或者有批准权的人民政府批准,可以收回国有土地使用权:

(一)为实施城市规划进行旧城区改建以及其他公共利益需要,确需使用土地的;

(二)土地出让等有偿使用合同约定的使用期限届满,土地使用者未申请续期或者申请续期未获批准的;

(三)因单位撤销、迁移等原因,停止使用原划拨的国有土地的;

(四)公路、铁路、机场、矿场等经核准报废的。

依照前款第(一)项的规定收回国有土地使用权的,对土地使用权人应当给予适当补偿。

第五十九条 乡镇企业、乡(镇)村公共设施、公益事业、农村村民住宅等乡(镇)村建设,应当按照村庄和集镇规划,合理布局,综合开发,配套建设;建设用地,应当符合乡(镇)土地利用总体规划和土地利用年度计划,并依照本法第四十四条、第六十条、第六十一条、第六十二条的规定办理审批手续。

第六十条 农村集体经济组织使用乡(镇)土地利用总体规划确定的建设用地兴办企业或者与其他单位、个人以土地使用权入股、联营等形式共同举办企业的,应当持有关批准文件,向县级以上地方人民政府自然资源主管部门提出申请,按照省、自治区、直辖市规定的批准权限,由县级以上地方人民政府批准;其中,涉及占用农用地的,依照本法第四十四条的规定办理审批手续。

按照前款规定兴办企业的建设用地,必须严格控制。省、自治区、直辖市可以按照乡镇企业的不同行业和经营规模,分别规定用地标准。

第六十一条 乡(镇)村公共设施、公益事业建设,需要使用土地的,经乡(镇)人民政府审核,向县级以上地方人民政府自然资源主管部门提出申请,按照省、自治区、直辖市规定的批准权限,由县级以上地方人民政府批准;其中,涉及占用农用地的,依照本法第四十四条的规定办理审批手续。

第六十二条 农村村民一户只能拥有一处宅基地,其宅基地的面积不得超过省、自治区、直辖市规定的标准。

人均土地少,不能保障一户拥有一处宅基地的地区,县级人民政府在充分尊重农村村民意愿的基础上,可以采取措施,按照省、自治区、直辖市规定的标准保障农村村民实现户有所居。

农村村民建住宅,应当符合乡(镇)土地利用总体规划、村庄规划,不得占用永久基本农田,并尽量使用原有的宅基地和村内空闲地。编制乡(镇)土地利用总体规划、村庄规划应当统筹并合理安排宅基地用地,改善农村村民居住环境和条件。

农村村民住宅用地,由乡(镇)人民政府审核批准;其中,涉及占用农用地的,依照本法第四十四条的规定办理审批手续。

农村村民出卖、出租、赠与住宅后,再申请宅基地的,不予批准。

国家允许进城落户的农村村民依法自愿有偿退出宅基地,鼓励农村集体经济组织及其成员盘活利用闲置宅基地和闲置住宅。

国务院农业农村主管部门负责全国农村宅基地改革和管理有关工作。

第六十三条 土地利用总体规划、城乡规划确定为工业、商业等经营性用途,并经依法登记的集体经营性建设用地,土地所有权人可以通过出让、出租等方式交由单位或者个人使用,并应当签订书面合同,载明土地界址、面积、动工期限、使用期限、土地用途、规划条件和双方其他权利义务。

前款规定的集体经营性建设用地出让、出租等,应当经本集体经济组织成员的村民会议三分之二以上成员或者三分之二以上村民代表的同意。

通过出让等方式取得的集体经营性建设用地使用权可以转让、互换、出资、赠与或者抵押,但法律、行政法规另有规定或者土地所有权人、土地使用权人签订的书面合同另有约定的除外。

集体经营性建设用地的出租,集体建设用地使用权的出让及其最高年限、转让、互换、出资、赠与、抵押等,参照同类用途的国有建设用地执行。具体办法由国务院制定。

第六十四条 集体建设用地的使用者应当严格按照土地利用总体规划、城乡规划确定的用途使用土地。

第六十五条 在土地利用总体规划制定前已建的不符合土地利用总体规划确定的用途的建筑物、构筑物,不得重建、扩建。

第六十六条 有下列情形之一的,农村集体经济组织报经原批准用地的人民政府批准,可以收回土地使用权:

(一)为乡(镇)村公共设施和公益事业建设,需要使用土地的;

(二)不按照批准的用途使用土地的;

(三)因撤销、迁移等原因而停止使用土地的。

依照前款第(一)项规定收回农民集体所有的土地的,对土地使用权人应当给予适当补偿。

收回集体经营性建设用地使用权,依照双方签订的书面合同办理,法律、行政法规另有规定的除外。

第六章　监督检查

第六十七条 县级以上人民政府自然资源主管部门对违反土地管理法律、法规的行为进行监督检查。

县级以上人民政府农业农村主管部门对违反农村宅基地管理法律、法规的行为进行监督检查的,适用本法关于自然资源主管部门监督检查的规定。

土地管理监督检查人员应当熟悉土地管理法律、法规,忠于职守、秉公执法。

第六十八条 县级以上人民政府自然资源主管部门履行监督检查职责时,有权采取下列措施:

(一)要求被检查的单位或者个人提供有关土地权利的文件和资料,进行查阅或者予以复制;

(二)要求被检查的单位或者个人就有关土地权利的问题作出说明;

(三)进入被检查单位或者个人非法占用的土地现场进行勘测;

(四)责令非法占用土地的单位或者个人停止违反土地管理法律、法规的行为。

第六十九条 土地管理监督检查人员履行职责,需要进入现场进行勘测、要求有关单位或者个人提供文件、资料和作出说明的,应当出示土地管理监督检查证件。

第七十条 有关单位和个人对县级以上人民政府自然资源主管部门就土地违法行为进行的监督检查应当支持与配合,并提供工作方便,不得拒绝与阻碍土地管理监督检查人员依法执行职务。

第七十一条 县级以上人民政府自然资源主管部门在监督检查工作中发现国家工作人员的违法行为,依法应当给予处分的,应当依法予以处理;自己无权处理的,应当依法移送监察机关或者有关机关处理。

第七十二条　县级以上人民政府自然资源主管部门在监督检查工作中发现土地违法行为构成犯罪的,应当将案件移送有关机关,依法追究刑事责任;尚不构成犯罪的,应当依法给予行政处罚。

第七十三条　依照本法规定应当给予行政处罚,而有关自然资源主管部门不给予行政处罚的,上级人民政府自然资源主管部门有权责令有关自然资源主管部门作出行政处罚决定或者直接给予行政处罚,并给予有关自然资源主管部门的负责人处分。

第七章　法律责任

第七十四条　买卖或者以其他形式非法转让土地的,由县级以上人民政府自然资源主管部门没收违法所得;对违反土地利用总体规划擅自将农用地改为建设用地的,限期拆除在非法转让的土地上新建的建筑物和其他设施,恢复土地原状,对符合土地利用总体规划的,没收在非法转让的土地上新建的建筑物和其他设施;可以并处罚款;对直接负责的主管人员和其他直接责任人员,依法给予处分;构成犯罪的,依法追究刑事责任。

第七十五条　违反本法规定,占用耕地建窑、建坟或者擅自在耕地上建房、挖砂、采石、采矿、取土等,破坏种植条件的,或者因开发土地造成土地荒漠化、盐渍化的,由县级以上人民政府自然资源主管部门、农业农村主管部门等按照职责责令限期改正或者治理,可以并处罚款;构成犯罪的,依法追究刑事责任。

第七十六条　违反本法规定,拒不履行土地复垦义务的,由县级以上人民政府自然资源主管部门责令限期改正;逾期不改正的,责令缴纳复垦费,专项用于土地复垦,可以处以罚款。

第七十七条　未经批准或者采取欺骗手段骗取批准,非法占用土地的,由县级以上人民政府自然资源主管部门责令退还非法占用的土地,对违反土地利用总体规划擅自将农用地改为建设用地的,限期拆除在非法占用的土地上新建的建筑物和其他设施,恢复土地原状,对符合土地利用总体规划的,没收在非法占用的土地上新建的建筑物和其他设施,可以并处罚款;对非法占用土地单位的直接负责的主管人员和其他直接责任人员,依法给予处分;构成犯罪的,依法追究刑事责任。

超过批准的数量占用土地,多占的土地以非法占用土地论处。

第七十八条　农村村民未经批准或者采取欺骗手段骗取批准,非法占用土地建住宅的,由县级以上人民政府农业农村主管部门责令退还非法占用的土地,限期拆除在非法占用的土地上新建的房屋。

超过省、自治区、直辖市规定的标准,多占的土地以非法占用土地论处。

第七十九条　无权批准征收、使用土地的单位或者个人非法批准占用土地的,超越批准权限非法批准占用土地的,不按照土地利用总体规划确定的用途批准用地的,或者违反法律规定的程序批准占用、征收土地的,其批准文件无效,对非法批准征收、使用土地的直接负责的主管人员和其他直接责任人员,依法给予处分;构成犯罪的,依法追究刑事责任。非法批准、使用的土地应当收回,有关当事人拒不归还的,以非法占用土地论处。

非法批准征收、使用土地,对当事人造成损失的,依法应当承担赔偿责任。

第八十条　侵占、挪用被征收土地单位的征地补偿费用和其他有关费用,构成犯罪的,依法追究刑事责任；尚不构成犯罪的，依法给予处分。

第八十一条 依法收回国有土地使用权当事人拒不交出土地的，临时使用土地期满拒不归还的，或者不按照批准的用途使用国有土地的，由县级以上人民政府自然资源主管部门责令交还土地，处以罚款。

第八十二条 擅自将农民集体所有的土地通过出让、转让使用权或者出租等方式用于非农业建设，或者违反本法规定，将集体经营性建设用地通过出让、出租等方式交由单位或者个人使用的，由县级以上人民政府自然资源主管部门责令限期改正，没收违法所得，并处罚款。

第八十三条 依照本法规定，责令限期拆除在非法占用的土地上新建的建筑物和其他设施的，建设单位或者个人必须立即停止施工，自行拆除；对继续施工的，作出处罚决定的机关有权制止。建设单位或者个人对责令限期拆除的行政处罚决定不服的，可以在接到责令限期拆除决定之日起十五日内，向人民法院起诉；期满不起诉又不自行拆除的，由作出处罚决定的机关依法申请人民法院强制执行，费用由违法者承担。

第八十四条 自然资源主管部门、农业农村主管部门的工作人员玩忽职守、滥用职权、徇私舞弊，构成犯罪的，依法追究刑事责任；尚不构成犯罪的，依法给予处分。

第八章　附　　则

第八十五条 外商投资企业使用土地的，适用本法；法律另有规定的，从其规定。

第八十六条 在根据本法第十八条的规定编制国土空间规划前，经依法批准的土地利用总体规划和城乡规划继续执行。

第八十七条 本法自1999年1月1日起施行。

4-2-86

中华人民共和国城市房地产管理法

1994年7月5日第八届全国人民代表大会常务委员会第八次会议通过　同日中华人民共和国主席令第29号公布　2007年8月30日第十届全国人民代表大会常务委员会第二十九次会议第一次修正　同日中华人民共和国主席令第72号公布　2009年8月27日第十一届全国人民代表大会常务委员会第十次会议第二次修正　同日中华人民共和国主席令第18号公布　2019年8月26日第十三届全国人民代表大会常务委员会第十二次会议第三次修正　同日中华人民共和国主席令第32号公布

目　　录

第一章　总则
第二章　房地产开发用地
　第一节　土地使用权出让
　第二节　土地使用权划拨

第三章　房地产开发
第四章　房地产交易
　第一节　一般规定
　第二节　房地产转让
　第三节　房地产抵押
　第四节　房屋租赁
　第五节　中介服务机构
第五章　房地产权属登记管理
第六章　法律责任
第七章　附则

第一章　总　　则

第一条　为了加强对城市房地产的管理,维护房地产市场秩序,保障房地产权利人的合法权益,促进房地产业的健康发展,制定本法。

第二条　在中华人民共和国城市规划区国有土地(以下简称国有土地)范围内取得房地产开发用地的土地使用权,从事房地产开发、房地产交易,实施房地产管理,应当遵守本法。

本法所称房屋,是指土地上的房屋等建筑物及构筑物。

本法所称房地产开发,是指在依据本法取得国有土地使用权的土地上进行基础设施、房屋建设的行为。

本法所称房地产交易,包括房地产转让、房地产抵押和房屋租赁。

第三条　国家依法实行国有土地有偿、有限期使用制度。但是,国家在本法规定的范围内划拨国有土地使用权的除外。

第四条　国家根据社会、经济发展水平,扶持发展居民住宅建设,逐步改善居民的居住条件。

第五条　房地产权利人应当遵守法律和行政法规,依法纳税。房地产权利人的合法权益受法律保护,任何单位和个人不得侵犯。

第六条　为了公共利益的需要,国家可以征收国有土地上单位和个人的房屋,并依法给予拆迁补偿,维护被征收人的合法权益;征收个人住宅的,还应当保障被征收人的居住条件。具体办法由国务院规定。

第七条　国务院建设行政主管部门、土地管理部门依照国务院规定的职权划分,各司其职,密切配合,管理全国房地产工作。

县级以上地方人民政府房产管理、土地管理部门的机构设置及其职权由省、自治区、直辖市人民政府确定。

第二章　房地产开发用地

第一节　土地使用权出让

第八条　土地使用权出让,是指国家将国有土地使用权(以下简称土地使用权)在一定年限内出让给土地使用者,由土地使用者向国家支付土地使用权出让金的行为。

第九条 城市规划区内的集体所有的土地,经依法征收转为国有土地后,该幅国有土地的使用权方可有偿出让,但法律另有规定的除外。

第十条 土地使用权出让,必须符合土地利用总体规划、城市规划和年度建设用地计划。

第十一条 县级以上地方人民政府出让土地使用权用于房地产开发的,须根据省级以上人民政府下达的控制指标拟订年度出让土地使用权总面积方案,按照国务院规定,报国务院或者省级人民政府批准。

第十二条 土地使用权出让,由市、县人民政府有计划、有步骤地进行。出让的每幅地块、用途、年限和其他条件,由市、县人民政府土地管理部门会同城市规划、建设、房产管理部门共同拟定方案,按照国务院规定,报经有批准权的人民政府批准后,由市、县人民政府土地管理部门实施。

直辖市的县人民政府及其有关部门行使前款规定的权限,由直辖市人民政府规定。

第十三条 土地使用权出让,可以采取拍卖、招标或者双方协议的方式。

商业、旅游、娱乐和豪华住宅用地,有条件的,必须采取拍卖、招标方式;没有条件,不能采取拍卖、招标方式的,可以采取双方协议的方式。

采取双方协议方式出让土地使用权的出让金不得低于按国家规定所确定的最低价。

第十四条 土地使用权出让最高年限由国务院规定。

第十五条 土地使用权出让,应当签订书面出让合同。

土地使用权出让合同由市、县人民政府土地管理部门与土地使用者签订。

第十六条 土地使用者必须按照出让合同约定,支付土地使用权出让金;未按照出让合同约定支付土地使用权出让金的,土地管理部门有权解除合同,并可以请求违约赔偿。

第十七条 土地使用者按照出让合同约定支付土地使用权出让金的,市、县人民政府土地管理部门必须按照出让合同约定,提供出让的土地;未按照出让合同约定提供出让的土地的,土地使用者有权解除合同,由土地管理部门返还土地使用权出让金,土地使用者并可以请求违约赔偿。

第十八条 土地使用者需要改变土地使用权出让合同约定的土地用途的,必须取得出让方和市、县人民政府城市规划行政主管部门的同意,签订土地使用权出让合同变更协议或者重新签订土地使用权出让合同,相应调整土地使用权出让金。

第十九条 土地使用权出让金应当全部上缴财政,列入预算,用于城市基础设施建设和土地开发。土地使用权出让金上缴和使用的具体办法由国务院规定。

第二十条 国家对土地使用者依法取得的土地使用权,在出让合同约定的使用年限届满前不收回;在特殊情况下,根据社会公共利益的需要,可以依照法律程序提前收回,并根据土地使用者使用土地的实际年限和开发土地的实际情况给予相应的补偿。

第二十一条 土地使用权因土地灭失而终止。

第二十二条 土地使用权出让合同约定的使用年限届满,土地使用者需要继续使用土地的,应当至迟于届满前一年申请续期,除根据社会公共利益需要收回该幅土地的,应当予以批准。经批准准予续期的,应当重新签订土地使用权出让合同,依照规定支付土地使用权出让金。

土地使用权出让合同约定的使用年限届满,土地使用者未申请续期或者虽申请续期但依照前款规定未获批准的,土地使用权由国家无偿收回。

第二节 土地使用权划拨

第二十三条 土地使用权划拨,是指县级以上人民政府依法批准,在土地使用者缴纳补偿、安置等费用后将该幅土地交付其使用,或者将土地使用权无偿交付给土地使用者使用的行为。

依照本法规定以划拨方式取得土地使用权的,除法律、行政法规另有规定外,没有使用期限的限制。

第二十四条 下列建设用地的土地使用权,确属必需的,可以由县级以上人民政府依法批准划拨:

(一)国家机关用地和军事用地;
(二)城市基础设施用地和公益事业用地;
(三)国家重点扶持的能源、交通、水利等项目用地;
(四)法律、行政法规规定的其他用地。

第三章 房地产开发

第二十五条 房地产开发必须严格执行城市规划,按照经济效益、社会效益、环境效益相统一的原则,实行全面规划、合理布局、综合开发、配套建设。

第二十六条 以出让方式取得土地使用权进行房地产开发的,必须按照土地使用权出让合同约定的土地用途、动工开发期限开发土地。超过出让合同约定的动工开发日期满一年未动工开发的,可以征收相当于土地使用权出让金百分之二十以下的土地闲置费;满二年未动工开发的,可以无偿收回土地使用权;但是,因不可抗力或者政府、政府有关部门的行为或者动工开发必需的前期工作造成动工开发迟延的除外。

第二十七条 房地产开发项目的设计、施工,必须符合国家的有关标准和规范。

房地产开发项目竣工,经验收合格后,方可交付使用。

第二十八条 依法取得的土地使用权,可以依照本法和有关法律、行政法规的规定,作价入股,合资、合作开发经营房地产。

第二十九条 国家采取税收等方面的优惠措施鼓励和扶持房地产开发企业开发建设居民住宅。

第三十条 房地产开发企业是以营利为目的,从事房地产开发和经营的企业。设立房地产开发企业,应当具备下列条件:

(一)有自己的名称和组织机构;
(二)有固定的经营场所;
(三)有符合国务院规定的注册资本;
(四)有足够的专业技术人员;
(五)法律、行政法规规定的其他条件。

设立房地产开发企业,应当向工商行政管理部门申请设立登记。工商行政管理部门对符合本法规定条件的,应当予以登记,发给营业执照;对不符合本法规定条件的,不予登记。

设立有限责任公司、股份有限公司,从事房地产开发经营的,还应当执行公司法的有关规定。

房地产开发企业在领取营业执照后的一个月内,应当到登记机关所在地的县级以上地方人民政府规定的部门备案。

第三十一条 房地产开发企业的注册资本与投资总额的比例应当符合国家有关规定。

房地产开发企业分期开发房地产的,分期投资额应当与项目规模相适应,并按照土地使用权出让合同的约定,按期投入资金,用于项目建设。

第四章 房地产交易

第一节 一般规定

第三十二条 房地产转让、抵押时,房屋的所有权和该房屋占用范围内的土地使用权同时转让、抵押。

第三十三条 基准地价、标定地价和各类房屋的重置价格应当定期确定并公布。具体办法由国务院规定。

第三十四条 国家实行房地产价格评估制度。

房地产价格评估,应当遵循公正、公平、公开的原则,按照国家规定的技术标准和评估程序,以基准地价、标定地价和各类房屋的重置价格为基础,参照当地的市场价格进行评估。

第三十五条 国家实行房地产成交价格申报制度。

房地产权利人转让房地产,应当向县级以上地方人民政府规定的部门如实申报成交价,不得瞒报或者作不实的申报。

第三十六条 房地产转让、抵押,当事人应当依照本法第五章的规定办理权属登记。

第二节 房地产转让

第三十七条 房地产转让,是指房地产权利人通过买卖、赠与或者其他合法方式将其房地产转移给他人的行为。

第三十八条 下列房地产,不得转让:

(一)以出让方式取得土地使用权的,不符合本法第三十九条规定的条件的;

(二)司法机关和行政机关依法裁定、决定查封或者以其他形式限制房地产权利的;

(三)依法收回土地使用权的;

(四)共有房地产,未经其他共有人书面同意的;

(五)权属有争议的;

(六)未依法登记领取权属证书的;

(七)法律、行政法规规定禁止转让的其他情形。

第三十九条 以出让方式取得土地使用权的,转让房地产时,应当符合下列条件:

（一）按照出让合同约定已经支付全部土地使用权出让金，并取得土地使用权证书；

（二）按照出让合同约定进行投资开发，属于房屋建设工程的，完成开发投资总额的百分之二十五以上，属于成片开发土地的，形成工业用地或者其他建设用地条件。

转让房地产时房屋已经建成的，还应当持有房屋所有权证书。

第四十条 以划拨方式取得土地使用权的，转让房地产时，应当按照国务院规定，报有批准权的人民政府审批。有批准权的人民政府准予转让的，应当由受让方办理土地使用权出让手续，并依照国家有关规定缴纳土地使用权出让金。

以划拨方式取得土地使用权的，转让房地产报批时，有批准权的人民政府按照国务院规定决定可以不办理土地使用权出让手续的，转让方应当按照国务院规定将转让房地产所获收益中的土地收益上缴国家或者作其他处理。

第四十一条 房地产转让，应当签订书面转让合同，合同中应当载明土地使用权取得的方式。

第四十二条 房地产转让时，土地使用权出让合同载明的权利、义务随之转移。

第四十三条 以出让方式取得土地使用权的，转让房地产后，其土地使用权的使用年限为原土地使用权出让合同约定的使用年限减去原土地使用者已经使用年限后的剩余年限。

第四十四条 以出让方式取得土地使用权的，转让房地产后，受让人改变原土地使用权出让合同约定的土地用途的，必须取得原出让方和市、县人民政府城市规划行政主管部门的同意，签订土地使用权出让合同变更协议或者重新签订土地使用权出让合同，相应调整土地使用权出让金。

第四十五条 商品房预售，应当符合下列条件：

（一）已交付全部土地使用权出让金，取得土地使用权证书；

（二）持有建设工程规划许可证；

（三）按提供预售的商品房计算，投入开发建设的资金达到工程建设总投资的百分之二十五以上，并已经确定施工进度和竣工交付日期；

（四）向县级以上人民政府房产管理部门办理预售登记，取得商品房预售许可证明。

商品房预售人应当按照国家有关规定将预售合同报县级以上人民政府房产管理部门和土地管理部门登记备案。

商品房预售所得款项，必须用于有关的工程建设。

第四十六条 商品房预售的，商品房预购人将购买的未竣工的预售商品房再行转让的问题，由国务院规定。

第三节　房地产抵押

第四十七条 房地产抵押，是指抵押人以其合法的房地产以不转移占有的方式向抵押权人提供债务履行担保的行为。债务人不履行债务时，抵押权人有权依法以抵押的房地产拍卖所得的价款优先受偿。

第四十八条 依法取得的房屋所有权连同该房屋占用范围内的土地使用权，可以设定抵押权。

以出让方式取得的土地使用权,可以设定抵押权。

第四十九条 房地产抵押,应当凭土地使用权证书、房屋所有权证书办理。

第五十条 房地产抵押,抵押人和抵押权人应当签订书面抵押合同。

第五十一条 设定房地产抵押权的土地使用权是以划拨方式取得的,依法拍卖该房地产后,应当从拍卖所得的价款中缴纳相当于应缴纳的土地使用权出让金的款额后,抵押权人方可优先受偿。

第五十二条 房地产抵押合同签订后,土地上新增的房屋不属于抵押财产。需要拍卖该抵押的房地产时,可以依法将土地上新增的房屋与抵押财产一同拍卖,但对拍卖新增房屋所得,抵押权人无权优先受偿。

第四节 房屋租赁

第五十三条 房屋租赁,是指房屋所有权人作为出租人将其房屋出租给承租人使用,由承租人向出租人支付租金的行为。

第五十四条 房屋租赁,出租人和承租人应当签订书面租赁合同,约定租赁期限、租赁用途、租赁价格、修缮责任等条款,以及双方的其他权利和义务,并向房产管理部门登记备案。

第五十五条 住宅用房的租赁,应当执行国家和房屋所在城市人民政府规定的租赁政策。租用房屋从事生产、经营活动的,由租赁双方协商议定租金和其他租赁条款。

第五十六条 以营利为目的,房屋所有权人将以划拨方式取得使用权的国有土地上建成的房屋出租的,应当将租金中所含土地收益上缴国家。具体办法由国务院规定。

第五节 中介服务机构

第五十七条 房地产中介服务机构包括房地产咨询机构、房地产价格评估机构、房地产经纪机构等。

第五十八条 房地产中介服务机构应当具备下列条件:

(一)有自己的名称和组织机构;

(二)有固定的服务场所;

(三)有必要的财产和经费;

(四)有足够数量的专业人员;

(五)法律、行政法规规定的其他条件。

设立房地产中介服务机构,应当向工商行政管理部门申请设立登记,领取营业执照后,方可开业。

第五十九条 国家实行房地产价格评估人员资格认证制度。

第五章 房地产权属登记管理

第六十条 国家实行土地使用权和房屋所有权登记发证制度。

第六十一条 以出让或者划拨方式取得土地使用权,应当向县级以上地方人民政府土地管理部门申请登记,经县级以上地方人民政府土地管理部门核实,由同级人民政府颁发土地使用权证书。

在依法取得的房地产开发用地上建成房屋的,应当凭土地使用权证书向县级以上地方人民政府房产管理部门申请登记,由县级以上地方人民政府房产管理部门核实并颁发房屋所有权证书。

房地产转让或者变更时,应当向县级以上地方人民政府房产管理部门申请房产变更登记,并凭变更后的房屋所有权证书向同级人民政府土地管理部门申请土地使用权变更登记,经同级人民政府土地管理部门核实,由同级人民政府更换或者更改土地使用权证书。

法律另有规定的,依照有关法律的规定办理。

第六十二条 房地产抵押时,应当向县级以上地方人民政府规定的部门办理抵押登记。

因处分抵押房地产而取得土地使用权和房屋所有权的,应当依照本章规定办理过户登记。

第六十三条 经省、自治区、直辖市人民政府确定,县级以上地方人民政府由一个部门统一负责房产管理和土地管理工作的,可以制作、颁发统一的房地产权证书,依照本法第六十一条的规定,将房屋的所有权和该房屋占用范围内的土地使用权的确认和变更,分别载入房地产权证书。

第六章 法律责任

第六十四条 违反本法第十一条、第十二条的规定,擅自批准出让或者擅自出让土地使用权用于房地产开发的,由上级机关或者所在单位给予有关责任人员行政处分。

第六十五条 违反本法第三十条的规定,未取得营业执照擅自从事房地产开发业务的,由县级以上人民政府工商行政管理部门责令停止房地产开发业务活动,没收违法所得,可以并处罚款。

第六十六条 违反本法第三十九条第一款的规定转让土地使用权的,由县级以上人民政府土地管理部门没收违法所得,可以并处罚款。

第六十七条 违反本法第四十条第一款的规定转让房地产的,由县级以上人民政府土地管理部门责令缴纳土地使用权出让金,没收违法所得,可以并处罚款。

第六十八条 违反本法第四十五条第一款的规定预售商品房的,由县级以上人民政府房产管理部门责令停止预售活动,没收违法所得,可以并处罚款。

第六十九条 违反本法第五十八条的规定,未取得营业执照擅自从事房地产中介服务业务的,由县级以上人民政府工商行政管理部门责令停止房地产中介服务业务活动,没收违法所得,可以并处罚款。

第七十条 没有法律、法规的依据,向房地产开发企业收费的,上级机关应当责令退回所收取的钱款;情节严重的,由上级机关或者所在单位给予直接责任人员行政处分。

第七十一条 房产管理部门、土地管理部门工作人员玩忽职守、滥用职权,构成犯罪的,依法追究刑事责任;不构成犯罪的,给予行政处分。

房产管理部门、土地管理部门工作人员利用职务上的便利,索取他人财物,或者非法收受他人财物为他人谋取利益,构成犯罪的,依法追究刑事责任;不构成犯罪的,给予行政处分。

第七章　附　　则

第七十二条　在城市规划区外的国有土地范围内取得房地产开发用地的土地使用权，从事房地产开发、交易活动以及实施房地产管理，参照本法执行。

第七十三条　本法自1995年1月1日起施行。

4-2-87

中华人民共和国城镇国有土地使用权出让和转让暂行条例

1990年5月19日中华人民共和国国务院令第55号发布
2020年11月29日中华人民共和国国务院令第732号修订

第一章　总　　则

第一条　为了改革城镇国有土地使用制度，合理开发、利用、经营土地，加强土地管理，促进城市建设和经济发展，制定本条例。

第二条　国家按照所有权与使用权分离的原则，实行城镇国有土地使用权出让、转让制度，但地下资源、埋藏物和市政公用设施除外。

前款所称城镇国有土地是指市、县城、建制镇、工矿区范围内属于全民所有的土地（以下简称土地）。

第三条　中华人民共和国境内外的公司、企业、其他组织和个人，除法律另有规定者外，均可依照本条例的规定取得土地使用权，进行土地开发、利用、经营。

第四条　依照本条例的规定取得土地使用权的土地使用者，其使用权在使用年限内可以转让、出租、抵押或者用于其他经济活动，合法权益受国家法律保护。

第五条　土地使用者开发、利用、经营土地的活动，应当遵守国家法律、法规的规定，并不得损害社会公共利益。

第六条　县级以上人民政府土地管理部门依法对土地使用权的出让、转让、出租、抵押、终止进行监督检查。

第七条　土地使用权出让、转让、出租、抵押、终止及有关的地上建筑物、其他附着物的登记，由政府土地管理部门、房产管理部门依照法律和国务院的有关规定办理。

登记文件可以公开查阅。

第二章　土地使用权出让

第八条　土地使用权出让是指国家以土地所有者的身份将土地使用权在一定年限内让与土地使用者，并由土地使用者向国家支付土地使用权出让金的行为。

土地使用权出让应当签订出让合同。

第九条 土地使用权的出让,由市、县人民政府负责,有计划、有步骤地进行。

第十条 土地使用权出让的地块、用途、年限和其他条件,由市、县人民政府土地管理部门会同城市规划和建设管理部门、房产管理部门共同拟定方案,按照国务院规定的批准权限报经批准后,由土地管理部门实施。

第十一条 土地使用权出让合同应当按照平等、自愿、有偿的原则,由市、县人民政府土地管理部门(以下简称出让方)与土地使用者签订。

第十二条 土地使用权出让最高年限按下列用途确定:

(一)居住用地七十年;

(二)工业用地五十年;

(三)教育、科技、文化、卫生、体育用地五十年;

(四)商业、旅游、娱乐用地四十年;

(五)综合或者其他用地五十年。

第十三条 土地使用权出让可以采取下列方式:

(一)协议;

(二)招标;

(三)拍卖。

依照前款规定方式出让土地使用权的具体程序和步骤,由省、自治区、直辖市人民政府规定。

第十四条 土地使用者应当在签订土地使用权出让合同后六十日内,支付全部土地使用权出让金。逾期未全部支付的,出让方有权解除合同,并可请求违约赔偿。

第十五条 出让方应当按照合同规定,提供出让的土地使用权。未按合同规定提供土地使用权的,土地使用者有权解除合同,并可请求违约赔偿。

第十六条 土地使用者在支付全部土地使用权出让金后,应当依照规定办理登记,领取土地使用证,取得土地使用权。

第十七条 土地使用者应当按照土地使用权出让合同的规定和城市规划的要求,开发、利用、经营土地。

未按合同规定的期限和条件开发、利用土地的,市、县人民政府土地管理部门应当予以纠正,并根据情节可以给予警告、罚款直至无偿收回土地使用权的处罚。

第十八条 土地使用者需要改变土地使用权出让合同规定的土地用途的,应当征得出让方同意并经土地管理部门和城市规划部门批准,依照本章的有关规定重新签订土地使用权出让合同,调整土地使用权出让金,并办理登记。

第三章 土地使用权转让

第十九条 土地使用权转让是指土地使用者将土地使用权再转移的行为,包括出售、交换和赠与。

未按土地使用权出让合同规定的期限和条件投资开发、利用土地的,土地使用权不得转让。

第二十条 土地使用权转让应当签订转让合同。

第二十一条 土地使用权转让时,土地使用权出让合同和登记文件中所载明的权利、义务随之转移。

第二十二条 土地使用者通过转让方式取得的土地使用权,其使用年限为土地使用权出让合同规定的使用年限减去原土地使用者已使用年限后的剩余年限。

第二十三条 土地使用权转让时,其地上建筑物、其他附着物所有权随之转让。

第二十四条 地上建筑物、其他附着物的所有人或者共有人,享有该建筑物、附着物使用范围内的土地使用权。

土地使用者转让地上建筑物、其他附着物所有权时,其使用范围内的土地使用权随之转让,但地上建筑物、其他附着物作为动产转让的除外。

第二十五条 土地使用权和地上建筑物、其他附着物所有权转让,应当依照规定办理过户登记。

土地使用权和地上建筑物、其他附着物所有权分割转让的,应当经市、县人民政府土地管理部门和房产管理部门批准,并依照规定办理过户登记。

第二十六条 土地使用权转让价格明显低于市场价格的,市、县人民政府有优先购买权。

土地使用权转让的市场价格不合理上涨时,市、县人民政府可以采取必要的措施。

第二十七条 土地使用权转让后,需要改变土地使用权出让合同规定的土地用途的,依照本条例第十八条的规定办理。

第四章 土地使用权出租

第二十八条 土地使用权出租是指土地使用者作为出租人将土地使用权随同地上建筑物、其他附着物租赁给承租人使用,由承租人向出租人支付租金的行为。

未按土地使用权出让合同规定的期限和条件投资开发、利用土地的,土地使用权不得出租。

第二十九条 土地使用权出租,出租人与承租人应当签订租赁合同。

租赁合同不得违背国家法律、法规和土地使用权出让合同的规定。

第三十条 土地使用权出租后,出租人必须继续履行土地使用权出让合同。

第三十一条 土地使用权和地上建筑物、其他附着物出租,出租人应当依照规定办理登记。

第五章 土地使用权抵押

第三十二条 土地使用权可以抵押。

第三十三条 土地使用权抵押时,其地上建筑物、其他附着物随之抵押。

地上建筑物、其他附着物抵押时,其使用范围内的土地使用权随之抵押。

第三十四条 土地使用权抵押,抵押人与抵押权人应当签订抵押合同。

抵押合同不得违背国家法律、法规和土地使用权出让合同的规定。

第三十五条 土地使用权和地上建筑物、其他附着物抵押,应当依照规定办理抵押登记。

第三十六条 抵押人到期未能履行债务或者在抵押合同期间宣告解散、破产的,抵押权人有权依照国家法律、法规和抵押合同的规定处分抵押财产。

因处分抵押财产而取得土地使用权和地上建筑物、其他附着物所有权的,应当依照规定办理过户登记。

第三十七条 处分抵押财产所得,抵押权人有优先受偿权。

第三十八条 抵押权因债务清偿或者其他原因而消灭的,应当依照规定办理注销抵押登记。

第六章 土地使用权终止

第三十九条 土地使用权因土地使用权出让合同规定的使用年限届满、提前收回及土地灭失等原因而终止。

第四十条 土地使用权期满,土地使用权及其地上建筑物、其他附着物所有权由国家无偿取得。土地使用者应当交还土地使用证,并依照规定办理注销登记。

第四十一条 土地使用权期满,土地使用者可以申请续期。需要续期的,应当依照本条例第二章的规定重新签订合同,支付土地使用权出让金,并办理登记。

第四十二条 国家对土地使用者依法取得的土地使用权不提前收回。在特殊情况下,根据社会公共利益的需要,国家可以依照法律程序提前收回,并根据土地使用者已使用的年限和开发、利用土地的实际情况给予相应的补偿。

第七章 划拨土地使用权

第四十三条 划拨土地使用权是指土地使用者通过各种方式依法无偿取得的土地使用权。

前款土地使用者应当依照《中华人民共和国城镇土地使用税暂行条例》的规定缴纳土地使用税。

第四十四条 划拨土地使用权,除本条例第四十五条规定的情况外,不得转让、出租、抵押。

第四十五条 符合下列条件的,经市、县人民政府土地管理部门和房产管理部门批准,其划拨土地使用权和地上建筑物、其他附着物所有权可以转让、出租、抵押:

(一)土地使用者为公司、企业、其他经济组织和个人;

(二)领有国有土地使用证;

(三)具有地上建筑物、其他附着物合法的产权证明;

(四)依照本条例第二章的规定签订土地使用权出让合同,向当地市、县人民政府补交土地使用权出让金或者以转让、出租、抵押所获收益抵交土地使用权出让金。

转让、出租、抵押前款划拨土地使用权的,分别依照本条例第三章、第四章和第五章的规定办理。

第四十六条 对未经批准擅自转让、出租、抵押划拨土地使用权的单位和个人,市、县人民政府土地管理部门应当没收其非法收入,并根据情节处以罚款。

第四十七条 无偿取得划拨土地使用权的土地使用者,因迁移、解散、撤销、破产或者其他原因而停止使用土地的,市、县人民政府应当无偿收回其划拨土地使用权,并可依照本条例的规定予以出让。

对划拨土地使用权,市、县人民政府根据城市建设发展需要和城市规划的要求,可以无偿收回,并可依照本条例的规定予以出让。

无偿收回划拨土地使用权时,对其地上建筑物、其他附着物,市、县人民政府应当根据实际情况给予适当补偿。

第八章 附 则

第四十八条 依照本条例的规定取得土地使用权的个人,其土地使用权可以继承。

第四十九条 土地使用者应当依照国家税收法规的规定纳税。

第五十条 依照本条例收取的土地使用权出让金列入财政预算,作为专项基金管理,主要用于城市建设和土地开发。具体使用管理办法,由财政部另行制定。

第五十一条 各省、自治区、直辖市人民政府应当根据本条例的规定和当地的实际情况选择部分条件比较成熟的城镇先行试点。

第五十二条 本条例由国家土地管理局负责解释;实施办法由省、自治区、直辖市人民政府制定。

第五十三条 本条例自发布之日起施行。

4-2-88

国务院办公厅关于规范国有土地使用权出让收支管理的通知

2006年12月17日 国办发〔2006〕100号

各省、自治区、直辖市人民政府,国务院各部委、各直属机构:

我国是一个人多地少的发展中国家,加强土地管理,严格保护耕地,推进土地节约集约利用,始终是我国现代化建设中的一个全局性、战略性问题。将土地出让收支纳入地方预算,实行"收支两条线"管理,是落实科学发展观,构建社会主义和谐社会,加强土地调控的一项重要举措。根据《国民经济和社会发展第十一个五年规划纲要》、《国务院关于深化改革严格土地管理的决定》(国发〔2004〕28号)以及《国务院关于加强土地调控有关问题的通知》(国发〔2006〕31号)的规定,经国务院同意,现就有关事项通知如下:

一、明确国有土地使用权出让收入范围,加强国有土地使用权出让收入征收管理

国有土地使用权出让收入(以下简称土地出让收入)是政府以出让等方式配置国有土地使用权取得的全部土地价款,包括受让人支付的征地和拆迁补偿费用、土地前期开发费用和土地出让收益等。土地价款的具体范围包括:以招标、拍卖、挂牌和协议方式出让国有土地使用权所确定的总成交价款;转让划拨国有土地使用权或依法利用原划拨土地进行经

营性建设应当补缴的土地价款;变现处置抵押划拨国有土地使用权应当补缴的土地价款;转让房改房、经济适用住房按照规定应当补缴的土地价款;改变出让国有土地使用权的土地用途、容积率等土地使用条件应当补缴的土地价款,以及其他和国有土地使用权出让或变更有关的收入等。按照土地出让合同规定依法向受让人收取的定金、保证金和预付款,在土地出让合同生效后可以抵作土地价款。

国土资源管理部门依法出租国有土地向承租者收取的土地租金收入;出租划拨土地上的房屋应当上缴的土地收益;土地使用者以划拨方式取得国有土地使用权,依法向市、县人民政府缴纳的土地补偿费、安置补助费、地上附着物和青苗补偿费、拆迁补偿费等费用(不含征地管理费),一并纳入土地出让收入管理。

土地出让收入由财政部门负责征收管理,可由国土资源管理部门负责具体征收。国土资源管理部门和财政部门应当督促土地使用者严格履行土地出让合同,确保将应缴的土地出让收入及时足额缴入地方国库。地方国库负责办理土地出让收入的收纳、划分、留解和拨付等各项业务,确保土地出让收支数据准确无误。对未按照合同约定足额缴纳土地出让收入,并提供有效缴款凭证的,国土资源管理部门不予核发国有土地使用证。要完善制度规定,对违规核发国有土地使用证的,收回土地使用证,并依照有关法律法规追究有关领导和人员的责任。已经实施政府非税收入收缴管理制度改革的地方,土地出让收入纳入政府非税收入收缴管理制度改革范围,统一收缴票据,规范收缴程序,提高收缴效率。任何地区、部门和单位都不得以"招商引资"、"旧城改造"、"国有企业改制"等各种名义减免土地出让收入,实行"零地价",甚至"负地价",或者以土地换项目、先征后返、补贴等形式变相减免土地出让收入。

二、将土地出让收支全额纳入预算,实行"收支两条线"管理

从 2007 年 1 月 1 日起,土地出让收支全额纳入地方基金预算管理。收入全部缴入地方国库,支出一律通过地方基金预算从土地出让收入中予以安排,实行彻底的"收支两条线"。在地方国库中设立专账,专门核算土地出让收入和支出情况。

建立健全年度土地出让收支预决算管理制度。每年第三季度,有关部门要严格按照财政部门规定编制下一年度土地出让收支预算;每年年度终了,有关部门要严格按照财政部门规定编制土地出让收支决算。同时,按照规定程序向同级人民政府报告,政府依法向同级人民代表大会报告。编制年度土地出让收支预算要坚持"以收定支、收支平衡"的原则。土地出让收入预算按照上年土地出让收入情况、年度土地供应计划、地价水平等因素编制;土地出让支出预算根据预计年度土地出让收入情况,按照年度土地征收计划、拆迁计划以及规定的用途、支出范围和支出标准等因素编制;其中,属于政府采购范围的,应当按照规定编制政府采购预算。

三、规范土地出让收入使用范围,重点向新农村建设倾斜

土地出让收入使用范围:(一)征地和拆迁补偿支出。包括土地补偿费、安置补助费、地上附着物和青苗补偿费、拆迁补偿费。(二)土地开发支出。包括前期土地开发性支出以及按照财政部门规定与前期土地开发相关的费用等。(三)支农支出。包括计提农业土地开发资金、补助被征地农民社会保障支出、保持被征地农民原有生活水平补贴支出以及农村基础设施建设支出。(四)城市建设支出。包括完善国有土地使用功能的配套设施建设支

出以及城市基础设施建设支出。(五)其他支出。包括土地出让业务费、缴纳新增建设用地土地有偿使用费、计提国有土地收益基金、城镇廉租住房保障支出、支付破产或改制国有企业职工安置费支出等。

土地出让收入的使用要确保足额支付征地和拆迁补偿费、补助被征地农民社会保障支出、保持被征地农民原有生活水平补贴支出,严格按照有关规定将被征地农民的社会保障费用纳入征地补偿安置费用,切实保障被征地农民和被拆迁居民的合法利益。土地出让收入的使用要重点向新农村建设倾斜,逐步提高用于农业土地开发和农村基础设施建设的比重。用于农村基础设施建设的资金,要重点安排农村饮水、沼气、道路、环境、卫生、教育以及文化等基础设施建设项目,逐步改善农民的生产、生活条件和居住环境,努力提高农民的生活质量和水平。土地前期开发要积极引入市场机制、严格控制支出,通过政府采购招投标方式选择评估、拆迁、工程施工、监理等单位,努力降低开发成本。城市建设支出和其他支出要严格按照批准的预算执行。编制政府采购预算的,应严格按照政府采购的有关规定执行。

为加强土地调控,由财政部门从缴入地方国库的土地出让收入中,划出一定比例资金,用于建立国有土地收益基金,实行分账核算,具体比例由省、自治区、直辖市及计划单列市人民政府确定,并报送财政部和国土资源部备案。国有土地收益基金主要用于土地收购储备。

四、切实保障被征地农民和被拆迁居民利益,建立被征地农民生活保障的长效机制

各地在征地过程中,要认真执行国发〔2004〕28号和国发〔2006〕31号文件中有关征地补偿费的规定,切实保障被征地农民利益。各省、自治区、直辖市要尽快制订并公布各市县征地的统一年产值标准或区片综合地价,依法提高征地补偿标准。出让城市国有土地使用权过程中,要严格依照《城市房屋拆迁管理条例》(国务院令第305号)、有关法律法规和省、自治区、直辖市及计划单列市有关规定支付相关补偿费用,有效保障被拆迁居民、搬迁企业及其职工的合法权益。

建立对被征地农民发放土地补偿费、安置补助费以及地上附着物和青苗补偿费的公示制度,改革对被征地农民征地补偿费的发放方式。有条件的地方,土地补偿费、安置补助费以及地上附着物和青苗补偿费等相关费用中应当支付给被征地农民的部分,可以根据征地补偿方案,由集体经济组织提供具体名单,通过发放记名银行卡或者存折方式直接发放给被征地农民,减少中间环节,防止被截留、挤占和挪用,切实保障被征地农民利益。

被征地农民参加有关社会保障所需的个人缴费,可以从其所得的土地补偿费、安置补助费中直接缴纳。地方人民政府可以从土地出让收入中安排一部分资金用于补助被征地农民社会保障支出,逐步建立被征地农民生活保障的长效机制。

五、加强国有土地储备管理,建立土地储备资金财务会计核算制度

国土资源部、财政部要抓紧研究制订土地储备管理办法,对土地储备的目标、原则、范围、方式和期限等作出统一规定,防止各地盲目储备土地。要合理控制土地储备规模,降低土地储备成本。土地储备实行项目预决算管理,国土资源管理部门应当于每年第三季度根据年度土地储备计划,编制下一年度土地储备资金收支预算,报财政部门审核;每年年度终了,要按照规定向财政部门报送土地储备资金收支决算。财政部要会同国土资源部抓紧研

究制订土地储备资金财务管理办法、会计核算办法,建立健全土地储备成本核算制度。财政部门要加强对土地储备资金使用的监督管理,规范运行机制,严禁挤占、挪用土地储备资金。

六、加强部门间协作与配合,建立土地出让收支信息共享制度

国土资源管理部门与财政部门要加强协作,建立国有土地出让、储备及收支信息共享制度。国土资源管理部门应当将年度土地供应计划、年度土地储备计划以及签订的国有土地出让合同中有关土地出让总价款、约定的缴款时间等相关资料及时抄送财政部门,财政部门应当及时将土地出让收支情况反馈给国土资源管理部门。

财政部门、国土资源管理部门要与地方国库建立土地出让收入定期对账制度,对应缴国库、已缴国库和欠缴国库的土地出让收入数额进行定期核对,确保有关数据准确无误。

财政部门要会同国土资源管理部门、人民银行机构建立健全年度土地出让收支统计报表以及分季收支统计明细报表体系,统一土地出让收支统计口径,确保土地出让收支统计数据及时、准确、真实,为加强土地出让收支管理提供必要的基础数据。土地出让收支统计报表体系由财政部会同国土资源部、人民银行研究制订。

七、强化土地出让收支监督管理,防止国有土地资产收益流失

财政部门、国土资源管理部门、人民银行机构以及审计机关要建立健全对土地出让收支情况的定期和不定期监督检查制度,强化对土地出让收支的监督管理,确保土地出让收入及时足额上缴国库,支出严格按照财政预算管理的规定执行。

土地出让合同、征地协议等应约定对土地使用者不按时足额缴纳土地出让收入的,按日加收违约金额1‰的违约金。违约金随同土地出让收入一并缴入地方国库。对违反本通知规定,擅自减免、截留、挤占、挪用应缴国库的土地出让收入,不执行国家统一规定的会计、政府采购等制度的,要严格按照土地管理法、会计法、审计法、政府采购法、《财政违法行为处罚处分条例》(国务院令第427号)和《金融违法行为处罚办法》(国务院令第250号)等有关法律法规进行处理,并依法追究有关责任人的责任;触犯刑法的,依法追究有关人员的刑事责任。

规范土地出让收支管理,不仅有利于促进节约集约用地,而且有利于促进经济社会可持续发展,对于保持社会稳定,推进社会主义和谐社会建设,以及加强党风廉政建设都具有十分重要的意义。各地区、各部门必须高度重视,坚决把思想统一到党中央、国务院决策部署上来,采取积极有效措施,确保规范土地出让收支管理政策的贯彻落实。

4-2-89

协议出让国有土地使用权规定

2003年6月11日　国土资源部令第21号

第一条　为加强国有土地资产管理,优化土地资源配置,规范协议出让国有土地使用权行为,根据《中华人民共和国城市房地产管理法》、《中华人民共和国土地管理法》和《中华人民共和国土地管理法实施条例》,制定本规定。

第二条　在中华人民共和国境内以协议方式出让国有土地使用权的,适用本规定。

本规定所称协议出让国有土地使用权,是指国家以协议方式将国有土地使用权在一定年限内出让给土地使用者,由土地使用者向国家支付土地使用权出让金的行为。

第三条　出让国有土地使用权,除依照法律、法规和规章的规定应当采用招标、拍卖或者挂牌方式外,方可采取协议方式。

第四条　协议出让国有土地使用权,应当遵循公开、公平、公正和诚实信用的原则。

以协议方式出让国有土地使用权的出让金不得低于按国家规定所确定的最低价。

第五条　协议出让最低价不得低于新增建设用地的土地有偿使用费、征地(拆迁)补偿费用以及按照国家规定应当缴纳的有关税费之和;有基准地价的地区,协议出让最低价不得低于出让地块所在级别基准地价的70%。

低于最低价时国有土地使用权不得出让。

第六条　省、自治区、直辖市人民政府国土资源行政主管部门应当依据本规定第五条的规定拟定协议出让最低价,报同级人民政府批准后公布,由市、县人民政府国土资源行政主管部门实施。

第七条　市、县人民政府国土资源行政主管部门应当根据经济社会发展计划、国家产业政策、土地利用总体规划、土地利用年度计划、城市规划和土地市场状况,编制国有土地使用权出让计划,报同级人民政府批准后组织实施。

国有土地使用权出让计划经批准后,市、县人民政府国土资源行政主管部门应当在土地有形市场等指定场所,或者通过报纸、互联网等媒介向社会公布。

因特殊原因,需要对国有土地使用权出让计划进行调整的,应当报原批准机关批准,并按照前款规定及时向社会公布。

国有土地使用权出让计划应当包括年度土地供应总量、不同用途土地供应面积、地段以及供地时间等内容。

第八条　国有土地使用权出让计划公布后,需要使用土地的单位和个人可以根据国有土地使用权出让计划,在市、县人民政府国土资源行政主管部门公布的时限内,向市、县人民政府国土资源行政主管部门提出意向用地申请。

市、县人民政府国土资源行政主管部门公布计划接受申请的时间不得少于30日。

第九条　在公布的地段上,同一地块只有一个意向用地者的,市、县人民政府国土资源行政主管部门方可按照本规定采取协议方式出让;但商业、旅游、娱乐和商品住宅等经营性用地除外。

同一地块有两个或者两个以上意向用地者的,市、县人民政府国土资源行政主管部门应当按照《招标拍卖挂牌出让国有土地使用权规定》,采取招标、拍卖或者挂牌方式出让。

第十条 对符合协议出让条件的,市、县人民政府国土资源行政主管部门会同城市规划等有关部门,依据国有土地使用权出让计划、城市规划和意向用地者申请的用地项目类型、规模等,制订协议出让土地方案。

协议出让土地方案应当包括拟出让地块的具体位置、界址、用途、面积、年限、土地使用条件、规划设计条件、供地时间等。

第十一条 市、县人民政府国土资源行政主管部门应当根据国家产业政策和拟出让地块的情况,按照《城镇土地估价规程》的规定,对拟出让地块的土地价格进行评估,经市、县人民政府国土资源行政主管部门集体决策,合理确定协议出让底价。

协议出让底价不得低于协议出让最低价。

协议出让底价确定后应当保密,任何单位和个人不得泄露。

第十二条 协议出让土地方案和底价经有批准权的人民政府批准后,市、县人民政府国土资源行政主管部门应当与意向用地者就土地出让价格等进行充分协商,协商一致且议定的出让价格不低于出让底价的,方可达成协议。

第十三条 市、县人民政府国土资源行政主管部门应当根据协议结果,与意向用地者签订《国有土地使用权出让合同》。

第十四条 《国有土地使用权出让合同》签订后7日内,市、县人民政府国土资源行政主管部门应当将协议出让结果在土地有形市场等指定场所,或者通过报纸、互联网等媒介向社会公布,接受社会监督。

公布协议出让结果的时间不得少于15日。

第十五条 土地使用者按《国有土地使用权出让合同》的约定,付清土地使用权出让金、依法办理土地登记手续后,取得国有土地使用权。

第十六条 以协议出让方式取得国有土地使用权的土地使用者,需要将土地使用权出让合同约定的土地用途改变为商业、旅游、娱乐和商品住宅等经营性用途的,应当取得出让方和市、县人民政府城市规划部门的同意,签订土地使用权出让合同变更协议或者重新签订土地使用权出让合同,按变更后的土地用途,以变更时的土地市场价格补交相应的土地使用权出让金,并依法办理土地使用权变更登记手续。

第十七条 违反本规定,有下列行为之一的,对直接负责的主管人员和其他直接责任人员依法给予行政处分:

(一)不按照规定公布国有土地使用权出让计划或者协议出让结果的;

(二)确定出让底价时未经集体决策的;

(三)泄露出让底价的;

(四)低于协议出让最低价出让国有土地使用权的;

(五)减免国有土地使用权出让金的。

违反前款有关规定,情节严重构成犯罪的,依法追究刑事责任。

第十八条 国土资源行政主管部门工作人员在协议出让国有土地使用权活动中玩忽

职守、滥用职权、徇私舞弊的,依法给予行政处分;构成犯罪的,依法追究刑事责任。

第十九条 采用协议方式租赁国有土地使用权的,参照本规定执行。

第二十条 本规定自2003年8月1日起施行。原国家土地管理局1995年6月28日发布的《协议出让国有土地使用权最低价确定办法》同时废止。

4-2-90
招标拍卖挂牌出让国有建设用地使用权规定

2002年4月3日国土资源部令第11号发布
2007年9月28日国土资源部令第39号修订

第一条 为规范国有建设用地使用权出让行为,优化土地资源配置,建立公开、公平、公正的土地使用制度,根据《中华人民共和国物权法》、《中华人民共和国土地管理法》、《中华人民共和国城市房地产管理法》和《中华人民共和国土地管理法实施条例》,制定本规定。

第二条 在中华人民共和国境内以招标、拍卖或者挂牌出让方式在土地的地表、地上或者地下设立国有建设用地使用权的,适用本规定。

本规定所称招标出让国有建设用地使用权,是指市、县人民政府国土资源行政主管部门(以下简称出让人)发布招标公告,邀请特定或者不特定的自然人、法人和其他组织参加国有建设用地使用权投标,根据投标结果确定国有建设用地使用权人的行为。

本规定所称拍卖出让国有建设用地使用权,是指出让人发布拍卖公告,由竞买人在指定时间、地点进行公开竞价,根据出价结果确定国有建设用地使用权人的行为。

本规定所称挂牌出让国有建设用地使用权,是指出让人发布挂牌公告,按公告规定的期限将拟出让宗地的交易条件在指定的土地交易场所挂牌公布,接受竞买人的报价申请并更新挂牌价格,根据挂牌期限截止时的出价结果或者现场竞价结果确定国有建设用地使用权人的行为。

第三条 招标、拍卖或者挂牌出让国有建设用地使用权,应当遵循公开、公平、公正和诚信的原则。

第四条 工业、商业、旅游、娱乐和商品住宅等经营性用地以及同一宗地有2个以上意向用地者的,应当以招标、拍卖或者挂牌方式出让。

前款规定的工业用地包括仓储用地,但不包括采矿用地。

第五条 国有建设用地使用权招标、拍卖或者挂牌出让活动,应当有计划地进行。

市、县人民政府国土资源行政主管部门根据经济社会发展计划、产业政策、土地利用总体规划、土地利用年度计划、城市规划和土地市场状况,编制国有建设用地使用权出让年度计划,报经同级人民政府批准后,及时向社会公开发布。

第六条 市、县人民政府国土资源行政主管部门应当按照出让年度计划,会同城市规划等有关部门共同拟订招标拍卖挂牌出让地块的出让方案,报经市、县人民政府批准后,由市、县人民政府国土资源行政主管部门组织实施。

前款规定的出让方案应当包括出让地块的空间范围、用途、年限、出让方式、时间和其他条件等。

第七条 出让人应当根据招标拍卖挂牌出让地块的情况，编制招标拍卖挂牌出让文件。

招标拍卖挂牌出让文件应当包括出让公告、投标或者竞买须知、土地使用条件、标书或者竞买申请书、报价单、中标通知书或者成交确认书、国有建设用地使用权出让合同文本。

第八条 出让人应当至少在投标、拍卖或者挂牌开始日前20日，在土地有形市场或者指定的场所、媒介发布招标、拍卖或者挂牌公告，公布招标拍卖挂牌出让宗地的基本情况和招标拍卖挂牌的时间、地点。

第九条 招标拍卖挂牌公告应当包括下列内容：

（一）出让人的名称和地址；

（二）出让宗地的面积、界址、空间范围、现状、使用年期、用途、规划指标要求；

（三）投标人、竞买人的资格要求以及申请取得投标、竞买资格的办法；

（四）索取招标拍卖挂牌出让文件的时间、地点和方式；

（五）招标拍卖挂牌时间、地点、投标挂牌期限、投标和竞价方式等；

（六）确定中标人、竞得人的标准和方法；

（七）投标、竞买保证金；

（八）其他需要公告的事项。

第十条 市、县人民政府国土资源行政主管部门应当根据土地估价结果和政府产业政策综合确定标底或者底价。标底或者底价不得低于国家规定的最低价标准。

确定招标标底，拍卖和挂牌的起叫价、起始价、底价、投标、竞买保证金，应当实行集体决策。

招标标底和拍卖挂牌的底价，在招标开标前和拍卖挂牌出让活动结束之前应当保密。

第十一条 中华人民共和国境内外的自然人、法人和其他组织，除法律、法规另有规定外，均可申请参加国有建设用地使用权招标拍卖挂牌出让活动。

出让人在招标拍卖挂牌出让公告中不得设定影响公平、公正竞争的限制条件。挂牌出让的，出让公告中规定的申请截止时间，应当为挂牌出让结束日前2天。对符合招标拍卖挂牌公告规定条件的申请人，出让人应当通知其参加招标拍卖挂牌活动。

第十二条 市、县人民政府国土资源行政主管部门应当为投标人、竞买人查询拟出让土地的有关情况提供便利。

第十三条 投标、开标依照下列程序进行：

（一）投标人在投标截止时间前将标书投入标箱。招标公告允许邮寄标书的，投标人可以邮寄，但出让人在投标截止时间前收到的方为有效。

标书投入标箱后，不可撤回。投标人应当对标书和有关书面承诺承担责任。

（二）出让人按照招标公告规定的时间、地点开标，邀请所有投标人参加。由投标人或者其推选的代表检查标箱的密封情况，当众开启标箱，点算标书。投标人少于三人的，出让人应当终止招标活动。投标人不少于三人的，应当逐一宣布投标人名称、投标价格和投标文件的主要内容。

（三）评标小组进行评标。评标小组由出让人代表、有关专家组成，成员人数为五人以上的单数。

评标小组可以要求投标人对投标文件作出必要的澄清或者说明,但是澄清或者说明不得超出投标文件的范围或者改变投标文件的实质性内容。

评标小组应当按照招标文件确定的评标标准和方法,对投标文件进行评审。

(四)招标人根据评标结果,确定中标人。

按照价高者得的原则确定中标人的,可以不成立评标小组,由招标主持人根据开标结果,确定中标人。

第十四条 对能够最大限度地满足招标文件中规定的各项综合评价标准,或者能够满足招标文件的实质性要求且价格最高的投标人,应当确定为中标人。

第十五条 拍卖会依照下列程序进行:

(一)主持人点算竞买人;

(二)主持人介绍拍卖宗地的面积、界址、空间范围、现状、用途、使用年期、规划指标要求、开工和竣工时间以及其他有关事项;

(三)主持人宣布起叫价和增价规则及增价幅度。没有底价的,应当明确提示;

(四)主持人报出起叫价;

(五)竞买人举牌应价或者报价;

(六)主持人确认该应价或者报价后继续竞价;

(七)主持人连续3次宣布同一应价或者报价而没有再应价或者报价的,主持人落槌表示拍卖成交;

(八)主持人宣布最高应价或者报价者为竞得人。

第十六条 竞买人的最高应价或者报价未达到底价时,主持人应当终止拍卖。

拍卖主持人在拍卖中可以根据竞买人竞价情况调整拍卖增价幅度。

第十七条 挂牌依照以下程序进行:

(一)在挂牌公告规定的挂牌起始日,出让人将挂牌宗地的面积、界址、空间范围、现状、用途、使用年期、规划指标要求、开工时间和竣工时间、起始价、增价规则及增价幅度等,在挂牌公告规定的土地交易场所挂牌公布;

(二)符合条件的竞买人填写报价单报价;

(三)挂牌主持人确认该报价后,更新显示挂牌价格;

(四)挂牌主持人在挂牌公告规定的挂牌截止时间确定竞得人。

第十八条 挂牌时间不得少于10日。挂牌期间可根据竞买人竞价情况调整增价幅度。

第十九条 挂牌截止应当由挂牌主持人主持确定。挂牌期限届满,挂牌主持人现场宣布最高报价及其报价者,并询问竞买人是否愿意继续竞价。有竞买人表示愿意继续竞价的,挂牌出让转入现场竞价,通过现场竞价确定竞得人。挂牌主持人连续三次报出最高挂牌价格,没有竞买人表示愿意继续竞价的,按照下列规定确定是否成交:

(一)在挂牌期限内只有一个竞买人报价,且报价不低于底价,并符合其他条件的,挂牌成交。

(二)在挂牌期限内有两个或者两个以上的竞买人报价的,出价最高者为竞得人;报价相同的,先提交报价单者为竞得人,但报价低于底价者除外。

(三)在挂牌期限内无应价者或者竞买人的报价均低于底价或者均不符合其他条件的,挂牌不成交。

第二十条 以招标、拍卖或者挂牌方式确定中标人、竞得人后,中标人、竞得人支付的投标、竞买保证金,转作受让地块的定金。出让人应当向中标人发出中标通知书或者与竞得人签订成交确认书。

中标通知书或者成交确认书应当包括出让人和中标人或者竞得人的名称,出让标的,成交时间、地点、价款以及签订国有建设用地使用权出让合同的时间、地点等内容。

中标通知书或者成交确认书对出让人和中标人或者竞得人具有法律效力。出让人改变竞得结果,或者中标人、竞得人放弃中标宗地、竞得宗地的,应当依法承担责任。

第二十一条 中标人、竞得人应当按照中标通知书或者成交确认书约定的时间,与出让人签订国有建设用地使用权出让合同。中标人、竞得人支付的投标、竞买保证金抵作土地出让价款;其他投标人、竞买人支付的投标、竞买保证金,出让人必须在招标拍卖挂牌活动结束后5个工作日内予以退还,不计利息。

第二十二条 招标拍卖挂牌活动结束后,出让人应在10个工作日内将招标拍卖挂牌出让结果在土地有形市场或者指定的场所、媒介公布。

出让人公布出让结果,不得向受让人收取费用。

第二十三条 受让人依照国有建设用地使用权出让合同的约定付清全部土地出让价款后,方可申请办理土地登记,领取国有建设用地使用权证书。

未按出让合同约定缴清全部土地出让价款的,不得发放国有建设用地使用权证书,也不得按出让价款缴纳比例分割发放国有建设用地使用权证书。

第二十四条 应当以招标拍卖挂牌方式出让国有建设用地使用权而擅自采用协议方式出让的,对直接负责的主管人员和其他直接责任人员依法给予处分;构成犯罪的,依法追究刑事责任。

第二十五条 中标人、竞得人有下列行为之一的,中标、竞得结果无效;造成损失的,应当依法承担赔偿责任:

(一)提供虚假文件隐瞒事实的;

(二)采取行贿、恶意串通等非法手段中标或者竞得的。

第二十六条 国土资源行政主管部门的工作人员在招标拍卖挂牌出让活动中玩忽职守、滥用职权、徇私舞弊的,依法给予处分;构成犯罪的,依法追究刑事责任。

第二十七条 以招标拍卖挂牌方式租赁国有建设用地使用权的,参照本规定执行。

第二十八条 本规定自2007年11月1日起施行。

※　　　※　　　※　　　※

4-2-91

国土资源部关于已购公有住房和经济适用住房上市出售中有关土地问题的通知

1999年9月22日　国土资用发〔1999〕31号

各省、自治区、直辖市及计划单列市土地(国土)管理局(厅),解放军土地管理局,新疆生产建设兵团土地管理局:财政部、国土资源部、建设部《关于已购公有住房和经济适用住房上市出售补交土地出让金和收益分配管理的若干规定》(财综字〔1999〕113号)下发后,各地纷纷对与该文有关的土地管理问题提出咨询。为加快工作进程,规范操作,现就有关问题通知如下:

一、关于标定地价与缴纳土地出让金额的测算

(一)已购公有住房和经济适用住房上市出售补交土地出让金或相当于土地出让金价款的计算公式为:

补交土地价款(元) = 标定地价(元/平方米) × 缴纳比例(≥10%) × 上市房屋分摊土地面积(平方米) × 年期修正系数

已有标定地价的城镇,不再另行评估;上市房屋尚未确定分摊土地面积的,可用上市房屋建筑面积(平方米) × 整幢建筑总用地面积(平方米)/整幢建筑总建筑面积(平方米)计算分摊土地面积后,直接按上述公式确定应缴纳的土地出让金或相当于土地出让金价款。已有基准地价但未评估标定地价的城镇,可在简化修正系数体系后,采用基准地价系数修正法测算标定地价,测算公式为:

标定地价(元/平方米) = 基准地价(元/平方米) × 区位修正系数 × 容积率修正系数

(二)为满足已购公有住房和经济适用住房上市需要,加快工作进度,对没有基准地价修正系数体系的城镇,可暂采用以下简便方法确定已购公有住房和经济适用住房上市出售补交土地出让金或相当于土地出让金价款:

补交土地价款(元) = 基准地价(元/平方米) × 所在建筑总层数修正系数 × 缴纳比例(≥10%) × 上市房屋建筑面积(平方米) × 年期修正系数

对于建筑层数差异较小的城市,为便于土地出让金及相应价款的征收,也可采用如下公式确定:

补交土地价款(元) = 基准地价(元/平方米) × 所在区域建筑平均层数修正系数 × 缴纳比例(≥10%) × 上市房屋建筑面积(平方米) × 年期修正系数

上述公式中,区位修正系数由各地依据房屋所处的位置、交通便捷程度、基本生活设

和公用服务设施状况、环境质量等因素,对照基准地价因素修正体系具体确定,变动范围一般为 -20% 至 +20%；容积率修正系数根据基准地价修正系数体系确定；建筑总层数修正系数的参考标准见附表一；区域建筑平均层数修正系数的参考标准见附表二；年期修正系数的参考标准见附表三。

各地土地行政主管部门应当以简明、直观的图、表等方式按等级或区域公布基准地价、标定地价的测算结果及有关修正系数,以方便房屋买卖双方能自行概算应缴纳的土地出让金数额或相当于土地出让金价款。有条件的地方,可建立计算机查询系统。

二、关于土地使用权出让年期的确定

已购公有住房和经济适用住房所在宗地为划拨土地的,从同一建筑的第一套房屋上市交易之日起计算土地出让年期,确定出让土地使用权截止日。此后其它各套房屋上市时,其土地出让年期相应缩短,以使同一宗地的出让土地使用权保持相同的截止日。土地出让年期可根据各地具体情况确定,但最高不超过70年。

已购公有住房所在宗地为出让土地的,其土地出让年期仍以原《国有土地使用权出让合同》和《国有土地使用证》规定的出让年期为准,明确相应的剩余使用年期。

三、关于土地出让金和相当于土地出让金价款的区分

土地出让金或相当于土地出让金价款由购买方缴纳,购买方应在交易双方签订房屋买卖合同后,持房屋买卖合同、原房屋产权人的房屋所有权证及国有土地使用证或土地产权证明等材料到房屋所在地市、县土地行政主管部门办理有关手续。已购公有住房和经济适用住房所在宗地为划拨土地的,需缴纳出让金,办理土地出让手续；已购公有住房所在宗地为出让土地的,需缴纳相当于土地出让金的价款,办理土地转让手续。购房者在缴纳了有关价款后,方可领取国有土地使用证,取得出让土地使用权。

四、关于土地出让合同签订

为完善土地使用权出让手续,降低成本,简化操作程序,已购公有住房和经济适用住房所在宗地为划拨土地的,只在同一建筑内第一套房屋上市交易时,购买方与土地行政主管部门签订土地使用权出让合同,确定土地的有关权益和土地权益人的权利义务后,其他各套房屋上市交易时,只履行相应手续,不必再重复签订合同。具体可按如下方式办理:同一建筑的第一套房屋上市交易时,土地行政主管部门应拟订上市房屋所在宗地的《国有土地使用权出让合同》,载明宗地位置、面积、建筑面积、土地用途、土地出让截止日期及土地使用者的权利、义务等,并在《国有土地使用权出让金缴纳通知单》(以下简称通知单)中载明住户姓名、交易日期、房屋面积、分摊的土地面积和权益、土地出让金额等,注明其权利义务源于该宗地的《国有土地使用权出让合同》。第一套房屋的购买方与土地行政主管部门签订出让合同后,其它各套房屋上市交易时,购买方签收了土地行政主管部门签发的《通知单》,并缴清了土地出让金后,即可视为认定了该宗地的《国有土地使用权出让合同》,注明其权利义务的《通知单》即可作为购买方取得出让土地使用权的权源文件。购买方领取国有土地使用证后,取得出让土地使用权。

4-2-92

国土资源部关于印发《招标拍卖挂牌出让国有土地使用权规范》(试行)和《协议出让国有土地使用权规范》(试行)的通知

2006年5月31日　国土资发〔2006〕114号

各省、自治区、直辖市国土资源厅(国土环境资源厅、国土资源局、国土资源和房屋管理局、房屋土地资源管理局)、计划单列市国土资源行政主管部门,解放军土地管理局,新疆生产建设兵团国土资源局:

　　为完善国有土地使用权出让制度,规范国有土地使用权出让程序,根据中共中央办公厅、国务院办公厅《印发〈中央纪委关于落实(建立健全教育、制度、监督并重的惩治和预防腐败体系实施纲要)2007年底前工作要点〉的通知》(中办厅字〔2005〕14号)要求,部研究制订了《招标拍卖挂牌出让国有土地使用权规范》(试行)和《协议出让国有土地使用权规范》(试行)。现予印发,自2006年8月1日起试行。

　　请各地将试行中的情况、经验和问题,及时报部土地利用管理司。

招标拍卖挂牌出让国有土地使用权规范(试行)

前　言

　　为完善国有土地使用权出让制度,规范国有土地使用权招标拍卖挂牌出让行为,统一程序和标准,优化土地资源配置,推进土地市场建设,根据《中华人民共和国土地管理法》、《中华人民共和国城市房地产管理法》、《中华人民共和国城镇国有土地使用权出让和转让暂行条例》、《招标拍卖挂牌出让国有土地使用权规定》等规定,制定本规范。

　　本规范的附录B为招标拍卖挂牌出让公告应当使用的文本格式,附录A、附录C、附录D、附录E、附录F、附录G、附录H、附录I、附录J为招标拍卖挂牌出让活动中所需其他文本的示范格式。

　　本规范由国土资源部负责解释。

1　适用范围

　　在中华人民共和国境内以招标、拍卖或者挂牌方式出让国有土地使用权,适用本规范;以招标、拍卖或者挂牌方式租赁国有土地使用权、出让国有土地他项权利,参照本规范执行。

以招标、拍卖或者挂牌方式转让国有土地使用权,以及依法以招标、拍卖或者挂牌方式流转农民集体建设用地使用权,可参照本规范执行。

2 引用的标准和文件

下列标准和文件所包含的条文,通过在本规范中引用而构成本规范的条文。本规范颁布时,所示版本均为有效。使用本规范的各方应使用下列各标准和文件的最新版本。

GB/T18508—2001《城镇土地估价规程》

国土资发〔2000〕303号《国有土地使用权出让合同示范文本》

国土资发〔2001〕255号《全国土地分类》

国土资发〔2004〕232号《工业建设项目用地控制指标》

3 依 据

(1)《中华人民共和国土地管理法》

(2)《中华人民共和国城市房地产管理法》

(3)《中华人民共和国城市规划法》

(4)《中华人民共和国行政许可法》

(5)《中华人民共和国合同法》

(6)《中华人民共和国城镇国有土地使用权出让和转让暂行条例》

(7)《建立健全教育、制度、监督并重的惩治和预防腐败体系实施纲要》

(8)《国务院关于加强国有土地资产管理的通知》(国发〔2001〕15号)

(9)《国务院关于深化改革严格土地管理的决定》(国发〔2004〕28号)

(10)《中共中央纪委监察部关于领导干部利用职权违反规定干预和插手建设工程招投标、经营性土地使用权出让、房地产开发与经营等市场经济活动,为个人和亲友谋取私利的处理规定》(中纪发〔2004〕3号)

(11)《招标拍卖挂牌出让国有土地使用权规定》(国土资源部令第11号)

4 总 则

4.1 招标拍卖挂牌出让国有土地使用权内涵

本规范所称招标出让国有土地使用权,是指市、县国土资源管理部门发布招标公告或者发出投标邀请书,邀请特定或者不特定的法人、自然人和其他组织参加国有土地使用权投标,根据投标结果确定土地使用者的行为。

本规范所称拍卖出让国有土地使用权,是指市、县国土资源管理部门发布拍卖公告,由竞买人在指定时间、地点进行公开竞价,根据出价结果确定土地使用者的行为。

本规范所称挂牌出让国有土地使用权,是指市、县国土资源管理部门发布挂牌公告,按公告规定的期限将拟出让宗地的交易条件在指定的土地交易场所挂牌公布,接受竞买人的报价申请并更新挂牌价格,根据挂牌期限截止时的出价结果或现场竞价结果确定土地使用者的行为。

4.2　招标拍卖挂牌出让国有土地使用权原则

(1)公开、公平、公正;

(2)诚实信用。

4.3　招标拍卖挂牌出让国有土地使用权范围

(1)供应商业、旅游、娱乐和商品住宅等各类经营性用地以及有竞争要求的工业用地;

(2)其他土地供地计划公布后同一宗地有两个或者两个以上意向用地者的;

(3)划拨土地使用权改变用途,《国有土地划拨决定书》或法律、法规、行政规定等明确应当收回土地使用权,实行招标拍卖挂牌出让的;

(4)划拨土地使用权转让,《国有土地划拨决定书》或法律、法规、行政规定等明确应当收回土地使用权,实行招标拍卖挂牌出让的;

(5)出让土地使用权改变用途,《国有土地使用权出让合同》约定或法律、法规、行政规定等明确应当收回土地使用权,实行招标拍卖挂牌出让的;

(6)法律、法规、行政规定明确应当招标拍卖挂牌出让的其他情形。

4.4　招标拍卖挂牌出让国有土地使用权组织实施

4.4.1　实施主体

国有土地使用权招标拍卖挂牌出让由市、县国土资源管理部门组织实施。

4.4.2　组织方式

市、县国土资源管理部门实施招标拍卖挂牌出让国有土地使用权活动,可以根据实际情况选择以下方式:

(1)市、县国土资源管理部门自行办理;

(2)市、县国土资源管理部门指定或授权下属事业单位具体承办;

(3)市、县国土资源管理部门委托具有相应资质的交易代理中介机构承办。

4.4.3　协调决策机构

国有土地使用权出让实行集体决策。市、县国土资源管理部门根据实际情况,可以成立国有土地使用权出让协调决策机构,负责协调解决出让中的相关问题,集体确定有关事项。

4.4.4　土地招标拍卖挂牌主持人

国有土地使用权招标拍卖挂牌出让活动,应当由符合国土资源部确定的土地招标拍卖挂牌主持人条件并取得资格的人员主持进行。

4.4.5　招标拍卖挂牌出让程序

(1)公布出让计划,确定供地方式;

(2)编制、确定出让方案;

(3)地价评估,确定出让底价;

(4)编制出让文件;

(5)发布出让公告;

(6)申请和资格审查;

(7)招标拍卖挂牌活动实施;

(8)签订出让合同,公布出让结果;

（9）核发《建设用地批准书》，交付土地；
（10）办理土地登记；
（11）资料归档。

4.5 地方补充规定

地方可对本规范做出补充规定或实施细则，并报上一级国土资源管理部门备案。

5 公布出让计划，确定供地方式

5.1 市、县国土资源管理部门应当将经批准的国有土地使用权出让计划向社会公布。有条件的地方可以根据供地进度安排，分阶段将国有土地使用权出让计划细化落实到地段、地块，并将相关信息及时向社会公布。国有土地使用权出让计划以及细化的地段、地块信息应当同时在中国土地市场网（www.landchina.com）上公布。

5.2 市、县国土资源管理部门公布国有土地使用权出让计划、细化的地段、地块信息，应当同时明确用地者申请用地的途径和方式，公开接受用地申请。

5.3 需要使用土地的单位和个人（以下简称意向用地者）应当根据公布的国有土地使用权出让计划、细化的地段、地块信息以及自身用地需求，向市、县国土资源管理部门提出用地申请。

5.4 用地预申请

为充分了解市场需求情况，科学合理安排供地规模和进度，有条件的地方，可以建立用地预申请制度。单位和个人对列入招标拍卖挂牌出让计划内的具体地块有使用意向的，可以提出用地预申请，并承诺愿意支付的土地价格。市、县国土资源管理部门认为其承诺的土地价格和条件可以接受的，应当根据土地出让计划和土地市场情况，适时组织实施招标拍卖挂牌出让活动，并通知提出该宗地用地预申请的单位或个人参加。提出用地预申请的单位、个人，应当参加该宗地竞投或竞买，且报价不得低于其承诺的土地价格。

5.5 根据意向用地者申请情况，符合4.3规定条件的土地使用权出让，应当采取招标拍卖挂牌方式。对不能确定是否符合4.3规定条件的具体宗地，可由国有土地使用权出让协调决策机构集体认定。

对具有综合目标或特定社会、公益建设条件、开发建设要求较高、仅有少数单位和个人可能有受让意向的土地使用权出让，可以采取招标方式，按照综合条件最佳者得的原则确定受让人；其他的土地使用权出让，应当采取招标、拍卖或挂牌方式，按照价高者得的原则确定受让人。

采用招标方式出让国有土地使用权的，应当采取公开招标方式。对土地使用者有严格的限制和特别要求的，可以采用邀请招标方式。

6 编制、确定出让方案

6.1 编制招标拍卖挂牌出让方案

市、县国土资源管理部门应当会同城市规划管理等有关部门，依据国有土地使用权出让计划、城市规划等，编制国有土地使用权招标拍卖挂牌出让方案。

国有土地使用权招标拍卖挂牌出让方案应当包括：拟出让地块的具体位置、四至、用途、面积、年限、土地使用条件、供地时间、供地方式、建设时间等。属于综合用地的,应明确各类具体用途、所占面积及其各自的出让年期。对于各用途不动产之间可以分割,最终使用者为不同单位、个人的,应当按照综合用地所包含的具体土地用途分别确定出让年期;对于多种用途很难分割、最终使用者唯一的,也可以统一按照综合用地最高出让年限50年确定出让年期。

6.2 招标拍卖挂牌出让方案报批

国有土地使用权招标拍卖挂牌出让方案应按规定报市、县人民政府批准。

7 地价评估,确定出让底价

7.1 地价评估

市、县国土资源管理部门应当根据拟出让地块的条件和土地市场情况,依据《城镇土地估价规程》,组织对拟出让地块的正常土地市场价格进行评估。

地价评估由市、县国土资源管理部门或其所属事业单位组织进行,根据需要也可以委托具有土地估价资质的土地或不动产评估机构进行。

7.2 确定底价

有底价出让的,市、县国土资源管理部门或国有土地使用权出让协调决策机构应当根据土地估价结果、产业政策和土地市场情况等,集体决策,综合确定出让底价和投标、竞买保证金。招标出让的,应当同时确定标底;拍卖和挂牌出让的,应当同时确定起叫价、起始价等。

标底、底价确定后,在出让活动结束之前应当保密,任何单位和个人不得泄露。

8 编制出让文件

市、县国土资源管理部门应当根据经批准的招标拍卖挂牌出让方案,组织编制国有土地使用权招标拍卖挂牌出让文件。

8.1 招标出让文件应当包括

(1)招标出让公告或投标邀请书
(2)招标出让须知
(3)标书
(4)投标申请书
(5)宗地界址图
(6)宗地规划指标要求
(7)中标通知书
(8)国有土地使用权出让合同
(9)其他相关文件

8.2 拍卖出让文件应当包括

(1)拍卖出让公告
(2)拍卖出让须知
(3)竞买申请书

(4)宗地界址图
(5)宗地规划指标要求
(6)成交确认书
(7)国有土地使用权出让合同
(8)其他相关文件

8.3 挂牌出让文件应当包括
(1)挂牌出让公告
(2)挂牌出让须知
(3)竞买申请书
(4)挂牌竞买报价单
(5)宗地界址图
(6)宗地规划指标要求
(7)成交确认书
(8)国有土地使用权出让合同
(9)其他相关文件

9 发布出让公告

9.1 发布公告

国有土地使用权招标拍卖挂牌出让公告应当由市、县国土资源管理部门发布。出让公告应当通过中国土地市场网和当地土地有形市场发布,也可同时通过报刊、电视台等媒体公开发布。

出让公告应当至少在招标拍卖挂牌活动开始前20日发布,以首次发布的时间为起始日。

经批准的出让方案已明确招标、拍卖、挂牌具体方式的,应当发布具体的"国有土地使用权招标出让公告"、"国有土地使用权拍卖出让公告"或"国有土地使用权挂牌出让公告";经批准的出让方案未明确招标、拍卖、挂牌具体方式的,可以发布"国有土地使用权公开出让公告",发布公开出让公告的,应当明确根据申请截止时的申请情况确定具体的招标、拍卖或挂牌方式。

出让公告可以是单宗地的公告,也可以是多宗地的联合公告。

9.2 公告内容

9.2.1 招标出让公告应当包括以下内容:
(1)出让人的名称、地址、联系电话等,授权或指定下属事业单位以及委托代理机构进行招标的,还应注明其机构的名称、地址和联系电话等;
(2)招标地块的位置、面积、用途、开发程度、规划指标要求、土地使用年限和建设时间等;
(3)投标人的资格要求及申请取得投标资格的办法;
(4)获取招标文件的时间、地点及方式;
(5)招标活动实施时间、地点,投标期限、地点和方式等;
(6)确定中标人的标准和方法;

(7)支付投标保证金的数额、方式和期限;
(8)其他需要公告的事项。

9.2.2 拍卖出让公告应当包括以下内容:
(1)出让人的名称、地址、联系电话等,授权或指定下属事业单位以及委托代理机构进行拍卖的,还应注明其名称、地址和联系电话等;
(2)拍卖地块的位置、面积、用途、开发程度、规划指标要求、土地使用年限和建设时间等;
(3)竞买人的资格要求及申请取得竞买资格的办法;
(4)获取拍卖文件的时间、地点及方式;
(5)拍卖会的地点、时间和竞价方式;
(6)支付竞买保证金的数额、方式和期限;
(7)其他需要公告的事项。

9.2.3 挂牌出让公告应当包括以下内容:
(1)出让人的名称、地址、联系电话等,授权或指定下属事业单位以及委托代理机构进行挂牌的,还应注明其机构名称、地址和联系电话等;
(2)挂牌地块的位置、面积、用途、开发程度、规划指标要求、土地使用年限和建设时间等;
(3)竞买人的资格要求及申请取得竞买资格的办法;
(4)获取挂牌文件的时间、地点及方式;
(5)挂牌地点和起止时间;
(6)支付竞买保证金的数额、方式和期限;
(7)其他需要公告的事项。

9.3 公告调整

公告期间,出让公告内容发生变化的,市、县国土资源管理部门应当按原公告发布渠道及时发布补充公告。涉及土地使用条件变更等影响土地价格的重大变动,补充公告发布时间距招标拍卖挂牌活动开始时间少于20日的,招标拍卖挂牌活动相应顺延。

发布补充公告的,市、县国土资源管理部门应当书面通知已报名的申请人。

10 申请和资格审查

10.1 申请人

国有土地使用权招标拍卖挂牌出让的申请人,可以是中华人民共和国境内外的法人、自然人和其他组织,但法律法规对申请人另有限制的除外。

申请人可以单独申请,也可以联合申请。

10.2 申请

申请人应在公告规定期限内交纳出让公告规定的投标、竞买保证金,并根据申请人类型,持相应文件向出让人提出竞买、竞投申请:
(1)法人申请的,应提交下列文件:
①申请书;

②法人单位有效证明文件；
③法定代表人的有效身份证明文件；
④申请人委托他人办理的，应提交授权委托书及委托代理人的有效身份证明文件；
⑤保证金交纳凭证；
⑥招标拍卖挂牌文件规定需要提交的其他文件。
（2）自然人申请的，应提交下列文件：
①申请书；
②申请人有效身份证明文件；
③申请人委托他人办理的，应提交授权委托书及委托代理人的身份证明文件；
④保证金交纳凭证；
⑤招标拍卖挂牌文件规定需要提交的其他文件。
（3）其他组织申请的，应提交下列文件：
①申请书；
②表明该组织合法存在的文件或有效证明；
③表明该组织负责人身份的有效证明文件；
④申请人委托他人办理的，应提交授权委托书及委托代理人的身份证明文件；
⑤保证金交纳凭证；
⑥招标拍卖挂牌文件规定需要提交的其他文件。
（4）境外申请人申请的，应提交下列文件：
①申请书；
②境外法人、自然人、其他组织的有效身份证明文件；
③申请人委托他人办理的，应提交授权委托书及委托代理人的有效身份证明文件；
④保证金交纳凭证；
⑤招标拍卖挂牌文件规定需要提交的其他文件。
上述文件中，申请书必须用中文书写，其他文件可以使用其他语言，但必须附中文译本，所有文件的解释以中文译本为准。
（5）联合申请的，应提交下列文件：
①联合申请各方共同签署的申请书；
②联合申请各方的有效身份证明文件；
③联合竞买、竞投协议，协议要规定联合各方的权利、义务，包括联合各方的出资比例，并明确签订《国有土地使用权出让合同》时的受让人；
④申请人委托他人办理的，应提交授权委托书及委托代理人的有效身份证明文件；
⑤保证金交纳凭证；
⑥招标拍卖挂牌文件规定需要提交的其他文件。
（6）申请人竞得土地后，拟成立新公司进行开发建设的，应在申请书中明确新公司的出资构成、成立时间等内容。出让人可以根据招标拍卖挂牌出让结果，先与竞得人签订《国有土地使用权出让合同》，在竞得人按约定办理完新公司注册登记手续后，再与新公司签订《国有土地使用权出让合同变更协议》；也可按约定直接与新公司签订《国有土地使用权出

让合同》。

10.3 受理申请及资格审查

出让人应当对出让公告规定的时间内收到的申请进行审查。

经审查,有下列情形之一的,为无效申请:

(1)申请人不具备竞买资格的;

(2)未按规定交纳保证金的;

(3)申请文件不齐全或不符合规定的;

(4)委托他人代理但委托文件不齐全或不符合规定的;

(5)法律法规规定的其他情形。

经审查,符合规定条件的,应当确认申请人的投标或竞买资格,并通知其参加招标拍卖挂牌活动。采用招标或拍卖方式的,取得投标或竞买资格者不得少于3个。

10.4 出让人应当对申请人的情况进行保密。

10.5 申请人对招标拍卖挂牌文件有疑问的,可以书面或者口头方式向出让人咨询,出让人应当为申请人咨询以及查询出让地块有关情况提供便利。根据需要,出让人可以组织申请人对拟出让地块进行现场踏勘。

11 招标拍卖挂牌活动实施——招标

11.1 投标

市、县国土资源管理部门应当按照出让公告规定的时间、地点组织招标投标活动。投标活动应当由土地招标拍卖挂牌主持人主持进行。

投标开始前,招标主持人应当现场组织开启标箱,检查标箱情况后加封。

投标人应当在规定的时间将标书及其他文件送达指定的投标地点,经招标人登记后,将标书投入标箱。

招标公告允许邮寄投标文件的,投标人可以邮寄,但以招标人在投标截止时间前收到的方为有效。招标人登记后,负责在投标截止时间前将标书投入标箱。

投标人投标后,不可撤回投标文件,并对投标文件和有关书面承诺承担责任。投标人可以对已提交的投标文件进行补充说明,但应在招标文件要求提交投标文件的截止时间前书面通知招标人并将补充文件送达至投标地点。

11.2 开标

招标人按照招标出让公告规定的时间、地点开标,邀请所有投标人参加。开标应当由土地招标拍卖挂牌主持人主持进行。招标主持人邀请投标人或其推选的代表检查标箱的密封情况,当众开启标箱。

标箱开启后,招标主持人应当组织逐一检查标箱内的投标文件,经确认无误后,由工作人员当众拆封,宣读投标人名称、投标价格和投标文件的其他主要内容。

开标过程应当记录。

11.3 评标

按照价高者得的原则确定中标人的,可以不成立评标小组。按照综合条件最佳者得的原则确定中标人的,招标人应当成立评标小组进行评标。

11.3.1 评标小组由出让人、有关专家组成,成员人数为 5 人以上的单数。有条件的地方,可建立土地评标专家库,每次评标前随机从专家库中抽取评标小组专家成员。

11.3.2 招标人应当采取必要的措施,保证评标在严格保密的情况下进行。

11.3.3 评标小组可以要求投标人对投标文件中含义不明确的内容做出必要的澄清或者说明,但澄清或者说明不得超出投标文件的范围或者改变投标文件的实质性内容。

11.3.4 评标小组对投标文件进行有效性审查。有下列情形之一的,为无效投标文件:
(1)投标文件未密封的;
(2)投标文件未加盖投示人印鉴,也未经法定代表人签署的;
(3)投标文件不齐备、内容不全或不符合规定的;
(4)投标人对同一个标的有两个或两个以上报价的;
(5)委托投标但委托文件不齐全或不符合规定的;
(6)评标小组认为投标文件无效的其他情形。

11.3.5 评标要求

评标小组应当按照招标文件确定的评标标准和方法,对投标文件进行综合评分,根据综合评分结果确定中标候选人。

评标小组应当根据评标结果,按照综合评分高低确定中标候选人排序,但低于底价或标底者除外。同时有两个或两个以上申请人的综合评分相同的,按报价高低排名,报价也相同的,可以由综合评分相同的申请人通过现场竞价确定排名顺序。投标人的投标介均低于底价或投标条件均不能够满足标底要求的,投标活动终止。

11.4 定标

招标人应当根据评标小组推荐的中标候选人确定中标人。招标人也可以授权评标小组直接确定中标人。

按照价高者得的原则确定中标人的,由招标主持人根据开标结果,直接宣布报价最高且不低于底价者为中标人。有两个或两个以上申请人的报价相同且同为最高报价的,可以由相同报价的申请人在限定时间内再行报价,或者采取现场竞价方式确定中标人。

11.5 发出《中标通知书》

确定中标人后,招标人应当向中标人发出《中标通知书》,并同时将中标结果通知其他投标人。

《中标通知书》应包括招标人与中标人的名称,出让标的,成交时间、地点、价款,以及双方签订《国有土地使用权出让合同》的时间、地点等内容。

《中标通知书》对招标人和中标人具有法律效力,招标人改变中标结果,或者中标人不按约定签订《国有土地使用权出让合同》、放弃中标宗地的,应当承担法律责任。

12 招标拍卖挂牌活动实施——拍卖

12.1 市、县国土资源管理部门应当按照出让公告规定的时间、地点组织拍卖活动。拍卖活动应当由土地招标拍卖挂牌主持人主持进行。

12.2 拍卖会按下列程序进行:
(1)拍卖主持人宣布拍卖会开始;

(2)拍卖主持人宣布竞买人到场情况。设有底价的,出让人应当现场将密封的拍卖底价交给拍卖主持人,拍卖主持人现场开启密封件;

(3)拍卖主持人介绍拍卖地块的位置、面积、用途、使用年限、规划指标要求、建设时间等;

(4)拍卖主持人宣布竞价规则;拍卖主持人宣布拍卖宗地的起叫价、增价规则和增价幅度,并明确提示是否设有底价。在拍卖过程中,拍卖主持人可根据现场情况调整增价幅度。

(5)拍卖主持人报出起叫价,宣布竞价开始;

(6)竞买人举牌应价或者报价;

(7)拍卖主持人确认该竞买人应价或者报价后继续竞价;

(8)拍卖主持人连续三次宣布同一应价或报价而没有人再应价或出价,且该价格不低于底价的,拍卖主持人落槌表示拍卖成交,拍卖主持人宣布最高应价者为竞得人。成交结果对拍卖人、竞得人和出让人均具有法律效力。最高应价或报价低于底价的,拍卖主持人宣布拍卖终止。

12.3 签订《成交确认书》

确定竞得人后,拍卖人与竞得人当场签订《成交确认书》。拍卖人或竞得人不按规定签订《成交确认书》的,应当承担法律责任。竞得人拒绝签订《成交确认书》也不能对抗拍卖成交结果的法律效力。

《成交确认书》应包括拍卖人与竞得人的名称,出让标的,成交时间、地点、价款,以及双方签订《国有土地使用权出让合同》的时间、地点等内容。

《成交确认书》对拍卖人和竞得人具有法律效力,拍卖人改变拍卖结果的,或者竞得人不按约定签订《国有土地使用权出让合同》、放弃竞得宗地的,应当承担法律责任。

拍卖过程应当制作拍卖笔录。

13 招标拍卖挂牌活动实施——挂牌

市、县国土资源管理部门应当按照出让公告规定的时间、地点组织挂牌活动。挂牌活动应当由土地招标拍卖挂牌主持人主持进行。

13.1 公布挂牌信息

在挂牌公告规定的挂牌起始日,挂牌人将挂牌宗地的位置、面积、用途、使用年期、规划指标要求、起始价、增价规则及增价幅度等,在挂牌公告规定的土地交易地点挂牌公布。挂牌时间不得少于10个工作日。

13.2 竞买人报价

符合条件的竞买人应当填写报价单报价。有条件的地方,可以采用计算机系统报价。

竞买人报价有下列情形之一的,为无效报价:

(1)报价单未在挂牌期限内收到的;

(2)不按规定填写报价单的;

(3)报价单填写人与竞买申请文件不符的;

(4)报价不符合报价规则的;

（5）报价不符合挂牌文件规定的其他情形。

13.3　确认报价

挂牌主持人确认该报价后,更新显示挂牌价格,继续接受新的报价。有两个或两个以上竞买人报价相同的,先提交报价单者为该挂牌价格的出价人。

13.4　挂牌截止

挂牌截止应当由挂牌主持人主持确定。设有底价的,出让人应当在挂牌截止前将密封的挂牌底价交给挂牌主持人,挂牌主持人现场打开密封件。在公告规定的挂牌截止时间,竞买人应当出席挂牌现场,挂牌主持人宣布最高报价及其报价者,并询问竞买人是否愿意继续竞价。

13.4.1　挂牌主持人连续三次报出最高挂牌价格,没有竞买人表示愿意继续竞价的,挂牌主持人宣布挂牌活动结束,并按下列规定确定挂牌结果:

（1）最高挂牌价格不低于底价的,挂牌主持人宣布挂牌出让成交,最高挂牌价格的出价人为竞得人;

（2）最高挂牌价格低于底价的,挂牌主持人宣布挂牌出让不成交。

13.4.2　有竞买人表示愿意继续竞价的,即属于挂牌截止时有两个或两个以上竞买人要求报价的情形,挂牌主持人应当宣布挂牌出让转入现场竞价,并宣布现场竞价的时间和地点,通过现场竞价确定竞得人。

13.5　现场竞价

现场竞价应当由土地招标拍卖挂牌主持人主持进行,取得该宗地挂牌竞买资格的竞买人均可参加现场竞价。现场竞价按下列程序举行:

（1）挂牌主持人应当宣布现场竞价的起始价、竞价规则和增价幅度,并宣布现场竞价开始。现场竞价的起始价为挂牌活动截止时的最高报价增加一个加价幅度后的价格。

（2）参加现场竞价的竞买人按照竞价规则应价或报价。

（3）挂牌主持人确认该竞买人应价或者报价后继续竞价。

（4）挂牌主持人连续三次宣布同一应价或报价而没有人再应价或出价,且该价格不低于底价的,挂牌主持人落槌表示现场竞价成交,宣布最高应价或报价者为竞得人。成交结果对竞得人和出让人均具有法律效力。最高应价或报价低于底价的,挂牌主持人宣布现场竞价终止。

在现场竞价中无人参加竞买或无人应价或出价的,以挂牌截止时出价最高者为竞得人,但低于挂牌出让底价者除外。

13.6　签订《成交确认书》

确定竞得人后,挂牌人与竞得人当场签订《成交确认书》。挂牌人或竞得人不按规定签订《成交确认书》的,应当承担法律责任。竞得人拒绝签订《成交确认书》也不能对抗挂牌成交结果的法律效力。

《成交确认书》应包括挂牌人与竞得人的名称,出让标的,成交时间、地点、价款,以及双方签订《国有土地使用权出让合同》的时间、地点等内容。

《成交确认书》对挂牌人和竞得人具有法律效力,挂牌人改变挂牌结果的,或者竞得人不按规定签订《国有土地使用权出让合同》、放弃竞得宗地的,应当承担法律责任。

挂牌过程应当制作挂牌笔录。

14 签订出让合同，公布出让结果

14.1 签订《国有土地使用权出让合同》

招标拍卖挂牌出让活动结束后，中标人、竞得人应按照《中标通知书》或《成交确认书》的约定，与出让人签订《国有土地使用权出让合同》。

14.2 中标人、竞得人支付的投标、竞买保证金

在中标或竞得后转作受让地块的定金。其他投标人、竞买人交纳的投标、竞买保证金，出让人应在招标拍卖挂牌活动结束后5个工作日内予以退还，不计利息。

14.3 公布出让结果

招标拍卖挂牌活动结束后10个工作日内，出让人应当将招标拍卖挂牌出让结果通过中国土地市场网以及土地有形市场等指定场所向社会公布。

公布出让结果应当包括土地位置、面积、用途、开发程度、土地级别、容积率、出让年限、供地方式、受让人、成交价格和成交时间等内容。

出让人公布出让结果，不得向受让人收取费用。

15 核发《建设用地批准书》，交付土地

市、县国土资源管理部门向受让人核发《建设用地批准书》，并按照《国有土地使用权出让合同》、《建设用地批准书》确定的时间和条件将出让土地交付给受让人。

16 办理土地登记

受让人按照《国有土地使用权出让合同》约定付清全部国有土地使用权出让金，依法申请办理土地登记，领取《国有土地使用证》，取得国有土地使用权。

17 资料归档

出让手续全部办结后，市、县国土资源管理部门应当对宗地出让过程中的用地申请、审批、招标拍卖挂牌活动、签订合同等各环节相关资料、文件进行整理，并按规定归档。应归档的宗地出让资料包括：

(1)申请人的申请材料；
(2)宗地条件及相关资料；
(3)宗地评估资料；
(4)宗地出让底价及集体决策记录；
(5)宗地招标拍卖挂牌出让方案；
(6)宗地出让方案批复文件；
(7)招标拍卖挂牌出让文件；
(8)招标拍卖挂牌活动实施过程的记录资料；
(9)《中标通知书》或《成交确认书》；
(10)《国有土地使用权出让合同》及出让结果公布资料；

(11)其他应归档的材料。

附录:略

协议出让国有土地使用权规范(试行)

前　言

为完善国有土地使用权出让制度,规范国有土地使用权协议出让行为,统一程度和标准,加强国有土地资产管理,推进土地市场建设,根据《中华人民共和国土地管理法》、《中华人民共和国城市房地产管理法》、《中华人民共和国城镇国有土地使用权出让和转让暂行条例》、《协议出让国有土地使用权规定》等规定,制定本规范。

本规范的附录 A、附录 B 为协议出让活动中所需文本示范格式。

本规范由国土资源部提出并归口。

本规范起草单位:国土资源部土地利用管理司,国土资源部土地整理中心,辽宁省国土资源厅,黑龙江省国土资源厅,江苏省国土资源厅。

本规范主要起草人员:廖永林、冷宏志、岳晓武、雷爱先、高永、谢量雄、吴迪、宋玉波、牟傲风、叶卫东、钟松钇、林立森、申亮、陈梅英、周旭、沈飞、张昉。

本规范参加起草人员(以姓氏笔画为序):于世专、马尚、王薇、车长志、邓岳方、叶元蓬、叶东、任钊洪、关文荣、刘显琪、刘祥元、刘瑞平、朱育德、闫洪溪、严政、吴永高、吴海洋、张万中、张英奇、李延荣、李晓娟、李晓斌、束克欣、杨玉芳、杨江正、肖建军、陈永真、陈国庆、林君衡、罗演广、祝军、胡立兵、胡红兵、赵春华、郝吉虎、高志云、徐建设、涂高坤、秦水龙、钱友根、梁红、黄文波、韩建国、韩洪伟、靳薇、潘洪嵩、魏成、魏莉华。

本规范由国土资源部负责解释。

1　适用范围

在中华人民共和国境内以协议方式出让国有土地使用权,适用本规范;以协议方式租赁国有土地使用权、出让国有土地他项权利,参照本规范执行。

2　引用的标准和文件

下列标准和文件所包含的条文,通过在本规范中引用而构成本规范的条文。本规范颁布时,所示版本均为有效。使用本规范的各方应使用下列各标准和文件的最新版本。

GB/T 18508—2001《城镇土地估价规程》

国土资发〔2000〕303 号《国有土地使用权出让合同示范文本》

国土资发〔2001〕255 号《全国土地分类》

国土资发〔2004〕232 号《工业建设项目用地控制指标》

3　依据

(1)《中华人民共和国土地管理法》;

(2)《中华人民共和国城市房地产管理法》;
(3)《中华人民共和国城市规划法》;
(4)《中华人民共和国行政许可法》;
(5)《中华人民共和国合同法》;
(6)《中华人民共和国城镇国有土地使用权出让和转让暂行条例》;
(7)《建立健全教育、制度、监督并重的惩治和预防腐败体系实施纲要》;
(8)《国务院关于加强国有土地资产管理的通知》(国发〔2001〕15号);
(9)《国务院关于深化改革严格土地管理的决定》(国发〔2004〕28号);
(10)《协议出让国有土地使用权规定》(国土资源部令第21号)。

4 总则

4.1 协议出让国有土地使用权内涵

本规范所称协议出让国有土地使用权,是指市、县国土资源管理部门以协议方式将国有土地使用权在一定年限内出让给土地使用者,由土地使用者支付土地使用权出让金的行为。

4.2 协议出让国有土地使用权原则

(1)公开、公平、公正;
(2)诚实信用。

4.3 协议出让国有土地使用权范围

出让国有土地使用权,除依照法律、法规和规章的规定应当采用招标、拍卖或者挂牌方式外,方可采取协议方式,主要包括以下情况:

(1)供应商业、旅游、娱乐和商品住宅等各类经营性用地以外用途的土地,其供地计划公布后同一宗地只有一个意向用地者的;

(2)原划拨、承租土地使用权人申请办理协议出让,经依法批准,可以采取协议方式,但《国有土地划拨决定书》、《国有土地租赁合同》、法律、法规、行政规定等明确应当收回土地使用权重新公开出让的除外;

(3)划拨土地使用权转让申请办理协议出让,经依法批准,可以采取协议方式,但《国有土地划拨决定书》、法律、法规、行政规定等明确应当收回土地使用权重新公开出让的除外;

(4)出让土地使用权人申请续期,经审查准予续期的,可以采用协议方式;

(5)法律、法规、行政规定明确可以协议出让的其他情形。

4.4 协议出让国有土地使用权组织管理

国有土地使用权协议出让由市、县国土资源管理部门组织实施。

国有土地使用权出让实行集体决策。市、县国土资源管理部门可根据实际情况成立国有土地使用权出让协调决策机构,负责协调解决出让中的相关问题,集体确定有关事项。

4.5 协议出让价格争议裁决

对于经营性基础设施、矿业开采等具有独占性和排他性的用地,应当建立协议出让价格争议裁决机制。此类用地协议出让过程中,意向用地者与出让方在出让价格方面有争议难以达成一致,意向用地者认为出让方提出的出让价格明显高于土地市场价格的,可提请出让方的上一级国土资源管理部门进行出让价格争议裁决。

4.6 地方补充规定

地方可对本规范做出补充规定或实施细则,并报上一级国土资源管理部门备案。

5 供地环节的协议出让

5.1 供地环节协议出让国有土地使用权的一般程序

(1)公开出让信息,接受用地申请,确定供地方式;

(2)编制协议出让方案;

(3)地价评估,确定底价;

(4)协议出让方案、底价报批;

(5)协商,签订意向书;

(6)公示;

(7)签订出让合同,公布出让结果;

(8)核发《建设用地批准书》,交付土地;

(9)办理土地登记;

(10)资料归档。

5.2 公开出让信息,接受用地申请,确定供地方式

5.2.1 市、县国土资源管理部门应当将经批准的国有土地使用权出让计划向社会公布。有条件的地方可以根据供地进度安排,分阶段将国有土地使用权出让计划细化落实到地段、地块,并将相关信息及时向社会公布。国有土地使用权出让计划以及细化的地段、地块信息应当同时通过中国土地市场网(WWW.landchina.com)公布。

5.2.2 市、县国土资源管理部门公布国有土地使用权出让计划、细化的地段、地块信息,应当同时明确用地者申请用地的途径和方式,公开接受用地申请。

5.2.3 需要使用土地的单位和个人(以下简称意向用地者)应当根据公布的国有土地使用权出让计划、细化的地段、地块信息以及自身用地需求,向市、县国土资源管理部门提出用地申请。

5.2.4 在规定时间内,同一地块只有一个意向用地者的,市、县国土资源管理部门方可采取协议方式出让,但属于商业、旅游、娱乐和商品住宅等经营性用地除外。对不能确定是否符合协议出让范围的具体宗地,可由国有土地使用权出让协调决策机构集体认定。

5.3 编制协议出让方案

市、县国土资源管理部门应当会同规划等部门,依据国有土地使用权出让计划、城市规划和意向用地者申请的用地类型、规模等,编制国有土地使用权协议出让方案。

协议出让方案应当包括:拟出让地块的位置、四至、用途、面积、年限、土地使用条件、供地时间、供地方式等。

5.4 地价评估,确定底价

5.4.1 地价评估

市、县国土资源管理部门应当根据拟出让地块的条件和土地市场情况,按照《城镇土地估价规程》,组织对拟出让地块的正常土地市场价格进行评估。

地价评估由市、县国土资源管理部门或其所属事业单位组织进行,根据需要也可以委托具有土地估价资质的土地或不动产评估机构进行评估。

5.4.2 确定底价

市、县国土资源管理部门或国有土地使用权出让协调决策机构应当根据土地估价结果、产业政策和土地市场情况等,集体决策,综合确定协议出让底价。

协议出让底价不得低于拟出让地块所在区域的协议出让最低价。

出让底价确定后,在出让活动结束之前应当保密,任何单位和个人不得泄露。

5.5 协议出让方案、底价报批

市、县国土资源管理部门应当按规定将协议出让方案、底价报有批准权的人民政府批准。

5.6 协商,签订意向书

市、县国土资源管理部门依据经批准的协议出让方案和底价,与意向用地者就土地出让价格等进行充分协商、谈判。协商谈判时,国土资源管理部门参加谈判的代表应当不少于2人。

双方协商、谈判达成一致,并且议定的出让价格不低于底价的,市、县国土资源管理部门应当与意向用地者签订《国有土地使用权出让意向书》。

5.7 公示

5.7.1 《国有土地使用权出让意向书》签订后,市、县国土资源管理部门将意向出让地块的位置、用途、面积、出让年限、土地使用条件、意向用地者、拟出让价格等内容在当地土地有形市场等指定场所以及中国土地市场网进行公示,并注明意见反馈途径和方式。公示时间不得少于5日。

5.7.2 公示期间,有异议且经市、县国土资源管理部门审查发现确实存在违反法律法规行为的,协议出让程序终止。

5.8 签订出让合同,公布出让结果

公示期满,无异议或虽有异议但经市、县国土资源管理部门审查没有发现存在违反法律法规行为的,市、县国土资源管理部门应当按照《国有土地使用权出让意向书》约定,与意向用地者签订《国有土地使用权出让合同》。

《国有土地使用权出让合同》签订后7日内,市、县国土资源管理部门将协议出让结果通过中国土地市场网以及土地有形市场等指定场所向社会公布,接受社会监督。

公布出让结果应当包括土地位置、面积、用途、开发程度、土地级别、容积率、出让年限、供地方式、受让人、成交价格和成交时间等内容。

5.9 核发《建设用地批准书》,交付土地

市、县国土资源管理部门向受让人核发《建设用地批准书》,并按照《国有土地使用权出让合同》、《建设用地批准书》约定的时间和条件将出让土地交付给受让人。

5.10 办理土地登记

受让人按照《国有土地使用权出让合同》约定付清全部国有土地使用权出让金,依法申请办理土地登记手续,领取《国有土地使用证》,取得土地使用权。

5.11 资料归档

协议出让手续全部办结后,市、县国土资源管理部门应当对宗地出让过程中的出让信息公布、用地申请、审批、谈判、公示、签订合同等各环节相关资料、文件进行整理,并按规定归档。应归档的宗地出让资料包括:

(1)用地申请材料;
(2)宗地条件、宗地规划指标要求;
(3)宗地评估报告;
(4)宗地出让底价及集体决策记录;
(5)协议出让方案;
(6)出让方案批复文件;
(7)谈判记录;
(8)《协议出让意向书》;
(9)协议出让公示资料;
(10)《国有土地使用权出让合同》;
(11)协议出让结果公告资料;
(12)核发建设用地批准书与交付土地的相关资料;
(13)其他应归档的材料。

6 原划拨、承租土地使用权人申请办理协议出让

6.1 原划拨、承租土地使用权人申请办理协议出让的,分别按下列情形处理:

(1)不需要改变原土地用途等土地使用条件,且符合规划的,报经市、县人民政府批准后,可以采取协议出让手续;

(2)经规划管理部门同意可以改变土地用途等土地使用条件的,报经市、县人民政府批准,可以办理协议出让手续,但《国有土地划拨决定书》、《国有土地租赁合同》、法律、法规、行政规定等明确应当收回划拨土地使用权公开出让的除外。

6.2 申请与受理

6.2.1 原划拨、承租土地使用权拟申请办理出让手续的,应由原土地使用权人持下列有关材料,向市、县国土资源管理部门提出申请:

(1)申请书;
(2)《国有土地使用证》、《国有土地划拨决定书》或《国有土地租赁合同》;
(3)地上建筑物、构筑物及其他附着物的产权证明;
(4)原土地使用权人有效身份证明文件;
(5)改变用途的应当提交规划管理部门的批准文件;
(6)法律、法规、行政规定明确应提交的其他相关材料。

6.2.2 市、县国土资源管理部门接到申请后,应当对申请人提交的申请材料进行初审,决定是否受理。

6.3 审查,确定协议出让方案

6.3.1 审查

市、县国土资源管理部门受理申请后,应当依据相关规定对申请人提交的申请材料进行审查,并就申请地块的土地用途等征询规划管理部门意见。经审查,申请地块用途符合规划,并且符合办理协议出让手续条件的,市、县国土资源管理部门应当组织地价评估,确定应缴纳的土地出让金额,拟订协议出让方案。

6.3.2 地价评估

市、县国土资源管理部门应当组织对申请地块的出让土地使用权市场价格和划拨土地使用权权益价格或承租土地使用权市场价格进行评估,估价基准期日为拟出让时点。改变土地用途等土地使用条件的,出让土地使用权价格应当按照新的土地使用条件评估。

6.3.3 核定出让金额,拟订出让方案

市、县国土资源管理部门或国有土地使用权出让协调决策机构应当根据土地估价结果、产业政策和土地市场情况等,集体决策、综合确定协议出让金额,并拟订协议出让方案。

6.3.3.1 申请人应缴纳土地使用权出让金额分别按下列公式核定:

(1)不改变用途等土地使用条件的

应缴纳的土地使用权出让金额＝拟出让时的出让土地使用权市场价格－拟出让时的划拨土地使用权权益价格或承租土地使用权市场价格

(2)改变用途等土地使用条件的

应缴纳的土地使用权出让金额＝拟出让时的新土地使用条件下出让土地使用权市场价格－拟出让时的原土地使用条件下划拨土地使用权权益价格或承租土地使用权市场价格。

6.3.3.2 协议出让方案应当包括:拟办理出让手续的地块位置、四至、用途、面积、年限、拟出让时间和应缴纳的出让金额等。

6.4 出让方案报批

市、县国土资源管理部门应当按照规定,将协议出让方案报市、县人民政府审批。

6.5 签订出让合同,公布出让结果

市、县人民政府批准后,国土资源管理部门应当按照批准的协议出让方案,依法收回原土地使用权人的《国有土地划拨决定书》或解除《国有土地租赁合同》,注销土地登记,收回原土地证书,并与申请人签订《国有土地使用权出让合同》。

《国有土地使用权出让合同》签订后,市、县国土资源管理部门应当按照5.8的规定公布协议出让结果。

6.6 办理土地登记

按5.10规定办理。

6.7 资料归档

协议出让手续全部办结后,市、县国土资源管理部门应当对宗地出让过程中的用地申请、审批、签订合同等各环节相关资料、文件进行整理,并按规定归档。应归档的宗地出让资料包括:

(1)申请人的申请材料;

(2)宗地条件及相关资料;
(3)土地评估资料;
(4)出让金额确定资料;
(5)协议出让方案;
(6)出让方案批复文件;
(7)《国有土地使用权出让合同》;
(8)协议出让公告资料;
(9)其他应归档的材料。

7 划拨土地使用权转让中的协议出让

7.1 划拨土地使用权申请转让,经市、县人民政府批准,可以由受让人办理协议出让,但《国有土地划拨决定书》、法律、法规、行政规定等明确应当收回划拨土地使用权重新公开出让的除外。

7.2 申请与受理

7.2.1 原土地使用权人应当持下列有关材料,向市、县国土资源管理部门提出划拨土地使用权转让申请:

(1)申请书;
(2)《国有土地使用证》、《国有土地划拨决定书》;
(3)地上建筑物、构筑物及其他附着物的产权证明;
(4)原土地使用权人有效身份证明文件;
(5)共有房地产,应提供共有人书面同意的意见;
(6)法律、法规、行政规定明确应提交的其他相关材料。

7.2.2 市、县国土资源管理部门接到申请后,应当对申请人提交的申请材料进行初审,决定是否受理。

7.3 审查,确定协议出让方案

7.3.1 审查

市、县国土资源管理部门受理申请后,应当依据相关规定对申请人提交的申请材料进行审查,并就申请地块的土地用途等征询规划管理部门意见。经审查,申请地块用途符合规划,并且符合办理协议出让手续条件的,市、县国土资源管理部门应当组织地价评估,确定应缴纳的土地出让金额,拟订协议出让方案。

7.3.2 地价评估

市、县国土资源管理部门应当组织对申请转让地块的出让土地使用权市场价格和划拨土地使用权权益价格进行评估,估价基准期日为拟出让时点。

7.3.3 核定出让金额,拟订出让方案

市、县国土资源管理部门或国有土地使用权出让协调决策机构应当根据土地估价结果、产业政策和土地市场情况等,集体决策、综合确定办理出让手续时应缴纳土地使用权出让金额,并拟订协议出让方案。

7.3.3.1 应缴纳土地使用权出让金额应当按下式核定：

（1）转让后不改变用途等土地使用条件的

应缴纳的土地使用权出让金额＝拟出让时的出让土地使用权市场价格－拟出让时的划拨土地使用权权益价格。

（2）转让后改变用途等土地使用条件的

应缴纳的土地使用权出让金额＝拟出让时的新土地使用条件下出让土地使用权市场价格－拟出让时的原土地使用条件下划拨土地使用权权益价格。

7.3.3.2 协议出让方案应当包括：拟办理出让手续的地块位置、四至、用途、面积、年限、土地使用条件、拟出让时间和出让时应缴纳的出让金额等。

7.4 出让方案报批

市、县国土资源管理部门应当按照规定，将协议出让方案报市、县人民政府审批。

7.5 公开交易

协议出让方案批准后，市、县国土资源管理部门应向申请人发出《划拨土地使用权准予转让通知书》。

《划拨土地使用权准予转让通知书》应当包括准予转让的标的、原土地使用权人、转让确定受让人的要求、受让人的权利、义务、应缴纳的土地出让金等。

取得《划拨土地使用权准予转让通知书》的申请人，应当将拟转让的土地使用权在土地有形市场等场所公开交易，确定受让人和成交价款。

7.6 签订出让合同，公布出让结果

通过公开交易确定受让方和成交价款后，转让人应当与受让人签订转让合同，约定双方的权利和义务，明确划拨土地使用权转让价款。

受让人应在达成交易后 10 日内，持转让合同、原《国有土地使用证》、《划拨土地使用权准予转让通知书》、转让方和受让方的身份证明材料等，向市、县国土资源管理部门申请办理土地出让手续。

市、县国土资源管理部门应当按照批准的协议出让方案、公开交易情况等，依法收回原土地使用权人的《国有土地划拨决定书》，注销土地登记，收回原土地证书，与受让方签订《国有土地使用权出让合同》。

市、县国土资源管理部门应当按照 5.8 有关规定公布协议出让结果。

7.7 办理土地登记

按 5.10 规定办理。

7.8 资料归档

出让手续办结后，市、县国土资源管理部门应当对宗地出让过程中的用地申请、审批、交易、签订合同等各环节相关资料、文件进行整理，并按规定归档。应归档的宗地出让资料包括：

（1）申请人的申请材料；

（2）宗地条件及相关资料；

（3）土地评估资料；

（4）出让金额确定资料；

（5）协议出让方案；

(6)出让方案批复文件；
(7)《划拨土地使用权准予转让通知书》等相关资料；
(8)公开交易资料及转让合同等资料；
(9)《国有土地使用权出让合同》；
(10)协议出让公告资料；
(11)其他应归档的材料。

8 出让土地改变用途等土地使用条件的处理

出让土地申请改变用途等土地使用条件，经出让方和规划管理部门同意，原土地使用权人可以与市、县国土资源管理部门签订《国有土地使用权出让合同变更协议》或重新签订《国有土地使用权出让合同》，调整国有土地使用权出让金，但《国有土地使用权出让合同》、法律、法规、行政规定等明确应当收回土地使用权重新公开出让的除外。原土地使用权人应当按照国有土地使用权出让合同变更协议或重新签订的国有土地使用权出让合同约定，及时补缴土地使用权出让金额，并按规定办理土地登记。

调整国有土地使用权出让金额应当根据批准改变用途等土地使用条件时的土地市场价格水平，按下式确定：

应当补缴的土地出让金额＝批准改变时的新土地使用条件下土地使用权市场价格－批准改变时原土地使用条件下剩余年期土地使用权市场价格。

附录：略

4-2-93

国土资源部关于发布实施
《全国工业用地出让最低价标准》的通知

2006年12月23日 国土资发〔2006〕307号

各省、自治区、直辖市国土资源厅（国土环境资源厅、国土资源局、国土资源和房屋管理局、房屋土地资源管理局），计划单列市国土资源行政主管部门，新疆生产建设兵团国土资源局：

为贯彻落实《国务院关于加强土地调控有关问题的通知》（国发〔2006〕31号）精神，加强对工业用地的调控和管理，促进土地节约集约利用，根据土地等级、区域土地利用政策等，部统一制订了《全国工业用地出让最低价标准》（以下简称《标准》），现予以发布。

一、本《标准》是市、县人民政府出让工业用地，确定土地使用权出让价格时必须执行的最低控制标准。

二、工业用地必须采用招标拍卖挂牌方式出让，其出让底价和成交价格均不得低于所在地土地等别相对应的最低价标准。各地国土资源管理部门在办理土地出让手续时必须严格执行本《标准》，不得以土地取得来源不同、土地开发程度不同等各种理由对规定的最低价标准进行减价修正。

三、工业项目必须依法申请使用土地利用总体规划确定的城市建设用地范围内的国有建设用地。对少数地区确需使用土地利用总体规划确定的城市建设用地范围外的土地,且土地前期开发由土地使用者自行完成的工业项目用地,在确定土地出让价格时可按不低于所在地土地等别相对应最低价标准的60%执行。其中,对使用未列入耕地后备资源且尚未确定土地使用权人(或承包经营权人)的国有沙地、裸土地、裸岩石砾地的工业项目用地,在确定土地出让价格时可按不低于所在地土地等别相对应最低价标准的30%执行。对实行这类地价政策的工业项目用地,由省级国土资源管理部门报部备案。

四、对低于法定最高出让年期(50年)出让工业用地,或采取租赁方式供应工业用地的,所确定的出让价格和年租金按照一定的还原利率修正到法定最高出让年期的价格,均不得低于本《标准》。年期修正必须符合《城镇土地估价规程》(GB/T 18508—2001)的规定,还原利率不得低于同期中国人民银行公布的人民币五年期存款利率。

五、为切实保障被征地农民的长远生计,省级国土资源管理部门可根据本地征地补偿费用提高的实际,进一步提高本地的工业用地出让最低价标准;亦可根据本地产业发展政策,在不低于本《标准》的前提下,制定并公布不同行业、不同区域的工业用地出让最低价标准,及时报部备案。

六、本《标准》发布实施后,各省(区、市)要依据本《标准》,开展基准地价更新工作,及时调整工业用地基准地价。

七、各地国土资源管理部门要加强对工业用地出让的监督管理。低于最低价标准出让工业用地,或以各种形式给予补贴或返还的,属非法低价出让国有土地使用权的行为,要依法追究有关人员的法律责任。

八、本《标准》自2007年1月1日起实施。部将根据各地社会经济发展情况、宏观调控的需要以及《标准》的实施情况,适时进行修订。

附件:1. 全国工业用地出让最低价标准(编者略)
2. 土地等别(编者略)

4-2-94

财政部 国土资源部 中国人民银行关于印发《国有土地使用权出让收支管理办法》的通知

2006年12月31日　财综〔2006〕68号

各省、自治区、直辖市、计划单列市财政厅(局)、国土资源厅(国土环境资源局、国土资源局、国土资源和房屋管理局、房屋土地资源管理局),新疆生产建设兵团财务局、国土资源局,中国人民银行上海总部,各分行、营业管理部、省会(首府)城市中心支行,副省级城市中心支行:

为规范国有土地使用权出让收支管理,根据《土地管理法》、《国务院关于加强土地调控有关问题的通知》(国发〔2006〕31号)以及《国务院办公厅关于规范国有土地使用权出让收支管理的通知》(国办发〔2006〕100号)等有关规定,我们制定了《国有土地使用权出让收支管理办法》(附件1)。现印发给你们,请遵照执行。执行中如发现有问题,请及时向财政部、国土资源部、中国人民银行反映。

附件:1. 国有土地使用权出让收支管理办法
      2. 国有土地使用权出让收支科目调整情况

附件1

国有土地使用权出让收支管理办法

第一章 总 则

第一条 为规范国有土地使用权出让收支管理,根据《土地管理法》、《国务院关于加强土地调控有关问题的通知》(国发〔2006〕31号)以及《国务院办公厅关于规范国有土地使用权出让收支管理的通知》(国办发〔2006〕100号)等有关规定,特制定本办法。

第二条 本办法所称国有土地使用权出让收入(以下简称土地出让收入)是指政府以出让等方式配置国有土地使用权取得的全部土地价款。具体包括:以招标、拍卖、挂牌和协议方式出让国有土地使用权所取得的总成交价款(不含代收代缴的税费);转让划拨国有土地使用权或依法利用原划拨土地进行经营性建设应当补缴的土地价款;处置抵押划拨国有土地使用权应当补缴的土地价款;转让房改房、经济适用住房按照规定应当补缴的土地价款;改变出让国有土地使用权土地用途、容积率等土地使用条件应当补缴的土地价款,以及其他和国有土地使用权出让或变更有关的收入等。

国土资源管理部门依法出租国有土地向承租者收取的土地租金收入;出租划拨土地上的房屋应当上缴的土地收益;土地使用者以划拨方式取得国有土地使用权,依法向市、县人民政府缴纳的土地补偿费、安置补助费、地上附着物和青苗补偿费、拆迁补偿费等费用(不含征地管理费),一并纳入土地出让收入管理。

按照规定依法向国有土地使用权受让人收取的定金、保证金和预付款,在国有土地使用权出让合同(以下简称土地出让合同)生效后可以抵作土地价款。划拨土地的预付款也按照上述要求管理。

第三条 各级财政部门、国土资源管理部门、地方国库按照职责分工,分别做好土地出让收支管理工作。

财政部会同国土资源部负责制定全国土地出让收支管理政策。

省、自治区、直辖市及计划单列市财政部门会同同级国土资源管理部门负责制定本行政区域范围内的土地出让收支管理具体政策,指导市、县财政部门和国土资源管理部门做好土地出让收支管理工作。

市、县财政部门具体负责土地出让收支管理和征收管理工作,市、县国土资源管理部门具体负责土地出让收入征收工作。

地方国库负责办理土地出让收入的收纳、划分、留解等各项业务,及时向财政部门、国土资源管理部门提供相关报表和资料。

第四条 土地出让收支全额纳入地方政府基金预算管理。收入全部缴入地方国库,支出一律通过地方政府基金预算从土地出让收入中予以安排,实行彻底的"收支两条线"管理。在地方国库中设立专账(即登记簿),专门核算土地出让收入和支出情况。

第二章 征收管理

第五条 土地出让收入由财政部门负责征收管理,可由市、县国土资源管理部门负责具体征收。

第六条 市、县国土资源管理部门与国有土地使用权受让人在签订土地出让合同时,应当明确约定该国有土地使用权受让人应当缴纳的土地出让收入具体数额、缴交地方国库的具体时限以及违约责任等内容。

第七条 土地出让收入征收部门根据土地出让合同和划拨用地批准文件,开具缴款通知书,并按照财政部统一规定的政府收支分类科目填写"一般缴款书",由国有土地使用权受让人依法缴纳土地出让收入。国有土地使用权受让人应按照缴款通知书的要求,在规定的时间内将应缴地方国库的土地出让收入,就地及时足额缴入地方国库。缴款通知书应当明确供应土地的面积、土地出让收入总额以及依法分期缴纳地方国库的具体数额和时限等。

第八条 已经实施政府非税收入收缴管理制度改革的地方,土地出让收入收缴按照地方非税收入收缴管理制度改革的有关规定执行。

第九条 市、县国土资源管理部门和财政部门应当督促国有土地使用权受让人严格履行国有土地出让合同,确保将应缴国库的土地出让收入及时足额缴入地方国库。对未按照缴款通知书规定及时足额缴纳土地出让收入,并提供有效缴款凭证的,国土资源管理部门不予核发国有土地使用证。国土资源管理部门要完善制度规定,对违规核发国有土地使用证的,应予收回和注销,并依照有关法律法规追究有关领导和人员的责任。

第十条 任何地区、部门和单位都不得以"招商引资"、"旧城改造"、"国有企业改制"等各种名义减免土地出让收入,实行"零地价",甚至"负地价",或者以土地换项目、先征后返、补贴等形式变相减免土地出让收入;也不得违反规定通过签订协议等方式,将应缴地方国库的土地出让收入,由国有土地使用权受让人直接将征地和拆迁补偿费支付给村集体经济组织或农民等。

第十一条 由财政部门从缴入地方国库的招标、拍卖、挂牌和协议方式出让国有土地使用权所取得的总成交价款中,划出一定比例的资金,用于建立国有土地收益基金,实行分账核算,具体比例由省、自治区、直辖市及计划单列市人民政府确定,并报财政部和国土资源部备案。国有土地收益基金主要用于土地收购储备。

第十二条 从招标、拍卖、挂牌和协议方式出让国有土地使用权所确定的总成交价款中计提用于农业土地开发资金。具体计提标准按照财政部、国土资源部联合发布的《用于农业土地开发的土地出让金收入管理办法》(财综〔2004〕49号)以及各省、自治区、直辖市及计划单列市人民政府规定执行。

第三章　使用管理

第十三条　土地出让收入使用范围包括征地和拆迁补偿支出、土地开发支出、支农支出、城市建设支出以及其他支出。

第十四条　征地和拆迁补偿支出。包括土地补偿费、安置补助费、地上附着物和青苗补偿费、拆迁补偿费,按照地方人民政府批准的征地补偿方案、拆迁补偿方案以及财政部门核定的预算执行。

第十五条　土地开发支出。包括前期土地开发性支出以及财政部门规定的与前期土地开发相关的费用等,含因出让土地涉及的需要进行的相关道路、供水、供电、供气、排水、通讯、照明、土地平整等基础设施建设支出,以及相关需要支付的银行贷款本息等支出,按照财政部门核定的预算安排。

第十六条　支农支出。包括用于保持被征地农民原有生活水平补贴支出、补助被征地农民社会保障支出、农业土地开发支出以及农村基础设施建设支出。

(一)保持被征地农民原有生活水平补贴支出。从土地出让收入中安排用于保持被征地农民原有生活水平的补贴支出,按照各省、自治区、直辖市及计划单列市人民政府规定,以及财政部门核定的预算执行。

(二)补助被征地农民社会保障支出。从土地出让收入中安排用于补助被征地农民社会保障的支出,按照各省、自治区、直辖市及计划单列市人民政府规定,以及财政部门核定的预算执行。

(三)用于农业土地开发支出。按照财政部、国土资源部联合发布的《用于农业土地开发的土地出让金使用管理办法》(财建〔2004〕174号)和各省、自治区、直辖市及计划单列市人民政府规定,以及财政部门核定的预算执行。

(四)农村基础设施建设支出。从土地出让收入中安排用于农村饮水、沼气、道路、环境、卫生、教育以及文化等基础设施建设项目支出,按照各省、自治区、直辖市及计划单列市人民政府规定,以及财政部门核定的预算执行。

第十七条　城市建设支出。含完善国有土地使用功能的配套设施建设以及城市基础设施建设支出。具体包括:城市道路、桥涵、公共绿地、公共厕所、消防设施等基础设施建设支出。

第十八条　其他支出。包括土地出让业务费、缴纳新增建设用地有偿使用费、国有土地收益基金支出、城镇廉租住房保障支出以及支付破产或改制国有企业职工安置费用等。

(一)土地出让业务费。包括出让土地需要支付的土地勘测费、评估费、公告费、场地租金、招拍挂代理费和评标费用等,按照财政部门核定的预算安排。

(二)缴纳新增建设用地土地有偿使用费。按照《财政部　国土资源部　中国人民银行关于调整新增建设用地土地有偿使用费政策等问题的通知》(财综〔2006〕48号)规定执行。

(三)国有土地收益基金支出。从国有土地收益基金收入中安排用于土地收购储备的支出,包括土地补偿费、安置补助费、地上附着物和青苗补偿费、拆迁补偿费以及前期土地开发支出,按照地方人民政府批准的收购土地补偿方案、拆迁补偿方案以及财政部门核定的预算执行。

（四）城镇廉租住房保障支出。按照《财政部　建设部　国土资源部关于切实落实城镇廉租住房保障资金的通知》（财综〔2006〕25号）规定以及财政部门核定的预算安排。

（五）支付破产或改制国有企业职工安置费用支出。根据国家有关规定，从破产或改制国有企业国有土地使用权出让收入中，安排用于支付破产或改制国有企业职工安置费用支出。

第十九条　土地出让收入的使用要确保足额支付征地和拆迁补偿费、补助被征地农民社会保障支出、保持被征地农民原有生活水平补贴支出，严格按照有关规定将被征地农民的社会保障费用纳入征地补偿安置费用，切实保障被征地农民的合法利益。在出让城市国有土地使用权过程中，涉及的拆迁补偿费要严格按照《城市房屋拆迁管理条例》（国务院令第305号）、有关法律法规和省、自治区、直辖市及计划单列市人民政府有关规定支付，有效保障被拆迁居民、搬迁企业及其职工的合法利益。

土地出让收入的使用要重点向新农村建设倾斜，逐步提高用于农业土地开发和农村基础设施建设的比重，逐步改善农民的生产、生活条件和居住环境，努力提高农民的生活质量和水平。

土地前期开发要积极引入市场机制、严格控制支出，通过政府采购招投标方式选择评估、拆迁、工程施工、监理等单位，努力降低开发成本。

城市建设支出和其他支出要严格按照批准的预算执行。编制政府采购预算的，应严格按照政府采购的有关规定执行。

第二十条　建立对被征地农民发放土地补偿费、安置补助费以及地上附着物和青苗补偿费的公示制度，改革对被征地农民征地补偿费的发放方式。有条件的地方，土地补偿费、安置补助费以及地上附着物和青苗补偿费等相关费用中应当支付给被征地农民个人的部分，可以根据征地补偿方案，由集体经济组织提供具体名单，经财政部门会同国土资源管理部门审核后，通过发放记名银行卡或者存折方式从地方国库中直接支付给被征地农民，减少中间环节，防止被截留、挤占和挪用，切实保障被征地农民利益。被征地农民参加有关社会保障所需的个人缴费，可以从其所得的土地补偿费、安置补助费中直接缴纳。

第四章　收支科目管理

第二十一条　删除《2007年政府收支分类科目》收入分类103类"非税收入"项下01款"政府性基金收入"32项"国有土地使用权出让金收入"及目级科目。

第二十二条　为准确反映土地出让收入状况，在《2007年政府收支分类科目》103类"非税收入"01款"政府性基金收入"科目中，分别设立下列科目：

（一）设立46项"国有土地使用权出让金收入"科目。

01目"土地出让总价款"，科目说明为：反映以招标、拍卖、挂牌和协议方式出让国有土地使用权所取得的总成交价款，扣除财政部门已经划转的国有土地收益基金和农业土地开发资金后的余额。

02目"补缴的土地价款"，科目说明为：反映划拨国有土地使用权转让或依法利用原划拨土地进行经营性建设应当补缴的土地价款、处置抵押划拨国有土地使用权应当补缴的土地价款、转让房改房和经济适用住房按照规定应当补缴的土地价款以及出让国有土地使用权改变土地用途和容积率等土地使用条件应当补缴的土地价款。

03 目"划拨土地收入",科目说明为:反映土地使用者以划拨方式取得国有土地使用权,依法向市、县人民政府缴纳的土地补偿费、安置补助费、地上附着物和青苗补偿费、拆迁补偿费等费用。

99 目"其他土地出让金收入",科目说明为:反映国土资源管理部门依法出租国有土地向承租者收取的土地租金收入、出租划拨土地上的房屋应当上缴的土地收益等其他土地出让收入。

(二)设立 47 项"国有土地收益基金收入",科目说明为:反映从招标、拍卖、挂牌和协议方式出让国有土地使用权所取得的总成交价款中按照规定比例计提的国有土地收益基金。

(三)设立 48 项"农业土地开发资金收入",科目说明为:反映从招标、拍卖、挂牌和协议方式出让国有土地使用权所取得的总成交价款中按照规定比例计提的农业土地开发资金。

第二十三条 为规范土地出让支出管理,对《2007 年政府收支分类科目》支出功能分类 212 类"城乡社区事务"08 款"国有土地使用权出让金支出"科目进行下列调整:

(一)将 01 项"前期土地开发支出",修改为"征地和拆迁补偿支出",科目说明调整为:反映地方人民政府在征地过程中支付的土地补偿费、安置补助费、地上附着物和青苗补偿费、拆迁补偿费支出。

(二)将 02 项"土地出让业务费用",修改为"土地开发支出",科目说明调整为:反映地方人民政府用于前期土地开发性支出以及与前期土地开发相关的费用等支出。

(三)将 03 项"城市建设支出"科目说明修改为:反映土地出让收入用于完善国有土地使用功能的配套设施建设和城市基础设施建设支出。

(四)将 04 项"土地开发支出",修改为"农村基础设施建设支出",科目说明调整为:反映土地出让收入用于农村饮水、沼气、道路、环境、卫生、教育以及文化等基础设施建设支出。

(五)将 05 项"农业土地开发支出",修改为"补助被征地农民支出",科目说明调整为:反映土地出让收入用于补助被征地农民社会保障支出以及保持被征地农民原有生活水平支出。

(六)设立 06 项"土地出让业务支出",科目说明调整为:反映土地出让收入用于土地出让业务费用的开支。

(七)保留 07 项"廉租住房支出",科目说明为:反映从土地出让收入中安排用于城镇廉租住房保障的支出。

(八)将 99 项"其他土地使用权出让金支出"科目说明修改为:反映从土地出让收入中支付缴纳新增建设用地土地有偿使用费、支付破产或改制国有企业职工安置费等支出。

第二十四条 在 212 类"城乡社区事务"中设立 10 款"国有土地收益基金支出",科目说明为:反映从国有土地收益基金收入中安排用于土地收购储备等支出。

01 项"征地和拆迁补偿支出",科目说明为:反映从国有土地收益基金收入中安排用于收购储备土地需要支付的土地补偿费、安置补助费、地上附着物和青苗补偿费、拆迁补偿费支出。

02 项"土地开发支出",科目说明为:反映从国有土地收益基金收入中安排用于收购储备土地需要支付的前期土地开发性支出以及与前期土地开发相关的费用等支出。

99项"其他支出",科目说明为:反映从国有土地收益基金收入中安排用于其他支出。

第二十五条 在212类"城乡社区事务"中设立11款"农业土地开发资金支出",科目说明为:反映从农业土地开发资金收入中安排用于农业土地开发的支出。

第二十六条 在《2007年政府收支分类科目》支出经济分类科目310类"其他资本性支出"中增设下列科目:

(一)09款"土地补偿",科目说明为:反映地方人民政府在征地和收购土地过程中支付的土地补偿费。

(二)10款"安置补助",科目说明为:反映地方人民政府在征地和收购土地过程中支付的安置补助费。

(三)11款"地上附着物和青苗补偿",科目说明为:反映地方人民政府在征地和收购土地过程中支付的地上附着物和青苗补偿费。

(四)12款"拆迁补偿",科目说明为:反映地方人民政府在征地和收购土地过程中支付的拆迁补偿费。

第二十七条 国有土地使用权出让金支出、国有土地收益基金支出、农业土地开发资金支出应根据经济性质和具体用途分别填列支出经济类相关各款。

第二十八条 《2007年政府收支分类科目》附录二基金预算收支科目根据本办法规定进行调整。具体科目调整情况详见附件2。

第五章 预决算管理

第二十九条 建立健全年度土地出让收支预决算管理制度。每年第三季度,有关部门要严格按照财政部门规定编制下一年度土地出让收支预算,并分别纳入政府性基金收支预算,报经同级财政部门按规定程序批准后执行。土地出让收入资金拨付,按照财政国库管理制度有关规定执行。

编制年度土地出让收支预算要坚持"以收定支、收支平衡"的原则。土地出让收入预算按照上年土地出让收入情况、年度土地供应计划、地价水平等因素编制;土地出让支出预算根据预计年度土地出让收入情况,按照年度土地征收计划、拆迁计划以及规定的用途、支出范围和支出标准等因素编制。其中:属于政府采购范围的,应当按照规定编制政府采购预算,并严格按照政府采购的有关规定执行。

每年年度终了,有关部门应当严格按照财政部门规定编制土地出让收支决算,并分别纳入政府性基金收支决算,报财政部门审核汇总后,向同级人民政府报告。地方人民政府依法向同级人大报告。

第三十条 国土资源管理部门与财政部门要加强协作,建立国有土地出让、储备及收支信息共享制度。国土资源管理部门应当将年度土地供应计划、年度土地储备计划以及签订的国有土地出让合同中有关土地出让总价款、约定的缴款时间、缴款通知书等相关资料及时抄送财政部门,财政部门应当及时将土地出让收支情况反馈给国土资源管理部门。

第三十一条 财政部门、国土资源管理部门要与地方国库建立土地出让收入定期对账制度,对应缴国库、已缴国库和欠缴国库的土地出让收入数额进行定期核对,确保有关数据的准确无误。

第三十二条 财政部门要会同国土资源管理部门、人民银行机构建立健全年度土地出让收支统计报表以及分季收支统计明细报表体系,统一土地出让收支统计口径,确保土地出让收支统计数据及时、准确、真实,为加强土地出让收支管理提供准确的基础数据。土地出让收支统计报表体系由财政部会同国土资源部、中国人民银行研究制定。

第六章 监督检查

第三十三条 财政部门、国土资源管理部门、人民银行机构以及审计机关要建立健全对土地出让收支情况的定期和不定期监督检查制度,强化对土地出让收支的监督管理,确保土地出让收入及时足额上缴国库,支出严格按照财政预算管理规定执行。

第三十四条 对国有土地使用权人不按土地出让合同、划拨用地批准文件等规定及时足额缴纳土地出让收入的,应当按日加收违约金额1‰的违约金。违约金随同土地出让收入一并缴入地方国库。

第三十五条 对违反规定,擅自减免、截留、挤占、挪用应缴国库的土地出让收入,不执行国家统一规定的会计、政府采购等制度的,要严格按照《土地管理法》、《会计法》、《审计法》、《政府采购法》和《财政违法行为处罚处分条例》(国务院令第427号)和《金融违法行为处罚办法》(国务院令第260号)等有关法律法规规定进行处理,并依法追究有关责任人的责任。触犯《刑法》的,要依法追究有关人员的刑事责任。

第七章 附 则

第三十六条 各省、自治区、直辖市及计划单列市财政部门应当会同国土资源管理部门、人民银行机构根据本办法,结合各地实际,制定实施细则,并报财政部、国土资源部、中国人民银行备案。

第三十七条 本办法由财政部会同国土资源部、中国人民银行负责解释。

第三十八条 本办法自2007年1月1日起实施,此前有关规定与本办法规定不一致的,一律以本办法规定为准。

附件2

国有土地使用权出让收支科目调整情况

收入分类科目

科目编码				科目名称	说明	备注
类	款	项	目			
103				非税收入		
	01			政府性基金收入	中央与地方共用收入科目。反映各级政府及其所属部门根据法律、行政法规以及中共中央、国务院有关文件规定,向公民、法人和其他组织无偿征收的具有专项用途的财政资金(包括基金、资金、附加和专项收费)。	
		32		国有土地使用权出让金收入	地方收入科目。反映地方政府按规定收取的国有土地出让总价款以及续缴、补缴的土地出让价款。	删去

续表

科目编码				科目名称	说明	备注
类	款	项	目			
—	—	—	01	土地净收益	地方收入科目。反映国有土地使用权出让金扣除土地补偿费用、前期开发费用、出让业务费用以及计提用于农业土地开发资金后的净收益。	删去
—	—	—	02	计提用于农业土地开发的资金	地方收入科目。反映国有土地使用权出让金中计提用于农业土地开发的资金。	删去
—	—	—	99	其他土地出让金收入	地方收入科目。反映国有土地使用权出让金收入扣除土地净收益、计提用于农业土地开发的资金后的收入。	删去
		46		国有土地使用权出让金收入	地方收入科目。	新增
			01	土地出让总价款	反映以招标、拍卖、挂牌和协议方式出让国有土地使用权所取得的总成交价款,扣除财政部门已经划转的国有土地收益基金和农业土地开发资金后的余额。	新增
			02	补缴的土地价款	反映转让划拨国有土地使用权或依法利用原划拨土地进行经营性建设应当补缴的土地价款、处置抵押划拨国有土地使用权应当补缴的土地价款、转让房改房和经济适用住房按照规定应当补缴的土地价款以及出让国有土地使用权改变土地用途和容积率等土地使用条件应当补缴的土地价款。	新增
			03	划拨土地收入	反映土地使用者以划拨方式取得国有土地使用权,依法向市、县人民政府缴纳的土地补偿费、安置补助费、地上附着物和青苗补偿费、拆迁补偿费等费用。	新增
			99	其他土地出让金收入	反映国土资源管理部门依法出租国有土地向承租者收取的土地租金收入、出租划拨土地上的房屋应当上缴的土地收益等其他土地出让收入。	新增
		47		国有土地收益基金收入	反映从招标、拍卖、挂牌和协议方式出让国有土地使用权所取得的总成交价款中按照规定比例计提的国有土地收益基金收入。	新增
		48		农业土地开发资金收入	反映从招标、拍卖、挂牌和协议方式出让国有土地使用权所取得的总成交价款中按照规定比例计提的农业土地开发资金。	新增

支出功能分类科目

科目编码			科目名称	说明	备注
类	款	项			
212			城乡社区事务	反映政府城乡社区事务支出。具体包括:城乡社区管理事务支出、城乡社区规划与管理支出、城乡社区公共设施支出、城乡社区住宅支出、城乡社区环境卫生支出、建设市场管理与监督支出等。	
	08		国有土地使用权出让金支出	反映用土地出让收入、新增建设用地有偿使用费等土地有偿使用收入安排的支出。	
—	—	01	前期土地开发支出	反映征用、征收土地以及土地出让之前发生的补偿性支出和开发性支出。	删去

续表

科目编码 类	科目编码 款	科目编码 项	科目名称	说明	备注
		01	征地和拆迁补偿支出	反映地方人民政府在征地过程中支付的土地补偿费、安置补助费、地上附着物和青苗补偿费、拆迁补偿费支出。	新增
—	—	~~02~~	~~土地出让业务费用~~	~~反映财政部门核拨的土地出让业务费。~~	删去
—	—	02	土地开发支出	反映地方人民政府用于前期土地开发性支出以及与前期土地开发相关的费用等支出。	新增
		03	城市建设支出	反映土地出让收入净收益安排的城市建设支出用于完善国有土地使用功能的配套设施建设和城市基础设施建设支出。	修改说明
—	—	~~04~~	~~土地开发支出~~	~~反映用土地净收益安排的土地开发支出。~~	删去
		04	农村基础设施建设支出	反映土地出让收入用于农村饮水、沼气、道路、环境、卫生、教育以及文化等基础设施建设支出。	新增
—	—	~~05~~	~~农业土地开发支出~~	~~反映用从土地出让金中计提的农业土地开发资金安排的农业土地开发支出。~~	删去
		05	补助被征地农民支出	反映土地出让收入用于补助被征地农民社会保障支出以及保持被征地农民原有生活水平支出。	新增
		06	土地出让业务支出	反映土地出让收入用于土地出让业务费用的开支。	新增
		07	廉租住房支出	反映从土地出让收入净收益中安排用于城镇廉租住房保障的支出。	修改说明
	~~06~~ 12		耕地开发专项支出*	反映从新增建设用地有偿使用费收入中安排的用于耕地开发方面的支出。	保留
	13		基本农田建设和保护支出*	反映从新增建设用地有偿使用费收入中安排的用于农田建设和保护方面的支出。	保留
	14		土地整理支出*	反映从新增建设用地有偿使用费收入中安排的用于土地整理方面的支出。	保留
	99		其他土地使用~~权出让金~~支出	反映~~县市政府用土地净收益缴纳新增建设用地土地有偿使用费等支出~~从土地出让收入中支付缴纳新增建设用地有偿使用费、支付破产或改制国有企业职工安置费等支出。	修改说明
	10		国有土地收益基金支出	反映从国有土地收益基金收入中安排用于土地收购储备等支出。	新增
		01	征地和拆迁补偿支出	反映从国有土地收益基金收入中安排用于收购储备土地需要支付的土地补偿费、安置补助费、地上附着物和青苗补偿费、拆迁补偿费支出。	新增
		02	土地开发支出	反映从国有土地收益基金收入中安排用于收购储备土地需要支付的前期土地开发性支出以及与前期土地开发相关的费用等支出。	新增
		99	其他支出	反映从国有土地收益基金收入中安排用于其他支出。	新增
	11		农业土地开发资金支出	反映从计提的农业土地开发资金中安排用于农业土地开发的支出。	新增

注：加 * 号的科目，根据《财政部 国土资源部 中国人民银行关于调整新增建设用地有偿使用费政策等问题的通知》（财综〔2006〕48号）调整。

支出经济分类科目

科目编码		科目名称	说明	备注
类	款			
310		其他资本性支出	反映非各级发展与改革部门集中安排的用于购置固定资产、战略性和应急性储备、土地和无形资产,以及购建基础设施、大型修缮和财政支持企业更新改造所发生的支出。	
	09	土地补偿	反映地方人民政府在征地和收购土地过程中支付的土地补偿费。	新增
	10	安置补助	反映地方人民政府在征地和收购土地过程中支付的安置补助费。	新增
	11	地上附着物和青苗补偿	反映地方人民政府在征地和收购土地过程中支付的地上附着物和青苗补偿费。	新增
	12	拆迁补偿	反映地方人民政府在征地和收购土地过程中支付的拆迁补偿费。	新增

4-2-95

国土资源部关于调整工业用地出让最低价标准实施政策的通知

2009年5月11日　国土资发〔2009〕56号

各省、自治区、直辖市国土资源厅(国土环境资源厅、国土资源局、国土资源和房屋管理局、规划和国土资源管理局),新疆生产建设兵团国土资源局,各派驻地方的国家土地督察局:

　　针对当前经济形势和土地市场运行变化情况,为进一步落实党中央、国务院关于扩大内需促进经济平稳较快发展的重大决策,更好地履行部门职责,充分发挥地价政策在宏观调控中的作用,部决定对《全国工业用地出让最低价标准》(以下简称《标准》)实施政策进行适当调整。现就有关问题通知如下:

　　一、市县国土资源管理部门在工业用地出让前应当按照《城镇土地估价规程》(GB/T 18508—2001)进行评估,根据土地估价结果、土地供应政策和最低价标准等集体决策、综合确定出让底价。

　　二、对各省(区、市)确定的优先发展产业且用地集约的工业项目,在确定土地出让底价时可按不低于所在地土地等别相对应《标准》的70%执行。优先发展产业是指各省(区、市)依据国家《产业结构调整指导目录》制订的本地产业发展规划中优先发展的产业。用地集约是指项目建设用地容积率和建筑系数超过《关于发布和实施〈工业项目建设用地控制指标〉的通知》(国土资发〔2008〕24号)所规定标准40%以上、投资强度增加10%以上。

三、以农、林、牧、渔业产品初加工为主的工业项目,在确定土地出让底价时可按不低于所在地土地等别相对应《标准》的70%执行。农、林、牧、渔业产品初加工工业项目是指在产地对农、林、牧、渔业产品直接进行初次加工的项目,具体由各省(区、市)在《国民经济行业分类》(GB/T 4754—2002)第13、14、15、17、18、19、20大类范围内按小类认定。

四、对中西部地区确需使用土地利用总体规划确定的城镇建设用地范围外的国有未利用地,且土地前期开发由土地使用者自行完成的工业项目用地,在确定土地出让价格时可按不低于所在地土地等别相对应《标准》的15%执行。使用土地利用总体规划确定的城镇建设用地范围内的国有未利用地,可按不低于所在地土地等别相对应《标准》的50%执行。国有未利用地包括《土地利用现状分类》(GB/T 21010—2007)中未列入耕地后备资源的盐碱地、沼泽地、沙地、裸地。

五、工业项目按照本通知第二、三、四条规定拟定的出让底价低于该项目实际土地取得成本、土地前期开发成本和按规定应收取的相关费用之和的,应按不低于实际各项成本费用之和的原则确定出让底价。

六、省级国土资源管理部门要根据本地实际尽快制定公布本省(区、市)的工业用地出让最低价标准,对个别县、市(区)基准地价末级地的平均土地取得成本、土地前期开发成本和按规定收取的相关费用之和确实低于《标准》的,由省级国土资源管理部门根据本省(区、市)县级行政单元总数,按照总数小于50的不超过5%,其它不超过3%的原则,控制拟调整县、市(区)的数量,统筹组织测算、论证和平衡,提出明确意见并于2009年6月30日前报部备案后,可以按当地实际执行最低价标准。各省(区、市)确定的优先发展产业目录与按行业分类小类认定的农、林、牧、渔业产品初加工项目目录需一并报部备案。逾期未备案的按《标准》执行。

七、各地国土资源管理部门要加强对工业用地出让的监督管理,通过土地市场动态监测与监管系统,及时掌握出让价格等土地供应信息。对违反最低价标准相关实施政策、低于标准出让工业用地的,要依法追究有关人员的法律责任。

4-2-96

国土资源部关于坚持和完善土地招标拍卖挂牌出让制度的意见

2011年5月11日 国土资发[2011]63号

各省、自治区、直辖市国土资源厅(国土环境资源厅、国土资源局、国土资源和房屋管理局、规划和国土资源管理局),副省级城市国土资源主管部门,新疆生产建设兵团国土资源局:

去年以来,各地按照中央和部关于房地产市场调控政策要求,在坚持土地招标拍卖挂牌(以下简称招拍挂)制度基础上,积极探索创新城市住房用地出让政策,促进地价房价合理调整,取得了积极成效。为进一步落实《国务院办公厅关于进一步做好房地产市场调控工作有关问题的通知》(国办发〔2011〕1号)的要求,完善招拍挂的供地政策,加强土地出让政策在房地产市场调控中的积极作用,现提出以下意见。

一、正确把握土地招拍挂出让政策的调控作用

国有土地使用权招拍挂出让制度是市场配置国有经营性建设用地的基本制度。它充分体现了公开公平公正竞争和诚实信用的市场基本原则,建立了反映市场供求关系、资源稀缺程度、环境损害成本的价格形成机制,完全符合社会主义市场经济体制的基本方向。坚持国有经营性建设用地招拍挂出让制度和在房地产市场运行正常条件下按"价高者得"原则取得土地,符合市场优化配置土地资源的基本原则,符合法律政策要求,同时在抑制行政权力干预市场,从源头上防治土地出让领域腐败中发挥了重要作用。

当前,部分城市商品住房价格居高不下,户型结构和保障性安居工程用地布局不合理,少数规划的商品住房优质地块和二三线城市商品住房土地出让存在着地价非理性上涨的可能。为进一步落实中央关于房地产市场调控各项政策和工作要求,积极主动发挥招拍挂出让土地政策的稳定市场、优化结构、促进地价房价合理调整、保障住房用地的作用,当前和今后一个时期,各级国土资源主管部门必须从完善土地市场机制、健全土地宏观调控体系、实施节约优先战略的基本要求出发,以"保民生、促稳定"为重点,坚持土地招拍挂出让基本制度,创新和完善有效实现中央调控政策要求的土地出让政策和措施,主动解决商品住房建设项目供地、开发利用和监管中出现的新情况、新问题,实现土地经济效益与社会综合效益的统一、市场配置与宏观调控的统一,促进城市房地产市场健康发展。

二、完善住房用地招拍挂计划公示制度

市、县在向社会公布年度住房用地出让计划的基础上,建立计划出让地块开发建设的宗地条件公布机制,根据出让进度安排,进一步细化拟出让地块、地段的规划和土地使用条件,定期向社会发布细化的商品住房和保障性安居工程各类房屋建设用地信息,同时明确意向用地者申请用地的途径和方式,公开接受用地申请。单位和个人对列入出让计划的具体地块有使用意向并提出符合规定的申请后,应及时组织实施土地招拍挂出让。公示保障性安居工程项目划拨用地时,一并向社会公示申请用地单位,接受社会监督。

三、调整完善土地招拍挂出让政策

各地要根据当地土地市场、住房建设发展阶段,对需要出让的宗地,选择恰当的土地出让方式和政策,落实政府促进土地合理布局,节约集约利用,有效合理调整地价房价,保障民生,稳定市场预期的目标。

(一)限定房价或地价,以挂牌或拍卖方式出让政策性住房用地。

以"限房价、竞地价"方式出让土地使用权的,市、县国土资源主管部门应在土地出让前,会同住房建设、物价、规划行政主管部门,按相关政策规定确定住房销售条件,根据拟出让宗地所在区域商品住房销售价格水平,合理确定拟出让宗地的控制性房屋销售价格上限和住房套型面积标准,以此作为土地使用权转让的约束性条件,一并纳入土地出让方案,报经政府批准后,以挂牌、拍卖方式公开出让土地使用权,符合条件、承诺地价最高且不低于底价的为土地使用权竞得人。出让成交后,竞得人接受的宗地控制性房屋销售价格、成交地价、土地使用权转让条件及违约处罚条款等,均应在成交确认书和出让合同中明确。

以"限地价、竞房价"方式出让土地使用权的,市、县国土资源主管部门应在土地出让前,根据拟出让宗地的征地拆迁安置补偿费、土地前期开发成本、同一区域基准地价和市场地价水平、土地使用权转让条件、房屋销售价格和政府确定的房价控制目标等因素,综合确定拟出让宗地的出让价格,同时应确定房价的最高控制价(应低于同区域、同条件商品住房市场价),一并纳入土地出让方案,报经政府批准后,以挂牌、拍卖方式公开出让土地使用权,按照承诺销售房价最低者(开发商售房时的最高售价)确定为土地竞得人。招拍挂成交后,竞得人承诺的销售房价、成交地价、土地使用权转让条件及违约处罚条款等,均应在成交确认书和出让合同中明确。

(二)限定配建保障性住房建设面积,以挂牌或拍卖方式出让商品住房用地。

以"商品住房用地中配建保障性住房"方式出让土地使用权的,市、县国土资源主管部门应会同住房建设、规划、房屋管理和住房保障等部门确定拟出让宗地配建廉租房、经济适用房等保障性住房的面积、套数、建设进度、政府收回条件、回购价格及土地面积分摊办法等,纳入出让方案,经政府批准后,写入出让公告及文件,组织实施挂牌、拍卖。土地出让成交后,成交价款和竞得人承诺配建的保障性住房事项一并写入成交确认书和出让合同。

(三)对土地开发利用条件和出让地价进行综合评定,以招标方式确定土地使用权人。

以"土地利用综合条件最佳"为标准出让土地使用权,市、县国土资源主管部门应依据规划条件和土地使用标准按照宗地所在区域条件、政府对开发建设的要求,制定土地出让方案和评标标准,在依法确定土地出让底价的基础上,将土地价款及交付时间、开发建设周期、建设要求、土地节约集约程度、企业以往出让合同履行情况等影响土地开发利用的因素作为评标条件,合理确定各因素权重,会同有关部门制定标书,依法依纪,发布公告,组织招投标。经综合评标,以土地利用综合条件最佳确定土地使用者。确定中标人后,应向社会公示并将上述土地开发利用条件写入中标通知书和出让合同。

四、大力推进土地使用权出让网上运行

出让国有建设用地使用权涉及的出让公告、出让文件、竞买人资格、成交结果等,都应在部门户网站和各地国土资源主管部门的网上公开发布。积极推行国有经营性建设用地网上挂牌出让方式。市、县国土资源主管部门可以通过网上发布出让公告信息,明确土地开发利用、竞买人资格和违约处罚等条件,组织网上报价竞价并确定竞得人。网上挂牌出让成交后,市、县国土资源主管部门要按照国有土地招拍挂出让规范,及时与竞得人签订纸质件的成交确认书和出让合同。对竞得人需要进行相关资料审查的,建立网上成交后的审查制度,发现受让人存在违法违规行为或不具有竞买资格时,挂牌出让不成交,应重新组织出让,并对违规者进行处罚。

五、完善土地招拍挂出让合同

市、县国土资源主管部门要依据现行土地管理法律政策,对附加各类开发建设销售条件的政策性商品住房用地的出让,增加出让合同条款,完善出让合同内容,严格供后监管。政策性商品住房用地出让成交后,竞得人或中标人应当按照成交确认书或中标通知书的要求,按时与国土资源主管部门签订出让合同。建房套数、套型、面积比例、容积率、项目开竣工时间、销售对象条件、房屋销售价格上限、受让人承诺的销售房价、土地转让条件、配建要求等规划、建设、土地使用条件以及相应的违约责任,应当在土地出让合同或住房建设和销售合同中明确。

为保证政策性商品住房用地及时开发利用,市、县国土资源主管部门可以在出让合同中明确约定不得改变土地用途和性质、不得擅自提高或降低规定的建设标准、保障性住房先行建设和先行交付、不得违规转让土地使用权等内容,对违反规定或约定的,可在出让合同中增加"收回土地使用权并依法追究责任"等相关内容。

各地应当加强对政策性商品住房用地出让合同履行情况的监督检查,对违反合同约定的,应会同有关部门依法处罚,追究违约责任。

各省级国土资源主管部门要切实加强对市、县住房供地政策制度和组织实施工作的指导和监管,及时发现和解决出现的问题。也可按照本意见,探索其他用途土地出让方式和土地出让各环节的制度创新,进一步完善国有土地使用权招拍挂出让制度,保障和促进中央关于房地产市场调控政策的落实。

矿产资源专项收入

4-2-97

中华人民共和国矿产资源法实施细则

1994年3月26日　中华人民共和国国务院令第152号发布

第一章　总　　则

第一条　根据《中华人民共和国矿产资源法》,制定本细则。

第二条　矿产资源是指由地质作用形成的,具有利用价值的,呈固态、液态、气态的自然资源。

矿产资源的矿种和分类见本细则所附《矿产资源分类细目》。新发现的矿种由国务院地质矿产主管部门报国务院批准后公布。

第三条　矿产资源属于国家所有,地表或者地下的矿产资源的国家所有权,不因其所依附的土地的所有权或者使用权的不同而改变。

国务院代表国家行使矿产资源的所有权。国务院授权国务院地质矿产主管部门对全国矿产资源分配实施统一管理。

第四条　在中华人民共和国领域及管辖的其他海域勘查、开采矿产资源,必须遵守《中华人民共和国矿产资源法》(以下简称《矿产资源法》)和本细则。

第五条　国家对矿产资源的勘查、开采实行许可证制度。勘查矿产资源,必须依法申请登记,领取勘查许可证,取得探矿权;开采矿产资源,必须依法申请登记,领取采矿许可证,取得采矿权。

矿产资源勘查工作区范围和开采矿区范围,以经纬度划分的区块为基本单位。具体办法由国务院地质矿产主管部门制定。

第六条　《矿产资源法》及本细则中下列用语的含义:

探矿权,是指在依法取得的勘查许可证规定的范围内,勘查矿产资源的权利。取得勘查许可证的单位或者个人称为探矿权人。

采矿权,是指在依法取得的采矿许可证规定的范围内,开采矿产资源和获得所开采的矿产品的权利。取得采矿许可证的单位或者个人称为采矿权人。

国家规定实行保护性开采的特定矿种,是指国务院根据国民经济建设和高科技发展的需要,以及资源稀缺、贵重程度确定的,由国务院有关主管部门按照国家计划批准开采的矿种。

国家规划矿区,是指国家根据建设规划和矿产资源规划,为建设大、中型矿山划定的矿产资源分布区域。

对国民经济具有重要价值的矿区,是指国家根据国民经济发展需要划定的,尚未列入国家建设规划的,储量大、质量好、具有开发前景的矿产资源保护区域。

第七条 国家允许外国的公司、企业和其他经济组织以及个人依照中华人民共和国有关法律、行政法规的规定,在中华人民共和国领域及管辖的其他海域投资勘查、开采矿产资源。

第八条 国务院地质矿产主管部门主管全国矿产资源勘查、开采的监督管理工作。国务院有关主管部门按照国务院规定的职责分工,协助国务院地质矿产主管部门进行矿产资源勘查、开采的监督管理工作。

省、自治区、直辖市人民政府地质矿产主管部门主管本行政区域内矿产资源勘查、开采的监督管理工作。省、自治区、直辖市人民政府有关主管部门,协助同级地质矿产主管部门进行矿产资源勘查、开采的监督管理工作。

设区的市人民政府、自治州人民政府和县级人民政府及其负责管理矿产资源的部门,依法对本级人民政府批准开办的国有矿山企业和本行政区域内的集体所有制矿山企业、私营矿山企业、个体采矿者以及在本行政区域内从事勘查施工的单位和个人进行监督管理,依法保护探矿权人、采矿权人的合法权益。

上级地质矿产主管部门有权对下级地质矿产主管部门违法的或者不适当的矿产资源勘查、开采管理行政行为予以改变或者撤销。

第二章 矿产资源勘查登记和开采审批

第九条 勘查矿产资源,应当按照国务院关于矿产资源勘查登记管理的规定,办理申请、审批和勘查登记。

勘查特定矿种,应当按照国务院有关规定办理申请、审批和勘查登记。

第十条 国有矿山企业开采矿产资源,应当按照国务院关于采矿登记管理的规定,办理申请、审批和采矿登记。开采国家规划矿区、对国民经济具有重要价值矿区的矿产和国家规定实行保护性开采的特定矿种,办理申请、审批和采矿登记时,应当持有国务院有关主管部门批准的文件。

开采特定矿种,应当按照国务院有关规定办理申请、审批和采矿登记。

第十一条 开办国有矿山企业,除应当具备有关法律、法规规定的条件外,并应当具备下列条件:

(一)有供矿山建设使用的矿产勘查报告;
(二)有矿山建设项目的可行性研究报告(含资源利用方案和矿山环境影响报告);
(三)有确定的矿区范围和开采范围;
(四)有矿山设计;
(五)有相应的生产技术条件。

国务院、国务院有关主管部门和省、自治区、直辖市人民政府,按照国家有关固定资产投资管理的规定,对申请开办的国有矿山企业根据前款所列条件审查合格后,方予批准。

第十二条 申请开办集体所有制矿山企业、私营矿山企业及个体采矿的审查批准、采矿登记,按照省、自治区、直辖市的有关规定办理。

第十三条 申请开办集体所有制矿山企业或者私营矿山企业,除应当具备有关法律、法规规定的条件外,并应当具备下列条件:

(一)有供矿山建设使用的与开采规模相适应的矿产勘查资料;

(二)有经过批准的无争议的开采范围;

(三)有与所建矿山规模相适应的资金、设备和技术人员;

(四)有与所建矿山规模相适应的,符合国家产业政策和技术规范的可行性研究报告、矿山设计或者开采方案;

(五)矿长具有矿山生产、安全管理和环境保护的基本知识。

第十四条 申请个体采矿应当具备下列条件:

(一)有经过批准的无争议的开采范围;

(二)有与采矿规模相适应的资金、设备和技术人员;

(三)有相应的矿产勘查资料和经批准的开采方案;

(四)有必要的安全生产条件和环境保护措施。

第三章 矿产资源的勘查

第十五条 国家对矿产资源勘查实行统一规划。全国矿产资源中、长期勘查规划,在国务院计划行政主管部门指导下,由国务院地质矿产主管部门根据国民经济和社会发展中、长期规划,在国务院有关主管部门勘查规划的基础上组织编制。

全国矿产资源年度勘查计划和省、自治区、直辖市矿产资源年度勘查计划,分别由国务院地质矿产主管部门和省、自治区、直辖市人民政府地质矿产主管部门组织有关主管部门,根据全国矿产资源中、长期勘查规划编制,经同级人民政府计划行政主管部门批准后施行。

法律对勘查规划的审批权另有规定的,依照有关法律的规定执行。

第十六条 探矿权人享有下列权利:

(一)按照勘查许可证规定的区域、期限、工作对象进行勘查;

(二)在勘查作业区及相邻区域架设供电、供水、通讯管线,但是不得影响或者损害原有的供电、供水设施和通讯管线;

(三)在勘查作业区及相邻区域通行;

(四)根据工程需要临时使用土地;

(五)优先取得勘查作业区内新发现矿种的探矿权;

(六)优先取得勘查作业区内矿产资源的采矿权;

(七)自行销售勘查中按照批准的工程设计施工回收的矿产品,但是国务院规定由指定单位统一收购的矿产品除外。

探矿权人行使前款所列权利时,有关法律、法规规定应当经过批准或者履行其他手续的,应当遵守有关法律、法规的规定。

第十七条 探矿权人应当履行下列义务:

(一)在规定的期限内开始施工,并在勘查许可证规定的期限内完成勘查工作;

(二)向勘查登记管理机关报告开工等情况;

(三)按照探矿工程设计施工,不得擅自进行采矿活动;

(四)在查明主要矿种的同时,对共生、伴生矿产资源进行综合勘查、综合评价;

(五)编写矿产资源勘查报告,提交有关部门审批;

(六)按照国务院有关规定汇交矿产资源勘查成果档案资料;

(七)遵守有关法律、法规关于劳动安全、土地复垦和环境保护的规定;

(八)勘查作业完毕,及时封、填探矿作业遗留的井、硐或者采取其他措施,消除安全隐患。

第十八条 探矿权人可以对符合国家边探边采规定要求的复杂类型矿床进行开采;但是,应当向原颁发勘查许可证的机关、矿产储量审批机构和勘查项目主管部门提交论证材料,经审核同意后,按照国务院关于采矿登记管理法规的规定,办理采矿登记。

第十九条 矿产资源勘查报告按照下列规定审批:

(一)供矿山建设使用的重要大型矿床勘查报告和供大型水源地建设使用的地下水勘查报告,由国务院矿产储量审批机构审批;

(二)供矿山建设使用的一般大型、中型、小型矿床勘查报告和供中型、小型水源地建设使用的地下水勘查报告,由省、自治区、直辖市矿产储量审批机构审批;

矿产储量审批机构和勘查单位的主管部门应当自收到矿产资源勘查报告之日起六个月内作出批复。

第二十条 矿产资源勘查报告及其他有价值的勘查资料,按照国务院有关规定实行有偿使用。

第二十一条 探矿权人取得临时使用土地权后,在勘查过程中给他人造成财产损害的,按照下列规定给以补偿:

(一)对耕地造成损害的,根据受损害的耕地面积前三年平均年产量,以补偿时当地市场平均价格计算,逐年给以补偿,并负责恢复耕地的生产条件,及时归还;

(二)对牧区草场造成损害的,按照前项规定逐年给以补偿,并负责恢复草场植被,及时归还;

(三)对耕地上的农作物、经济作物造成损害的,根据受损害的耕地面积前三年平均年产量,以补偿时当地市场平均价格计算,给以补偿;

(四)对竹木造成损害的,根据实际损害株数,以补偿时当地市场平均价格逐株计算,给以补偿;

(五)对土地上的附着物造成损害的,根据实际损害的程度,以补偿时当地市场价格,给以适当补偿。

第二十二条 探矿权人在没有农作物和其他附着物的荒岭、荒坡、荒地、荒漠、沙滩、河滩、湖滩、海滩上进行勘查的,不予补偿;但是,勘查作业不得阻碍或者损害航运、灌溉、防洪等活动或者设施,勘查作业结束后应当采取措施,防止水土流失,保护生态环境。

第二十三条 探矿权人之间对勘查范围发生争议时,当事人协商解决;协商不成的,由勘查作业区所在地的省、自治区、直辖市人民政府地质矿产主管部门裁决;跨省、自治区、直辖市的勘查范围争议,当事人协商不成的,由有关省、自治区、直辖市人民政府协商解决;

协商不成的,由国务院地质矿产主管部门裁决。特定矿种的勘查范围争议,当事人协商不成的,由国务院授权的有关主管部门裁决。

第四章 矿产资源的开采

第二十四条 全国矿产资源的分配和开发利用,应当兼顾当前和长远、中央和地方的利益,实行统一规划、有效保护、合理开采、综合利用。

第二十五条 全国矿产资源规划,在国务院计划行政主管部门指导下,由国务院地质矿产主管部门根据国民经济和社会发展中、长期规划,组织国务院有关主管部门和省、自治区、直辖市人民政府编制,报国务院批准后施行。

全国矿产资源规划应当对全国矿产资源的分配作出统筹安排,合理划定中央与省、自治区、直辖市人民政府审批、开发矿产资源的范围。

第二十六条 矿产资源开发规划是对矿区的开发建设布局进行统筹安排的规划。

矿产资源开发规划分为行业开发规划和地区开发规划。

矿产资源行业开发规划由国务院有关主管部门根据全国矿产资源规划中分配给本部门的矿产资源编制实施。

矿产资源地区开发规划由省、自治区、直辖市人民政府根据全国矿产资源规划中分配给本省、自治区、直辖市的矿产资源编制实施;并作出统筹安排,合理划定省、市、县级人民政府审批、开发矿产资源的范围。

矿产资源行业开发规划和地区开发规划应当报送国务院计划行政主管部门、地质矿产主管部门备案。

国务院计划行政主管部门、地质矿产主管部门,对不符合全国矿产资源规划的行业开发规划和地区开发规划,应当予以纠正。

第二十七条 设立、变更或者撤销国家规划矿区、对国民经济具有重要价值的矿区,由国务院有关主管部门提出,并附具矿产资源详查报告及论证材料,经国务院计划行政主管部门和地质矿产主管部门审定,并联合书面通知有关县级人民政府。县级人民政府应当自收到通知之日起一个月内予以公告,并报国务院计划行政主管部门、地质矿产主管部门备案。

第二十八条 确定或者撤销国家规定实行保护性开采的特定矿种,由国务院有关主管部门提出,并附具论证材料,经国务院计划行政主管部门和地质矿产主管部门审核同意后,报国务院批准。

第二十九条 单位或者个人开采矿产资源前,应当委托持有相应矿山设计证书的单位进行可行性研究和设计。开采零星分散矿产资源和用作建筑材料的砂、石、粘土的,可以不进行可行性研究和设计,但是应当有开采方案和环境保护措施。

矿山设计必须依据设计任务书,采用合理的开采顺序、开采方法和选矿工艺。

矿山设计必须按照国家有关规定审批;未经批准,不得施工。

第三十条 采矿权人享有下列权利:

(一)按照采矿许可证规定的开采范围和期限从事开采活动;

(二)自行销售矿产品,但是国务院规定由指定的单位统一收购的矿产品除外;

（三）在矿区范围内建设采矿所需的生产和生活设施；
（四）根据生产建设的需要依法取得土地使用权；
（五）法律、法规规定的其他权利。

采矿权人行使前款所列权利时，法律、法规规定应当经过批准或者履行其他手续的，依照有关法律、法规的规定办理。

第三十一条 采矿权人应当履行下列义务：
（一）在批准的期限内进行矿山建设或者开采；
（二）有效保护、合理开采、综合利用矿产资源；
（三）依法缴纳资源税和矿产资源补偿费；
（四）遵守国家有关劳动安全、水土保持、土地复垦和环境保护的法律、法规；
（五）接受地质矿产主管部门和有关主管部门的监督管理，按照规定填报矿产储量表和矿产资源开发利用情况统计报告。

第三十二条 采矿权人在采矿许可证有效期满或者在有效期内，停办矿山而矿产资源尚未采完的，必须采取措施将资源保持在能够继续开采的状态，并事先完成下列工作：
（一）编制矿山开采现状报告及实测图件；
（二）按照有关规定报销所消耗的储量；
（三）按照原设计实际完成相应的有关劳动安全、水土保持、土地复垦和环境保护工作，或者缴清土地复垦和环境保护的有关费用。

采矿权人停办矿山的申请，须经原批准开办矿山的主管部门批准、原颁发采矿许可证的机关验收合格后，方可办理有关证、照注销手续。

第三十三条 矿山企业关闭矿山，应当按照下列程序办理审批手续：
（一）开采活动结束的前一年，向原批准开办矿山的主管部门提出关闭矿山申请，并提交闭坑地质报告；
（二）闭坑地质报告经原批准开办矿山的主管部门审核同意后，报地质矿产主管部门会同矿产储量审批机构批准；
（三）闭坑地质报告批准后，采矿权人应当编写关闭矿山报告，报请原批准开办矿山的主管部门会同同级地质矿产主管部门和有关主管部门按照有关行业规定批准。

第三十四条 关闭矿山报告批准后，矿山企业应当完成下列工作：
（一）按照国家有关规定将地质、测量、采矿资料整理归档，并汇交闭坑地质报告、关闭矿山报告及其他有关资料；
（二）按照批准的关闭矿山报告，完成有关劳动安全、水土保持、土地复垦和环境保护工作，或者缴清土地复垦和环境保护的有关费用。

矿山企业凭关闭矿山报告批准文件和有关部门对完成上述工作提供的证明，报请原颁发采矿许可证的机关办理采矿许可证注销手续。

第三十五条 建设单位在建设铁路、公路、工厂、水库、输油管道、输电线路和各种大型建筑物前，必须向所在地的省、自治区、直辖市人民政府地质矿产主管部门了解拟建工程所在地区的矿产资源分布情况，并在建设项目设计任务书报请审批时附具地质矿产主管部门的证明。在上述建设项目与重要矿床的开采发生矛盾时，由国务院有关主管部门或者省、自治区、直辖市人民政府提出方案,经国务院地质矿产主管部门提出意见后,报国务院计划行政主管部门决定。

第三十六条 采矿权人之间对矿区范围发生争议时,由当事人协商解决;协商不成的,由矿产资源所在地的县级以上地方人民政府根据依法核定的矿区范围处理;跨省、自治区、直辖市的矿区范围争议,当事人协商不成的,由有关省、自治区、直辖市人民政府协商解决;协商不成的,由国务院地质矿产主管部门提出处理意见,报国务院决定。

第五章 集体所有制矿山企业、私营矿山企业和个体采矿者

第三十七条 国家依法保护集体所有制矿山企业、私营矿山企业和个体采矿者的合法权益,依法对集体所有制矿山企业、私营矿山企业和个体采矿者进行监督管理。

第三十八条 集体所有制矿山企业可以开采下列矿产资源:

(一)不适于国家建设大、中型矿山的矿床及矿点;

(二)经国有矿山企业同意,并经其上级主管部门批准,在其矿区范围内划出的边缘零星矿产;

(三)矿山闭坑后,经原矿山企业主管部门确认可以安全开采并不会引起严重环境后果的残留矿体;

(四)国家规划可以由集体所有制矿山企业开采的其他矿产资源。

集体所有制矿山企业开采前款第(二)项所列矿产资源时,必须与国有矿山企业签定合理开发利用矿产资源和矿山安全协议,不得浪费和破坏矿产资源,并不得影响国有矿山企业的生产安全。

第三十九条 私营矿山企业开采矿产资源的范围参照本细则第三十八条的规定执行。

第四十条 个体采矿者可以采挖下列矿产资源:

(一)零星分散的小矿体或者矿点;

(二)只能用作普通建筑材料的砂、石、粘土。

第四十一条 国家设立国家规划矿区、对国民经济具有重要价值的矿区时,对应当撤出的原采矿权人,国家按照有关规定给予合理补偿。

第六章 法律责任

第四十二条 依照《矿产资源法》第三十九条、第四十条、第四十二条、第四十三条、第四十四条规定处以罚款的,分别按照下列规定执行:

(一)未取得采矿许可证擅自采矿的,擅自进入国家规划矿区、对国民经济具有重要价值的矿区和他人矿区范围采矿的,擅自开采国家规定实行保护性开采的特定矿种的,处以违法所得50%以下的罚款;

(二)超越批准的矿区范围采矿的,处以违法所得30%以下的罚款;

(三)买卖、出租或者以其他形式转让矿产资源的,买卖、出租采矿权的,对卖方、出租方、出让方处以违法所得一倍以下的罚款;

(四)非法用采矿权作抵押的,处以5000元以下的罚款;

(五)违反规定收购和销售国家规定统一收购的矿产品的,处以违法所得一倍以下的

罚款；

（六）采取破坏性的开采方法开采矿产资源，造成矿产资源严重破坏的，处以相当于矿产资源损失价值50%以下的罚款。

第四十三条 违反本细则规定，有下列行为之一的，对主管人员和直接责任人员给予行政处分；构成犯罪的，依法追究刑事责任：

（一）批准不符合办矿条件的单位或者个人开办矿山的；

（二）对未经依法批准的矿山企业或者个人颁发采矿许可证的。

第七章 附 则

第四十四条 地下水资源具有水资源和矿产资源的双重属性。地下水资源的勘查，适用《矿产资源法》和本细则；地下水资源的开发、利用、保护和管理，适用《水法》和有关的行政法规。

第四十五条 本细则由地质矿产部负责解释。

第四十六条 本细则自发布之日起施行。

附件：矿产资源分类细目

附件

矿产资源分类细目

（一）能源矿产

煤、煤成气、石煤、油页岩、石油、天然气、油砂、天然沥青、铀、钍、地热。

（二）金属矿产

铁、锰、铬、钒、钛；铜、铅、锌、铝土矿、镍、钴、钨、锡、铋、钼、汞、锑、镁；铂、钯、钌、锇、铱、铑；金、银；铌、钽、铍、锂、锆、锶、铷、铯；镧、铈、镨、钕、钐、铕、钇、钆、铽、镝、钬、铒、铥、镱、镥；钪、锗、镓、铟、铊、铪、铼、镉、硒、碲。

（三）非金属矿产

金刚石、石墨、磷、自然硫、硫铁矿、钾盐、硼、水晶（压电水晶、熔炼水晶、光学水晶、工艺水晶）、刚玉、蓝晶石、硅线石、红柱石、硅灰石、钠硝石、滑石、石棉、蓝石棉、云母、长石、石榴子石、叶腊石、透辉石、透闪石、蛭石、沸石、明矾石、芒硝（含钙芒硝）、石膏（含硬石膏）、重晶石、毒重石、天然碱、方解石、冰洲石、菱镁矿、萤石（普通萤石、光学萤石）、宝石、黄玉、玉石、电气石、玛瑙、颜料矿物（赭石、颜料黄土）、石灰岩（电石用灰岩、制碱用灰岩、化肥用灰岩、熔剂用灰岩、玻璃用灰岩、水泥用灰岩、建筑石料用灰岩、制灰用灰岩、饰面用灰岩）、泥灰岩、白垩、含钾岩石、白云岩（冶金用白云岩、化肥用白云岩、玻璃用白云岩、建筑用白云岩）、石英岩（冶金用石英岩、玻璃用石英岩、化肥用石英岩）、砂岩（冶金用砂岩、玻璃用砂岩、水泥配料用砂岩、砖瓦用砂岩、化肥用砂岩、铸型用砂岩、陶瓷用砂岩）、天然石英砂（玻璃用砂、铸型用砂、建筑用砂、水泥配料用砂、水泥标准砂、砖瓦用砂）、脉石英（冶金用脉石英、玻璃用脉石英）、粉石英、天然油石、含钾砂页岩、硅藻土、页岩（陶粒页岩、砖瓦用页岩、水泥配料用页岩)、高岭土、陶瓷土、耐火粘土、凹凸棒石粘土、海泡石粘土、伊利石粘土、累托石粘土、膨润土、铁矾土、其他粘土(铸型用粘土、砖瓦用粘土、陶粒用粘土、水泥配料用粘土、水泥配料用红土、水泥配料用黄土、水泥配料用泥岩、保温材料用粘土)、橄榄岩(化肥用橄榄岩、建筑用橄榄岩)、蛇纹岩(化肥用蛇纹岩、熔剂用蛇纹岩、饰面用蛇纹岩)、玄武岩(铸石用玄武岩、岩棉用玄武岩)、辉绿岩(水泥用辉绿岩、铸石用辉绿岩、饰面用辉绿岩、建筑用辉绿岩)、安山岩(饰面用安山岩、建筑用安山岩、水泥混合材用安山玢岩)、闪长岩(水泥混合材用闪长玢岩、建筑用闪长岩)、花岗岩(建筑用花岗岩、饰面用花岗岩)、麦饭石、珍珠岩、黑曜岩、松脂岩、浮石、粗面岩(水泥用粗面岩、铸石用粗面岩)、霞石正长岩、凝灰岩(玻璃用凝灰岩、水泥用凝灰岩、建筑用凝灰岩)、火山灰、火山渣、大理岩(饰面用大理岩、建筑用大理岩、水泥用大理岩、玻璃用大理岩)、板岩(饰面用板岩、水泥配料用板岩)、片麻岩、角闪岩、泥炭、矿盐(湖盐、岩盐、天然卤水)、镁盐、碘、溴、砷。

(四)水气矿产

地下水、矿泉水、二氧化碳气、硫化氢气、氦气、氡气。

4-2-98

矿产资源补偿费征收管理规定

1994年2月27日中华人民共和国国务院令第150号发布
1997年7月3日中华人民共和国国务院令第222号修订

第一条 为了保障和促进矿产资源的勘查、保护与合理开发,维护国家对矿产资源的财产权益,根据《中华人民共和国矿产资源法》的有关规定,制定本规定。

第二条 在中华人民共和国领域和其他管辖海域开采矿产资源,应当依照本规定缴纳矿产资源补偿费;法律、行政法规另有规定的,从其规定。

第三条 矿产资源补偿费按照矿产品销售收入的一定比例计征。企业缴纳的矿产资源补偿费列入管理费用。

采矿权人对矿产品自行加工的,按照国家规定价格计算销售收入;国家没有规定价格的,按照征收时矿产品的当地市场平均价格计算销售收入。

采矿权人向境外销售矿产品的,按照国际市场销售价格计算销售收入。

本规定所称矿产品,是指矿产资源经过开采或者采选后,脱离自然赋存状态的产品。

第四条 矿产资源补偿费由采矿权人缴纳。

矿产资源补偿费以矿产品销售时使用的货币结算;采矿权人对矿产品自行加工的,以其销售最终产品时使用的货币结算。

第五条 矿产资源补偿费按照下列方式计算:

征收矿产资源补偿费金额 = 矿产品销售收入 × 补偿费费率 × 开采回采率系数

$$开采回采率系数 = \frac{核定开采回采率}{实际开采回采率}$$

核定开采回采率,以按照国家有关规定经批准的矿山设计为准;按照国家有关规定,只要求有开采方案,不要求有矿山设计的矿山企业,其开采回采率由县级以上地方人民政府负责地质矿产管理工作的部门会同同级有关部门核定。

不能按照本条第一款、第二款规定的方式计算矿产资源补偿费的矿种,由国务院地质矿产主管部门会同国务院财政部门另行制定计算方式。

第六条 矿产资源补偿费依照本规定附录所规定的费率征收。

矿产资源补偿费费率的调整,由国务院财政部门、国务院地质矿产主管部门、国务院计划主管部门共同确定,报国务院批准施行。

第七条 矿产资源补偿费由地质矿产主管部门会同财政部门征收。

矿区在县级行政区域内的,矿产资源补偿费由矿区所在地的县级人民政府负责地质矿产管理工作的部门负责征收。

矿区范围跨县级以上行政区域的,矿产资源补偿费由所涉及行政区域的共同上一级人民政府负责地质矿产管理工作的部门负责征收。

矿区范围跨省级行政区域和在中华人民共和国领海与其他管辖海域的,矿产资源补偿费由国务院地质矿产主管部门授权的省级人民政府地质矿产主管部门负责征收。

第八条 采矿权人应当于每年的7月31日前缴纳上半年的矿产资源补偿费;于下一年度1月31日前缴纳上一年度下半年的矿产资源补偿费。

采矿权人在中止或者终止采矿活动时,应当结缴矿产资源补偿费。

第九条 采矿权人在缴纳矿产资源补偿费时,应当同时提交已采出的矿产品的矿种、产量、销售数量、销售价格和实际开采回采率等资料。

第十条 征收的矿产资源补偿费,应当及时全额上缴,并按照下款规定的中央与省、自治区、直辖市的分成比例分别入库,年终不再结算。

中央与省、直辖市矿产资源补偿费的分成比例为5∶5;中央与自治区矿产资源补偿费的分成比例为4∶6。

第十一条 矿产资源补偿费纳入国家预算,实行专项管理,主要用于矿产资源勘查。

中央所得的矿产资源补偿费的具体使用管理办法,由国务院财政部门、国务院地质矿产主管部门、国务院计划主管部门共同制定。

地方所得的矿产资源补偿费的具体使用管理办法,由省、自治区、直辖市人民政府制定。

第十二条 采矿权人有下列情形之一的,经省级人民政府地质矿产主管部门会同同级财政部门批准,可以免缴矿产资源补偿费:

(一)从废石(矸石)中回收矿产品的;

(二)按照国家有关规定经批准开采已关闭矿山的非保安残留矿体的;

(三)国务院地质矿产主管部门会同国务院财政部门认定免缴的其他情形。

第十三条 采矿权人有下列情况之一的,经省级人民政府地质矿产主管部门会同同级财政部门批准,可以减缴矿产资源补偿费:

(一)从尾矿中回收矿产品的;

(二)开采未达到工业品位或者未计算储量的低品位矿产资源的;

(三)依法开采水体下、建筑物下、交通要道下的矿产资源的;

(四)由于执行国家定价而形成政策性亏损的;

(五)国务院地质矿产主管部门会同国务院财政部门认定减缴的其他情形。

采矿权人减缴的矿产资源补偿费超过应当缴纳的矿产资源补偿费50%的,须经省级人民政府批准。

批准减缴矿产资源补偿费的,应当报国务院地质矿产主管部门和国务院财政部门备案。

第十四条 采矿权人在规定期限内未足额缴纳矿产资源补偿费的,由征收机关责令限期缴纳,并从滞纳之日起按日加收滞纳补偿费2‰的滞纳金。

采矿权人未按照前款规定缴纳矿产资源补偿费和滞纳金的,由征收机关处以应当缴纳的矿产资源补偿费3倍以下的罚款;情节严重的,由采矿许可证颁发机关吊销其采矿许可证。

第十五条 采矿权人采取伪报矿种、隐匿产量、销售数量,或者伪报销售价格、实际开采回采率等手段,不缴或者少缴矿产资源补偿费的,由征收机关追缴应当缴纳的矿产资源补偿费,并处以应当缴纳的矿产资源补偿费5倍以下的罚款;情节严重的,由采矿许可证颁发机关吊销其采矿许可证。

第十六条 采矿权人未按照本规定第九条的规定报送有关资料的,由征收机关责令限期报送;逾期不报送的,处以5,000元以下罚款;仍不报送的,采矿许可证颁发机关可以吊销其采矿许可证。

第十七条 依照本规定对采矿权人处以的罚款、加收的滞纳金应当上缴国库。

第十八条 当事人对行政处罚决定不服的,可以自接到处罚决定通知之日起15日内向作出处罚决定的机关的上一级机关申请复议;当事人也可以自接到处罚决定通知之日起15日内直接向人民法院起诉。

当事人逾期不申请复议也不向人民法院起诉、又不履行处罚决定的,作出处罚决定的机关可以申请人民法院强制执行。

第十九条 本规定发布前的地方性法规和地方人民政府发布的规章及行政性文件的内容,与本规定相抵触的,以本规定为准。

第二十条 省、自治区、直辖市人民政府可以根据本规定制定实施办法。

第二十一条 本规定由地质矿产部负责解释。

第二十二条 本规定自1994年4月1日起施行。

附录

矿产资源补偿费费率表

矿种	费率(%)
石油	1
天然气	1
煤炭、煤成气	1

续表

矿种	费率(%)
铀、钍	3
石煤、油砂	1
天然沥青	2
地热	3
油页岩	2
铁、锰、铬、钒、钛	2
铜、铅、锌、铝土矿、镍、钴、钨、锡、铋、钼、汞、锑、镁	2
金、银、铂、钯、钌、锇、铱、铑	4
铌、钽、铍、锂、锆、锶、铷、铯	3
镧、铈、镨、钕、钐、铕、钇、钆、铽、镝、钬、铒、铥、镱、镥	3
离子型稀土	4
钪、锗、镓、铟、铊、铪、铼、镉、硒、碲	3
宝石、玉石、宝石级金刚石	4
石墨、磷、自然硫、硫铁矿、钾盐、硼、水晶(压电水晶、熔炼水晶、光学水晶、工艺水晶)、刚玉、蓝晶石、硅线石、红柱石、硅灰石、钠硝石、滑石、石棉、蓝石棉、云母、长石、石榴子石、叶腊石、透辉石、透闪石、蛭石、沸石、明矾石、芒硝(含钙芒硝)	2
金刚石、石膏、硬石膏、重晶石、毒重石、天然碱、方解石、冰洲石、菱镁矿、萤石(普通萤石、光学萤石)、黄玉、电气石、玛瑙、颜料矿物(赭石、颜料黄土)、石灰岩(电石用灰岩、制碱用灰岩、化肥用灰岩、熔剂用灰岩、玻璃用灰岩、水泥用灰岩、建筑石料用灰岩、制灰用灰岩、饰面用灰岩)、泥灰岩、白垩、含钾岩石、白云岩(冶金用白云岩、化肥用白云岩、玻璃用白云岩、建筑用白云岩)、石英岩(冶金用石英岩、玻璃用石英岩、化肥用石英岩)、砂岩(冶金用砂岩、玻璃用砂岩、水泥配料用砂岩、砖瓦用砂岩、化肥用砂岩、铸型用砂岩、陶瓷用砂岩)、天然石英砂(玻璃用砂、铸型用砂、建筑用砂、水泥配料用砂、水泥标准砂、砖瓦用砂)、脉石英(冶金用脉石英、玻璃用脉石英)、粉石英、天然油石、含钾砂页岩、硅藻土、页岩(陶粒页岩、砖瓦用页岩、水泥配料用页岩)、高岭土、陶瓷土、耐火粘土、凹凸棒石粘土、海泡石粘土、伊利石粘土、累托石粘土、膨润土、铁矾土、其他粘土(铸型用粘土、砖瓦用粘土、陶粒用粘土、水泥配料用粘土、水泥配料用红土、水泥配料用黄土、水泥配料用泥岩、保温材料用粘土)、橄榄岩(化肥用橄榄岩、建筑用橄榄岩)、蛇纹岩(化肥用蛇纹岩、熔剂用蛇纹岩、饰面用蛇纹岩)、玄武岩(铸石用玄武岩、岩棉用玄武岩)、辉绿岩(水泥用辉绿岩、铸石用辉绿岩、饰面用辉绿岩、建筑用辉绿岩)、安山岩(饰面用安山岩、建筑用安山岩、水泥混合材用安山玢岩)、闪长岩(水泥混合材用闪长玢岩、建筑用闪长岩)、花岗岩(建筑用花岗岩、饰面用花岗岩)、麦饭石、珍珠岩、黑曜岩、松脂岩、浮石、粗面岩(水泥用粗面岩、铸石用粗面岩)、霞石正长岩、凝灰岩(玻璃用凝灰岩、水泥用凝灰岩、建筑用凝灰岩)、火山灰、火山渣、大理岩(饰面用大理岩、建筑用大理岩、水泥用大理岩、玻璃用大理岩)、板岩(饰面用板岩、水泥配料用板岩)、片麻岩、角闪岩、泥炭、镁盐、碘、溴、砷。	2
湖盐、岩盐、天然卤水	0.5
二氧化碳气、硫化氢气、氦气、氩气	3
矿泉水	4
地下水	费率及征收管理办法由国务院另行规定

4-2-99

矿产资源勘查区块登记管理办法

1998年2月12日中华人民共和国国务院令第240号发布
2014年7月29日中华人民共和国国务院令第653号修订

第一条 为了加强对矿产资源勘查的管理,保护探矿权人的合法权益,维护矿产资源勘查秩序,促进矿业发展,根据《中华人民共和国矿产资源法》,制定本办法。

第二条 在中华人民共和国领域及管辖的其他海域勘查矿产资源,必须遵守本办法。

第三条 国家对矿产资源勘查实行统一的区块登记管理制度。矿产资源勘查工作区范围以经纬度1′×1′划分的区块为基本单位区块。每个勘查项目允许登记的最大范围:

(一)矿泉水为10个基本单位区块;

(二)金属矿产、非金属矿产、放射性矿产为40个基本单位区块;

(三)地热、煤、水气矿产为200个基本单位区块;

(四)石油、天然气矿产为2500个基本单位区块。

第四条 勘查下列矿产资源,由国务院地质矿产主管部门审批登记,颁发勘查许可证:

(一)跨省、自治区、直辖市的矿产资源;

(二)领海及中国管辖的其他海域的矿产资源;

(三)外商投资勘查的矿产资源;

(四)本办法附录所列的矿产资源。

勘查石油、天然气矿产的,经国务院指定的机关审查同意后,由国务院地质矿产主管部门登记,颁发勘查许可证。

勘查下列矿产资源,由省、自治区、直辖市人民政府地质矿产主管部门审批登记,颁发勘查许可证,并应当自发证之日起10日内,向国务院地质矿产主管部门备案:

(一)本条第一款、第二款规定以外的矿产资源;

(二)国务院地质矿产主管部门授权省、自治区、直辖市人民政府地质矿产主管部门审批登记的矿产资源。

第五条 勘查出资人为探矿权申请人;但是,国家出资勘查的,国家委托勘查的单位为探矿权申请人。

第六条 探矿权申请人申请探矿权时,应当向登记管理机关提交下列资料:

(一)申请登记书和申请的区块范围图;

(二)勘查单位的资格证书复印件;

(三)勘查工作计划、勘查合同或者委托勘查的证明文件;

(四)勘查实施方案及附件;

(五)勘查项目资金来源证明;

(六)国务院地质矿产主管部门规定提交的其他资料。

申请勘查石油、天然气的,还应当提交国务院批准设立石油公司或者同意进行石油、天然气勘查的批准文件以及勘查单位法人资格证明。

第七条 申请石油、天然气滚动勘探开发的,应当向登记管理机关提交下列资料,经批准,办理登记手续,领取滚动勘探开发的采矿许可证:

（一）申请登记书和滚动勘探开发矿区范围图;

（二）国务院计划主管部门批准的项目建议书;

（三）需要进行滚动勘探开发的论证材料;

（四）经国务院矿产储量审批机构批准进行石油、天然气滚动勘探开发的储量报告;

（五）滚动勘探开发利用方案。

第八条 登记管理机关应当自收到申请之日起40日内,按照申请在先的原则作出准予登记或者不予登记的决定,并通知探矿权申请人。对申请勘查石油、天然气的,登记管理机关还应当在收到申请后及时予以公告或者提供查询。

登记管理机关应当保证国家地质勘查计划一类项目的登记,具体办法由国务院地质矿产主管部门会同国务院计划主管部门制定。

需要探矿权申请人修改或者补充本办法第六条规定的资料的,登记管理机关应当通知探矿权申请人限期修改或者补充。

准予登记时,探矿权申请人应当自收到通知之日起30日内,依照本办法第十二条的规定缴纳探矿权使用费,并依照本办法第十三条的规定缴纳国家出资勘查形成的探矿权价款,办理登记手续,领取勘查许可证,成为探矿权人。

不予登记的,登记管理机关应当向探矿权申请人说明理由。

第九条 禁止任何单位和个人进入他人依法取得探矿权的勘查作业区内进行勘查或者采矿活动。

探矿权人与采矿权人对勘查作业区范围和矿区范围发生争议的,由当事人协商解决;协商不成的,由发证的登记管理机关中级别高的登记管理机关裁决。

第十条 勘查许可证有效期最长为3年;但是,石油、天然气勘查许可证有效期最长为7年。需要延长勘查工作时间的,探矿权人应当在勘查许可证有效期届满的30日前,到登记管理机关办理延续登记手续,每次延续时间不得超过2年。

探矿权人逾期不办理延续登记手续的,勘查许可证自行废止。

石油、天然气滚动勘探开发的采矿许可证有效期最长为15年;但是,探明储量的区块,应当申请办理采矿许可证。

第十一条 登记管理机关应当自颁发勘查许可证之日起10日内,将登记发证项目的名称、探矿权人、区块范围和勘查许可证期限等事项,通知勘查项目所在地的县级人民政府负责地质矿产管理工作的部门。

登记管理机关对勘查区块登记发证情况,应当定期予以公告。

第十二条 国家实行探矿权有偿取得的制度。探矿权使用费以勘查年度计算,逐年缴纳。

探矿权使用费标准:第一个勘查年度至第三个勘查年度,每平方公里每年缴纳100元;从第四个勘查年度起,每平方公里每年增加100元,但是最高不得超过每平方公里每年500元。

第十三条 申请国家出资勘查并已经探明矿产地的区块的探矿权的,探矿权申请人除依照本办法第十二条的规定缴纳探矿权使用费外,还应当缴纳国家出资勘查形成的探矿权价款;探矿权价款按照国家有关规定,可以一次缴纳,也可以分期缴纳。

国家出资勘查形成的探矿权价款,由具有矿业权评估资质的评估机构进行评估;评估报告报登记管理机关备案。

第十四条 探矿权使用费和国家出资勘查形成的探矿权价款,由登记管理机关收取,全部纳入国家预算管理。具体管理、使用办法,由国务院地质矿产主管部门会同国务院财政部门、计划主管部门制定。

第十五条 有下列情形之一的,由探矿权人提出申请,经登记管理机关按照国务院地质矿产主管部门会同国务院财政部门制定的探矿权使用费和探矿权价款的减免办法审查批准,可以减缴、免缴探矿权使用费和探矿权价款:

(一)国家鼓励勘查的矿种;
(二)国家鼓励勘查的区域;
(三)国务院地质矿产主管部门会同国务院财政部门规定的其他情形。

第十六条 探矿权可以通过招标投标的方式有偿取得。

登记管理机关依照本办法第四条规定的权限确定招标区块,发布招标公告,提出投标要求和截止日期;但是,对境外招标的区块由国务院地质矿产主管部门确定。

登记管理机关组织评标,采取择优原则确定中标人。中标人缴纳本办法第十二条、第十三条规定的费用后,办理登记手续,领取勘查许可证,成为探矿权人,并履行标书中承诺的义务。

第十七条 探矿权人应当自领取勘查许可证之日起,按照下列规定完成最低勘查投入:

(一)第一个勘查年度,每平方公里 2000 元;
(二)第二个勘查年度,每平方公里 5000 元;
(三)从第三个勘查年度起,每个勘查年度每平方公里 10000 元。

探矿权人当年度的勘查投入高于最低勘查投入标准的,高于的部分可以计入下一个勘查年度的勘查投入。

因自然灾害等不可抗力的原因,致使勘查工作不能正常进行的,探矿权人应当自恢复正常勘查工作之日起 30 日内,向登记管理机关提交申请核减相应的最低勘查投入的报告;登记管理机关应当自收到报告之日起 30 日内予以批复。

第十八条 探矿权人应当自领取勘查许可证之日起 6 个月内开始施工;在开始勘查工作时,应当向勘查项目所在地的县级人民政府负责地质矿产管理工作的部门报告,并向登记管理机关报告开工情况。

第十九条 探矿权人在勘查许可证有效期内进行勘查时,发现符合国家边探边采规定要求的复杂类型矿床的,可以申请开采,经登记管理机关批准,办理采矿登记手续。

第二十条 探矿权人在勘查石油、天然气等流体矿产期间,需要试采的,应当向登记管理机关提交试采申请,经批准后可以试采 1 年;需要延长试采时间的,必须办理登记手续。

第二十一条 探矿权人在勘查许可证有效期内探明可供开采的矿体后,经登记管理机关批准,可以停止相应区块的最低勘查投入,并可以在勘查许可证有效期届满的 30 日前,申请保留探矿权。但是,国家为了公共利益或者因技术条件暂时难以利用等情况,需要延期开采的除外。

保留探矿权的期限,最长不得超过 2 年,需要延长保留期的,可以申请延长 2 次,每次不得超过 2 年;保留探矿权的范围为可供开采的矿体范围。

在停止最低勘查投入期间或者探矿权保留期间,探矿权人应当依照本办法的规定,缴纳探矿权使用费。

探矿权保留期届满,勘查许可证应当予以注销。

第二十二条 有下列情形之一的,探矿权人应当在勘查许可证有效期内,向登记管理机关申请变更登记:

(一)扩大或者缩小勘查区块范围的;
(二)改变勘查工作对象的;
(三)经依法批准转让探矿权的;
(四)探矿权人改变名称或者地址的。

第二十三条 探矿权延续登记和变更登记,其勘查年度、探矿权使用费和最低勘查投入连续计算。

第二十四条 有下列情形之一的,探矿权人应当在勘查许可证有效期内,向登记管理机关递交勘查项目完成报告或者勘查项目终止报告,报送资金投入情况报表和有关证明文件,由登记管理机关核定其实际勘查投入后,办理勘查许可证注销登记手续:

(一)勘查许可证有效期届满,不办理延续登记或者不申请保留探矿权的;
(二)申请采矿权的;
(三)因故需要撤销勘查项目的。

自勘查许可证注销之日起 90 日内,原探矿权人不得申请已经注销的区块范围内的探矿权。

第二十五条 登记管理机关需要调查勘查投入、勘查工作进展情况,探矿权人应当如实报告并提供有关资料,不得虚报、瞒报,不得拒绝检查。

对探矿权人要求保密的申请登记资料、勘查工作成果资料和财务报表,登记管理机关应当予以保密。

第二十六条 违反本办法规定,未取得勘查许可证擅自进行勘查工作的,超越批准的勘查区块范围进行勘查工作的,由县级以上人民政府负责地质矿产管理工作的部门按照国务院地质矿产主管部门规定的权限,责令停止违法行为,予以警告,可以并处 10 万元以下的罚款。

第二十七条 违反本办法规定,未经批准,擅自进行滚动勘探开发、边探边采或者试采的,由县级以上人民政府负责地质矿产管理工作的部门按照国务院地质矿产主管部门规定的权限,责令停止违法行为,予以警告,没收违法所得,可以并处 10 万元以下的罚款。

第二十八条 违反本办法规定,擅自印制或者伪造、冒用勘查许可证的,由县级以上人民政府负责地质矿产管理工作的部门按照国务院地质矿产主管部门规定的权限,没收违法所得,可以并处 10 万元以下的罚款;构成犯罪的,依法追究刑事责任。

第二十九条 违反本办法规定,有下列行为之一的,由县级以上人民政府负责地质矿产管理工作的部门按照国务院地质矿产主管部门规定的权限,责令限期改正;逾期不改正的,处 5 万元以下的罚款;情节严重的,原发证机关可以吊销勘查许可证:

(一)不按照本办法的规定备案、报告有关情况、拒绝接受监督检查或者弄虚作假的;

(二)未完成最低勘查投入的;

(三)已经领取勘查许可证的勘查项目,满 6 个月未开始施工,或者施工后无故停止勘查工作满 6 个月的。

第三十条 违反本办法规定,不办理勘查许可证变更登记或者注销登记手续的,由登记管理机关责令限期改正;逾期不改正的,由原发证机关吊销勘查许可证。

第三十一条 违反本办法规定,不按期缴纳本办法规定应当缴纳的费用的,由登记管理机关责令限期缴纳,并从滞纳之日起每日加收 2‰的滞纳金;逾期仍不缴纳的,由原发证机关吊销勘查许可证。

第三十二条 违反本办法规定勘查石油、天然气矿产的,由国务院地质矿产主管部门按照本办法的有关规定给予行政处罚。

第三十三条 探矿权人被吊销勘查许可证的,自勘查许可证被吊销之日起 6 个月内,不得再申请探矿权。

第三十四条 登记管理机关工作人员徇私舞弊、滥用职权、玩忽职守,构成犯罪的,依法追究刑事责任;尚不构成犯罪的,依法给予行政处分。

第三十五条 勘查许可证由国务院地质矿产主管部门统一印制。申请登记书、变更申请登记书、探矿权保留申请登记书和注销申请登记书的格式,由国务院地质矿产主管部门统一制定。

第三十六条 办理勘查登记手续,应当按照规定缴纳登记费。收费标准和管理、使用办法,由国务院物价主管部门会同国务院地质矿产主管部门、财政部门规定。

第三十七条 外商投资勘查矿产资源的,依照本办法的规定办理;法律、行政法规另有特别规定的,从其规定。

第三十八条 中外合作勘查矿产资源的,中方合作者应当在签订合同后,将合同向原发证机关备案。

第三十九条 本办法施行前已经取得勘查许可证的,由国务院地质矿产主管部门统一组织换领新的勘查许可证。探矿权使用费、最低勘查投入按照重新登记后的第一个勘查年度计算,并可以依照本办法的规定申请减缴、免缴。

第四十条 本办法附录的修改,由国务院地质矿产主管部门报国务院批准后公布。

第四十一条 本办法自发布之日起施行。1987 年 4 月 29 日国务院发布的《矿产资源勘查登记管理暂行办法》和 1987 年 12 月 16 日国务院批准、石油工业部发布的《石油及天然气勘查、开采登记管理暂行办法》同时废止。

附录

国务院地质矿产主管部门审批发证矿种目录

1	煤	18	锌
2	石油	19	铝
3	油页岩	20	镍
4	烃类天然气	21	钨
5	二氧化碳气	22	锡
6	煤成（层）气	23	锑
7	地热	24	钼
8	放射性矿产	25	稀土
9	金	26	磷
10	银	27	钾
11	铂	28	硫
12	锰	29	锶
13	铬	30	金刚石
14	钴	31	铌
15	铁	32	钽
16	铜	33	石棉
17	铅	34	矿泉水

4—2—100

矿产资源开采登记管理办法

1998年2月12日中华人民共和国国务院令第241号发布
2014年7月29日中华人民共和国国务院令第653号修订

第一条 为了加强对矿产资源开采的管理，保护采矿权人的合法权益，维护矿产资源开采秩序，促进矿业发展，根据《中华人民共和国矿产资源法》，制定本办法。

第二条 在中华人民共和国领域及管辖的其他海域开采矿产资源，必须遵守本办法。

第三条 开采下列矿产资源，由国务院地质矿产主管部门审批登记，颁发采矿许可证：

（一）国家规划矿区和对国民经济具有重要价值的矿区内的矿产资源；

（二）领海及中国管辖的其他海域的矿产资源；

（三）外商投资开采的矿产资源；

（四）本办法附录所列的矿产资源。

开采石油、天然气矿产的，经国务院指定的机关审查同意后，由国务院地质矿产主管部门登记，颁发采矿许可证。

开采下列矿产资源,由省、自治区、直辖市人民政府地质矿产主管部门审批登记,颁发采矿许可证:

(一)本条第一款、第二款规定以外的矿产储量规模中型以上的矿产资源;

(二)国务院地质矿产主管部门授权省、自治区、直辖市人民政府地质矿产主管部门审批登记的矿产资源。

开采本条第一款、第二款、第三款规定以外的矿产资源,由县级以上地方人民政府负责地质矿产管理工作的部门,按照省、自治区、直辖市人民代表大会常务委员会制定的管理办法审批登记,颁发采矿许可证。

矿区范围跨县级以上行政区域的,由所涉及行政区域的共同上一级登记管理机关审批登记,颁发采矿许可证。

县级以上地方人民政府负责地质矿产管理工作的部门在审批发证后,应当逐级向上一级人民政府负责地质矿产管理工作的部门备案。

第四条 采矿权申请人在提出采矿权申请前,应当根据经批准的地质勘查储量报告,向登记管理机关申请划定矿区范围。

需要申请立项,设立矿山企业的,应当根据划定的矿区范围,按照国家规定办理有关手续。

第五条 采矿权申请人申请办理采矿许可证时,应当向登记管理机关提交下列资料:

(一)申请登记书和矿区范围图;

(二)采矿权申请人资质条件的证明;

(三)矿产资源开发利用方案;

(四)依法设立矿山企业的批准文件;

(五)开采矿产资源的环境影响评价报告;

(六)国务院地质矿产主管部门规定提交的其他资料。

申请开采国家规划矿区或者对国民经济具有重要价值的矿区内的矿产资源和国家实行保护性开采的特定矿种的,还应当提交国务院有关主管部门的批准文件。

申请开采石油、天然气的,还应当提交国务院批准设立石油公司或者同意进行石油、天然气开采的批准文件以及采矿企业法人资格证明。

第六条 登记管理机关应当自收到申请之日起40日内,作出准予登记或者不予登记的决定,并通知采矿权申请人。

需要采矿权申请人修改或者补充本办法第五条规定的资料的,登记管理机关应当通知采矿权申请人限期修改或者补充。

准予登记的,采矿权申请人应当自收到通知之日起30日内,依照本办法第九条的规定缴纳采矿权使用费,并依照本办法第十条的规定缴纳国家出资勘查形成的采矿权价款,办理登记手续,领取采矿许可证,成为采矿权人。

不予登记的,登记管理机关应当向采矿权申请人说明理由。

第七条 采矿许可证有效期,按照矿山建设规模确定:大型以上的,采矿许可证有效期最长为30年;中型的,采矿许可证有效期最长为20年;小型的,采矿许可证有效期最长为10年。采矿许可证有效期满,需要继续采矿的,采矿权人应当在采矿许可证有效期届满的

30 日前,到登记管理机关办理延续登记手续。

采矿权人逾期不办理延续登记手续的,采矿许可证自行废止。

第八条 登记管理机关在颁发采矿许可证后,应当通知矿区范围所在地的有关县级人民政府。有关县级人民政府应当自收到通知之日起 90 日内,对矿区范围予以公告,并可以根据采矿权人的申请,组织埋设界桩或者设置地面标志。

第九条 国家实行采矿权有偿取得的制度。采矿权使用费,按照矿区范围的面积逐年缴纳,标准为每平方公里每年 1000 元。

第十条 申请国家出资勘查并已经探明矿产地的采矿权的,采矿权申请人除依照本办法第九条的规定缴纳采矿权使用费外,还应当缴纳国家出资勘查形成的采矿权价款;采矿权价款按照国家有关规定,可以一次缴纳,也可以分期缴纳。

国家出资勘查形成的采矿权价款,由具有矿业权评估资质的评估机构进行评估;评估报告报登记管理机关备案。

第十一条 采矿权使用费和国家出资勘查形成的采矿权价款由登记管理机关收取,全部纳入国家预算管理。具体管理、使用办法,由国务院地质矿产主管部门会同国务院财政部门、计划主管部门制定。

第十二条 有下列情形之一的,由采矿权人提出申请,经省级以上人民政府登记管理机关按照国务院地质矿产主管部门会同国务院财政部门制定的采矿权使用费和采矿权价款的减免办法审查批准,可以减缴、免缴采矿权使用费和采矿权价款:

(一)开采边远贫困地区的矿产资源的;

(二)开采国家紧缺的矿种的;

(三)因自然灾害等不可抗力的原因,造成矿山企业严重亏损或者停产的;

(四)国务院地质矿产主管部门和国务院财政部门规定的其他情形。

第十三条 采矿权可以通过招标投标的方式有偿取得。

登记管理机关依照本办法第三条规定的权限确定招标的矿区范围,发布招标公告,提出投标要求和截止日期;但是,对境外招标的矿区范围由国务院地质矿产主管部门确定。

登记管理机关组织评标,采取择优原则确定中标人。中标人缴纳本办法第九条、第十条规定的费用后,办理登记手续,领取采矿许可证,成为采矿权人,并履行标书中承诺的义务。

第十四条 登记管理机关应当对本行政区域内的采矿权人合理开发利用矿产资源、保护环境及其他应当履行的法定义务等情况依法进行监督检查。采矿权人应当如实报告有关情况,并提交年度报告。

第十五条 有下列情形之一的,采矿权人应当在采矿许可证有效期内,向登记管理机关申请变更登记:

(一)变更矿区范围的;

(二)变更主要开采矿种的;

(三)变更开采方式的;

(四)变更矿山企业名称的;

(五)经依法批准转让采矿权的。

第十六条 采矿权人在采矿许可证有效期内或者有效期届满,停办、关闭矿山的,应当自决定停办或者关闭矿山之日起 30 日内,向原发证机关申请办理采矿许可证注销登记手续。

第十七条 任何单位和个人未领取采矿许可证擅自采矿的,擅自进入国家规划矿区和对国民经济具有重要价值的矿区范围采矿的,擅自开采国家规定实行保护性开采的特定矿种的,超越批准的矿区范围采矿的,由登记管理机关依照有关法律、行政法规的规定予以处罚。

第十八条 不依照本办法规定提交年度报告、拒绝接受监督检查或者弄虚作假的,由县级以上人民政府负责地质矿产管理工作的部门按照国务院地质矿产主管部门规定的权限,责令停止违法行为,予以警告,可以并处 5 万元以下的罚款;情节严重的,由原发证机关吊销采矿许可证。

第十九条 破坏或者擅自移动矿区范围界桩或者地面标志的,由县级以上人民政府负责地质矿产管理工作的部门按照国务院地质矿产主管部门规定的权限,责令限期恢复;情节严重的,处 3 万元以下的罚款。

第二十条 擅自印制或者伪造、冒用采矿许可证的,由县级以上人民政府负责地质矿产管理工作的部门按照国务院地质矿产主管部门规定的权限,没收违法所得,可以并处 10 万元以下的罚款;构成犯罪的,依法追究刑事责任。

第二十一条 违反本办法规定,不按期缴纳本办法规定应当缴纳的费用的,由登记管理机关责令限期缴纳,并从滞纳之日起每日加收 2‰的滞纳金;逾期仍不缴纳的,由原发证机关吊销采矿许可证。

第二十二条 违反本办法规定,不办理采矿许可证变更登记或者注销登记手续的,由登记管理机关责令限期改正;逾期不改正的,由原发证机关吊销采矿许可证。

第二十三条 违反本办法规定开采石油、天然气矿产的,由国务院地质矿产主管部门按照本办法的有关规定给予行政处罚。

第二十四条 采矿权人被吊销采矿许可证的,自采矿许可证被吊销之日起 2 年内不得再申请采矿权。

第二十五条 登记管理机关工作人员徇私舞弊、滥用职权、玩忽职守,构成犯罪的,依法追究刑事责任;尚不构成犯罪的,依法给予行政处分。

第二十六条 采矿许可证由国务院地质矿产主管部门统一印制。申请登记书、变更申请登记书和注销申请登记书的格式,由国务院地质矿产主管部门统一制定。

第二十七条 办理采矿登记手续,应当按照规定缴纳登记费。收费标准和管理、使用办法,由国务院物价主管部门会同国务院地质矿产主管部门、财政部门规定。

第二十八条 外商投资开采矿产资源,依照本办法的规定办理;法律、行政法规另有特别规定的,从其规定。

第二十九条 中外合作开采矿产资源的,中方合作者应当在签订合同后,将合同向原发证机关备案。

第三十条 本办法施行前已经取得采矿许可证的,由国务院地质矿产主管部门统一组织换领新采矿许可证。

本办法施行前已经开办的矿山企业,应当自本办法施行之日起开始缴纳采矿权使用费,并可以依照本办法的规定申请减缴、免缴。

第三十一条 登记管理机关应当对颁发的采矿许可证和吊销的采矿许可证予以公告。

第三十二条 本办法所称矿区范围,是指经登记管理机关依法划定的可供开采矿产资源的范围、井巷工程设施分布范围或者露天剥离范围的立体空间区域。

本办法所称开采方式,是指地下开采或者露天开采。

第三十三条 本办法附录的修改,由国务院地质矿产主管部门报国务院批准后公布。

第三十四条 本办法自发布之日起施行。1987年4月29日国务院发布的《全民所有制矿山企业采矿登记管理暂行办法》和1990年11月22日《国务院关于修改〈全民所有制矿山企业采矿登记管理暂行办法〉的决定》同时废止。

附录

国务院地质矿产主管部门审批发证矿种目录

1	煤	18	锌
2	石油	19	铝
3	油页岩	20	镍
4	烃类天然气	21	钨
5	二氧化碳气	22	锡
6	煤成(层)气	23	锑
7	地热	24	钼
8	放射性矿产	25	稀土
9	金	26	磷
10	银	27	钾
11	铂	28	硫
12	锰	29	锶
13	铬	30	金刚石
14	钴	31	铌
15	铁	32	钽
16	铜	33	石棉
17	铅	34	矿泉水

探矿权采矿权转让管理办法

1998年2月12日中华人民共和国国务院令第242号发布
2014年7月29日中华人民共和国国务院令第653号修订

第一条 为了加强对探矿权、采矿权转让的管理,保护探矿权人、采矿权人的合法权益,促进矿业发展,根据《中华人民共和国矿产资源法》,制定本办法。

第二条 在中华人民共和国领域及管辖的其他海域转让依法取得的探矿权、采矿权的,必须遵守本办法。

第三条 除按照下列规定可以转让外,探矿权、采矿权不得转让:

(一)探矿权人有权在划定的勘查作业区内进行规定的勘查作业,有权优先取得勘查作业区内矿产资源的采矿权。探矿权人在完成规定的最低勘查投入后,经依法批准,可以将探矿权转让他人。

(二)已经取得采矿权的矿山企业,因企业合并、分立,与他人合资、合作经营,或者因企业资产出售以及有其他变更企业资产产权的情形,需要变更采矿权主体的,经依法批准,可以将采矿权转让他人采矿。

第四条 国务院地质矿产主管部门和省、自治区、直辖市人民政府地质矿产主管部门是探矿权、采矿权转让的审批管理机关。

国务院地质矿产主管部门负责由其审批发证的探矿权、采矿权转让的审批。

省、自治区、直辖市人民政府地质矿产主管部门负责本条第二款规定以外的探矿权、采矿权转让的审批。

第五条 转让探矿权,应当具备下列条件:

(一)自颁发勘查许可证之日起满2年,或者在勘查作业区内发现可供进一步勘查或者开采的矿产资源;

(二)完成规定的最低勘查投入;

(三)探矿权属无争议;

(四)按照国家有关规定已经缴纳探矿权使用费、探矿权价款;

(五)国务院地质矿产主管部门规定的其他条件。

第六条 转让采矿权,应当具备下列条件:

(一)矿山企业投入采矿生产满1年;

(二)采矿权属无争议;

(三)按照国家有关规定已经缴纳采矿权使用费、采矿权价款、矿产资源补偿费和资源税;

(四)国务院地质矿产主管部门规定的其他条件。

国有矿山企业在申请转让采矿权前,应当征得矿山企业主管部门的同意。

第七条 探矿权或者采矿权转让的受让人,应当符合《矿产资源勘查区块登记管理办法》或者《矿产资源开采登记管理办法》规定的有关探矿权申请人或者采矿权申请人的条件。

第八条 探矿权人或者采矿权人在申请转让探矿权或者采矿权时,应当向审批管理机关提交下列资料:

(一)转让申请书;

(二)转让人与受让人签订的转让合同;

(三)受让人资质条件的证明文件;

(四)转让人具备本办法第五条或者第六条规定的转让条件的证明;

(五)矿产资源勘查或者开采情况的报告;

(六)审批管理机关要求提交的其他有关资料。

国有矿山企业转让采矿权时,还应当提交有关主管部门同意转让采矿权的批准文件。

第九条 转让国家出资勘查所形成的探矿权、采矿权的,必须进行评估。

国家出资勘查形成的探矿权、采矿权价款,由具有矿业权评估资质的评估机构进行评估;评估报告报探矿权、采矿权登记管理机关备案。

第十条 申请转让探矿权、采矿权的,审批管理机关应当自收到转让申请之日起40日内,作出准予转让或者不准转让的决定,并通知转让人和受让人。

准予转让的,转让人和受让人应当自收到批准转让通知之日起60日内,到原发证机关办理变更登记手续;受让人按照国家规定缴纳有关费用后,领取勘查许可证或者采矿许可证,成为探矿权人或者采矿权人。

批准转让的,转让合同自批准之日起生效。

不准转让的,审批管理机关应当说明理由。

第十一条 审批管理机关批准转让探矿权、采矿权后,应当及时通知原发证机关。

第十二条 探矿权、采矿权转让后,探矿权人、采矿权人的权利、义务随之转移。

第十三条 探矿权、采矿权转让后,勘查许可证、采矿许可证的有效期限,为原勘查许可证、采矿许可证的有效期减去已经进行勘查、采矿的年限的剩余期限。

第十四条 未经审批管理机关批准,擅自转让探矿权、采矿权的,由登记管理机关责令改正,没收违法所得,处10万元以下的罚款;情节严重的,由原发证机关吊销勘查许可证、采矿许可证。

第十五条 违反本办法第三条第(二)项的规定,以承包等方式擅自将采矿权转给他人进行采矿的,由县级以上人民政府负责地质矿产管理工作的部门按照国务院地质矿产主管部门规定的权限,责令改正,没收违法所得,处10万元以下的罚款;情节严重的,由原发证机关吊销采矿许可证。

第十六条 审批管理机关工作人员徇私舞弊、滥用职权、玩忽职守,构成犯罪的,依法追究刑事责任;尚不构成犯罪的,依法给予行政处分。

第十七条 探矿权转让申请书、采矿权转让申请书的格式,由国务院地质矿产主管部门统一制定。

第十八条 本办法自发布之日起施行。

4-2-102

国务院关于印发矿产资源权益金
制度改革方案的通知

2017年4月13日　国发〔2017〕29号

各省、自治区、直辖市人民政府,国务院各部委、各直属机构:

现将《矿产资源权益金制度改革方案》印发给你们,请认真贯彻执行。

矿产资源权益金制度改革方案

为落实党中央、国务院决策部署,更好地发挥矿产资源税费制度对维护国家权益、调节资源收益、筹集财政收入的重要作用,推进生态文明领域国家治理体系和治理能力现代化,现就矿产资源权益金制度改革制定以下方案。

一、总体要求

(一)指导思想。全面贯彻党的十八大和十八届三中、四中、五中、六中全会精神,深入贯彻习近平总书记系列重要讲话精神和治国理政新理念新思想新战略,认真落实党中央、国务院决策部署,统筹推进"五位一体"总体布局和协调推进"四个全面"战略布局,坚持稳中求进工作总基调,牢固树立和贯彻落实新发展理念,适应把握引领经济发展新常态,按照《生态文明体制改革总体方案》要求,坚持以推进供给侧结构性改革为主线,以维护和实现国家矿产资源权益为重点,以营造公平的矿业市场竞争环境为目的,建立符合我国特点的新型矿产资源权益金制度。

(二)基本原则。一是坚持维护国家矿产资源权益,完善矿产资源税费制度,推进矿业权竞争性出让,营造公平竞争的市场环境,合理调节矿产资源收入,有效遏制私挖乱采、贱卖资源行为。二是坚持落实矿业企业责任,督促企业高效利用资源、治理恢复环境,促进资源集约节约利用,同时按照"放管服"改革要求,加强事中事后监管,维护企业合法权益。三是坚持稳定中央和地方财力格局,兼顾矿产资源国家所有与矿产地利益,合理确定中央与地方矿产资源收入分配比例。

二、主要措施

(一)在矿业权出让环节,将探矿权采矿权价款调整为矿业权出让收益。将现行只对国家出资探明矿产地收取、反映国家投资收益的探矿权采矿权价款,调整为适用于所有国家出让矿业权、体现国家所有者权益的矿业权出让收益。以拍卖、挂牌方式出让的,竞得人报价金额为矿业权出让收益;以招标方式出让的,依据招标条件,综合择优确定竞得人,并将其报价金额确定为矿业权出让收益。以协议方式出让的,矿业权出让收益按照评估价值、类似条件的市场基准价就高确定。矿业权出让收益在出让时一次性确定,以货币资金方式支付,可以分期缴纳。具体征收办法由财政部会同国土资源部另行制定。同时,加快推进矿业权出让制度改革,实现与矿产资源权益金制度有机衔接。全面实现矿业权竞争性出让,严格限制协议出让行为,合理调整矿业权审批权限。

矿业权出让收益中央与地方分享比例确定为4:6,兼顾矿产资源国家所有与矿产地利益,保持现有中央和地方财力格局总体稳定,与我国矿产资源主要集中在中西部地区的国情相适应,同时有效抑制私挖乱采、贱卖资源行为。

(二)在矿业权占有环节,将探矿权采矿权使用费整合为矿业权占用费。将现行主要依据占地面积、单位面积按年定额征收的探矿权采矿权使用费,整合为根据矿产品价格变动情况和经济发展需要实行动态调整的矿业权占用费,有效防范矿业权市场中的"跑马圈地"、"圈而不探"行为,提高矿产资源利用效率。

矿业权占用费中央与地方分享比例确定为2:8,不再实行探矿权采矿权使用费按照登记机关分级征收的办法。具体办法由财政部会同国土资源部制定。

(三)在矿产开采环节,组织实施资源税改革。贯彻落实党中央、国务院决策部署,做好资源税改革组织实施工作,对绝大部分矿产资源品目实行从价计征,使资源税与反映市场供求关系的资源价格挂钩,建立税收自动调节机制,增强税收弹性。同时,按照清费立税原则,将矿产资源补偿费并入资源税,取缔违规设立的各项收费基金,改变税费重复、功能交叉状况,规范税费关系。

(四)在矿山环境治理恢复环节,将矿山环境治理恢复保证金调整为矿山环境治理恢复基金。按照"放管服"改革的要求,将现行管理方式不一、审批动用程序复杂的矿山环境治理恢复保证金,调整为管理规范、责权统一、使用便利的矿山环境治理恢复基金,由矿山企业单设会计科目,按照销售收入的一定比例计提,计入企业成本,由企业统筹用于开展矿山环境保护和综合治理。有关部门根据各自职责,加强事中事后监管,建立动态监管机制,督促企业落实矿山环境治理恢复责任。

三、配套政策

(一)将矿业权出让收益、矿业权占用费纳入一般公共预算管理,并按照矿产资源法、物权法、预算法和《国务院关于印发推进财政资金统筹使用方案的通知》(国发〔2015〕35号)等有关规定精神,由各级财政统筹用于地质调查和矿山生态保护修复等方面支出。

(二)取消国有地勘单位探矿权采矿权价款转增国家资本金政策,营造公平竞争的市场环境,维护国家矿产资源权益,推动国有地勘单位加快转型,促进实现市场化运作。已转增国家资本金的探矿权采矿权价款可不再补缴,由国家出资的企业履行国有资本保值增值责任,并接受履行国有资产出资人职责的机构监管。

(三)建立健全矿业权人信用约束机制。建立以企业公示、社会监督、政府抽查、行业自律为主要特点的矿业权人信息公示制度,将矿山环境治理恢复与土地复垦方案、矿产资源税费缴纳情况纳入公示内容,设置违法"黑名单",形成政府部门协同联动、行业组织自律管理、信用服务机构积极参与、社会舆论广泛监督的治理格局。

四、组织实施

各地区、各有关部门要充分认识矿产资源权益金制度改革的重要性和紧迫性,按照党中央、国务院决策部署,进一步加强对改革工作的组织领导。财政部、国土资源部要牵头建立矿产资源权益金制度改革部际协调机制,强化统筹协调,明确职责分工,会同有关部门抓紧制定矿产资源权益金征收使用的具体管理办法,妥善做好新旧政策的过渡衔接。各省级政府要切实承担起组织推进本地区矿产资源权益金制度改革的主体责任,扎实稳妥推进各项改革。各地区、各有关部门要强化对改革工作的检查指导,及时发现问题、解决问题,确保矿产资源权益金制度改革顺利实施,重大情况及时报告党中央、国务院。

※　　※　　※　　※

4-2-103

财政部　国土资源部关于印发《探矿权采矿权使用费和价款管理办法》的通知

1999年6月7日　财综字〔1999〕74号

各省、自治区、直辖市财政厅(局)、地质矿产主管部门:

为维护矿产资源的国家所有权,加强探矿权采矿权使用费和价款管理,依据《中华人民共和国矿产资源法》和《矿产资源勘查区块登记管理办法》、《矿产资源开采登记管理办法》、《探矿权采矿权转让管理办法》的有关规定,我们制定了《探矿权采矿权使用费和价款管理办法》。现印发给你们,请遵照执行。

附件:探矿权采矿权使用费和价款管理办法

附件

探矿权采矿权使用费和价款管理办法

第一条　为维护矿产资源的国家所有权,加强探矿权采矿权使用费和价款管理,依据《中华人民共和国矿产资源法》和《矿产资源勘查区块登记管理办法》、《矿产资源开采登记管理办法》、《探矿权采矿权转让管理办法》的有关规定,制定本办法。

第二条　在中华人民共和国领域及管辖海域勘查、开采矿产资源,均须按规定交纳探矿权采矿权使用费、价款。

第三条　探矿权采矿权使用费包括

(一)探矿权使用费。国家将矿产资源探矿权出让给探矿权人,按规定向探矿权人收取的使用费。

(二)采矿权使用费。国家将矿产资源采矿权出让给采矿权人,按规定向采矿权人收取的使用费。

第四条 探矿权采矿权价款包括

(一)探矿权价款。国家将其出资勘查形成的探矿权出让给探矿权人,按规定向探矿权人收取的价款。

(二)采矿权价款。国家将其出资勘查形成的采矿权出让给采矿权人,按规定向采矿权人收取的价款。

第五条 探矿权采矿权使用费收取标准

(一)探矿权使用费以勘查年度计算,按区块面积逐年缴纳,第一个勘查年度至第三个勘查年度,每平方公里每年缴纳100元,从第四个勘查年度起每平方公里每年增加100元,最高不超过每平方公里每年500元。

(二)采矿权使用费按矿区范围面积逐年缴纳,每平方公里每年1000元。

第六条 探矿权采矿权价款收取标准

探矿权采矿权价款以国务院地质矿产主管部门确认的评估价格为依据,一次或分期缴纳;但探矿权价款缴纳期限最长不得超过2年,采矿权价款缴纳期限最长不得超过6年。

第七条 探矿权采矿权使用费和价款由探矿权采矿权登记管理机关负责收取。探矿权采矿权使用费和价款由探矿权采矿权人在办理勘查、采矿登记或年检时缴纳。

探矿权人采矿权人在办理勘查、采矿登记或年检时,按照登记管理机关确定的标准,将探矿权采矿权使用费和价款直接缴入同级财政部门开设的"探矿权采矿权使用费和价款财政专户"。探矿权采矿权人凭银行的收款凭证到登记管理机关办理登记手续,领取"探矿权采矿权使用费和价款专用收据"和勘查、开采许可证。

"探矿权采矿权使用费和价款专用收据"由财政部门统一印制。

第八条 属于国务院地质矿产主管部门登记管理范围的探矿权采矿权,其使用费和价款,由国务院地质矿产主管部门登记机关收取,缴入财政部开设的"探矿权采矿权使用费和价款财政专户";属于省级地质矿产主管部门登记管理范围的探矿权采矿权,其使用费和价款,由省级地质矿产主管部门登记机关收取,缴入省级财政部门开设的"探矿权采矿权使用费和价款财政专户"。

第九条 探矿权采矿权使用费和价款收入应专项用于矿产资源勘查、保护和管理支出,由国务院地质矿产主管部门和省级地质矿产主管部门提出使用计划,报同级财政部门审批后,拨付使用。

第十条 探矿权、采矿权使用费中可以开支对探矿权、采矿权使用进行审批、登记的管理和业务费用。

探矿权、采矿权价款中可以开支以下成本费用:出让探矿权、采矿权的评估、确认费用、公告费、咨询费、中介机构佣金、场地租金以及其他必需的成本、费用等。

第十一条 国有企业实际占有的由国家出资勘查形成的探矿权、采矿权在转让时,其探矿权、采矿权价款经国务院地质矿产主管部门会同财政部批准,可全部或部分转增企业的国家资本金。

国有地勘单位实际占有的由国家出资勘查形成的探矿权、采矿权在转让时,其探矿权、采矿权价款按照有关规定处理。

第十二条 未按规定及时缴纳探矿权采矿权使用费和价款的,由探矿权采矿权登记管理机关责令其在30日内缴纳,并从滞纳之日起,每日增收2‰滞纳金;逾期仍不缴纳的,由探矿权、采矿权登记管理机关吊销其勘查许可证或采矿许可证。

第十三条　财政部门和地质矿产主管部门要切实加强探矿权采矿权使用费和价款收入的财务管理与监督,定期检查探矿权采矿权使用费和价款收入的情况。

第十四条　本办法由财政部、国土资源部解释。

第十五条　本办法自发布之日起实施。本办法发布之前已经收取的探矿权、采矿权使用费和价款按本办法的规定处理。

4-2-104

财政部　国土资源部关于《探矿权采矿权使用费和价款管理办法》的补充通知

1999年11月11日　财综字[1999]183号

各省、自治区、直辖市财政厅(局),地矿厅(局):

为了进一步规范探矿权采矿权使用费和价款的管理,现对财政部、国土资源部《关于印发〈探矿权采矿权使用费和价款管理办法〉的通知》(财综字[1999]74号,以下简称《办法》)执行中的具体问题补充通知如下:

一、《办法》中所称"国家出资",是指中央财政和地方财政以地质勘探费、矿产资源补偿费,矿业权使用费和价款收入以及各种资金等安排用于矿产资源勘查、开发的拨款。

中央财政、地方财政和企事业单位共同出资用于矿产资源勘查、开发的,按各自投入比例享受出资权利。中央财政和地方财政拨款形成的探矿权采矿权价款收入,按《办法》的规定进行管理。

二、对出让目前搁置的由国家出资形成的探矿权采矿权,各级登记管理机关应按规定向探矿权采矿权人收探矿权采矿权价款。对缴纳探矿权采矿权价款确有困难的,经国土资源部和财政部批准,国有企事业单位应缴纳的探矿权采矿权价款,可全部或部分转增国家资本金或国家基金;在合资、股份制以及股份合作制企业中持股的国有企事业单位,其应缴纳的探矿权采矿权价款,经国土资源部和财政部批准,可转作为国家股。

三、为了适应采矿权使用费和价款实行四级登记管理机关收取的需要,各地应对市(地)县登记管理机关收取的采矿权使用费和价款的管理予以规范。具体管理办法由省级财政部门会同同级地质矿产行政主管部门根据《办法》的规定,结合本地实际制定,并报财政部和国土资源部备案。

四、探矿权采矿权使用费和价款由登记管理机关直接收取,不宜实行层层委托收取的办法。确需委托收取的,必须经上一级地质矿产行政主管部门同意并出具委托书。接受委托的登记管理机关按规定收取的使用费和价款,应全额缴入同级财政专户统一管理和使用。

五、按照《矿产资源勘查区块登记管理办法》(国务院第240号令)和《矿产资源开采登记管理办法》(国务院第241号令)规定,探矿权采矿权使用费和价款属于国家财政权入,纳入预算管理。各级财政部门和登记管理机关收取探矿权采矿权使用费和价款,可不办理收费许可证,但必须严格按《办法》规定,切实做好探矿权采矿权使用费和价款的收取和管理工作。

六、根据探矿权采矿权使用费和价款主要由中央和省两极登记管理机关收取的要求,国务院地质矿产行政主管部门登记管理机关收取探矿权采矿权使用费和价款所用专用收据,由国务院财政部门负责印制;省级及省级以下地质矿产行政主管部门登记管理机关收取探矿权采矿权使用费和价款所用专用收据,由省级财政部门负责印制。

4-2-105

国土资源部关于印发《矿产资源储量规模划分标准》的通知

2000年4月24日　　国土资发〔2000〕133号

各省、自治区、直辖市地质矿产厅(局)、资源(储)委:

根据中华人民共和国矿产资源法第十六条第六款规定,我部组织制定了《矿产资源储量规模划分标准》,现予印发执行。

矿区矿产资源储量规模划分标准

序号	矿种名称	单位	规模		
			大型	中型	小型
1	煤				
	(煤田)	原煤(亿吨)	≥50	10~50	<10
	(矿区)	原煤(亿吨)	≥5	2~5	<2
	(井田)	原煤(亿吨)	≥1	0.5~1	<0.5
2	油页岩	矿石(亿吨)	≥20	2~20	<2
3	石油	原油(万吨)	≥10000	1000~10000	<1000
4	天然气	气量(亿立方米)	≥300	50~300	<50
5	铀				
	(地浸砂岩型)	金属(吨)	≥10000	3000~10000	<3000
	(其他类型)	金属(吨)	≥3000	1000~3000	<1000
6	地热	电(热)能(兆瓦)	≥50	10~50	<10
7	铁				
	(贫矿)	矿石(亿吨)	≥1	0.1~1	<0.1
	(富矿)	矿石(亿吨)	≥0.5	0.05~0.5	<0.05

续表

序号	矿种名称	单位	规模		
			大型	中型	小型
8	锰	矿石(万吨)	≥2000	200~2000	<200
9	铬铁矿	矿石(万吨)	≥500	100~500	<100
10	钒	V_2O_5(万吨)	≥100	10~100	<10
11	钛				
	(金红石原生矿)	TiO_2(万吨)	≥20	5~20	<5
	(金红石砂矿)	矿物(万吨)	≥10	2~10	<2
	(钛铁矿原生矿)	TiO_2(万吨)	≥500	50~500	<50
	(钛铁矿砂矿)	矿物(万吨)	≥100	20~100	<20
12	铜	金属(万吨)	≥50	10~50	<10
13	铅	金属(万吨)	≥50	10~50	<10
14	锌	金属(万吨)	≥50	10~50	<10
15	铝土矿	矿石(万吨)	≥2000	500~2000	<500
16	镍	金属(万吨)	≥10	2~10	<2
17	钴	金属(万吨)	≥2	0.2~2	<0.2
18	钨	WO_3(万吨)	≥5	1~5	<1
19	锡	金属(万吨)	≥4	0.5~4	<0.5
20	铋	金属(万吨)	≥5	1~5	<1
21	钼	金属(万吨)	≥10	1~10	<1
22	汞	金属(吨)	≥2000	500~2000	<500
23	锑	金属(万吨)	≥10	1~10	<1
24	镁 (冶镁白云岩) (冶镁菱镁矿)	矿石(万吨)	≥5000	1000~5000	<1000
25	铂族	金属(吨)	≥10	2~10	<2
26	金				
	(岩金)	金属(吨)	≥20	5~20	<5
	(砂金)	金属(吨)	≥8	2~8	<2
27	银	金属(吨)	≥1000	200~1000	<200
28	铌				
	(原生矿)	Nb_2O_5(万吨)	≥10	1~10	<1
	(砂矿)	矿物(吨)	≥2000	500~2000	<500
29	钽				
	(原生矿)	Ta_2O_5(吨)	≥1000	500~1000	<500
	(砂矿)	矿物(吨)	≥500	100~500	<100
30	铍	BeO(万吨)	≥10000	1000~2000	<2000

续表

序号	矿种名称	单位	规模		
			大型	中型	小型
31	锂				
	（矿物锂矿）	Li_2O（万吨）	≥10	1~10	<1
	（盐湖锂矿）	LiCl（万吨）	≥50	10~50	<10
32	锆（锆英石）	矿物（万吨）	≥20	5~20	<5
33	锶（天青石）	$SrSO_4$（万吨）	≥20	5~20	<5
34	铷（盐湖中的铷另计）	Rb_2O（吨）	≥2000	500~2000	<500
35	铯	Cs_2O（吨）	≥2000	500~2000	<500
36	稀土				
	（砂矿）	独居石（吨）	≥10000	1000~10000	<1000
		磷钇矿（吨）	≥5000	500~5000	<500
	（原生矿）	TR_2O_3（万吨）	≥50	5~50	<5
	（风化壳矿床）	（铈族氧化物）（万吨）	≥10	1~10	<1
	（风化壳矿床）	（钇族氧化物）（万吨）	≥5	0.5~5	<0.5
37	钪	Sc（吨）	≥10	2~10	<2
38	锗	Ge（吨）	≥200	50~200	<50
39	镓	Ga（吨）	≥2000	400~2000	<400
40	铟	In（吨）	≥500	100~500	<100
41	铊	Tl（吨）	≥500	100~500	<100
42	铪	Hf（吨）	≥500	100~500	<100
43	铼	Re（吨）	≥50	5~50	<5
44	镉	Cd（吨）	≥3000	500~3000	<500
45	硒	Se（吨）	≥500	100~500	<100
46	碲	Te（吨）	≥500	100~500	<100
47	金刚石				
	（原生矿）	矿物（万克拉）	≥100	20~100	<20
	（砂矿）	矿物（万克拉）	≥50	10~50	<10
48	石墨				
	（晶质）	矿物（万吨）	≥100	20~100	<20
	（隐晶质）	矿石（万吨）	≥1000	100~1000	<100
49	磷矿	矿石（万吨）	≥5000	500~5000	<500
50	自然硫	S（万吨）	≥500	100~500	<100
51	硫铁矿	矿石（万吨）	≥3000	200~3000	<200

续表

序号	矿种名称	单位	规模		
			大型	中型	小型
52	钾盐				
	（固态）	KCl（万吨）	≥1000	100~1000	<100
	（液态）	KCl（万吨）	≥5000	500~5000	<500
53	硼（内生硼矿）	B_2O_3（万吨）	≥50	10~50	<10
54	水晶				
	（压电水晶）	单晶（吨）	≥2	0.2~2	<0.2
	（熔炼水晶）	矿物（吨）	≥100	10~100	<10
	（光学水晶）	矿物（吨）	≥0.5	0.05~0.5	<0.05
	（工艺水晶）	矿物（吨）	≥0.5	0.05~0.5	<0.05
55	刚玉	矿物（万吨）	≥1	0.1~1	<0.1
56	蓝晶石	矿物（万吨）	≥200	50~200	<50
57	硅灰石	矿物（万吨）	≥100	20~100	<20
58	钠硝石	$NaNO_3$（万吨）	≥500	100~500	<100
59	滑石	矿石（万吨）	≥500	100~500	<100
60	石棉				
	（超基性岩型）	矿物（万吨）	≥500	50~500	<50
	（镁质碳酸盐型）	矿物（万吨）	≥50	10~50	<10
61	蓝石棉	矿物（吨）	≥1000	100~1000	<100
62	云母	工业原料云母（吨）	≥1000	200~1000	<200
63	钾长石	矿物（万吨）	≥100	10~100	<10
64	石榴子石	矿物（万吨）	≥500	50~500	<50
65	叶腊石	矿石（万吨）	≥200	50~200	<50
66	蛭石	矿石（万吨）	≥100	20~100	<20
67	沸石	矿石（万吨）	≥5000	500~5000	<500
68	明矾石	矿物（万吨）	≥1000	200~1000	<200
69	芒硝	Na_2SO_4（万吨）	≥1000	100~1000	<100
	（钙芒硝）	Na_2SO_4（万吨）	≥10000	1000~10000	<1000
70	石膏	矿石（万吨）	≥3000	1000~3000	<1000
71	重晶石	矿石（万吨）	≥1000	200~1000	<200
72	毒重石	矿石（万吨）	≥1000	200~1000	<200
73	天然碱	（Na_2CO_3+$NaHCO_3$）（万吨）	≥1000	200~1000	<200
74	冰洲石	矿物（吨）	≥1	0.1~1	0.1
75	菱镁矿	矿石（亿吨）	≥0.5	0.1~0.5	<0.1

续表

序号	矿种名称	单位	规模		
			大型	中型	小型
76	萤石				
	（普通萤石）	CaF$_2$（万吨）	≥100	20~100	<20
	（光学萤石）	矿物（吨）	≥1	0.1~1	<0.1
77	石灰石				
	（电石用灰岩） （制碱用灰岩） （化肥用灰岩） （熔剂用灰岩）	矿石（亿吨）	≥0.5	0.1~0.5	<0.1
	（玻璃用灰岩） （制灰用灰岩）	矿石（亿吨）	≥0.1	0.02~0.1	<0.02
	（水泥用灰岩、包括白垩）	矿石（亿吨）	≥0.8	0.15~0.8	<0.15
78	泥灰岩	矿石（亿吨）	≥0.5	0.1~0.5	<0.1
79	含钾岩石 （包括含钾砂页岩）	矿石（亿吨）	≥1	0.2~1	<0.2
80	白云岩 （冶金用） （化肥用） （玻璃用）	矿石（亿吨）	≥0.5	0.1~0.5	<0.1
81	硅质原料（包括石英岩、砂岩、天然石英砂、脉石英、粉石英）				
	（冶金用） （水泥配料用） （水泥标准砂）	矿石（万吨）	≥2000	200~2000	<200
	（玻璃用）	矿石（万吨）	≥1000	200~1000	<200
	（铸型用）	矿石（万吨）	≥1000	100~1000	<100
	（砖瓦用）	矿石（万立方米）	≥2000	500~2000	<500
	（建筑用）	矿石（万立方米）	≥5000	1000~5000	<1000
	（化肥用）	矿石（万吨）	≥10000	2000~10000	<2000
	（陶瓷用）	矿石（万吨）	≥100	20~100	<20
82	天然油石	矿石（万吨）	≥100	10~100	<10
83	硅藻土	矿石（万吨）	≥10	200~1000	<200
84	页岩				
	（砖瓦用）	矿石（万立方米）	≥2000	200~2000	<200
	（水泥配料用）	矿石（万吨）	≥5000	500~5000	<500
85	高岭土（包括陶瓷土）	矿石（万吨）	≥500	100~500	<100
86	耐火粘土	矿石（万吨）	≥1000	200~1000	<200
87	凹凸棒石	矿石（万吨）	≥500	100~500	<100

续表

序号	矿种名称	单位	规模		
			大型	中型	小型
88	海泡石粘土(包括伊利石粘土、累托石粘土)	矿石(万吨)	≥500	100~500	<100
89	膨润土	矿石(万吨)	≥5000	500~5000	<500
90	铁矾土	矿石(万吨)	≥1000	200~1000	<200
91	其他粘土				
	(铸型用粘土)	矿石(万吨)	≥1000	200~1000	<200
	(砖瓦用粘土)	矿石(万吨)	≥2000	500~2000	<500
	(水泥配料用粘土)(水泥配料用红土)(水泥配料用黄土)(水泥配料用泥岩)	矿石(万吨)	≥2000	500~2000	<500
	(保温材料用粘土)	矿石(万吨)	≥200	50~2000	<50
92	橄榄岩(化肥用)	矿石(亿吨)	≥1	0.1~1	<0.1
93	蛇纹岩				
	(化肥用)	矿石(亿吨)	≥1	0.1~1	<0.1
	(熔剂用)	矿石(亿吨)	≥0.5	0.1~0.5	<0.1
94	玄武岩(铸石用)	矿石(万吨)	≥1000	200~1000	<200
95	辉绿岩				
	(铸石用)	矿石(万吨)	≥1000	200~1000	<200
	(水泥用)	矿石(万吨)	≥2000	200~2000	<200
96	水泥混合材(安山玢岩)(闪长玢岩)	矿石(万吨)	≥2000	200~2000	<200
97	建筑用石材	矿石(万立方米)	≥5000	1000~5000	<1000
98	饰面用石材	矿石(万立方米)	≥1000	200~1000	<200
99	珍珠岩(包括黑曜岩、松脂岩)	矿石(万吨)	≥2000	500~2000	<500
100	浮石	矿石(万吨)	≥300	50~300	<50
101	粗面岩(水泥用)(铸石用)	矿石(万吨)	≥1000	200~1000	<200
102	凝灰岩				
	(玻璃用)	矿石(万吨)	≥1000	200~1000	<200
	(水泥用)	矿石(万吨)	≥2000	200~2000	<200

续表

序号	矿种名称	单位	规模		
			大型	中型	小型
103	大理岩				
	（水泥用）	矿石（万吨）	≥2000	200～2000	<200
	（玻璃用）	矿石（万吨）	≥5000	1000～5000	<1000
104	板岩（水泥配料用）	矿石（万吨）	≥2000	200～2000	<200
105	泥炭	矿石（万吨）	≥1000	100～1000	<100
106	矿盐（包括地下卤水）	NaCl（亿吨）	≥10	1～10	<1
107	镁盐	$MgCl_2/MgSO_4$（万吨）	≥5000	1000～5000	<1000
108	碘	碘（吨）	≥5000	500～5000	<500
109	溴	溴（吨）	≥50000	5000～50000	<5000
110	砷	砷（万吨）	≥5	0.5～5	<0.5
111	地下水	允许开采量（立方米/日）	≥100000	10000～100000	<10000
112	矿泉水	允许开采量（立方米/日）	≥5000	500～5000	<500
113	二氧化碳气	气量（亿立方米）	≥300	50～300	<50

说明：

1. 确定矿产资源储量规模依据的单元：

（1）石油：油田，

天然气、二氧化碳气：气田；

（2）地热：地热田；

（3）固体矿产（煤除外）：矿床；

（4）地下水、矿泉水：水源地。

2. 确定矿产资源储量规模依据的矿产资源储量：

（1）石油、天然气、二氧化碳气：地质储量；

（2）地热：电（热）能；

（3）固体矿产：基础储量＋资源量（仅限331、332、333），相当于《固体矿产地质勘探规范总则》（GB 13908—92）中的A＋B＋C＋D＋E级（表内）储量；

（4）地下水、矿泉水：允许开采量。

3. 存在共生矿产的矿区，矿产资源储量规模以矿产资源储量规模最大的矿种确定。

4. 中型及小型规模不含其上限数字。

4-2-106

国土资源部 财政部关于印发
《探矿权采矿权使用费减免办法》的通知

2000年6月6日 国土资发〔2000〕174号

各省、自治区、直辖市地质矿产厅（局），财政厅（局）：

根据《矿产资源勘查区块登记管理办法》、《矿产资源开采登记管理办法》的有关规定，我们制定了《探矿权采矿权使用费减免办法》。现印发你们，请遵照执行。

探矿权采矿权使用费减免办法

第一条 为鼓励矿产资源勘查开采，根据《矿产资源勘查区块登记管理办法》和《矿产资源开采登记管理办法》的有关规定制定本办法。

第二条 依照《中华人民共和国矿产资源法》及其配套法规取得探矿权、采矿权的矿业权人或探矿权、采矿权申请人，可以依照本办法的规定向探矿权、采矿权登记管理机关（以下简称登记机关）申请探矿权、采矿权使用费的减缴或免缴。

第三条 在我国西部地区、国务院确定的边远贫困地区和海域从事符合下列条件的矿产资源勘查开采活动，可以依照本规定申请探矿权、采矿权使用费的减免：

（一）国家紧缺矿产资源的勘查、开发；

（二）大中型矿山企业为寻找接替资源申请的勘查、开发；

（三）运用新技术、新方法提高综合利用水平的（包括低品位、难选冶的矿产资源开发及老矿区尾矿利用）矿产资源开发；

（四）国务院地质矿产主管部门和财政部门认定的其他情况。

国家紧缺矿产资源由国土资源部确定并发布。

第四条 探矿权、采矿权使用费的减免按以下幅度审批。

（一）探矿权使用费：第一个勘查年度可以免缴，第二至第三个勘查年度可以减缴50%；第四至第七个勘查年度可以减缴25%。

（二）采矿权使用费：矿山基建期和矿山投产第一年可以免缴，矿山投产第二至第三年可以减缴50%；第四至第七年可以减缴25%；矿山闭坑当年可以免缴。

第五条 探矿权、采矿权使用费的减免，实行两级审批制。

国务院地质矿产主管部门审批登记、颁发勘查许可证、采矿许可证的探矿权采矿权使用费的减免，由国务院地质矿产主管部门负责审批，并报国务院财政部门备案。

省级地质矿产主管部门审批登记、颁发勘查许可证、采矿许可证和省级以下地质矿产主管部门审批登记颁发采矿许可证的探矿权采矿权使用费的减免，由省级地质矿产主管部门负责审批。

省级地质矿产主管部门应将探矿权采矿权使用费的批准文件报送上级登记管理机关和财政部门备案。

第六条 申请减免探矿权、采矿权使用费的矿业投资人,应在收到矿业权领证通知后的10日内填写探矿权、采矿权使用费减免申请书,按照本法第五条的管辖规定,报送矿业权登记管理机关审批,同时抄送同级财政部门。矿业权登记管理机关应在收到申请后的10日内作出是否减免的决定,并通知申请人。申请人凭批准减免文件办理缴费、登记和领取勘查、采矿许可证手续。

第七条 本办法颁发以前已收缴的探矿权、采矿权使用费不办理减免返还。

第八条 本办法原则适用于外商投资勘查、开采矿产资源。但是,国家另有规定的,从其规定。

第九条 在中华人民共和国领域及管辖的其他海域勘查开采矿产资源遇有自然灾害等不可抗力因素的,在不可抗力期间可以申请探矿权、采矿权使用费减免。

第十条 本办法自发布之日起实施。

4-2-107

财政部 国土资源部关于深化探矿权采矿权有偿取得制度改革有关问题的通知

2006年10月25日　财建〔2006〕694号

国务院有关部委、有关直属机构,各省、自治区、直辖市、计划单列市财政厅(局)、国土资源厅(局),有关中央管理企业:

为了进一步推进矿产资源有偿使用制度改革,逐步理顺矿产资源价格形成机制,促进资源节约,根据《国务院关于全面整顿和规范矿产资源开发秩序的通知》(国发〔2005〕28号)和《国务院关于同意深化煤炭资源有偿使用制度改革试点实施方案的批复》(国函〔2006〕102号)的有关要求以及其他有关法律法规的规定,现就深化探矿权、采矿权有偿取得制度改革的有关问题通知如下:

一、探矿权、采矿权全面实行有偿取得制度。国家出让新设探矿权、采矿权,除按规定允许以申请在先方式或以协议方式出让的以外,一律以招标、拍卖、挂牌等市场竞争方式出让。

二、探矿权、采矿权人应按照国家有关规定及时足额向国家缴纳探矿权、采矿权价款,除本通知另有规定外,探矿权、采矿权价款一律不再转增国家资本金或以折股形式缴纳。

三、对本通知发布之前探矿权、采矿权人无偿占有属于国家出资(包括中央财政出资、地方财政出资或中央财政和地方财政共同出资,下同)探明矿产地的探矿权和无偿取得的采矿权,由国土资源管理部门会同财政部门进行清理,并对清理后的探矿权、采矿权进行评估,其中:采矿权按照剩余资源储量进行评估。探矿权、采矿权人按照探矿权、采矿权审批登记管理机关确认、核准或备案的价款评估结果,首先应当以资金方式向国家缴纳探矿权、采矿权价款;对以资金方式向国家缴纳探矿权、采矿权价款确有困难的,可遵循探矿权、采矿权人自愿原则,按照本通知有关规定报经批准后,以折股方式缴纳。

四、对以资金方式一次性缴纳探矿权、采矿权价款确有困难的,经探矿权、采矿权审批登记管理机关批准,可在探矿权、采矿权有效期内分期缴纳。其中探矿权价款最多可分2年缴纳,第一年缴纳比例不应低于60%;采矿权价款最多可分10年缴纳,第一年缴纳比例不应低于20%。分期缴纳价款的探矿权、采矿权人应承担不低于同期银行贷款利率水平的资金占用费。

五、本通知发布之前探矿权、采矿权人无偿占有属于中央财政出资或中央财政和地方财政共同出资探明矿产地的探矿权和无偿取得的采矿权,对以资金方式缴纳探矿权、采矿权价款确有困难且符合下列条件之一的,按照探矿权、采矿权人自愿的原则,在报经财政部会同国土资源部批准后,可以将应缴纳的探矿权、采矿权价款部分或全部以折股方式向国家缴纳:

(一)《矿产资源勘查区块登记管理办法》(国务院令第240号)和《矿产资源开采登记管理办法》(国务院令第241号)出台前无偿取得的、现仍在有效期内的探矿权、采矿权;

(二)经国务院或省级人民政府批准改组改制、并以探矿权、采矿权评估价值作为资产进入改制企业;

(三)国务院文件有明确规定或报经国务院批准的。

探矿权、采矿权价款采用部分以折股方式向国家缴纳的,其余未折股部分价款应当以资金方式及时足额向国家缴纳。

六、探矿权、采矿权价款经批准以折股方式缴纳的,其股份按拟折股的价款额占企业净资产的比例进行计算。折股所形成的股权按照以下原则管理:

(一)由中央财政出资勘查形成的探矿权、采矿权,其价款以折股方式缴纳所形成的股权划归中央地质勘查基金持有;

(二)由中央财政和地方财政共同出资勘查形成的探矿权、采矿权,其价款以折股方式缴纳所形成的股权,由中央地质勘查基金和地方有关机构按照中央财政和地方财政各自的出资比例分别持有。

以折股方式缴纳的探矿权、采矿权价款及所形成股权划归中央地质勘查基金管理的具体办法,由财政部会同国土资源部另行制定。

七、经财政部和国土资源部或省级财政部门和国土资源管理部门批准,已将探矿权、采矿权价款部分或全部转增国家资本金的,探矿权、采矿权人首先应当向国家以资金方式补缴探矿权、采矿权价款;以资金方式补缴探矿权、采矿权价款确有困难的,探矿权、采矿权人也可以自愿选择将已转增的国家资本金以折股方式缴纳。缴款事宜按照本通知上述有关规定办理。

八、本通知发布之前探矿权、采矿权人已无偿取得的属于地方财政出资勘查形成矿产地的探矿权、采矿权,其价款以折股方式缴纳可参照本通知第四条至第六条的规定执行。

九、国有地勘单位在转让本通知发布之前已经由其登记持有的由国家出资勘查形成矿产地的探矿权、采矿权,可继续执行将价款转增国家资本金的政策。国家另有规定的,从其规定。

十、对不能进入市场的国家专营矿种,如铀矿等,其探矿权、采矿权可暂不进行资本化处置。

十一、对未按上述规定足额缴纳探矿权、采矿权价款的探矿权、采矿权人,各级国土资源管理部门应当按照国务院令第240号和国务院令第241号文件的有关规定进行相应处罚,对勘查、采矿许可证到期的,不得办理延续手续。

十二、本通知自发布之日起实行,此前与本通知不符的有关规定,一律以本通知为准。《财政部国土资源部关于印发〈探矿权采矿权价款转增国家资本管理办法〉的通知》(财建〔2004〕262号)同时废止。

4-2-108

财政部　国土资源部关于探矿权采矿权有偿取得制度改革有关问题的补充通知

2008年2月28日　财建〔2008〕22号

各省、自治区、直辖市、计划单列市财政厅(局)、国土资源厅(局):

经国务院批准,山西等8个煤炭主产省开展了深化煤炭资源有偿使用制度改革试点工作。财政部、国土资源部制定了《关于深化探矿权采矿权有偿取得制度改革有关问题的通知》(财建〔2006〕694号)、《以折股形式缴纳探矿权采矿权价款管理办法(试行)》(财建〔2006〕695号)等一系列配套政策。上述政策执行过程中,特别是在深化煤炭资源有偿使用制度改革试点过程中,有地方和部门反映,有些政策措施需要进一步明确或细化。为进一步规范和深化矿业权有偿取得制度改革,现就有关问题补充通知如下:

一、关于国家出资勘查并探明矿产地的界定。国家出资勘查并探明矿产地的界定,按照《关于清理国家出资勘查已探明矿产地的通知》(国土资厅发〔2000〕32号)中对出资范围、勘查程度和矿床规模的规定执行。

二、关于剩余资源储量核实问题。对无偿取得且尚未进行有偿处置的采矿权,剩余资源储量估算的基准日,各省已有规定的从其规定;没有规定的以2006年9月30日为准,按照现行规定进行核实、评审和备案。对由国土资源部登记发证的矿业权,与矿业权有偿处置有关的矿产资源储量评审、备案工作,国土资源部委托省级国土资源管理部门办理。对没有储量核实报告的采矿权,采矿权人可委托具备地质勘查资质的单位补充勘查,达到勘探程度并提交资源储量报告,经评审、备案后,作为采矿权价款评估的依据。对采矿权有偿处置时的资源储量核实,要注意对共伴生资源储量做出评价和估算。

三、关于矿业权价款评估问题。国土资源管理部门会同财政部门要加强对无偿占有(取得)的矿业权有偿处置过程中价款评估的管理。矿业权价款应委托矿业权评估机构评估,评估结果由国土资源管理部门按照有关规定进行备案。评估机构由国土资源管理部门商财政部门统一委托,采取公开、竞争的方式确定。

已转增为国家资本金的矿业权价款,原则上按已转增国家资本金的数额进行处置,不再另行对价款进行评估。矿业权价款已经评估备案但尚未进行有偿处置的,在评估备案的有效期限内,可以按已备案的评估结果缴纳矿业权价款。对由国土资源部登记发证的矿业权,与矿业权有偿处置有关的价款评估、备案工作,国土资源部委托省级国土资源管理部门办理。

四、关于以资金形式分期缴纳矿业权价款问题。国土资源管理部门要加强对分期缴纳矿业权价款的管理,由国土资源部登记发证的矿业权,其探矿权价款在500万元以下、采矿权价款在3000万元以下的,价款原则上一次性缴清;由地方登记发证的矿业权,其探矿权、采矿权价款一次性缴清的标准,由各省根据本省实际情况制定。

分期缴纳价款的矿业权人,应在价款评估备案后两个月内,向国土资源管理部门提交申请和分期缴款方案。国土资源管理部门对分期缴纳价款的期限、金额等进行审核后,发出"缴款通知书"。

分期缴纳价款的矿业权人应按中国人民银行发布的同档次银行贷款基准利率水平承担资金占用费。资金占用费计算基数为本期应缴纳价款的本金,计费期限为延期缴纳的天数,费率按缴款当日同档次银行贷款基准利率确定。对于分期缴纳价款期限内矿业权人提前缴款的,计费期限按实际延期缴纳的天数计算。矿业权人缴纳的资金占用费,参照矿业权价款进行管理,实行中央与地方2∶8分成。

国土资源管理部门依据矿业权人的申请、核准的分期缴款方案及本年度缴纳矿业权价款的凭证,办理矿业权的审批登记工作。凡未按核准的分期缴款方案足额缴纳矿业权价款的,一律不得办理登记发证和年检手续。实行分期缴款的探矿权人申请采矿权的,必须在申请划定矿区范围前缴清全部的探矿权价款;实行分期缴款的矿业权人申请转让矿业权的,应当缴清剩余的矿业权价款后才可办理转让手续。

五、关于以折股形式缴纳矿业权价款问题。财政、国土资源管理部门要严格按照权限办理以折股形式缴纳矿业权价款审批事宜。其中:中央财政出资勘查形成的矿业权,按程序报财政部、国土资源部审批;中央财政与地方财政共同出资勘查形成的矿业权,由省级财政、国土资源管理部门在核实中央、地方出资比例的基础上,报财政部、国土资源部审核确认后按程序分别审批;地方财政出资勘查形成的矿业权,按程序报省级财政、国土资源管理部门审批。

财政、国土资源管理部门要加强对以折股形式缴纳价款的矿业权出资情况的核实,具体核实工作可委托具备资质的社会中介机构承担。

六、关于由探矿权转为采矿权后缴纳价款问题。取得国家出资勘查矿产地的探矿权已转为采矿权,既未缴纳探矿权价款,也未缴纳采矿权价款的,采矿权人应缴纳采矿权价款。对本应设置采矿权却设置了探矿权的,应缴纳采矿权价款,已缴纳过探矿权价款的,可从应缴纳的采矿权价款中扣除。

七、关于已转增国家资本金的矿业权价款的处置问题。财政、国土资源管理部门要加强对已转增国家资本金的矿业权价款的清理,严格按照规定进行有偿处置。已转增国家资本金的矿业权价款的清理处置工作,由原批准转增国家资本金的财政、国土资源管理部门负责。

已将价款转增国家资本金的矿业权,经批准转让给新企业的,由原批准转增国家资本金的财政、国土资源管理部门向价款转增国家资本金的股份持有者追缴价款。

八、关于矿业权价款分成问题。矿业权价款收入中央与地方分成的时间界限,是指2006年9月1日以后出让(或有偿处置)的矿业权价款收入,一律实行中央与地方2∶8分成。

省级财政部门要制定完善省以下矿业权价款收入分成管理办法,地方分成的矿业权价款收入,原则上向资源产地倾斜。

九、关于"资源一次划定、分期分段出让"采矿权问题。对于资源储量大、服务年限长、一次性缴纳采矿权价款确有困难的矿山企业,国土资源管理部门可按照生产规模与资源量相匹配的原则,采取"资源一次划定、分期分段出让"的方式向矿山企业出让采矿权,并按规定收取采矿权价款。具体实施办法由国土资源部另行制定。各省可根据本省实际情况,研究制定具体的实施细则。

十、关于矿业权有偿处置相关费用的列支问题。各级国土资源管理部门在矿业权有偿处置过程中发生的资源储量核实、矿业权价款评估及其他相关费用,由同级财政部门核定,纳入财政预算管理,不得从矿业权价款收入中坐支。

4-2-109

财政部　国土资源部关于加强对国家出资勘查探明矿产地及权益管理有关事项的通知

2010年12月30日　财建〔2010〕1018号

各省、自治区、直辖市财政厅(局)、国土资源厅(局):

为规范国家出资勘查探明矿产地的管理,依法维护矿业投资主体的合法权益,依据《矿产资源勘查区块登记管理办法》(国务院令第240号)和《国务院关于加强地质工作的决定》(国发〔2006〕4号)的规定,现将有关事项通知如下:

一、国家出资探明矿产地的定义

(一)国家出资探明矿产地是指中央和地方财政出资开展矿产资源勘查所发现的矿产地(以往其他经济类型的勘查投入且目前矿业权已经灭失的,也视同国家出资处理)。探明矿产地的标准,按照《关于清理国家出资勘查已探明矿产地的通知》(国土资厅发〔2000〕32号)的有关规定执行。

二、国家出资探明矿产地的管理和清理

(二)国家出资探明矿产地,应严格按《地质资料管理条例》(国务院令第349号)和《地质资料管理条例实施办法》(国土资源部令第16号)的规定,由地质资料汇交人向国土资源部或省级国土资源管理部门汇交地质资料,经国土资源部门组织认定后按规定向社会公开。

国家出资探明矿产地的权益属国家所有,各项目承担单位隐瞒不报或擅自向社会泄漏信息的,自发现之日起五年内取消承担国家出资的各类勘查、调查项目资格。涉嫌犯罪的,移交司法机关处理。

(三)各级国土资源管理部门要建立国家出资探明矿产地管理登记、统计和报告制度,并与矿业权管理衔接。

(四)各级国土资源管理部门要督促地质资料汇交人对本办法公布前已经实施的国家出资勘查项目进行清理,并将已探明矿产地的项目情况以及相应地质资料,于2011年6月30日前报国土资源部和省级国土资源管理部门。

三、国家出资探明矿产地成果的处置

(五)国土资源管理部门根据矿产资源规划、国家产业政策、矿产品供需和矿业权市场配置情况,对国家出资探明矿产地进行配置。除符合国家规定以协议方式出让外,其他项目一律以竞争方式出让探矿权。

(六)取得探矿权的矿业权人应按《财政部 国土资源部关于深化探矿权采矿权有偿取得制度改革有关问题的通知》(财建〔2006〕694号)和《财政部 国土资源部关于探矿权采矿权有偿取得制度改革有关问题的补充通知》(财建〔2008〕22号)的有关规定,缴纳矿业权价款。对以资金方式一次性缴纳矿业权价款确有困难的,经审批登记管理机关批准,可按现行规定分期缴纳。

四、对地勘单位的支持政策

(七)国家对承担国家出资勘查探明矿产地有突出贡献的项目承担单位予以奖励。奖励办法由财政部、国土资源部另行制定。

(八)国家出资安排的矿产调查评价中探明矿产地的项目承担单位,除国家公益性地质调查机构外,在参与以协议方式或竞争方式出让探矿权时,可在同等条件下优先取得探矿权。

五、补充明确矿业权有偿取得相关政策界限

(九)地勘单位持有的2006年10月25日以前取得的有效探矿权拟申请将中央财政出资勘查形成矿产地的矿业权价款转增国家基金的,地方单位经项目所在地省级财政、国土资源部门审核后,向财政部、国土资源部提出申请,中央单位直接向财政部、国土资源部提出申请;中央财政、地方财政共同出资勘查形成矿产地的矿业权价款转增国家基金的,按矿业权价款的权属分别向财政部、国土资源部和省级财政、国土资源管理部门提出申请;地方财政出资勘查形成矿产地的矿业权价款转增国家基金的,向省级财政、国土资源管理部门提出申请,并报财政部、国土资源部备案。各级财政、国土资源管理部门按各自审批的权限,办理矿业权价款转增国家基金的手续,不得越权批准。

(十)对矿业权人以无偿方式取得国家出资探明矿产地的探矿权后又自行投入勘查的,在登记机关委托评估时,应明确,要求评估机构在评估结果中区分出属于国家出资形成的矿业权价款部分。登记管理机关按经评估备案的矿业权价款额,通知矿业权人缴款。

(十一)各地应按照财建〔2006〕694号文件和财建〔2008〕22号文件的规定,抓紧对无偿占有国家出资探明矿产地的探矿权和无偿取得的采矿权进行有偿处置。对属于企业自行出资勘查探明矿产地的,不得收取矿业权价款。

六、矿业权价款收支管理

（十二）矿业权价款必须及时、足额缴入国库。各地应严格按照矿业权价款收入实行"收支两条线"的规定执行，不得坐支矿业权价款。财政部门应根据国土资源管理部门履行职责的需要安排矿业权出让业务等所需经费。

（十三）省级财政、国土资源管理部门应根据本地区发展的实际情况，将矿业权价款进一步向资源所在地倾斜，着力改善矿区的生产生活环境，加大矿山地质环境治理力度，确保资源所在地人民生活水平逐步提高。

（十四）在矿产资源开发整合过程中，对矿业权人之间相互整合的，已缴纳的矿业权价款不再退还。对矿业权未被整合而直接注销的，已缴纳矿业权价款的矿业权人可向登记审批管理机关提出矿业权价款退还申请。矿业权登记管理机关按原缴纳矿业权价款额和剩余储量占原批准储量的比例，确定应退还的矿业权价款，并会同同级财政部门，报省级财政、国土资源管理部门。省级财政、国土资源部门核实并汇总应退还的矿业权价款后，向财政部、国土资源部提出退还矿业权价款的申请。财政部、国土资源部批准后，由原矿业权价款征收机关分级返还矿业权人。

七、本通知自印发之日起执行。

4-2-110

自然资源部关于印发矿业权出让交易规则的通知

2023年1月3日　　自然资规〔2023〕1号

各省、自治区、直辖市自然资源主管部门，新疆生产建设兵团自然资源局：

《矿业权出让交易规则》已经部审议通过，现予以印发，请遵照执行。

附件：矿业权出让交易规则

附件

矿业权出让交易规则

为进一步规范矿业权出让交易行为，确保矿业权出让交易公开、公平、公正，维护国家权益和矿业权人合法权益，根据《中华人民共和国矿产资源法》、《中华人民共和国拍卖法》、《中华人民共和国招标投标法》、《中华人民共和国招标投标法实施条例》、《矿产资源勘查区块登记管理办法》、《矿产资源开采登记管理办法》，以及《国务院办公厅关于印发整合建立统一的公共资源交易平台工作方案的通知》、《国务院办公厅转发国家发展改革委关于深化公共资源交易平台整合共享指导意见的通知》等相关规定，制定本规则。

一、总体要求

(一)本规则所称矿业权是指探矿权和采矿权,矿业权出让交易是指县级以上人民政府自然资源主管部门和新疆生产建设兵团所属自然资源主管部门(以下简称自然资源主管部门)出让矿业权的行为。

(二)矿业权出让适用本规则,矿业权转让可参照执行。

铀矿等国家规定不宜公开矿种的矿业权出让交易不适用本规则。

(三)矿业权出让交易主体是指依法参加矿业权出让交易的出让人、受让人、投标人、竞买人、中标人和竞得人。受让人、投标人、竞买人、中标人和竞得人应当符合法律、法规、政策文件有关资质要求的规定。

出让人是指出让矿业权的自然资源主管部门。受让人是指符合探矿权、采矿权申请条件或者受让条件的、能独立承担民事责任的法人。

以招标方式出让的,参与投标各方为投标人;以拍卖和挂牌方式出让的,参与竞拍和竞买各方均为竞买人;出让人按拍卖法、招标投标法、招标投标法实施条例以及矿业权出让时公告的标准、方法确定中标人、竞得人。

(四)矿业权出让应当依照国家有关规定通过公开的交易平台进行交易,并纳入统一的公共资源交易平台体系。

(五)交易平台应当按照本规则组织矿业权交易,全面推行和实施电子化交易,优化交易管理和服务,自觉接受自然资源主管部门的监督和业务指导,加强自律管理,维护市场秩序,保证矿业权交易公开、公平、公正。

(六)以招标、拍卖、挂牌方式出让矿业权的,应当在统一的公共资源交易平台体系中进行。

地方自然资源主管部门需要进行招标、拍卖、挂牌出让矿业权的,应当按照出让登记管理权限,在同级交易平台或者自然资源主管部门委托的交易平台中进行。自然资源部出让登记权限需要进行招标、拍卖、挂牌出让矿业权的,出让相关工作由自然资源部委托省级自然资源主管部门组织交易平台实施。

(七)以招标、拍卖、挂牌方式出让矿业权的,交易平台按照自然资源主管部门下达的委托书或者任务书组织实施。

二、公告

(八)以招标、拍卖、挂牌方式出让矿业权的,交易平台依据出让人提供的相关材料发布出让公告。

(九)交易平台或者自然资源主管部门应当在下列平台同时发布出让公告:

1. 自然资源部门户网站;
2. 同级自然资源主管部门(或人民政府)门户网站;
3. 交易平台网站、交易大厅;
4. 有必要采取的其他方式。

(十)出让公告应当包括以下内容:

1. 出让人和交易平台的名称、住所;
2. 拟出让矿业权的简要情况,包括项目名称、矿种、地理位置、拐点范围坐标、面积、资源储量(勘查工作程度)、开采标高、拟出让年限、资源开发利用情况、多目标管理、开发全过程的动态管理要求,以及土地复垦、矿山地质环境保护与治理恢复、海洋生态环境保护要求等;

3. 法律、法规、政策文件规定的投标人或者竞买人的资质条件;
4. 投标人或者竞买人需具备的与勘查开采相匹配的资金实力等要求;
5. 出让方式及交易的时间、地点;
6. 获取招标、拍卖、挂牌文件的途径和申请报名的起止时间及方式;
7. 确定中标人、竞得人的标准和方法;
8. 风险提示;
9. 对交易矿业权异议的处理方式;
10. 违约责任、公共资源交易领域失信联合惩戒相关提示;
11. 需要公告的其他内容。

(十一)以招标、拍卖、挂牌方式出让矿业权的,应当在投标截止日、公开拍卖日或者挂牌起始日20个工作日前发布公告。

出让公告发布期间,公告内容发生变化的,应当按原发布渠道重新发布出让公告或者变更出让公告。涉及矿种、范围、出让年限等重大变化的,投标截止日、公开拍卖日或者挂牌起始日应当按照20个工作日的时间要求顺延。

三、交易形式及流程

(十二)交易平台应当按公告载明的时间、地点、方式,接受投标人或者竞买人的书面申请。

投标人或者竞买人应当提供其符合矿业权受让人主体资质的有效证明材料,并对其真实性和合法性负责。

(十三)符合公告的受让人资质条件的投标人或者竞买人,经交易平台书面确认后取得交易资格。

(十四)交易平台应当按公告确定的时间、地点组织交易,并书面通知出让人和投标人或者竞买人参加。

(十五)招标出让矿业权的,每宗标的的投标人不得少于3人。少于3人的,出让人应当按照相关规定停止招标、重新组织或者选择其他方式交易。

(十六)招标、拍卖、挂牌方式出让矿业权的,招标标底、拍卖和挂牌底价由出让人在开标前、拍卖前或者挂牌期限届满前按国家有关规定确定。

招标标底、拍卖和挂牌底价在交易活动结束前须保密且不得变更。

无底价拍卖的,应当在竞价开始前予以说明;无底价挂牌的,应当在挂牌起始日予以说明。

(十七)招标出让矿业权应当按照招标投标法、招标投标法实施条例等组织招标投标活动,综合择优确定中标人。

(十八)拍卖出让矿业权应当按照拍卖法组织拍卖活动。

(十九)挂牌期间,交易平台应当在挂牌起始日公布挂牌起始价、增价规则、挂牌时间等;竞买人在挂牌时间内填写报价单报价,报价相同的,最先报价为有效报价;交易平台确认有效报价后,更新挂牌价。

挂牌期限届满,宣布最高报价及其报价者,并询问竞买人是否愿意继续竞价。有愿意继续竞价的,通过限时竞价确定竞得人。

挂牌时间不得少于10个工作日。

(二十)拍卖竞价结束、挂牌期限届满,交易平台依照下列规定确定是否成交

1. 有底价的,不低于底价的最高报价者为竞得人;无底价的,不低于起始价的最高报价者为竞得人。如在挂牌期限内只有一个竞买人报价且不低于底价,挂牌成交。

2. 无人报价或者竞买人报价低于底价的,不成交。

四、确认及中止、终止

(二十一)招标成交的,交易平台应当在确定中标人的当天发出中标通知书,并同时将中标结果通知所有未中标的投标人;现场拍卖、挂牌成交的,应当当场签订成交确认书;网上拍卖、挂牌成交的,具备签订网上成交确认书条件的,应当在成交后即时签订,不具备条件的,应当在交易结束后5个工作日内到交易平台签订成交确认书。

(二十二)中标通知书或者成交确认书应当包括下列基本内容:

1. 出让人和中标人或者竞得人及交易平台的名称、住所;
2. 出让的矿业权名称、交易方式;
3. 成交时间、地点和成交价格,主要中标条件;
4. 出让人和竞得人对交易过程和交易结果的确认;
5. 矿业权出让合同的签订时间要求;
6. 需要约定的其他内容。

(二十三)有下列情形之一的,矿业权出让交易行为中止:

1. 公告公示期间发现出让的矿业权权属争议尚未解决;
2. 中标人、竞得人有矿产资源违法行为的行政处罚逾期不履行的;
3. 因不可抗力或者政策变化应当中止交易的其他情形。

矿业权出让交易行为中止的原因消除后,应当及时恢复交易。

(二十四)有下列情形之一的,矿业权出让交易行为终止:

1. 出让人因有关政策规定、矿业权出让所依据的客观情况等发生重大变化提出终止交易;
2. 因不可抗力应当终止交易;
3. 法律法规规定的其他情形。

(二十五)出让人需要中止、终止或者恢复矿业权出让交易的,应当向交易平台出具书面意见。

交易平台提出中止、终止或者恢复矿业权出让交易,需出具书面意见,并经出让人核实同意。

交易平台应当及时发布中止、终止或者恢复交易的公告。

五、公示

(二十六)招标、拍卖、挂牌方式出让矿业权交易成交的,交易平台和自然资源主管部门应当将成交结果进行公示。应当公示的主要内容包括:

1. 中标人或者竞得人的名称、住所；
2. 成交时间、地点；
3. 中标或者竞得的勘查区块、面积、开采范围的简要情况；
4. 矿业权成交价格；
5. 申请办理矿业权登记的时限；
6. 对公示内容提出异议的方式及途径；
7. 应当公示的其他内容。

(二十七)以协议方式出让矿业权的,在受理协议出让矿业权申请后,自然资源主管部门应当将相关信息进行公示。应当公示的主要内容包括：

1. 受让人名称、住所；
2. 项目名称或者矿山名称；
3. 拟协议出让矿业权的范围(含坐标、采矿权的开采标高、面积)及地理位置；
4. 勘查开采矿种、开采规模；
5. 符合协议出让规定的情形及理由；
6. 对公示内容提出异议的方式及途径；
7. 应当公开的其他内容。

自然资源部以协议方式出让的矿业权,需先征求省级人民政府意见的,由省级自然资源主管部门进行公示。

(二十八)招标、拍卖、挂牌方式出让矿业权成交的,交易平台应当在发出中标通知书或者签订成交确认书后5个工作日内进行信息公示。

(二十九)以招标、拍卖、挂牌方式出让矿业权的,公示信息应当在下列平台同时发布：
1. 自然资源部门户网站；
2. 同级自然资源主管部门(或人民政府)门户网站；
3. 交易平台网站、交易大厅；
4. 有必要采取的其他方式。

以协议方式出让矿业权的,公示信息应当在下列平台同时发布：
1. 自然资源部门户网站；
2. 同级自然资源主管部门(或人民政府)门户网站；
3. 有必要采取的其他方式。

公示期不少于10个工作日。

(三十)交易平台确需收取相关服务费用的,应当按照规定报所在地价格主管部门批准,并公开收费标准。

(三十一)招标、拍卖、挂牌方式出让矿业权的,矿业权出让成交信息公示无异议的,出让人与中标人或者竞得人应当根据中标通知书或者成交确认书签订矿业权出让合同。矿业权出让合同应当包括下列基本内容：
1. 出让人、中标人或者竞得人和交易平台的名称、住所、法定代表人；
2. 出让矿业权的简要情况,包括项目名称、矿种、地理位置、拐点范围坐标、面积、资源储量(勘查工作程度)、开采标高等,资源开发利用、多目标管理、开发全过程的动态管理要

求,以及土地复垦、矿山地质环境保护与治理恢复要求等;

3. 出让矿业权的年限;
4. 成交价格、付款期限、要求或者权益实现方式等;
5. 申请办理矿业权登记手续的时限及要求;
6. 争议解决方式及违约责任;
7. 需要约定的其他内容。

以协议方式出让矿业权的,参照上述内容签订出让合同。

(三十二)中标人、竞得人履行相关手续后,持中标通知书或者成交确认书、矿业权出让合同、出让收益缴纳凭证等相关材料,向有登记权限的自然资源主管部门申请办理矿业权登记手续。

六、交易监管

(三十三)地方各级自然资源主管部门应当加强对矿业权出让交易活动的监督管理。上级自然资源主管部门负责监督下级自然资源主管部门的矿业权出让交易活动,并提供业务指导。

自然资源主管部门应当加强对矿业权招标、拍卖、挂牌过程的监督,完善投诉举报处置机制,加强社会监督。

(三十四)矿业权出让交易过程中,交易平台及其工作人员有违法、违规行为的,由自然资源主管部门或者交易平台的主管部门依法依规予以处理;造成经济损失的,应当承担经济赔偿责任;情节严重、构成犯罪的,移交司法机关处理。

(三十五)自然资源主管部门应当指导交易平台,按照公共资源交易领域失信联合惩戒相关要求,依法依规做好矿业权招标、拍卖、挂牌活动中失信主体相关信息的记录、管理等工作,强化信用监管。

(三十六)交易平台应当对每一宗矿业权交易建立档案,收集、整理自接受委托至交易结束全过程产生的相关文书并分类登记造册。

七、违约责任及争议处理

(三十七)有下列情形之一的,视为投标人、竞买人、中标人、竞得人违约,按照公告或者合同约定承担相应的违约责任,接受公共资源交易领域失信联合惩戒:

1. 投标人相互串通投标、竞买人之间串通报价,损害国家利益、社会公共利益或者他人合法权益的;
2. 投标人、竞买人弄虚作假,骗取交易资格或中标、竞得的;
3. 中标人放弃中标项目的、竞得人拒绝签订矿业权成交确认书,中标人、竞得人逾期不签订或者拒绝签订出让合同的;
4. 中标人、竞得人未按约定的时间付清约定的矿业权出让收益或者其他相关费用的;
5. 向主管部门或者评标委员会及其成员行贿或者采取其他不正当手段中标或者竞得的;
6. 其他依法应当认定为违约的情形。

(三十八)交易过程中发生争议,合同有约定的,按合同执行;合同未约定的,由争议当事人协商解决,协商不成的,可依法向人民法院起诉。

八、其他要求

（三十九）省级自然资源主管部门、新疆生产建设兵团自然资源局可参照本规则制定矿业权出让交易规则，规范矿业权交易行为。

（四十）涉及海砂开采的，应当按规定实行海砂采矿权和海域使用权"两权合一"招标、拍卖、挂牌出让。

（四十一）矿业权出让交易活动中涉及的所有费用，均以人民币计价和结算。

（四十二）《国土资源部关于印发〈矿业权交易规则〉的通知》（国土资规〔2017〕7号）、《自然资源部关于调整〈矿业权交易规则〉有关规定的通知》（自然资发〔2018〕175号）同时废止。

本规则施行前已印发的其他文件与本规则规定不一致的，按照本规则执行。

（四十三）本规则自印发之日起施行，有效期五年。

4-2-111

自然资源部办公厅　财政部办公厅关于矿业权有偿处置有关问题的通知

2023年2月3日　自然资办函〔2023〕223号

各省、自治区、直辖市自然资源主管部门、财政厅（局），新疆生产建设兵团自然资源局、财政局：

为做好矿业权价款与矿业权出让收益制度衔接，完善矿业权出让收益征收政策，明确以往按财政出资比例缴纳价款的探矿权、采矿权和以申请在先方式取得探矿权的矿业权出让收益征收问题，现就有关事项通知如下：

一、依据《财政部　国土资源部关于加强对国家出资勘查探明矿产地及权益管理有关事项的通知》（财建〔2010〕1018号）等有关文件规定，已按财政出资比例进行评估并缴清价款的探矿权、采矿权，已缴纳价款对应的资源储量属于已完成有偿处置，不需再缴矿业权出让收益。其余资源储量属于未有偿处置，动用时应参照《财政部　国土资源部关于印发〈矿业权出让收益征收管理暂行办法〉的通知》（财综〔2017〕35号，以下简称35号文件）中关于新增资源储量的规定，缴纳采矿权出让收益。

二、以申请在先方式取得且不涉及国家出资探明矿产地的探矿权，违反财政部、自然资源部规定按面积核算并征收"价款"的，不属于完成有偿处置。涉及转采矿权的，应按35号文件的有关规定缴纳采矿权出让收益。矿业权人申请退还已征收的"价款"，应按规定予以退还。

三、涉及上述情形时，对符合规定的矿业权，采用出让收益率的形式征收采矿权出让收益。各地应梳理之前出台的地方性政策，做好制度衔接。

财政部　自然资源部　税务总局关于印发《矿业权出让收益征收办法》的通知

2023年3月24日　财综〔2023〕10号

各省、自治区、直辖市、计划单列市财政厅（局）、自然资源厅（局），新疆生产建设兵团财政局、自然资源局，国家税务总局各省、自治区、直辖市、计划单列市税务局：

根据《国务院关于印发矿产资源权益金制度改革方案的通知》（国发〔2017〕29号），为进一步健全矿产资源有偿使用制度，规范矿业权出让收益征收管理，维护矿产资源国家所有者权益，促进矿产资源保护与合理利用，推动相关行业健康有序发展，财政部、自然资源部、税务总局制定了《矿业权出让收益征收办法》，请遵照执行。

该办法自2023年5月1日起施行，《矿业权出让收益征收管理暂行办法》（财综〔2017〕35号）、《财政部　自然资源部关于进一步明确矿业权出让收益征收管理有关问题的通知》（财综〔2019〕11号）同时废止。

附件：矿业权出让收益征收办法

附件

矿业权出让收益征收办法

第一章　总　　则

第一条　为健全矿产资源有偿使用制度，规范矿业权出让收益征收管理，维护矿产资源国家所有者权益，促进矿产资源保护与合理利用，根据《中华人民共和国矿产资源法》、《国务院关于印发矿产资源权益金制度改革方案的通知》（国发〔2017〕29号）等有关规定，制定本办法。

第二条　矿业权出让收益是国家基于自然资源所有权，依法向矿业权人收取的国有资源有偿使用收入。矿业权出让收益包括探矿权出让收益和采矿权出让收益。

第三条　在中华人民共和国领域及管辖海域勘查、开采矿产资源的矿业权人，应依照本办法缴纳矿业权出让收益。

第四条　矿业权出让收益为中央和地方共享收入，由中央和地方按照4∶6的比例分成，纳入一般公共预算管理。

地方管理海域的矿业权出让收益，由中央和地方按照4∶6的比例分成；其他我国管辖海域的矿业权出让收益，全部缴入中央国库。

地方分成的矿业权出让收益在省（自治区、直辖市）、市、县级之间的分配比例，由省级人民政府确定。

第五条 财政部门、自然资源主管部门、税务部门按职责分工负责矿业权出让收益的征收管理，监缴由财政部各地监管局负责。

第六条 矿业权出让收益原则上按照矿业权属地征收。矿业权范围跨市、县级行政区域的，具体征收机关由有关省（自治区、直辖市、计划单列市）税务部门会同同级财政、自然资源主管部门确定；跨省级行政区域，以及同时跨省级行政区域与其他我国管辖海域的，具体征收机关由税务总局会同财政部、自然资源部确定。

陆域油气矿业权、海域油气矿业权范围跨省级行政区域的，由各省（自治区、直辖市、计划单列市）税务部门按照财政部门、自然资源主管部门确定的钻井所在地、钻井平台所在海域确定具体征收机关。海域油气矿业权范围同时跨省级行政区域与其他我国管辖海域的，其中按成交价征收的部分，按照海域管辖权确定具体征收机关，并按所占的海域面积比例分别计征；按出让收益率形式征收的部分，依据钻井平台所在海域确定具体征收机关。

第二章　出让收益征收方式

第七条 矿业权出让方式包括竞争出让和协议出让。

矿业权出让收益征收方式包括按矿业权出让收益率形式征收或按出让金额形式征收。

第八条 按矿业权出让收益率形式征收矿业权出让收益的具体规定：

（一）适用范围。按矿业权出让收益率形式征收矿业权出让收益的矿种，具体范围为本办法所附《按矿业权出让收益率形式征收矿业权出让收益的矿种目录（试行）》（以下简称《矿种目录》）。《矿种目录》的调整，由自然资源部商财政部确定后公布。

（二）征收方式。按竞争方式出让探矿权、采矿权的，在出让时征收竞争确定的成交价；在矿山开采时，按合同约定的矿业权出让收益率逐年征收采矿权出让收益。矿业权出让收益率依据矿业权出让时《矿种目录》规定的标准确定。

按协议方式出让探矿权、采矿权的，成交价按起始价确定，在出让时征收；在矿山开采时，按矿产品销售时的矿业权出让收益率逐年征收采矿权出让收益。

矿业权出让收益＝探矿权（采矿权）成交价＋逐年征收的采矿权出让收益。其中，逐年征收的采矿权出让收益＝年度矿产品销售收入×矿业权出让收益率。

第九条 矿产品销售收入，按照矿业权人销售矿产品向购买方收取的全部收入确定，不包括增值税税款。销售收入的具体规定，由自然资源部商财政部、税务总局另行明确。

第十条 起始价主要依据矿业权面积，综合考虑成矿条件、勘查程度、矿业权市场变化等因素确定。起始价指导意见由自然资源部商财政部制定。起始价征收标准由省级自然资源主管部门、财政部门参照国家的指导意见制定，报省级人民政府同意后公布执行。

矿业权出让收益率征收标准综合考虑经济社会发展水平、矿产品价格变化等因素确定。具体标准由自然资源部商财政部制定，纳入《矿种目录》。

第十一条 按出让金额形式征收矿业权出让收益的具体规定：

（一）适用范围。除本办法《矿种目录》所列矿种外，其余矿种按出让金额形式征收矿业权出让收益。

（二）征收方式。按竞争方式出让探矿权、采矿权的，矿业权出让收益按竞争结果确定。

按协议方式出让探矿权、采矿权的,矿业权出让收益按照评估值、矿业权出让收益市场基准价测算值就高确定。

(三)探矿权转为采矿权的,继续缴纳原探矿权出让收益,并在采矿权出让合同中约定剩余探矿权出让收益的缴纳时间和期限,不再另行缴纳采矿权出让收益。探矿权未转为采矿权的,剩余探矿权出让收益不再缴纳。

第十二条 按出让金额形式征收的矿业权出让收益,可按照以下原则分期缴纳:

出让探矿权的,探矿权出让收益首次征收比例不得低于探矿权出让收益的10%且不高于20%,探矿权人自愿一次性缴清的除外;剩余部分转采后在采矿许可证有效期内按年度分期缴清。其中,矿山生产规模为中型及以上的,均摊征收年限不少于采矿许可证有效期的一半。

出让采矿权的,采矿权出让收益首次征收比例不得低于采矿权出让收益的10%且不高于20%,采矿权人自愿一次性缴清的除外;剩余部分在采矿许可证有效期内按年度分期缴清。其中,矿山生产规模为中型及以上的,均摊征收年限不少于采矿许可证有效期的一半。

具体首次征收比例和分期征收年限,由省级财政部门商自然资源主管部门按照上述原则制定。

第十三条 矿业权出让收益市场基准价既要注重维护矿产资源国家所有者权益,又要体现市场配置资源的决定性作用。省级自然资源主管部门应在梳理以往基准价制定情况的基础上,根据本地区矿业权出让实际选择矿种,以矿业权出让成交价格等有关统计数据为基础,以现行技术经济水平下的预期收益为调整依据,以其他矿业权市场交易资料为参考补充,按照矿业权出让收益评估指南要求,选择恰当的评估方法进行模拟评估,考虑地质勘查工作程度、区域成矿地质条件以及资源品级、矿产品价格、开采技术条件、交通运输条件、地区差异等影响因素,科学设计调整系数,综合形成矿业权出让收益市场基准价,经省级人民政府同意后公布执行,并将结果报自然资源部备案。矿业权出让收益市场基准价应结合矿业市场发展形势适时调整,原则上每三年更新一次。

自然资源部应加强对省(自治区、直辖市)矿业权出让收益市场基准价制定情况的检查指导。

第十四条 调整矿业权出让收益评估参数,评估期限要与采矿权登记发证年限、矿山开发利用实际有效衔接且最长不超过三十年。采矿权人拟动用评估范围外的资源储量时,应按规定进行处置。

第十五条 已设且进行过有偿处置的采矿权,涉及动用采矿权范围内未有偿处置的资源储量时,比照协议出让方式,按以下原则征收采矿权出让收益:

《矿种目录》所列矿种,按矿产品销售时的矿业权出让收益率逐年征收采矿权出让收益。

《矿种目录》外的矿种,按出让金额形式征收采矿权出让收益。

第十六条 探矿权变更勘查主矿种时,原登记矿种均不存在的,原合同约定的矿业权出让收益不需继续缴纳,按采矿权新立时确定的矿种征收采矿权出让收益。其他情形,应按合同约定继续缴纳矿业权出让收益,涉及增加的矿种,在采矿权新立时征收采矿权出让收益。

采矿权变更开采主矿种时,应按合同约定继续缴纳矿业权出让收益,并对新增矿种直接征收采矿权出让收益。

其中,变更后的矿种在《矿种目录》中的,比照第八条中规定的协议出让方式,按矿产品销售时的矿业权出让收益率逐年征收采矿权出让收益;变更后的矿种在《矿种目录》外的,比照第十一条中规定的协议出让方式,按出让金额形式征收采矿权出让收益。

第十七条 石油、天然气、页岩气和煤层气若有相互增列矿种的情形,销售收入合并计算并按主矿种的矿业权出让收益率征收。

第十八条 矿业权转让时,未缴纳的矿业权出让收益及涉及的相关费用,缴纳义务由受让人承担。

第十九条 对发现油气资源并开始开采、产生收入的油气探矿权人,应按本办法第八条规定逐年征收矿业权出让收益。

第二十条 对国家鼓励实行综合开发利用的矿产资源,可结合矿产资源综合利用情况减缴矿业权出让收益。

第二十一条 采矿权人开采完毕注销采矿许可证前,应当缴清采矿权出让收益。因国家政策调整、重大自然灾害等原因注销采矿许可证的,按出让金额形式征收的矿业权出让收益根据采矿权实际动用的资源储量进行核定,实行多退少补。

第二十二条 对于法律法规或国务院规定明确要求支持的承担特殊职能的非营利性矿山企业,缴纳矿业权出让收益确有困难的,经财政部、自然资源部批准,可在一定期限内缓缴应缴矿业权出让收益。

第三章 缴款及退库

第二十三条 自然资源主管部门与矿业权人签订合同后,以及发生合同、权证内容变更等影响矿业权出让收益征收的情形时,及时向税务部门推送合同等费源信息。税务部门征收矿业权出让收益后,及时向自然资源主管部门回传征收信息。费源信息、征收信息推送内容和要求,按照《财政部 自然资源部 税务总局 人民银行关于将国有土地使用权出让收入、矿产资源专项收入、海域使用金、无居民海岛使用金四项政府非税收入划转税务部门征收有关问题的通知》(财综〔2021〕19号)的规定执行。

第二十四条 按出让金额形式征收的矿业权出让收益,税务部门依据自然资源部门推送的合同等费源信息开具缴款通知书,通知矿业权人及时缴款。矿业权人在收到缴款通知书之日起30日内,按缴款通知及时缴纳矿业权出让收益。分期缴纳矿业权出让收益的矿业权人,首期出让收益按缴款通知书缴纳,剩余部分按矿业权合同约定的时间缴纳。

按矿业权出让收益率形式征收的矿业权出让收益,成交价部分以合同约定及时通知矿业权人缴款,矿业权人在收到缴款通知书之日起30日内,按缴款通知及时缴纳矿业权出让收益(成交价部分)。按矿业权出让收益率逐年缴纳的部分,由矿业权人向税务部门据实申报缴纳上一年度采矿权出让收益,缴款时间最迟不晚于次年2月底。

第二十五条 矿业权出让收益缴入"矿业权出让收益"(103071404目)科目。

第二十六条 已上缴中央和地方财政的矿业权出让收益、矿业权价款,因误缴、误收、政策性关闭、重大自然灾害以及非矿业权人自身原因需要办理退库的,从"矿业权出让收益"(103071404目)科目下,按入库时中央与地方分成比例进行退库。

因缴费人误缴、税务部门误收需要退库的,由缴费人向税务部门申请办理,税务部门经严格审核并商有关财政部门、自然资源主管部门复核同意后,按规定办理退付手续;其他情形需要退库的,由缴费人向财政部门和自然资源主管部门申请办理。有关财政部门、自然资源主管部门应按照预算管理级次和权限逐级报批。涉及中央分成部分退库的,应由省级财政部门、自然资源主管部门向财政部当地监管局提出申请。

中央分成的矿业权出让收益、矿业权价款退还工作由财政部各地监管局负责。监管局应当在收到省级财政部门、自然资源主管部门矿业权出让收益(价款)退还申请及相关材料之日起30个工作日内,完成审核工作,向省级财政部门、自然资源主管部门出具审核意见,按《财政部驻各地财政监察专员办事处开展财政国库业务监管工作规程》(财库〔2016〕47号)等有关规定程序办理就地退库手续,并报财政部、自然资源部备案。地方分成部分退还工作由省级财政部门、自然资源主管部门负责,具体办法由省级财政部门、自然资源主管部门确定。

第二十七条 财政部门、自然资源主管部门、税务部门要按照《财政部 自然资源部 税务总局 人民银行关于将国有土地使用权出让收入、矿产资源专项收入、海域使用金、无居民海岛使用金四项政府非税收入划转税务部门征收有关问题的通知》(财综〔2021〕19号)和《财政部 税务总局关于印发〈省级财税部门系统互联互通和信息共享方案(非税收入)〉的通知》(财库〔2021〕11号)等规定及时共享缴款信息。

第四章 新旧政策衔接

第二十八条 本办法实施前已签订的合同或分期缴款批复不再调整,矿业权人继续缴纳剩余部分,有关资金缴入矿业权出让收益科目,并统一按规定分成比例分成。

《矿业权出让收益征收管理暂行办法》(财综〔2017〕35号)印发前分期缴纳矿业权价款需承担资金占用费的,应当继续按规定缴纳。资金占用费利率可参考人民银行发布的上一期新发放贷款加权平均利率计算。资金占用费缴入矿业权出让收益科目,并统一按规定分成比例分成。

第二十九条 以申请在先方式取得,未进行有偿处置且不涉及国家出资探明矿产地的探矿权、采矿权,比照协议出让方式,按照以下原则征收采矿权出让收益:

(一)《矿种目录》所列矿种,探矿权尚未转为采矿权的,应在转为采矿权后,按矿产品销售时的矿业权出让收益率逐年征收采矿权出让收益。

(二)《矿种目录》所列矿种,已转为采矿权的,按矿产品销售时的矿业权出让收益率逐年征收采矿权出让收益。

自2017年7月1日至2023年4月30日未缴纳的矿业权出让收益,按本办法规定的矿业权出让收益率征收标准及未缴纳期间的销售收入计算应缴矿业权出让收益,可一次性或平均分六年征收。相关自然资源主管部门应清理确认矿业权人欠缴矿业权出让收益情况,一次性推送同级财政部门、税务部门。相关税务部门据此及时通知矿业权人缴纳欠缴款项直至全部缴清,并及时向相关财政部门、自然资源主管部门反馈收缴信息。

自2023年5月1日后应缴的矿业权出让收益,按矿产品销售时的矿业权出让收益率逐年征收。

（三）《矿种目录》所列矿种外，探矿权尚未转为采矿权的，应在采矿权新立时，按出让金额形式征收采矿权出让收益。

（四）《矿种目录》所列矿种外，已转为采矿权的，以 2017 年 7 月 1 日为剩余资源储量估算基准日，按出让金额形式征收采矿权出让收益。

第三十条 对于无偿占有属于国家出资探明矿产地的探矿权和无偿取得的采矿权，自 2006 年 9 月 30 日以来欠缴的矿业权出让收益（价款），比照协议出让方式，按以下原则征收采矿权出让收益：

（一）《矿种目录》所列矿种，探矿权尚未转为采矿权的，在转采时按矿产品销售时的出让收益率征收采矿权出让收益。

（二）《矿种目录》所列矿种，已转为采矿权的，通过评估后，按出让金额形式征收自 2006 年 9 月 30 日（地方已有规定的从其规定）至本办法实施之日已动用资源储量的采矿权出让收益，并可参照第十二条的规定在采矿许可证剩余有效期内进行分期缴纳；之后的剩余资源储量，按矿产品销售时的出让收益率征收采矿权出让收益。

（三）《矿种目录》所列矿种外，探矿权尚未转为采矿权的，应在采矿权新立时，按出让金额形式征收采矿权出让收益。

（四）《矿种目录》所列矿种外，已转为采矿权的，以 2006 年 9 月 30 日为剩余资源储量估算基准日（地方已有规定的从其规定），按出让金额形式征收采矿权出让收益。

第三十一条 经财政部门和原国土资源主管部门批准，已将探矿权、采矿权价款转增国家资本金（国家基金），或以折股形式缴纳的，不再补缴探矿权、采矿权出让收益。

第五章 监 管

第三十二条 各级财政部门、自然资源主管部门和税务部门应当切实加强矿业权出让收益征收监督管理，按照职能分工，将相关信息纳入矿业权人勘查开采信息公示系统，适时检查矿业权出让收益征收情况。

第三十三条 矿业权人未按时足额缴纳矿业权出让收益的，从滞纳之日起每日加收千分之二的滞纳金，加收的滞纳金不超过欠缴金额本金。矿业权出让收益滞纳金缴入矿业权出让收益科目，并统一按规定分成比例分成。

第三十四条 各级财政部门、自然资源主管部门、税务部门及其工作人员，在矿业权出让收益征收工作中，存在滥用职权、玩忽职守、徇私舞弊等违法违规行为的，依法追究相应责任。

第三十五条 相关中介、服务机构和企业未如实提供相关信息，造成矿业权人少缴矿业权出让收益的，由县级以上自然资源主管部门会同有关部门将其行为记入企业不良信息；构成犯罪的，依法追究刑事责任。

第六章 附 则

第三十六条 省（自治区、直辖市）财政部门、自然资源主管部门、税务部门应当根据本办法细化本地区矿业权出让收益征收管理制度。

第三十七条 本办法自 2023 年 5 月 1 日起施行。《矿业权出让收益征收管理暂行办法》(财综〔2017〕35 号)、《财政部 自然资源部关于进一步明确矿业权出让收益征收管理有关问题的通知》(财综〔2019〕11 号)同时废止。

附:按矿业权出让收益率形式征收矿业权出让收益的矿种目录(试行)

附:

按矿业权出让收益率形式征收矿业权出让收益的矿种目录(试行)

序号	矿种	计征对象	矿业权出让收益率(%)
1	石油、天然气、页岩气、天然气水合物		陆域矿业权出让收益率为 0.8,海域矿业权出让收益率为 0.6。
2	煤层气		0.3
3	煤炭、石煤	原矿产品	2.4
4	铀、钍	选矿产品	1
5	油页岩、油砂		0.8
6	天然沥青	原矿产品	2.3
7	地热	T<60℃	5.6
		60℃≤T<90℃	4.2
		T≥90℃	4.7
8	铁、锰、铬、钒、钛	选矿产品	2.8
9	铜、铝土矿、镍、钴	选矿产品	2.2
10	钨、锡、锑、钼、铅、锌、汞	选矿产品	2.3
11	镁、铋	选矿产品	1.8
12	金、银、铂族(铂、钯、钌、铑、锇、铱)	选矿产品	2.3
13	稀有金属(铌、钽、铍、锂、锆、锶、铷、铯)、稀散金属(锗、镓、铟、铊、铪、铼、镉、硒、碲)	选矿产品	1.4
14	轻稀土(镧、铈、镨、钕)	选矿产品	2.3
15	中重稀土(钐、铕、钇、钆、铽、镝、钬、铒、铥、镱、镥、钪)	选矿产品	4
16	磷	原矿产品	2.1
17	石墨	选矿产品	1.7
18	萤石(普通萤石、光学萤石)	选矿产品	2.4
19	硼	选矿产品	2.3
20	金刚石、自然硫、硫铁矿、水晶(压电水晶、熔炼水晶、光学水晶)、刚玉、红柱石、蓝晶石、硅线石、硅灰石、钠硝石、滑石、石棉、蓝石棉、云母、长石、石榴子石、叶蜡石、透闪石、透辉石、蛭石、沸石、明矾石、石膏(含硬石膏)、重晶石、毒重石、芒硝(无水芒硝、钙芒硝、白钠镁矾)、天然碱、冰洲石、方解石、菱镁矿、电气石、颜料矿物(赭石、颜料黄土)、含钾岩石、碘、溴、砷	原矿产品	2.9

续表

序号	矿种	计征对象	矿业权出让收益率(%)
21	泥灰岩、白垩、脉石英(冶金用、玻璃用)、粉石英、天然油石、含钾砂页岩、硅藻土、高岭土、陶瓷土、膨润土、铁矾土、麦饭石、珍珠岩、松脂岩、火山灰、火山渣、浮石、粗面岩(水泥用、铸石用)、泥炭	原矿产品	3.1
22	宝石、黄玉、玉石、玛瑙、工艺水晶	原矿产品	8
23	地下水、矿泉水	原矿产品	3
24	二氧化碳气、硫化氢气、氦气、氢气	原矿产品	0.8
25	钾盐、矿盐(岩盐、湖盐、天然卤水)、镁盐	选矿产品	2.8

4-2-113

自然资源部关于进一步完善矿产资源勘查开采登记管理的通知

2023年5月6日　自然资规〔2023〕4号

各省、自治区、直辖市自然资源主管部门，新疆生产建设兵团自然资源局：

为贯彻落实党中央、国务院关于矿业权出让制度改革、自然资源资产产权制度改革等决策部署，提高能源资源保障能力，促进矿业健康可持续发展，依据有关法律法规，结合矿业权管理工作实际，就进一步完善矿产资源勘查开采登记管理有关事项通知如下。

一、完善矿产资源勘查登记管理

(一)完善探矿权新立、延续、保留登记管理。

1. 设立探矿权必须符合国土空间规划、矿产资源规划、生态环境保护及国家产业政策等相关规定。

2. 非油气探矿权人原则上可以是营利法人，也可以是非营利法人中的事业单位法人。油气(含石油、烃类天然气、页岩气、煤层气、天然气水合物)探矿权人原则上应当是营利法人。

3. 采矿权人在矿区范围深部、上部开展勘查工作，无须办理探矿权新立登记。

4. 探矿权新立、延续、变更勘查矿种，以及探矿权合并、分立变更勘查范围，需编制勘查实施方案。

勘查实施方案应当符合地质勘查规程、规范和标准。探矿权申请人可自行编制或者委托有关机构编制勘查实施方案，登记管理机关不得指定特定中介机构或个人提供服务。勘查实施方案编制审查须符合自然资源主管部门相关规定。

5. 因不可抗力或其他非申请人自身原因，无法继续勘查或者转为采矿权的勘查区域，可凭相关证明文件，抵扣按相关规定需缩减的面积。

6. 探矿权延续、保留登记，有效期起始日原则上为原勘查许可证有效期截止日次日。因不可抗力或其他非申请人自身原因，导致探矿权过期时间超过6个月以上的，有效期起始日为批准登记之日。

7. 首次申请探矿权保留,应当提交探矿权范围内已探明可供开采矿体的说明。资源储量规模达到大中型的煤和大型非煤探矿权申请保留,应当达到勘探程度;其他探矿权申请保留,应当达到详查(含)以上程度。已设采矿权垂直投影范围内的探矿权首次申请保留,应当达到详查(含)以上程度。

8. 探矿权人申请探矿权延续、保留,应当在规定期限内提出申请。因不可抗力或其他非申请人自身原因,未在规定期限内提出延续、保留申请,或者需要继续延长保留期的,探矿权人应当提交能够说明原因的相关证明材料。

9. 已办理保留的探矿权,因政策变化导致勘查工作程度要求提高等非矿业权人自身原因不能转采矿权,需继续开展勘查工作的,可申请探矿权延续。

(二)规范探矿权变更登记管理。

1. 以招标拍卖挂牌方式取得的探矿权申请变更主体,不受持有探矿权满2年的限制。

以协议方式取得的探矿权申请变更主体,应当持有探矿权满5年。母公司与全资子公司之间、符合勘查主体资质条件申请人之间的转让变更可不受5年限制。

2. 申请变更探矿权主体的,转让人和受让人应当一并向登记管理机关提交变更申请。勘查许可证剩余有效期不足6个月的,申请人(受让人)可以同时申请办理延续。

3. 探矿权申请变更主体涉及重叠且符合本通知第(十一)条规定情形的,受让人应当提交互不影响和权益保护协议或者不影响已设矿业权人权益承诺。属同一主体的已设采矿权与其上部或者深部勘查探矿权,不得单独转让。

4. 探矿权人对勘查区域内的矿产资源(除普通建筑用砂石土等以招标拍卖挂牌方式直接出让采矿权的矿产外,以下简称"砂石土类矿产")开展综合勘查、综合评价的,无须办理勘查矿种变更(增列)登记,按照实际发现矿产的地质储量(油气)/资源量(非油气)编制矿产资源储量报告。

对综合勘查发现的矿产资源,具备转采矿权条件的,按照相关规定向具有登记权限的管理机关提出采矿权新立登记申请。

同一勘查区域内,除油气可以兼探铀矿、钾盐、氦气、二氧化碳气,煤炭兼探煤层气外,油气探矿权人不得进行非油气矿产勘查,非油气探矿权人不得进行油气矿产勘查,非煤探矿权人不得进行煤炭资源勘查。铀矿探矿权人原则上不得申请变更勘查开采矿种,勘查发现其他矿产的,应当进行综合勘查。涉及国家限制或者禁止勘查开采矿种的,依照相关规定管理。

5. 人民法院将探矿权拍卖或裁定给他人,受让人应当依法向登记管理机关申请变更登记。申请变更登记的受让人应当具备本通知规定的探矿权申请人条件,登记管理机关凭申请人提交的探矿权变更申请文件和人民法院协助执行通知书,予以办理探矿权变更登记。

二、完善矿产资源开采登记管理

(三)调整矿区范围管理方式。

1. 探矿权转采矿权,应当依据经评审备案的矿产资源储量报告。资源储量规模为大型的非煤矿山、大中型煤矿应当达到勘探程度,其他矿山应当达到详查(含)以上程度。地热、矿泉水、砂石土类矿产设置采矿权的勘查程度按照各省(区、市)有关规定执行。

2. 探矿权人根据资源储量估算范围、井口装置、输油（气）管线（外输管线除外）、集输站、井巷工程设施分布范围或者露天剥离范围的立体空间区域，确定采矿权申请的矿区范围，经编制审查矿产资源开发利用方案后，向登记管理机关申请新立采矿登记，并参照《矿业权出让交易规则》签订采矿权出让合同。以招标拍卖挂牌方式或协议方式出让采矿权的，由登记管理机关确定出让的矿区范围，并根据《矿业权出让交易规则》签订采矿权出让合同。

3. 同一矿区范围内涉及多个矿种的，应当按经评审备案的矿产资源储量报告的主矿种和共伴生矿种确定申请采矿权的矿区范围，并对共伴生资源进行综合利用；对共伴生资源综合利用有特殊要求的，按有关规定办理。

4. 已设采矿权变更矿区范围的，应当按变更后的矿区范围统一编报申报要件，向登记管理机关申请采矿权变更登记。

（四）完善采矿权新立、延续登记管理。

1. 设立采矿权必须符合国土空间规划、矿产资源规划、绿色矿山建设、生态环境保护及国家产业政策等相关规定。

2. 采矿权申请人原则上应当为营利法人。

申请人在取得采矿许可证后，须具备其他相关法定条件后方可实施开采作业。

3. 采矿权申请人可自行编制或委托有关机构编制矿产资源开发利用方案，登记管理机关不得指定特定中介机构或个人提供服务。矿产资源开发利用方案编制审查须符合自然资源主管部门相关规定。

4. 探矿权转采矿权的，准予采矿权新立登记后，应当注销原探矿权或变更缩减原探矿权面积，申请人凭注销通知（证明）或变更缩减面积后的勘查许可证领取采矿许可证。

5. 采矿权延续后有效期根据《矿产资源开采登记管理办法》（国务院令第241号）第七条确定，有效期应当始于原采矿许可证有效期截止之日次日。

6. 因不可抗力或其他非申请人自身原因，无法按规定提交采矿权延续申请资料的，在申请人提交能够说明原因的相关证明材料后，登记管理机关可根据实际情况延续2年，并在采矿许可证副本上注明其原因和要求。

（五）完善采矿权变更、注销登记管理。

1. 申请采矿权转让变更的，受让人应当具备本通知规定的采矿权申请人条件，并承继该采矿权的权利、义务。涉及重叠情况的，受让人应当提交互不影响和权益保护协议或不影响已设矿业权人权益承诺。

2. 国有矿山企业申请办理采矿权转让变更登记的，应当持矿山企业主管部门同意转让变更采矿权的批准文件。

3. 有下列情形之一的，不予办理采矿权转让变更登记：

（1）采矿权部分转让变更的；

（2）同一矿业权人存在重叠的矿业权单独转让变更的；

（3）采矿权处于抵押备案状态且未经抵押权人同意的；

（4）未按要求缴纳矿业权出让收益（价款）的；

（5）未在转让合同中明确受让人承继履行矿山地质环境恢复治理义务的；

(6)采矿权被自然资源主管部门立案查处,或人民法院、公安、监察等机关通知不得转让变更的。

以协议方式取得的采矿权申请变更主体,应当持有采矿权满5年。母公司与全资子公司、符合开采主体资质条件申请人之间的转让变更可不受5年限制。

4. 申请变更开采主矿种的,应当提交经评审备案的矿产资源储量报告。变更为国家实行开采总量控制矿种的,还应当符合国家宏观调控和开采总量控制要求,并需经专家论证通过、公示无异议。

5. 实行开采总量控制矿种的采矿权申请办理变更、延续的,省级自然资源主管部门应当对开采总量控制指标分配、使用等情况提出书面意见。

6. 采矿权原则上不得分立,因开采条件变化等特殊原因确需分立的,应当符合矿产资源规划等相关规定。

7. 砂石土类矿产的采矿权不得分立、不允许变更开采矿种,其他矿产采矿权不允许变更或增列砂石土类矿产。

8. 人民法院将采矿权拍卖或裁定给他人,受让人应当依法向登记管理机关申请变更登记。申请变更登记的受让人应当具备本通知规定的采矿权申请人条件,登记管理机关凭申请人提交的采矿权变更申请文件和人民法院协助执行通知书,予以办理采矿权变更登记。

9. 采矿许可证剩余有效期不足6个月,申请变更登记的,可以同时向登记管理机关申请办理延续登记。

10. 取得采矿权的矿山在有效期内因生态保护、安全生产、公共利益、产业政策等被县级(含)以上人民政府决定关闭并公告的,由同级自然资源主管部门函告原登记管理机关。采矿权人应当自决定关闭矿山之日起30日内,向原登记管理机关申请办理采矿许可证注销登记手续。采矿权人不办理采矿许可证注销登记手续的,由登记管理机关责令限期改正;逾期不改正的,由原登记管理机关吊销采矿许可证,并根据《行政许可法》第七十条规定办理采矿许可证注销手续。

三、精简矿业权申请资料

(六)矿业权申请资料是申请矿业权登记的必备要件。依据规范、精简、公开的原则制定资料清单。探矿权申请资料清单分为新立、延续、保留、变更、注销5种类型,采矿权申请资料清单分为新立、延续、变更、注销4种类型。

(七)矿业权申请(登记)书按统一格式施行。探矿权申请(登记)书(格式)见附件1,采矿权申请(登记)书(格式)见附件3。

(八)自然资源部负责的矿业权新立(协议出让、探矿权转采矿权)以及延续、变更、转让、保留、注销的登记申请资料,按照本通知附件2探矿权申请资料清单及要求、附件4采矿权申请资料清单及要求执行。地方自然资源主管部门可参照执行。

(九)向自然资源部申请登记的,申请人通过自然资源部政务服务门户网站提交资料。

(十)在自然资源部申请办理非油气探矿权、采矿权登记的,除探矿权注销、探矿权人采矿权人名称变更登记外,省级自然资源主管部门应当对相关事项进行核查,并将核查结果通过一网申报系统直接传输至部政务大厅,省级自然资源主管部门核查意见(范本)见附件5。军事部门意见由登记管理机关直接征询。

四、其他有关事项

（十一）新立探矿权采矿权申请范围不得与已设矿业权垂直投影范围重叠，但下列情形除外：

1. 申请范围与已设矿业权范围重叠，申请人与已设矿业权人为同一主体的；

2. 油气与非油气之间，探矿权申请范围与已设探矿权重叠，申请人向登记管理机关提交不影响已设探矿权人权益承诺的；申请范围与已设采矿权范围重叠，申请人与已设采矿权人签订了互不影响和权益保护协议的；

新立油气探矿权申请范围与小型露天开采砂石土类矿产采矿权范围重叠，申请人向登记管理机关提交不影响已设矿业权人权益承诺的；

3. 油气与非油气之间，新立采矿权与已设矿业权重叠，双方签订了互不影响和权益保护协议的；其中，新立油气采矿权与已设小型露天开采砂石土类矿产采矿权重叠，或新立小型露天开采砂石土类矿产采矿权与已设油气矿业权重叠，申请人向登记管理机关提交了不影响已设矿业权人权益承诺的；

4. 可地浸砂岩型铀矿申请范围与已设煤炭矿业权范围重叠，申请人与已设煤炭矿业权人签订了互不影响和权益保护协议的；

5. 已设矿业权已公告废止或已列入政府关闭矿山名单的。

（十二）互不影响和权益保护协议不得损害国家利益和第三方合法权益。采取承诺方式的，非油气探矿权申请人应当承诺不影响已设矿业权勘查开采活动，确保安全生产、保护对方合法权益等；油气探矿权申请人应当承诺合理避让已设非油气矿业权，且不影响其勘查开采活动；小型露天开采砂石土类采矿权申请人应当承诺不影响已设油气矿业权勘查开采活动，确保安全生产、保护对方合法权益等；油气采矿权申请人应当承诺合理避让已设小型露天开采砂石土类采矿权，且不影响其开采活动。无法避让的要主动退出，确保安全生产、保护对方合法权益。

（十三）各级自然资源主管部门应当根据工作需要，建立油气矿业权人、非油气矿业权人、自然资源主管部门三方工作协调机制，对涉及油气与非油气矿业权重叠相关问题进行交流沟通、协调推进工作，妥善解决有关问题。

（十四）申请人委托他人办理的，被委托人应当出具申请人法定代表人的书面委托书和本人身份证。

（十五）申请人应当如实向登记管理机关提交申请材料，并对申请材料的真实性负责；隐瞒有关情况或者提供虚假材料申请行政许可的，以欺骗、贿赂等不正当手段取得行政许可的，依据《行政许可法》等法律法规处理。

（十六）勘查许可证、采矿许可证遗失需补办的，持补办申请书向原登记管理机关申请补办，原登记管理机关门户网站公告遗失声明满10个工作日无异议后，补发新的勘查许可证、采矿许可证。补办的勘查许可证、采矿许可证登记内容应当与原证一致，并注明补办时间。

（十七）勘查许可证、采矿许可证剩余有效期不足3个月的，登记管理机关应当在本级或上级机关的门户网站上滚动提醒矿业权人按规定申请延续登记。

（十八）登记管理机关应当定期清理过期勘查许可证、采矿许可证，对有效期届满前因矿业权人自身原因未按规定申请延续登记的,登记管理机关应当予以公告注销。公告注销前应当向社会公示,公示时间不少于30个工作日。

(十九)登记管理机关在受理申请、批准登记后,及时在门户网站进行公开,接受社会监督。

(二十)地方各级自然资源主管部门应当加强对矿业权人勘查开采行为的监督管理,对违法违规勘查开采行为,依法予以查处。对列入勘查开采信息公示严重失信主体名单的矿业权人,依法不予登记新的矿业权。

本通知自印发之日起施行,有效期5年。勘查开采登记中涉及矿业权出让收益的,按照《财政部 自然资源部 税务总局关于印发〈矿业权出让收益征收办法〉的通知》(财综〔2023〕10号)执行。《国土资源部关于进一步规范矿产资源勘查审批登记管理的通知》(国土资规〔2017〕14号)、《国土资源部关于进一步规范矿业权申请资料的通知》(国土资规〔2017〕15号)、《国土资源部关于完善矿产资源开采审批登记管理有关事项的通知》(国土资规〔2017〕16号)同时废止。本通知实施前已印发的其他文件与本通知规定不一致的,以本通知为准。

附件:1. 探矿权申请登记书及申请书(格式)(编者略)
    2. 探矿权申请资料清单及要求(编者略)
    3. 采矿权申请登记书及申请书(格式)(编者略)
    4. 采矿权申请资料清单及要求(编者略)
    5. 省级自然资源主管部门意见(范本)(编者略)

海域使用金

4-2-114

中华人民共和国海域使用管理法

2001年10月27日第九届全国人民代表大会常务委员会
第二十四次会议通过　同日中华人民共和国主席令第61号公布

目　　录

第一章　总则
第二章　海洋功能区划
第三章　海域使用的申请与审批
第四章　海域使用权
第五章　海域使用金
第六章　监督检查
第七章　法律责任
第八章　附则

第一章　总　　则

第一条　为了加强海域使用管理,维护国家海域所有权和海域使用权人的合法权益,促进海域的合理开发和可持续利用,制定本法。

第二条　本法所称海域,是指中华人民共和国内水、领海的水面、水体、海床和底土。

本法所称内水,是指中华人民共和国领海基线向陆地一侧至海岸线的海域。

在中华人民共和国内水、领海持续使用特定海域三个月以上的排他性用海活动,适用本法。

第三条　海域属于国家所有,国务院代表国家行使海域所有权。任何单位或者个人不得侵占、买卖或者以其他形式非法转让海域。

单位和个人使用海域,必须依法取得海域使用权。

第四条　国家实行海洋功能区划制度。海域使用必须符合海洋功能区划。

国家严格管理填海、围海等改变海域自然属性的用海活动。

第五条　国家建立海域使用管理信息系统,对海域使用状况实施监视、监测。

第六条　国家建立海域使用权登记制度,依法登记的海域使用权受法律保护。

国家建立海域使用统计制度,定期发布海域使用统计资料。

第七条 国务院海洋行政主管部门负责全国海域使用的监督管理。沿海县级以上地方人民政府海洋行政主管部门根据授权,负责本行政区毗邻海域使用的监督管理。

渔业行政主管部门依照《中华人民共和国渔业法》,对海洋渔业实施监督管理。

海事管理机构依照《中华人民共和国海上交通安全法》,对海上交通安全实施监督管理。

第八条 任何单位和个人都有遵守海域使用管理法律、法规的义务,并有权对违反海域使用管理法律、法规的行为提出检举和控告。

第九条 在保护和合理利用海域以及进行有关的科学研究等方面成绩显著的单位和个人,由人民政府给予奖励。

第二章 海洋功能区划

第十条 国务院海洋行政主管部门会同国务院有关部门和沿海省、自治区、直辖市人民政府,编制全国海洋功能区划。

沿海县级以上地方人民政府海洋行政主管部门会同本级人民政府有关部门,依据上一级海洋功能区划,编制地方海洋功能区划。

第十一条 海洋功能区划按照下列原则编制:
(一)按照海域的区位、自然资源和自然环境等自然属性,科学确定海域功能;
(二)根据经济和社会发展的需要,统筹安排各有关行业用海;
(三)保护和改善生态环境,保障海域可持续利用,促进海洋经济的发展;
(四)保障海上交通安全;
(五)保障国防安全,保证军事用海需要。

第十二条 海洋功能区划实行分级审批。

全国海洋功能区划,报国务院批准。

沿海省、自治区、直辖市海洋功能区划,经省、自治区、直辖市人民政府审核同意后,报国务院批准。

沿海市、县海洋功能区划,经该市、县人民政府审核同意后,报所在的省、自治区、直辖市人民政府批准,报国务院海洋行政主管部门备案。

第十三条 海洋功能区划的修改,由原编制机关会同同级有关部门提出修改方案,报原批准机关批准;未经批准,不得改变海洋功能区划确定的海域功能。

经国务院批准,因公共利益、国防安全或者进行大型能源、交通等基础设施建设,需要改变海洋功能区划的,根据国务院的批准文件修改海洋功能区划。

第十四条 海洋功能区划经批准后,应当向社会公布;但是,涉及国家秘密的部分除外。

第十五条 养殖、盐业、交通、旅游等行业规划涉及海域使用的,应当符合海洋功能区划。

沿海土地利用总体规划、城市规划、港口规划涉及海域使用的,应当与海洋功能区划衔接。

第三章 海域使用的申请与审批

第十六条 单位和个人可以向县级以上人民政府海洋行政主管部门申请使用海域。

申请使用海域的,申请人应当提交下列书面材料:

(一)海域使用申请书;

(二)海域使用论证材料;

(三)相关的资信证明材料;

(四)法律、法规规定的其他书面材料。

第十七条 县级以上人民政府海洋行政主管部门依据海洋功能区划,对海域使用申请进行审核,并依照本法和省、自治区、直辖市人民政府的规定,报有批准权的人民政府批准。

海洋行政主管部门审核海域使用申请,应当征求同级有关部门的意见。

第十八条 下列项目用海,应当报国务院审批:

(一)填海五十公顷以上的项目用海;

(二)围海一百公顷以上的项目用海;

(三)不改变海域自然属性的用海七百公顷以上的项目用海;

(四)国家重大建设项目用海;

(五)国务院规定的其他项目用海。

前款规定以外的项目用海的审批权限,由国务院授权省、自治区、直辖市人民政府规定。

第四章　海域使用权

第十九条 海域使用申请经依法批准后,国务院批准用海的,由国务院海洋行政主管部门登记造册,向海域使用申请人颁发海域使用权证书;地方人民政府批准用海的,由地方人民政府登记造册,向海域使用申请人颁发海域使用权证书。海域使用申请人自领取海域使用权证书之日起,取得海域使用权。

第二十条 海域使用权除依照本法第十九条规定的方式取得外,也可以通过招标或者拍卖的方式取得。招标或者拍卖方案由海洋行政主管部门制订,报有审批权的人民政府批准后组织实施。海洋行政主管部门制订招标或者拍卖方案,应当征求同级有关部门的意见。

招标或者拍卖工作完成后,依法向中标人或者买受人颁发海域使用权证书。中标人或者买受人自领取海域使用权证书之日起,取得海域使用权。

第二十一条 颁发海域使用权证书,应当向社会公告。

颁发海域使用权证书,除依法收取海域使用金外,不得收取其他费用。

海域使用权证书的发放和管理办法,由国务院规定。

第二十二条 本法施行前,已经由农村集体经济组织或者村民委员会经营、管理的养殖用海,符合海洋功能区划的,经当地县级人民政府核准,可以将海域使用权确定给该农村集体经济组织或者村民委员会,由本集体经济组织的成员承包,用于养殖生产。

第二十三条 海域使用权人依法使用海域并获得收益的权利受法律保护,任何单位和个人不得侵犯。

海域使用权人有依法保护和合理使用海域的义务;海域使用权人对不妨害其依法使用海域的非排他性用海活动,不得阻挠。

第二十四条 海域使用权人在使用海域期间,未经依法批准,不得从事海洋基础测绘。

海域使用权人发现所使用海域的自然资源和自然条件发生重大变化时,应当及时报告海洋行政主管部门。

第二十五条 海域使用权最高期限,按照下列用途确定:

(一)养殖用海十五年;

(二)拆船用海二十年;

(三)旅游、娱乐用海二十五年;

(四)盐业、矿业用海三十年;

(五)公益事业用海四十年;

(六)港口、修造船厂等建设工程用海五十年。

第二十六条 海域使用权期限届满,海域使用权人需要继续使用海域的,应当至迟于期限届满前二个月向原批准用海的人民政府申请续期。除根据公共利益或者国家安全需要收回海域使用权的外,原批准用海的人民政府应当批准续期。准予续期的,海域使用权人应当依法缴纳续期的海域使用金。

第二十七条 因企业合并、分立或者与他人合资、合作经营,变更海域使用权人的,需经原批准用海的人民政府批准。

海域使用权可以依法转让。海域使用权转让的具体办法,由国务院规定。

海域使用权可以依法继承。

第二十八条 海域使用权人不得擅自改变经批准的海域用途;确需改变的,应当在符合海洋功能区划的前提下,经原批准用海的人民政府批准。

第二十九条 海域使用权期满,未申请续期或者申请续期未获批准的,海域使用权终止。

海域使用权终止后,原海域使用权人应当拆除可能造成海洋环境污染或者影响其他用海项目的用海设施和构筑物。

第三十条 因公共利益或者国家安全的需要,原批准用海的人民政府可以依法收回海域使用权。

依照前款规定在海域使用权期满前提前收回海域使用权的,对海域使用权人应当给予相应的补偿。

第三十一条 因海域使用权发生争议,当事人协商解决不成的,由县级以上人民政府海洋行政主管部门调解;当事人也可以直接向人民法院提起诉讼。

在海域使用权争议解决前,任何一方不得改变海域使用现状。

第三十二条 填海项目竣工后形成的土地,属于国家所有。

海域使用权人应当自填海项目竣工之日起三个月内,凭海域使用权证书,向县级以上人民政府土地行政主管部门提出土地登记申请,由县级以上人民政府登记造册,换发国有土地使用权证书,确认土地使用权。

第五章 海域使用金

第三十三条 国家实行海域有偿使用制度。

单位和个人使用海域,应当按照国务院的规定缴纳海域使用金。海域使用金应当按照国务院的规定上缴财政。

对渔民使用海域从事养殖活动收取海域使用金的具体实施步骤和办法,由国务院另行规定。

第三十四条 根据不同的用海性质或者情形,海域使用金可以按照规定一次缴纳或者按年度逐年缴纳。

第三十五条 下列用海,免缴海域使用金:

(一)军事用海;

(二)公务船舶专用码头用海;

(三)非经营性的航道、锚地等交通基础设施用海;

(四)教学、科研、防灾减灾、海难搜救打捞等非经营性公益事业用海。

第三十六条 下列用海,按照国务院财政部门和国务院海洋行政主管部门的规定,经有批准权的人民政府财政部门和海洋行政主管部门审查批准,可以减缴或者免缴海域使用金:

(一)公用设施用海;

(二)国家重大建设项目用海;

(三)养殖用海。

第六章 监督检查

第三十七条 县级以上人民政府海洋行政主管部门应当加强对海域使用的监督检查。

县级以上人民政府财政部门应当加强对海域使用金缴纳情况的监督检查。

第三十八条 海洋行政主管部门应当加强队伍建设,提高海域使用管理监督检查人员的政治、业务素质。海域使用管理监督检查人员必须秉公执法,忠于职守,清正廉洁,文明服务,并依法接受监督。

海洋行政主管部门及其工作人员不得参与和从事与海域使用有关的生产经营活动。

第三十九条 县级以上人民政府海洋行政主管部门履行监督检查职责时,有权采取下列措施:

(一)要求被检查单位或者个人提供海域使用的有关文件和资料;

(二)要求被检查单位或者个人就海域使用的有关问题作出说明;

(三)进入被检查单位或者个人占用的海域现场进行勘查;

(四)责令当事人停止正在进行的违法行为。

第四十条 海域使用管理监督检查人员履行监督检查职责时,应当出示有效执法证件。

有关单位和个人对海洋行政主管部门的监督检查应当予以配合,不得拒绝、妨碍监督检查人员依法执行公务。

第四十一条 依照法律规定行使海洋监督管理权的有关部门在海上执法时应当密切配合,互相支持,共同维护国家海域所有权和海域使用权人的合法权益。

第七章 法律责任

第四十二条 未经批准或者骗取批准,非法占用海域的,责令退还非法占用的海域,恢复海域原状,没收违法所得,并处非法占用海域期间内该海域面积应缴纳的海域使用金五倍以上十五倍以下的罚款;对未经批准或者骗取批准,进行围海、填海活动的,并处非法占用海域期间内该海域面积应缴纳的海域使用金十倍以上二十倍以下的罚款。

第四十三条 无权批准使用海域的单位非法批准使用海域的,超越批准权限非法批准使用海域的,或者不按海洋功能区划批准使用海域的,批准文件无效,收回非法使用的海域;对非法批准使用海域的直接负责的主管人员和其他直接责任人员,依法给予行政处分。

第四十四条 违反本法第二十三条规定,阻挠、妨害海域使用权人依法使用海域的,海域使用权人可以请求海洋行政主管部门排除妨害,也可以依法向人民法院提起诉讼;造成损失的,可以依法请求损害赔偿。

第四十五条 违反本法第二十六条规定,海域使用权期满,未办理有关手续仍继续使用海域的,责令限期办理,可以并处一万元以下的罚款;拒不办理的,以非法占用海域论处。

第四十六条 违反本法第二十八条规定,擅自改变海域用途的,责令限期改正,没收违法所得,并处非法改变海域用途的期间内该海域面积应缴纳的海域使用金五倍以上十五倍以下的罚款;对拒不改正的,由颁发海域使用权证书的人民政府注销海域使用权证书,收回海域使用权。

第四十七条 违反本法第二十九条第二款规定,海域使用权终止,原海域使用权人不按规定拆除用海设施和构筑物的,责令限期拆除;逾期拒不拆除的,处五万元以下的罚款,并由县级以上人民政府海洋行政主管部门委托有关单位代为拆除,所需费用由原海域使用权人承担。

第四十八条 违反本法规定,按年度逐年缴纳海域使用金的海域使用权人不按期缴纳海域使用金的,限期缴纳;在限期内仍拒不缴纳的,由颁发海域使用权证书的人民政府注销海域使用权证书,收回海域使用权。

第四十九条 违反本法规定,拒不接受海洋行政主管部门监督检查、不如实反映情况或者不提供有关资料的,责令限期改正,给予警告,可以并处二万元以下的罚款。

第五十条 本法规定的行政处罚,由县级以上人民政府海洋行政主管部门依据职权决定。但是,本法已对处罚机关作出规定的除外。

第五十一条 国务院海洋行政主管部门和县级以上地方人民政府违反本法规定颁发海域使用权证书,或者颁发海域使用权证书后不进行监督管理,或者发现违法行为不予查处的,对直接负责的主管人员和其他直接责任人员,依法给予行政处分;徇私舞弊、滥用职权或者玩忽职守构成犯罪的,依法追究刑事责任。

第八章 附 则

第五十二条 在中华人民共和国内水、领海使用特定海域不足三个月,可能对国防安全、海上交通安全和其他用海活动造成重大影响的排他性用海活动,参照本法有关规定办理临时海域使用证。

第五十三条 军事用海的管理办法,由国务院、中央军事委员会依据本法制定。

第五十四条 本法自2002年1月1日起施行。

财政部 国家海洋局关于印发
《海域使用金减免管理办法》的通知

2006 年 7 月 5 日　财综〔2006〕24 号

辽宁、河北、天津、山东、江苏、上海、浙江、福建、广东、广西、海南省（自治区、直辖市）财政厅（局）、海洋与渔业厅（局）：

为规范海域使用金减免行为，切实保障海域使用权人的合法权益，依据《中华人民共和国海域使用管理法》的有关规定，我们制定了《海域使用金减免管理办法》。现印发给你们，请遵照执行。

附件：海域使用金减免管理办法

附件

海域使用金减免管理办法

第一条 为规范海域使用金减免行为，切实保障海域使用权人的合法权益，依据《中华人民共和国海域使用管理法》的有关规定，制定本办法。

第二条 申请人申请减免海域使用金，县级以上（含县级，下同）人民政府财政部门和海洋行政主管部门审查批准减免海域使用金，适用本办法。

第三条 减免国务院审批的项目用海应缴的海域使用金，减免县级以上地方人民政府审批的项目用海应缴中央国库的海域使用金，由财政部和国家海洋局审查批准。

减免县级以上地方人民政府审批的项目用海应缴地方国库的海域使用金，由省、自治区、直辖市人民政府财政部门和海洋行政主管部门审查批准。

减免养殖用海应缴的海域使用金，由审批项目用海的地方人民政府财政部门和同级海洋行政主管部门审查批准。

第四条 下列项目用海，依法免缴海域使用金：

（一）军事用海。

（二）用于政府行政管理目的的公务船舶专用码头用海，包括公安边防、海关、交通港航公安、海事、海监、出入境检验检疫、环境监测、渔政、渔监等公务船舶专用码头用海。

（三）航道、避风（避难）锚地、航标、由政府还贷的跨海桥梁及海底隧道等非经营性交通基础设施用海。

（四）教学、科研、防灾减灾、海难搜救打捞、渔港等非经营性公益事业用海。

第五条 下列项目用海,依法减免海域使用金:

(一)除避风(避难)以外的其他锚地、出入海通道等公用设施用海。

(二)列入国家发展和改革委员会公布的国家重点建设项目名单的项目用海。

(三)遭受自然灾害或者意外事故,经核实经济损失达正常收益60%以上的养殖用海。

第六条 符合本办法第四条和第五条规定情形的项目用海,申请人应当在收到《项目用海批复通知书》之日起30日内,按照下列规定提出减免海域使用金的书面申请:

(一)申请人申请减免国务院审批项目用海应缴的海域使用金,应当分别向财政部和国家海洋局提出书面申请。

(二)申请人申请减免县级以上地方人民政府审批项目用海应缴的海域使用金,应当分别向项目所在地的省、自治区、直辖市人民政府财政部门和海洋行政主管部门提出书面申请。其中:申请减免应缴中央国库海域使用金的,应当由省、自治区、直辖市人民政府财政部门和海洋行政主管部门审核后,提出书面审核意见分别报财政部和国家海洋局审批。

第七条 申请人申请减免海域使用金,应当提交下列相关资料:

(一)减免海域使用金的书面申请,包括减免理由、减免金额、减免期限等内容。

(二)能够证明项目用海性质的相关证明材料。

(三)县级以上人民政府财政部门和海洋行政主管部门认为应当提交的其他相关材料。

第八条 财政部和国家海洋局在收到申请人的书面申请或者省、自治区、直辖市人民政府财政部门和海洋行政主管部门的书面审核意见后30日内,由国家海洋局对申请减免海域使用金的合法性提出初审意见,经财政部审核同意后,由财政部会同国家海洋局以书面形式联合批复申请人或者省、自治区、直辖市人民政府财政部门和海洋行政主管部门。

省、自治区、直辖市人民政府财政部门和海洋行政主管部门在收到申请人的书面申请后30日内,由省、自治区、直辖市人民政府海洋行政主管部门对申请减免海域使用金的合法性提出初审意见,经同级财政部门审核同意后,由省、自治区、直辖市人民政府财政部门会同海洋行政主管部门以书面形式联合批复申请人。其中:涉及减免应缴中央国库海域使用金的,省、自治区、直辖市人民政府财政部门和海洋行政主管部门在批复申请人之前,应当依照规定报经财政部和国家海洋局审批。

第九条 按照规定程序依法经批准减免海域使用金的用海项目,发生转让、出租海域使用权或者经批准改变海域用途或者用海性质的,海域使用权受让人或者海域使用权人应当按照本办法规定重新履行海域使用金减免申请和报批手续。

第十条 除本办法规定以外,其他任何部门和单位均不得批准减免海域使用金。县级以上人民政府财政部门和海洋行政主管部门应当严格按照本办法规定权限批准减免海域使用金。违反本办法规定批准减免海域使用金的,按照《中华人民共和国海域使用管理法》和《财政违法行为处罚处分条例》的有关规定进行处理。

申请人应当严格按照本办法规定,如实提供有关资料,不得弄虚作假,骗取减免海域使用金。对违反本办法规定,骗取减免海域使用金的,按照《中华人民共和国海域使用管理法》和《财政违法行为处罚处分条例》的有关规定进行处理。

第十一条 减免养殖用海海域使用金的申请和审批程序,按照审批项目用海的地方人民政府财政部门和同级海洋行政主管部门的规定执行。

各省、自治区、直辖市人民政府财政部门和海洋行政主管部门可以根据本办法,结合各地实际,制定具体实施办法并报财政部和国家海洋局备案。

第十二条　本办法由财政部会同国家海洋局负责解释。

第十三条　本办法自 2006 年 10 月 1 日起实施。

4-2-116

财政部　国家海洋局关于加强海域使用金征收管理的通知

2007 年 1 月 24 日　　财综〔2007〕10 号

为贯彻落实《海域使用管理法》,适应海洋经济发展的要求,提高海域资源配置效率,现就加强海域使用金征收管理等有关事宜通知如下:

一、加强海域使用金征收管理

单位和个人使用海域,必须依法缴纳海域使用金。沿海各省、自治区、直辖市及计划单列市财政部门和海洋行政主管部门要切实负起责任,加强海域使用金的征收管理。财政部驻相关地方财政监察专员办事处负责海域使用金中央分成收入的就地监缴。用海单位和个人不按规定足额缴纳海域使用金并提供有效缴款凭证的,海洋行政主管部门一律不予核发海域使用权证书。依法申请减免海域使用金,应严格按照财政部、国家海洋局联合颁发的《海域使用金减免管理办法》(财综〔2006〕24 号)的规定执行,规范申请减免及审批程序。任何地区、部门和单位都不得以"招商引资"等名义违规越权减免海域使用金。

对渔民使用海域从事养殖活动收取海域使用金的具体实施步骤和办法,按照国务院有关规定执行。

二、统一海域使用金征收标准

海域使用金统一按照用海类型、海域等别以及相应的海域使用金征收标准计算征收。其中,对填海造地、非透水构筑物、跨海桥梁和海底隧道等项目用海实行一次性计征海域使用金,对其他项目用海按照使用年限逐年计征海域使用金。使用海域不超过 6 个月的,按照年征收标准的 50%一次性计征海域使用金;超过 6 个月不足 1 年的,按年征收标准一次性计征海域使用金。经营性临时用海按年征收标准的 25%一次性计征海域使用金。对于一次性计征的海域使用金,用海单位和个人一次性缴纳确有困难的,经海洋行政主管部门批准后,可以采取分期缴纳方式,但最后一次缴纳海域使用金的期限不得超过项目用海的施工期限。海域等别、海域使用金征收标准、用海类型界定。

考虑到各地农业填海造地用海、盐业用海、养殖用海具体情况不同,上述用海海域使用金征收标准暂由沿海各省、自治区、直辖市财政部门和海洋行政主管部门制定,并报财政部、国家海洋局备案后实施。

今后,财政部将会同国家海洋局根据用海类型、海域使用权价值、用海需求情况、对海域生态环境所造成的影响程度、国民经济发展状况以及社会承受能力等因素,适时调整海域等别和海域使用金征收标准。

三、依法推行海域使用权配置市场化

为提高海域资源配置效率,除国家重点建设项目用海、国防建设项目用海、传统赶海区、海洋保护区、有争议的海域、涉及公共利益的海域以及法律法规规定的其他用海情形以外,各地在同一海域具有两个以上意向用海单位或个人的,应依法采取招标、拍卖方式出让海域使用权。

以招标、拍卖方式取得海域使用权的项目用海,海域使用金征收金额按照招标、拍卖的成交价款确定。海洋行政主管部门会同同级财政部门制定海域使用权招标、拍卖方案时,招标、拍卖的底价不得低于按照用海类型、海域等别、相应的海域使用金征收标准、海域使用面积以及使用年限计算的海域使用金金额。

四、进一步规范海域使用金缴库管理

海域使用金纳入财政预算,实行"收支两条线"管理。海洋行政主管部门征收海域使用金,应当向海域使用单位和个人发送《海域使用金缴款通知书》,通知海域使用单位和个人按照规定金额、期限、方式以及财政部统一规定的政府收支分类科目,填写"一般缴款书"缴纳海域使用金。其中:涉及应缴中央国库的海域使用金,海洋行政主管部门应将《海域使用金缴款通知书》抄送财政部驻当地财政监察专员办事处备查,并在收到一般缴款书第四联后将复印件送当地财政监察专员办备查;涉及应缴地方国库的海域使用金,海洋行政主管部门应将《海域使用金缴款通知书》抄送项目用海所在地省级(指省或自治区、直辖市、计划单列市,下同)财政部门或同级财政部门备查。《海域使用金缴款通知书》应明确用海面积、适用的征收等别、征收标准、应缴纳的海域使用金数额、缴纳海域使用金的期限、缴库方式、适用的政府收支分类科目等相关内容。

地方人民政府管理海域以外以及跨省(自治区、直辖市)管理海域的项目用海缴纳的海域使用金,由国家海洋局负责征收,就地全额缴入中央国库。缴库时填写一份"一般缴款书",填列《2007年政府收支分类科目》103070101目"中央海域使用金收入"科目,"财政机关"填写"财政部","预算级次"填写"中央级","收款国库"填写实际收纳款项的国库名称。

养殖用海缴纳的海域使用金,由市、县海洋行政主管部门负责征收,就地全额缴入同级地方国库。缴库时填写一份"一般缴款书",填列《2007年政府收支分类科目》103070102目"地方海域使用金收入"科目,"财政机关"填写相应级次财政部门,"预算级次"填写"地方级","收款国库"填写实际收纳款项的国库名称。

除上述两类以外的其他用海项目缴纳的海域使用金,由有关海洋行政主管部门负责征收,30%缴入中央国库,70%缴入用海项目所在地的省级地方国库。30%缴入中央国库时,填写一份"一般缴款书",填列《2007年政府收支分类科目》103070101目"中央海域使用金收入"科目,"财政机关"填写"财政部","预算级次"填写"中央级","收款国库"填写实际收纳款项的国库名称;70%缴入地方国库时,填写一份"一般缴款书",填列《2007年政府收支分类科目》103070102目"地方海域使用金收入"科目,"财政机关"填写相应级次财政部门,"预算级次"填写"地方级","收款国库"填写实际收纳款项的国库名称。地方分成的海域使用金在省级和市、县级之间的分配比例,按照沿海各省、自治区、直辖市及计划单列市人民政府的规定执行。

已经实施非税收入收缴管理制度改革的,海域使用金的缴库方式,按照非税收入收缴管理制度改革的有关规定执行。

从 2007 年起,不再按照海域使用金征收数额的一定比例核拨或提取海域使用金征管业务费,海域使用金征管业务费及招标、拍卖所需相关费用,一律通过预算从海域使用金收入中统筹安排。

五、建立健全海域有偿使用统计制度

建立健全海域有偿使用统计报表体系,统一海域使用金收入统计口径,确保海域使用金收入统计数据及时、准确、真实、无误,为加强海域使用金收入管理提供必要的基础数据。沿海各省、自治区、直辖市及计划单列市财政、海洋行政主管部门,应当于每年 3 月 20 日前,将上一年度海域有偿使用统计报表分别报送财政部、国家海洋局一式一份并附 EXCEL 汇总的报表电子版,同时抄送财政部驻相关地方财政监察专员办事处。

六、强化海域使用金监督检查

沿海各省、自治区、直辖市及计划单列市财政、海洋行政主管部门要加强对海域使用金征收管理的监督检查,确保海域使用金及时足额缴入中央和地方国库。财政部驻相关地方财政监察专员办事处负责中央海域使用金收入监缴入库工作,确保应缴中央海域使用金收入及时足额解缴入库。对不按规定及时足额缴纳海域使用金的,一律按照其滞纳日期及滞纳金额按日加收 1‰ 的滞纳金。滞纳金随同海域使用金一并缴入相应级次国库。对违反规定擅自减免、缓缴、截留、挤占、挪用海域使用金的,要严格按照《财政违法行为处罚处分条例》(国务院令第 427 号)的有关规定进行处理,依法追究有关责任人员的责任。

本通知自 2007 年 3 月 1 日起施行。沿海各省、自治区、直辖市及计划单列市财政、海洋行政主管部门收到本通知后,要严格按照本通知规定,抓紧做好相关工作,制定具体实施办法,并报财政部、国家海洋局备案。此前有关规定与本通知规定不一致的,一律以本通知规定为准。

附件:1. 海域等别
   2. 海域使用金征收标准
   3. 用海类型界定

附件 1

海域等别

一等:

上海:宝山区 浦东新区

山东:青岛市(市北区 市南区 四方区)

福建:厦门市(湖里区 思明区)

广东:广州市(番禺区 黄埔区 萝岗区 南沙区)深圳市(宝安区 福田区 龙岗区 南山区 盐田区)

二等:

上海:奉贤区 金山区 南汇区

天津:塘沽区

辽宁:大连市(沙河口区　西岗区　中山区)
山东:青岛市(城阳区　黄岛区　崂山区　李沧区)
浙江:宁波市(海曙区　江北区　江东区)温州市(龙湾区　鹿城区)
福建:泉州市丰泽区　厦门市(海沧区　集美区)
广东:东莞市　汕头市(潮阳区　澄海区　濠江区　金平区　龙湖区)中山市　珠海市(斗门区　金湾区　香洲区)

三等:
上海:崇明县
天津:大港区
辽宁:大连市甘井子区　营口市鲅鱼圈区
河北:秦皇岛市(北戴河区　海港区)
山东:即墨市　胶州市　胶南市　龙口市　蓬莱市　日照市(东港区　岚山区)荣成市　威海市环翠区　烟台市(福山区　莱山区　芝罘区)
浙江:宁波市(北仑区　鄞州区　镇海区)台州市(椒江区　路桥区)舟山市定海区
福建:福清市　福州市马尾区　晋江市　泉州市(洛江区　泉港区)石狮市　厦门市(同安区　翔安区)
广东:惠东县　惠州市惠阳区　江门市新会区　茂名市茂港区　汕头市潮南区　湛江市(赤坎区　麻章区　坡头区　霞山区)
海南:海口市(龙华区　美兰区　秀英区)三亚市

四等:
天津:汉沽区
辽宁:长海县　大连市(金州区　旅顺口区)葫芦岛市(连山区　龙港区)绥中县　瓦房店市　兴城市　营口市(西市区　老边区)
河北:秦皇岛市山海关区
山东:莱州市　乳山市　文登市　烟台市牟平区
江苏:连云港市连云区
浙江:慈溪市　海盐县　平湖市　嵊泗县　温岭市　玉环县　余姚市　乐清市　舟山市普陀区
福建:长乐市　惠安县　龙海市　南安市
广东:恩平市　南澳县　汕尾市城区　台山市　阳江市江城区
广西:北海市(海城区　银海区)

五等:
辽宁:东港市　盖州市　普兰店市　庄河市
河北:抚宁县　滦南县　唐海县　唐山市丰南区　乐亭县
山东:长岛县　东营市(东营区　河口区)海阳市　莱阳市　潍坊市寒亭区　招远市
江苏:大丰市　东台市　海安县　海门市　启东市　如东县　通州市
浙江:岱山县　洞头县　奉化市　临海市　宁海县　瑞安市　三门县　象山县
福建:连江县　罗源县　平潭县　莆田市(城厢区　涵江区　荔城区　秀屿区)漳浦县

广东:电白县　海丰县　惠来县　揭东县　雷州市　廉江市　陆丰市　饶平县　遂溪县　吴川市　徐闻县　阳东县　阳西县

广西:北海市铁山港区　防城港市(防城区　港口区)钦州市钦南区

海南:澄迈县　儋州市　琼海市　文昌市

六等:

辽宁:大洼县　凌海市　盘山县

河北:昌黎县　海兴县　黄骅市

山东:昌邑市　广饶县　垦利县　利津县　寿光市　无棣县　沾化县

江苏:滨海县　赣榆县　灌云县　射阳县　响水县

浙江:苍南县　平阳县

福建:东山县　福安市　福鼎市　宁德市蕉城区　霞浦县　仙游县　云霄县　诏安县

广西:东兴市　合浦县

海南:昌江县　东方市　临高县　陵水县　万宁市　乐东县

附件 2

海域使用金征收标准

单位:万元/公顷

用海类型		海域等别	一等	二等	三等	四等	五等	六等	征收方式
填海造地用海	建设填海造地用海		180	135	105	75	45	30	一次性征收
	农业填海造地用海		具体征收标准暂由各省(自治区、直辖市)制定						
	废弃物处置填海造地用海		195	150	120	90	60	37.50	
构筑物用海	非透水构筑物用海		150	120	90	60	45	30	
	跨海桥梁、海底隧道等用海		11.25						
	透水构筑物用海		3	2.55	2.10	1.65	1.20	0.75	
围海用海	港池、蓄水等用海		0.75	0.60	0.45	0.30	0.21	0.15	按年度征收
	盐业用海		具体征收标准暂由各省(自治区、直辖市)制定						
	围海养殖用海		具体征收标准暂由各省(自治区、直辖市)制定						
开放式用海	开放式养殖用海		具体征收标准暂由各省(自治区、直辖市)制定						
	浴场用海		0.45	0.36	0.30	0.21	0.15	0.06	
	游乐场用海		2.25	1.65	1.20	0.81	0.51	0.30	
	专用航道、锚地等用海		0.21	0.18	0.12	0.09	0.06	0.03	
其他用海	人工岛式油气开采用海		9						
	平台式油气开采用海		4.50						
	海底电缆管道用海		0.45						
	海砂等矿产开采用海		4.50						
	取、排水口用海		0.45						
	污水达标排放用海		0.90						

附件3

用海类型界定

类型编码		类型名称	界定
1		填海造地用海	指通过筑堤围割海域,填成能形成有效岸线土地,完全改变海域自然属性的用海
	11	建设填海造地用海	指通过筑堤围割海域,填成建设用地用于商服、工矿仓储、住宅、交通运输、旅游等的用海
	12	农业填海造地用海	指通过筑堤围割海域,填成农用地用于农、林、牧业生产的用海
	13	废弃物处置填海造地用海	指通过筑堤围割海域,用于处置工业废渣、城市建筑和生活垃圾等废弃物,并最终形成土地的用海
2		构筑物用海	指采用透水或非透水等方式构筑海上各类设施,全部或部分改变海域自然属性的用海
	21	非透水构筑物用海	指采用非透水方式构筑不形成有效岸线的码头、突堤、引堤、防波堤、路基等设施的填海用海
	22	跨海桥梁、海底隧道等用海	指占用海面空间或海土用于建设跨海桥梁、海底隧道、海底仓储等的工程用海
	23	透水构筑物用海	指采用透水方式构筑码头、海面栈桥、高脚屋、经营性人工渔礁等不阻断海水流动的设施的工程用海
3		围海用海	指通过圈围海域开展经济活动,部分改变海域自然属性的用海
	31	港池、蓄水等用海	指通过修筑海堤或防浪设施圈围海域,用于港口作业、修造船、蓄水等的用海,含开敞式码头前沿的船舶靠泊和回旋水域
	32	盐业用海	指通过筑堤圈围海域用于盐业生产的用海
	33	围海养殖用海	指通过筑堤圈围海域用于养殖生产的用海
4		开放式用海	指不进行围、填或建设构筑物,直接开展经济活动,基本不改变海域自然属性的用海
	41	开放式养殖用海	指采用筏式、网箱、底播或以人工投苗、自然增殖海洋底栖生物等形式进行增养殖生产的用海 相关信息: • 1. 2011年海域使用管理公报 • 2. 2008年海域使用管理公报 • 3. 2009年海域使用管理公报 • 4. 2010年海域使用管理公报 • 5. 2005年海域使用管理公报

4-2-117

财政部 国家海洋局关于海域使用金减免管理等有关事项的通知

2008年9月12日 财综〔2008〕71号

辽宁、河北、天津、山东、江苏、上海、浙江、福建、广东、广西、海南省(自治区、直辖市)财政厅(局)、海洋与渔业厅(局),大连、青岛、宁波、厦门、深圳市财政局、海洋与渔业局:

财政部、国家海洋局印发《海域使用金减免管理办法》(财综〔2006〕24号)、《关于加强海域使用金征收管理的通知》(财综〔2007〕10号)以来,各级财政部门、海洋行政主管部门认真贯彻落实,海域使用金减免管理行为日益规范。为进一步明确相关政策,现就有关事项通知如下:

一、进一步明确海域使用金免缴范围

(一)财综〔2006〕24号文件第四条(一)规定的军事用海范围,按照国务院、中央军委的有关规定执行。

(二)财综〔2006〕24号文件第四条(二)规定的公务船舶专用码头用海,仅指公务船舶专用的港池、码头(含堆场)、防波堤和航道用海,不包括其他相关用海。

(三)财综〔2006〕24号文件第四条(三)规定的非经营性交通基础设施用海,除(三)明确的范围以外,还包括城市道路、非收费的公路与桥梁用海,不包括企业专用的交通基础设施用海。

(四)财综〔2006〕24号文件第四条(四)规定的非经营性公益事业用海,不包括为教学、科研、防灾救灾、海难搜救打捞、渔港等非经营性公益事业服务的各类经营性配套设施用海。渔港用海仅包括港池、引桥、堤坝、航道、渔业码头(含堆场)及附属的非经营性设施用海。

二、统一海域使用金减免政策

(一)财综〔2006〕24号文件第五条(一)规定的"除避风(避难)以外的其他锚地、出入海通道等公用设施用海",指非专用的锚地和出入海通道,减免海域使用金的幅度最高不得超过应缴金额的30%。

(二)鉴于国家发展改革委自2006年起暂停公布国家重点建设项目名单,财综〔2006〕24号文件第五条(二)规定已无法执行。因此,将国家重大(重点)建设项目调整为国务院审批或核准的固定资产投资项目,其他用海项目均不得以国家重大(重点)建设项目名义减免海域使用金。国务院审批或核准的固定资产投资项目,属于国家发展改革委《产业结构调整指导目录》鼓励类的,海域使用金减免金额最高不超过应缴金额的20%;属于限制类或淘汰类,一律不予减免海域使用金。国家重大(重点)建设项目的污水达标排放用海不予减免海域使用金。

(三)养殖用海海域使用金的减免幅度,由省、自治区、直辖市、计划单列市财政部门、海洋行政主管部门作出规定,并报财政部、国家海洋局备案。省、自治区、直辖市、计划单列市财政部门、海洋行政主管部门要加强对养殖用海减免政策落实情况的监督检查。

(四)海域使用权人申请海域使用金减免时将多个用海项目"打捆",或者同一用海项目包含多种用海类型的,有关财政部门、海洋行政主管部门应当分项目、分类型逐一审核,不得笼统进行整体核定、"打捆"减免。

三、规范海域使用金分期缴纳行为

用海项目应缴海域使用金金额超过1亿元,用海单位或者个人一次性缴纳海域使用金确有困难的,经有关海洋行政主管部门商同级财政部门同意,可批准其分期缴纳。海域使用金分期缴纳的时间跨度最长不得超过3年,第一期缴纳的海域使用金不得低于应缴海域使用金金额的50%。有关海洋行政主管部门应当与海域使用权人签订分期缴纳海域使用金协议,明确分期缴纳海域使用金的具体时间和金额,并督促用海单位和个人按时足额缴纳海域使用金。

四、调整部分项目用海海域使用金减免权限和程序

(一)申请人应当在收到《海域使用金缴款通知书》之日起30日内,按财综〔2006〕24号文件规定的要求,提出减免海域使用金的书面申请,逾期提交减免海域使用金书面申请的,一律不予受理。

(二)为提高工作效率,将减免国务院审批的项目用海应缴地方国库的海域使用金由财政部、国家海洋局审查批准,调整为由项目用海所在地省、自治区、直辖市、计划单列市财政部门、海洋行政主管部门审查批准,并将审查批准文件报财政部、国家海洋局备案。

(三)减免计划单列市人民政府审批的项目用海(不含养殖用海)海域使用金,按照下列程序办理:减免应缴中央国库的海域使用金,由计划单列市人民政府财政部门、海洋行政主管部门提出审核意见,报财政部、国家海洋局审查批准;减免应缴地方国库的海域使用金,由计划单列市人民政府财政部门、海洋行政主管部门审查批准,并将审查批准文件报省、自治区、直辖市财政部门、海洋行政主管部门以及财政部、国家海洋局备案。

本通知自印发之日起施行,财综〔2006〕24号和财综〔2007〕10号文件与本通知不一致的,一律以本通知规定为准。

4-2-118

财政部 国家海洋局关于调整海域使用金免缴审批权限的通知

2013年6月25日 财综〔2013〕66号

辽宁、河北、天津、山东、江苏、上海、浙江、福建、广东、广西、海南省(自治区、直辖市)财政厅(局)、海洋与渔业厅(局),大连、青岛、宁波、厦门、深圳市财政局(委)、海洋与渔业局:

2006年以来,财政部、国家海洋局先后印发了《海域使用金减免管理办法》(财综〔2006〕24号)、《关于海域使用金减免管理等有关事项的通知》(财综〔2008〕71号)等文件,进一步明确和细化了海域使用金依法免缴的政策和审批程序,各级财政部门、海洋行政主管部门认真贯彻落实,规范了海域使用金免缴行为,但也存在审批程序过于繁杂等问题。根据国务院转变政府职能简政放权的要求,为进一步提高工作效率,方便用海单位和个人,决定调整海域使用金免缴审批权限。现就有关事宜通知如下:

一、调整海域使用金免缴审批权限

(一)将用海单位和个人申请免缴国务院批准项目用海的海域使用金,按中央和地方分成,分别报财政部、国家海洋局和省、自治区、直辖市、计划单列市财政部门、海洋行政主管部门审查批准,调整为报财政部、国家海洋局审查批准。同时,财政部、国家海洋局将批准免缴海域使用金文件抄送项目用海所在地省级或者计划单列市财政部门、海洋行政主管部门以及财政部驻当地财政监察专员办事处备查。

（二）将用海单位和个人申请免缴地方各级人民政府批准的项目用海海域使用金，按中央和地方分成，分别报财政部、国家海洋局和省、自治区、直辖市、计划单列市财政部门、海洋行政主管部门审查批准，调整为报省、自治区、直辖市、计划单列市财政部门、海洋行政主管部门审查批准。同时，省、自治区、直辖市、计划单列市财政部门、海洋行政主管部门应将批准免缴海域使用金文件报财政部、国家海洋局备案，并抄送财政部驻当地财政监察专员办事处备查。其中，计划单列市财政部门、海洋行政主管部门批准免缴海域使用金文件同时报相关省财政部门、海洋行政主管部门备案。

（三）养殖用海单位和个人申请免缴海域使用金，继续由批准项目用海的地方人民政府财政部门、海洋行政主管部门审查批准。

二、建立海域使用金免缴台账

各级财政部门、海洋行政主管部门应当建立海域使用金免缴台账，逐笔记录项目用海名称、用海类型、用海面积、免缴金额、批准免缴海域使用金的依据、批复时间等信息，并汇总年度海域使用金免缴信息，报上级财政部门、海洋行政主管部门。各级海洋行政主管部门应当同时在国家海域动态监视监测管理系统中录入海域使用金免缴信息，在年度海域使用公报中向社会公布，自觉接受社会监督。

三、加强海域使用金免缴的监督管理

各级财政部门、海洋行政主管部门要严格按照《海域使用管理法》第三十五条、财综〔2006〕24号文件、财综〔2008〕71号文件审批海域使用金免缴事项，不得违反规定批准免缴海域使用金。同时，要自觉接受各级审计机关的审计和监督。对于违反规定批准免缴海域使用金的行为，依照《财政违法行为处罚处分条例》、《海域使用管理违法违纪行为处分规定》等相关规定，责令改正，补收应当缴纳的海域使用金，并追究相关单位和人员的责任。

本通知自2013年7月1日起执行。财综〔2006〕24号文件、财综〔2008〕71号文件有关规定与本通知不一致的，一律以本通知规定为准。

4-2-119

财政部关于印发《海岛及海域保护资金管理办法》的通知

2018年12月24日　财建〔2018〕861号

各省、自治区、直辖市财政厅（局）、自然资源厅（局）、生态环境厅（局）：

为加强海岛及海域保护资金使用管理，我们制定了《海岛及海域保护资金管理办法》，现予印发，请遵照执行。

附件：《海岛及海域保护资金管理办法》

附件

海岛及海域保护资金管理办法

第一条 为加强和规范海岛及海域保护资金管理,提高资金使用效益,促进海洋生态文明建设和海域的合理开发、可持续利用,根据《中华人民共和国预算法》《中华人民共和国海域使用管理法》《中华人民共和国海岛保护法》《中央对地方专项转移支付管理办法》等,制定本办法。

第二条 本办法所称海岛及海域保护资金(以下简称保护资金)是指中央财政安排的,用于支持海域海岛自然资源和生态环境保护,促进沿海岸线和海岛海域生态功能恢复的资金。

第三条 保护资金的管理和使用应当遵循以下原则:

(一)坚决贯彻党中央、国务院决策部署,突出支持重点。

(二)符合国家宏观经济政策和涉海规划,坚持保护优先、陆海统筹。

(三)按照编制财政中期规划的要求,统筹考虑有关工作总体预算安排。

(四)坚持公开、公平、公正,主动接受社会监督。

(五)强化资金监管,充分发挥资金效益。

第四条 保护资金由财政部会同自然资源部、生态环境部组织实施。具体实施方案按照《中华人民共和国国民经济和社会发展第十三个五年规划纲要》《国务院办公厅关于印发〈"十三五"生态环境保护规划〉的通知》以及党中央、国务院关于打好污染防治攻坚战的有关决策部署制定。

本办法实施期限至2020年。期满后财政部会同自然资源部、生态环境部根据法律、行政法规和国务院有关规定及海岛海域保护形势的需要评估确定后续期限。

第五条 保护资金支持范围具体包括:

(一)海洋环境保护。对自然岸线、国家级海洋自然保护区、国家级海洋特别保护区、国家海洋公园等生态系统较为脆弱或生态环境质量优良的自然资源实施保护。

(二)入海污染物治理。支持因提高入海污染物排放标准的直排海污染源治理以及海岛海域污水垃圾等污染物治理。

(三)修复整治。对滨海湿地、海岸带、海域、海岛等进行修复整治,提升海岛海域岸线的生态功能。

(四)能力建设。支持海域、海岛监视监管系统、海洋生态环境观测监测建设,开展海洋防灾减灾、海洋调查等。

(五)根据党中央、国务院决策部署需要统筹安排的其他支出。

对不再符合法律、行政法规等有关规定,政策到期或调整,相关目标已经实现或实施成效差、绩效低下的支持事项,应当及时退出。

第六条 财政部负责审核保护资金分配建议方案,编制保护资金预算并下达,组织实施全过程预算绩效管理,指导地方加强资金管理等工作。

自然资源部、生态环境部负责组织海岛及海域保护治理实施方案的编制和审核,研究提出工作任务及资金分配建议方案,开展日常监管、综合成效评估和技术标准制定等工作,开展保护资金预算绩效管理工作,指导地方做好项目管理工作等。

第七条 保护资金分配可以采取因素法和项目法。支持实施"蓝色海湾"综合整治行动的保护资金采取项目法分配。支持渤海综合治理等保护资金采取因素法分配。

第八条 采取项目法分配的,由财政部会同有关部门通过竞争性评审方式公开择优确定具体项目。

财政部会同有关部门在项目评审前发布申报指南,明确项目申报范围、要求等具体事项。地级市安排保护资金不超过3亿元、计划单列市和省会城市安排保护资金不超过4亿元,具体根据项目实施方案总投资金额确定。

项目所在城市负责编制工作实施方案,明确工作目标、实施任务、保障机制以及分年度资金预算等,并按照项目申报要求提出申请。

中央有关部门会同财政部对纳入支持范围的沿海城市工作实施方案进行备案。财政部根据工作实施方案确定的任务量、方案执行情况等,实施年限等编制相关预算草案,待全国人民代表大会批准中央预算后按照规定程序下达保护资金预算。

第九条 采取因素法的,应该选取纳入支持范围的沿海地区滨海湿地整治修复面积、岸线岸滩整治修复面积、入海污染物治理量。

因素法分配权重暂按3∶3∶4的比例确定。财政部可以会同有关部门结合海岛海域保护需要合理调整相关因素的权重。

第十条 财政部、自然资源部、生态环境部负责组织对保护资金实施预算绩效管理,开展绩效自评和重点绩效评价,加强绩效评价结果反馈应用,并建立保护资金考核奖惩机制。将对各地保护资金使用和方案执行情况考核结果和绩效评价结果作为调整完善政策及资金预算的重要依据。

绩效评价包括对产出、效益、满意度等指标的考核。具体内容包括:计划目标任务完成情况、相关制度建设情况、保护资金到位使用及项目实施进展情况、经济社会效益情况等。

第十一条 沿海地区各级财政部门、自然资源主管部门、生态环境主管部门应当加强保护资金的绩效评价,并选择部分重点项目开展绩效评价,加强对具体项目及保护资金使用情况的动态监督。发现资金违规使用、项目实施方案变更等重大问题的,应当按程序及时报告财政部、自然资源部和生态环境部。

第十二条 财政部驻各地监察专员办事处按照财政部的要求,开展专项资金监管工作。

第十三条 保护资金应当专款专用,任何单位和个人不得截留、挤占和挪用。各级财政部门、自然资源部门和生态环境部门及其工作人员存在违反本办法规定行为的,按照预算法、公务员法、监察法、财政违法行为处罚处分条例等国家有关规定追究相应责任;涉嫌犯罪的,移送司法机关处理。

第十四条 结转结余保护资金的管理按照《中央对地方专项转移支付管理办法》(财预〔2015〕230号)等规定执行。

第十五条 沿海地区各省级财政部门会同海洋行政主管部门结合本地区实际情况,根据本办法制定保护资金使用管理实施细则,并报财政部及自然资源部备案。

第十六条 本办法由财政部会同自然资源部、生态环境部负责解释。

第十七条 本办法自印发之日起施行。《财政部 国家海洋局关于印发〈中央海岛和海域保护资金使用管理办法〉的通知》(财建〔2015〕250号)、《财政部 国家海洋局关于〈中央海岛和海域保护资金使用管理办法〉的补充通知》(财建〔2016〕854号)同时废止。

无居民海岛使用金

4-2-120

中华人民共和国海岛保护法

2009年12月26日第十一届全国人民代表大会常务委员会
第十二次会议通过　同日中华人民共和国主席令第22号公布

目　录

第一章　总则
第二章　海岛保护规划
第三章　海岛的保护
　第一节　一般规定
　第二节　有居民海岛生态系统的保护
　第三节　无居民海岛的保护
　第四节　特殊用途海岛的保护
第四章　监督检查
第五章　法律责任
第六章　附则

第一章　总　则

第一条　为了保护海岛及其周边海域生态系统，合理开发利用海岛自然资源，维护国家海洋权益，促进经济社会可持续发展，制定本法。

第二条　从事中华人民共和国所属海岛的保护、开发利用及相关管理活动，适用本法。

本法所称海岛，是指四面环海水并在高潮时高于水面的自然形成的陆地区域，包括有居民海岛和无居民海岛。

本法所称海岛保护，是指海岛及其周边海域生态系统保护，无居民海岛自然资源保护和特殊用途海岛保护。

第三条　国家对海岛实行科学规划、保护优先、合理开发、永续利用的原则。

国务院和沿海地方各级人民政府应当将海岛保护和合理开发利用纳入国民经济和社会发展规划，采取有效措施，加强对海岛的保护和管理，防止海岛及其周边海域生态系统遭受破坏。

第四条　无居民海岛属于国家所有,国务院代表国家行使无居民海岛所有权。

第五条　国务院海洋主管部门和国务院其他有关部门依照法律和国务院规定的职责分工,负责全国有居民海岛及其周边海域生态保护工作。沿海县级以上地方人民政府海洋主管部门和其他有关部门按照各自的职责,负责本行政区域内有居民海岛及其周边海域生态保护工作。

国务院海洋主管部门负责全国无居民海岛保护和开发利用的管理工作。沿海县级以上地方人民政府海洋主管部门负责本行政区域内无居民海岛保护和开发利用管理的有关工作。

第六条　海岛的名称,由国家地名管理机构和国务院海洋主管部门按照国务院有关规定确定和发布。

沿海县级以上地方人民政府应当按照国家规定,在需要设置海岛名称标志的海岛设置海岛名称标志。

禁止损毁或者擅自移动海岛名称标志。

第七条　国务院和沿海地方各级人民政府应当加强对海岛保护的宣传教育工作,增强公民的海岛保护意识,并对在海岛保护以及有关科学研究工作中做出显著成绩的单位和个人予以奖励。

任何单位和个人都有遵守海岛保护法律的义务,并有权向海洋主管部门或者其他有关部门举报违反海岛保护法律、破坏海岛生态的行为。

第二章　海岛保护规划

第八条　国家实行海岛保护规划制度。海岛保护规划是从事海岛保护、利用活动的依据。

制定海岛保护规划应当遵循有利于保护和改善海岛及其周边海域生态系统,促进海岛经济社会可持续发展的原则。

海岛保护规划报送审批前,应当征求有关专家和公众的意见,经批准后应当及时向社会公布。但是,涉及国家秘密的除外。

第九条　国务院海洋主管部门会同本级人民政府有关部门、军事机关,依据国民经济和社会发展规划、全国海洋功能区划,组织编制全国海岛保护规划,报国务院审批。

全国海岛保护规划应当按照海岛的区位、自然资源、环境等自然属性及保护、利用状况,确定海岛分类保护的原则和可利用的无居民海岛,以及需要重点修复的海岛等。

全国海岛保护规划应当与全国城镇体系规划和全国土地利用总体规划相衔接。

第十条　沿海省、自治区人民政府海洋主管部门会同本级人民政府有关部门、军事机关,依据全国海岛保护规划、省域城镇体系规划和省、自治区土地利用总体规划,组织编制省域海岛保护规划,报省、自治区人民政府审批,并报国务院备案。

沿海直辖市人民政府组织编制的城市总体规划,应当包括本行政区域内海岛保护专项规划。

省域海岛保护规划和直辖市海岛保护专项规划,应当规定海岛分类保护的具体措施。

第十一条　省、自治区人民政府根据实际情况,可以要求本行政区域内的沿海城市、县、镇人民政府组织编制海岛保护专项规划,并纳入城市总体规划、镇总体规划;可以要求沿海县人民政府组织编制县域海岛保护规划。

沿海城市、镇海岛保护专项规划和县域海岛保护规划,应当符合全国海岛保护规划和省域海岛保护规划。

编制沿海城市、镇海岛保护专项规划,应当征求上一级人民政府海洋主管部门的意见。

县域海岛保护规划报省、自治区人民政府审批,并报国务院海洋主管部门备案。

第十二条 沿海县级人民政府可以组织编制全国海岛保护规划确定的可利用无居民海岛的保护和利用规划。

第十三条 修改海岛保护规划,应当依照本法第九条、第十条、第十一条规定的审批程序报经批准。

第十四条 国家建立完善海岛统计调查制度。国务院海洋主管部门会同有关部门拟定海岛综合统计调查计划,依法经批准后组织实施,并发布海岛统计调查公报。

第十五条 国家建立海岛管理信息系统,开展海岛自然资源的调查评估,对海岛的保护与利用等状况实施监视、监测。

第三章 海岛的保护

第一节 一般规定

第十六条 国务院和沿海地方各级人民政府应当采取措施,保护海岛的自然资源、自然景观以及历史、人文遗迹。

禁止改变自然保护区内海岛的海岸线。禁止采挖、破坏珊瑚和珊瑚礁。禁止砍伐海岛周边海域的红树林。

第十七条 国家保护海岛植被,促进海岛淡水资源的涵养;支持有居民海岛淡水储存、海水淡化和岛外淡水引入工程设施的建设。

第十八条 国家支持利用海岛开展科学研究活动。在海岛从事科学研究活动不得造成海岛及其周边海域生态系统破坏。

第十九条 国家开展海岛物种登记,依法保护和管理海岛生物物种。

第二十条 国家支持在海岛建立可再生能源开发利用、生态建设等实验基地。

第二十一条 国家安排海岛保护专项资金,用于海岛的保护、生态修复和科学研究活动。

第二十二条 国家保护设置在海岛的军事设施,禁止破坏、危害军事设施的行为。

国家保护依法设置在海岛的助航导航、测量、气象观测、海洋监测和地震监测等公益设施,禁止损毁或者擅自移动,妨碍其正常使用。

第二节 有居民海岛生态系统的保护

第二十三条 有居民海岛的开发、建设应当遵守有关城乡规划、环境保护、土地管理、海域使用管理、水资源和森林保护等法律、法规的规定,保护海岛及其周边海域生态系统。

第二十四条 有居民海岛的开发、建设应当对海岛土地资源、水资源及能源状况进行调查评估,依法进行环境影响评价。海岛的开发、建设不得超出海岛的环境容量。新建、改建、扩建建设项目,必须符合海岛主要污染物排放、建设用地和用水总量控制指标的要求。

有居民海岛的开发、建设应当优先采用风能、海洋能、太阳能等可再生能源和雨水集蓄、海水淡化、污水再生利用等技术。

有居民海岛及其周边海域应当划定禁止开发、限制开发区域,并采取措施保护海岛生物栖息地,防止海岛植被退化和生物多样性降低。

第二十五条 在有居民海岛进行工程建设,应当坚持先规划后建设、生态保护设施优先建设或者与工程项目同步建设的原则。

进行工程建设造成生态破坏的,应当负责修复;无力修复的,由县级以上人民政府责令停止建设,并可以指定有关部门组织修复,修复费用由造成生态破坏的单位、个人承担。

第二十六条 严格限制在有居民海岛沙滩建造建筑物或者设施;确需建造的,应当依照有关城乡规划、土地管理、环境保护等法律、法规的规定执行。未经依法批准在有居民海岛沙滩建造的建筑物或者设施,对海岛及其周边海域生态系统造成严重破坏的,应当依法拆除。

严格限制在有居民海岛沙滩采挖海砂;确需采挖的,应当依照有关海域使用管理、矿产资源的法律、法规的规定执行。

第二十七条 严格限制填海、围海等改变有居民海岛海岸线的行为,严格限制填海连岛工程建设;确需填海、围海改变海岛海岸线,或者填海连岛的,项目申请人应当提交项目论证报告、经批准的环境影响评价报告等申请文件,依照《中华人民共和国海域使用管理法》的规定报经批准。

本法施行前在有居民海岛建设的填海连岛工程,对海岛及其周边海域生态系统造成严重破坏的,由海岛所在省、自治区、直辖市人民政府海洋主管部门会同本级人民政府有关部门制定生态修复方案,报本级人民政府批准后组织实施。

第三节 无居民海岛的保护

第二十八条 未经批准利用的无居民海岛,应当维持现状;禁止采石、挖海砂、采伐林木以及进行生产、建设、旅游等活动。

第二十九条 严格限制在无居民海岛采集生物和非生物样本;因教学、科学研究确需采集的,应当报经海岛所在县级以上地方人民政府海洋主管部门批准。

第三十条 从事全国海岛保护规划确定的可利用无居民海岛的开发利用活动,应当遵守可利用无居民海岛保护和利用规划,采取严格的生态保护措施,避免造成海岛及其周边海域生态系统破坏。

开发利用前款规定的可利用无居民海岛,应当向省、自治区、直辖市人民政府海洋主管部门提出申请,并提交项目论证报告、开发利用具体方案等申请文件,由海洋主管部门组织有关部门和专家审查,提出审查意见,报省、自治区、直辖市人民政府审批。

无居民海岛的开发利用涉及利用特殊用途海岛,或者确需填海连岛以及其他严重改变海岛自然地形、地貌的,由国务院审批。

无居民海岛开发利用审查批准的具体办法,由国务院规定。

第三十一条 经批准开发利用无居民海岛的,应当依法缴纳使用金。但是,因国防、公务、教学、防灾减灾、非经营性公用基础设施建设和基础测绘、气象观测等公益事业使用无居民海岛的除外。

无居民海岛使用金征收使用管理办法,由国务院财政部门会同国务院海洋主管部门规定。

第三十二条 经批准在可利用无居民海岛建造建筑物或者设施,应当按照可利用无居民海岛保护和利用规划限制建筑物、设施的建设总量、高度以及与海岸线的距离,使其与周围植被和景观相协调。

第三十三条 无居民海岛利用过程中产生的废水,应当按照规定进行处理和排放。

无居民海岛利用过程中产生的固体废物,应当按照规定进行无害化处理、处置,禁止在无居民海岛弃置或者向其周边海域倾倒。

第三十四条 临时性利用无居民海岛的,不得在所利用的海岛建造永久性建筑物或者设施。

第三十五条 在依法确定为开展旅游活动的可利用无居民海岛及其周边海域,不得建造居民定居场所,不得从事生产性养殖活动;已经存在生产性养殖活动的,应当在编制可利用无居民海岛保护和利用规划中确定相应的污染防治措施。

第四节 特殊用途海岛的保护

第三十六条 国家对领海基点所在海岛、国防用途海岛、海洋自然保护区内的海岛等具有特殊用途或者特殊保护价值的海岛,实行特别保护。

第三十七条 领海基点所在的海岛,应当由海岛所在省、自治区、直辖市人民政府划定保护范围,报国务院海洋主管部门备案。领海基点及其保护范围周边应当设置明显标志。

禁止在领海基点保护范围内进行工程建设以及其他可能改变该区域地形、地貌的活动。确需进行以保护领海基点为目的的工程建设的,应当经过科学论证,报国务院海洋主管部门同意后依法办理审批手续。

禁止损毁或者擅自移动领海基点标志。

县级以上人民政府海洋主管部门应当按照国家规定,对领海基点所在海岛及其周边海域生态系统实施监视、监测。

任何单位和个人都有保护海岛领海基点的义务。发现领海基点以及领海基点保护范围内的地形、地貌受到破坏的,应当及时向当地人民政府或者海洋主管部门报告。

第三十八条 禁止破坏国防用途无居民海岛的自然地形、地貌和有居民海岛国防用途区域及其周边的地形、地貌。

禁止将国防用途无居民海岛用于与国防无关的目的。国防用途终止时,经军事机关批准后,应当将海岛及其有关生态保护的资料等一并移交该海岛所在省、自治区、直辖市人民政府。

第三十九条 国务院、国务院有关部门和沿海省、自治区、直辖市人民政府,根据海岛自然资源、自然景观以及历史、人文遗迹保护的需要,对具有特殊保护价值的海岛及其周边海域,依法批准设立海洋自然保护区或者海洋特别保护区。

第四章 监督检查

第四十条 县级以上人民政府有关部门应当依法对有居民海岛保护和开发、建设进行监督检查。

第四十一条 海洋主管部门应当依法对无居民海岛保护和合理利用情况进行监督检查。

海洋主管部门及其海监机构依法对海岛周边海域生态系统保护情况进行监督检查。

第四十二条 海洋主管部门依法履行监督检查职责,有权要求被检查单位和个人就海岛利用的有关问题作出说明,提供海岛利用的有关文件和资料;有权进入被检查单位和个人所利用的海岛实施现场检查。

检查人员在履行检查职责时,应当出示有效的执法证件。有关单位和个人对检查工作应当予以配合,如实反映情况,提供有关文件和资料等;不得拒绝或者阻碍检查工作。

第四十三条 检查人员必须忠于职守、秉公执法、清正廉洁、文明服务,并依法接受监督。在依法查处违反本法规定的行为时,发现国家机关工作人员有违法行为应当给予处分的,应当向其任免机关或者监察机关提出处分建议。

第五章 法律责任

第四十四条 海洋主管部门或者其他对海岛保护负有监督管理职责的部门,发现违法行为或者接到对违法行为的举报后不依法予以查处,或者有其他未依照本法规定履行职责的行为的,由本级人民政府或者上一级人民政府有关主管部门责令改正,对直接负责的主管人员和其他直接责任人员依法给予处分。

第四十五条 违反本法规定,改变自然保护区内海岛的海岸线,填海、围海改变海岛海岸线,或者进行填海连岛的,依照《中华人民共和国海域使用管理法》的规定处罚。

第四十六条 违反本法规定,采挖、破坏珊瑚、珊瑚礁,或者砍伐海岛周边海域红树林的,依照《中华人民共和国海洋环境保护法》的规定处罚。

第四十七条 违反本法规定,在无居民海岛采石、挖海砂、采伐林木或者采集生物、非生物样本的,由县级以上人民政府海洋主管部门责令停止违法行为,没收违法所得,可以并处二万元以下的罚款。

违反本法规定,在无居民海岛进行生产、建设活动或者组织开展旅游活动的,由县级以上人民政府海洋主管部门责令停止违法行为,没收违法所得,并处二万元以上二十万元以下的罚款。

第四十八条 违反本法规定,进行严重改变无居民海岛自然地形、地貌的活动的,由县级以上人民政府海洋主管部门责令停止违法行为,处以五万元以上五十万元以下的罚款。

第四十九条 在海岛及其周边海域违法排放污染物的,依照有关环境保护法律的规定处罚。

第五十条 违反本法规定,在领海基点保护范围内进行工程建设或者其他可能改变该区域地形、地貌活动,在临时性利用的无居民海岛建造永久性建筑物或者设施,或者在依法确定为开展旅游活动的可利用无居民海岛建造居民定居场所的,由县级以上人民政府海洋主管部门责令停止违法行为,处以二万元以上二十万元以下的罚款。

第五十一条 损毁或者擅自移动领海基点标志的,依法给予治安管理处罚。

第五十二条 破坏、危害设置在海岛的军事设施,或者损毁、擅自移动设置在海岛的助航导航、测量、气象观测、海洋监测和地震监测等公益设施的,依照有关法律、行政法规的规定处罚。

第五十三条 无权批准开发利用无居民海岛而批准,超越批准权限批准开发利用无居民海岛,或者违反海岛保护规划批准开发利用无居民海岛的,批准文件无效;对直接负责的主管人员和其他直接责任人员依法给予处分。

第五十四条 违反本法规定,拒绝海洋主管部门监督检查,在接受监督检查时弄虚作假,或者不提供有关文件和资料的,由县级以上人民政府海洋主管部门责令改正,可以处二万元以下的罚款。

第五十五条 违反本法规定,构成犯罪的,依法追究刑事责任。

造成海岛及其周边海域生态系统破坏的,依法承担民事责任。

第六章 附 则

第五十六条 低潮高地的保护及相关管理活动,比照本法有关规定执行。

第五十七条 本法中下列用语的含义:

(一)海岛及其周边海域生态系统,是指由维持海岛存在的岛体、海岸线、沙滩、植被、淡水和周边海域等生物群落和非生物环境组成的有机复合体。

(二)无居民海岛,是指不属于居民户籍管理的住址登记地的海岛。

(三)低潮高地,是指在低潮时四面环海水并高于水面但在高潮时没入水中的自然形成的陆地区域。

(四)填海连岛,是指通过填海造地等方式将海岛与陆地或者海岛与海岛连接起来的行为。

(五)临时性利用无居民海岛,是指因公务、教学、科学调查、救灾、避险等需要而短期登临、停靠无居民海岛的行为。

第五十八条 本法自2010年3月1日起施行。

※ ※ ※ ※

4-2-121

财政部 国家海洋局关于印发
《无居民海岛使用金征收使用管理办法》的通知

2010年6月7日　财综〔2010〕44号

辽宁、河北、天津、山东、江苏、上海、浙江、福建、广东、广西、海南省(自治区、直辖市)财政厅

(局)、海洋厅(局):

为加强和规范无居民海岛使用金的征收、使用管理,促进无居民海岛的有效保护和合理开发利用,根据《中华人民共和国海岛保护法》和《中华人民共和国预算法》等法律规定,我们制定了《无居民海岛使用金征收使用管理办法》,现印发给你们,请遵照执行。

无居民海岛使用金征收使用管理办法

第一章 总　则

第一条　为了加强和规范无居民海岛使用金的征收、使用管理,促进无居民海岛的有效保护和合理开发利用,根据《中华人民共和国海岛保护法》和《中华人民共和国预算法》等法律规定,制定本办法。

第二条　国家实行无居民海岛有偿使用制度。

单位和个人利用无居民海岛,应当经国务院或者沿海省、自治区、直辖市人民政府依法批准,并按照本办法规定缴纳无居民海岛使用金。未足额缴纳无居民海岛使用金的,海洋主管部门不得办理无居民海岛使用权证书。

无居民海岛使用金,是指国家在一定年限内出让无居民海岛使用权,由无居民海岛使用者依法向国家缴纳的无居民海岛使用权价款,不包括无居民海岛使用者取得无居民海岛使用权应当依法缴纳的其他相关税费。

第三条　无居民海岛使用权可以通过申请审批方式出让,也可以通过招标、拍卖、挂牌的方式出让。其中,旅游、娱乐、工业等经营性用岛有两个及两个以上意向者的,一律实行招标、拍卖、挂牌方式出让。

未经批准,无居民海岛使用者不得转让、出租和抵押无居民海岛使用权,不得改变海岛用途和用岛性质。

第四条　无居民海岛使用权出让实行最低价限制制度。

无居民海岛使用权出让最低价标准由国务院财政部门会同国务院海洋主管部门根据无居民海岛的等别、用岛类型和方式、离岸距离等因素,适当考虑生态补偿因素确定,并适时进行调整。

无居民海岛的等别划分、用岛类型界定和无居民海岛使用权出让最低价标准分别参见附件1、附件2和附件3。

第五条　无居民海岛使用权出让价款不得低于无居民海岛使用权出让最低价。

无居民海岛使用权出让最低价的计算公式为:

无居民海岛使用权出让最低价 = 无居民海岛使用权出让面积 × 使用年限 × 无居民海岛使用权出让最低价标准

公式中无居民海岛使用权出让面积以无居民海岛使用批准文件确定的开发利用面积为准。

第六条　无居民海岛使用权出让前应当由具有资产评估资格的中介机构对出让价款

进行预评估,评估结果作为政府决策的参考依据。有关评估管理规定由国务院财政部门会同国务院海洋主管部门制定。

第七条 无居民海岛使用金属于政府非税收入,由省级以上财政部门负责征收管理,由省级以上海洋主管部门负责具体征收。

第八条 无居民海岛使用金实行中央地方分成。其中20%缴入中央国库,80%缴入地方国库。地方分成的无居民海岛使用金在省(自治区、直辖市,以下简称省)、市、县级之间的分配比例,由沿海各省级人民政府财政部门确定,报省级人民政府批准后执行。

第九条 无居民海岛使用金纳入一般预算管理,主要用于海岛保护、管理和生态修复。

第二章 征 收

第十条 无居民海岛使用金按照批准的使用年限实行一次性计征。

应缴纳的无居民海岛使用金额度超过1亿元的,无居民海岛使用者可以提出申请,经批准用岛的海洋主管部门商同级财政部门同意后,可以在3年时间内分次缴纳。

分次缴纳无居民海岛使用金的,首次缴纳额度不得低于总额度的50%。在首次缴纳无居民海岛使用金后,由国务院海洋主管部门或者省级海洋主管部门依法颁发无居民海岛使用临时证书;全部缴清无居民海岛使用金后,由国务院海洋主管部门或者省级海洋主管部门依法换发无居民海岛使用权证书。

无居民海岛使用者申请分次缴纳无居民海岛使用金的申请和批准程序,按照本办法规定的免缴无居民海岛使用金的申请和核准程序执行。

第十一条 国务院批准用岛的,无居民海岛使用金由国务院海洋主管部门负责征收。

省级人民政府批准用岛的,无居民海岛使用金由海岛所在地省级海洋主管部门负责征收。

第十二条 无居民海岛使用金实行就地缴库办法。

省级以上海洋主管部门征收无居民海岛使用金,应当向无居民海岛使用者开具《无居民海岛使用金缴款通知书》,通知无居民海岛使用者按照有关要求,填写"一般缴款书",在无居民海岛所在市、县就地缴纳无居民海岛使用金。省级以上海洋主管部门应将《无居民海岛使用金缴款通知书》以及"一般缴款书"第四联复印件报送财政部驻当地财政监察专员办事处备查。填写"一般缴款书"时,"财政机关"填写"财政部门","预算级次"填写"中央地方分成","收款国库"填写实际收纳款项的国库名称,"备注"栏注明中央地方分成比例。

《无居民海岛使用金缴款通知书》应当明确用岛面积、适用的征收等别、征收标准、应缴纳的无居民海岛使用金数额、缴纳无居民海岛使用金的期限、缴库方式、适用的政府收支分类科目等相关内容。无居民海岛使用者应当在收到《无居民海岛使用金缴款通知书》一个月之内,按要求缴纳无居民海岛使用金。

无居民海岛使用金收入列《政府收支分类科目》"1030708 无居民海岛使用金收入"(新增),并下设01目"中央无居民海岛使用金收入"和02目"地方无居民海岛使用金收入"。

第十三条 无居民海岛使用者未按规定及时足额缴纳无居民海岛使用金的,按日加收1‰的滞纳金。

滞纳金随同无居民海岛使用金按规定分成比例和科目一并缴入相应级次国库。

第三章 免 缴

第十四条 下列用岛免缴无居民海岛使用金:
(一)国防用岛;
(二)公务用岛,指各级国家行政机关或者其他承担公共事务管理任务的单位依法履行公共事务管理职责的用岛;
(三)教学用岛,指非经营性的教学和科研项目用岛;
(四)防灾减灾用岛;
(五)非经营性公用基础设施建设用岛,包括非经营性码头、桥梁、道路建设用岛,非经营性供水、供电设施建设用岛,不包括为上述非经营性基础设施提供配套服务的经营性用岛;
(六)基础测绘和气象观测用岛;
(七)国务院财政部门、海洋主管部门认定的其他公益事业用岛。

第十五条 免缴无居民海岛使用金的,应当依法申请并经核准。

符合本办法第十四条规定情形的项目用岛,申请人应当在收到《无居民海岛使用金缴款通知书》之日起 30 日内,按照下列规定提出免缴无居民海岛使用金的书面申请,逾期不予受理:
(一)申请人申请免缴国务院审批项目用岛应缴的无居民海岛使用金,应当分别向国务院财政、海洋主管部门提出书面申请。
(二)申请人申请免缴省级人民政府审批项目用岛应缴的无居民海岛使用金,应当分别向项目所在地的省级财政、海洋主管部门提出书面申请。

第十六条 申请人申请免缴无居民海岛使用金,应当提交下列相关资料:
(一)免缴无居民海岛使用金的书面申请,包括免缴理由、免缴金额、免缴期限等内容;
(二)能够证明项目用岛性质的相关证明材料;
(三)省级以上财政、海洋主管部门认为应当提交的其他相关材料。

第十七条 国务院财政、海洋主管部门原则上应当在收到申请人的申请后 60 日内,由国务院海洋主管部门对免缴无居民海岛使用金的合法性提出初审意见,经同级财政部门审核同意后,由国务院财政部门会同同级海洋主管部门以书面形式批复申请人。

省级财政、海洋主管部门原则上应当在收到申请人的申请后 60 日内,由省级海洋主管部门对免缴无居民海岛使用金的合法性提出初审意见,经同级财政部门审核同意后,由省级财政部门会同同级海洋主管部门以书面形式批复申请人。

第十八条 经依法核准免缴无居民海岛使用金的用岛项目,申请转让无居民海岛使用权或者改变海岛用途和用岛性质的,应当按照有关规定重新履行无居民海岛使用金免缴申请和报批手续。

第十九条 省级以上财政、海洋主管部门应当严格按照本办法规定权限核准免缴无居民海岛使用金。其他任何部门和单位均不得核准免缴无居民海岛使用金。

第四章 使 用

第二十条 无居民海岛使用金的具体使用范围如下:

（一）海岛保护。包括海岛及其周边海域生态系统保护、无居民海岛自然资源保护和特殊用途海岛保护，即保护海岛资源、生态，维护国家海洋权益和国防安全。

（二）海岛管理。包括各级政府及其海岛管理部门依据法律及法定职权，综合运用行政、经济、法律和技术等措施对海岛保护和合理利用进行的管理和监督。

（三）海岛生态修复。包括依据生态修复方案，通过生物技术、工程技术等人工方法对生态系统遭受破坏的海岛进行修复，并对修复效果进行追踪的工作。

（四）省级以上财政、海洋主管部门确定的其他项目。

第二十一条　当年缴入国库的无居民海岛使用金由财政部门在下一年度支出预算中安排使用。

第二十二条　中央分成的无居民海岛使用金支出预算，按照国务院财政部门关于部门预算管理的规定进行编报、审核和下达；地方分成的无居民海岛使用金支出预算，按照本地区关于部门预算管理的规定执行。中央分成的无居民海岛使用金在用于中央本级支出有结余时，可以视情况安排补助地方无居民海岛使用金支出预算，或者由国务院财政部门统筹安排。

第二十三条　无居民海岛使用金的支付按照财政国库管理制度的规定执行。资金使用中涉及政府采购的，按照《中华人民共和国政府采购法》及政府采购的有关规定执行。

无居民海岛使用金支出列《政府收支分类科目》220类02款17项"无居民海岛使用金支出"科目（新增）。

第二十四条　无居民海岛使用金项目资金应当纳入单位财务统一管理，分账核算，确保专款专用。严禁将无居民海岛使用金项目资金用于支付各种罚款、捐助、赞助、投资等。

第二十五条　跨年度执行的项目在项目未完成时形成的年度结转资金，结转下一年度按规定继续使用。项目因故终止的，结余资金按照国务院财政部门关于财政拨款结余资金的有关规定办理。

第五章　监督检查与法律责任

第二十六条　各级财政、海洋主管部门应当加强对无居民海岛使用金征收、使用情况的管理，定期或不定期地开展无居民海岛使用金征收、使用情况的专项检查。

第二十七条　拒不缴纳无居民海岛使用金的，由依法颁发无居民海岛使用权证书的海洋主管部门无偿收回无居民海岛使用权。

第二十八条　无居民海岛使用金项目承担单位未按照批准的用途使用无居民海岛使用金的，由县级以上财政部门会同同级海洋主管部门依据职权责令限期改正；逾期不改正的，项目承担单位应将无居民海岛使用金按原拨款渠道退回批准预算的财政部门，并给予5年内不得申请无居民海岛使用金项目的处理。

第二十九条　单位和个人有下列行为之一的，依照《财政违法行为处罚处分条例》（国务院令第427号）等国家有关规定追究法律责任：

（一）不按规定征收无居民海岛使用金的；

（二）不按规定及时足额缴纳无居民海岛使用金的；

（三）违反本办法规定核准免缴无居民海岛使用金的；

(四)申请人不如实提供有关资料,弄虚作假,骗取免缴无居民海岛使用金的;

(五)截留、挤占、挪用无居民海岛使用金的。

第六章 附 则

第三十条 沿海地区省级财政部门会同同级海洋主管部门根据本办法,可以结合本地区实际情况,制定本地区无居民海岛使用金的具体征收使用管理办法,并报国务院财政、海洋主管部门备案。

第三十一条 本办法由国务院财政部门会同国务院海洋主管部门负责解释。

第三十二条 本办法自2010年8月1日起施行。

附件:1. 无居民海岛等别划分(编者略)

2. 无居民海岛用岛类型界定(编者略)

3. 无居民海岛使用权出让最低价标准(编者略)

4-2-122

财政部 国家海洋局印发《关于调整海域无居民海岛使用金征收标准》的通知

2018年3月13日 财综〔2018〕15号

沿海省、自治区、直辖市、计划单列市财政厅(局)、海洋厅(局):

根据中共中央、国务院关于生态文明体制改革总体方案和海域、无居民海岛有偿使用意见的要求,财政部、国家海洋局制定了《海域使用金征收标准》和《无居民海岛使用金征收标准》(见附件,以下简称国家标准),现印发你们,请遵照执行。如有问题,请及时告知。现将有关事项通知如下:

一、自本通知施行之日起,征收海域使用金和无居民海岛使用金统一按照国家标准执行。

二、沿海省、自治区、直辖市、计划单列市应根据本地区情况合理划分海域级别,制定不低于国家标准的地方海域使用金征收标准。以申请审批方式出让海域使用权的,执行地方标准;以招标、拍卖、挂牌方式出让海域使用权的,出让底价不得低于按照地方标准计算的海域使用金金额。尚未颁布地方海域使用金征收标准的地区,执行国家标准。养殖用海海域使用金执行地方标准。

地方人民政府管理海域以外的用海项目,执行国家标准,相关等别按照毗邻最近行政区的等别确定。养殖用海的海域使用金征收标准参照毗邻最近行政区的地方标准执行。

三、无居民海岛使用权出让实行最低标准限制制度。无居民海岛使用权出让由国家或省级海洋行政主管部门按照相关程序通过评估提出出让标准,作为无居民海岛市场化出让或申请审批出让的使用金征收依据,出让标准不得低于按照最低标准核算的最低出让标准。

四、本通知施行前已获批准但尚未缴纳海域使用金和无居民海岛使用金的用海、用岛项目,仍执行原海域使用金和无居民海岛使用金征收标准。其中,招标、拍卖、挂牌方式出让的项目批准时间,以政府批复出让方案的时间为准。

五、经批准分期缴纳海域使用金和无居民海岛使用金的用海、用岛项目,在批准的分期缴款时间内,应按照出让合同或分期缴款批复缴纳剩余部分。

六、已获批准按规定逐年缴纳海域使用金的用海项目,项目确权登记时间在通知施行前的,仍执行原海域使用金征收标准,出让合同另有约定的除外,缴款通知书已有规定的从其规定;因海域使用权续期或用海方案调整等需重新报经政府批准的,批准后按照新标准执行。

本通知施行后批准的逐年缴纳海域使用金的用海项目,如海域使用金征收标准调整,调整后第二年起执行新标准。

七、本通知自2018年5月1日起施行。此前财政部、国家海洋局制发的有关规定与本通知规定不一致的,一律以本通知规定为准。地方海域使用金征收标准(含养殖用海征收标准)制定工作,应于2019年4月底前完成,并报财政部、国家海洋局备案。

八、财政部会同国家海洋局将根据海域、无居民海岛资源环境承载能力和国民经济社会发展情况,综合评估用海用岛需求、海域和无居民海岛使用权价值、生态环境损害成本、社会承受能力等因素的变化,建立价格监测评价机制,对海域、无居民海岛使用金征收标准进行动态调整。

附件:1. 海域使用金征收标准(编者略)

2. 无居民海岛使用金征收标准(编者略)

3. 海域使用金缴款通知书模版(编者略)

森林植被恢复费

4-2-123

中华人民共和国森林法

1984年9月20日第六届全国人民代表大会常务委员会第七次会议通过 同日中华人民共和国主席令第17号公布 1998年4月29日第九届全国人民代表大会常务委员会第二次会议第一次修正 同日中华人民共和国主席令第3号公布 2009年8月27日第十一届全国人民代表大会常务委员会第十次会议第二次修正 同日中华人民共和国主席令第18号公布 2019年12月28日第十三届全国人民代表大会常务委员会第十五次会议修订 同日中华人民共和国主席令第39号公布

目 录

第一章 总则
第二章 森林权属
第三章 发展规划
第四章 森林保护
第五章 造林绿化
第六章 经营管理
第七章 监督检查
第八章 法律责任
第九章 附则

第一章 总 则

第一条 为了践行绿水青山就是金山银山理念,保护、培育和合理利用森林资源,加快国土绿化,保障森林生态安全,建设生态文明,实现人与自然和谐共生,制定本法。

第二条 在中华人民共和国领域内从事森林、林木的保护、培育、利用和森林、林木、林地的经营管理活动,适用本法。

第三条 保护、培育、利用森林资源应当尊重自然、顺应自然,坚持生态优先、保护优先、保育结合、可持续发展的原则。

第四条 国家实行森林资源保护发展目标责任制和考核评价制度。上级人民政府对下级人民政府完成森林资源保护发展目标和森林防火、重大林业有害生物防治工作的情况进行考核,并公开考核结果。

地方人民政府可以根据本行政区域森林资源保护发展的需要,建立林长制。

第五条 国家采取财政、税收、金融等方面的措施,支持森林资源保护发展。各级人民政府应当保障森林生态保护修复的投入,促进林业发展。

第六条 国家以培育稳定、健康、优质、高效的森林生态系统为目标,对公益林和商品林实行分类经营管理,突出主导功能,发挥多种功能,实现森林资源永续利用。

第七条 国家建立森林生态效益补偿制度,加大公益林保护支持力度,完善重点生态功能区转移支付政策,指导受益地区和森林生态保护地区人民政府通过协商等方式进行生态效益补偿。

第八条 国务院和省、自治区、直辖市人民政府可以依照国家对民族自治地方自治权的规定,对民族自治地方的森林保护和林业发展实行更加优惠的政策。

第九条 国务院林业主管部门主管全国林业工作。县级以上地方人民政府林业主管部门,主管本行政区域的林业工作。

乡镇人民政府可以确定相关机构或者设置专职、兼职人员承担林业相关工作。

第十条 植树造林、保护森林,是公民应尽的义务。各级人民政府应当组织开展全民义务植树活动。

每年三月十二日为植树节。

第十一条 国家采取措施,鼓励和支持林业科学研究,推广先进适用的林业技术,提高林业科学技术水平。

第十二条 各级人民政府应当加强森林资源保护的宣传教育和知识普及工作,鼓励和支持基层群众性自治组织、新闻媒体、林业企业事业单位、志愿者等开展森林资源保护宣传活动。

教育行政部门、学校应当对学生进行森林资源保护教育。

第十三条 对在造林绿化、森林保护、森林经营管理以及林业科学研究等方面成绩显著的组织或者个人,按照国家有关规定给予表彰、奖励。

第二章 森林权属

第十四条 森林资源属于国家所有,由法律规定属于集体所有的除外。

国家所有的森林资源的所有权由国务院代表国家行使。国务院可以授权国务院自然资源主管部门统一履行国有森林资源所有者职责。

第十五条 林地和林地上的森林、林木的所有权、使用权,由不动产登记机构统一登记造册,核发证书。国务院确定的国家重点林区(以下简称重点林区)的森林、林木和林地,由国务院自然资源主管部门负责登记。

森林、林木、林地的所有者和使用者的合法权益受法律保护,任何组织和个人不得侵犯。

森林、林木、林地的所有者和使用者应当依法保护和合理利用森林、林木、林地,不得非法改变林地用途和毁坏森林、林木、林地。

第十六条　国家所有的林地和林地上的森林、林木可以依法确定给林业经营者使用。林业经营者依法取得的国有林地和林地上的森林、林木的使用权,经批准可以转让、出租、作价出资等。具体办法由国务院制定。

林业经营者应当履行保护、培育森林资源的义务,保证国有森林资源稳定增长,提高森林生态功能。

第十七条　集体所有和国家所有依法由农民集体使用的林地(以下简称集体林地)实行承包经营的,承包方享有林地承包经营权和承包林地上的林木所有权,合同另有约定的从其约定。承包方可以依法采取出租(转包)、入股、转让等方式流转林地经营权、林木所有权和使用权。

第十八条　未实行承包经营的集体林地以及林地上的林木,由农村集体经济组织统一经营。经本集体经济组织成员的村民会议三分之二以上成员或者三分之二以上村民代表同意并公示,可以通过招标、拍卖、公开协商等方式依法流转林地经营权、林木所有权和使用权。

第十九条　集体林地经营权流转应当签订书面合同。林地经营权流转合同一般包括流转双方的权利义务、流转期限、流转价款及支付方式、流转期限届满林地上的林木和固定生产设施的处置、违约责任等内容。

受让方违反法律规定或者合同约定造成森林、林木、林地严重毁坏的,发包方或者承包方有权收回林地经营权。

第二十条　国有企业事业单位、机关、团体、部队营造的林木,由营造单位管护并按照国家规定支配林木收益。

农村居民在房前屋后、自留地、自留山种植的林木,归个人所有。城镇居民在自有房屋的庭院内种植的林木,归个人所有。

集体或者个人承包国家所有和集体所有的宜林荒山荒地荒滩营造的林木,归承包的集体或者个人所有;合同另有约定的从其约定。

其他组织或者个人营造的林木,依法由营造者所有并享有林木收益;合同另有约定的从其约定。

第二十一条　为了生态保护、基础设施建设等公共利益的需要,确需征收、征用林地、林木的,应当依照《中华人民共和国土地管理法》等法律、行政法规的规定办理审批手续,并给予公平、合理的补偿。

第二十二条　单位之间发生的林木、林地所有权和使用权争议,由县级以上人民政府依法处理。

个人之间、个人与单位之间发生的林木所有权和林地使用权争议,由乡镇人民政府或者县级以上人民政府依法处理。

当事人对有关人民政府的处理决定不服的,可以自接到处理决定通知之日起三十日内,向人民法院起诉。

在林木、林地权属争议解决前,除因森林防火、林业有害生物防治、国家重大基础设施建设等需要外,当事人任何一方不得砍伐有争议的林木或者改变林地现状。

第三章 发展规划

第二十三条 县级以上人民政府应当将森林资源保护和林业发展纳入国民经济和社会发展规划。

第二十四条 县级以上人民政府应当落实国土空间开发保护要求,合理规划森林资源保护利用结构和布局,制定森林资源保护发展目标,提高森林覆盖率、森林蓄积量,提升森林生态系统质量和稳定性。

第二十五条 县级以上人民政府林业主管部门应当根据森林资源保护发展目标,编制林业发展规划。下级林业发展规划依据上级林业发展规划编制。

第二十六条 县级以上人民政府林业主管部门可以结合本地实际,编制林地保护利用、造林绿化、森林经营、天然林保护等相关专项规划。

第二十七条 国家建立森林资源调查监测制度,对全国森林资源现状及变化情况进行调查、监测和评价,并定期公布。

第四章 森林保护

第二十八条 国家加强森林资源保护,发挥森林蓄水保土、调节气候、改善环境、维护生物多样性和提供林产品等多种功能。

第二十九条 中央和地方财政分别安排资金,用于公益林的营造、抚育、保护、管理和非国有公益林权利人的经济补偿等,实行专款专用。具体办法由国务院财政部门会同林业主管部门制定。

第三十条 国家支持重点林区的转型发展和森林资源保护修复,改善生产生活条件,促进所在地区经济社会发展。重点林区按照规定享受国家重点生态功能区转移支付等政策。

第三十一条 国家在不同自然地带的典型森林生态地区、珍贵动物和植物生长繁殖的林区、天然热带雨林区和具有特殊保护价值的其他天然林区,建立以国家公园为主体的自然保护地体系,加强保护管理。

国家支持生态脆弱地区森林资源的保护修复。

县级以上人民政府应当采取措施对具有特殊价值的野生植物资源予以保护。

第三十二条 国家实行天然林全面保护制度,严格限制天然林采伐,加强天然林管护能力建设,保护和修复天然林资源,逐步提高天然林生态功能。具体办法由国务院规定。

第三十三条 地方各级人民政府应当组织有关部门建立护林组织,负责护林工作;根据实际需要建设护林设施,加强森林资源保护;督促相关组织订立护林公约、组织群众护林、划定护林责任区、配备专职或者兼职护林员。

县级或者乡镇人民政府可以聘用护林员,其主要职责是巡护森林,发现火情、林业有害生物以及破坏森林资源的行为,应当及时处理并向当地林业等有关部门报告。

第三十四条 地方各级人民政府负责本行政区域的森林防火工作,发挥群防作用;县级以上人民政府组织领导应急管理、林业、公安等部门按照职责分工密切配合做好森林火灾的科学预防、扑救和处置工作:

（一）组织开展森林防火宣传活动，普及森林防火知识；
（二）划定森林防火区，规定森林防火期；
（三）设置防火设施，配备防灭火装备和物资；
（四）建立森林火灾监测预警体系，及时消除隐患；
（五）制定森林火灾应急预案，发生森林火灾，立即组织扑救；
（六）保障预防和扑救森林火灾所需费用。

国家综合性消防救援队伍承担国家规定的森林火灾扑救任务和预防相关工作。

第三十五条 县级以上人民政府林业主管部门负责本行政区域的林业有害生物的监测、检疫和防治。

省级以上人民政府林业主管部门负责确定林业植物及其产品的检疫性有害生物，划定疫区和保护区。

重大林业有害生物灾害防治实行地方人民政府负责制。发生暴发性、危险性等重大林业有害生物灾害时，当地人民政府应当及时组织除治。

林业经营者在政府支持引导下，对其经营管理范围内的林业有害生物进行防治。

第三十六条 国家保护林地，严格控制林地转为非林地，实行占用林地总量控制，确保林地保有量不减少。各类建设项目占用林地不得超过本行政区域的占用林地总量控制指标。

第三十七条 矿藏勘查、开采以及其他各类工程建设，应当不占或者少占林地；确需占用林地的，应当经县级以上人民政府林业主管部门审核同意，依法办理建设用地审批手续。

占用林地的单位应当缴纳森林植被恢复费。森林植被恢复费征收使用管理办法由国务院财政部门会同林业主管部门制定。

县级以上人民政府林业主管部门应当按照规定安排植树造林，恢复森林植被，植树造林面积不得少于因占用林地而减少的森林植被面积。上级林业主管部门应当定期督促下级林业主管部门组织植树造林、恢复森林植被，并进行检查。

第三十八条 需要临时使用林地的，应当经县级以上人民政府林业主管部门批准；临时使用林地的期限一般不超过二年，并不得在临时使用的林地上修建永久性建筑物。

临时使用林地期满后一年内，用地单位或者个人应当恢复植被和林业生产条件。

第三十九条 禁止毁林开垦、采石、采砂、采土以及其他毁坏林木和林地的行为。

禁止向林地排放重金属或者其他有毒有害物质含量超标的污水、污泥，以及可能造成林地污染的清淤底泥、尾矿、矿渣等。

禁止在幼林地砍柴、毁苗、放牧。

禁止擅自移动或者损坏森林保护标志。

第四十条 国家保护古树名木和珍贵树木。禁止破坏古树名木和珍贵树木及其生存的自然环境。

第四十一条 各级人民政府应当加强林业基础设施建设，应用先进适用的科技手段，提高森林防火、林业有害生物防治等森林管护能力。

各有关单位应当加强森林管护。国有林业企业事业单位应当加大投入，加强森林防火、林业有害生物防治，预防和制止破坏森林资源的行为。

第五章　造林绿化

第四十二条　国家统筹城乡造林绿化,开展大规模国土绿化行动,绿化美化城乡,推动森林城市建设,促进乡村振兴,建设美丽家园。

第四十三条　各级人民政府应当组织各行各业和城乡居民造林绿化。

宜林荒山荒地荒滩,属于国家所有的,由县级以上人民政府林业主管部门和其他有关主管部门组织开展造林绿化;属于集体所有的,由集体经济组织组织开展造林绿化。

城市规划区内、铁路公路两侧、江河两侧、湖泊水库周围,由各有关主管部门按照有关规定因地制宜组织开展造林绿化;工矿区、工业园区、机关、学校用地,部队营区以及农场、牧场、渔场经营地区,由各该单位负责造林绿化。组织开展城市造林绿化的具体办法由国务院制定。

国家所有和集体所有的宜林荒山荒地荒滩可以由单位或者个人承包造林绿化。

第四十四条　国家鼓励公民通过植树造林、抚育管护、认建认养等方式参与造林绿化。

第四十五条　各级人民政府组织造林绿化,应当科学规划、因地制宜,优化林种、树种结构,鼓励使用乡土树种和林木良种、营造混交林,提高造林绿化质量。

国家投资或者以国家投资为主的造林绿化项目,应当按照国家规定使用林木良种。

第四十六条　各级人民政府应当采取以自然恢复为主、自然恢复和人工修复相结合的措施,科学保护修复森林生态系统。新造幼林地和其他应当封山育林的地方,由当地人民政府组织封山育林。

各级人民政府应当对国务院确定的坡耕地、严重沙化耕地、严重石漠化耕地、严重污染耕地等需要生态修复的耕地,有计划地组织实施退耕还林还草。

各级人民政府应当对自然因素等导致的荒废和受损山体、退化林地以及宜林荒山荒地荒滩,因地制宜实施森林生态修复工程,恢复植被。

第六章　经营管理

第四十七条　国家根据生态保护的需要,将森林生态区位重要或者生态状况脆弱,以发挥生态效益为主要目的的林地和林地上的森林划定为公益林。未划定为公益林的林地和林地上的森林属于商品林。

第四十八条　公益林由国务院和省、自治区、直辖市人民政府划定并公布。

下列区域的林地和林地上的森林,应当划定为公益林:

(一)重要江河源头汇水区域;

(二)重要江河干流及支流两岸、饮用水水源地保护区;

(三)重要湿地和重要水库周围;

(四)森林和陆生野生动物类型的自然保护区;

(五)荒漠化和水土流失严重地区的防风固沙林基干林带;

(六)沿海防护林基干林带;

(七)未开发利用的原始林地区;

(八)需要划定的其他区域。

公益林划定涉及非国有林地的,应当与权利人签订书面协议,并给予合理补偿。

公益林进行调整的,应当经原划定机关同意,并予以公布。

国家级公益林划定和管理的办法由国务院制定;地方级公益林划定和管理的办法由省、自治区、直辖市人民政府制定。

第四十九条 国家对公益林实施严格保护。

县级以上人民政府林业主管部门应当有计划地组织公益林经营者对公益林中生态功能低下的疏林、残次林等低质低效林,采取林分改造、森林抚育等措施,提高公益林的质量和生态保护功能。

在符合公益林生态区位保护要求和不影响公益林生态功能的前提下,经科学论证,可以合理利用公益林林地资源和森林景观资源,适度开展林下经济、森林旅游等。利用公益林开展上述活动应当严格遵守国家有关规定。

第五十条 国家鼓励发展下列商品林:

(一)以生产木材为主要目的的森林;

(二)以生产果品、油料、饮料、调料、工业原料和药材等林产品为主要目的的森林;

(三)以生产燃料和其他生物质能源为主要目的的森林;

(四)其他以发挥经济效益为主要目的的森林。

在保障生态安全的前提下,国家鼓励建设速生丰产、珍贵树种和大径级用材林,增加林木储备,保障木材供给安全。

第五十一条 商品林由林业经营者依法自主经营。在不破坏生态的前提下,可以采取集约化经营措施,合理利用森林、林木、林地,提高商品林经济效益。

第五十二条 在林地上修筑下列直接为林业生产经营服务的工程设施,符合国家有关部门规定的标准的,由县级以上人民政府林业主管部门批准,不需要办理建设用地审批手续;超出标准需要占用林地的,应当依法办理建设用地审批手续:

(一)培育、生产种子、苗木的设施;

(二)贮存种子、苗木、木材的设施;

(三)集材道、运材道、防火巡护道、森林步道;

(四)林业科研、科普教育设施;

(五)野生动植物保护、护林、林业有害生物防治、森林防火、木材检疫的设施;

(六)供水、供电、供热、供气、通讯基础设施;

(七)其他直接为林业生产服务的工程设施。

第五十三条 国有林业企业事业单位应当编制森林经营方案,明确森林培育和管护的经营措施,报县级以上人民政府林业主管部门批准后实施。重点林区的森林经营方案由国务院林业主管部门批准后实施。

国家支持、引导其他林业经营者编制森林经营方案。

编制森林经营方案的具体办法由国务院林业主管部门制定。

第五十四条 国家严格控制森林年采伐量。省、自治区、直辖市人民政府林业主管部门根据消耗量低于生长量和森林分类经营管理的原则,编制本行政区域的年采伐限额,经征求国务院林业主管部门意见,报本级人民政府批准后公布实施,并报国务院备案。重点林区的年采伐限额,由国务院林业主管部门编制,报国务院批准后公布实施。

第五十五条 采伐森林、林木应当遵守下列规定:

(一)公益林只能进行抚育、更新和低质低效林改造性质的采伐。但是,因科研或者实验、防治林业有害生物、建设护林防火设施、营造生物防火隔离带、遭受自然灾害等需要采伐的除外。

(二)商品林应当根据不同情况,采取不同采伐方式,严格控制皆伐面积,伐育同步规划实施。

(三)自然保护区的林木,禁止采伐。但是,因防治林业有害生物、森林防火、维护主要保护对象生存环境、遭受自然灾害等特殊情况必须采伐的和实验区的竹林除外。

省级以上人民政府林业主管部门应当根据前款规定,按照森林分类经营管理、保护优先、注重效率和效益等原则,制定相应的林木采伐技术规程。

第五十六条 采伐林地上的林木应当申请采伐许可证,并按照采伐许可证的规定进行采伐;采伐自然保护区以外的竹林,不需要申请采伐许可证,但应当符合林木采伐技术规程。

农村居民采伐自留地和房前屋后个人所有的零星林木,不需要申请采伐许可证。

非林地上的农田防护林、防风固沙林、护路林、护岸护堤林和城镇林木等的更新采伐,由有关主管部门按照有关规定管理。

采挖移植林木按照采伐林木管理。具体办法由国务院林业主管部门制定。

禁止伪造、变造、买卖、租借采伐许可证。

第五十七条 采伐许可证由县级以上人民政府林业主管部门核发。

县级以上人民政府林业主管部门应当采取措施,方便申请人办理采伐许可证。

农村居民采伐自留山和个人承包集体林地上的林木,由县级人民政府林业主管部门或者其委托的乡镇人民政府核发采伐许可证。

第五十八条 申请采伐许可证,应当提交有关采伐的地点、林种、树种、面积、蓄积、方式、更新措施和林木权属等内容的材料。超过省级以上人民政府林业主管部门规定面积或者蓄积量的,还应当提交伐区调查设计材料。

第五十九条 符合林木采伐技术规程的,审核发放采伐许可证的部门应当及时核发采伐许可证。但是,审核发放采伐许可证的部门不得超过年采伐限额发放采伐许可证。

第六十条 有下列情形之一的,不得核发采伐许可证:

(一)采伐封山育林期、封山育林区内的林木;

(二)上年度采伐后未按照规定完成更新造林任务;

(三)上年度发生重大滥伐案件、森林火灾或者林业有害生物灾害,未采取预防和改进措施;

(四)法律法规和国务院林业主管部门规定的禁止采伐的其他情形。

第六十一条 采伐林木的组织和个人应当按照有关规定完成更新造林。更新造林的面积不得少于采伐的面积,更新造林应当达到相关技术规程规定的标准。

第六十二条 国家通过贴息、林权收储担保补助等措施,鼓励和引导金融机构开展涉林抵押贷款、林农信用贷款等符合林业特点的信贷业务,扶持林权收储机构进行市场化收储担保。

第六十三条 国家支持发展森林保险。县级以上人民政府依法对森林保险提供保险费补贴。

第六十四条 林业经营者可以自愿申请森林认证,促进森林经营水平提高和可持续经营。

第六十五条 木材经营加工企业应当建立原料和产品出入库台账。任何单位和个人不得收购、加工、运输明知是盗伐、滥伐等非法来源的林木。

第七章 监督检查

第六十六条 县级以上人民政府林业主管部门依照本法规定,对森林资源的保护、修复、利用、更新等进行监督检查,依法查处破坏森林资源等违法行为。

第六十七条 县级以上人民政府林业主管部门履行森林资源保护监督检查职责,有权采取下列措施:

(一)进入生产经营场所进行现场检查;

(二)查阅、复制有关文件、资料,对可能被转移、销毁、隐匿或者篡改的文件、资料予以封存;

(三)查封、扣押有证据证明来源非法的林木以及从事破坏森林资源活动的工具、设备或者财物;

(四)查封与破坏森林资源活动有关的场所。

省级以上人民政府林业主管部门对森林资源保护发展工作不力、问题突出、群众反映强烈的地区,可以约谈所在地区县级以上地方人民政府及其有关部门主要负责人,要求其采取措施及时整改。约谈整改情况应当向社会公开。

第六十八条 破坏森林资源造成生态环境损害的,县级以上人民政府自然资源主管部门、林业主管部门可以依法向人民法院提起诉讼,对侵权人提出损害赔偿要求。

第六十九条 审计机关按照国家有关规定对国有森林资源资产进行审计监督。

第八章 法律责任

第七十条 县级以上人民政府林业主管部门或者其他有关国家机关未依照本法规定履行职责的,对直接负责的主管人员和其他直接责任人员依法给予处分。

依照本法规定应当作出行政处罚决定而未作出的,上级主管部门有权责令下级主管部门作出行政处罚决定或者直接给予行政处罚。

第七十一条 违反本法规定,侵害森林、林木、林地的所有者或者使用者的合法权益的,依法承担侵权责任。

第七十二条 违反本法规定,国有林业企业事业单位未履行保护培育森林资源义务、未编制森林经营方案或者未按照批准的森林经营方案开展森林经营活动的,由县级以上人民政府林业主管部门责令限期改正,对直接负责的主管人员和其他直接责任人员依法给予处分。

第七十三条 违反本法规定,未经县级以上人民政府林业主管部门审核同意,擅自改变林地用途的,由县级以上人民政府林业主管部门责令限期恢复植被和林业生产条件,可以处恢复植被和林业生产条件所需费用三倍以下的罚款。

虽经县级以上人民政府林业主管部门审核同意,但未办理建设用地审批手续擅自占用林地的,依照《中华人民共和国土地管理法》的有关规定处罚。

在临时使用的林地上修建永久性建筑物,或者临时使用林地期满后一年内未恢复植被或者林业生产条件的,依照本条第一款规定处罚。

第七十四条 违反本法规定,进行开垦、采石、采砂、采土或者其他活动,造成林木毁坏的,由县级以上人民政府林业主管部门责令停止违法行为,限期在原地或者异地补种毁坏株数一倍以上三倍以下的树木,可以处毁坏林木价值五倍以下的罚款;造成林地毁坏的,由县级以上人民政府林业主管部门责令停止违法行为,限期恢复植被和林业生产条件,可以处恢复植被和林业生产条件所需费用三倍以下的罚款。

违反本法规定,在幼林地砍柴、毁苗、放牧造成林木毁坏的,由县级以上人民政府林业主管部门责令停止违法行为,限期在原地或者异地补种毁坏株数一倍以上三倍以下的树木。

向林地排放重金属或者其他有毒有害物质含量超标的污水、污泥,以及可能造成林地污染的清淤底泥、尾矿、矿渣等的,依照《中华人民共和国土壤污染防治法》的有关规定处罚。

第七十五条 违反本法规定,擅自移动或者毁坏森林保护标志的,由县级以上人民政府林业主管部门恢复森林保护标志,所需费用由违法者承担。

第七十六条 盗伐林木的,由县级以上人民政府林业主管部门责令限期在原地或者异地补种盗伐株数一倍以上五倍以下的树木,并处盗伐林木价值五倍以上十倍以下的罚款。

滥伐林木的,由县级以上人民政府林业主管部门责令限期在原地或者异地补种滥伐株数一倍以上三倍以下的树木,可以处滥伐林木价值三倍以上五倍以下的罚款。

第七十七条 违反本法规定,伪造、变造、买卖、租借采伐许可证的,由县级以上人民政府林业主管部门没收证件和违法所得,并处违法所得一倍以上三倍以下的罚款;没有违法所得的,可以处二万元以下的罚款。

第七十八条 违反本法规定,收购、加工、运输明知是盗伐、滥伐等非法来源的林木的,由县级以上人民政府林业主管部门责令停止违法行为,没收违法收购、加工、运输的林木或者变卖所得,可以处违法收购、加工、运输林木价款三倍以下的罚款。

第七十九条 违反本法规定,未完成更新造林任务的,由县级以上人民政府林业主管部门责令限期完成;逾期未完成的,可以处未完成造林任务所需费用二倍以下的罚款;对直接负责的主管人员和其他直接责任人员,依法给予处分。

第八十条 违反本法规定,拒绝、阻碍县级以上人民政府林业主管部门依法实施监督检查的,可以处五万元以下的罚款,情节严重的,可以责令停产停业整顿。

第八十一条 违反本法规定,有下列情形之一的,由县级以上人民政府林业主管部门依法组织代为履行,代为履行所需费用由违法者承担:

(一)拒不恢复植被和林业生产条件,或者恢复植被和林业生产条件不符合国家有关规定;

（二）拒不补种树木,或者补种不符合国家有关规定。

恢复植被和林业生产条件、树木补种的标准,由省级以上人民政府林业主管部门制定。

第八十二条 公安机关按照国家有关规定,可以依法行使本法第七十四条第一款、第七十六条、第七十七条、第七十八条规定的行政处罚权。

违反本法规定,构成违反治安管理行为的,依法给予治安管理处罚;构成犯罪的,依法追究刑事责任。

第九章 附 则

第八十三条 本法下列用语的含义是:

（一）森林,包括乔木林、竹林和国家特别规定的灌木林。按照用途可以分为防护林、特种用途林、用材林、经济林和能源林。

（二）林木,包括树木和竹子。

（三）林地,是指县级以上人民政府规划确定的用于发展林业的土地。包括郁闭度0.2以上的乔木林地以及竹林地、灌木林地、疏林地、采伐迹地、火烧迹地、未成林造林地、苗圃地等。

第八十四条 本法自2020年7月1日起施行。

4-2-124

中华人民共和国森林法实施条例

2000年1月29日中华人民共和国国务院令第278号发布 2011年1月8日中华人民共和国国务院令第588号第一次修订 2016年2月6日中华人民共和国国务院令第666号第二次修订 2018年3月19日中华人民共和国国务院令第698号第三次修订

第一章 总 则

第一条 根据《中华人民共和国森林法》（以下简称森林法）,制定本条例。

第二条 森林资源,包括森林、林木、林地以及依托森林、林木、林地生存的野生动物、植物和微生物。

森林,包括乔木林和竹林。

林木,包括树木和竹子。

林地,包括郁闭度0.2以上的乔木林地以及竹林地、灌木林地、疏林地、采伐迹地、火烧迹地、未成林造林地、苗圃地和县级以上人民政府规划的宜林地。

第三条 国家依法实行森林、林木和林地登记发证制度。依法登记的森林、林木和林地的所有权、使用权受法律保护,任何单位和个人不得侵犯。

森林、林木和林地的权属证书式样由国务院林业主管部门规定。

第四条 依法使用的国家所有的森林、林木和林地,按照下列规定登记:

（一）使用国务院确定的国家所有的重点林区（以下简称重点林区）的森林、林木和林地的单位，应当向国务院林业主管部门提出登记申请，由国务院林业主管部门登记造册，核发证书，确认森林、林木和林地使用权以及由使用者所有的林木所有权；

（二）使用国家所有的跨行政区域的森林、林木和林地的单位和个人，应当向共同的上一级人民政府林业主管部门提出登记申请，由该人民政府登记造册，核发证书，确认森林、林木和林地使用权以及由使用者所有的林木所有权；

（三）使用国家所有的其他森林、林木和林地的单位和个人，应当向县级以上地方人民政府林业主管部门提出登记申请，由县级以上地方人民政府登记造册，核发证书，确认森林、林木和林地使用权以及由使用者所有的林木所有权。

未确定使用权的国家所有的森林、林木和林地，由县级以上人民政府登记造册，负责保护管理。

第五条 集体所有的森林、林木和林地，由所有者向所在地的县级人民政府林业主管部门提出登记申请，由该县级人民政府登记造册，核发证书，确认所有权。

单位和个人所有的林木，由所有者向所在地的县级人民政府林业主管部门提出登记申请，由该县级人民政府登记造册，核发证书，确认林木所有权。

使用集体所有的森林、林木和林地的单位和个人，应当向所在地的县级人民政府林业主管部门提出登记申请，由该县级人民政府登记造册，核发证书，确认森林、林木和林地使用权。

第六条 改变森林、林木和林地所有权、使用权的，应当依法办理变更登记手续。

第七条 县级以上人民政府林业主管部门应当建立森林、林木和林地权属管理档案。

第八条 国家重点防护林和特种用途林，由国务院林业主管部门提出意见，报国务院批准公布；地方重点防护林和特种用途林，由省、自治区、直辖市人民政府林业主管部门提出意见，报本级人民政府批准公布；其他防护林、用材林、特种用途林以及经济林、薪炭林，由县级人民政府林业主管部门根据国家关于林种划分的规定和本级人民政府的部署组织划定，报本级人民政府批准公布。

省、自治区、直辖市行政区域内的重点防护林和特种用途林的面积，不得少于本行政区域森林总面积的30%。

经批准公布的林种改变为其他林种的，应当报原批准公布机关批准。

第九条 依照森林法第八条第一款第（五）项规定提取的资金，必须专门用于营造坑木、造纸等用材林，不得挪作他用。审计机关和林业主管部门应当加强监督。

第十条 国务院林业主管部门向重点林区派驻的森林资源监督机构，应当加强对重点林区内森林资源保护管理的监督检查。

第二章 森林经营管理

第十一条 国务院林业主管部门应当定期监测全国森林资源消长和森林生态环境变化的情况。

重点林区森林资源调查、建立档案和编制森林经营方案等项工作，由国务院林业主管部门组织实施；其他森林资源调查、建立档案和编制森林经营方案等项工作，由县级以上地方人民政府林业主管部门组织实施。

第十二条 制定林业长远规划,应当遵循下列原则:

(一)保护生态环境和促进经济的可持续发展;

(二)以现有的森林资源为基础;

(三)与土地利用总体规划、水土保持规划、城市规划、村庄和集镇规划相协调。

第十三条 林业长远规划应当包括下列内容:

(一)林业发展目标;

(二)林种比例;

(三)林地保护利用规划;

(四)植树造林规划。

第十四条 全国林业长远规划由国务院林业主管部门会同其他有关部门编制,报国务院批准后施行。

地方各级林业长远规划由县级以上地方人民政府林业主管部门会同其他有关部门编制,报本级人民政府批准后施行。

下级林业长远规划应当根据上一级林业长远规划编制。

林业长远规划的调整、修改,应当报经原批准机关批准。

第十五条 国家依法保护森林、林木和林地经营者的合法权益。任何单位和个人不得侵占经营者依法所有的林木和使用的林地。

用材林、经济林和薪炭林的经营者,依法享有经营权、收益权和其他合法权益。

防护林和特种用途林的经营者,有获得森林生态效益补偿的权利。

第十六条 勘查、开采矿藏和修建道路、水利、电力、通讯等工程,需要占用或者征收、征用林地的,必须遵守下列规定:

(一)用地单位应当向县级以上人民政府林业主管部门提出用地申请,经审核同意后,按照国家规定的标准预交森林植被恢复费,领取使用林地审核同意书。用地单位凭使用林地审核同意书依法办理建设用地审批手续。占用或者征收、征用林地未经林业主管部门审核同意的,土地行政主管部门不得受理建设用地申请。

(二)占用或者征收、征用防护林林地或者特种用途林林地面积 10 公顷以上的,用材林、经济林、薪炭林林地及其采伐迹地面积 35 公顷以上的,其他林地面积 70 公顷以上的,由国务院林业主管部门审核;占用或者征收、征用林地面积低于上述规定数量的,由省、自治区、直辖市人民政府林业主管部门审核。占用或者征收、征用重点林区的林地的,由国务院林业主管部门审核。

(三)用地单位需要采伐已经批准占用或者征收、征用的林地上的林木时,应当向林地所在地的县级以上地方人民政府林业主管部门或者国务院林业主管部门申请林木采伐许可证。

(四)占用或者征收、征用林地未被批准的,有关林业主管部门应当自接到不予批准通知之日起 7 日内将收取的森林植被恢复费如数退还。

第十七条 需要临时占用林地的,应当经县级以上人民政府林业主管部门批准。

临时占用林地的期限不得超过两年,并不得在临时占用的林地上修筑永久性建筑物;占用期满后,用地单位必须恢复林业生产条件。

第十八条 森林经营单位在所经营的林地范围内修筑直接为林业生产服务的工程设

施,需要占用林地的,由县级以上人民政府林业主管部门批准;修筑其他工程设施,需要将林地转为非林业建设用地的,必须依法办理建设用地审批手续。

前款所称直接为林业生产服务的工程设施是指:

(一)培育、生产种子、苗木的设施;
(二)贮存种子、苗木、木材的设施;
(三)集材道、运材道;
(四)林业科研、试验、示范基地;
(五)野生动植物保护、护林、森林病虫害防治、森林防火、木材检疫的设施;
(六)供水、供电、供热、供气、通讯基础设施。

第三章　森林保护

第十九条　县级以上人民政府林业主管部门应当根据森林病虫害测报中心和测报点对测报对象的调查和监测情况,定期发布长期、中期、短期森林病虫害预报,并及时提出防治方案。

森林经营者应当选用良种,营造混交林,实行科学育林,提高防御森林病虫害的能力。

发生森林病虫害时,有关部门、森林经营者应当采取综合防治措施,及时进行除治。

发生严重森林病虫害时,当地人民政府应当采取紧急除治措施,防止蔓延,消除隐患。

第二十条　国务院林业主管部门负责确定全国林木种苗检疫对象。省、自治区、直辖市人民政府林业主管部门根据本地区的需要,可以确定本省、自治区、直辖市的林木种苗补充检疫对象,报国务院林业主管部门备案。

第二十一条　禁止毁林开垦、毁林采种和违反操作技术规程采脂、挖笋、掘根、剥树皮及过度修枝的毁林行为。

第二十二条　25度以上的坡地应当用于植树、种草。25度以上的坡耕地应当按照当地人民政府制定的规划,逐步退耕,植树和种草。

第二十三条　发生森林火灾时,当地人民政府必须立即组织军民扑救;有关部门应当积极做好扑救火灾物资的供应、运输和通讯、医疗等工作。

第四章　植树造林

第二十四条　森林法所称森林覆盖率,是指以行政区域为单位森林面积与土地面积的百分比。森林面积,包括郁闭度0.2以上的乔木林地面积和竹林地面积、国家特别规定的灌木林地面积、农田林网以及村旁、路旁、水旁、宅旁林木的覆盖面积。

县级以上地方人民政府应当按照国务院确定的森林覆盖率奋斗目标,确定本行政区域森林覆盖率的奋斗目标,并组织实施。

第二十五条　植树造林应当遵守造林技术规程,实行科学造林,提高林木的成活率。

县级人民政府对本行政区域内当年造林的情况应当组织检查验收,除国家特别规定的干旱、半干旱地区外,成活率不足85%的,不得计入年度造林完成面积。

第二十六条　国家对造林绿化实行部门和单位负责制。

铁路公路两旁、江河两岸、湖泊水库周围,各有关主管单位是造林绿化的责任单位。工矿区,机关、学校用地,部队营区以及农场、牧场、渔场经营地区,各该单位是造林绿化的责任单位。

责任单位的造林绿化任务,由所在地的县级人民政府下达责任通知书,予以确认。

第二十七条 国家保护承包造林者依法享有的林木所有权和其他合法权益。未经发包方和承包方协商一致,不得随意变更或者解除承包造林合同。

第五章 森林采伐

第二十八条 国家所有的森林和林木以国有林业企业事业单位、农场、厂矿为单位,集体所有的森林和林木、个人所有的林木以县为单位,制定年森林采伐限额,由省、自治区、直辖市人民政府林业主管部门汇总、平衡,经本级人民政府审核后,报国务院批准;其中,重点林区的年森林采伐限额,由国务院林业主管部门报国务院批准。

国务院批准的年森林采伐限额,每5年核定一次。

第二十九条 采伐森林、林木作为商品销售的,必须纳入国家年度木材生产计划;但是,农村居民采伐自留山上个人所有的薪炭林和自留地、房前屋后个人所有的零星林木除外。

第三十条 申请林木采伐许可证,除应当提交申请采伐林木的所有权证书或者使用权证书外,还应当按照下列规定提交其他有关证明文件:

(一)国有林业企业事业单位还应当提交采伐区调查设计文件和上年度采伐更新验收证明;

(二)其他单位还应当提交包括采伐林木的目的、地点、林种、林况、面积、蓄积量、方式和更新措施等内容的文件;

(三)个人还应当提交包括采伐林木的地点、面积、树种、株数、蓄积量、更新时间等内容的文件。

因扑救森林火灾、防洪抢险等紧急情况需要采伐林木的,组织抢险的单位或者部门应当自紧急情况结束之日起30日内,将采伐林木的情况报告当地县级以上人民政府林业主管部门。

第三十一条 有下列情形之一的,不得核发林木采伐许可证:

(一)防护林和特种用途林进行非抚育或者非更新性质的采伐的,或者采伐封山育林期、封山育林区内的林木的;

(二)上年度采伐后未完成更新造林任务的;

(三)上年度发生重大滥伐案件、森林火灾或者大面积严重森林病虫害,未采取预防和改进措施的。

林木采伐许可证的式样由国务院林业主管部门规定,由省、自治区、直辖市人民政府林业主管部门印制。

第三十二条 除森林法已有明确规定的外,林木采伐许可证按照下列规定权限核发:

(一)县属国有林场,由所在地的县级人民政府林业主管部门核发;

(二)省、自治区、直辖市和设区的市、自治州所属的国有林业企业事业单位、其他国有企业事业单位,由所在地的省、自治区、直辖市人民政府林业主管部门核发;

(三)重点林区的国有林业企业事业单位,由国务院林业主管部门核发。

第三十三条 利用外资营造的用材林达到一定规模需要采伐的,应当在国务院批准的年森林采伐限额内,由省、自治区、直辖市人民政府林业主管部门批准,实行采伐限额单列。

第三十四条 木材收购单位和个人不得收购没有林木采伐许可证或者其他合法来源证明的木材。

前款所称木材,是指原木、锯材、竹材、木片和省、自治区、直辖市规定的其他木材。

第三十五条 从林区运出非国家统一调拨的木材,必须持有县级以上人民政府林业主管部门核发的木材运输证。

重点林区的木材运输证,由省、自治区、直辖市人民政府林业主管部门核发;其他木材运输证,由县级以上地方人民政府林业主管部门核发。

木材运输证自木材起运点到终点全程有效,必须随货同行。没有木材运输证的,承运单位和个人不得承运。

木材运输证的式样由国务院林业主管部门规定。

第三十六条 申请木材运输证,应当提交下列证明文件:

(一)林木采伐许可证或者其他合法来源证明;

(二)检疫证明;

(三)省、自治区、直辖市人民政府林业主管部门规定的其他文件。

符合前款条件的,受理木材运输证申请的县级以上人民政府林业主管部门应当自接到申请之日起3日内发给木材运输证。

依法发放的木材运输证所准运的木材运输总量,不得超过当地年度木材生产计划规定可以运出销售的木材总量。

第三十七条 经省、自治区、直辖市人民政府批准在林区设立的木材检查站,负责检查木材运输;无证运输木材的,木材检查站应当予以制止,可以暂扣无证运输的木材,并立即报请县级以上人民政府林业主管部门依法处理。

第六章 法律责任

第三十八条 盗伐森林或者其他林木,以立木材积计算不足0.5立方米或者幼树不足20株的,由县级以上人民政府林业主管部门责令补种盗伐株数10倍的树木,没收盗伐的林木或者变卖所得,并处盗伐林木价值3倍至5倍的罚款。

盗伐森林或者其他林木,以立木材积计算0.5立方米以上或者幼树20株以上的,由县级以上人民政府林业主管部门责令补种盗伐株数10倍的树木,没收盗伐的林木或者变卖所得,并处盗伐林木价值5倍至10倍的罚款。

第三十九条 滥伐森林或者其他林木,以立木材积计算不足2立方米或者幼树不足50株的,由县级以上人民政府林业主管部门责令补种滥伐株数5倍的树木,并处滥伐林木价值2倍至3倍的罚款。

滥伐森林或者其他林木,以立木材积计算2立方米以上或者幼树50株以上的,由县级以上人民政府林业主管部门责令补种滥伐株数5倍的树木,并处滥伐林木价值3倍至5倍的罚款。

超过木材生产计划采伐森林或者其他林木的,依照前两款规定处罚。

第四十条 违反本条例规定,收购没有林木采伐许可证或者其他合法来源证明的木材的,由县级以上人民政府林业主管部门没收非法经营的木材和违法所得,并处违法所得2倍以下的罚款。

第四十一条 违反本条例规定,毁林采种或者违反操作技术规程采脂、挖笋、掘根、剥树皮及过度修枝,致使森林、林木受到毁坏的,依法赔偿损失,由县级以上人民政府林业主管部门责令停止违法行为,补种毁坏株数1倍至3倍的树木,可以处毁坏林木价值1倍至5倍的罚款;拒不补种树木或者补种不符合国家有关规定的,由县级以上人民政府林业主管部门组织代为补种,所需费用由违法者支付。

违反森林法和本条例规定,擅自开垦林地,致使森林、林木受到毁坏的,依照森林法第四十四条的规定予以处罚;对森林、林木未造成毁坏或者被开垦的林地上没有森林、林木的,由县级以上人民政府林业主管部门责令停止违法行为,限期恢复原状,可以处非法开垦林地每平方米10元以下的罚款。

第四十二条 有下列情形之一的,由县级以上人民政府林业主管部门责令限期完成造林任务;逾期未完成的,可以处应完成而未完成造林任务所需费用2倍以下的罚款;对直接负责的主管人员和其他直接责任人员,依法给予行政处分:

(一)连续两年未完成更新造林任务的;
(二)当年更新造林面积未达到应更新造林面积50%的;
(三)除国家特别规定的干旱、半干旱地区外,更新造林当年成活率未达到85%的;
(四)植树造林责任单位未按照所在地县级人民政府的要求按时完成造林任务的。

第四十三条 未经县级以上人民政府林业主管部门审核同意,擅自改变林地用途的,由县级以上人民政府林业主管部门责令限期恢复原状,并处非法改变用途林地每平方米10元至30元的罚款。

临时占用林地,逾期不归还的,依照前款规定处罚。

第四十四条 无木材运输证运输木材的,由县级以上人民政府林业主管部门没收非法运输的木材,对货主可以并处非法运输木材价款30%以下的罚款。

运输的木材数量超出木材运输证所准运的运输数量的,由县级以上人民政府林业主管部门没收超出部分的木材;运输的木材树种、材种、规格与木材运输证规定不符又无正当理由的,没收其不相符部分的木材。

使用伪造、涂改的木材运输证运输木材的,由县级以上人民政府林业主管部门没收非法运输的木材,并处没收木材价款10%至50%的罚款。

承运无木材运输证的木材的,由县级以上人民政府林业主管部门没收运费,并处运费1倍至3倍的罚款。

第四十五条 擅自移动或者毁坏林业服务标志的,由县级以上人民政府林业主管部门责令限期恢复原状;逾期不恢复原状的,由县级以上人民政府林业主管部门代为恢复,所需费用由违法者支付。

第四十六条 违反本条例规定,未经批准,擅自将防护林和特种用途林改变为其他林种的,由县级以上人民政府林业主管部门收回经营者所获取的森林生态效益补偿,并处所获取森林生态效益补偿3倍以下的罚款。

第七章 附　则

第四十七条　本条例中县级以上地方人民政府林业主管部门职责权限的划分,由国务院林业主管部门具体规定。

第四十八条　本条例自发布之日起施行。1986年4月28日国务院批准、1986年5月10日林业部发布的《中华人民共和国森林法实施细则》同时废止。

4-2-125

占用征用林地审核审批管理办法

2001年1月4日　国家林业局令第2号

《占用征用林地审核审批管理办法》,已于2000年11月2日国家林业局第3次局务会议审议通过,现予发布,自发布之日起施行。

国家林业局局长　周生贤

2001年1月4日

占用征用林地审核审批管理办法

第一条　为了规范占用、征用林地的审核和审批,根据《中华人民共和国森林法》及其实施条例的规定,制定本办法。

第二条　本办法适用于下列情况:

(一)进行勘查、开采矿藏和各项建设工程(以下简称建设工程)需要占用或者征用林地的审核;

(二)建设工程需要临时占用林地的审批;

(三)森林经营单位在所经营的林地范围内修筑直接为林业生产服务的工程设施需要占用林地的审批。

第三条　用地单位需要占用、征用林地或者需要临时占用林地的,应当向县级人民政府林业主管部门提出占用或者征用林地申请;需要占用或者临时占用国务院确定的国家所有的重点林区(以下简称重点林区)的林地,应当向国务院林业主管部门或者其委托的单位提出占用林地申请。

第四条　用地单位申请占用、征用林地或者临时占用林地,应当填写《使用林地申请表》,同时提供下列材料:

(一)项目批准文件;

(二)被占用或者被征用林地的权属证明材料;

(三)有资质的设计单位作出的项目使用林地可行性报告;

（四）与被占用或者被征用林地的单位签订的林地、林木补偿费和安置补助费协议（临时占用林地安置补助费除外）。

森林经营单位申请在所经营的林地范围内修筑直接为林业生产服务的工程设施占用林地的，应当提供前款（一）、（二）项规定的材料。

第五条 建设工程占用或者征用林地的审核权限，按照森林法实施条例第十六条的规定执行。

第六条 建设工程需要临时占用林地的，必须遵守下列规定：

（一）临时占用防护林或者特种用途林林地面积5公顷以上，其他林地面积20公顷以上的，由国务院林业主管部门审批；

（二）临时占用防护林或者特种用途林林地面积5公顷以下，其他林地面积10公顷以上20公顷以下的，由省、自治区、直辖市人民政府林业主管部门审批；

（三）临时占用除防护林和特种用途林以外的其它林地面积2公顷以上10公顷以下的，由设区的市和自治州人民政府林业主管部门审批；

（四）临时占用除防护林和特种用途林以外的其它林地面积2公顷以下的，由县级人民政府林业主管部门审批。

第七条 森林经营单位在所经营的范围内修筑直接为林业生产服务的工程设施需要占用林地的，应当遵守下列规定：

（一）国有森林经营单位需要占用林地的，由省、自治区、直辖市人民政府林业主管部门批准，其中国务院确定的国家所有的重点林区内国有森林经营单位需要占用林地的，由国务院林业主管部门或其委托的单位批准；

（二）其它森林经营单位需要占用林地的，由县级人民政府林业主管部门批准。

第八条 国务院林业主管部门委托的单位和县级人民政府林业主管部门在受理用地单位提交的用地申请后，应派出有资质的人员（不少于2人），进行用地现场查验，并填写《使用林地现场查验表》。

第九条 国务院林业主管部门委托的单位和县级人民政府林业主管部门对建设项目类型、林地地类、面积、权属、树种、林种和补偿标准进行初步审查同意后，应当在10个工作日内制定植树造林、恢复森林植被的措施。

第十条 按照规定需要报上一级人民政府林业主管部门审核或者审批的征用或者占用林地申请，县级以上地方人民政府林业主管部门或者国务院林业主管部门委托的单位应当逐级在《使用林地申请表》上签署审查意见后，将全部材料报上一级人民政府林业主管部门审核或者审批。

第十一条 县级以上人民政府林业主管部门按照规定审核同意或者批准占用、征用林地申请后，按照规定预收森林植被恢复费，并向用地单位发放《使用林地审核同意书》，同时将签署意见的《使用林地申请表》等材料退被占用、被征用林地所在地的林业主管部门或者国务院林业主管部门委托的单位存档。

第十二条 对用地单位需要临时占用林地的申请，或者对森林经营单位在所经营的林地范围内修筑直接为林业生产服务的工程设施需要占用林地的申请，县级以上人民政府林业主管部门按照规定予以批准的，应当用文件形式批准。

第十三条　国务院林业主管部门委托的单位和县级以上地方人民政府林业主管部门对用地单位提出的申请,应当在收到申请或上报材料后,在15个工作日内提出审核或者审批意见。

第十四条　县级以上人民政府林业主管部门对用地单位提出的申请,经审核不予同意或者不予批准的,应当在《使用林地申请表》中明确记载不同意的理由,并将申请材料退还申请用地单位。

第十五条　县级以上人民政府林业主管部门应当建立占用、征用林地审核和审批管理档案。

第十六条　省、自治区和直辖市人民政府林业主管部门应当在每年的第一季度,将上年度全省(自治区、直辖市)占用、征用林地和临时占用林地,以及修筑直接为林业生产服务的工程设施占用林地的情况报告国务院林业主管部门。

第十七条　农村居民按照规定标准修建自用住宅需要占用林地的,应当以行政村为单位编制规划,落实地块,按照年度向县级人民政府林业主管部门提出申请,经过县级人民政府林业主管部门依法审查,在逐级报省、自治区和直辖市人民政府林业主管部门审核同意后,由行政村依照有关土地管理的法律、法规办理用地审批手续。

第十八条　《使用林地申请表》和《使用林地现场查验表》由国务院林业主管部门统一式样,省、自治区和直辖市人民政府林业主管部门统一印制。《使用林地审核同意书》由国务院林业主管部门统一印制。

第十九条　本办法由国家林业局负责解释。

第二十条　本办法自发布之日起施行。

※　　　※　　　※　　　※

4-2-126

财政部　国家林业局关于印发《森林植被恢复费征收使用管理暂行办法》的通知

2002年10月25日　　财综[2002]73号

各省、自治区、直辖市财政厅(局)、林业(农林)厅(局),内蒙古、吉林、黑龙江、大兴安岭森工(林业)集团公司:

根据《中华人民共和国森林法》和《中华人民共和国森林法实施条例》(国务院令第278号)的有关规定,我们制定了《森林植被恢复费征收使用管理暂行办法》,现印发给你们,请遵照执行。

附件:森林植被恢复费征收使用管理暂行办法

附件

森林植被恢复费征收使用管理暂行办法

第一章 总 则

第一条 为保护森林资源,促进我国林业可持续发展,根据《中华人民共和国森林法》和《中华人民共和国森林法实施条例》(国务院令第278号)的有关规定,制定本办法。

第二条 森林植被恢复费属于政府性基金,纳入财政预算管理,实行专款专用,年终结余结转下年安排使用。

第三条 森林植被恢复费的征收、使用和管理应当接受财政、审计部门和上级林业主管部门的监督检查。

第二章 征 收

第四条 凡勘查、开采矿藏和修建道路、水利、电力、通讯等各项建设工程需要占用、征用或者临时占用林地,经县级以上林业主管部门审核同意或批准的,用地单位应当按照本办法规定向县级以上林业主管部门预缴森林植被恢复费。

第五条 县级以上林业主管部门按照下列规定预收森林植被恢复费：

(一)占用或者临时占用国务院确定的国家所有的重点林区(以下简称"重点林区")林地的,由国务院林业主管部门或其委托的单位负责预收。

(二)占用或者征用除重点林区以外林地的,由省、自治区、直辖市林业主管部门负责预收。

(三)临时占用重点林区以外林地的,由县、地(州、市)、省(自治区、直辖市)林业主管部门按照国家林业局《占用征用林地审核审批管理办法》(国家林业局令第2号)规定的审批权限负责预收。其中,属于国家林业局审批的,由省、自治区、直辖市林业主管部门负责预收。

第六条 森林植被恢复费征收标准按照恢复不少于被占用或征用林地面积的森林植被所需要的调查规划设计、造林培育等费用核定。具体征收标准如下：

(一)用材林林地、经济林林地、薪炭林林地、苗圃地,每平方米收取6元。

(二)未成林造林地,每平方米收取4元。

(三)防护林和特种用途林林地,每平方米收取8元；国家重点防护林和特种用途林地,每平方米收取10元。

(四)疏林地、灌木林地,每平方米收取3元。

(五)宜林地、采伐迹地、火烧迹地,每平方米收取2元。

城市及城市规划区的林地,可按照上述规定标准2倍收取。对农民按规定标准建设住宅占用林地,在"十五"期间暂不收取森林植被恢复费。

第七条 县级以上林业主管部门收取森林植被恢复费,按照财务隶属关系使用财政部和省、自治区、直辖市财政部门统一印制的政府性基金票据。

第三章 缴 库

第八条 县级以上林业主管部门收取的森林植被恢复费,按照预算收入级次上缴国库。

(一)国务院林业主管部门及其委托单位收取的森林植被恢复费,全额缴入中央国库。

(二)省、自治区、直辖市以下各级林业主管部门收取的森林植被恢复费,全额缴入同级地方国库。

第九条 森林植被恢复费实行就地缴库办法。县级以上林业主管部门收取森林植被恢复费后,自取得收入之日起3日内就地缴入同级国库。

第十条 县级以上林业主管部门在办理缴库手续时,应填制一般缴款书,并填列"基金预算收入"科目中第84类"农业部门基金收入"第8409款"森林植被恢复费收入"。国务院林业主管部门及其委托单位在缴款书的"收款单位"栏填写"财政部","预算级次"栏填写"中央级";省、自治区、直辖市以下林业主管部门按同级财政部门的有关规定填写。

第十一条 占用、征用或者临时占用林地未被批准,有关林业主管部门需要将预收的森林植被恢复费退还用地单位时,应当由有关林业主管部门汇总实际发生的退还金额,并附有关证明材料,按照财政部规定的退库项目,向同级财政部门申请办理森林植被恢复费退库手续。

第四章 使用管理

第十二条 森林植被恢复费实行专款专用,专项用于林业主管部门组织的植树造林、恢复森林植被,包括调查规划设计、整地、造林、抚育、护林防火、病虫害防治、资源管护等开支,不得平调、截留或挪作他用。

第十三条 国务院林业主管部门及其委托单位收取的森林植被恢复费,纳入中央财政预算管理。其中:占用或者临时占用大兴安岭林业集团管理的林地收取的森林植被恢复费,列入中央本级支出预算,用于大兴安岭林区植树造林、恢复森林植被;占用或者临时占用内蒙古、吉林、黑龙江森工集团管理的林地收取的森林植被恢复费,列入中央补助地方专款预算,用于有关森工集团管理林区范围内的植树造林、恢复森林植被。

省、自治区、直辖市林业主管部门收取的森林植被恢复费,纳入省级财政预算管理。其中:省、自治区集中用于全省(自治区)范围内异地植树造林、恢复森林植被的比例不得高于20%;通过省、自治区财政专项转移支付返还被占用或征用林地所在地县、地(州、市)级财政,用于植树造林、恢复森林植被的比例不得低于80%。

直辖市集中用于全市范围内异地植树造林、恢复森林植被的比例可高于20%。具体比例由各省、自治区、直辖市财政部门商林业主管部门制定。

县、地(州、市)级林业主管部门收取的森林植被恢复费,纳入同级财政预算管理,全部用于本区域范围内的植树造林、恢复森林植被。

第十四条 县级以上林业主管部门应当按照规定编制森林植被恢复费收支预决算报同级财政部门审核,并按照批准的预算以及财政部门核拨的资金安排使用。

第十五条 森林植被恢复费支出时,填列"基金预算支出"科目中第84类"农业部门基金支出"第8409款"森林植被恢复费支出"。

第五章 违规处理

第十六条 占用或者临时占用林地的单位和个人不按照本办法规定缴纳森林植被恢复费;县级以上林业主管部门违反本办法规定,多收、减收、免收、缓收,或者隐瞒、截留、挪用、坐收坐支森林植被恢复费,由上级或同级财政部门会同有关部门责令改正,并按照《国务院关于违反财政法规处罚的暂行规定》(国发〔1987〕58号)等有关法律、行政法规的规定进行处罚。

第十七条 对违反第十六条规定行为中涉及有关部门或单位直接负责的主管人员和其他直接责任人员,按照《违反行政事业性收费和罚没收入收支两条线管理规定行政处分暂行规定》(国务院令第281号),给予行政处分;构成犯罪的,移交司法机关依法追究其刑事责任。

第六章 附　　则

第十八条 本办法自2003年1月1日起执行。各省、自治区、直辖市有关规定与本办法不一致的,一律以本办法为准。

第十九条 本办法由财政部、国家林业局负责解释。

第二十条 各省、自治区、直辖市财政部门、林业主管部门可以根据本办法规定制定具体实施办法,并报财政部、国家林业局备案。

4-2-127

财政部　国家林业局关于调整森林植被恢复费征收标准引导节约集约利用林地的通知

2015年11月18日　财税〔2015〕122号

各省、自治区、直辖市财政厅(局)、林业厅(局),新疆生产建设兵团财务局、林业局,内蒙古、吉林、黑龙江、大兴安岭森工(林业)集团公司:

由占用征收林地的建设单位依法缴纳森林植被恢复费,是促进节约集约利用林地、培育和恢复森林植被、实现森林植被占补平衡的一项重要制度保障。2002年财政部、国家林业局印发《森林植被恢复费征收使用管理暂行办法》(财综〔2002〕73号)以来,各地不断加强和规范森林植被恢复费征收使用管理,对推动植树造林、增加森林植被面积发挥了重要作用。随着我国经济社会快速发展,各项建设工程对占用征收林地需求不断增加,但其支付的补偿标准明显偏低,无序占用、粗放利用林地问题突出,减少的森林植被无法得到有效恢复。根据中共中央、国务院印发的《生态文明体制改革总体方案》的要求,为加快健全资源有偿使用和生态补偿制度,建立引导节约集约利用林地的约束机制,确保森林植被面积

不减少、质量不降低,保障国家生态安全,现就调整森林植被恢复费征收标准等有关问题通知如下:

一、制定森林植被恢复费征收标准应当遵循以下原则:

(一)合理引导节约集约利用林地,限制无序占用、粗放使用林地。

(二)反映不同类型林地生态和经济价值,合理补偿森林植被恢复成本。

(三)充分体现公益林、城市规划区林地的重要性和特殊性,突出加强公益林和城市规划区林地的保护。

(四)保障公共基础设施、公共事业和民生工程等建设项目使用林地,控制经营性建设项目使用林地。

(五)考虑不同地区经济社会发展水平、森林资源禀赋和恢复成本差异,适应各地植树造林、恢复森林植被工作需要。

(六)与经济社会发展相适应,考虑企业承受能力,并建立定期评估和调整机制。

(七)体现公平公正原则,对中央和地方企业不得实行歧视性征收标准。

二、森林植被恢复费征收标准应当按照恢复不少于被占用征收林地面积的森林植被所需要的调查规划设计、造林培育、保护管理等费用进行核定。具体征收标准如下:

(一)郁闭度0.2以上的乔木林地(含采伐迹地、火烧迹地)、竹林地、苗圃地,每平方米不低于10元;灌木林地、疏林地、未成林造林地,每平方米不低于6元;宜林地,每平方米不低于3元。

各省、自治区、直辖市财政、林业主管部门在上述下限标准基础上,结合本地实际情况,制定本省、自治区、直辖市具体征收标准。

(二)国家和省级公益林林地,按照第(一)款规定征收标准2倍征收。

(三)城市规划区的林地,按照第(一)、(二)款规定征收标准2倍征收。

(四)城市规划区外的林地,按占用征收林地建设项目性质实行不同征收标准。属于公共基础设施、公共事业和国防建设项目的,按照第(一)、(二)款规定征收标准征收;属于经营性建设项目的,按照第(一)、(二)款规定征收标准2倍征收。

公共基础设施建设项目包括:公路、铁路、机场、港口码头、水利、电力、通讯、能源基地、电网、油气管网等建设项目。公共事业建设项目包括:教育、科技、文化、卫生、体育、环境和资源保护、防灾减灾、文物保护、社会福利、市政公用等建设项目。经营性建设项目包括:商业、服务业、工矿业、仓储、城镇住宅、旅游开发、养殖、经营性墓地等建设项目。

三、对农村居民按规定标准建设住宅,农村集体经济组织修建乡村道路、学校、幼儿园、敬老院、福利院、卫生院等社会公益项目以及保障性安居工程,免征森林植被恢复费。法律、法规规定减免森林植被恢复费的,从其规定。

四、加强森林植被恢复费征收管理。各级林业主管部门要严格按规定的范围、标准和时限要求征收森林植被恢复费,确保及时、足额征缴到位。任何单位和个人均不得违反规定,擅自减免或缓征森林植被恢复费,不得自行改变森林植被恢复费的征收对象、范围和标准。要向社会公开各类建设项目占用征收林地及森林植被恢复费征收使用情况,提高透明度,接受社会监督。上级财政、林业主管部门要加强监督检查,坚决查处不按规定征收森林植被恢复费的行为。

五、做好组织实施和宣传工作。各地要高度重视调整森林植被恢复费征收标准工作，加强组织领导，周密部署，协调配合，抓好落实。要通过政府网站和公共媒体等渠道，加强森林植被恢复费政策宣传解读，及时发布信息，做好舆论引导工作，统一思想、凝聚共识，营造良好的舆论氛围。

各省、自治区、直辖市财政、林业主管部门要在2016年3月底前，将调整森林植被恢复费征收标准等政策落实到位，并及时报财政部、国家林业局备案。

4-2-128

国家林业和草原局关于临时使用林地不再收取森林植被恢复费的公告

2023年4月25日　国家林业和草原局公告2023年第13号

根据财政部有关文件规定，对《林草行业行政许可事项实施规范（2023年版）》作以下修改：

将"临时使用林地审批"事项中的"办理行政许可是否收费：是"修改为"办理行政许可是否收费：否"；删除该事项中"收费项目的名称""收费项目的标准""设定收费项目的依据""规定收费标准的依据"各项下的具体内容，统一修改为"无"。

"临时使用林地审批"取消收费后，用地单位或个人应当按照《森林法》第三十八条的规定，及时恢复植被和林业生产条件。

特此公告。

草原植被恢复费

4-2-129

中华人民共和国草原法

1985年6月18日第六届全国人民代表大会常务委员会第十一次会议通过 同日中华人民共和国主席令第26号公布 2002年12月28日第九届全国人民代表大会常务委员会第三十一次会议修订 同日中华人民共和国主席令第82号公布 2009年8月27日第十一届全国人民代表大会常务委员会第十次会议第一次修正 同日中华人民共和国主席令第18号公布 2013年6月29日第十二届全国人民代表大会常务委员会第三次会议第二次修正 同日中华人民共和国主席令第5号公布 2021年4月29日第十三届全国人民代表大会常务委员会第二十八次会议第三次修正 同日中华人民共和国主席令第81号公布

目　　录

第一章　总则
第二章　草原权属
第三章　规划
第四章　建设
第五章　利用
第六章　保护
第七章　监督检查
第八章　法律责任
第九章　附则

第一章　总　　则

第一条　为了保护、建设和合理利用草原,改善生态环境,维护生物多样性,发展现代畜牧业,促进经济和社会的可持续发展,制定本法。

第二条　在中华人民共和国领域内从事草原规划、保护、建设、利用和管理活动,适用本法。

本法所称草原,是指天然草原和人工草地。

第三条 国家对草原实行科学规划、全面保护、重点建设、合理利用的方针,促进草原的可持续利用和生态、经济、社会的协调发展。

第四条 各级人民政府应当加强对草原保护、建设和利用的管理,将草原的保护、建设和利用纳入国民经济和社会发展计划。

各级人民政府应当加强保护、建设和合理利用草原的宣传教育。

第五条 任何单位和个人都有遵守草原法律法规、保护草原的义务,同时享有对违反草原法律法规、破坏草原的行为进行监督、检举和控告的权利。

第六条 国家鼓励与支持开展草原保护、建设、利用和监测方面的科学研究,推广先进技术和先进成果,培养科学技术人才。

第七条 国家对在草原管理、保护、建设、合理利用和科学研究等工作中做出显著成绩的单位和个人,给予奖励。

第八条 国务院草原行政主管部门主管全国草原监督管理工作。

县级以上地方人民政府草原行政主管部门主管本行政区域内草原监督管理工作。

乡(镇)人民政府应当加强对本行政区域内草原保护、建设和利用情况的监督检查,根据需要可以设专职或者兼职人员负责具体监督检查工作。

第二章 草原权属

第九条 草原属于国家所有,由法律规定属于集体所有的除外。国家所有的草原,由国务院代表国家行使所有权。

任何单位或者个人不得侵占、买卖或者以其他形式非法转让草原。

第十条 国家所有的草原,可以依法确定给全民所有制单位、集体经济组织等使用。

使用草原的单位,应当履行保护、建设和合理利用草原的义务。

第十一条 依法确定给全民所有制单位、集体经济组织等使用的国家所有的草原,由县级以上人民政府登记,核发使用权证,确认草原使用权。

未确定使用权的国家所有的草原,由县级以上人民政府登记造册,并负责保护管理。

集体所有的草原,由县级人民政府登记,核发所有权证,确认草原所有权。

依法改变草原权属的,应当办理草原权属变更登记手续。

第十二条 依法登记的草原所有权和使用权受法律保护,任何单位或者个人不得侵犯。

第十三条 集体所有的草原或者依法确定给集体经济组织使用的国家所有的草原,可以由本集体经济组织内的家庭或者联户承包经营。

在草原承包经营期内,不得对承包经营者使用的草原进行调整;个别确需适当调整的,必须经本集体经济组织成员的村(牧)民会议三分之二以上成员或者三分之二以上村(牧)民代表的同意,并报乡(镇)人民政府和县级人民政府草原行政主管部门批准。

集体所有的草原或者依法确定给集体经济组织使用的国家所有的草原由本集体经济组织以外的单位或者个人承包经营的,必须经本集体经济组织成员的村(牧)民会议三分之二以上成员或者三分之二以上村(牧)民代表的同意,并报乡(镇)人民政府批准。

第十四条 承包经营草原,发包方和承包方应当签订书面合同。草原承包合同的内容应当包括双方的权利和义务、承包草原四至界限、面积和等级、承包期和起止日期、承包草原用途和违约责任等。承包期届满,原承包经营者在同等条件下享有优先承包权。

承包经营草原的单位和个人,应当履行保护、建设和按照承包合同约定的用途合理利用草原的义务。

第十五条 草原承包经营权受法律保护,可以按照自愿、有偿的原则依法转让。

草原承包经营权转让的受让方必须具有从事畜牧业生产的能力,并应当履行保护、建设和按照承包合同约定的用途合理利用草原的义务。

草原承包经营权转让应当经发包方同意。承包方与受让方在转让合同中约定的转让期限,不得超过原承包合同剩余的期限。

第十六条 草原所有权、使用权的争议,由当事人协商解决;协商不成的,由有关人民政府处理。

单位之间的争议,由县级以上人民政府处理;个人之间、个人与单位之间的争议,由乡(镇)人民政府或者县级以上人民政府处理。

当事人对有关人民政府的处理决定不服的,可以依法向人民法院起诉。

在草原权属争议解决前,任何一方不得改变草原利用现状,不得破坏草原和草原上的设施。

第三章 规 划

第十七条 国家对草原保护、建设、利用实行统一规划制度。国务院草原行政主管部门会同国务院有关部门编制全国草原保护、建设、利用规划,报国务院批准后实施。

县级以上地方人民政府草原行政主管部门会同同级有关部门依据上一级草原保护、建设、利用规划编制本行政区域的草原保护、建设、利用规划,报本级人民政府批准后实施。

经批准的草原保护、建设、利用规划确需调整或者修改时,须经原批准机关批准。

第十八条 编制草原保护、建设、利用规划,应当依据国民经济和社会发展规划并遵循下列原则:

(一)改善生态环境,维护生物多样性,促进草原的可持续利用;

(二)以现有草原为基础,因地制宜,统筹规划,分类指导;

(三)保护为主、加强建设、分批改良、合理利用;

(四)生态效益、经济效益、社会效益相结合。

第十九条 草原保护、建设、利用规划应当包括:草原保护、建设、利用的目标和措施,草原功能分区和各项建设的总体部署,各项专业规划等。

第二十条 草原保护、建设、利用规划应当与土地利用总体规划相衔接,与环境保护规划、水土保持规划、防沙治沙规划、水资源规划、林业长远规划、城市总体规划、村庄和集镇规划以及其他有关规划相协调。

第二十一条 草原保护、建设、利用规划一经批准,必须严格执行。

第二十二条 国家建立草原调查制度。

县级以上人民政府草原行政主管部门会同同级有关部门定期进行草原调查;草原所有者或者使用者应当支持、配合调查,并提供有关资料。

第二十三条 国务院草原行政主管部门会同国务院有关部门制定全国草原等级评定标准。

县级以上人民政府草原行政主管部门根据草原调查结果、草原的质量,依据草原等级评定标准,对草原进行评等定级。

第二十四条 国家建立草原统计制度。

县级以上人民政府草原行政主管部门和同级统计部门共同制定草原统计调查办法,依法对草原的面积、等级、产草量、载畜量等进行统计,定期发布草原统计资料。

草原统计资料是各级人民政府编制草原保护、建设、利用规划的依据。

第二十五条 国家建立草原生产、生态监测预警系统。

县级以上人民政府草原行政主管部门对草原的面积、等级、植被构成、生产能力、自然灾害、生物灾害等草原基本状况实行动态监测,及时为本级政府和有关部门提供动态监测和预警信息服务。

第四章 建 设

第二十六条 县级以上人民政府应当增加草原建设的投入,支持草原建设。

国家鼓励单位和个人投资建设草原,按照谁投资、谁受益的原则保护草原投资建设者的合法权益。

第二十七条 国家鼓励与支持人工草地建设、天然草原改良和饲草饲料基地建设,稳定和提高草原生产能力。

第二十八条 县级以上人民政府应当支持、鼓励和引导农牧民开展草原围栏、饲草饲料储备、牲畜圈舍、牧民定居点等生产生活设施的建设。

县级以上地方人民政府应当支持草原水利设施建设,发展草原节水灌溉,改善人畜饮水条件。

第二十九条 县级以上人民政府应当按照草原保护、建设、利用规划加强草种基地建设,鼓励选育、引进、推广优良草品种。

新草品种必须经全国草品种审定委员会审定,由国务院草原行政主管部门公告后方可推广。从境外引进草种必须依法进行审批。

县级以上人民政府草原行政主管部门应当依法加强对草种生产、加工、检疫、检验的监督管理,保证草种质量。

第三十条 县级以上人民政府应当有计划地进行火情监测、防火物资储备、防火隔离带等草原防火设施的建设,确保防火需要。

第三十一条 对退化、沙化、盐碱化、石漠化和水土流失的草原,地方各级人民政府应当按照草原保护、建设、利用规划,划定治理区,组织专项治理。

大规模的草原综合治理,列入国家国土整治计划。

第三十二条 县级以上人民政府应当根据草原保护、建设、利用规划,在本级国民经济和社会发展计划中安排资金用于草原改良、人工种草和草种生产,任何单位或者个人不得截留、挪用;县级以上人民政府财政部门和审计部门应当加强监督管理。

第五章　利　用

第三十三条　草原承包经营者应当合理利用草原,不得超过草原行政主管部门核定的载畜量;草原承包经营者应当采取种植和储备饲草饲料、增加饲草饲料供应量、调剂处理牲畜、优化畜群结构、提高出栏率等措施,保持草畜平衡。

草原载畜量标准和草畜平衡管理办法由国务院草原行政主管部门规定。

第三十四条　牧区的草原承包经营者应当实行划区轮牧,合理配置畜群,均衡利用草原。

第三十五条　国家提倡在农区、半农半牧区和有条件的牧区实行牲畜圈养。草原承包经营者应当按照饲养牲畜的种类和数量,调剂、储备饲草饲料,采用青贮和饲草饲料加工等新技术,逐步改变依赖天然草地放牧的生产方式。

在草原禁牧、休牧、轮牧区,国家对实行舍饲圈养的给予粮食和资金补助,具体办法由国务院或者国务院授权的有关部门规定。

第三十六条　县级以上地方人民政府草原行政主管部门对割草场和野生草种基地应当规定合理的割草期、采种期以及留茬高度和采割强度,实行轮割轮采。

第三十七条　遇到自然灾害等特殊情况,需要临时调剂使用草原的,按照自愿互利的原则,由双方协商解决;需要跨县临时调剂使用草原的,由有关县级人民政府或者共同的上级人民政府组织协商解决。

第三十八条　进行矿藏开采和工程建设,应当不占或者少占草原;确需征收、征用或者使用草原的,必须经省级以上人民政府草原行政主管部门审核同意后,依照有关土地管理的法律、行政法规办理建设用地审批手续。

第三十九条　因建设征收、征用集体所有的草原的,应当依照《中华人民共和国土地管理法》的规定给予补偿;因建设使用国家所有的草原的,应当依照国务院有关规定对草原承包经营者给予补偿。

因建设征收、征用或者使用草原的,应当交纳草原植被恢复费。草原植被恢复费专款专用,由草原行政主管部门按照规定用于恢复草原植被,任何单位和个人不得截留、挪用。草原植被恢复费的征收、使用和管理办法,由国务院价格主管部门和国务院财政部门会同国务院草原行政主管部门制定。

第四十条　需要临时占用草原的,应当经县级以上地方人民政府草原行政主管部门审核同意。

临时占用草原的期限不得超过二年,并不得在临时占用的草原上修建永久性建筑物、构筑物;占用期满,用地单位必须恢复草原植被并及时退还。

第四十一条　在草原上修建直接为草原保护和畜牧业生产服务的工程设施,需要使用草原的,由县级以上人民政府草原行政主管部门批准;修筑其他工程,需要将草原转为非畜牧业生产用地的,必须依法办理建设用地审批手续。

前款所称直接为草原保护和畜牧业生产服务的工程设施,是指:

(一)生产、贮存草种和饲草饲料的设施;

(二)牲畜圈舍、配种点、剪毛点、药浴池、人畜饮水设施;

（三）科研、试验、示范基地；
（四）草原防火和灌溉设施。

第六章 保 护

第四十二条 国家实行基本草原保护制度。下列草原应当划为基本草原，实施严格管理：

（一）重要放牧场；
（二）割草地；
（三）用于畜牧业生产的人工草地、退耕还草地以及改良草地、草种基地；
（四）对调节气候、涵养水源、保持水土、防风固沙具有特殊作用的草原；
（五）作为国家重点保护野生动植物生存环境的草原；
（六）草原科研、教学试验基地；
（七）国务院规定应当划为基本草原的其他草原。

基本草原的保护管理办法，由国务院制定。

第四十三条 国务院草原行政主管部门或者省、自治区、直辖市人民政府可以按照自然保护区管理的有关规定在下列地区建立草原自然保护区：

（一）具有代表性的草原类型；
（二）珍稀濒危野生动植物分布区；
（三）具有重要生态功能和经济科研价值的草原。

第四十四条 县级以上人民政府应当依法加强对草原珍稀濒危野生植物和种质资源的保护、管理。

第四十五条 国家对草原实行以草定畜、草畜平衡制度。县级以上地方人民政府草原行政主管部门应当按照国务院草原行政主管部门制定的草原载畜量标准，结合当地实际情况，定期核定草原载畜量。各级人民政府应当采取有效措施，防止超载过牧。

第四十六条 禁止开垦草原。对水土流失严重、有沙化趋势、需要改善生态环境的已垦草原，应当有计划、有步骤地退耕还草；已造成沙化、盐碱化、石漠化的，应当限期治理。

第四十七条 对严重退化、沙化、盐碱化、石漠化的草原和生态脆弱区的草原，实行禁牧、休牧制度。

第四十八条 国家支持依法实行退耕还草和禁牧、休牧。具体办法由国务院或者省、自治区、直辖市人民政府制定。

对在国务院批准规划范围内实施退耕还草的农牧民，按照国家规定给予粮食、现金、草种费补助。退耕还草完成后，由县级以上人民政府草原行政主管部门核实登记，依法履行土地用途变更手续，发放草原权属证书。

第四十九条 禁止在荒漠、半荒漠和严重退化、沙化、盐碱化、石漠化、水土流失的草原以及生态脆弱区的草原上采挖植物和从事破坏草原植被的其他活动。

第五十条 在草原上从事采土、采砂、采石等作业活动，应当报县级人民政府草原行政主管部门批准；开采矿产资源的，并应当依法办理有关手续。

经批准在草原上从事本条第一款所列活动的，应当在规定的时间、区域内，按照准许的采挖方式作业,并采取保护草原植被的措施。

在他人使用的草原上从事本条第一款所列活动的,还应当事先征得草原使用者的同意。

第五十一条 在草原上种植牧草或者饲料作物,应当符合草原保护、建设、利用规划;县级以上地方人民政府草原行政主管部门应当加强监督管理,防止草原沙化和水土流失。

第五十二条 在草原上开展经营性旅游活动,应当符合有关草原保护、建设、利用规划,并不得侵犯草原所有者、使用者和承包经营者的合法权益,不得破坏草原植被。

第五十三条 草原防火工作贯彻预防为主、防消结合的方针。

各级人民政府应当建立草原防火责任制,规定草原防火期,制定草原防火扑火预案,切实做好草原火灾的预防和扑救工作。

第五十四条 县级以上地方人民政府应当做好草原鼠害、病虫害和毒害草防治的组织管理工作。县级以上地方人民政府草原行政主管部门应当采取措施,加强草原鼠害、病虫害和毒害草监测预警、调查以及防治工作,组织研究和推广综合防治的办法。

禁止在草原上使用剧毒、高残留以及可能导致二次中毒的农药。

第五十五条 除抢险救灾和牧民搬迁的机动车辆外,禁止机动车辆离开道路在草原上行驶,破坏草原植被;因从事地质勘探、科学考察等活动确需离开道路在草原上行驶的,应当事先向所在地县级人民政府草原行政主管部门报告行驶区域和行驶路线,并按照报告的行驶区域和行驶路线在草原上行驶。

第七章 监督检查

第五十六条 国务院草原行政主管部门和草原面积较大的省、自治区的县级以上地方人民政府草原行政主管部门设立草原监督管理机构,负责草原法律、法规执行情况的监督检查,对违反草原法律、法规的行为进行查处。

草原行政主管部门和草原监督管理机构应当加强执法队伍建设,提高草原监督检查人员的政治、业务素质。草原监督检查人员应当忠于职守,秉公执法。

第五十七条 草原监督检查人员履行监督检查职责时,有权采取下列措施:

(一)要求被检查单位或者个人提供有关草原权属的文件和资料,进行查阅或者复制;

(二)要求被检查单位或者个人对草原权属等问题作出说明;

(三)进入违法现场进行拍照、摄像和勘测;

(四)责令被检查单位或者个人停止违反草原法律、法规的行为,履行法定义务。

第五十八条 国务院草原行政主管部门和省、自治区、直辖市人民政府草原行政主管部门,应当加强对草原监督检查人员的培训和考核。

第五十九条 有关单位和个人对草原监督检查人员的监督检查工作应当给予支持、配合,不得拒绝或者阻碍草原监督检查人员依法执行职务。

草原监督检查人员在履行监督检查职责时,应当向被检查单位和个人出示执法证件。

第六十条 对违反草原法律、法规的行为,应当依法作出行政处理,有关草原行政主管部门不作出行政处理决定的,上级草原行政主管部门有权责令有关草原行政主管部门作出行政处理决定或者直接作出行政处理决定。

第八章 法律责任

第六十一条 草原行政主管部门工作人员及其他国家机关有关工作人员玩忽职守、滥用职权,不依法履行监督管理职责,或者发现违法行为不予查处,造成严重后果,构成犯罪的,依法追究刑事责任;尚不够刑事处罚的,依法给予行政处分。

第六十二条 截留、挪用草原改良、人工种草和草种生产资金或者草原植被恢复费,构成犯罪的,依法追究刑事责任;尚不够刑事处罚的,依法给予行政处分。

第六十三条 无权批准征收、征用、使用草原的单位或者个人非法批准征收、征用、使用草原的,超越批准权限非法批准征收、征用、使用草原的,或者违反法律规定的程序批准征收、征用、使用草原,构成犯罪的,依法追究刑事责任;尚不够刑事处罚的,依法给予行政处分。非法批准征收、征用、使用草原的文件无效。非法批准征收、征用、使用的草原应当收回,当事人拒不归还的,以非法使用草原论处。

非法批准征收、征用、使用草原,给当事人造成损失的,依法承担赔偿责任。

第六十四条 买卖或者以其他形式非法转让草原,构成犯罪的,依法追究刑事责任;尚不够刑事处罚的,由县级以上人民政府草原行政主管部门依据职权责令限期改正,没收违法所得,并处违法所得一倍以上五倍以下的罚款。

第六十五条 未经批准或者采取欺骗手段骗取批准,非法使用草原,构成犯罪的,依法追究刑事责任;尚不够刑事处罚的,由县级以上人民政府草原行政主管部门依据职权责令退还非法使用的草原,对违反草原保护、建设、利用规划擅自将草原改为建设用地的,限期拆除在非法使用的草原上新建的建筑物和其他设施,恢复草原植被,并处草原被非法使用前三年平均产值六倍以上十二倍以下的罚款。

第六十六条 非法开垦草原,构成犯罪的,依法追究刑事责任;尚不够刑事处罚的,由县级以上人民政府草原行政主管部门依据职权责令停止违法行为,限期恢复植被,没收非法财物和违法所得,并处违法所得一倍以上五倍以下的罚款;没有违法所得的,并处五万元以下的罚款;给草原所有者或者使用者造成损失的,依法承担赔偿责任。

第六十七条 在荒漠、半荒漠和严重退化、沙化、盐碱化、石漠化、水土流失的草原,以及生态脆弱区的草原上采挖植物或者从事破坏草原植被的其他活动的,由县级以上地方人民政府草原行政主管部门依据职权责令停止违法行为,没收非法财物和违法所得,可以并处违法所得一倍以上五倍以下的罚款;没有违法所得的,可以并处五万元以下的罚款;给草原所有者或者使用者造成损失的,依法承担赔偿责任。

第六十八条 未经批准或者未按照规定的时间、区域和采挖方式在草原上进行采土、采砂、采石等活动的,由县级人民政府草原行政主管部门责令停止违法行为,限期恢复植被,没收非法财物和违法所得,可以并处违法所得一倍以上二倍以下的罚款;没有违法所得的,可以并处二万元以下的罚款;给草原所有者或者使用者造成损失的,依法承担赔偿责任。

第六十九条 违反本法第五十二条规定,在草原上开展经营性旅游活动,破坏草原植被的,由县级以上地方人民政府草原行政主管部门依据职权责令停止违法行为,限期恢复植被,没收违法所得,可以并处违法所得一倍以上二倍以下的罚款;没有违法所得的,可以并处草原被破坏前三年平均产值六倍以上十二倍以下的罚款;给草原所有者或者使用者造成损失的,依法承担赔偿责任。

第七十条　非抢险救灾和牧民搬迁的机动车辆离开道路在草原上行驶,或者从事地质勘探、科学考察等活动,未事先向所在地县级人民政府草原行政主管部门报告或者未按照报告的行驶区域和行驶路线在草原上行驶,破坏草原植被的,由县级人民政府草原行政主管部门责令停止违法行为,限期恢复植被,可以并处草原被破坏前三年平均产值三倍以上九倍以下的罚款;给草原所有者或者使用者造成损失的,依法承担赔偿责任。

第七十一条　在临时占用的草原上修建永久性建筑物、构筑物的,由县级以上地方人民政府草原行政主管部门依据职权责令限期拆除;逾期不拆除的,依法强制拆除,所需费用由违法者承担。

临时占用草原,占用期届满,用地单位不予恢复草原植被的,由县级以上地方人民政府草原行政主管部门依据职权责令限期恢复;逾期不恢复的,由县级以上地方人民政府草原行政主管部门代为恢复,所需费用由违法者承担。

第七十二条　未经批准,擅自改变草原保护、建设、利用规划的,由县级以上人民政府责令限期改正;对直接负责的主管人员和其他直接责任人员,依法给予行政处分。

第七十三条　对违反本法有关草畜平衡制度的规定,牲畜饲养量超过县级以上地方人民政府草原行政主管部门核定的草原载畜量标准的纠正或者处罚措施,由省、自治区、直辖市人民代表大会或者其常务委员会规定。

第九章　附　　则

第七十四条　本法第二条第二款中所称的天然草原包括草地、草山和草坡,人工草地包括改良草地和退耕还草地,不包括城镇草地。

第七十五条　本法自 2003 年 3 月 1 日起施行。

※　　※　　※　　※

4-2-130

财政部　国家发展改革委关于同意收取草原植被恢复费有关问题的通知

2010 年 4 月 27 日　财综〔2010〕29 号

农业部,各省、自治区、直辖市财政厅(局)、发展改革委、物价局:

为保护和恢复草原植被,改善生态环境,根据《中华人民共和国草原法》的规定,现将草原植被恢复费有关问题通知如下:

一、进行矿藏勘查开采和工程建设征用或使用草原的单位和个人,应向相关省、自治区、直辖市(以下简称省级)草原行政主管部门或其委托的草原监理站(所)缴纳草原植被恢复费。

因工程建设、勘查、旅游等活动需要临时占用草原且未履行恢复义务的单位和个人,应向县级以上地方草原行政主管部门或其委托的草原监理站(所)缴纳草原植被恢复费。

在草原上修建直接为草原保护和畜牧业生产服务的工程设施,以及农牧民按规定标准建设住宅使用草原的,不缴纳草原植被恢复费。

二、草原植被恢复费收费标准由国家发展改革委、财政部另行制定。

三、勘查、开采矿藏和工程建设需征用或使用草原的,用地单位和个人应按规定权限向省级以上草原行政主管部门提出申请,经审核同意的,向省级草原行政主管部门或其委托的草原监理站(所)缴纳草原植被恢复费。用地单位和个人在办理建设用地审批手续时未获批准的,省级草原行政主管部门或其委托的草原监理站(所)应当将收取的草原植被恢复费全部退还用地单位和个人。

四、县级以上地方草原行政主管部门或其委托的草原监理站(所)收取草原植被恢复费,使用省级财政部门统一印制的财政票据。

五、县级以上地方草原行政主管部门或其委托的草原监理站(所)收取的草原植被恢复费,全额缴入地方国库,具体缴库办法按照省级财政部门的规定执行。草原植被恢复费收入列"政府收支分类科目"第103类"非税收入"02款"专项收入"13项"草原植被恢复费收入"。

六、征用或使用草原未获得建设用地批准,省级草原行政主管部门或其委托的草原监理站(所)需将收取的草原植被恢复费退还用地单位和个人时,应由省级草原行政主管部门或其委托的草原监理站(所)按实际发生的退还金额,附有关证明材料,向省级财政部门申请办理草原植被恢复费退库手续。

七、草原植被恢复费纳入财政预算管理,专项用于草原行政主管部门组织的草原植被恢复、保护和管理。使用范围包括:草原调查规划、人工草原建设、草原植被恢复、退化沙化草原改良和治理、草原生态监测、草原病虫害防治、草原防火和管护等开支。任何单位和个人不得截留或挪作他用。

八、省级财政部门商同级草原行政主管部门根据省以下各级草原行政主管部门承担的恢复草原植被职责,确定草原植被恢复费在省以下各级之间的资金使用比例,并报财政部备案。

九、县级以上地方草原行政主管部门应按规定编制草原植被恢复费收支预算,报同级财政部门审核。财政部门根据县级以上地方草原行政主管部门开展草原植被恢复、保护和管理工作需要,核定草原植被恢复费支出预算。草原植被恢复费支出列"政府收支分类科目"第213类"农林水事务"01款"农业"53项"草原植被恢复费支出"。草原植被恢复费的支付按照财政国库管理制度有关规定执行。

十、县级以上地方草原行政主管部门及其委托的草原监理站(所)应严格按照本规定执行,不得多收、减收、缓收、停收或者侵占、截留、挪用草原植被恢复费,并自觉接受财政、价格、审计部门和上级草原行政主管部门的监督检查。

4-2-131

国家发展改革委 财政部关于草原植被恢复费收费标准及有关问题的通知

2010年6月7日 发改价格〔2010〕1235号

农业部,各省、自治区、直辖市发展改革委、物价局、财政厅(局):

根据《财政部 国家发展改革委关于同意收取草原植被恢复费有关问题的通知》(财综〔2010〕29号)规定,经研究,现将草原植被恢复费收费标准及有关问题通知如下:

一、进行矿藏勘查开采和工程建设征用或使用草原的单位和个人,向省、自治区、直辖市草原行政主管部门或其委托的草原监理站(所)复缴纳草原植被恢费的收费标准,以及因工程建设、勘查、旅游等活动需要临时占用草原且未履行恢复义务的单位和个人,向县级以上地方草原行政主管部门或其委托的草原监理站(所)缴纳草原植被恢复费的收费标准,由所在地省、自治区、直辖市价格主管部门会同财政部门核定,并报国家发展改革委、财政部备案。

在草原上修建直接为草原保护和畜牧业生产服务的工程设施,以及农牧民按规定标准建设住宅使用草原的,不缴纳草原植被恢复费。

二、收费单位应到指定的价格主管部门办理收费许可证,并使用省级财政部门统一印制的财政票据。

三、收费单位应严格执行批准的收费项目和收费标准,不得自行增设收费项目、扩大收费范围或提高收费标准,并自觉接受价格、财政、审计部门的监督检查。

四、上述规定自本通知发布之日起执行。

4-2-132

农业部关于加强草原植被恢复费征收使用管理工作的通知

2010年7月16日 农财发〔2010〕132号

各省、自治区、直辖市农牧(畜牧、农业)厅(局、委、办),新疆生产建设兵团农业局:

近日,财政部、国家发展改革委联合印发了《财政部 国家发展改革委关于同意收取草原植被恢复费有关问题的通知》(财综〔2010〕29号)(见附件1)和《国家发展改革委 财政部关于草原植被恢复费收费标准及有关问题的通知》(发改价格〔2010〕1235号)(见附件2),对草原植被恢复费收费立项、收费标准和收费管理等作出了明确规定,提出了具体要求。为切实加强草原植被恢复费的征收、使用和管理工作,现将两个文件转发给你们,并就有关事项通知如下:

一、充分认识依法征收草原植被恢复费的重要意义

征收草原植被恢复费是依法保护草原资源和生态环境护一项重要措施,也是草原生态补偿制度的一项重要内容。各地要认真贯彻落实财政部、国家发展改革委通知精神,高度重视草原植被恢复费的征收、使用和管理工作,切实加强领导,明确措施,抓好落实。

二、积极配合做好草原植被恢复费收费标准的核定工作

各省、自治区、直辖市草原行政主管部门和草原监理机构要积极配合同级价格主管部门和财政部门,加快推进草原植被恢复费收费标准的核定工作。要在认真开展调查研究的基础上,综合考虑当地草原类型、草原经济价值、生态价值以及草原植被恢复的难易程度,提出科学、合理的草原植被恢复费收费标准的建议。

三、认真做好草原植被恢复费的征收工作

县级以上地方草原行政主管部门和草原监理机构要严格按照财政部、国家发展改革委的规定和省级价格主管部门会同财政部门核定的收费标准,依法征收草原植被恢复费,不得自行增设收费项目、扩大收费范围或提高收费标准,不得减收、缓收或停收。收取的草原植被恢复费要按规定全额缴入地方国库。

四、切实加强草原植被恢复费的使用管理

草原植被恢复费的使用,要纳入财政预算管理。县级以上地方草原行政主管部门要按规定编制草原植被恢复费收支预算,并按同级财政部门核定的支出预算使用资金。草原植被恢复费要按照规定的使用范围,专项用于草原植被恢复、保护和管理。任何单位和个人不得侵占、截留和挪用草原植被恢复费。

附件:1. 财政部　国家发展改革委关于同意收取草原植被恢复费有关问题的通知(编者略)

2. 国家发展改革委　财政部关于草原植被恢复费收费标准及有关问题的通知(编者略)

工会经费

4-2-133

中华人民共和国工会法

1992年4月3日第七届全国人民代表大会第五次会议通过 同日中华人民共和国主席令第57号公布 2001年10月27日第九届全国人民代表大会常务委员会第二十四次会议第一次修正 同日中华人民共和国主席令第62号公布 2009年8月27日第十一届全国人民代表大会常务委员会第十次会议第二次修正 同日中华人民共和国主席令第18号公布 2021年12月24日第十三届全国人民代表大会常务委员会第三十二次会议第三次修正 同日中华人民共和国主席令第107号公布

目 录

第一章 总则
第二章 工会组织
第三章 工会的权利和义务
第四章 基层工会组织
第五章 工会的经费和财产
第六章 法律责任
第七章 附则

第一章 总 则

第一条 为保障工会在国家政治、经济和社会生活中的地位,确定工会的权利与义务,发挥工会在社会主义现代化建设事业中的作用,根据宪法,制定本法。

第二条 工会是中国共产党领导的职工自愿结合的工人阶级群众组织,是中国共产党联系职工群众的桥梁和纽带。

中华全国总工会及其各工会组织代表职工的利益,依法维护职工的合法权益。

第三条 在中国境内的企业、事业单位、机关、社会组织(以下统称用人单位)中以工资收入为主要生活来源的劳动者,不分民族、种族、性别、职业、宗教信仰、教育程度,都有依法参加和组织工会的权利。任何组织和个人不得阻挠和限制。

工会适应企业组织形式、职工队伍结构、劳动关系、就业形态等方面的发展变化,依法维护劳动者参加和组织工会的权利。

第四条 工会必须遵守和维护宪法,以宪法为根本的活动准则,以经济建设为中心,坚持社会主义道路,坚持人民民主专政,坚持中国共产党的领导,坚持马克思列宁主义、毛泽东思想、邓小平理论、"三个代表"重要思想、科学发展观、习近平新时代中国特色社会主义思想,坚持改革开放,保持和增强政治性、先进性、群众性,依照工会章程独立自主地开展工作。

工会会员全国代表大会制定或者修改《中国工会章程》,章程不得与宪法和法律相抵触。

国家保护工会的合法权益不受侵犯。

第五条 工会组织和教育职工依照宪法和法律的规定行使民主权利,发挥国家主人翁的作用,通过各种途径和形式,参与管理国家事务、管理经济和文化事业、管理社会事务;协助人民政府开展工作,维护工人阶级领导的、以工农联盟为基础的人民民主专政的社会主义国家政权。

第六条 维护职工合法权益、竭诚服务职工群众是工会的基本职责。工会在维护全国人民总体利益的同时,代表和维护职工的合法权益。

工会通过平等协商和集体合同制度等,推动健全劳动关系协调机制,维护职工劳动权益,构建和谐劳动关系。

工会依照法律规定通过职工代表大会或者其他形式,组织职工参与本单位的民主选举、民主协商、民主决策、民主管理和民主监督。

工会建立联系广泛、服务职工的工会工作体系,密切联系职工,听取和反映职工的意见和要求,关心职工的生活,帮助职工解决困难,全心全意为职工服务。

第七条 工会动员和组织职工积极参加经济建设,努力完成生产任务和工作任务。教育职工不断提高思想道德、技术业务和科学文化素质,建设有理想、有道德、有文化、有纪律的职工队伍。

第八条 工会推动产业工人队伍建设改革,提高产业工人队伍整体素质,发挥产业工人骨干作用,维护产业工人合法权益,保障产业工人主人翁地位,造就一支有理想守信念、懂技术会创新、敢担当讲奉献的宏大产业工人队伍。

第九条 中华全国总工会根据独立、平等、互相尊重、互不干涉内部事务的原则,加强同各国工会组织的友好合作关系。

第二章 工会组织

第十条 工会各级组织按照民主集中制原则建立。

各级工会委员会由会员大会或者会员代表大会民主选举产生。企业主要负责人的近亲属不得作为本企业基层工会委员会成员的人选。

各级工会委员会向同级会员大会或者会员代表大会负责并报告工作,接受其监督。

工会会员大会或者会员代表大会有权撤换或者罢免其所选举的代表或者工会委员会组成人员。

上级工会组织领导下级工会组织。

第十一条 用人单位有会员二十五人以上的,应当建立基层工会委员会;不足二十五人的,可以单独建立基层工会委员会,也可以由两个以上单位的会员联合建立基层工会委员会,也可以选举组织员一人,组织会员开展活动。女职工人数较多的,可以建立工会女职工委员会,在同级工会领导下开展工作;女职工人数较少的,可以在工会委员会中设女职工委员。

企业职工较多的乡镇、城市街道,可以建立基层工会的联合会。

县级以上地方建立地方各级总工会。

同一行业或者性质相近的几个行业,可以根据需要建立全国的或者地方的产业工会。

全国建立统一的中华全国总工会。

第十二条 基层工会、地方各级总工会、全国或者地方产业工会组织的建立,必须报上一级工会批准。

上级工会可以派员帮助和指导企业职工组建工会,任何单位和个人不得阻挠。

第十三条 任何组织和个人不得随意撤销、合并工会组织。

基层工会所在的用人单位终止或者被撤销,该工会组织相应撤销,并报告上一级工会。

依前款规定被撤销的工会,其会员的会籍可以继续保留,具体管理办法由中华全国总工会制定。

第十四条 职工二百人以上的企业、事业单位、社会组织的工会,可以设专职工会主席。工会专职工作人员的人数由工会与企业、事业单位、社会组织协商确定。

第十五条 中华全国总工会、地方总工会、产业工会具有社会团体法人资格。

基层工会组织具备民法典规定的法人条件的,依法取得社会团体法人资格。

第十六条 基层工会委员会每届任期三年或者五年。各级地方总工会委员会和产业工会委员会每届任期五年。

第十七条 基层工会委员会定期召开会员大会或者会员代表大会,讨论决定工会工作的重大问题。经基层工会委员会或者三分之一以上的工会会员提议,可以临时召开会员大会或者会员代表大会。

第十八条 工会主席、副主席任期未满时,不得随意调动其工作。因工作需要调动时,应当征得本级工会委员会和上一级工会的同意。

罢免工会主席、副主席必须召开会员大会或者会员代表大会讨论,非经会员大会全体会员或者会员代表大会全体代表过半数通过,不得罢免。

第十九条 基层工会专职主席、副主席或者委员自任职之日起,其劳动合同期限自动延长,延长期限相当于其任职期间;非专职主席、副主席或者委员自任职之日起,其尚未履行的劳动合同期限短于任期的,劳动合同期限自动延长至任期期满。但是,任职期间个人严重过失或者达到法定退休年龄的除外。

第三章 工会的权利和义务

第二十条 企业、事业单位、社会组织违反职工代表大会制度和其他民主管理制度,工会有权要求纠正,保障职工依法行使民主管理的权利。

法律、法规规定应当提交职工大会或者职工代表大会审议、通过、决定的事项,企业、事业单位、社会组织应当依法处理。

第二十一条　工会帮助、指导职工与企业、实行企业化管理的事业单位、社会组织签订劳动合同。

工会代表职工与企业、实行企业化管理的事业单位、社会组织进行平等协商,依法签订集体合同。集体合同草案应当提交职工代表大会或者全体职工讨论通过。

工会签订集体合同,上级工会应当给予支持和帮助。

企业、事业单位、社会组织违反集体合同,侵犯职工劳动权益的,工会可以依法要求企业、事业单位、社会组织予以改正并承担责任;因履行集体合同发生争议,经协商解决不成的,工会可以向劳动争议仲裁机构提请仲裁,仲裁机构不予受理或者对仲裁裁决不服的,可以向人民法院提起诉讼。

第二十二条　企业、事业单位、社会组织处分职工,工会认为不适当的,有权提出意见。

用人单位单方面解除职工劳动合同时,应当事先将理由通知工会,工会认为用人单位违反法律、法规和有关合同,要求重新研究处理时,用人单位应当研究工会的意见,并将处理结果书面通知工会。

职工认为用人单位侵犯其劳动权益而申请劳动争议仲裁或者向人民法院提起诉讼的,工会应当给予支持和帮助。

第二十三条　企业、事业单位、社会组织违反劳动法律法规规定,有下列侵犯职工劳动权益情形,工会应当代表职工与企业、事业单位、社会组织交涉,要求企业、事业单位、社会组织采取措施予以改正;企业、事业单位、社会组织应当予以研究处理,并向工会作出答复;企业、事业单位、社会组织拒不改正的,工会可以提请当地人民政府依法作出处理:

(一)克扣、拖欠职工工资的;

(二)不提供劳动安全卫生条件的;

(三)随意延长劳动时间的;

(四)侵犯女职工和未成年工特殊权益的;

(五)其他严重侵犯职工劳动权益的。

第二十四条　工会依照国家规定对新建、扩建企业和技术改造工程中的劳动条件和安全卫生设施与主体工程同时设计、同时施工、同时投产使用进行监督。对工会提出的意见,企业或者主管部门应当认真处理,并将处理结果书面通知工会。

第二十五条　工会发现企业违章指挥、强令工人冒险作业,或者生产过程中发现明显重大事故隐患和职业危害,有权提出解决的建议,企业应当及时研究答复;发现危及职工生命安全的情况时,工会有权向企业建议组织职工撤离危险现场,企业必须及时作出处理决定。

第二十六条　工会有权对企业、事业单位、社会组织侵犯职工合法权益的问题进行调查,有关单位应当予以协助。

第二十七条　职工因工伤亡事故和其他严重危害职工健康问题的调查处理,必须有工会参加。工会应当向有关部门提出处理意见,并有权要求追究直接负责的主管人员和有关责任人员的责任。对工会提出的意见,应当及时研究,给予答复。

第二十八条　企业、事业单位、社会组织发生停工、怠工事件,工会应当代表职工同企业、事业单位、社会组织或者有关方面协商,反映职工的意见和要求并提出解决意见。对于职工的合理要求,企业、事业单位、社会组织应当予以解决。工会协助企业、事业单位、社会组织做好工作,尽快恢复生产、工作秩序。

第二十九条 工会参加企业的劳动争议调解工作。

地方劳动争议仲裁组织应当有同级工会代表参加。

第三十条 县级以上各级总工会依法为所属工会和职工提供法律援助等法律服务。

第三十一条 工会协助用人单位办好职工集体福利事业,做好工资、劳动安全卫生和社会保险工作。

第三十二条 工会会同用人单位加强对职工的思想政治引领,教育职工以国家主人翁态度对待劳动,爱护国家和单位的财产;组织职工开展群众性的合理化建议、技术革新、劳动和技能竞赛活动,进行业余文化技术学习和职工培训,参加职业教育和文化体育活动,推进职业安全健康教育和劳动保护工作。

第三十三条 根据政府委托,工会与有关部门共同做好劳动模范和先进生产(工作)者的评选、表彰、培养和管理工作。

第三十四条 国家机关在组织起草或者修改直接涉及职工切身利益的法律、法规、规章时,应当听取工会意见。

县级以上各级人民政府制定国民经济和社会发展计划,对涉及职工利益的重大问题,应当听取同级工会的意见。

县级以上各级人民政府及其有关部门研究制定劳动就业、工资、劳动安全卫生、社会保险等涉及职工切身利益的政策、措施时,应当吸收同级工会参加研究,听取工会意见。

第三十五条 县级以上地方各级人民政府可以召开会议或者采取适当方式,向同级工会通报政府的重要的工作部署和与工会工作有关的行政措施,研究解决工会反映的职工群众的意见和要求。

各级人民政府劳动行政部门应当会同同级工会和企业方面代表,建立劳动关系三方协商机制,共同研究解决劳动关系方面的重大问题。

第四章　基层工会组织

第三十六条 国有企业职工代表大会是企业实行民主管理的基本形式,是职工行使民主管理权力的机构,依照法律规定行使职权。

国有企业的工会委员会是职工代表大会的工作机构,负责职工代表大会的日常工作,检查、督促职工代表大会决议的执行。

第三十七条 集体企业的工会委员会,应当支持和组织职工参加民主管理和民主监督,维护职工选举和罢免管理人员、决定经营管理的重大问题的权力。

第三十八条 本法第三十六条、第三十七条规定以外的其他企业、事业单位的工会委员会,依照法律规定组织职工采取与企业、事业单位相适应的形式,参与企业、事业单位民主管理。

第三十九条 企业、事业单位、社会组织研究经营管理和发展的重大问题应当听取工会的意见;召开会议讨论有关工资、福利、劳动安全卫生、工作时间、休息休假、女职工保护和社会保险等涉及职工切身利益的问题,必须有工会代表参加。

企业、事业单位、社会组织应当支持工会依法开展工作,工会应当支持企业、事业单位、社会组织依法行使经营管理权。

第四十条 公司的董事会、监事会中职工代表的产生,依照公司法有关规定执行。

第四十一条 基层工会委员会召开会议或者组织职工活动,应当在生产或者工作时间以外进行,需要占用生产或者工作时间的,应当事先征得企业、事业单位、社会组织的同意。

基层工会的非专职委员占用生产或者工作时间参加会议或者从事工会工作,每月不超过三个工作日,其工资照发,其他待遇不受影响。

第四十二条 用人单位工会委员会的专职工作人员的工资、奖励、补贴,由所在单位支付。社会保险和其他福利待遇等,享受本单位职工同等待遇。

第五章 工会的经费和财产

第四十三条 工会经费的来源:

(一)工会会员缴纳的会费;

(二)建立工会组织的用人单位按每月全部职工工资总额的百分之二向工会拨缴的经费;

(三)工会所属的企业、事业单位上缴的收入;

(四)人民政府的补助;

(五)其他收入。

前款第二项规定的企业、事业单位、社会组织拨缴的经费在税前列支。

工会经费主要用于为职工服务和工会活动。经费使用的具体办法由中华全国总工会制定。

第四十四条 企业、事业单位、社会组织无正当理由拖延或者拒不拨缴工会经费,基层工会或者上级工会可以向当地人民法院申请支付令;拒不执行支付令的,工会可以依法申请人民法院强制执行。

第四十五条 工会应当根据经费独立原则,建立预算、决算和经费审查监督制度。

各级工会建立经费审查委员会。

各级工会经费收支情况应当由同级工会经费审查委员会审查,并且定期向会员大会或者会员代表大会报告,接受监督。工会会员大会或者会员代表大会有权对经费使用情况提出意见。

工会经费的使用应当依法接受国家的监督。

第四十六条 各级人民政府和用人单位应当为工会办公和开展活动,提供必要的设施和活动场所等物质条件。

第四十七条 工会的财产、经费和国家拨给工会使用的不动产,任何组织和个人不得侵占、挪用和任意调拨。

第四十八条 工会所属的为职工服务的企业、事业单位,其隶属关系不得随意改变。

第四十九条 县级以上各级工会的离休、退休人员的待遇,与国家机关工作人员同等对待。

第六章　法律责任

第五十条　工会对违反本法规定侵犯其合法权益的,有权提请人民政府或者有关部门予以处理,或者向人民法院提起诉讼。

第五十一条　违反本法第三条、第十二条规定,阻挠职工依法参加和组织工会或者阻挠上级工会帮助、指导职工筹建工会的,由劳动行政部门责令其改正;拒不改正的,由劳动行政部门提请县级以上人民政府处理;以暴力、威胁等手段阻挠造成严重后果,构成犯罪的,依法追究刑事责任。

第五十二条　违反本法规定,对依法履行职责的工会工作人员无正当理由调动工作岗位,进行打击报复的,由劳动行政部门责令改正、恢复原工作;造成损失的,给予赔偿。

对依法履行职责的工会工作人员进行侮辱、诽谤或者进行人身伤害,构成犯罪的,依法追究刑事责任;尚未构成犯罪的,由公安机关依照治安管理处罚法的规定处罚。

第五十三条　违反本法规定,有下列情形之一的,由劳动行政部门责令恢复其工作,并补发被解除劳动合同期间应得的报酬,或者责令给予本人年收入二倍的赔偿:

（一）职工因参加工会活动而被解除劳动合同的;

（二）工会工作人员因履行本法规定的职责而被解除劳动合同的。

第五十四条　违反本法规定,有下列情形之一的,由县级以上人民政府责令改正,依法处理:

（一）妨碍工会组织职工通过职工代表大会和其他形式依法行使民主权利的;

（二）非法撤销、合并工会组织的;

（三）妨碍工会参加职工因工伤亡事故以及其他侵犯职工合法权益问题的调查处理的;

（四）无正当理由拒绝进行平等协商的。

第五十五条　违反本法第四十七条规定,侵占工会经费和财产拒不返还的,工会可以向人民法院提起诉讼,要求返还,并赔偿损失。

第五十六条　工会工作人员违反本法规定,损害职工或者工会权益的,由同级工会或者上级工会责令改正,或者予以处分;情节严重的,依照《中国工会章程》予以罢免;造成损失的,应当承担赔偿责任;构成犯罪的,依法追究刑事责任。

第七章　附　　则

第五十七条　中华全国总工会会同有关国家机关制定机关工会实施本法的具体办法。

第五十八条　本法自公布之日起施行。1950年6月29日中央人民政府颁布的《中华人民共和国工会法》同时废止。

综合及其他政策

4-2-134

财政违法行为处罚处分条例

2004年11月30日中华人民共和国国务院令第427号公布
2011年1月8日中华人民共和国国务院令第588号修订

第一条 为了纠正财政违法行为,维护国家财政经济秩序,制定本条例。

第二条 县级以上人民政府财政部门及审计机关在各自职权范围内,依法对财政违法行为作出处理、处罚决定。

省级以上人民政府财政部门的派出机构,应当在规定职权范围内,依法对财政违法行为作出处理、处罚决定;审计机关的派出机构,应当根据审计机关的授权,依法对财政违法行为作出处理、处罚决定。

根据需要,国务院可以依法调整财政部门及其派出机构(以下统称财政部门)、审计机关及其派出机构(以下统称审计机关)的职权范围。

有财政违法行为的单位,其直接负责的主管人员和其他直接责任人员,以及有财政违法行为的个人,属于国家公务员的,由监察机关及其派出机构(以下统称监察机关)或者任免机关依照人事管理权限,依法给予行政处分。

第三条 财政收入执收单位及其工作人员有下列违反国家财政收入管理规定的行为之一的,责令改正,补收应当收取的财政收入,限期退还违法所得。对单位给予警告或者通报批评。对直接负责的主管人员和其他直接责任人员给予警告、记过或者记大过处分;情节严重的,给予降级或者撤职处分:

(一)违反规定设立财政收入项目;

(二)违反规定擅自改变财政收入项目的范围、标准、对象和期限;

(三)对已明令取消、暂停执行或者降低标准的财政收入项目,仍然依照原定项目、标准征收或者变换名称征收;

(四)缓收、不收财政收入;

(五)擅自将预算收入转为预算外收入;

(六)其他违反国家财政收入管理规定的行为。

《中华人民共和国税收征收管理法》等法律、行政法规另有规定的,依照其规定给予行政处分。

第四条 财政收入执收单位及其工作人员有下列违反国家财政收入上缴规定的行为

之一的,责令改正,调整有关会计账目,收缴应当上缴的财政收入,限期退还违法所得。对单位给予警告或者通报批评。对直接负责的主管人员和其他直接责任人员给予记大过处分;情节较重的,给予降级或者撤职处分;情节严重的,给予开除处分:

(一)隐瞒应当上缴的财政收入;

(二)滞留、截留、挪用应当上缴的财政收入;

(三)坐支应当上缴的财政收入;

(四)不依照规定的财政收入预算级次、预算科目入库;

(五)违反规定退付国库库款或者财政专户资金;

(六)其他违反国家财政收入上缴规定的行为。

《中华人民共和国税收征收管理法》、《中华人民共和国预算法》等法律、行政法规另有规定的,依照其规定给予行政处分。

第五条 财政部门、国库机构及其工作人员有下列违反国家有关上解、下拨财政资金规定的行为之一的,责令改正,限期退还违法所得。对单位给予警告或者通报批评。对直接负责的主管人员和其他直接责任人员给予记过或者记大过处分;情节较重的,给予降级或者撤职处分;情节严重的,给予开除处分:

(一)延解、占压应当上解的财政收入;

(二)不依照预算或者用款计划核拨财政资金;

(三)违反规定收纳、划分、留解、退付国库库款或者财政专户资金;

(四)将应当纳入国库核算的财政收入放在财政专户核算;

(五)擅自动用国库库款或者财政专户资金;

(六)其他违反国家有关上解、下拨财政资金规定的行为。

第六条 国家机关及其工作人员有下列违反规定使用、骗取财政资金的行为之一的,责令改正,调整有关会计账目,追回有关财政资金,限期退还违法所得。对单位给予警告或者通报批评。对直接负责的主管人员和其他直接责任人员给予记大过处分;情节较重的,给予降级或者撤职处分;情节严重的,给予开除处分:

(一)以虚报、冒领等手段骗取财政资金;

(二)截留、挪用财政资金;

(三)滞留应当下拨的财政资金;

(四)违反规定扩大开支范围,提高开支标准;

(五)其他违反规定使用、骗取财政资金的行为。

第七条 财政预决算的编制部门和预算执行部门及其工作人员有下列违反国家有关预算管理规定的行为之一的,责令改正,追回有关款项,限期调整有关预算科目和预算级次。对单位给予警告或者通报批评。对直接负责的主管人员和其他直接责任人员给予警告、记过或者记大过处分;情节较重的,给予降级处分;情节严重的,给予撤职处分:

(一)虚增、虚减财政收入或者财政支出;

(二)违反规定编制、批复预算或者决算;

(三)违反规定调整预算;

(四)违反规定调整预算级次或者预算收支种类;

(五)违反规定动用预算预备费或者挪用预算周转金;
(六)违反国家关于转移支付管理规定的行为;
(七)其他违反国家有关预算管理规定的行为。

第八条 国家机关及其工作人员违反国有资产管理的规定,擅自占有、使用、处置国有资产的,责令改正,调整有关会计账目,限期退还违法所得和被侵占的国有资产。对单位给予警告或者通报批评。对直接负责的主管人员和其他直接责任人员给予记大过处分;情节较重的,给予降级或者撤职处分;情节严重的,给予开除处分。

第九条 单位和个人有下列违反国家有关投资建设项目规定的行为之一的,责令改正,调整有关会计账目,追回被截留、挪用、骗取的国家建设资金,没收违法所得,核减或者停止拨付工程投资。对单位给予警告或者通报批评,其直接负责的主管人员和其他直接责任人员属于国家公务员的,给予记大过处分;情节较重的,给予降级或者撤职处分;情节严重的,给予开除处分:

(一)截留、挪用国家建设资金;
(二)以虚报、冒领、关联交易等手段骗取国家建设资金;
(三)违反规定超概算投资;
(四)虚列投资完成额;
(五)其他违反国家投资建设项目有关规定的行为。

《中华人民共和国政府采购法》、《中华人民共和国招标投标法》、《国家重点建设项目管理办法》等法律、行政法规另有规定的,依照其规定处理、处罚。

第十条 国家机关及其工作人员违反《中华人民共和国担保法》及国家有关规定,擅自提供担保的,责令改正,没收违法所得。对单位给予警告或者通报批评。对直接负责的主管人员和其他直接责任人员给予警告、记过或者记大过处分;造成损失的,给予降级或者撤职处分;造成重大损失的,给予开除处分。

第十一条 国家机关及其工作人员违反国家有关账户管理规定,擅自在金融机构开立、使用账户的,责令改正,调整有关会计账目,追回有关财政资金,没收违法所得,依法撤销擅自开立的账户。对单位给予警告或者通报批评。对直接负责的主管人员和其他直接责任人员给予降级处分;情节严重的,给予撤职或者开除处分。

第十二条 国家机关及其工作人员有下列行为之一的,责令改正,调整有关会计账目,追回被挪用、骗取的有关资金,没收违法所得。对单位给予警告或者通报批评。对直接负责的主管人员和其他直接责任人员给予降级处分;情节较重的,给予撤职处分;情节严重的,给予开除处分:

(一)以虚报、冒领等手段骗取政府承贷或者担保的外国政府贷款、国际金融组织贷款;
(二)滞留政府承贷或者担保的外国政府贷款、国际金融组织贷款;
(三)截留、挪用政府承贷或者担保的外国政府贷款、国际金融组织贷款;
(四)其他违反规定使用、骗取政府承贷或者担保的外国政府贷款、国际金融组织贷款的行为。

第十三条 企业和个人有下列不缴或者少缴财政收入行为之一的,责令改正,调整有关会计账目,收缴应当上缴的财政收入,给予警告,没收违法所得,并处不缴或者少缴财政

收入10%以上30%以下的罚款;对直接负责的主管人员和其他直接责任人员处3000元以上5万元以下的罚款:

（一）隐瞒应当上缴的财政收入;

（二）截留代收的财政收入;

（三）其他不缴或者少缴财政收入的行为。

属于税收方面的违法行为,依照有关税收法律、行政法规的规定处理、处罚。

第十四条 企业和个人有下列行为之一的,责令改正,调整有关会计账目,追回违反规定使用、骗取的有关资金,给予警告,没收违法所得,并处被骗取有关资金10%以上50%以下的罚款或者被违规使用有关资金10%以上30%以下的罚款;对直接负责的主管人员和其他直接责任人员处3000元以上5万元以下的罚款:

（一）以虚报、冒领等手段骗取财政资金以及政府承贷或者担保的外国政府贷款、国际金融组织贷款;

（二）挪用财政资金以及政府承贷或者担保的外国政府贷款、国际金融组织贷款;

（三）从无偿使用的财政资金以及政府承贷或者担保的外国政府贷款、国际金融组织贷款中非法获益;

（四）其他违反规定使用、骗取财政资金以及政府承贷或者担保的外国政府贷款、国际金融组织贷款的行为。

属于政府采购方面的违法行为,依照《中华人民共和国政府采购法》及有关法律、行政法规的规定处理、处罚。

第十五条 事业单位、社会团体、其他社会组织及其工作人员有财政违法行为的,依照本条例有关国家机关的规定执行;但其在经营活动中的财政违法行为,依照本条例第十三条、第十四条的规定执行。

第十六条 单位和个人有下列违反财政收入票据管理规定的行为之一的,销毁非法印制的票据,没收违法所得和作案工具。对单位处5000元以上10万元以下的罚款;对直接负责的主管人员和其他直接责任人员处3000元以上5万元以下的罚款。属于国家公务员的,还应当给予降级或者撤职处分;情节严重的,给予开除处分:

（一）违反规定印制财政收入票据;

（二）转借、串用、代开财政收入票据;

（三）伪造、变造、买卖、擅自销毁财政收入票据;

（四）伪造、使用伪造的财政收入票据监（印）制章;

（五）其他违反财政收入票据管理规定的行为。

属于税收收入票据管理方面的违法行为,依照有关税收法律、行政法规的规定处理、处罚。

第十七条 单位和个人违反财务管理的规定,私存私放财政资金或者其他公款的,责令改正,调整有关会计账目,追回私存私放的资金,没收违法所得。对单位处3000元以上5万元以下的罚款;对直接负责的主管人员和其他直接责任人员处2000元以上2万元以下的罚款。属于国家公务员的,还应当给予记大过处分;情节严重的,给予降级或者撤职处分。

第十八条 属于会计方面的违法行为,依照会计方面的法律、行政法规的规定处理、处罚。对其直接负责的主管人员和其他直接责任人员,属于国家公务员的,还应当给予警告、记过或者记大过处分;情节较重的,给予降级或者撤职处分;情节严重的,给予开除处分。

第十九条　属于行政性收费方面的违法行为,《中华人民共和国行政许可法》《违反行政事业性收费和罚没收入收支两条线管理规定行政处分暂行规定》等法律、行政法规及国务院另有规定的,有关部门依照其规定处理、处罚、处分。

第二十条　单位和个人有本条例规定的财政违法行为,构成犯罪的,依法追究刑事责任。

第二十一条　财政部门、审计机关、监察机关依法进行调查或者检查时,被调查、检查的单位和个人应当予以配合,如实反映情况,不得拒绝、阻挠、拖延。

违反前款规定的,责令限期改正。逾期不改正的,对属于国家公务员的直接负责的主管人员和其他直接责任人员,给予警告、记过或者记大过处分;情节严重的,给予降级或者撤职处分。

第二十二条　财政部门、审计机关、监察机关依法进行调查或者检查时,经县级以上人民政府财政部门、审计机关、监察机关的负责人批准,可以向与被调查、检查单位有经济业务往来的单位查询有关情况,可以向金融机构查询被调查、检查单位的存款,有关单位和金融机构应当配合。

财政部门、审计机关、监察机关在依法进行调查或者检查时,执法人员不得少于2人,并应当向当事人或者有关人员出示证件;查询存款时,还应当持有县级以上人民政府财政部门、审计机关、监察机关签发的查询存款通知书,并负有保密义务。

第二十三条　财政部门、审计机关、监察机关依法进行调查或者检查时,在有关证据可能灭失或者以后难以取得的情况下,经县级以上人民政府财政部门、审计机关、监察机关的负责人批准,可以先行登记保存,并应当在7日内及时作出处理决定。在此期间,当事人或者有关人员不得销毁或者转移证据。

第二十四条　对被调查、检查单位或者个人正在进行的财政违法行为,财政部门、审计机关应当责令停止。拒不执行的,财政部门可以暂停财政拨款或者停止拨付与财政违法行为直接有关的款项,已经拨付的,责令其暂停使用;审计机关可以通知财政部门或者其他有关主管部门暂停财政拨款或者停止拨付与财政违法行为直接有关的款项,已经拨付的,责令其暂停使用,财政部门和其他有关主管部门应当将结果书面告知审计机关。

第二十五条　依照本条例规定限期退还的违法所得,到期无法退还的,应当收缴国库。

第二十六条　单位和个人有本条例所列财政违法行为,财政部门、审计机关、监察机关可以公告其财政违法行为及处理、处罚、处分决定。

第二十七条　单位和个人有本条例所列财政违法行为,弄虚作假骗取荣誉称号及其他有关奖励的,应当撤销其荣誉称号并收回有关奖励。

第二十八条　财政部门、审计机关、监察机关的工作人员滥用职权、玩忽职守、徇私舞弊的,给予警告、记过或者记大过处分;情节较重的,给予降级或者撤职处分;情节严重的,给予开除处分。构成犯罪的,依法追究刑事责任。

第二十九条　财政部门、审计机关、监察机关及其他有关监督检查机关对有关单位或者个人依法进行调查、检查后,应当出具调查、检查结论。有关监督检查机关已经作出的调查、检查结论能够满足其他监督检查机关履行本机关职责需要的，其他监督检查机关应当加以利用。

第三十条 财政部门、审计机关、监察机关及其他有关机关应当加强配合，对不属于其职权范围的事项，应当依法移送。受移送机关应当及时处理，并将结果书面告知移送机关。

第三十一条 对财政违法行为作出处理、处罚和处分决定的程序，依照本条例和《中华人民共和国行政处罚法》、《中华人民共和国行政监察法》等有关法律、行政法规的规定执行。

第三十二条 单位和个人对处理、处罚不服的，依照《中华人民共和国行政复议法》、《中华人民共和国行政诉讼法》的规定申请复议或者提起诉讼。

国家公务员对行政处分不服的，依照《中华人民共和国行政监察法》、《中华人民共和国公务员法》等法律、行政法规的规定提出申诉。

第三十三条 本条例所称"财政收入执收单位"，是指负责收取税收收入和各种非税收入的单位。

第三十四条 对法律、法规授权的具有管理公共事务职能的组织以及国家行政机关依法委托的组织及其工勤人员以外的工作人员，企业、事业单位、社会团体中由国家行政机关以委任、派遣等形式任命的人员以及其他人员有本条例规定的财政违法行为，需要给予处分的，参照本条例有关规定执行。

第三十五条 本条例自2005年2月1日起施行。1987年6月16日国务院发布的《国务院关于违反财政法规处罚的暂行规定》同时废止。

4-2-135

国务院关于加强土地调控有关问题的通知

2006年8月31日　国发〔2006〕31号

各省、自治区、直辖市人民政府，国务院各部委、各直属机构：

党中央、国务院高度重视土地管理和调控。2004年印发的《国务院关于深化改革严格土地管理的决定》（国发〔2004〕28号），在严格土地执法、加强规划管理、保障农民权益、促进集约用地、健全责任制度等方面，作出了全面系统的规定。各地区、各部门采取措施，积极落实，取得了初步成效。但是，当前土地管理特别是土地调控中出现了一些新动向、新问题，建设用地总量增长过快，低成本工业用地过度扩张，违法违规用地、滥占耕地现象屡禁不止，严把土地"闸门"任务仍然十分艰巨。为进一步贯彻落实科学发展观，保证经济社会可持续发展，必须采取更严格的管理措施，切实加强土地调控。现就有关问题通知如下：

一、进一步明确土地管理和耕地保护的责任

地方各级人民政府主要负责人应对本行政区域内耕地保有量和基本农田保护面积、土地利用总体规划和年度计划执行情况负总责。将新增建设用地控制指标（包括占用农用地和未利用地）纳入土地利用年度计划，以实际耕地保有量和新增建设用地面积，作为土地利用年度计划考核、土地管理和耕地保护责任目标考核的依据；实际用地超过计划的，扣减下一年度相应的计划指标。国土资源部要加强对各地实际建设用地和土地征收情况的核查。

按照权责一致的原则,调整城市建设用地审批方式。在土地利用总体规划确定的城市建设用地范围内,依法由国务院分批次审批的农用地转用和土地征收,调整为每年由省级人民政府汇总后一次申报,经国土资源部审核,报国务院批准后由省级人民政府具体组织实施,实施方案报国土资源部备案。

严格实行问责制。对本行政区域内发生土地违法违规案件造成严重后果的,对土地违法违规行为不制止、不组织查处的,对土地违法违规问题隐瞒不报、压案不查的,应当追究有关地方人民政府负责人的领导责任。监察部、国土资源部要抓紧完善土地违法违规领导责任追究办法。

二、切实保障被征地农民的长远生计

征地补偿安置必须以确保被征地农民原有生活水平不降低、长远生计有保障为原则。各地要认真落实国办发〔2005〕29号文件的规定,做好被征地农民就业培训和社会保障工作。被征地农民的社会保障费用,按有关规定纳入征地补偿安置费用,不足部分由当地政府从国有土地有偿使用收入中解决。社会保障费用不落实的不得批准征地。

三、规范土地出让收支管理

国有土地使用权出让总价款全额纳入地方预算,缴入地方国库,实行"收支两条线"管理。土地出让总价款必须首先按规定足额安排支付土地补偿费、安置补助费、地上附着物和青苗补偿费、拆迁补偿费以及补助被征地农民社会保障所需资金的不足,其余资金应逐步提高用于农业土地开发和农村基础设施建设的比重,以及用于廉租住房建设和完善国有土地使用功能的配套设施建设。

四、调整建设用地有关税费政策

提高新增建设用地土地有偿使用费缴纳标准。新增建设用地土地有偿使用费缴纳范围,以当地实际新增建设用地面积为准。新增建设用地土地有偿使用费专项用于基本农田建设和保护、土地整理、耕地开发。对违规减免和欠缴的新增建设用地土地有偿使用费,要进行清理,限期追缴。其中,国发〔2004〕28号文件下发后减免和欠缴的,要在今年年底前全额清缴;逾期未缴的,暂不办理用地审批。财政部会同国土资源部要抓紧制订新增建设用地土地有偿使用费缴纳标准和适时调整的具体办法,并进一步改进和完善新增建设用地土地有偿使用费的分配使用管理。

提高城镇土地使用税和耕地占用税征收标准,财政部、税务总局会同国土资源部、法制办要抓紧制订具体办法。财税部门要加强税收征管,严格控制减免税。

五、建立工业用地出让最低价标准统一公布制度

国家根据土地等级、区域土地利用政策等,统一制订并公布各地工业用地出让最低价标准。工业用地出让最低价标准不得低于土地取得成本、土地前期开发成本和按规定收取的相关费用之和。工业用地必须采用招标拍卖挂牌方式出让,其出让价格不得低于公布的最低价标准。低于最低价标准出让土地,或以各种形式给予补贴或返还的,属非法低价出让国有土地使用权的行为,要依法追究有关人员的法律责任。

六、禁止擅自将农用地转为建设用地

农用地转为建设用地,必须符合土地利用总体规划、城市总体规划、村庄和集镇规划,

纳入年度土地利用计划,并依法办理农用地转用审批手续。禁止通过"以租代征"等方式使用农民集体所有农用地进行非农业建设,擅自扩大建设用地规模。农民集体所有建设用地使用权流转,必须符合规划并严格限定在依法取得的建设用地范围内。未依法办理农用地转用审批,国家机关工作人员批准通过"以租代征"等方式占地建设的,属非法批地行为;单位和个人擅自通过"以租代征"等方式占地建设的,属非法占地行为,要依法追究有关人员的法律责任。

七、强化对土地管理行为的监督检查

国家土地督察机构要认真履行国务院赋予的职责,加强对地方人民政府土地管理行为的监督检查。对监督检查中发现的违法违规问题,要及时提出纠正或整改意见。对纠正整改不力的,依照有关规定责令限期纠正整改。纠正整改期间,暂停该地区农用地转用和土地征收。

国土资源管理部门及其工作人员要严格执行国家土地管理的法律法规和方针政策,依法行政,对土地利用情况的真实性和合法性负责。凡玩忽职守、滥用职权、徇私舞弊、不执行和不遵守土地管理法律法规的,依照有关法律法规追究有关领导和人员的责任。

八、严肃惩处土地违法违规行为

国家机关工作人员非法批准征收、占用土地,或者非法低价出让国有土地使用权,触犯刑律的,依法追究刑事责任。对不执行国家土地调控政策、超计划批地用地、未按期缴纳新增建设用地土地有偿使用费及其他规定税费、未按期足额支付征地补偿安置费而征占土地,以及通过调整土地利用总体规划擅自改变基本农田位置,以规避建设占用基本农田应依法上报国务院审批的,要追究有关人员的行政责任。

完善土地违法案件的查处协调机制,加大对土地违法违规行为的查处力度。监察部要会同国土资源部等有关部门,在近期集中开展一次以查处非法批地、未批先用、批少用多、非法低价出让国有土地使用权等行为为重点的专项行动。对重大土地违法违规案件要公开处理,涉嫌犯罪的,要移送司法机关依法追究刑事责任。

各地区、各部门要以邓小平理论和"三个代表"重要思想为指导,全面落实科学发展观,充分认识实行最严格土地管理制度的重要性,认真贯彻、坚决执行中央关于加强土地调控的各项措施。各地区要结合执行本通知,对国发〔2004〕28号文件实施以来的土地管理和利用情况进行全面自查,对清查出的土地违法违规行为必须严肃处理。发展改革委、监察部、财政部、劳动保障部、国土资源部、建设部、农业部、人民银行、税务总局、统计局、法制办等部门要各司其职、密切配合,尽快制定本通知实施的配套文件,共同做好加强土地调控的各项工作。国土资源部要会同监察部等有关部门做好对本通知贯彻执行情况的监督检查。各地区、各部门要在2006年年底前将贯彻执行本通知的情况向国务院报告。

4-2-136

国务院关于解决城市低收入家庭
住房困难的若干意见

2007年8月7日　国发〔2007〕24号

各省、自治区、直辖市人民政府，国务院各部委、各直属机构：

住房问题是重要的民生问题。党中央、国务院高度重视解决城市居民住房问题，始终把改善群众居住条件作为城市住房制度改革和房地产业发展的根本目的。20多年来，我国住房制度改革不断深化，城市住宅建设持续快速发展，城市居民住房条件总体上有了较大改善。但也要看到，城市廉租住房制度建设相对滞后，经济适用住房制度不够完善，政策措施还不配套，部分城市低收入家庭住房还比较困难。为切实加大解决城市低收入家庭住房困难工作力度，现提出以下意见：

一、明确指导思想、总体要求和基本原则

（一）指导思想。以邓小平理论和"三个代表"重要思想为指导，深入贯彻落实科学发展观，按照全面建设小康社会和构建社会主义和谐社会的目标要求，把解决城市（包括县城，下同）低收入家庭住房困难作为维护群众利益的重要工作和住房制度改革的重要内容，作为政府公共服务的一项重要职责，加快建立健全以廉租住房制度为重点、多渠道解决城市低收入家庭住房困难的政策体系。

（二）总体要求。以城市低收入家庭为对象，进一步建立健全城市廉租住房制度，改进和规范经济适用住房制度，加大棚户区、旧住宅区改造力度，力争到"十一五"期末，使低收入家庭住房条件得到明显改善，农民工等其他城市住房困难群体的居住条件得到逐步改善。

（三）基本原则。解决低收入家庭住房困难，要坚持立足国情，满足基本住房需要；统筹规划，分步解决；政府主导，社会参与；统一政策，因地制宜；省级负总责，市县抓落实。

二、进一步建立健全城市廉租住房制度

（四）逐步扩大廉租住房制度的保障范围。城市廉租住房制度是解决低收入家庭住房困难的主要途径。2007年底前，所有设区的城市要对符合规定住房困难条件、申请廉租房租赁补贴的城市低保家庭基本做到应保尽保；2008年底前，所有县城要基本做到应保尽保。"十一五"期末，全国廉租住房制度保障范围要由城市最低收入住房困难家庭扩大到低收入住房困难家庭；2008年底前，东部地区和其他有条件的地区要将保障范围扩大到低收入住房困难家庭。

（五）合理确定廉租住房保障对象和保障标准。廉租住房保障对象的家庭收入标准和住房困难标准，由城市人民政府按照当地统计部门公布的家庭人均可支配收入和人均住房水平的一定比例，结合城市经济发展水平和住房价格水平确定。廉租住房保障面积标准，由城市人民政府根据当地家庭平均住房水平及财政承受能力等因素统筹研究确定。廉租住房保障对象的家庭收入标准、住房困难标准和保障面积标准实行动态管理，由城市人民政府每年向社会公布一次。

（六）健全廉租住房保障方式。城市廉租住房保障实行货币补贴和实物配租等方式相结合，主要通过发放租赁补贴，增强低收入家庭在市场上承租住房的能力。每平方米租赁补贴标准由城市人民政府根据当地经济发展水平、市场平均租金、保障对象的经济承受能力等因素确定。其中，对符合条件的城市低保家庭，可按当地的廉租住房保障面积标准和市场平均租金给予补贴。

（七）多渠道增加廉租住房房源。要采取政府新建、收购、改建以及鼓励社会捐赠等方式增加廉租住房供应。小户型租赁住房短缺和住房租金较高的地方，城市人民政府要加大廉租住房建设力度。新建廉租住房套型建筑面积控制在50平方米以内，主要在经济适用住房以及普通商品住房小区中配建，并在用地规划和土地出让条件中明确规定建成后由政府收回或回购；也可以考虑相对集中建设。积极发展住房租赁市场，鼓励房地产开发企业开发建设中小户型住房面向社会出租。

（八）确保廉租住房保障资金来源。地方各级人民政府要根据廉租住房工作的年度计划，切实落实廉租住房保障资金：一是地方财政要将廉租住房保障资金纳入年度预算安排。二是住房公积金增值收益在提取贷款风险准备金和管理费用之后全部用于廉租住房建设。三是土地出让净收益用于廉租住房保障资金的比例不得低于10%，各地还可根据实际情况进一步适当提高比例。四是廉租住房租金收入实行收支两条线管理，专项用于廉租住房的维护和管理。对中西部财政困难地区，通过中央预算内投资补助和中央财政廉租住房保障专项补助资金等方式给予支持。

三、改进和规范经济适用住房制度

（九）规范经济适用住房供应对象。经济适用住房供应对象为城市低收入住房困难家庭，并与廉租住房保障对象衔接。经济适用住房供应对象的家庭收入标准和住房困难标准，由城市人民政府确定，实行动态管理，每年向社会公布一次。低收入住房困难家庭要求购买经济适用住房的，由该家庭提出申请，有关单位按规定的程序进行审查，对符合标准的，纳入经济适用住房供应对象范围。过去享受过福利分房或购买过经济适用住房的家庭不得再购买经济适用住房。已经购买了经济适用住房的家庭又购买其他住房的，原经济适用住房由政府按规定回购。

（十）合理确定经济适用住房标准。经济适用住房套型标准根据经济发展水平和群众生活水平，建筑面积控制在60平方米左右。各地要根据实际情况，每年安排建设一定规模的经济适用住房。房价较高、住房结构性矛盾突出的城市，要增加经济适用住房供应。

（十一）严格经济适用住房上市交易管理。经济适用住房属于政策性住房，购房人拥有有限产权。购买经济适用住房不满5年，不得直接上市交易，购房人因各种原因确需转让经济适用住房的，由政府按照原价格并考虑折旧和物价水平等因素进行回购。购买经济适用住房满5年，购房人可转让经济适用住房，但应按照届时同地段普通商品住房与经济适用住房差价的一定比例向政府交纳土地收益等价款，具体交纳比例由城市人民政府确定，政府可优先回购；购房人向政府交纳土地收益等价款后，也可以取得完全产权。上述规定应在经济适用住房购房合同中予以明确。政府回购的经济适用住房，继续向符合条件的低收入住房困难家庭出售。

(十二)加强单位集资合作建房管理。单位集资合作建房只能由距离城区较远的独立工矿企业和住房困难户较多的企业,在符合城市规划前提下,经城市人民政府批准,并利用自用土地组织实施。单位集资合作建房纳入当地经济适用住房供应计划,其建设标准、供应对象、产权关系等均按照经济适用住房的有关规定执行。在优先满足本单位住房困难职工购买基础上房源仍有多余的,由城市人民政府统一向符合经济适用住房购买条件的家庭出售,或以成本价收购后用作廉租住房。各级国家机关一律不得搞单位集资合作建房;任何单位不得新征用或新购买土地搞集资合作建房;单位集资合作建房不得向非经济适用住房供应对象出售。

四、逐步改善其他住房困难群体的居住条件

(十三)加快集中成片棚户区的改造。对集中成片的棚户区,城市人民政府要制定改造计划,因地制宜进行改造。棚户区改造要符合以下要求:困难住户的住房得到妥善解决;住房质量、小区环境、配套设施明显改善;困难家庭的负担控制在合理水平。

(十四)积极推进旧住宅区综合整治。对可整治的旧住宅区要力戒大拆大建。要以改善低收入家庭居住环境和保护历史文化街区为宗旨,遵循政府组织、居民参与的原则,积极进行房屋维修养护、配套设施完善、环境整治和建筑节能改造。

(十五)多渠道改善农民工居住条件。用工单位要向农民工提供符合基本卫生和安全条件的居住场所。农民工集中的开发区和工业园区,应按照集约用地的原则,集中建设向农民工出租的集体宿舍,但不得按商品住房出售。城中村改造时,要考虑农民工的居住需要,在符合城市规划和土地利用总体规划的前提下,集中建设向农民工出租的集体宿舍。有条件的地方,可比照经济适用住房建设的相关优惠政策,政府引导,市场运作,建设符合农民工特点的住房,以农民工可承受的合理租金向农民工出租。

五、完善配套政策和工作机制

(十六)落实解决城市低收入家庭住房困难的经济政策和建房用地。一是廉租住房和经济适用住房建设、棚户区改造、旧住宅区整治一律免收城市基础设施配套费等各种行政事业性收费和政府性基金。二是廉租住房和经济适用住房建设用地实行行政划拨方式供应。三是对廉租住房和经济适用住房建设用地,各地要切实保证供应。要根据住房建设规划,在土地供应计划中予以优先安排,并在申报年度用地指标时单独列出。四是社会各界向政府捐赠廉租住房房源的,执行公益性捐赠税收扣除的有关政策。五是社会机构投资廉租住房或经济适用住房建设、棚户区改造、旧住宅区整治的,可同时给予相关的政策支持。

(十七)确保住房质量和使用功能。廉租住房和经济适用住房建设、棚户区改造以及旧住宅区整治,要坚持经济、适用的原则。要提高规划设计水平,在较小的户型内实现基本的使用功能。要按照发展节能省地环保型住宅的要求,推广新材料、新技术、新工艺。要切实加强施工管理,确保施工质量。有关住房质量和使用功能等方面的要求,应在建设合同中予以明确。

(十八)健全工作机制。城市人民政府要抓紧开展低收入家庭住房状况调查,于2007年底之前建立低收入住房困难家庭住房档案,制订解决城市低收入家庭住房困难的工作目标、发展规划和年度计划,纳入当地经济社会发展规划和住房建设规划,并向社会公布。要按照解决城市低收入家庭住房困难的年度计划,确保廉租住房保障的各项资金落实到位;

确保廉租住房、经济适用住房建设用地落实到位,并合理确定区位布局。要规范廉租住房保障和经济适用住房供应的管理,建立健全申请、审核和公示办法,并于2007年9月底之前向社会公布;要严格做好申请人家庭收入、住房状况的调查审核,完善轮候制度,特别是强化廉租住房的年度复核工作,健全退出机制。要严肃纪律,坚决查处弄虚作假等违纪违规行为和有关责任人员,确保各项政策得以公开、公平、公正实施。

(十九)落实工作责任。省级人民政府对本地区解决城市低收入家庭住房困难工作负总责,要对所属城市人民政府实行目标责任制管理,加强监督指导。有关工作情况,纳入对城市人民政府的政绩考核之中。解决城市低收入家庭住房困难是城市人民政府的重要责任。城市人民政府要把解决城市低收入家庭住房困难摆上重要议事日程,加强领导,落实相应的管理工作机构和具体实施机构,切实抓好各项工作;要接受人民群众的监督,每年在向人民代表大会所作的《政府工作报告》中报告解决城市低收入家庭住房困难年度计划的完成情况。

房地产市场宏观调控部际联席会议负责研究提出解决城市低收入家庭住房困难的有关政策,协调解决工作实施中的重大问题。国务院有关部门要按照各自职责,加强对各地工作的指导,抓好督促落实。建设部会同发展改革委、财政部、国土资源部等有关部门抓紧完善廉租住房管理办法和经济适用住房管理办法。民政部会同有关部门抓紧制定城市低收入家庭资格认定办法。财政部会同建设部、民政部等有关部门抓紧制定廉租住房保障专项补助资金的实施办法。发展改革委会同建设部抓紧制定中央预算内投资对中西部财政困难地区新建廉租住房项目的支持办法。财政部、税务总局抓紧研究制定廉租住房建设、经济适用住房建设和住房租赁的税收支持政策。人民银行会同建设部、财政部等有关部门抓紧研究提出对廉租住房和经济适用住房建设的金融支持意见。

(二十)加强监督检查。2007年底前,直辖市、计划单列市和省会(首府)城市要把解决城市低收入家庭住房困难的发展规划和年度计划报建设部备案,其他城市报省(区、市)建设主管部门备案。建设部会同监察部等有关部门负责本意见执行情况的监督检查,对工作不落实、措施不到位的地区,要通报批评,限期整改,并追究有关领导责任。对在解决城市低收入家庭住房困难工作中以权谋私、玩忽职守的,要依法依规追究有关责任人的行政和法律责任。

(二十一)继续抓好国务院关于房地产市场各项调控政策措施的落实。各地区、各有关部门要在认真解决城市低收入家庭住房困难的同时,进一步贯彻落实国务院关于房地产市场各项宏观调控政策措施。要加大住房供应结构调整力度,认真落实《国务院办公厅转发建设部等部门关于调整住房供应结构稳定住房价格意见的通知》(国办发〔2006〕37号),重点发展中低价位、中小套型普通商品住房,增加住房有效供应。城市新审批、新开工的住房建设,套型建筑面积90平方米以下住房面积所占比重,必须达到开发建设总面积的70%以上。廉租住房、经济适用住房和中低价位、中小套型普通商品住房建设用地的年度供应量不得低于居住用地供应总量的70%。要加大住房需求调节力度,引导合理的住房消费,建立符合国情的住房建设和消费模式。要加强市场监管,坚决整治房地产开发、交易、中介服务、物业管理及房屋拆迁中的违法违规行为,维护群众合法权益。要加强房地产价格的监管,抑制房地产价格过快上涨,保持合理的价格水平,引导房地产市场健康发展。

(二十二)凡过去文件规定与本意见不一致的,以本意见为准。

4-2-137

国务院关于加快棚户区改造工作的意见

2013年7月4日　国发〔2013〕25号

各省、自治区、直辖市人民政府,国务院各部委、各直属机构:

棚户区改造是重大的民生工程和发展工程。2008年以来,各地区、各有关部门贯彻落实党中央、国务院决策部署,将棚户区改造纳入城镇保障性安居工程,大规模推进实施。2008年至2012年,全国改造各类棚户区1260万户,有效改善了困难群众住房条件,缓解了城市内部二元矛盾,提升了城镇综合承载能力,促进了经济增长与社会和谐。但也要看到,目前仍有部分群众居住在棚户区中。这些棚户区住房简陋,环境较差,安全隐患多,改造难度大。为进一步加大棚户区改造力度,让更多困难群众的住房条件早日得到改善,同时,有效拉动投资、消费需求,带动相关产业发展,推进以人为核心的新型城镇化建设,发挥助推经济实现持续健康发展和民生不断改善的积极效应,现提出以下意见:

一、总体要求和基本原则

(一)总体要求。以邓小平理论、"三个代表"重要思想、科学发展观为指导,适应城镇化发展的需要,以改善群众住房条件作为出发点和落脚点,加快推进各类棚户区改造,重点推进资源枯竭型城市及独立工矿棚户区、三线企业集中地区的棚户区改造,稳步实施城中村改造。2013年至2017年改造各类棚户区1000万户,使居民住房条件明显改善,基础设施和公共服务设施建设水平不断提高。

(二)基本原则。

1. 科学规划,分步实施。要根据当地经济社会发展水平和政府财政能力,结合城市规划、土地利用规划和保障性住房建设规划,合理确定各类棚户区改造的目标任务,量力而行、逐步推进,先改造成片棚户区、再改造其他棚户区。

2. 政府主导,市场运作。棚户区改造政策性、公益性强,必须发挥政府的组织引导作用,在政策和资金等方面给予积极支持;注重发挥市场机制的作用,充分调动企业和棚户区居民的积极性,动员社会力量广泛参与。

3. 因地制宜,注重实效。要按照小户型、齐功能、配套好、质量高、安全可靠的要求,科学利用空间,有效满足基本居住功能。坚持整治与改造相结合,合理界定改造范围。对规划保留的建筑,主要进行房屋维修加固、完善配套设施、环境综合整治和建筑节能改造。要重视维护城市传统风貌特色,保护历史文化街区、历史建筑以及不可移动文物。

4. 完善配套,同步建设。坚持同步规划、同步施工、同步交付使用,组织好新建安置小区的供水、供电、供气、供热、通讯、污水与垃圾处理等市政基础设施和商业、教育、医疗卫生、无障碍设施等配套公共服务设施的建设,促进以改善民生为重点的社会建设。

二、全面推进各类棚户区改造

(一)城市棚户区改造。2013年至2017年五年改造城市棚户区800万户,其中,2013年改造232万户。在加快推进集中成片城市棚户区改造的基础上，各地区要逐步将其他棚户区、城中村改造，统一纳入城市棚户区改造范围，稳步、有序推进。市、县人民政府应结合当地实际，合理界定城市棚户区具体改造范围。禁止将因城市道路拓展、历史街区保护、文物修缮等带来的房屋拆迁改造项目纳入城市棚户区改造范围。城市棚户区改造可采取拆除新建、改建（扩建、翻建）等多种方式。要加快城镇旧住宅区综合整治，加强环境综合整治和房屋维修改造，完善使用功能和配套设施。在改造中可建设一定数量的租赁型保障房，统筹用于符合条件的保障家庭。

（二）国有工矿棚户区改造。五年改造国有工矿（含煤矿）棚户区90万户，其中，2013年改造17万户。位于城市规划区内的国有工矿棚户区，要统一纳入城市棚户区改造范围。铁路、钢铁、有色、黄金等行业棚户区，要按照属地原则纳入各地棚户区改造规划组织实施。国有工矿（煤矿）各级行业主管部门，要加强对棚户区改造工作的监督指导。

（三）国有林区棚户区改造。五年改造国有林区棚户区和国有林场危旧房30万户，其中，2013年改造18万户。对国有林区（场）之外的其他林业基层单位符合条件的住房困难职工，纳入当地城镇住房保障体系筹解决。

（四）国有垦区危房改造。五年改造国有垦区危房80万户，其中，2013年改造37万户。要优化垦区危房改造布局，方便生产生活，促进产业发展和小城镇建设。将华侨农场非归难侨危房改造，统一纳入国有垦区危房改造中央补助支持范围，加快实施改造。

三、加大政策支持力度

（一）多渠道筹措资金。要采取增加财政补助、加大银行信贷支持、吸引民间资本参与、扩大债券融资、企业和群众自筹等办法筹集资金。

1. 加大各级政府资金支持。中央加大对棚户区改造的补助，对财政困难地区予以倾斜。省级人民政府也要相应加大补助力度。市、县人民政府应切实加大棚户区改造的资金投入，可以从城市维护建设税、城镇公用事业附加、城市基础设施配套费、土地出让收入等渠道中，安排资金用于棚户区改造支出。各地区除上述资金渠道外，还可以从国有资本经营预算中适当安排部分资金用于国有企业棚户区改造。有条件的市、县可对棚户区改造项目给予贷款贴息。

2. 加大信贷支持。各银行业金融机构要按照风险可控、商业可持续原则，创新金融产品，改善金融服务，积极支持棚户区改造，增加棚户区改造信贷资金安排，向符合条件的棚户区改造项目提供贷款。各地区要建立健全棚户区改造贷款还款保障机制，积极吸引信贷资金支持。

3. 鼓励民间资本参与改造。鼓励和引导民间资本根据保障性安居工程任务安排，通过直接投资、间接投资、参股、委托代建等多种方式参与棚户区改造。要积极落实民间资本参与棚户区改造的各项支持政策，消除民间资本参与棚户区改造的政策障碍，加强指导监督。

4. 规范利用企业债券融资。符合规定的地方政府融资平台公司、承担棚户区改造项目的企业可发行企业债券或中期票据，专项用于棚户区改造项目。对发行企业债券用于棚户区改造的，优先办理核准手续，加快审批速度。

5. 加大企业改造资金投入。鼓励企业出资参与棚户区改造，加大改造投入。企业参与政府统一组织的工矿（含中央下放煤矿）棚户区改造、林区棚户区改造、垦区危房改造的，对企业用于符合规定条件的支出,准予在企业所得税前扣除。要充分调动企业职工积极性,积极参与改造,合理承担安置住房建设资金。

(二)确保建设用地供应。棚户区改造安置住房用地纳入当地土地供应计划优先安排,并简化行政审批流程,提高审批效率。安置住房中涉及的经济适用住房、廉租住房和符合条件的公共租赁住房建设项目可以通过划拨方式供地。

(三)落实税费减免政策。对棚户区改造项目,免征城市基础设施配套费等各种行政事业性收费和政府性基金。落实好棚户区改造安置住房税收优惠政策,将优惠范围由城市和国有工矿棚户区扩大到国有林区、垦区棚户区。电力、通讯、市政公用事业等企业要对棚户区改造给予支持,适当减免入网、管网增容等经营性收费。

(四)完善安置补偿政策。棚户区改造实行实物安置和货币补偿相结合,由棚户区居民自愿选择。各地区要按国家有关规定制定具体安置补偿办法,禁止强拆强迁,依法维护群众合法权益。对经济困难、无力购买安置住房的棚户区居民,可以通过提供租赁型保障房等方式满足其基本居住需求,或在符合有关政策规定的条件下,纳入当地住房保障体系筹解决。

四、提高规划建设水平

(一)优化规划布局。棚户区改造安置住房实行原地和异地建设相结合,优先考虑就近安置;异地安置的,要充分考虑居民就业、就医、就学、出行等需要,合理规划选址,尽可能安排在交通便利、配套设施齐全地段。要贯彻节能、节地、环保的原则,严格控制套型面积,落实节约集约用地和节能减排各项措施。

(二)完善配套基础设施建设。棚户区改造项目要按照有关规定规划建设相应的商业和综合服务设施。各级政府要拓宽融资渠道,加大投入力度,加快配套基础设施和公共服务设施的规划、建设和竣工交付进度。要加强安置住房管理,完善社区公共服务,确保居民安居乐业。

(三)确保工程质量安全。要落实工程质量责任,严格执行基本建设程序和标准规范,特别是抗震设防等强制性标准。严格建筑材料验核制度,防止假冒伪劣建筑材料流入建筑工地。健全项目信息公开制度。项目法人对住房质量负终身责任。勘察、设计、施工、监理等单位依法对建设工程质量负相应责任,积极推行单位负责人和项目负责人终身负责制。推广工程质量责任标牌,公示相关参建单位和负责人,接受社会监督。贯彻落实绿色建筑行动方案,积极执行绿色建筑标准。

五、加强组织领导

(一)强化地方各级政府责任。各地区要进一步提高认识,继续加大棚户区改造工作力度。省级人民政府对本地区棚户区改造工作负总责,按要求抓紧编制2013年至2017年棚户区改造规划,落实年度建设计划,加强目标责任考核。市、县人民政府要明确具体工作责任和措施,扎实做好棚户区改造的组织工作,特别是要依法依规安置补偿,切实做到规划到位、资金到位、供地到位、政策到位、监管到位、分配补偿到位。要加强信息公开,引导社会舆论,主动发布和准确解读政策措施,及时反映工作进展情况。广泛宣传棚户区改造的重要意义,尊重群众意愿,深入细致做好群众工作,积极引导棚户区居民参与改造,为推进棚户区改造营造良好社会氛围。

（二）明确各部门职责。住房城乡建设部会同有关部门督促各地尽快编制棚户区改造规划，将任务分解到年度，落实到市、县，明确到具体项目和建设地块；加强协调指导，抓好建设进度、工程质量等工作。财政部、发展改革委会同有关部门研究加大中央资金补助力度。人民银行、银监会研究政策措施，引导银行业金融机构继续加大信贷支持力度。国土资源部负责完善土地供应政策。

（三）加强监督检查。监察部、住房城乡建设部等有关部门要建立有效的督查制度，定期对地方棚户区改造工作进行全面督促检查；各地区要加强对棚户区改造的监督检查，全面落实工作任务和各项政策措施，严禁企事业单位借棚户区改造政策建设福利性住房。对资金土地不落实、政策措施不到位、建设进度缓慢、质量安全问题突出的地方政府负责人进行约谈，限期进行整改。对在棚户区改造及安置住房建设、分配和管理过程中滥用职权、玩忽职守、徇私舞弊、失职渎职的行政机关及其工作人员，要依法依纪追究责任；涉嫌犯罪的，移送司法机关处理。

※　　　※　　　※　　　※

4－2－138

财政部　国家税务总局关于将原国有企业和集体企业欠缴"两金"余额转作增加国家资本金处理的通知

2002 年 3 月 21 日　　财综〔2002〕16 号

各省、自治区、直辖市、计划单列市财政厅（局）、国家税务总局，财政部驻各省、自治区、直辖市、计划单列市财政监察专员办事处，各中央管理企业，新疆生产建设兵团财务局：

为缓解我国能源交通重点建设资金紧张状况，筹集财政资金，平衡国家财政预算，促进国民经济发展，1983 年和 1989 年党中央、国务院先后开征了能源交通重点建设基金和预算调节基金（以下简称"两金"）。1994 年，国务院批准对国有企业停止征收"两金"，1995 年又停止向非国有企业征收"两金"，1996 年全面停止征收"两金"。1997 年，财政部、国家税务总局发布了《关于继续做好国家能源交通重点建设基金和国家预算调节基金清欠工作的通知》（财综字〔1997〕1 号），要求各级财政、国税部门做好国有企业和集体企业等单位"两金"清欠工作。截至目前，大部分地区和部门的"两金"清欠工作已经结束，但还有部分国有企业和集体企业因亏损、微利或税后利润不足等原因，仍然拖欠应缴"两金"。考虑到我国加入 WTO 后国内企业面临的新形势，为促进国有企业和集体企业的健康发展，决定停止"两金"清欠工作。现将有关事项通知如下：

一、自 2002 年 1 月 1 日起，停止对原国有企业和原集体企业欠缴"两金"的清欠工作。凡 1994 年 1 月 1 日以前原国有企业欠缴的"两金"，1995 年 1 月 1 日以前原集体企业欠缴的"两金"，按照财综字〔1997〕1 号文件规定应缴未缴的（不含按规定已经省、自治区、直辖市和计划单列市以上财政、国税部门联合发文明确减免的"两金"),按照下列程序报经批准后将欠缴的"两金"余额全部转作增加国家资本金处理。

(一)中央所属企业欠缴的"两金"余额,由中央企业填写《中央所属原国有企业欠缴"两金"余额转作增加国家资本金报批表》(附件一)、《中央所属原集体企业欠缴"两金"余额转作增加国家资本金报批表》(附件二)一式五份,并提出书面申请,按照属地化原则报财政部驻各省、自治区、直辖市及计划单列市财政监察专员办事处和同级国家税务部门审核,签署意见并加盖公章后,将其欠缴的"两金"余额转作增加国家资本金处理。

交通、铁路、民航、邮电、军工等原实行"两金"集中汇缴的部门和单位,扣除已下划地方企业欠缴"两金"后,由交通部、铁道部、中国民航总局、信息产业部、国家邮政总局、国防科工委汇总所属原国有企业和集体企业欠缴的"两金"余额,填写《中央所属原国有企业欠缴"两金"余额转作增加国家资本金报批表》(附件一)、《中央所属原集体企业欠缴"两金"余额转作增加国家资本金报批表》(附件二)一式五份,并提出书面申请,报财政部驻北京市财政监察专员办事处和同级国家税务部门审核,签署意见并加盖公章后,将其欠缴的"两金"余额转作增加国家资本金处理。

(二)地方所属企业欠缴的"两金",由地方企业填写《地方所属原国有企业欠缴"两金"余额转作增加国家资本金报批表》(附件三)、《地方所属原集体企业欠缴"两金"余额转作增加国家资本金报批表》(附件四)一式七份,并提出书面申请,经县(市)级财政部门和同级国家税务部门核实后,报各省、自治区、直辖市及计划单列市财政部门和同级国家税务部门审批,签署意见和加盖公章后,将其欠缴的"两金"余额转作增加国家资本金处理。

(三)原国有企业和原集体企业欠缴"两金"余额报经批准转增国家资本金的,国有企业应当直接转作国家资本金;公司制企业和集体企业应作为国家独享资本公积金,留待企业增资扩股时转增国有股本(国家资本金)。

二、自2003年1月1日起,删去《政府预算收支科目》"一般预算收入科目"中"其他收入"类的第7111款"两金清欠收入"科目。

三、各级财政、国税部门要积极配合,通力协作,认真落实本通知规定,在2002年12月底前完成原国有企业和原集体企业欠缴"两金"余额转作增加国家资本金工作,将有关情况以书面形式连同《中央所属原国有、集体企业欠缴"两金"余额转作增加国家资本金报批汇总表》(附件五)、《地方所属原国有、集体企业欠缴"两金"余额转作增加国家资本金报批汇总表》(附件六)等,一并报送财政部和国家税务总局备案。

附件:1. 中央所属原国有企业欠缴"两金"余额转作增加国家资本金报批表(编者略)
    2. 中央所属原集体企业欠缴"两金"余额转作增加国家资本金报批表(编者略)
    3. 地方所属原国有企业欠缴"两金"余额转作增加国家资本金报批表(编者略)
    4. 地方所属原集体企业欠缴"两金"余额转作增加国家资本金报批表(编者略)
    5. 中央所属原国有、集体企业欠缴"两金"余额转作增加国家资本金报批汇总表
      (编者略)
    6. 地方所属原国有、集体企业欠缴"两金"余额转作增加国家资本金报批汇总表
      (编者略)

4-2-139

国务院关于同意深化煤炭资源有偿使用制度改革试点实施方案的批复

2006年9月30日　国函〔2006〕102号

财政部、国土资源部、发展改革委：

你们《关于深化煤炭资源有偿使用制度改革试点的实施方案》收悉。现批复如下：

一、原则同意《关于深化煤炭资源有偿使用制度改革试点的实施方案》，请认真组织实施。

二、试点工作要以深化煤炭资源探矿权、采矿权有偿取得和建立煤炭资源勘查、开发合理成本负担制度为核心，加大对煤炭资源勘查的支持力度，完善煤炭资源税费政策，加强煤炭资源开发管理和宏观调控，促进煤炭资源合理有序开发，不断提高煤炭资源回采率。

三、各试点省（区）人民政府要根据试点工作的统一部署，加强领导，精心组织，结合本地区实际制订具体方案，积极稳妥地推进试点工作。国务院有关部门要加强指导，密切配合，抓紧出台各项配套政策和措施，及时研究解决试点工作中遇到的各种问题。

附件：关于深化煤炭资源有偿使用制度改革试点的实施方案

附件

关于深化煤炭资源有偿使用制度改革试点的实施方案

为贯彻落实党的十六届五中全会精神和《国务院关于加强地质工作的决定》（国发〔2006〕4号）、《国务院关于促进煤炭工业健康发展的若干意见》（国发〔2005〕18号），财政部、国土资源部、发展改革委等有关部门对深化矿产资源有偿使用制度改革的总体思路、实施步骤和配套政策进行了认真研究。考虑到此项改革涉及面广，历史遗留问题较多，宜先易后难，逐步推开。经国务院批准，从2006年起，选择山西省等8个煤炭主产省（区）进行煤炭资源有偿使用制度改革试点。为做好试点工作，现提出如下实施方案：

一、总体思路

坚持保护环境、节约资源与促进煤炭工业健康发展并举，以深化煤炭资源探矿权、采矿权有偿取得和建立煤炭资源勘查、开发合理成本负担制度为核心，以促进煤炭资源合理有序开发和不断提高煤炭资源回采率为目标，相应调整煤炭资源税费政策，逐步使煤炭企业合理负担煤炭资源成本，煤炭产品价格真实反映价值，各级政府依法监管并获得相应收益，同时加大国家对煤炭资源勘查的支持力度。

二、主要政策措施

（一）严格实行煤炭资源探矿权、采矿权有偿取得制度。

自本实施方案发布之日起,试点省(区)出让新设煤炭资源探矿权、采矿权,除特别规定的以外,一律以招标、拍卖、挂牌等市场竞争方式有偿取得。

本实施方案发布之日前企业无偿占有属于国家出资探明的煤炭探矿权和无偿取得的采矿权,均应进行清理,并在严格依据国家有关规定对剩余资源储量评估作价后,缴纳探矿权、采矿权价款。一次性缴纳探矿权、采矿权价款确有困难的,经探矿权、采矿权登记管理机关批准,可在探矿权、采矿权有效期内分期缴纳。其中,探矿权价款最多可分 2 年缴纳,采矿权价款最多可分 10 年缴纳,分期缴纳价款的企业应承担不低于同期银行贷款利率水平的资金占用费。分期缴纳价款仍有困难的国有煤炭企业,经财政部会同国土资源部批准,允许将应缴纳的探矿权、采矿权价款部分或全部以折股形式上缴,划归中央地质勘查基金(周转金)持有。

本实施方案发布之日前经财政部、国土资源部批准已将探矿权、采矿权价款部分或全部转增国家资本金的,企业应当向国家补缴价款,也可以将已转增的国家资本金划归中央地质勘查基金(周转金)持有。

自本实施方案发布之日起,新设煤炭资源探矿权、采矿权,其价款一律不再转增国家资本金,或以持股形式上缴。

地勘单位转让在本实施方案发布之日前持有的由各级财政出资勘查形成的煤炭资源探矿权、采矿权,可继续执行将价款转增国家资本金的政策。

对国务院批准的重点煤炭开发项目,经省级人民政府批准的大型煤炭开发项目,已设采矿权需要整合或利用原有生产系统扩大勘查开采范围的项目,以及国家出资为危机矿山寻找接替资源的找矿项目,经国土资源部会同发展改革委批准,可以允许以协议方式有偿出让矿业权。

上述中央和地方收取的矿业权价款收入,统一按中央财政 20%、地方财政 80% 的比例分成。按照"取之于矿、用之于矿"的原则,中央分成部分主要用于补充中央地质勘查基金(周转金);地方分成部分除用于国有企业和国有地勘单位矿产资源勘查外,也可以用于解决国有老矿山企业的各种历史包袱问题。

(二)将煤炭资源勘查作为中央财政地质勘查基金(周转金)支持的重点。

根据国发〔2006〕4 号文件精神,从 2006 年起,中央财政建立地质勘查基金(周转金),其来源主要包括:中央财政预算安排资金(含从中央所得的矿产资源补偿费和探矿权、采矿权价款划入部分);矿山企业和地勘单位应缴纳的探矿权、采矿权价款以折股形式上缴的股权以及股权红利、股权变现收入等。

为促进煤炭资源开发利用,中央地质勘查基金(周转金)将国家确定的重点成矿区(带)内煤炭资源的预查、普查和必要的详查作为支持重点之一,同时引导地方政府和社会资金投入,共担风险、共享收益,形成滚动发展的良性投入机制,以满足国民经济可持续发展对煤炭资源的需要。

(三)建立煤矿矿山环境治理和生态恢复责任机制。

试点省(区)煤矿企业应依据矿井服务年限或剩余服务年限,按煤炭销售收入的一定比例,分年预提矿山环境治理恢复保证金,并列入成本,按照"企业所有、专款专用、政府监督"的原则管理。

对此前遗留的煤矿环境治理问题,试点省(区)要制定矿区环境治理和生态恢复规划,按照企业和政府共同负担的原则加大投入力度。对不属于企业职责或责任人已经灭失的煤矿环境问题,以地方政府为主,根据财力区分重点逐步解决。

(四)合理调整煤炭资源税费政策。

由财政部会同有关部门研究进一步调整煤炭资源税税额。同时,在充分考虑资源有效利用率的基础上,研究改革煤炭资源税的计征办法。

由财政部会同国土资源部、发展改革委研究调整矿产资源补偿费费率,探索建立矿产资源补偿费浮动费率制度;适当调整煤炭资源探矿权、采矿权使用费收费标准,建立和完善探矿权、采矿权使用费的动态调整机制。

各类煤矿企业要按有关规定足额提取煤矿生产安全费用和维简费,确保煤矿安全技术改造资金来源。

(五)加强煤炭资源开发管理和宏观调控。

由国土资源部会同发展改革委等部门进一步整顿和规范矿产资源开发秩序。发展改革委会同国土资源部等部门研究制订煤炭资源开发准入标准,促进煤矿企业改组、改制,鼓励大煤矿兼并、收购中小煤矿,走规模化、集约化经营道路,推进资源开发方式的转变,提高煤炭资源利用效率。

加强煤炭资源规划管理。国土资源部抓紧编制煤炭勘查规划和探矿权、采矿权设置方案,组织开展国家规划矿区煤炭资源普查和必要的详查。同时,加强对地方煤炭资源规划的协调指导。

国土资源部会同财政部、发展改革委等部门研究加强煤炭资源探矿权、采矿权一级市场管理的有关措施,探索建立国家煤炭等矿产地储备制度。同时,进一步规范煤炭资源等探矿权、采矿权交易市场,促进煤炭等矿业权有序流动和公开、公平、公正交易。

三、具体工作安排

(一)试点范围。

选择山西、内蒙古、黑龙江、安徽、山东、河南、贵州、陕西等8个煤炭主产省(区)进行试点,并加以重点指导。山西省开展煤炭资源有偿使用制度试点工作要与国务院批复的在山西省开展煤炭工业可持续发展政策措施试点工作做好衔接。

(二)时间进度。

2006年10月,由财政部、国土资源部、发展改革委联合进行试点动员,并启动试点工作。

2007年底,对试点工作进行评估、总结,提出进一步完善矿产资源有偿使用制度改革的政策建议。

(三)组织分工。

由财政部、国土资源部、发展改革委对改革试点工作进行统一部署,对试点地区给予指导,并及时研究解决试点中出现的问题。具体工作由试点省(区)人民政府负责。

由财政部会同有关部门抓紧出台推进改革试点工作的各项具体配套措施。

4-2-140

财政部关于延续农网还贷资金等17项
政府性基金政策问题的通知

2007年1月8日 财综〔2007〕3号

国务院各部委、各直属机构,各省、自治区、直辖市财政厅(局),各中央管理区企业:

经国务院批准,2006年底执行到期的农网还贷资金、新型墙体材料专项基金、港口建设费、民航机场管理建设费、铁路建设基金、铁路建设附加费、国家茧丝绸发展风险基金、散装水泥专项资金、中央对外贸易发展基金、库区维护建设基金(包括库区维护、库区后期扶持基金、库区移民后期扶持基金、库区移民扶助金)、城市公用事业附加、文化事业建设费、国家电影事业发展专项资金、旅游发展基金、能源基地建设基金、水资源补偿费、昌源基地建设基金等17项政府性基金,继续予以保留。根据国务院批示精神,我部将会同有关部门对上述政府性基金的征收使用办法进行调整和完善。

4-2-141

财政部关于加强大中型水库库区基金
征收管理有关问题的通知

2009年8月12日 财综〔2009〕51号

各省、自治区、直辖市财政厅(局),财政部驻各省、自治区、直辖市财政监察专员办事处:

为落实《国务院关于完善大中型水库移民后期扶持政策的意见》(国发〔2006〕17号)和《财政部关于印发〈大中型水库库区基金征收使用管理暂行办法〉的通知》(财综〔2007〕26号)的规定,经商水利部,现就加强大中型水库库区基金(以下简称库区基金)征收管理有关问题通知如下:

一、凡财政部已批复库区基金征收使用管理实施细则的省份,要严格按照批复的征收范围、对象、标准和期限征收库区基金,确保应收尽收,不得擅自减免、缓征或停征。

二、凡行政区域内有装机容量在2.5万千瓦及以上有发电收入的水库和水电站,且尚未制定库区基金征收使用管理实施细则的省份,要抓紧制定本地区库区基金征收使用管理实施细则,并于2009年9月30日前按规定程序上报财政部,由财政部会同国家发展改革委、水利部批准后实施。

三、确因特殊情况需减免、缓征或停征库区基金的省份,应由省级财政部门报省级人民政府同意后,由省级人民政府向国务院提出申请。

四、各相关省、自治区、直辖市要高度重视库区基金征收使用管理工作,切实采取有效措施,加大征管力度,确保基金足额征收。财政部驻相关地方财政监察专员办事处和相关省级财政部门要各司其职,加强对库区基金的征收管理和监督检查,对未经国务院批准擅自减免、缓征或停征库区基金的,要按照《财政违法行为处罚处分条例》(国务院令第427号)的有关规定进行处罚,追究有关责任人的行政责任。

4-2-142

财政部 公安部 国家税务总局关于石油天然气和"三电"基础设施安全保护费用管理问题的通知

2010年10月11日 财企〔2010〕291号

各省、自治区、直辖市、计划单列市财政厅(局)、公安厅(局)、国家税务局、地方税务局,新疆生产建设兵团财务局、公安局,有关中央管理企业:

为加强石油、天然气和电力、电信、广播电视基础设施(以下统称"油气和'三电'基础设施")的安全保护工作,落实各方工作责任,健全安全保护经费长效保障机制,根据现行有关法律法规,现就有关问题通知如下:

一、落实油气和"三电"基础设施安全保护工作责任

(一)油气和"三电"基础设施既是企业生产经营的重要资产,也是国家重要的基础设施和社会资源,其安全保障直接影响企业生产经营,也事关国家经济运行、公共安全和人民群众的生活。企业、公安机关、基层组织共同负有保障油气和"三电"基础设施安全的责任,要在各级政府领导下,积极参与和推进分工负责、协调配合的安全防范工作机制,加强油气和"三电"基础设施安全保护工作。

(二)油气和"三电"基础设施营运企业对基础设施安全运行负有主体责任,应当在公安机关指导下加强基础设施的安全保护,健全企业内部安全保护工作机制,完善安全防范的技术措施和物理措施,并结合维护抢修需要,组织内部安全防范力量,组建专职、兼职的群防队伍,加强防范处置演练,严密防范盗抢、破坏油气和"三电"基础设施的违法犯罪活动。

(三)公安机关要加强对油气和"三电"企业基础设施安全保护工作的指导和监督,有效打击危害基础设施安全的违法犯罪活动,为企业生产经营提供良好的社会治安环境。

(四)各基层组织在当地政府领导下,加强基础设施安全保护宣传教育,组织和发动群众,健全群众参与群防群治的工作机制。

二、健全油气和"三电"基础设施安全保护经费保障机制

(一)地方政府组织开展油气和"三电"基础设施群防群治工作的,根据《中共中央 国务院关于进一步加强社会治安综合治理的意见》的规定,有关群防群治经费,按照"谁受益谁出资"的原则,主要由受益企业自行安排解决,政府财政适当补贴。

(二)公安机关油气和"三电"基础设施安全保护工作经费,按照"明确责任、分类负担、收支脱钩、全额保障"的政法经费保障体制和"分项目、分区域、分部门"的政法经费分类保障办法,纳入公安机关部门预算,由同级政府财政部门统筹安排解决。公安机关内部要合

理安排预算,保证油气和"三电"基础设施安全保护工作的经费支出。鉴于油气和"三电"基础设施的重要性,同时考虑各地实际情况,中央财政适当增加资金规模,在现行中央政法转移支付资金项目中统筹安排,对中西部地区给予适当补助。

(三)企业对自身油气和"三电"基础设施进行安全保护发生的各项费用,包括参加联防工作、组建兼专职群防队伍等发生的支出,由企业自行负担,按规定列入成本(费用),并按照国家税收法律、法规等规定准予税前扣除。

三、加强油气和"三电"基础设施安全保护费用的管理和监督

(一)各级财政部门要加强监督检查,督促企业建立健全油气和"三电"基础设施安全保护费用的内部制度,规范财务管理。

组成联防机制各成员单位应当严格执行《中共中央 国务院关于治理向企业乱收费和各种摊派等问题的决定》,杜绝在正常经费保障之外,对油气和"三电"基础设施营运企业的各种乱摊派、乱收费、乱集资行为。

(二)各级公安机关要建立健全内部财务管理制度,按照国家有关规定,加强油气和"三电"基础设施安全保护经费的管理,提高经费使用效益。

(三)油气和"三电"基础设施营运企业列支的安全保护费用应当按规定使用,对没有法律法规依据或者超过法律法规规定范围和标准的各种摊派、收费、集资,有权拒绝,并向财政部反映。

4−2−143

国家税务总局关于税务机关代征各种基金、费有关征缴入库和会统核算问题的通知

2011年3月4日 国税函〔2011〕137号

各省、自治区、直辖市和计划单列市国家税务局、地方税务局:

最近,部分地区税务机关询问税务部门代征各种基金、费的相关征缴方式、票证使用和会统核算等问题。现将有关问题重申并明确如下:

一、为方便纳税人,提高基层税务机关工作效率,各地税务机关应严格遵照税务总局关于税款征缴、税库银联网电子缴税、税收票证管理和会统核算的有关规定,统一开展各项税款、基金、费的征缴、票证和会统核算工作,确保各项会统工作的规范运行。

二、税务机关应当采用税收征缴方式代征各种基金、费。税务机关应在税收征管信息系统和税库银联网电子缴税系统中增设有关代征基金、费的项目内容,在同一系统中,办理税款、基金、费的征收缴纳业务,实现税务机关征收税款、基金、费的一体化管理。

三、根据《国家税务总局关于印发〈税收票证管理办法〉的通知》(国税发〔1998〕32号)规定,税收票证是税务机关组织税款、基金、费用及滞纳金、罚款等各项收入时使用的法定收款和退款凭证。税务机关代征各种基金、费时,应根据缴款人电子、转账、现金、刷卡等不

同的缴款方式,统一使用相关税收票证作为缴款人的缴款凭证。

四、各级税务机关对代征基金、费进行税收会计、统计核算时,应严格按照税务总局规定的相应会计科目、报表项目进行账务处理和报表编报,准确核算反映基金、费的应征、欠缴、减免、入库和退库情况。

4-2-144

财政部 教育部关于从土地出让收益中计提教育资金有关事项的通知

2011年7月21日　财综〔2011〕62号

各省、自治区、直辖市、计划单列市财政厅(局)、教育厅(教委),新疆生产建设兵团财务局、教育局:

为实现《国家中长期教育改革和发展规划纲要(2010—2020年)》提出的2012年国家财政性教育经费支出占国内生产总值4%目标,根据《国务院关于进一步加大财政教育投入的意见》(国发〔2011〕22号)的规定,现就从土地出让收益中计提教育资金(以下简称教育资金)的有关事项通知如下:

一、统一计提教育资金口径,增设科目单独核算

从2011年1月1日起,各省、自治区、直辖市、计划单列市(以下简称各地区)所辖市、县(区),统一按照当年实际缴入地方国库的招标、拍卖、挂牌和协议出让国有土地使用权取得的土地出让收入,扣除当年从地方国库中实际支付的征地和拆迁补偿支出、土地开发支出、计提农业土地开发资金支出、补助被征地农民社会保障支出、保持被征地农民原有生活水平补贴支出、支付破产或改制企业职工安置费支出、支付土地出让业务费、缴纳新增建设用地土地有偿使用费等相关支出项目后,作为计提教育资金的土地出让收益口径,严格按照10%的比例计提教育资金。从土地出让收益中计提的教育资金,作为各地区计算财政性教育经费来源之一,各地区不得由此减少应当由公共财政预算安排的教育经费。

为确保各地区及时足额从土地出让收益中计提教育资金,在《2011年政府收支分类科目》中,增设"103014804 教育资金收入"科目,反映从土地出让收益中计提的教育资金,并在地方国库中实行分账核算。

二、教育资金按季计提,年终进行统一清算

市、县(区)财政部门应当按季从土地出让收益中计提教育资金,并在决算清理期结束前进行统一清算。根据《2011年政府收支分类科目》的有关规定,具体计提和清算办法如下:

(一)按照季度计提教育资金。为确保年度教育资金收支均衡,市、县(区)财政部门应当分别在每年4月、7月、10月的10日以及决算清理期结束之前分季计提教育资金,第四季度计提的教育资金可与年终清算合并进行。如遇法定节假日,可相应顺延计提时间。具体计提公式为:

各季度计提的教育资金 =（各季度 1030146 项国有土地收益基金收入 + 各季度 1030148 项国有土地使用权出让收入 - 各季度 103014802 目补缴的土地价款 - 各季度 103014803 目划拨土地收入 - 各季度 103014899 目其他土地出让收入 - 各季度 2120801 项征地和拆迁补偿支出 - 各季度 2121001 项征地和拆迁补偿支出 - 各季度 2120802 项土地开发支出 - 各季度 2121002 项土地开发支出 - 各季度 2120805 项补助被征地农民支出 - 各季度 2120806 项土地出让业务支出 - 各季度 2120809 项支付破产或改制企业职工安置费支出）× 10%

2011 年上半年应当计提的教育资金,由市、县(区)财政部门统一按照本地区上半年土地出让收支情况以及本通知规定的计提口径和公式计算,原则上于 2011 年 8 月 10 日前一次性提足,并填列"1030148 教育资金收入"科目,同时,相应减少"103014801 土地出让价款收入"科目数额。各地区要调整 2011 年土地出让收益使用方向,压缩土地出让收益用于城市建设的开支规模,切实保障教育资金足额计提。

(二)计提教育资金的年终清算。每年年度终了,市、县(区)财政部门应当于每年决算清理期结束前,对于全年计提的教育资金进行统一清算。具体公式如下:

全年计提的教育资金 =（全年 1030146 项国有土地收益基金收入 + 全年 1030148 项国有土地使用权出让收入 - 全年 103014802 目补缴的土地价款 - 全年 103014803 目划拨土地收入 - 全年 103014899 目其他土地出让收入 - 全年 2120801 项征地和拆迁补偿支出 - 全年 2121001 项征地和拆迁补偿支出 - 全年 2120802 项土地开发支出 - 全年 2121002 项土地开发支出 - 全年 2120805 项补助被征地农民支出 - 全年 2120806 项土地出让业务支出 - 全年 2120809 项支付破产或改制企业职工安置费支出）× 10%

年内各季累计实际计提的教育资金应当与全年应计提的教育资金数额一致。年内各季累计实际计提的教育资金少于全年应计提的教育资金数额的,应于当年决算清理期结束前一次性补足;年末地方国库中的土地出让收益不足以补足应计提教育资金数额的,可以不予补足。年内各季累计实际计提的教育资金大于全年应计提的教育资金数额的,多出部分应予退回,相应减少"103014804 教育资金收入"科目,增加"103014801 土地出让价款收入"科目。年内各季累计实际计提的教育资金因发生支出而无法退回的,可从次年计提的教育资金中相应抵扣。

三、实行专款专用,重点支持农村基础教育发展

从土地出让收益中计提的教育资金,实行专款专用,重点用于农村(含县镇,下同)学前教育、义务教育和高中阶段(以下简称农村基础教育)学校的校舍建设和维修改造、教学设备购置等项目支出,具体包括前期工作费、工程施工费、设备购置费、竣工验收费、项目管理费和不可预见的费用等。教育资金不得用于学校人员经费、公用经费等经常性开支。各地区在保障农村基础教育发展需要的前提下,计提的教育资金仍有富余的,可以将教育资金用于城市基础教育的上述相关开支。

教育资金优先安排《国家中长期教育改革和发展规划纲要(2010—2020 年)》10 个重大项目涉及基础教育的建设内容,具体项目由地方各级教育部门根据当地教育事业发展的阶段性需要提出,按照重大项目组织实施原则,统筹规划,纳入现行体制和政策体系。地方各级教育部门申报的校舍建设和维修改造项目应当按规定经批准立项,教学设备购置项目应

当报同级财政部门审核确认,并严格按照政府采购有关规定执行;申报的其他农村和城市基础教育项目,需提供项目可行性说明、立项批准文件、项目实施计划和资金使用计划等相关资料,确保教育资金使用的科学性、合理性和规范性。教育资金的支付,统一按照财政国库管理制度有关规定执行。

由于计提清算原因造成的教育资金结余,因农村和城市基础教育支出项目变更、调整等形成的教育资金结余,以及跨年度的农村和城市基础教育项目结转的教育资金,可以继续结转下年度安排使用。

为反映教育资金支出情况,将《2011年政府收支分类科目》中"2120808 农村中小学危旧房改造支出"科目,修改为"2120808 教育资金安排的支出",并将该科目说明修改为"反映土地出让收益用于学前教育、义务教育和高中阶段学校的校舍建设和维修改造、教学设备购置等项目的支出"。

四、统筹安排财政性教育经费,建立教育资金预决算管理制度

教育资金属政府性基金。地方各级财政部门在安排财政性教育经费时,要将教育资金与公共财政预算资金统筹安排,结合使用,避免在基础教育学校的同一个项目上重复安排资金。

教育资金纳入部门预决算管理。地方各级教育部门要按照修订后的《政府收支分类科目》和同级财政部门有关编制部门预算的规定,细化教育资金预算编制,建立教育资金预决算管理制度。地方各级教育部门要严格按照同级财政部门有关编制政府性基金预算的规定,编制教育资金收支预算,在土地出让收支预算中予以单列反映,报经同级财政部门审核后并入土地出让收支预算,并由省级财政部门会同教育部门汇总后,于每年12月31日前连同预算编制说明一并报送财政部、教育部备案。

每年年度终了,地方各级教育部门应当按照同级财政部门有关政府性基金决算编制的要求,编制教育资金收支决算,经同级财政部门审核后并入土地出让收支决算。各地区省级财政部门应当会同教育部门汇总编制本地区年度教育资金收支决算,并对当年教育资金收支管理情况撰写书面说明,于次年2月20日前报送财政部、教育部备案。地方各级教育部门应当在部门预算和部门决算中反映教育资金的收支情况,全面反映财政性教育经费的收入来源、支出总量和支出结构。

教育资金收支预算的调整,要严格按照政府性基金预算管理、土地出让收支预算管理和部门预算管理的相关规定执行。

五、抓紧制定具体实施办法,加强教育资金监督管理

从土地出让收益中计提教育资金,是党中央、国务院为确保2012年实现财政性教育经费支出占国内生产总值比例达到4%目标做出的一项重要举措,关系到我国农村和城市基础教育事业的健康发展,关系到教育改革发展的顺利进行。各级财政、教育部门要站在全局高度,统一思想,提高认识,高度重视并尽快落实政策。各地区要严格按照本通知规定,结合本地区实际情况,抓紧制定具体实施办法,报财政部、教育部备案。土地出让收益分布与教育资金需求不匹配的地区,经省级人民政府批准,可以根据实际情况,决定省级是否统筹部分教育资金,以平衡本地区相关市、县(区)农村和城市基础教育发展,具体统筹比例和办法由省级财政部门会同教育部门制定,报财政部、教育部备案。

管好用好教育资金,是全面推进财政性教育经费科学化精细化管理的基本要求,是提高财政性教育经费使用效益的重要保证。各级财政、教育部门要加强教育资金监督管理,依法接受审计监督,及时足额计提教育资金,确保教育资金按照规定用途使用,切实加大教育投入,着力提高教育资金使用效益。对于不按照本通知规定计提、使用和管理教育资金的,要严格按照《财政违法行为处罚处分条例》(国务院令第427号)有关规定进行处理。

4-2-145

国家发展改革委 民航局关于完善民航国内航线旅客运输燃油附加与航空煤油价格联动机制有关问题的通知

2011年10月14日 发改价格〔2011〕2219号

各省、自治区、直辖市发展改革委、物价局,民航各地区管理局,各运输航空公司:

为适应航空煤油价格形成机制改革变化,合理疏导国内航空煤油价格变动对航空运输成本的影响,保护旅客合法权益,决定调整完善民航国内航线旅客运输燃油附加与航空煤油价格联动机制。现就有关问题通知如下:

国内航空煤油综合采购成本累计变化幅度超过每吨250元时,燃油附加最高标准方可按联动机制有关规定进行调整。当综合采购成本调整影响燃油附加最高标准提高时,航空公司如决定上调燃油附加,应在综合采购成本调整执行5日后(含第5日)出台;降低时,仍应在综合采购成本调整5日内相应下调或停止收取燃油附加。具体调整计收燃油附加标准时间以旅客实际购票日期为准。

减半计算儿童、革命伤残军人、因公致残的人民警察等特殊旅客群体燃油附加标准时,如个位尾数不足10元按舍去尾数计收。

以上自2011年11月1日起实行。民航国内航线旅客运输燃油附加其他有关规定,仍按照《国家发展改革委、民航局关于建立民航国内航线旅客运输燃油附加与航空煤油价格联动机制有关问题的通知》(发改价格〔2009〕2879号)执行。

4-2-146

财政部关于对分布式光伏发电自发自用电量免征政府性基金有关问题的通知

2013年11月19日 财综〔2013〕103号

各省、自治区、直辖市财政厅(局),财政部驻各省、自治区、直辖市、计划单列市财政监察专员办事处：

为了促进光伏产业健康发展，根据《国务院关于促进光伏产业健康发展的若干意见》（国发〔2013〕24号）的有关规定，对分布式光伏发电自发自用电量免收可再生能源电价附加、国家重大水利工程建设基金、大中型水库移民后期扶持基金、农网还贷资金等4项针对电量征收的政府性基金。上述规定自本通知发文之日起施行。

4-2-147

财政部　国家发展改革委关于全面清理涉及煤炭、原油、天然气收费基金有关问题的通知

2014年10月10日　财税〔2014〕74号

各省、自治区、直辖市人民政府，国务院各部委、各直属机构：

按照国务院关于实施煤炭资源税改革的要求，决定全面清理涉及煤炭、原油、天然气的收费基金。经国务院同意，现将有关事项通知如下：

一、自2014年12月1日起，在全国范围统一将煤炭、原油、天然气矿产资源补偿费费率降为零，停止征收煤炭、原油、天然气价格调节基金，取消煤炭可持续发展基金（山西省）、原生矿产品生态补偿费（青海省）、煤炭资源地方经济发展费（新疆维吾尔自治区）。

二、各省、自治区、直辖市要对本地区出台的涉及煤炭、原油、天然气的收费基金项目进行全面清理。凡违反行政事业性收费和政府性基金审批管理规定，越权出台的收费基金项目要一律取消。属于重复设置、不能适应经济社会发展和财税体制改革要求的不合理收费，也应清理取消。对确需保留的收费项目，应报经省级人民政府批准后执行。对中央设立的收费基金，要严格按照相关政策规定执行，不得擅自扩大征收范围、提高征收标准或另行加收任何费用。各省、自治区、直辖市要于2014年10月30日前将清理情况，包括取消的收费基金项目和涉及金额、保留的收费项目等，报财政部、国家发展改革委。

三、取消或停征涉及煤炭、原油、天然气有关收费基金后，相关部门履行正常工作职责所需经费，由中央财政和地方财政通过一般公共预算安排资金予以保障。

四、今后除法律、行政法规和国务院规定外，任何地方、部门和单位均不得设立新的涉及煤炭、原油、天然气的行政事业性收费和政府性基金项目。

五、各地区、各有关部门要严格执行本通知规定，对公布取消或停征的收费基金，不得以任何理由拖延或者拒绝执行，不得以其他名目变相继续收费。要认真履行职责，组织做好收费基金清理工作，切实减轻企业负担，确保资源税改革平稳顺利实施。对清理后保留的收费基金项目要统一纳入涉企收费基金目录清单，并向社会公布，接受公众监督。财政部、国家发展改革委将会同有关部门加大督查力度，对不按规定取消或停征有关收费基金，未按要求做好收费基金清理工作，以及在目录清单之外违规收费的地区和部门，要予以严肃查处，并追究相关责任人的行政责任。

4-2-148

财政部　国家发展改革委关于减免养老和医疗机构行政事业性收费有关问题的通知

2014年11月1日　财税〔2014〕77号

国土资源部、住房城乡建设部、国家人民防空办公室，各省、自治区、直辖市财政厅（局）、发展改革委、物价局：

为促进养老和健康服务业发展，根据《国务院关于加快发展养老服务业的若干意见》（国发〔2013〕35号）和《国务院关于促进健康服务业发展的若干意见》（国发〔2013〕40号）的规定，现就减免涉及养老和医疗机构的行政事业性收费事项通知如下：

一、对非营利性养老和医疗机构建设全额免征行政事业性收费，对营利性养老和医疗机构建设减半收取行政事业性收费。

二、上述免征或减半收取的行政事业性收费项目包括：

（一）国土资源部门收取的土地复垦费、土地闲置费、耕地开垦费、土地登记费。

（二）住房城乡建设部门收取的房屋登记费、白蚁防治费。

（三）人防部门收取的防空地下室易地建设费。

（四）各省、自治区、直辖市人民政府及其财政、价格主管部门按照管理权限批准设立（简称省级设立）的涉及养老和医疗机构建设的行政事业性收费。

三、各省、自治区、直辖市财政、价格主管部门要公布减免省级设立的涉及养老和医疗机构建设的行政事业性收费项目，对养老机构提供养老服务也应适当减免行政事业性收费，同时对本地区出台涉及养老和医疗机构的行政事业性收费进行全面清理，坚决取消违规设立的各类收费。

四、各地区和有关部门要严格执行本通知规定，对公布减免的行政事业性收费，不得以任何理由拖延或者拒绝执行。各级财政、价格主管部门要加强对落实本通知情况的监督检查，对不按规定减免相关收费的，要追究相关责任人的行政责任。

五、本通知自2015年1月1日起执行。

4−2−149

财政部　国家税务总局关于对小微企业免征有关政府性基金的通知

2014 年 12 月 23 日　财税〔2014〕122 号

各省、自治区、直辖市、计划单列市人民政府,中宣部、教育部、水利部、中国残联:

为进一步加大对小微企业的扶持力度,经国务院批准,现将免征小微企业有关政府性基金问题通知如下:

一、自 2015 年 1 月 1 日起至 2017 年 12 月 31 日,对按月纳税的月销售额或营业额不超过 3 万元(含 3 万元),以及按季纳税的季度销售额或营业额不超过 9 万元(含 9 万元)的缴纳义务人,免征教育费附加、地方教育附加、水利建设基金、文化事业建设费。

二、自工商登记注册之日起 3 年内,对安排残疾人就业未达到规定比例、在职职工总数 20 人以下(含 20 人)的小微企业,免征残疾人就业保障金。

三、免征上述政府性基金后,有关部门依法履行职能和事业发展所需经费,由同级财政预算予以统筹安排。

4−2−150

财政部关于进一步加强行政事业性收费和政府性基金管理的通知

2015 年 2 月 28 日　财税〔2015〕30 号

各省、自治区、直辖市、计划单列市财政厅(局):

为落实《国务院办公厅关于进一步加强涉企收费管理减轻企业负担的通知》(国办发〔2014〕30 号)和《国务院关于清理规范税收等优惠政策的通知》(国发〔2014〕62 号)的规定,现就进一步加强行政事业性收费和政府性基金(以下简称收费基金)管理,建立规范有序、公开透明的收费基金管理制度有关问题通知如下:

一、依法从严设立收费基金项目

新设立涉企收费基金项目,必须依据法律、行政法规的规定。对没有法律、行政法规依据但按照国际惯例或对等原则确需设立的,由财政部会同有关部门审核后报国务院批准。新设立不涉企的行政事业性收费项目,必须依据法律、行政法规和地方性法规的规定,或按照国务院明确的审批管理规定,由省级以上财政、价格主管部门批准,重要的报国务院或省级人民政府批准。各地区要严格执行上述规定,不得越权设立收费基金项目。各级财政部门要严把收费基金项目设立审批关,进一步强化事中和事后监管,坚决杜绝违规设立收费基金项目的发生。

二、严格规范减免、缓征、停征和取消收费基金管理

取消或停征收费基金项目,必须按照设立收费基金项目的管理权限予以批准。取消法律、法规规定的收费基金项目,必须按法定程序办理。对减免或缓征收费基金,要集中管理权限,并制定公开透明的审批程序。凡不符合管理权限和规定程序的,一律不得减免或缓征。对依据法律、行政法规和经国务院或财政部会同有关部门批准设立的收费基金项目,地方各级人民政府及其部门一律不得自行减免、缓征、停征或取消。收费基金的执收部门和单位未按规定批准,一律不得自行减免、缓征或停征收费基金。各地区要按照国发〔2014〕62号文件要求和本通知规定开展一次专项清理,认真排查本地区制定出台的收费基金减免、缓征、停征和取消政策,特别要对与企业签订的合同、协议、备忘录、会议或会谈纪要以及"一事一议"形式的请示、报告和批复等进行全面梳理,凡违反法律法规和国家有关政策规定的,要一律停止执行,并发布文件予以废止。

三、按照国务院统一部署清理规范收费基金

各地区要按照国务院的统一部署,认真落实国家统一制定的普遍性降费措施,将已公布取消、停征和减免的收费基金逐项落实到位,特别要落实好对小微企业、养老医疗服务业、高校毕业生就业等减免收费基金的政策,加大对小微企业、服务业和就业创业的支持。要按照实施煤炭资源税费改革的要求,全面清理涉及煤炭、原油、天然气的收费基金,按规定取消、停征有关收费基金项目。各省(区、市)在清理省级设立的行政事业性收费项目时,要把握好以下原则:对不合法不合理的收费项目要坚决取消;对收费标准超过服务成本的要切实降低;对体现特定受益者负担原则、补偿非普遍性公共服务成本的收费予以保留,并严格实行收支两条线管理。各级财政部门要进一步健全和完善相关收费基金管理制度,发挥在特定领域的分配调节作用,促进生态环境保护、资源节约与合理利用和相关公共事业发展。

四、进一步提高收费基金政策的透明度

建立和完善收费基金目录清单制度。财政部公布全国性及中央部门行政事业性收费目录清单和全国政府性基金目录清单。各省(区、市)财政部门公布本地区实施的收费基金目录清单。目录清单之外的收费基金项目,一律不得执行,公民、法人和其他组织有权拒绝缴纳。目录清单在财政部和省级财政部门网站上实行常态化公开,凡有政策调整及时进行更新。督促相关部门建立和完善收费基金公示制度,将本部门收费基金项目名称、设立依据、征收标准、征收程序、法律责任等,通过政府网站、公共媒体以及在收费场所进行公示,并定期向社会公布收支情况,接受社会监督,建立公开透明的收费基金管理体系。

五、加快推进收费基金立法

财政部将积极推动制定非税收入征收管理条例,全面加强收费基金等非税收入征收管理,规范征收行为。同时,配合有关部门加快修订完善相关法律法规,明确收费基金征收的法律依据。各地区要加强收费基金等非税收入地方性法规建设。通过加快和完善立法,将收费基金管理全面纳入法制化轨道,做到于法有据、依法征收。

六、认真履行收费基金管理职责

收费基金等非税收入管理工作涉及面广、政策性强,面临的形势任务发生了很大变化。各级财政部门要按照深化财税体制改革的统一部署,认真履行职责,加强协调配合,切实做好收费基金等非税收入管理工作,加快推进相关改革措施。财政部将加强相关改革和制度

顶层设计，进一步加强对地方收费基金等非税收入管理工作的指导，从健全工作机制着手，增进上下级工作交流与配合。地方财政部门要抓好各项改革措施和工作任务的落实，并结合当地实际，创新工作思路，完善具体政策措施。要及时向财政部反映工作进展、动态和遇到的问题，积极提出政策建议。通过上下联动，更有效地开展工作，合力推进收费基金等非税收入法制化、规范化管理。

4-2-151

财政部关于取消、停征和整合部分政府性基金项目等有关问题的通知

2016年1月29日　财税〔2016〕11号

发展改革委、国土资源部、农业部、教育部、商务部、水利部、三峡办、国家林业局，各省、自治区、直辖市、计划单列市财政厅（局）：

经国务院批准，现就取消、停征和整合有关政府性基金政策通知如下：

一、将新菜地开发建设基金征收标准降为零。该基金征收标准降为零后，各地要完善财政保障机制，加大土地出让收入对蔬菜生产的支持。

二、将育林基金征收标准降为零。该基金征收标准降为零后，通过增加中央财政均衡性转移支付、中央财政林业补助资金、地方财政加大预算保障力度等，确保地方森林资源培育、保护和管理工作正常开展。

三、停征价格调节基金。该基金停止通过向社会征收方式筹集，所需资金由各地根据实际情况，通过地方同级预算统筹安排，保障调控价格、稳定市场工作正常开展。

四、将散装水泥专项资金并入新型墙体材料专项基金。停止向水泥生产企业征收散装水泥专项资金。将预拌混凝土、预拌砂浆、水泥预制件列入新型墙体材料目录，纳入新型墙体材料专项基金支持范围，继续推动散装水泥生产使用。

五、将大中型水库移民后期扶持基金、跨省（区、市）大中型水库库区基金、三峡水库库区基金合并为中央水库移民扶持基金。将省级大中型水库库区基金、小型水库移民扶助基金合并为地方水库移民扶持基金。具体征收政策、收入划分、使用范围等仍按现行规定执行，今后根据水库移民扶持工作需要适时完善分配使用政策。

六、各地区、各有关部门要严格执行本通知规定，对公布取消或停征的政府性基金项目，不得以任何理由拖延或者拒绝执行，不得以其他名目变相继续收取。各省、自治区、直辖市、计划单列市财政部门要对本地区的政府性基金项目进行全面清理。凡违反政府性基金审批管理规定，越权出台的基金项目要一律取消。对按照法律法规和国家有关政策规定设立的政府性基金项目，要严格按照相关政策规定执行，不得擅自扩大征收范围、提高征收标准或另行加收任何费用。

七、各级财政部门要做好经费保障工作，妥善安排相关部门和单位预算，保障工作正常开展，积极支持相关事业发展。

八、本通知自 2016 年 2 月 1 日起执行。

4-2-152

财政部 国家税务总局关于扩大
有关政府性基金免征范围的通知

2016 年 1 月 29 日　财税〔2016〕12 号

教育部、水利部,各省、自治区、直辖市、计划单列市财政厅(局)、国家税务总局、地方税务局、新疆生产建设兵团财务局:

经国务院批准,现将扩大政府性基金免征范围的有关政策通知如下:

一、将免征教育费附加、地方教育附加、水利建设基金的范围,由现行按月纳税的月销售额或营业额不超过 3 万元(按季度纳税的季度销售额或营业额不超过 9 万元)的缴纳义务人,扩大到按月纳税的月销售额或营业额不超过 10 万元(按季度纳税的季度销售额或营业额不超过 30 万元)的缴纳义务人。

二、免征上述政府性基金后,各级财政部门要做好经费保障工作,妥善安排相关部门和单位预算,保障工作正常开展,积极支持相关事业发展。

三、本通知自 2016 年 2 月 1 日起执行。

4-2-153

政府非税收入管理办法

2016 年 3 月 9 日　财税〔2016〕33 号

第一章　总　　则

第一条　为了加强政府非税收入(以下简称非税收入)管理,规范政府收支行为,健全公共财政职能,保护公民、法人和其他组织的合法权益,根据国家有关规定,制定本办法。

第二条　非税收入设立、征收、票据、资金和监督管理等活动,适用本办法。

第三条　本办法所称非税收入,是指除税收以外,由各级国家机关、事业单位、代行政府职能的社会团体及其他组织依法利用国家权力、政府信誉、国有资源(资产)所有者权益等取得的各项收入。具体包括:

(一)行政事业性收费收入;

(二)政府性基金收入;

(三)罚没收入;

(四)国有资源(资产)有偿使用收入;

(五)国有资本收益;

(六)彩票公益金收入;

(七)特许经营收入;

(八)中央银行收入;

(九)以政府名义接受的捐赠收入;

(十)主管部门集中收入;

(十一)政府收入的利息收入;

(十二)其他非税收入。

本办法所称非税收入不包括社会保险费、住房公积金(指计入缴存人个人账户部分)。

第四条 非税收入是政府财政收入的重要组成部分,应当纳入财政预算管理。

第五条 非税收入实行分类分级管理。

根据非税收入不同类别和特点,制定与分类相适应的管理制度。鼓励各地区探索和建立符合本地实际的非税收入管理制度。

第六条 非税收入管理应当遵循依法、规范、透明、高效的原则。

第七条 各级财政部门是非税收入的主管部门。

财政部负责制定全国非税收入管理制度和政策,按管理权限审批设立非税收入,征缴、管理和监督中央非税收入,指导地方非税收入管理工作。

县级以上地方财政部门负责制定本行政区域非税收入管理制度和政策,按管理权限审批设立非税收入,征缴、管理和监督本行政区域非税收入。

第八条 各级财政部门应当完善非税收入管理工作机制,建立健全非税收入管理系统和统计报告制度。

第二章 设立和征收管理

第九条 设立和征收非税收入,应当依据法律、法规的规定或者按下列管理权限予以批准:

(一)行政事业性收费按照国务院和省、自治区、直辖市(以下统称省级)人民政府及其财政、价格主管部门的规定设立和征收。

(二)政府性基金按照国务院和财政部的规定设立和征收。

(三)国有资源有偿使用收入、特许经营收入按照国务院和省级人民政府及其财政部门的规定设立和征收。

(四)国有资产有偿使用收入、国有资本收益由拥有国有资产(资本)产权的人民政府及其财政部门按照国有资产(资本)收益管理规定征收。

(五)彩票公益金按照国务院和财政部的规定筹集。

(六)中央银行收入按照相关法律法规征收。

(七)罚没收入按照法律、法规和规章的规定征收。

(八)主管部门集中收入、以政府名义接受的捐赠收入、政府收入的利息收入及其他非税收入按照同级人民政府及其财政部门的管理规定征收或者收取。

任何部门和单位不得违反规定设立非税收入项目或者设定非税收入的征收对象、范围、标准和期限。

第十条 取消、停征、减征、免征或者缓征非税收入,以及调整非税收入的征收对象、范围、标准和期限,应当按照设立和征收非税收入的管理权限予以批准,不许越权批准。

取消法律、法规规定的非税收入项目,应当按照法定程序办理。

第十一条 非税收入可以由财政部门直接征收,也可以由财政部门委托的部门和单位(以下统称执收单位)征收。

未经财政部门批准,不得改变非税收入执收单位。

法律、法规对非税收入执收单位已有规定的,从其规定。

第十二条 执收单位应当履行下列职责:

(一)公示非税收入征收依据和具体征收事项,包括项目、对象、范围、标准、期限和方式等;

(二)严格按照规定的非税收入项目、征收范围和征收标准进行征收,及时足额上缴非税收入,并对欠缴、少缴收入实施催缴;

(三)记录、汇总、核对并按规定向同级财政部门报送非税收入征缴情况;

(四)编报非税收入年度收入预算;

(五)执行非税收入管理的其他有关规定。

第十三条 执收单位不得违规多征、提前征收或者减征、免征、缓征非税收入。

第十四条 各级财政部门应当加强非税收入执收管理和监督,不得向执收单位下达非税收入指标。

第十五条 公民、法人或者其他组织(以下简称缴纳义务人)应当按规定履行非税收入缴纳义务。

对违规设立非税收入项目、扩大征收范围、提高征收标准的,缴纳义务人有权拒绝缴纳并向有关部门举报。

第十六条 缴纳义务人因特殊情况需要缓缴、减缴、免缴非税收入的,应当向执收单位提出书面申请,并由执收单位报有关部门按照规定审批。

第十七条 非税收入应当全部上缴国库,任何部门、单位和个人不得截留、占用、挪用、坐支或者拖欠。

第十八条 非税收入收缴实行国库集中收缴制度。

第十九条 各级财政部门应当加快推进非税收入收缴电子化管理,逐步降低征收成本,提高收缴水平和效率。

第三章 票据管理

第二十条 非税收入票据是征收非税收入的法定凭证和会计核算的原始凭证,是财政、审计等部门进行监督检查的重要依据。

第二十一条 非税收入票据种类包括非税收入通用票据、非税收入专用票据和非税收入一般缴款书。具体适用下列范围:

(一)非税收入通用票据,是指执收单位征收非税收入时开具的通用凭证。

(二)非税收入专用票据,是指特定执收单位征收特定的非税收入时开具的专用凭证,主要包括行政事业性收费票据、政府性基金票据、国有资源(资产)收入票据、罚没票据等。

（三）非税收入一般缴款书，是指实施非税收入收缴管理制度改革的执收单位收缴非税收入时开具的通用凭证。

第二十二条 各级财政部门应当通过加强非税收入票据管理，规范执收单位的征收行为，从源头上杜绝乱收费，并确保依法合规的非税收入及时足额上缴国库。

第二十三条 非税收入票据实行凭证领取、分次限量、核旧领新制度。

执收单位使用非税收入票据，一般按照财务隶属关系向同级财政部门申领。

第二十四条 除财政部另有规定以外，执收单位征收非税收入，应当向缴纳义务人开具财政部或者省级财政部门统一监（印）制的非税收入票据。

对附加在价格上征收或者需要依法纳税的有关非税收入，执收单位应当按规定向缴纳义务人开具税务发票。

不开具前款规定票据的，缴纳义务人有权拒付款项。

第二十五条 非税收入票据使用单位不得转让、出借、代开、买卖、擅自销毁、涂改非税收入票据；不得串用非税收入票据，不得将非税收入票据与其他票据互相替代。

第二十六条 非税收入票据使用完毕，使用单位应当按顺序清理票据存根、装订成册、妥善保管。

非税收入票据存根的保存期限一般为5年。保存期满需要销毁的，报经原核发票据的财政部门查验后销毁。

第四章 资金管理

第二十七条 非税收入应当依照法律、法规规定或者按照管理权限确定的收入归属和缴库要求，缴入相应级次国库。

第二十八条 非税收入实行分成的，应当按照事权与支出责任相适应的原则确定分成比例，并按下列管理权限予以批准：

（一）涉及中央与地方分成的非税收入，其分成比例由国务院或者财政部规定；

（二）涉及省级与市、县级分成的非税收入，其分成比例由省级人民政府或者其财政部门规定；

（三）涉及部门、单位之间分成的非税收入，其分成比例按照隶属关系由财政部或者省级财政部门规定。

未经国务院和省级人民政府及其财政部门批准，不得对非税收入实行分成或者调整分成比例。

第二十九条 非税收入应当通过国库单一账户体系收缴、存储、退付、清算和核算。

第三十条 上下级政府分成的非税收入，由财政部门按照分级划解、及时清算的原则办理。

第三十一条 已上缴中央和地方财政的非税收入依照有关规定需要退付的，分别按照财政部和省级财政部门的规定执行。

第三十二条 根据非税收入不同性质，分别纳入一般公共预算、政府性基金预算和国有资本经营预算管理。

第三十三条 各级财政部门应当按照规定加强政府性基金、国有资本收益与一般公共预算资金统筹使用,建立健全预算绩效评价制度,提高资金使用效率。

第五章 监督管理

第三十四条 各级财政部门应当建立健全非税收入监督管理制度,加强非税收入政策执行情况的监督检查,依法处理非税收入违法违规行为。

第三十五条 执收单位应当建立健全内部控制制度,接受财政部门和审计机关的监督检查,如实提供非税收入情况和相关资料。

第三十六条 各级财政部门和执收单位应当通过政府网站和公共媒体等渠道,向社会公开非税收入项目名称、设立依据、征收方式和标准等,并加大预决算公开力度,提高非税收入透明度,接受公众监督。

第三十七条 任何单位和个人有权监督和举报非税收入管理中的违法违规行为。

各级财政部门应当按职责受理、调查、处理举报或者投诉,并为举报人保密。

第三十八条 对违反本办法规定设立、征收、缴纳、管理非税收入的行为,依照《中华人民共和国预算法》、《财政违法行为处罚处分条例》和《违反行政事业性收费和罚没收入收支两条线管理规定行政处分暂行规定》等国家有关规定追究法律责任;涉嫌犯罪的,依法移送司法机关处理。

第六章 附 则

第三十九条 教育收费管理参照本办法规定执行,收入纳入财政专户管理。

第四十条 省级财政部门可以根据本办法的规定,结合本地区实际情况,制定非税收入管理的具体实施办法。

第四十一条 本办法自印发之日起施行。

注释:

条款失效。删去第九条第二项。参见:《财政部关于修改部分文件条款的通知》(财税〔2023〕9号)。

4-2-154

财政部关于取消、调整部分政府性基金有关政策的通知

2017年3月15日 财税〔2017〕18号

发展改革委、住房城乡建设部、商务部、水利部、税务总局、中国残联,各省、自治区、直辖市财政厅(局):

为切实减轻企业负担,促进实体经济发展,经国务院批准,现就取消、调整部分政府性基金有关政策通知如下:

一、取消城市公用事业附加和新型墙体材料专项基金。以前年度欠缴或预缴的上述政府性基金,相关执收单位应当足额征收或及时清算,并按照财政部门规定的渠道全额上缴国库或多退少补。

二、调整残疾人就业保障金征收政策

(一)扩大残疾人就业保障金免征范围。将残疾人就业保障金免征范围,由自工商注册登记之日起3年内,在职职工总数20人(含)以下小微企业,调整为在职职工总数30人(含)以下的企业。调整免征范围后,工商注册登记未满3年、在职职工总数30人(含)以下的企业,可在剩余时期内按规定免征残疾人就业保障金。

(二)设置残疾人就业保障金征收标准上限。用人单位在职职工年平均工资未超过当地社会平均工资(用人单位所在地统计部门公布的上年度城镇单位就业人员平均工资)3倍(含)的,按用人单位在职职工年平均工资计征残疾人就业保障金;超过当地社会平均工资3倍以上的,按当地社会平均工资3倍计征残疾人就业保障金。用人单位在职职工年平均工资的计算口径,按照国家统计局关于工资总额组成的有关规定执行。

三、"十三五"期间,省、自治区、直辖市人民政府可以结合当地经济发展水平、相关公共事业和设施保障状况、社会承受能力等因素,自主决定免征、停征或减征地方水利建设基金、地方水库移民扶持基金。各省、自治区、直辖市财政部门应当将本地区出台的减免政策报财政部备案。

四、各级财政部门要切实做好经费保障工作,妥善安排相关部门和单位预算,保障其依法履行职责,积极支持相关事业发展。

五、各级地区、有关部门和单位要通过广播、电视、报纸、网络等媒体,加强政策宣传解读,及时发布信息,做好舆论引导。

六、各地区、有关部门和单位要严格执行政府性基金管理有关规定,对公布取消、调整或减免的政府性基金,不得以任何理由拖延或者拒绝执行。有关部门要加强政策落实情况的监督检查,对违反规定的,应当按照《预算法》、《财政违法行为处罚处分条例》等法律、行政法规规定予以处理。

七、本通知自2017年4月1日起执行。《财政部关于征收城市公用事业附加的几项规定》(〔64〕财预王字第380号)、《财政部 国家发展改革委关于印发〈新型墙体材料专项基金征收使用管理办法〉的通知》(财综〔2007〕77号)同时废止。

财政部 国家发展改革委 环境保护部 国家海洋局关于停征排污费等行政事业性收费有关事项的通知

2018年1月7日 财税〔2018〕4号

各省、自治区、直辖市、计划单列市财政厅(局)、发展改革委、物价局、环境保护厅(局)、海洋与渔业厅(局)、新疆生产建设兵团财务局：

为做好排污费改税政策衔接工作，根据《中华人民共和国环境保护税法》、《行政事业性收费项目审批管理暂行办法》(财综〔2004〕100号)、《关于印发〈政府非税收入管理办法〉的通知》(财税〔2016〕33号)等有关规定，现就停征排污费等行政事业性收费有关事项通知如下：

一、自2018年1月1日起，在全国范围内统一停征排污费和海洋工程污水排污费。其中，排污费包括：污水排污费、废气排污费、固体废物及危险废物排污费、噪声超标排污费和挥发性有机物排污收费；海洋工程污水排污费包括：生产污水与机舱污水排污费、钻井泥浆与钻屑排污费、生活污水排污费和生活垃圾排污费。

二、各执收部门要继续做好2018年1月1日前排污费和海洋工程污水排污费征收工作，抓紧开展相关清算、追缴，确保应收尽收。排污费和海洋工程污水排污费的清欠收入，按照财政部门规定的渠道全额上缴中央和地方国库。

三、各执收部门要按规定到财政部门办理财政票据缴销手续。

四、自停征排污费和海洋工程污水排污费之日起，《财政部 国家发展改革委 国家环境保护总局关于减免及缓缴排污费等有关问题的通知》(财综〔2003〕38号)、《财政部 国家发展改革委 环境保护部关于印发〈挥发性有机物排污收费试点办法〉的通知》(财税〔2015〕71号)、《财政部 国家计委关于批准收取海洋工程污水排污费的复函》(财综〔2003〕2号)等有关文件同时废止。

4-2-156

财政部关于降低部分政府性基金征收标准的通知

2018年4月13日 财税〔2018〕39号

国家发展改革委、水利部、国家税务总局、中国残联、国家电网公司、中国南方电网有限责任公司，各省、自治区、直辖市财政厅(局)，新疆生产建设兵团财政局，财政部驻各省、自治区、直辖市财政监察专员办事处：

为进一步减轻社会负担，支持实体经济发展，现就降低部分政府性基金征收标准有关政策通知如下：

一、自2018年4月1日起，将残疾人就业保障金征收标准上限，由当地社会平均工资的3倍降低至2倍。其中，用人单位在职职工平均工资未超过当地社会平均工资2倍(含)的，按用人单位在职职工年平均工资计征残疾人就业保障金；超过当地社会平均工资2倍的，按当地社会平均工资2倍计征残疾人就业保障金。

二、自2018年7月1日起，将国家重大水利工程建设基金征收标准，在按照《财政部关于降低国家重大水利工程建设基金和大中型水库移民后期扶持基金征收标准的通知》(财税〔2017〕51号)降低25%的基础上，再统一降低25%。调整后的征收标准=按照《财政部 国家发展改革委 水利部关于印发〈国家重大水利工程建设基金征收使用管理暂行办法〉的通知》(财综〔2009〕90号)规定的征收标准×(1-25%)×(1-25%)。

征收标准降低后南水北调、三峡后续规划等中央支出缺口，在适度压减支出、统筹现有资金渠道予以支持的基础上，由中央财政通过其他方式予以适当弥补。地方支出缺口，由地方财政统筹解决。

三、各地区、各有关部门和单位应当按照本通知规定，及时制定出台相关配套措施，确保上述政策落实到位。

4-2-157

财政部关于将国家重大水利工程建设基金等政府非税收入项目划转税务部门征收的通知

2018年12月7日　财税〔2018〕147号

国家税务总局：

为贯彻落实党中央、国务院关于非税收入征管职责划转的有关要求，平稳有序推进财政部驻地方财政监察专员办事处(以下简称专员办)征收的部分非税收入项目划转工作，现就有关事项通知如下：

一、自2019年1月1日起，将专员办负责征收的国家重大水利工程建设基金、农网还贷资金、可再生能源发展基金、中央水库移民扶持基金(含大中型水库移民后期扶持基金、三峡水库库区基金、跨省际大中型水库库区基金)、三峡电站水资源费、核电站乏燃料处理处置基金、免税商品特许经营费、油价调控风险准备金、核事故应急准备专项收入，以及国家留成油收入、石油特别收益金划转税务部门负责征收。以前年度应缴未缴的非税收入，由税务部门负责征缴入库。

二、国家重大水利工程建设基金、可再生能源发展基金、跨省际大中型水库库区基金、大中型水库移民后期扶持基金、三峡电站水资源费2018年度汇算清缴工作仍由专员办负责，以后年度汇算清缴工作由税务部门负责。

三、缴纳义务人或代征单位应当按照规定的期限和程序，向税务部门申报和缴纳相关非税收入。申报和缴纳期限最后一日是法定休假日的，以休假日期满的次日为最后一日，期限内有连续3日以上法定休假日的，按休假日天数顺延。

四、划转税务部门征收的非税收入项目，其征收范围、对象和标准，以及收入分成和使用政策仍按照现行规定执行。

五、税务部门应当按照非税收入国库集中收缴等有关规定，将非税收入缴入国库，并做好申报征收、会统核算、缴费检查、欠费追缴等工作。对应申报未申报、申报不实、不按规定缴纳等违规行为，要依法查处，并纳入社会信用体系。有关部门和单位应当配合税务部门做好非税收入征收工作。税务部门征收非税收入应当使用财政部统一监(印)制的非税收入票据，按照税务部门全国统一信息化方式规范管理。

六、税务总局应当与财政部系统互联互通,及时共享非税收入计征、缴库、财政票据等明细信息,并积极创造条件,尽快实现非税收入征缴明细信息实时共享。

七、税务部门征收非税收入,因税务部门误收、缴费人误缴以及汇算清缴需要退库的,由财政部授权税务部门办理退库事宜;因收入减免等政策性原因需要退库的,按照财政部有关退库管理规定办理。

八、本通知自公布之日起实施。

4-2-158
国家税务总局关于国家重大水利工程建设基金等政府非税收入项目征管职责划转有关事项的公告

2018年12月25日　国家税务总局公告2018年第63号

根据党中央、国务院关于政府非税收入(以下简称"非税收入")征管职责划转的有关要求,国家重大水利工程建设基金等非税收入项目划转至税务部门征收。为确保非税收入征管职责划转及各项征管工作平稳有序运行,现将有关事项公告如下:

一、自2019年1月1日起,原由财政部驻地方财政监察专员办事处(以下简称"专员办")负责征收的国家重大水利工程建设基金、农网还贷资金、可再生能源发展基金、中央水库移民扶持基金(含大中型水库移民后期扶持基金、三峡水库库区基金、跨省际大中型水库库区基金)、三峡电站水资源费、核电站乏燃料处理处置基金、免税商品特许经营费、油价调控风险准备金、核事故应急准备专项收入,以及国家留成油收入、石油特别收益金,划转至税务部门征收。征收范围、对象、标准及收入分成等仍按现行规定执行。

二、税务部门按照属地原则征收划转的非税收入,具体征收机关由国家税务总局各省、自治区、直辖市和计划单列市税务局按照"便民、高效"原则确定。三峡电站水资源费的中央分成和湖北省分成部分,由缴费人向湖北省税务部门申报缴纳;重庆市分成部分,由缴费人向重庆市税务部门申报缴纳。

三、国家重大水利工程建设基金、农网还贷资金、可再生能源发展基金、中央水库移民扶持基金(含大中型水库移民后期扶持基金、三峡水库库区基金、跨省际大中型水库库区基金)、三峡电站水资源费、核电站乏燃料处理处置基金、免税商品特许经营费、核事故应急准备专项收入和国家留成油收入等非税收入的申报,统一使用《非税收入通用申报表》(附件1),石油特别收益金使用《石油特别收益金申报表》(附件2),油价调控风险准备金使用《油价调控风险准备金申报表》(附件3)。

四、缴费人采用自行申报方式办理非税收入申报缴纳等有关事项。相关电网企业按照现行规定进行代征,并向税务部门申报缴纳。符合非税收入减免政策的,缴费人自行申报享受,相关资料由缴费人留存备查,并对资料的真实性和合法性承担责任。

五、各项非税收入缴纳期限按现行规定执行,期限最后一日是法定休假日的,以休假日期满的次日为最后一日,期限内有连续3日以上法定休假日的,按休假日天数顺延。

六、对于国家重大水利工程建设基金、可再生能源发展基金、跨省际大中型水库库区基金、大中型水库移民后期扶持基金、三峡电站水资源费2018年度的汇算清缴,缴费人向专员办申报办理。以后年度的汇算清缴,缴费人向税务部门申报办理。

七、涉及误收误缴、汇算清缴需要退库的,缴费人向主管税务机关申请办理。涉及收入减免等政策性原因需要退库的,按照财政部有关退库管理规定办理。

八、国家税务总局各省、自治区、直辖市和计划单列市税务局可根据本公告制定具体实施办法。

本公告自2019年1月1日起施行。

特此公告。

附件:1. 非税收入通用申报表
   2. 石油特别收益金申报表
   3. 油价调控风险准备金申报表

附件 1

非税收入通用申报表

金额单位:人民币元(列至角分)

缴费人名称									缴费人识别号 (统一社会信用代码)						
征收项目	征收品目	征收子目	费款所属期起	费款所属期止	应缴费基数	应缴费基数减除额	计费依据	征收标准	扣除数	征收比例	本期应纳费额	减免费额	减免性质	本期已缴费额	本期应补(退)费额
(1)	(2)	(3)	(4)	(5)	(6)	(7)	(8) = (6) - (7)	(9)	(10)	(11)	(12) - [(8) × (9) - (10)] × (11)	(13)	(14)	(15)	(16) = (12) - (13) - (15)
合计	—	—	—	—	—	—	—	—	—	—			—		
主管单位名称				主管单位识别号 (统一社会信用代码)						备注					

谨声明:本申报表是根据非税收入法律法规及相关规定填报的,内容是真实的、可靠的、完整的。

代理机构签章:
代理机构统一社会信用代码:
经办人签字:
经办人身份证件号码:

缴费人签章:

受理人:
受理税务机关(章):
受理日期: 年   月   日

《非税收入通用申报表》填报说明

1. 缴费人名称、缴费人识别号(统一社会信用代码):必须填写。
2. 征收项目:必须填写。填写非税收入项目名称。
3. 征收品目:必须填写。填写非税收入征收品目名称。
4. 征收子目:非必须填写。非税收入品目下设定细目时,按相关规定填写。
5. 费款所属期起(止):必须填写。按期缴纳的,填写所属期起始日期和截止日期;按次缴纳的,填写缴费义务发生日期。
6. 应缴费基数:必须填写。填写总数量、收入总额、销售数量、应缴费人数、原值、面积、利润总额等非税收入计费的基数。
7. 应缴费基数减除额:非必须填写。填写允许减除的数量、金额、面积、人数等。
8. 计费依据:必须填写。填写应缴费基数减去应缴费基数减除额的余额。
9. 征收标准:必须填写。填写征收的费率或单位费额等。
10. 扣除数:非必须填写。适用于累进费率的速算扣除数,或者其他扣除数。
11. 征收比例,本征收机关征收的比例数,必须填写,缺省值为100%。
12. 本期应纳费额:必须填写。填写计费依据乘以征收标准,再减除扣除数后的余额,乘以征收比例后计算出的本期应纳费额。
13. 减免费额:非必须填写。填写允许减免的费额。
14. 减免性质:如果减免费额>0,那么此项必填;减免性质选择相应代码。
15. 本期已缴费额:非必须填写。填写已经缴纳的本期费额。
16. 本期应补(退)费额:必须填写。填写本期应纳费额减去减免费额及本期已缴费额后的余额。
17. 主管单位名称:非必须填写。填写负责确定计费依据的主管单位名称。
18. 主管单位识别号(统一社会信用代码):非必须填写。
19. 备注:非必须填写。
20. 代理机构签章、代理机构统一社会信用代码:代理机构代为办理申报的,应加盖代理机构印章,并填写代理机构统一社会信用代码。
21. 经办人签字、经办人身份证件号码:必须填写。由办理申报的经办人签字,并填写经办人身份证件号码。

附件 2

石油特别收益金申报表

费款所属期：自 年 月 日 至 年 月 日

缴费人名称		缴费人识别号（统一社会信用代码）								金额单位：人民币元（列至角分）	
被扣缴或下属企业名称	被扣缴或下属企业识别码	月份	当月加权平均销售价格（美元/桶）	征收标准	速算扣除数（美元/桶）	销售数量（桶数）	月平均美元汇率	本期应纳费额	本期已缴费额	本期应补(退)费额	
(1)	(2)	(3)	(4)	(5)	(6)	(7)	(8)	(9)	(10)	(11)=(9)-(10)	
合计	—	—	—	—	—	—	—				

谨声明：
本申报表是根据非税收入法律法规及相关规定填报的，内容是真实的、可靠的、完整的。

代理机构签章：
代理机构统一社会信用代码：
经办人签字：
经办人身份证件号码：

| 受理人： |
| 受理税务机关(章)： |
| 受理日期： 年 月 日 |

缴费人签章：

《石油特别收益金申报表》填报说明

1. 费款所属期:必须填写。填写本次申报所属期的起止日期。
2. 缴费人名称、缴费人识别号(统一社会信用代码):必须填写。应当缴纳石油特别收益金的合资合作企业,填写合资合作的中方企业;石油开采企业集团公司下属多家石油开采企业的,填写石油开采企业集团公司;独立开采的,填写开采企业。
3. 被扣缴或下属企业名称:必须填写。由合资合作的中方企业代扣代缴的,填写合资合作企业;由石油开采企业集团公司为单位汇总缴纳的,填写石油开采企业集团公司下属的石油开采企业。
4. 被扣缴或下属企业识别码:非必须填写。
5. 月份:必须填写。填写属于本次申报费款所属的月份,不同月份分行填写。
6. 当月加权平均销售价格(美元/桶):必须填写。填写该月销售原油所实现的加权平均销售价格。
7. 征收标准:必须填写。依据石油特别收益金征收管理相关规定,填写该月适用的石油特别收益金征收比率。
8. 速算扣除数(美元/桶):必须填写。依据石油特别收益金征收管理相关规定,填写该月适用的速算扣除数。
9. 销售数量(桶数):必须填写。填写该月实际发生的销售桶数。计算销售桶数时,原油吨桶比按石油开采企业实际执行或挂靠油种的吨桶比计算。
10. 月平均美元汇率:填写美元兑换人民币汇率,以中国人民银行当月每日公布的中间价按月平均计算。
11. 本期应纳费额:必须填写。计算公式为:[(当月加权平均销售价格(美元/桶)-起征点(美元/桶))×征收标准-速算扣除数(美元/桶)]×销售数量(桶数)×美元兑换人民币汇率。

美元兑换人民币汇率以中国人民银行当月每日公布的中间价按月平均计算。起征点和征收标准根据相关部门通知确定。

12. 本期已缴费额:非必须填写。填写已经缴纳的本期费额。
13. 本期应补(退)费额:必须填写。填写本期应纳费额减去减免费额及本期已缴费额后的余额。
14. 代理机构签章、代理机构统一社会信用代码:代理机构代为办理申报的,应加盖代理机构印章,并填写代理机构统一社会信用代码。
15. 经办人签字、经办人身份证件号码:必须填写。由办理申报的经办人签字,并填写经办人身份证件号码。

附件3

油价调控风险准备金申报表

费款所属期：自 年 月 日 至 年 月 日

缴费人名称：　　　　　　　缴费人识别号（统一社会信用代码）：

金额单位：人民币元（列至角分）

所属成品油生产经营企业名称	所属成品油生产经营企业识别号	征收品目	征收子目	调价窗口期 起	调价窗口期 止	销售吨数	征收标准	本期应纳费额	本期已缴费额	本期应补（退）费额
(1)	(2)	(3)	(4)	(5)	(6)	(7)	(8)	(9)=(8)×(7)	(10)	(11)=(9)-(10)
合计		—	—	—	—		—			

谨声明：本申报表是根据非税收入法律法规及相关规定填报的，内容是真实的、可靠的、完整的。

缴费人签章：

代理机构签章：
代理机构统一社会信用代码：
经办人签字：
经办人身份证件号码：

受理人：
受理税务机关（章）：
受理日期： 年 月 日

《油价调控风险准备金申报表》填报说明

1. 费款所属期：必须填写。填写本次申报所属的季度起止日期。
2. 缴费人名称、缴费人识别号（统一社会信用代码）：必须填写。填写应当缴纳风险准备金的缴费义务人名称及缴费人识别号（统一社会信用代码）。缴费义务人有两个及以上从事成品油生产经营企业的，应填写集团公司或汇总缴纳的公司。
3. 所属成品油生产经营企业名称：必须填写。填写被汇总缴纳的所属成品油生产经营企业名称。
4. 所属成品油生产经营企业识别号：非必须填写。
5. 征收品目：必须填写。
6. 调价窗口期：必须填写。填写属于本次申报费款所属季度或年度的调价窗口期起、止日期。
7. 销售吨数：必须填写。填写缴费义务人在相邻两个调价窗口期之间汽油或柴油的实际销售吨数。
8. 征收标准：必须填写。根据相关规定，填写所属窗口期的征收标准。
9. 本期应纳费额：必须填写。填写销售吨数乘以征收标准的乘积。
10. 本期已缴费额：非必须填写。填写已经缴纳的本期费额。
11. 本期应补（退）费额：必须填写。填写本期应纳费额减去减免费额及本期已缴费额后的余额。
12. 代理机构签章、代理机构统一社会信用代码：代理机构代为办理申报的，应加盖代理机构印章，并填写代理机构统一社会信用代码。
13. 经办人签字、经办人身份证件号码：必须填写。由办理申报的经办人签字，并填写经办人身份证件号码。

4-2-159
财政部关于税务部门罚没收入等政府非税收入管理有关事项的通知

2018年12月26日　财税〔2018〕161号

国家税务总局，各省、自治区、直辖市、计划单列市财政厅（局），新疆生产建设兵团财政局：

为贯彻落实党和国家机构改革工作，明确改革后税务部门罚没收入等政府非税收入管理要求，现就有关事项通知如下：

一、税务部门在税收征缴过程中收取或产生的相关罚没收入、利息收入和违约金收入，全额上缴中央国库。

二、相关罚没收入，是指税务部门收取的各项罚没收入，不包括随各税种税款加收的滞纳金和罚款；利息收入，是指税务代保管资金账户中资金产生的利息收入；违约金收入，是指因税务部门委托代征人未履行代征义务，税务部门按《委托代征协议书》约定向代征人收取的违约金。

三、税务部门收取的上述罚没收入缴库时填列政府收支分类科目一般公共预算收入"税务部门罚没收入"（103050107目）科目；利息收入缴库时填列政府收支分类科目一般公共预算收入"其他利息收入"（103070599目）科目；违约金收入缴库时填列政府收支分类科目一般公共预算收入"其他收入"（1039999项）科目。

四、各部门应严格执行上述规定，确保相关政府非税收入及时、足额上缴中央国库。

五、本通知自2019年1月1日起施行。

4-2-160

财政部关于调整部分政府性基金
有关政策的通知

2019年4月22日　财税〔2019〕46号

中共中央宣传部、发展改革委、教育部、水利部、民航局、税务总局、国家电网有限公司、中国南方电网有限责任公司,各省、自治区、直辖市财政厅(局),新疆生产建设兵团财政局,财政部各地监管局:

按照国务院决策部署,现将调整部分政府性基金政策的有关事项通知如下:

一、自2019年7月1日至2024年12月31日,对归属中央收入的文化事业建设费,按照缴纳义务人应缴费额的50%减征;对归属地方收入的文化事业建设费,各省(区、市)财政、党委宣传部门可以结合当地经济发展水平、宣传思想文化事业发展等因素,在应缴费额50%的幅度内减征。各省(区、市)财政、党委宣传部门应当将本地区制定的减征政策文件抄送财政部、中共中央宣传部。

各级财政部门要统筹安排资金,根据宣传思想文化事业需要积极予以支持,确保相关工作顺利开展。中央财政加大对财力薄弱地方的转移支付力度,支持地方做好相关工作。各级财政用于宣传思想文化事业方面的经费继续按照现有资金管理方式使用。

二、自2019年7月1日起,将国家重大水利工程建设基金征收标准降低50%。降低后各省(区、市)征收标准见附件1。

国家重大水利工程建设基金征收至2025年12月31日。自2020年1月1日起,缴入中央国库的国家重大水利工程建设基金,根据国务院批复的相关规划,统筹用于南水北调工程和三峡后续工作等。具体资金分配根据基金年度实际征收情况,以及国务院批复的南水北调工程和三峡后续工作相关规划的资金落实情况等统筹安排。

三、自2019年1月1日起,纳入产教融合型企业建设培育范围的试点企业,兴办职业教育的投资符合本通知规定的,可按投资额的30%比例,抵免该企业当年应缴教育费附加和地方教育附加。试点企业属于集团企业的,其下属成员单位(包括全资子公司、控股子公司)对职业教育有实际投入的,可按本通知规定抵免教育费附加和地方教育附加。

允许抵免的投资是指试点企业当年实际发生的,独立举办或参与举办职业教育的办学投资和办学经费支出,以及按照有关规定与职业院校稳定开展校企合作,对产教融合实训基地等国家规划布局的产教融合重大项目建设投资和基本运行费用的支出。

试点企业当年应缴教育费附加和地方教育附加不足抵免的,未抵免部分可在以后年度继续抵免。试点企业有撤回投资和转让股权等行为的,应当补缴已经抵免的教育费附加和地方教育附加。

四、自2019年7月1日起,将《财政部关于印发〈民航发展基金征收使用管理暂行办法〉的通知》(财综〔2012〕17号)第八条规定的航空公司应缴纳民航发展基金的征收标准降低50%。降低后的征收标准见附件2。

  附件:1. 国家重大水利工程建设基金征收标准
     2. 航空公司民航发展基金征收标准

附件1

国家重大水利工程建设基金征收标准

单位:厘/千瓦时

省(区、市)	征收标准	省(区、市)	征收标准
北京	1.96875	河南	3.189375
天津	1.96875	湖北	0
上海	3.915	湖南	1.0546875
河北	1.96875	广东	1.96875
山西	1.96875	广西	1.125
内蒙古	1.125	海南	1.125
辽宁	1.125	重庆	1.96875
吉林	1.125	四川	1.96875
黑龙江	1.125	贵州	1.125
江苏	4.1934375	云南	1.125
浙江	4.03875	陕西	1.125
安徽	3.63375	甘肃	1.125
福建	1.96875	青海	1.125
江西	1.5525	宁夏	1.125
山东	1.96875	新疆	1.125

附件2

航空公司民航发展基金征收标准

单位:元/公里

最大起飞全重	第一类航线	第二类航线	第三类航线
≤50 吨	0.575	0.45	0.375
50—100(含)	1.15	0.925	0.725
100—200(含)	1.725	1.375	1.1
>200 吨	2.3	1.825	1.45

4-2-161

财政部　国家发展改革委关于免征易地扶贫搬迁有关政府性基金和行政事业性收费政策的通知

2019年6月8日　财税〔2019〕53号

自然资源部、住房城乡建设部、国家人民防空办公室,各省、自治区、直辖市、计划单列市财政厅(局)、发展改革委、物价局,新疆生产建设兵团财政局、发展改革委:

为贯彻落实《中共中央　国务院关于打赢脱贫攻坚战三年行动的指导意见》,支持易地扶贫搬迁工作,现就相关政府性基金和行政事业性收费免征政策通知如下:

一、对易地扶贫搬迁项目免征城市基础设施配套费、不动产登记费。对确因地质条件等原因无法修建防空地下室的易地扶贫搬迁项目,免征防空地下室易地建设费。

二、易地扶贫搬迁项目、项目实施主体、易地扶贫搬迁贫困人口、相关安置住房等信息由易地扶贫搬迁工作主管部门确定。

相关执收单位应当与易地扶贫搬迁工作主管部门做好信息联通。省级财政部门要及时将本通知转发同级易地扶贫搬迁工作主管部门,市县级易地扶贫搬迁工作主管部门要将易地扶贫搬迁相关信息及时提供给同级财政、自然资源、住房城乡建设和人防部门,确保免征政策落实到位。

三、在商品住房等开发项目中配套建设易地扶贫搬迁安置住房的,按安置住房建筑面积占总建筑面积的比例,计算应予免征的政府性基金和行政事业性收费。

四、免征上述政府性基金和行政事业性收费后,有关部门和单位依法履行管理职能所需相关经费,由同级财政预算予以保障。

五、本通知自2019年7月1日起执行。2016年1月1日至2019年6月30日期间已实施的易地扶贫搬迁项目,可由各省、自治区、直辖市人民政府参照本通知规定执行。

4-2-162

国家税务总局关于调整部分政府性基金有关征管事项的公告

2019年6月18日　国家税务总局公告2019年第24号

根据《财政部关于调整部分政府性基金有关政策的通知》(财税〔2019〕46号,以下简称《通知》),现就调整文化事业建设费、国家重大水利工程建设基金、教育费附加和地方教育附加等部分政府性基金有关征管事项公告如下:

一、关于申报表的修订

（一）为便于申报、规范管理,修订了《城市维护建设税　教育费附加　地方教育附加申报表》,完善了优惠政策减免代码选择项,修改了填表说明的相关内容(具体见附件)。

（二）修订了《国家税务总局关于营业税改征增值税试点有关文化事业建设费登记与申报事项的公告》(国家税务总局公告2013年第64号)附件2《文化事业建设费申报表》的计算公式及填表说明。将《文化事业建设费申报表》第18栏次中"18 = 10 - 13"修改为"18 = 10×(1-减征比例)-13",将《文化事业建设费申报表》填表说明中"二、有关栏目填写说明"下"(十八)第18栏'本期应补(退)费额'"的内容,修改为"反映本期应缴费额中应补缴或退回的数额。计算公式:18 = 10×归属中央收入比例×(1-50%)+10×归属地方收入比例×(1-归属地方收入减征比例)-13。"

二、关于优惠政策的办理

（一）缴费人申报文化事业建设费、国家重大水利工程建设基金时,即可按照《通知》规定享受优惠。

（二）纳入产教融合型企业建设培育范围的试点企业申报教育费附加、地方教育附加时,2019年1月1日起形成的可抵免投资额,可按照《通知》的规定办理抵免,相关资料由企业留存备查。

三、施行时间

本公告自2019年7月1日起施行。本公告发布的申报表启用后,《国家税务总局关于增值税小规模纳税人地方税种和相关附加减征政策有关征管问题的公告》(国家税务总局公告2019年第5号)中的《城市维护建设税　教育费附加　地方教育附加申报表》同时废止。

特此公告。

附件:城市维护建设税　教育费附加　地方教育附加申报表(编者略)

注释:

条款废止。第一条第一项及附件自2021年8月1日起废止。参见:《国家税务总局关于增值税　消费税与附加税费申报表整合有关事项的公告》(国家税务总局公告2021年第20号)。

条款暂停执行。第一条第一项及附件自2021年5月1日起暂停执行。参见:《国家税务总局关于简并税费申报有关事项的公告》(国家税务总局公告2021年第9号)。

4-2-163

财政部关于国家重大水利工程建设基金、水利建设基金划转税务部门征收的通知

2020年1月15日 财税〔2020〕9号

税务总局：

为贯彻落实党中央、国务院关于政府非税收入征管职责划转的有关要求，平稳有序推进国家重大水利工程建设基金、水利建设基金的划转工作，按照"便民、高效"原则，现就有关事项通知如下：

一、自2020年1月1日起，将地方政府及有关部门征收的国家重大水利工程建设基金，以及向企事业单位和个体经营者征收的水利建设基金，划转至税务部门征收。所属期为2019年度的上述基金收入，收缴及汇算清缴工作继续由原执收（监缴）单位负责。

二、上述基金划转至税务部门征收后，以前年度应缴未缴的基金收入，由税务部门负责征缴入库。

三、上述基金的征收范围、对象、标准、分成、使用和时限等政策继续按照现行规定执行。税务部门应按照国库集中收缴制度等有关规定，依法依规开展收入征管工作，确保基金收入及时足额缴库。

四、因误收、缴费人误缴以及汇算清缴需要退库的，由财政部门授权税务部门办理退库事宜；因收入减免等政策性原因需要退库的，按照财政部门有关退库管理规定办理。

五、税务总局要督促各地税务部门，会同财政等有关部门做好业务交接衔接和信息系统互联互通工作，确保在2020年底前基本实现信息实时共享。

4-2-164

国家税务总局关于水利建设基金等政府非税收入项目征管职责划转有关事项的公告

2020年1月19日 国家税务总局公告2020年第2号

根据国务院关于政府非税收入（以下简称"非税收入"）征管职责划转的有关要求，水利建设基金等非税收入项目划转至税务部门征收。为确保非税收入征管职责划转及各项征管工作平稳有序运行，现将有关事项公告如下：

一、自2020年起，地方政府及有关部门负责征收的国家重大水利工程建设基金，以及向企事业单位和个体经营者征收的水利建设基金，划转至税务部门征收。

二、所属期为2019年度的上述项目费款,收缴及汇算清缴工作继续由原执收(监缴)部门负责完成。所属期为2020年度的上述项目费款,自2020年2月1日起,由缴费人向税务部门申报缴纳。

三、税务部门按照属地原则征收上述项目,具体征收机关由国家税务总局各省、自治区、直辖市和计划单列市税务局按照"便民、高效"原则确定。

四、上述项目的征收范围、对象和标准,以及收入分成和使用等政策仍按照现行规定执行。

五、缴费人采用自行申报方式办理申报缴纳等有关事项。申报可以使用《非税收入通用申报表》(附件)。

六、符合非税收入减免政策的,缴费人自行申报享受,相关资料由缴费人留存备查,并对资料的真实性和合法性承担责任。

七、国家税务总局各省、自治区、直辖市和计划单列市税务局可根据本公告制定具体实施办法。

本公告自2020年2月1日起施行。

特此公告。

附件:非税收入通用申报表(编者略)

4-2-165

财政部关于水土保持补偿费等四项非税收入划转税务部门征收的通知

2020年12月4日　财税〔2020〕58号

税务总局、水利部、生态环境部、国家人民防空办公室:

为贯彻落实党中央、国务院关于政府非税收入征管职责划转的有关要求,平稳有序推进水土保持补偿费等四项非税收入划转工作,现就有关事项通知如下:

一、自2021年1月1日起,将水土保持补偿费、地方水库移民扶持基金、排污权出让收入、防空地下室易地建设费划转至税务部门征收。征期在2021年度、所属期为2020年度的上述收入,收缴及汇算清缴工作继续由原执收(监缴)单位负责。

二、上述非税收入划转至税务部门征收后,以前年度应缴未缴的收入,由税务部门负责征缴入库。

三、上述非税收入的征收范围、对象、标准、分成、使用等政策继续按照现行规定执行。税务部门应积极履行征收职责,推动降低征缴成本。划转后,各级财政部门不安排代扣代缴、代收代缴和委托代征经费。

四、税务部门应按照国库集中收缴制度等有关规定,依法依规开展收入征管工作,确保非税收入及时足额入库。

五、各级税务部门要会同财政、生态环境、水利、人防等有关部门,按照"便民、高效"的原则,逐项确定职责划转后的经费划转方案和征缴流程,推动办事缴费"一门、一站、一次"办理,不断提高征管效率,优化缴费服务,切实增强缴费人获得感。

六、资金入库后需要退库的,按照财政部门有关退库管理规定办理。其中,因缴费人误缴、税务部门误收以及汇算清缴需要退库的,由财政部门授权税务部门审核退库,具体由缴费人直接向税务部门申请办理。

七、各地税务部门要会同财政、生态环境、水利、人防等有关部门做好业务交接衔接和信息系统互联互通工作,及时实现征管信息实时共享,并将计征、缴款等明细信息通过互联互通系统传递给财政等相关部门。同时,向财政部门报送征收情况,并附文字说明材料。

4-2-166 国家税务总局关于水土保持补偿费等政府非税收入项目征管职责划转有关事项的公告

2020年12月11日　国家税务总局公告2020年第21号

根据党中央、国务院关于政府非税收入(以下简称"非税收入")征管职责划转的有关要求,水土保持补偿费等非税收入项目划转至税务部门征收。为确保非税收入征管职责划转及各项征管工作平稳有序运行,现将有关事项公告如下:

一、自2021年1月1日起,水土保持补偿费、地方水库移民扶持基金、排污权出让收入、防空地下室易地建设费划转至税务部门征收。征收范围、征收对象、征收标准等政策仍按现行规定执行。

二、税务部门按照属地原则征收上述非税收入项目,具体征收机关由国家税务总局各省、自治区、直辖市和计划单列市税务局按照"便民、高效"原则确定。

三、水土保持补偿费自2021年1月1日起,由缴费人向税务部门自行申报缴纳。按次缴纳的,应于项目开工前或建设活动开始前,缴纳水土保持补偿费。按期缴纳的,在期满之日起15日内申报缴纳水土保持补偿费。

四、地方水库移民扶持基金自2021年2月1日起,由缴费人按月向税务部门自行申报缴纳,申报缴纳期限按现行规定执行。

五、已征收排污权出让收入的地区自2021年1月1日起,由缴费人向税务部门自行申报缴纳。其他地区有关排污权出让收入的征管事项,待国务院相关部门确定深化排污权有偿使用和交易改革方案后,由税务总局另行明确。

六、防空地下室易地建设费自2021年1月1日起,由缴费人根据人防部门核定的收费金额向税务部门申报缴纳。

七、缴费人原则上使用《非税收入通用申报表》申报缴纳水土保持补偿费、地方水库移民扶持基金、排污权出让收入、防空地下室易地建设费。各地可与其他项目合并申报资料、简并申报流程。

八、各地税务部门要加强与生态环境、水利、人防等部门的合作,持续优化缴费流程、精简申报资料,推行"非接触式"缴费服务,拓展"实体、网上、掌上、自助"等多样化缴费渠道,切实方便缴费人缴费。

九、各地税务部门应会同财政、生态环境、水利、人防等部门做好业务衔接和信息互联互通,及时共享非税收入计征、缴款等信息。

十、国家税务总局各省、自治区、直辖市和计划单列市税务局可根据本公告制定具体实施办法。

本公告自2021年1月1日起施行。

特此公告。

4-2-167

财政部关于土地闲置费、城镇垃圾处理费划转税务部门征收的通知

2021年3月26日　财税〔2021〕8号

税务总局、自然资源部、住房城乡建设部:

为贯彻落实党中央、国务院关于政府非税收入征管职责划转的有关要求,平稳有序推进土地闲置费、城镇垃圾处理费划转工作,现就有关事项通知如下:

一、自2021年7月1日起,将自然资源部门负责征收的土地闲置费、住房城乡建设等部门负责征收的按行政事业性收费管理的城镇垃圾处理费划转至税务部门征收。征期在2021年7月1日以后(含)、所属期为2021年7月1日以前的上述收入,收缴及汇算清缴工作继续由原执收(监缴)单位负责。

二、缴纳义务人或代征单位应当按规定的期限和程序,向税务部门申报和缴纳土地闲置费、城镇垃圾处理费。其中,土地闲置费根据自然资源部门出具的《征缴土地闲置费决定书》申报缴纳,税务部门为缴纳义务人开具缴费凭证,受理后要实时与自然资源部门推送的信息进行比对,并负责通过涉税渠道及时追缴。

三、税务部门应按照国库集中收缴制度等有关规定,依法依规开展收入征管工作,确保非税收入及时足额入库。土地闲置费、城镇垃圾处理费划转税务部门征收以前欠缴的收入,由税务部门负责征缴入库。

四、各级税务部门要会同财政、自然资源、住房城乡建设等有关部门,按照"便民、高效"的原则,逐项确定职责划转后的征缴流程,不断提高征管效率,降低征管成本。涉及经费划转的,方案按程序报批。

五、税务部门征收土地闲置费、城镇垃圾处理费应当使用财政部统一监(印)制的非税收入票据,按照税务部门全国统一信息化方式规范管理。

六、资金入库后需要退库的,按照财政部门有关退库管理规定办理。其中,因缴费人误缴、税务部门误收以及汇算清缴需要退库的,由财政部门授权税务部门审核退库,具体由缴

费人直接向税务部门申请办理。

七、除本通知规定外,土地闲置费、城镇垃圾处理费的征收范围、对象、标准、分成、使用等政策继续按照现行规定执行。

八、各级税务部门要会同财政、自然资源、住房城乡建设等有关部门做好业务交接衔接和信息系统互联互通工作,按期实现征管信息实时共享,并将计征、缴款等明细信息通过互联互通系统传递给财政、自然资源、住房城乡建设等相关部门。同时,向财政部门报送征收情况,并附文字说明材料。

4-2-168

国家税务总局 财政部 自然资源部 住房和城乡建设部 中国人民银行 关于土地闲置费、城镇垃圾处理费 划转有关征管事项的公告

2021年5月12日 国家税务总局 财政部 自然资源部 住房和城乡建设部 中国人民银行公告2021年第12号

为贯彻落实党中央、国务院关于政府非税收入征管职责划转有关部署要求,以及中办、国办印发的《关于进一步深化税收征管改革的意见》,根据《财政部关于土地闲置费城镇垃圾处理费划转税务部门征收的通知》(财税〔2021〕8号),自2021年7月1日起,自然资源部门负责征收的土地闲置费、住房和城乡建设等部门负责征收的按行政事业性收费管理的城镇垃圾处理费(以下简称城镇垃圾处理费)划转至税务部门征收。现就划转有关征管事项公告如下:

一、土地闲置费由自然资源部门向缴纳义务人(土地使用权人)出具《征缴土地闲置费决定书》等文书,并向税务部门推送《征缴土地闲置费决定书》等费源信息。缴纳义务人依据《征缴土地闲置费决定书》向税务部门申报缴纳,税务部门开具缴费凭证。土地闲置费申报期限按现行规定执行,未按时缴纳的,由税务部门出具催缴通知,并通过涉税渠道及时追缴。

二、城镇垃圾处理费由缴纳义务人或代征单位自行向税务部门申报缴纳,申报期限和程序按现行规定执行。未按时缴纳的,由税务部门出具催缴通知,并通过涉税渠道及时追缴。

三、税务、财政、自然资源、住房和城乡建设、人民银行等部门应加强协同配合,通过信息共享和规范表证单书,实时推送费源信息、征收信息,及时开展征管信息比对,确保非税收入及时足额入库。

四、划转税务部门征收以前欠缴的土地闲置费、城镇垃圾处理费,由税务部门负责征缴入库。原执收(监缴)单位和税务部门要加强部门协同,做好征管资料交接、欠费金额确认等工作,确保征收工作有效衔接、欠缴费款及时入库。缴纳义务人或代征单位拒不缴纳的,

按现行有关规定执行。

五、资金入库后需要办理退库的,应当按照财政部门有关退库管理规定办理。其中,因缴费人误缴、税务部门误收以及汇算清缴需要退库的,由财政部门授权税务部门审核退库,具体由缴费人直接向税务部门申请办理。人民银行国库管理部门按规定办理退付手续。

六、税务部门按照属地原则征收上述项目,具体征收机关由国家税务总局各省、自治区、直辖市和计划单列市税务局按照"便民、高效"原则确定。

七、缴纳义务人或代征单位原则上使用《非税收入通用申报表》申报缴纳土地闲置费、城镇垃圾处理费。各地可与其他项目合并申报资料、简并申报流程。

八、税务、财政、自然资源、住房和城乡建设、人民银行等部门要积极推进办事缴费"一门、一站、一次"办理,不断提高征管效率,降低征管成本。持续优化缴费流程、精简申报资料,推行"非接触式"缴费服务,拓展"实体、网上、掌上、自助"等多样化缴费渠道,切实方便缴费人缴费。

九、省级税务、财政、自然资源、住房和城乡建设、人民银行等部门,可依据本公告制定具体实施办法。

十、各级税务、财政、自然资源、住房和城乡建设、人民银行等部门要把思想统一到党中央、国务院决策部署上来,切实提高政治站位,强化部门协作配合,形成非税收入征管职责划转协同共治合力。各地在征管职责划转工作中遇到的重大问题,应当及时向同级政府和上级主管部门报告,确保征管职责划转工作平稳有序落实。

本公告自2021年7月1日起施行。

特此公告。

4-2-169

财政部　自然资源部　税务总局　人民银行关于将国有土地使用权出让收入、矿产资源专项收入、海域使用金、无居民海岛使用金四项政府非税收入划转税务部门征收有关问题的通知

2021年5月21日　财综〔2021〕19号

各省、自治区、直辖市、计划单列市财政厅(局)、自然资源厅(局),新疆生产建设兵团财政局、自然资源局,国家税务总局各省、自治区、直辖市、计划单列市税务局,中国人民银行上海总部,各分行、营业管理部,各省会(首府)城市中心支行,各副省级城市中心支行:

为贯彻落实党中央、国务院关于政府非税收入征管职责划转税务部门的有关部署和要求,决定将国有土地使用权出让收入、矿产资源专项收入、海域使用金、无居民海岛使用金四项政府非税收入统一划转税务部门征收。现就平稳有序推进划转工作有关事项通知如下:

一、将由自然资源部门负责征收的国有土地使用权出让收入、矿产资源专项收入、海域使用金、无居民海岛使用金四项政府非税收入(以下简称四项政府非税收入),全部划转给税务部门负责征收。自然资源部(本级)按照规定负责征收的矿产资源专项收入、海域使用金、无居民海岛使用金,同步划转税务部门征收。

二、先试点后推开。自2021年7月1日起,选择在河北、内蒙古、上海、浙江、安徽、青岛、云南省(自治区、直辖市、计划单列市)以省(区、市)为单位开展征管职责划转试点,探索完善征缴流程、职责分工等,为全面推开划转工作积累经验。暂未开展征管划转试点地区要积极做好四项政府非税收入征收划转准备工作,自2022年1月1日起全面实施征管划转工作。

三、四项政府非税收入划转给税务部门征收后,以前年度和今后形成的应缴未缴收入以及按规定分期缴纳的收入,由税务部门负责征缴入库,有关部门应当配合做好相关信息传递和材料交接工作。税务部门应当按照国库集中收缴制度等规定,依法依规开展收入征管工作,确保非税收入及时足额缴入国库。已缴入财政非税专户,但尚未划缴国库的有关资金,由财政部门按非税收入收缴管理制度规定缴入国库。

四、税务部门按照属地原则征收四项政府非税收入。具体征收机关由国家税务总局有关省(自治区、直辖市、计划单列市)税务局按照"便民、高效"原则确定。原由自然资源部(本级)负责征收的矿产资源专项收入、海域使用金、无居民海岛使用金等非税收入,征管职责划转后的具体工作由国家税务总局北京市税务局承担。

五、税务部门应当商财政、自然资源、人民银行等部门逐项确定职责划转后的征缴流程,实现办事缴费"一门、一站、一次"办理,不断提高征管效率,降低征管成本。具体征缴流程可参照本通知附件流程图并结合当地实际研究确定。涉及经费划转的,方案按程序报批。

六、税务部门征收四项政府非税收入应当使用财政统一监(印)制的非税收入票据,按照税务部门全国统一信息化方式规范管理。

七、资金入库后需要办理退库的,应当按照财政部门有关退库管理规定办理。其中,因缴费人误缴、税务部门误收需要退库的,由缴费人向税务部门申请办理,税务部门经严格审核并商有关财政、自然资源部门复核同意后,按规定办理退付手续;其他情形需要退库的,由缴费人向财政部门和自然资源部门申请办理。人民银行国库管理部门按规定办理退付手续。

八、除本通知规定外,四项政府非税收入的征收范围、对象、标准、减免、分成、使用、管理等政策,继续按照现行规定执行。

九、自然资源部门与使用权人签订出让、划拨等合同后,应当及时向税务部门和财政部门传递相关信息,确保征管信息实时共享。税务部门应会同财政、自然资源、人民银行等部门做好业务衔接和信息互联互通工作,并将计征、缴款等明细信息通过互联互通系统传递给财政、自然资源、人民银行等相关部门,确保征管信息实时共享,账目清晰无误。同时,向财政部门报送征收情况,并附文字说明材料。

各级财政、自然资源、税务、人民银行等部门要把思想认识统一到中央决策部署上来,切实提高政治站位,强化部门协作配合,形成非税收入征管职责划转协同共治合力。各地在征管职责划转试点工作中若遇到重大问题,应当及时向税务总局报告,税务总局立当会同财政部、自然资源部、人民银行等有关部门根据试点情况,研究完善具体征缴流程,指导各地做好划转工作;涉及地方跨部门协调难点问题,应当及时向同级政府报告,请地方政府及时协调解决和处理,确保划转工作顺利进行。

附件:国有土地使用权出让收入等四项政府非税收入征缴流程

附件

国有土地使用权出让收入征缴流程
(涉及竞买保证金的情形)

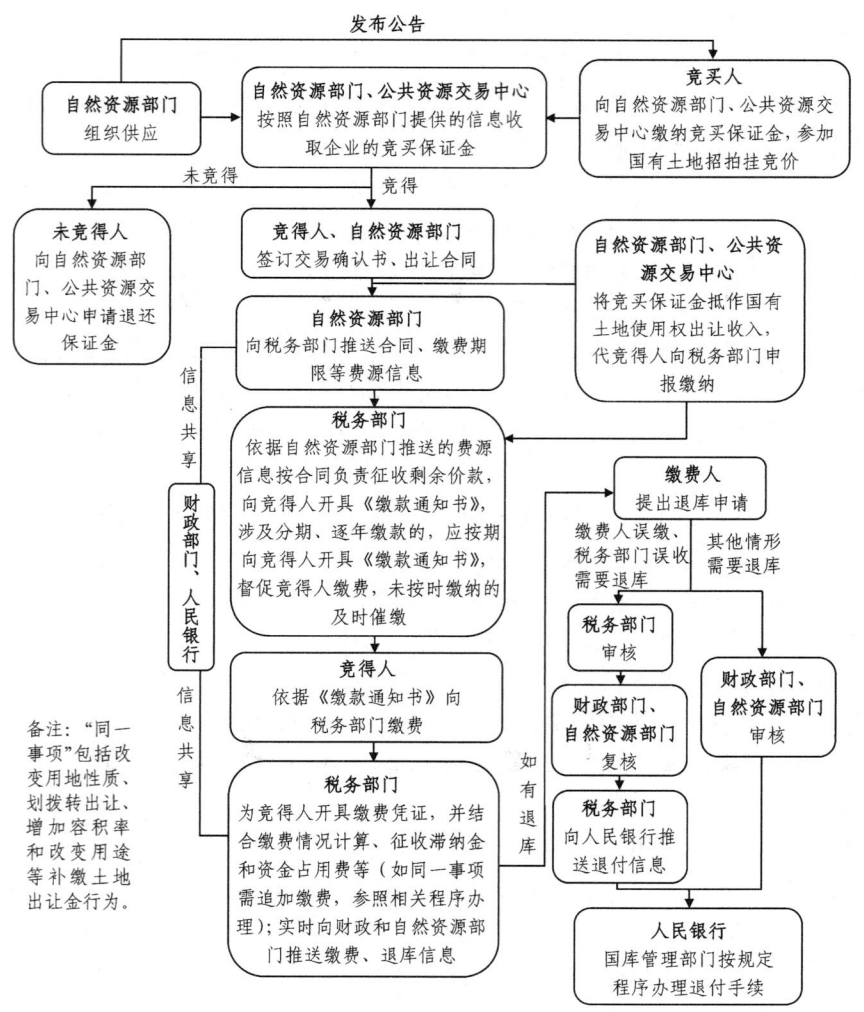

国有土地使用权出让收入征缴流程
（按照规定标准确定出让金额，不涉及竞买保证金的情形）

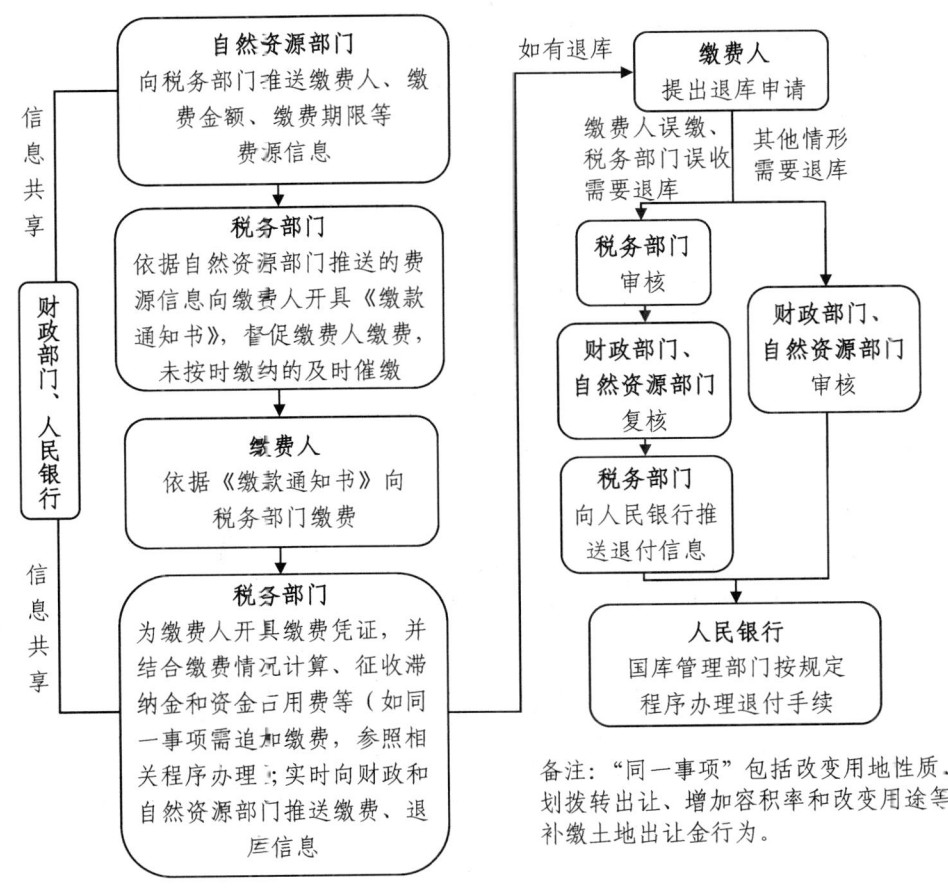

备注："同一事项"包括改变用地性质、划拨转出让、增加容积率和改变用途等补缴土地出让金行为。

探矿权采矿权出让收益征缴流程

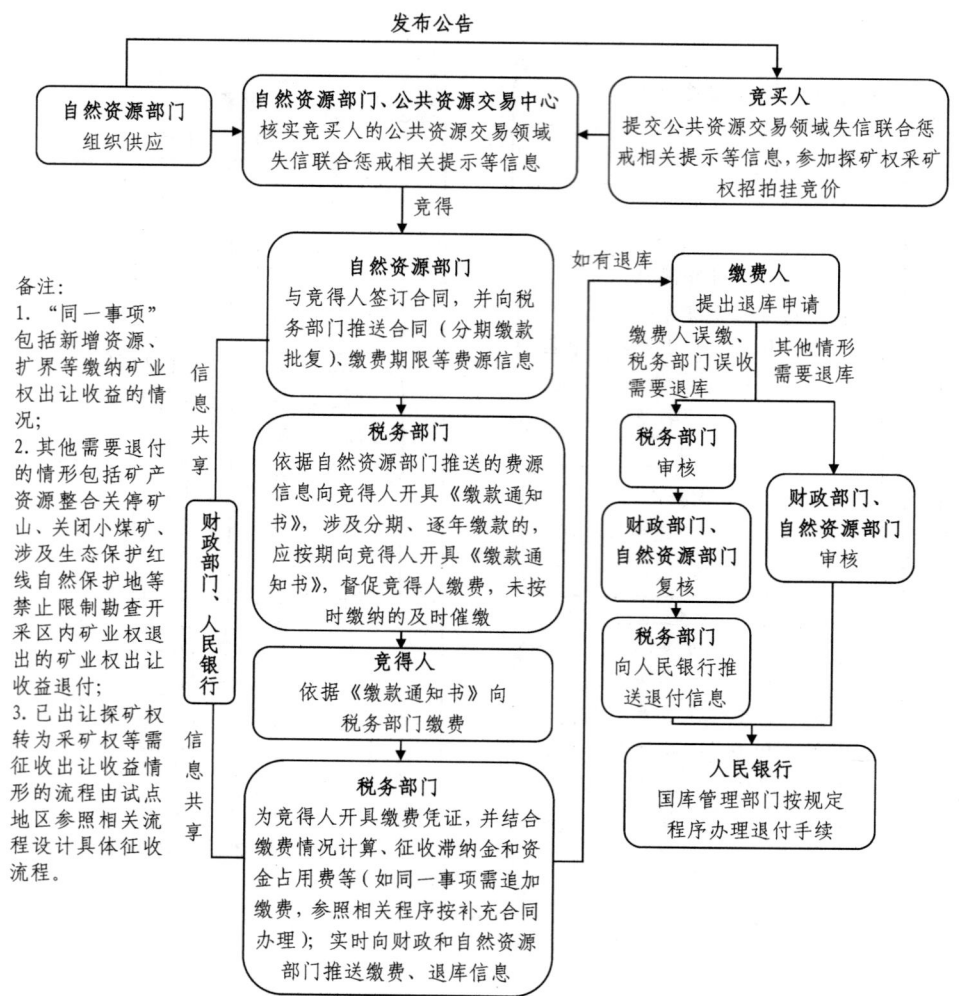

探矿权采矿权使用费(占用费)征缴流程

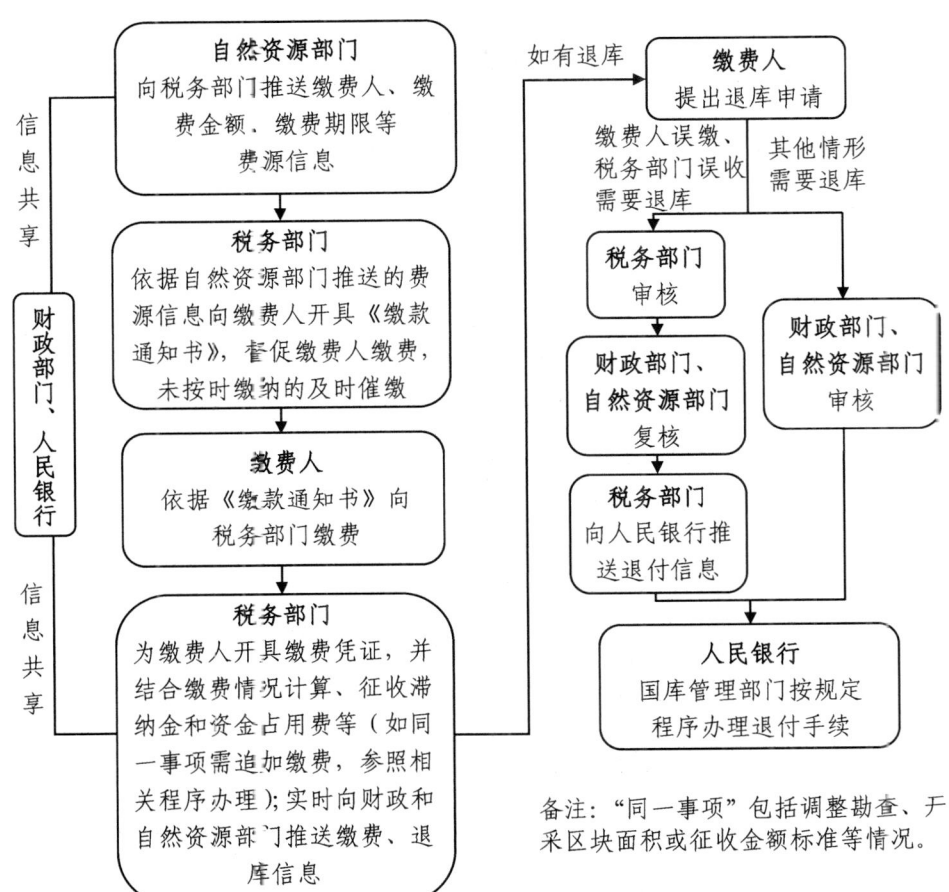

备注:"同一事项"包括调整勘查、开采区块面积或征收金额标准等情况。

海域使用金征缴流程
（涉及竞买保证金的情形）

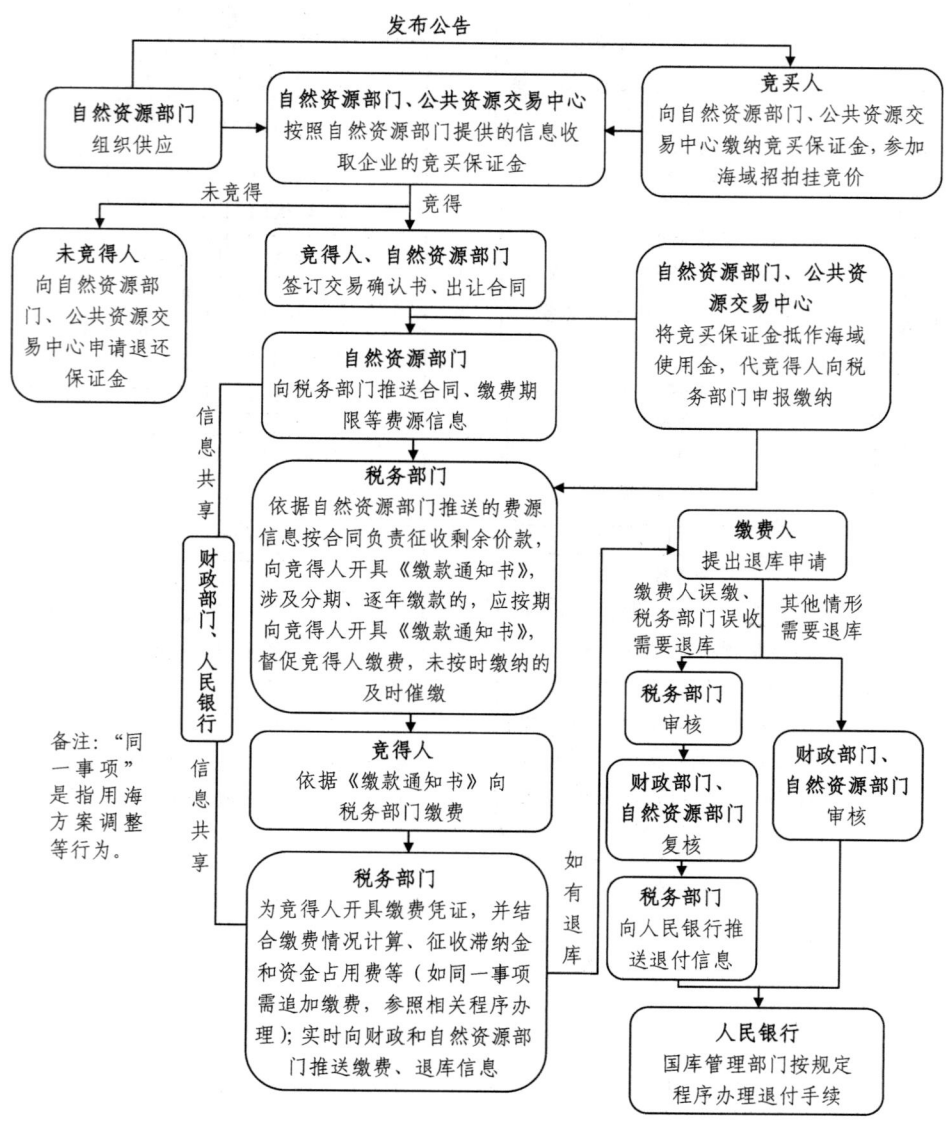

海域使用金征缴流程
(按照规定标准确定出让金额,不涉及竞买保证金的情形)

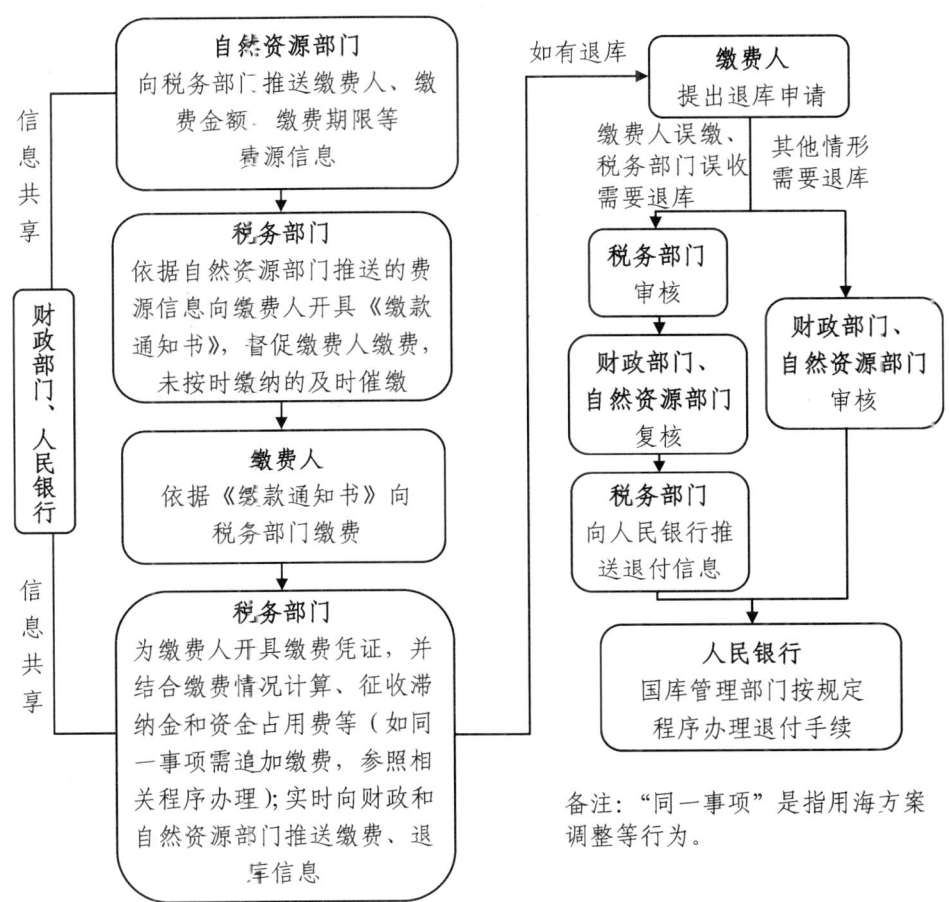

无居民海岛使用金征缴流程
（涉及竞买保证金的情形）

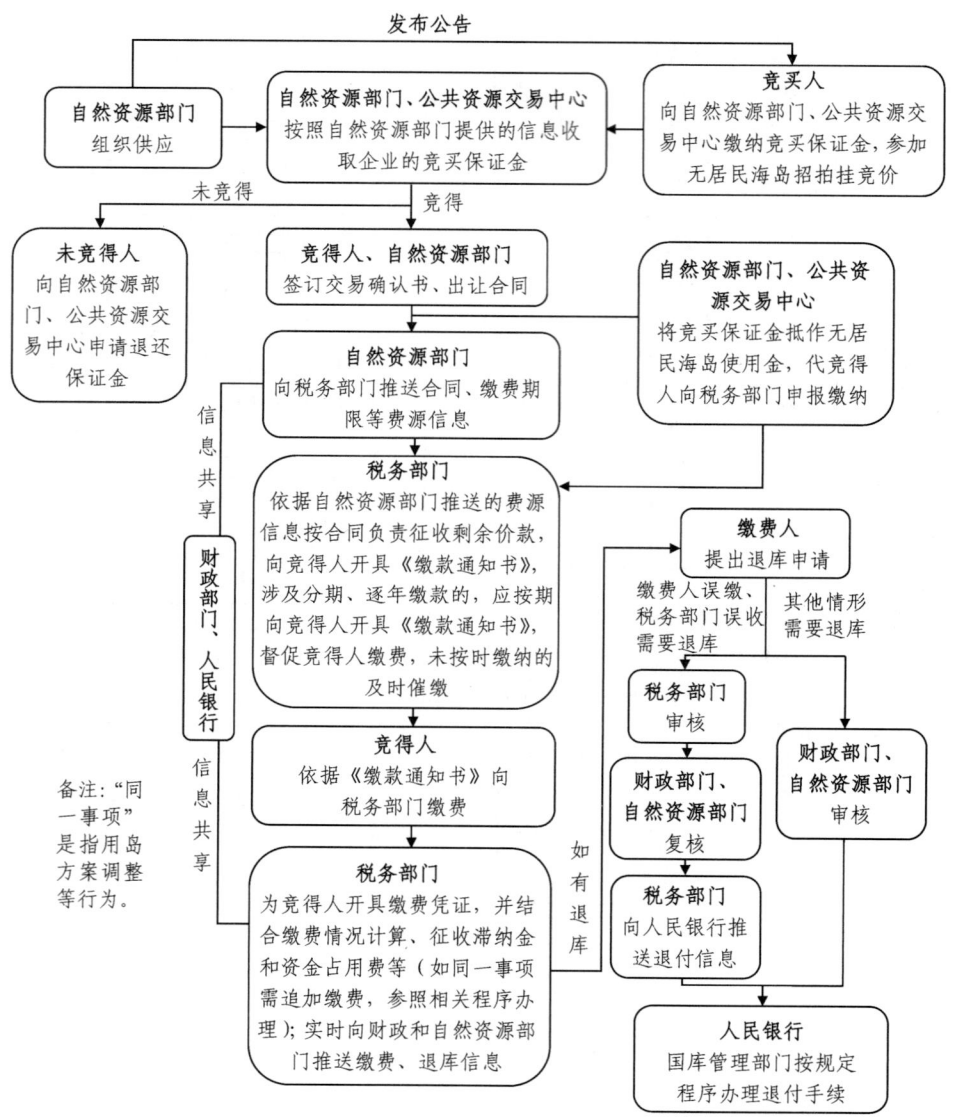

无居民海岛使用金征缴流程
（按照规定标准确定出让金额，不涉及竞买保证金的情形）

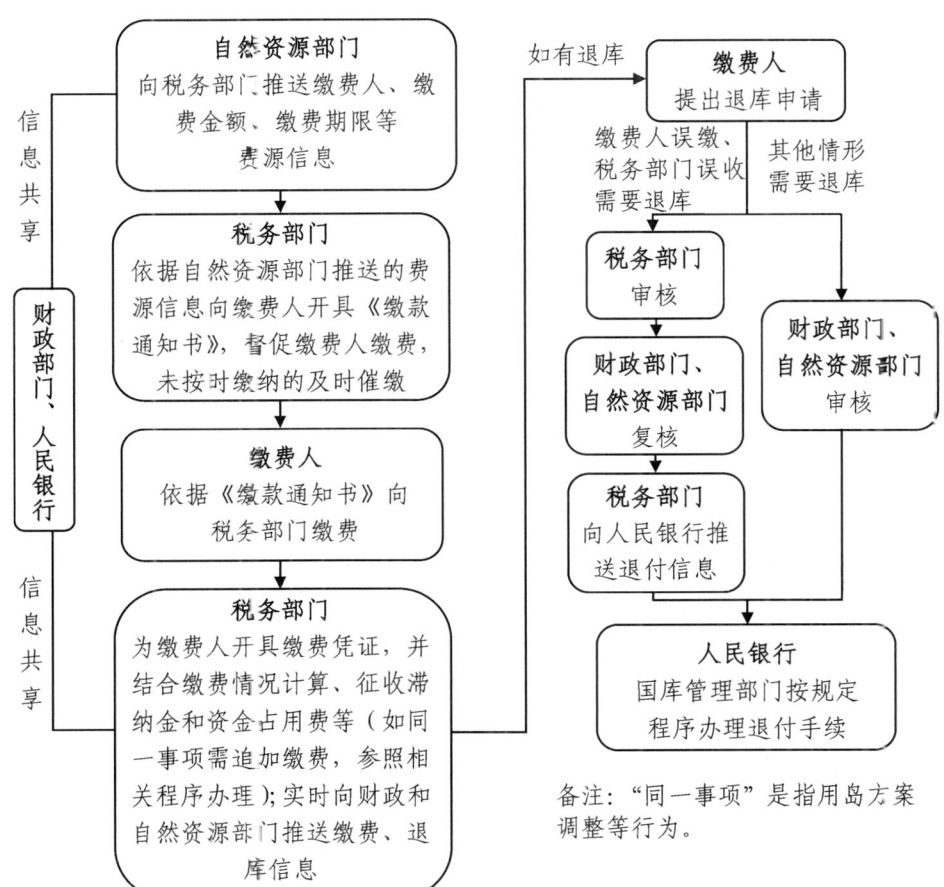

财政部关于将森林植被恢复费、草原植被恢复费划转税务部门征收的通知

2022年12月13日　财税〔2022〕50号

税务总局、林草局：

为贯彻落实党中央、国务院关于政府非税收入征管职责划转的有关要求，平稳有序推进森林植被恢复费、草原植被恢复费划转工作，现就有关事项通知如下：

一、自2023年1月1日起，将森林植被恢复费、草原植被恢复费划转至税务部门征收。2023年1月1日以前审核（批准）的相关用地申请，应于2023年1月1日（含）以后缴纳的上述收入，收缴工作继续由原执收（监缴）单位负责。划转以前和以后年度形成的欠缴收入由税务部门负责征缴入库。

二、缴纳义务人应当依据林草部门核定的费额，按照规定的期限和程序，向税务部门申报和缴纳森林植被恢复费、草原植被恢复费。

三、税务部门按照属地原则征收森林植被恢复费、草原植被恢复费，并会同林草部门逐项确定职责划转后的征缴流程，按照国库集中收缴制度等有关规定，依法依规开展收入征管工作，确保收入及时足额缴库。

四、税务部门征收森林植被恢复费、草原植被恢复费应当使用财政部统一监（印）制的非税收入票据，按照税务部门全国统一信息化方式规范管理。

五、森林植被恢复费、草原植被恢复费入库后需要办理退库的，由缴费人向税务部门申请办理，税务部门经严格审核并商有关财政、林草部门复核同意后，按照财政部门有关退库管理规定办理退付手续。

六、除本通知规定外，森林植被恢复费、草原植被恢复费的征收范围、对象、标准、分成、减免等政策继续按照现行规定执行。

七、各级税务部门要会同财政、林草部门做好业务交接衔接和信息系统互联互通工作，及时实现征管信息实时共享，并将计征、缴款等明细信息通过互联互通系统传递给财政、林草部门。同时，向财政部门报送征收情况，并附文字说明材料。

附表 4-2

非税收入其他相关文件索引

序号	文件名称	发文时间	发文字号	所在卷名	编码
教育费附加、地方教育附加					
1	中华人民共和国教育法(涉税条款)	2021年4月29日	第十三届全国人民代表大会常务委员会第二十八次会议第三次修正	本丛书第Ⅴ卷综合税收政策	5-5-20
2	财政部 国家税务总局关于黄金税收政策问题的通知	2002年9月12日	财税〔2002〕142号	本丛书第Ⅰ卷货物和劳务税	1-1-164
3	国家税务总局关于印发《黄金交易增值税征收管理办法》的通知	2002年10月23日	国税发明电〔2002〕47号	本丛书第Ⅰ卷货物和劳务税	1-1-165
4	财政部 国家税务总局关于生产企业出口货物实行免抵退税办法后有关城市维护建设税、教育费附加政策的通知	2005年2月25日	财税〔2005〕25号	本丛书第Ⅲ卷财产和行为税	3-3-6
5	财政部 国家税务总局关于增值税营业税消费税实行先征后返等办法有关城建税和教育费附加政策的通知	2005年5月25日	财税〔2005〕72号	本丛书第Ⅲ卷财产和行为税	3-3-7
6	财政部 国家税务总局关于黄金期货交易有关税收政策的通知	2008年1月29日	财税〔2008〕5号	本丛书第Ⅰ卷货物和劳务税	1-1-204
7	财政部 国家税务总局关于免征国家重大水利工程建设基金的城市维护建设税和教育费附加的通知	2010年5月25日	财税〔2010〕44号	本丛书第Ⅲ卷财产和行为税	3-3-8
8	国务院关于统一内外资企业和个人城市维护建设税和教育费附加制度的通知	2010年10月18日	国发〔2010〕35号	本丛书第Ⅲ卷财产和行为税	3-3-9
9	财政部 国家税务总局关于对外资企业征收城市维护建设税和教育费附加有关问题的通知	2010年11月4日	财税〔2010〕103号	本丛书第Ⅲ卷财产和行为税	3-3-10
10	国家税务总局关于做好统一内外资企业和个人城市维护建设税和教育费附加制度有关工作的通知	2010年11月29日	国税函〔2010〕587号	本丛书第Ⅲ卷财产和行为税	3-3-11
11	财政部关于做好城市棚户区改造相关工作的通知	2015年8月26日	财综〔2015〕57号	本丛书第Ⅴ卷综合税收政策	5-1-78

续表

序号	文件名称	发文时间	发文字号	所在卷名	编码
12	财政部 税务总局关于增值税期末留抵退税有关城市维护建设税 教育费附加和地方教育附加政策的通知	2018年7月27日	财税〔2018〕80号	本丛书第Ⅴ卷综合税收政策	5-3-42
13	财政部 税务总局 退役军人部关于进一步扶持自主就业退役士兵创业就业有关税收政策的通知	2019年2月2日	财税〔2019〕21号	本丛书第Ⅴ卷综合税收政策	5-3-48
14	财政部 税务总局 人力资源社会保障部 国务院扶贫办关于进一步支持和促进重点群体创业就业有关税收政策的通知	2019年2月2日	财税〔2019〕22号	本丛书第Ⅴ卷综合税收政策	5-3-49
15	财政部 税务总局 人力资源社会保障部 国家乡村振兴局关于延长部分扶贫税收优惠政策执行期限的公告	2021年5月6日	财政部 税务总局 人力资源社会保障部 国家乡村振兴局公告2021年第18号	本丛书第Ⅴ卷综合税收政策	5-3-58
16	财政部 税务总局关于城市维护建设税计税依据确定办法等事项的公告	2021年8月24日	财政部 税务总局公告2021年第28号	本丛书第Ⅲ卷财产和行为税	3-3-13
17	财政部 税务总局关于延长部分税收优惠政策执行期限的公告	2022年1月29日	财政部 税务总局公告2022年第4号	本丛书第Ⅴ卷综合税收政策	5-3-61
18	国家税务总局关于进一步实施小微企业"六税两费"减免政策有关征管问题的公告	2022年3月4日	国家税务总局公告2022年第3号	本丛书第Ⅵ卷税收征管	6-4-50
19	财政部 税务总局关于进一步支持小微企业和个体工商户发展有关税费政策的公告	2023年8月2日	财政部 税务总局公告2023年第12号	本丛书第Ⅴ卷综合税收政策	5-3-63
20	财政部 税务总局 退役军人事务部关于进一步扶持自主就业退役士兵创业就业有关税收政策的公告	2023年8月2日	财政部 税务总局退役军人事务部公告2023年第14号	本丛书第Ⅴ卷综合税收政策	5-3-65
21	财政部 税务总局 人力资源社会保障部 农业农村部关于进一步支持重点群体创业就业有关税收政策的公告	2023年8月2日	财政部 税务总局人力资源社会保障部农业农村部公告2023年第15号	本丛书第Ⅴ卷综合税收政策	5-3-66
22	财政部 税务总局 住房城乡建设部关于保障性住房有关税费政策的公告	2023年9月28日	财政部 税务总局住房城乡建设部公告2023年第70号	本丛书第Ⅴ卷综合税收政策	5-1-168
水土保持补偿费					
23	中华人民共和国水土保持法（涉税条款）	2010年12月25日	第十一届全国人民代表大会常务委员会第十八次会议修订	本丛书第Ⅴ卷综合税收政策	5-5-9

续表

序号	文件名称	发文时间	发文字号	所在卷名	编码
防空地下室易地建设费					
24	财政部 税务总局 发展改革委 民政部 商务部 卫生健康委关于养老、托育、家政等社区家庭服务业税费优惠政策的公告	2019年6月28日	财政部 税务总局 发展改革委 民政部 商务部 卫生健康委公告2019年第76号	本丛书第Ⅴ卷综合税收政策	5-1-104
25	财政部 税务总局 住房城乡建设部关于保障性住房有关税费政策的公告	2023年9月28日	财政部 税务总局 住房城乡建设部公告2023年第70号	本丛书第Ⅴ卷综合税收政策	5-1-168
矿产资源专项收入					
26	中华人民共和国矿产资源法（涉税条款）	2009年8月27日	第十一届全国人民代表大会常务委员会第十次会议第二次修正	本丛书第Ⅴ卷综合税收政策	5-5-8
工会经费					
27	中华全国总工会 国家税务总局关于进一步加强工会经费税前扣除管理的通知	2005年1月21日	总工发〔2005〕9号	本丛书第Ⅱ卷所得税	2-1-374
28	国家税务总局关于工会经费企业所得税税前扣除凭据问题的公告	2010年11月9日	国家税务总局公告2010年第24号	本丛书第Ⅱ卷所得税	2-1-97
29	国家税务总局关于税务机关代收工会经费企业所得税税前扣除凭据问题的公告	2011年5月11日	国家税务总局公告2011年第30号	本丛书第Ⅱ卷所得税	2-1-103

注：本表所涉非税收入内容，已在本丛书其他卷收录。为避免重复，以此表索引。